NomosPraxis

Christian-Henner Hentsch | Felix Falk [Hrsg.]

Games und Recht

Games-Entwicklung | Publishing
Vertrieb | Plattformen | Marketing

Praxishandbuch

Prof. Dr. Lutz Anderie | **Michaela Bartelt-Krantz** | RA **Prof. Dr. Malte Behrmann** | RA **Kai Bodensiek** | RA **Stephan Breckheimer,** LL.M. | RA **Prof. Dr. Oliver Castendyk** | RA **Dr. Patrick Ehinger** | RA **Konstantin Ewald** | RA **Dr. Jan-Peter Ewert,** FAGewRS | **Felix Falk** | RA **Kai Florian Furch** | **Ina Göring** | RA **Dr. Ralph Oliver Graef,** LL.M. (NYU), FAUrhuMedienR u FAGewRS | RA **Dr. Pietro Graf Fringuelli** | StB **Dr. Hans-Martin Grambeck** | RA **Tobias Haar,** LL.M. | **Prof. Dr. Christian-Henner Hentsch,** M.A., LL.M. | RA **Felix Hilgert,** LL.M. | **Anna Kastner** | **Dr. Klemens Kundratitz** | **Florian Liewer** | **Prof. Odile Limpach** | RA **Dr. Andreas Lober** | RA **Clemens Mayer-Wegelin,** LL.M., FAIT-Recht | **Thomas Merk** | **Juliane Müller** | RAuN **Dr. Claas Oehler,** FAUrhuMedienR u FAHuGR | **Lorenzo von Petersdorff** | **Jonathan Pukas** | RA **Prof. Dr. Christian Rauda,** FAUrhuMedienR, FAIT-Recht u FAGewRS | RA **Dr. Gregor Schmid,** LL.M. (Cambridge) | **Elisabeth Secker** | RA **Dr. Martin Sester** | **Anne Völkel** | RA **Dr. Axel von Walter,** FAUrhuMedienR u FAIT-Recht | RA **Dr. Julian Waiblinger**

Nomos

Zitiervorschlag: Hentsch/Falk GamesR-HdB/Bearbeiter § ... Rn. ...

Die Deutsche Nationalbibliothek verzeichnet diese Publikation in der Deutschen Nationalbibliografie; detaillierte bibliografische Daten sind im Internet über http://dnb.d-nb.de abrufbar.

ISBN 978-3-8487-8162-1 (Print)
ISBN 978-3-7489-3580-3 (ePDF)

1. Auflage 2023

Vorwort

Die Games-Branche ist seit Jahren die am dynamischsten wachsende Medienbranche. Inzwischen wird weltweit über alle Altergruppen hinweg gespielt und entsprechend steigt die gesellschaftliche, kulturelle und auch wirtschaftliche Bedeutung von Computerspielen. Damit verbunden ist ein zunehmendes Interesse an den innovativen Geschäftsmodellen, den Investitionsmöglichkeiten und den rechtlichen Besonderheiten der Branche. Auch die Regulierung nimmt mit der Bedeutung der Branche zu, insbesondere beim Jugendschutz, Datenschutz, und vor allem beim Verbraucherschutz – nicht zuletzt durch ein neues Kaufrecht für digitale Produkte. Bislang gibt es noch kein Handbuch, das kompakt und praxisorientiert für Tätige in Games-Unternehmen und Außenstehende die Games-Branche und insbesondere die wirtschaftlichen und die rechtlichen Rahmenbedingungen erklärt. Diese Lücke soll dieses Handbuch nun ausfüllen.

Das Handbuch ist ein Projekt der vielfältigen deutschen Games-Branche, die von den beiden Herausgebern über den Branchenverband game – Verband der deutschen Games-Branche in Zusammenarbeit mit der Kölner Forschungsstelle für Medienrecht der TH Köln in diesem Werk abgebildet wird. Es schreiben zahlreiche Managerinnen und Manager und Inhouse-Juristinnen und -Juristen von namhaften deutschen Publishern und Entwicklern mit, ebenso wie die bekanntesten Games-Anwältinnen und -Anwälte mit deutschen und internationalen Mandaten und jahrelanger Erfahrung in diesem speziellen Rechtsbereich, aber auch Wissenschaftlerinnen, Wissenschaftler und Dozierende aus einschlägigen Studiengängen in Deutschland. So können nicht nur die rechtlichen Fragestellungen, sondern auch viele praktische und wirtschaftliche Aspekte in dieses Handbuch mit einfließen.

Inhaltlich gliedert sich das Handbuch in 31 Kapitel entlang des Verwertungszyklus eines Computerspiels, beginnend mit der Games-Entwicklung, dann dem Publishing und dem Vertrieb, bis hin zu den Besonderheiten bei Plattformen und dem Marketing. Zu Beginn eines jeden Überkapitels werden in einem ersten Unterkapitel die wirtschaftlichen Grundlagen und Voraussetzungen erklärt und eingeordnet. In den Folgekapiteln werden umfassend alle Rechtsbereiche der jeweiligen Verwertungsstufe abgehandelt. Das Handbuch ist praxisnah und lösungsorientiert geschrieben, damit es sich für die Nutzung im Alltag der Unternehmen und Kanzleien eignet. Es richtet sich an die Geschäftsführerinnen und Geschäftsführer, Inhouse-Juristinnen und -Juristen, Jugendschutzbeauftragten, Datenschutzbeauftragten sowie weitere Beschäftigte der Games-Branche sowie allgemein Interessierte aus den Bereichen Investment, Recht, Wissenschaft und andere außerhalb der Branche.

Das Werk berücksichtigt das geltende Recht bis April 2022. Die anstehenden neuen Regelungen im Verbraucherschutz und im Jugendschutz sind zum Teil abgebildet, auch wenn sie in der Praxis noch nicht zur Anwendung gekommen sind. Die vielen neuen EU-Rechtsakte zur Plattformregulierung bzw. der Haftung im Internet und im Datenschutz und auch die laufende Novelle des Jugendmedienschutzstaatsvertrages konnten teilweise auch schon angesprochen und mitgedacht werden. Auch das Beihilferecht und Wettbewerbsrecht stehen vor weiteren Veränderungen. Danaben gibt es zahlreiche weitere Regulierungstehemen, die künftig vielleicht angegangen werden. Dies zeigt, wie dynamisch nicht nur die Games-Branche, sondern auch der rechtliche Rahmen dafür ist. Das Handbuch kann also nur eine Momentaufnahme bieten, ist aber bewusst rechtspraktisch geschrieben, so dass es auch bei den neuen Regelungen bereits Lösungsansätze bietet und daher auch in den nächsten Jahren hinreichend aktuell bleibt. Eine neue Auflage wird es jedenfalls erst nach Ende der laufenden Legislaturperiode in Deutschland und auf EU-Ebene geben. Angedacht ist ein weiteres Handbuch auf Englisch für den EU-Rechtsrahmen.

Wir möchten uns beim Nomos Verlag und seinen umsichtigen und stets hilfreichen Mitarbeitenden bedanken, allen voran dem stellvertretenden Leiter des juristischen Lektorats Dr. Marco Ganzhorn. Für freuen uns sehr, dass der Verlag dieses Projekt möglich gemacht hat und der Games-Branche damit ein dauerhaftes wissenschaftliches Zuhause geschaffen hat. Wir freuen uns über das Ergebnis dieses Projekts und sind natürlich immer dankbar für Kritik und Anregungen für die nächste Auflage.

Im Mai 2022 *Die Herausgeber*

Inhaltsverzeichnis

Teil IV.
Vertrieb

Teil V.
Plattformen

Teil VI.
Marketing

Bearbeiterverzeichnis

Prof. Dr. Lutz Anderie Frankfurt University of Applied Sciences	§ 17
Michaela Bartelt-Krantz Sr Director WW Localization, Electronic Arts	§ 14 (zs. mit *Anne Völkel)*
Prof. Dr. Malte Behrmann Rechtsanwalt, Berlin; bbw Hochschule	§ 6
Kai Bodensiek Rechtsanwalt, Berlin	§ 5 (zs. mit *Ina Göring*) § 28
Stephan Breckheimer, LL.M. Rechtsanwalt, Fachanwalt für Arbeitsrecht, Fachanwalt für Urheber- und Medienrecht, Mainz	§ 8
Prof. Dr. Oliver Castendyk Rechtsanwalt, Berlin	§ 2 (zs. mit *Juliane Müller*)
Dr. Patrick Ehinger Rechtsanwalt, Köln	§ 31 (zs. mit *Pietro Graf Fringuelli)*
Konstantin Ewald Rechtsanwalt, Köln; Betreiber von www.spielerecht.de	§ 13
Dr. Jan-Peter Ewert Rechtsanwalt, Fachanwalt für gewerblichen Rechtsschutz, Hamburg	§ 19
Felix Falk Geschäftsführer, game – Verband der deutschen Games-Branche e.V., Berlin	§ 1
Kai Florian Furch Rechtsanwalt, Berlin	§ 30
Ina Göring Leiterin Mitglieder & Förderung, game – Verband der deutschen Games-Branche e.V., Berlin	§ 5 (zs. mit *Kai Bodensiek)*
Dr. Ralph Oliver Graef, LL.M. (NYU) Attorney-at-law (New York), Fachanwalt für Urheber- und Medienrecht, Fachanwalt für gewerblichen Rechtsschutz, Hamburg	§ 29

Dr. Pietro Graf Fringuelli Rechtsanwalt, Köln	§ 31 (zs. mit *Patrick Ehinger)*
Dr. Hans-Martin Grambeck Steuerberater, Norderstedt	§ 22
Tobias Haar, LL.M. Rechtsanwalt, Karlsruhe	§ 7 (zs. mit *Claas Oehler)*
Prof. Dr. Christian-Henner Hentsch, M.A., LL.M. Kölner Forschungsstelle für Medienrecht, TH Köln	§ 3
Felix Hilgert, LL.M. Rechtsanwalt, San Francisco	§§ 25 f.
Anna Kastner Head of Legal, Gameforge AG, Karlsruhe	§ 18 (zs. mit Martin Sester)
Dr. Klemens Kundratitz Geschäftsführer, PLAION GmbH (vormals Koch Media GmbH), Planegg	§ 12 (zs. mit *Thomas Merk)*
Florian Liewer Marketing Director Gaming, Microsoft	§ 27
Prof. Odile Limpach Cologne Game Lab, TH Köln	§ 4
Dr. Andreas Lober Rechtsanwalt, Frankfurt am Main	§§ 16, 24
Clemens Mayer-Wegelin, LL.M. Rechtsanwalt, Fachanwalt für IT-Recht, European General Counsel, Nintendo of Europe GmbH, Frankfurt am Main	§ 23
Thomas Merk General Counsel, PLAION GmbH (vormals Koch Media GmbH), Planegg	§ 12 (zs. mit *Klemens Kundratitz)*
Juliane Müller Geschäftsführerin, PAIQ Produzentenallianz Initiative für Qualifikation UG, Berlin	§ 2 (zs. mit *Oliver Castendyk*)
Dr. Claas Oehler Rechtsanwalt und Notar, Fachanwalt für Urheber- und Medienrecht, Fachanwalt für Handels- und Gesellschaftsrecht, Berlin	§ 7 (zs. mit *Tobias Haar*) § 10

Lorenzo von Petersdorff Stellvertretender Geschäftsführer & Legal Counsel Unterhaltungssoftware Selbstkontrolle (USK)	§ 15 (zs. mit *Elisabeth Secker*)
Jonathan Pukas Wissenschaftlicher Mitarbeiter und Doktorand, Berlin	§ 20 (zs. mit *Julian Waiblinger)*
Prof. Dr. Christian Rauda Rechtsanwalt, Fachanwalt für Urheber- und Medienrecht, Fachanwalt für Informationstechnologierecht, Fachanwalt für gewerblichen Rechtsschutz, Hamburg	§ 11
Dr. *Gregor Schmid, LL.M. (Cambridge)* Rechtsanwalt, Berlin	§ 9
Elisabeth Secker Geschäftsführerin, Unterhaltungssoftware Selbstkontrolle (USK), Berlin	§ 15 (zs. mit *Lorenzo von Petersdorff)*
Dr. Martin Sester Rechtsanwalt, General Counsel, Gameforge AG, Karlsruhe	§ 18 (zs. mit *Anna Kastner)*
Anne Völkel Senior Counsel, Electronic Arts	§ 14 (zs. mit *Michaela Bartelt-Krantz)*
Dr. Julian Waiblinger Rechtsanwalt, Berlin	§ 20 (zs. mit *Jonathan Pukas)*
Dr. Axel von Walter Rechtsanwalt, Fachanwalt für Urheber- und Medienrecht, Fachanwalt für Informationstechnologierecht, München	§ 21

Abkürzungsverzeichnis

aA	andere(r) Ansicht/Auffassung
AA	Auswärtiges Amt
Abb.	Abbildung
Abk.	Abkommen
ABl.	Amtsblatt
abl.	ablehnend
Abs.	Absatz
abschl.	abschließend
Abschn.	Abschnitt
abw.	abweichend
abwM	abweichende Meinung
abzgl.	abzüglich
aE	am Ende
aF	alte Fassung
AG	Amtsgericht
AGB	Allgemeine Geschäftsbedingungen
allg.	allgemein
allgA	allgemeine Ansicht
allgM	allgemeine Meinung
Alt.	Alternative
aM	andere Meinung
amtl.	amtlich
Änd.	Änderung
ÄndG	Änderungsgesetz
Anh.	Anhang
Anl.	Anlage
Anm.	Anmerkung
Arch.	Archiv
Arg.	Argumentation
Art.	Artikel
Auff.	Auffassung
aufgeh.	aufgehoben
Aufl.	Auflage
ausdr.	ausdrücklich
ausf.	ausführlich
ausl.	ausländisch
ausschl.	ausschließlich
AVS	Altersverifikationssystem
Az.	Aktenzeichen
BAnz.	Bundesanzeiger
Bd.	Band
Bde.	Bände

bearb.	bearbeitet
begr.	begründet
Beil.	Beilage
Bek.	Bekanntmachung
ber.	berichtigt
bes.	besonders
Beschl.	Beschluss
bespr.	besprochen
BFH	Bundesfinanzhof
BGBl.	Bundesgesetzblatt
BGH	Bundesgerichtshof
bish.	bisher(iger)
Bl.	Blatt
BR	Bundesrat
BR-Drs.	Bundesrats-Drucksache
BR-Prot.	Bundesrats-Protokoll
Bsp.	Beispiel
bspw.	beispielsweise
BT	Bundestag
BT-Drs.	Bundestags-Drucksache
BT-Prot.	Bundestags-Protokoll
BVerfG	Bundesverfassungsgericht
bzgl.	bezüglich
bzw.	beziehungsweise
ca.	circa
Darst.	Darstellung
dgl.	dergleichen, desgleichen
dh	das heißt
diesbzgl.	diesbezüglich
diff.	differenziert, differenzierend
div.	diverse
Dok.	Dokument
Drs.	Drucksache
dt.	deutsch
E	Entwurf
Ed.	Edition
EGMR	Europäischer Gerichtshof für Menschenrechte
ehem.	ehemalig/e/er/es
Einf.	Einführung
einf.	einführend
eing.	eingehend
eingef.	eingefügt
einhM	einhellige Meinung
Einl.	Einleitung
einschl.	einschließlich

EL	Ergänzungslieferung
Empf.	Empfehlung
endg.	endgültig
engl.	englisch
Entsch.	Entscheidung
Entschl.	Entschluss
entspr.	entspricht, entsprechend
Erg.	Ergebnis, Ergänzung
erg.	ergänzend
Ergbd.	Ergänzungsband
Erkl.	Erklärung
Erl.	Erlass, Erläuterung
Erwgr.	Erwägungsgrund
etc	et cetera (und so weiter)
EuG	Gericht erster Instanz der Europäischen Gemeinschaften
EuGH	Europäischer Gerichtshof
eur.	europäisch
eV	eingetragener Verein
evtl.	eventuell
EWG	Europäische Wirtschaftsgemeinschaft
EWR	Europäischer Wirtschaftsraum
f., ff.	folgende Seite bzw. Seiten
Fn.	Fußnote
FS	Festschrift
FSF	Freiwillige Selbstkontrolle Fernsehen
FSM	Freiwillige Selbstkontrolle Multimedia-Diensteanbieter
G	Gesetz
GBl.	Gesetzblatt
geänd.	geändert
geb.	geboren
gem.	gemäß
ges.	gesetzlich
gewöhnl.	gewöhnlich
ggf.	gegebenenfalls
ggü.	gegenüber
GLE	Gleichlautendende Ländererlasse
GO	Geschäftsordnung/Gemeindeordnung
Grdl.	Grundlage
grdl.	grundlegend
grds.	grundsätzlich
GS	Gedenkschrift, Gedächtnisschrift
GVBl.	Gesetz- und Verordnungsblatt
hA	herrschende Ansicht/Auffassung
HdB	Handbuch
hins.	hinsichtlich

hL	herrschende Lehre
hM	herrschende Meinung
Hrsg.	Herausgeber
hrsg.	herausgegeben
Hs.	Halbsatz
IARC	International Age Rating Coalition
idF	in der Fassung
idR	in der Regel
idS	in diesem Sinne
iE	im Einzelnen
iErg	im Ergebnis
ieS	im engeren Sinne
iHd	in Höhe des/der
iHv	in Höhe von
insbes.	insbesondere
insges.	insgesamt
int.	international
iRd	im Rahmen des/der
iRv	im Rahmen von
iS	im Sinne
iSd	im Sinne des/der
iSv	im Sinne von
iÜ	im Übrigen
iVm	in Verbindung mit
iW	im Wesentlichen
iwS	im weiteren Sinne
jew.	jeweils
jur.	juristisch
Kap.	Kapitel, Kapital
KJM	Kommission für Jugendmedienschutz
Kom.	Komitee, Kommission
krit.	kritisch
lfd.	laufend
Lfg.	Lieferung
LfM NRW	Landesanstalt für Medien Nordrhein-Westfalen
LG	Landgericht
Lit.	Literatur
lit.	litera
Ls.	Leitsatz
lt.	laut
LT-Drs.	Landtags-Drucksache
LT-Prot.	Landtags-Protokoll
mablAnm	mit ablehnender Anmerkung
mÄnd	mit Änderungen
mAnm	mit Anmerkung

Mat.	Materialien
maW	mit anderen Worten
max.	maximal
mBespr	mit Besprechung
mE	meines Erachtens
mind.	mindestens
Mio.	Million(en)
Mitt.	Mitteilung(en)
mkritAnm	mit kritischer Anmerkung
mN	mit Nachweisen
Mrd.	Milliarde(n)
mtl.	monatlich
mwN	mit weiteren Nachweisen
mWv	mit Wirkung vom
mzustAnm	mit zustimmender Anmerkung
nachf.	nachfolgend
Nachw.	Nachweise
neu gef.	neu gefasst
nF	neue Fassung
Nov.	Novelle
Nr.	Nummer
nrkr	nicht rechtskräftig
nv	nicht veröffentlicht
o.	oben, oder
o. a.	oben angegeben(e/es/er)
o. g.	oben genannte(r, s.)
oÄ	oder Ähnliche/s.
öffentl.	öffentlich
OLG	Oberlandesgericht
OLJB	Oberste Landesjugendbehörden
Prot.	Protokoll
RA	Rechtsanwalt
rd.	rund
RdErl.	Runderlass
RefE	Referentenentwurf
RegE	Regierungsentwurf
rkr.	rechtskräftig
RL	Richtlinie
Rn.	Randnummer
Rs.	Rechtssache
Rspr.	Rechtsprechung
S.	Seite(n), Satz
s.	siehe
s. auch	siehe auch
s. oben	siehe oben

s. unten	siehe unten
SDK	Software Development Kit
Slg.	Sammlung
sog.	sogenannt
st.	ständig
Stellungn.	Stellungnahme
str.	streitig, strittig
stRspr	ständige Rechtsprechung
teilw.	teilweise
TPM	Technical Protection Measures
tvA	teilweise vertretene Ansicht
Tz.	Textziffer
u.	und, unter, unten
u.a.	und andere, unter anderem
uÄ	und Ähnliches
UAbs.	Unterabsatz
UAbschn.	Unterabschnitt
uam	und anderes mehr
uÄm	und Ähnliches mehr
überarb.	überarbeitet
Überbl.	Überblick
überw.	überwiegend
Übk.	Übereinkommen
uE	unseres Erachtens
UGC	User Generated Content
umstr.	umstritten
unstr.	unstreitig
unv.	unverändert, unveränderte Auflage
unveröff.	unveröffentlicht
unzutr.	unzutreffend
Urk.	Urkunde
Urt.	Urteil
usw	und so weiter
uU	unter Umständen
uvam	und vieles anderes mehr
uvm	und viele mehr
v.	vom, von
v.a.	vor allem
Var.	Variante
Verf.	Verfasser, Verfassung, Verfahren
Veröff.	Veröffentlichung
vgl.	vergleiche
vH	von Hundert
VO	Verordnung
Vol., vol.	volume (Band)

Voraufl.	Vorauflage
Vorb.	Vorbemerkung
vorl.	vorläufig
vs.	versus
wN	weitere Nachweise
zB	zum Beispiel
Ziff.	Ziffer
zit.	zitiert
zT	zum Teil
zul.	zuletzt
zusf.	zusammenfassend
zust.	zustimmend
zutr.	zutreffend
zw.	zweifelhaft
zzgl.	zuzüglich
zzt.	zurzeit

Teil I.
Einführung in die Games-Branche

§ 1 Games: Wirtschaftsfaktor, Kulturgut und Innovationstreiber

Literatur: *Batchelor,* Xbox buys Bethesda parent ZeniMax for $ 7.5bn, 2020, abrufbar unter: https://www.gamesindustry.biz/articles/2020-09-21-xbox-buys-bethesda-parent-zenimax; *esports player foundation,* Neue esports player foundation ebnet Esports-Talenten den Weg, 2020, abrufbar unter https://www.quinke.com/de/newsroom/epf/Neue-esports-player-foundation-ebnet-Esports-Talenten-den-Weg_6; *Falk,* Computerspiele und die Kulturpolitik des Bundes (S. 339), in: Zimmermann (Hrsg.), Wachgeküsst. 20 Jahre neue Kulturpolitik des Bundes 1998–2018, 2018; *Frater,* Global Box Office Hit $ 21.4 Billion in 2021, Says Analyst, 2022, abrufbar unter: https://variety.com/2022/film/box-office/global-box-office-2021-1235148732/; *game – Verband der deutschen Games-Branche,* Jahresreport 2021, 2021, abrufbar unter: https://www.game.de/publikationen/jahresreport-2021/; *gamescom,* gamescom 2021: Digitaler Erfolg legt Grundstein für die kommenden Jahre", 2021, abrufbar unter https://b2b.gamescom.de/presse-creator/presseinformationen/presseinformationen-der-gamescom/?fairnumber=0480&fairyear=2021&pressrelease=14&language=DE&abbreviation=DE&datei=pm_0480_2021_14_DE.xml; *IFPI,* IFPI issues Global Music Report 2021, 2021, abrufbar unter: https://www.ifpi.org/ifpi-issues-annual-global-music-report-2021/; *Kramer,* Freude aus der Konsole, 2019, abrufbar unter: https://www.zeit.de/2019/08/fussball-fortnite-torjubel-sergio-ramos-antoine-griezmann; *Lang/Spangler,* Amazon Buys MGM, Studio Behind James Bond, for $ 8.45 Billion, 2021, abrufbar unter: https://variety.com/2021/digital/news/amazon-buys-mgm-studio-behind-james-bond-for-8-45-billion-1234980526/; *Nowak,* Politik fördert Computerspielbranche. Vom Entwicklungs- zum Entwicklerland?, 2018, abrufbar unter: https://www.deutschlandfunk.de/politik-foerdert-computerspielbranche-vom-entwicklungs-zum-100.html; *Settimi,* The Most Valuable Esports Companies 2020, 2020, abrufbar unter: https://www.forbes.com/sites/christinasettimi/2020/12/05/the-most-valuable-esports-companies-2020/?sh=e1610ec73d0c; *Shanley,* Zelda Williams Recalls Growing Up Playing the Video Game Her Father Named Her After, 2017, abrufbar unter: https://www.hollywoodreporter.com/movies/movie-news/zelda-williams-recalls-growing-up-playing-video-game-her-father-named-her-984891/; *Sinclair,* Microsoft acquires Activision Blizzard, 2022, abrufbar unter: https://www.gamesindustry.biz/articles/2022-01-18-report-microsoft-to-acquire-activision-blizzard; *Sinclair,* Microsoft acquires Activision Blizzard, 2022, abrufbar unter: https://www.gamesindustry.biz/articles/2022-01-18-report-microsoft-to-acquire-activision-blizzard; *Takahashi,* Take-Two buys Zynga for $ 12.7B enterprise value, 2022, abrufbar unter: https://venturebeat.com/2022/01/10/take-two-buys-zynga-for-12-7b-enterprise-value/; *Wijman,* The World's 2.7 Billion Gamers Will Spend $ 159.3 Billion on Games in 2020; The Market Will Surpass $ 200 Billion by 2023, 2020, abrufbar unter https://newzoo.com/insights/articles/newzoo-games-market-numbers-revenues-and-audience-2020-2023; *Zimmermann/Falk* (Hrsg.), Handbuch Gameskultur. Über die Kulturwelten von Games, 2020, abrufbar unter: https://www.game.de/?wpdmdl=91083.

A. Einführung

1 Computer- und Videospiele sind noch ein vergleichbar junges Medium, ihre Ursprünge gehen nur bis in die 1950er Jahre zurück. Damals konnten junge technikinteressierte Menschen an US-amerikanischen Universitäten mit den ersten Computern experimentieren. Einer größeren Zielgruppe wurden Games erst in den 1970er Jahren zugänglich. Da erschien mit der „Magnavox Odyssey" die erste Spielekonsole für den Heimgebrauch und hierfür einer der ikonischsten Titel aller Zeiten: „Pong". Damit war das **Massenmedium** „Games" geboren. In der Folgezeit kamen immer neue Plattformen hinzu, auf denen gespielt wurde. Neben Spielekonsolen und Computern entwickelte

sich das Smartphone zu einer der wichtigsten Gaming-Plattformen. Heute spielt nahezu jeder dritte Mensch[1] auf dem Planeten Computer- und Videospiele. Der Umsatz der Branche hat schon lange die Schallmauer von 100 Milliarden USD jährlich hinter sich gelassen und damit alle anderen Bereiche der Kultur- und Kreativwirtschaft abgehängt. Die Erfolgsgeschichte von Games ist einmalig und angesichts stetiger Innovationen noch längst nicht auserzählt.

2 Doch nicht nur technisch und wirtschaftlich haben Computer- und Videospiele eine einzigartige Entwicklung genommen, auch kulturell sind sie schon seit vielen Jahren prägend. Figuren wie Super Mario oder Lara Croft sind auch Menschen bekannt, die selbst nie gespielt haben. Fußballstars feiern ihre wichtigsten Tore mit Tänzen aus Fortnite[2] und Hollywoodstars benennen ihre Kinder nach Videospielfiguren wie Zelda.[3] Große Games-Marken wie „Assassin's Creed", „Final Fantasy" oder „Uncharted" sind auf PC und Spielekonsole ebenso zu Hause wie auf der großen Leinwand oder im Konzertsaal. Und auch rund um Games sind verschiedene Subkulturen gewachsen: Esport erreicht heute schon Millionen Menschen weltweit. Die besten Spielerinnen und Spieler im digitalen Wettkampf genießen in den jüngeren Generationen eine Bekanntheit wie zuvor nur internationale Sportikonen. Teams wie „Cloud 9", „FaZe Clan" oder „G2 Esports" sind nicht nur mehrere hundert Millionen Euro wert,[4] sondern rangieren bei der Bekanntheit auch mit den größten Sportorganisationen der Welt auf einer Ebene.

3 Die genannten Beispiele zeigen, wie dynamisch die Entwicklung der Games-Branche in den vergangenen Jahren ablief: Aus einem Medium, das nur einer kleinen Zielgruppe – nämlich technisch-interessierten Studierenden an einzelnen US-Universtäten – zur Verfügung stand, ist innerhalb weniger Jahrzehnte das prägendste **Kultur- und Massenmedium** unserer Zeit geworden.

B. Games: Innovationen als Wachstumstreiber

4 Farmville schlägt James Bond – so zumindest könnte man die **Übernahmen** in der internationalen Entertainment-Branche Anfang der 2020er Jahre zusammenfassen. Denn während der IT-Gigant Amazon für das Filmstudio Metro-Goldwyn-Mayer und damit auch die Rechte an James Bond, einer der größten Marken in der Filmwelt, rund 8,45 Milliarden USD[5] bot, wäre dies für Zynga – die Macher des Social- und Mobile-Games Farmville – deutlich zu wenig gewesen. Diese wurden nur kurz später vom Games-Publisher Take Two Interactive für rund 12 Milliarden USD[6] übernommen. Gleich mehrere Punkte sind an dieser Übernahme spannend: Denn zwar handelte es sich bei Bekanntwerden um die bis dato größte Summe, für die ein Games-Unternehmen gekauft wurde. Nur wenige Tage später wurde allerdings der nächste Kauf bekannt:

1 Wijman, The World's 2.7 Billion Gamers Will Spend $159.3 Billion on Games in 2020; The Market Will Surpass $200 Billion by 2023, 2020.
2 Kramer, Freude aus der Konsole, 2019.
3 Shanley, https://www.hollywoodreporter.com/movies/movie-news/zelda-williams-recalls-growing-up-playing-video-game-her-father-named-her-984891/.
4 *Settimi,* The Most Valuable Esports Companies 2020, 2020.
5 *Lang/Spangler,* Amazon Buys MGM, Studio Behind James Bond, for $8.45 Billion, 2021.
6 *Takahashi,* Take-Two buys Zynga for $12.7B enterprise value, 2022.

Microsoft, Betreiber der Xbox-Plattform und bereits in Besitz zahlreicher Spiele-Studios, gab die Absicht bekannt, ActivisionBlizzard – den nach Marktkapitalisierung größten reinen Games-Publisher – für knapp 70 Milliarden USD[7] zu übernehmen. Bereits anderthalb Jahre zuvor war Microsoft aktiv und kaufte den Games-Anbieter Zenimax für rund 7,5 Milliarden USD.[8] Das Spannende an diesen Übernahmen: Sie sind keine Einzelfälle – wenn auch in ihrer Höhe sicherlich herausragend. Sie folgen einem Trend, der die enorm gestiegene wirtschaftliche Bedeutung der Games-Branche zeigt. Aus dem Medium, das einst nur von einer spitzen Zielgruppe verfolgt wurde, ist längst das größte Entertainment-Medium unserer Zeit geworden – und das in einer vergleichsweise kurzen Zeitspanne.

Die hohen Übernahmesummen mögen für manche überraschend sein, lassen sich aber 5
mit Blick auf die **Marktentwicklung** nachvollziehen. So konnte allein der deutsche Games-Markt auch 2021 einen neuen Umsatzrekord feiern – und das nach mehreren Jahren des Wachstums. Insgesamt wurde mit Computer- und Videospielen sowie der dazugehörigen Hardware ein Umsatz von rund 9,8 Milliarden EUR erzielt.[9] Das entspricht einem Wachstum von 17 % im Vergleich zum Vorjahr. Bereits da wurde ein Wachstum von 32 % erzielt. Damit bleibt der deutsche Games-Markt der größte in Europa und belegt Platz 5 weltweit. Sowohl der Umsatz mit Hard- als auch mit Software ist dabei 2021 deutlich gewachsen: Mit Spielekonsolen, Gaming-PCs und entsprechender Peripherie wurden rund 3,6 Milliarden EUR umgesetzt. Das ist ein Plus von 18 % im Vergleich zu 2020. Auch der größere Teilmarkt für Computer- und Videospiele ist erneut gewachsen: 6,2 Milliarden EUR konnten mit dem Kauf von Games, In-Game- und In-App-Käufen, Abonnements sowie Gebühren für Online-Dienste umgesetzt werden. Damit legte dieser Teil des Marktes um rund 17 % im Vergleich zum Vorjahr zu. Einen umfassenden Überblick zum Games-Standort Deutschland und dem hiesigen Games-Markt gibt es im Kapitel „Games-Standort Deutschland“ von Prof. Dr. Oliver Castendyk und Juliane Müller von der Hamburg Media School.

Der **deutsche Games-Markt** stellt dabei keine Ausnahme da: Der weltweite Games- 6
Markt entwickelt sich bereits seit einigen Jahren sehr dynamisch: So soll der weltweite Games-Markt 2021 auf insgesamt 180,3 Milliarden EUR gewachsen sein.[10] Zum Vergleich: Weltweit wurden 2020 mit Musik rund 21,6 Milliarden USD[11] umgesetzt. Der weltweite Kino-Markt soll 2021 dagegen rund 21,4 Milliarden USD[12] umgesetzt haben. Diese Vergleiche zeigen bereits, dass der Games-Markt in einer ganz eigenen Liga spielt und viele klassische Entertainment-Industrien bereits weit hinter sich gelassen hat. Dabei gibt es auch in Zukunft noch reichlich Raum für weiteres Wachstum: So spielten 2021 rund 3 Milliarden Menschen Computer- und Videospiele – und damit rund 5,3 % mehr also noch 2020. Bei beinahe 7,8 Milliarden Menschen auf der Erde ist also noch reichlich Wachstumspotenzial vorhanden.

7 *Sinclair*, Microsoft acquires Activision Blizzard, 2022.
8 *Batchelor*, Xbox buys Bethesda parent ZeniMax for $7.5bn, 2020.
9 Game – Verband der deutschen Games-Branche Jahresreport 2021, 2021.
10 *Wijman*. The World's 2.7 Billion Gamers Will Spend $159.3 Billion on Games in 2020; The Market Will Surpass $200 Billion by 2023, 2020.
11 *IFPI*, IFPI issues Global Music Report 2021, 2021.
12 *Frater*, Global Box Office Hit $21.4 Billion in 2021, Says Analyst, 2022.

7 Doch nicht nur neue Spielerinnen und Spieler treiben das dynamische Wachstum des Games-Marktes voran. Ein wesentlicher Aspekt der wirtschaftlichen Erfolgsgeschichte von Games ist ihre Rolle als **Innovationstreiber**, denn keine Medienbranche ist so schnell dabei, neue Technologien und Ansätze auszuprobieren und in Produkte zu verwandeln. Ob Free-to-Play-Ansätze, Virtual-Reality oder Blockchain: Die Games-Branche ist schon seit langer Zeit ein Frontrunner digitaler Innovationen. Zeitgleich sind Gamerinnen und Gamer häufig besonders offen gegenüber neuen Technologien, wenn sie ein besseres Spiele-Erlebnis versprechen. Dies führt dazu, dass die Games-Branche sowie die Spielerinnen und Spieler technischen Innovationen häufig schon zum Durchbruch auf dem Massenmarkt verholfen haben. Neben gänzlich neuen Geräten wie beispielsweise Virtual-Reality-Headsets treiben sie aber auch die Nachfrage nach immer schnelleren Prozessoren, Grafik-Chips und Internetanschlüssen maßgeblich mit voran und damit insgesamt den technologischen Fortschritt. Und diese Entwicklung ist noch längst nicht abgeschlossen. Die größten Visionen der Digitalwirtschaft beinhalten heute zentrale Pfeiler der Games-Branche: Ob Künstliche Intelligenz, Virtual- oder Augmented-Reality oder das sogenannte Metaverse; sie alle greifen Innovationen der Games-Branche auf und geben einen Fingerzeig, dass deren Relevanz in den kommenden Jahren und Jahrzehnten weiter deutlich zunehmen wird. Damit steigt gleichzeitig auch die wirtschaftliche Bedeutung der Games-Branche, die zu einer **Schlüsselindustrie der Digitalisierung** wird. Aus dieser Perspektive betrachtet, werden auch die großen Summen, die für Übernahmen von Games-Unternehmen bezahlt werden, verständlich.

C. Games als Kulturgut

8 Die Bedeutung von Games allein an der Entwicklung ihrer Umsätze zu bewerten, greift aber deutlich zu kurz. Games sind mehr als ein Kulturwirtschaftsgut. Und sie sind auch mehr als ein Innovationstreiber. Vielmehr müssen sie auch als fester **Teil der Kulturfamilie** verstanden werden. Doch insbesondere damit hat man sich zumindest in Deutschland lange Zeit schwergetan.

9 Viele Jahre wurden Games – obwohl schon von Millionen Menschen in Deutschland gespielt – zumindest kulturpolitisch wenig beachtet. Besonders deutlich wurde dies, als 1998 der **Beauftragte für Kultur und Medien** von der Bundesregierung unter Gerhard Schröder (SPD) eingesetzt wurde. Damit erhielt die Kultur- und Medienbranche zwar einen direkten Ansprechpartner auf Bundesebene, doch Games wurden hier kaum beachtet, vielmehr nahm man sie wohl als weniger ernstzunehmendes Jugendmedium wahr.[13] Die Aufmerksamkeit nahm erst durch einen sehr traurigen Anlass zu: Mit dem Amoklauf 2002 in Erfurt rückten Computer- und Videospiele verstärkt in den Mittelpunkt; auf der Suche nach Erklärungen für die unvorstellbare Tat wurde immer wieder sehr laut und teilweise auch schrill auf den Medienkonsum des Attentäters verwiesen. Die anschließende Debatte fand unter dem vom damaligen bayerischen Innenminister Günter Beckstein geprägten Begriff **„Killerspiele“** statt und führte nicht nur zu einer Novellierung des Jugendschutzgesetzes, sondern sogar – nach einem weiteren Amoklauf in Winnenden – einer Verbotsforderung für die sogenannten Killerspiele

13 *Falk* in Zimmermann, 2018, 339.

im Koalitionsvertrag von CDU, CSU und SPD im Jahr 2005. Und auch wenn diese Forderung später nicht umgesetzt wurde, konzentrierten sich die politischen Debatten um Games auch in den Folgejahren um potenzielle Gefahren und blieben hitzig.

Doch die Debatten hatten auch ein Gutes: Sie führten letztendlich zu wichtigen Meilensteinen bei der Anerkennung von Computer- und Videospielen als **Kulturmedium** in Deutschland: So verabschiedete der Deutsche Bundestag 2007 – also nur zwei Jahre nach der Verbotsdebatte – den Antrag zur Einrichtung des Deutschen Computerspielpreises. Mit diesem Preis – gleichsam von der Bundesregierung und den damals noch zwei Verbänden der deutschen Games-Branche getragen – sollten die besten Spiele aus Deutschland ausgezeichnet werden. Das war ein starkes kulturpolitisches Signal und half auch dabei, die Debatte um Games zu versachlichen. So kam es zwar in den Folgejahren noch zu der einen oder anderen Kontroverse um den Preis. Doch auch diese halfen dabei, die Anerkennung von Games als Kulturgut zu stärken. Ein weiteres wichtiges Signal folgte bereits 2008 mit der Aufnahme des GAME-Verbands in den **Deutschen Kulturrat**. Diese und viele weitere Schritte führten letztendlich auch zu den Worten von Bundeskanzlerin Dr. Angela Merkel bei der Eröffnung der gamescom 2017, als sie unter anderem der Bedeutung von Computer- und Videospielen als Kulturgut die allergrößte Bedeutung zusprach. Noch deutlicher wird die heutige Anerkennung von Games als Kulturgut durch die **Games-Förderung** des Bundes in Höhe von 50 Millionen EUR jährlich.[14] Denn diese ist – das zeigt schon der obligatorische Kulturtest, der von den eingereichten Projekten bestanden werden muss – eine Kulturförderung. 10

Die über viele Jahre negativ geführte politische Debatte in Deutschland verdeckte lange Zeit auch die Besonderheiten von Games als Kulturmedium. Denn sie sind als einziges Medium originär digital. Dieses Merkmal lässt Games auch in vielen anderen Bereichen fernab der Kultur, im Zuge der Digitalisierung unserer Gesellschaft und Wirtschaft, zu einem wichtigen **Impulsgeber** werden. Zudem ist wohl kein Kulturmedium dermaßen sozial und international. Games werden so gut wie immer für den weltweiten Markt entwickelt – denn Spielen ist eine Sprache, die auf der gesamten Welt verstanden wird. Zudem werden Computer- und Videospiele häufig gemeinsam rezipiert. Anders als bei anderen Medien basiert die Erfahrung bei Mehrspielerspielen auf der Interaktion mit- und gegeneinander. Das ermöglicht andere und auch komplett **neue Erzählformen**, die so kein anderes Medium bieten kann. 11

Bereits in der – zumindest im Vergleich zu anderen Medien – kurzen Zeitspanne, in der Games als eigenständiges Medium existieren, ist eine unglaublich vielfältige und internationale **Games-Kultur** hervorgegangen. Zu nahezu jedem anderen Kulturbereich gibt es längst Verbindungen und Überschneidungen. So sind Games nicht nur teilweise selbst Kunst, sie beeinflussen darüber hinaus längst auch Künstlerinnen und Künstler. Besonders deutlich wird dies in der **Literatur**, die eine symbiotische Beziehung zu Games eingegangen ist. So basiert eine Vielzahl von Spielen auf literarischen Vorlagen. Dies reicht von klassischen Stoffen wie der Suche der Argonauten nach dem goldenen Vlies über die erfolgreichen Games der „The Witcher"-Serie, die auf polnischen Sagen und Märchen beruhen, bis hin zu moderner Fantasy-Literatur. Spiele zum „Herr 12

14 *Nowak*, Politik fördert Computerspielbranche. Vom Entwicklungs- zum Entwicklerland?, 2018.

der Ringe“-Kosmos sind hierfür ebenso Beispiele wie die Versoftung (im Sinne von Übersetzung in Software) der deutschen Fantasy-Romane „Die Zwerge“. Gleichzeitig arbeiten bekannte Autoren längst auch an den Geschichten erfolgreicher Games mit wie zuletzt George R. R. Martin bei „Elden Ring“. Auf der anderen Seite erscheinen immer mehr Romane und Erzählungen, die auf bekannten Computer- und Videospielen basieren. Wer heute die Buchhandlung seines Vertrauens besucht, kommt nicht umhin, die Regale mit Büchern zu „Minecraft“ und „World of Warcraft“ zu bemerken oder auch die zahlreichen Comics, die die Geschichten aus den Spielwelten weitererzählen.

13 Ein ähnlich intensiver Austausch findet auch zwischen **Film** und Games statt: So blieb der Aufstieg der Computer- und Videospiele und die damit einhergehende stark wachsende Community Hollywood nicht lange verborgen. Schon früh wurden Games als Erweiterung von Filmuniversen wahrgenommen. Dass dies nicht immer von Erfolg gekrönt war, zeigt das Beispiel von „E.T. the Extra-Terrestrial“, das 1982 für den Atari 2600 entwickelt wurde und von dem aufgrund mangelnden Erfolgs mehrere tausend unverkäufliche Spielmodule in der Wüste New Mexicos vergraben wurden. Wegen unterschiedlicher Produktionszeiträume wird heute zwar nur noch äußerst selten das „Spiel zum Film“ produziert. Dafür werden die Universen der Kinofilme genutzt, um hierzu eigenständige Spiele zu entwickeln, die die Geschichten von der Leinwand häufig ergänzen und erweitern. Ob „Herr der Ringe“, „The Avengers“ oder „Avatar“ – kaum ein internationaler Kino-Blockbuster kommt ohne eine hochwertige Versoftung aus. Aber auch umgekehrt wurden erfolgreiche Games zur Vorlage für Filme. Waren **Games-IPs** für Filmemacher zu Beginn vor allem interessant, da sie vergleichsweise günstig waren und von großen Communitys verfolgt wurden, die eine spannende Zielgruppe darstellten, hat sich auch hier in den vergangenen Jahren viel bewegt. Filme zu Spielen haben sich längst zu hochwertigen Produktionen entwickelt, die mit hohen Produktionsbudgets und Hollywood-Stars aufwarten – Assassins's Creed und Uncharted sind hierfür nur zwei Beispiele aus den vergangenen Jahren. Eine vergleichbare Entwicklung ist mit dem Siegeszug von **TV-Serien** ebenfalls zu beobachten. In Zeiten des Kampfes der Streaming-Portale um möglichst attraktive Inhalte sind diese längst auf erfolgreiche Spiele-IPs aufmerksam geworden – Beispiele hierfür sind unter anderem Dota, League of Legends oder The Witcher.

14 Bücher, Filme und Serien stehen dabei beispielhaft für die gegenseitige Beeinflussung von Games und anderen Kulturgütern. Vergleichbare Entwicklungen gibt es auch in der **Musik**. Nicht nur ist sie selbst zum Gegenstand des Spielens geworden – etwa in Titeln wie Garage Band, Just Dance oder Beat Saber – längst wird auch die Musik bekannter Spieleserien wie Final Fantasy oder Assassin's Creed von ganzen Orchestern gespielt. Die Liste der Kulturgüter, mit denen Games eine symbiotische Beziehung eingegangen sind, ließe sich endlos fortsetzen. Ein weiteres Beispiel hierfür sind **Brett- und Kartenspiele**: Zu den vielen digitalen Versionen klassischer Gesellschaftsspiele, die es gefühlt so lange schon gibt wie digitale Medien überhaupt, haben sich in den vergangenen Jahren immer häufiger auch Brettspielumsetzungen bekannter Games gesellt. Ob Stardew Valley, Doom oder Dark Souls: Zu kaum einer größeren Spiele-Marke – über alle Genres hinweg – gibt es heute kein passendes Brettspiel.

Games haben sich als Kulturmedium fest etabliert. Einen sehr guten Überblick hierzu gibt es im „**Handbuch Gameskultur.** Über die Kulturwelten von Games", das von Olaf Zimmermann und mir herausgegeben wurde und frei verfügbar ist.[15] Insgesamt sind Games viele, sehr fruchtbare Beziehungen zu anderen Kulturgütern eingegangen. Darüber hinaus haben sich aber auch Games-spezifische Kulturausprägungen herausgebildet. Die überragende Bedeutung der **Community** gehört dazu. Denn bei keinem anderen Medium werden die eigentlichen Rezipienten selbst zu Produzenten. Mit **Let's Plays** und Livestreams sind sogar eigene Medienformate aus dieser besonderen Rolle der Community erwachsen. Insbesondere die Livestreams von Spielenden auf Plattformen wie twitch.tv, YouTube oder Facebook haben sich als eigenständige Formate fest etabliert. Zu ihrem Erfolg hat wiederum die Interaktivität beigetragen. Denn anstatt passiv anderen beim Spielen zuzuschauen, bringt der Live-Chat eines solchen Streams eine interaktive Komponente ein, die für das Format prägend ist und es deutlich vom linearen Fernsehen abhebt. Kein Wunder, dass diese Kombination aus Live-Übertragung und Interaktivität immer stärker auch fernab der Gaming-Streams eingesetzt wird. 15

Der Einfluss der Community reicht aber noch weiter, teilweise sogar bis zur Entwicklung neuer Titel, in die sie bereits früh eingebunden wird, oder bis zur eigenständigen Entwicklung neuer Inhalte. Einige der größten und erfolgreichsten Spiele basieren auf diesen sogenannten **Mods.** Mit Counter-Strike, Dota 2 und League of Legends zählen auch die Königsdisziplinen des Esports hierzu. Insgesamt ist der Esport als eine weitere spezifische Ausprägung der Games-Kultur zu nennen. Der Wettkampf in digitalen Spielen weist zwar zahlreiche Gemeinsamkeiten mit dem klassischen Sport auf, zeigt dabei aber auch eine ebenso große Eigenständigkeit – angefangen bei den Disziplinen bis hin zur Organisation. Zum großen Erfolg des Esports trägt dabei seine tiefe Verankerung in der Games-Kultur bei: Der **Esport** ist international, digital auf vielen verschiedenen Wegen zu verfolgen – live oder auf Abruf – und in vielen Fällen Community-getrieben und auch interaktiv. Damit passt der Esport viel besser zur Medienrealität der digitalen Generation als klassische Sport- und Event-Formate. Gleichzeitig transportiert er hierdurch aber auch die Games-Kultur selbst. Denn der Esport hat sich längst zu einem weltweiten Phänomen entwickelt, das auch fernab der Gaming-Communitys wahrgenommen wird. Stetige neue Superlative bei den Zuschauendenzahlen, Preisgeldern und Team-Bewertungen sind die Folge. Die dadurch entstandene Sichtbarkeit des Esports hat ihn selbst zu einem Synonym für den weltweiten Erfolg der Games-Kultur gemacht. 16

D. Struktur und Institutionen der deutschen Games-Branche

Auch im Vergleich mit anderen Games-Standorten weltweit verfügt Deutschland über eine starke und vielfältige Struktur von Institutionen, die den Rahmen der deutschen Games-Branche bilden. 17

Dem **game – Verband der deutschen Games-Branche** gehören mittlerweile über 350 Mitglieder an, darunter Entwickler, Publisher und viele weitere Akteure der 18

15 *Zimmermann/Falk*, Handbuch Gameskultur. Über die Kulturwelten von Games, 2020.

Games-Branche wie Esport-Veranstalter, Bildungseinrichtungen und Dienstleister. Als Mitveranstalter der **gamescom** verantwortet der Verband das weltgrößte Event für Computer- und Videospiele. Um der Vielfalt von Games gerecht zu werden, hat der game sein Engagement breit gestreut und auf mehrere Schultern verteilt. So ist der Verband Gesellschafter der **USK**, der **Stiftung Digitale Spielekultur** und der **esports player foundation** sowie Träger des **Deutschen Computerspielpreises.** Zudem ist die **devcom** eine Tochtergesellschaft des game. Sie veranstaltet unter anderem die gleichnamige Entwickler-Konferenz der gamescom. Als zentraler Ansprechpartner für Medien, Politik und Gesellschaft beantwortet der game alle Fragen etwa zur Marktentwicklung, Spielekultur und Medienkompetenz.

19 Die **USK** engagiert sich seit 1994 Jahren für den **Jugendschutz** im Gaming-Bereich und hilft so dabei die Balance zwischen Teilhabe und Schutz vor ungeeigneten Inhalten für Kinder und Jugendliche sicherzustellen. Als freiwillige Selbstkontrolle der Games-Branche ist die USK die verantwortliche Stelle für die Prüfung von Computer- und Videospielen in Deutschland. Die bekannten USK-Kennzeichen, die sich auf den Spielen wiederfinden, lassen mit einem Blick erkennen, ab welchem Alter ein Spiel aus Sicht des Jugendschutzes unbedenklich ist. Damit ist die USK eines der wichtigsten staatlich anerkannten Instrumente des Kinder- und Jugendschutzes in Deutschland. In dieser Funktion hat sie seit der Gründung 1994 knapp 50.000 Prüfverfahren von digitalen Spielen in Deutschland durchgeführt. Im klassischen Prüfverfahren erteilen staatliche Vertreterinnen und Vertreter auf Empfehlung von unabhängigen Jugendschutzsachverständigen die gesetzlichen Alterskennzeichen 0, 6, 12, 16 oder ab 18 Jahre. Darüber hinaus vergibt die USK Alterskennzeichen auch innerhalb des internationalen Systems der **International Age Rating Coalition (IARC)** für Apps und Spiele, die online erworben werden können. Auf angeschlossenen Plattformen wie dem Google Play Store, Nintendo eShop, Sony Playstation Store oder Microsoft Store liefern USK-Kennzeichen eine wichtige Orientierungshilfe für Kinder- und Jugendliche, Eltern und pädagogische Fachkräfte. Einen genaueren Überblick über den gesetzlichen Jugendschutz in Deutschland liefert der gleichlautende Beitrag von Elisabeth Secker und Lorenzo von Petersdorff in diesem Handbuch.

20 Die **Stiftung Digitale Spielekultur** entwickelt und initiiert Projekte und Maßnahmen, die Games als Kulturgut, Bildungsmedium sowie Innovations- und Forschungsmotor zugänglich machen. Ins Leben gerufen wurde die Stiftung 2012, sie geht auf eine gemeinsame Initiative des Deutschen Bundestages und der deutschen Games-Branche zurück. Die Arbeit der Stiftung wird durch einen hochkarätig besetzten Beirat unterstützt, dessen 14 Mitglieder unter anderem Bundesministerien, der Obersten Landesjugendbehörden, der Hochschullandschaft und der Games-Branche angehören. Im Rahmen ihrer Schwerpunkte Forschung, Bildung und Kultur hat die Stiftung 2020 zahlreiche Projekte umgesetzt. Hierzu gehört etwa die Initiative „Erinnern mit Games“, die aus dem Ideenwettbewerb Pitch Jam: Memory Culture with Games hervorgegangen ist, bei dem Konzepte entwickelt wurden, wie Games zur digitalen Auseinandersetzung mit der Zeit des Nationalsozialismus und dem Holocaust beitragen können. Weitere Projekte sind die Initiative „Stärker mit Games“, die die Teilhabe von Kindern und Jugendlichen an kultureller Bildung mithilfe von Games ermöglicht, oder die Initiative

„Games machen Schule", in deren Rahmen wissenschaftlich geprüft wurde, ob und wie digitale Spiele im Schulunterricht eingesetzt werden können.

Um angehende Esport-Profis künftig bestmöglich zu fördern, wurde im Januar 2020 die weltweit erste Institution zur Förderung von Esportlerinnen und Esportlern in Köln gegründet, die **esports player foundation.**[16] Ihr Fokus liegt darauf, aktuellen und kommenden Top-Spielerinnen und -Spielern eine ganzheitliche Förderung zukommen zu lassen, wie sie aus dem klassischen Sport bekannt ist und bisher im Esport nicht existierte. Denn um im digitalen Wettkampf erfolgreich zu sein, benötigt es jahrelanges, professionelles und ausgewogenes Training. Dabei sollen nicht nur die Esportlerinnen und Esportler – vom Nachwuchsspieler bis zum semi- und vollprofessionellen Gamer – in ihren spielerischen Fähigkeiten gefördert werden. In vielen Bereichen nimmt die esports player foundation hierbei eine globale Vorreiterrolle ein. Eine engmaschige sportpsychologische Betreuung oder sportmedizinische Untersuchungen gehören hier ebenso dazu wie ein Steuer- und Finanzcoaching, die Unterstützung in Vertragsfragen oder der gezielte Support beim Karriereaufbau. Weiterhin werden sportliche Werte vermittelt und die Spielenden dazu befähigt, als Vorbilder positiv auf Millionen ambitionierter Gamerinnen und Gamer zu wirken. 21

Auch auf regionaler Ebene haben sich in den vergangenen Jahren vermehrt Strukturen der Games-Branche ausgebildet. Ein Grund für deren Etablierung ist das unterschiedliche Engagement der Bundesländer für die Games-Unternehmen vor Ort. So unterscheidet sich beispielsweise die regionale Games-Förderung sehr deutlich: Während Bundesländer und Regionen wie Bayern, Berlin-Brandenburg und Nordrhein-Westfalen jährlich zwischen 2,2 und 3 Millionen EUR für Games-Förderprogramme zur Verfügung stellen, gibt es bis dato keine vergleichbare Unterstützung in Mecklenburg-Vorpommern, Bremen oder Schleswig-Holstein. Um diesen regionalen Unterschieden in der politischen Arbeit besser gerecht werden zu können, haben sich in den vergangenen Jahren zahlreiche Games-Akteure vor Ort mit Unterstützung des game zu **Regionalvertretungen** zusammengeschlossen. Ziel ist es, vor Ort mit klaren Positionen und eindeutigen Ansprechpartnern stärker für bessere Rahmenbedingungen einzutreten. 22

Zu den **Regionalvertretungen** gehören game Schleswig-Holstein, game Norddeutschland (Niedersachsen, Bremen und Mecklenburg-Vorpommern), game Hamburg, game Berlin-Brandenburg, game Rheinland-Pfalz, game Baden-Württemberg und game Saarland. In Sachsen, Sachsen-Anhalt und Thüringen (Games & XR Mitteldeutschland) sowie in Nordrhein-Westfalen (games.nrw), Hessen (gamearea-HESSEN) und Bayern (Games Bavaria Munich) arbeitet der game eng mit bestehenden regionalen Vertretungen der Games-Branche zusammen. Und das regionale Engagement trägt Früchte: Viele Bundesländer führen neue Förderungen ein oder bauen bestehende Programme aus, wie allein ein Blick auf die Jahre 2020 und 2021 zeigt: So stieg Hamburg 2020 in die Games-Förderung (wieder) ein und unterstützt unter anderem die Entwicklung von Prototypen. Insgesamt stehen in der Hansestadt hierfür 520.000 EUR zur Verfügung. Rheinland-Pfalz hat Ende 2021 mit einer regionalen Games-Förderung begonnen. In Bundesländern wie Berlin und Brandenburg, Baden-Württemberg, Niedersachsen oder dem Saar- 23

16 *Esports player foundation*, Neue esports player foundation ebnet Esports-Talenten den Weg, 2020.

land sind 2020 zudem die Fördersummen gestiegen.[17] Damit erstreckt sich die Entwicklungslandschaft über weite Teile Deutschlands und es sind mehrere regionale Schwerpunkte entstanden, im Gegensatz zu vielen anderen Ländern, in denen sich der Großteil der Games-Branche um die jeweilige Hauptstadt zentriert – ein Vorteil für die weitere Entwicklung des Standortes.

24 Ein großer Vorteil ist zudem die **gamescom** als das weltgrößte Event rund um Computer- und Videospiele. Sie findet jährlich Ende August in Köln statt. Dabei begeistert das Event nicht nur hunderttausende Menschen vor Ort, sondern auch Millionen weltweit. So erreichte allein die große Eröffnungs-Show „gamescom: Opening Night Live" 2021 rund 5,8 Millionen Live-Zuschauende. Die gamescom wird in über 180 Ländern weltweit verfolgt. Die devcom ist die offizielle gamescom-Entwicklerkonferenz, die tausende Fachbesucherinnen und Fachbesucher aus 87 Ländern zusammenbringt.[18]

25 So vielfältig und dynamisch wie die Entwicklung von Games ist, so vielfältig und dynamisch sind auch der game und seine Mitgliedschaft. Diese einmaligen Stärken spiegeln sich auch im vorliegenden Handbuch wider, das von den Mitgliedern des game verfasst wurde und alle Bereiche der Games-Branche aus der Rechtsperspektive näher beleuchtet und damit einen bisher einzigartigen Überblick verschafft.

17 Game – Verband der deutschen Games-Branche Jahresreport 2021, 2021.
18 *Gamescom,* gamescom 2021: Digitaler Erfolg legt Grundstein für die kommenden Jahre, 2021.

§ 2 Der Games-Standort Deutschland

Literatur: *BMWi – Bundesministerium für Wirtschaft und Energie*, Monitoringbericht Kultur und Kreativwirtschaft 2017, abrufbar unter https://www.bmwi.de/Redaktion/DE/Publikationen/Wirtschaft/monitoring-wirtschaftliche-eckdaten-kuk-2017.html; *Castendyk/Goldhammer*, Produzentenstudie 2018. Daten zur Film- und Fernsehwirtschaft in Deutschland 2017/2018, 2018; *Castendyk/Müller-Lietzkow*, Die Computer- und Videospielindustrie in Deutschland, 2017; *Castendyk/Müller/Schwarz*, Die Games-Branche in Deutschland 2018/19/20: Quantitativer Teil, 2020; *Dataspelsbranschen – Swedish Games Industry*, Game Developer Index 2021, abrufbar unter https://dataspelsbranschen.se/game-developer-index; *Deutsche Sporthochschule Köln*, Was ist Esport?, abrufbar unter https://www.esportwissen.de/was-ist-esport/#01; *ESAC – Entertainment Software Association of Canada/Nordicity*, The Canadian Video Game Industry 2021, abrufbar unter https://theesa.ca/wp-content/uploads/2021/11/esac-2021-final-report.pdf; *ESBD – eSport-Bund Deutschland*, Was ist eSport?, 2018, abrufbar unter https://esportbund.de/esport/was-ist-esport/; *game – Verband der deutschen Games-Branche*, gamesmap – Online-Verzeichnis der Games-Branche in Deutschland, abrufbar unter https://www.gamesmap.de/; *game – Verband der deutschen Games-Branche*, Jahresreport der deutschen Games-Branche 2021, 2021a, abrufbar unter https://www.game.de/publikationen/jahresreport-2021/; *game – Verband der deutschen Games-Branche*, Top 20 Spiele-Apps nach Umsatz – November 2021, 2021b, abrufbar unter https://www.game.de/marktdaten/top-20-spiele-apps-nach-umsatz-november-2021/; *GamesWirtschaft*, Gamescom 2019 Besucherzahlen: 373.000 Fans in Köln, abrufbar unter https://www.gameswirtschaft.de/gamescom/gamescom-2019-besucherzahlen/; *Goldmedia/HMS/HTWK*, Monitoringbericht Kultur- und Kreativwirtschaft 2021, 2022, abrufbar unter https://www.bmwk.de/Redaktion/DE/Publikationen/Wirtschaft/monitoringbericht-kultur-und-kreativwirtschaft-2021.pdf?__blob=publicationFile&v=2; *ISFE – Interactive Software Federation of Europe/EGDF – European Games Developer Federation*, Key Facts 2020 – The Year We Played Together, 2021, abrufbar unter https://www.isfe.eu/wp-content/uploads/2021/10/2021-ISFE-EGDF-Key-Facts-European-video-games-sector-FINAL.pdf; *Koelnmesse*, Daten und Fakten zur gamescom, 2021a, abrufbar unter https://www.gamescom.de/die-gamescom/gamescom-2021/daten-fakten/; *Koelnmesse*, gamescom 2020: Online-Zuschauer-Rekorde und ein noch internationaleres Publikum, 2020, abrufbar unter https://www.gamescom.de/die-gamescom/rueckblick/rueckblick-2020/schlussbericht/; *Koelnmesse*, gamescom 2021: Digitaler Erfolg legt Grundstein für die kommenden Jahre, 2021b, abrufbar unter https://www.gamescom.de/die-gamescom/rueckblick/rueckblick-2021/schlussbericht/; *Mojang Studios/Microsoft*, Minecraft Franchise Fact Sheet, April 2021, abrufbar unter https://news.xbox.com/en-us/wp-content/uploads/sites/2/2021/04/Minecraft-Franchise-Fact-Sheet_April-2021.pdf; *Newzoo*, Global Games Market Report – The VR and Metaverse Edition, 2021a, abrufbar unter https://newzoo.com/products/reports/global-games-market-report/; *Newzoo*, Top 10 Countries/Markets by Game Revenues, 2021b, abrufbar unter https://newzoo.com/insights/rankings/top-10-countries-by-game-revenues/; *Take-Two Interactive Software*, Red Dead Redemption 2 Achieves Entertainment's Biggest Opening Weekend of All Time, abrufbar unter https://ir.take2games.com/news-releases/news-release-details/red-dead-redemption-2-achieves-entertainments-biggest-opening?field_nir_news_date_value%5bmin%5d=2019; *Taylor*, UK Games Industry Census, 2020, abrufbar unter https://ukie.org.uk/UK-games-industry-census-2020.

A. Die Vielfalt des Games-Marktes

1 Der Games-Markt gehört zu den weltweit am stärksten wachsenden Entertainment-Märkten. Im Jahr 2021 wurde er vom Marktforschungsunternehmen Newzoo auf rund 176 Milliarden US-Dollar geschätzt.[1] Ein Top-Titel wie beispielsweise das Wildwest-Adventure-Game „Red Dead Redemption 2“ spielte im Oktober 2018 in nur drei Tagen über 725 Millionen US-Dollar ein – der bis dahin, gemessen an Umsatz, in kürzester Zeit zweiterfolgreichste Release eines Unterhaltungsproduktes überhaupt und überboten nur von einem weiteren Spiel, „Grand Theft Auto V“, das 2013 in den ersten drei Tagen nach seiner Veröffentlichung sogar über eine Milliarde US-Dollar eingebracht hatte.[2] Insgesamt sind Top-Seller im Games-Bereich durchaus in einer Liga mit weltweiten Blockbustern wie zB „Avengers: Endgame“ (2019), „Avatar – Aufbruch nach Pandora“ (2009) oder „Titanic“ (1997), die jeweils im Kino mehr als zwei Milliarden US-Dollar einspielten, dafür aber längere Zeit brauchten.

2 Zum Games-Markt gehört zum einen der Games-Handelsmarkt und damit das spielende Publikum und die Umsätze, die mit digitalen Spielen erzielt werden, sowie zum anderen die Unternehmen, die Games entwickeln bzw. produzieren, vermarkten oder dazu als spezialisierte Dienstleister oder Zulieferer beitragen (Games-Branche). Diejenigen, die Spiele entwickeln bzw. herstellen, nennt man „Entwickler“ oder „Developer“. Bei ihnen arbeitet das kreative Herz der Branche: die Game-Designer und -Programmierer. Diejenigen, die die Spiele vermarkten und oft auch ihre Entwicklung finanzieren, nennt man „Publisher“. Die Aufgabe eines Developers entspricht dem eines Film- oder Musikproduzenten, die Rolle eines Publishers der eines Filmverleihs, Tonträgerherstellers oder eines Buchverlags. Eine wachsende, wenn nicht inzwischen schon zentrale Bedeutung für den Games-Markt und die Games-Industrie haben die sogenannten Plattformen. Dazu gehören bei Konsolenspielen die großen Drei: Sony, Nintendo und Microsoft. Bei den Games für Smartphones und Tablets sind es vor allem Apple mit dem App Store und Google mit dem Play Store, bei PC-Spielen Distributionsdienste wie zB Steam, Epic Games Store, Origin von Electronic Arts oder Ubisoft Connect. Während der Kontakt mit dem Endkunden zB im Fernsehen idR von nationalen Fernsehsendern vermittelt wird, sind es im digitalen Games-Markt die internationalen Plattformen, die einen Großteil der Endkundenkontakte vermitteln und dementsprechend auch die nationalen Märkte dominieren.

3 In diesem Kapitel wird der deutsche Games-Markt mit Daten und Fakten beschrieben. Da die Games-Branche in der amtlichen Statistik nicht als eigener Wirtschaftszweig erfasst wird,[3] basieren die Daten auf nicht-staatlichen Erhebungen. Sie stammen aus

1 *Newzoo*, 2021a, S. 18.
2 *Take-Two Interactive Software*, 2018.
3 *Goldmedia/HMS/HTWK* 2022, S. 86.

den jahresaktuellen Marktuntersuchungen der GfK im Auftrag des game – Verband der deutschen Games-Branche, für die Auslandsvergleiche aus diversen internationalen Quellen[4] sowie aus den beiden Studien zur Games-Branche in Deutschland, veröffentlicht in den Jahren 2017 und 2020 mit Strukturdaten aus den Jahren 2016 bzw. 2018,[5] welche nach wie vor von Relevanz sind.

Der Games-Markt lässt sich aus zwei grundlegenden Perspektiven darstellen: Die eine Perspektive ist die des Endkunden-Marktes. Hier geht es einerseits um die wirtschaftliche Perspektive in Form von Endkundenumsätzen sowie andererseits um das Marktpotenzial, gemessen an der Zeit, die Gamerinnen und Gamer im Durchschnitt mit Spielen verbringen. Sowohl Umsätze als auch Nutzung unterliegen einem deutlichen Wachstumstrend. Die Marktbeschreibung kann differenziert werden nach Spielgeräten (Konsole, PC oder mobile Endgeräte), nach Plattformen (zB Steam), nach Umsatzarten (zB Spielekauf, In-Game Advertising), nach Genre der Spiele (zB Adventure, Strategie, Serious Games) oder nach Nutzern (zB Verhältnis männlicher und weiblicher Kunden). 4

Die andere Perspektive, nach der die Games-Branche differenziert werden kann, ist die der Herstellung und Vermarktung digitaler Spiele. Hier geht es um die Unternehmen mit Sitz in Deutschland, die digitale Spiele entwickeln und produzieren, vermarkten und vertreiben sowie schließlich an den Endkunden bringen. Es werden dementsprechend keine Kunden gezählt, ihre Nutzung analysiert oder ihre Käufe betrachtet, sondern die Unternehmen der Games-Branche und ihre Umsätze sowie Beschäftigten, die Marktkonzentration sowie die zentralen Games-Standorte in Deutschland. 5

Im Nachfolgenden wird zunächst der Kunden- bzw. Handelsmarkt näher betrachtet. Dem schließt sich die Darstellung des Marktes aus Perspektive der Games-Unternehmen an. Abschließend soll die größte Publikumsmesse für Games der Welt in diesem Kapitel Erwähnung finden: die jährlich in Deutschland stattfindende Gamescom. 6

B. Der Games-Handelsmarkt in Deutschland

I. Nutzung digitaler Spiele

Spielerinnen und Spieler von Computer- und Videospielen in Deutschland bevorzugten auch im Jahr 2020 Spiele auf Smartphones. Ebenfalls ist die Nutzung von Konsolenspielen gewachsen und das, obwohl die neue Konsolen-Generation von Sony und Microsoft erst Ende 2020 erschienen ist. PC-Spiele verloren hingegen rund 1,1 Millionen Nutzer. Ebenso waren Tablet Games weniger gefragt als im Vorjahr (siehe nachfolgende Abbildung). 7

4 ZB Dataspelsbranschen, ESAC/Nordicity, ISFE/EGDF, Newzoo und UKIE.
5 *Castendyk/Müller/Schwarz*, 2020; *Castendyk/Müller-Lietzkow*, 2017.

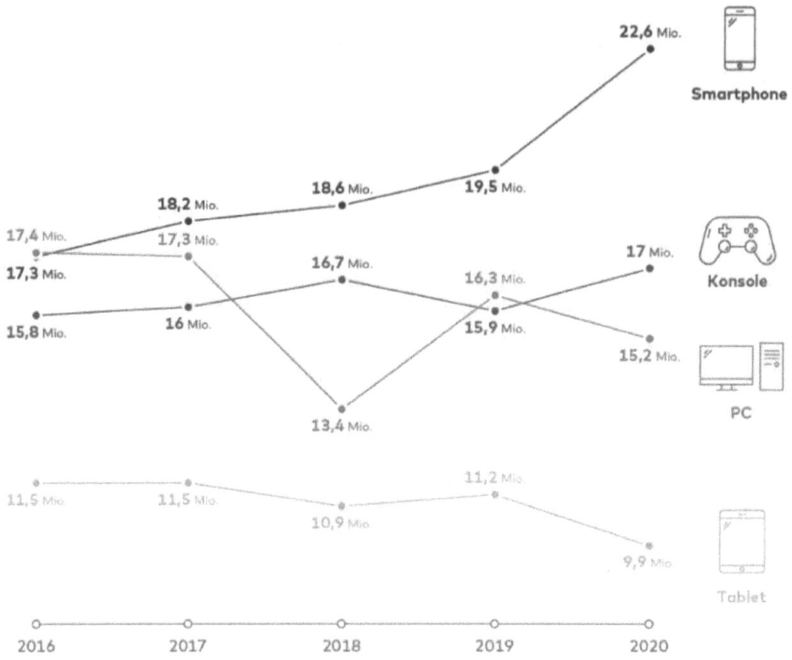

Abb.: Entwicklung der Games-Nutzung nach Spieleplattformen in Deutschland, 2016 bis 2020.[6]

8 Computer- und Videospiele haben von der Corona-Pandemie profitiert. Der Handelsumsatz ist von 2019 auf 2020 um etwa ein Drittel gestiegen. Dies gilt für den Handel sowohl mit Spielen als auch mit Hardware wie etwa Spielekonsolen oder Gaming PCs. Die nachfolgende Abbildung zeigt, dass der Verkauf von Spiele-Hardware und In-Game-Käufe, wie zB der Kauf von Ausrüstung für Spielfiguren, die meisten Umsätze generieren. In-Game Advertising ist demgegenüber noch eine verschwindend geringe, wenn auch wachsende Einkommensquelle. In-Game-Käufe sind oft mit sogenannten Free-to-play-Spielen verbunden. Dabei wird das Basisspiel unentgeltlich angeboten. Spielerinnen und Spieler zahlen aber für die Nutzung von spezieller Kleidung, Ausrüstung, Fahrzeugen etc innerhalb des Spiels, um sich beispielsweise einen strategischen Vorteil gegenüber Mitspielenden zu verschaffen.

6 *Game* 2021a, S. 13.

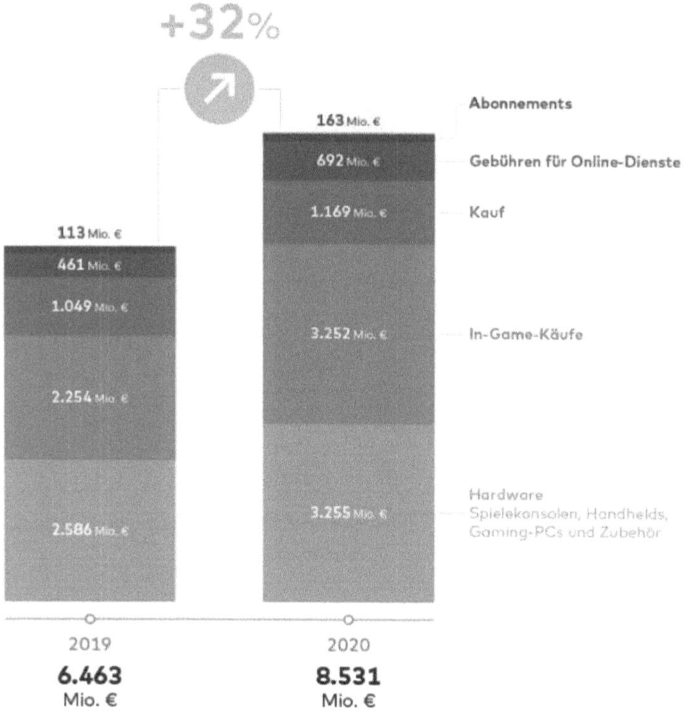

Abb.: Umsatzentwicklung des deutschen Games-Marktes (Handelsumsätze), 2019 und 2020.[7]

Gaming Online-Dienste konnten ihre Umsätze besonders stark steigern (siehe nach- 9
folgende Abbildung). Dieses Segment hat sich innerhalb weniger Jahre zu einem der wichtigsten Säulen des Games-Marktes entwickelt. Diese Dienste ermöglichen es, weltweit online gegen andere Spielerinnen und Spieler anzutreten, durch Cloud Gaming-Angebote die Rechenleistung des eigenen Computers zu ergänzen bzw. zu ersetzen oder einen großen Katalog von Spielen gegen einen monatlichen Festpreis zu nutzen.

7 *Game* 2021a, S. 15.

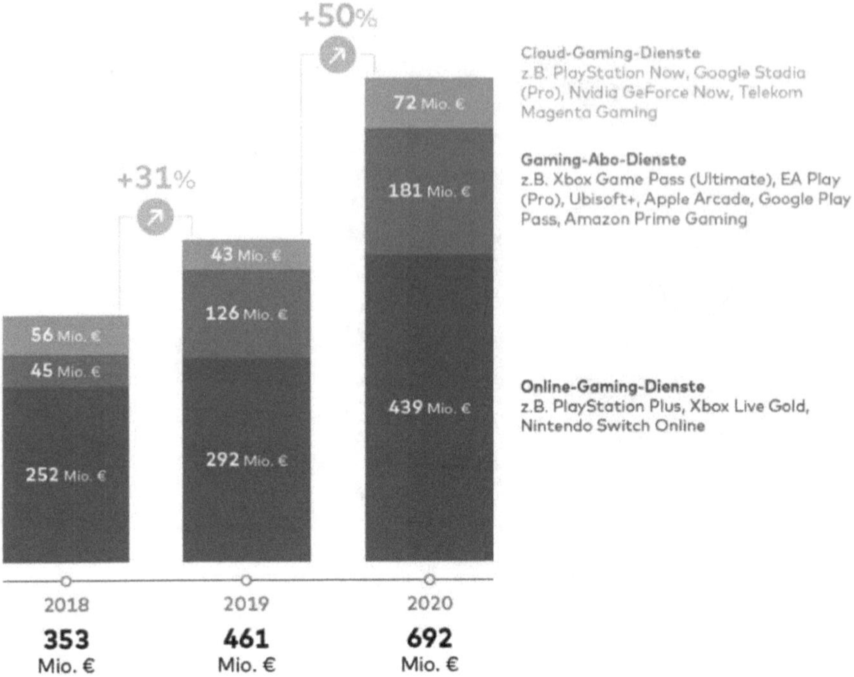

Abb.: Umsatzentwicklung von Gaming-Online-Diensten in Deutschland (Handelsumsätze), 2018 bis 2020.[8]

10 Der deutsche Games-Endkundenmarkt ist nach China, den USA, Japan und Korea der fünftgrößte der Welt und der größte Europas, wo er 2020 stärker gewachsen ist als alle anderen europäischen Märkte.[9]

II. Marktanteil deutscher Entwickler am Umsatz in Deutschland

11 Auch die Umsätze deutscher Games-Entwickler sind 2020 gestiegen. Allerdings konnten sie mit dem starken Wachstum des deutschen Games-Handelsmarkts 2020 insgesamt nicht mithalten, so dass der relative Anteil des Umsatzes mit deutschen Spiele-Entwicklungen gesunken ist (siehe nachfolgende Abbildung).

8 *Game* 2021a, S. 22.
9 *Newzoo* 2021b.

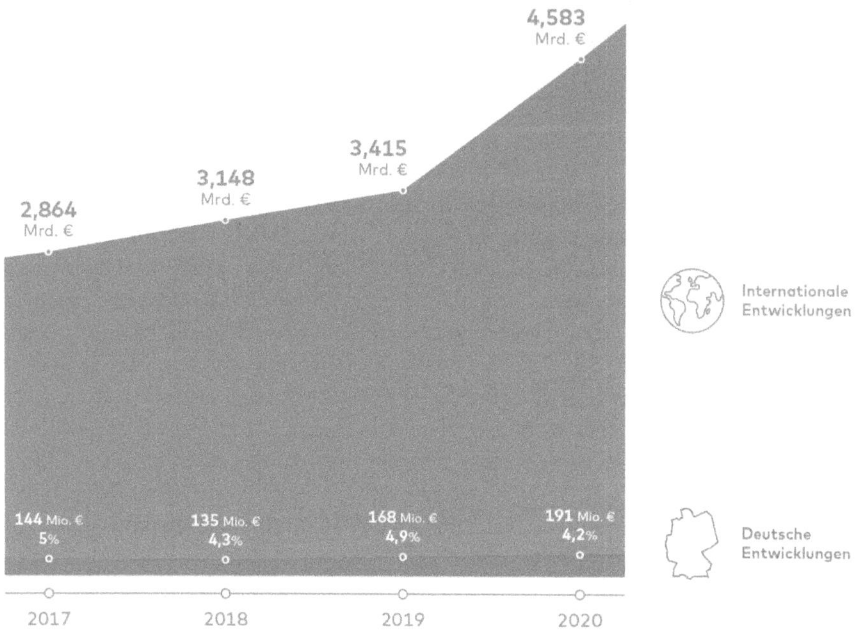

Abb.: Entwicklung der Umsätze in Deutschland mit deutschen und internationalen Spielen, 2017 bis 2020.[10]

Die Segmente haben sich unterschiedlich entwickelt. Während bei Spiele-Apps für Smartphones der deutsche Marktanteil leicht gestiegen ist, ist er auf dem Markt der PC- und Konsolenspiele gesunken. Sollte man sich die Frage stellen, warum deutsche Games-Förderung des Bundes diese Lage nicht geändert hat, ist zu bedenken, dass diese Förderung erst seit 2020 in nennenswertem Umfang aktiv ist. 12

Der geringe Marktanteil deutscher Spiele-Entwicklungen zeigt eine Besonderheit der Games-Industrien weltweit: Mit Ausnahme von Staaten wie den USA, China, Kanada, Japan oder Schweden sind die meisten Staaten Spiele-Importeure. Der Schwerpunkt der Umsätze deutscher Games-Unternehmen – aber auch der Unternehmen der meisten anderen Staaten – liegt in der Vermarktung und Lokalisierung internationaler Spiele, also der Anpassung der Spiele durch zB Synchronisierung auf den heimischen Markt. Diese Vertriebs- und Lokalisierungsunternehmen haben meist ausländische Mutterkonzerne und ihre Umsätze sind vor allem Vertriebsumsätze. Dies war nicht immer so. In den 2000er Jahren etablierte sich die deutsche Games-Industrie relativ schnell im Geschäft der sogenannten Browsergames, also digitaler Spiele, die internetbasiert auf dem PC gespielt werden und oft „free-to-play" sind. Die weiteren Entwicklungen in Richtung von Spielen für Smartphones und Tablets, von Spielen mit weltweiten Spielergemeinden wie „World of Warcraft" oder von Top-Titeln im Konsolenbereich wurden jedoch in der Regel nicht mehr von deutschen Unternehmen mitgestaltet. Bei den 13

10 *Game* 2021a, S. 31.

Online- und Browsergames hält der Abwärtstrend bis heute an: Während 2019 noch über 17 % des Umsatzes in diesem Teilmarkt auf Entwicklungen aus Deutschland entfielen, waren es 2020 nur noch rund 7 %. Ähnlich wie im Bereich der großen Streaming-Plattformen wird der Weltmarkt von US-Firmen dominiert.[11]

14 Die großen Inhalte-Produzenten im Games-Bereich (Games Major Companies) heißen Electronic Arts, Activision Blizzard und Take-Two aus den USA sowie Nintendo und Sony aus Japan. Lediglich Ubisoft ist ein europäisches Unternehmen aus Frankreich mit den größten Produktionsstätten in Kanada. Ubisoft gehört auch zu den wenigen Games Major Companies, die in Deutschland nicht nur vertreiben, sondern auch produzieren. Der Großteil der Games-Umsätze in Europa wird mit vergleichsweise wenigen Spielen erzielt. Dazu gehören etwa „Assassin's Creed", „Call of Duty", „Clash Royale", „Candy Crush Saga", „Far Cry", „Farming Simulator", „FIFA", „Grand Theft Auto", „Minecraft", „Pokémon", „Super Mario", „The Legend of Zelda" und andere.[12] Die meisten, aber nicht alle diese Titel wurden von Firmen aus den USA und Japan produziert. Wichtige Ausnahmen gibt es allerdings auch: „Minecraft", das erfolgreichste Computer- und Videospiel aller Zeiten,[13] wurde in Schweden, „Grand Theft Auto" in Großbritannien, „Farming Simulator" in der Schweiz und „Assassin's Creed" in Frankreich entwickelt.

C. Struktur und Größe der deutschen Games-Unternehmen

I. Art und Anzahl der Marktakteure

15 Die Markakteure lassen sich auf Basis von Prozessstufen in die Bereiche Entwicklung/Produktion (Game-Design und -Development), Publishing (Finanzierung, Lizenzierung, Marketing), Distribution (Großhandel) und Plattformen (physischer und digitaler Einzelhandel, Online-Plattformen, App Stores) untergliedern. Der Großteil der Marktteilnehmenden ist auf mehreren Prozessstufen aktiv. So gibt es beispielsweise Publisher, die auch Distributoren sind oder Entwickler, die eigene Plattformen betreiben. Die meisten Entwickler vertreiben ihre eigenen Spiele, zB über ihre Website. Neben diese Hauptakteure treten zahlreiche auf die Games-Branche spezialisierte Servicedienstleister wie etwa Synchronisations- und Lokalisationsstudios, PR- und Marketingagenturen oder Esport[14]-Unternehmen, welche sich auf den Geschäftsbereich des wettbewerbsmäßigen Spielens von Games spezialisiert haben. Darüber hinaus gibt es Anbieter von Dienstleistungen allgemeiner Natur wie zB Anwaltskanzleien, Steuerberater oder Versicherungsanbieter, die zwar auch einen Schwerpunkt im Bereich der Games-Branche haben, aber nicht unmittelbar an der Herstellung und dem Vertrieb digitaler Spiele beteiligt sind.[15]

16 Aktuell umfasst die Games-Branche rund 860 Unternehmen im sogenannten erweiterten Kernmarkt (siehe nachfolgende Abbildung). Dazu gehören Games-Entwickler, Games-Publisher, Unternehmen, die (zusätzlich) Games-spezifische (direkte) Dienstleis-

11 Vgl. *Castendyk/Müller-Lietzkow*, 2017.
12 *Game* 2021a, S. 12; *game* 2021b.
13 *Mojang Studios/Microsoft* 2021.
14 Vgl. *Deutsche Sporthochschule Köln* 2021; *ESBD* 2018.
15 *Castendyk/Müller-Lietzkow*, 2017, S. 61 ff.

tungen anbieten sowie Unternehmen, die (auch) im Bereich Esport tätig sind. 80 % der Unternehmen sind (auch) im Bereich Development tätig. Rund die Hälfte aller Unternehmen vertreibt (auch) eigene oder fremde Spiele. Publisher, die ausschließlich Games vertreiben, gibt es hingegen kaum (3 %). Jede vierte Firma erbringt (auch) Dienstleistungen innerhalb der Games-Branche. Unternehmen, deren Kerngeschäft (auch) im Bereich Esport liegt, stellen ca. 3 % des erweiterten Games-Kernmarktes dar.

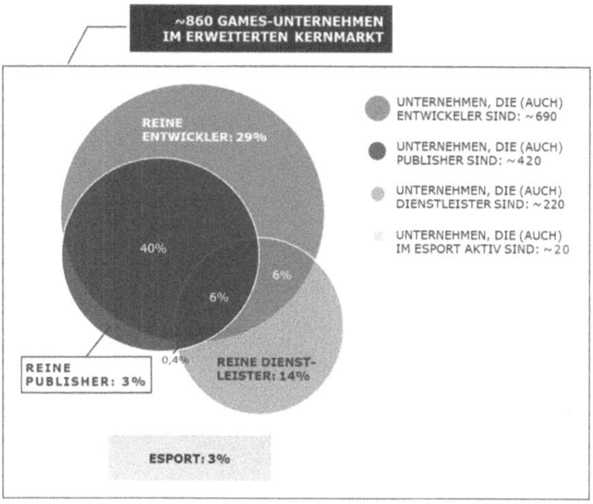

Abb.: Anzahl und Tätigkeitsbereiche der Games-Unternehmen im erweiterten Kernmarkt, 2022.[16]

II. Branchenumsatz

Der Gesamtunternehmensumsatz, also der von allen Akteuren der Wertschöpfungs- 17
kette durch den Verkauf von Gütern oder das Erbringen von Dienstleistungen auf Unternehmensebene erzielte (zumeist Netto-)Umsatz der deutschen Games-Unternehmen, liegt bei rund 3,6 Milliarden EUR (2020).[17] Er ist deshalb deutlich geringer als der rund 8 Milliarden EUR liegende Handelsumsatz in Deutschland, weil er die Umsätze nicht auf der Wertschöpfungsstufe des Endkundenhandels, sondern auf Unternehmensebene erfasst und nur die Umsätze deutscher und nicht die ausländischer Unternehmen berücksichtigt.

75 % dieses Branchenumsatzes werden mit Games-bezogenen Tätigkeiten erwirtschaf- 18
tet. Etwa ein Viertel der Umsätze sind auf Unternehmensaktivitäten für andere Branchen zurückzuführen.

III. Marktgröße und -struktur

Die deutsche Games-Industrie ist von vielen Klein- und Kleinstunternehmen geprägt: 19
84 % aller Unternehmen haben weniger als 20 Mitarbeitende, 70 % lediglich einstellige

16 Eigene Berechnungen auf Basis der gamesmap (*game* 2022). Methodische Hinweise: Stand: 12.1.2022; Schnittmengen von Esport mit anderen Kategorien sind aus Gründen der Übersichtlichkeit nicht abgebildet.
17 *Goldmedia/HMS/HTWK* 2022, S. 86.

Beschäftigungszahlen. Im Verhältnis liegt der Anteil an großen Unternehmen mit mindestens 100 Beschäftigten bei 4 % (siehe nachfolgende Abbildung).

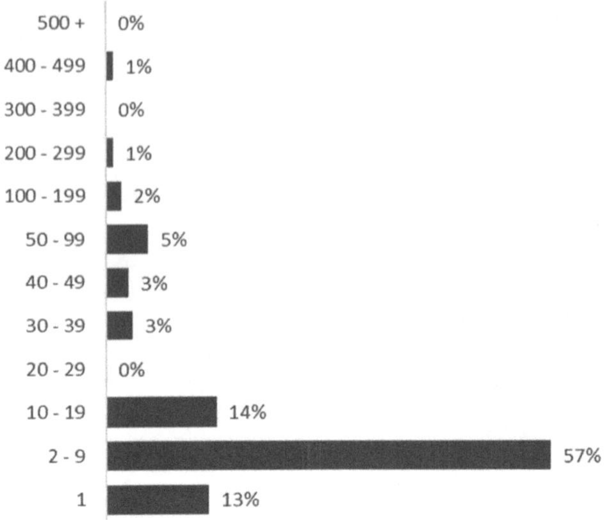

Abb.: Verteilung der deutschen Games-Unternehmen nach Beschäftigtengrößenklassen, 2018.[18]

20 Diese Einschätzung wird auch bei einer umsatzbezogenen Betrachtung aus dem Jahr 2018 bestätigt (siehe nachfolgende Abbildung). Auch hier zeigt sich, dass hinsichtlich der Anzahl viele kleine Unternehmen den Markt bestimmen. Was allerdings die Branchenumsätze anbelangt, werden mehr als drei Viertel von den wenigen großen Unternehmen erwirtschaftet.

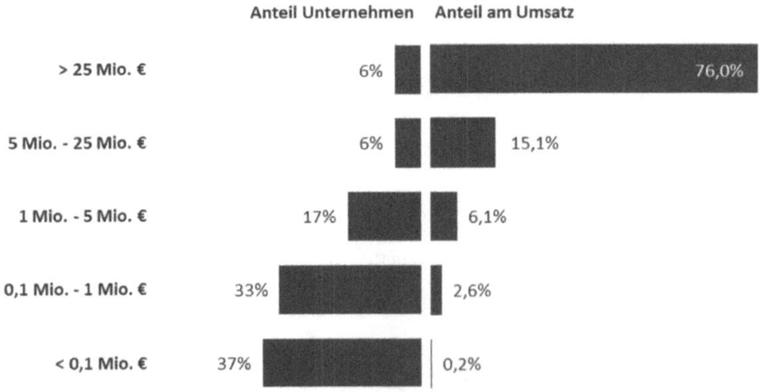

Abb.: Verteilung der deutschen Games-Unternehmen hinsichtlich ihrer Anzahl und ihrem Anteil am Branchenumsatz nach Umsatzgrößenklassen, 2018.[19]

18 *Castendyk/Müller/Schwarz*, 2020, S. 77.
19 *Castendyk/Müller/Schwarz*, 2020, S. 97.

IV. Marktkonzentration

Nur eines von zehn Unternehmen ist Teil eines übergeordneten Konzerns. Der Anteil der konzernunabhängigen Unternehmen – die sogenannte Indie-Quote – liegt bei 86 %. Die konzernverflochtenen Unternehmen erwirtschaften allerdings den überwiegenden Teil des Branchenumsatzes: Wie die umsatzbezogene Auswertung der Daten zeigt, entfallen zwei Drittel des Umsatzes auf die Konzernunternehmen (siehe nachfolgende Abbildung). Der Großteil dieser konzernabhängigen Umsätze entfällt wiederum auf Unternehmen mit ausländischen Mutterfirmen. Obwohl diese Daten aus dem Jahr 2018 stammen, dürften sie auch die heutige Situation beschreiben. Denn nach wie vor werden in Deutschland die meisten Umsätze mit digitalen Spielen erzielt, die im Ausland entwickelt wurden. 21

Abb.: Differenzierung der Umsätze der deutschen Games-Unternehmen nach Konzernzugehörigkeit, 2018.[20]

V. Exportquote

Games-Unternehmen produzieren in der Regel für einen internationalen Markt. Dies gilt auch für die deutschen Firmen. Fast die Hälfte ihrer Umsätze generieren sie im Ausland (siehe nachfolgende Abbildung). Im Vergleich zu anderen Kultur- und Kreativbranchen ist die Exportquote der Games-Branche sehr hoch: In der Kino- und TV-Produktionswirtschaft zB liegt der Auslandsanteil bei lediglich 7 %, im Buchmarkt bei rund 9 % und in der Musikwirtschaft bei 10 %.[21] 22

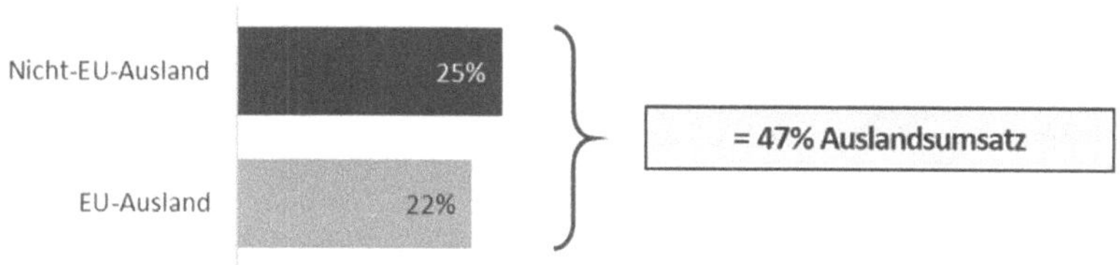

Abb.: Inlands- und Auslandsumsätze der deutschen Games-Unternehmen, 2018.[22]

VI. Altersstruktur der Games-Unternehmen

Die Games-Unternehmen in Deutschland sind in der Regel jung. Das durchschnittliche Unternehmensalter liegt bei neun Jahren. Ein Viertel der Unternehmen ist nicht älter als drei Jahre. Von den neugegründeten Unternehmen überlebt nur ein Teil. 23

20 *Castendyk/Müller/Schwarz*, 2020, S. 81.
21 *Castendyk/Goldhammer*, 2018, S. 37; *BMWi*, 2017, S. 12.
22 *Castendyk/Müller/Schwarz*, 2020, S. 100.

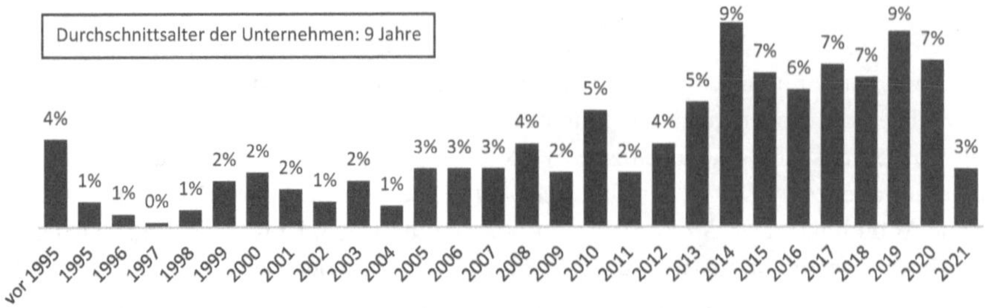

Abb.: Verteilung der deutschen Games-Unternehmen nach Gründungsjahr, 2022.[23]

D. Beschäftigte in der deutschen Games-Branche

I. Anzahl und Verteilung der Beschäftigten

24 In der Games-Branche sind im erweiterten Kernmarkt rund 11.900 Beschäftigte tätig (siehe nachfolgende Abbildung). Obwohl es sehr viel mehr reine Entwickler- als reine Publisherfirmen gibt, bewegen sich die Mitarbeiterzahlen auf einem ähnlichen Niveau. Das liegt vor allem an den vielen kleinen (neugegründeten) Entwicklerstudios, gegenüber denen die wenigen reinen Publisher über hohe Mitarbeiterzahlen verfügen.

25 Hinsichtlich der Beschäftigtenzahlen liegt Deutschland deutlich vor Schweden (6.600 Mitarbeitende), aber hinter Großbritannien (16.140 Mitarbeitende) und Kanada (32.300 Mitarbeitende).[24]

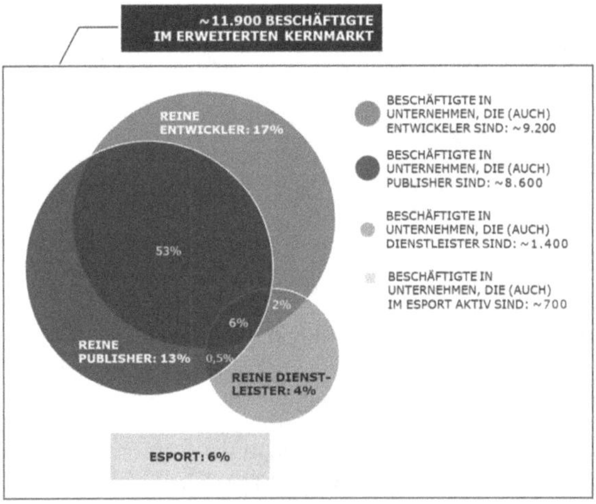

Abb.: Anzahl und Verteilung der Beschäftigten im erweiterten Kernmarkt der deutschen Games-Branche, 2022.[25]

---

23 Eigene Berechnungen auf Basis der gamesmap (*game* 2022). Methodische Hinweise: Stand: 12.1.2022; n=551 Unternehmen.

24 *Dataspelsbranschen* 2021, S. 12; *Taylor* 2020, S. 10; *ESAC/Nordicity* 2021, S. 14.

25 Eigene Berechnungen auf Basis der gamesmap (*game* 2022). Methodische Hinweise: Stand: 12.1.2022; Schnittmengen von Esport mit anderen Kategorien sind aus Gründen der Übersichtlichkeit nicht abgebildet.

II. Beschäftigtenstruktur und Art der Anstellungsverhältnisse

Über 80 % der Beschäftigten befinden sich in sozialversicherungspflichtigen Arbeitsverhältnissen (siehe nachfolgende Abbildung). Von diesen wiederum ist der überwiegende Anteil in Festanstellung. Der Anteil der geringfügig Beschäftigten ist mit 3 % sehr gering. Zum Vergleich: In der Film- und Fernsehproduktionsbranche sind 73 % der Beschäftigten sozialversicherungspflichtig angestellt.[26] 26

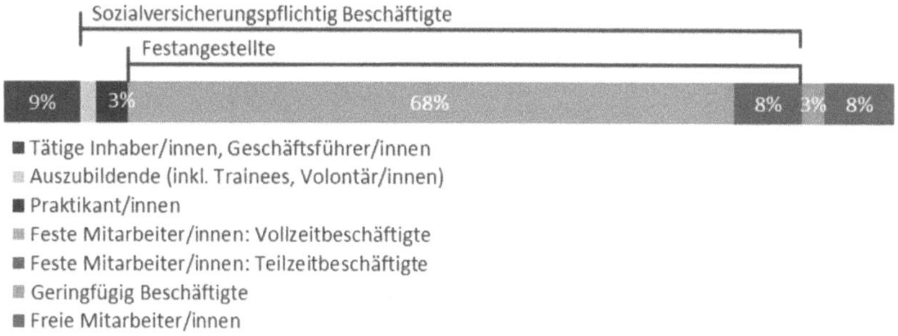

Abb.: Beschäftigungsstruktur der deutschen Games-Branche, 2018.[27]

Knapp 80 % der festen Mitarbeitenden sind unbefristet beschäftigt; lediglich jeder Fünfte befindet sich in einem befristeten Arbeitsverhältnis.[28] 27

Rund 25 % der Beschäftigten der deutschen Games-Unternehmen waren 2018 weiblichen Geschlechts. Damit lag der Frauenanteil unter den Beschäftigten in Deutschland etwas höher als im europäischen Durchschnitt iHv 20 % heute.[29] 28

Die Belegschaft der deutschen Unternehmen ist international. 27 % der Beschäftigten in der Games-Industrie haben eine andere als die deutsche Staatsbürgerschaft. Auch das ist nicht ungewöhnlich in der Games-Branche. So liegt der Anteil an Mitarbeitenden mit einer anderen als der nationalen Staatsbürgerschaft in Großbritannien mit 28 % auf dem gleichen Niveau.[30] 29

E. Die größten Unternehmensstandorte in Deutschland

I. Standorte nach Anzahl der Unternehmen

In Berlin (156), Hamburg (107), München (79) und Köln (46) befinden sich rund die Hälfte aller deutschen Games-Unternehmen (siehe nachfolgende Abbildung). Neben den vier großen Hotspots verteilen sich die Unternehmen noch auf viele weitere Standorte, von denen der Großteil in Berlin, Berlin und Nordrhein-Westfalen liegt. Die breite Streuung innerhalb Deutschlands ist im internationalen Vergleich eher ungewöhnlich. So konzentrieren sich die Games-Standorte oft auf die Hauptstadtregion, wie etwa in Ländern wie Frankreich, Großbritannien, Japan, Korea, Polen oder Schweden, oder auf wenige Regionen, wie beispielsweise in Kanada oder den USA.[31] 30

26 *Castendyk/Goldhammer*, 2018, S. 101.
27 *Castendyk/Müller/Schwarz*, 2020, S. 88.
28 *Castendyk/Müller/Schwarz*, 2020, S. 90.
29 *Castendyk/Müller/Schwarz*, 2020, S. 92; *ISFE/EGDF* 2021, S. 23.
30 *Castendyk/Müller/Schwarz*, 2020, S. 93; *Taylor* 2020, S. 22.
31 *Castendyk/Müller-Lietzkow*, 2017, S. 229; *Castendyk/Müller/Schwarz*, 2020, S. 83.

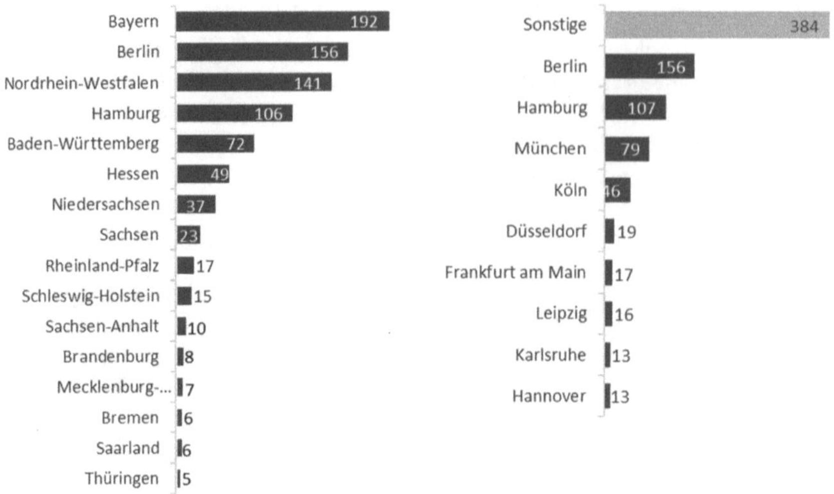

Abb.: Verteilung der deutschen Games-Unternehmen nach Bundesländern (links) und nach Städten (rechts), 2022.[32]

II. Standorte nach Beschäftigtenzahlen

31 Betrachtet man nur die Unternehmen mit mindestens 20 Beschäftigten, führt Berlin ebenfalls die Rangliste an gefolgt von Hamburg und München (siehe nachfolgende Abbildung). Gleichzeitig sitzen in Berlin aber auch viele Kleinstfirmen. Gemessen an der Gesamtzahl der in Berlin ansässigen Firmen ist der Anteil mitarbeiterstärkerer Firmen (ab 20 Beschäftigte) mit 18 % deutlich geringer als in Frankfurt am Main (41 %), wo zwar nur wenige, aber dafür überwiegend große Unternehmen ihren Sitz haben.

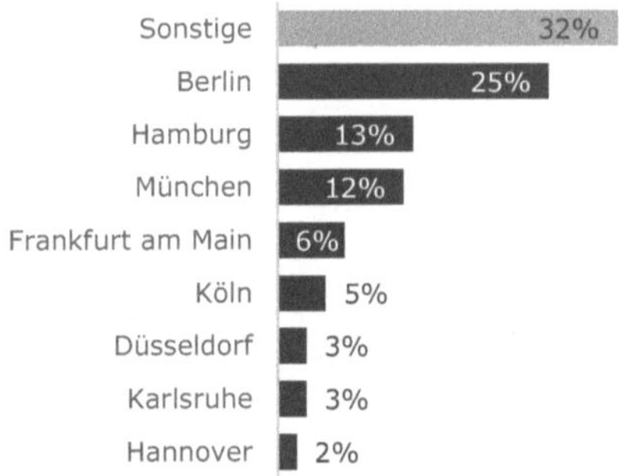

Abb.: Verteilung der deutschen Games-Unternehmen mit ≥ 20 Beschäftigten auf Standorte, 2022.[33]

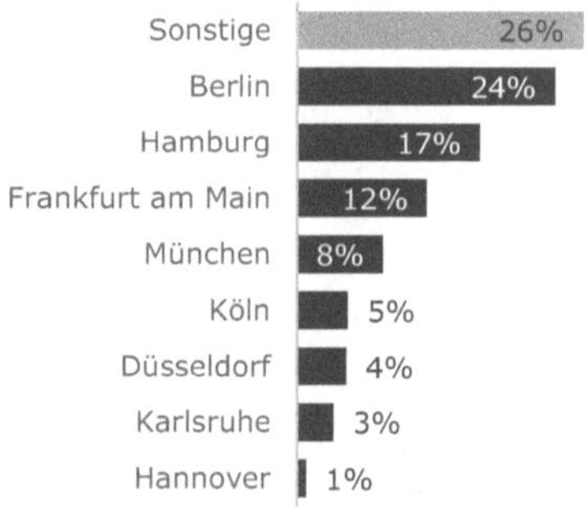

Abb.: Verteilung der Beschäftigten in der Games-Branche auf Standorte, 2022.[34]

32 Eigene Berechnungen auf Basis der gamesmap (*game* 2022). Methodischer Hinweis: Stand: 12.1.2022.
33 Eigene Berechnungen auf Basis der gamesmap (*game* 2022). Methodischer Hinweis: Stand: 12.1.2022.
34 Eigene Berechnungen auf Basis der gamesmap (*game* 2022). Methodischer Hinweis: Stand: 12.1.2022.

F. Deutschland als weltweit wichtigster Messestandort für Games

In Köln wird jedes Jahr die gemessen nach Ausstellungsfläche und Besucheranzahl weltweit größte Messe für Computer- und Videospiele veranstaltet: die Gamescom.[35] Zahlreiche Hersteller aus aller Welt präsentieren hier ihre neue Soft- und Hardware. Die Gamescom fand 2009 erstmals auf dem Gelände der Koelnmesse statt. Die Messe besteht aus einem öffentlichen Bereich für das allgemeine Publikum (Entertainment Area) und einem geschlossenen Teil für Fachbesucher wie Händler und Entwickler (Business Area). Corona-bedingt fand die Messe in den Jahren 2020 und 2021 nur online statt.[36] 32

Mitveranstalter ist der game – Verband der deutschen Games-Branche. Dienstleister ist die Koelnmesse GmbH, die mit insgesamt 284.000 Quadratmetern Fläche über eines der größten und modernsten Messegelände verfügt. 2019 besuchten etwa 373.000 Menschen die Stände von mehr als 1.100 Unternehmen aus 52 Ländern.[37] 33

35 *Koelnmesse,* 2021a.
36 *Koelnmesse,* 2021b; *Koelnmesse,* 2020.
37 *GamesWirtschaft* 2019.

§ 3 Games-Recht

Literatur: *Bullinger/Czychowski*, Digitale Inhalte: Werk und/oder Software? – Ein Gedankenspiel am Beispiel von Computerspielen, GRUR 2011, 19; *Dreyer/Kotthoff/Meckel/Hentsch*, Heidelberger Kommentar Urheberrecht, 4. Aufl. 2018 (zit.: Dreyer/Kotthoff/Meckel/Hentsch); *Franz*, Ist „Virtual Reality" eine neue Nutzungsart? – Zur zukünftigen Verwertung von Computerspielen, ZUM 2017, 207; *Haar*, Kreatives Jura für eine kreative Branche, MMR-Beil. 8/2021, 1; *Hentsch*, Piraterie in der Games-Branche, MMR-Beil. 8/2019, 3; *Hentsch*, Handbuch Multimedia-Recht, 58. EL, Stand 3/2022, Teil 22: Games; *Hentsch*, Games Industry Law Summit, MMR 2021, 837; *Nordemann/Steinbrecher*, Die neue Clearingstelle Urheberrecht im Internet (CUII) – Urheberrechtliche und verfassungsrechtliche Voraussetzungen der Selbstregulierung von Sperransprüchen in Deutschland, MMR 2021, 189; *Rauda*, Recht der Computerspiele, 2013.

Weiterführende Literatur: *Auer-Reinsdorff/Conrad*, Handbuch IT- und Datenschutzrecht, 3. Aufl. 2019; *Bagger von Grafenstein*, eSport: Welche Vor- und Nachteile bringt eine rechtliche Qualifizierung als Sport mit sich?, MMR-Beil. 8/2018, 20; *Bänsch/Hentsch*, Datenverarbeitungen in der Games-Branche, MMR-Beil. 8/2021, 3; *Bodensiek*, Nutzungsrisiken im Gefüge des Jugendschutzrechts. Gefährdung der hergebrachten Alterskennzeichnung durch die geplante Reform des JuSchG, MMR-Beil. 8/2020, 23; *Bodensiek/Hoffmann*, Newsletter im Konzern – kein Selbstläufer!, MMR-Beil. 8/2021, 12; *Brüggemann*, Urheberrechtlicher Schutz von Computer- und Videospielen, CR 2015, 697; *Dankert/Sümmermann*, Hakenkreuze in Filmen und Computerspielen – Entwicklungen und aktuelle Debatte zum Umgang mit verfassungsfeindlichen Kennzeichen, BPjM-Aktuell 2/2018, 4; *Duisberg/Picot*, Recht der Computer- und Videospiele, 2013; *Ewald*, Neue Wege der Rechtsdurchsetzung für Games, MMR-Beil. 8/2019, 1; *Ewald/Haar*, Gaming meets Law: Rechtsfragen der Entwicklung und Vermarktung von digitalem Content, K&R-Beil. 1 zu Heft 7/8/2017, 12; *Francken/Nothelfer/Schlotthauer*, Der Arbeitnehmer im professionellen eSport, NZA 2019, 865; *Frey*, eSport und Recht, 2021; *Frey/Dankert*, Konkurrenz statt Kohärenz im Jugendmedienschutz, CR 2020, 626; *Frey/Pommer*, Herausforderungen für die weitere Entwicklung des eSport, MMR-Beil. 8/2018, 7; *game – Verband der deutschen Games-Branche*, Überblick zum digitalen Sport, MMR-Aktuell 2019, 419633; *game*, Stellungnahme zur Anpassung des Urheberrechts, MMR-Aktuell 2020, 431272; *Haar*, Lizenz- und Plattformverträge im Bereich der Onlinespiele, DSRITB 2010, 359; *Hentsch*, Die Urheberrechte der Publisher bei eSport, MMR-Beil. 8/2018, 6; *Hentsch*, Die Umsetzung der Urheberrechts-Richtlinie aus Sicht der Games-Branche, MMR 2019, 351; *Hentsch*, Handbuch Multimedia-Recht, 58. EL, Stand 3/2022, Teil 22: Games; *Hentsch/von Petersdorff*, Gesetzlicher Jugendschutz in der Games-Branche, MMR-Beil. 8/2020, 3; *Hermes*, Aktuelle Rechtsfragen zum Handel mit virtuellen Gegenständen, GRUR-Prax 2013, 400; *Hilgert*, Augmented Reality, CR 2017, 472; *Hilgert/Eickhoff*, Jugendschutz im eSport, MMR-Beil. 8/2018, 16; *Hilgert/Sester*, Strafrechtliche Verantwortlichkeit für den Betrieb von Piraterie-Servern, MMR-Beil. 8/2019, 16; *Hilgert/Sümmermann*, Jugendschutz in der virtuellen Welt, CR 2016, 104; *Hilgert/Sümmermann*, Der Entwurf für ein neues Jugendschutzgesetz, MMR 2020, 301; *Hilgert/Sümmermann*, Technischer Jugendmedienschutz, MMR-Beil. 8/2020, 26; *Hofmann*, Die Schutzfähigkeit von Computerspielen nach Urheberrecht, CR 2012, 281; *Hofmann*, Fünfzehn Thesen zur Plattformhaftung nach Art. 17 DSM-RL, GRUR 2019, 1219; *Jagnow/Baumann*, eSport aus verbandlicher Perspektive, MMR-Beil. 8/2018, 12; *Jänich*, Die Veräußerung von Produktschlüsseln (Product Keys) für Computerspiele – immer ein Problem des Urheberrechts?, K&R 2020, 781; *Katko/Maier*, Computerspiele – die Filmwerke des 21. Jahrhunderts?, MMR 2009, 306; *Kurt/Nothelfer*, Die Anwendbarkeit des technischen Arbeitsschutzrechts bei spielbezogenen eSport-Tätigkeiten, RdA 2020, 211; *Liesching*, Hakenkreuze in Film, Fernsehen und Computerspielen – Verwendung verfassungsfeindlicher Kennzeichen in Unterhaltungsmedien, MMR 2010, 309; *Liesching*, Nationale Games-Regulierung für den EU-Raum, MMR-Beil. 8/2020, 18; *Liesching*, „Simuliertes Glücksspiel" in Game-Apps, ZfWG 2020, 313; *Lober*, Monopoly spielen verboten? „Social Games" und „Social Networks" im Lichte des Kartellrechts, GRUR-Prax 2010, 453; *Lober/Jäkel-Gottmann*, Überblick über die Spruchpraxis zur Alterskennzeichnung, MMR-Beil. 8/2020, 8; *Lobel/Klein*, Datenschutz bei Multiplayer-Games und Spielen auf sozialen Netzwerken, MMR-Beil. 8/2021, 17; *Marinitsch*, Die Geheimhaltung des

Prüfungsergebnisses der USK, MMR 2018, 517; *Mayer-Wegelin*, Käuferrechte bei Computerspielen – Technische Kopierschutzmaßnahmen und End User License Agreements, JurPC Web-Dok. 28/2009; *Merk/Schneider*, Keyselling: Rechtliche Grenzen beim Handel mit Lizenzschlüsseln für Computerspiele, MMR-Beil. 8/2019, 12; *Mitsching/Rauda*, Zeitenwende beim Tracking des Nutzungsverhaltens durch Spiele-Apps, MMR-Beil. 8/2021, 8; *Moos*, Durchsetzung der DS-GVO mittels Bußgeldern am Beispiel der Games-Branche, MMR-Beil. 8/2021, 27; *Nickel/Feuerhake/Schelinski*, Lootboxen in Computerspielen, MMR 2018, 586; *Oehler*, Komplexe Werke im System des Urheberrechtsgesetzes am Beispiel von Computerspielen, 2016; *Peifer*, Die Zukunft der kollektiven Rechtewahrnehmung, GRUR 2015, 27; *Rauda*, Cheatbots in Computerspielen, MMR-Beil. 8/2019, 20; *Rauda*, Staatlicher Jugendschutz für Apps und parallele Regeln der App-Stores, MMR-Beil. 8/2020, 13; *Ruppert*, Drei Tage wach? Zur Strafbarkeit von Doping im eSport, SpuRt 2020, 106; *Ruppert*, Kompetitives Computerspielen im Fokus des Wirtschaftsstrafrechts? – Game-Fixing im eSport und die Normen der §§ 265 c, 265 d StGB, NZWiSt 2020, 5; *Schmid/Düwel*, Reale Gebäude und Gegenstände in Computerspielen, MMR 2020, 155; *Schwartmann*, eSport – Praktikerperspektiven aus der Games-Branche, MMR-Beil. 8/2018, 1; *Schwiddessen*, Hakenkreuze und verfassungswidrige Kennzeichen in Computerspielen, Kunsteigenschaft und Sozialadäquanz von Videospielen, CR 2015, 92; *Schwiering/Zurel*, Gaming & Recht – Zwei Branchen wachsen zusammen! – Aktuelle Entwicklungen der Rechtslage und Diskussion, MMR 2016, 440; *Secker*, Jugendschutz in der Games-Branche, MMR-Beil. 8/2020, 1; *Waiblinger/Jaworski*, Games-Piraterie – Website-Sperren als Mittel der Rechtsdurchsetzung, MMR-Beil. 8/2019, 7; *von Walter*, Nutzerdaten, KI und automatisierte Entscheidungsfindung in Games, MMR-Beil. 8/2021, 22; *Wenmer/Bodensiek*, Bewerbung von Online-Computerspielen in nicht lizensierten Territorien, K&R 2010, 16; *Winkelmann*, Aktuelle Perspektive auf die EU-Beihilfeprüfung von Computer- und Videospielen, EuZW 2020, 761.

A. Einführung

1 Mit der von Felix Falk und Oliver Castendyk in den ersten beiden Kapiteln beschriebenen wachsenden gesellschaftlichen und wirtschaftlichen Bedeutung der Computerspielebranche rücken auch die Rechtsfragen rund um die Spiele zunehmend in den Fokus. Die Games-Branche ist – auch in der Corona-Krise – dynamisch wachsend und mit der jüngst beschlossenen Förderung durch die Bundesregierung zeichnet sich ein weiterer Schub in Deutschland ab. Damit verbunden ist ein **steigendes Interesse an den innovativen Geschäftsmodellen, den Investitionsmöglichkeiten und den rechtlichen Besonderheiten der Branche.** Bei Games handelt es sich zwar auch um eine Medienbranche, deren IP über das Urheberrecht geschützt ist. Hinzukommen aber auch zahlreiche weitere verwandte Rechtsgebiete, insbesondere wegen des Direktvertriebs von Computerspielen das Vertragsrecht und der digitale Verbraucherschutz – dieser rechtliche Rahmen wurde durch die Umsetzung der Digital Content Directive[1] zum Kauf- und Gewährleistungsrecht für digitale Produkte gerade komplett überarbeitet. Außerdem werden Spiele in der Regel international vertrieben, so dass immer auch

1 Richtlinie (EU) 2019/770 des Europäischen Parlaments und des Rates vom 20.5.2019 über bestimmte vertragsrechtliche Aspekte der Bereitstellung digitaler Inhalte und digitaler Dienstleistungen.

andere Rechtsordnungen in den Blick genommen werden müssen, wobei das deutsche Recht zwar oft wegen der hohen Regulierungsdichte eine besondere Rolle spielt. Weil aber insbesondere die wirtschaftlich erfolgreichen so genannten AAA-Titel nicht aus Deutschland kommen, spielt das deutsche Recht lediglich als „Goldstandard" eine Rolle und ist nur selten das gewählte Recht.

Dieses Handbuch soll einen umfassenden Überblick über das Games-Recht geben und richtet sich an die Geschäftsführer, Inhouse-Juristen, Jugendschutzbeauftragten, Datenschutzbeauftragten sowie weitere Beschäftigte der Games-Branche sowie Investoren, Juristen, Wissenschaftler und andere Interessen außerhalb der Brache. Das Handbuch ist praxisnah und lösungsorientiert geschrieben, damit es sich für die Nutzung im Alltag der Unternehmen und Kanzleien eignet. In 31 Kapiteln entsteht so ein Überblick über alle Rechtsfragen in der Games-Branche. Das **Handbuch gliedert sich entlang des Verwertungszyklus**, beginnend mit der Games-Entwicklung, dann dem Publishing und dem Vertrieb bis hin zu den Besonderheiten bei Plattformen und dem Marketing. In der Einführung des Handbuchs hat Felix Falk als Geschäftsführer des Branchen-Verbands game die allgemeine Bedeutung der Games-Branche aufgezeigt. Oliver Castendyk hat anschließend zusammen mit Juliane Müller auf der Grundlage der Branchen-Studie die wirtschaftlichen Kennzahlen des Games-Standortes Deutschland herausgearbeitet. Diesem Einführungskapitel zum „Recht in der Games-Branche" kommt nun die rechtliche Einordnung und Erläuterung der juristischen Konzeption zu. Dazu wird zunächst überblicksartig auf grundsätzliche Parameter für das Recht in der Games-Branche abgestellt. Hierzu wird eingangs kurz auf die Internationalität der Branche eingegangen und anschließend werden die deutschen Player für das Games-Recht vorgestellt. Um praxisorientiert auch Anhaltspunkte für die Entwicklung und die weitere Diskussion des deutschen Rechtsrahmens geben zu können, werden auch die einschlägigen Netzwerke und der Stand der Wissenschaft thematisiert. Der Schwerpunkt des Kapitels ist der Überblick über die rechtlichen Themen, der gleichzeitig eine Art Einführung in die kommenden Kapitel darstellt und deswegen auch die Gliederung des Handbuchs aufgreift. Im abschließenden Ausblick werden mit der Kollektiven Rechtewahrnehmung, Games as a Service sowie mit NFTs und dem Metaverse drei aktuelle Zukunftsthemen aufgegriffen, für die es (noch) keinen gefestigten Rechtsrahmen und daher auch kein eigenes Kapitel in diesem Handbuch gibt, die aber als klar erkennbare Trends nicht unerwähnt bleiben sollen. 2

B. Recht in der Games-Branche

Wie auch andere Kreativbranchen ist das Recht der Computerspiele oder auch „Games Law" kein eigenes Rechtsgebiet, sondern **IP-Recht mit Bezügen aus vielen unterschiedlichen Regelungsbereichen.** Für Entwickler (Developer) und Verwerter (Publisher) von Computer- und Videospielen ist das Urheberrecht die maßgebliche Grundlage, auf der mit teils mehreren tausend Kreativen aus fast allen Gewerken des Urheberrechts ein komplexes Werk erstellt und anschließend auf unterschiedlichen Plattformen und ausdifferenzierten Monetarisierungsmodellen ausgewertet wird. Hinzu kommen aber viele Besonderheiten im Urheberrecht mit Blick auf Computerprogramme, das Urhebervertragsrecht und die Rechtsdurchsetzung. Deswegen, aber auch weil Games häufig 3 kollaborativ und international geschaffen werden und nahezu alle urheberrechtlichen Gewerke und viele andere Leistungen umfassen, sind Publishing-Verträge recht komplex und unterscheiden sich teils erheblich von anderen „Verlagsverträgen“. Hier ist nicht nur ein besonderes Verständnis der technischen Zusammenhänge, sondern auch der gamesspezifischen Geschäftsmodelle und Revenue Streams erforderlich. Eine besondere Bedeutung haben die vielen neuen EU-Regelungen im Verbraucherschutz zur Vollendung des digitalen Binnenmarktes. Die Marketing Tools wie Let's Plays, Live-Streaming und Communitys sowie Esport-Turniere setzen Kenntnisse im Wettbewerbsrecht sowie im Medien- und sogar Sportrecht voraus. Aufgrund der technischen Innovationen und neuer Trends im Bereich Krypto-Währung, NFT und dem Metaverse gibt es immer wieder auch viel Neuland zu entdecken, so dass stets „kreatives Jura“[2] praktiziert werden muss. Neben dem positiven Recht gibt es aber auch zunehmend Soft Law im Bereich Jugend- und Verbraucherschutz, das teils durch regulierte Selbstregulierung, teils aber auch durch Selbstverpflichtungen und Kodizes gesetzt wird. Dies macht deutlich, dass mit dem „Games Law“ ein spezielles neues Rechts- und Forschungsgebiet entsteht, das neben rechtlicher Expertise auch vertieftes technisches Wissen und angesichts der vielfältigen Monetarisierungsmodelle ein besonderes Gespür für die wirtschaftlichen Zusammenhänge erfordert. Bei diesen angesprochenen Themenkomplexen stellen sich viele rechtliche Fragen, für die die Branche oft praktikable und weltweit funktionierende Lösungen gefunden hat. Insofern muss das Recht der Computerspiele immer international gedacht werden, weil Änderungen in den einzelnen Jurisdiktionen meist auch in anderen Ländern nachvollzogen werden müssen, damit ein Spiel weltweit vertrieben werden kann.

I. Internationalität

4 Computer- und Videospiele werden für den Weltmarkt produziert. Gerade weil alle Spiele digital erscheinen und sich über die einschlägigen Plattformen (Konsolen, App Stores und andere Internet-Vertriebsplattformen wie Steam) überall nutzen lassen, gibt es meist eine einzige Version, die dann teilweise von Publishern vor Ort lediglich lokalisiert wird.[3] Zumeist erfolgt daher auch die Auswertung nicht territorial wie beispielsweise im Film oder bei Büchern, sondern zumeist zeitlich und örtlich unbeschränkt und exklusiv. Entsprechend werden auch die Nutzungsverträge (EULA – End-user License Agreement) möglichst einheitlich gestaltet, zumindest für den EU-Binnenmarkt. Gerade mit Blick auf den national teilweise doch recht spezifischen digitalen **Verbraucherschutz** stehen dabei viele Publisher vor der Herausforderung, die EULA einerseits einheitlich und daher entlang des am weitesten gehenden Verbraucherschutzregimes auszurichten oder einzelne Regelungen lediglich in dem jeweiligen Land umzusetzen und damit unterschiedliche Verträge zu gestalten. Grundsätzlich kommt es bei dieser Frage vor allem auf den wirtschaftlichen Erfolg des Spiels und die Bedeutung des Marktes an. Je größer die möglichen Mehreinnahmen, desto eher lohnen sich beispielsweise AGB für den deutschen Markt. Mit der Vollendung des

2 So *Haar* MMR-Beil. 8/2021, 1.
3 Zum Publishing siehe die Beiträge in Teil III., zur Lokalisierung insbesondere den Beitrag von *Bartelt/Voelkel* (→ § 13 Rn. 1 ff.).

europäischen digitalen Binnenmarktes sind in der Games-Branche allerdings EU-weite EULA die Regel, wobei die zahlreichen deutschen Regulierungs-Alleingänge[4] dann oft als „Goldstandard" europaweit implementiert werden. Regulatorisch spielt das deutsche Recht daher im internationalen Games-Recht eine große Rolle.

Beim **Urheberrecht** und auch bei anderen IP-Rechten wie Marken- und Patentrecht kann von einer Vorherrschaft des angelsächsischen Rechts gesprochen werden. Gerade aufgrund der „work made for hire"-Doktrin ist es für Games-Entwickler aus rechtlichen Gründen deutlich attraktiver, Entwicklungsverträge nach US-amerikanischem oder englischem Recht zu schließen. Das deutsche Urheberrecht[5] mit seinen vielen rechtlichen Ausnahmen und den zwingenden Vorgaben des Urhebervertragsrechts gewährt den Entwicklern und Publishern von Computerspielen weniger Rechte und ist insofern aus Investitionssicht klar im Nachteil gegenüber angelsächsischen Rechtsordnungen. Die neue Urheberrechts-Richtlinie[6] mit seiner Harmonisierung im Urhebervertragsrecht hat hier zumindest in Europa zu einem Level Playing Field geführt. Jedoch kann dies künftig auch der Grund für Investitionsentscheidungen gegen eine Produktion in der EU sein. Allerdings muss das deutsche Urhebervertragsrecht aufgrund der Territorialität und der mittelbaren Anwendung im internationalen Kontext stets mitgedacht werden. Auch die gesetzlichen Ausnahmen, die Urheberrechtsschranken, werden in den Guidelines zur erlaubten Nutzung von Computerspielen in Let's Plays oder anderem User-generated Content abgebildet. Letztendlich wird das deutsche Urheberrecht international in der Regel soweit möglich umgangen, muss aber stets mitberücksichtigt werden. 5

International noch wenig harmonisiert und deswegen von großer Relevanz ist das **Medienrecht** mit seinen Bestimmungen zum Jugendschutz, zu Hate Speech und Toxic Behavior und allgemein zur Medienregulierung. Grundsätzlich gilt zwar für Games als Telemedien in der EU das Herkunftslandprinzip, so dass Publisher nur nach den gesetzlichen Vorgaben ihres Sitzlandes reguliert werden. Gerade für den Jugendschutz und zur Bekämpfung von Hasskriminalität darf dieses Prinzip aber durchbrochen werden, so dass auch die nationalen Bestimmungen in Deutschland stets eingehalten werden müssen. Mit dem Digital Services Act wird das Haftungsregime durch eine Verordnung zwar weitgehend harmonisiert und auch einheitliche Sorgfaltspflichten eingeführt. Es bleibt abzuwarten, wie weit die Mitgliedstaaten die Pflichten umsetzen, Öffnungsklauseln nutzen und weitergehende Regelungen schaffen werden. Im Jugendschutz gibt es mit PEGI[7] ein Jugendschutzsystem für ganz Europa, nur in Deutschland hat sich mit der USK[8] eine eigene Selbstkontrolleinrichtung etabliert. Insgesamt sind im internationalen Medienrecht für Games sowohl Internationalisierungstendenzen als 6

4 Zuletzt das Gesetz für faire Verbraucherverträge, das über die neuen EU-Richtlinien hinaus in § 312k BGB auch einen verpflichtenden Kündigungsbutton vorsieht. Ausführlich dazu *Sester/Kastner* in → § 18 Rn. 78 ff.

5 Ausführlich zum Urheberrecht *Schmid* → § 9 Rn. 1 ff. sowie zum Urhebervertragsrecht *Oehler* → § 10 Rn. 1 ff.

6 Richtlinie (EU) 2019/790 des Europäischen Parlaments und des Rates vom 17. April 2019 über das Urheberrecht und die verwandten Schutzrechte im digitalen Binnenmarkt und zur Änderung der Richtlinien 96/9/EG und 2001/29/EG.

7 Pan European Game Information: www.pegi.info.

8 Unterhaltungssoftware Selbstkontrolle: www.usk.de. Ausführlich dazu *Secker/v. Petersdorff* in → § 15 Rn. 1 ff. zum gesetzlichen Jugendschutz.

auch neue nationale Besonderheiten zu beobachten, wobei Deutschland häufig neue Maßstäbe setzt.[9]

II. Player in der deutschen Branche

7 In Deutschland haben 2021 insgesamt 749 Unternehmen Computerspiele entwickelt und/oder vertrieben und dabei im Kernmarkt knapp 11.000 Mitarbeitende beschäftigt. Im Vergleich zu Kanada, den USA, aber auch anderen europäischen Ländern liegt Deutschland damit weit zurück und der Anteil deutscher Produktionen auf dem Heimatmarkt ging zuletzt noch weiter auf lediglich noch 4,2 % zurück.[10] Die Zentralen der großen Games-Unternehmen wie Sony, Activision Blizzard King, Electronic Arts oder Nintendo beschäftigen in ihren Firmenzentralen in den USA und in Japan teilweise mehrere tausend Mitarbeitende und erzielen mehrere Milliarden Euro Umsatz im Jahr. In Deutschland[11] ist der größte Games-Arbeitgeber Nintendo mit seiner Europa-Zentrale in Frankfurt. Weitere große Arbeitgeber in Deutschland sind die drei schwedischen Medienkonzerne Embracer Group (Koch Media, Deep Silver, Black Forest Games, Grimlore Games, HandyGames, Piranha Bytes), Modern Times Group MTG (Innogames, ESL, DreamHack) und Stillfront Group (Goodgame Studios, Bytro Labs). Auch Ubisoft hat mit Standorten in Düsseldorf, Berlin und Mainz mehrere hundert Beschäftigte. Weitere größere deutsche Arbeitgeber mit Sitz in Deutschland sind Gameforge (Karlsruhe), Crytek (Frankfurt) und Gamigo (Hamburg). Daneben gibt es weitere Unternehmen wie Big Point (Hamburg), Travian Games (München), Upjers (Bamberg) oder Wooga (Berlin) mit einer eigenen Rechtsabteilung. Zusammengerechnet ist die Zahl der **Inhouse-Juristen** in der deutschen Games-Branche also recht überschaubar und liegt recht konstant deutlich unter 50. An diesem Handbuch schreiben sieben dieser Unternehmensjuristen mit.

8 Gerade weil viele Games-Unternehmen ihren Sitz im Ausland haben, sind **Kanzleien** im Games Law integraler Bestandteil der Games-Branche. Sie tragen dazu bei, dass die Verbraucherverträge und die regulatorischen Voraussetzungen für das Anbieten eines Computerspiels zentral aus den jeweiligen Hauptsitzen der Unternehmen oder zumindest aus den jeweiligen Europa-Zentralen gesteuert werden können. Sie fungieren damit in vielen Fällen als verlängerte Rechtsabteilungen für den deutschen Markt. Eine umfassende Beratung für internationale Publisher bieten dabei insbesondere die Kanzleien Osborne Clarke, Advant Beiten und Taylor Wessing sowie Nordemann & Czychowski. Besonders profiliert für sowohl Publisher als auch Entwickler von Computerspielen in Deutschland sind vor allem die Kanzleien Brehm & v. Moers sowie Graef Rechtsanwälte. Daneben gibt es aber auch weitere – meist Einzelanwälte –, die sich auf Games Law spezialisiert haben. International bzw. in Europa haben auch die Kanzleien Backer McKenzie, Allen Overy sowie Wiggin eine besondere Ausrichtung auf die Games-Branche. Eine besondere Expertise für den Esport haben die Kanzleien CMS

9 So beispielsweise auch das NetzDG, das allerdings auf Games laut Gesetzesbegründung keine Anwendung findet und mit Einführung des Digitale Dienste Gesetzes voraussichtlich aufgehoben wird.
10 Hierzu die Marktdaten des Branchenverbandes game: www.game.de/marktdaten/.
11 Ausführlich zum Publishing in Deutschland *Kundratitz/Merk* in → § 12 Rn. 1 ff.

und Frey Rechtsanwälte. Die meisten genannten Games-Kanzleien wirken an diesem Handbuch mit.

Mit Blick auf die familiäre Struktur der Games-Juristen spielt der **Branchenverband** game eine wichtige Rolle sowohl bei der Vernetzung als auch bei der Aufarbeitung und Fortentwicklung des Games Law. Fast alle größeren Publisher und Entwickler in Deutschland und auch die genannten Kanzleien sind Mitglieder des Verbandes. Im Rahmen der zwei Mal im Jahr stattfindenden AG Recht treffen sich die Unternehmensjuristen und auch Partner der einschlägigen Kanzleien zum Austausch über regulatorische und juristische Themen und geben damit auch die Ausrichtung der Verbandsarbeit beispielsweise für politische Stellungnahmen zu Gesetzgebungsvorhaben vor. Hier wurde auch beschlossen, gemeinsam ein Handbuch zu Games und Recht zu erstellen. Zur Vertiefung von einzelnen Rechtsbereichen veranstaltet der game regelmäßig Workshops zu Themen wie Verbraucherschutz, Urheberrecht, Jugendschutz, Datenschutz, Anti-Piracy sowie weiteren aktuellen Rechtsfragen. Insbesondere für kleinere Entwickler und Nicht-Juristen der Branchen werden auch Webinare unter Beteiligung der Mitgliedskanzleien angeboten. Jährlich zur gamescom organisiert der game mit der Fachzeitschrift MMR im Beck-Verlag auch eine Schwerpunktbeilage zu einem ausgewählten Rechtsgebiet mit unterschiedlichen Beiträgen von Branchenjuristen, die teilweise auch Vorarbeit und Grundlage für dieses Handbuch sind. 9

Neben den Verbandsveranstaltungen gibt es zahlreiche weitere Formate und **regelmäßige Tagungen speziell für Games Lawyer.** In Deutschland ist dies vor allem der Summit der Video Games Bar Associaction (VGBA) im Rahmen der devcom, der Entwicklerkonferenz zur gamescom in Köln. In Europa gibt es daneben das Veranstaltungsformat „More than just a game“ der Queen Mary University in London, mit dem an wechselnden Orten mit Partner-Kanzleien als Ausrichtern aktuelle Games-Themen mit der europäischen Perspektive diskutiert werden. Ein Treffen von Games Lawyern aus aller Welt findet jährlich in Vilnius als Games Industry Law Summit statt, bei dem cross-jurisdiktional globale Herausforderungen für die Games-Branche diskutiert werden.[12] Auch die internationalen Verbände treffen sich jährlich mit Managern und Juristen und Kommunikatoren der größten Publisher, um sich auszutauschen und Trends identifizieren zu können – zuletzt 2022 in Berlin. 10

In der **Rechtswissenschaft** findet das Recht der Computerspiele bislang kaum Beachtung. An den Universitäten und Hochschulen gibt es inzwischen zahlreiche Games-Studiengänge für Game-Design, einen expliziten Schwerpunkt für Games Law hat allerdings bislang nur die TH Köln in dem Masterstudiengang Medienrecht und Medienwirtschaft der Kölner Forschungsstelle für Medienrecht. An der HTWK Leipzig gibt es im Medienrecht eine ausgewiesene Expertise zum Jugendschutzrecht für Games. Für das Esport-Recht hat sich an der Universität Augsburg eine Forschungsstelle gegründet. Daneben sind jedoch viele der oben genannten Anwälte auch als Professoren oder Lehrbeauftragte in den Games-Studiengängen tätig und lehren zum Recht der Computerspiele. In der wissenschaftlichen Literatur gibt es bis auf das Standardwerk von 11

12 Ausführlich zum Games Industry Law Summit 2021: *Hentsch* MMR 2021, 837f.

Christian Rauda[13] keine dedizierte Games-Literatur. In der Fachzeitschrift MMR sind mit den Schwerpunktheften zu Esport, Rechtsdurchsetzung bei Games, Datenschutz, Jugendschutz und Verbraucherschutz für Games inzwischen aber zahlreiche zitierfähige Beiträge erschienen. Auch im Handbuch Multimediarecht[14] findet sich ein eigenes Kapitel zum Recht der Computerspiele. Ansonsten finden Games in den einschlägigen Fachkommentaren an den gegebenen Stellen Berücksichtigung. Insoweit schließt dieses Handbuch Games und Recht eine Lücke und führt die bisher erschienene Fachliteratur und alle derzeitigen Experten im Games Law in diesem Werk zusammen.

C. Überblick

12 Games entstehen an der Schnittstelle von kreativem Werkschaffen und Computerprogrammen. An diesen „komplexen Werken“ sind fast alle kreativen Gewerke beteiligt, von der Story über das Design und das Artwork bis hin zum Code. Diese Leistungen können von einem einzelnen Kreativen oder einem kleinen Entwicklerteam erbracht werden oder bei einer AAA-Produktion von mehreren tausenden Mitarbeitern überall auf der Welt. Dies muss nicht nur bei der Entwicklungsarbeit, sondern auch rechtlich bei der Finanzierung und Förderung sowie bei der gesellschaftsrechtlichen Ausgestaltung berücksichtigt werden. Der Games-Entwicklung widmet sich daher auch das erste Kapitel im Hauptteil des Handbuchs. Eine besondere Bedeutung hat dabei das Urheberrecht, weil nicht allein die urheberrechtlich geschützten Werke nach § 2 UrhG, soweit sie einen eigenen schöpferischen Wert haben, gelten, sondern auch die Sonderregelungen für den urheberrechtlichen Schutz von Computerprogrammen (§ 69a Abs. 1 UrhG) zur Anwendung kommen.[15] Dies wirkt sich besonders auf das Urhebervertragsrecht,[16] aber auch das Arbeitsrecht[17] aus. Die Urheber- und Markenrechte werden regelmäßig in einem Publishing-Vertrag[18] dem Verwerter des Spiels eingeräumt. Dies ist der wichtigste Vertrag bei der Entwicklung eines Computerspiels und daher ist hier juristische Expertise stets dringend angeraten. Nach Abschluss eines Publishing-Vertrages müssen zum Vertrieb eines Spiels in einem oder mehreren Ländern neben einer möglichen Übersetzung zwingend auch die lokalen rechtlichen Vorgaben beachtet werden – die so genannte Lokalisierung.[19] In Deutschland umfasst die Lokalisierung immer auch die Beantragung eines Alterskennzeichens bei der USK, weil das Spiel ansonsten faktisch nicht in den Handel gelangt. Hier gibt es international durchaus Vereinheitlichungstendenzen, andererseits gibt es aber auch erhebliche Unterschiede beispielsweise bei der Bewertung von Gewalt oder Sexualität.[20] Der Vertrieb des Spiels erfolgt über Verbraucherverträge, wobei neben dem Widerrufsrecht[21] immer mehr Regelungen zum

13 *Rauda*, Recht der Computerspiele.
14 *Hentsch*, Handbuch Multimedia-Recht, Teil 22: Games.
15 Insbes. EuGH GRUR 2014, 255 Rn. 23 – Nintendo/PC Box; BGH GRUR 2013, 1035 Rn. 20 – Videospiel-Konsolen I; BGH GRUR 2015, 672 Rn. 43 – Videospiel-Konsolen II; vgl. auch *Bullinger/Czychowski* GRUR 2011, 19 (22 ff.).
16 Vgl. die Ausnahme in § 69a Abs. 5 UrhG.
17 Ausführlich zum Arbeitsrecht bei Computerspielen *Breckheimer* in → § 8 Rn. 1 ff.
18 Ausführlich zum Publishing-Vertrag *Ewald* in → § 13 Rn. 1 ff.
19 Ausführlich zum Publishing in Deutschland *Bartelt-Krantz/Völkel* in → § 14 Rn. 1 ff.
20 Zur Kennzeichnungspraxis ausführlich *Lober* in → § 16 Rn. 1 ff.
21 Bisher vor allem BGH MMR 2014, 169 – Runes of Magic.

Verbraucherschutz beachtet werden müssen.[22] Eine besondere Herausforderung ist dabei die rechtliche Einordnung von virtuellen Gegenständen, die in der Games-Branche recht einzigartig sind.[23] Beim Vertrieb über unterschiedliche Plattformen gibt es zwar meist eine Account-Bindung und daher weniger „klassische" Urheberrechtsverletzungen. Dafür entstehen bei den gamesspezifischen Verbreitungsmöglichkeiten und den ausdifferenzierten Geschäftsmodellen wie In-Game-Käufen oder Cloud Gaming immer wieder neue Herausforderungen im Bereich Anti Piracy wie zum Beispiel Piraten-Server,[24] Bots[25] und Keyseller.[26] Auch im Datenschutz stellen sich andere Fragen als in anderen Medienbranchen, weil die Nutzerdaten über Tracking bei den meisten Spielen nicht für Werbung genutzt werden, stattdessen aber für die Verbesserung des Spiels.[27] Regulatorisch rücken die Plattformen immer mehr in den Fokus. Eine besondere Verantwortung haben Plattformen mit Blick auf den Vertrieb bzw. kartellrechtlich zulässigen Vertriebsbeschränkungen, beim technischen Jugendschutz sowie mehr und mehr bei der Bekämpfung von Hasskriminalität und toxischem Verhalten.[28] Deswegen ist in diesem Handbuch den Plattformen und Konsolen auch ein eigenes Kapitel gewidmet. Auch das Marketing und der rechtliche Rahmen dafür ist für Games-Unternehmen ein wichtiger Aspekt. Das Marketing für Games wird meist durch Let's Plays, Live Streaming und Communitys sowie Esport-Turniere unterstützt, die deswegen auch in den Blick genommen werden. Neben den allgemeinen Bestimmungen des Wettbewerbsrechts spielen hier vor allem medienrechtliche, aber teilweise auch sportrechtliche[29] Fragestellungen eine Rolle.

I. Computerspieleentwicklung

Allererste rechtliche Herausforderung bei der Entwicklung eines Computerspiels ist 13
sicherlich die **Finanzierung** und eng damit verbunden die **Wahl der Rechtsform.** Handelt es sich um einen Einzelentwickler oder ein kleines Team werden oft Eigenmittel eingebracht, in mehr und mehr Fällen werden aber auch Fördermittel von Bund und/oder Ländern beantragt. Zumindest bei der Bundesförderung sind in der Regel nur Kapitelgesellschaften förderungsfähig. Handelt es sich um ein großes Projekt, kann dafür die Gründung einer eigenen Gesellschaft aus Haftungsgründen interessant sein, oft fallen jedenfalls Entwickler und Publisher auseinander. Von der gewählten Rechtsform hängt nicht nur die Besteuerung ab, sondern auch, zu welchen Bedingungen ein Exit beziehungsweise Verkauf später möglich ist.

Mit der Einstellung der ersten Mitarbeiter stellen sich immer auch Fragen zum 14
Arbeitsrecht. Hier gibt es kreative Vergütungs- und Beteiligungsmodelle, die auch bei anderen Start-ups angewandt werden. Früher oder später muss aber zwischen Gesellschaftern und Angestellten unterschieden werden und dabei kommen natürlich

22 Ausführlich zu Verbraucherverträgen *Sester/Kastner* in → § 18 Rn. 1 ff.
23 Dazu *Ewert* in → § 18 Rn. 78 ff.
24 AG Heidelberg Urt. v. 13.4.2018 – 8 Ds 320 Js 16548/17.
25 BGH MMR 2017, 394 – Bossland.
26 LG Berlin MMR 2014, 838 – Keyselling.
27 Zum Datenschutz von Walter in → § 21 Rn. 1 ff.
28 Dazu ausführlich *Hilgert* in → § 25 Rn. 1 ff. und → § 26 Rn. 1 ff.
29 Vergleiche hierzu die neugegründete Zeitschrift für Sportrecht und eSportrecht in der Praxis (SpoPrax).

auch die entsprechenden Arbeitsschutz- und Arbeitszeitgesetze zur Anwendung, auch um die vor dem Release-Termin eines Spiels berüchtigte „Crunch Time“ zu verhindern. Die befristete Einstellung von Mitarbeitern kann bei Förderungen wegen dieses Sachgrundes auch länger als die gesetzlich vorgesehenen zwei Jahre (nach Gründung eines Unternehmens sogar vier Jahre) vereinbart werden. Allerdings muss dabei auf einen schriftlichen Vertrag geachtet werden, der unbedingt *vor* Beginn einer Tätigkeit geschlossen werden muss. Auch eine Scheinselbständigkeit steht immer wieder im Raum, wenn beispielsweise ein Freelancer in der Gründungsdynamik organisatorisch ins Unternehmen eingebunden worden ist. Neben den wirtschaftlichen Risiken der Nachzahlung der Sozialbeiträge kann dies sogar strafbar sein. Dies gilt auch, wenn bei kreativen Leistungen Dritter die Abgaben an die Künstlersozialkasse unterbleiben.

15 Für die Entwickler (Developer) von Computer- und Videospielen ist das **Urheberrecht** die maßgebliche Grundlage, auf der kleine Teams oder auch mehrere tausend Kreative aus fast allen Gewerken des Urheberrechts ein komplexes Werk erstellen, das vom Publisher anschließend auf unterschiedlichen Plattformen und ausdifferenzierten Monetarisierungsmodellen ausgewertet wird. Computer- und Videospiele sind sogenannte komplexe Werke, weil die verschiedenen Elemente wie Story, Design, Sound und Code grundsätzlich eigenen Schutzregimen unterliegen. Relevant ist die Differenzierung insbesondere mit Blick auf die Sonderregelungen für Computerprogramme nach der Richtlinie 2009/24/EG über den Rechtsschutz von Computerprogrammen. Dies betrifft beispielsweise die Anforderungen an die Schöpfungshöhe, die gem. § 69a Abs. 3 UrhG für Computerprogramme weitgehend unerheblich ist. Zudem liegen die Rechte für die wirtschaftliche Verwertung von Computerprogrammen meist beim Arbeitgeber (§ 69b Abs. 1 UrhG). Privatkopien dürfen gem. § 53 Abs. 1 UrhG nur von Werken angefertigt werden, bei Computerprogrammen sind gem. § 69d Nr. 2 UrhG lediglich Sicherungskopien erlaubt. Aufgrund der fließenden Übergänge und wegen des kollaborativen Werkschaffens ergeben sich auch Fragen bezüglich der Urheber- bzw. Miturheberschaft. Im Urhebervertragsrecht gibt es bislang kaum einschlägige Rechtsprechung und auch keine gemeinsamen Vergütungsregeln.

16 Neben dem Urheberrecht sollte auch ein **markenrechtlicher Schutz** erwogen werden. Gerade weil die Spielidee nicht geschützt ist und auch weil viele Spiele immer weiterentwickelt werden und es regelrechte Spielereihen über viele Jahre gibt, ist hier der Markenschutz die einzige Schutzmöglichkeit. Zudem bietet das die Grundlage für weiteres Branding und Marketingmaßnahmen. So unumstritten das IP-Recht für Games gilt, so müssen auch die Markenrechte und auch Urheberrechte Dritte in den Spielen gewahrt werden. Allerdings gibt es inzwischen eine gefestigte Rechtsprechung, wann Ausnahmen für eine detailgetreue Wiedergabe von Marken und Designs im Spiel greifen.

II. Publishing

17 Der wichtigste Vertrag für Entwickler ist sicherlich der **Publishing-Vertrag.** Hier muss vor allem entschieden werden, ob ein „Lizenzvertrag“ geschlossen werden soll, mit dem ein Publisher lediglich die Rechte zum Vertrieb eingeräumt bekommt, oder besser ein „work for hire“-Vertrag, bei dem der Publisher die vollständige Finanzierung

übernimmt, aber dafür auch alle Rechte am Spiel erhält. In beiden Fällen müssen Milestones und klare Kriterien für die Abnahme vereinbart werden („Waterfall"). Von agilen Verträgen ist wegen des erforderlichen Micromanagements in der Regel abzuraten. Zudem können hier auch viele weitere Vergütungsmodelle oder auch die Anrechnung auf Marketingmaßnahmen vereinbart werden. Der Publisher übernimmt im Publishing-Vertrag insbesondere die **Lokalisierung**, also die Anpassung und den Vertrieb des Spiels in den verschiedenen Absatzmärkten. Dazu zählt neben den sprachlichen und kulturbedingten Anpassungen vor allem die Einhaltung der rechtlichen Vorgaben. Diese sind im digitalen Binnenmarkt der EU inzwischen zwar weitgehend vereinheitlicht. Im digitalen Verbraucherschutzrecht und vor allem im Jugendschutzrecht gibt es aber teils noch erhebliche Unterschiede zwischen den Mitgliedstaaten der EU.

Um in Deutschland den Jugendschutz einzuhalten, muss bei der **Freiwillige Selbstkontrolle Unterhaltungssoftware (USK) in der Regel** ein Alterskennzeichen beantragt werden. Die USK ist sowohl unter dem JuSchG als auch für den Online-Bereich unter dem JMStV als zuständige Selbstkontrolle staatlich anerkannt. Im Bereich des JuSchG erteilen staatliche Vertreter am Ende eines USK-Verfahrens die Alterskennzeichen. Bei Verfahren nach dem JMStV für Telemedien und Rundfunk prüft ein eigener Geschäftsbereich der Freiwillige Selbstkontrolle Unterhaltungssoftware GmbH, USK.online. Darüber hinaus vergibt die USK Alterskennzeichen auch innerhalb des internationalen IARC-Systems für Online-Spiele und Apps. In den letzten Jahren lässt sich in der **Spruchpraxis der USK** ein gewisser Trend erkennen, wonach Gewalt und Krieg eher wahrgenommen werden darf, bei Sexualität hingegen gibt es dafür eine gegenläufige Tendenz. Relativ neu ist eine Ergänzung der USK-Leitkriterien, um auch Kennzeichen verfassungswidriger Organisationen – also beispielsweise Hakenkreuze – bei der Prüfung berücksichtigen zu können. 18

III. Vertrieb

Games werden über **Verbraucherverträge** vom Publisher direkt oder über Plattformen vertrieben. Dabei entsteht in der Regel eine direkte Vertragsbeziehung, über die neben der Bereitstellung des Spiels oft auch viele weitere Dienstleistungen angeboten werden. Dazu gehören neben Updates auch Erweiterungen sowie virtuelle Gegenstände. Eine Besonderheit bei Verbraucherverträgen von Games-Anbietern ist der Verzicht auf das Widerrufsrecht nach § 356 Abs. 5 BGB beim Erwerb virtueller Währung. Hierzu hat das OLG Karlsruhe[30] auf die Klage des Verbraucherzentrale Bundesverband (vzbv) gegen einen deutschen Online-Spiele-Entwickler und Publisher entschieden, dass es sich bei In-Game-Währung nicht um digitale Inhalte im Sinn des § 356 Abs. 5 BGB handelt und daher ein Verzicht grundsätzlich möglich ist.[31] Hinzu kommen die neuen Regelungen zum Verbraucherschutz durch die Umsetzung der EU-Richtlinie für digitale Inhalte, die so genannte Omnibus-Richtlinie sowie die Warenkaufrichtlinie sowie durch das Gesetz für faire Verbraucherverträge. Dadurch ist ein europäisches Kauf- und Ge- 19

30 OLG Karlsruhe Teilurt. v. 10.5.2017 – 6 U 169/16.
31 So zuletzt auch LG Karlsruhe in einem anderen Fall MMR 2022, 413 m. Anm. *Hentsch*.

währleistungsrecht für Games entstanden, das allerdings wieder durch eine rein deutsche Pflicht eines Kündigungsbuttons und Beschränkungen für stillschweigende Vertragsverlängerungen bei „entgeltlichen" Vertragsverhältnissen durchbrochen wird. Eng damit verbunden sind die Rechtsfragen bei virtuellen Gegenständen, die als digitale Produkte unter diese neuen Regelungen fallen. Zusätzlich zum Vertragsrecht kommen hier aber auch die lauterkeitsrechtlichen Normen zur Anwendung, die auf der Richtlinie für unlautere Geschäftspraktiken beruhen und die durch eine Guidance der EU-Kommission ausgelegt werden, die derzeit überarbeitet werden und ein eigenes Kapitel zu Games enthalten werden.[32]

20 Neue Geschäftsmodelle und Vertriebswege der Games-Branche verändern auch die Herausforderungen und die Ansatzmöglichkeiten in der **Pirateriebekämpfung.**[33] Beim klassischen Verkauf von Computerspielen auf Datenträgern oder als Download greift in den meisten Fällen wegen der Account-Bindung der technische Kopierschutz. Dafür sorgt das sich in einer rechtlichen Grauzone befindliche Keyselling von gebrauchten Spielen für Verwerfungen in der Preisgestaltung. Zudem gibt es bei Free-to-play (F2P)-Games und Abonnements Probleme mit illegalem Handel, Bots und Piratenservern. Vor allem für Konsolen bleiben strukturell rechtswidrige Plattformen ein Piraterieproblem, weil dort Umgehungssoftware zum Download angeboten wird. Besonderes Augenmerk gilt hier den Seitensperrverfahren, die auch für Games-Unternehmen interessant sein können.[34] Für die meisten Ansätze ist mittlerweile das Zivilrecht das Mittel der Wahl. Das Strafrecht ist mit Blick auf Piratenserver erfolgversprechend, verliert in der Tendenz für die Games-Branche allerdings zunehmend seine Bedeutung für die Verfolgung von Urheberrechtsverletzungen.

21 Im **Datenschutz** gibt es für Games keine speziellen Regelungen, so dass die allgemeinen Vorschriften der DS-GVO und des BDSG bei personenbezogenen Daten zur Anwendung kommen, im Übrigen greifen die Bestimmungen des TMG und des TTDSG. Beim Vertrieb eines Computerspiels kommt es maßgeblich auf das jeweilige Geschäftsmodell an, welche Daten überhaupt benötigt werden und dazu erhoben und verarbeitet werden. Da jedoch die meisten Spiele inzwischen eine Online-Anbindung und einen Spieler-Account haben und meist auch einen Multiplayer-Modus anbieten, werden bei nahezu allen Spielen personenbezogene Daten erhoben. Relevant ist vor allem die Unterscheidung zwischen PC- und Konsolenspielen, bei denen in der Regel lediglich Daten für die Bereitstellung des Spiels, Abrechnungszwecke und zur Verbesserung des Spielerlebnisses verarbeitet werden, und Online-Spielen, die teils auch werbefinanziert sind. Hinzu kommen datenschutzrechtliche Fragen beim Marketing wie dem Social Advertising.

22 Im **Steuerrecht** empfiehlt es sich für Gründer, frühzeitig ein System für die digitale Aufbewahrung von Steuerunterlagen einzurichten, um für die Betriebsprüfung vorbereitet zu sein. Relevant für Games sind neben der deutschen Umsatzsteuer wegen des meist

---

32 Dazu *von Walter,* Leitlinien der EU-Kommission zur UGP-Richtlinie und das UWG, MMR-Beil. 8/2022, 22.

33 Einen Überblick über Herausforderungen und neue Wege der Rechtsdurchsetzungen für Games gibt *Hentsch* MMR-Beil. 8/2019, 3, in diesem Handbuch vor allem *Pukas/Waiblinger* in → § 20 Rn. 1 ff.

34 Der Branchenverband game ist Gründungsmitglied der Clearingstelle CUII zur Sperrung strukturell urheberrechtsverletzender Seiten, vgl. dazu *Nordemann/Steinbrecher* MMR 2021, 189.

weltweit angelegten Vertriebs auch die Umsatzsteuer in Drittländern, die in den meisten Ländern abgeführt werden muss. In Europa kann dies über einen One-Stop-Shop (OSS) zentral gemeldet werden, für andere Länder bedarf es in der Regel eines Dienstleisters. Neben der Körperschaftssteuer kann bei der Einlizenzierung von urheberrechtlich geschützten Werken, Marken und Patenten auch Quellensteuer anfallen. Wegen der gestiegenen Mobilität und der steigenden Offenheit für „remote“-Arbeiten, muss zunehmend darauf geachtet werden, ob durch Mitarbeiter im Ausland eine Betriebsstätte gegründet wird.

IV. Plattformen

Plattformen spielen als Vertriebskanäle für Games eine herausragende Bedeutung. Die 23
Gesetzgebungsinitiativen der EU im **Kartell- und Wettbewerbsrecht** zur Regulierung großer Plattformen („Gatekeeper“) durch den Digital Services Act[35] und den Digital Markets Act[36] zielen vor allem auf Plattformen mit monopolartiger Macht (GAFA) ab, die es bei Games-Plattformen sowohl bei Konsolen als auch für PC-Spiele in diesem Maße nicht gibt. Mit Blick auf die marktmächtigen Plattformen für Mobile Games über den App Store von Apple und den Google Play Store sind diese Neuregelungen vor allem für Games-Entwickler durchaus interessant.[37] In diesem Zusammenhang ist auch die gerichtliche Auseinandersetzung zwischen Apple und Epic über alternative Bezahlmodelle auf den Plattformen für die Games-Branche von großem Interesse.[38] Relevant sind die kartellrechtlichen Vorgaben auch für exklusive Vertriebsstrukturen. So hat der EuGH[39] entschieden, dass Games grundsätzlich territorial ausgewertet werden dürfen und dazu mit Vertriebspartnern exklusive Vereinbarungen für bestimmte Länder getroffen werden können. Eine Verpflichtung, Exporte in andere Länder über inoffizielle Kanäle zu verhindern (passiver Export), um das Preisgefälle in verschiedenen Ländern zu erhalten, wurde allerdings als kartellrechtswidrige Absprache, die nicht gerechtfertigt ist, untersagt.[40]

Nach dem neuen Jugendschutzgesetz müssen Konsolen und andere Plattformen mit 24
einer großen Nutzerzahl proaktiv Spielprogramme mit Alterskennzeichen kennzeichnen. Dazu können sie geschlossene Systeme als **Jugendschutzprogramme** anerkennen lassen. So hat die USK.online für das Jugendschutzsystem der Nintendo Switch eine Anerkennung ausgesprochen. Auch weiter technische Lösungen wie Vorsperren oder Altersverifikationssysteme können einer Selbstkontrolle zur Prüfung vorgelegt werden. Die Plattformen können auch dazu beitragen, die Vorsorgemaßnahmen der Anbieter nach § 24a JuSchG zu erfüllen.

---

35 Vgl. dazu https://ec.europa.eu/info/strategy/priorities-2019-2024/europe-fit-digital-age/digital-services-act-ensuring-safe-and-accountable-online-environment_en.

36 Vgl. dazu https://ec.europa.eu/info/strategy/priorities-2019-2024/europe-fit-digital-age/digital-markets-act-ensuring-fair-and-open-digital-markets_en.

37 In den USA hat ein Spieleentwickler und Betreiber einer Plattform Klage gegen Apple eingereicht, nachdem er aus dem Store entfernt wurde, weil er Nutzern ermöglicht hatte, im Spiel direkt und ohne Beteiligung von Apple Spielwährung zu kaufen.

38 Zu einer ersten Einschätzung aus Sicht der Games-Branche *Hentsch* MMR 2021, 837 (837 f.).

39 EuGH GRUR-Int 2011, 320.

40 Vgl. hierzu auch die danach erlassene Vertikal-GVO (EU) Nr. 330/2010 zu Vereinbarungen über Beschränkungen des aktiven Verkaufs und zu Vereinbarungen über Beschränkungen des passiven Verkaufs.

25 Eng verbunden mit dem Jugendschutz ist auch der Umgang der Plattformen mit **Hasskriminalität** und toxischem Verhalten. Grundsätzlich kann festgehalten werden, dass Anbieter von Games nach dem TMG nur für ihre Inhalte, also das Spiel und die Spielinhalte, haften. Auch vom NetzDG sind Games explizit ausgeschlossen. Daher erfolgt die Zusammenarbeit mit den Strafverfolgungsbehörden bislang in der Regel auf freiwilliger Basis. Politisch werden auf EU-Ebene allerdings derzeit zahlreiche neue Regelungen geplant, um gegen Terrorismus, Kinderpornographie und Hass und Hetze vorzugehen. Auch im Digital Services Act, der die Haftungsregeln im Internet in einer neuen Verordnung regeln soll, werden neue Sorgfaltspflichten für Plattformen diskutiert. Dabei wird zwischen großen und kleinen Plattformen, Social Media und Marktplätzen sowie allgemeinen Regeln für alle Plattformen differenziert werden müssen.

V. Marketing

26 Für das Marketing bei Games gelten die allgemeinen **Regelungen für Werbetreibende** aus dem TMG, dem UWG und teilweise auch aus dem MStV. Wesentlicher Werbekanal sind soziale Medien und Influencer, die als Let's Player aktuelle Games kommentieren und damit auch bewerben. Dafür werden ihnen über Guidelines in der Regel die erforderlichen Nutzungsrechte eingeräumt. Nach der jüngsten Rechtsprechung des EuGH[41] stellt dies wohl eine Gegenleistung dar, so dass es sich dabei nach dem UWG um kennzeichnungspflichtige Werbung handeln kann. Über eigene Websites, YouTube-Kanäle und Hausmessen wie die Blizzcon treten viele Publisher auch selbst als redaktionell verantwortliche Anbieter auf. Hier ist die Klarstellung durch den neuen MStV zum Rundfunkbegriff und zum Bagatellrundfunk eine große Erleichterung, insbesondere weil der Schwellwert von 20.000 gleichzeitigen Zuschauern im Monatsschnitt über sechs Monate hinweg nur von sehr wenigen Influencern erreicht wird.

27 Neben dem Influencer-Marketing ist **Esport** ein zunehmend wichtiges Marketing-Tool für Publisher, deswegen wird die Nutzung von Esport-Titeln in der Regel großzügig erlaubt und die urheberrechtliche Auswertung spielt hier eine eher untergeordnete Rolle. Die Rechte werden aber gezielt genutzt, um einerseits ein passendes und förderliches Umfeld für nicht-gewerbliche Esport-Veranstaltungen sicherzustellen und andererseits exklusive Ligen zu ermöglichen. Mehr und mehr werden die Rechte aber auch monetarisiert und auch Media-Pakete mit Fernsehsendern und Werbedeals vereinbart.

D. Ausblick

28 Aufgrund der vielen technischen Innovationen bei Games und der schnellen Adaption in neuen Geschäftsmodellen stellen sich viele urheber- und medienrechtlichen Fragen zuerst im Games Law. So setzen Games schon seit geraumer Zeit KI oder zumindest maschinelles Lernen zum „Bugfixing“ oder aber auch für die Anpassung des Schwierigkeitsgrades in einem Spiel ein. Auch die virtuelle Realität wurde sehr früh für Games genutzt, so dass sich hier auch zuerst die Frage nach VR als einer

41 EuGH GRUR 2021, 1312.

unbekannten Nutzungsart stellte.[42] Gleiches gilt für die Augmented Reality, die über das Spiel Pokémon Go erstmalig einer breiten Nutzerschaft zugänglich wurde. Auch die Blockchain-Technologie und Kryptowährungen kommen für das Mircopayment für virtuelle Güter schon länger in Computerspielen zur Anwendung. Non-fungible Token (NFT) werden bereits in Computerspielen und insbesondere auch beim Esport eingesetzt und es werden dort auch Smart Contracts genutzt, die den Herausgeber (Issuer/Minter) eines solchen Tokens an der nachfolgenden Wertschöpfung beteiligen. Und auch die ersten Massenphänomene des so genannten Metaverse fanden als Live-Konzerte von Trevor Scott und Ariana Grande im Online-Spiel Fortnite statt. Im Folgenden werden ausgewählte Trends und Rechtsbereiche aufgegriffen, die (noch) nicht als eigenes Kapitel in diesem Handbuch behandelt werden.

I. Cloud Gaming

Cloud Gaming-Dienste werden in Deutschland zunehmend nachgefragt und mittler- 29
weile nutzen mehr als 8,6 Millionen Deutsche Angebote wie GeForce Now, Google Stadia Pro, MagentaGaming, PlayStation Now oder den Xbox Game Pass Ultimate.[43] Mit **Cloud Gaming** können Games unabhängig vom Gerät gespielt werden. Nutzer brauchen also keine spezielle Gaming-Hardware und können Titel von überall spielen. Alle wesentlichen Berechnungen finden auf externen Servern statt, so dass sogar technisch anspruchsvolle Blockbuster-Titel auf einfachen Laptops, Smartphones oder Tablets gespielt werden können.

Weil hier das Spiel nicht mehr installiert und damit auch kein Computerprogramm 30
mehr (dauerhaft) vervielfältigt wird, handelt es sich bei Cloud Gaming um keine urheberrechtlich relevante Nutzung mehr. Dies führt dazu, dass die rechtliche Position der Publisher gegenüber den Nutzern deutlich geschwächt wird und keine urheberrechtlichen Ansprüche mehr geltend gemacht werden können. Andererseits behält der Anbieter die maximale Kontrolle, weil das Spiel nur mit Account-Bindung gespielt werden kann und die Daten auf seinen Servern gehostet werden. Klassische Piraterie ist hier nahezu ausgeschlossen. Stattdessen erfolgt die Leistungserbringung auf einer vertraglichen Grundlage, die allerdings vom neuen Kauf- und Gewährleistungsrecht für digitale Inhalte bestimmt wird. Auch hier gibt es ein Widerrufsrecht und ganz neu auch eine Updatepflicht, die sonst zu einem Mangel und entsprechend zu Gewährleistungsansprüchen führt. Bei einer Vertragsbeendigung müssen auch Nutzerdaten herausgegeben werden, Spieldaten wohl nicht. Höchst fraglich ist auch, ob es aus der DS-GVO ein Recht auf Portabilität gibt, Spielstände und Charaktere bei einem Anbieterwechsel mitnehmen zu können. Für Telekommunikationsanbieter ist dies ohne weiteres anwendbar und vom Gesetzgeber wohl so gedacht, für Spiele kann dies aufgrund der sehr unterschiedlichen Betriebssysteme nicht übertragen werden.

42 Dazu ausführlich *Franz* ZUM 2017, 207, der zu dem Ergebnis kommt, dass es bislang an einer wirtschaftlichen Eigenständigkeit von VR-Nutzungen fehlt und daher (noch) keine neue – vergütungspflichtige – Nutzung vorliegt.

43 Dazu die Umfrage des game: www.game.de/mehr-als-86-millionen-deutsche-haben-cloud-gaming-bereits-genutzt/ zuletzt abgerufen am 27.6.2022.

II. NFT und Metaverse

31 Weitere technische Neuerungen ermöglichen auch in der virtuellen Spielewelt möglicherweise disruptive Veränderungen. Auf der Grundlage von Blockchain, die bei Mikrotransaktionen für virtuelle Gegenstände in Computerspielen schon verwendet wird, können digitale Inhalte über **Non-fungible Token** zwischen Nutzern plattformübergreifend gehandelt und weitergegeben werden. Bei NFT handelt es sich um ein Echtheitszertifikat für digitale Daten, die auf der Blockchain gespeichert sind und daher als Original identifiziert und damit exklusiv gehandelt werden können. Ein NFT als solcher ist als computergenerierte Zeichenkette in der Regel keine urheberrechtlich geschützte Schöpfung, aber das dazugehörige Werk in der Regel schon. NFTs ermöglichen damit eine Nachverfolgung und durch hinterlegte Smart Contracts auch eine Auswertung und Zuordnung der nachfolgenden Wertschöpfung des verknüpften Werkes oder Inhaltes, die ohne NFT beliebig vervielfältigt werden könnten. Dies ermöglicht völlig neue Revenue Streams in einer rein virtuellen Welt mit nicht-körperlichen Werken bzw. virtuellen Gegenständen. Rechtlich ist hier neben den urheberrechtlichen Überlegungen in den angehängten Smart Contracts vor allem die kapitalmarktrechtliche Regulierung bis hin zu einer erforderlichen Bankenlizenz sowie steuerrechtliche Implikationen zu beachten. Hier gibt es viele offene Fragen und noch einen großen Gestaltungsspielraum.

32 Einen Schritt weiter geht die Idee des **Metaverse**, womit die Konvergenz von physischer, erweiterter und virtueller Realität bezeichnet wird, in der Nutzer mit einer computergenerierten Umgebung und anderen Nutzern interagieren können. Für das Metaverse sind NFTs natürlich eine wichtige Voraussetzung, um Originalität und Exklusivität von digitalen Inhalten zu gewährleisten und damit den Handel im Metaverse erst zu ermöglichen. Dabei lebt das Metaverse von User-generated Content, was aber die Welt auch anfällig für Cheats und unangemessene Inhalte macht, die ein Inhalte-Management und auch jugendschutzrechtliche Maßnahmen erforderlich machen. Auch Werbung soll im Metaverse möglich sein. So wurde schon bei dem Konzert von Travis Scott mit insgesamt mehr als 45 Millionen virtuellen Besuchern Werbung gezeigt. Dabei stellt sich die Frage, ob hier die allgemeinen Werberegulierungen des TMG und des UWG gelten und noch viel grundsätzlicher, welche Rechtsordnung überhaupt gilt. Hier stellen sich also grundlegende Herausforderungen im Urheber- und Medienrecht.[44]

III. Kollektive Rechtewahrnehmung

33 Ein für die anderen Medienbranchen altbekanntes Thema ist für die Games-Branche noch neu und wird aufgrund der neuen Regelungen durch die Urheberrechtsrichtlinie branchenintern intensiv diskutiert. Es geht um die kollektive Rechtewahrnehmung von Urheber- und Leistungsschutzrechten durch eine Verwertungsgesellschaft. Bislang gibt es keine Verwertungsgesellschaft für Games und auch keine andere Verwertungsgesellschaft nimmt Rechte für urheberrechtlich geschützte Werke und Leistungen in Computerspielen wahr. Dabei ist zwischen Erstverwertungsrechten, die vom Urheber bzw. Verwerter zur Weiterlizenzierung eingeräumt werden, und einer Zweitverwertung, bei

44 Ausführlich dazu der Metaverse-Report von Osborne Clarke: https://togetherwith.osborneclarke.com/metaverse-report/foreword/ zuletzt abgerufen am 27.6.2022.

der lediglich die gesetzlichen Vergütungsansprüche geltend gemacht werden, zu unterscheiden. Eine **Lizenzierung von Erstverwertungsrechten** durch eine Verwertungsgesellschaft, beispielsweise für die Nutzung von Games-Inhalten bei Social Media-Plattformen wie Youtube nach dem UrhDaG oder auch für Let's Plays von professionellen Influencern, wird von keinem Games-Unternehmen angestrebt. Vielmehr werden von fast allen Publishern in Guidelines Dritten für diese Nutzungen umfassende Nutzungsrechte eingeräumt oder zumindest die Nutzung gestattet oder geduldet.[45] Über die Fiktion des § 6 UrhDaG werden diese Erlaubnisse auf die Plattformen erstreckt Auch die Lizenzierung von Esport-Übertragungsrechten wird nicht kollektiv verwertet, weil aufgrund des im Verwertungsgesellschaftengesetz vorgegebenen Kontrahierungszwangs die Exklusivität und damit auch die individuell passgenaue Auswertung und eigene Ligen[46] unmöglich gemacht würden. Die GEMA-Vermutung[47] läuft bei der öffentlichen Wiedergabe von Computerspielen leer, weil die darin genutzten Musikwerke ganz überwiegend von Urhebern geschaffen wurden, die nicht Mitglied einer Verwertungsgesellschaft sind.[48]

Eine Zweitverwertung der gesetzlichen Vergütungsansprüche als Kompensation für die Urheberrechtsschranken ist grundsätzlich möglich, wird aber mangels einer Verwertungsgesellschaft derzeit nicht verfolgt. Insbesondere **gesetzliche Vergütungsansprüche** aus der Privatkopieschranke gem. § 53 UrhG werden nicht geltend gemacht, obwohl es zahlreiche Nutzungshandlungen gibt, die gesetzlich erlaubt sind und daher auch vergütet werden müssen. Zwar greift diese Schranke nicht für Software,[49] aber bei Mitschnitten und Screenshots wird ja gerade nicht das Computerprogramm vervielfältigt, sondern ausschließlich die Benutzeroberfläche mit Grafik und Sound fotografiert bzw. abgefilmt. Es wird daher diskutiert, inwieweit Games-Entwickler hier ihre gesetzlichen Vergütungsansprüche für die Herstellerleistungsschutzrechte mit einer eigenen Verwertungsgesellschaft geltend machen. Ansprüche der Zentralstelle für private Überspielungsrechte (ZPÜ) gegenüber Konsolenherstellern als Gerätehersteller iSd § 54 UrhG bestehen nicht, weil die Privatkopieschranke bei technischen Kopierschutzmaßnahmen nicht greift und auf den gängigen Konsolen keine Privatkopien vorgenommen werden können. 34

Mit dem neuen Instrument der **kollektiven Lizenzen mit erweiterter Wirkung** nach § 51 VGG wird der GEMA ermöglicht, künftig bei einer Repräsentativität auch GEMA-freie Musik in Computerspielen wahrzunehmen. Dieser Vermutungsregel kann widersprochen werden, wobei die Ausübung und die Rechtsfolgen des Widerspruchs eines Außenstehenden nach § 52d VGG in einer Rechtsverordnung zu konkretisieren sind. Auch der neuen Schranke für nicht verfügbare Werke nach § 61d UrhG, wonach Games, die nicht mehr vertrieben werden können, von Kulturerbeeinrichtungen umfas- 35

45 Vgl. dazu das Lizenzverzeichnis des game: www.game.de/themen/lizenzverzeichnis-fuer-lets-plays/ zuletzt abgerufen am 27.6.2022.
46 Vor allem Riot Games mit League of Legends, aber auch Activision Blizzard mit ihren Blizzard Community Tournaments.
47 Dazu Dreyer/Kotthoff/Meckel/Hentsch/*Hentsch* VGG § 49 Rn. 2 ff.
48 Meist ist dies Voraussetzung für eine Lizenzierung und teilweise wird dies auch in Verträgen festgehalten.
49 Hier sind lediglich Sicherungskopien nach § 69d Nr. 2 UrhG erlaubt. Eine wegen der Software-Richtlinie erforderliche Schranke findet sich hingegen nicht.

send genutzt und auch öffentlich zugänglich gemacht werden können, kann widersprochen werden. Die Widersprüche müssen gegenüber dem EUIPO getätigt werden und erfolgen sinnvollerweise ausschließlich über Verwertungsgesellschaften. Mit Blick auf den anhaltenden Trend des Retro Gamings und auch um neue Versionen besser vermarkten zu können, werden die meisten Publisher von ihren Widerspruchsrechten Gebrauch machen wollen. Auch hierfür wäre eine eigene Verwertungsgesellschaft für Games hilfreich.

Teil II.
Games-Entwicklung

§ 4 Entwicklung von Computerspielen

Literatur: *Andreadis,* Cyberpunk 2077 -- CD Projekt Red on Pushing Graphics Tech Forward and Building Night City, 2019, abrufbar unter https://www.ausgamers.com/features/read/3621721; *Beck/Beedle/Bennekum/Cockburn/Cunningham/Fowler/Grenning/Highsmith/Hunt/Jeffries/Kern/Marick/Martin/Mellor/Schwaber/Sutherland/Thomas,* Manifesto for Agile Software Development, 2001, abrufbar unter https://agilemanifesto.org/principles.html; *Business Dictionary,* Definition: Project, abrufbar unter https://www.businessdictionary.com/definition/project.html; *Castendyk/Müller/Schwarz/Wolter/Adam,* Die Games Branche in Deutschland 2018/2019/2020, 2020; *Castendyk/Müller/Poser/Witte/Müller-Lietzkow,* Die Computer- und Videospielindustrie in Deutschland, 2017; *esports player foundation GmbH,* abrufbar unter https://esportsplayerfoundation.org; *FOERST Fahrsimulatoren,* abrufbar unter https://www.fahrsimulatoren.eu/de/; *game – Verband der deutschen Games-Branche e. V.,* Gamesmap, 2021, abrufbar unter https://www.gamesmap.de/; *Game – Verband der deutschen Games-Branche e. V.,* Jahresreport der deutschen Games-Branche 2020, 2020, abrufbar unter https://www.game.de/wp-content/uploads/2020/08/game-Jahresreport-2020.pdf; *Gameswirtschaft,* Games in Germany 2020: Welches Studio arbeitet an welchem Spiel? (Update), 2020, abrufbar unter https://www.gameswirtschaft.de/wirtschaft/games-in-germany-2020/; *Lee/Karlova/Clarke/Thornton/Pert,* Facet Analysis of Video Game Genres, 2014; *Mimimi Games & Mimimi Productions,* abrufbar unter https://www.mimimi.games/the-future-of-mimimi-games/; *Newzoo, Global Market Report, 2021, abrufbar unter* https://newzoo.com/insights/trend-reports/newzoos-global-esports-live-streaming-market-report-2021-free-version; *PMI,* What is Project Management, 2021, abrufbar unter https://www.pmi.org/about/learn-about-pmi/what-is-project-management; *Schlömp,* Analyse basierend auf: game – Verband der deutschen Games-Branche e.V., Gamesmap, 2021, abrufbar unter https://www.gamesmap.de/; *Schlömp,* Analyse basierend auf: Gameswirtschaft, Games in Germany 2020: Welches Studio arbeitet an welchem Spiel? (Update), 2020, abrufbar unter https://www.gameswirtschaft.de/wirtschaft/games-in-germany-2020/; *Team Asana,* Was versteht man unter Projektmanagement-Dreieck, und wie kann es Ihr Team unterstützen?, 2021, abrufbar unter https://asana.com/de/resources/project-management-triangle; *Wijman,* Global Games Market to Generate $175.8 Billion in 2021; Despite a Slight Decline, the Market Is on Track to Surpass $200 Billion in 2023, 2020, abrufbar unter https://newzoo.com/insights/articles/global-games-market-to-generate-175-8-billion-in-2021-despite-a-slight-decline-the-market-is-on-track-to-surpass-200-billion-in-2023/; *Wijman,* Three Billion Players by 2023: Engagement and Revenues Continue to Thrive Across the Global Games Market, 2020, abrufbar unter https://newzoo.com/insights/articles/games-market-engagement-revenues-trends-2020-2023-gaming-report/; *Wikipedia,* Factor 5 Games, 2021, abrufbar unter https://en.wikipedia.org/wiki/Factor_5#Games.

Das Produzieren und Vermarkten von Computerspielen ist eine der bedeutendsten 1
Unterhaltungsindustrien geworden, da durch sie weltweit immense Umsätze generiert werden und die Anzahl von Menschen, die in Ihrer Freizeit spielen, stetig steigt. Das Wachstum der Industrie in den letzten 20 Jahren sowie die rasante Entwicklung der digitalen Technologien haben große Veränderungen in der Methodologie und im Umfang der Projektentwicklung verursacht. Aus den Hobbyprojekten in den Kellerräumen der 80er- und 90er-Jahre sind heute internationale, multidisziplinäre und hoch

technologische Spieleproduktionen mit einem Budget von mehreren hundert Millionen Euro geworden. Es gibt weltweit immer mehr Spieler, deren Erwartungen an die Industrie gewachsen sind:

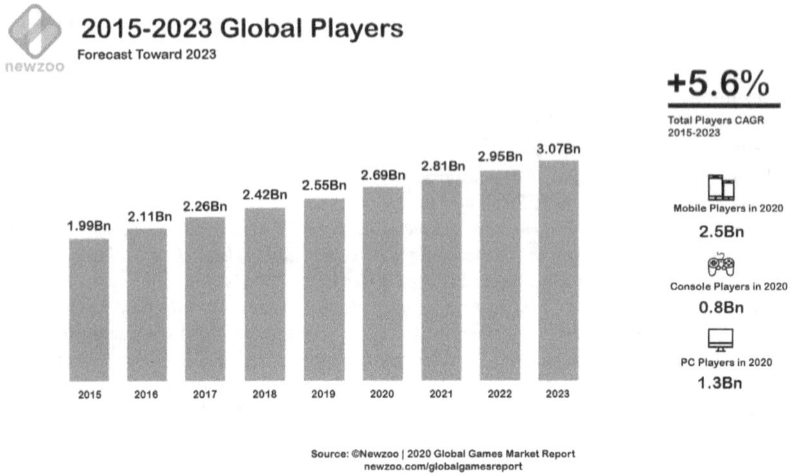

Abb.: Gesamtanzahl der Spieler von Videospielen weltweit.[1]

2 Internationale Videospiel-Studios entwickeln Spiele, deren Marken weltweit bekannt sind und entsprechend **Umsätze** generieren.

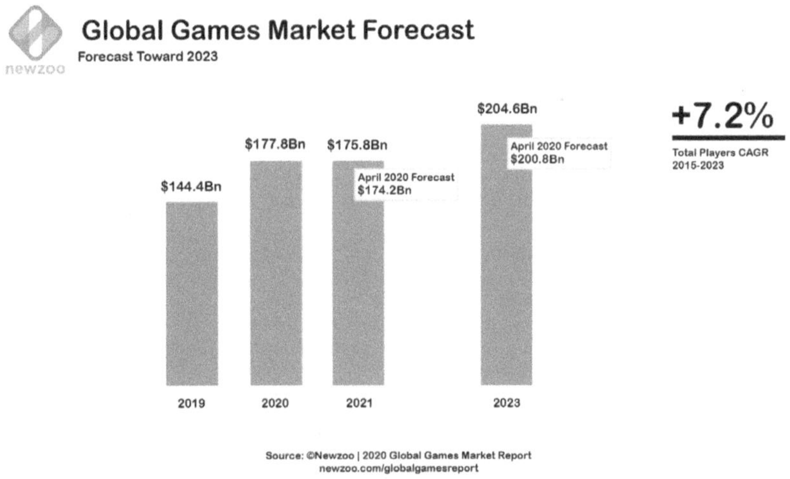

Abb.: Gesamtumsätze mit Videospielen weltweit.[2]

1 *Wijman*, Three Billion Players by 2023: Engagement and Revenues Continue to Thrive Across the Global Games Market, 2020.
2 *Wijman*, Global Games Market to Generate $175.8 Billion in 2021; Despite a Slight Decline, the Market Is on Track to Surpass $200 Billion in 2023, 2020.

Es ist nahliegend, dass die Methoden, um solche Erfolge zu generieren, sich rapide und maßgeblich verbessert haben. Durch den Erfolg von Spielen sind die Budgets und Teams immer größer geworden und die gleichzeitig wachsenden Erwartungen der Spielenden haben den Bedarf an Teams und Größe zusätzlich immer weiter gesteigert. Auch durch die wachsenden technologischen Möglichkeiten (Hochleistungskonsolen, Cloud Gaming, Virtual Reality etc) befindet sich die Industrie in einer gefährlichen Spirale nach oben: mehr Personal, mehr Budget, mehr Features etc Es ist naheliegend, dass die Methoden und Strukturen für die Entwicklung dadurch auch immer wichtiger geworden sind. 3

Diese regelmäßig steigenden Umsätze unterhalten ein wachsendes **Ökosystem** von Firmen, die an der Entstehung und Vermarktung der Spiele von nah oder fern beteiligt sind. 4

Seit den ersten Entwicklungen erlebt dieser Markt ein stetiges Wachstum und beschäftigt immer mehr Menschen. Die Entwicklung von Computerspielen gehört zu den **Kreativen Industrien** und es braucht viel Innovationskraft sowie hervorragendes handwerkliches Können, um ein gutes Spiel herzustellen. Die Herstellung eines Videospiels ist ein komplexes Projekt, das Innovation und Organisationstalent erfordert. Die Leidenschaft fürs Spielen spielt bei vielen Beschäftigten in der Videospielbranche, insbesondere bei den Entwicklern, eine besondere Rolle. 5

Nach einem kurzen Rückblick auf die Entstehung der Branche befasst sich dieses Kapitel mit den Berufen, die an der Videospieleentwicklung beteiligt sind, aber auch mit den Strukturen und innovativen Arbeitsmethoden der Marktakteure. 6

A. Vom Hobbyprojekt zur professionellen AAA-Entwicklung

I. Am Anfang war die Leidenschaft

Die ersten Computerspiele, die in Deutschland entwickelt wurden, waren wie überall auf der Welt **Hobbyprojekte**, die es dann bis zur Vermarktung geschafft haben. Schon 1975 wurde das Arcade Rennspiel „Formel 1 Nürburgring“ von der Reiner Foerst GmbH in Gummersbach produziert und vermarktet. Bis heute produziert die Firma immer noch Fahrsimulationen.[3] 1985 hat die Firma Rainbow Art das Action Game „Nibbler“ und das grafische Text Adventure „Der blaue Kristall“ veröffentlicht. Diese Firma spielte noch lange eine bedeutende Rolle auf dem Markt, wuchs zu einem der Marktführer für Distribution in Deutschland und wurde letztendlich 1999 von der Firma THQ Entertainment gekauft. Im Jahr 1987 wurde das Entwicklungsstudio Factor 5 gegründet, welches von seinem Gründer als „eine Kultur des Hackens und der Multimedia-Programmierung in der lokalen Demo-Szene“ beschrieben wurde.[4] Was als eine Gruppe von Teilzeitstudenten begann, entwickelte sich stetig weiter, bis die Firma schließlich in den 90er-Jahren Auftragsarbeiten für bekannte Marken, wie zum Beispiel Star Wars, bekam und ein autorisierter Entwickler für Nintendo wurde. Dies ist ein typischer Verlauf für die **Anfänge der Videospieleentwicklung:** Von der „Studentenbude“ bis zur international agierenden Firma. Das schnelle Wachstum des Markts und die fehlenden Marktstrukturen waren ein fruchtbarer Nährboden für 7

3 *FOERST, Fahrsimulatoren.*
4 *Wikipedia*, Factor 5 Games, 2021.

die leidenschaftlichen Unternehmer, die das Potenzial von Spielen als Freizeitaktivität früh erkannten.

8 Im Abschlussbericht der Studie über die Computer- und Videospielindustrie in Deutschland von Oliver Castendyk und Jörg Müller-Lietzkow wird auf die Wichtigkeit des kollegialen und informellen Austauschs hingewiesen: „Zentral für die Wissensvermittlung waren in dieser Zeit (zumindest in Deutschland) auch die stark aufkommenden Fachzeitschriften (z.B. *Happy Computer* und *64'er*), die immer zumindest einen großen Block über Spiele und deren Entwicklung beinhalteten und lange Zeit entweder *Listings* zum Abtippen und später Disketten, die schon fertigen, aber noch einsehbaren Quellcode enthielten.“[5]

9 Mit zu den ersten aus Deutschland stammenden Spielen, die auch weltweit vertrieben wurden, gehörten mehrere Titel der Firma Blue Byte: „Great Courts“, eine Tennissimulation aus dem Jahr 1989, sowie das rundenbasierte Strategiespiel nach Schere-Stein-Papier-Prinzip „Battle Isle“ von 1991, die beide heute noch Kultcharakter besitzen. Absolut nennenswert ist die erste Version von „Die Siedler“, ein Strategiespiel aus dem Jahr 1993, welches bis heute erfolgreiche Nachfolger auf den weltweiten Markt bringt. Alle diese Firmengründer vereinte die **Leidenschaft für die Kreation** von Spielen. Es gab zu dieser Zeit keine professionelle Distribution oder Veröffentlichungsstrukturen, alles wurde nach und nach von Pionieren aufgebaut. Die Entwickler haben oft die Spiele allein oder in sehr kleinen Teams entwickelt. Die Verantwortlichkeiten waren unklar, da es neuartige Produkte waren. Während der Entwicklung übernahmen oft die gleichen Personen sehr verschiedene Aufgaben, wie Programmieren und Game Design, das Testen oder sogar Grafik-Design. Es gab selten dedizierte Projektmanager oder professionelle Personalentwicklung. Schnell wurde erkannt, dass Projektstrukturen mit multidisziplinären Teams notwendig waren und die erste Spezialisierung in Game Design, Programmierung und Grafik-Design wurden definiert. Es dauerte aber noch mehrere Jahre, bis genaue Berufsspezifikationen und Anforderungen formuliert wurden. Bis heute entwickeln sich diese Berufe entsprechend den Anforderungen der Projekte weiter und zahlreiche neue Metiers werden aus der Game-Branche geboren.

II. Die Professionalisierung

10 Die zweite Phase der Spieleentwicklung in Deutschland ist geprägt von Professionalisierung und starkem Wachstum in allen Bereichen. Das Wachstum beruht auf dem gesamten Marktwachstum, denn die Zielgruppen wachsen unaufhörlich, da Videospiele eine große Bandbreite an Geschmäckern ansprechen. Immer mehr Spielegenres werden erfunden und somit werden größere und professionellere Studios gegründet. Ascaron und Blue Byte gehören, unter anderem, zu den Firmen, die diese Entwicklung geprägt haben. Sie haben ganze Entwicklungsteams aufgebaut, mit Publishern verhandelt und die Distributionsstrukturen mitgeprägt. Mit den ersten Onlinespielen beschleunigte sich diese Entwicklung und Browser-basierte Spiele der Firmen Gameforge oder Bigpoint haben maßgeblich dazu beigetragen, Spiele „made in Deutschland“ weltweit

5 *Castendyk/Müller/Poser/Witte/Müller-Lietzkow*, Die Computer- und Videospielindustrie in Deutschland, 2017.

bekannt zu machen. Deutschland hat auch eine wichtige Rolle bei der Einführung und Verbreitung des Free-to-play-Geschäftsmodels. Die Professionalisierung ist auch geprägt durch das Erschaffen und Definieren von neuen Berufen und entsprechenden Bildungsangeboten in allen Bereichen. Die Projekte haben sich entwickelt, vom Hobbyprojekt mit fünf bis zehn Personen, bis zu über 100 Mann starken Teams mit Projektmanagement und Millionen-Investitionen. Alle Bereiche der Entwicklung haben sich stark verändert. Im technologischen Bereich wurden dedizierte Engines und Programme entwickelt, aber auch die Produktion von Grafiken und Animationen hat Quantensprünge gemacht, wodurch wiederum zahlreiche Firmen entstanden sind. Aber auch das Testen der Spiele ist aufwendiger geworden, sowie die Übersetzung und Lokalisierung. Es existieren heutzutage in Deutschland zahlreiche Studiengänge, die auf die verschiedenen Berufe der Spieleentwicklung vorbereiten. Bemerkenswert ist, dass immer noch erfolgreiche Spiele als Hobbyprojekt geboren werden, oft von einer Studentengruppe und ohne große Strukturen. Der Markt ist aber dominiert von Spielen, die mit durchorganisierten Teams und großem Aufwand produziert werden. Die Berufe sind immer spezialisierter und die Rolle des Projektmanagements immens wichtig, um die verschiedenen Gewerke zu koordinieren. Da die Entwicklung eins Videospiels sehr viel Innovationskraft und Agilität erfordert, gibt es im Markt immer noch Platz für junge, kleine innovative Teams. Dadurch können Entwicklungsstudios immer noch zwischen einer und hunderten von Personen beschäftigen. Unabhängig von der Projektgröße spielt Projektmanagement eine zentrale Rolle, um den Erfolg zu sichern.

B. Games und Serious Games

I. Genre und Plattform des Videogames

Die Entwicklung von Computerspielen umfasst ein sehr breites Spektrum an Aktivitä- 11
ten, die auch sehr vielfältige Produkte genieren. Videospiele, die der reinen Unterhaltung dienen, werden traditionell nach Genre klassifiziert.

Die folgende Aufstellung von Jin Ha Lee, Natascha Karlova, Rachel Ivy Clarke, 12
Katherine Thornton und Andrew Perti (University of Washington, Information School; Seattle Interactive Media Museum) aus „Facet Analysis of Video Game Genres (2014)“ gibt eine gute Übersicht über existierende Genres:

Action: Games with a heavy emphasis on a series of actions performed by the player in order to meet a certain set of objectives (e. g., Super Mario Bros., Patapon).
Action/Adventure: Games which are set in a world for the player to explore and complete a certain set of objectives through a series of actions (e. g., The Legend of Zelda, Prince of Persia).
Driving/Racing: Games involving driving various types of vehicles as the main action, sometimes with an objective of winning a race against an opponent (e. g., Mario Kart, Gran Turismo).
Fighting: Games involving the player to control a game character to engage in a combat against an opponent (e. g., Street Fighter, Mortal Kombat).

Puzzle: Games with an objective of figuring out the solution by solving enigmas, navigating, and manipulating and reconfiguring objects (modified from Wolf, 2001) (e. g., Tetris, Minesweeper).
RPG (Role Playing Game): Games with an emphasis on the player's character development and narrative components (e. g., Final Fantasy, Mass Effect).
Shooter: Games involving shooting at, and often destroying, a series of opponents or objects (Wolf, 2001) (e. g., Doom, Duck Hunt).
Simulation: Games intending to recreate an experience of a real-world activity in the game world (e. g., SimCity, Trauma Center).
Sports: Games featuring a simulation of particular sports in the game world (e. g., FIFA series, Wii Sports).
Strategy: Games characterized by players' strategic decisions and interventions to bring the desired outcome (modified from Apperley, 2006) (e. g., StarCraft, Total War series).

Abb.: Genre-Beschreibungen.[6]

13 Strategiespiele sowie Wirtschaftssimulationen waren historisch in Deutschland überproportional vertreten. Aber auch First-person Shooter wie „Far Cry“ oder das Rollenspiel „Das Schwarze Auge“ haben international Renommee erreicht. Heutzutage ist es unmöglich, einen Schwerpunkt in der Entwicklung in Deutschland zu definieren, da deutsche Studios Spiele in einer Vielzahl von Genres entwickeln. Laut einer Umfrage der Zeitschrift Gameswirtschaft[7] aus dem Jahr 2020 sind folgende Genres vertreten:

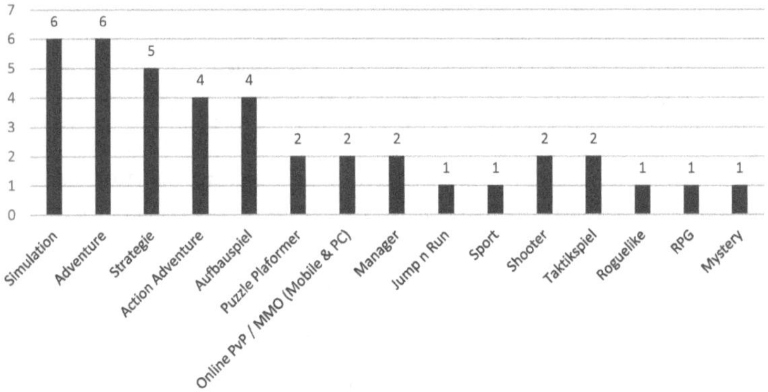

Abb.: Games in Deutschland.[8]

6 *Lee/Karlova/Clarke/Thornton/Pert,* Facet Analysis of Video Game Genres, 2014.
7 *Gameswirtschaf,* Games in Germany 2020: Welches Studio arbeitet an welchem Spiel? (Update), 2020.
8 *Schlömp,* Analyse basierend auf: *Gameswirtschaft,* Games in Germany 2020: Welches Studio arbeitet an welchem Spiel? (Update), 2020.

Simulationen und Strategie bleiben stark vertreten, aber auch Adventure und Action Adventure sind beliebte Genres bei deutschen Entwicklern. 14

Bis in die 2000er-Jahre wurde in Deutschland am häufigsten für den PC entwickelt. Heutzutage kann man keine große Dominanz einer bestimmten Plattform erkennen. Tatsächlich orientierten sich die hiesigen Studios an den weltweite Marktentwicklungen: 15

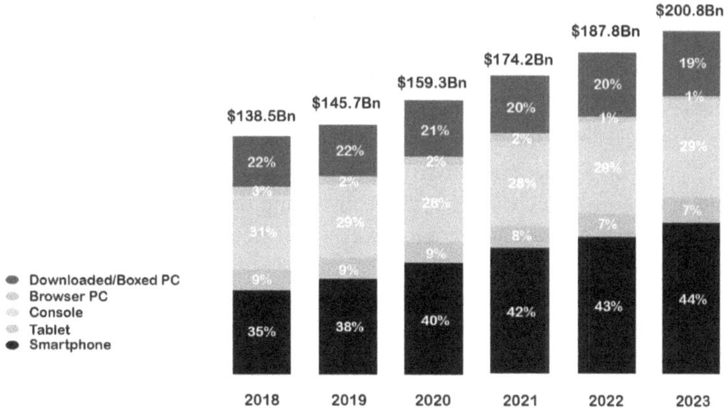

Abb.: Weltweites Marktwachstum nach Plattform.[9]

II. Serious Games

Ein weiterer stark wachsender Bereich der Games-Entwicklung sind die Serious Games. Dr. Ing. Stefan Göbel erklärt: „ein Serious Game ist ein digitales Spiel, das mit der Absicht erstellt wurde, mindestens ein zusätzliches Ziel (characterizing goal) zu erreichen und zu unterhalten".[10] Es existieren unzählige Beispiele von Serious Games aus Deutschland, die in der Bildung oder dem Gesundheitssektor, in der Industrie oder in der Schule eingesetzt werden, um komplexe Zusammenhänge verständlich aufzubereiten. Feuerwehrkräfte werden durch Virtual Reality-Simulationen auf ihren Einsatz trainiert, Verkaufsmannschaften erleben online Abenteuer und verbessern nebenbei ihre Produktkenntnisse, Alzheimer-Pateinten trainieren in 3D-Welten ihr Gedächtnis etc Gerade durch die Pandemie sehen wir eine verstärkte und intensivere Nutzung von Serious Games in der Bildung. 16

Die Technologie wirkt massiv als Innovationstreiber der Videospielindustrie. Spieleentwickler sind sehr oft Pioniere in der Benutzung von neuer Computertechnologie. Um die bestmögliche Darstellung zu ermöglichen, wurden schon immer im grafischen Bereich die Grenzen der Hardware ausgereizt. Hierdurch sind fotorealistische Grafiken entstanden und im Nachhinein von anderen Industrien übernommen worden. Engines, die für Videospiele entwickelt wurden, werden heutzutage zum Beispiel von Architekturbüros, Autoherstellern oder für biologische Forschungsprojekte benutzt. Auch im Bereich der 17

9 *Newzoo*, Global Market Report, 2021.
10 *Game – Verband der deutschen Games-Branche e.V.*, Gamesmap, 2021.

Künstlichen Intelligenz versuchen Spieleentwickler immer die Grenze des Möglichen zu verschieben. Spiele werden sehr oft benutzt, um die Qualität von Künstlicher Intelligenz zu testen und zu erproben. Im Bereich Virtual und Augmented Reality wurde auch sehr früh ausprobiert, getestet und weiterentwickelt, da diese Technologien eine hervorragende Immersion in den Spielwelten versprechen. Oft werden Spielprojekte als die hohe Kunst der Entwicklung beschrieben, da sie sich an der Kreuzung von hohem technischem Können und Kreativität befinden. Die Suche nach neuen Spielerlebnissen treibt die Entwickler dazu an, nach neuen technischen Möglichkeiten zu forschen. Bei der wachsenden Digitalisierung unseres Alltags werden die Spieleentwickler eine wachsende Rolle im Transfer von Kenntnissen in fast alle Bereiche der Industrie und des Servicesektors spielen. Die Universitäten und Hochschulen in Deutschland haben dieses Potenzial erkannt und zahlreiche Forschungsprojekt mit Industriepartnern auf der einen Seite und Spieleentwicklern auf der anderen Seite ins Leben gerufen. Die Forschung in diesem Bereich wird noch wachsen und dazu beitragen, die Games-Entwicklung und deren Akteure weiter zu stärken. Wir beobachten in Deutschland, dass auch junge Studios sich dem Thema Serious Gaming widmen und somit ihre Kreativität in andere Industrien einbringen. Oft sind die Umsätze, die aus solchen Auftragsarbeiten für Industrie und Service Unternehmen gewonnen werden, eine gute Umsatzgrundlage für junge Unternehmer.

C. Die Akteure der Games-Entwicklung

I. Entwickler und Publisher

18 Die Entwicklungsstudios in Deutschland sind von sehr unterschiedlicher Größe. Weiterhin existieren Studios als Ein-Mann-Unternehmern sowie mittelständische Studios mit 300 bis 500 Mitarbeitern. Da der Erfolg eines Spiels sehr schwierig vorherzusagen ist und die Finanzierungsmöglichkeiten noch sehr begrenzt sind, bleibt die Fluktuation groß und jährlich sehen wir die Entstehung sowie die Schließung von Firmen.

19 Im Jahr 2021 sind die größten Entwicklerstudios Ubisoft Düsseldorf (425 Mitarbeiter), Innogames (400 Mitarbeiter) und Wooga (300 Mitarbeiter). Alle gehören internationalen Gruppen, die weltweit tätig sind, an. Die größten Independent Studios, sogenannte „Indie Studios" (inhabergeführt und mehrheitlich im Privatbesitz) sind Gameforge (Karlsruhe, 300 Mitarbeiter), Crytek (Frankfurt, 290 Mitarbeiter), Travian Games (München, 190 Mitarbeiter), Gameduell (Berlin, 150 Mitarbeiter) und Yager (Berlin, 110 Mitarbeiter).

20 Regional verteilen sich die Studios gleichmäßig in Deutschland, mit Schwerpunkten in Hamburg, Berlin, München und Nordrhein-Westfalen.

21 Es ist an dieser Stelle anzumerken, dass in anderen Ländern wie Kanada, Frankreich oder Schweden Entwicklungsstudios mit 500 Mitarbeitern und mehr keine Seltenheit sind. Dies ist unter anderem auf die kulturellen und historischen Unterschiede in der Akzeptanz von Videospielen in der Gesellschaft sowie auf eine sehr frühe öffentliche und staatliche Förderung der Videospielökosysteme zurückzuführen. Mittlerweile ist Deutschland zum Glück auf der Nachholspur und hoffentlich werden sich in den nächsten Jahren mehr und deutlich größere Studios in Deutschland ansiedeln.

In den letzten Jahren benutzen immer mehr Entwickler die Möglichkeit, ihre Spiele direkt online zu veröffentlichen und somit auf Distributoren, Publisher oder Vermarkter zu verzichten. Viele reine Entwickler werden somit Publisher für ihre eigenen Spiele und manchmal auch für die anderer Entwickler. Es wird deshalb zunehmend schwierig, die Firmen eindeutig in die eine oder die andere Kategorie einzuordnen. Dazu involvieren sich Publisher immer mehr in der Produktion und vergeben nicht nur Auftragsarbeiten für die Entwicklung von Spielen, beteiligen sich aber auch mit Finanzierung und/oder geistigem Eigentum an der Entwicklung und sind somit Koproduzenten. In Deutschland wurden im Jahr 2020 622 Firmen als Entwickler und Publisher gezählt. 22

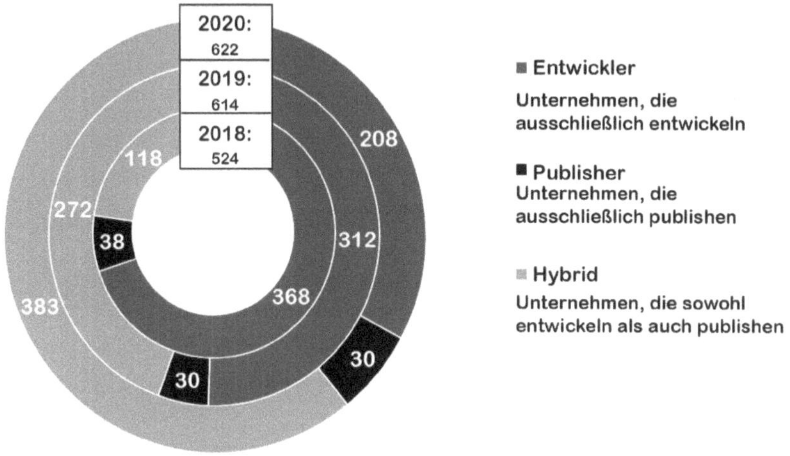

Abb.: Anzahl von Entwicklerfirmen und Publishern in Deutschland.[11]

Erfreulicherweise wagen viele junge Leute den Sprung in die Selbstständigkeit und gründen Unternehmen, auch weil immer mehr Universitäten und Hochschulen Inkubatoren-Programme anbieten und staatliche Förderprogramme den Weg in die Selbstständigkeit erleichtern.[12] Die Dominanz von ausländischem Kapital bei den Großakteuren bleibt wiederum besorgniserregend und die weltweite Konsolidierungswelle hat Deutschland ebenfalls längst erreicht. Die Publisher spielen dabei eine große Rolle, auch als Auftraggeber für Entwickler. Die Arten der Zusammenarbeit sind vielfältig und reichen vom reinen „work for hire“, bei dem der Publisher das Projekt genau definiert und der Entwickler nach Vorgaben produziert, bis zur gemeinsamen Entwicklung neuer Marken und Koproduktionen, bei der beide Partner eng miteinander kooperieren. Es ist für einen Entwickler sehr wichtig, sich früh genug mit der Frage der Publishing-Strategie zu beschäftigen, da diese Entscheidung die Organisation der Produktion und des Teams stark beeinflusst. Tatsächlich kann ein Publisher viele Tätigkeiten übernehmen, die mit der Produktion des Spiels zusammenhängen. Dazu gehören beispielsweise die Lokalisierung, Qualitätssicherung, der Datenaufbau und die Analyse des Spielverhaltens, das Pflegen einer Beziehung zu Konsolenherstellern, 23

11 *Wolter/Adam,* Die *Games* Branche in Deutschland 2018/19/20: Qualitativer Teil, 2020.
12 *Game – Verband der deutschen Games-Branche,* Jahresreport der deutschen Games-Branche 2020, 2020.

die Planung von Versionen etc. Auch an der Finanzierung kann sich ein Publisher mehr, weniger oder gar nicht beteiligen und den Umfang und die Qualität des Projekts deswegen durchaus beeinflussen. Deshalb ist die Entscheidung, entweder selbst zu veröffentlichen oder einen Publishing-Partner zu finden, früh und gründlich zu treffen, um dem Spiel die bestmöglichen Vermarktungschancen zu geben.

II. Dienstleistungen für die Spieleentwicklung

24 Die Metiers, die an der Erstellung eines Videospieles beteiligt sind, werden immer noch zahlreicher und speisen ein sehr diverses Ökosystem. Dieses Ökosystem umfasst in Deutschland schätzungsweise ca. 700 Firmen. Dazu zählen zum Beispiel Softwareproduktionen, Audioproduktion, Esport-Agenturen, Messebauer, Influencer, Lieferanten von Grafik und Animationen, Kanzleien etc Die folgende Grafik ist eine Einschätzung der Verteilung der Dienstleistungen für Videospiele.

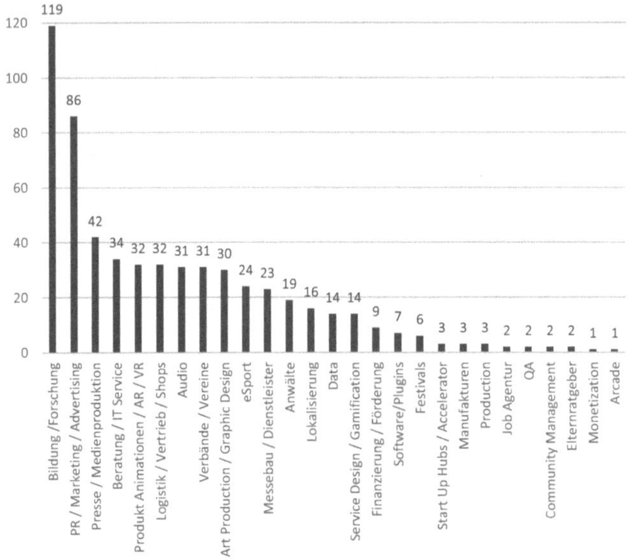

Abb.: Games-Dienstleistungen in Deutschland (588 Firmen).[13]

25 Dieses **Ökosystem** wächst weiterhin mit der Branche zusammen und ist eine Quelle an neuartigen Dienstleistungen, die das kreative Potenzial der Branche und die Transfermöglichkeiten in andere Industrien aufzeigt. Zum Beispiel arbeiten zahlreiche Agenturen im Bereich Virtual und Augmented Reality mit Spieleentwicklern zusammen, genauso wie mit industriellen Partnern, um professionelle Anwendungen anbieten zu können. Das Feld Esport zeigt ebenfalls ein großes Wachstum an neuen Dienstleistungen, die sich mit Esportlern und Sponsoren beschäftigen, wie zum Beispiel die Esport

13 *Schlömp*, Analyse basierend auf: *game – Verband der deutschen Games-Branche*, Gamesmap, 2021.

Player Foundation,[14] die Talente fördert, oder die Agentur MYI Entertainment, die komplette Beratung für den Einstieg in den Esport anbietet.

D. Die Metiers der Game-Entwicklung und wie sie zusammenarbeiten

I. Die Metiers

Es ist fast unmöglich, eine allumfassende Liste aller Berufe der Spieleentwicklung zu erstellen, da regelmäßig neue Berufe durch veränderte Technologien kreiert werden und die dynamischen Prozesse der Spieleentwicklung es erfordern, neue Herangehensweisen zu finden oder Berufsbezeichnungen zu verändern. Allerdings kann man ein paar allgemeine Berufsgruppen auflisten: 26

- **Projektmanager:** Er ist der Geschäftsführer eines Projekts, trägt eine große Verantwortung für die rechtzeitige Produktion, mit der gewünschten Qualität und im entsprechenden Zeitraum. Er ist der erste Ansprechpartner für alle Interessenvertreter und sollte stets wissen, wie die Entwicklung läuft, die Risiken und Chancen kennen und den Projektmitarbeitern ein klares Bild ihrer Rolle und Verantwortung geben. Der Projektmanager hat, auch wenn er am Spiel selbst nicht direkt arbeitet, eine kritische Rolle, um den Erfolg des Projekts zu sichern. Er ist das verbindende Element zwischen allen Spezialisten und managt den Projektplan. In größeren Teams werden mehrere Projektmanager beschäftigt, die sich wiederum in bestimmten Bereichen, wie Controlling oder Kommunikation, spezialisieren. 27
- **Programmierer:** Selten hat ein Programmierer die Verantwortung für das gesamte Spiel, außer natürlich bei sehr kleinen Teams oder Soloprojekten! Es gibt sehr viele verschiedene Arten der Spezialisierung in der Programmierung. Die gängigsten sind Grafikprogrammierung (3D, Animation), Engine-Programmierung, Tool-Programmierung, Netzwerk-Programmierung (Backend und Frontend), Gameplay-Programmierung, Sound-Programmierung und User Interface-Programmierung. Je größer das Studio, desto granularer werden die Programmieraufgaben und die entsprechen Stellen sind dann sehr spezialisiert. Kleinere Studios suchen eher „Allround“-Talente, die viele Facetten eines Spiels entwickeln können. 28
- **Grafiker:** Auch hinter dieser Berufsgruppe versteckt sich eine Vielfalt an Aufgaben. Man kann zwischen 2D- und 3D-Grafiker, Animation (VFX) Spezialist, User Interface-Spezialist, Konzept-Artist, Charakter (2D oder 3D) Artist und mehr unterscheiden. Hierbei hängt die Granularität der Spezialisierung wiederum sehr von der Größe des Studios und des Projekts ab. 29
- **Game Designer:** Im Allgemein sind die Game Designer dafür zuständig, den Spaß im Spiel zu erfinden und zu gestalten. Die verschiedenen Aspekte lassen sich grob in der folgenden Kategorisierung zusammenfassen: Gameplay Designer, Level Designer, UX/UI Designer, Technical Designer, Narrative Designer. Hierbei spielt insbesondere das Genre des zu entwickelnden Spiels eine Rolle, welches die Aufgabenverteilung und die notwendigen Kenntnisse bestimmt. 30

---

14 *Esports player foundation*, 2021.

31 ■ **Sound Designer:** Sie sind für das gesamte Audioerlebnis des Spiels verantwortlich und widmen sich der Musik, Sound-Effekten oder den verschiedenen Sprachversionen und sind dementsprechend spezialisiert.

32 ■ **Qualitätssicherung:** Die Größe des Projekts und die Plattformen, für die es entwickelt wird, spielen eine große Rolle für den Aufbau dieser Abteilung. Die größeren Studios in Deutschland beschäftigen einige Personen, die von Anfang an die Entwicklung begleiten und durch qualitative Interviews Feedback von Spielenden über die Konzepte einholen. Zusätzlich testen sie im Laufe der gesamten Entwicklung das Spiel, um so wertvolle Hinweise an das Entwicklungsteam geben zu können.

33 ■ **Marketing/Community Manager:** Heutzutage spielen die Gamer Communitys eine entscheidende Rolle in der Vermarktung der Spiele und werden deshalb sehr früh in die Entwicklung des Spiels eingebunden. Ein interessantes Bespiel liefert das erfolgreiche Studio Mimimi Games aus München, welches Informationen über die aktuellen Projekte sehr früh im Entwicklungsprozess über Community Manager veröffentlicht und aktiv nach Meinungen oder Mitarbeit aus der Community fragt.[15]

34 Diese Auflistung von Berufsgruppen bildet den Kern der Videospieleentwicklung, hat allerdings nicht den Anspruch allumfassend zu sein. Es existieren noch mehr Berufe und fast täglich entstehen neue. Die Verantwortung und das Aufgabenspektrum variieren auch sehr stark je nach der Team- und Projektgröße oder der Philosophie des Entwicklers. Größere Teams brauchen in den jeweiligen Kategorien Mitarbeiter, die sich in dem Management von Teams spezialisieren und die Arbeit innerhalb der Gewerke koordinieren. Bei ihrer Karriereplanung sollten sich besonders junge Leute darüber Gedanken machen, ob sie langfristig eher eine Spezialisierung im Management (und dadurch die Übernahme von Verantwortung für größere Teams) anstreben oder zu der fachlichen Spitze gehören und so zu den Spezialisten in ihrem Fachgebiet aufsteigen wollen. Auf jeden Fall werden solche Spezialisten immer zusammenarbeiten und auf verschiedenen Ebenen kooperieren. Um diese Zusammenarbeit zu organisieren, bedienen sich die Studios moderner Projektorganisationsmethoden.

II. Projektorganisation

35 Die Entwicklung von Videospielen erfolgt ausschließlich in Form von Projekten. Ein Projekt ist auf jeden Fall zeitlich begrenzt, einmalig und mit limitierten Ressourcen umzusetzen. Das **Project Management** Institute beschreibt den Begriff Projekt wie folgt: „It's a temporary group activity designed to produce a unique product, service or result."[16] Wenn eine wirtschaftliche Komponente dazukommt, ist die Definition des Business Dictionary geeigneter: „A planned set of interrelated tasks to be executed over a fixed period and within certain cost and other limitations."[17] Die Entwicklung eines Videospiels setzt voraus, dass mehrere Personen mit unterschiedlichen Qualifi-

15 *Mimimi Games & Mimimi Productions*, 2021.
16 *PMI*, What is Project Management, 2021.
17 *Business ictionary*, Definition, abrufbar unter https://www.businessdictionary.com/definition/project.html.

kationen über einen festgelegten Zeitraum, mit einem festgelegten Budget an Zeit und Ressourcen kooperieren. Es braucht eine Design- und Planungsphase und hat ein einmaliges Ergebnis, im Gegensatz zu einem Routineverfahren. Die Teamgrößen variieren dramatisch von Ein-Mann-Entwicklungen bis zu über 800 Mitarbeitern, die auf verschiedene Standorte weltweit verteilt sind und gemeinsam an einem Release für eine große Marke, für mehrere Plattformen arbeiten. Ein Beispiel hierfür ist CD Project Red bei der Entwicklung von „Cyberpunk 2077“: Während für „The Witcher 3“ knapp unter 200 Beschäftigte am Release mitwirkten, arbeiteten in der Entwicklungsphase von „Cyberpunk 2077“ circa 500 Mitarbeiter für das Studio.[18] Sobald mehrere Personen aus verschiedenen Bereichen zusammenarbeiten, ist eine gute Koordinierung der Aufgaben notwendig. Im Projektmanagement wird oft vom Dreieck des Projekts gesprochen. Es ist die Aufgabe des Projektmanagers, die Prioritäten zwischen den verschiedenen Bereichen zu verwalten, ohne das Ziel aus den Augen zu verlieren. Es gilt, die drei Variablen Zeit, Kosten und Qualität zu balancieren und den Umfang des Spiels zu definieren.

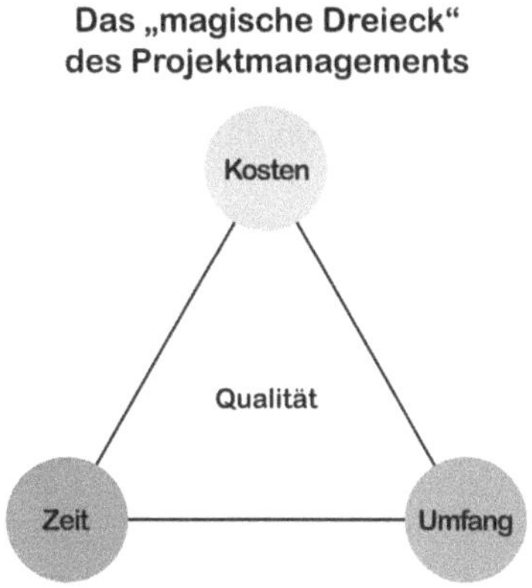

Abb.: Projektmanagement-Dreieck.[19]

Eine Änderung an einer der Variablen hat immer Auswirkungen auf einen anderen Bereich des Projekts. Wenn zum Beispiel mehr Zeit gebraucht wird, um die Qualität zu verbessern, steigen auch die Kosten. Wenn sich herausstellt, dass in dem gewünschten Zeitraum der Umfang (Scope) des Spiels nicht realisierbar ist, werden oft die Teams vergrößert und das Budget damit belastet. Projektmanagement ist daher sehr wichtig, um früh genug die Risiken und Chancen in der Entwicklung zu erkennen und notfalls entgegenzuwirken. Dafür benutzen die Teams sehr oft agile Projektmethoden. Agile Entwicklungsmethoden basieren auf der Entwicklung nah am Kundenbedarf, regelmäßigem Testen und adaptiver Anpassung des Projekts während der gesamten Laufphase. Am besten versteht man die agile Philosophie durch die Agile Manifesto Principles: 36

18 *Andreadis,* Cyberpunk 2077 – CD Projekt Red on Pushing Graphics Tech Forward and Building Night City, 2019.
19 *Team Asana,* Was versteht man unter Projektmanagement-Dreieck, und wie kann es Ihr Team unterstützen?, 2021.

THE AGILE **MANIFESTO** PRINCIPLES (2001)	
1.	Customer satisfaction by early and continuous delivery of valuable software
2.	Welcome changing requirements, even in late development
3.	Working software is delivered frequently (weeks rather than months)
4.	Close, daily cooperation between business people and developers
5.	Projects are built around motivated individuals, who should be trusted
6.	Face-to-face conversation is the best form of communication (co-location)
7.	Working software is principal measure of progress
8.	Sustainable development, able to maintain a constant pace
9.	Continuous attention to technical excellence and good design
10.	Simplicity – the art of maximizing the amount of work not done – is essential
11.	Best architectures, requirements, and designs emerge from self-organizing teams
12.	Regularly, the team reflects on how to become more effective, and adjusts accordingly

Abb.: Agile Manifesto.[20]

37 Ein agiles Projekt besteht aus einer Reihe von Iterationen während der Entwicklung. Iterationen sind kurze Zeitintervalle, normalerweise zwei bis vier Wochen. Die Entwickler implementieren in jeder Iteration einzelne Features, die einen Wert für den Kunden haben. Iterationen umfassen jedes Element der Spieleentwicklung, das in einem gesamten Spielprojekt stattfindet: Konzept, Design, Programmierung, Erstellung von Grafik-Assets, Debugging, Optimierung, Timing und Polishing.

38 Die agilen Entwicklungsmethoden sind die meist verbreiteten in der Spieleentwicklung, allerdings sind diese Methoden nicht immer einfach umzusetzen und erfordern viel Übung. Es wird immer wieder von Mitarbeitern berichtet, dass die Projektorganisation an schlecht angewendeten Methoden scheitert. Videospieleentwicklung gehört zu einer der riskanteren Produktionen und erfordert sehr disziplinierte, kontinuierliche und ehrliche Risikoeinschätzung. Oft schrecken Investoren von diesem Markt zurück, da die Erfolgsquote auch massiv von sauberem Projektmanagement abhängt.

39 Die Projektorganisation hängt auch sehr stark von der Teambesetzung und der persönlichen Ebene ab. Tatsächlich kann eine Spieleentwicklung nur erfolgreich sein, wenn die Team-Alchemie stimmt. Es existieren zahlreiche Erfahrungsberichte von Teams mit den besten Spezialisten, die an der Entwicklung eines Spiels gescheitert sind, weil die Zusammenarbeit nicht funktioniert hat. In dieser hoch innovativen Industrie sind die persönlichen Beziehungen zwischen den Teammitgliedern besonders wichtig und tragen wesentlich zum Erfolg der Projekte bei. Keine Projektmanagement-Methode kann eine harmonische Zusammenarbeit erzwingen.

40 Die **Projektmanager** spielen eine wesentliche Rolle beim Erfolg oder Misserfolg des Projekts und haben eine ganz besondere Aufgabe, da sie zwar alle Fäden in den Händen halten, aber nicht direkt an der Spieleerstellung beteiligt sein sollen. Insbesondere sorgen sie für Klarheit und Fokus im Projekt. Ihre Aufgaben sind unter anderem, das

20 *Beck/Beedle/Bennekum/Cockburn/Cunningham/Fowler/Grenning/Highsmith/Hunt/Jeffries/Kern/Marick/Martin/Mellor/Schwaber/Sutherland/Thomas*, Manifesto for Agile Software Development, 2001.

Team aufzubauen und zu managen. Sie sind dafür da, um das Team vor allen externen Störungen zu schützen und die bestmöglichen Rahmenbedingungen zu schaffen. Sie sind immer verfügbar, wenn das Team arbeitet, um bei Bedarf Anleitung zu geben. Sie sind für das Budget, den Vorproduktions- und Produktionsplan verantwortlich. Dabei ist es besonders wichtig, gute Entscheidungsfähigkeiten zu haben. Außerdem müssen sie Informationen einholen, um Empfehlungen und Ratschläge bitten, die Entscheidungsfindung begleiten, einen Konsens herbeiführen und Änderungen ankündigen oder erklären können. Im Detail verwalten sie die Dokumentation des Spiels: Game Design, Art Bible, technisches Design oder organisieren die Qualitätssicherung und ausländische Lokalisierung, kümmern sich um rechtliche und vertragliche Fragen, unterstützen den Vertrieb und das Marketing und interagieren mit dem oberen Management oder eventuellen externen Partnern, wie Middleware-Herstellern oder Konsolenhersteller. Die Projektmanager können auch Teile der Öffentlichkeitsarbeit übernehmen und verantworten dabei oft das Pitching vor finanziellen Partnern wie Publishern oder Investoren. Traditionell werden die Producer am wirtschaftlichen Erfolg des Spiels gemessen, da sie für das Budget und den Zeitplan die Verantwortung tragen.

Die verschiedenen **Projektphasen** sind die folgenden: 41

Initiieren: Es geht um Ideenfindung und Innovation. In dieser Phase wird die Spiel- 42
idee geboren, das Grundkonzept wird festgelegt und die Vision entworfen. Dabei ist es wichtig, eine Marktanalyse zu führen, die Zielgruppe genauso wie potenzielle Mitwettbewerber oder Spiele, die als Inspiration dienen, genau unter die Lupe zu nehmen. Idealerweise sind an dieser Phase alle Metiers beteiligt: Game Design, Grafik, Programmierung, Sound Design, so dass eine komplette Vision entstehen kann. Je nach Umfang des Projekts werden ein oder mehrere Prototypen entwickelt, um die Ideen zu testen und den Spielspaß zu finden. Es ist eine der schwierigsten Phasen des Projekts, da Innovation nicht nach Plan erfolgt, aber ein Minimum an Organisation notwendig ist, um ein Prototyp zu bauen und iterativ zu verbessern.

Planung und Pre-Produktion: In dieser Phase finden die Budgetierung und die Erstel- 43
lung des Zeitplans statt. Dazu dient die Vorproduktion, in deren Verlauf die richtigen Tools und Programme für das Projekt entwickelt oder akquiriert werden. In allen Projekten wird mit einer Mischung aus eigens entwickelten Tools und professionell gekaufter Middleware gearbeitet. Da jedes Projekt einzigartig ist, sind die fertigen Tools nie hundertprozentig dafür geeignet. Allerdings gilt es die richtige Mischung aus bereits fertigen, zuverlässigen Tools und selbstentwickelten Tools, mit alle ihren Risiken, zu finden. Die Erfahrung der Projektmitarbeiter trägt wesentlich dazu bei, die richtigen Entscheidungen zu treffen und langfristig die Kosten-Nutzen-Rechnung in der Balance zu halten. Aus allen diesen Entscheidungen und der genauen Erarbeitung des Spielkonzepts entsteht eine Liste aller Features des Spiels und entsprechend benötigten Arbeiten, die in das Budget und den Zeitplan fließen. Da aber nach der agilen Methode die verschiedenen Features immer wieder überprüft und getestet werden, müssen der Budget- und Zeitplan auch regelmäßig anhand der neuen Erkenntnisse angepasst werden.

44 **Ausführen:** Die Phase wird auch als die Produktionsphase beschrieben. Das Spielkonzept, das in der Pre-Produktion grob festgelegt wurde, wird implementiert. Es geht oft darum, viel Content für die verschiedenen Level des Spiels zu erstellen und ein komplettes Spielerlebnis zu kreieren. Dabei wird sehr regelmäßig getestet und überprüft, ob die Vision des Spiels tatsächlich zu realisieren ist oder ob noch Änderungen notwendig sind. Dabei steht der Projektmanager mit allen Interessenvertretern (Stakeholdern) in engem Kontakt, und managt deren Erwartungen. Diese Stakeholder können zum Beispiel der Publisher, die Geschäftsführung, der Community Manager als Sprachrohr der Gamer oder die Marketingabteilung sein. Am Ende dieser Phase liefert das Team eine Spielversion, die bereits veröffentlicht werden kann.

45 **Monitoring und Controlling:** Im klassischen Projektmanagement wird sehr viel Wert darauf gelegt, während des ganzen Projekts die Key Performance-Indikatoren zu überwachen, das Benutzerverhalten und die Zufriedenheit zu kontrollieren und entsprechend korrektive Aktionen einzuleiten. Insbesondere für Spieleprojekte, die eine einzigartige Mischung aus Innovation und technischer Entwicklung beinhalten, ist diese Phase wichtig und trägt wesentlich zum Erfolg bei. Auch bei kleinen Teams ist es wichtig, die Rolle des Projektmanagers gut zu besetzen und das Controlling sehr gewissenhaft zu verfolgen.

46 Jede Projektphase ändert sich abhängig von Teamgröße, Umfang des Projekts, der Plattform, für die das Spiel entwickelt wird, sowie dem Geschäftsmodell. Die **Projektplanung** ist komplex und muss sehr viele Ereignisse und Termine berücksichtigen, die Einfluss auf die Arbeit des Teams haben. Auch externe Ereignisse, wie zum Beispiel Messen oder Ferienzeiten, haben Einfluss auf die Planung. Viele Faktoren tragen dazu bei, die Planung fehleranfällig zu machen: Abhängigkeit von externem Partner, Fehleinschätzung der Mitarbeiter über den Arbeitsaufwand, ungenaue Feature-Definitionen etc. Daher ist es extrem wichtig, eine regelmäßige und detaillierte Risikoeinschätzung des gesamten Projekts zu führen.

47 Die gängigsten **Milestones** für ein Projekt sind:

- Prototype: Mit einem oder mehreren Prototypen werden die wichtigeren Elemente des Spieles erprobt: Spielspaß, grafische Gestaltung etc.
- Vertical Slice: Diese Version gibt einen genauen Eindruck über das gesamte Spielprinzip, aber in geringerem Umfang. Somit ist das Spielkonzept festgelegt und die Produktion kann anfangen.
- Alpha-Version: Der Alpha Build ermöglicht es dem Spieler zum ersten Mal den Endzustand des Spiels zu erleben und gibt darüber hinaus einen guten Einblick in die Systeme und Inhalte. Alle Features sind funktionsfähig, die Gameplay- und Narrative-Systeme sind vorhanden, alle Modi sind verfügbar und die Weltkarte ist ausreichend ausgearbeitet, um die Immersion, die Vielfalt und den Spaß zu ermöglichen, die für das zu veröffentlichende Spiel vorgesehen sind.
- Beta-Version: Der Beta Build liefert das volle, abgestimmte und polierte Spielerlebnis. Nach der Beta kann der ganze Fokus auf weiteres Playtesting, Balancing und Debugging gelegt werden.

- Master/Release-Kandidat: Diese Version kann der breiten Öffentlichkeit zur Verfügung gestellt werden, meistens in mehreren Schritten, wobei immer mehr Spielern das Spiel zur Verfügung gestellt wird. Es wird von Pre-Release gesprochen.

Jeder Entwickler, Publisher und Plattformhalter hat leicht unterschiedliche Definitionen 48
von diesen Milestones und bei einer Partnerschaft ist es extrem wichtig, sich über die genauen Inhalte der Milestone vorab abzustimmen. Somit werden Missverständnisse und falsche Erwartungen vermieden.

Spieleentwicklung kann mit einem Marathon verglichen werden: Es ist kein Sprint und 49
es geht darum, Software in einer nachhaltigen Geschwindigkeit zu entwickeln. Auch die Gesundheit des Teams hängt sehr stark von der Qualität des Projektmanagements und die Prävention von Burnouts stark von dem Erwartungsmanagement bei allen Beteiligten ab.

Ich habe in diesem Kapitel gezeigt, wie zahlreich, divers und fortschrittlich die Akteure 50
und Projekte des Spiele-Ökosystems in Deutschland sind. In diesem schnelllebigen, von Wachstum und Innovation geprägten Markt ist es wichtig, eine Mischung aus großen internationalen Firmen, Start-ups sowie mittelständischen Unternehmen zu haben. Diversität in den Teams ist ebenfalls eine Voraussetzung, um weiterhin einen idealen Nährboden für Kreativität und wirtschaftliches Wachstum zu haben. Die Förderung des Nachwuchses sowie das Weiterentwickeln von positiven Rahmenbedingungen für die Entwicklung von Spielen in Deutschland sollten prioritär bleiben, um den deutschen Standort im internationalen Wettbewerb weiter zu stärken.

Ein Videospiel zu entwickeln, wird immer ein spannendes Abenteuer bleiben, mit 51
großen Risiken verbunden sein, von Leidenschaft getragen werden und mit Aussicht auf große Zufriedenheit beim Erfolg verknüpft werden.

§ 5 Finanzierung und Förderung

Literatur: *Auer-Reinsdorff/Conrad*, Handbuch IT- und Datenschutzrecht, 3. Aufl. 2019 (zit.: Auer-Reinsdorff/Conrad IT-R-HdB); *Bodensiek*, Rechtliche Einordnung des Crowdfundings in Deutschland, Revue Générale du Droit on line 2015, 19672; *Häberer*, Vorzeitiger Maßnahmebeginn – Nichts geht mehr?, NVwZ 2019, 1230; *Hoeren/Sieber/Holznagel*, Handbuch Multimedia-Recht, 57. Aufl. 2021 (zit.: Hoeren/Sieber/Holznagel MMR-HdB); *Loewenheim*, Handbuch des Urheberrechts, 3. Aufl. 2021 (zit.: Loewenheim UrhR-HdB); *Müller/Richter/Ziekow*, Handbuch Zuwendungsrecht, 1. Aufl. 2017 (zit.: Müller/Richter/Ziekow ZuwendungsR-HdB); *Paschke/Berlit/Meyer/Kröner*, Hamburger Kommentar Gesamtes Medienrecht, 4. Aufl. 2021 (zit.: NK-MedienR); *Wandtke/Bullinger*, Urheberrecht, 5. Aufl. 2019 (zit.: Wandtke/Bullinger); *Wick*, Prepurchase Crowdfunding: ein atypischer Kaufvertrag außerhalb der Verbraucherrechterichtlinie, VuR 2018, 49.

A. Einführung

Wie in → § 4 Rn. 10 dargestellt, liegen selbst bei der Entwicklung von kleineren Games-Projekten aufgrund der Entwicklungsdauer die Kosten regelmäßig über dem, was unabhängige Entwicklungsstudios aus ihrem Eigenkapital ohne Fremdfinanzierung aufwenden können. Selbst bei vielen Titeln von Independent Studios („Indies") bedarf es für die Fertigstellung einer Fremdfinanzierung. In Deutschland treten neben den traditionellen privaten Finanzierungsquellen der Games-Branche auch der Bund und einige Länder als Finanzierungspartner im Rahmen der Kulturförderung auf. Während die Länderförderungen durchaus unterschiedlich gestaltet sind und auch unterschiedliche Ansätze verfolgen, hat die 2019 neu eingeführte Förderung des Bundes in Form eines Zuschusses die deutsche Förderlandschaft revolutioniert. 1

B. Projektbezogene öffentliche Finanzierung

I. Historische Entwicklung/Einführung

Im Vergleich zu Ländern wie Kanada, Großbritannien, Finnland oder Frankreich, die umfangreiche, nachhaltige und erfolgreiche Games-Fördersysteme seit Mitte der 90er Jahre aufgebaut haben, war Deutschland als Standort für Games-Entwicklung ohne entsprechende Strukturen auf Bundesebene bislang nicht international wettbewerbsfä- 2 hig. Der Marktanteil von Computer- und Videospielen von deutschen Unternehmen lag zuletzt bei unter fünf Prozent auf dem heimischen Markt.[1] Einen besonders hohen Wettbewerbsdruck erzeugten die international gebräuchlichen Varianten automatischer Fördersysteme, wie zB Steuervergünstigungen, Zuschüsse und Steuerkredite (tax incentive, tax relief oder tax rebate), da sie aufgrund ihrer Berechenbarkeit eine bessere Planungssicherheit für die Unternehmen bieten.

3 Computerspiele wurden in Deutschland zunächst nur auf Länderebene gefördert. Durch die etablierten Strukturen bedingt, wurden die ersten Games-Förderungen von den Filmförderinstitutionen der Länder vergeben. So startete das Medienboard Berlin-Brandenburg im Jahr 2006 mit einem Pilotförderprogramm für digitale Medieninhalte, bei dem Web- und App-Content sowie Prototypen für Games aller Plattformen gefördert wurden. Die Mitteldeutsche Medienförderung förderte damals ebenfalls schon „Multimedia"-Projekte. Im Jahr 2007 folgte die Stadt Hamburg mit dem auf zunächst drei Jahre angelegten Pilotprojekt einer Prototypenförderung für Games. Der FilmFernsehFondsBayern startete als erste klassische Förderinstitution eine dedizierte Förderrichtlinie für Games im Jahr 2009. Im Jahr 2011 folgten noch die Förderinstitutionen in NRW, Niedersachsen und Baden-Württemberg, die wiederum Games zunächst nur innerhalb von „gemischten" Förderprogrammen neben anderem „digital content" bzw. „innovativen audiovisuellen Inhalten" förderten. Mittlerweile haben diese aber dedizierte Games-Förderprogramme eingeführt.

4 An dieser regionalen „Games-Förderlandschaft" änderte sich erst wieder etwas im Jahr 2018, als der frisch fusionierte game-Verband zusammen mit den jeweiligen regionalen Akteuren und Ansprechpersonen auf die enorme Bedeutung regionaler Förderprogramme hinwies. Weitere Bundesländer legten Förderprogramme für Games auf (Saarland und Hessen im Jahr 2018, Hamburg im Jahr 2020 und Rheinland-Pfalz im Jahr 2021). Für Schleswig-Holstein ist die Einführung einer regionalen Games-Förderung im Koalitionsvertrag für den 20. Landtag festgelegt worden.[2] Keine Länderförderungen für Games gibt es aktuell nur noch in den Bundesländern Mecklenburg-Vorpommern und Bremen.[3]

5 Trotz der wesentlich gewachsenen kulturellen und wirtschaftlichen Bedeutung von Computerspielen, stehen die Förderbudgets der Bundesländer für Games auch weiterhin im Schatten der Filmfördertöpfe. So bietet zum Beispiel das Bundesland Nordrhein-Westfalen mit 3 Millionen EUR das größte regionale Förderbudget für Games aktuell – zeitgleich beträgt dessen Filmförderbudget jedoch rund 28 Millionen EUR (Stand 2020).[4]

---

1 Siehe https://www.game.de/wp-content/uploads/2021/08/game_Jahresreport-der-deutschen-Games-Branche-2021_Deutsch.pdf, S. 31.
2 Siehe https://sh-gruene.de/wp-content/uploads/2022/06/Koalitionsvertrag-2022-2027_.pdf.
3 Für Unternehmen mit Sitz in Bremen ist eine Förderung über die nordmedia ggf. möglich, wenn ein Regionaleffekt in Niedersachsen erzielt wird.
4 Siehe https://www.filmstiftung.de/wp-content/uploads/2021/06/FMS_Jahresbericht-2020.pdf.

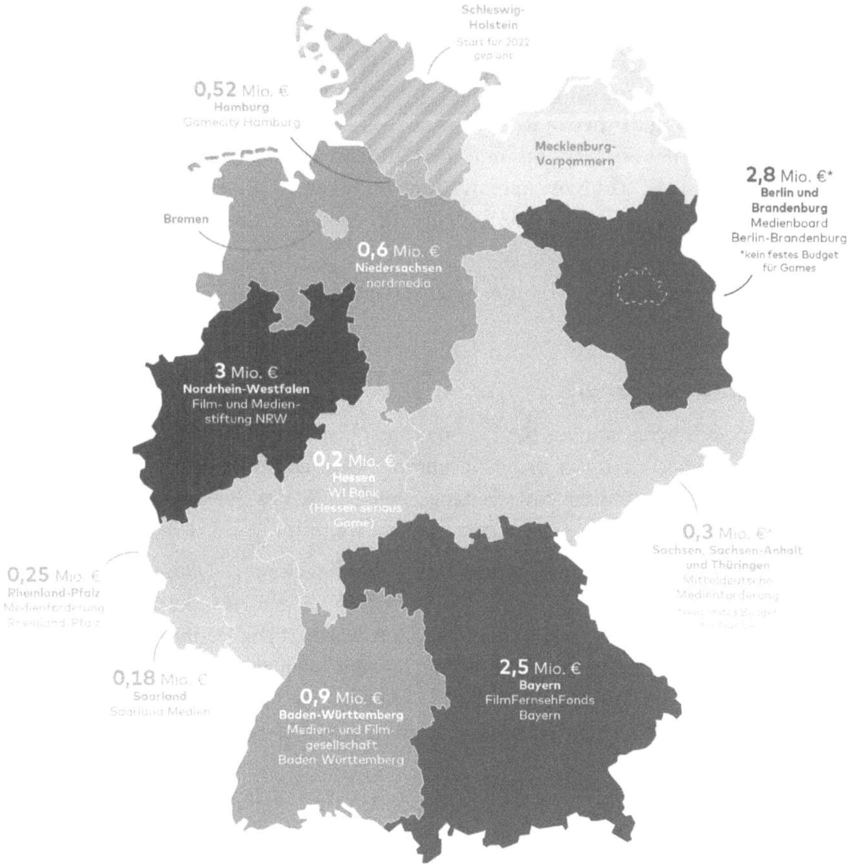

Abb.: Regionale Games-Förderungen in Deutschland.[5]

Länder-Förderungen für Computerspiele sind in der Regel projektbezogene, selektiv vergebene, bedingt rückzahlbare Darlehen (idR bei Produktionsförderungen) bzw. Zuschüsse (idR Konzept- und Prototypenförderung). Sie werden als Projektförderung gewährt, also nicht unternehmensbezogen. Förderfähig sind in der Regel nur diejenigen Kosten bzw. Ausgaben, die notwendig sind und unmittelbar mit dem Projekt in einem Zusammenhang stehen. In der Regel entscheidet ein Gremium, welches Projekt in welcher Höhe gefördert wird. 6

Im Jahr 2018 beschloss die damalige Bunderegierung aus Union und SPD die Einführung einer Computerspieleförderung des Bundes in ihrem Koalitionsvertrag, um Deutschland als Spiele-Entwicklungsstandort zu stärken und um eine internationale Wettbewerbsfähigkeit zu erreichen. 7

5 Siehe https://www.game.de/wp-content/uploads/2022/08/Jahresreport-der-deutschen-Games-Branche-2022.pdf, S. 37.

8 Für das Programm wurden 50 Millionen EUR jährlich vorgesehen und die Zuständigkeit beim damaligen Bundesministerium für Verkehr und Digitale Infrastruktur (BMVI) angesiedelt. Im Jahr 2019 startete die Bundesförderung mit einer dreimonatigen Pilotphase des Förderprogramms, welches im September 2020 als fortlaufendes Programm verstetigt wurde. Von der neuen Regierung aus SPD, FDP und Bündnis90/Grüne wurde diese Verstetigung des Förderprogramms bestätigt und die Zuständigkeit für das Thema Games im Dezember 2021 bzw. operativ zum Frühjahr 2022 dem Bundesministerium für Wirtschaft und Klimaschutz (BMWK) übergeben. Die Richtlinie behielt ihre Gültigkeit.

9 Für die Abwicklung der Fördermaßnahme ist weiterhin der DLR Projektträger (DLR-PT) beauftragt.

II. De-Minimis/Notifizierung

10 Innerhalb des Wirtschaftsraums der Europäischen Union dürfen Subventionen nicht zu bedeutenden Wettbewerbsverzerrungen führen. Daher ist innerhalb der EU-Mitgliedsstaaten die Beihilfeintensität grundsätzlich auf 50 % des Produktionsbudgets beschränkt, damit für normale Geschäftsinitiativen weiterhin Anreize bestehen bleiben.

11 Wörtlich bedeutet De-minimis in etwa „um Kleinigkeiten".[6] Damit sind Gruppen von relativ kleinen bzw. niedrigvolumigen Subventionen gemeint, die als nicht wettbewerbsverzerrend angesehen und damit akzeptiert werden. Die De-minimis-Regel kann damit als Rechtsrahmen für die Vergabe von Subventionen erachtet werden. Neben der De-minimis-Regel gibt es zudem die AGVO (Allgemeine Gruppenfreistellungsverordnung) und Kleinbeihilfen als weitere Rechtsrahmen auf EU-Ebene zur vereinheitlichten Vergabe von Subventionen.

12 Die allgemeine De-minimis-Verordnung erlaubt den Unternehmen bzw. Unternehmensverbunden der Games-Branche bis zu 200.000 EUR Subventionswert innerhalb von drei Steuerjahren (in Deutschland entspricht das den Kalenderjahren.) Bei Erhalt einer De-minimis-Förderung bekommt das begünstigte Unternehmen immer eine De-minimis-Bescheinigung. Praktisch dürften die Unternehmen nach De-minimis pro Jahr rein rechnerisch und rollierend ca. 66.667 EUR Subventionswert, zB in Form von nicht rückzahlbaren Zuschüssen, ausschöpfen.

13 Da auf Dauer diese Rahmenbedingungen und Fördersummen für Computerspiele nicht für eine internationale Wettbewerbsfähigkeit ausreichen, müssen Games-Förderprogramme, die deutlich über diese Summen hinaus fördern wollen, einen individuellen Notifizierungsprozess mit der Europäischen Kommission durchlaufen.

14 Die Computerspielförderung wird dabei regelmäßig als Kulturbeihilfe notifiziert. Bei Kulturbeihilfen verlangt die EU, dass jede einzelne Förderung sich tatsächlich auf ein Kulturgut bezieht, daher ist für jeden Förderantrag ein Kulturtest zwingende Voraussetzung.[7]

---

6 Siehe https://foerdershop.de/de-minimis-beihilfen/.
7 Siehe dazu auch Hoeren/Sieber/Holznagel MMR-HdB/*Hentsch* Teil 22 Games Rn. 36–38.

Abgeleitet von der „Mitteilung der Europäischen Kommission über staatliche Beihilfen für Filme und andere audiovisuelle Werke“,[8] lässt die Bundesförderung folgende Ausnahmen zur maximalen Förderquote von 50 % zu: 15

1. Eine Beihilfeintensität von bis zu 60 % der Entwicklungskosten (durch Kumulierung mehrerer Förderungen) ist möglich, wenn es sich um eine Ko-Produktion unter Beteiligung von Entwicklungsstudios aus mehr als einem Mitgliedsstaat der EU handelt. 16

2. Bei sogenannten „schwierigen Werken“ und Ko-Produktionen, an denen die Länder der Liste des Entwicklungshilfeausschusses der OECD beteiligt sind, kann die Beihilfeintensität durch Kumulierung auch bei Computerspielen 70 % (Produktion) bzw. 80 % (Prototypen) betragen.[9] 17

Im Jahr 2022 sind neben der Computerspieleförderung des Bundes nur vier Games-spezifische Länderförderungen bei der Europäischen Kommission notifiziert. Der FFFBayern war in Deutschland der Vorreiter und ließ seine Förderrichtlinie für Games bereits im Jahr 2017 bei der Kommission genehmigen. Es folgte eine neue Richtlinie zum Januar 2018, welche erstmals relevante Einzelfördersummen bis zu einer Höhe von 500.000 EUR für Games in Deutschland ermöglichte. Ebenfalls notifiziert sind die Richtlinien für die Games-Förderprogramme der Film- und Medienstiftung Nordrhein-Westfalen (seit Januar 2019), der MFG Baden-Württemberg (seit Juli 2020) sowie des Medienboard Berlin-Brandenburg (seit August 2022). 18

Sollte die Förderung von Computerspielen in Zukunft innerhalb einer AGVO (Allgemeine Gruppenfreistellungsverordnung) geregelt werden können, würden die individuellen Notifizierungsverfahren entfallen und auch die De-Minimis-Regelung würde nicht mehr zur Anwendung kommen. 19

III. Länderförderung – am Beispiel Nordrhein-Westfalen

Die Förderinstitution für Games, Film und weiteren Mediengattungen in Nordrhein-Westfalen ist die Film- und Medienstiftung NRW GmbH mit Sitz in Düsseldorf. Sie wurde im Jahr 1991 gegründet und gehört seit 30 Jahren mit einem Fördervolumen von bis zu 40 Millionen EUR zu den bedeutendsten Förderhäusern in Deutschland. Ihre Aufgabe ist die Stärkung der Medienkultur und Medienwirtschaft in Nordrhein-Westfalen. Ihre Gesellschafter sind das Land NRW und WDR, das ZDF und RTL. Neben ProSiebenSat.1 sind MagentaTV und Sky weitere Förderpartner. Die Geschäftsführung wird seit 2010 von Petra Müller ausgeführt. 20

Die Film- und Medienstiftung NRW fördert Kino- und Fernsehfilme, Serien, Games, Webcontent, die Modernisierung von Kinos, die Entwicklung von Hörspielen und unterstützt den Film- und Mediennachwuchs in NRW. Standortmarketing und -entwicklung sowie die Präsentation des Medienlandes im In- und Ausland zählen ebenfalls zu ihren Aufgaben. Sie hält Beteiligungen an folgenden Institutionen: ifs internationale 21

8 Siehe https://eur-lex.europa.eu/LexUriServ/LexUriServ.do?uri=OJ:C:2013:332:0001:0011:DE:PDF (2013/C 332/01), dort insbes. 5.2. Besondere Bewertungskriterien nach Artikel 107 Absatz 3 Buchstabe d AEUV Nr. 52 Abs. 2.

9 Siehe https://www.bmwk.de/Redaktion/DE/Downloads/Games/computerspielefoerderung-merkblatt-kumulierung.pdf?__blob=publicationFile&v=6.

filmschule köln, Mediencluster NRW/Mediennetzwerk.NRW, Mediengründerzentrum NRW, Grimme-Institut und German Films.

22 Im Oktober 2011 startet die Film- und Medienstiftung das Pilotförderprogramm für die Entwicklung von digitalen und interaktiven Inhalten wie (Prototypen für) Games, Apps und Webvideos und 360°-Projekten im Rahmen der De-minimis-Regeln. Im Mai 2018 fand der erste sogenannte #gamesgipfel in NRW mit dem selbsterklärten Ziel statt, Nordrhein-Westfalen zu Deutschlands „Games-Standort Nr. 1" zu machen. Zu diesem Anlass wurde die jährliche Förderung für Games auf 1,5 Millionen EUR erhöht. Zum Januar 2019 trat die neue EU-notifizierte Leitlinie zur Förderung von „Digitalen Spielen und interaktiven Inhalten" in Kraft. Gleichzeitig wurde das jährliche Förderbudget auf drei Millionen Euro erhöht und die Förderphase der Produktion mit relevanten Fördersummen ermöglicht. Seit der ersten Sitzung im Dezember 2011 bis hin zur Förderentscheidung aus dem November 2021 wurden in 10 Jahren insgesamt 14,38 Mio. EUR für 234 Projekte vergeben.

1. Was wird gefördert?

23 Gefördert wird die Entwicklung von digitalen interaktiven Spielen und interaktiven Inhalten aus den Bereichen VR/AR, Web und Mobile in folgenden Phasen der Entstehung: **Konzept-, Prototypenentwicklung** und **Produktion.**

2. Wie wird gefördert?

24 Die Förderung von **Konzeptentwicklungen** erfolgt als Zuschuss im Wege der Anteilsfinanzierung. Die Fördersumme kann bis zu 80 % der Produktionskosten betragen, maximal jedoch 20.000 EUR. Die Eigenmittel sollen mindestens 10 % der förderfähigen Kosten betragen.

25 Die Förderung einer **Prototypentwicklung** erfolgt als **Zuschuss** im Wege der Anteilsfinanzierung. Die Fördersumme kann bis zu 80 % der Produktionskosten betragen, maximal jedoch 100.000 EUR. Die Eigenmittel sollen mindestens 10 % der förderfähigen Entwicklungskosten betragen.

26 Die Herstellungsförderung erfolgt als **bedingt rückzahlbares, zinsloses Darlehen** im Wege der Anteilsfinanzierung. Die Fördersumme kann bis zu 50 % der Produktionskosten betragen, maximal jedoch 500.000 EUR. Die Eigenmittel sollen mindestens 10 % der förderfähigen Produktionskosten betragen.

3. Wer wird gefördert?

27 Antragsberechtigt sind nordrhein-westfälische Unternehmen und gewerbetreibende Personen, die digitale Spiele oder interaktive Inhalte entwickeln und produzieren und einen Sitz, eine Betriebsstätte oder eine Niederlassung in Nordrhein-Westfalen haben oder spätestens zur Auszahlung der 1. Rate verlegen.

4. Sonstige Anforderungen

28 Voraussetzung für die Antragstellung ist ein obligatorisches Beratungsgespräch. Es werden keine Vorhaben gefördert, deren Inhalte Krieg sowie physische und psychische

Gewalt verherrlichen, zum Rassenhass aufstacheln, pornographisch sind oder Kinder und Jugendliche sittlich gefährden.

Es gibt zwei bis drei Fördersitzungen im Jahr. Die Förderentscheidungen werden 29 von einem fünfköpfigen Vergabegremium unter dem Vorsitz der Geschäftsführung getroffen. Mit der Realisierung des Projekts darf zum Zeitpunkt der **Antragstellung** noch nicht begonnen worden sein. (Im wesentlichen Unterschied zur Bundesförderung, wo nicht vor dem Zeitpunkt der Bewilligung des Förderantrags begonnen werden darf.)

5. Auszahlung und Rückzahlung

Die Auszahlung der Förderung erfolgt in der Regel in zwei bzw. drei Raten entlang des 30 Projektfortschritts per Abruf durch den Fördernehmenden. Bei Konzept und Prototyp erhält man den Großteil der Förderung zur 1. Rate (idR 70 %). Die 1. Rate wird bei Schließung des Fördervertrags und Nachweis der geschlossenen Gesamtfinanzierung sowie ggf. weiteren aufschiebenden Bedingungen ausgezahlt. Die 2. Rate in Höhe von 30 % wird nach erfolgreicher Verwendungsnachweisprüfung und abgenommenem Konzept bzw. Prototyp fällig. Bei der Produktionsförderung wird in drei Raten ausgezahlt. Die 1. Rate in Höhe von idR 60 % wird bei Schließung des Fördervertrags und Nachweis der geschlossenen Gesamtfinanzierung sowie ggf. weiteren aufschiebenden Bedingungen ausgezahlt. Die 2. Rate (20 %) wird nach der erfolgreichen Präsentation des Zwischenstands ausgezahlt. Die 3. Rate in Höhe von 20 % wird nach Fertigstellung des Spiels, erfolgreicher Verwendungsnachweisprüfung und abgenommenem Prüfbericht fällig.

Die Rückzahlung des bedingt rückzahlbaren, zinslosen Darlehens der Produktionsför- 31 derung erfolgt nach Abdeckung des vertraglich vereinbarten Eigenanteils des Fördernehmenden aus sämtlichen Verwertungserlösen des Projekts. Für die Rückzahlung des Darlehens sind in der Regel 50 % der dem Fördernehmer aus der Verwertung des Projekts zufließenden Erlöse zu verwenden. Sind an der Finanzierung des Projekts andere deutsche Fördereinrichtungen beteiligt, kann die Rückzahlung entsprechend den jeweiligen Förderanteilen vereinbart werden. Näheres regelt der Fördervertrag. Die Verpflichtung zur Rückführung des Darlehens endet in der Regel drei Jahre nach Markteinführung.

IV. Bundesförderung

Die Grundlagen der Förderung werden in der Förderrichtlinie „Computerspieleförde- 32 rung des Bundes" (vom 28.8.2020) geregelt. Die sogenannten „Aufrufe" zur Einreichung von Anträgen ergänzen und konkretisieren diese Förderrichtlinie. Sie sind in der Regel für ein Jahr gültig. Weitere wichtige Regelungen befinden sich in den ergänzenden Merkblättern und Erläuterungen.[10]

Die wichtigsten Fakten zur Computerspieleförderung des Bundes werden im Folgen- 33 den zusammengefasst.

10 Siehe https://www.bmwk.de/Redaktion/DE/Artikel/Wirtschaft/Games/computerspielefoerderung-des-bundes.html#doc4326978bodyText2.

1. Was wird gefördert?

34 Gefördert wird die Entwicklung von digitalen interaktiven Spielen in folgenden Phasen der Entstehung: **Prototypenentwicklung** und **Produktion.**

35 Die Prototypen-Phase eines Spiels wird als derjenige Herstellungsabschnitt definiert, mit dessen Hilfe eine Entscheidungsgrundlage für eine spätere Produktionsphase geschaffen werden soll. In der Phase der Produktion werden sämtliche Vorhaben zusammengefasst, deren Ziel die Erstellung eines öffentlich angebotenen marktreifen Produkts für Endverbrauchende ist.

36 Neben neuen Spieleprojekten können in der Produktionsförderung auch substanzielle **Portierungen** von existierenden Spielen auf neue Plattformen sowie umfangreiche **Erweiterungen** (DLCs = downloadable content) für bereits veröffentlichte Spiele gefördert werden.

37 **Ko-Produktionen** (bzw. Co-Development) und **Verbundprojekte** sind ebenfalls grundsätzlich förderfähig. Eine Ko-Produktionen liegt vor, wenn mindestens zwei Ko-Produktionspartner projektbezogen zusammenarbeiten und dabei ihren Teil der Entwicklung inhaltlich individuell leiten und prägen. Bei einem Verbundprojekt erfolgt die Verwertung der Ergebnisse dabei gleichberechtigt.

38 Die zuwendungsfähigen Entwicklungskosten für Prototypen müssen mindestens 30.000 EUR und können maximal 400.000 EUR betragen.

39 Die zuwendungsfähigen Entwicklungskosten für Produktionen müssen mindestens 100.000 EUR betragen. Eine Deckelung der Fördersumme existiert nicht. Projekte mit mehr als 40 Millionen EUR Entwicklungskosten werden hinsichtlich ihrer Innovationsimpulse, kulturellen Relevanz, volkswirtschaftlichen Effekte und verfügbaren Mittel gesondert begutachtet. Der Förderbetrag unterhalb des Schwellenwertes bleibt davon unabhängig.

2. Wie wird gefördert?

40 Die Förderung wird als **nicht rückzahlbarer Zuschuss** im Wege der Anteilsfinanzierung gewährt.

41 Die Förderquote ist gestaffelt von 25 bis maximal 50 %. Bei Prototypen beträgt die maximale Förderquote 50 %.

42 Bei der Produktionsförderung von 100.000 EUR bis 2 Millionen EUR Entwicklungskosten beträgt die Förderquote maximal 50 %. Zwischen 2 und 8 Millionen EUR Entwicklungskosten fällt die Förderquote degressiv von 50 % auf 25 % ab. Über 8 Millionen EUR Entwicklungskosten beträgt die Förderquote maximal 25 %.

43 Die Bundesförderung für die Entwicklung von Computerspielen kann grundsätzlich mit anderen Förderungen kumuliert werden. Bei einer Kumulierung von Fördermitteln muss das EU-Beihilferecht und das Zuwendungsrecht (von Bund und mitfördernden Ländern) berücksichtigt werden. Nur wenn die Vorgaben aller an der Förderung beteiligten Einrichtungen erfüllt werden, können Fördermittel kumuliert werden.[11]

11 Siehe https://www.bmwk.de/Redaktion/DE/Downloads/Games/computerspielefoerderung-merkblatt-kumulierung.pdf?__blob=publicationFile&v=6.

3. Wer wird gefördert?

Antragsberechtigt sind Unternehmen, die die Entwicklung des Spiels verantwortlich leiten und prägen. Ein Sitz, eine Betriebsstätte oder eine Niederlassung in Deutschland während der gesamten Projektlaufzeit (spätestens mit der ersten Auszahlung und mindestens bis zur letzten Schlusszahlung) ist Voraussetzung für die Förderung. 44

Zugelassen zur Antragstellung sind ausschließlich juristische Personen, Rechtsformen wie zB GmbH und UG. Die Sonderformen „GmbH & Co. KG" sowie „UG & Co. KG" als Personengesellschaften mit beschränkter Haftung sind ebenfalls antragsberechtigt. Nicht antragsberechtigt sind Einzelpersonen, Vereine, projektbezogene Gründungen, Unternehmen ohne vollzogene Gründung und alle weiteren Personengesellschaften. 45

4. Sonstige Anforderungen

Ein Projekt kann gefördert werden, wenn es neben den Vorgaben der Förderrichtlinie folgende weitere Voraussetzungen erfüllt: 46

- Zwingende beihilferechtliche Voraussetzung für die Förderung ist die Erfüllung der Mindestkriterien des Kulturtests (siehe Anlage der Förderrichtlinie Computerspielförderung).
- Das Projekt muss helfen, einen **Beitrag zu den Förderzielen des Bundes** zu leisten: Mehr Spiele aus Deutschland, mehr Arbeitsplätze in der Games-Branche, Umsatz mit und Anteil von „Games made in Germany" in Deutschland steigern.
- Außerdem muss ein Nachweis der **Notwendigkeit der Förderung** dargelegt werden, zB weil nur mittels der Förderung das Spiel neue Marktsegmente und Zielgruppen erreichen kann.
- Des Weiteren ist der Nachweis einer ausreichenden **Bonität** des Antragstellenden notwendig. Das Spiel muss nach Fertigstellung und vor Veröffentlichung ein **Alterskennzeichnungsverfahren (USK)** durchlaufen und grundsätzlich (auch) in deutscher **Sprache** veröffentlicht werden. Seit dem zweiten Aufruf müssen Antragstellende darlegen, welche Maßnahmen für die **barrierefreie Teilhabe** an ihren Spielen umgesetzt werden. (Gilt nicht bei der Förderung von Prototypen.)
- Die gesamte Finanzierung des Projektes muss zur Förderung als gesichert nachgewiesen werden. Über die Fördermittel des Bundes hinaus erfolgt das durch den Eigenanteil des Antragstellers (eigene Mittel, auch Publisher und grundsätzlich Crowdfunding) sowie Mittel Dritter (Mittel anderer Fördergeber). Detaillierte Ausführungen hierzu unter → Rn. 54 ff.
- Der Zuwendungsempfänger darf Unteraufträge in Höhe von maximal 50 % der eigenen Personalkosten an Subunternehmer vergeben, dabei ist egal, ob diese aus Deutschland oder jedem anderen Land der Welt kommen.
- Antragstellende müssen mindestens eine Referenz-Spieleentwicklung vorweisen können. Wird dies nicht erfüllt, kann die Förderfähigkeit durch eine gesonderte Begutachtung (zB von Spieleentwicklungen aus dem Studium oder vorausgegangenen Tätigkeiten) bestätigt werden.

V. Praktische Hinweise

47 Ein Projekt bei der Bundesförderung ist nur förderfähig, wenn **die Gesamtfinanzierung des Projekts abgesichert bzw. geschlossen** ist, also die Zuwendung des Bundes zusammen mit dem Eigenanteil des Antragstellers und der Mittel Dritter alle als notwendig anerkannten Projektkosten abdeckt. Bevor also ein Antrag auf die Bundesmittel gestellt wird, sollten alle Finanzierungsbausteine mindestens durch Vorverträge abgesichert sein und vorliegen. Dabei ist jedoch zu beachten, dass Finanzierungsverträge mit Dritten nur unter der aufschiebenden Bedingung zustande kommen sollten, dass die Bundesförderung zwingender Bestandteil der Gesamtfinanzierung werden muss. Die Einbringung von Crowdfunding-Mitteln in die Gesamtfinanzierung ist daher auch nicht trivial, da diese in der Regel zum Zeitpunkt des Antrags noch nicht final feststehen.

48 Ein wichtiger Grundsatz bei der Förderung mit öffentlichen Mitteln ist, dass bereits begonnene Projekte grundsätzlich nicht gefördert werden dürfen. Das **Projekt darf nicht ohne den Bewilligungsbescheid gestartet** werden. Grundsatz ist hierbei, dass der Staat durch die Fördermittel den wesentlichen Anreiz für die Umsetzung der Projekte stellt, welche ohne diese Mittel gar nicht oder nicht in diesem Umfang zustande gekommen wären. Sogenannte Mitnahmeeffekte sollen vermieden werden (siehe die Förderrichtlinie[12] und VV 1.3 zu § 44 BHO). Ist ein vorzeitiger Maßnahmenbeginn für die erfolgreiche Projektdurchführung notwendig, kann dieser unter Angabe von Gründen beim Ministerium beantragt werden. Und auch erst nach Genehmigung des vorzeitigen Maßnahmenbeginns darf ausnahmsweise – und auf eigenes Risiko – förderunschädlich mit der Projektdurchführung begonnen werden.

49 Grundsätzlich hilft bei vielen Detailfragen das FAQ zur Bundesförderung weiter. Last, but not least empfiehlt es sich sehr, die Beratungsangebote des DLR Projektträgers wahrzunehmen und eine proaktive Kommunikation mit den Bearbeiterinnen und Bearbeitern zu pflegen.

C. Projektbezogene private Finanzierung

50 Die Finanzierung der Entwicklung durch einen Publisher ist der traditionelle Standardfall der Games-Finanzierung. Die konkreten Vertragsausgestaltungen werden in → § 12 Rn. 74 ff. ausführlich dargestellt. Crowdfunding und Early Access sind dagegen Finanzierungsinstrumente, die sich erst in jüngerer Zeit herausentwickelt haben und beide auf einen Vorabverkauf der Produkte an Endverbraucher abzielen. First-Party-Beihilfen, dh finanzielle Beiträge von Herstellern von Gaming-Hardware oder bestimmter Gaming-Plattformen, kennt man schon länger auf dem Konsolenmarkt, jedoch auch der wiedererwachte Wettbewerb im PC-Download-Markt und die unterschiedlichen Plattformen im VR-Markt sorgen dafür, dass solche Beihilfen häufiger anzutreffen sind.

---

12 Siehe https://www.bmwk.de/Redaktion/DE/Downloads/Games/computerspielefoerderung-foerderrichtlinie.pdf?__blob=publicationFile&v=4.

I. Publisher-Finanzierung

1. Auftragsproduktion

Im Rahmen der Auftragsproduktion wird der Entwickler mit der Entwicklung des Spiels gegen Zahlung eines üblicherweise fest vereinbarten Betrages beauftragt. Die für den Filmbereich entwickelten urheberrechtlichen Grundsätze finden hier für die Computerspiele entsprechend Anwendung. Rechtlich gesehen handelt es sich hierbei um einen **Werkvertrag, der als unechte Auftragsproduktion einzuordnen ist.**[13] Hieraus folgt auch, dass der **Entwickler Filmhersteller im Sinne des § 94 UrhG** wird,[14] gerade diametral abweichend von der „work-made-for-hire"-Konstruktion des US-Rechts, wonach das Urheberrecht direkt beim Publisher überhaupt erst entsteht.[15] Die Auswertungsrechte und die übrigen Nutzungsrechte an dem entstehenden Spiel werden jedoch regelmäßig vollumfassend an den Auftraggeber übertragen; abweichende Regelungen bezüglich einzelner Rechte – häufig auch der Fortsetzungsrechte – sind insbesondere dann, wenn der Entwickler selbst einen Teil der Entwicklungskosten trägt, nicht unüblich. Dies ist ein Anreiz für die Entwickler, auch andere Finanzierungsquellen hinzuzuziehen und diese gegenüber dem Publisher als Eigenleistungen darzustellen. Im Grundfall der Auftragsproduktion deckt die Zahlung des Publishers jedoch alle Kosten des Entwicklers und dessen unternehmerischen Gewinn ab und wird regelmäßig durch eine Erlösbeteiligung ergänzt. 51

Die Zahlung des Werklohns seitens des Publishers ist dabei regelmäßig an den **Leistungsfortschritt der Entwicklung und die Abnahme sogenannter Milestones** oder Development-Gates gekoppelt. Regelmäßig behalten sich Publisher dabei auch ein ordentliches Kündigungsrecht mit einer pauschalierten Abstandszahlung ähnlich § 648 BGB vor oder koppeln Kündigungsrechte an die Auswertungen der Milestones oder Gates. Auch werden häufig Zahlungen auch schon für den Vertragsschluss vereinbart, so dass die nachfolgenden Arbeiten quasi durch den Publisher vorfinanziert werden. 52

2. Lizenzvertrag

Eine alternative Gestaltung der Vertragsbeziehung zwischen Entwickler und Publisher stellt die Ausgestaltung als klassischer Lizenzvertrag dar. Besonders dann, wenn der Entwickler weite Teile der Produktion aus eigenen Mitteln oder aus der Kombination von eigenen Mitteln mit anderen Finanzierungsquellen durchgeführt hat, bleibt häufig kein Raum für eine klassische Auftragsproduktion mit einem Publisher. Vielmehr ist der Entwickler in diesem Fall häufig in einer stärkeren Verhandlungsposition und somit in der Lage a) die Auswertungsrechte nur zeitlich beschränkt an den Publisher zu lizensieren und b) sich die über die Auswertung des konkreten Spiels hinausgehenden Rechte, zB für Fortsetzungen, Verfilmungen, Merchandising etc selbst zu sichern. Je nach Projektfortschritt wird die Lizenzgebühr entweder – ähnlich wie beim Entwicklungsvertrag – ebenfalls entlang des Projektfortschritts anhand von Milestones oder bei 53

13 Wandtke/Bullinger/*Manegold/Czernik* UrhG § 94 Rn. 53, 54, Auer-Reinsdorff/Conrad IT-R-HdB/*Picot* § 29 Rn. 20.
14 NK-MedienR/*Schwarz* 48. Abschnitt Rn. 26–29.
15 Loewenheim UrhR-HdB/*Schwarz/Reber* § 48 Rn. 20.

Lieferung bzw. Veröffentlichung des Spiels gezahlt. Häufig wird die Lizenzgebühr auch als Minimumgarantie im Hinblick auf die vereinbarte Umsatzbeteiligung vereinbart.

3. Kombination mit Fördermitteln

54 Sowohl die Bundesförderung als auch die Förderprogramme der Länder **setzen in ihren Förderrichtlinien eine geschlossene Finanzierung voraus**, was auf den Vorgaben der Bundes-/Landeshaushaltsordnung beruht, dass eine Förderung nur genehmigt werden darf, wenn die Finanzierung insgesamt gesichert ist, VV Nr. 1.2 zu § 44 BHO und VV Nr. 1.2 LHO NRW und Berlin, VV Nr. 1.2 zu Art. 44 BayHO („hinreichend gesichert").[16] Bei der Kombination von Publisher-Verträgen und Förderung erlauben inzwischen alle Förderprogramme, dass Werklohnzahlungen bzw. Lizenzzahlungen des Publishers als Eigenanteil berücksichtigt werden können, so sie denn (hinreichend) gesichert sind.

55 Je höher der Anteil an Drittmitteln bei der Belegung des Eigenanteils ist, um so strengere Anforderungen sind an die Prüfung der Verfügbarkeit der Drittmittel zu stellen.[17] In der Beratungspraxis lässt sich insofern feststellen, dass die zuständigen Stellen die Publisher-Verträge auch genauer prüfen.

56 Klauseln, die dem Publisher eine einseitige Beendigung des Vertrages ohne wichtigen Grund oder die Verweigerung einer Zahlung ohne objektives Fehlverhalten des Entwicklers ermöglichen, werden in diesem Zusammenhang regelmäßig moniert, da solche Klauseln die Finanzierung als nicht gesichert erscheinen lassen. Kann ein Publisher sich jederzeit von seinen Zahlungspflichten durch Kündigung (ohne wichtigen Grund) lösen, so würde das Projekt laufend vom guten Willen des Publishers abhängen. Ähnlich sind Klauseln zu beurteilen, die zB die Abnahme von Milestones oder Development-Gates in das Ermessen des Publishers stellen und nicht von klaren Abnahmekriterien abhängig machen, da die Zahlung des Publishers regelmäßig an die Abnahme der Milestone oder Development-Gates geknüpft ist. Während eine solche Abnahmeklausel aus Sicht eines Entwicklers so kaum akzeptabel ist, da sie ein einseitiges Leistungsbestimmungsrecht des Publishers bei einer fixen Vergütung des Entwicklers bedeuten würde, sind die **Vertragslösungsklauseln** international üblich und sogar in § 648 BGB vorgesehen. Insofern wird man vertraglich ausdrücklich ein solches Vertragslösungsrecht **ausschließen** müssen, um den Anforderungen der BHO bzw. der LHO zu entsprechen.

57 Weiterhin findet sich in Ziffer 1.3 VV-BHO zu § 44 BHO bzw. den jeweiligen VV-LHO zu §/Art. 44 LHO das auch in den Förderrichtlinien vorgesehene **Verbot des Maßnahmebeginns**, bevor die Zuwendungen genehmigt wurden. Dies bedeutet, dass mit der Durchführung der im Förderantrag beschriebenen Entwicklungsmaßnahmen erst begonnen werden darf, wenn die Förderung genehmigt, bzw. der Fördervertrag abgeschlossen wurde.[18] Ausdrücklich ist in Ziffer 1.3 VV-BHO vorgesehen, dass der „Abschluss eines der Ausführung zuzurechnenden Lieferungs- oder Leistungsvertrages" als Maßnahmebeginn anzusehen ist.

16 Müller/Richter/Ziekow ZuwendungsR-HdB/*Müller/Richter/Ziekow* Teil A Rn. 283, 284.
17 Müller/Richter/Ziekow ZuwendungsR-HdB/*Müller/Richter/Ziekow* Teil A Rn. 286.
18 *Häberer* NVWZ 2019, 1230.

Dazu gehört grundsätzlich auch der Vertrag mit einem Publisher über die Erstellung oder Lizenzierung des Werkes. Ausnahmen sind im Bereich der Bundesförderung auf Antrag möglich (**„Antrag auf vorzeitigen Maßnahmebeginn“**), bedarf jedoch die Zustimmung des verantwortlichen Ministeriums und die Abstimmung mit dem Bundesministerium für Finanzen. Ein solcher Antrag kann genehmigt werden, wenn das Projekt ansonsten allein wegen der zeitlichen Verschiebung bis zur Genehmigung der Fördermittel zu scheitern droht und dies nicht aus einer verspäteten Antragsstellung resultiert.[19] In diesem Fall trägt der Antragssteller das Risiko der späteren Nicht-Gewährung der Fördermittel. In den einzelnen Bundesländern sind die Anforderungen an einen solchen Antrag und dessen Zulässigkeit durchaus unterschiedlich geregelt.[20] 58

Eine Alternative zum Antrag auf vorzeitigen Maßnahmebeginn ist ein aufschiebend/auflösend bedingter Vertragsschluss. Wird der Vertrag **aufschiebend bedingt durch die Fördermittelgenehmigung oder auflösend bedingt für deren Verweigerung** geschlossen, so liegt grundsätzlich kein Verstoß gegen das Verbot des vorzeitigen Maßnahmebeginns vor.[21] Gleiches gilt für ein vertragliches Kündigungsrecht für den Fall, dass die Fördermittel nicht gewährt werden. Dabei ist aber darauf zu achten, dass aus dem vertraglichen Lösungsrecht keinerlei nachteilige Rechtsfolgen für den Antragssteller folgen dürfen. Da dies bei gesetzlichen Lösungsrechten nicht regelmäßig der Fall ist, ist dies ausdrücklich vertraglich zu regeln.[22] Es sollte daher immer klargestellt werden, dass bei einer Aufhebung des Vertrages wegen der Nichtgewährung der Förderung dem Vertragspartner keinerlei Ansprüche gegen den Entwickler, also dem Antragssteller der Förderung, zustehen. 59

II. Crowdfunding

1. Rechtliche Ausgestaltung

Praktisch relevant für die Projektfinanzierung im Games-Bereich ist vor allem die sogenannte **„reward based“**-Variante des Crowdfundings, bei der dem Kunden für einen finanziellen Beitrag das Spiel selbst zu einem günstigen Preis und daneben zusätzliche Leistungen wie Download-Content, T-Shirts, Bildbände etc angeboten werden. Daneben gibt es auch Varianten, in denen nur Nennungen oder Mitwirkungen am Spiel versprochen werden, diese sind finanziell jedoch deutlich weniger relevant. Solche Kampagnen werden üblicherweise auf speziell dafür vorgesehenen Plattformen durchgeführt. Regelmäßig werden die Gelder der Kunden nur dann an den Entwickler durch die jeweilige Crowdfunding-Plattform ausgezahlt, wenn ein vorher festgesetzter Mindestbetrag erreicht wird. Dies soll dazu dienen, die Machbarkeit des Projektes sicherzustellen. Allerdings setzt die Auszahlungsschwelle der Entwickler selbst bei Beginn der Kampagne fest. 60

Sowohl in Deutschland als auch international werden regelmäßig Spiele durch solche Kampagnen finanziert. Das bekannteste Beispiel dürfte das Spiel „Star Citizen“ sein, das seit dem Beginn der Kampagne im Jahr 2012 498 Millionen USD (Stand September 61

19 Müller/Richter/Ziekow ZuwendungsR-HdB/*Müller/Richter/Ziekow* Teil A Rn. 127.
20 Vgl. hierzu *Häberer* NVWZ 2019, 1230 (1234), mit Nachweisen für die einzelnen Bundesländer.
21 *Häberer* NVWZ 2019, 1230 (1233).
22 OVG Lüneburg Beschl. v. 23.1.2014 – 8 LA 144/13, BeckRS 2014, 46854.

2022, im Januar 2022 noch 427 Millionen USD) eingesammelt hat und sich allein durch die (Vor-)Verkäufe von Inhalten finanziert. Das Spiel selbst ist bisher nur in Teilen spielbar.

62 Rechtlich sind solche Modelle nicht anders als Vorbestellungen bei traditionellen Händlern nach § 650 Abs. 1 BGB als **Kaufverträge**, bezüglich eines noch zu erstellenden Kaufgegenstands, einzuordnen.[23]

63 Daraus folgt, dass im Falle eines reward-based-Crowdfundings (selbst wenn der Anbieter darauf hinweist, dass das Risiko besteht, dass das Produkt nicht fertig gestellt wird) auf Seiten des Verbrauchers ein Anspruch auf Lieferung besteht. Daneben steht dem Verbraucher auch ein Widerrufsrecht nach § 356 BGB zu. Wird die Überlassung eines Datenträgers geschuldet, endet die Widerrufsfrist auch erst nach Überlassung des Datenträgers nach § 356 Abs. 2 Nr. 1 BGB, bei digitalen Inhalten beginnt die Widerrufsfrist bereits bei Vertragsschluss nach § 356 Abs. 2 Nr. 2 BGB. Insofern stellt die Finanzierung über ein reward based-Crowdfunding auch für den Entwickler ein erhebliches rechtliches Risiko dar, das für den Fall, dass die versprochenen Belohnungen nicht geliefert werden können und eine Rückerstattung nicht mehr möglich ist, auch zur Insolvenz des Unternehmens führen kann.[24] Dadurch trägt der Entwickler dann nicht nur das Produktionsrisiko an sich, sondern haftet auch noch zusätzlich gegenüber den Crowdfunding-Kunden.

2. Kombination mit Fördermitteln

64 Zwar ist grundsätzlich eine Kombination mit Fördermitteln denkbar, so auch das aktuelle FAQ des Bundeswirtschaftsministeriums vom 11.7.2022[25], jedoch stellen sich hier zwei konträre Probleme. Soweit die Crowdfunding-Kampagne noch nicht durchgeführt wurde, dürfte die Finanzierung nicht als gesichert gelten, da es keine verlässlichen Erwartungswerte für eine solche Kampagne gibt. Wird die Kampagne jedoch vor der Gewährung der Förderung durchgeführt, dürfte eine solche Kampagne als unzulässiger vorzeitiger Maßnahmenbeginn gelten. In der Praxis dürfte dies daher nur bei Vorliegen der Genehmigung eines vorzeitigen Maßnahmenbeginns möglich sein. Dass die zuständige Behörde nur für die Durchführung einer Crowdfunding-Kampagne einen solchen vorzeitigen Maßnahmenbeginn erlaubt, ist jedoch zumindest zweifelhaft, zumindest dann, wenn die Einnahmen als Bestandteil der Finanzierung benötigt werden und nicht lediglich Teil einer Marketingkampagne ist.

III. Early Access

1. Rechtliche Ausgestaltung

65 Besonders beliebt in den vergangenen Jahren unter Indie-Entwicklern ist die Vorveröffentlichung von Spielen im Wege des **Early-Access auf der Plattform Steam**, aber auch anderen Plattformen. Hierbei wird ein unfertiges Spiel zum Kauf angeboten und

23 *Bodensiek* Revue Générale du Droit on line 2015, 19672; *Wick* VuR 2018, 49 (50) (zustimmend, aber mit einem abzulehnenden Vorschlag für einen Vertrag sui generis).

24 Vgl. dazu https://www.businessinsider.de/gruenderszene/allgemein/miito-kickstarter-insolvenz/.

25 FAQ zur Gamesförderung beim BMWK: https://www.bmwk.de/Redaktion/DE/Downloads/Games/computerspielefoerderung-faq.html.

die Entwickler beschreiben die geplante weitere Entwicklung gegenüber ihren Kunden und treten zum Teil sogar in den direkten Austausch mit den Kunden. Üblicherweise berechtigt der Kauf des Early-Access-Produktes den Käufer ebenfalls zur Nutzung eines später veröffentlichten finalen Produktes und erfolgt zu einem geringeren Kaufpreis.

Die so schon während der Entwicklungszeit erzielten Erlöse werden von den Entwick- 66
lern häufig verwendet, um die laufenden Entwicklungskosten ganz oder teilweise abzudecken. Der Vorteil im Vergleich zur Crowdfunding-Kampagne ist, dass der Entwickler kein gesondertes Risiko eingeht, da er dem Kunden ein unfertiges Spiel verkauft, das er sofort liefern kann und nicht lediglich die Verbindlichkeit eingeht, ein noch zu entwickelndes Spiel zu liefern. Soweit für den Kunden ersichtlich ist, was er erwirbt, dürften auch Gewährleistungsansprüche nicht gegeben sein. Inwiefern sich dies durch die neue Pflicht zur Lieferung von Updates nach § 327f BGB möglicherweise ändern wird bzw. sich hieraus eine Verschärfung der Weiterentwicklungspflichten ergeben kann, wird die Rechtsprechung erst noch zeigen müssen.

2. Kombination mit Fördermitteln

Aus den bereits für das Crowdfunding dargestellten Gründen dürfte auch eine Verwen- 67
dung von Early-Access-Einnahmen als Eigenmittel für die Beantragung der Förderung ausfallen. Darüber hinaus ist zu befürchten, dass eine Veröffentlichung, die dem Verkauf und nicht lediglich dem Test des Spiels (im Sinne des Beta-Tests) dient, als Fertigstellung des Spiels angesehen wird, mit der Konsequenz, dass nachfolgende Arbeiten nicht mehr bei der Förderung berücksichtigt werden. Grundsätzlich ist eine Veröffentlichung erst nach Fertigstellung vorgesehen. Im neuen FAQ zur Bundesförderung vom 11.7.2022[26] werden hierzu unter Ziffer 1.1.22 umfangreiche Ausführungen gemacht. Danach kann ein Early Access auch dann im Rahmen der Förderung geschehen, soweit noch erhebliche inhaltliche oder technische Arbeiten zu tätigen sind und die (auch schrittweise) Veröffentlichung im Rahmen des Förderzeitraums erfolgt. Ist ein Early Access geplant, sollte dies bei der Antragsstellung schon direkt mit dem Projektträger angesprochen werden.

IV. First-Party-Beihilfen

Es ist eine alte Erkenntnis, dass Inhalte Hardware verkaufen. Gleiches kann durchaus 68
auch für Vertriebsplattformen gelten. Exklusive Inhalte für ein Hardwaresystem oder eine Vertriebsplattform können in erheblicher Zahl Kunden anlocken. Ebenso kann das Fehlen von Inhalten für eine bestimmte Plattform zu einer negativen Kaufentscheidung bei Kunden führen. Beides haben die Hersteller von Konsolen, VR-Hardware und die Betreiber von Vertriebsplattformen erkannt und bieten daher Entwicklern immer häufiger finanzielle Beihilfen für die Entwicklung der Spiele an.

26 FAQ zur Gamesförderung beim BMWK: https://www.bmwk.de/Redaktion/DE/Downloads/Games/computerspielefoerderung-faq.html.

1. Exklusivitätszahlungen

69 Konsolenexklusive Titel haben eine lange Tradition, doch auch im Bereich der VR-Hardware oder bei den Streamingdiensten werden sogenannte **Exklusivitätsvereinbarungen** angeboten. Dies setzt nicht einmal voraus, dass die First-Party-Publisher des Spiels wird. Sondern allein die Verpflichtung, das in der Entwicklung befindliche Spiel nicht auf einer anderen Plattform oder nicht auf einer bestimmten anderen Plattform zu entwickeln, ist hier Leistungsgegenstand. Üblicherweise sind solche Exklusivitätsvereinbarungen zeitlich befristet und dienen vor allem dazu, dem jeweiligen Hersteller bzw. Betreiber einen zeitweiligen Vorteil zu bieten. Die Zahlungen erfolgen häufig im Vorfeld der Veröffentlichung mit einer abschließenden Rate bei Veröffentlichung des Spiels auf der exklusiven Plattform. Dabei wird auch regelmäßig auf ein sehr stark vereinfachtes Milestone-Modell ohne eine konkrete Abnahmeprüfung zurückgegriffen. Vielmehr dient der Projektfortschritt hier lediglich als Fälligkeitstermin und ist nicht „Gegenleistung".

2. Porting-Beihilfen

70 Neben der Exklusivität bieten einige Plattform-Betreiber den Entwicklern an, diese bei **den Kosten der Portierung** auf die von ihnen betriebenen Plattformen finanziell zu unterstützen. In diesen Fällen erfolgt ebenfalls entweder eine einmalige Zahlung bei Vertragsschluss oder nach Projektfortschritt gestaffelte Zahlungen. In diesen Fällen findet meist auch eine Qualitätsprüfung durch den Plattform-Betreiber statt, der gewisse – auch im Vertrag formulierte – Qualitätsanforderungen mit dem Spiel verknüpft.

3. Kombination mit Fördermitteln

71 Derartige First-Party-Beihilfen sind ohne Weiteres als Eigenanteil im Rahmen eines Förderantrages darstellbar. Wichtig bleiben allerdings die bereits oben zum Publishingvertrag getätigten Aussagen. Die Verträge dürfen keine Kündigung ohne wichtigen Grund zulassen, die Zahlungen müssen von objektiven Kriterien abhängen und dürfen nicht im Belieben des Plattform-Betreibers stehen und die Verträge müssen zumindest aufschiebend/auflösend bedingt bzw. mit sanktionsfreien Kündigungsrechten versehen werden, für den Fall, dass die Förderung nicht gewährt wird.

§ 6 Rechtsfragen der Unternehmens- und Projektfinanzierung: Finanzierung von Games-Projekten durch Investment

Literatur: *Baker/Rhonda*, Media law, 2013; *Behrmann*, Creative Industry Management, 2021; *Feld/Mendelson*, Venture deals, 2019; *Hahn*, Finanzierung von Start-up-Unternehmen, 2018; *Lutter*, Der Letter of intent, 1998; *Mehrbrey*, Handbuch der Streitigkeiten beim Unternehmenskauf, 2018 (zit.: Mehrbrey HdB Streitigkeiten beim Unternehmenskauf); *Medicus/Petersen*, Bürgerliches Recht, 26. Aufl. 2017 (zit.: Medicus/Petersen BürgerlR); *Rauda*, Recht der Computerspiele, 2013 (zit.: *Rauda* Computerspiele); *Soergel*, Bürgerliches Gesetzbuch mit Einführungsgesetz und Nebengesetzen (BGB), 5. Aufl. 1931 (zit.: Soergel); *Weitnauer*, Handbuch Venture Capital, 6. Aufl. 2019.

1 Bei der Finanzierung von Computerspielprojekten hat sich in den letzten Jahren eine Tendenz durchgesetzt, bei der immer stärker neben der Finanzierung der Projekte selbst – mit dem Ziel von möglichen Rückflüssen aus den Projekten im Sinne eines Publishing-Vertrags – auch eine Beteiligung an dem Entwicklungsunternehmen in Frage kommt – üblicherweise als *equity* bezeichnet. Die Finanzierung von Projekten der Games-Branche durch Investitionen in das Unternehmen ist aus den angelsächsischen Ländern kommend auch in Deutschland hoffähig geworden.

2 Gerade bei öffentlich geförderten Projekten – insbesondere im Zusammenhang mit der erst seit 2020 existierenden „großen“ Bundesförderung – stellt sich diese Frage, da die formalen Anforderungen an die Bereitstellung von privaten Eigenmitteln (in der Regel 50 %) vergleichsweise hoch sind und ihre Dokumentation sehr viel strenger gehandhabt wird: Das Geld der Eigenmittel muss idR tatsächlich vorhanden sein oder zur Verfügung gestellt werden. Vielen Entwicklern gelingt die Finanzierung nur mithilfe eines kombinierten Publishing & Equity Deals, bei dem als Gegenleistung zur Beteiligung an dem Projekt neben klassischen Publishingvertrags-Elementen auch die Übernahme von Anteilen an dem Entwicklungsunternehmen selbst in die Waagschale gelegt werden (müssen). Für den Entwickler ist dabei positiv, dass sich die Beteiligung am Unternehmen ähnlich wie ein zusätzliches Produkt verkaufen lässt. Negativ ist, dass durch die Beteiligung am Unternehmen auch ein Stück weit Kontrolle über zukünftige Projekte und Ausrichtung des Unternehmens verloren gehen kann. Letzteres kann auch positive Gesichtspunkte bergen, wenn das Entwicklerteam auf diesem Weg stärker dazu gezwungen wird, betriebswirtschaftliche Kennzahlen zu beachten.

A. Rechtliche Bewertung

3 Für die juristische Bewertung ist vor allem interessant, dass die Finanzierung von konkreten Computerspielprojekten mit dem Investment in Unternehmensanteile an sehr unterschiedlichen Stellen ansetzt: Einerseits wird konkret ein Projekt anschubfinanziert, das irgendwann entwickelt und ausgewertet sein wird. Andererseits treten durch

diese Entwicklung zusätzliche Anteilseigner auf den Plan, die in ihrer Funktion auf Dauer verbleiben werden. Für den Vertrags-Juristen sind hier unterschiedliche Dinge zu bedenken: Einerseits sind durch die unterschiedliche Finanzierungsart die Interessen möglicherweise schwer übereinander zu bringen, andererseits ergeben sich Probleme aus der unterschiedlichen Vertragsstruktur. Sonderfragen, wie der möglicherweise im Raum stehende Formzwang der notariellen Beurkundung können ebenfalls juristische Fragen aufwerfen. Im zweiten Teil dieses kurzen Beitrags wollen wir dann konkrete Vertragsstrukturen betrachten.

I. Interessenlage

4 Sorgfältig sollte der Rechtsberater hier einen potenziellen Interessenwiderspruch offensiv ansprechen und moderieren: Zunächst einmal werden Teile des Unternehmens und nicht Anteile am Projekt abgegeben. Dieser signifikante Interessenunterschied fällt zunächst kaum auf, wenn der Entwickler lediglich ein Projekt verfolgt und dieses Projekt in einem Unternehmen umsetzt.

5 Im Gegensatz zu projektbasierten Finanzierungen zielt die Investition aber auf das Unternehmen selbst ab. Anteile an dem Unternehmen werden übertragen, nicht nur Anteile am Projekt, wie es zum Beispiel bei einem Publishing-Deal der Fall ist. „Wenn ein Unternehmen mehr als ein Projekt vorantreibt, bedeutet das Investment nicht nur die Übernahme des Unternehmensanteils, sondern auch die Übernahme sämtlicher Projekte, die in diesem Unternehmen zusammengefasst sind.“[1]

6 Während der Entwickler mit dem Investment vor allem das Interesse verfolgt, sein Games-Projekt zu realisieren, möchte der Publisher/Investor in dieser neben dem Erfolg des Projektes auch den Unternehmenswert steigern. In der Regel geschieht dies mit der Motivation, so dazu beizutragen, dass dies „im besten Fall in die Veräußerung des Unternehmens mündet (Exit Phase).“[2] Im Investmentmilieu bedeutet dies, dass ein Gründer sein Unternehmen verkauft, also in der Regel die Anteile an seinem Unternehmen abgibt und dafür finanziell vergütet wird.

7 Dabei spielt auch eine Rolle, welche Art von Computerspielen hergestellt wird. Bei einem Entwickler von Mobile oder Online-Games im Sinne von MMO, also von offenen Welten, in denen die Spieler miteinander oder gegeneinander spielen, liegen die Interessen insoweit näher beieinander, als bei einem Entwickler, der lineare Spiele, zB Adventures entwickelt, die von ihrer Ablauf- und Erzählstruktur als filmähnlich bezeichnet werden können. Bei Ersterem entsteht ohnehin häufig ein Unternehmen pro Projekt, denn das Projekt ist in der Regel ungleich größer. Außerdem ist der Auswertungszeitraum für ein MMO wesentlich länger; aus juristischer Perspektive ähnelt die Verwertung eines MMO häufig eher der Verwertung einer Immobilie, deren Verwertung langfristig erfolgt. Im Gegensatz dazu steht ein lineares Game, das in der Verwertung einem herkömmlichen Medienprodukt wie einem Buch, einer Schallplatte oder einem Film ähnelt, mit hohem Aktualitätswert und abschreibungsrelevantem Wertverfall.

1 *Behrmann*, Creative Industry Management, 2021, S. 158.
2 *Hahn*, Finanzierung von Start-up-Unternehmen, 2018, S. 83.

Bei strategischen Investoren geht es oft darum, in Konkurrenz zu anderen Akteuren bestimmte kreative Teams an eine Unternehmensgruppe zu binden und insgesamt als größeres Unternehmen auftreten zu können, zB im Zusammenhang mit dem Geschehen an der Börse. Außerdem kann es sein, dass der Beteiligte inhaltliche Entscheidungen treffen möchte, zum Beispiel die Konzentration bei der Auswertung und Weiterentwicklung einer erfolgreichen IP. Insoweit geht es dann um die konsequente wirtschaftliche Verwertung der aufgebauten Marken. Mit dem Einstieg möchte der Investor/Publisher die Anteile am Unternehmen oft auch deshalb halten, um langfristig mit den Anteilen am Unternehmen strategischen Einfluss auf den Entwickler auszuüben. Dabei ist die unmittelbare Steigerung des Unternehmenswertes das übergeordnete Ziel. 8

Bei reinen Finanzinvestoren fehlt oft die Marktkenntnis im Gaming-Bereich; daher sichern sich solche Unternehmen häufig außerordentlich gründlich ab. Auch wenn bei Games Skalierbarkeit besteht, ist die Summe, die typischerweise aufgerufen wird (zwischen ¼ und 1 Mio. EUR), außerdem für einen typischen Investor nicht ideal, da zu klein für große und zu groß für kleine Tickets. 9

Entwickler gründen ihr Unternehmen in der Regel, um ihre Profession auszuüben und ihre Spielideen umzusetzen, aber nicht, um es zu verkaufen. „Der Lifestyle steht oft im Vordergrund und das Unternehmen ermöglicht ihn. Insofern stehen künstlerische Inspirationen des Kreativen oft im Widerspruch zu Markterfordernissen. […] Mit dem Einbeziehen eines Investors müssen sie mittelfristig mit dem Verkauf des Unternehmens rechnen.“[3] Die Logik der Investmentkaskade erzwingt nämlich in der Regel, dass der Gründer eines Unternehmens, wenn dieses erfolgreich gewachsen ist, an einem gewissen Punkt so viele Anteile an den Investor abgibt, dass er die Kontrolle verliert. Dem Entwickler ist hier außerdem anzuraten, vor dem Investment alle Werk- und Unternehmensmarken zumindest im Heimatland (zB für Deutschland auf www.dpma.de) anzumelden, um damit den „Leverage“ zu erhöhen. 10

II. Vertragsstruktur

Vertragsgegenstand sind also Anteile an dem Unternehmen, nicht an dem Projekt. Dies kann auf zwei Weisen umgesetzt werden: Entweder werden die Anteile selbst veräußert (Share Deal) oder lediglich die im Unternehmen versammelten Rechte und Assets, ohne den Unternehmensmantel zu überschreiben (Asset Deal). Zwar ist die zweite Lösung häufig für den Käufer des Unternehmens vorteilhaft, weil verdeckte oder schlafende Risiken – wie zB Steuernachzahlungen – nicht auftreten können. Dann muss das Gründerteam den leeren Torso des Unternehmens aufwändig liquidieren oder mit neuem Zweck und Inhalt füllen. Trotzdem finden sich in Vereinbarungen zu kombinierten Projekt- und Investmentfinanzierungen für Games-Projekte häufig Share Deals. Das mag damit zusammenhängen, dass diese Vereinbarungen ohnehin sehr kompliziert sind und ein Share Deal in der Regel dazu beiträgt, die Angelegenheit einfach zu halten. Vor allem entspricht der Share Deal dem Interesse beider Parteien, wenn es eben gerade darum geht, dass – wie oben ausgeführt – Unternehmensanteile, vielleicht sogar nur Minderheitsbeteiligungen – gehalten werden. 11

3 *Behrmann,* Creative Industry Management, 2021, S. 159.

12 Besonders ist die Verknüpfung einer Publishing-Vereinbarung mit einer Equity-Klausel aber vor allem deshalb, weil die Unternehmensbeteiligung unmittelbar wirkt und sie nur schwer rückabgewickelt werden kann. In der Umsetzung führt die unmittelbare Wirkung eines Vertragsbestandteils für das Synallagma zu Problemen, „wenn in einem Vertrag sich nur eine Partei verpflichtet, während die andere Partei ohne Verpflichtungsgeschäft unmittelbar verfügt".[4] Vor diesem Hintergrund erscheint es ratsam, dieser Vertragskonstellation besondere Aufmerksamkeit zukommen zu lassen: Die Beteiligungsklausel wirkt uU unmittelbar und lässt sich nicht so leicht rückabwickeln. „Was Nacherfüllung, Rücktritt, Minderung [...] anbelangt", führt dies zu „regelmäßig für ungeeignet gehaltenen Rechtsfolgen für den Unternehmenskauf".[5] Auch wenn das Spieleprojekt floppt, bleibt die Beteiligung idR bestehen.

13 Es ist deshalb anzuraten, die Beteiligung am Unternehmen konkret möglichst „self-executive"[6] auszugestalten. Das bedeutet, dass die Gegenleistung für die Unternehmensbeteiligung im zeitlichen Projektablauf konkret benannt wird, so dass – je nach Interessenlage – klar ist, nach welchem Zwischenschritt die Unternehmensbeteiligung erfolgen soll bzw. welcher Zwischenschritt auf die Unternehmensbeteiligung erfolgt. Hier sind verschiedene Szenarien denkbar:

14 Einerseits kann es sein, dass sich die Parteien darauf einigen, dass die Unternehmensbeteiligung unabhängig vom Games-Projekt – quasi als Partnerschaft – nur anlässlich der Zusammenarbeit am Projekt erfolgt. Dann kann das Investment gleich nach Vertragsabschluss stattfinden. Die im Gegenzug für die Anteilsübernahme bereitgestellten Mittel sollten dann aber projektunabhängig fließen.

15 Andererseits kann das Investment erst nach Abschluss der Entwicklungsphase, zu Beginn oder sogar erst während der Auswertung erfolgen. Dann lässt sich die Projektfinanzierung bis dahin mit einer Wandelanleihe überbrücken.

16 Abzuraten ist davon, das Element der Investment-Finanzierung während – quasi in der Mitte – der Produktion (zB nach Ablieferung einer gewissen Milestones) einzutakten. Erfahrungsgemäß verschieben sich Milestones. Sie werden typischerweise in einer Vertragsanlage geregelt, damit die Änderung des Milestone-Planes nicht noch einmal vom Anwalt „gesehen" werden muss, sondern von den Managern selbst gemacht werden kann. Außerdem handelt es sich hier um einen Vorgang, der wegen des Formzwangs eine gewisse Eigendynamik hat, die besser nicht mit der Dynamik der konkreten Projektentwicklung verknüpft werden soll.

III. Formzwang

17 Mitunter übersehen wird die Formzwang-Problematik insbesondere im Zusammenhang mit Verpflichtungsvereinbarungen über GmbH-Anteile. Dabei geht es in diesem Beitrag nur um die Klausel im Produktionsvertrag, die in der Regel auf andere Vereinbarungen verweist, die dann die Details der Beteiligung regeln.

4 Medicus/Petersen BürgerlR S. 103, zu dem wirtschaftlich vergleichbaren Fall des Vertrags mit einem Erbverzichtsbestandteil.
5 Mehrbrey HdB Streitigkeiten beim Unternehmenskauf/*Meyer/Löwe*, 2018, S. 569.
6 Vgl. *Baker/Rhonda* Media law, 2013, S. 112.

Grundsätzlich gilt ipso iure, ohne dass es weiterer Zwischenschritte bedarf, dass ein Rechtsgeschäft, welches eine gesetzlich vorgeschrieben Form nicht einhält, nichtig ist (vgl. § 125 BGB). Seit jeher gilt auch: „Ist für einen Vertrag eine Form vorgesehen, so muss die Form für den etwaigen Vorvertrag eingehalten werden. [...] Der Formzwang beschränkt sich nicht auf diejenigen Angaben, die für das Zustandekommen des Vertrags unmittelbar wesentlich sind, die sog. Essentialen [...], sondern erstreckt sich auf alle Punkte, aus denen sich nach dem Willen der Parteien das Geschäft, wie es tatsächlich abgeschlossen wurde, unmittelbar zusammensetzt, einschließlich mithin der sogenannten Akzidentialien oder Nebenabreden."[7] „Weitnauer argumentiert anders. Nach ihm unterscheidet sich der Formzwang des GmbH – Rechts von der Interessenlage her von der Formvorschrift für Grundstücksgeschäfte, § 311b BGB. „Soweit dies mit dem Zweck begründet wird, den spekulativen Handel mit Geschäftsanteilen zu unterbinden, wird diesem Zweck bereits durch die Vereinbarung einer Vinkulierung im Sinne von § 15 Abs. 5 GmbH G Rechnung getragen."[8] 18

Angesichts dieser hergebrachten Grundsätze muss die notarielle Beurkundungspflicht in Bezug auf die Gründung oder Veränderung der Gesellschafter-Struktur einer GmbH Beachtung finden. Die Grenzziehung erfolgt dort, wo der Projektentwicklungsvertrag keine „Verpflichtung eines Gesellschafters zur Abtretung eines Geschäftsanteils"[9] enthält. Insofern kann die Klausel, die die Anteils-Übertragung enthält, als Optionsrecht zugunsten des Entwicklers ausgestaltet sein: Er kann die Anteile abgeben, muss aber nicht, ist also nicht verpflichtet. Typischerweise wird dies in einer Wandelanleihe untergebracht, für die ein gesonderter Vertrag abgeschlossen wird, auf den der Projektentwicklungsvertrag in der „Investmentklausel" verweist. 19

Es ist zunehmend in Mode gekommen, die Problematik dadurch einzuhegen, dass keine Verpflichtung zur Übertragung von Anteilen vereinbart wird, sondern im Rahmen einer noch zu erfolgenden Kapitalerhöhung und einer gesonderten Stimmbindungsvereinbarung Anteile erst später ausgegeben werden. Dann kann der Formzwang umgangen werden.[10] Vermutlich würde dieser Ausweg noch mehr Anhänger gewinnen, wenn er einmal eindeutig höchstrichterlich vom BGH bestätigt würde. In den „Investmentklauseln" in den Projektentwicklungsverträgen fehlen diese Konstruktionen in der Regel – vermutlich aus Platzgründen – insbesondere, wenn es sich um eine Vereinbarung nach ausländischem Recht handelt. 20

Gerade im internationalen Geschäft sind die Formprobleme dem Publisher/Investor häufig schwer zu vermitteln, denn viele Rechtsordnungen kennen keine GmbH-rechtlich vergleichbaren Form- Vorschriften. Da es sich um ein nach deutschem Recht in Deutschland gelegenes Unternehmen handelt, hilft auch die Vereinbarung nach ausländischem Recht oft nicht weiter, da insoweit die Formerfordernisse des Rechts, das auf das seinen Gegenstand bildende Rechtsverhältnis anzuwenden ist" (§ 11 Abs. 1 EGBGB), anzuwenden sind, also auch eine Vereinbarung, die „eine Verpflichtung eines Gesellschafters zur Abtretung eines Geschäftsanteils begründet" (§ 15 Abs. 4 GmbHG). 21

7 Soergel BGB § 125 S. 125.
8 *Weitnauer* Venture Capital-HdB Teil F Rn. 95.
9 § 15 Abs. 4 GmbHG, vgl. auch entsprechende Vorschriften im AktG.
10 Vgl. *Weitnauer* Venture Capital-HdB Teil F Rn. 92 ff.

22 Für den Rechtsberater stellt sich hier die taktische Frage, ob man bei einer internationalen Vereinbarung (in der Regel nach ausländischem Recht) eine mögliche Formnichtigkeit wegen des Deutschland-bezuges im Projektfinanzierungsvertrag (in dem die Finanzierungsklausel typischerweise nur ein Element darstellt und in einem Abschnitt vorkommt) sehenden Auges in Kauf nehmen kann. Dies ist ein sehr heikles Spiel, zu dem man nicht uneingeschränkt raten kann, insbesondere weil sich die mögliche Nichtigkeit wegen Formmangels eben auch auf die Akzidentialien bezieht: Einerseits könnte man sich schadenersatzpflichtig machen, andererseits könnte man das gesamte Projekt gefährden, einschließlich der IP-rechtlichen Dimension. Insbesondere ist auch nicht sicher, ob im Zweifel die Formvorschrift vor dem Zugriff auf die Unternehmensanteile schützt, denn wenn der Publisher/Investor im Ausland obsiegt, kann es sein, dass der Developer zur Erfüllung der Verpflichtungen aus dem ausländischen Urteil zustimmen muss, obwohl er eigentlich von der deutschen Formvorschrift geschützt wäre. Zwar spielt hier ggf. auch die Heilung des Formmangels durch Vollzug (§ 15 Abs. 4 S. 2 GmbHG) eine Rolle, aber wegen der unabsehbaren Komplikationen des gesamten Projektablaufs ist letztlich im Regelfall davon abzuraten.

IV. Verknüpfungsklausel

23 Besondere Probleme entstehen in dem nicht seltenen Fall, dass die Produktion ins Stocken gerät und der Zeitverzug zu einem erhöhten Finanzbedarf führt. Nicht selten ist dann das gesamte Projekt gefährdet. Eine Nachschusspflicht hat der Publisher/Investor in der Regel nicht. Die Suche nach den Ursachen der Probleme hilft konkret häufig wenig weiter und eine pauschale Schuldzuweisung ist zwar leider üblich, aber ebenfalls wenig zielführend.

24 Angesichts dieser Dimension kann es sich für beide Parteien lohnen, die rechtlichen Risiken weiträumig zu umschiffen und die Unternehmensbeteiligung in einem eigenen Vertrag vollständig unabhängig von der Umsetzung des Projektentwicklungsvertrages sozusagen nur anlässlich des konkreten Projektes zu verhandeln. Auch für den Entwickler ist eine solche Lösung die entspannteste, denn das konkrete Projekt wird so nicht gefährdet, wenn es in Schieflage kommt. Wenn das Projekt wider Erwarten auf Schwierigkeiten stößt und teurer wird, denn dann ist der Publisher nun als Investor am Fertigstellungsrisiko beteiligt – was zwar keine rechtliche, aber eine wirtschaftliche Nachschusspflicht nach sich ziehen kann.

25 In der Realität der Medienproduktion sind diese Situationen jedoch eher selten. Oft findet sich im Projektentwicklungsvertrag eine entsprechende Klausel, die eine Verknüpfung herstellt. Hier verträgt sich die Anlage des Investmentprojektes nicht immer mit der Logik eines Entwicklungsvertrages im Sinne eines Advance against Royalties Deal. Aus Entwicklersicht kann das heikel sein, da eine Verzögerung des Investments großes Erpressungspotenzial birgt, da der Projektfortschritt unmittelbar von dem Investment abhängt.

26 Nicht selten versucht der Publisher/Investor, die Schwäche des Developers (der seine laufenden Verpflichtungen decken muss) auszunutzen, um weitere Anteile des Unternehmens und/oder der Marke zu übernehmen. Aufgabe des Rechtsberaters des

Entwicklers ist es, diese Probleme auf der Zeitschiene vorauszusehen und die Verträge so zu strukturieren, dass diese „feindliche Übernahme" nur zu sehr hohen Kosten möglich wird. Ganz zu verhindern, wird sie nicht mehr sein, wenn bereits ein Anteil an dem Entwicklungsunternehmen weitergegeben wurde. Ziel des Publisher/Investor sind in der Regel je nach Projekt: Marke und/oder Quellcode. Diese Elemente muss der Entwickler gelegentlich drangeben, wenn er hier in Schieflage kommt. Dann werden die Verträge entsprechend geändert. Die Kunst als Entwickler langfristig zu überleben, besteht darin, Quellcode und Marke im Entwicklungsunternehmen zu schützen, dann sind die Unternehmensanteile wesentlich mehr wert.

Teilweise sind die Investment-Angebote deswegen befristet und definieren ein konkretes Time Window. Das geschieht vor allem dann, wenn das Investment im laufenden Projekt eingesetzt wird und dieses bereits gestartet wurde. Durch die Vergabe eines Zeitfensters kann insoweit der Spieß umgedreht werden: Wenn die zeitliche Option abgelaufen ist, kann ein anderer Investor zum Zuge kommen. Dieses Szenario ist allerdings nur dann zu empfehlen, wenn es tatsächlich eine Reihe von konkreten Investment-Varianten gibt. Ansonsten kann sich der Entwickler hier leicht verzocken. 27

Insbesondere internationale Verträge beinhalten gelegentlich Verpflichtungen des Investors, weitere Investoren zu gewinnen, um dann als Leadinvestor einzusteigen. Typischerweise wird dann ein Vertreter in Deutschland benannt. Die Details werden dann häufig – auch wegen des Formzwangs – einer gesonderten Vereinbarung überlassen. Ich empfehle in der Regel einen extra Vertrag über eine Wandelanleihe zu schließen. 28

B. Vertragsmodelle

Um den gesellschaftsrechtlichen Ausführungen in Kapitel 7 nicht vorzugreifen, konzentrieren sich diese Ausführungen auf Vertragsanalysen, die in der Scharnierrolle von Vereinbarungen zwischen Projekt und Investment stehen. Es findet hier also keine Umfassende Darstellung dieser Vertragsmuster statt, sondern es wird nur untersucht, ob und inwieweit sie in ihrer Brückenfunktion tauglich sind. 29

I. Wandelanleihe (Convertible Loan) – partiarisches Darlehen

Die Wandelanleihe ist für die Verknüpfung zwischen Projekt- und Investmentfinanzierung häufig der Königsweg, denn sie ist als Finanzierungsinstrument von besonderer Bedeutung. Wegen ihrer hohen Flexibilität kann sie entscheidend dabei helfen, die formalen Hürden zu überwinden und zugleich wie ein Scharnier, die Projektfinanzierung zu ermöglichen. Grundsätzlich handelt es sich um ein Darlehen im Vorgriff auf eine mögliche, spätere Beteiligung am Unternehmen. Dabei sind unterschiedliche Varianten denkbar: Entweder wird eine Option zugunsten des Darlehensnehmers formuliert, die Rückzahlung in Anteilen umzusetzen oder die Umsetzung erfolgt in Form einer Kapitalerhöhung mit Stimmbindung. 30

Ursprünglich bezweckte die Wandelanleihe, in der Frühphase des Start-ups dabei zu helfen, die Unternehmensbewertung auf einen Zeitpunkt in der Zukunft zu verschieben, zu der genügende Daten vorliegen. Dabei „gibt der Darlehensgeber der Gesellschaft zunächst ein fest verzinstes Darlehen mit fester Laufzeit. Entscheidet sich der Darle- 31 hensgeber zur Wandlung des Darlehensbetrags, tritt er seinen Rückzahlungsanspruch des Darlehens an die Gesellschaft ab und erhält dafür Anteile an der Gesellschaft. [...] Vorteilhaft für die Wandelanleihe, ist die flexible Gestaltungsmöglichkeit, denn dafür bedarf es – bei richtiger Ausgestaltung – in Deutschland keiner notariellen Beurkundung, da es sich letztendlich um einen Darlehensvertrag handelt."[11] Dafür muss das Darlehen mit einem Wahlrecht, das dem Unternehmer vom Investor eingeräumt wird (Option), ausgestattet sein: „Die Rückzahlung des Darlehens kann auch mit einer späteren Beteiligung am Unternehmen erfolgen (gewandelt werden). Das Darlehen wird dann – wenn das dann noch gewünscht ist – in Anteilen zurückbezahlt, und zwar in der Regel dann, wenn weitere Investments fließen. Zum Zeitpunkt der Darlehenszahlung steht der genaue Preis der Anteile, mit denen das Darlehen quasi besichert ist, noch nicht fest. Der Preis entsteht erst dadurch, dass ein Dritter (oder mehrere) entscheidet zu investieren und den Preis seinerseits festlegt." In Deutschland muss bei der Ausgestaltung auch auf das Steuerrecht und das Prospekthaftungsrecht geachtet werden, sowie auf einen Rabatt oder eine Obergrenze für die Bewertung als Vergütung für den Darlehensgeber. „Die Obergrenze oder alternativ der Rabatt (zum Beispiel 20 %) auf den Anteilspreis gegenüber den anderen Investoren stellen den eigentlichen Profit des Wandelanleihengebers dar, der ja früher und damit riskanter investiert hat."[12]

32 Abzugrenzen ist die Wandelanleihe vom partiarischen Darlehen, bei dem keine unmittelbaren Unternehmensanteile optioniert werden, sondern Gewinn- und Verlustszenarien innerhalb des Darlehens als Finanzprodukt abgebildet bleiben. „Beim partiarischen (Nachrang-) Darlehen handelt es sich um ein Finanzierungsinstrument mit fremdkapitalähnlichem Charakter, das dem Investor sowohl Gewinn- oder Umsatzbeteiligungen als auch feste Zinszahlungen einräumt. Zudem kann der Darlehensgeber an den Steigerungen des Unternehmenswertes partizipieren. Er hat keine Mitspracherechte und wird nicht an den Verlusten beteiligt. Vereinbaren die Parteien den Nachrang des Darlehens, wird dieses im Falle der Insolvenz des Startups erst nachrangig bedient."[13] Die steuer- und prospektrechtliche Behandlung kann sich stark unterscheiden. Auch eine notarielle Beurkundung ist in der Regel nicht erforderlich. So zeigt dieses Modell, dass sich die Darlehensstrukturen sehr flexibel – je nach Interessenlage – modellieren lassen. Es kann sogar darauf verzichtet werden, unmittelbare Unternehmensanteile zu erhalten. Die Rückflüsse aus dem Darlehen fingieren dann lediglich eine vergleichbare Situation. Die unterschiedliche Modellierung hat in der Regel andere Gründe, die sich nicht aus der spezifischen Brückenfunktion zwischen Projekt- und Investmentfinanzierung liegen; hier geben in der Regel Fragen des Steuer- und/oder Prospekthaftungsrechts den Ausschlag.

33 Für die Verknüpfung mit einer konkreten Projektfinanzierung sind im Grunde andere Fragen wichtig, bei denen die Modelle so strukturiert werden, dass sie in einer gewissen Verbindlichkeit bzw. Endgültigkeit (vielleicht sogar als Eigenmittel im Sinne der Bundesförderung angesehen werden können). Das bedeutet, dass die Vereinbarung nicht ohne Weiteres wieder aufgelöst werden darf und eine Rückabwicklung nur

---

11 *Behrmann* Creative Industry Management, 2021, S. 202.
12 *Behrmann* Creative Industry Management, 2021, S. 202.
13 *Hahn*, Finanzierung von Start-up-Unternehmen, 2014, S. 199.

unter qualifizierten Kautelen ermöglicht wird. Letztlich sind Darlehenskonstruktionen jedoch selten. „In der Regel ist eine Rückzahlung ausgeschlossen, und der Investor trägt das Risiko des Totalverlusts."[14]

II. Termsheet

Im Kontext des Topos „Termsheet" wird gewöhnlich die Situation diskutiert, dass ein Investor – zB ein Venture Capitalist (VC) – im Rahmen einer Investmentrunde in ein Unternehmen einsteigt. Ein Termsheet „ist eine ‚Absichtserklärung', die im Vorfeld des Abschlusses des Beteiligungsvertrags übersandt wird und aus der sich die Bereitschaft des VC-Gebers ergibt, sich einem Start-up zu beteiligen und dieses finanziell zu unterstützen"[15] Hier wird das Angebot eines VC-Investors prägnant zusammengefasst. „Dieser Vertrag ist also häufig nicht mehr als eine sehr kurze übersichtliche Darstellung von Zahlen und wichtigen Klauseln zwischen einem Investor und einem Start-up. Das Ziel des Investors ist in der Regel, die Anteile später mit Gewinn an einen anderen Finanzierer weiter zu veräußern. [...] 34

Üblicherweise ist ein Termsheet nur in einigen wenigen Abschnitten ein bindender Vertrag, da es seitens des Investors häufig noch eine große Menge an offenen Fragen und Gesprächsbedarf mit eigenen Geldgebern gibt. Selten besteht für den Gründer die Möglichkeit, Vertraulichkeit durchzusetzen, da der Investor häufig mit anderen Marktteilnehmern über das Projekt bzw. die Projektidee sprechen möchte, um sich abzusichern".[16] 35

Hier konzentrieren wir uns auf Fragestellungen, die in Termsheets für die Verknüpfung mit der Finanzierung konkreter Game-Entwicklungsprojekte von Bedeutung sind. Dabei kann es passieren – manchmal verwirrend – dass der gesamte Projektentwicklungsvertrag wegen einer Investment-Klausel „Termsheet" genannt wird. Das ist insoweit eher damit zu begründen, dass häufig innerhalb der Publisher/Investor-Unternehmen solche Kombinationsverträge andere interne Zuständigkeiten (und sogar Bonus-Vergütungen) nach sich ziehen können. Weder vom Titel der Vereinbarung noch von der sehr stark formalisierten und auch oft tabellarisch gestalteten Form des Vertrags sollte man sich irritieren lassen. 36

Regelmäßig wird ein Teil des Investments auch unmittelbar ins Unternehmen fließen, obwohl die Anteile von den Gründern gehalten werden. Die Bewertung der Anteile muss dann rechts-technisch oft über ein sogenanntes „Aufgeld" im Notartermin ausgeglichen werden. Diese Folgefrage kommt in der Regel in den Projektverträgen noch nicht zum Tragen, sollte aber durchdacht bzw. durchgerechnet werden, da sie Auswirkungen auf die Verwässerung haben kann. „Verwässerung bedeutet, dass der gestaltende Einfluss auf ein Unternehmen durch die Hereinnahme zusätzlichen Investitionskapitals und damit auch von den Teilhabern möglicherweise sinkt."[17] Viele Klauseln in Investmentverträgen dienen dem Verwässerungsschutz, sind aber in 37

14 *Rauda* Computerspiele S. 292.
15 *Hahn* Finanzierung von Start-up-Unternehmen, 2018, S. 146.
16 *Behrmann* Creative Industry Management, 2021, S. 199.
17 *Behrmann,* Creative Industry Management, 2021, S. 199.

diesen Vertragsstrukturen oft nicht abgebildet. Hier sollte man vor allem auf Fragen, die auf die Kontrolle über die Firma abzielen achten, insbesondere in Form eines Vetorechts bei gewissen Entscheidungen. Mitunter kann man auch die Stimmrechte von den Anteilen trennen und Vorzugsaktien (ohne Stimmrecht) bzw. Stammaktien (mit Stimmrecht) ausgeben.

38 Unterschiedlich ist auch hier oft die Zielsetzung. Der Entwickler ist in der Regel an einer kurzfristigen Realisierung von Gewinnen aus Lizenzrückflüssen interessiert. Ein Investor sieht die Unternehmenswertsteigerung als Teil des Return on Invest (ROI). Aus dieser Perspektive kommt es häufig gar nicht darauf an, dass das Unternehmen schnell Gewinne einfährt, wenn es nachweisen kann, dass durch schnell wachsende Kundenzahlen oder andere Kennzahlen – sogenannte Key Perfomance Indicators (KPI) – zu einem späteren Zeitpunkt ein umso höherer ROI zu erwarten ist.

39 Es ist davon abzuraten, Projektentwicklungsverträge mit Investmentklausel mit einer Vestingklausel zu überfrachten. Unter Vesting „versteht man eine (vertragliche) Regelung, nach der ein Gründer (…) seine Geschäftsanteile an dem Unternehmen ganz oder teilweise auf die übrigen Gesellschafter – insbesondere den Investor – oder die Gesellschaft übertragen muss“,[18] um sich dann ihre Anteile schrittweise zurückzuverdienen. „Typischerweise werden die Anteile zunächst einmal für ein Jahr einbehalten (Vesting Cliff). Danach werden Anteile – zB über vier Jahre gestreckt – sukzessiv zurückgeführt (jeweils 25 Prozent pro Jahr). Das Modell sichert das Engagement der Gründer den Investoren durch das Engagement der Gründer zunächst einmal für vier Jahre ab. Auch bei mehreren Gründern können so die unterschiedlichen Gründer bei der Stange gehalten werden.“[19] In anderen Kontexten kann es durchaus Situationen geben, in denen Vesting Sinn macht, insbesondere bei mehreren Gründern, die sich so gegenseitig und gegenüber dem Investor absichern, für eine gewisse Zeit sich hauptsächlich dem Start-up zu widmen. Allerdings wird es ausgesprochen kompliziert, wenn das Unternehmen während der Vestingperiode von Dritten übernommen wird – insbesondere wenn die Gründer einen zügigen Exit intendieren. Hier die Interessen der Gründer und ihrer Mitarbeiter mit den Fragen der Finanzierung eines konkreten Gameprojektes übereinander zu bringen, mutet der Quadratur des Kreises an – es wird einfach zu komplex. Daher sollten diese Instrumente hier lieber nicht zum Einsatz kommen.

III. Letter of Intent

40 Im Kontext des Topos „Letter of Intent“ wird in der Regel ein vollständiger Unternehmensverkauf diskutiert, bei dem das Gründer-Team aussteigt, auch Exit genannt. Oft werden hier vergleichsweise hohe monetäre Vergütungen fällig. Das Ziel der Verhandlungen unterscheidet sich stark von dem Ziel der Finanzierungsverhandlungen:[20] Während es bei der oben beschriebenen Investmentfinanzierung darum geht, den Kuchen für alle zu vergrößern, geht es jetzt darum, den Kuchen einer bestimmten Größe aufzuteilen. Anders als beim Termsheet wird hier üblicherweise Vertraulichkeit und –

18 *Zätzsch*, zitiert nach Hahn Finanzierung von Start-up-Unternehmen, 2018, S. 173.
19 *Behrmann*, Creative Industry Management, 2021, S. 200.
20 Vgl. *Feld/Mendelson*, Venture deals, 2019, S. 175.

für einen kurzen Zeitraum – Exklusivität vereinbart, um zu verhindern, dass sich das Unternehmen nur für die Übernahme interessiert, um besondere Ideen „abzugreifen“. Dieser Vertrag wird in der Regel zunächst unverbindlich geschlossen, da eine Vielzahl von Gremien zustimmen müssen. Daher eignet sich dafür die Vertragsform des Letter of Intent (LOI). Das Dokument, welches diesen Prozess regelt, ist ein unverbindlicher Letter of Intent, also ein Vertrag mit einer expliziten Unverbindlichkeitsklausel.[21] Dieser wird erst in einem zweiten Schritt, wenn alle Gremien zugestimmt haben, für verbindlich erklärt.

Hier konzentrieren wir uns auf Fragestellungen, die in LOIs für die Verknüpfung mit der Finanzierung konkreter Game-Entwicklungsprojekte von Bedeutung sind. Dabei ist es zwar theoretisch möglich, die im Unternehmen versammelten Rechtspositionen (bzw. Assets) ohne den Unternehmensmantel zu überschreiben (Asset Deal). In der Regel geht es in diesen Kombinierten Projekt- und Investmentszenarien aber gerade darum, die Anteile selbst zu veräußern (Share Deal).[22] Der Publisher/Investor möchte gerade Anteile am Entwicklungsstudio bekommen, um damit seinen eigenen Unternehmenswert zu steigern. 41

Im Fall einer Unternehmensübernahme werden die Gründer regelmäßig „noch für einen gewissen Zeitraum an Bord bleiben müssen (zB zwei Jahre), um die Eingliederung zu organisieren und eine gute Transition zu gewährleisten. Oft ist diese Phase für die Gründer besonders haarig, weil sie viele Entscheidungen der „neuen Herren“ umsetzen müssen. Damit sie sich insoweit weiter richtig verhalten, sehen viele Verträge vor, dass die Abschlusszahlungen zunächst zurückgestellt und an bestimmte quantifizierbare Kriterien geknüpft werden, sogenannte Key Performance Indicators (KPIs). Dabei werden häufig bestimmte Teile des Kaufpreises auf ein Treuhandkonto eingezahlt (Escrow Account) und nur ausgezahlt, wenn die vorher bestimmten KPIs erfüllt sind. In schwerwiegenden Fällen wie zum Beispiel überraschenden Steuerverbindlichkeiten oder Betrug wird außerdem der Schaden aus Treuhandsumme abgesichert. Variable Earn-out-Modelle, die zum Teil auch mit Anteilen der übernehmenden Firma bezahlt werden können, haben vor allem in den Vereinigten Staaten zum Teil eine erstaunliche Dynamik erlangt, bei der der Earn-out wegen rasanter Wert- bzw. Umsatzsteigerungen in der Zeit zwischen Verkauf und Abschluss der Escrow-Periode zu sehr hohen zusätzlichen Zahlungen an den Gründer führte. So weit sind wir in Deutschland noch nicht, aber auch hier steigern Earn-out-Modelle das ökonomische Interesse der Gründer, alles dafür zu tun, dass ihre Gründung im neuen Unternehmensverbund optimal weitergedeiht: Nur dann können sie die variable Earn-out-Prämie erhalten.“[23] 42

Rechtlich beachtlich ist die Situation, die entsteht, wenn dieses Earn-out-Szenario mit einem konkreten Spieleprojekt verbunden ist. Die rechtlichen Probleme liegen hier besonders, denn dadurch, dass das Unternehmen in das andere überführt wurde, fällt der Adressat für die Beschwerde über eine möglicherweise fehlerhafte Umsetzung oder eigenmächtige Verkürzung der durch den Erwerber in diesem Zusammenhang gemachten Zusagen weg – der Fall kommt häufig genug vor. Dies gilt umso mehr, als dann auch 43

21 Vgl. *Lutter,* Der Letter of intent, 1998, S. 3, 18.
22 Vgl. *Feld/Mendelson,* Venture deals, 2019, S. 179.
23 *Behrmann,* Creative Industry Management, 2021, S. 204.

das Gameprojekt betroffen ist, dass möglicherweise das Flaggschiff des Entwicklers darstellte, einschließlich alle Marken. Für den Rechtsberater des Unternehmens, das übernommen wird, scheinen in diesem Szenario die Ansprechpartner auszugehen. In dieser Situation ist es möglich, persönliche Bürgschaften und Garantien von den Haupt-Anteilseignern des erwerbenden Unternehmens zu verlangen, um so die korrekte Auszahlung der Escrow-Summen abzusichern. Eine andere Möglichkeit besteht darin, einen unabhängigen Dritten zu beauftragen, der die Interessen derjenigen, die ihr Unternehmen aufgegeben haben, nachträglich vertritt.[24]

44 Die Vergütung der Veräußerung erfolgt selten ausschließlich in Geld, sondern – zumindest teilweise – mit Anteilen des kaufenden Unternehmens. Hier muss insbesondere auf die Interessen verdienter Mitarbeiter mit virtuellen Unternehmensanteilen geachtet werden. Dabei kann es passieren, dass der Erwerber/Publisher Druck ausübt, um die Gründer dazu zu bewegen hier Entscheidungen zulasten der Mitarbeiter – gerade auch im Zusammenhang mit dem konkreten Games-Projekt zu fällen. Hier bleiben letztlich nur ähnliche Lösungen wie bei der Sicherung der Earn-out-Prämie.

45 Häufig wurde der Exit steuerlich lange geplant, denn im Falle eines erfolgreichen Exits sind hohe Einkommenssteuern zu zahlen. „Das lässt sich dadurch abmildern, dass zwei Firmen gegründet werden – ein Unternehmen und eine Holding, die die Anteile des Unternehmens hält. Im Falle eines Exits bekommt die Holding das Geld und muss nur Körperschaftssteuer bezahlen, die oft deutlich niedriger ausfällt.

46 Ich persönlich vertrete deswegen die Auffassung, dass es am besten ist, wenn der Creative Industry-Unternehmer ähnlich wie in der Immobilienbranche über eine Holding für jedes Projekt ein neues Unternehmen gründet. In jeder dieser Firmen können die Projekte mit wechselnden Partnern je nach Umsetzungsfortschritt behandelt werden. Allerdings ist diese Herangehensweise noch wenig verbreitet und kann deswegen nicht als Standardfall angesehen werden. Solche Single-Purpose-Vehicle (sogenannte Projektfirmen) sind noch nicht sehr verbreitet.“[25] Jedenfalls bei Games, die zB offene virtuelle Welten repräsentieren, bei denen mehrere Spieler miteinander und/oder gegeneinander spielen oder deren Finanzierung aus anderen Gründen eher langfristig angelegt ist, sollte so ein Vorgehen angezeigt sein.

24 Vgl. *Feld/Mendelson,* Venture deals, 2019, S. 196.
25 *Behrmann,* Creative Industry Management, 2021, S. 159.

§ 7 Gesellschaftsrechtliche Aspekte in der Computerspielindustrie

Literatur: *Altmeppen*, GmbHG, 10. Aufl. 2021 (zit.: Altmeppen GmbHG); *Bank/Möllmann*, Venture Capital Agreements in Germany, 2017 (zit.: Bank/Möllmann VCA); *Habersack/Casper/Löbbe*, GmbHG, 3. Aufl. 2019 (zit.: Habersack/Casper/Löbbe GmbHG); *Haines/Herler*, Gesellschaftsrecht in der Notar- und Gestaltungspraxis, 2. Aufl. 2021; *Hettler/Stratz/Hörtnagel*, Beck'sches Mandatshandbuch Unternehmenskauf, 2. Aufl. 2013 (zit.: Hettler/Stratz/Hörtnagel Unternehmenskauf); *Jesch/Striegel/Boxberger*, Rechtshandbuch Private Equity, 2. Aufl. 2020 (zit.: Jesch/Striegel/Boxberger Private Equity-HdB); *Kinzl*, Gesellschaftervereinbarungen, 2021 (zit.: *Kinzl* Gesellschaftervereinbarungen); *Michalski/Heidinger/Leible/Schmidt*, GmbH-Gesetz, 3. Aufl. 2017 (zit.: Michalski/Heidinger/Leible/Schmidt GmbHG); *MüKoBGB*, BGB, 9. Aufl. 2021 (zit.: MükoBGB); *Puls*, Finanzierungsunterstützung im Konzern aus Verrechnungspreissicht, IStR 2012, 209; *Risse*, Wissenszurechnung beim Unternehmenskauf: Notwendigkeit einer Neuorientierung, NZG 2020, 856; *Sabel/Knebel/Schmidt*, Sicherheitengestellung im Konzern, IStR 2012, 42; *Thelen*, Beteiligungsverträge in der notariellen Praxis, RNotZ 2020, 121; *Tholen/Weiß*, Formfragen bei Finanzierungsrunden in der GmbH, GmbHR 2016, 915; *Weitnauer*, Handbuch Venture Capital, 6. Aufl. 2019 (zit.: *Weitnauer* Venture Capital-Hdb).

A. Einleitung

1 In diesem Kapitel stellen wir gesellschaftsrechtliche Bezüge „im Leben“ eines Computerspiel-Unternehmens dar. Die relevanten Themenkreise können wegen ihrer Komplexität und der Ausrichtung des Werkes nur angeschnitten werden. Deshalb enthalten die einzelnen Abschnitte jeweils Hinweise zu vertiefender Fachliteratur. Die Darstellung

konzentriert sich auf die Usancen der Branche und deren Einordnung der einzelnen Rechtsaspekte in den Gesamtzusammenhang.

B. Gründung

I. Wahl der passenden Rechtsform, Typologie

1. Hobbyprojekte

2 **Hobby- und Freizeitprojekte**, in denen Spiele nebenberuflich oder von Studenten entwickelt werden, sind gesellschaftsrechtlich nur selten aktiv juristisch strukturiert. Die Spieleprojekte beginnen oft nur mit losen Abreden und sind dann rechtlich in der Regel als Gesellschaft bürgerlichen Rechts (§§ 705 ff. BGB), kurz GbR, einzuordnen. Bei der **Beteiligung von Minderjährigen** kommt ohne die (auch später mögliche) Genehmigung der Sorgeberechtigten allenfalls eine fehlerhafte Gesellschaft (ohne die Beteiligung des Minderjährigen) in Betracht.[1] Wenn einzelne Akteure die Projekte finanzieren und die Hauptverantwortung übernehmen, werden gelegentlich „nur" **Innengesellschaften** verabredet. Die Rechte an dem Spiel stehen dann nur dieser Person zu, der Ausgleich und die Beteiligung richten sich nach den Regeln der Innengesellschaft.[2] Ohne weitere Regeln kann streitig werden, in welchem Umfang die Rechte an dem Spiel eingebracht werden. Das richtet sich dann nach urheberrechtlichen Grundsätzen und dem Zweck der Gesellschaft. In der Regel werden also nur einfache Nutzungsrechte eingeräumt, die für die Vermarktung des Spiels in dem angestrebten Umfang erforderlich sind (→ § 9 Rn. 51 ff.).

2. Entwicklerstudio/Kleiner Publisher

3 Mit wachsender Professionalisierung oder der ernsthaften Absicht, am Markt aufzutreten entscheiden sich die meisten Entwickler für eine **Kapitalgesellschaft**, die je nach individueller Vermögenslage in Deutschland häufig als **GmbH** oder in der Form einer **Unternehmergesellschaft (haftungsbeschränkt)** gegründet wird. Es stellt sich dann die Frage der **Einbringung der bereits entstandenen Rechte** aus Vorarbeiten in die zu gründende Gesellschaft. Zu den häufigen Gestaltungfragen in diesem Zusammenhang → Rn. 21 ff.

3. Exit-orientierte (Venture Capital-finanzierte Studios)

4 Bei **Exit-orientierten Gründungen**, also Studiogründungen, die auf einen zeitnahen Verkauf des aufzubauenden Unternehmens zielen (und bei denen die Entwicklung über Venture Capital finanziert wird, → § 6 Rn. 34 ff., 40 ff.), werden von den Gründern häufig **Holdingstrukturen** gewünscht, wie sie im Start-up-Bereich anzutreffen sind. Die einzelnen natürlichen Personen werden nicht selbst Gesellschafter einer Kapitalgesellschaft, sondern gründen zunächst sogenannte **Holdinggesellschaften** (also Gesellschaften, die Anteile an anderen Gesellschaften halten und verwalten), ihrerseits wieder in

1 Die Details der fehlerhaften Gesellschaft dazu sind streitig, vgl. MüKoBGB/*Schäfer* BGB § 705 Rn. 333 ff., insbesondere Rn. 348. Die Eltern können die schwebend unwirksame „Mitgliedschaft" des Minderjährigen später (innerhalb der Grenzen von § 177 BGB) genehmigen. Wenn allerdings ein Elternteil selbst beteiligt ist, sind § 181, § 1629 Abs. 2, § 1795 Abs. 1 Nr. 1, § 1909 BGB zu beachten.

2 MüKoBGB/*Schäfer* BGB § 705 Rn. 283 ff.

Form von Kapitalgesellschaften. Deren Gegenstand lautet in der Regel „Eingehen[3] und Halten von Beteiligungen und Verwaltung von eigenem Vermögen ohne Kapitalanlagegesellschaft[4] zu sein". Nicht die natürlichen Personen selbst, sondern die von ihnen zuvor als vermögensverwaltenden (Holding-)Gesellschaften gegründeten Gesellschaften treten dann als Gründer der Gesellschaft auf, die das Studio betreibt.

Die steuerrechtlich motivierte **Holdingstruktur** soll ermöglichen, dass spätere Gewinne aus der Veräußerung der Anteile an der studiotragenden operativen Gesellschaft lediglich zu 5 % besteuert werden (§ 8b Abs. 2, 3 KStG). Die Gewinne werden zwar später bei der Ausschüttung an die Gesellschafter der Holding versteuert, können aber dann, wenn sie nicht konsumiert, sondern reinvestiert werden, eine erhebliche Hebelwirkung entfalten. Bei den derzeitigen Marktverhältnissen sind selbst bei kleineren deutschen Studiogesellschaften zweistellige Millionenbeträge als Veräußerungserlöse keine Seltenheit. 5

4. Dienstleistungsorientierte Tätigkeiten

Für **personalistisch geprägte Strukturen** oder **freiberuflich geprägte Tätigkeiten**, die sich häufig im Zuliefererumfeld von Computerspielen finden, beispielsweise bei Komponisten, Grafikern, oder freiberuflich tätigen Programmierern, ist mitunter eine **transparent besteuerte Personengesellschaft** vorteilhafter als die Kapitalgesellschaft. Die unmittelbare Zurechnung des steuerlichen Ergebnisses zu den einzelnen Gesellschaftern, die leichtere unterjährige Entnahme und Steuerung von entstehenden Gewinnen wird ebenso als vorteilhaft empfunden wie die Möglichkeiten der Zuweisung von Anfangsverlusten. Auch in Hinblick auf die **Mitgliedschaften der Gesellschafter in der Künstlersozialkasse** ist die Personengesellschaft vorteilhafter. Hier bietet sich entweder die Partnerschaftsgesellschaft (mit beschränkter Haftung) oder eine (GmbH & Co.) Kommanditgesellschaft an, je nachdem ob rein freiberufliche[5] Tätigkeiten verfolgt werden oder ein Handelsgewerbe betrieben wird. 6

II. Gründung eines Studios als GmbH

1. Ablauf

Die **Gründung einer GmbH** ist **beurkundungspflichtig** (§ 2 Abs. 1 S. 1 GmbHG) und erfolgt bei einem Notar. In aller Regel wird dort ein kurzes **Gründungsprotokoll** erstellt, in dem die GmbH errichtet und der Gesellschaftsvertrag (gelegentlich auch Satzung genannt) in einer Anlage beigefügt und festgestellt wird.[6] Außerdem wird die erste 7

---

3 Die Formulierung „Eingehen und Halten von Beteiligungen" wird häufig mit Blick auf die Teilnahme am INVEST-Förderprogramm gewünscht: https://www.bafa.de/SharedDocs/Downloads/DE/Wirtschaft/invest_merkblatt_fuer_investoren.pdf;jsessionid=5FF539DF514E370B81638D42CF6E2D8C.1_cid378?__blob=publicationFile&v.=8.

4 Der Zusatz ist nicht zwingend, empfiehlt sich aber, um Rückfragen des Registergerichts bei der Eintragung zu vermeiden. Denn wenn Tätigkeiten umfasst sein können, die bspw. nach dem Kreditwesengesetz (KWG) oder dem Kapitalanlagegesetzbuch (KAGB) erlaubnispflichtig sind, kann bis zum Vorliegen der Genehmigung die Eintragung verweigert werden. Das wäre zB bei Kapitalanlagegesellschaften (§§ 17 ff. KAGB), Bankgeschäften oder Finanzdienstleistungen (§ 1, § 32 Abs. 1 KWG) oder Unternehmensbeteiligungsgesellschaften (§ 2 UBGG) der Fall.

5 Ab 2024 steht auch Freiberuflern die Kommanditgesellschaft offen (vgl. § 161, § 107 Abs. 1 S. 2 HGB nF).

6 „Die Beteiligten errichten hiermit unter der Firma […] Games-GmbH eine Gesellschaft mit beschränkter Haftung mit dem Sitz in Berlin […] und stellen den in der Anlage 1 beigefügten Gesellschaftsvertrag fest".

Gesellschafterversammlung abgehalten, die Geschäftsführer werden bestellt (ggf. mit Einzelvertretungsmacht versehen) sowie von den Beschränkungen des § 181 BGB befreit und in dem Protokoll festgehalten. Diese gängige Regelungstechnik sollte eingehalten werden, denn so werden die Bestanteile des Gesellschaftsvertrages nicht mit einfachen Beschlüssen vermengt. Änderungen der Satzung müssen nämlich gleichfalls durch einen Notar beurkundet werden (§ 53 Abs. 2 GmbHG), einfache Beschlüsse hingegen nicht. Wenn zB die Bestellung der Geschäftsführer nicht im Gründungsprotokoll, sondern dem Gesellschaftsvertrag erfolgt, kann das als Sonderrecht auf Geschäftsführung (miss-)verstanden werden und erschwert die spätere Änderung (§ 53 Abs. 3 GmbHG) oder Abberufung des Geschäftsführers erheblich.

8 Praktisch erfolgt dies, indem die Beteiligten persönlich bei dem Notar erscheinen oder mit einer *notariell* errichteten oder beglaubigten **Vollmacht** (§ 2 Abs. 2 GmbHG) vertreten werden. Der Notar verliest dann das Gründungsprotokoll und die Anlage (Gesellschaftsvertrag) in einem Beurkundungsverfahren nach §§ 8 ff. BeurkG. Das Gründungsprotokoll wird dann von allen Beteiligten (und dem Notar) unterschrieben. Praktisch wird zugleich im Anschluss die **Handelsregisteranmeldung** (Gründung, Geschäftsführerbestellung etc) mit den entsprechenden Versicherungen von den Geschäftsführern unterzeichnet und dem Notar mit einem **Treuhandauftrag** überlassen. Der Notar reicht die Handelsregisteranmeldung erst dann elektronisch (§ 12 HGB) beim Handelsregister ein, wenn die **erforderlichen Nachweise** vorliegen und Geschäftsführer mitgeteilt haben, dass **das aufzubringende Kapital** sich endgültig zur freien Verfügung der Geschäftsführung befindet (vgl. § 8 GmbHG). Der Geschäftsführer wird unmittelbar nach der Beurkundung mit einer Abschrift der Urkunde die Bank aufsuchen, mit der möglichst schon vor der Beurkundung **die Kontoeröffnung** abgestimmt wurde und nach der Eröffnung das Geld einzahlen und den Kontoauszug an den Notar senden. Bei der **Beteiligung von ausländischen Gesellschaften** kann die Kontoeröffnung wegen der **aufwendigen Geldwäscheprüfung** mühsam werden. Deshalb empfiehlt sich eine Abstimmung mit der Bank schon vor der Beurkundung. Das Registergericht versendet nach dem Erhalt der Anmeldung eine **Kostenanforderung** an die Beteiligten. **Die Eintragung** wird auch erst bearbeitet, wenn die Kosten beglichen sind. Dadurch kann sich die Eintragung einige Wochen hinziehen. Ist die Eintragung eilig, kann sich der Notar für die Kosten verbürgen und ggf. die Gründung mit dem Gericht abstimmen. Wenn alle Nachweise vorliegen, wird die Gesellschaft (je nach Bundesland) dann innerhalb von ein bis zwei Tagen im Handelsregister eingetragen sein und ihr wird eine **Handelsregisternummer** zugewiesen werden.

2. Onlinegründung

9 Gerade für dezentral arbeitende Teams, die an verschiedenen Orten oder gar international verteilt entwickeln, bietet sich die ab dem 1.8.2022 neu geschaffene Möglichkeit der **Onlinegründung** an.[7] Das Gründungsprotokoll und der Gesellschaftsvertrag können auf rein elektronischem Wege bei einem Notar gem. §§ 16a bis 16e BeurkG über ein **Videokommunikationssystem** beurkundet werden, das die **Bundesnotarkammer**

7 Art. 13g I GesR-RL; Art. 20 Nr. 2b DiRUG Abs. 3-neu.

betreibt (§ 78b BnotO). Allerdings ist das Verfahren bisher nur für **reine Bargründungen** zugelassen (§ 2 Abs. 3 GmbHG) und auch nur dann, wenn keine nach anderen Vorschriften beurkundungspflichitgen Bestandteile in dem Gesellschaftsvertrag enthalten sind (zB sog. Drag-along-Klauseln oder Vorkaufsrechte (§ 15 Abs. 4 GmbHG). Der Anwendungsbereich ist daher sehr beschränkt. Auch Sachgründungen (durch Einlage bestehender Projekte) oder Ausgliederungen bzw. Umwandlungen (→ Rn. 26) müssen wie herkömmlich in **Präsenzbeurkundungen** erfolgen. Der Gesetzgeber erwägt derzeit eine Ausweitung der Onlinebeurkundungen. Für die Gründung steht ein **erweitertes Musterprotokoll** zur Verfügung, das allerdings – anders als das bisherige Musterprotokoll[8] – keine Kostenersparnis mit sich bringt. Für eine „normale GmbH" und „UG" stehen drei Möglichkeiten[9] der „Online-Gründung" zur Verfügung.

Bei einer Beurkundung mittels Videokommunikation benötigen die Beteiligten aller- 10
dings einen **elektronischen Identitätsnachweis;**[10] auch dies wird den praktischen Anwendungsbereich in nächster Zeit sicherlich erheblich einschränken.

3. Inhalt des Gesellschaftsvertrages

Für die Einzelheiten bei der **Gestaltung eines Gesellschaftsvertrages** muss aus Platzgrün- 11
den auf die umfangreich bestehende Speziallliteratur verwiesen werden.[11] An dieser Stelle sei nur darauf hingewiesen, dass „ausgeklügelte", „komplizierte" Überlegungen zum Gesellschaftsvertrag (die erfahrungsgemäß technisch affine Gründer gerne selbst anstellen) oft weniger zielführend sind als die **einfach gehaltenen, abstrakten Muster** eines gesellschaftsrechtlich erfahrenen Notars oder Rechtsanwalts. Gerade bei **Neugründungen** bietet sich der Rückgriff auf **Mustersatzungen** (nicht das Musterprotokoll) an. Die Beteiligten sollten hier auf die Erfahrung des gesellschaftsrechtlich spezialisierten Rechtsanwalts oder Notars vertrauen. **Zweisprachige Gesellschaftsverträge** können in internationalen Kontexten zweckmäßig sein, erhöhen aber auch die **Beurkundungskosten** und sind meist erst in einem späteren Stadium der Unternehmensentwicklung erforderlich oder wenn es sich um Gründergesellschafter aus mehreren Sprachräumen handelt.

4. Internationale Aspekte

a) Existenz- und Vertretungsnachweise

Bei der **internationalen Ausrichtung der Computerspielindustrie** ist die **Beteiligung** 12
von ausländischen Kapitalgesellschaften häufig (sei es als Investoren, als Vehikel der Gründer, sei es, dass es sich um eine deutsche Tochtergesellschaft eines bestehenden ausländischen Unternehmens handelt). Bei der Gründung der deutschen Kapitalgesell-

8 Vgl. GNotKG.

9 (1) Die Unterzeichnung eines individuell gestalteten Gesellschaftsvertrages durch Gründer mittels Videokommunikation durch qualifizierte elektronische Signatur; (2); Eine Gründung wie (1) aber im vereinfachten Verfahren (§ 1a GmbHG). Dabei kann das bereitstehende Musterprotokoll verwendet werden; das Musterprotokoll ist aber nur in den allerwenigsten Fällen empfehlenswert; (3) Gründung unter Verwendung des neuen Musterprotokolls (Anlage 2 zu § 1a GmbHG).

10 Entweder nach § 18 des Personalausweisgesetzes, nach § 12 des eID-Karte-Gesetzes oder nach § 78 Abs. 5 des Aufenthaltsgesetzes oder ein qualifiziertes elektronisches Identifizierungsmittel aus einem anderen Mitgliedstaat der Europäischen Union (vgl. § 16c BeurkG).

11 Konzise Darstellung zB bei *Haines/Herrler* Gesellschaftsrecht in der Notar- und Gestaltungspraxis, 2. Aufl. 2021, § 6, umfangreiche Muster.

schaft sind **Existenz- und Vertretungsnachweise** beizubringen, die mitunter einige Vorbereitungszeit benötigen und den Gründungsprozess verzögern können.

13 Für die meisten *europäischen* Gesellschaften sind die Existenz- und Vertretungsnachweise in der Regel relativ einfach durch einen **Handelsregisterauszug** aus dem **Sitzstaat** nachzuweisen.[12] Ebenso gelten die Handelsregister in der Schweiz, in Liechtenstein, in Japan, China und (Süd-Korea) als zuverlässig.

14 Anders hingegen in einigen häufig beteiligten englischsprachigen Staaten (zB UK, USA, Singapur, Cayman Islands). Deren Register werden von der Rechtsprechung als nicht vergleichbar angesehen (insbesondere wird dort die jeweilige Vertretungsbefugnis nicht ausgewiesen), so dass eine Bescheinigung nach § 21 BnotO ausscheidet.

15 Bei Gesellschaften aus dem Vereinigten Königreich kann man sich mit der Bescheinigung eines **Scrivener Notary**[13] behelfen. In den anderen Fällen ist idR ein **Certificate of Incorporation, Certificate of Good Standing** und eine **Bescheinigung des Company Secretary** über die Vertretungsverhältnisse beizubringen. Alternativ kann eine **Legal Opinion (Rechtsgutachten)** aus der jeweiligen Region vorgelegt werden. Die Dokumente sind idR mit **Apostille** versehen beizubringen. Dafür ist eine **erhebliche Vorlaufzeit** einzuplanen.

16 Einige ausländische Rechtsformen sind nicht rechtsfähig und können deshalb bei der Gründung nicht beteiligt sein.

b) Vollmachten

17 Bei der **Beteiligung von Investoren oder internationalen Gesellschaftern** sind in der Regel nicht alle Parteien bei der Beurkundung anwesend, sondern lassen sich dort vertreten. Eine **Vollmacht** dafür bedarf im Grundsatz zwar keiner besonderen Form (§ 167 Abs. 2 BGB), allerdings ist eine **notarielle Beglaubigung** gem. § 2 Abs. 2 GmbHG erforderlich, wenn eine neue Gesellschaft gegründet wird. Ebenso verhält es sich bei den meisten Investitionen, die mit einer **Kapitalerhöhung** verbunden sind.[14] Sind die Vollmachten nicht rechtzeitig erhältlich, kann ein Beteiligter auch in **vollmachtloser Vertretung** handeln und es kann später eine **Nachgenehmigung** eingeholt werden. Das ist gelegentlich einfacher als das Nachreichen von Vollmachtsurkunden, die rechtlich nicht unproblematisch sind. Bei **ausländischen Gesellschaften** ist die im Ausland notariell beglaubigte Vollmacht häufig mit einer **„Apostille, Klammer"** oder sogar **„Legalisation"** zu versehen. Die hierfür erforderliche Zeit sollte rechtzeitig eingeplant werden. Achtung: Bei einer **Einpersonen-Gesellschaft** (zB der Holding des Gründers) ist eine **Genehmigung** der vollmachtlosen Vertretung **nicht möglich** und die Erklärung des Vertreters ohne Vollmacht gem. § 180 S. 1 BGB **unheilbar nichtig.**

---

12 Der bei der Gründung beurkundende Notar kann in diese (vergleichbaren) Register elektronische Einsicht nehmen und gemäß § 21 BNotO eine Existenz- und Vertretungsbescheinigung erstellen. Kann der Notar nicht selbst Einsicht nehmen, ist ein beglaubigter Handelsregisterauszug (in den meisten Fällen mit Apostille) beizubringen; dafür sind in der Regel 14 Tage Verzögerung einzuplanen.

13 Das sind speziell qualifizierte Notare in London-City (https://scrivener-notaries.org.uk/).

14 Die Vollmacht zur Übernahme neuer Geschäftsanteile bedarf der notariellen Beglaubigung (§ 55 iVm § 2 Abs. 2 GmbHG).

c) Sitz im Ausland

Bei **rein virtuell arbeitenden Teams,** die über das Internet verteilt in verschiedenen Ländern an einem Produkt arbeiten und eine Kapitalgesellschaft als gemeinsames Vehikel verwenden wollen, ist bei der **Rechtswahl** darauf zu achten, dass der **tatsächliche Verwaltungssitz** – also der Ort der Geschäftsführung – mit dieser Gesellschaft kompatibel ist. Nach der in Deutschland geltenden **Sitztheorie** werden nicht europäische Gesellschaften (zB Aktiengesellschaften nach Schweizer Recht oder Gesellschaften mit beschränkter Haftung aus Liechtenstein oder die englische Limited) **in Personengesellschaften umgedeutet,** mit unerwünschten Folgen für die Besteuerung und um den Preis des Verlustes der Haftungsbeschränkung.[15] 18

d) Überkomplexität

Dabei ist in jüngerer Zeit zu beobachten, dass die Investoren darauf hinwirken, keine deutsche Kapitalgesellschaft als Investmentvehikel zu gründen, weil der **notarielle Aufwand** (→ Rn. 7 ff.) und die vermeintlich geringe Flexibilität – ebenso wie die aufwendigen Vertretungsnachweise der Gesellschafter – als abschreckend empfunden werden. 19

Aus Investorensicht vorteilhaft empfunden werden dabei beispielsweis **Singapur-Gesellschaften,** wenn die Fonds dort angesiedelt sind, oder **amerikanische Inc.** oder **Corporates.** Letzteres kann die weitere Finanzierung im größeren US-VC Markt erleichtern, da sich dort ansässige VCs mitunter mit einheimischen Rechtsformen komfortabler fühlen. Mitunter werden auch die in den USA entwickelten Standards für **Management- und Mitarbeiterbeteiligungsprogramme** (Optionen auf spätere Anteile am Unternehmen) als „Marktstandard" angesehen und daher gefordert. In diesen Fällen ist eine **deutsche Tochtergesellschaft für die operativen Tätigkeiten** als 100 %-ige Tochtergesellschaft eine denkbare Wahl. Allerdings sind die **steuerlichen Auswirkungen** vorher genau zu prüfen. Sind Unternehmen beispielsweise aus steuerlicher Sicht der jeweiligen Staaten in mehreren Ländern steueransässig, kann dies zu **schwierigen Fragen der Doppelbesteuerung** und dem mit zahlreichen Staaten bestehenden **Doppelbesteuerungsabkommen** führen. Aufwändig und fehleranfällig ist dies beispielsweise, wenn die US-amerikanische Muttergesellschaft hierzulande operativ und damit auch steuerlich tätig wird. Die **Offenlegung der Gesellschafter/Investoren** oder **fiktiv wirtschaftlich Berechtigten** nach dem **GWG** im **Transparenzregister** bleibt gleichfalls zu beachten. In diesem Bereich dürften die Anforderungen künftig weiter verschärft werden. 20

III. Fehlerquellen

1. Einbringung von Rechten

a) Keine Regeln

Bei der **Einbringung von Rechten** und **erheblichen Vorarbeiten** werden gelegentlich Regelungen vergessen, die der Gesellschaft die Rechte einräumt, die Vorarbeiten zu verwenden. Werden die Vorarbeiten übertragen, ist vorher dringend **steuerlicher Rat** einzuholen (die damit verbundenen Fragen und Probleme können hier nicht vertieft 21

15 BGH Urt. v. 27.10.2008 – Az. II ZR 158/06, BGHZ 178, 192 = NJW 2009, 289 (291).

werden).[16] Zu warnen ist jedenfalls vor der Praxis, die Rechte im Nachgang, ohne weitere Maßnahmen und Strukturierung, den Gründern abzukaufen.

b) Verdeckte Sachgründungen

22 Eine (zu vermeidende) **verdeckte Sachgründung** liegt vor, wenn zunächst eine **Bargründung** der GmbH vorgenommen und eingetragen wird, die **Barmittel** aber dann aufgrund von **Vorabsprachen** mit **zeitlichem und sachlichem Zusammenhang** zum **Erwerb entsprechender Gegenstände/Rechte** von einem Gesellschafter **verwendet** werden. Der Gesellschafter muss gemäß § 19 Abs. 4 S. 5 GmbHG später (in der Insolvenz) beweisen, dass **die Einlage dem Wert entsprochen** hat (ansonsten muss dieser den Wert ausgleichen; nachträgliche Wertsteigerungen bleiben dabei unberücksichtigt). Wird die verdeckte Sachgründung nicht offengelegt bzw. bei der Gründung angegeben, machen sich die Geschäftsführer sogar **strafbar** (§ 82 Abs. 1 Nr. 3 iVm § 8 Abs. 2 GmbHG).

2. Geschäftsführer

23 Bei Neugründungen sind für die **Geschäftsführerbestellung** zwei häufige **Fehlerquellen** zu beobachten: (1) Die **Geschäftsführer-Anstellungsverträge** werden nicht von der Gesellschafterversammlung beschlossen, sondern von einzelnen Geschäftsführern für die Gesellschaft unterzeichnet (ähnlich wie die Arbeitsverträge), ohne dass es dafür einen Gesellschafterbeschluss gibt. Dieser kann gegebenenfalls konkludent zustande gekommen sein, meistens wissen die Beteiligten aber nicht, dass in Anwendung des § 46 Nr. 6 GmbHG die Abschlusskompetenz für den Geschäftsführer-Anstellungsvertrag ebenfalls bei der Gesellschafterversammlung liegt. (2) Ein **Organisationsfehler** liegt auch dann vor, wenn **mehrere Gründer** aus Gleichbehandlungsgründen sich **allesamt zu Geschäftsführern berufen.** Das wird nicht nur in späteren Finanzierungsrunden bemängelt, sondern bringt auch einige **Nachteile** mit sich (Haftung, Abgrenzung der Geschäftsfelder, Einräumung von Nutzungsrechten). Für die Gründer, die nicht nur Geschäftsführer sind, sondern in erster Regel programmieren oder Werkbeiträge für das Computerspiel erbringen, sind **zusätzliche Vereinbarungen über die Rechteeinräumung** erforderlich. Die für **Arbeitnehmer** geltenden §§ 69b, 43 UrhG sind nach ihrem Wortlaut auf Geschäftsführer nicht anwendbar.

3. Sozialversicherungspflicht

24 Die **Sozialversicherungspflicht** bzw. **bestehende Versicherung in der Künstlersozialkasse** sind ebenfalls **Kriterium der Rechtswahl** und häufig Motivation für **atypische Gestaltungen,** um gegebenenfalls eine Sozialversicherungspflicht von Geschäftsführern zu vermeiden. **Rechtssicherheit** schaffen hier letztlich nur **Statusfeststellungsverfahren** bei der **Deutschen Rentenversicherung Bund.** Seit der Grundsatzentscheidung des Bundessozialgerichts 2013,[17] besteht hier allerdings kaum ein Spielraum für Gesellschaftergeschäftsführer, die nicht mehr als 50 % der Geschäftsanteile halten oder Vetorechte *im Gesellschaftsvertrag* verankern können. Letzteres ist oft ein hoher Preis, den die Mit-

---

16 Zur Frage der Buchwertfortführung BFH-Entscheidung v. 7.4.2010 – I R 96/08, NZG 2011, 118; zur Einbringung etwa: BeckOK GmbHG/*Ziemons/Jaeger/Pöschke*, 51. Ed., § 5 Rn. 148 ff.; *Heinze* NJW 2020, 3768.

17 BSG Urt. v. 30.4.2013 – B 12 KR 19/11 R, BeckRS 2013, 73365.

gesellschafter nicht bezahlen wollen. Erleichterung gibt es zwar bei Vorständen der Aktiengesellschaft (§ 1 S. 3 SGB VI, § 27a Abs. 1 Nr. 5 SGB III), das rechtfertigt jedoch regelmäßig nicht die Wahl der Aktiengesellschaft als Unternehmensträger.

4. Befreiung vom Wettbewerbsverbot, ggf. Kollision mit bestehenden Verträgen als Freelancer

Bei **Ausgründungen** aus bestehenden Gesellschaften oder der Neugründung durch „Teams", die bereits in anderen Computerspielstudios tätig sind, sind vor der Gründung sorgfältig die arbeitsvertraglichen, nach-**arbeitsvertraglichen** und gegebenenfalls **gesellschaftsrechtlichen Wettbewerbsverbote** zu prüfen. Dieser Aspekt wird gelegentlich übersehen und führt zu einem **Eintrittsrecht** sowie **Schadensersatzansprüchen** bei Gründungen während eines beschäftigungslosen Gesellschaftsverhältnisses. **Reine Vorbereitungshandlungen** sind freilich davon nicht erfasst, die Abgrenzung ist mitunter schwer (→ § 8 Rn. 2). 25

5. Zu schnell zu groß

Die Tendenz bei ambitionierten Gründern, aus Marketinggründen zur **Aktiengesellschaft** oder **SE** zu greifen, führt in der Regel zu **Problemen.** Wenn nicht gerade Finanzierungsfragen und erfahrene Gesellschafter eine solche Rechtsformwahl begründen können, ist eine Aktiengesellschaft für die Studiogründung eher **untauglich**, denn die **starren formalen Regeln des Aktienrechts** werden erfahrungsgemäß von den Gründern nicht beherrscht. Das gilt beispielsweise für § 112 AktG mit dem Erfordernis der **zwingenden Beteiligung des Aufsichtsrats**, der bei der Einräumung von Nutzungsrechten durch Vorstandsmitglieder übersehen wird, ebenso wie für **Fragen der Mitarbeiterbeteiligung** und spätere Schwierigkeiten der **Anpassung von Beteiligungsverträgen** an Aktiengesellschaften. Wenn Aktiengesellschaften fehlerfrei geführt werden sollen, entstehen **erhebliche Strukturkosten**, die bei Gründungen besser verwendet werden können. Die Rechtsform ist deshalb **nur erfahrenen Gründern**, die mit dem Aktienrecht vertraut sind, zu empfehlen oder Studios, die sich am Kapitalmarkt refinanzieren wollen und entsprechende Strukturkosten bereitstellen können. In allen anderen Fällen raten wir zu einer **beherrschbaren Rechtsform.** Der Weg in die Aktiengesellschaft steht dem „erwachsen gewordenen" Unternehmen später über einen **Formwechsel** (§§ 190 ff. UmwG) oder andere **Umwandlungsverfahren** zur Verfügung. Ein solcher Formwechsel kann bei Direktbeteiligung von Investoren am Unternehmen sinnvoll sein, um diesen etwa einen Aufsichtsratsposten zuweisen zu können oder das umfassende Auskunfts- und Einsichtsrecht nach § 51a GmbHG ausschließen zu können. 26

C. Gestaltung bei der Finanzierung

I. CLA und SAFE Agreements

1. CLA

Convertible Loans (dt. Wandeldarlehen) sind inzwischen sehr **etablierte Finanzierungsformen** bei Start-ups und Unternehmen in der Spielebranche. Es handelt sich um Darlehensverträge, bei denen die Rückzahlung durch eine **Umwandlung der Darlehensforderungen** (nebst Zinsen) in Geschäftsanteile an der jeweiligen Gesellschaft 27

(Entwicklerstudio) erfolgen kann (gelegentlich erfolgen muss). Als Finanzierungsform sind Wandeldarlehen eher in der **Frühphase der Unternehmen** anzutreffen, wenn eine konkrete Bewertung des Studios (der Gesellschaft) noch nicht erfolgen kann, zu niedrig ist oder die Finanzierung aus Zeitgründen erforderlich ist, bevor eine **Serie-A Finanzierungsrunde** durchgeführt werden kann. Letzteres ist auch oft der Fall, wenn aufgrund vieler internationaler Investoren die Existenz und Vertretungsnachweise oder Entscheidungsprozesse der Investoren längere Zeit in Anspruch nehmen, das Unternehmen aber dringend eine Finanzierung benötigt. In der Computerspielbranche werden solche Wandeldarlehen mitunter mit **Projektverträgen** kombiniert. Bei größeren Spieleprojekten können die Darlehen auch auf die Projektverträge angerechnet oder anderweitig gewandelt werden.

a) Typische CLAs

28 Weil sich eine GmbH selten verpflichten kann, Geschäftsanteile an sich selbst auszugeben (es sei denn, sie verfügt über eigene Geschäftsanteile oder genehmigtes Kapital (§ 55a GbmHG), sind die Wandeldarlehen so gestaltet, dass neben dem Darlehen die Gesellschafter beschließen, später eine **Kapitalerhöhung** durchzuführen, in der sie dann die entsprechenden Geschäftsanteile des Darlehensgebers/Investors neu schaffen oder dem Wandeldarlehen in der Form beitreten, dass Sie sich verpflichten, ihre Stimmrechte später in dieser Weise auszuüben. Eine solche **Stimmbindungsvereinbarung** ist dann über § 894 ZPO vollstreckungsfähig.

29 Die **spätere Wandlung** erfolgt über eine **Kapitalerhöhung**, bei der die **Darlehensforderung** in das **zu zahlende Aufgeld umgerechnet** wird. Die Darlehensforderung wird aufschiebend bedingt auf die Eintragung der Kapitalerhöhung in das Handelsregister an die Gesellschaft abgetreten. Dadurch wird die Gesellschaft **zugleich Gläubiger und Schuldner** des Darlehens, die Darlehensforderung erlischt dann im Wege der **Konfusion**. Vorsorglich wird ein **Verzicht** erklärt. Bei der **Umsetzung** ist darauf zu achten, dass die Gesellschaft noch über **ausreichend Kapital zur Rückzahlung** des Darlehens verfügt, weil sonst ein **außerordentlicher Ertrag** entsteht, der eine unnötige Steuerlast auslösen kann. Das lässt sich bei einer Finanzierungsrunde durch die **richtige Reihenfolge** der Zuzahlung und Abtretung der Darlehensforderung lösen.

30 Zur Berechnung der **üblichen Discounts** und **Obergrenzen** muss an dieser Stelle auf weiterführende Literatur verwiesen werden.[18]

b) Beurkundungspflicht

31 Praktisch werden **Convertible Loan Agreements** nur selten beurkundet. Das kann bei bestimmten Vertragsgestaltungen zur Nichtigkeit der Vereinbarung führen (§§ 125, 128 BGB), so dass der Investor auf das Bereicherungsrecht verwiesen ist und eine Wandlung nicht erzwingen kann. Der **Formzwang für CLAs** wird in zwei Fällen diskutiert:

18 Vgl. Meyer-Sparenberg/Jäckle BeckM&A-Hdb/*Wenzel/Höhn* § 61 Rn. 28 ff. mit weiterführenden Nachweisen, Vertragsmuster zB bei *Weitnauer* Venture Capital-HdB Anhang V Hinweise.

aa) Der Verpflichtung zur Übernahme von Geschäftsanteilen im Wege der Kapitalerhöhung (§ 55 GmbHG)

Die Übernahmeerklärung bei der Kapitalerhöhung bedarf nach § 55 Abs. 1 GmbHG der **notariellen Unterschriftsbeglaubigung.** Teilweise wird vertreten, dass sich dieses Beglaubigungserfordernis auf eine **Übernahmeverpflichtung** ausdehnt. Eine parallele Diskussion wird über die Form der Vollmacht geführt. Die wohl herrschende Meinung lehnt eine Beurkundungspflicht in diesem Zusammenhang ab.[19] Gleichwohl ist die Rechtslage unsicher. 32

bb) Zwangsweise Beitritt zur Gesellschaftervereinbarung/Shareholder Agreement

In vielen **VC-Wandeldarlehen** besteht gleichzeitig die **Verpflichtung,** später mit der Wandlung des Darlehens in Geschäftsanteile einem neuen oder bestehenden **Shareholder Agreement („SHA") beizutreten.** Die SHAs enthalten typischerweise Regelungen, die der Beurkundungspflicht unterliegen, etwa weil eine Verpflichtung zur Abtretung von GmbH-Anteilen (§ 15 Abs. 4 GmbHG) ausgelöst wird (zB Vorerwerbs-, Mitveräußerungspflichten (Drag-along) oder Call-Optionen für das Ausscheiden von Geschäftsführern (Bad Leaver-Klauseln) vorgesehen sind. 33

Die **Beurkundungspflicht** lässt sich **vermeiden,** wenn Wandeldarlehen nur so ausgestaltet sind, dass sich die Gesellschafter verpflichten, ihre Stimmen so auszuüben, dass sie Beschlüsse umsetzen, die die Wandlung herbeiführen. Wenn **keine Verpflichtung zur Wandlung** erfolgt, ist das Darlehen **beurkundungsfrei.** Die Verpflichtung zum Beitritt einer Gesellschaftervereinbarung kann so formuliert werden, dass sie nur eine Verhandlungspflicht und nicht unmittelbar die Beurkundungspflicht nach § 15 GmbHG auslöst, oder es können die formauslösenden Regelungen in den Gesellschaftsvertrag verschoben werden. Gleichwohl ist die **Beurkundung** der **sicherste Weg.** Das gilt erst recht, wenn der Investor die Wandlung zwingend ausgestalten will. 34

Die Schwächen liegen nämlich sonst darin, dass ein **Rangrücktritt für das Wandeldarlehen** abgegeben wurde und die **Rückzahlung** praktisch kaum erzwungen werden kann. Alternativ kann sich der Investor über **verschiedene Garantien** absichern und so eine Motivation der Gesellschaft und Gründer zur Wandlung fördern. 35

2. SAFE

Ähnlich wie CLAs sind auch **SAFE-Agreements** (***Simple Agreement for Future Equity***)[20] auf die **Frühphase der Unternehmensfinanzierung** ausgerichtet. Auch hier werden einem Investor **Rechte auf künftige Beteiligungen** an dem Unternehmen einräumt, ohne dass der Wandlungspreis schon feststeht. Anders als bei CLAs, ist ein SAFE allerdings **kein Darlehen,** sondern eher eine Art **Optionsschein.** Es werden keine Zinsen gezahlt und es gibt kein Fälligkeitsdatum, was im deutschen Recht wohl als **zinsloses Darlehen** angesehen wird, damit der Unterschied zu einem CLA gering ist. Dadurch soll eine 36

19 Die heute hM lehnt das Formerfordernis jedenfalls dann ab, wenn die Verpflichtungserklärung von einem Gesellschafter stammt (OLG München Urt. v. 4.5.2005 – 23 U 5121/04, ZIP 2005, 1070; Habersack/Casper/Löbbe/*Ulmer/Casper* GmbHG § 55 Rn. 99 jew. mwN), sie wird aber auch bei der Erklärung eines Dritten, die formlos erfolgt, für gültig gehalten MüKoGmbHG/*Lieder* GmbHG § 55 Rn. 130; Altmeppen/*Altmeppen* GmbHG § 55 Rn. 16; *Tholen/Weiß* GmbHR 2016, 915 (916); früher noch anders analog § 55 Abs. 1 GmbHG Reichsgericht Urt. v. 13.12.1935 – II 161/35, RGZ 149, 385 (395).

20 Beispiele finden sich unter https://www.ycombinator.com/documents.

Überschuldung der Gesellschaft verhindert werden, die sich freilich auch mit einer **Rangrücktrittsvereinbarung** umsetzen ließe. Im deutschen Recht sind solche Vereinbarungen aber rechts- und steuertechnisch nicht ganz einfach umzusetzen, so dass **Wandeldarlehen** oft die **bessere Lösung** darstellen. Verfügt die Gesellschaft über **genehmigtes Kapital** (§ 55a GmbHG), lässt sich eine ähnliche Lösung auch im deutschen Recht gut umsetzen, allerdings ist das Nominalkapital zusätzlich aufzubringen, um eine Sacheinlage (durch die Vorauszahlung des „Aufgeldes") zu vermeiden. Neben steuerlichen Fragen werfen sowohl Convertible Loans als auch andere Gestaltungsformen (wie etwa SAFE) **bilanzielle Aspekte** auf, die vorab zu klären sind.

II. VC-Finanzierung und „Series-A-Runde"

37 Als **„Series A" Finanzierungsrunde** wird die erste **wesentliche Beteiligung** durch einen oder mehrere **Venture Capital-Investoren** bezeichnet. Dazu gehört ein umfangreiches Vertragswerk, das üblicherweise aus einer Investitionsvereinbarung[21] und einer Gesellschaftervereinbarung (**SHA = Shareholders Agreement**) oder kombiniert aus einem **Investment and Shareholders Agreement (ISA)** besteht. Damit geht fast immer eine Anpassung/Neufassung des bestehenden Gesellschaftsvertrages (in der Anlage zum ISA) oder gar der Formwechsel von etwa einer GmbH in eine AG (SE) einher.

38 Vor der Finanzierungsrunde werden (in unterschiedlichem Detailgrad) die **rechtlichen und finanziellen Risiken einer Beteiligung** geprüft (**Due Diligence**). Die sich daraus ergebenden Risiken werden entweder eingepreist oder in den folgenden Vertragsverhandlungen abgebildet (zB in den Garantien oder sog. Covenants).[22]

39 Wegen der überblickartigen Ausrichtung des Werkes muss für Einzelheiten auf weiterführende Literatur verwiesen werden.[23]

III. Weitere Aspekte

40 Neben den beschriebenen Finanzierungsformen, Kapitalerhöhungen, klassischen Darlehen (ohne Wandlungsrecht), staatlicher Förderung und dergleichen gibt es weitere Möglichkeiten der Beschaffung von Kapital von im Aufbau befindlichen Spieleunternehmen. Ein Phänomen, das auch in der Computerspieleindustrie anzutreffen ist, ist dabei das **Crowdfunding.** Oft ist dies so ausgestaltet, dass sich eine Vielzahl von Personen durch Zahlung geringer Beiträge an den Kosten einer Spieleentwicklung oder finanziellen Ausstattung von Unternehmen beteiligen. Gesellschaftsrechte erwerben sie dabei in der Regel nicht und können so die Verwendung des eingebrachten Geldes auch nicht wirksam überwachen. Für ihre Leistungen erhalten sie im Gegenzug oftmals das Recht, ein Spiel vergünstigt oder kostenfrei nutzen zu dürfen. Details regeln die **Crowdfunding-Bedingungen.** Hierbei sind allerdings die Grenzen des Kleinanleger-

21 Zu Überblick, Vertragsmustern und Vertiefung: Bank/Möllmann VCA/*Möllmann/Bank* 2. Series A Financing Round Rn. 24 ff.; Weitnauer Venture Capital-HdB/*Weitnauer* Beteiligungsvertrag/Investment and Shareholders Agreement Anhang VII; Jesch/Striegel/Boxberger Private Equity-HdB/*Stengel/Muhs* § 31 Rn. 24 ff.

22 Bank/Möllmann VCA/*Ullrich/Bank* 8.Company Guarantees Rn. 102; Weitnauer Venture Capital-HdB/*Weitnauer* Teil D. VC-ergänzende Finanzierungsmittel Rn. 24; *Risse* NZG 2020, 856 (862).

23 Einen guten Überblick aus notarieller Sicht gibt *Thelen* RNotZ 2020, 121 ff.; zu Gesellschaftervereinbarungen: *Kinzl* Gesellschaftervereinbarungen.

schutzgesetzes zu beachten. Beispielsweise ist durch das Start-up ein Vermögensanlagen-Informationsblatt und bei einem Finanzierungsziel von über 2,5 Millionen EUR ein Prospekt zu veröffentlichen. Zudem sind die Investmentbeträge für Privatanleger der Höhe nach begrenzt.

Neben SAFE Agreements werden insbesondere bei Finanzierungen US-amerikanischer (Mutter-)Gesellschaften häufig **KISS Agreements** verwendet. KISS steht dabei für **„Keep It Simple Security"**. Es gibt sowohl Debt KISS Agreements, bei denen Darlehenszinsen und eine Endfälligkeit vereinbart werden, als auch **Equity KISS Agreements**, die ähnlich einem SAFE ohne Zinsvereinbarung und Endfälligkeit ausgestaltet sind. 41

Gleich welche Finanzierungsform gewählt wird, müssen die jeweils nationalen Gesetze vorab geprüft werden. Auch muss auf die Einhaltung von Geldwäschevorschriften und Sanktionsregimen geachtet werden. 42

IV. Strukturaspekte

1. Konzernierung (Projektgesellschaften)/Verrechnungspreise

Projektgesellschaften sind in der Computerspielindustrie keine Seltenheit. Es werden **eigenständige Tochter- oder Schwestergesellschaften**, meistens als GmbH, gegründet, die dann als **Rechtsträger für einzelne Projekte** herhalten (***Single Purpose Vehicle***). Sie werden Vertragspartner der Publisher, Middleware-Anbieter und ggf. Förderer. So soll das Produktionsrisiko in einer Kapitalgesellschaft isoliert werden. Dadurch wird in der Regel ein **Konzern** im Sinne der §§ 15 ff. AktG begründet. Das wirft insbesondere Fragen beim Einsatz von Mitarbeitern aus anderen verbundenen Unternehmen auf (→ § 8 Rn. 9 ff.). Nicht nur aus steuerrechtlichen Gründen sind dann (Intra-Group) Service/Facility Agreements zwischen den einzelnen Konzerngesellschaften abzuschließen, auch um verdeckte Ausschüttung oder verdeckte Einlagen durch den Leistungsaustausch zu vermeiden, die zur Haftung führen können.[24] Diese Verträge regeln dann die Nutzung der gemeinsamen IT-Infrastruktur, Verwaltung, Rechtsberatung und Arbeitnehmer in anderen Konzernunternehmen. **Die Vergütung** für den Leistungsaustausch zwischen den verbundenen Unternehmen sollte sorgfältig mit den steuerrechtlichen Beratern auf die steuerlichen Anforderungen für Verrechnungspreise abgeglichen werden.[25] Wenn der SPV-Charakter – also die Risikoabkapselung – im Vordergrund steht, sollten die haftungserweiternden Gewinnabführungs- (§ 303 AktG) oder Beherrschungsverträge vermieden werden. 43

2. Strukturgrenzen aus Haftungserwägungen

Wenn die Kapitalgesellschaften ausschließlich dazu begründet werden, bestehende immaterialgüterrechtliche Risiken „abzukoppeln", ist der Hinweis wichtig, dass die 44

24 Michalski/Heidinger/Leible/Schmidt/*Heidinger* GmbHG § 30 Rn. 146 ff.; Habersack/Casper/Löbbe/*Habersack* GmbHG § 30 Rn. 14 ff.

25 Hettler/Stratz/Hörtnagl Unternehmenskauf/*Zwirner/Petersen/Busch* § 11 Rn. 9 ff.; *Puls* IStR 2012, 209; *Sabel/Knebel/Schmidt* IStR 2012, 42.

Rechtsprechung der immaterialgüterrechtlich spezialisierten Gerichte[26] (jedenfalls bei kleineren Gesellschaften) zu einer ***persönlichen* Haftung der Organe** tendiert. Dieser Aspekt wird in der Strukturberatung gelegentlich übersehen. Geschäftsführer und Vorstände haften tendenziell aus Vorsatz, aus der Verletzung von Organisationspflichten oder aus der nach den allgemeinen Grundsätzen des Deliktsrechts begründeten Garantenstellung neben der Gesellschaft gegenüber den Schutzrechtsinhabern.[27] Deswegen schützt bei Computerspielen eine Kapitalgesellschaft bei virulenten oder bekannten Risiken nur sehr begrenzt.

D. Exit

45 Der **Exit von Gründern** aus einem Unternehmen kann auf mehrere Weise erfolgen. Der am einfachsten umzusetzende Weg ist der Verkauf, also die **Übertragung von Gesellschaftsanteilen.** Für das Unternehmen ist oftmals entscheidend, ob es sich dabei um einen strategischen Investor und nicht lediglich einen Finanzinvestor handelt. Die **Form der Übertragung** ist von der gewählten Rechtsform abhängig. Ist ein Gründer zugleich Geschäftsführer oder Vorstand, trennt sich dieser durch Verkauf seiner Anteile oftmals auch von diesem Posten oder verpflichtet sich, für eine Übergangszeit noch im Unternehmen aktiv zu sein oder als dessen Berater zur Verfügung zu stehen. Mitunter veräußern auch Investoren aus der ersten Phase eines Start-ups ihre Beteiligungen zu einem späteren Zeitpunkt an andere Investoren (sogenannte Secondary Transactions oder Secondaries), ohne dass dies zu finanziellen, idealerweise aber zu strategischen Vorteilen für das Unternehmen führt. Über die **Zulässigkeit** und den **Zeitpunkt** sowie etwaige **Zustimmungserfordernisse** solcher Transaktionen entscheiden häufig entsprechende Vereinbarungen in Shareholder Agreements (Gesellschaftervereinbarungen).

46 Viele Gründer träumen davon, „ihr" Unternehmen eines Tages an **die Börse** zu bringen. Der Prozess einer sogenannten **„IPO Readiness"** und des anschließenden **Börsenlistings** kann allerdings sehr teuer und zeitaufwändig sein. Eine große Herausforderung stellt dabei dar, dass sich das Unternehmen im Hinblick auf Prozesse, Regularien, Funktionen und im Hinblick auf die Entscheidungsträger an die Börsenusancen und -vorgaben ausrichten muss. In vielen Fällen führt dies zu einem starken Kulturwandel und birgt das **Risiko**, eine Organisation zu überfordern. Zudem muss die Frage beantwortet werden, an welcher Börse sich ein Unternehmen letztendlich listen lassen will.

47 Vor einiger Zeit wurden sogenannte **„De-SPAC-Transaktionen"** als eleganter, zeit- und ressourcensparender Weg an die Börse propagiert. Unter SPAC versteht man **„Special Purpose Acquisition Company"**. Investoren schließen sich zusammen und gründen dabei eine Gesellschaft, die sie mit Finanzmitteln ausstatten und an die Börse bringen. Der Zweck (Purpose) dieses börsennotierten Unternehmens ist nun die Suche nach einem geeigneten Akquise-Objekt. Ist ein solches gefunden, wird es

26 OLG Zweibrücken Teilurt. v. 4.12.2020 – 4 U 92/18, GRUR-RS 2020, 49670; LG Düsseldorf Urt. v. 14.7.2020 – 14c O 57/19, GRUR-RS 2020, 34825; OLG Köln Urt. v. 28.2.2020 – 6 U 128/19, ZUM-RD 2020, 244 (248); LG Köln Urt. v. 6.1.2022 – 14 O 38/19, GRUR-RS 2022, 344; BGH Urt. v. 5.3.2020 – I ZR 32/19, GRUR 2020, 738 (743 f.).

27 Vgl. BGH Urt. v. 18.6.2014 – I ZR 242/12, BGHZ 201, 344 = GRUR 2014, 883 – Geschäftsführerhaftung; bei Verstößen gegen § 95 Abs. 3 UrhG BGH Urt. v. 27.11.2014 – I ZR 124/11, GRUR 2015, 672 Rn. 80 – Videospiel-Konsolen II; BGH Urt. v. 6.10.2016 – ZR 25/15 GRUR 2017, 266 Rn. 68 – World of Warcraft I.

auf die SPAC verschmolzen und ist somit ohne den Umweg eines eigenen Prospekts und anderer Herausforderungen ein börsennotiertes Unternehmen. Der Gang an die Börse wurde quasi abgekürzt. Zuletzt nahm die Zahl solcher Transaktionen jedoch wieder ab. Zum einen sehen die Aufsichtsbehörden verschiedener Staaten, wie etwa der SEC in den USA, diese Form des Börsengangs aus Anlegerschutzaspekten kritisch. Zum anderen hat die Investmentfreudigkeit der sogenannten PIPE-Investoren etwas nachgelassen. PIPE steht dabei für „Private Investment in Public Equity". In vielen De-SPAC-Transaktionen werden PIPE-Investoren benötigt, um das für den Börsengang erforderliche Gesamtkapital aufzubringen.

§ 8 Arbeitsverträge

Literatur: *Ahlberg/Götting/Lauber-Rönsberg*, Beck'scher Online-Kommentar Urheberrecht, 34. Ed. Stand 15.04.2022 (zit.: BeckOK UrhR); *Auer-Reinsdorff/Conrad*, Handbuch IT- und Datenschutzrecht, 3. Aufl. 2019 (zit.: Auer-Reinsdorff/Conrad IT- und DatenschutzR-HdB); *Bauer/ Mertin*, Anspruch auf Überstundenvergütung bei unwirksamer Mehrarbeitsklausel, Besprechung des Urteils BAG v. 17.8.2011 – 5 AZR 406/10, RdA 2012, 178; *Benkert*, Arbeitsrechtliche Aspekte einer Tätigkeit im Home-Office, NJW-Spezial 2019; *Berger/Freyer*, „Rückrufsrecht wegen anderweitiger Nutzung" – zum Vorschlag eines neuen § 40 a UrhG, GRUR 2016, 13; *Dreier/Schulze*, Urheberrechtsgesetz, 7. Aufl. 2022 (zit.: Dreier/Schulze); *Fokken*, Telekommunikationsrechtliche Pflichten des Arbeitgebers bei privater E-Mail-Nutzung der Mitarbeiter, NZA 2020, 629; *Glocke*, Neue Entwicklungen im Überstundenprozess, RdA 2014, 223; *Grobys/Panzer-Heemeier*, StichwortKommentar Arbeitsrecht, 3. Aufl. 2017 (zit.: SWK-ArbR); *Grüneberg*, Bürgerliches Gesetzbuch, 81. Aufl. 2022 (zit.: Grüneberg); *Hördt*, Das Arbeitsverhältnis im internationalen Kontext – Ein Überblick über das anwendbare Arbeits- und Sozialrecht, die Arbeitnehmerentsendung und das Home-Office im Ausland, ArbRAktuell 2020, 485; *Hümmerich/Lücke/Mauer*, Arbeitsrecht, 9. Aufl. 2018 (zit.: FormB-ArbR); *Klass*, Das Urheberrecht in Arbeits- und Dienstverhältnissen – Eine Analyse der deutschen Rechtslage im Vergleich mit Systemen angloamerikanischer Prägung, GRUR 2019, 1103; *Köhler/Bornkamm/Feddersen*, Gesetz gegen den unlauteren Wettbewerb, 40. Aufl. 2022 (zit.: Köhler/Bornkamm/Feddersen); *Konertz*, Die Sondervergütung und das Recht auf Zweitverwertung im Arbeitnehmerurheberrecht – Folgen der jüngsten Urheberrechtsreform, NZA 2017, 614; *Küttner*, Personalbuch 2022, 29. Aufl. 2022 (zit.: Küttner Personalbuch 2022); *Maschmann/Sieg/Göpfert*, Vertragsgestaltung im Arbeitsrecht, 3. Aufl. 2020 (zit.: Maschmann/Sieg/Göpfert Vertragsgestaltung ArbR); *Müller-Glöge/Preis/Schmidt*, Erfurter Kommentar zum Arbeitsrecht, 22. Aufl. 2022 (zit.: ErfK); *Rolfs/Giesen/Kreikebohm/Meßling/ Udsching*, Beck'scher Online-Kommentar Arbeitsrecht, 64. Ed. Stand 01.06.2022 (zit.: BeckOK ArbR); *Schaub* Arbeitsrechts-Handbuch, 19. Aufl. 2021 (zit.: Schaub ArbR-HdB); *Wandtke/ Bullinger*, Praxiskommentar Urheberrecht, 5. Aufl. 2019 (zit.: Wandtke/Bullinger).

A. Vertragsverhältnisse

1 Die Games-Entwicklung ohne die Zuhilfenahme von Arbeitnehmern ist kaum denkbar. Spätestens bei etwas größeren Projekten können auch kleine Entwicklungsstudios das nicht mehr allein stemmen, so dass das Zurückgreifen auf personelle Unterstützung unvermeidbar ist. Es geht aber nicht nur um Arbeitsverträge, sondern auch andere, wie

Freie-Mitarbeiter oder Arbeitnehmerüberlassungsverträge. Freie-Mitarbeiter-Verträge sind in der Games-Branche verbreitet, insbesondere, wenn es um die Tätigkeiten eines Programmierers – unter Umständen sogar aus dem Ausland – geht.

I. Abgrenzung Arbeitsvertrag und Freier-Mitarbeiter-Vertrag

2 Ob der Vertragspartner als Arbeitnehmer oder als freier Mitarbeiter einzuordnen ist, ist nicht immer eindeutig. Obwohl ein sog. Freelancer-Vertrag geschlossen wird und beide Parteien von einer selbstständigen Tätigkeit des Freelancers ausgehen, kann eine rechtliche Bewertung zu einem ganz anderen Schluss kommen. Finanzielle Risiken (Sozialversicherungsbeiträge) stehen in erster Linie auf der Seite des Arbeitgebers. Das Vorenthalten und Veruntreuen von Arbeitsentgelt ist zudem strafbar (§ 266a StGB).

3 Im Jahr 2017 hat der deutsche Gesetzgeber in § 611a BGB den Arbeitsvertrag ausdrücklich im Gesetz etabliert. Er spiegelt die Rechtsgrundsätze wider, die von der Rechtsprechung entwickelt wurden.[1] Danach wird durch den Arbeitsvertrag der Arbeitnehmer im Dienste eines anderen zur Leistung **weisungsgebundener, fremdbestimmter Arbeit in persönlicher Abhängigkeit** verpflichtet. Das Weisungsrecht kann **Inhalt, Durchführung, Zeit und Ort der Tätigkeit** betreffen. Weisungsgebunden ist, wer nicht im Wesentlichen frei seine Tätigkeit gestalten und seine Arbeitszeit bestimmen kann. Der Grad der **persönlichen Abhängigkeit** hängt dabei auch von der Eigenart der jeweiligen Tätigkeit ab. Man bedient sich daher bei der Abgrenzung einer typologischen Herangehensweise und einer Vielzahl von **Indizien**, die in jedem Einzelfall mittels einer Gesamtabwägung dergestalt abgearbeitet werden, dass sie jeweils in ihrer Bedeutung gewichtet und sodann die für und gegen den Arbeitnehmerstatus sprechenden Indizien in einer Gesamtschau gegeneinander abgewogen werden.[2] Solche Indizien sind regelmäßig:

- Zeitliches Weisungsrecht (Arbeitszeit)?
- Örtliches Weisungsrecht (Arbeitsort)?
- Fachliches Weisungsrecht (Art und Weise der Arbeitsausführung), ggf. eingeschränkt bei hochqualifizierter Tätigkeit?
- Eingliederung in einen fremden Betrieb (Arbeitsorganisation), zB einseitige Aufnahme in Dienstpläne?
- Pflicht zur höchstpersönlichen Leistungserbringung (§ 613 S. 1 BGB) bzw. Recht, bei der Leistungserbringung Dritte einzusetzen?
- Recht, angebotene Aufträge abzulehnen/kein Anspruch auf Auftragserteilung?
- Unternehmerisches Auftreten am Markt (zB eigene Homepage im Internet, Visitenkarten)?
- Gesamte Arbeitskraft geschuldet?
- Gleiche Tätigkeit wie angestellte Mitarbeiter?
- Konkurrenzverbot?
- Feste monatliche Vergütung?
- Pflicht, Urlaubsanträge einzureichen?

1 BAG Urt. v. 21.5.2019 – 9 AZR 295/18, NZA 2019, 1411 Rn. 13 mwN.
2 FormB-ArbR § 1 Rn. 362.

- (Ab-)Meldepflichten bei Krankheiten oder sonstigen Fehlzeiten?
- Nutzung fremder oder eigener Arbeitsmittel?
- Eigene Betriebsstätte?
- Gewerbeanmeldung?[3]

Für die Feststellung, ob ein Arbeitsvertrag vorliegt, ist eine **Gesamtbetrachtung aller Umstände** vorzunehmen. Zeigt die tatsächliche Durchführung des Vertragsverhältnisses, dass es sich um ein Arbeitsverhältnis handelt, kommt es auf die Bezeichnung im Vertrag nicht an. 4

II. Befristete Arbeitsverträge

Arbeitsverträge können unter den Maßstäben des § 14 TzBfG befristet werden. Zu unterscheiden ist zwischen **kalendermäßiger Befristung** und **Zweckbefristung.** Die kalendermäßige Befristung endet mit Ablauf der vereinbarten Zeit (§ 15 Abs. 1 TzBfG), die Zweckbefristung mit Erreichen des Zwecks, frühestens zwei Wochen nach Zugang der schriftlichen Unterrichtung des Arbeitnehmers über Zweckerreichung (§ 15 Abs. 2 TzBfG). 5

Gem. § 14 TzBfG Abs. 2 können Arbeitsverträge bis zu einer Dauer von **zwei Jahren ohne Vorliegen eines sachlichen Grundes** kalendermäßig befristet werden. Es besteht allerdings ein **Vorbeschäftigungsverbot.** Bis zu dieser Gesamtdauer von zwei Jahren ist auch die höchstens **dreimalige Verlängerung** eines kalendermäßig befristeten Arbeitsvertrages zulässig. Für **Existenzgründer** sind gem. § 14 Abs. 2a S. 1 TzBfG innerhalb der ersten vier Jahre des Bestehens des Unternehmens Befristungen von **bis zu vier Jahren ohne Sachgrund** möglich. In dieser Zeit ist auch die mehrfache Verlängerung eines kalendermäßig befristeten Arbeitsvertrages zulässig. 6

Die Befristung unterliegt strengen formalen Voraussetzungen. Sie bedarf zu ihrer Wirksamkeit gem. § 14 TzBfG der **Schriftform.** Diese muss grundsätzlich **vor Aufnahme der Tätigkeit des Arbeitnehmers** erfolgen, was in der Praxis oft zu Problemen führt. Die nachträgliche schriftliche Niederlegung einer Befristungsabrede ist durch die Rechtsprechung des BAG nicht unerheblich erschwert worden.[4] Die spätere schriftliche Niederlegung der zunächst nur mündlich vereinbarten Befristung führt somit nicht dazu, dass die zunächst formnichtige Befristung rückwirkend wirksam wird.[5] 7

Eine weitere Befristung bedarf eines sachlichen Grundes gem. § 14 Abs. 1 TzBfG. Der Katalog in § 14 Abs. 1 ist nicht abschließend. Gerade für kleinere Entwicklungsstudios, die durch Förderungen große Projekte erhalten, könnte eine Befristung nach § 14 Abs. 1 S. 2 Nr. 1 TzBfG zielführend erscheinen. Vorschnell sollte ein solcher Sachgrund iSd **vorübergehenden Arbeitskräftebedarf** jedoch nicht angenommen werden. Ein vorübergehender Beschäftigungsbedarf kann sowohl durch einen vorübergehenden Anstieg des Arbeitsvolumens im Bereich der Daueraufgaben des Arbeitgebers entstehen als auch durch die Übernahme eines Projekts oder einer Zusatzaufgabe, für deren Er- 8

3 FormB-ArbR § 1 Rn. 364.
4 BeckOK ArbR/*Bayreuther* TzBfG § 14 Rn. 142.
5 BAG Urt. v. 25.10.2017 – 7 AZR 632/15, NZA 2018, 50; grundlegend: BAG Urt. v. 16.4.2008 – 7 AZR 1048/06, NZA 2008, 1184.

ledigung das vorhandene Stammpersonal nicht ausreicht. Wird die Befristung auf einen vorübergehend erhöhten Arbeitsanfall gestützt, hängt die Wirksamkeit der Befristung von der prognostizierten künftigen Entwicklung ab. Die Prognose des Arbeitgebers muss ergeben, dass für die Beschäftigung des Arbeitnehmers über das vereinbarte Vertragsende hinaus mit **hinreichender Sicherheit kein dauerhafter betrieblicher Bedarf** mehr bestehen wird.[6] Eine allgemeine Unsicherheit über die zukünftig bestehende Beschäftigungsmöglichkeit rechtfertigt die Befristung nicht. Eine solche Unsicherheit gehört zum unternehmerischen Risiko des Arbeitgebers, das er nicht durch Abschluss eines befristeten Arbeitsvertrags auf den Arbeitnehmer abwälzen darf.[7] Es muss daher genau geprüft werden, ob eine solche Befristung tatsächlich der richtige Weg ist.

III. Arbeitnehmerüberlassungsverträge

9 Eine temporäre Alternative zum Arbeitsvertrag bietet die Überlassung von Arbeitnehmern durch einen Dienstleister. Die Beschäftigung von Leiharbeitnehmern darf nur **vorübergehend** erfolgen, gem. § 1 Abs. 1 b AÜG grds. bis zu einer Höchstdauer von **18 Monaten**. Dabei werden vorangegangene Einsatzzeiten bei demselben Einsatzunternehmen zusammengerechnet, es sei denn, die Unterbrechung zwischen zwei Überlassungen übersteigt einen Zeitraum von drei Monaten.

10 Leiharbeitsverträge unterliegen **strengen Formvoraussetzungen**. Werden diese nicht eingehalten sind die Verträge unwirksam, vgl. § 9 AÜG. Darüber hinaus bietet das AÜG einen weitreichenden Katalog an Ordnungswidrigkeiten (§ 16 AÜG) und fingiert ein Arbeitsverhältnis zwischen Entleiher und Leiharbeitnehmer (§ 10 Abs. 1 AÜG), so dass solche Verträge mit höchster Genauigkeit geschlossen und durchgeführt werden sollten.

11 Von der Arbeitnehmerüberlassung zu unterscheiden ist die Tätigkeit eines Arbeitnehmers bei einem Dritten aufgrund eines Dienst- oder Werkvertrages. Setzt der Auftragnehmer eigene Mitarbeiter beim Auftraggeber über einen längeren Projektzeitraum ein, darf die Durchführung nicht wie ein Arbeitsverhältnis zwischen Auftraggeber und Mitarbeiter des Auftragnehmers gestaltet sein. Eine sogenannte **verdeckte Arbeitnehmerüberlassung** ist unzulässig.

12 Beim Einsatz von Leiharbeitnehmern ist zu berücksichtigen, dass weder § 43 UrhG noch § 69b UrhG auf solche Leiharbeitsverhältnisse anzuwenden ein können mit der Folge, dass der Entleiher direkt **vom Leiharbeitnehmer keine Nutzungsrechte erwirbt.**

13 Nach einer Ansicht erwirbt der Verleiher nicht schon kraft Gesetzes Nutzungsrechte an den vom Leiharbeitnehmer geschaffenen Werken während der Tätigkeit beim Entleiher. § 11 Abs. 7 AÜG statuiere zwar bei Erfindungen und technischen Verbesserungsvorschlägen des Leiharbeitnehmers den Entleiher als Arbeitgeber iSd ArbnErfG. Eine entsprechende Regelung für Urheberrechte bestehe nicht. Daher verbleibe es bei den Regelungen des UrhG und der grds. Anwendung der Zweckübertragungsregel. Da aber bei Computerprogrammen nach § 69b Abs. 1 UrhG der Arbeitgeber ausschließlich zur Ausübung aller vermögensrechtlichen Befugnisse an dem Computerprogramm berech-

6 ErfK/*Müller-Glöge* TzBfG § 14 Rn. 23.
7 BAG Urt. v. 4.12.2013 – 7 AZR 277/12, NZA 2014, 480 Rn. 17.

tigt ist und für „Dienstverhältnisse" der Gesetzgeber nur öffentlich-rechtliche Dienstverhältnisse und keine freiberuflich-privatwirtschaftlichen gemeint hat, sei durch diese ausdrückliche gesetzliche Regelung somit kein Platz für die Anwendung der allgemeinen Zweckübertragungsregel für Computerprogramme.[8]

Nach anderer Auffassung wird davon ausgegangen, dass im Rahmen einer Arbeitnehmerüberlassung überlassene Softwareentwickler dem Arbeitnehmerbegriff des § 69b UrhG unterfallen und die Rechte dem Auftraggeber zustehen. Da der Gesetzgeber auch bei Erfindungen davon ausgegangen ist, dass § 11 Abs. 7 AÜG ohnehin nur eine klarstellende Vorschrift darstellt, spräche alles dafür, § 11 Abs. 7 AÜG, soweit überhaupt nötig, jedenfalls analog anzuwenden.[9] 14

Die zweite Ansicht überzeugt nicht. Die kurzen Ausführungen im schriftlichen Bericht des Ausschusses für Arbeit und Soziales zum AÜG-Entwurf bestätigen zwar die Klarstellung,[10] es ist jedoch davon auszugehen, dass der Gesetzgeber eine Anwendung auf das UrhR gerade nicht beabsichtigte. Eine planwidrige Regelungslücke, die eine analoge Anwendung rechtfertigen könnte, ist nicht zu erkennen. Ein umfassender Rechteerwerb durch den Entleiher ist über den Verleiher bzw. im Dreiecksverhältnis mit dem Leiharbeitnehmer möglich. 15

Jedenfalls treffen die Überlegungen lediglich den Rechteerwerb nach § 69b UrhG an Computerprogrammen; offen bleibt weiterhin, ob § 43 UrhG auch auf Leiharbeitnehmer anzuwenden ist und ob der Rechteerwerb bzgl. anderer Werken sich ebenso verhält wie im Arbeitsverhältnis. Der Entleiher muss daher unbedingt mit dem Verleiher eine **umfassende Nutzungsrechtevereinbarung** schließen. Bestenfalls wird **der Leiharbeitnehmer miteinbezogen.** 16

B. Begründung und Inhalt des Arbeitsverhältnisses

Arbeitsverträge bilden an bestimmten Stellen branchenspezifische Besonderheiten für die Games-Branche, die im Arbeitsvertrag besonders zu beachten sind. Im Nachfolgenden werden einschlägige Aspekte überblickend behandelt. 17

I. Form und AGB-Kontrolle

Der Arbeitsvertrag bedarf grds. keiner besonderen Form. Er kann auch stillschweigend geschlossen werden. Das Nachweisgesetz bewirkt praktisch, Arbeitsverträge schriftlich abzuschließen.[11] Es schreibt für das Arbeitsverhältnis keine Schriftform vor, sondern gibt dem Arbeitnehmer einen **unabdingbaren und klagbaren Anspruch** gegen den Arbeitgeber, ihm spätestens einen Monat nach dem vereinbarten Beginn des Arbeitsverhältnisses in Schriftform die niedergelegten Arbeitsbedingungen nach Maßgabe der § 2 Abs. 1 S. 2 Nr. 1–10 NachwG auszuhändigen, mit zusätzlichen Angaben bei Tätigkeiten im Ausland. Die Nachweispflicht entfällt, wenn ein ausgehändigter schriftlicher 18

8 Auer-Reinsdorff/Conrad IT- und DatenschutzR-HdB § 37 Rn. 98.
9 Wandtke/Bullinger/*Grützmacher* UrhG § 69b Rn. 2.
10 Schriftlicher Bericht des Ausschusses für Arbeit und Soziales zum AÜG-Entwurf = Bericht des Abgeordneten Jaschke zu BT-Drs. VI/3505, 4.
11 Grüneberg/*Weidenkaff* BGB § 611 Rn. 2.

Arbeitsvertrag die geforderten Angaben enthält. Auch die Änderung wesentlicher Vertragsbedingungen muss der Arbeitgeber schriftlich mitteilen, wenn sie nicht auf Gesetz oder kollektiver Regelung beruht. Ein Verstoß gegen das NachwG bewirkt keine Nichtigkeit. Er führt nur zur Beweiserleichterung für den Arbeitnehmer.[12] Es ist darauf hinzuweisen, dass am 1.8.2022 umfangreiche Änderungen im Nachweisgesetz in Kraft getreten sind. Insofern sollten diesbezüglich die aktuellen Entwicklungen mit Sorgfalt verfolgt und beachtet werden.

19 Auch bei Arbeitsverträgen finden die §§ 305 ff. BGB dann Anwendung, wenn es sich bei den Regelungen um AGB handelt. AGB sind gem. § 305 Abs. 1 S. 1 BGB Vertragsbedingungen, die **für eine Vielzahl von Fällen** vorformuliert sind und die eine Vertragspartei, der sog. Verwender, der anderen Vertragspartei stellt.[13] Für eine Vielzahl von Verträgen liegen vorformulierte Bedingungen bereits dann vor, wenn eine Partei vorformulierte Vertragsbedingungen benutzt, auch wenn sie keine mehrfache Verwendung plant. Ausreichend ist daher, wenn der Arbeitgeber bspw. einmalig ein Vertragsmuster aus einem Formularhandbuch oder den Vordruck eines Arbeitgeberverbandes verwendet. Die Vertragsbedingungen müssen **vom Arbeitgeber gestellt** werden, er muss die Einbeziehung in den Arbeitsvertrag verlangen.[14]

20 AGB liegen auch vor, wenn etwa auf einer Lohnabrechnung oder einem Schreiben, mit dem eine Sonderzahlung gewährt wird, ein Freiwilligkeitsvorbehalt geregelt ist.[15] Dasselbe gilt für Gesamtzusagen. Auch nicht schriftlich fixierte Bedingungen einer betrieblichen Übung unterliegen der AGB Kontrolle.[16]

II. Gestaltung von Arbeitsverträgen

21 Die nachfolgenden Ausführungen behandeln ohne Anspruch auf eine Vollständigkeit relevante Regelungen für Arbeitsverträge in der Games-Branche.

1. Probezeit, Befristung

22 Die Vereinbarung einer Probezeit mit verkürzter Kündigungsfrist beträgt gem. § 622 Abs. 3 BGB maximal 6 Monate. Es kann eine verkürzte Kündigungsfrist von zwei Wochen vereinbart werden. Die verkürzte Kündigungsfrist gilt bis zum Ende der Probezeit. Es kann daher noch am letzten Tag der Probezeit mit der verkürzten Frist gekündigt werden. Maßgeblich ist der Zeitpunkt des Zugangs der Kündigung.

23 Insbesondere bei der Beschäftigung von Programmierern oder kreativen Arbeitnehmern reicht unter Umständen die gesetzliche Höchstdauer der Probezeit nicht aus, um festzustellen, ob der Arbeitnehmer sich bewährt hat. Als Mittel zur **faktischen Verlängerung der Probezeit** hat sich die Kündigung mit überschaubar längerer Kündigungsfrist bzw. die vorsorgliche Aufhebungsvereinbarung jeweils mit Wiedereinstellungszusage in der Praxis bewährt. Sieht der Arbeitgeber die sechsmonatige Probezeit als nicht bestanden an, so kann er regelmäßig, ohne rechtsmissbräuchlich zu handeln, anstatt das Arbeits-

12 Grüneberg/*Weidenkaff* BGB § 611 Rn. 3.
13 Mindestens drei: BAG Urt. v. 25.5.2005 – 5 AZR 572/04, NZA 2005, 1111.
14 SWK-ArbR/*Grobys/Panzer-Heemeier* AGB-Recht Rn. 2.
15 BAG Urt. v. 18.3.2009 – 10 AZR 289/08, NZA 2009, 535.
16 BAG Urt. v. 27.8.2008 – 5 AZR 820/07, NZA 2009, 49.

verhältnis innerhalb der Frist des § 1 S. 1 KSchG mit der kurzen Probezeitkündigungsfrist zu beenden, dem Arbeitnehmer eine Bewährungschance geben, indem er mit einer überschaubaren, längeren Kündigungsfrist kündigt und dem Arbeitnehmer für den Fall seiner Bewährung die Wiedereinstellung zusagt.[17] Eine **Kündigungsfrist von 4 Monaten hat das BAG nicht beanstandet**, wenngleich jeder Einzelfall gesondert zu betrachten ist. Dieselben Grundsätze gelten auch für einen entsprechenden Aufhebungsvertrag.[18] Aus der Sicht des Arbeitgebers mag die Aufhebungsvereinbarung das vorzuziehende Mittel sein, da sie für den Arbeitgeber stets die geringeren Risiken birgt.

2. Tätigkeitsbeschreibung/Änderungsvorbehalt

Eine Angabe der Tätigkeit des Arbeitgebers findet sich in jedem Arbeitsvertrag. 24
Schließlich sind kurze Charakterisierung oder Beschreibung Tätigkeit vom NachwG gefordert. Eine ausführliche Darstellung ist nicht erforderlich. Insofern schwankt die Tätigkeit von einer groben Beschreibung, wie „Gestalter", „Programmierer", „Consultant" bis zu einer dezidierten Tätigkeitsbeschreibung mit Verweis gesonderte Tätigkeitsportfolios. Für eine ausführliche Tätigkeitsbeschreibung kann sprechen, dass mit einer einhergehenden Beschränkung des Weisungsrechts die Möglichkeiten einer betriebsbedingten Kündigung vergrößert werden können. In Arbeitsverträgen werden regelmäßig sog. **Änderungsvorbehaltsklauseln** genutzt, die es dem Arbeitgeber ausdrücklich ermöglichen, sein Direktionsrecht im Hinblick auf Art, Umfang und Ort der Arbeitsleistung weitreichend ausüben zu können. Klauseln, die die Zuweisung von Tätigkeiten erfassen, die den „Fähigkeiten und Kenntnissen des Arbeitnehmers entsprechen" und/oder für den Arbeitnehmer „zumutbar" sind, werden vom BAG als wirksam angesehen.[19]

3. Vergütung, Arbeitszeit und Überstunden

Die Vergütung gehört zu den Hauptleistungspflichten des Arbeitsvertrages; ihr gegen- 25
über steht die Erbringung der Arbeitsleistung durch den Arbeitgeber als dessen Hauptleistungspflicht.

Mit der Vergütung in unmittelbarem Zusammenhang steht die Arbeitszeit. Dabei ist 26
zu beachten, dass jede Zeit, die der Arbeitnehmer auf Weisung des Arbeitgebers zur Erbringung seiner Arbeitsleistung investiert, als Arbeitszeit im Sinne des ArbZG gilt. Im Bereich der Games-Branche sind im Hinblick auf kreativschaffende Arbeitnehmer starre Arbeitszeiten nicht förderlich. Einzelne Programmierungen müssen bis zur Deadline noch beendet werden, Gestaltungen können nicht mitten im Werkschaffensprozess beendet werden. Daher sind flexible Arbeitszeiten zu vereinbaren, um die Kreativität der Arbeitnehmer nicht auszubremsen. Mehrarbeit des Arbeitnehmers kann entstehen mit der Folgefrage, ob es sich um Überstunden handelt, die zu vergüten sind.

Im Hinblick auf das ArbZG ist nach der Rechtsprechung des EuGHs der Arbeitgeber 27
gesetzlich dazu verpflichtet, ein objektives, verlässliches und zugängliches System einzurichten, mit dem die von einem jeden Arbeitnehmer geleistete tägliche Arbeitszeit

17 BAG Urt. v. 7.3.2002 – 2 AZR 93/01, NJOZ 2003, 1211.
18 BAG Urt. v. 7.3.2002 – 2 AZR 93/01, NJOZ 2003, 1211.
19 BAG Urt. v. 13.3.2007 – 9 AZR 433/06, AP BGB § 307 Nr. 26.

gemessen werden kann.[20] Auswirkungen dieses Urteils zeichnen sich in der Instanzen-Rechtsprechung ab,[21] so dass nicht ausgeschlossen werden kann, dass in absehbarer Zeit der Arbeitgeber auch im Hinblick auf behauptete Überstunden einer **erhöhten Darlegungs- oder Beweislast** unterliegen könnte.

28 Der Umgang mit Überstunden sollte daher geregelt sein. Eine Regelung, die eine pauschale Abgeltung mit dem Monatsgehalt vorsieht, verstößt gegen das Transparenzgebot (§ 307 Abs. 1 S. 2 BGB) und ist unwirksam, wenn sich der Umfang der danach ohne zusätzliche Vergütung zu leistenden Überstunden nicht hinreichend deutlich aus dem Arbeitsvertrag ergibt.[22] Hingegen kann wirksam vereinbart werden, dass eine **gewisse Anzahl von Überstunden bereits mit dem Grundgehalt abgegolten** wird. Das gilt jedoch nur unter der Voraussetzung, dass die Abgeltung rechnerisch nicht zur Unterschreitung des gesetzlichen Mindestlohns führt oder im Ergebnis Lohnwucher darstellt.[23]

29 Die Anzahl der Überstunden, die abgegolten werden darf, hängt vom Einzelfall ab. Für den Arbeitnehmer muss zur Wahrung des Transparenzgebots **konkret erkennbar sein, in welchem Umfang er Überstunden leisten muss** und in welchem Verhältnis die Überstunden zu seinem Gehalt stehen. Um ein grobes Missverhältnis zwischen Leistung und Abgeltung der Überstunden nicht aufkommen zu lassen, sollte die Anzahl der abgegoltenen Überstunden in einem überschaubaren Rahmen bleiben. Die Ansichten der zulässigen Anzahl von Überstunden liegt zwischen 10 % und 25 %[24] im Verhältnis zur regulären Arbeitszeit. Schließlich sollte eine Pauschalabgeltung der Überstunden nur im Rahmen des ArbZG erfolgen. Gem. § 3 ArbZG sind maximal 48 Wochenstunden möglich, so dass bei Vollzeitstellen mit einer regulären Wochenarbeitszeit von 40 Stunden **nicht mehr als 20 % der Überstunden abgegolten** sein sollten.

4. Arbeitsverhinderung und Entgeltfortzahlung

30 Eine Arbeitsverhinderung eines Arbeitnehmers kann durch Krankheit oder andere Umstände eintreten. Eine Unterscheidung ist insbesondere im Hinblick auf den Vergütungsanspruch des Arbeitnehmers wichtig.

31 Gem. § 3 Abs. 1 S. 1 EntgFG hat der Arbeitnehmer Anspruch auf Entgeltfortzahlung im Krankheitsfall durch den Arbeitgeber für die Zeit der Arbeitsunfähigkeit **bis zur Dauer von sechs Wochen**, wenn er durch Arbeitsunfähigkeit infolge Krankheit an seiner Arbeitsleistung verhindert wird, ohne dass ihn ein Verschulden trifft. Gem. § 5 Abs. 1 S. 1 EntgFG ist der Arbeitnehmer verpflichtet, dem Arbeitgeber die Arbeitsunfähigkeit und deren voraussichtliche Dauer unverzüglich mitzuteilen. Dauert **die Arbeitsunfähigkeit länger als drei Kalendertage**, hat der Arbeitnehmer eine **ärztliche Bescheinigung** über das Bestehen der Arbeitsunfähigkeit sowie deren voraussichtliche Dauer spätestens an dem darauffolgenden Arbeitstag vorzulegen. Gem. § 5 Abs. 1 S. 2 EntgFG ist

20 EuGH Urt. v. 14.5.2019 – C-55/18, NZA 2019, 683.

21 Vgl. ArbG Emden Teilurt. v. 9.11.2020 – 2 Ca 399/18, BeckRS 2020, 48508; jedoch nicht rechtskräftig und abgeändert durch LAG Niedersachsen Urt. v. 6.5.2021 – 5 Sa 1292/20, ArbRAktuell 2021, 477; das BAG hat das LAG bestätigt mit Urt. v. 4.5.2022 – 5 AZR 359/21, FD-ArbR 2022, 448476.

22 BAG Urt. v. 1.9.2010 – 5 AZR 517/09, NZA 2011, 575.

23 Maschmann/Sieg/Göpfert Vertragsgestaltung ArbR/*Vetter* C.512 Rn. 19.

24 Grenze von 10 %: Maschmann/Sieg/Göpfert Vertragsgestaltung ArbR/*Vetter* C.512 Rn. 20; Grenze von 12,5 %: *Glocke* RdA 2014, 223; Grenze von 25 %: *Bauer/Mertin* RdA 2012, 178 (179).

der Arbeitgeber berechtigt, die ärztliche Bescheinigung früher zu verlangen. Der Arbeitgeber kann sogar im Laufe des Arbeitsverhältnisses die Vorlage der ärztlichen Bescheinigung nachträglich früher als vertraglich vereinbart verlangen. Die Ausübung dieses Rechts steht in dem nicht an besondere Voraussetzungen gebundenen Ermessen des Arbeitgebers.[25]

Seinen Anspruch auf Vergütung verliert der Arbeitnehmer gem. § 616 S. 1 BGB nicht 32
dadurch, dass er für eine verhältnismäßig nicht erhebliche Zeit durch einen in seiner Person liegenden Grund ohne sein Verschulden an der Dienstleistung verhindert wird. Grundsätzlich sind als Voraussetzung des § 616 **subjektive, persönliche Leistungshindernisse** erforderlich. Darunter fallen persönliche Eigenschaften. Hinzu kommen solche Hindernisse, die **zumindest in den persönlichen Verhältnissen des Arbeitnehmers begründet** sind. Dies ist der Fall, wenn der Arbeitnehmer aus einem in seinen Lebensumständen liegenden Grund zur Dienstleistung außerstande ist.[26] Dazu zählen mitunter **Hochzeit** und andere Familienereignisse, **Arztbesuche**, aber auch und insbesondere die **Erkrankung und Pflege von Familienangehörigen sowie Lebenspartnern.** „Verhältnismäßig nicht erhebliche Zeit" in diesem Sinne bedeutet idR nicht mehr als 5 Tage. Maßgeblich ist das Verhältnis von Verhinderungszeit zur gesamten, auch voraussichtlichen Dauer des Arbeitsverhältnisses.[27] Bei langjährig Beschäftigten kann im Einzelfall auch ein Zeitraum von 14 Tagen nicht erheblich sein.[28]

§ 616 BGB ist keine zwingende Vorschrift, sie ist **abdingbar**, wenngleich die Abbedin- 33
gung in Arbeitsverträgen der Inhaltskontrolle unterliegt. In den Jahren vor der Corona-Pandemie wurde diese Möglichkeit in Arbeitsverträgen seltener genutzt. Neue im Rahmen der Corona-Pandemie geschaffene Möglichkeiten für Arbeitnehmer wie das erweiterte Kinderkrankengeld haben § 616 BGB auf Arbeitgeberseite mehr in den Fokus gerückt mit der Folge, dass die Abbedingung nun öfter vereinbart wird.

5. Urlaub

Jeder Arbeitnehmer hat Anspruch auf den **gesetzlichen Mindesturlaub** gem. § 3 BurlG, 34
der jährlich **24 Werktage** beträgt. Es ist unerheblich, wie viele Tage oder wie viele Stunden der Arbeitnehmer im Monat arbeitet. Das BurlG nimmt allein Bezug auf die Werktage. Arbeitsverträge bemessen den Urlaub gerne an **Arbeitstagen**, so dass der Mindesturlaub bei einer 5-Tage-Woche mit 20 Arbeitstagen bestimmt wird. Diese beiden Begriffe sind zu unterscheiden.

Der Arbeitgeber kann zusätzlich einen **vertraglichen Urlaub** gewähren. Dieser sollte im 35
Vertrag getrennt vom gesetzlichen Mindesturlaub geregelt werden. Von einem pauschalen Gesamturlaubsanspruch ist abzuraten. Denn anders als beim gesetzlichen Mindesturlaub ist es dem Arbeitgeber möglich, den vertraglichen Urlaub früher verfallen zu lassen, eine Quotelung des Urlaubs auch dann anzuwenden, selbst wenn das Arbeitsverhältnis nach dem 30.06. des laufenden Jahres endet (vgl. § 5 Abs. 1 lit. a BurlG), oder Urlaubsabgeltungsansprüche auszuschließen.

25 BAG Urt. v. 14.11.2012 – 5 AZR 886/11, NZA 2013, 322.
26 BeckOK ArbR/*Joussen* BGB § 616 Rn. 18.
27 Grüneberg/*Weidenkaff* BGB § 616 Rn. 8.
28 ErfK/*Preis* BGB § 616 Rn. 10b.

36 **Urlaubsabgeltungsansprüche** sind zu vermeiden. Der Anspruch auf den gesetzlichen Mindesturlaub erlischt nur dann am Ende des Kalenderjahres oder eines zulässigen Übertragungszeitraums, wenn der Arbeitgeber den Arbeitnehmer zuvor in die Lage versetzt hat, seinen Urlaubsanspruch wahrzunehmen, und der Arbeitnehmer den Urlaub dennoch aus freien Stücken nicht genommen hat.[29] Der Arbeitgeber sollte daher frühzeitig die noch offenen Urlaubsansprüche des Arbeitnehmers prüfen, den Arbeitnehmer darauf hinweisen und ihm mitteilen, dass der Urlaub verfallen kann, wenn er ihn nicht rechtzeitig in Anspruch nimmt.

6. Privatnutzung der IT-Systeme und überlassener Arbeitsmittel

37 Der Arbeitgeber kann im Rahmen seiner alleinigen Verfügungsbefugnis über die Möglichkeit der Privatnutzung der Betriebsmittel durch den Arbeitnehmer frei bestimmen. Im Hinblick auf IT-Systeme müssen Arbeitgeber mangels höchstrichterlicher Klärung bislang fürchten, als Diensteanbieter iSv § 3 Nr. 6 TKG dem **Fernmeldegeheimnis** des § 88 TKG und dem strikten Datenschutzrecht der §§ 91 ff. TKG zu unterliegen, wenn sie die **private E-Mail-Nutzung** am Arbeitsplatz durch ihre Mitarbeiter erlauben oder dulden. Die bisherige Rechtsprechung des EuGH[30] liefert zwar Argumente dafür, dass Arbeitgeber im Verhältnis zu ihren Arbeitnehmern nicht als Diensteanbieter im Rahmen dieser Vorschriften anzusehen sind. Auch in der deutschen Instanzenrechtsprechung wurde vereinzelt entschieden, dass ein Arbeitgeber, der die Nutzung der privaten E-Mails erlaubt, nicht als „Anbieter" von Telemedien im Sinne des TMG zu qualifizieren sei.[31] So lange für den Arbeitgeber aber nicht abschließend feststellbar ist, ob der Zugriff auf seine eigenen Daten im Falle der Privatnutzung durch den Arbeitnehmer absolut gesichert ist, sollte die Privatnutzung untersagt werden. Für einzelne Bereiche, wie bspw. die Privatnutzung des überlassenen Handys als Telefon (ggf. auch SMS-Nutzung) können ausdrücklich Ausnahmen festgelegt werden.

7. Betriebs- und Geschäftsgeheimnisse/Verschwiegenheitspflicht

38 Zu den vertraglichen Pflichten des Arbeitnehmers gehört die Treue gegenüber dem Arbeitgeber (§ 241 Abs. 2, § 242 BGB). Bereits daraus ergibt sich, dass der Arbeitnehmer Betriebs- und Geschäftsgeheimnisse nicht an Dritte weitergeben darf.

39 Gem. § 2 Nr. 1 lit. b GeschGehG hat der Arbeitgeber **angemessene Geheimhaltungsmaßnahmen** zu treffen. Denn ohne solche Maßnahmen fehlt es an einem Geschäftsgeheimnis.[32] Entsprechende Vorkehrungen sollten daher getroffen werden. Dabei bilden die **Bestandsaufnahme** und die **Dokumentation** die Ausgangsbasis für einen strukturierten Geheimnisschutz.[33] Weitere Maßnahmen sind:

---

29 BAG Urt. v. 19.2.2019 – 9 AZR 541/15, NZA 2019, 982; BAG Urt. v. 19.2.2019 – 9 AZR 423/16, NZA 2019, 977 als Folgeentscheidungen zu EuGH Urt. v. 6.11.2018 – C-684/16, NZA 2018, 1474.

30 *Fokken* NZA 2020, 629, mit Verweis auf EuGH Urt. v. 5.6.2019 – C-142/18, ECLI:EU:C:2019:460 = EuZW 2019, 576 Ls. – SkypeOut; EuGH Urt. v. 13.6.2019 – C-193/18, ECLI:EU:C:2019:498 = NJW 2019, 2597 = NVwZ 2019, 1118 – Gmail.

31 LAG Niedersachsen Urt. v. 31.5.2010 – 12 Sa 875/09, NZA-RR 2010, 406; LAG Berlin-Brandenburg Urt. v. 16.2.2011 – 4 Sa 2132/10, NZA 2011, 342.

32 LAG Düsseldorf Urt. v. 3.6.2020 – 12 SaGa 4/20, MMR 2021, 181.

33 Köhler/Bornkamm/Feddersen/*Alexander* GeschGehG § 2 Rn. 55.

- **Organisatorische Maßnahmen**, wie Schaffung einer Unternehmenscompliance (IP-Compliance Management und Geschäftsgeheimnis-Compliance), Instruktion von Mitarbeitern, Überwachung und Kontrolle der Einhaltung von Sicherheitsmaßnahmen, regelmäßige Evaluation der getroffenen Maßnahmen, Vorgaben im Hinblick auf den Umgang mit vertraulichen Daten;[34]
- **Personelle Maßnahmen**, wie Beschränkung des Personenkreises mit Zugriff auf bestimmte Geschäftsgeheimnisse, Schaffung einer besonderen Sensibilität für den Schutz vertraulicher Informationen bei Arbeitnehmern, etwa durch Fortbildungen, Schulungen oder dergleichen;[35]
- **technische und sonstige tatsächliche Maßnahmen**, die einen unbefugten Zugriff Dritter verhindern, wie die Zugangssicherung durch Passwörter, Verschlüsselungstechniken sowie die sichere Verwahrung von verkörperten Gegenständen.[36]

8. Vertragsstrafen

Für Arbeitgeber kann ein Interesse bestehen, durch die Aufnahme von Vertragsstrafe- 40
klauseln im Arbeitsvertrag mit einem gewissen Druck die vertraglich vereinbarten Arbeitsleistungen des Arbeitnehmers zu sichern. Vertragsstrafen können trotz § 309 Nr. 6 BGB in Arbeitsverträgen grds. wirksam vereinbart werden. Eine **unangemessene Benachteiligung** liegt aber dann vor, wenn die Vertragsstrafe höher ist als das Arbeitsentgelt, welches der Arbeitgeber dem Arbeitnehmer für die Zeit bis zur ordnungsgemäßen Beendigung des Arbeitsverhältnisses schulden würde.[37]

Ob und wie weitgehend Vertragsstrafen in den Arbeitsvertrag mitaufgenommen wer- 41
den, sollte wohl überlegt werden. Denn dem wirtschaftlichen Interesse des Arbeitgebers an der Sicherung der Arbeitsleistung des Arbeitnehmers steht der Aufbau eines Vertrauensverhältnisses gegenüber. Ferner sollte weniger der Kompensationsgedanke im Vordergrund stehen als vielmehr die Warnfunktion, die eine solche Klausel unabhängig von Ihrer Wirksamkeit ausstrahlt.

9. Beendigung

Gem. § 2 Abs. 1 Nr. 9 NachwG sind die Fristen für die Kündigung des Arbeitsverhält- 42
nisses niederschriftlich aufzunehmen. Die Fristen der ordentlichen Kündigung bemessen sich an § 622 BGB. Für den Arbeitnehmer bemisst sich die **Kündigungsfrist** grds. allein nach § 622 Abs. 1 BGB, wonach für ihn eine Kündigungsfrist von vier Wochen zum Fünfzehnten oder zum Ende eines Kalendermonats gilt. Diese Frist gilt zunächst auch für den Arbeitgeber, ab einem Bestand des Arbeitsverhältnisses von zwei Jahren gelten **allein für den Arbeitgeber die längeren Kündigungsfristen gem. § 622 Abs. 2 BGB.** Von den Kündigungsfristen kann nicht zum Nachteil des Arbeitnehmers abgewichen werden. Indes ist es zulässig, dass für den Arbeitnehmer ebenso die gesetzlich verlängerten Kündigungsfristen gelten sollen. Von dieser Möglichkeit wird regelmäßig

---

34 Köhler/Bornkamm/Feddersen/*Alexander* GeschGehG § 2 Rn. 58–58a.
35 Köhler/Bornkamm/Feddersen/*Alexander* GeschGehG § 2 Rn. 59.
36 Köhler/Bornkamm/Feddersen/*Alexander* GeschGehG § 2 Rn. 63.
37 BAG Urt. v. 8.12.2008 – 8 AZR 81/08, NZA-RR 2009, 519.

Gebrauch gemacht. Zulässig ist es auch, längere Kündigungsfristen für beide Parteien zu vereinbaren als in § 622 BGB gefordert.[38]

43 Im Interesse des Arbeitgebers sind **bestimmte Auflösungstatbestände** zwingend aufzunehmen, die das Arbeitsverhältnis ohne Kündigung oder Aufhebungsvereinbarung beenden. Ein solcher Tatbestand stellt das Erreichen des Eintrittsalters für eine **ungekürzte Regelaltersrente** der gesetzlichen Rentenversicherung dar (oder entsprechend) oder ein Bescheid eines Rentenversicherungsträgers über die Gewährung einer unbefristeten Rente wegen **voller Erwerbsminderung** dar. Vereinbaren die Parteien solche Beendigungstatbestände nicht, endet das Arbeitsverhältnis auch nicht automatisch mit dem Eintritt der vorgenannten Tatbestände mit der Folge, dass der Arbeitnehmer weiterhin Beschäftigung verlangen kann.

10. Urheberrechte und Nutzungsrechte

44 Gerade in der Games-Branche ist äußerst wichtig, umfassende Nutzungsrechte in Bezug auf urheberrechtliche Werke oder andere Schutzrechte vom Arbeitnehmer zu erwerben, unabhängig davon, ob es sich um Computerprogramme, Grafiken, Figuren oder das Erstellen von Marken handelt. Der Arbeitgeber sollte daher mit dem Arbeitnehmer eine entsprechende Regelung treffen, auch wenn das UrhG bereits mit § 43 UrhG und § 69b UrhG vorsieht, dem Arbeitgeber umfassende Nutzungsrechte zu verschaffen.

a) Nutzungsrechteerwerb des Arbeitgebers

45 Wird ein **Computerprogramm** von einem Arbeitnehmer in Wahrnehmung seiner Aufgaben oder nach den Anweisungen seines Arbeitgebers geschaffen, so ist gem. § 69b UrhG ausschließlich der Arbeitgeber zur Ausübung aller vermögensrechtlichen Befugnisse an dem Computerprogramm berechtigt, sofern nichts anderes vereinbart ist. Diese **ausschließlichen Nutzungsrechte sind zeitlich, räumlich und inhaltlich unbeschränkt.** Der Arbeitgeber ist zudem berechtigt, das vom Arbeitnehmer geschaffene Computerprogramm zu bearbeiten bzw. weiterzuentwickeln.[39] Darüber hinaus kann er seine Nutzungsrechte weiter übertragen oder Dritten ausschließliche oder einfache Nutzungsrechte einräumen.[40]

46 Im Rahmen von § 43 UrhG steht **das Arbeitsergebnis an allen anderen Werken dem Arbeitgeber** zu. Da die Urheberrechte jedoch nicht automatisch auf den Arbeitgeber übergehen, ist der Arbeitnehmer in seiner Eigenschaft als Urheber zur Einräumung dieser Urheberrechte verpflichtet.[41] Diese Verpflichtung kann entweder ausdrücklich erfolgen oder aber sich stillschweigend aus dem Arbeits- oder Dienstvertrag ergeben.[42] Der Umfang der Nutzungseinräumung in inhaltlicher, räumlicher und zeitlicher Hinsicht ergibt sich bei ausdrücklicher vertraglicher Regelung aus dem Inhalt des Vertrages. Die allgemeine Zweckübertragungsregel (§ 31 Abs. 5 UrhG) gilt dabei ebenso wie bei einer nur stillschweigenden Rechtseinräumung. Danach sind dem Arbeitgeber oder Dienstherrn die Nutzungsrechte insoweit einzuräumen bzw. im Wege der Vorausver-

---

38 BAG Urt. v. 25.9.2008 – AZR 717/07, NZA 2009, 370.
39 BeckOK UrhR/*Spies* UrhG § 69b Rn. 14.
40 BGH Urt. v. 3.3.2005 – I ZR 111/02, GRUR 2005, 860.
41 Dreier/Schulze/*Dreier* UrhG § 43 Rn. 18.
42 Dreier/Schulze/*Dreier* UrhG § 43 Rn. 19.

fügung eingeräumt, wie dieser sie für seine betrieblichen oder dienstlichen Zwecke benötigt.[43] Der Rechteerwerb ist somit grds. auf sog. **Pflichtwerke** beschränkt, also solche, die der Arbeitnehmer in Erfüllung seiner Verpflichtung aus dem Arbeitsverhältnis geschaffen hat. Über das Vorliegen dieser Eigenschaft entsteht nicht selten Uneinigkeit, so dass im Arbeitsvertrag solche Pflichtwerke definiert werden sollten.

Der Erwerb von Nutzungsrechten sollte trotzdem in einer **umfassenden Rechteklausel im schriftlichen Arbeitsvertrag** geregelt werden. Von einer Rechteübertragung mittels einer Richtlinie bzw. als Anlage zum Arbeitsvertrag ist abzuraten. IdR hat der Arbeitnehmer zum Zeitpunkt des Vertragsschlusses noch keine Werke für den Arbeitgeber geschaffen, so dass es sich bei der Rechteübertragung um einen Vertrag über künftige Werke iSd § 40 UrhG handelt. Ob die für solche Werke in § 40 Abs. 1 UrhG geforderte Schriftform auch auf Arbeitsverträge anzuwenden ist, ist umstritten.[44] Aus Arbeitgebersicht sollte aber allein schon aus Sicherheitsgründen die Rechteklausel unabhängig davon in Schriftform erfolgen. Darüber hinaus hat der Arbeitgeber ein Interesse, auch **unbekannte Nutzungsraten** zu erwerben. Dafür hat er aber das in § 31a Abs. 1 S. 1 UrhG normierte Schriftformerfordernis zwingend zu wahren.[45] 47

b) Urheberpersönlichkeitsrechte

Unabhängig des umfassenden Übergangs der Nutzungsrechte bleiben die Urheberpersönlichkeitsrechte grds. beim Arbeitnehmer. Allerdings ergeben sich aus der Einräumung ausschließlicher Nutzungsrechte innerhalb des Betriebszweckes Grenzen für das Urheberpersönlichkeitsrecht des Arbeitnehmerurhebers. Hier ist im Zweifel davon auszugehen, dass der Urheber dem Arbeitgeber alle diejenigen Persönlichkeitsrechte überlässt, die dieser zur betrieblichen Verwertung der Arbeitsleistung benötigt.[46] Dem Arbeitgeber ist insofern das **Veröffentlichungsrecht** überlassen.[47] 48

IdR wird das **Namensnennungsrecht** des Arbeitnehmerurhebers zu beachten sein. Dieses ist in Bezug auf das **Ob** und mehr noch in Bezug auf das **Wie** der Namensnennung wiederum anhand einer umfassenden Interessenabwägung eingeschränkt,[48] es kann sogar sein, dass der Arbeitnehmer im Einzelfall hinnehmen muss, dass eine Benennung überhaupt nicht zu erfolgen hat. Darauf kann der Arbeitgeber sich aber nicht verlassen. Deshalb sollte er sich vom Arbeitnehmer die **Einwilligung einer Nutzung ohne Urheberbenennung einholen**. Zu beachten ist, dass eine solche Erklärung der Inhaltskontrolle standhalten muss. 49

c) Recht des Arbeitnehmers auf Zweitverwertung?

Hat der Urheber ein ausschließliches Nutzungsrecht gegen eine pauschale Vergütung eingeräumt, ist er gem. § 40a Abs. 1 S. 1 UrhG gleichwohl berechtigt, das Werk nach Ablauf von zehn Jahren anderweitig zu verwerten. Für die verbleibende Dauer der Ein- 50

43 Dreier/Schulze/*Dreier* UrhG § 43 Rn. 20.
44 Gegen das Erfordernis der Schriftform Dreier/Schulze/*Schulze* UrhG § 40 Rn. 5 und § 43 Rn. 19; aA Wandtke/Bullinger/*Wandtke* UrhG § 43 Rn. 48.
45 Wohl unstreitig, siehe Dreier/Schulze/*Schulze* UrhG § 31a Rn. 13 mwN.
46 Wandtke/Bullinger/*Wandtke* UrhG § 43 Rn. 84.
47 Vgl. Dreier/Schulze/*Dreier* UrhG § 43 Rn. 35; BeckOK UrhR/*Spies* UrhG § 69b Rn. 16.
48 Dreier/Schulze/*Dreier* UrhG § 43 Rn. 36.

räumung besteht das Nutzungsrecht des ersten Inhabers als einfaches Nutzungsrecht fort.

51 Fraglich ist, ob § **40a UrhG auch für Arbeitsverhältnisse** gilt. Auf Computerprogramme findet § 40a UrhG gem. § 69a Abs. 5 UrhG keine Anwendung. Da das Gesetz erst am 1.3.2017 in Kraft getreten ist, gibt es zu § 40a UrhG noch keine Rechtsprechung, auf die zurückgegriffen werden könnte.

52 Nach Ansicht des Gesetzgebers[49] sowie der Literatur stehen der Anwendung des § 40a UrhG allerdings auch im Übrigen Inhalt und Wesen von Arbeits- und Dienstverhältnissen **in der Regel** entgegen. Verwiesen wird insofern zum einen darauf, dass der Arbeitnehmer nicht das **wirtschaftliche Risiko** der Verwertung trägt und zum anderen, dass zumeist **berechtigte Interessen des Arbeitgebers** entgegenstehen, der das Werk regelmäßig für seinen Betriebszweck hat herstellen lassen. Lediglich vereinzelt wird darauf hingewiesen, dass eine andere Beurteilung in Fällen denkbar ist, in denen das Arbeitsverhältnis nach zehn Jahren durch den Arbeitgeber beendet wird.[50] Teilweise wird schlichtweg die Ansicht vertreten, dass § 40a UrhG auf Arbeitsverhältnisse gar nicht anzuwenden ist.[51]

53 Jedenfalls ist eine uneingeschränkte Anwendung von § 40a UrhG auf Arbeitsverhältnisse aus den genannten Gründen abzulehnen. Dem wirtschaftlichen Risiko des Arbeitgebers muss Rechnung getragen werden, so dass ein Zweitverwertungsrecht Arbeitnehmerurheber abzulehnen ist.

d) Rückrufsrecht des Arbeitnehmers wegen Nichtausübung

54 Übt der Inhaber eines ausschließlichen Nutzungsrechts dieses Recht nicht oder nur unzureichend aus, so kann der Urheber gem. § 41 Abs. 1 S. UrhG entweder nur die Ausschließlichkeit des Nutzungsrechts oder das Nutzungsrecht insgesamt zurückrufen.

55 Dieses Rückrufsrecht kann dem Grunde nach auch vom Arbeitnehmerurheber ausgeübt werden. Da der wesentliche Inhalt des Arbeitsvertrages die Verwertung der Nutzungsrechte durch den Arbeitgeber bedeutet, wird vertreten, dass mit der Ausübung des Rückrufrechts die Grundlage für die Aufrechterhaltung des Arbeits- oder Dienstverhältnisses entzogen ist. Ein **Kündigungsgrund** würde vorliegen.[52] Dies überzeugt, da der Rückruf eine vertragsauflösende Erklärung eigener Art ist und im Rahmen des Arbeitsverhältnisses nur die mit dem Arbeitsvertrag ausdrücklich oder stillschweigend eingeräumten ausschließlichen Nutzungsrechte hinsichtlich der geschaffenen (Pflicht-)Werke betrifft.[53]

56 Ferner sind die Interessen von Arbeitgeber und Arbeitnehmerurheber abzuwägen. Das Interesse des Arbeitgebers hat regelmäßig Vorrang, so dass das Rückrufsrecht des angestellten Urhebers eingeschränkt ist. Vor allem ist bei der **Interessenabwägung** zu berücksichtigen, dass das monetäre Interesse des angestellten Urhebers grundsätzlich

---

49 S. hierzu BT-Drs. 18/8625, 30, mit Verweis darauf, dass der Arbeitnehmer unabhängig von einer Verwertung vergütet wird.

50 *Klass* GRUR 2019, 1103 (1109), mit Verweis auf Dreier/Schulze/*Dreier* UrhG § 40a Rn. 2; *Konertz* NZA 2017, 614; *Berger/Freyer* GRUR 2016, 13.

51 Schaub ArbR-HdB/*Koch* § 115 Rn. 7.

52 Wandtke/Bullinger/*Wandtke* UrhG § 43 Rn. 115.

53 Wandtke/Bullinger/*Wandtke* UrhG § 43 Rn. 115.

bereits mit der Lohnzahlung abgegolten ist. Das gilt auch hinsichtlich solcher Rechte, die der Arbeitgeber zur Verwertung gar nicht benötigt. Dennoch können die eigenen Verwertungsinteressen des Arbeitnehmerurhebers diejenigen seines Arbeitgebers etwa dann überwiegen, wenn dieser an einer weiteren Verwertung überhaupt kein Interesse zeigt.[54]

Gem. § 41 Abs. 2 S. 1 kann das Rückrufsrecht **nicht vor Ablauf von zwei Jahren** seit Einräumung oder Übertragung des Nutzungsrechts oder, wenn das Werk später abgeliefert wird, seit der Ablieferung geltend gemacht werden. Das gilt unter den vorgenannten Voraussetzungen auch im Arbeitsverhältnis. In Arbeitsverträgen und in Formularvorschlägen ist weiterhin die Regelung zu finden, wonach der Rückruf nicht vor fünf Jahren ausgeübt werden darf. Dies ist wegen § 41 Abs. 4 UrhG unwirksam. Zum Nachteil des Urhebers kann nur durch eine Vereinbarung abgewichen werden, die auf einer gemeinsamen Vergütungsregel (§ 36 UrhG) oder einem Tarifvertrag beruht. 57

11. Ausschlussfristen

Ausschlussfristen, häufig auch Ausschluss- oder Verfallsklauseln bezeichnet, enthalten eine Frist, nach deren Ablauf ein Recht nicht mehr geltend gemacht werden kann. In Arbeitsverträge sind sog. **zweistufige Ausschlussfristen** aufzunehmen, wonach der Anspruchsinhaber auf der ersten Stufe innerhalb einer bestimmten Zeit ab Fälligkeit des Anspruches diesen gegenüber der anderen Partei geltend machen muss. Wird der Anspruch nicht erfüllt, so hat der Anspruchssteller im Rahmen einer folgenden zweiten Frist den Anspruch gerichtlich geltend zu machen. Eine Ausschlussfrist von weniger als drei Monaten sind vom BAG als unangemessen kurz bewertet worden,[55] so dass sich die **Dreimonatsfrist** für beide Stufen etabliert hat. Wegen des seit dem 1.10.2016 geltenden § 309 Nr. 13 lit. b BGB dürfen solche Ausschlussklauseln allenfalls die Geltendmachung **in Textform** verlangen. Die immer noch gern gewählte Schriftform ist unzulässig. Ansprüche aus der Haftung wegen **vorsätzlichen Handelns** (§ 202 Abs. 1 BGB) sowie wegen Verletzung des Körpers und der Gesundheit (§ 309 Nr. 7 lit. a BGB) sollten ausgeschlossen werden. Auch sollte die Haftung wegen grober Fahrlässigkeit ausgeschlossen werden, und zwar nicht, weil ein solcher Ausschluss gem. § 309 Nr. 7 lit. b BGB unwirksam wäre. Nach der Rechtsprechung des BAG findet dieses Klauselverbot auf Arbeitsverträge keine Anwendung, weil derartige Schäden meist Ansprüche des Arbeitgebers gegen den Arbeitnehmer zur Folge haben.[56] Im Arbeitgeberinteresse sollte aber genau diese Argumentation Grund sein, grobe Fahrlässigkeit von der Klausel aufzunehmen, um nicht Gefahr zu laufen, dass die eigenen Ansprüche verfallen. 58

III. Home-Office

Die Corona-Pandemie hat das Fordern nach Arbeiten im Home-Office angetrieben. Arbeitsverhältnisse werden grenzüberschreitend, wenngleich die rechtlichen Rahmen noch unzureichend sind und weiterhin Unklarheiten in Bezug auf gesetzliche Pflichten und Möglichkeiten bestehen. 59

54 Dreier/Schulze/*Dreier* UrhG § 43 Rn. 38 mwN.
55 BAG Urt. v. 28.9.2005 – 5 AZR 52/05, NZA 2006, 149.
56 BAG Urt. v. 28.9.2017 – 8 AZR 67/15, NZA 2018, 589.

60 Das Gesetz kennt den Begriff „Home-Office" nicht. Nach § 2 Abs. 8 S. 2 ArbStättV handelt es sich um sog. **Telearbeitsplätze.** Solche sind vom Arbeitgeber fest eingerichtete Bildschirmarbeitsplätze im Privatbereich der Beschäftigten, für die der Arbeitgeber eine mit den Beschäftigten vereinbarte, wöchentliche Arbeitszeit und die Dauer der Einrichtung festgelegt hat. Ein Telearbeitsplatz ist vom Arbeitgeber erst dann eingerichtet, wenn Arbeitgeber und Beschäftigte die Bedingungen der Telearbeit arbeitsvertraglich oder im Rahmen einer Vereinbarung festgelegt haben und die **benötigte Ausstattung** bereitgestellt und installiert ist.

61 Der **Arbeitgeber ist für die Einrichtung des Home-Office zuständig** und trägt grundsätzlich auch die damit verbundenen Kosten. Damit sind nicht nur die Kosten für die Anschaffung von Mobiliar und Rechnern gemeint, sondern auch die anfallenden Strom- und Heizkosten bis hin zu einem Anteil an den Mietzahlungen. Der Arbeitgeber ist gut beraten, mit dem Mitarbeiter insoweit eine Kostenpauschale zu vereinbaren.[57]

62 Die Vorschriften des Arbeitsschutzgesetzes und der Arbeitsstättenverordnung gelten auch für Arbeitsplätze in einer privaten Wohnung des Arbeitnehmers. § 3 ArbSchG verpflichtet den Arbeitgeber zu den erforderlichen Maßnahmen des Arbeitsschutzes. Er muss auch im Home-Office dafür sorgen, dass eine Gefährdung für das Leben sowie die Gesundheit möglichst vermieden und die verbleibende Gefährdung möglichst geringgehalten wird (§ 4 ArbSchG).

63 Problematisch wird es, wenn sich das **Home-Office im Ausland** befinden soll. Fraglich ist dann, welches Steuerrecht, welches Sozialrecht und welches Arbeitsrecht Anwendung findet. Im internationalen Kontext werden bisher weder vom Gesetzgeber noch von der Rechtsprechung ausreichend Antworten gegeben, um diese Fragen verlässlich beantworten zu können. Solange Regelungen nicht bestehen, ist es sowohl aus Arbeitgeber-, als auch aus Arbeitnehmersicht ratsam, die Arbeit aus dem Home-Office aus dem Ausland erstmal nicht zuzulassen bzw. vorzunehmen, um unliebsame Rechtsfolgen zu vermeiden.[58]

IV. Mobiles Arbeiten

64 Steht es dem Arbeitnehmer überwiegend frei, von welchem Ort aus er seine Arbeitsleistung erbringt, spricht man von mobilem Arbeiten. Das hat aus Arbeitgebersicht den Vorteil, dass die **ArbStättV keine Anwendung** findet, da es sich nicht um einen Telearbeitsplatz handelt.[59] Im Hinblick auf den Einsatz des Arbeitnehmers im Ausland stellen sich dieselben Fragen wie beim Home-Office, so dass auch insoweit ein Einsatz des Arbeitnehmers im Ausland untersagt werden sollte. Dem Home-Office ist das mobile Arbeiten dennoch vorzuziehen, da die ArbStättV mit ihren umfangreichen Arbeitgeberpflichten nicht anwendbar ist, der Arbeitnehmer aber trotzdem zu Hause arbeiten kann.

57 *Benkert* NJW-Spezial 2019, 306.
58 *Hördt* ArbRAktuell 2020, 485 (489).
59 So auch Küttner Personalbuch 2022/*Röller* Mobiles Arbeiten Rn. 12 mwN.

C. Beendigung des Arbeitsverhältnisses

Ist das Arbeitsverhältnis unbefristet geschlossen, endet es idR durch die ordentliche Kündigung einer Partei. Alternativ und aus Arbeitgebersicht in vielen Fällen die vorzuziehende Alternative bietet die sog. Aufhebungsvereinbarung. Die Beendigungstatbestände sollen hier nur am Rande behandelt werden. 65

I. Ordentliche Kündigung

Die Kündigung bedarf der **Schriftform** (§ 623 BGB). Als Gestaltungsrecht ist sie bereits durch Ihre Ausübung wirksam und kann nicht zurückgenommen werden. Sie ist eine **empfangsbedürftige Willenserklärung** und ist erst mit Zugang beim Erklärungsempfänger wirksam. Der Arbeitgeber hat idR den Zugang der Kündigung beim Arbeitnehmer nachzuweisen. Es empfiehlt sich, die Kündigung durch eine dritte Person übergeben zu lassen, bestenfalls quittiert der Arbeitnehmer den Erhalt. Der Zugang durch ein **Einwurfeinschreiben** ist grds beweisbar möglich, wird aber in der Rechtsprechung unterschiedlich gewertet, weshalb davon eher abzuraten ist. Wird dennoch so vorgegangen, sollte das Kündigungsschreiben von einer dritten Person gelesen und versendet werden, so dass nicht nur der Zugang durch den Einlieferungsbeleg, sondern auch der Inhalt des Einschreibens bewiesen werden kann. 66

Eine Stolperfalle kann die Rechtsfolge des § 174 BGB sein. Die Kündigung, die ein Bevollmächtigter einem anderen gegenüber vornimmt, ist danach unwirksam, wenn der Bevollmächtigte eine **Vollmachtsurkunde** nicht vorlegt und der andere das Rechtsgeschäft aus diesem Grunde unverzüglich zurückweist. Daher sollte die Kündigung möglichst vom gesetzlichen Vertreter unterzeichnet werden. Wird sie dennoch durch eine bevollmächtigte Person unterzeichnet, muss der Arbeitnehmer über die Bevollmächtigung in Kenntnis gesetzt worden sein. Gem. § 174 S. 2 BGB kann dann die Kündigung nicht mehr zurückgewiesen werden. Ein In-Kenntnis-Setzen liegt auch dann vor, wenn der Arbeitgeber bestimmte Mitarbeiter – zB durch die Bestellung zum Prokuristen, Generalbevollmächtigten oder Leiter der Personalabteilung – in eine Position berufen hat, die **üblicherweise** mit dem Kündigungsrecht verbunden ist.[60] 67

Besteht ein **Betriebsrat**, so muss dieser vor jeder Kündigung gem. § 102 BetrVG gehört werden. Eine Kündigung, die ohne Anhörung des Betriebsrates ausgesprochen wird, ist **unwirksam.** 68

Neben den formalen Voraussetzungen der Kündigung durch den Arbeitgeber kann auch ein Kündigungsschutz des Arbeitnehmers der Wirksamkeit der Kündigung entgegenstehen. Werden im maßgeblichen Betrieb des Arbeitgebers mehr als zehn Arbeitnehmer beschäftigt (vgl. § 23 KSchG) und hat das Arbeitsverhältnis in demselben Betrieb oder Unternehmen ohne Unterbrechung länger als sechs Monate bestanden, ist die Kündigung rechtsunwirksam, wenn sie sozial ungerechtfertigt ist (vgl. § 1 Abs. 1 KSchG). Der Arbeitgeber hat dann personen-, verhaltens- oder betriebsbedingte Gründe vorzubringen. Das muss er idR erst im Kündigungsschutzprozess vortragen. Die Nennung von Gründen in der Kündigung ist zu unterlassen. 69

60 BAG Urt. v. 5.12.2019 – 2 AZR 147/19, NJW 2020, 1456 Rn. 52.

II. Aufhebungsvereinbarung

70 Aufgrund der formalen und inhaltlichen Probleme, die die Kündigung beinhaltet, ist aus Arbeitgebersicht eine Aufhebungsvereinbarung idR die bessere Alternative. Ein wichtiger Grund dürfte die Vermeidung eines langen Prozesses sein, der ein nennenswertes finanzielles Risiko (Annahmeverzugslohn des Arbeitnehmers) birgt. Vorteilhaft für den Arbeitgeber ist zudem, dass Kündigungsfristen nicht einzuhalten sind. Es muss kein Betriebsrat angehört werden, es greift weder ein allgemeiner noch ein besonderer Kündigungsschutz. Die Aufhebungsvereinbarung muss in Schriftform geschlossen werden (§ 623 BGB).

§ 9 Urheberrecht für Games

Literatur: *Allar/Nebenführ*, Tagungsbericht „Eigentum in der digitalen Gesellschaft – Perspektiven von Sacheigentum und geistigem Eigentum“, GRUR 2021, 693; *Auer-Reinsdorff/Conrad*, Handbuch IT- und Datenschutzrecht, 3. Aufl. 2019 (zit.: Auer-Reinsdorff/Conrad IT- und DatenschutzR-HdB); *Berger/Wündisch*, Urhebervertragsrecht, 3. Aufl. 2022 (zit.: Berger/Wündisch UrhVertrR-HdB); *Brauner/Brauneck*, Angemessene Vergütung von Urhebern und Künstlern, 2022 (zit.: Brauner/Brauneck Angemessene Vergütung); *Brüggemann*, Urheberrechtlicher Schutz von Computer- und Videospielen – Ein gordischer Knoten bzw. eine Aufgabe für den Gesetzgeber, CR 2015, 697; *Bullinger/Czychowski*, Digitale Inhalte: Werk und/oder Software? Ein Gedankenspiel am Beispiel von Computerspielen, GRUR 2011, 19; *Castendyk*, Lizenzverträge und AGB-Recht, ZUM 2007, 169; *Conraths*, Künstliche Intelligenz in der Medienproduktion, MMR 2021, 457; *Determann*, Gegen Eigentumsrechte an Daten – Warum Gedanken und andere Informationen frei sind und es bleiben sollten, ZD 2018, 503; *Dreier/Raue/Specht-Riemenschneider*, Urheberrechtsgesetz, 7. Aufl. 2022 (zit.: Dreier/Schulze); *Düwel/Schmid*, »Käfer-Lächeln« und »Ei-Form«: Der VW-Käfer und das Urheberrecht, ZUM-RD 2022, 377; *Ewald/Haar*, Gaming meets Law: Rechtsfragen der Entwicklung und Vermarktung von digitalem Content, K&R-Beil. Heft 1/2017, 12; *Frey*, eSport und Recht, 2021 (zit.: Frey eSportR-HdB); *Frey/Pommer*, Herausforderungen für die weitere Entwicklung des eSport, MMR-Beil. 2018, 7; *Gesetzentwurf der Bundesregierung*, Entwurf eines Gesetzes zur Anpassung des Urheberrechts an die Erfordernisse des digitalen Binnenmarktes vom 09.03.2021, BT-Drs. 19/27426; *Grabitz/Hilf/Nettesheim* (Hrsg.), Das Recht der Europäischen Union: EUV/AEUV, 74. EL Sept. 2021; *Graef*, Die fiktive Figur im Urheberrecht, ZUM 2012, 108; *Gräfe/Kahl*, KI-Systeme zur automatischen Texterstellung, MMR 2021, 121; *Hauck*, Gebrauchthandel mit digitalen Gütern, NJW 2014, 3616; *Hauck*, Der Erschöpfungsgrundsatz im Patent- und Urheberrecht, EuZW 2017, 645; *Heine/Stang*, Weiterverkauf digitaler Werke mittels Non-Fungible Tokens aus urheberrechtlicher Sicht, MMR 2021, 755; *Hennemann/Steinrötter*, Data Act – Fundament des neuen EU-Datenwirtschaftsrechts? NJW 2022, 1481; *Hentsch*, Die Urheberrechte der Publisher bei e-Sport, MMR-Beil. 2018, 3; *Hentsch*, Die Umsetzung der Urheberrechts-Richtlinie aus Sicht der Games-Branche, MMR 2019, 351; *Hetmank/Lauber-Rönsberg*, Künstliche Intelligenz – Herausforderungen für das Immaterialgüterrecht, GRUR 2018, 574; *Hilgert*, Keys und Accounts beim Computerspielvertrieb, CR 2014, 354; *Hilty*, Kontrolle der digitalen Werknutzung zwischen Vertrag und Erschöpfung, GRUR 2018, 865; *Hoeren*, Datenbesitz statt Dateneigentum, MMR 2019, 5; *Hoeren/Sieber/Holznagel*, Handbuch Multimedia-Recht, 2021 (zit.: Hoeren/Sieber/Holznagel MMR-HdB); *Hofmann*, Die Schutzfähigkeit von Computerspielesystemen nach Urheberrecht, CR 2012, 281; *Hofmann*, Verdient digitales Spielen ein Leistungsschutzrecht?, ZUM 2013, 279; *H.-J. Hofmann*, Praxishandbuch Filmrecht, 3. Aufl. 2009; *Katko*, Computerspiele – die Filmwerke des 21. Jahrhunderts?, MMR 2009, 306; *Kilian*, Entwicklungsgeschichte und Perspektiven des Rechtsschutzes von Computersoftware in Europa, GRUR-Int 2011, 895; *Kuß /Schmittmann*, Gaming – Rechtliche Risiken und Möglichkeiten für Spieleanbieter in Deutschland, K&R 2012, 782; *Legner*, Erzeugnisse Künstlicher Intelligenz im Urheberrecht, ZUM 2019, 807; *Loewenheim*, Handbuch des Urheberrechts, 3. Aufl. 2021 (zit.: Loewenheim UrhR-HdB); *Merk/Schneider*, Keyselling: Rechtliche Grenzen beim Handel mit Lizenzschlüsseln für Computerspiele, MMR-Beil. 2019, 12; *Moser/Scheuermann/Drücke*, Handbuch der Musikwirtschaft, 7. Aufl. 2018 (zit.: Moser/Scheuermann/Drücke Musikwirtschaft-HdB); ; *Nordemann*, AGB-Kontrolle von Nutzungsrechtseinräumungen durch den Urheber, NJW 2012, 3121; *Ohly*, Anmerkung zu EuGH Urt. v. 19.12.2019 – C-263/18 – Tom Kabinet, GRUR 2020, 184; *Rauda*, Recht der Computerspiele, 2013 (zit.: *Rauda* Computerspiele); *Rauer/Bibi*, Non-fungible Tokens – Was können sie wirklich?, ZUM 2022, 20; *Schell*, The Art of Game Design, 2015; *Schmid/Barudi*, Update Urheberrecht im Digitalen Binnenmarkt: Zur Implementierung der DSM-Urheberrechts-Richtlinie in Deutschland, 1.9.2020, abrufbar unter https://www.lexology.com/library/detail.aspx?g=200a5aa1-ae1f-49e7-8d24-fb8780411856; *Schmid/Düwel*, Reale Gebäude und Gegenstände in Computerspielen, MMR 2020, 155; *Schmid/Düwel*, „Sein Auto, sein Entwurf“ – Wem gehört der Porsche 911?, ZUM 2022, 561; *Loewenheim/Leistner/Ohly*, Urheberrecht, 6. Aufl. 2020 (zit.: Schricker/Loewenheim); *Spindler*, Schritte zur europaweiten Datenwirtschaft – der Vorschlag einer Verordnung zur europäischen Data Governance, CR 2021, 98; *Taeger/Pohle*, Computerrechts-Handbuch, 36. EL Feb. 2021 (zit.: Taeger/Pohle ComputerR-HdB); *Wandtke/Bullinger*, Praxiskommentar Urheberrecht, 5. Aufl. 2019; *Weberling*, Medienrechtliche Bedingungen und Grenzen des Roboterjournalismus, NJW 2018, 735; *Zech*, „Industrie 4.0“ – Rechtsrahmen für eine Datenwirtschaft im digitalen Binnenmarkt, GRUR 2015, 1151; *Zöller*, Zivilprozessordnung, 34. Aufl. 2022.

A. Rechtsquellen

1 Für Computerspiele als originär digitale Produkte, Inhalte und Services kommt dem Recht des geistigen Eigentums besondere Bedeutung zu. An zentraler Stelle steht dabei das Urheberrecht. Rechtsquellen im Urheberrecht sind vor allem das jeweils anwendbare **nationale Urheberrecht**, das **europäische Recht** und das **internationale Urheberrecht** in Gestalt der internationalen Urheberrechtsverträge.

2 Von wesentlicher Bedeutung ist zunächst das deutsche **Urheberrechtsgesetz** (UrhG). Wesentlich beeinflusst wird das deutsche Urheberrecht durch Vorgaben des **EU-Rechts.** Zwar gibt es bislang kein gesamteuropäisches Urheberrecht, der europäische Gesetzgeber hat aber eine Reihe von **Urheberrechtsrichtlinien** erlassen.[1] Relevant sind

1 *Hentsch* MMR 2019, 351; zu urheberrechtlichen Richtlinien und Verordnungen auf europäischer Ebene Schricker/Loewenheim/*Leistner* UrhG Einleitung zum UrhG Rn. 95 ff.; Dreier/Schulze/*Dreier* UrhG Einl. Rn. 48 ff., 51e f.; Loewenheim UrhR-HdB/*Loewenheim* § 59; Loewenheim UrhR-HdB/*v. Lewinski* § 60.

in diesem Zusammenhang vor allem die Computerprogramm-Richtlinie,[2] die Schutzdauer-Richtlinie,[3] die InfoSoc-Richtlinie[4] und die Richtlinie über das Urheberrecht im Digitalen Binnenmarkt.[5] Zu nennen sind daneben **EU-Verordnungen**, insbes. die Portabilitätsverordnung betreffend den unionsweiten ungehinderten Zugriff auf Online-Inhaltedienste,[6] sowie die **Rom I-** und die **Rom II-Verordnung**, die Fragen des anwendbaren Rechts bei grenzüberschreitenden Sachverhalten behandeln (hierzu auch → Rn. 58 ff.)[7] Von großer Bedeutung ist auch das Case Law der deutschen Gerichte, vor allem aber auch des **Gerichtshofs der Europäischen Union (EuGH)**,[8] der über die letztgültige Auslegung unionsrechtlicher Vorschriften, insbesondere im Wege des Vorabentscheidungsverfahren gem. Art. 267 AEUV, entscheidet.[9]

Der Schutz **ausländischer Urheber** und Inhaber verwandter Schutzrechte („Fremden- 3
recht") ist in internationalen Verträgen geregelt, die auch bei Rechtsfragen zum Urheberrecht von Games zur Anwendung kommen können (hierzu auch → Rn. 60 ff.).[10]

Flankiert wird der urheberrechtliche Schutz schließlich durch das Gesetz gegen den 4
unlauteren Wettbewerb (**UWG**), das in bestimmten Konstellationen zu wettbewerbsrechtlichen Ansprüchen führen kann, in denen bspw. ein Konzept oder Format nicht urheberrechtlich schutzfähig ist.[11] Auch das Kunsturhebergesetz (**KUG**), **deliktsrechtlicher** Schutz und der Schutz von Geschäftsgeheimnissen durch das **GeschGehG** können eine Rolle spielen.[12]

---

2 Richtlinie 91/250/EWG des Rates vom 14.5.1991 über den Rechtsschutz von Computerprogrammen, ersetzt durch Richtlinie 2009/24/EG vom 23.4.2009.

3 Richtlinie 93/98/EWG des Rates vom 29.10.1993 über die Harmonisierung der Schutzdauer des Urheberrechts und bestimmter verwandter Schutzrechte, ersetzt durch die Richtlinie 2006/116/EG des Europäischen Parlaments und des Rates vom 12.12.2006 über die Schutzdauer des Urheberrechts und bestimmter verwandter Schutzrechte, geändert durch die Richtlinie 2011/77/EU vom 27.9.2011.

4 Richtlinie 2001/29/EG des Europäischen Parlaments und des Ratesvom 22.5.2001 zur Harmonisierung bestimmter Aspekte des Urheberrechts und der verwandten Schutzrechte in der Informationsgesellschaft („InfoSoc-Richtlinie").

5 Richtlinie (EU) 2019/790 des Europäischen Parlaments und des Rates vom 17.4.2019 über das Urheberrecht und die verwandten Schutzrechte im digitalen Binnenmarkt und zur Änderung der Richtlinien 96/9/EG und 2001/29/EG („DSM-Urheberrechtsrichtlinie"). Zu deren Auswirkungen auf die Games-Branche s. u.a. *Hentsch* MMR 2019, 351.

6 Verordnung (EU) 2017/1128 des Europäischen Parlaments und des Rates vom 14.6.2017 zur grenzüberschreitenden Portabilität von Online-Inhaltediensten im Binnenmarkt.

7 Verordnung (EG) Nr. 593/2008 des Europäischen Parlaments und des Rates vom 17.6.2008 über das auf vertragliche Schuldverhältnisse anzuwendende Recht (Rom I) und Verordnung (EG) Nr. 864/2007 des Europäischen Parlaments und des Rates vom 11.7.2007 über das auf außervertragliche Schuldverhältnisse anzuwendende Recht (Rom II).

8 Grabitz/Hilf/Nettesheim/*Karpenstein* AEUV Art. 267 Rn. 2.

9 Einen Überblick über die Rechtsprechung des EuGH zum Urheberrecht geben Dreier/Schulze/*Dreier* UrhG Einleitung Rn. 53e; Schricker/Loewenheim/*Leistner* UrhG Einl. Rn. 98 ff.

10 Siehe die Übersicht bei Schricker/Loewenheim/*Katzenberger/Metzger* UrhG Vor §§ 120 ff. Rn. 14 ff. Im deutschen Urheberrechtsgesetz sind die entsprechenden Regelungen in den §§ 120 ff. UrhG umgesetzt.

11 *Schmid/Düwel* MMR 2020, 155 (160 f.); BGH Urt. v. 26.6.2003 – I ZR 176/01, GRUR 2003, 876 (878) – Sendeformat; zur Anwendbarkeit des UWG neben dem Urheberrecht Schricker/Loewenheim/*Ohly* UrhG Einl. Rn. 60 ff.

12 Zum Delikts- und Persönlichkeitsrecht Schricker/Loewenheim/*Ohly* UrhG Einl. Rn. 43 und Schricker/Loewenheim/*Peukert* UrhG Vor §§ 12 ff. Rn. 29 ff.; zum Bildnisschutz durch das KUG s. OLG Hamburg Urt. v. 13.1.2004 – 7 U 41/03, ZUM 2004, 309 – Oliver Kahn; zum Markenschutz für und in Games → § 10 Rn. 3 ff. und *Rauda* Computerspiele Rn. 275 ff.; Berger/Wündisch UrhVertrR-HdB/*Oehler/Wündisch* § 34 Rn. 24 in Bezug auf das Balancing.

B. Urheberrechtlicher Schutz von Computerspielen

5 Computerspiele sind als komplexe „**hybride**" Werke bzw. Multimediawerke mehr als nur Computerprogramme und enthalten über den Code hinaus weitere zu schützende Elemente (dazu → Rn. 9 ff.). Die Frage, welche Bestandteile des Computerspiels geschützt sind, ist vielfach von Bedeutung. So ist im Rahmen der Herstellung zu klären, ob und welche Rechte von Dritten erworben werden müssen, für Verwertung und Vertrieb, wie der Umfang der Lizenzen auszugestalten ist, und schließlich, ob und wie gegen Rechtsverletzungen vorgegangen werden kann (zur Rechtsdurchsetzung → § 20).

I. Differenzierung: Vorbestehende Werke und originäre Bestandteile bei Games

6 Bei der Beurteilung der zu schützenden Teile kann zwischen **vorbestehenden** und **originär** für das Game geschaffenen Werken bzw. sonstigen Bestandteilen unterschieden werden, dh, ob einzelne Bestandteile unabhängig vom Computerspiel, oder ob sie gezielt mit Blick auf dessen Herstellung geschaffen wurden.[13] Die Bedeutung dieser Unterscheidung liegt vor allem darin, dass für Games neben den einschlägigen Normen für Computerprogramme gem. §§ 69a ff. UrhG auch die Anwendung der filmrechtlichen Sonderregelungen der §§ 88 ff. UrhG (bzw. für Laufbilder § 95 iVm § 88, § 89 Abs. 4, §§ 90, 93 und 94 UrhG) diskutiert wird.[14] Richtigerweise wird eine pauschale (analoge) Anwendung dieser Bestimmungen zwar abzulehnen sein, jedoch kommt deren Anwendung im Einzelfall bei Vorliegen einer planwidrigen Regelungslücke und vergleichbarer Interessenlage in Betracht.[15] Die praktische Auswirkung der §§ 88 und 89 UrhG ist dabei vergleichsweise geringer, da es sich bei diesen „lediglich" um Auslegungsregeln handelt, die meist von vertraglichen Bestimmungen verdrängt werden (dazu → Rn. 51 ff.). Relevanter können weitere filmrechtliche Regelungen werden; so sieht § 90 UrhG im Interesse des (Film-)Herstellers bestimmte Einschränkungen von Rechten des Urhebers vor, § 93 UrhG beschränkt den Entstellungsschutz und das Nennungsrecht, und § 94 UrhG begründet ein eigenes Leistungsschutzrecht des Filmherstellers bzw. des Herstellers von Laufbildern nach § 95 UrhG.[16]

II. Schutz als urheberrechtliches Werk und urheberrechtlicher Leistungsschutz

7 Games und deren Bestandteile können urheberrechtlich zum einen als **Werk** gemäß § 2 UrhG geschützt sein, soweit sie eine „persönliche geistige Schöpfung" im Sinne des § 2 Abs. 2 UrhG darstellen. Daneben kommt auch ein Schutz des Games oder einzelner Teile als **Leistungsschutzrecht** nach den §§ 70 ff. UrhG in Betracht, so etwa nach dem Tonträgerschutz (§ 85 UrhG), durch das Filmherstellerrecht (§ 94 UrhG) bzw. den Laufbildschutz (§ 95 UrhG), den Lichtbildschutz (§ 72 UrhG) oder in Bezug auf die Darbietung ausübender Künstler (§§ 73 ff. UrhG zB bei Sprechern), in Einzelfällen auch

13 Berger/Wündisch UrhVertrR-HdB/*Oehler/Wündisch* § 34 Rn. 8.
14 Berger/Wündisch UrhVertrR-HdB/*Oehler/Wündisch* § 34 Rn. 38. Darüber hinaus gelten für Filme eine Reihe weiterer urheberrechtlicher Sonderregelungen, s. etwa § 23 Abs. 2 Nr. 1, § 50, § 52, § 61, § 65, § 128 UrhG, wie auch im UrhDAG.
15 Dazu im Einzelnen Berger/Wündisch UrhVertrR-HdB/*Oehler/Wündisch* § 34 Rn. 39.
16 Laufbilder im Sinne des § 95 UrhG sind Filme mit und ohne Ton („Bildfolgen bzw. Bild- und Tonfolgen"), die aber nicht die Qualität als Filmwerk im Sinne des § 2 Abs. 1 Nr. 6 UrhG erreichen, vgl. Dreier/Schulze/*Schulze* UrhG § 95 Rn. 1 ff.

als Datenbank (§§ 87a ff. UrhG). Bei den Leistungsschutzrechten („Verwandte Schutzrechte") handelt es sich um eine Art „kleine" Urheberrechte für bestimmte kreative, wirtschaftliche, organisatorische und technische Leistungen oder Investitionen. Für diese gelten nicht sämtliche urheberrechtlichen Bestimmungen und Befugnisse, sondern nur jene nach Maßgabe der jeweiligen Regelungen.[17]

Zudem kann und muss unterschieden werden zwischen dem Schutz des Spiels *als solchem* und dem Schutz einzelner *Bestandteile*, welcher unterschiedlichen Umfang haben und unterschiedlichen Regeln folgen kann, etwa in Bezug auf die Schutzdauer und die anwendbaren Schranken. Aus Sicht des Developers bzw. des Publishers ist es daher wesentlich, sich an allen Bestandteilen und von allen Beteiligten, die für die Herstellung, Verwertung und Weiterentwicklung des Spiels, wie auch für die Rechtsdurchsetzung erforderlichen Rechte zu sichern (dazu auch §§ 12, 13, 20). 8

III. Was ist geschützt?

Allgemein erfordert der Schutz als **Werk** nach § 2 UrhG eine persönliche geistige Schöpfung (§ 2 Abs. 2 UrhG), dh einen wahrnehmbaren „individuell"-schöpferischen Ausdruck.[18] § 2 Abs. 1 Nr. 1 bis 7 UrhG zählt die unterschiedlichen Werkarten auf, die jedoch nicht abschließend sind.[19] Bloß „handwerkliche" Leistungen oder solche, bei denen kein individueller Spielraum besteht, weil sie technisch zwingend vorgegeben sind, reichen regelmäßig nicht aus. Umgekehrt verlangt die persönliche geistige Schöpfung keinen Geniestreich, in der Regel genügt eine gewisse schöpferische Leistung, die individuellen Ausdruck erkennen lässt.[20] 9

Bei Computerspielen handelt es sich nach der wohl herrschenden Auffassung um ein „hybrides", komplexes Werk, bei dem unterschiedliche Werkarten und Schutzgegenstände zusammentreffen.[21] Dabei kann weiter unterschieden werden zwischen dem Schutz des Games *als Ganzem* und dessen unterschiedlichen *Bestandteilen.* 10

17 Dreier/Schulze/*Dreier* UrhG Vor §§ 70 ff. Rn. 1 ff.; Abweichungen gelten dabei unter anderem für den Schutzumfang, siehe etwa für den Tonträgerhersteller § 85 Abs. 1 UrhG oder für den Datenbankenhersteller § 87b Abs. 1 UrhG, wie auch für die anwendbaren Schranken.

18 Schricker/Loewenheim/*Loewenheim/Leistner* UrhG § 2 Rn. 30 ff.; Dreier/Schulze/*Schulze* UrhG § 2 Rn. 6 ff.

19 Siehe § 2 UrhG („insbesondere"); Dreier/Schulze/*Schulze* UrhG § 2 Rn. 78.

20 Geschützt wird mithin auch die sog. „kleine Münze" des Urheberrechts, s. nur Schricker/Loewenheim/*Loewenheim/Leistner* UrhG § 2 Rn. 61 ff. Ob die ausreichende Schöpfungshöhe erreicht ist, muss im Einzelfall geprüft werden. Unterschiedlich hohe Anforderungen stellte die ältere Rechtsprechung an Werke der „reinen" Kunst einerseits und an Werke angewandter Kunst andererseits. Diese Rechtsprechung hat der BGH mit dem Urteil „Geburtstagszug" aufgegeben (BGH Urt. v. 13.11.2013 – I ZR 143/12, GRUR 2014, 175 Rn. 26, 44); demnach gelten für Werke der angewandten Kunst die gleichen Anforderungen wie bei Werken der „zweckfreien" Kunst, s. a. Dreier/Schulze/*Schulze* UrhG § 2 Rn. 80. Zum diesbezüglichen Einfluss des EU-Rechts und zum „Europäischen" Werkbegriff Schricker/Loewenheim/*Loewenheim/Leistner* UrhG § 2 Rn. 3 ff.; Dreier/Schulze/*Schulze* UrhG § 2 Rn. 22 f.; s. etwa EuGH Urt. v. 16.7.2009 – C-5/08, GRUR 2009, 1041 (1044 Rn. 51) – Infopaq: Ein aus elf Wörtern bestehender Textauszug kann urheberrechtlich geschützt sein. S. auch BGH Urt. v. 7.4.2022 – I ZR 222/20, ZUM 2022, 547 (549 ff.) Rn. 28 f. – Porsche 911, und dazu *Schmid/Düwel* ZUM 2022, 561 (562 f.).

21 EuGH Urt. v. Urt. v. 23.1.2014 – C-355/12, GRUR 2014, 255 Rn. 23 – Nintendo/PC Box; BGH Urt. v. 6.10.2016 – I ZR 25/15, GRUR 2017, 266 Rn. 34 – World of Warcraft I; Schricker/Loewenheim/*Leistner* UrhG § 2 Rn. 96 f.; Brauner/Brauneck Angemessene Vergütung/*Oehler* Kap. 6 Rn. 20 ff.

1. Entwicklungsschritte eines Computerspiels

11 Die Entwicklung eines Computerspiels ist ein komplexer Vorgang, an dem eine **Vielzahl** von Personen beteiligt sind.[22] Grob unterteilen lässt sich der Prozess in eine **Planungsphase**, die dann in die **Entwicklungsphase** mit Prototyping und Fertigstellung übergeht. Typischerweise beginnt die Entwicklung mit der Spielidee. Daran schließt sich die Koordination der einzelnen Arbeitsbereiche und die eigentliche Spielentwicklung durch den Developer an (zu den Projektphasen → § 4 Rn. 41 ff.):[23]

2. Schutz des Computerspiels als Ganzes

12 Über die urheberrechtliche Einordnung des Computerspiels als komplexes audiovisuelles Gesamtwerk besteht eine lebhafte Diskussion.[24] Eine eigene Werkkategorie „Computerspiel" kennt das Urheberrechtsgesetz nicht. Mit der wohl herrschenden Auffassung wird das **Computerspiel insgesamt** als **filmähnliches Werk** iSd **§ 2 Abs. 1 Nr. 6 UrhG** eingeordnet.[25] Das bedeutet aber nicht, dass auch alle Bestandteile des Computerspiels unter diese Regelung fallen. Vielmehr muss – etwa für die Einlizenzierung, aber auch beim Vorgehen gegen Rechtsverletzungen – jeweils angesehen werden, welcher Bestandteil des Games betroffen ist, und ggf. welche Sonderregelungen dafür zur Anwendung kommen.[26]

3. Software

13 Ein wesentlicher Teil des Computerspiels besteht aus **Computerprogrammen.** In der Regel kommen verschiedene Computerprogramme zum Einsatz, häufig als Kombination von (vom Developer bzw. dessen Mitarbeitern) selbst erstellten und einlizenzierten Software-Komponenten. Erster Anknüpfungspunkt ist demnach das zu Grunde liegende Computerprogramm, das als Sprachwerk iSd § 2 Abs. 1 Nr. 1 UrhG, §§ 69a ff. UrhG geschützt ist.[27] Geschützt ist die Ausdrucksform des Computerprogramms, dh der **Quellcode** und der **Objektcode** einschließlich des Entwurfsmaterials, nicht hingegen die Funktionalität, die Programmiersprache oder das Dateiformat.[28] Der urheberrechtliche Schutz des Programms beschränkt sich infolge der oben dargestellten Differenzierung auf die eigentliche Software und erstreckt sich nicht zugleich auf das Computerspiel als Ganzes.[29]

---

22 *Ewald/Haar* K&R-Beil. Heft 1/2017, 12 (13); Brauner/Brauneck Angemessene Vergütung/*Oehler* Kap. 6 Rn. 60 ff.

23 Brauner/Brauneck Angemessene Vergütung/*Oehler* Kap. 6 Rn. 90 ff. Zu den jeweiligen Vertragswerken und vertraglichen Besonderheiten → § 13 Rn. 18 ff., Berger/Wündisch UrhVertrR-HdB/*Oehler/Wündisch* § 34 Rn. 55 ff. sowie Checkliste unter Rn. 75 f.; Auer-Reinsdorff/Conrad IT- und DatenschutzR-HdB/*Picot* § 29 Rn. 24.

24 Berger/Wündisch UrhVertrR-HdB/*Oehler/Wündisch* § 34 Rn. 25 ff.; Brauner/Brauneck Angemessene Vergütung/*Oehler* Kap. 6 Rn. 20 ff.

25 BGH Urt. v. 12.7.2012 – I ZR 18/11, GRUR 2013, 370 Rn. 14 – Alone in the Dark; BGH Urt. v. 6.10.2016 – I ZR 25/15, GRUR 2017, 266 (26 Rn. 34) – World of Warcraft I; Schricker/Loewenheim/*Loewenheim/Leistner* UrhG § 2 Rn. 97; Berger/Wündisch UrhVertrR-HdB/*Oehler/Wündisch* § 34 Rn. 25 ff.; Brauner/Brauneck Angemessene Vergütung/*Oehler* Kap. 6 Rn. 20 ff.; *Rauda* Computerspiele, Rn. 98 ff.: Dem Filmhersteller steht zudem das Leistungsschutzrecht des § 94 UrhG zu.

26 Brauner/Brauneck Angemessene Vergütung/*Oehler* Kap. 6 Rn. 22, 24 ff.; eingehend Berger/Wündisch UrhVertrR-HdB/*Oehler/Wündisch* § 34 Rn. 38 ff.

27 Hoeren/Sieber/Holznagel MMR-HdB/*Hentsch* Teil 22 Rn. 6.

28 Dreier/Schulze/*Schulze* UrhG § 2 Rn. 127.

29 Berger/Wündisch UrhVertrR-HdB/*Oehler/Wündisch* § 34 Rn. 17; EuGH Urt. v. 23.1.2014 – C-355/12, GRUR 2014, 255 Rn. 23 – Nintendo/PC Box.

Regelmäßig Teil und Kern der spielbezogenen Software sind die **Engines** (zB als Grafik- oder Sound-Engine), die auf verschiedenen Ebenen den Spielverlauf steuern und für die auditive bzw. visuelle Darstellung des Ablaufs zuständig sind.[30] Sie werden benötigt, um beispielsweise die Steuerungsbefehle des Spielers in die Spielewelt zu übersetzen oder das Anzeigen und Verwalten von Texten, Modellen und Grafiken zu steuern. Sie bestimmen generell die audiovisuelle Darstellung und dienen auch dazu, um physikalische Gesetze, wie beispielsweise die Schwerkraft, auf die Spielewelt zu übertragen und darzustellen.[31] Engines werden in der Regel nicht für das konkrete Game entwickelt, sondern bei einer Vielzahl von Games verwendet und entsprechend einlizenziert, sind dabei aber als vorbestehende Werke ihrerseits urheberrechtlich als Software geschützt.[32] 14

4. Spielidee; Spielregeln

Regelmäßig fehlt es bei den dem Game zu Grunde liegenden **Ideen**, wie dem Setting oder der Rahmenhandlung, wie auch dem „Stil" und einem Genre, an der urheberrechtlichen Schutzfähigkeit.[33] Auch die **Spielidee** an sich ist regelmäßig (noch) nicht urheberrechtlich geschützt, so dass ein Schutz vor einer nicht autorisierten Verwertung vor allem vertraglich über entsprechende Geheimhaltungsvereinbarungen (NDAs) erfolgen kann.[34] Entsprechendes gilt auch für das **Spielsystem** und die **Spielregeln,** dessen konkrete Ausgestaltung hingegen schutzfähig sein kann, wenn diese auf einer persönlichen geistigen Schöpfung beruht und die notwendige Individualität aufweist.[35] Vor allem bei Lernspielen kann das Spielsystem etwa gem. § 2 Abs. 1 Nr. 7 UrhG als **Darstellung wissenschaftlicher Art** geschützt sein, für die nach der Rechtsprechung des BGH kein „zu hohes Maß" an eigenschöpferischer Formgestaltung verlangt werden darf.[36] 15

5. Handlung, Plot, „Fabel", Spielgeschichte

Obwohl Ideen als solche gemeinfrei sind und keinen Schutz durch das Urheberrecht erfahren, kann der **konkrete Handlungsfaden** eines Games urheberrechtlich geschützt sein. Insbesondere kommt ein Schutz für das individuelle Zusammenspiel von Handlungsablauf, Rollenverteilung der handelnden Personen, Plot und Spielgeschehen in Be- 16

---

30 Brauner/Brauneck Angemessene Vergütung/*Oehler* Kap. 6 Rn. 41 ff.

31 Hoeren/Sieber/Holznagel MMR-HdB/*Hentsch* Teil 22 Rn. 6; *Kuß/Schmittmann* K&R 2012, 782 (783); *Bullinger/Czychowski* GRUR 2011, 19 (20).

32 Brauner/Brauneck Angemessene Vergütung/*Oehler* Kap. 6 Rn. 41 f.; Auer-Reinsdorff/Conrad IT- und DatenschutzR-HdB/*Picot* § 29 Rn. 6. Engines sind etwa Unity, Cryengine, Open 3D Engine u.a.

33 Dreier/Schulze/*Schulze* UrhG § 2 Rn. 37; *Brüggemann* CR 2015, 697 (699).

34 Auer-Reinsdorff/Conrad IT- und DatenschutzR-HdB/*Picot* § 29 Rn. 22; *Rauda* Computerspiele Rn. 40.

35 *Hofmann* CR 2012, 281 (284 ff.) mwN; s. a. LG Köln Urt. v. 29.7.2009 – 28 O 180/08, ZUM-RD 2010, 482 (485); BGH Urt v. 17.10.1961 – I ZR 24/60, GRUR 1962, 51 (52 f.) – Zahlenlotto; *Rauda* Computerspiele Rn. 41 ff.

36 BGH Urt. v. 1.6.2011 – I ZR 140/09, GRUR 2011, 803 (808) – Lernspiele; Brauner/Brauneck Angemessene Vergütung/*Oehler* Kap. 6 Rn. 56.

tracht (Schutz der „**Fabel**").[37] Hierfür müssen beispielsweise Orte, Figuren, Ereignisse und Schicksale auf charakteristische Weise „verdichtet" sein und sich von gemeinfreien Elementen durch ihre Individualität abheben.[38] Stützt sich der Verlauf der Handlung dagegen, wie zB in Open-World-Konzepten, ausschließlich auf die Entscheidungen des Spielers, werden im Umkehrschluss die genannten Voraussetzungen, die einen Fabelschutz begründen, regelmäßig fehlen.[39]

17 Eine konkret ausformulierte **Spielgeschichte** wiederum kann als Sprachwerk im Sinne des § 2 Abs. 1 Nr. 1 UrhG geschützt sein, was insbesondere bei Spielen mit starken narrativen Elementen naheliegt.[40]

6. Game Design/Balancing

18 Das **Balancing** wird als ausgewogenes Verhältnis zwischen Daten- und **Regelsystem** verstanden, nicht zuletzt auch mit dem Ziel, die Monetarisierung des Spiels zu fördern.[41] Obwohl das Balancing erhebliches Know-how erfordert und wesentlichen Einfluss auf den Erfolg des Spieles hat, fällt die urheberrechtliche Einordnung nicht leicht. Es ergeben sich Parallelen zur Diskussion über den Schutz von Spielideen bzw. Spielregeln (dazu → Rn. 15). In Betracht kommt zudem ein Schutz als Datenbankwerk iSv § 4 UrhG. Auch der Schutz als „unbenannte Werkart" wird diskutiert.[42] Ob urheberrechtlicher Schutz zu gewähren ist, muss im Einzelfall geprüft werden. Soweit die Leistung mehr in der (wenn auch fachkundigen) Geschicklichkeit bzw. „handwerklichen" Fähigkeit und der Umsetzung von Know-how, mathematischen Kenntnissen und der durch die gewünschte Funktion vorgegebenen Gestaltungen liegt, wird ein urheberrechtlicher Schutz eher nicht in Betracht kommen; anders dagegen, wenn sich die Individualität in der Umsetzung künstlerischer/kreativer Ausdrucksmöglichkeiten manifestiert.[43] Die unmittelbare Übernahme eines ausgearbeiteten Balancings kann zudem nach dem UWG oder dem BGB unzulässig sein.[44]

---

37 Siehe etwa BGH Urt. v. 29.4.1999 – I ZR 65/96, GRUR 1999, 984 (986 f.) – Laras Tochter; OLG München Urt. v. 17.12.1998 – 29 U 3350/98, ZUM 1999, 149 (152 f.); *Bullinger/Czychowski* GRUR 2011, 19 (24); Hoeren/Sieber/Holznagel MMR-HdB/*Hentsch* Teil 22 Rn. 7 mwN; *Rauda* Computerspiele, Rn. 95 ff.; zurückhaltend dagegen die Rechtsprechung zum sog. Formatschutz, s. etwa BGH Urt. v. 26.6.2003 – I ZR 176/01, GRUR 2003, 876 (878) – Sendeformat; OLG München Urt. v. 15.3.1990 – 29 U 4346/8, GRUR 1990, 674 – Forsthaus Falkenau.

38 Daraus ergibt sich zugleich, dass die Fortschreibung einer „Fabel" unter Verwendung geschützter Teile als gem. § 23 UrhG zustimmungsbedürftige Bearbeitung grundsätzlich der Zustimmung des Rechteinhabers bedarf BGH Urt. v. 29.4.1999 – I ZR 65/96, GRUR 1999, 984 (987) – Laras Tochter; *Graef* ZUM 2012, 108 (109).

39 Die ablaufenden Spielsequenzen können jedoch ohne Weiteres als Filme oder Laufbilder geschützt sein, *Bullinger/Czychowski* GRUR 2011, 19 (23).

40 Berger/Wündisch UrhVertrR-HdB/*Oehler/Wündisch* § 34 Rn. 10.

41 Teilweise wird auch von „Game Mechanics" oder „Gameplay" gesprochen. Hierzu etwa Berger/Wündisch UrhVertrR-HdB/*Oehler/Wündisch* § 34 Rn. 19; *Hofmann* CR 2012, 281 (287); *Rauda* Computerspiele Rn. 52 ff. Zu Game Mechanics und Game Balancing eingehend *Schell* The Art of Game Design, 2015, S. 157 ff., 201 ff.

42 Schricker/Loewenheim/*Loewenheim/Leistner* UrhG § 2 Rn. 217; Brauner/Brauneck Angemessene Vergütung/*Oehler* Kap. 6 Rn. 52 ff.

43 Zurückhaltend auch Brauner/Brauneck Angemessene Vergütung/*Oehler* Kap. 6 Rn. 55.

44 Berger/Wündisch UrhVertrR-HdB/*Oehler/Wündisch* § 34 Rn. 24.

7. Characters; virtuelle Figuren

Für Charaktere und virtuelle Figuren, die für ein Computerspiel entworfen und mit individuellen Eigenschaften versehen wurden, kommt ein Schutz in mehreren Werkkategorien in Betracht. Sie können zum Einen aufgrund ihrer **grafischen Darstellung** als **Werk der angewandten Kunst** im Sinne des § 2 Abs. 1 Nr. 4 UrhG geschützt sein.[45] Der Schutz beschränkt sich nach der Rechtsprechung nicht auf die konkrete (grafische) Darstellung in verschiedenen Körperhaltungen mit den jeweils gleichbleibenden, das Äußere prägenden Elementen; Schutz genießen auch die den Einzeldarstellungen zu Grunde liegenden Charaktere als solche, „wenn diese sich durch eine unverwechselbare Kombination äußerer Merkmale, Charaktereigenschaften, Fähigkeiten und typischen Verhaltensweisen auszeichnen, somit zu besonders ausgeprägten Persönlichkeiten geformt sind und in den Geschichten jeweils in einer bestimmten charakteristischen Weise auftreten“.[46] 19

In besonderen Fällen kann ein fiktiver Charakter auch als **Sprachwerk** iSd **§ 2 Abs. 1 Nr. 1 UrhG** geschützt sein. Voraussetzung für diesen „isolierten“ Schutz ist es nach der Rechtsprechung aber, dass diese Figur durch die Kombination von „ausgeprägten Charaktereigenschaften und besonderen äußeren Merkmalen“ eine unverwechselbare (fiktive) Persönlichkeit erhalten hat, wobei nach der Rechtsprechung ein strenger Maßstab anzulegen ist: Die bloße Beschreibung der äußeren Gestalt einer handelnden Figur oder ihres Erscheinungsbildes soll dafür in aller Regel nicht genügen.[47] 20

8. Musik und Sound

In Games kann sowohl bestehende Musik wie auch speziell für das Spiel hergestellte Musik bzw. ein Score verwendet werden. Bei Musik sind verschiedene Schutzgegenstände zu unterscheiden. Die **Komposition** ist regelmäßig nach **§ 2 Abs. 1 Nr. 2 UrhG** geschützt.[48] Daneben existieren an den Einspielungen regelmäßig Rechte der **ausübenden Künstler** an der Darbietung (**§§ 73 ff. UrhG**) sowie das Recht des **Tonträgerherstellers** nach **§ 85 UrhG** für die erstmalige Fixierung der Aufnahme.[49] Stellt der Entwickler den Tonträger her bzw. übernimmt Organisation und Finanzierung, kann er entsprechend auch selber der Tonträgerhersteller sein. Aufgenommene **Soundeffekte**, Dialoge und Geräusche, die das Spielerlebnis begleiten, sind ebenfalls als Tonträger nach § 85 UrhG schutzfähig – unabhängig davon, ob die aufgenommenen Töne als Darbietungen oder Werke schutzfähig sind oder nicht.[50] 21

---

45 LG Köln Urt. v. 6.1.2022 – 14 O 38/19, GRUR-RS 2022, 344 Rn. 63 ff.; BGH Urt. v. 17.7.2013 – I ZR 52/12, GRUR 2014, 258 (260 Rn. 26) – Pippi-Langstrumpf-Kostüm; Berger/Wündisch UrhVertrR-HdB/*Oehler/Wündisch* § 34 Rn. 13; *Bullinger/Czychowski* GRUR 2011, 19 (23 f.); *Rauda* Computerspiele Rn. 83 f.

46 BGH Urt. v. 17.7.2013 – I ZR 52/12, GRUR 2014, 258 (260 Rn. 26) – Pippi-Langstrumpf-Kostüm; BGH Urt. v. 11.3.1993 – I ZR 264/91, GRUR 1994, 191 (193) – Asterixpersiflagen; *Graef* ZUM 2012, 108 (110 ff.); Wandtke/Bullinger/*Manegold/Czernik* UrhG § 88 Rn. 33.

47 BGH Urt. v. 17.7.2013 – I ZR 52/12, GRUR 2014, 258 (260 Rn. 25 ff., 29) – Pippi-Langstrumpf-Kostüm.

48 Brauner/Brauneck Angemessene Vergütung/*Oehler* Kap. 6 Rn. 27 f.; *Bullinger/Czychowski* GRUR 2011, 19 (24).

49 Brauner/Brauneck Angemessene Vergütung/*Oehler* Kap. 6 Rn. 27 f.; Hoeren/Sieber/Holznagel MMR-HdB/*Hentsch* Teil 22 Rn. 9.

50 Hoeren/Sieber/Holznagel MMR-HdB/*Hentsch* Teil 22 Rn. 9; Dreier/Schulze/*Schulze* UrhG § 85 Rn. 18.

22 Wird bereits existierende Musik verwendet, müssen vom Urheber bzw. Rechteinhaber die erforderlichen Nutzungsrechte eingeholt werden.[51] Das betrifft zum Einen das Recht der Verbindung der Komposition zusammen mit audiovisuellen Werken, das oft bei einem Musikverlag liegt.[52] Bei Verwendung eines bereits bestehenden Tonträgers sind diese Rechte separat einzulizenzieren.[53] Schließlich ist auch an die Lizenzierung für die nachfolgende Auswertung, zB im Wege der Vervielfältigung, Verbreitung oder der öffentlichen Zugänglichmachung zu denken.[54] Regelmäßig wird bei der Spielherstellung Musik verwendet, die nicht der Wahrnehmung durch eine Verwertungsgesellschaft (etwa der GEMA) unterliegen.[55] Wird dagegen GEMA-Musik verwendet, ist die entsprechende Lizenzierung über die GEMA sicherzustellen.[56] Zu beachten bleibt, dass bereits die Verwendung **kleinster Tonsequenzen** eine urheberrechtlich relevante Nutzung darstellen kann.[57]

9. Grafiken; Fotografien

23 Spielegrafiken können als Werke der **angewandten Kunst** nach **§ 2 Abs. 1 Nr. 4 UrhG** geschützt sein.[58] Bei **Fotografien** ist regelmäßig ein Schutz entweder als Werk nach § 2 Abs. 1 Nr. 5 bzw. als Lichtbild nach § 72 UrhG gegeben. In diesem Zusammenhang ist auf den in Umsetzung der DSM-Urheberrechtsrichtlinie 2021 eingefügten § 68 UrhG hinzuweisen, wonach Vervielfältigungen gemeinfreier visueller Werke nicht durch sog. verwandte Schutzrechte (insbes. § 72 UrhG) geschützt werden können. Allerdings kann trotzdem ein Schutz der betroffenen Fotografie nach § 2 Abs. 1 Nr. 5 UrhG bestehen.

10. Sprachaufnahmen; Texte; Übersetzungen; Motion/Performance Capture

24 Viele Computerspiele setzen Sprache und Dialoge ein. Für die **Sprachaufnahmen** durch die (Synchron-)Sprecher kommt in der Regel der Schutz der Darbietung nach den **§§ 73 ff. UrhG** in Betracht,[59] ebenso für den **Regisseur** der Sprachfassung. Eine besondere künstlerische Gestaltungshöhe wird nicht verlangt, allerdings wird die Untergrenze des Schutzes dort gezogen, wo mangels künstlerischer Interpretation ein Werk ausnahmsweise ohne jede künstlerische Interpretation mitgeteilt, zB vorgelesen wird.[60]

---

51 Berger/Wündisch UrhVertrR-HdB/*Oehler/Wündisch* § 34 Rn. 50.

52 Auch als „Synch Recht" bezeichnet. Dazu *Hofmann* Praxishandbuch Filmrecht, 3. Aufl. 2009, B.II.4.4.2.1 und 4.4.2.2.; Moser/Scheuermann/Drücke Musikwirtschaft-HdB/*Moser* § 15 Rn. 39; Moser/Scheuermann/Drücke Musikwirtschaft-HdB/*Schulz* § 70 Rn. 1; Berger/Wündisch UrhVertrR-HdB/*Oehler/Wündisch* § 34 Rn. 50, und jüngst BGH Urt. v. 2.6.2022 – I ZR 140/15, GRUR 2022, 1308 (1314), Rn. 49 – You Tube II.

53 Sog. „Master Use"-Rechte, die oft nicht bei demselben Rechteinhaber liegen wie die Komposition. Dazu *Hofmann* Praxishandbuch Filmrecht, 3. Aufl. 2009, B.II.4.4.2.1 und 4.4.2.2; Moser/Scheuermann/Drücke Musikwirtschaft-HdB/*Moser* § 15 Rn. 39.

54 Brauner/Brauneck Angemessene Vergütung/*Oehler* Kap. 6 Rn. 27 f.; Berger/Wündisch UrhVertrR-HdB/*Oehler/Wündisch* § 34 Rn. 11.

55 Brauner/Brauneck Angemessene Vergütung/*Oehler* Kap. 6 Rn. 27 f.; Berger/Wündisch UrhVertrR-HdB/*Oehler/Wündisch* § 34 Rn. 11, Rn. 64 ff.

56 Aktuell besteht hierzu der Tarif VR-AV DT-H3 für Games auf Datenträgern, s. https://www.gema.de/fileadmin/user_upload/Musiknutzer/Tarife/Tarife_VRA/tarif_vr_av_dt_h3_2016.pdf.

57 EuGH Urt. v. 29.7.2019 – C-476/17, GRUR 2019, 929 (931 Rn. 39) – Pelham u.a.; s. a. § 23 Abs. 1 S. 1 UrhG zum Schutz der Melodie.

58 Brauner/Brauneck Angemessene Vergütung/*Oehler* Kap. 6 Rn. 29 f.; *Rauda* Computerspiele Rn. 87.

59 S. nur BGH Urt. v. 10.5.2012 – I ZR 145/11, GRUR 2012, 1248 (1251 Rn. 38) – Fluch der Karibik; Brauner/Brauneck Angemessene Vergütung/*Oehler* Kap. 6 Rn. 49; *Rauda* Computerspiele Rn. 94.

60 Dreier/Schulze/*Dreier* UrhG § 73 Rn. 12. Als Beispiel werden Nachrichtensprecher genannt, die einen Text, der an sich Werkcharakter hat, nur vorlesen.

Nutzungsrechte an diesen Darbietungen können gem. § 79 UrhG übertragen oder eingeräumt werden. Die zugrundeliegenden **Texte** können bei ausreichender Schöpfungshöhe nach § 2 Abs. 1 Nr. 1 UrhG geschützt sein.

Übersetzungen von urheberrechtlich geschützten Texten, wie sie etwa im Rahmen der Lokalisierung erstellt werden, sind grundsätzlich als Bearbeitung iSd **§ 3 UrhG** schutzfähig.[61] Ausnahmen können sich bei rein handwerksmäßigen, routinemäßigen Übertragungen ergeben und bei der Übersetzung von Texten, bei denen der Übersetzer für seine Gestaltung keinen nennenswerten Spielraum hat.[62] Bei reinen Machine Translations durch Übersetzungssoftware wird es an einer „persönlichen Schöpfung" im Sinne des § 2 UrhG fehlen.[63] 25

Die Leistung von **Schauspielern**, die in Computerspielen vorkommen, kann ebenfalls als Darbietung ausübender Künstler geschützt sein, vor allem bei aufwendig gestalteten narrativen Games, ebenso bei der sog. Performance Capture aussagekräftiger Gesichtsausdrücke.[64] Weniger dagegen jedoch bei der bloßen Motion Capture, dh der digitalen Erfassung realer Bewegungen, die ähnlich wie sportliche und artistische Leistungen regelmäßig nicht als geschützte Darbietung ausübender Künstler anzusehen sein wird.[65] 26

11. Filmsequenzen und Laufbilder

Wie oben erwähnt, werden Games als Werke eingeordnet, die „ähnlich wie Filmwerke" geschaffen werden (→ Rn. 12). Je nach Schöpfungshöhe greifen bei Filmsequenzen innerhalb eines Games unterschiedliche Normen. So kommt ohne Weiteres ein Schutz als **Filmwerk** gem. **§ 2 Abs. 1 Nr. 6 UrhG** in Betracht, etwa bei den Zwischensequenzen („Cutscenes").[66] Ist die notwendige Schöpfungshöhe nicht erreicht, wird zumindest **Laufbildschutz** nach **§ 95 UrhG** gegeben sein.[67] 27

Bei den Kreativen können dann Rechte wie bei Filmurhebern entstehen, was etwa Regisseure, Drehbuchautoren und Cutter betreffen kann.[68] Der Produzent, bzw. der Developer, der den Film hergestellt hat, erhält ein eigenes Recht als **Filmhersteller** nach **§ 94 UrhG.** 28

Urheberrechtlicher Schutz kann dabei auch den **Filmsequenzen** zukommen, die auf einer Handlung des Nutzers im Game beruhen.[69] Denn auch wenn der Nutzer Einfluss auf das Spielgeschehen nimmt, ist die konkret ablaufende Sequenz/Bild- und Tonfolge in der Regel im Vorhinein vom Urheber bzw. Hersteller festgelegt. 29

61 Schricker/Loewenheim/*Loewenheim* UrhG § 3 Rn. 22.
62 Schricker/Loewenheim/*Loewenheim* UrhG § 3 Rn. 22.
63 Anders kann es zu beurteilen sein, wenn die Software bloßes Hilfsmittel bleibt und die Übersetzung im Wesentlichen beim Übersetzer entsteht, → Rn. 37.
64 Brauner/Brauneck Angemessene Vergütung/*Oehler* Kap. 6 Rn. 50.
65 Brauner/Brauneck Angemessene Vergütung/*Oehler* Kap. 6 Rn. 50; Dreier/Schulze/*Dreier* UrhG § 73 Rn. 12.
66 Hoeren/Sieber/Holznagel MMR-HdB/*Hentsch* Teil 22 Rn. 10.
67 Hoeren/Sieber/Holznagel MMR-HdB/*Hentsch* Teil 22 Rn. 10; Schricker/Loewenheim/*Loewenheim/Leistner* UrhG § 2 Rn. 224.
68 Schricker/Loewenheim/*Loewenheim/Leistner* UrhG § 2 Rn. 224; Hoeren/Sieber/Holznagel MMR-HdB/*Hentsch* Teil 22 Rn. 10; *Katko/Maier* MMR 2009, 306 (307 f.).
69 Wandtke/Bullinger/*Manegold/Czernik* UrhG Vor §§ 88 ff. Rn. 62. *Bullinger/Czychowski* GRUR 2011, 19 (22 f.).

12. Reale Gegenstände, Gebäude und sonstige Drittinhalte; virtuelle Gegenstände; Game Assets; NFTs; Daten

30 Eine Reihe von Games, vor allem Open World Spiele, setzen auf die Verwendung **realer Objekte**, wie zum Beispiel **Gebäude** und **Landmarks, Fahrzeuge** bestimmter Hersteller, **Kunstwerke**, aber auch **Tänze** oder **Tätowierungen**. Solche vorbestehenden (Dritt-)Inhalte können häufig ihrerseits dem Urheberrechtsschutz unterfallen. In Betracht kommt bei Gebäuden und Landmarks vor allem der Schutz als Werk der Baukunst, Werk der bildenden oder angewandten Kunst (jeweils **§ 2 Abs. 1 Nr. 4 UrhG**). Daneben sind zusätzlich mögliche Schutzrechte nach dem **Marken** – und **Designrecht** zu beachten.[70] Bei architektonisch anspruchsvolleren oder stadtbildprägenden Gebäuden werden die Anforderungen an den Urheberrechtsschutz oft erfüllt sein, ebenso bei Kunstwerken. Auch Gebrauchsgegenstände wie PKWs[71] und Designobjekte wie auch Tattoos können als Werke der angewandten Kunst geschützt sein, wobei die Anforderungen der Rechtsprechung an den Schutz von Gebrauchsgegenständen seit einigen Jahren deutlich abgesenkt wurden.[72] Entscheidend ist insoweit, dass die Gestaltung nicht (allein) dem Gebrauchszweck dient.[73] Bei der Verwendung solcher vorbestehender Werke in einem Computerspiel kann in Einzelfällen auf urheberrechtliche Schranken zurückgegriffen werden.[74] Gerade bei Computerspielen, die mit hohen Budgets hergestellt werden und für eine internationale Verwertung vorgesehen sind, wird aber eine rechtssichere Lizenzierung der Regelfall sein.[75]

31 **Tänze** werden häufiger in Computerspielen genutzt und genießen, zB im Rahmen von Fortnite, große Beliebtheit. Ein Tanz kann als Werk der Tanzkunst nach **§ 2 Abs. 1 Nr. 3 Var. 2 UrhG** geschützt sein.[76] Auch hier gilt wieder die Voraussetzung einer persönlichen geistigen Schöpfung und damit ausreichender Individualität. In Deutschland ist noch kein Gerichtsverfahren in Bezug auf den Schutz von Tänzen in Spielen bekannt, allerdings waren Tänze bereits wiederholt der Gegenstand von gerichtlichen Entscheidungen in den USA.[77] Schließlich kann auch **virtuellen Gegenständen** bei ausreichender Schöpfungshöhe Urheberrechtsschutz zukommen (dazu auch → § 19 Rn. 17).

32 Statt der Verwendung realer Objekte besteht für Spieleentwickler die Möglichkeit, vorbestehende **Game Assets** einzulizensieren. Anwendungsbereiche sind beispielsweise Assets für wenig prägende Hintergründe oder Figuren, die Verwendung in Indie-Spielen mit geringerem Budget, oft auch in Mobile/Casual Games. Zur Verfügung stehen

70 *Schmid/Düwel* MMR 2020, 155 (156 ff.), dort auch zum Marken- und Designrecht; zum Schutz einer virtuellen Nachbildung LG Köln Urt. v. 21.4.2008 – 28 O 124/08, ZUM 2008, 533 (535) – Der virtuelle Kölner Dom. Zum Markenrecht → § 11 Rn. 3 ff .

71 Einerseits BGH Urt. v. 7.4.2022 – I ZR 222/20, GRUR 2022, 899 (902 ff.) Rn. 26 ff. – Porsche 911 (bejaht für Porsche-Entwürfe) und dazu *Schmid/Düwel* ZUM 2022, 561 (562 f.); andererseits OLG Braunschweig Urt. v. 10.3.2022 – 2 U 47/19, GRUR-RS 2022, 3888 Rn. 218 ff. (verneint für den Ur-VW Käfer) und dazu *Düwel/Schmid* ZUM-RD 2022, 377 (378 f.); *Schmid/Düwel* MMR 2020, 155 (156).

72 *Schmid/Düwel* MMR 2020, 155 (156); BGH Urt. v. 13.11.2013 – I ZR 143/12, GRUR 2014, 175 – Geburtstagszug.

73 *Schmid/Düwel* MMR 2020, 155 (156).

74 *Schmid/Düwel* MMR 2020, 155 (157 ff.).

75 *Schmid/Düwel* MMR 2020, 155 (161 f.).

76 Brauner/Brauneck Angemessene Vergütung/*Oehler* Kap. 6 Rn. 36.

77 Brauner/Brauneck Angemessene Vergütung/*Oehler* Kap. 6 Rn. 36; *Schmid/Düwel* MMR 2020, 155 (156 f.); zu den USA vgl. etwa US District Court, Central District of California, Kyle Hanagami v. Epic Games vom 24.8.2022, abrufbar unter https://digitalcommons.law.scu.edu/cgi/viewcontent.cgi?article=3713&context=historical.

insbesondere 2D-, 3D-, Audio-, und GUI (Graphical User Interface) Assets, aber auch Sounds und Geräusche (Audio-Assets). Neben eigenständigen Asset-Marktplätzen bzw. Content Libraries (zum Beispiel Game Assets Marketplace oder Itch.io) gibt es auch Markplätze der Engine-Anbieter, wie den Unity Asset Store und den Unreal Engine Marketplace.[78] Dabei werden üblicherweise nicht exklusive Lizenzen nach Maßgabe der jeweiligen EULAs (End User Licence Agreements) der Marktplätze erworben. Sogenannte „Public Domain Assets“ werden von den Erstellern kostenlos zur Verfügung gestellt und werden typischerweise unter einer kostenfreien Creative Commons-Lizenz angeboten.[79]

Auch **NFTs** (Non-Fungible Tokens) können in Spielen integriert sein, beispielsweise 33
im Rahmen von In-Game-Purchases. NFTs lassen sich definieren als unveränderliche Code-Sequenz als Teil einer Blockchain, die sich mittels eines Smart Contract fassen und beschreiben lässt.[80] Das NFT selber ist urheberrechtlich regelmäßig **nicht** geschützt, da es weder als urheberrechtlich geschütztes Werk noch als Leistungsschutzrecht einzuordnen ist.[81] Allerdings kann mit dem NFT digitaler Content, wie etwa Grafiken, Bilder oder auch Games Charaktere, **verknüpft** sein, dem seinerseits Urheberrechtsschutz zukommt. Im Zusammenhang mit einer NFT-Transaktion kann es daher durchaus zu urheberrechtlichen Nutzungshandlungen kommen und eine Lizenzierung erforderlich sein.[82]

In Computerspielen werden umfassend auch **Daten** (unabhängig von einem etwaigen 34
Personenbezug) verwendet. Die Rechtsnatur und der Schutzgegenstand von Daten[83] werden in der juristischen Literatur lebhaft diskutiert. Ansatzpunkte reichen vom Schutz der Daten als separates **Immaterialgüterrecht,**[84] als **Eigentum** bzw. **eigentumsähnliche Position**[85] über den Schutz als **sonstiges Recht** im Sinne des § 823 Abs. 1 BGB,[86] den **Besitz** an Daten,[87] den Schutz als **Geschäftsgeheimnis,**[88] den **lauterkeitsrechtlichen Schutz**[89] und das **Strafrecht,** bis zu Rechten auf **Datenzugang**[90] und einem ggf. neu zu schaffenden **Datenerzeugerrecht.**[91] Nach aktuell geltendem Recht sind Daten *als solche* aber weder als Eigentum noch als Immaterialgüterrecht einzuordnen, es

78 Brauner/Brauneck Angemessene Vergütung/*Oehler* Kap. 6 Rn. 77.
79 Siehe zB die Plattform https://gameasset.org/, auf der die Creative Commons Lizenz CC0 zum Einsatz kommt.
80 *Rauer/Bibi* ZUM 2022, 20 (24).
81 *Rauer/Bibi* ZUM 2022, 20 (25 ff.).
82 *Heine/Stang* MMR 2021, 755 (757 ff.); *Rauer/Bibi* ZUM 2022, 20 (28 ff.).
83 Daten im Sinne von maschinenlesbaren codierten Informationen, *Zech* GRUR 2015, 1151 (1153).
84 MüKoBGB/*Wendehorst* EGBGB Art. 43 Rn. 294 f.
85 Mit (direkter oder analoger) Anwendung sachenrechtlicher Normen. Hierzu *Zech* GRUR 2015, 1151 (1159 und passim); Taeger/Pohle ComputerR-HdB/*Czychowski/Siesmayer* 20.5 Rn. 19 f.; MüKoBGB/*Wagner* BGB § 823 Rn. 332 ff.; kritisch *Determann* ZD 2018, 503.
86 MüKoBGB/*Wagner* BGB § 823 Rn. 338; *Zech* GRUR 2015, 1151 (1158).
87 *Hoeren* MMR 2019, 5.
88 *Zech* GRUR 2015, 1151 (1155 f.); Taeger/Pohle ComputerR-HdB/*Czychowski/Siesmayer* 20.5 Rn. 35 ff.
89 Taeger/Pohle ComputerR-HdB/*Czychowski/Siesmayer* 20.5 Rn. 41.
90 *Hauck* NJW 2014, 3616 (3618); *Hilty* GRUR 2018, 865; s. a. Taeger/Pohle ComputerR-HdB/*Czychowski/Siesmayer* 20.5 Rn. 56 ff. Zum Entwurf eines Data Governance Act der EU-Kommission (COM(2020) 767 final vom 25.11.2020) vgl. etwa *Spindler* CR 2021, 98. Zu Datenzugangsrechten im Entwurf eines EU Data Act der EU-Kommission vom 23.2.2022 (COM(2022) 68 final) etwa *Hennemann/Steinrötter* NJW 2022, 1481 (1483 ff.).
91 *Zech* GRUR 2015, 1151 (1159 f.).

sei denn, im Einzelfall liegen die Voraussetzungen immaterialgüterrechtlichen Schutzes vor oder es greifen sonstige Abwehrrechte ein.[92]

13. Technische Schutzmaßnahmen

35 Keine „Werke" im urheberrechtlichen Sinne sind sog. technische Schutzmaßnahmen, die in den §§ 95a ff. UrhG geregelt sind. Soweit diese zum Schutz von urheberrechtlich geschützten Werken oder anderen Schutzgegenständen eingesetzt werden (ausgenommen Software selbst), sind sie ihrerseits gegen bestimmte Formen der **Umgehung** geschützt (näher dazu → § 20 Rn. 3 ff.).

14. Schutz von Esport-Events?

36 Esport-Veranstaltungen *als solche* werden im Regelfall **keinen** urheberrechtlichen Schutz beanspruchen können, da der Veranstaltung regelmäßig kein Werkcharakter zukommt.[93] In Betracht kommt zwar das Leistungsschutzrecht des Veranstalters nach § 81 UrhG, das aber regelmäßig ebenfalls ausscheidet: Dieses setzt voraus, dass die Leistungen der teilnehmenden Spieler als „Darbietungen" ausübender Künstler zu werten wären, was in der Regel nicht der Fall ist.[94] Ähnlich der rechtlichen Bewertung von Sportveranstaltungen, für die urheberrechtlicher Schutz schon länger diskutiert, im Ergebnis aber abgelehnt wird,[95] können jedoch einzelne Aspekte des Esport-Events geschützt werden. Hier ist vor allem an den Schutz des aufgezeichneten Events als Film(werk) bzw. Laufbild nach den § 2 Abs. 1 Nr. 6, §§ 94, 95 UrhG und – je nach Konstellation – an den Schutz der Sendung nach § 87 UrhG zu denken.[96] Abwehrrechte gegen unberechtigte Übernahme bzw. Aufzeichnung lassen sich zudem aus dem UWG, bei Verwendung von Marken aus dem Markenrecht (dazu → § 11 Rn. 10 ff.), aus dem Deliktsrecht und schließlich aus dem **Hausrecht** ableiten.[97]

15. KI in der Spieleentwicklung

37 Wurden in der Medienproduktion in der Vergangenheit die notwendigen Aufgaben durch Menschen ausgeführt, so können mittlerweile immer mehr Aspekte und Stufen durch Künstliche Intelligenz (KI) übernommen werden.[98] Auf Computerspiele kann sich dieser wachsende Einfluss von KI auf den Entwicklungsprozess ebenfalls auswirken. So kann KI beispielsweise künstliche Bilder und Grafiken erzeugen, Texte verfassen oder in autonomer Arbeitsweise Videobeiträge erstellen, die sich in der Qualität nicht oder kaum von menschlich erstellten Werken unterscheiden.[99] **Urheberrechtlicher** Schutz der von KI autonom generierten **Ergebnisse** kommt jedoch im Regelfall nicht in

92 Taeger/Pohle ComputerR-HdB/*Czychowski/Siesmayer* 20.5 Rn. 42; *Ohly*, zitiert bei *Allar/Nebenführ* GRUR 2021, 693 (695); *Schur* GRUR 2020, 1142 ff. Auch der Entwurf des EU Data Act vom 23.2.2022 (COM(2022) 68 final) sieht kein Eigentums- oder Immaterialgüterrecht für Daten vor.

93 Frey eSportR-HdB/*Frey* § 12 Rn. 12.

94 Dreier/Schulze/*Dreier* UrhG Vor §§ 70 ff. Rn. 16 ff.; Schricker/Loewenheim/*Grünberger* UrhG § 73 Rn. 17; aA *Hofmann* ZUM 2013, 279, für Pro-Gamer.

95 BGH Urt. v. 28.10.2010 – I ZR 60/09, GRUR 2011, 436 (437 f. Rn. 21) – Hartplatzhelden.de; Dreier/Schulze/*Dreier* UrhG Vor §§ 70 ff. Rn. 16; Dreier/Schulze/*Schulze* UrhG § 2 Rn. 146.

96 Frey eSportR-HdB/*Frey* § 12 Rn. 16.

97 Frey eSportR-HdB/*Frey* § 12 Rn. 13 f., 17 f.; Dreier/Schulze/*Dreier* UrhG Vor §§ 70 ff. Rn. 17.

98 *Conraths* MMR 2021, 457; zur Begrifflichkeit „KI" etwa Schricker/Loewenheim/*Leistner* UrhG § 2 Rn. 41 f.

99 *Conraths* MMR 2021, 457.

Betracht, da das geltende Urheberrecht eine persönliche, von einem Menschen herrührende geistige Schöpfung voraussetzt (§§ 2, 7 UrhG, s. auch → Rn. 9, 50).[100] Schutzfähigkeit kann dagegen bestehen, wenn sich der Urheber einer Maschine oder Software lediglich als Hilfsmittel bedient.[101] KI-Erzeugnisse können zudem als Datenbanken iSd §§ 87a ff. UrhG geschützt sein;[102] auch weitere Leitungsschutzrechte wie etwa als Tonträger oder Laufbilder kommen in Betracht.[103] Schließlich ist die KI selber, wie auch sonstige Technologie, ohne Weiteres dem Schutz durch Immaterialgüterrechte zugänglich, insbes. als urheberrechtlich geschützte Software.[104]

IV. Bearbeitung und erlaubte Nutzungen, „Freie Benutzung", Schranken, Guidelines

Im Rahmen der Erstellung eines Games kann es häufig zu **Bearbeitungen** oder **Umgestaltungen** bestehender Werke kommen. Diese sind grundsätzlich dem Urheber bzw. dem Rechteinhaber vorbehalten.[105] Dabei ist zu beachten, dass im Falle der Verfilmung eines vorbestehenden Werkes und in den weiteren Fällen des § 23 Abs. 2 UrhG schon die **Herstellung** einer Bearbeitung oder Umgestaltung der Zustimmung des Rechteinhabers bedarf. Andere Bearbeitungen, wie etwa die Abänderung einer urheberrechtlich gestützten Grafik, dürfen zwar ohne Zustimmung des Rechteinhabers erstellt werden, spätestens bei der **Veröffentlichung** und sonstigen Verwertung ist aber die Zustimmung erforderlich. Dementsprechend ist in Lizenzverträgen darauf zu achten, dass die erforderlichen Bearbeitungsrechte miteingeräumt werden. 38

1. Bearbeitung und „freie Benutzung" bzw. „fehlende Wiedererkennbarkeit"

Keine Bearbeitung liegt vor, wenn das neugeschaffene Werk einen „**hinreichenden Abstand**" zum benutzten Werk aufweist (§ 23 Abs. 1 S. 2 UrhG). Das soll nach der Rechtsprechung dann der Fall sein, wenn angesichts der Eigenart des neuen Werkes die „entlehnten" eigenpersönlichen Züge des geschützten älteren Werkes „verblassen".[106] Nach der jüngeren Rechtsprechung des BGH kommt es auf die „**fehlende Wiedererkennbarkeit**" der schutzbegründenden eigenschöpferischen Elemente an.[107] Da die Gerichte insgesamt einen eher strengen Maßstab an den hinreichenden Abstand (bzw. nach früherem Recht an eine „**freie Benutzung**") anlegen, ist hier mit Vorsicht zu agieren und 39

---

100 *Legner* ZUM 2019, 807 f.; *Hetmank/Lauber-Rönsberg* GRUR 2018, 574 (577 f.); *Weberling* NJW 2018, 735 (738); Schricker/Loewenheim/*Leistner* UrhG § 2 Rn. 39; allgemein EuGH Urt. v. 12.9.2019 – C-683/17, ZUM 2019, 834 (837), Rn. 29 ff. – Cofemel/G-Star.

101 Die Abgrenzung im Einzelfall ist schwierig und kann hier nicht vorgenommen werden, s. dazu etwa Schricker/Loewenheim/*Leistner* UrhG § 2 Rn. 40 ff.; *Conraths* MMR 2021, 457 (459); *Hetmank/Lauber-Rönsberg* GRUR 2018, 574 (577 f.); *Gräfe/Kahl* MMR 2021, 121 (125).

102 *Legner* ZUM 2019, 807 (809); *Hetmank/Lauber-Rönsberg* GRUR 2018, 574 (578 f.).

103 *Conraths* MMR 2021, 457 (460).

104 *Hetmank/Lauber-Rönsberg* GRUR 2018, 574 (575). Auch ein Schutz als Geschäftsgeheimnis kommt in Betracht.

105 Zur Frage, ob § 23 UrhG ein selbstständiges Verwertungs- oder Nutzungsrecht darstellt, Dreier/Schulze/*Schulze* UrhG § 23 Rn. 26 f.

106 BGH Urt. v. 11.3.1993 – I ZR 264/91 , GRUR 1994, 191 (193) – Asterix-Persiflagen; Dreier/Schulze/*Schulze* UrhG § 23 Rn. 41; zur Weitergeltung der Rechtsprechung zum aufgehobenen § 24 UrhG: Dreier/Schulze/*Schulze* UrhG § 23 Rn. 9 ff. und Gesetzentwurf der Bundesregierung, Entwurf eines Gesetzes zur Anpassung des Urheberrechts an die Erfordernisse des digitalen Binnenmarktes vom 9.3.2021, BT-Drs. 19/27426, 78.

107 BGH Urt. v. 7.4.2022 – I ZR 222/20, GRUR 2022, 899 (904 ff.) Rn. 47 ff. – Porsche 911 und hierzu *Schmid/Düwel* ZUM 2022, 561 (563 f.).

im Zweifelsfall eher auf eine Lizensierung auszuweichen. Die bis zum Juni 2021 geltende Vorschrift des § 24 UrhG, der die „freie Benutzung" erlaubte, wurde in Folge der „Metall auf Metall"-Entscheidung des EuGH, der die Regelung als europarechtswidrig einstufte, aufgehoben.[108] Nach dem Willen des Gesetzgebers soll die bisherige Funktion des § 24 UrhG nunmehr durch die Schranke des § 51a UrhG und durch die Vorschrift des § 23 Abs. 1 S. 2 UrhG übernommen werden.[109]

2. Schutz der Bearbeitung als Werk

40 Unabhängig davon, ob eine Bearbeitung zulässig war oder nicht, kann auch **die Bearbeitung** selbst urheberrechtlichen Schutz genießen, wenn diese ihrerseits eine ausreichende Schöpfungshöhe aufweist. Die Verwertung der Bearbeitung bedarf dann sowohl der Zustimmung des ursprünglichen Urhebers wie auch des Bearbeiters.[110] Wird ein Werk bzw. ein anderer Schutzgegenstand übernommen, ohne diesen zu verändern, liegt keine Bearbeitung, sondern eine (zustimmungspflichtige) Vervielfältigung vor.[111] Die Übersetzung, Bearbeitung und andere Umarbeitung eines **Computerprogrammes** ist nach der Sonderregelung des § 69c Nr. 2 UrhG ebenfalls zustimmungsbedürftig.

3. Schranken

41 Das Urheberrecht gewährt dem Urheber bzw. Rechteinhaber das Recht, das betreffende Werk zu nutzen und auszuwerten und Dritten die Nutzung zu verbieten. Wie andere „Exklusivrechte" gilt es aber nicht schrankenlos, vielmehr sieht das Gesetz (primär in den §§ 44a ff. UrhG) eine Reihe von **Schranken** vor, in denen unterschiedliche Allgemeininteressen berücksichtigt werden, wie etwa Unterricht oder Wissenschaft (§§ 46, 60a ff. UrhG), Rechtspflege und öffentliche Sicherheit (§ 45 UrhG), der Privatgebrauch (§ 53 UrhG) oder die Erfordernisse der Informationsgesellschaft (§ 44a UrhG).[112] Ziel ist es, die Eigentumsinteressen der Urheber und Rechteinhaber mit den Zugangs- und Nutzungsinteressen von Werkvermittlern und Nutzern sowie Wettbewerbsinteressen Dritter in Einklang zu bringen.[113] Auf europarechtlicher Ebene sind die urheberrechtlichen Schranken vor allem in Art. 5 InfoSoc-RL und in Art. 17 DSM-RL harmonisiert.[114] Der nationale Gesetzgeber kann Schrankenregelungen entsprechend nur in

---

108 EuGH Urt. v. 29.7.2019 – C-476/17, GRUR 2019, 929 – Pelham u.a. Dem vorausgegangen war der Beschluss des BGH, der sich mit dem Sampling eines kurzen Ausschnitts aus der „Metall auf Metall"-Aufnahme der Gruppe Kraftwerk befasste: BGH Beschl. v. 1.6.2017 – I ZR 115/16, GRUR 2017, 895 – Metall auf Metall III.

109 Gesetzentwurf der Bundesregierung, Entwurf eines Gesetzes zur Anpassung des Urheberrechts an die Erfordernisse des digitalen Binnenmarktes vom 9.3.2021, BT-Drs. 19/27426, 78 (89); BGH Urt. v. 7.4.2022 – I ZR 222/20, GRUR 2022, 899 (904) Rn. 48 – Porsche 911; *Schmid/Barudi*, Update Urheberrecht im Digitalen Binnenmarkt: Zur Implementierung der DSM-Urheberrechts-Richtlinie in Deutschland, 1.9.2020, abrufbar unter https://www.lexology.com/library/detail.aspx?g=200a5aa1-ae1f-49e7-8d24-fb8780411856, unter 3.2.

110 Dreier/Schulze/*Schulze* UrhG § 3 Rn. 50.

111 Dreier/Schulze/*Schulze* UrhG § 23 Rn. 33.

112 Dreier/Schulze/*Dreier* UrhG Vor §§ 44a ff. Rn. 1 ff.

113 Dreier/Schulze/*Dreier* UrhG Vor §§ 44a ff. Rn. 1.

114 In internationalen Verträgen finden sich etwa in Art. 9 Abs. 2 RBÜ, Art. 13 TRIPS-Abkommen und Art. 10 WCT Bestimmungen zu Schranken, s. dazu Dreier/Schulze/*Dreier* UrhG Vor §§ 44a ff. Rn. 20 f.

diesem Rahmen einführen.[115] Für den Bereich der Computerspiele können beispielsweise § 51 UrhG (Zitatrecht), § 59 UrhG (Panoramafreiheit) und der neue § 51a UrhG (Parodie, Karikatur und Pastiche) relevant sein.

a) Zitate

Die **Zitatschranke** nach **§ 51 UrhG**, Art. 5 Abs. 3 lit. d InfoSoc-Richtlinie erlaubt die Vervielfältigung, Verbreitung und öffentliche Zugänglichmachung eines bereits veröffentlichten anderen Werkes. Wesentliche Voraussetzung für das „Ob“ und den zulässigen Umfang eines Zitats ist der Zitatzweck. Nicht ausreichend ist es etwa, wenn durch das Zitat lediglich eigene Aufwendungen erspart werden, oder das andere Werk nur um seiner selbst Willen oder zu Zwecken der Illustration übernommen wird.[116] Erforderlich ist vielmehr eine innere Verbindung und Auseinandersetzung.[117] Über den anerkannten Zweck der Inhaltserläuterung (s. § 51 Abs. 1 S. 2 Nr. 1 UrhG) oder des „Belegens“ hinaus ist nach der deutschen Rechtsprechung auch eine erweiterte Auslegung anerkannt, insbesondere wenn dies im Lichte der grundrechtlich gewährleisteten Kunstfreiheit geboten scheint.[118] Gerade bei Computerspielen erscheint ein solcher „erweiterter“ Zitatzweck denkbar, etwa die Auseinandersetzung mit einem gesellschaftlichen oder historischen Thema. Zu beachten ist dabei aber die jüngere Rechtsprechung des EuGH, wonach derjenige, der sich auf die Ausnahme für Zitate berufen möchte, zwingend eine „direkte und enge Verknüpfung“ zwischen dem zitierten Werk und seinen eigenen Überlegungen herstellen, und damit eine „geistige Auseinandersetzung mit dem Werk eines anderen ermöglichen“ soll, was nach Art. 5 Abs. 3 lit. d der InfoSoc-Richtlinie RL 2001/29/EG vor allem eine Kritik oder Rezension ermöglichen solle.[119] Diese Anforderungen sind für jeden Einzelfall zu prüfen und werden bei einer „nur“ ästhetischen oder ausschmückenden Verwendung oft nicht gegeben sein. Schließlich muss eine Quellenangabe erfolgen.[120] 42

b) Karikatur, Parodie, Pastiche

Nach **§ 51a UrhG** darf ein fremdes vorbestehendes Werk zum Zwecke von **Karikatur, Parodie** und **Pastiche** vervielfältigt, verbreitet und öffentlich wiedergegeben werden. Damit verbundene Änderungen sind nach § 62 Abs. 4a UrhG erlaubt. Die Schranke setzt seit dem 7.6.2021 zugleich Art. 17 Abs. 7 lit. b der DSM-Urheberrechtsrichtlinie um und hat bislang kein unmittelbares Vorbild im deutschen Recht.[121] Für Karikatur, 43

---

115 Gleichwohl sind die Urheberrechtsschranken in der EU nicht vollständig harmonisiert. Nur einige Schranken sind zwingend von allen Mitgliedstaaten einzuführen, v.a. die vorübergehende Vervielfältigung nach Art. 5 Abs. 1 InfoSoc-Richtlinie (§ 44a UrhG) und Art. 17 Abs. 7 DSM-Urheberrechtsrichtlinie für Zitat, Kritik und Rezensionen (§ 51 UrhG) bzw. zum Zwecke von Karikaturen, Parodien und Pastiches (§ 51a UrhG); s. dazu Dreier/Schulze/*Dreier* UrhG Vor §§ 44a ff. Rn. 6 f.

116 Dreier/Schulze/*Dreier* UrhG § 51 Rn. 3a.

117 BGH Beschl. v. 27.7.2017 – I ZR 228/15, GRUR 2017, 1027 (1033 Rn. 55) – Reformistischer Aufbruch.

118 BVerfG Beschl. v. 29.6.2000 – 1 BvR 825/98, GRUR 2000, 149 (151 f.) – Germania 3; Dreier/Schulze/*Dreier* UrhG Vor §§ 44a ff. Rn. 7 f.

119 EuGH Urt. v. 29.7.2019 – C-516/17, MMR 2019, 588 (593 Rn. 79) – Spiegel Online, mAnm *Hoeren/Düwel*. Die Nutzung des geschützten Werks muss also „akzessorischer Natur“ sein.

120 Dazu *Schmid/Düwel* MMR 2019, 156 (158).

121 Ausweislich der Gesetzesbegründung können bislang über § 24 UrhG erfasste Nutzungen in Zukunft jedenfalls teilweise von § 51a UrhG abgedeckt werden: Gesetzentwurf der Bundesregierung, Entwurf eines Gesetzes zur Anpassung des Urheberrechts an die Erfordernisse des digitalen Binnenmarktes vom 9.3.2021, BT-Drs. 19/27426, 78, 89; *Schmid/Düwel* ZUM 2022, 561 (562 f.).

Parodie und Pastiche ist charakteristisch, dass sie sich an vorbestehende Werke anlehnen und eine inhaltliche oder künstlerische Auseinandersetzung mit dem Originalwerk enthalten müssen.[122] Eine Quellenangabe ist nicht erforderlich. Das Pastiche wird weder in der DSM-Urheberrechts-Richtlinien noch im Urheberrechtsgesetz näher definiert. Oft wird darunter allgemein eine „stilistische“ Nachahmung verstanden. Die deutsche Gesetzesbegründung nennt als Beispiele „zitierende, imitierende und anlehnende Kulturtechniken“ und dabei Praktiken wie Remix, Meme, GIF, Mashup, Fan Fiction oder Sampling.[123] Beispiele könnten etwa ironische Bezugnahmen sein, gesellschaftskritische Kommentare, oder auch „Easter Eggs“. Einschlägige Rechtsprechung hierzu ist noch kaum vorhanden.[124]

c) Panoramafreiheit

44 Werden reale Gebäude oder sonstige (Kunst-)Werke, die sich an öffentlichen Wegen, Straßen oder Plätzen befinden, in einem Computerspiel verwendet, kommt eine Rechtfertigung nach **§ 59 UrhG** („Panoramafreiheit“) in Betracht. Dieser erlaubt die Verwendung der Straßenansicht des Gebäudes bzw. Werkes. Auch wenn dies noch nicht abschließend durch die Rechtsprechung geklärt ist, dürfte die Schranke nicht nur die analoge, sondern auch digitale Reproduktion (wie im Computerspiel) erfassen.[125] Nach der Rechtsprechung sollen dreidimensionale Vervielfältigungen indes nicht unter § 59 UrhG fallen.[126]

d) Auslegung der Schrankenbestimmungen

45 Bei der **Auslegung** der Schranken wird traditionell der Grundsatz einer „engen Auslegung“ hervorgehoben. Allerdings muss nach der jüngeren Rechtsprechung des EuGH eine Auslegung unter Berücksichtigung der widerstreitenden Interessen und insbesondere der Grundrechte erfolgen, wie etwa der Kunstfreiheit oder der Meinungsfreiheit. Diese kann durchaus auch zu einer weiten Auslegung der Schrankenbestimmungen führen.[127] Einige Werkarten bzw. Leistungsschutzrechte enthalten Sondervorschriften zu Schranken, so etwa die §§ 69d f. UrhG für Computerprogramme und § 87c UrhG für Datenbanken. Insgesamt wird wegen der immer noch großen nationalen **Unterschiede** bei den Schrankenregelungen vor allem bei international ausgewerteten Games regelmäßig eine rechtssichere Lizenzierung vorzuziehen sein.

4. Guidelines für Let's Plays

46 Schließlich ist darauf hinzuweisen, dass eine Reihe von Publishern in entsprechenden **Guidelines** die Nutzung ihrer urheberrechtlich geschützten Werke und Leistungen zum

122 BT-Drs. 19/27426, 90.
123 BT-Drs. 19/27426, 91.
124 S. etwa LG Berlin Urt. v. 2.11.2021 – 15 O 551/19, GRUR-RR 2022, 216 – The Unknowable.
125 *Schmid/Düwel* MMR 2020, 155 (157 f.).
126 *Schmid/Düwel* MMR 2020, 155 (157 f.) mit Hinweisen zu einer möglichen analogen Anwendung des § 59 UrhG. Zur Frage, wann eine unzulässige dreidimensionale Verwendung vorliegt: BGH Urt. v. 19.1.2017 – I ZR 242/15, ZUM 2017, 494 (498 f. Rn. 30 ff.) – East Side Gallery; s. a. Berger/Wündisch UrhVertrR-HdB/*Oehler/Wündisch* § 34 Rn. 14 f.
127 *Schmid/Düwel* MMR 2020, 155 (157); Dreier/Schulze/*Dreier* UrhG Vor §§ 44a ff. Rn. 7 ff.

Beispiel für **Let's Plays** durch „Lizenzen", Gestattungen oder Duldungen erlauben (zu Let's Plays s. auch → § 3 Rn. 3, 33; → § 20 Rn. 42 f.).[128]

V. Schutzdauer

47 Die urheberrechtliche Schutzdauer beträgt nach § 64 UrhG **70 Jahre**, die auch auf Computerprogramme und dementsprechend auf den Code anzuwenden ist, der einem Game zugrunde liegt.[129] Das Urheberrecht erlischt demnach 70 Jahre nach dem Tod des Urhebers.

48 Da regelmäßig zahlreiche Personen an der Programmierung des Codes und der Entwicklung des Computerspiels insgesamt beteiligt sind, kann auch § 65 Abs. 1 UrhG zu berücksichtigen sein.[130] Die Berechnungsregel des § 65 Abs. 1 UrhG gilt indes nur im Falle der **Miturheberschaft** im Sinne des § 8 UrhG. Bei Werkverbindungen nach § 9 UrhG oder unabhängigen Werkteilen kann die Schutzdauer je nach Komponente auseinanderfallen.[131]

49 Auf die konkrete Bemessung der Schutzdauer kann sich weiter die Einordnung eines Computerspiels als **Filmwerk** auswirken. Für Filmwerke ist der Ablauf der 70-jährigen Schutzdauer in § 65 Abs. 2 UrhG geregelt, wonach das Urheberrecht siebzig Jahre nach dem Tod des Längstlebenden der folgenden Personen erlischt: Hauptregisseur, Urheber des Drehbuchs, Urheber der Dialoge, Komponist der für das betreffende Filmwerk komponierten Musik. Hier zeigt sich allerdings die Schwierigkeit einer analogen Anwendung der filmurheberrechtlichen Vorschriften auf Games. Zwar werden diese Personen für eigentliche Filmsequenzen eines Games ermittelbar sein. Für das Game als Ganzes stimmen die an dessen Entwicklung beteiligten Personen in ihren Aufgaben und Tätigkeiten jedenfalls nicht ohne Weiteres mit den in § 65 Abs. 2 UrhG genannten Personen überein.

C. Urheber und Rechteinhaber; Rechtserwerb

I. Urheber und Rechteinhaber

50 „Urheber" iSd § 7 UrhG kann nach dem deutschen Recht immer nur der **Schöpfer** des Werkes und damit eine natürliche Person sein („Schöpferprinzip"). Bei den Leistungsschutzrechten kommt es darauf an: Hier gibt es an **kreative** Leistungen anknüpfende Leistungsschutzrechte wie das der ausübenden Künstler, die entsprechend auch Rechteinhaber sind (§ 73 UrhG). Bei den sog. **Investitionsschutzrechten**, wie insbesondere § 94, § 95 oder § 87 a UrhG, können ohne Weiteres auch Unternehmen bzw. juristische Personen Rechteinhaber sein. Die Frage, welche Personen konkret Urheber eines Spiels sind, kann hier nicht vertieft werden.[132] Das vor allem aus dem anglo-amerikanischen

128 Hoeren/Sieber/Holznagel MMR-HdB/*Hentsch* Teil 22 Rn. 17; s. a. die Übersicht des Bundesverbandes game unter https://www.game.de/themen/lizenzverzeichnis-fuer-lets-plays/.

129 *Kilian* GRUR-Int 2011, 895 (899).

130 Wandtke/Bullinger/*Grützmacher* UrhG § 69a Rn. 86.

131 Loewenheim UrhR-HdB/*Nordemann-Schiffel* § 22 Rn. 23. Bei Videospielen liegen die Voraussetzungen einer Miturheberschaft, aber auch einer Werkverbindung nicht ohne Weiteres vor, s. dazu Brauner/Brauneck Angemessene Vergütung/*Oehler* Kap. 6 Rn. 63 ff.; *Frey/Pommer* MMR-Beil. 2018, 7 (10).

132 Eingehend Brauner/Brauneck Angemessene Vergütung/*Oehler* Kap. 6 Rn. 60 ff.; Berger/Wündisch UrhVertR-HdB/*Oehler/Wündisch* § 34 Rn. 14 f., Rn. 57 ff.

Recht bekannte „work made for hire" bzw. die Möglichkeit, dass ein Unternehmen selbst Urheber sein kann,[133] existiert im deutschen Recht so nicht (s. aber → Rn. 59).

II. Rechtserwerb

51 Der Erwerb und die Lizenzierung von Rechten ist tägliche Praxis von Developern und sonstigen Games-Unternehmen, aber gleichwohl von großer Bedeutung insbesondere auch für die Verwertung des Computerspiels.

52 Dabei gilt in Deutschland gemäß § 29 Abs. 1 UrhG der Grundsatz der Unübertragbarkeit des Urheberrechts. Der Urheber kann jedoch ungeachtet dessen gem. § 29 Abs. 2 UrhG vertraglich Nutzungs- und Verwertungsrechte einräumen.[134] Praktisch relevant ist dabei die Unterscheidung zwischen Angestellten/Arbeitnehmern und freien Entwicklern/Free Lancern.

53 Bei **angestellten Entwicklern** enthält **§ 69b UrhG** eine gesetzliche Lizenz, die sicherstellt, dass dem Arbeitgeber sämtliche „vermögensrechtlichen Befugnisse" (einschl. aller wesentlichen Auswertungsrechte am Programm) als Exklusivrechte zustehen (dazu → § 8 Rn. 45 f.).[135] Für andere Arbeitsergebnisse, die nicht Computerprogramme sind, fehlt zwar eine entsprechende gesetzliche Regelung. Jedoch wird der Arbeitsvertrag in Verbindung mit **§ 43 UrhG** so ausgelegt, dass der Arbeitnehmer dem Arbeitgeber auch ohne explizite Vereinbarung umfassende Auswertungsrechte einräumt, deren Umfang sich jedoch im Einzelnen nach dem Betriebszweck bzw. dem Zweck des Arbeitsverhältnisses richtet.[136] Um hier Abgrenzungsschwierigkeiten zu vermeiden, ist es aus Sicht des Arbeitgebers in jedem Fall **empfehlenswert**, auch bei angestellten Entwicklern und sonstigen Urhebern in Arbeitsverträgen sorgfältige und umfassende **Klauseln** zu den **IP-Rechten** vorzusehen. In Einzelfällen mag auch eine patentrechtlich relevante Erfindung vorliegen; hier gilt im deutschen Recht vorrangig das **Arbeitnehmererfindungsgesetz.**

54 Anders liegt der Fall bei nicht angestellten **freien Entwicklern** und sonstigen Urhebern („Free Lancer"). Hier fehlen (abgesehen von § 89 UrhG für Filmwerke) entsprechende gesetzliche Sonderregelungen, so dass sich das „Ob" wie auch der Umfang der Rechtseinräumung nach dem richtet, was ausdrücklich vereinbart wurde (§ 31 Abs. 5 UrhG). Wurden die eingeräumten Nutzungsrechte nicht ausdrücklich bezeichnet, bestimmt sich der Umfang der Rechtseinräumung nach dem Vertragszweck (§ 31 Abs. 5 UrhG, sog. **Zweckübertragungslehre** oder Übertragungszwecklehre). In diesem Verhältnis ist es aus Sicht des Developers daher umso mehr zu empfehlen, eine robuste IP-Rechteklausel im Vertrag mit dem freien Entwickler/Free Lancer vorzusehen. Dies gilt auch im Verhältnis zwischen **Gründern** bzw. Gesellschaftern und der Gesellschaft.[137]

---

133 Dazu 17 U.S. Code § 201 lit. b (Ownership of copyright).

134 Zu Verträgen mit Publishern → § 13 Rn. 45 ff. und Berger/Wündisch UrhVertrR-HdB/*Oehler/Wündisch* § 34 Rn. 69 ff.

135 Umfasst dürften auch die Rechte an unbekannten Nutzungsarten sein, jedenfalls im Rahmen des § 69b UrhG auch ohne das Schriftformerfordernis des § 31a UrhG, s. Dreier/Schulze/*Dreier* UrhG § 69b Rn. 9.

136 Hierzu Schricker/Loewenheim/*Rojahn/Frank* UrhG § 43 Rn. 50 ff.

137 Die Bedeutung einer soliden Dokumentation und Vertragslage ist auch im Hinblick auf die Beteiligung möglicher Investoren oder einen „Exit" im Wege der Gesamtveräußerung nicht zu unterschätzen. Derartige Klauseln werden im Rahmen einer Due Diligence oft sorgfältig überprüft.

III. AGB in Urheberrechtsverträgen

Im Rahmen von Verträgen mit Kreativen, aber auch im Rahmen der Verwertungskette, werden regelmäßig AGB verwendet. Diese haben im Urheberrecht eine nicht zu unterschätzende Bedeutung, denn die §§ 305 ff. BGB enthalten teilweise substanzielle Einschränkungen der Vertragsfreiheit. Zwar gibt es im Bereich der Computerspiele noch kaum Rechtsprechung zur Wirksamkeit urheberrechtlicher AGB-Klauseln.[138] Entsprechende Urteile gibt es aber schon in anderen Branchen, wie etwa Film und Journalismus.[139] Neben den Klauselverboten der §§ 308, 309 BGB kann im Urheberrecht vor allem auch § 307 Abs. 1 und Abs. 2 BGB von Bedeutung sein. So hat der BGH insbesondere den Grundsatz der angemessenen Vergütung nach § 11 Satz 2 UrhG als einen urheberrechtlichen **Grundgedanken** iSd § 307 Abs. 2 Nr. 1 BGB eingeordnet;[140] anders hingegen die Regelung § 31 Abs. 5 UrhG (Zweckübertragungslehre), die der BGH lediglich als disponible Auslegungsregelung ansieht.[141] In diesem Zusammenhang ist auf die Möglichkeit einer **Rechtswahl** für den betreffenden Vertrag hinzuweisen: In B2B-Verträgen kann die Anwendung der §§ 305 ff. BGB durch die Wahl eines anderen Rechts weitgehend vermieden werden. Grenzen gelten dagegen, wenn der Vertragspartner Verbraucher ist (s. Art. 6 Abs. 2 Rom I-Verordnung). 55

D. Internationale Aspekte

In Sachverhalten, die **grenzüberschreitende Aspekte** aufweisen, kommen vor allem das internationale Zivilverfahrensrecht (IZVR), das internationale Privatrecht (IPR) und das sog. „Fremdenrecht" ins Spiel. Im Kern geht es dabei um folgende Bereiche: Das **internationale Zivilverfahrensrecht** beantwortet die Frage, welches Gericht für die Entscheidung über einen grenzüberschreitenden Rechtsstreit – zB bei einer grenzüberschreitenden Urheberrechtsverletzung, oder im Falle eines grenzüberscheitenden Vertrags – (international) zuständig ist und wie eine solche Entscheidung, wenn sie ergangen ist, dann vollstreckt wird.[142] Das **internationale Privatrecht** beantwortet die Frage, welches Recht in grenzüberschreitenden Sachverhalten **anzuwenden** ist. Das betrifft vor allem grenzüberschreitende **Urheberrechtsverletzungen** (bspw. die unlizenzierte Verwendung von Software des Anbieters A durch einen Verwender im Staat B), aber auch die wichtige Frage, welches Recht bei **grenzüberschreitenden Verträgen** über urheberrechtliche Sachverhalte anzuwenden ist. Das **Fremdenrecht**, das wiederum zu wesentlichen Teilen auf internationalen Urheberrechtsverträgen beruht, beantwortet dagegen die Frage, ob ein Staatsangehöriger eines anderen Landes hierzulande Schutz nach dem Urheberrechtsgesetz beanspruchen kann. 56

---

138 Siehe aber u.a. zu den Anforderungen an die Sperrung eines Social-Media-Accounts BGH Urt. v. 29.7.2021 – III ZR 179/20, GRUR 2021, 1433 – Hassrede.

139 Zu AGB im Urheberrecht allgemein, auf die in diesem Rahmen nicht weiter eingegangen werden kann, s. etwa *Nordemann* NJW 2012, 3121; *Castendyck* ZUM 2007, 169; Schricker/Loewenheim/*Ohly* UrhG Vor §§ 31 ff. Rn. 36 ff., 42 ff.

140 BGH Urt. v. 31.5.2012 – I ZR 73/10, ZUM 2012, 793 (799 f.) – Honorarbedingungen Freie Journalisten.

141 BGH Urt. v. 31.5.2012 – I ZR 73/10, ZUM 2012, 793 (797 f.) – Honorarbedingungen Freie Journalisten.

142 Schricker/Loewenheim/*Katzenberger/Metzger* UrhG Vor §§ 120 ff. Rn. 168 ff.; Wandtke/Bullinger/*von Welser* UrhG Vor §§ 120 ff. Rn. 26.

I. Internationales Zivilverfahrensrecht (IZVR)

57 Für das IZVR ist im deutschen Recht vorrangig die **EuGVVO** (auch „Brüssel Ia-VO“) von Bedeutung.[143] Bei vertraglichen Ansprüchen kann vor allem Art. 7 Nr. 1 EuGVVO relevant sein. Im Fall grenzüberschreitender Urheberrechtsverletzungen ist der Gerichtsstand der unerlaubten Handlung nach Art. 7 Abs. 2 EuGVVO einschlägig. Auch Gerichtsstandsvereinbarungen können die internationale Zuständigkeit begründen (Art. 25 EuGVVO). Im Übrigen gilt der allgemeine Gerichtsstand des Wohnsitzes bzw. Sitzes (Art. 4, Art. 63 EuGVVO). Ist die EuGVVO nicht anwendbar, begründet die örtliche Zuständigkeit nach deutschem Recht (zB nach § 32 ZPO) zugleich auch die internationale Zuständigkeit.[144]

II. Internationales Privatrecht (IPR)

1. Urheberrechtsverletzungen

58 Im Fall von grenzüberschreitenden **Urheberrechtsverletzungen** ist zentrale Norm Art. 8 Abs. 1 der Rom II-Verordnung, wonach für die Beurteilung von Verletzungen von Urheberrechten und verwandten Schutzrechten das Recht des Schutzlandes maßgeblich ist. Bei sogenannten „multi-state-Delikten“, wie typischerweise bei Urheberrechtsverletzungen im Internet, kommt dabei grundsätzlich das (Urheber-)Recht jedes betroffenen Landes zur Anwendung,[145] wobei die Rechtsprechung zunehmend einen relevanten Inlandsbezug fordert.[146]

2. Urheberrechtsverträge

a) Grundsatz

59 Im Falle von **Urheberrechtsverträgen** (zB Verträge mit Kreativen, oder bei Lizenzverträgen) mit Auslandsbezug folgt die überwiegende Meinung in Deutschland der sog. „Einheitstheorie“. Das heißt, dass die Frage des Urheberrechts und der Nutzungsrechte im Grundsatz dem gleichen Recht folgt, wie dem des zugrundeliegenden (schuldrechtlichen) Vertrages, also etwa des Lizenzvertrages oder des Vertrages mit dem Kreativen, wobei hier einige wichtige Ausnahmen bestehen (dazu → nachfolgend).[147] Vereinfacht gesagt, bestimmt sich die Frage des anwendbaren Rechts nach folgender Reihenfolge: In erster Linie gilt das von den Parteien gewählte Recht (**Art. 3 Abs. 1 Rom I-VO**), die Rechtswahl steht also an erster Stelle. Wichtige Ausnahmen davon gibt es für bestimmte Verträge, insbesondere etwa mit Arbeitnehmern (**Art. 8 Rom I-VO**), aber auch Ver-

---

143 Verordnung (EU) Nr. 1215/2012 des Europäischen Parlaments und des Rates vom 12.12.2012 über die gerichtliche Zuständigkeit und die Anerkennung und Vollstreckung von Entscheidungen in Zivil- und Handelssachen, auch „Brüssel Ia-VO“. Zur Anwendbarkeit allgemein Schricker/Loewenheim/*Katzenberger/Metzger* UrhG Vor §§ 120 ff. Rn. 169, 170; Zöller/*Geimer* EuGVVO Art. 1 Rn. 15 ff., EuGVVO Art. 4 Rn. 7, 9 ff.

144 Schricker/Loewenheim/*Katzenberger/Metzger* UrhG Vor §§ 120 ff. Rn. 168; Wandtke/Bullinger/*von Welser* UrhG Vor §§ 120 ff. Rn. 32.

145 Sog. Mosaikbetrachtung, dazu Schricker/Loewenheim/*Katzenberger/Metzger* UrhG Vor §§ 120 ff. Rn. 142 ff.

146 Schricker/Loewenheim/*Katzenberger/Metzger* UrhG Vor §§ 120 ff. Rn. 146; EuGH Urt. v. 18.10.2012 – C-173/11, GRUR 2012, 1245 (1247) Rn. 36 ff. – Football Dataco; BGH Urt. v. 13.10.2004 – I ZR 163/02, GRUR 2005, 431 – Hotel Maritime.

147 BGH Urt. v. 24.9.2014 – I ZR 35/11, GRUR 2015, 264 (267), Rn. 41 ff. – Hi Hotel II; Schricker/Loewenheim/*Katzenberger/Metzger* UrhG Vor §§ 120 ff. Rn. 151 f.

brauchern (zum Beispiel in End-User-License-Agreements (EULAs), **Art. 6 Abs. 2 Rom I-VO**). Weiter gilt eine Ausnahme, wenn alle Aspekte eines Sachverhalts allein mit einer Rechtsordnung verknüpft sind (beispielsweise ein Vertrag tatsächlich zwischen zwei Inländern in Deutschland geschlossen wird, aber die Parteien amerikanisches Recht wählen), s. Art. 3 Abs. 3 Rom-I-VO. Die Frage, ob die Rechtwahl wirksam getroffen wurde, und ob der Vertrag wirksam zustande gekommen ist, richtet sich dabei nach dem gewählten Recht (**Art. 10 Rom I-VO**). Für Formalia gilt **Art. 11 Rom I-VO.** Mangels Rechtswahl ist nach Vertragstypen zu unterscheiden (Art. 4 Rom I-VO).

b) Ausnahmen

Diese Grundsätze gelten aber nicht unbeschränkt. So bestimmt **Art. 9 Abs. 2 Rom I-VO**, dass sich sog. „Eingriffsnormen" auch gegen eine Rechtswahl durchsetzen, was etwa für § 32b UrhG in Betracht kommt.[148] Darüber hinaus sollen nach „traditioneller" deutscher Urheberrechtslehre auch weitere Tatbestände und Vorgänge, die etwa die Begründung und Übertragung des Urheberrechts als solches betreffen, sowie Bestimmungen mit persönlichkeitsrechtlichem Einschlag, der Rechtswahlfreiheit entzogen sein und damit (auch entgegen einer Rechtswahl) immer deutschem Recht bzw. dem Recht des Schutzlandes unterliegen.[149] Daraus ergibt sich, dass etwa eine Vertragsklausel, wonach „das Urheberrecht" übertragen wird, nach deutschem Recht nicht gangbar ist, da das deutsche Urheberrecht eine solche Übertragung nicht vorsieht (§ 29 Abs. 1 UrhG). Ebenso wenig wäre eine „work made for hire"-Regelung im deutschen Recht möglich, da die Idee des US-amerikanischen Rechts, wonach der Arbeitgeber originärer Urheber/Rechteinhaber wird, dem deutschen Schöpferprinzip sowie dem Grundsatz der Unübertragbarkeit des Urheberrechts widerspräche. Allerdings können solche Regelungen auch als Einräumung ausschließlicher, umfassender Nutzungsrechte ausgelegt bzw. gedeutet werden.[150] Häufig finden sich in grenzüberschreitenden Verträgen auch Klauseln, die für den Fall, dass eine Übertragung des Urheberrechts unmöglich sein sollte, eine Rechtseinräumung vorsehen. Als zusätzliche Grenze der Rechtswahl, die allerdings im Urheberrecht nur selten zu Anwendung kommt, formuliert **Art. 21** der Rom I-VO den Vorbehalt des sogenannten „ordre public". Hiernach sind bestimmte grundlegende Wertentscheidungen, insbesondere solche mit Verfassungsrang, nicht durch eine Rechtswahl abwählbar.[151]

III. Fremdenrecht

Innerhalb der EU und auch im Rechtsverkehr mit den USA und vielen anderen Ländern 60
führt das Fremdenrecht praktisch zu einer weitgehenden Gleichbehandlung.[152] Von Bedeutung ist hier unter anderem die Revidierte Berner Übereinkunft (**RBÜ**), die, wie völkerrechtliche Verträge im Urheberrecht allgemein, zum einen das Prinzip der Inländergleichbehandlung der Staatsangehörigen der Unterzeichnerstaaten, zum anderen

148 BGH Urt. v. 24.9.2014 – I ZR 35/11, GRUR 2015, 264 (267 f.) Rn. 45 ff. – Hi Hotel II.
149 Schricker/Loewenheim/*Katzenberger/Metzger* UrhG Vor §§ 120 ff. Rn. 165, 153; Dreier/Schulze/*Raue* UrhG Vor §§ 120 ff. Rn. 61 ff., 80, 81. Darunter sollen bspw. §§ 40 ff. UrhG und § 31a Abs. 1 S. 2 UrhG fallen; im Einzelnen ist hier vieles streitig.
150 Schricker/Loewenheim/*Katzenberger/Metzger* UrhG Vor §§ 120 ff. Rn. 154.
151 Dreier/Schulze/*Raue* UrhG Vor §§ 120 ff. Rn. 85 mit Beispielen.
152 Umfassend hierzu etwa Schricker/Loewenheim/*Katzenberger/Metzger* UrhG Vor §§ 120 ff. Rn. 14 ff., 27 ff.

das Prinzip der Mindestrechte bestimmt.[153] So formuliert Art. 5 Abs. 1 RBÜ, dass die Urheber für die Werke, für die sie durch die RBÜ geschützt sind, in allen Verbandsländern (mit Ausnahme des Ursprungslandes des Werkes) die Rechte genießen, „die die einschlägigen Gesetze den inländischen Urhebern gegenwärtig gewähren oder in Zukunft gewähren werden, sowie die in dieser Übereinkunft besonders gewährten Rechte“.[154] Der WCT führte unter anderem das Online-Recht ein.[155] Staatsangehörige anderer **EU-Mitgliedsstaaten** genießen ohnehin schon aufgrund des Prinzips der Nicht-Diskriminierung in der gesamten EU gleiche „Urheber“-Rechte (s. a. § 120 UrhG). Des Weiteren ist nach den Schutzrechten zu differenzieren: Während § 121 Abs. 4 UrhG für urheberrechtlich geschützte Werke u.a. auf die RBÜ, das TRIPS-Abkommen und den WCT verweist,[156] gelten für Leistungsschutzrechte Besonderheiten, so etwa für ausübende Künstler in § 125 UrhG,[157] für Tonträgerhersteller in § 126 UrhG[158] und für Filmhersteller in § 128 UrhG. Hieraus kann sich für audiovisuelle Werke, die mangels Schöpfungshöhe nicht als Filmwerke geschützt sind, eine **Schutzlücke** für ausländische (nicht-EU/EWR-) Hersteller ergeben, da für das verwandte Schutzrecht der Filmhersteller und dasjenige der Hersteller von Laufbildern keine internationalen Verträge bestehen.[159]

E. Urheberrechtliche „Erschöpfung“ bei Games?

61 Wird ein **physisches Werkstück** in Deutschland oder der EU mit Zustimmung des Rechteinhabers in den Verkehr gebracht, darf dieses Exemplar innerhalb der EU auch zulässig weiterverbreitet, zB weiterverkauft werden. Man spricht dann von der urheberrechtlichen „Erschöpfung“, die allgemein in § 17 Abs. 2 UrhG und speziell für Software in § 69c Nr. 3 Satz 2 UrhG geregelt ist. Damit kann beispielsweise der Käufer eines Games in Form einer CD-ROM dieses – unbeschadet der Urheberrechte des Rechteinhabers – weiterverkaufen (nicht aber vermieten), ohne eine Urheberrechtsverletzung zu begehen.[160]Auf dem heutigen Games-Markt werden die Spiele immer häufiger **online** angeboten und der Nutzer erwirbt keine Hardcopy, sondern lädt das Programm etwa aus dem Internet herunter, erwirbt einen Zugangsschlüssel, oder spielt das Spiel über den Browser als Free-to-play-Version oder im Rahmen eines Cloudangebots.[161] Regelmäßig treten umfassende Funktionen eines Spieler-Accounts hinzu. Bei dieser Form digitaler bzw. online-Angebote stellt sich die Frage, ob an diesen Spielen Erschöpfung eintreten kann, mit der Folge etwa, dass der User sein so erworbenes Spiel oder seinen Account weiterveräußern kann.

---

153 Dreier/Schulze/*Raue* UrhG Vor §§ 120 ff. Rn. 10.

154 Darüber hinaus konstituieren Art. 6 ff. RBÜ gewisse Mindestrechte, zB das Vervielfältigungsrecht.

155 WIPO Copyright Treaty (WCT), dazu Schricker/Loewenheim/*Katzenberger/Metzger* UrhG Vor §§ 120 ff. Rn. 39.

156 Dreier/Schulze/*Dreier* UrhG § 121 Rn. 6 ff.

157 § 125 Abs. 4 UrhG verweist u.a. auf das Rom-Abkommen und TRIPS, s. Dreier/Schulze/*Dreier* UrhG § 125 Rn. 15 ff.

158 § 126 Abs. 3 UrhG verweist u.a. auf das Rom-Abkommen, das Genfer Tonträger-Abkommen und TRIPS, s. Dreier/Schulze/*Dreier* UrhG § 126 Rn. 8 ff.

159 Dreier/Schulze/*Dreier* UrhG § 128 Rn. 5 f. Schutz kann aber ggfs. über abgeleitete Rechte geltend gemacht werden. S. auch *Rauda* Computerspiele Rn. 105 f.

160 BGH Urt. v. 11.2.2010 – IZR 178/08, GRUR 2010, 822 (824 Rn. 19 ff.) – Half Life 2; *Hauck* EuZW 2017, 645 (647).

161 ZB Google Stadia, Amazon Luna, xBox Cloud Gaming.

Für den kaufähnlichen Online-Vertrieb von **Software** hat der EuGH im Urteil Usedsoft/Oracle entschieden, dass auch hierbei Erschöpfung eintritt, wenn der Rechteinhaber dem Download aus dem Internet zugestimmt hat, dem Erwerber ein unbefristetes Nutzungsrecht eingeräumt wird und die Einräumung des Nutzungsrechts gegen Zahlung eines der Kopie entsprechenden Entgelts erfolgte. Der Ersterwerber kann die Software zudem zulässig weiterveräußern, wenn er seine eigene Kopie zum Zeitpunkt des Weiterverkaufs löscht.[162] 62

Bei **Games** und anderen digitalen Inhalten kommt eine Erschöpfung des Urheberrechts dagegen grundsätzlich **nicht** in Betracht. Solche komplexen bzw. hybriden Werke, die nicht nur aus Software, sondern darüber hinaus aus weiteren urheberrechtlich geschützten Elementen wie Grafiken, Designelementen, Texten, filmischen Elementen und Musik bestehen, fallen urheberrechtlich unter die InfoSoc-Richtlinie.[163] Ihr Online-Angebot, auch wenn ein zeitlich unbegrenzter Download erfolgt, stellt eine **öffentliche Wiedergabe** im Sinne von Art. 3 Abs. 1 der Richtlinie 2001/29/EG dar, bei der keine Erschöpfung eintritt.[164] 63

Darüber hinaus stellen die meisten digitalen bzw. Online- wie auch Cloudangebote von Games in der Regel auch keinen „kaufähnlichen" Vorgang im Sinne der UsedSoft-Rechtsprechung dar. Es erfolgt hier gerade nicht nur ein einmaliger Download zur zeitlich unbegrenzten Nutzung, vielmehr besteht eine **dauerhafte Leistungsbeziehung** mit oft (auch) miet- und dienstvertraglichen Elementen, im Rahmen derer der Anbieter weitere Leistungen erbringt (Multiplayer-Funktion, Chats, Updates, weitere Zusatzfunktionen im Rahmen des Spieleraccounts etc).[165] Auch bei einem vom Rechteinhaber nicht gestatteten Key-Selling tritt daher regelmäßig keine Erschöpfung ein.[166] 64

162 EuGH Urt. v. 3.7.2012 – C-128/11, GRUR 2012, 904 Rn. 40 ff., 70 ff. – UsedSoft/Oracle, wonach diese Handlungen einem Erstverkauf im Sinne von Art. 4 Abs. 2 der RL 2009/24/EG gleichkommen.

163 EuGH Urt. v. 23.1.2014 – C-355/12, MMR 2014, 401 Rn. 23 – Nintendo/PC Box. Die RL 2009/24/EG ist zwar für Software lex specialis, ihr Schutz beschränkt sich aber auf Computerprogramme.

164 Art. 3 Abs. 3 RL 2001/29/EG; EuGH Urt. v. 19.12.2019 – C-263/18, GRUR 2020, 179 (180 ff.) Rn. 31 ff. – Tom Kabinet, dazu *Ohly* GRUR 2020, 184 f. Die Entscheidung erging zwar zu eBooks, betrifft aber auch anderen digitalen Content. Eine Erschöpfung iSd Art. 4 Abs. 2 der InfoSoc-Richtlinie erfolgt nur bei einer Verbreitung physischer Werkexemplare iSd Art. 4 Abs. 1, s. EuGH Urt. v. 19.12.2019 – C-263/18, GRUR 2020, 179 (182) Rn. 52 – Tom Kabinet.

165 Zutreffend LG Berlin Urt. v. 21.1.2014 – 15 O 56/13, ZUM-RD 2014, 504 (508 f.).

166 *Merk/Schneider* MMR-Beil 2019, 12, mwN; *Hilgert* CR 2014, 354.

§ 10 Angemessene Vergütung

Literatur: *Ahlberg/Götting/Lauber-Rönsberg*, BeckOK Urheberrecht, 34. Edition (zit.: BeckOK UrhR); *Berger*, Zum Anspruch auf angemessene Vergütung (§ 32 UrhG) und weitere Beteiligung (§ 32a UrhG) bei Arbeitnehmer-Urhebern, ZUM 2003, 173; *Berger*, Der Anspruch auf angemessene Vergütung gem. § 32 UrhG: Konsequenzen für die Vertragsgestaltung, ZUM 2003, 521; *Brauner/Brauneck*, Angemessene Vergütung von Urhebern und Künstlern – Lizensierungspraxis, Vergütungsregeln, Schadensersatz, 2022 (zit.: *Brauner/Brauneck*); *Dreier/Schulze*, Urheberrechtsgesetz: UrhG, 7. Aufl. 2022 (zit.: *Dreier/Schulze*); *Franz*, Ist „Virtual Reality" eine neue Nutzungsart?, ZUM 2017, 207; *Fromm/Nordemann*, Kommentar zum Urheberrechtsgesetz, 12. Aufl. 2018 (zit.: *Fromm/Nordemann*); *Loewenheim*, Handbuch des Urheberrechts, 3. Aufl. 2021 (zit.: *Loewenheim* UhrR-HdB); *Oehler*, Komplexe Werke im System des Urheberrechtsgesetzes am Beispiel von Computerspielen, 2016 (zit.: *Oehler* Komplexe Werke); *Ory*, Das neue Urhebervertragsrecht, AfP 2002, 93; *Schmid/Düvel*, Reale Gebäude und Gegenstände in Computerspielen – Reichstag, Humvees und Fußballtrikots – Nutzung ohne Lizenz möglich?, MMR 2020, 155; *Schricker/Loewenheim*, Urheberrecht Kommentar, 6. Aufl. 2020 (zit.: *Schricker/Loewenheim*); *Wandtke/Bullinger*, Praxiskommentar zum Urheberrecht, 5. Aufl. 2019 (zit.: *Wandtke/Bullinger*); *Wandtke/Leidl*, Die dogmatische Trennung zwischen Herstellungs- und Nutzungsvergütung im Arbeitsverhältnis nach der DSM-RL, GRUR 2021, 447; *Weitnauer*, Handbuch Venture Capital, 6. Aufl. 2019 (zit.: *Weitnauer* Venture Capital-HdB).

A. Einleitung

Die allgemeine Vertragsfreiheit ist im Urhebervertragsrecht zugunsten der Urheber 1
eingeschränkt. Die Vergütung muss **angemessen** sein, andernfalls kann der Vertrag gemäß §§ 32, 32a UrhG nachträglich korrigiert werden. Weil Urheber und ausübende Künstler in der Regel die schwächere Verhandlungsposition bei der Lizenzvergabe haben,[1] soll damit ihre Position gestärkt werden. Der deutsche Gesetzgeber geht davon

1 Vgl. Erwägungsgrund 72 der RL (EU) 2019/790 des Europäischen Parlaments und des Rates vom 17.4.2019 über Urheberrecht und verwandte Schutzrechte im digitalen Binnenmarkt und zur Änderung der Richtlinien 96/9/EG und 2001/29/EG (ABl. 2019 L 130, 92) im Folgenden „DSM Richtlinie".

aus, dass ein teilweises Marktversagen vorliegt. Urheber sind zugunsten der Verwerter aufgrund ihrer marktschwachen Position bei den Vertragsverhandlungen benachteiligt und erhalten teilweise keinen angemessenen Preis für ihre Leistungen. Gestützt wurden die Begründungen zu den Gesetzgebungsvorhaben durch Erhebungen aus dem Musik-, Buch- und Filmsektor. Mit den Besonderheiten der Computerspielindustrie hat sich der Gesetzgeber allenfalls am Rande auseinandergesetzt.[2] Das Verhandlungsungleichgewicht soll – auch aus sozialpolitischen Gründen – durch ein System der angemessenen Vergütung (§§ 32 ff. UrhG) mit verschiedenen Regelungsinstrumenten ausgeglichen werden.[3]

2 In den letzten Dekaden[4] entwickelte sich in Deutschland so ein immer strengeres (halbzwingendes) Recht der angemessenen Vergütung, das zulasten der Verwerter immer engere Vorgaben bei der Vertragsgestaltung, der Preisbestimmung, Transparenz und Beteiligung der Urheber vorsieht, von denen nur durch kollektive Vergütungsregeln, also gemeinsame Vergütungsregeln (§ 36 UrhG) oder Tarifverträge, abgewichen werden darf (**„burdensome approach“**).[5] Die kollektiven Regelungen sollen ähnlich wie Tarifverträge das Verhandlungsungleichgewicht ausgleichen und in der Tendenz angemessenere Vergütungen erreichen.

3 Damit Verwerter nicht zunehmend auf Urheber aus anderen Rechtsordnungen ausweichen, wurden die urhebervertragsrechtlichen Regeln inzwischen durch die Richtlinie zum Urheberrecht im **einheitlichen digitalen Binnenmarkt** (DSM-RL (EU) 790/2019 vom 17.4.2019) in den Art. 18 ff. DSM-RL weitgehend harmonisiert und zwingend für den europäischen Binnenmarkt.

4 Die Computerspielindustrie hat mit dem Recht auf angemessene Vergütung bisher allenfalls periphere Berührungspunkte. Das liegt sicherlich auch daran, dass sich die Werkschöpfung von anderen Medienindustrien unterscheidet. Computerspiele werden nur sehr selten von Einzelnen, freien Urhebern entwickelt. Stattdessen wirken im Regelfall viele, langfristig gebundene **Arbeitnehmerurheber** an der Produktion eines einzelnen Computerspiels mit. Die Komplexität der Werke verlangt nach festen Studio-Strukturen mit langfristig beschäftigten Arbeitnehmern. Computerspiele sind dort das Ergebnis kollektiver Leistungen in Produktionsumgebungen mit einem hohen Organisationsgrad.[6] Die Studios sind die vorgelagerte Wertschöpfungsstufe zu den Verwertern. Ein weiterer Unterschied besteht darin, dass in der Computerspielindustrie, anders als etwa im Film- und Fernsehbereich, kollektive Vergütungsregeln nicht existieren.

---

2 Vgl. BT-Drs. 19/27426, 107.

3 Vgl. BT-Drs. 18/8625, 13.

4 Eine grundsätzliche Neuregelung des Rechts zur angemessenen Vergütung erfolgte in Deutschland mit der Einführung des Systems der §§ 32 ff. UrhG durch das Urhebervertragsgesetz vom 22.3.2002, das im Jahr 2016 erweitert wurde. In den Niederlanden gibt es seit 2015 einen generellen Anspruch auf die Vereinbarung einer angemessenen Vergütung (Art. 25c niederl. UrhG); in Frankreich besteht ein – wenn auch weniger strenges – Recht bereits seit 1957 (Art. L 131 – 4 Code de la properiété intellectuelle); auch andere Mitgliedstaaten wie Spanien, Griechenland, Portugal, Italien, Estland, Polen und Slowenien haben unterschiedlich stark ausgeprägte Regelungen über die Beteiligung von Urhebern an dem Ertrag aus der Verwertung ihrer Werke. Einen konzisen Überblick geben Brauner/Brauneck Angemessene Vergütung/*Brauneck/Czychowski* Kap. 1 Rn. 55 ff.

5 Vgl. BT-Drs. 18/8625, 18.

6 Die Herstellung und Entwicklung von umfangreicheren und qualitativ hochwertigen Computerspielen ist nur innerhalb etablierter, über Jahre gewachsener Teams möglich. Abweichungen ergeben sich im Bereich der App-Entwicklung und der sog. Independent-Szene. Dort sind die Spiele weniger umfangreich gestaltet und

B. Überblick über das Regelungsregime

5 Kern der Regelungen ist § **32 UrhG**; die Vorschrift gilt primär für die Vergütung in der Vertragsbeziehung des Urhebers zu seinem unmittelbaren Vertragspartner. Das ist bei Computerspielen idR die Vereinbarung zwischen dem Urheber und dem Entwicklungsstudio. Die Vergütung des Urhebers muss dort von Beginn an angemessen sein, andernfalls ist sie anzupassen (§ 32 Abs. 1 S. 3, Abs. 3 UrhG).

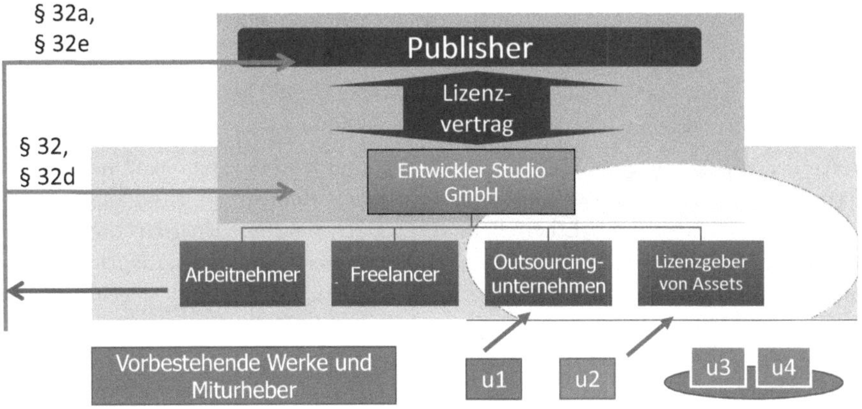

Abb.: Beziehungen.

6 Weil bei der ex ante Bewertung der Angemessenheit nur Prognosen abgegeben werden können, gewährt § 32a UrhG dem Urheber uU eine **weitere angemessene Beteiligung**; ob die Vertragspartner die Höhe der erzielten Erträge oder Vorteile vorhergesehen haben oder hätten vorhersehen können, ist unerheblich (§ 32a Abs. 1 S. 2 UrhG). § 32a UrhG erweitert zudem den Kreis der Verpflichteten. Der Urheber kann Ansprüche aus § 32a UrhG auch gegenüber Dritten geltend machen, die Nutzungsrechte vom Vertragspartner des Urhebers erworben haben, also in der Regel gegenüber dem Publisher, § 32a Abs. 2 UrhG. Darin unterscheidet sich der Anspruch aus § 32a UrhG gegenüber dem Anspruch auf angemessene Vergütung nach § 32 Abs. 1 UrhG.

7 § 32b UrhG trifft Bestimmungen zur **international zwingenden Anwendbarkeit.** Bei einer Wahl ausländischen Rechts ist das Regime der §§ 32, 32a UrhG (angemessene Vergütung) sowie der §§ 32d bis 32f UrhG (Auskunftsrechte und außergerichtliche Konfliktbeilegung) gleichwohl zwingend anwendbar, wenn auf den Nutzungsvertrag ohne eine Rechtswahl deutsches Recht anzuwenden wäre (§ 32b Nr. 1 UrhG) oder Gegenstand des Vertrages maßgebliche Nutzungshandlungen im räumlichen Geltungsbereich des deutschen UrhG sind (§ 32b Nr. 2 UrhG).

werden noch von wenigen Urhebern entwickelt, die in der Regel auch selbst ihre Spiele verwerten. Aber auch hier entwickelt sich der Markt in die Richtung, dass nur bestehende Einheiten, die über die Jahre gewachsen sind, noch erfolgreich am Markt Computerspiele entwickeln; vgl. Stellungnahme des BIU zum Referentenentwurf eines Gesetzes zur verbesserten Durchsetzung des Anspruchs der Urheber und ausübenden Künstler auf angemessene Vergütung vom 29.12.2015, abrufbar unter https://www.bmjv.de/SharedDocs/Gesetzgebungsverfahren/Stellungnahmen/2015/Downloads/12292015_Stellungnahme_BIU_RefE_Urhebervertragsrecht.pdf;jsessionid=3FBAC7989AEBF00671F012D6170B0A21.2_cid324?__blob=publicationFile&v.=1, S. 3.

8 § 32c UrhG enthält gesonderte Vergütungsansprüche des Urhebers für **später bekannte Nutzungsarten**, die bei Computerspielen für die Nutzung älterer Rechte im Zusammenhang mit VR-Anwendungen[7] oder NFTs diskutiert werden.

9 Damit der Urheber über den Inhalt seiner Ansprüche informiert wird, enthalten die § 32d f. UrhG **Auskunfts- und Rechenschaftspflichten** für den Vertragspartner (§ 32d UrhG) des Urhebers und gegenüber Dritten (§ 32e UrhG), also dem Publisher. Die Vertragspartner sind mindestens einmal im Jahr dazu verpflichtet. Der Anspruch geht also weit über einen „normalen" Auskunftsanspruch hinaus; er statuiert eine selbstständige Anspruchspflicht.

10 § 32f UrhG ordnet die Möglichkeit zur **Mediation** und außergerichtlichen Konfliktbeilegung für Streitigkeiten über die angemessene Vergütung an.

11 Nach der Vorstellung des Gesetzgebers soll der „burdensome approach" mittelfristig dazu führen, dass **kollektive Vergütungsregelungen** – ähnlich zu Tarifverträgen – zwischen Vereinigungen von Urhebern bzw. ausübenden Künstlern einerseits und Vereinigungen von Werknutzern andererseits getroffen werden. Die Anforderungen an **legitime Vereinigungen**, die Aufstellung solcher gemeinsamen Vergütungsregeln und die Rechtsfolgen bei Verweigerung oder dem Scheitern von Verhandlungen finden sich in den §§ 36 ff. UrhG. So kann zB ein Schlichtungsverfahren nach § 36 Abs. 3, § 36a UrhG geführt oder erzwungen werden. Den Vereinigungen stehen zudem kollektive Unterlassungsansprüche gegen Verwerter zu, wenn zum Nachteil des Urhebers von vereinbarten Vergütungen abgewichen wird (§ 36b UrhG) oder Auskünfte nicht erteilt werden (§ 36d UrhG).

12 In der Computerspielindustrie haben diese Vorschriften derzeit keine Bedeutung. Kollektive Vergütungsregeln oder feste Vergütungskataloge existieren in der Branche nicht, denn es fehlt an Vereinigungen, die nach dem Gesetz legitimiert wären, solche Regelungen zu verhandeln.

C. Grundlagen angemessener Vergütung gem. §§ 32, 32a UrhG

I. Anspruchsberechtigung

13 Anspruchsberechtigt nach den §§ 32, 32a ff. UrhG sind zunächst alle **Urheber**. Über Verweisungen gelten die Vorschriften aber auch für ausübende Künstler (§ 73, § 79 Abs. 2a UrhG), ferner für Herausgeber wissenschaftlicher Ausgaben (§ 70 Abs. 1 UrhG) und Lichtbildner (§ 72 Abs. 1 UrhG).

14 Computerprogramme und deren Programmierer sind hingegen gemäß § 69a Abs. 5 UrhG und Art. 23 Abs. 2 DSM-RL von vielen **angemessenen Vergütungsregeln ausgenommen**. Das bedeutet aber nicht, dass dieser Ausschluss auch für Computerspiele als solche und deren werkschaffenden Urhebern gilt. Nach der Rechtsprechung des EuGH ist ein Computerspiel nicht nur ein Computerprogramm, sondern besteht aus verschiedenen Werkarten.[8] Es wird zwischen verschiedenen Werkarten differenziert, zB die audiovisuellen Elemente (→ § 9 Rn. 22 ff.) einerseits und die Computerprogramme

7 Vgl. etwa *Franz* ZUM 2017, 207.
8 EuGH Urt. v. 23.1.2014 – C-355/12, ZUM 2014, 219 – Nintendo.

andererseits. Computerspiele sind komplexe Werke, die fast alle Werkarten und geschützten Leistungen enthalten können, die das UrhG kennt (→ § 9 Rn. 5). Sie bestehen zB aus einer Vielzahl an Grafiken, Musikstücken, Animationen, aber auch nachempfundenen realen Objekten.[9]

Als Anknüpfungspunkt für den Vergütungsanspruch können mithin die im Computer- 15
spiel enthaltenen **Einzelwerke** als auch das **Gesamtwerk** an sich herangezogen werden.[10] Maßgeblich für die Bewertung eines Einzelwerks sind die Art und das Ausmaß der Verwertung der einzelnen **Werkbestandteile**. Auch die Bedeutung des Einzelwerks für das Computerspiel ist ausschlaggebend. Im Bereich der angemessenen Vergütung ist deshalb sorgfältig zu differenzieren, welche Erträge auf das Gesamtwerk entfallen und welche auf die einzelnen Bestandteile.

In der Rspr. ist zwar nicht unmittelbar für das Urhebervertragsrecht, wohl aber für die 16
Anwendung der Schrankenregelungen geklärt, dass bei Computerspielen die besonderen Bestimmungen für die Softwarekomponenten nicht auf die anderen enthaltenen Werke anwendbar sind.[11] Deshalb unterliegen Computerspiele im Grundsatz jedenfalls dem Anwendungsbereich des **Urhebervertragsrechts**, freilich mit der Schwierigkeit, das Werk als solches und deren Urheber zu ermitteln (→ § 9 Rn. 7).[12]

II. Anspruch auf angemessene Vergütung

Nach der gesetzlichen Systematik unterliegt die Prüfung der Angemessenheit der Ver- 17
gütung gemäß § 32 UrhG einer bestimmten Prüfreihenfolge.[13]

1. Vorrangige Vergütungsregeln

Ausgangspunkt sind die einschlägigen **Tarifverträge** für die Ermittlung der Angemes- 18
senheit iSd § 32 Abs. 4 UrhG. Wenn ein Tarifvertrag fehlt oder nicht einschlägig ist, sind die **gemeinsamen Vergütungsregeln** der Branche iSd § 36 UrhG heranzuziehen, denn für eine danach ermittelte Vergütung wird gem. § 32 Abs. 2 UrhG unwiderleglich vermutet, dass sie angemessen ist. Sollte eine solche gemeinsame Vergütungsregel nach den darin aufgestellten persönlichen, sachlichen oder zeitlichen Voraussetzungen nicht anwendbar sein, kommt auch die allgemeine Vermutungswirkung gemäß § 32 Abs. 2 S. 1 UrhG nicht in Betracht. Eine gemeinsame Vergütungsregel kann allerdings zur Ermittlung der angemessenen Vergütung auch bei Verträgen herangezogen werden, die vor ihrem zeitlichen Anwendungsbereich abgeschlossen wurden, § 32 Abs. 2a UrhG.[14]

Für die Computerspielindustrie fehlen bisher sowohl tarifvertragliche als auch gemein- 19
same Vergütungsregeln, so dass die Angemessenheit der Umstände gem. § 32 Abs. 2 S. 2 UrhG im Einzelfall **abgewogen** werden muss, damit sie einer üblichen und redlichen Vergütung gleichkommt.[15] Die Werkzeuge, die dem Gesetz- und Richtliniengeber zur

9 *Schmid/Düwel* MMR 2020, 155.
10 Schricker/Loewenheim/*Loewenheim/Leistner* UrhG § 2 Rn. 96 mwN.
11 EuGH Urt. v. 23.1.2014 – C-355/12, ZUM 2014, 219 – Nintendo; BGH Urt. v. 6.10.2016 – I ZR 25/15, GRUR 2017, 266 Rn. 66 f. – WoW II.
12 Ausführlicher dazu Brauner/Brauneck Angemessene Vergütung/*Oehler* Kap. 6 Rn. 1 ff. S. 501 ff.
13 BGH Urt. v. 21.5.2015 – I ZR 62/14, GRUR 2016, 62 Rn. 16 – GVR Tageszeitungen I.
14 Vgl. auch OLG Nürnberg Urt. v. 29.12.2020 – 3 U 761/20, ZUM-RD 2021, 209.
15 Vgl. Wandtke/Bullinger/*Wandtke/Grunert* UrhG § 32 Rn. 24.

Verfügung stellen, sind: Beteiligungsregeln (§§ 32, 32a UrhG bzw. Art. 18, 20 DSM-RL) flankierende Auskunftsansprüche (§ 32d und § 32e UrhG bzw. Art. 19 DSM-RL), ein Widerrufsrecht (§ 31a UrhG bzw. Art. 22 DSM-RL) UrhG und kollektive Durchsetzungsregeln (Art. 23 DSM-RL)

2. Angemessenheitsprüfung

20 Die Vergütung muss im Einzelfall **angemessen** sein. Dies erfordert eine konkrete Abwägung.

a) Abwägungskriterien

21 Als **relevante Abwägungskriterien** im Zeitpunkt des Vertragsschlusses kommen Art und Umfang der Nutzung, Risikotragung, Kosten, Investitionen, Marktverhältnisse, Zahl der produzierten Werkstücke oder öffentlichen Wiedergaben, potenzielle Einnahmen und die branchenübliche und redliche Vergütung in Betracht.[16] Sollten zeitlich vor- oder nachgelagerte oder konkurrierende Nutzungen gezogen werden, können diese sich ebenfalls auf die Bestimmung der Angemessenheit auswirken. Das Gleiche gilt für die Art der Lizenz.[17]

b) Bewertungshindernisse

22 Branchentypische Probleme entstehen vor allem aus der Vielzahl an **Arbeitnehmerurhebern** in der Computerspielindustrie. Regelmäßig sind mehrere verschiedene Urheber an der Spieleentwicklung beteiligt, die nicht unbedingt von den Vorschriften zur angemessenen Vergütung betroffen sind. So bringt die Nähe von Computerspielen zu Computerprogrammen die Schwierigkeit mit sich, die Erträgnisse des „Werkes" abzugrenzen. Die Differenzierung zwischen dem Anteil der Vergütung, der auf Programmierer und andere Nicht-Urheber entfällt und dem Anteil, der auf zB grafische Werke zurückzuführen ist, bringt bislang ungelöste Probleme mit sich. Ebenfalls nicht abschließend geklärt sind Gewinne, die in die „**Bruttovergütung**" der jeweiligen Verwertungsstufen fallen.

23 Abweichende Meinungen gibt es bei der Einbeziehung der **Schöpfungshöhe** des Werks.[18] Dieser Streit beruht vor allem auf der „Talking to Addison"-Entscheidung des BGH. Das Gericht sah das Ausmaß der schöpferischen Tätigkeit einer Übersetzung eines Buches als geringfügig an und bezog dies in die Abwägung der Angemessenheit der Vergütung ein. Das Urteil sehen viele Stimmen als Sonderfall an und lehnen sonst eine Bezugnahme auf den schöpferischen Wert des Werks ab.

III. Übliche Vergütung bei Computerspielen

24 Einigkeit herrscht heutzutage wohl bei der Frage der **Anwendbarkeit** der §§ 32 ff. UrhG auf **Arbeitnehmerurheber.**[19] Die DSM-RL erklärt §§ 32 ff. UrhG auch in Bezug auf Arbeitsverhältnisse für anwendbar. Dem schließt sich die Urheberrechtsreform 2016 an. In den Protokollen der Beratung im Rechtsausschuss aus der Gesetzesbegründung

---

16 Amtliche Begründung BT-Drs. 14/6433, 14.

17 *Berger* ZUM 2003, 521 (525).

18 Befürwortend: BGH Urt. v. 7.10.2009 – I ZR 38/07, GRUR 2009, 1148 (1152); BGH Urt. v. 20.1.2011 – I ZR 19/09, GRUR 2011, 328 (331); ablehnend: Wandtke/Bullinger/*Wandtke/Grunert* UrhG § 32 Rn. 38; BeckOK UrhR/*Soppe* UrhG § 32 Rn. 69; OLG München Urt. v. 8.2.2007 – 6 U 5748/05, ZUM 2007, 308 (314).

wird das Arbeitsentgelt zumindest bei langfristigen, nicht lediglich projektbezogenen Arbeitsverhältnissen als angemessene Vergütung anerkannt.

1. Zulässigkeit pauschaler Vergütungsvereinbarungen (erfolgsunabhängig)

Umstritten ist, ob pauschale Arbeitnehmervergütungen angemessen sind.[20] 25

Dagegen spricht die **Erfolgsbezogenheit** der §§ 32 ff. UrhG. Diese wird durch den reformierten § 32 Abs. 2 UrhG bestätigt. Die Norm bezieht sich auf den Erwägungsgrund 73 DSM-RL. Danach ist eine Vergütung angemessen, wenn der tatsächliche oder potenziell wirtschaftliche Wert der erteilten oder übertragenen Rechte in einem ausgewogenen Verhältnis steht, wobei der Beitrag des Urhebers oder des ausübenden Künstlers zum Gesamtwerk oder sonstigen Schutzgegenstand insgesamt berücksichtigt wurde und alle weiteren Umstände des Einzelfalls, wie die Marktpraktiken oder die tatsächliche Verwertung des Werks, in die Abwägung einbezogen wurden. 26

Weiter steht dort: „Auch eine Pauschalzahlung kann eine verhältnismäßige Vergütung sein, sollte jedoch nicht die Regel sein. Die Mitgliedstaaten sollten die Möglichkeit haben, unter Berücksichtigung der Besonderheiten jeder Branche **Sonderfälle** zu bestimmen, in denen eine Pauschalzahlung geleistet werden kann."[21] 27

Für die Angemessenheit pauschaler Vereinbarungen ist einzuwenden, dass der Gesetzgeber mit den Regelungen über die angemessene Vergütung auf eine **soziale Absicherung** des Arbeitnehmers abzielt. Diese kann nur bei einer dauerhaften und erfolgsunabhängigen Vergütung gewährleistet werden. 28

Dem Erwägungsgrund 73 der DSM-RL ist insoweit zu folgen, als eine pauschale Vergütung bei **nicht lediglich kurzfristigen Arbeitsverträgen** durch das Arbeitsentgelt angemessen sein kann. In der Computerspielindustrie stellen solche Verträge für die beteiligten Urheber den Regelfall dar.[22] Projektbezogen beschäftigte Arbeitnehmer sind die Ausnahme. Selbst diese werden idR langfristig (für mehr als zwei Jahre) beschäftigt. 29

Weiterhin lässt sich die Nähe zu § 69b UrhG für die Angemessenheit von Pauschalzahlungen einwenden. Alle Computerspiele bauen auf einem Computerprogramm auf. Letztere werden gem. § 69 Abs. 5 UrhG, der Art. 23 Abs. 2 der DSM-RL umsetzt, aus dem Anwendungsbereich über die angemessene Vergütung ausgeschlossen. Die **Verwertung** der weiteren Werkgruppen als oder mit dem Computerspiel wäre ohne das zugrundeliegende Computerprogramm nicht möglich. Deshalb wurde bis zu der Nintendo-Entscheidung des EuGH[23] vertreten, dass audiovisuelle Inhalte und das in ihnen integrierte Computerprogramm als Gesamtwerk anzusehen seien.[24] 30

---

19 Dreier/Schulze/*Schulze* UrhG § 32 Rn. 13; Schricker/Loewenheim/*Schricker/Haedicke* UrhG § 32 Rn. 4; Wandtke/Bullinger/*Wandtke* UrhG § 43 Rn. 145; aA (vor der DSM-RL) wohl Fromm/Nordemann/*Czychowski* UrhG § 32 Rn. 28; wie dort iE *Bayreuther* GRUR 2003, 570 (574); *Berger* ZUM 2003, 173 (179); *Ory* AfP 2002, 93 (95); Loewenheim UrhR-HdB/*v. Becker* § 29 Rn. 69, 120.

20 *Wandtke/Leidl* GRUR 2021, 447.

21 ABl. 2019 L 130, 109.

22 Im Durchschnitt sind 79 % der bei der Produktion beschäftigten Mitarbeiterinnen und Mitarbeiter unbefristet beschäftigt; *HMS Hamburg Media School/game Verband der deutschen Game Branche*, Die Games-Branche in Deutschland 2018/2019/2020, Stand: 8.12.2020, abrufbar unter https://www.medienboard.de/fileadmin/user_upload/pdf/Publikationen/Games-Studie_2018-20_HMS_2021-01-26_V3.pdf, S. 88 Abb. 3.2.2.

23 EuGH Urt. v. 23.1.2014 – C-355/12, ZUM 2014, 219 – Nintendo.

24 Vgl. Fromm/Nordemann/*Czychowski* UrhG § 69a Rn. 10 f. mwN.

31 Ferner kann der wirtschaftliche Wert der Arbeitsergebnisse erheblich variieren. Computerspiele verbinden viele einzelne Werke zu einer **Vermarktungseinheit**, die eine Vergütung bei mehreren Beteiligten nach dem Absatz des Spiels erheblich erschwert. In der gängigen Vertragspraxis der Computerspielindustrie werden deshalb Nutzungsrechte zugunsten der Arbeitnehmer an sämtlichen Arbeitsergebnissen eingeräumt. Manche Werke werden vollständig im Gestaltungsprozess verworfen oder modifiziert. Die Ergebnisse von Teamsitzungen und iterativen Prozessen sind kaum kategorisierbar. Die Gesamtheit der geschaffenen Werke ist maßgeblich für das Gesamtwerk und dessen wirtschaftlichen Wert, da sich einzelne Bestandteile, wie Texturen, nur selten allein verwerten lassen.[25] Zu beachten ist auch die Beziehung der Computerprogrammteile zum Rest des Spiels.

32 Nach allgemeiner Auffassung[26] kann wegen der praktischen und administrativen Schwierigkeiten der Bewertung der Arbeitsergebnisse eine pauschale Vergütung für derartige Werkverbindungen angemessen sein. Wegen der überdurchschnittlichen Höhe der Vergütung im Vergleich zu anderen Kreativindustrien und der Besonderheiten der Branche ist sie nur in pauschalisierter Form für die Verwerter **kalkulierbar** und **rechtssicher.** Der Großteil der Beschäftigten in der Computerspielindustrie wird aus den vorgenannten Gründen pauschal entlohnt und ist langfristig und projektunabhängig angestellt.[27]

2. Bereichsausnahme für die Computerspielindustrie (erfolgsabhängig)

33 Die branchentypischen Besonderheiten und die Komplexität der Ermittlung des konkreten Werts eines urheberrechtlich relevanten Beitrags lassen eine **Bereichsausnahme** entwickeln:

34 Eine ausnahmsweise erfolgsabhängige Vergütung ist umso wahrscheinlicher, wenn das im Arbeitsverhältnis erschaffene Werk **größeren Erfolg** hat und das **Arbeitsverhältnis kürzer ist.** Als Urheber gelten jedoch nur diejenigen, deren Beitrag ausschlaggebend für das gesamte Computerspiel ist. Das Werk des Urhebers muss mit anderen Werken, die nicht sinnvoll isoliert voneinander verwertet werden können, verglichen werden. Das Arbeitsentgelt vergütet die Werke angemessen, die für das Gesamtwerk von geringerer Bedeutung sind.

a) Branchentypische Gehälter

35 Im Vergleich zu anderen Kreativindustrien werden in der Computerspielindustrie **überdurchschnittliche Gehälter** gezahlt, die je nach Tätigkeitsbereich, Spezialisierungsgrad und Standort stark variieren können. Im Durchschnitt werden für kreative Games-Berufe (zB Game-Designer und Graphic-Artists) ca. 35.000 bis 40.000 EUR auf das Jahr

25 Dazu eingehender *Oehler* Komplexe Werke § 6 B. I. 1. ff.

26 BGH Urt. v. 7.10.2009 – I ZR 38/07, GRUR 2009, 1148 (1150); BGH Urt. v. 31.5.2012 – I ZR 73/10, ZUM 2012, 793 (799); Schricker/Loewenheim/*Haedicke/Peifer* UrhG § 32 Rn. 35.

27 *HMS Hamburg Media School/game Verband der deutschen Game Branche*, Die Games-Branche in Deutschland 2018/2019/2020, Stand: 8.12.2020, abrufbar unter https://www.medienboard.de/fileadmin/user_upload/pdf/Publikationen/Games-Studie_2018-20_HMS_2021-01-26_V3.pdf, S. 88 Abb. 3.2.2.

hochgerechnet gezahlt.[28] Die Tendenzen lassen insbesondere steigende Spitzengehälter vermuten, die sich nicht zuletzt durch einen weitreichenden Fachkräftemangel erklären lassen.[29]

b) Andere Vergütungsmodelle

36 Auch prozentuale Vereinbarungen für freie Mitarbeiter sind in der Praxis nicht unüblich. Insbesondere bei der Verwendung von bereits existierenden Werken oder der Umsetzung anderer Medien werden oftmals **prozentuale Beteiligungen** der Urheber am Gewinn vereinbart. Ein Beispiel für solche Vergütungsmethoden sind sog. „Leadartists" oder Hauptgamedesigner. Obwohl eine Branchenübung oder realistische Quoten unbekannt sind, ist anzunehmen, dass diese vereinzelt vereinbart werden. Denn die meisten dieser Urheber arbeiten fest und langfristig für einen Arbeitgeber, der durch Bonusvereinbarungen den Arbeitnehmer üblicherweise langfristig an sich binden will. Die Bonuszahlungen können derart ausgestaltet sein, dass der Urheber an dem Erfolg des von ihm betreuen Produkts oder an Anteilen oder virtuellen Anteilen der Gesellschaft, wie im Venture Capital Bereich üblich,[30] beteiligt wird.

IV. Vertragsänderungsanspruch

37 Der Urheber wird zusätzlich durch das Recht auf **Vertragsveränderung** gem. § 32a Abs. 1 UrhG angemessen vergütet. Insbesondere Arbeitnehmerurheber können von § 32a Abs. 1 UrhG profitieren, denn die damit verbundene Vergütung kann über den vereinbarten Arbeitslohn hinausgehen. Dieser sog. **Beteiligungsgrundsatz des Urheberrechts** ist jedoch nur einschlägig, wenn sich die vereinbarte Gegenleistung in Anbetracht aller konkreten Umstände für den Urheber im Verhältnis zu den Erträgen des Werks als unverhältnismäßig niedrig herausstellt.

1. Bestandteile der Gegenleistung

38 Zu der vereinbarten Gegenleistung gehören zunächst die **pauschalen Gehälter** der Arbeitnehmer. Die Rspr. differenziert insoweit nicht zwischen einer Teilvergütung für die Arbeitsleistung und für die Rechteeinräumung,[31] sondern prüft diese vollumfänglich im Rahmen der Angemessenheitsprüfung des § 32a UrhG. Hinzu kommen **zusätzliche Leistungen**, die häufig für Start-ups von Bedeutung sind. Darunter fällt zB die Beteiligung am Unternehmen durch Übertragung virtueller Geschäftsanteile.

39 Als Besonderheit der Arbeitsverhältnisse in der Computerspielbranche sind gem. § 43 UrhG weder Arbeitsverhältnis noch Vergütung werkspezifisch. Vielmehr erschafft der Arbeitnehmer mehrere Werke, an denen er **umfangreiche Nutzungsrechte** einräumt. Dies ist Ausfluss der Funktion des Arbeitsverhältnisses und des Direktionsrechts des

---

28 Vgl. *HMS Hamburg Media School/game Verband der deutschen Game Branche*, Die Games-Branche in Deutschland 2018/2019/2020, Stand: 8.12.2020, abrufbar unter https://www.medienboard.de/fileadmin/user_upload/pdf/Publikationen/Games-Studie_2018-20_HMS_2021-01-26_V3.pdf, S. 36.

29 Vgl. *HMS Hamburg Media School/game Verband der deutschen Game Branche*, Die Games-Branche in Deutschland 2018/2019/2020, Stand: 8.12.2020, abrufbar unter https://www.medienboard.de/fileadmin/user_upload/pdf/Publikationen/Games-Studie_2018-20_HMS_2021-01-26_V3.pdf, S. 10; für einen vertiefenden Überblick der Gehälter s. Brauner/Brauneck Angemessene Vergütung/*Oehler* Kap. 6 Rn. 180 ff.

30 Vgl. Weitnauer Venture Capital-HdB/*Weitnauer* Teil G III. 5. Rn. 120 ff.

31 BGH Urt. v. 22.9.2011 – I ZR 127/10, GRUR 2012, 496 (498) – Das Boot.

Arbeitgebers. Letzterer soll nicht gezwungen sein, werkbezogene Verträge zu schließen. Aus diesem Grund ist es angebracht, die Zusatzleistungen auf das gesamte Unternehmen zu beziehen. Schließlich beeinflussen die mit dem Werk eingehenden wirtschaftlichen Vorteile den Wert des Computerspielunternehmens insgesamt. Weil sich Gratifikationen regelmäßig auf das Unternehmen beziehen, sind sie für die angemessene Vergütung abwägungsrelevant.

2. Erträge eines Einzelwerks

40 Die **Bewertung** der **einzelnen Werknutzung** im Rahmen der Abwägung einer angemessenen Vergütung bereitet oftmals Schwierigkeiten, weil ein Computerspiel aus vielen verschiedenen Werken besteht, die von einer Vielzahl von Urhebern erschaffen wurden. Es bietet sich daher an, zwischen den Urhebern zu unterscheiden.

41 Dabei muss berücksichtigt werden, dass die Gesamteinnahmen eines Computerspiels nicht den Ausgangspunkt für die Bewertung eines bestimmten Werkes bilden, da nicht jedes Werk verwertet wird und nicht dieselbe Bedeutung für das Gesamtwerk hat. Der Gesetzgeber hat in der Reform 2016 betont, dass für die Bewertung der Nutzung eines Werks auch die Anteile der **Beiträge** des **Urhebers** und des **Werknutzers** für das Gesamtwerk maßgeblich sind.[32] Der Beitrag des Urhebers oder des ausübenden Künstlers muss in Relation zum Endprodukt und aller damit konkret verbundenen Umstände bewertet werden. Darunter fallen beispielsweise Marktpraktiken und die tatsächliche Verwertung des einzelnen Werks. Der tatsächliche oder potenzielle Wert der Nutzungsrechte am Werk muss in ein ausgewogenes Verhältnis zur Vergütung des Werkurhebers gebracht werden (Erwägungsgrund 73 DSM-RL).

42 Die Unterscheidung zwischen Urhebern von Computerspielen und Urhebern von in diesen enthaltenen Einzelwerken spielt auch für die **Folgeverwertung** eine Rolle. Obgleich ein Vergütungsanspruch bereits entsteht, wenn das Werk eines Urhebers mit dem Computerspiel in urheberrechtlich relevanter Weise verwertet wird, steht der Beitrag des Urhebers im Zusammenhang zu anderen Werken. Nach der Richtlinienbegründung (Erwägungsgrund 73 DSM-RL) ist die Angemessenheit der Vergütung von einer Gesamtansicht des Computerspiels und des Werks des Urhebers abhängig.

43 Dieser Umstand wirkt sich auf **nicht übernommene Werke** eines fortgesetzten Computerspiels aus, indem deren Urheber nicht mehr an den Erlösen der Fortsetzung beteiligt werden. Ebenso wenig ist die Verwendung eines Charakters aus einem Computerspiel in einem eigenen Comic keine Verwertung des Gesamtwerks, da die Werke anderer Urheber nicht übernommen und daher nicht verwertet werden. Dasselbe gilt für die Verfilmung eines Computerspiels, weil auch hier nur selten Rechte der am Spiel beteiligten Urheber betroffen sind. Mit dieser Problematik haben sich Rspr. und Lit. aktuell noch nicht befasst.

3. Abzugsfähige Kosten

44 Auf die Erträge eines Werks wirken sich nach der Rspr. „**die besonderen Umstände**“[33] des Vertriebs und der Vermarktung unmittelbar aus, soweit sie den Umfang und die

32 Amtliche Begründung BT-Drs. 14/6433, 44.

Dauer der Verwertung eines Werks betreffen. Als abzugsfähige Kosten sind grundsätzlich Fremdkosten und solche Kosten anerkannt, die bei der Verwertung des Computerspiels entstehen. Hierunter fallen die Gehälter der übrigen Urheber und aller weiteren an der Produktion Beteiligten, die als Herstellungskosten zusammengefasst werden. Verwertungsunabhängige Kosten, wie fortlaufende Servicekosten bei Onlinespielen, können vom Ertrag ebenfalls abgezogen werden.

4. Erlöse bei fortlaufender Weiterentwicklung

Offen bleibt die Frage, ob Erlöse von Online-Spielen, die nicht „für die Nutzung der Rechte", sondern als Preis für andere Leistungen, als Erträge und Vorteile iSd § 32a UrhG bewertet werden können. Verträge über die Veröffentlichung von Online-Spielen werden mit der Intention geschlossen, dass das Produkt kontinuierlich gepflegt und weiterentwickelt wird. Mithin werden Teile der Vergütung für die **Pflege und Weiterentwicklung** verwendet. 45

In der Praxis haben sich verschiedene Methoden hierfür durchgesetzt. Eine Methode ist die Zahlung einer **Mindestvergütung** für die Pflege des Spiels durch den Publisher an das Entwicklungsstudio unter Verrechnung mit der Lizenzgebühr. Ein anderes Modell sieht die **Zahlung ohne Bezug zum tatsächlichen Erlös** vor. 46

Bei Onlinespielen sind langfristige und regelmäßige Umsätze abhängig von den **Anpassungen und der Pflege des Produkts**, da sie seine Attraktivität für die Nutzer beeinflussen. Auch andere Branchen, wie Streaming-Plattformen oder das sog. „Perfomance-Marketing", bieten ständig neue Inhalte, die weitere Umsätze generieren. Die zu zahlenden Beiträge der Instandhaltung und Weiterentwicklung können variieren und sich damit auf die Umsätze auswirken. Daher können diese Beträge nicht pauschal auf die Bemessung der angemessenen Vergütung des ursprünglichen Urhebers gerechnet werden. 47

5. Weiterentwicklungs- und Anpassungspflicht

Mit Ablauf der Umsetzungsfrist der Digitale-Inhalte-RL[34] am 1.7.2021 besteht nunmehr eine gesetzliche Pflicht der Anbieter zur **Anpassung und Weiterentwicklung** der Spiele. Die Entwicklung von Online-Spielen und die damit verbundenen Änderungen und Kosten sind schon ab Vertragsschluss festgelegt und kalkulierbar. Entwickler verpflichten sich für die Laufzeit dieser Verträge zur Bereitstellung von Upgrades, Erweiterungen, Fehlerbehebungen und Verbesserungen. Hinzu kommen konstante Verpflichtungen für einen Kundensupport. Alle hierbei entstehenden Kosten sind absatzfähig, weil sie den Zugang der Nutzer zu den Computerspielen wahren. 48

6. Vergütungsansprüche bei kostenlosen Spielen

Klärungsbedarf herrscht bei der Reichweite von Vergütungs- und Auskunftsansprüchen. Diese sind vor allem bei **kostenlosen Spielen („free-to-play")** von Bedeutung, die teilweise kostenpflichtige Erwerbsfunktionen enthalten. Solche Funktionen, die die 49

33 Vgl. BGH Urt. v. 7.10.2009 – I ZR 38/07, GRUR 2009, 1148 (1152).
34 RL (EU) 2019/770 des Europäischen Parlaments und des Rates vom 20.5.2019 über bestimmte vertragsrechtliche Aspekte der Bereitstellung digitaler Inhalte und digitaler Dienstleistungen (ABl. 2019 L 136/1).

Erscheinung einer Spielfigur oder eines Spielinhalts ändern oder durch neue Grafiken oder Figuren („Skins") ersetzen. Nutzer können ihren Figuren auch neue Eigenschaften oder Tänze zuordnen. Daraus erwächst die Frage, ob sich die aus der Werknutzung gewonnenen Erträge und Vorteile auf den Vergütungsanspruch eines am ursprünglichen Computerspiel beteiligten Urhebers auswirken, dessen Werke weiterhin urheberrechtlich relevant verwertet werden.[35]

D. Transparenzpflicht und Auskunftsanspruch

50 Mit dem Anspruch auf angemessene Vergütung gem. §§ 32, 32a UrhG gehen die Ansprüche auf **Auskunft und Rechenschaft** gem. §§ 32d f. UrhG einher. Sie sollen Urhebern und ausübenden Künstlern (soweit auf die entsprechende Norm verwiesen wird[36]) bei der Einschätzung helfen, ob Ansprüche auf angemessene Vergütung bestehen. Die Vorschriften setzen die in Art. 19 DSM-RL festgelegte Transparenzpflicht um und fördern die Durchsetzbarkeit der angemessenen Vergütungsregeln des Urheberrechts.

I. Inhalt der Ansprüche

51 Die Normen gewähren verschiedene Ansprüche: Eine unaufgeforderte **Berichtspflicht** des Unternehmens, das Vertragspartner des Urhebers ist (§ 32d Abs. 1 S. 1 UrhG), eine **Auskunftspflicht,** die nur auf Anforderung zu erteilen ist und eine **Rechenschaftspflicht** gem. § 32d Abs. 1a UrhG. Alle Ansprüche setzen eine **entgeltliche Rechtseinräumung** voraus.

1. Auskunftsanspruch

52 Die Auskunft muss schriftlich erteilt werden und jegliche **potenziellen und tatsächlichen Nutzungsvorgänge und -arten** enthalten, auch wenn diese lediglich vorübergehend sind. Bei Computerspielen sind die Anzahl der Downloads, die verkauften Stückzahlen und mögliche weitere Verwertungen durch Lizenzvergaben von besonderer Bedeutung. Nach § 32d Abs. 1a UrhG sind Name und Anschrift von Lizenznehmern allerdings nur auf Verlangen des Urhebers mitzuteilen.

2. Berichtsanspruch

53 Der unaufgeforderte Bericht hat gem. § 32d Abs. 1 S. 1 UrhG **einmal jährlich** zu erfolgen, kann aber vertraglich häufiger vorgesehen sein. Die Auskunft soll Informationen enthalten, die ein ordnungsgemäßer Geschäftsbetrieb üblicherweise mit sich bringt.[37] Hierzu zählen Geschäftsberichte, Produktaufstellung und weitere Beträge, die mit der Nutzung zusammenhängen. Der Zeitraum der Auskunftspflicht ist mit dem Zeitraum der Werknutzung verbunden. Sie beginnt ein Jahr nach dem Beginn der Nutzung und besteht nur für die Zeit, in der das Werk tatsächlich genutzt wird. Auch über die Beendigung der Werknutzung ist der Urheber zu informieren. Bei der Berichtspflicht wird eine allgemeine Ausnahme für Arbeitnehmerurheber gem. § 43 UrhG diskutiert, weil Arbeitnehmerurheber in der Regel angemessen vergütet werden und der Auskunftsan-

35 Dazu *Oehler* Komplexe Werke § 6 B. I. 1. ff.
36 So etwa bei Lichtbildern nach § 72 Abs. 1 UrhG oder bei ausübenden Künstlern gem. § 79 Abs. 2a UrhG.
37 Vgl. Art. 19 Abs. 1 DSM-RL.

spruch der Sicherung dieser Vergütungsansprüche dienen soll.[38] Mit der DSM-RL, die eine solche Ausnahme konkret für Arbeitnehmer nicht vorsieht, lässt sich das in dieser Allgemeinheit nur schwer vereinbaren. Allerdings kann gerade in der Computerspielindustrie bei den meisten dauerhaftbeschäftigten Arbeitnehmern von einem unaufgeforderten Bericht wohl in den meisten Fällen wegen § 32d Abs. 2 UrhG (Unverhältnismäßigkeit) abgesehen werden.

3. Rechenschaftsanspruch

Der Rechenschaftsanspruch gem. § 32d Abs. 1a UrhG bezweckt die **Kontrolle der erhaltenen Informationen durch den Urheber.** Er entsteht ausschließlich durch das Verlangen des Urhebers. Zeitlich kann er über den Auskunftsanspruch hinausgehen, weil der Urheber die Rechenschaft für Nutzungen aus vorherigen Geschäftsjahren verlangen kann. 54

II. Anspruchsgegner

Der Adressat der Ansprüche ist der **tatsächliche Nutzer des Werks.** Neben dem eigentlichen Vertragspartner des Urhebers, in der Regel der Entwickler, kann das Werk auch durch einen dritten Auftraggeber oder Lizenznehmer, in der Regel den Publisher, genutzt werden. Der Publisher ist gegenüber dem Urheber aber nicht bereits vertraglich zur Transparenz oder Auskunft verpflichtet. Um einen lückenlosen Schutz zu gewähren, erweitert § 32e Abs. 1 UrhG deshalb den Kreis der Adressaten auch auf Dritte, die die Nutzungsvorgänge in der Lizenzkette wirtschaftlich wesentlich bestimmen (Nr. 1) oder aus deren Erträgnissen oder Vorteilen sich die unverhältnismäßig niedrige Vergütung des Urhebers gemäß § 32a Abs. 2 UrhG ergibt (Nr. 2). Diese schulden dem Urheber zunächst nur eine Auskunft. Wenn Sie dem Ersuchen nicht innerhalb von drei Monaten nachkommen, kann der Urheber jedoch auch gem. § 32e Abs. 1 S. 2 UrhG Rechenschaft verlangen. 55

Im Bereich der Computerspiele können so zB **Publisher** in Anspruch genommen werden, die ein Werk nutzen, selbst aber keine eigenen vertraglichen Beziehungen zum Urheber haben. 56

III. Ausnahmen

Die Ansprüche können gem. § 32d Abs. 2 UrhG ausgeschlossen sein. 57

1. Lediglich nachrangiger Beitrag

Erbringt ein Urheber einen lediglich nachrangigen Beitrag zu einem Werk, einem Produkt oder einer Dienstleistung, oder steht der Aufwand einer Auskunft außer Verhältnis zu den Erlösen aus der Nutzung eines Werks, ist der Verwerter gem. § 32d Abs. 2 Nr. 1 UrhG nicht zur unaufgeforderten Abrechnung verpflichtet. Ein Beitrag prägt ein Werk nur nachrangig iSd § 32d Abs. 2 Nr. 1, § 40a Abs. 3 Nr. 1 UrhG, wenn er für den **üblichen Inhalt des Werks untypisch** ist.[39] Die Aufzählung in § 32d Abs. 2 Nr. 1 UrhG 58

38 So die Bundesregierung auf eine Anfrage BT-Drs. 19/30105, 2.
39 Wandtke/Bullinger/*Stang* UrhG § 32d Rn. 32.

ist durch das Wort „insbesondere“ nicht abschließend. Die dort aufgelisteten Beispiele beziehen sich auf die in der Gesetzesbegründung genannten Werke. So zählen geringe Textbeiträge, Recherchen oder Ähnliches von Journalisten zu einem größeren Artikel als nachrangige Beiträge.[40] Die Aufzählung betriebswirtschaftlicher Begrifflichkeiten, wie „Produkte“ und „Dienstleistungen“, indiziert, dass Nachrangigkeit infolge einer **Gesamtwertung** festzustellen ist.[41] Ein Beitrag ist nachrangig, wenn es „im Verhältnis zur Gesamtwertschöpfung, die durch das Werk erzielt wird, nur einen geringen Beitrag leistet.“[42]

2. Besonderheiten bei Computerspielen

59 Bei Computerspielen fallen vor allem sog. **„generische Bestandteile“** unter die Kategorie der nachrangigen Beiträge. Dazu zählen Texturen, Bäume, Landschaften, Übersichtsdarstellungen oder Spielkarten. Die Schöpfungshöhe dieser Werke ist idR gering, da es Vorgaben zur Spielgeschichte, Anforderungen an verschiedene Level oder das „Balancen“ gibt. Von nachrangiger Bedeutung sind grundsätzlich auch Assets aus sog. Libraries (Grafiken, Animationen und sonstige Bestandteile). Sonst bestünde die Gefahr, dass Auskunfts- und Vergütungsansprüche aufgrund der Menge der nebensächlichen Inhalte eines Computerspiels ausufern würden. Jeder Mitwirkende, der urheberrechtlich relevante Werke erschafft, wäre dann berechtigt, den Anspruch geltend zu machen.

3. Unverhältnismäßigkeit

60 Nach § 32d Abs. 2 Nr. 2 UrhG ist der Anspruch ausgeschlossen, soweit die Inanspruchnahme des Vertragspartners aus anderen Gründen **unverhältnismäßig** ist. Nach der Gesetzesbegründung ist das der Fall, wenn der Auskunftsverpflichtete bei Abwägung der berechtigten Interessen über die Gebühr belastet ist.[43] Das Ergebnis der Abwägung kann auch eine teilweise Unverhältnismäßigkeit sein, die eine Teilauskunft über Nutzungen, die mit verhältnismäßigem Aufwand ermittelt werden können, zur Folge hat.

E. Zusammenfassung

61 In der Computerspielindustrie spielen die Ansprüche auf angemessene Vergütung (Vertragsanpassung) nur eine **untergeordnete Rolle.** Nur wenige Beteiligte werden ein Computerspiel so stark prägen, dass sie unter die regelmäßige Auskunftspflicht fallen (unaufgefordert). Tendenziell sind Arbeitnehmer Urheber **angemessen vergütet,** so dass nur in einem weitergehenden Erfolgsfall ein Anspruch auf angemessene Vergütung in Betracht kommt, wobei freilich die **Relevanz des jeweiligen Werkbeitrags** im Verhältnis zu den hunderten anderen Beiträgen und der konkreten Auswertung eingeordnet werden muss.[44] Dazu sind bisher kaum Kriterien entwickelt und Rechtsprechung ist nicht vorhanden.

---

40 BT-Drs. 18/10637, 22.
41 BeckOK UrhR/*Soppe* UrhG § 32d Rn. 32.
42 BeckOK UrhR/*Soppe* UrhG § 32d Rn. 32; RegE, BT-Drs. 18/8625, 27.
43 BT-Drs. 18/8625, 27.
44 Ausführlicher dazu Brauner/Brauneck Angemessene Vergütung/*Oehler* Kap. 6 Rn. 1 ff.

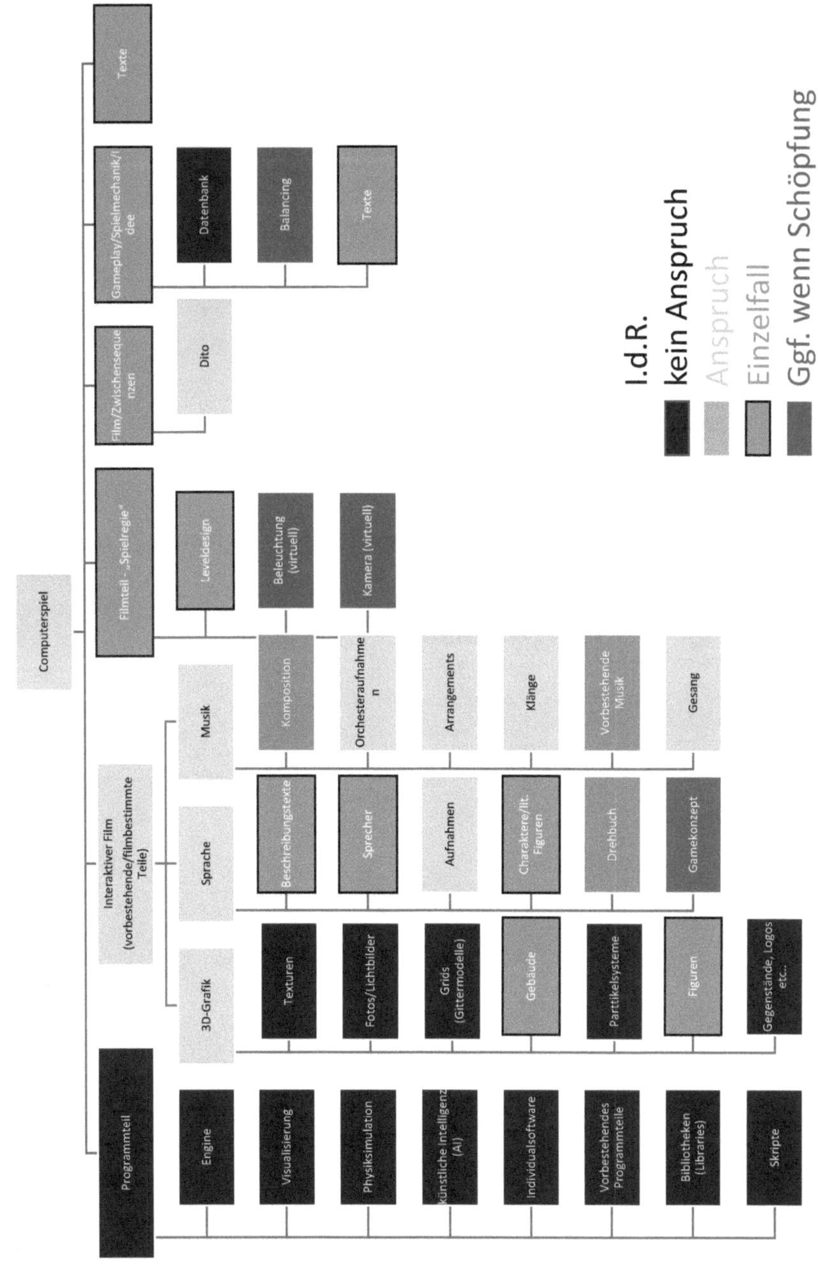

Abb.: Datenintermediäre, datenaltruistische Organisationen.

§ 11 Marken- und Werktitelrecht im Zusammenhang mit Computerspielen

Literatur: *Kur/v. Bomhard/Albrecht*, BeckOK Markenrecht, 29. Ed. Stand 1.4.2022 (zit.: BeckOK MarkenR); *Brtka*, eSport: Die Spiele beginnen – Welche Rechtsfragen sind zu klären?, GRUR-Prax 2017, 500; *Deutsch/Ellerbrock*, Titelschutz, 2. Aufl. 2004 (zit.: *Deutsch/Ellerbrock* Titelschutz); *Ewert*, Der Titelschutz – Ein unterschätztes Recht, in: Poser (Hrsg.), Kultur und Recht, F 1 Titelschutzrecht (zit.: *Ewert* in Poser Kultur und Recht); *Fezer*, Markenrecht, 4. Aufl. 2009 (zit.: *Fezer* MarkenR); *Ingerl/Rohnke*, Markengesetz, 3. Aufl. 2010 (zit.: *Ingerl/Rohnke*); *Jacobs*, Werktitelschutz für Computerspiele und Computerprogramme, GRUR 1996, 601; *Lehmann*, Neuer Titelschutz von Software im Markengesetz, CR 1995, 129; *Rauda*, Recht der Computerspiele 2013 (zit.: *Rauda* Computerspiele); *Schmid/Düwel*, Reale Gebäude und Gegenstände in Computerspielen, MMR 2020, 155; *Schricker*, Der Schutz des Werktitels im neuen Kennzeichenrecht, in: Baur (Hrsg.), Festschrift für Ralf Vieregge, 1995, S. 775.

Marken spielen im Zusammenhang mit elektronischen Spielen eine wichtige Rolle, nämlich zum einen als Bezeichnung eines Spiels (A.) und zum anderen im Rahmen von Integration von (zumeist bekannten) Markenprodukten in ein Spiel (B.). 1

A. Bezeichnung des Spiels

Jedes Spiel hat eine Bezeichnung, unter der es geführt wird. Zu unterscheiden sind Marke und Werktitel. Die Marke ist ein Herkunftshinweis.[1] Sie dient dazu, Waren und Dienstleistungen eines Unternehmens von Warendienstleistungen eines anderen Unternehmens zu unterscheiden.[2] Demgegenüber besteht die Funktion des Werktitels darin, ein Werk (das in der Regel urheberrechtlich geschützt ist) von einem anderen Werk zu unterscheiden.[3] 2

1 *Fezer* MarkenR Einl. D Rn. 8.
2 *Fezer* MarkenR Einl. D Rn. 1.
3 *Fezer* MarkenR § 15 Rn. 266.

I. Markenrecht

1. Markenformen

3 Marken können verschiedene Formen annehmen: „Als Marke können **alle Zeichen**, insbesondere Wörter einschließlich Personennamen, Abbildungen, Buchstaben, Zahlen, Klänge, dreidimensionale Gestaltungen einschließlich der Form einer Ware oder ihrer Verpackung sowie sonstige Aufmachungen einschließlich Farben und Farbzusammenstellungen geschützt werden“ (§ 3 Abs. 1 MarkenG, für die Unionsmarke siehe Art. 4 UMV). Die bekannteste und häufigste Form ist die Wortmarke, die aus gewöhnlichen Buchstaben besteht, also etwa „Coca Cola“. Daneben existiert die Wort-/Bildmarke, die eine Kombination aus einem Wortbestandteil und einem Bildbestandteil enthält. So ist etwa der Schriftzug von Coca Cola eine solche Wort-/Bildmarke, weil er grafisch gestaltet ist:

Auch die Kombination eines Wortbestandteils mit einem Logo stellt eine Wort-/Bildmarke dar. Ein bekanntes Beispiel ist etwa die Verbindung des Namens Mercedes-Benz mit dem Sternlogo:

Mercedes-Benz

Eine solche Wort-/Bildmarke schützt eben diese Kombination von Wort- und Bildelement. Es gibt auch eine Bildmarke, wie beispielsweise der Mercedes-Stern in Alleinstellung:

Die weiteren Markenformen sind selten und spielen für die Games-Branche praktisch keine Rolle.

2. Territorialer Schutz

4 Markenschutz ist grundsätzlich am einfachsten durch Anmeldung und Eintragung zu erreichen (§ 4 Nr. 1 MarkenG, für die Unionsmarke siehe Art. 6 UMV). Die weiteren Möglichkeiten der Erlangung eines Markenschutzes (§ 4 Nr. 2 und 3 MarkenG) sind praktisch kaum relevant. Dabei ist das Markenrecht ein territorial begrenztes Recht. Wer in **Deutschland** markenrechtliche Ansprüche geltend machen will, benötigt eine in Deutschland geschützte Marke, in Frankreich dagegen eine dort geschützte Marke. Um Kosten und Verwaltungsaufwand zu verringern, haben sich zwei international relevante Markensysteme herausgebildet, die **Unionsmarke** und die **IR-Marke**. Die Unionsmarke ist im gesamten Gebiet der Europäischen Union geschützt und erspart es dem Anmelder, sein Zeichen in jedem einzelnen Mitgliedstaat anzumelden. Stattdessen erfolgt eine zentrale Anmeldung beim Europäischen Amt für geistiges Eigentum in Alicante, dem

EUIPO. Die IR-Marke (auch internationale Marke genannt) wird bei der Weltgesellschaft für geistiges Eigentum in Genf angemeldet. Der Anmelder kann bestimmte Staaten als Schutzgebiet auswählen, wobei nicht alle Staaten der Welt am System der IR-Marke teilnehmen (in diesen Ländern müssten dann ggf. nationale Marken angemeldet werden). Voraussetzung für die Anmeldung einer IR-Marke ist ferner die Existenz einer **Basismarke**, also einer bereits bestehenden Anmeldung oder Eintragung. Für Spieleunternehmen in Deutschland kann dies eine Unionsmarke oder eine nationale deutsche Marke sein. Nach der zentralen Anmeldung der IR-Marke in Genf, leitet die **WIPO** die Anmeldung an die lokalen Markenämter derjenigen Staaten weiter, die der Anmelder in seinem Antrag benannt hat. Dort werden dann die Schutzvoraussetzungen noch einmal geprüft. Dies kann dazu führen, dass die IR-Marke in einigen der benannten Staaten eingetragen wird, in anderen jedoch nicht. Auch der Umfang der Marke kann variieren. Eine Unionsmarke ist dagegen immer einheitlich zu betrachten, sie hat immer den gleichen Schutzumfang in allen Mitgliedstaaten der Europäischen Union.

3. Klasseneinteilung

Das Markenregister ist in **45 Klassen** eingeteilt.[4] Alle denkbaren Waren und Dienstleistungen werden in diese 45 Klassen eingeteilt. Im Rahmen der Anmeldung muss man sich entscheiden, für welche Klassen und welche Waren und Dienstleistungen man Schutz begehrt. Mit steigender Zahl der Klassen erhöhen sich auch die Anmeldegebühren. Für Spieleentwickler besonders relevant sind folgende Klassen: 5

- Klasse 9 umfasst **Software** auf Datenträgern (zB DVD, CD-ROM, USB-Stick) und herunterladbare Software sowie **Apps.** 6
- Klasse 41 umfasst **Unterhaltung** und **nicht herunterladbare Spiele**, also etwa Browser-Spiele 7
- Klasse 42 umfasst die Dienstleistung der **Softwareentwicklung**, ist also für den Namen des Spieleunternehmens relevant, nicht dagegen für die Bezeichnung des einzelnen Spiels. 8

Neben dem Spiel als Kernprodukt ist oft die Nutzung der Marke für **Merchandising-Artikel** gewünscht. Leider gibt es im Markenregister keine einzelne Klasse, in die alle Merchandising-Produkte fallen. Vielmehr sind diese Produkte (etwa Bekleidung, Geschirr, Schreibwaren, Bettzeug, Action-Figuren) über verschiedene Klassen verstreut, so dass ein umfassender Schutz für kleinere Spielefirmen relativ teuer ist. Die professionelle Erstellung des Waren- und Dienstleistungsverzeichnisses wird oft von Unternehmen unterschätzt, obwohl die Formulierung später den Schutzbereich der Marke definieren und Fehler nicht mehr korrigiert werden können, da das Waren- und Dienstleistungsverzeichnis nicht nachträglich ergänzt werden kann. Hierzu wäre dann vielmehr eine neue Markenanmeldung erforderlich. 9

4 Nizza-Klassifikation.

4. Anspruchsvoraussetzungen und -inhalt

10 Um einen markenrechtlichen Schutz zu erlangen, muss das Zeichen zunächst einmal schutzfähig sein, es dürfen ihm also keine sogenannten absoluten Schutzhindernisse entgegenstehen (→ Rn. 11). Ferner sollte sich der Nutzer vergewissern, dass Dritten keine älteren Kennzeichenrechte zustehen, sogenannte relative Schutzhindernisse (→ Rn. 17). Um einen markenrechtlichen Anspruch geltend zu machen, muss zwischen der eingetragenen Marke und dem von einem Dritten verwendeten Zeichen Verwechslungsgefahr bestehen (→ Rn. 21) und es darf keine Schranke nach § 23 MarkenG (für die Unionsmarke siehe Art. 14 UMV) vorliegen, die die Geltendmachung eines Anspruchs ausschließt (→ Rn. 22). Schließlich wird Inhalt und Umfang der markenrechtlichen Ansprüche kurz dargestellt (→ Rn. 23).

a) Absolute Schutzhindernisse

11 Nicht alle in § 3 Abs. 1 MarkenG genannten Zeichen sind auch **eintragungsfähig.** § 8 Abs. 2 MarkenG (für die Unionsmarke siehe Art. 7 UMV) führt einen langen Katalog von Ausschlussgründen auf, von denen hier nun die wichtigsten kurz erörtert werden. Von der Eintragung ausgeschlossen sind Marken, denen für die Waren oder Dienstleistungen jegliche **Unterscheidungskraft** fehlt (§ 8 Abs. 1 Nr. 1 MarkenG, für die Unionsmarke siehe Art. 7 Abs. 1 lit. b UMV) oder für die ein **Freihaltungsbedürfnis** besteht (§ 8 Abs. 1 Nr. 2 MarkenG, für die Unionsmarke siehe Art. 7 Abs. 1 lit. c UMV). Das angemeldete Zeichen darf auch **nicht gegen die öffentliche Ordnung oder gegen die guten Sitten** verstoßen (§ 8 Abs. 1 Nr. 5 MarkenG, für die Unionsmarke siehe Art. 7 Abs. 1 lit. f UMV) oder **bösgläubig** angemeldet worden sein (§ 8 Abs. 1 Nr. 14 MarkenG, für die Unionsmarke siehe Art. 59 Abs. 1 lit. b UMV).

aa) Fehlende Unterscheidungskraft

12 Um als Marke eingetragen werden zu können, muss das entsprechende Zeichen überhaupt erst einmal geeignet sein, im Verkehr als Marke, also als betrieblicher Herkunftshinweis wahrgenommen zu werden. Wenn das Zeichen als reine Beschreibung von Waren oder Dienstleistungen eingestuft wird, wird der Verkehr nicht davon ausgehen, dass die mit der Marke gekennzeichnete Ware oder Dienstleistung aus einem bestimmten Unternehmen stammt. Dann aber kann die Marke ihre Herkunftsfunktion nicht erfüllen. Nicht schutzfähig sind auch **banale Zeichen** (etwa ein schwarzer Kreis) oder lustige Sprüche („Allet Jute" für Jutebeutel[5]). Bezogen auf Computerspiele sind damit sämtliche Bezeichnungen als Marke ausgeschlossen, die auf die **Art oder den Inhalt des Spiels** hindeuten. Nicht erfolgreich wären daher Anmeldungen wie „Mobile Game" oder „The Game" oder „My Adventure".

13 Für Computerspiele wurden folgende Marken eingetragen, die sich an der Grenze zur Schutzunfähigkeit bewegen: „CYBERSCOUT",[6] „NOTRUF",[7] „King's Court",[8] „ANOTHER WORLD",[9] „WILDES LEBEN".[10] **Versagt** wurde der Schutz dagegen

---

5 OLG Hamburg Hinweisbeschl. v. 3.2.2021 – 3 U 9/19, BeckRS 2021, 11906.
6 BPatG Beschl. v. 25.2.2003 – 27 W (pat) 139/01, BeckRS 2009, 03520.
7 BPatG Beschl. v. 29.10.2003 – 29 W (pat) 162/01, BeckRS 2009, 02050.
8 BPatG Beschl. v. 27.7.2010 – 27 W (pat) 103/10, BeckRS 2010, 21996.
9 BPatG Beschl. v. 27.9.2004 – 30 W (pat) 146/03, BeckRS 2009, 00534.
10 BPatG Beschl. v. 14.11.2001 – 32 W (pat) 148/00, BeckRS 2009, 17059.

wegen **fehlender Unterscheidungskraft** „MP3 Surround“,[11] „Der flotte Dreier“,[12] „PowerFussball“,[13] „Next Level“,[14] „Junior Erlebniswelt“,[15] „Tag der Bremer“,[16] „CHAMPIONSHIP GAMING SERIES“.[17]

bb) Freihaltungsbedürfnis

Nicht eintragungsfähig ist eine Marke, die ausschließlich aus Zeichen oder Angaben besteht, die im Verkehr zur Bezeichnung der Art, der Beschaffenheit, der Menge, der Bestimmung, des Wertes, der geographischen Herkunft, der Zeit der Herstellung der Waren oder der Erbringung der Dienstleistungen oder zur Bezeichnung sonstiger Merkmale der Waren oder Dienstleistungen dienen können, für die die Marke angemeldet wurde (§ 8 Abs. 1 Nr. 2 MarkenG).[18] Das Markenrecht bringt damit zum Ausdruck, dass es Mitbewerbern möglich sein muss, bestimmte Bezeichnungen zu benutzen, wenn diese zur Beschreibung ihrer Leistungen erforderlich sind. Solche Zeichen können dann nicht durch einzelne Marktteilnehmer monopolisiert werden. 14

cc) Verstoß gegen die guten Sitten

Bezeichnungen, die gegen die guten Sitten verstoßen, sind nicht eintragungsfähig. Dies betrifft diffamierende und rassistische oder sonst die Menschenwürde beeinträchtigende Zeichen (zB Schenkelspreizer[19] oder Türkenhass[20]).[21] **„Fack Ju Göhte“** wurde vom EuGH **nicht beanstandet**, denn das Gericht hat im Erfolg des Films ein Indiz gesehen, dass das deutsche Publikum den Titel nicht für sittenwidrig hält.[22] 15

dd) Bösgläubige Anmeldung

Wenn der Anmelder bei seiner Anmeldung **rechtsmissbräuchlich** handelt, kann das Markenamt die Eintragung nach § 8 Abs. 2 Nr. 14 MarkenG[23] versagen. Wer also etwa den Spieltitel des gerade vom Wettbewerber vorgestellten Spiels vor diesem als Marke anmeldet, um dem Wettbewerber die Marke später zum Kauf anzubieten, handelt bösgläubig. 16

b) Relative Schutzhindernisse

Neben den absoluten Schutzhindernissen, die vom Markenamt geprüft werden, existieren relative Schutzhindernisse, nämlich **ältere Rechte Dritter**. Solche Dritte können binnen drei Monaten nach Veröffentlichung der Eintragung (bei der deutschen Marken) 17

11 BPatG Beschl. v. 24.4.2007 – 27 W (pat) 67/07, GRUR 2007, 1078.
12 BPatG Beschl. v. 31.3.2003 – 30 W (pat) 10/02, BeckRS 2009, 01293. Nachdem die Anmelderin die Waren auf „Computerspiele; Spiele; vorgenannte Waren als Begriffsratespiele nicht erotischen Inhalts“ beschränkt hat, standen der angemeldeten Wortfolge Eintragungshindernisse gemäß § 8 Abs. 2 Nr. 1 und Nr. 2 MarkenG nicht mehr entgegen.
13 BPatG Beschl. v. 15.11.2006 – 32 W (pat) 52/05, BeckRS 2009, 00870.
14 BPatG Beschl. v. 13.3.2001 – 33 W (pat) 143/00, BeckRS 2009, 16832.
15 BPatG Beschl. v. 27.9.2006 – 29 W (pat) 114/04, BeckRS 2007, 13505, obiter dictum.
16 BPatG Beschl. v. 2.6.2006 – 25 W (pat) 21/05, BeckRS 2007, 13665.
17 Beschwerdekammer des HABM Entsch. v. 30.6.2008 –Nr. R 1746/2007–1.
18 Für die Unionsmarke siehe Art. 7 Abs. 1 lit. g UMV.
19 BPatG Beschl. v. 26.11.1997 – 26 W (pat) 107/97, BeckRS 2011, 13266.
20 Titel eines Spiels für Commodore Amiga aus den 1990er Jahren, dessen Entwickler unbekannt ist. Das Spiel wurde indiziert.
21 BeckOK MarkenR/*Albrecht* MarkenG § 8 Rn. 668.
22 EuGH Urt. v. 27.2.2020 – C-240/18 P, GRUR 2020, 395 – Fack Ju Göhte.
23 Für die Unionsmarke besteht eine Löschungsmöglichkeit, siehe Art. 59 Abs. 1 lit. b UMV.

bzw. der Veröffentlichung der Anmeldung (bei der Unionsmarke) Widerspruch gegen die Marke einlegen.

aa) Ältere Marken

18 Basis des Widerspruchs aufgrund von älteren Marken ist § 9 MarkenG (für die Unionsmarke siehe Art. 8 UMV). Danach kann die Eintragung einer Marke gelöscht werden, wenn wegen ihrer Identität oder Ähnlichkeit mit einer angemeldeten oder eingetragenen Marke mit älterem Zeitrang und der Identität oder der Ähnlichkeit der durch die beiden Marken erfassten Waren oder Dienstleistungen für das Publikum die Gefahr von Verwechslungen besteht, einschließlich der Gefahr, dass die Marken gedanklich miteinander in Verbindung gebracht werden (§ 9 Abs. 1 Nr. 2 MarkenG, aufgrund von älteren Marken ist § 9 MarkenG (für die Unionsmarke siehe Art. 8 Abs. 1 lit. b UMV)). Es muss also sowohl eine **Ähnlichkeit der Zeichen** bestehen und eine **Ähnlichkeit der Waren oder Dienstleistungen.**[24] Eine Ähnlichkeit der Zeichen kann auf drei verschiedene Arten begründet werden, nämlich durch schriftbildliche Ähnlichkeit, durch klangliche Ähnlichkeit und durch begriffliche Ähnlichkeit.[25] So ist beispielsweise vor dem Europäischen Amt für Geistiges Eigentum (EUIPO) der Konflikt zwischen der Marke „Assassin" und Ubisofts Unionsmarkenanmeldung „Assassin's Creed" entschieden worden.[26] Das Amt führt aus, dass die ältere Marke „Assassin" vollständig in der neueren Anmeldung „Assassin's Creed" enthalten ist. Zwar besteht die Abweichung in dem zusätzlichen Wort „Creed". Es ist jedoch zu berücksichtigen, „dass die Verbraucher im Allgemeinen dazu neigen, sich auf den Anfang eines Zeichens zu konzentrieren, wenn sie auf eine Marke stoßen. Dies liegt daran, dass das Publikum von links nach rechts liest, so dass der Teil links vom Zeichen (der Anfangsteil) die Aufmerksamkeit des Lesers zuerst auf sich zieht. Daher werden die Zeichen in bildlicher und klanglicher Hinsicht als durchschnittlich ähnlich angesehen".[27] Die beiden Zeichen verbindet auch das begriffliche Konzept. „Unter Berücksichtigung der Tatsache, dass das abweichende Wort „CREED" für das deutschsprachige Publikum bedeutungslos ist, auch wenn sein Vorhandensein nicht vernachlässigt werden wird, wird der durch das erste Wortelement „ASSASSIN" vermittelte kennzeichnungskräftige Begriff ausreichen, um zumindest einen durchschnittlichen Grad an begrifflicher Ähnlichkeit zwischen den Zeichen zu begründen".[28] Da die Marke „Assassin's Creed" für identische Waren angemeldet war (u.a. Bier und alkoholische Getränke), wurde ihr für diese Waren die Eintragung infolge der Verwechslungsgefahr mit der älteren Marke „Assassin" verwehrt.

19 Eine Ähnlichkeit der Waren und Dienstleistungen liegt dann vor, wenn der angesprochene Verkehr annehmen kann, dass die Waren und Dienstleistungen **typischerweise aus demselben Unternehmen** kommen.[29] Zwischen Computerspielen und anderer Software besteht beispielsweise eine gewisse Ähnlichkeit, da es Unternehmen gab und gibt, die

24 Bei einer Doppelidentität greift bereits § 9 Abs. 1 Nr. 1 MarkenG ein. Gelöscht werden kann auch eine Marke, die die Unterscheidungskraft oder die Wertschätzung einer im Inland bekannten Marke eines Dritten ohne rechtfertigenden Grund in unlauterer Weise ausnutzt oder beeinträchtigt (§ 9 Abs. 1 Nr. 3 MarkenG).
25 *Fezer* MarkenR § 14 Rn. 497 ff.
26 Beschwerdeabteilung des EUIPO Entsch. v. 19.11.2018 – B 2 958 307.
27 Beschwerdeabteilung des EUIPO Entsch. v. 19.11.2018 – B 2 958 307.
28 Beschwerdeabteilung des EUIPO Entsch. v. 19.11.2018 – B 2 958 307.
29 *Fezer* MarkenR § 14 Rn. 668.

neben Spielen auch andere Software erstellen. Im Gegensatz dazu sind Computerspiele und Zigaretten unähnlich, weil diese typischerweise nicht von denselben Unternehmen hergestellt werden. Bei absoluter Unähnlichkeit der Waren besteht selbst dann keine Verwechslungsgefahr, wenn die Zeichen identisch sind.[30]

bb) Sonstige ältere Rechte

Die Eintragung einer Marke kann ferner gelöscht werden, wenn ein älteres „sonstiges Recht“ entgegensteht (unter den Voraussetzungen des § 12 Abs. 1 MarkenG). Zu diesen sonstigen Rechten gehören insbesondere **Namensrechte**, das **Recht an der eigenen Abbildung**, Sortenbezeichnungen, **Urheberrechte**, geographische Herkunftsangaben und sonstige gewerbliche Schutzrechte. Bei Spielen sind manchmal die Namen berühmter Persönlichkeiten relevant, etwa „Orwell“[31] oder „Huxley“.[32] Zu beachten ist allerdings, dass die Namensrechte mit dem Tod erlöschen,[33] die wirtschaftlichen Elemente der Persönlichkeitsrechte erlöschen 10 Jahre nach dem Tod.[34] 20

c) Verwechslungsgefahr

Ansprüche kann der Markeninhaber herleiten, wenn er zeigen kann, dass zwischen einem von einem Dritten benutzten Zeichen und seiner eigenen eingetragenen Marke Verwechslungsgefahr besteht (§ 14 Abs. 2 Nr. 2 MarkenG[35]). Die Kriterien entsprechen denjenigen, die auch im Rahmen der Prüfung der relativen Schutzhindernisse im Rahmen des Eintragungsprozesses angelegt werden. Es kommt also darauf an, ob eine **Ähnlichkeit zwischen den Zeichen** besteht (**schriftbildlich, klanglich, begrifflich**) und ob die sich gegenüberstehenden Waren und Dienstleistungen ähnlich sind. Ungewöhnliche oder bekannte Marken weisen eine höhere Kennzeichnungskraft auf als stark beschreibende oder unbekannte Marken. Je höher die Kennzeichnungskraft ist, umso größer ist auch der Schutzumfang. Als verwechslungsfähig eingeschätzt wurden im Spielebereich beispielsweise INNOGAMES ./. INNOGAME,[36] JUMP ./. JUMP TO LIGHTSPEED,[37] PIRANHA BYTES./. PIRANHA,[38] GAMECUBE ./. gamecube,[39] CRISIS ZONE ./. CRYSIS WARZONE.[40] 21

d) Keine Schranke nach § 23 MarkenG

Selbst wenn die Voraussetzungen des § 14 MarkenG vorliegen, kann der Anspruch nach § 23 MarkenG ausgeschlossen sein. Der Markeninhaber kann nämlich bestimmte Benutzungen seiner Marke nicht untersagen. Hierbei handelt es sich um die Nutzung eines mit der Marke oder der geschäftlichen Bezeichnung identischen oder ähnlichen 22

30 OLG Hamburg Urt. v. 27.6.2019 – 5 U 220/17, GRUR-RS 2019, 53793.
31 Osmotic Studios, 2016.
32 Webzen Games, 2010.
33 BeckOK MarkenR/*Weiler* MarkenG § 13 Rn. 23.
34 BGH Urt. v. 5.10.2006 – I ZR 277/03, GRUR 2007, 168 ff. – kinski.klaus.de.
35 Bei einer Doppelidentität von Marken und Waren/Dienstleistungen greift bereits § 14 Abs. 2 Nr. 1 MarkenG ein. Ein Anspruch besteht im Übrigen, wenn ein Dritter die Unterscheidungskraft oder die Wertschätzung einer im Inland bekannten Marke eines Dritten ohne rechtfertigenden Grund in unlauterer Weise ausnutzt oder beeinträchtigt (§ 14 Abs. 2 Nr. 3 MarkenG).
36 Beschwerdekammer des HABM Entsch. v. 22.11.2011 – Nr. R 2163/2010-1.
37 Widerspruchsabteilung des HABM Entsch. v. 19.11.2007 – Nr. 902488.
38 Widerspruchsabteilung des HABM Entsch. v. 25.10.2004 – Nr. 3549/2004.
39 BPatG Beschl. v. 9.12.2005 – 27 W (pat) 92/04, BeckRS 2009, 03254.
40 Widerspruchsabteilung des HABM Entsch. v. 3.3.2010 über den Widerspruch – Nr. B 1 448 952.

Zeichens, dem jegliche Unterscheidungskraft fehlt, oder eines identischen oder ähnlichen Zeichens als Angabe über Merkmale oder Eigenschaften von Waren oder Dienstleistungen, wie insbesondere deren Art, Beschaffenheit, Bestimmung, Wert, geografische Herkunft oder die Zeit ihrer Herstellung oder ihrer Erbringung (§ 23 Abs. 1 Nr. 2 MarkenG). Zulässig ist auch die Nutzung, wenn die Marke **als Hinweis auf die Bestimmung einer Ware** insbesondere als Zubehör oder Ersatzteil **oder einer Dienstleistung erforderlich** ist. In beiden Fällen muss die Benutzung durch den Dritten aber den anständigen Gepflogenheiten in Gewerbe oder Handel entsprechen (§ 23 Abs. 2 MarkenG). Wenn eine Marke in einem Spiel nur „genannt" wird, ohne dass sich aus den Umständen der Eindruck ergibt, dass Lizenzbeziehungen zum Markeninhaber bestehen, ist eine solche Nutzung grundsätzlich zulässig. Ergibt sich in einer Konversation zweier Charaktere in einem Spiel etwa der Satz „Jetzt trink' erst mal in Ruhe Deine Coca-Cola aus und dann fahren wir einfach mit meinem Mercedes zu Ikea", so liegt darin keine Markenverletzung.[41] Wenn die Bezeichnung allerdings den Namen des Spiels darstellt, ist eine beschreibende Benutzung selten; es müsste dann schon klar zum Ausdruck gebracht werden, dass eine Referenz erfolgt und die Bezeichnung nicht als Herkunftshinweis dient. Spieletitel weisen selten beschreibende Referenzen zu anderen Marken auf, in der Buchbranche ist das schon häufiger der Fall (zB „What would Google do?", „111 Gründe, Apple zu lieben", „Facebook für Dummies").

e) Anspruchsinhalt

23 Liegt eine Markenverletzung nach § 14 Abs. 2 MarkenG vor, so stehen dem Verletzten zahlreiche Ansprüche zu. Es besteht ein Anspruch auf Unterlassung der Verwendung des Zeichens im geschäftlichen Verkehr (§ 14 Abs. 5 MarkenG). Wer die Verletzungshandlung vorsätzlich oder fahrlässig begeht, ist dem Inhaber der Marke zum Ersatz des durch die Verletzungshandlung entstandenen Schadens verpflichtet (§ 14 Abs. 6 MarkenG). Bei der Bemessung des Schadensersatzes kann auch der Gewinn, den der Verletzer durch die Verletzung des Rechts erzielt hat, berücksichtigt werden (§ 14 Abs. 6 S. 2 MarkenG). Der Schadensersatzanspruch kann auch auf der Grundlage des Betrages berechnet werden, den der Verletzer als angemessene Vergütung hätte entrichten müssen, wenn er die Erlaubnis zur Nutzung der Marke eingeholt hätte (§ 14 Abs. 6 S. 3 MarkenG). Überdies stehen dem Verletzer ein Auskunftsanspruch (§ 19 MarkenG) und ein Vernichtungsanspruch (§ 18 MarkenG) zu.

II. Werktitelrecht

24 Das Werktitelrecht ist ein unterschätztes Recht.[42] Es handelt sich bei einem Werktitel um die Bezeichnung eines Werks.[43] In der Regel ist dieses Werk ein „**Medienwerk**", also ein Computerspiel,[44] ein Film, ein Musikstück, ein Bühnenwerk, ein Film, eine An-

41 Wettbewerbsrechtlich muss sichergestellt werden, dass keine Schleichwerbung vorliegt; dies ist aber schon dann nicht der Fall, wenn der Markeninhaber keine Gegenleistung für die Nennung der Marken im Spiel erbringt.

42 So schon *Ewert* in Poser Kultur und Recht F 1 Titelschutzrecht.

43 Fezer MarkenR § 5 Rn. 5.

44 LG Hamburg Urt. v. 10.6.1998 – 315 O 107/98, MMR 1998, 485 – Emergency. In BGH Urt. v. 21.1.1993 – I ZR 25/91, GRUR 1993, 767 (768) – Zappelfisch, wurde im obiter dictum angedeutet, dass auch ein Titelschutz für Computerspiele in Betracht kommen könnte.

wendungssoftware[45] oder ein Buch. In § 5 MarkenG sind einige Beispiele für titelschutzfähige Werke aufgeführt, die Liste ist aber nicht abschließend.[46] In jüngerer Zeit wurden auch Veranstaltungen,[47] Messen[48] und Preisen[49] Werktitelschutz zugebilligt. Die Funktion des Werktitels liegt in der **Identifizierung eines Werks.**[50] In Ausnahmefällen deutet der Titel auf die Herkunft in einem Unternehmen hin, etwa bei Zeitungs-, Zeitschriften-, Reihen- und Serientiteln.[51] Eine Verletzung des Werktitelrechts löst nach § 15 MarkenG Ansprüche aus, die sich mit denen einer Markenverletzung vergleichbar sind (→ Rn. 23).

1. Werktitelrechtsfähige Werke

Der Werktitel bezeichnet immer ein ganz bestimmtes Werk, einen Werktitel ohne Werk kann es nicht geben.[52] Das bezeichnete Werk muss keinen Urheberrechtsschutz genießen, dh es ist **keine urheberrechtliche Schöpfungshöhe erforderlich.**[53] 25

Der Werktitel muss eine **gewisse Unterscheidungskraft** aufweisen.[54] Der Maßstab hierfür ist allerdings nicht so streng wie bei Marken. Unter anderem haben Gerichte folgende Titel für Computerspiele für schutzfähig gehalten, obwohl diese teilweise beschreibende Anklänge enthalten: „Landwirtschafts-Simulator“,[55] „Farming Simulator“,[56] „Mein Pferdehof“,[57] „Pizza Connection“,[58] „Emergency“,[59] „America“,[60] „Sumpfhuhn“,[61] „Die Rache der Sumpfhühner“.[62] 26

Kein Werktitelschutz konnte jedoch aus dem Titel wetter.de für eine App hergeleitet werden,[63] weil dieser **rein beschreibend** ist. 27

45 BGH Urt. v. 15.1.1998 – I ZR 282/95, GRUR 1998, 1010 (1012) – WINCAD; BGH Urt. v. 24.4.1997 – I ZR 44/95, GRUR 1998, 155 (156) – PowerPoint; BGH Urt. v. 24.4.1997 – I ZR 233/94, GRUR 1997, 902 (903) – FTOS.
46 *Deutsch/Ellerbrock* Titelschutz Rn. 25.
47 BGH Urt. v. 12.11.2009 – I ZR 183/07, GRUR 2010, 642 ff. – WM-Marken; OLG Düsseldorf Urt. v. 29.7.2019 – 20 U 34/19, GRUR-RR 2020, 254 ff. – Kiesgrube.
48 OLG Frankfurt a. M. Beschl. v. 8.7.2020 – 6 W 63/20, GRUR-RR 2020, 515 – Unternehmensjuristen.
49 OLG Stuttgart Urt. v. 4.8.2011 – 2 U 74/10, BeckRS 2011, 26669 – Balthasar-Neumann-Preis.
50 *Fezer* MarkenR§ 5 Rn. 5.
51 *Fezer* MarkenR§ 15 Rn. 364 ff.
52 BGH Urt. v. 22.6.1989 – I ZR 39/87, GRUR 1989, 760 (761) – Titelschutzanzeige.
53 *Ingerl/Rohnke* MarkenG § 5 Rn. 104.
54 *Fezer* MarkenR § 15 Rn. 271 ff.
55 LG Frankenthal Urt. v. 5.1.2012 – 2 HK O 164/11.
56 OLG Köln Urt. v. 28.11.2014 – 6 U 54/14, MMR 2015, 683 (684) – Farming-Simulator. „Der Titel ‚Farming Simulator 2013‘ ist für ein Landwirtschafts-Simulationsspiel i. E. hinreichend kennzeichnungskräftig. Eine Bezeichnung eines Werks iSv § 5 Abs. 3 MarkenG ist kennzeichnungskräftig, wenn ihr die Eignung zur Werkindividualisierung, also zur Unterscheidung eines Werks von anderen Werken, zukommt. Erforderlich ist jedenfalls ein Mindestmaß an Individualität, das dem Verkehr eine Unterscheidung von anderen Werken ermöglicht“.
57 LG Frankfurt a. M. Urt. v. 24.8.2005 – 2–06 O 367/05, BeckRS 2013, 2793.
58 OLG Hamburg Urt. v. 29.3.2001 – 3 U 256/00, ZUM-RD 2002, 349 (250).
59 OLG Hamburg Urt. v. 5.11.1998 – 3 U 130/98, MMR 1999, 159 (160) – emergency.
60 KG Urt. V. 17.12.2002 – 5 U 79/02, NJOZ 2003, 2773 (2774).
61 OLG Hamburg Urt. v. 15.2.2001 – 3 U 200/00, ZUM 2001, 514 (516).
62 OLG Hamburg Urt. v. 15.2.2001 – 3 U 200/00, ZUM 2001, 514 (516).
63 BGH Urt. v. 28.1.2016 – I ZR 202/14, GRUR 2016, 939 (940).

2. Entstehen und Erlöschen des Werktitelrechts

28 Anders als die Marke,[64] entsteht das Werktitelrecht durch **die Benutzung des Titels** im geschäftlichen Verkehr[65] und es **erlischt mit** endgültiger **Aufgabe der Benutzung.** Ein Titel ist im gesamten Gebiet Deutschlands geschützt, es sei denn, das Werk wird nur regional verbreitet, etwa bei einer Regionalzeitung.[66] Eine Benutzung liegt nicht bereits in einer Vorankündigung des Spiels. Es reicht auch nicht, wenn Vorbestellungen angenommen werden.[67] Da das Titelschutzrecht erst entsteht, wenn das Produkt auf dem Markt angeboten wird, ergibt sich ein Bedürfnis, das Risiko zwischen Erstellung des Werkes und Vertrieb abzusichern. Denn es könnte ja passieren, dass in dieser Zwischenzeit ein Dritter einen identischen oder ähnlichen Titel nutzt und damit die besseren Rechte erwirbt und den Vertrieb des Werkes verhindern kann. In diese Lücke stößt die **Titelschutzanzeige.**[68] Mit ihr kann man avisieren, dass man in naher Zukunft vorhat, ein Werk mit einem bestimmten Titel auf den Markt zu bringen. Eine Titelschutzanzeige lässt – anders als eine eingetragene Marke – keine Rechte entstehen. Sie hat lediglich zur Folge, dass bei tatsächlicher Benutzung des Titels am Markt so getan wird, als sei das Werk schon im Zeitpunkt der Veröffentlichung der Titelschutzanzeige vertrieben worden. Die Priorität des Titelrechts verschiebt sich damit von dem Tag der tatsächlichen Erstbenutzung zurück auf den Tag der Titelschutzanzeige. Wenn ein Werk allerdings – anders als geplant – nie auf den Markt kommt, ist die Titelschutzanzeige wertlos. Aus einer Titelschutzanzeige selbst kann man ohne die tatsächliche Benutzung des Titels am Markt also keine Rechte herleiten. Sie vermittelt auch kein Anwartschaftsrecht. Der Effekt der Rückwirkung tritt allerdings nicht zeitlich unbeschränkt auf, sondern nur solange, wie man üblicherweise braucht, um ein entsprechendes Werk fertig zu stellen. Dieser Zeitraum ist für Computerspiele nicht einfach zu bestimmen, da eine AAA-Produktion natürlich länger in der Entwicklung ist als ein kleines mobiles Spiel. Mit dieser Problematik ist die Games-Industrie allerdings nicht allein, denn auch bei anderen Werkarten variiert der Herstellungszeitraum erheblich. Letztlich wird man von einer durchschnittlichen Entwicklungszeit von sechs bis acht Monaten ausgehen können.[69]

3. Inhaberschaft

29 Inhaber des Werktitelrechts ist der **Schöpfer des** mit dem Titel benannten **Werkes.**[70] Es kommt nicht darauf an, wer den Titel erdacht hat und auch nicht darauf, wer das Letztentscheidungsrecht über einen Titel hat.[71] Da die urheberrechtlichen Nutzungsrechte

---

64 Im Regelfall jedenfalls.

65 BGH Urt. v. 22.6.1989 – I ZR 39/87, GRUR 1989, 760 (761) – Titelschutzanzeige; OLG Hamburg Urt. v. 2.5.2002 – 3 U 269/01, GRUR-RR 2002, 393 – motorradmarkt.de.

66 BGH Urt. v. 15.6.1956 – I ZR 105/54, GRUR 1957, 29 (34) – Spiegel.

67 *Rauda* Computerspiele Rn. 254.

68 Etwa im „Titelschutzanzeiger", „DER SOFTWARE TITEL" oder „rundy Titelschutzjournal".

69 *Rauda* Computerspiele Rn. 255.

70 BGH Urt. v. 13.10.2004 – I ZR 181/02, GRUR 2005, 264 (265) – Telefon-Sparbuch; BGH Urt. v. 15.6.1988 – I ZR 211/86, GRUR 1990, 218 (220) – Verschenktexte I; OLG Nürnberg Schlussurt. v. 23.5.2000 – 3 U 3040/99, BeckRS 2000, 11351 – Winnetou.

71 BGH Urt. v. 15.6.1988 – I ZR 211/86, GRUR 1990, 218 (220) – Verschenktexte I; *Rauda* Computerspiele Rn. 255.

an einem Computerspiel zunächst beim Entwickler liegen,[72] entsteht das Werktitelrecht zunächst bei ihm.

4. Übertragbarkeit

Das Werktitelrecht ist nur gemeinsam mit den Rechten am Werk übertragbar, es ist **akzessorisch.**[73] Eine isolierte Übertragbarkeit nach § 27 MarkenG analog scheidet aus.[74] In der Praxis der Lizenzierungspraxis von Computerspielen wird dem Publisher durch den Entwickler im Publishingvertrag das Werktitelrecht eingeräumt, und zwar gemeinsam mit den urheberrechtlichen Auswertungsrechten am Werk. Wenn der Publishingvertrag ausgelaufen ist oder gekündigt wurde, fallen die im Vertrag ursprünglich eingeräumten Nutzungsrechte an den Entwickler zurück und mit ihnen auch das Werktitelrecht. Bei verschiedenen Versionen eines Spiels für unterschiedliche Plattformen (PC, Konsole, Mobilgerät), entsteht ein eigenes Werktitelrecht für jede Version. Diese Werktitelrechte der Versionen stehen nebeneinander (wie etwa bei dem Titel einer Taschenbuchausgabe und einer Hardcover-Ausgabe eines Buches). Mehrere Publisher können daher über ein Werktitelrecht am selben Titel verfügen. Behält sich der Entwickler vor, bestimmte Versionen des Spiels direkt zu vertreiben und andere an einen Publisher zu lizenzieren, sind sowohl Entwickler als auch Publisher Titelrechtsinhaber. 30

5. Anspruch aus Werktitelrecht

Um einen Anspruch aus Werktitelrecht geltend zu machen, muss zwischen dem Titel des Anspruchstellers und dem von einem Dritten verwendeten Titel **Verwechslungsgefahr** bestehen (§ 15 Abs. 2 MarkenG) oder die Wertschätzung eines Titels in unlauterer Art und Weise ausgenutzt werden (§ 15 Abs. 3 MarkenG). Unterschieden wird zwischen der unmittelbaren Verwechslungsgefahr (→ Rn. 32) und der mittelbaren Verwechslungsgefahr (→ Rn. 33) 31

a) Unmittelbare Verwechslungsgefahr

Da Werktitel die Funktion haben, verschiedene Werke voneinander zu unterscheiden, stellen Sie keinen Hinweis auf die Herkunft des Titels aus einem bestimmten Unternehmen dar. Sie sind daher in der Regel nur gegen eine unmittelbare Verwechslungsgefahr im engeren Sinne geschützt.[75] Unmittelbare Verwechslungsgefahr bedeutet, dass der Verkehr **„den einen Titel für den anderen hält"**.[76] Demzufolge bieten Werktitel grundsätzlich nur Schutz gegen andere Titelbenutzungen und nicht gegen Marken. 32

b) Mittelbare Verwechslungsgefahr

In Ausnahmefällen kommt eine mittelbare Verwechslungsgefahr in Betracht, nämlich wenn man mit einem Werktitel gleichzeitig auch die Vorstellung einer bestimmten 33

72 OLG Köln Urt. v. 28.11.2014 – 6 U 54/14, MMR 2015, 683 (684) – Farming-Simulator.
73 BGH Urt. v. 22.6.1989 – I ZR 39/87, GRUR 1989, 760 (761) – Titelschutzanzeige; BGH Urt. v. 24.4.1997 – I ZR 233/94, GRUR 1997, 902 (903) – FTOS. Zum Verhältnis Autor und Verlag siehe BGH Urt. v. 15.6.1988 – I ZR 211/86, GRUR 1990, 218 (220) – Verschenktexte I.
74 *Schricker* in FS Baur, 1995, S. 775 (787 f.); *Lehmann* CR 1995, 129 (132); *Jacobs* GRUR 1996, 601 (606).
75 Vgl. BGH Urt. v. 22.9.1999 – I ZR 50/97, GRUR 2000, 504 (505).
76 BGH Urt. v. 1.3.2001 – I ZR 211/98, GRUR 2001, 1050 – Tagesschau.

betrieblichen Herkunft verbindet.[77] Dies ist etwa bei **Reihentiteln** der Fall.[78] Diese sind allerdings in der Games-Branche durchaus verbreitet, man denke an die Hitman-Serie[79] oder an die Anno-Serie.[80] Die Bekanntheit solcher Titel und ihr regelmäßiges Erscheinen bei demselben Publisher können die Schlussfolgerung nahelegen, dass der Titel im Verkehr jedenfalls teilweise auch als Hinweis auf die betriebliche Herkunft verstanden wird.[81] Wenn dann ein anderer Publisher diesen Reihentitel verwenden würde, läge eine Irreführung über die betriebliche Herkunft und damit eine mittelbare Verwechslungsgefahr vor.[82]

c) Kriterien der Verwechslungsgefahr

34 Bei der Prüfung der Verwechslungsgefahr werden drei Elemente in den Blick genommen: die Kennzeichnungskraft des Titels, die **Zeichenähnlichkeit** und die **Werknähe.** Je ungewöhnlicher ein Titel und je bekannter ein Werk ist, umso höher ist die Kennzeichnungskraft des Titels. Eine hohe **Kennzeichnungskraft** erweitert den Schutzbereich des Titels. Titel mit geringer Kennzeichnungskraft sind nach § 15 MarkenG faktisch nur gegen identische Übernahme geschützt, während Inhaber von eigentümlichen Titeln auch erfolgreich gegen Verwendungen vorgehen können, die Abweichungen aufweisen.[83] Im Rahmen der Prüfung der Zeichenähnlichkeit werden die Titel verglichen im Hinblick auf ihre optische, klangliche und begriffliche Ähnlichkeit. Bei der Frage der Werknähe untersucht man, ob die gekennzeichneten Werke derselben oder zumindest einer ähnlichen Gattung angehören. Die Rechtsprechung hat eine Verwechslungsgefahr angenommen zwischen den Computerspieletiteln America und america2[84] sowie zwischen „Farming Simulator" und „Farm Sim"[85] sowie zwischen „Farming Simulator" und „Farm Simulator".[86] Als nicht verwechslungsfähig angesehen wurden der Computerspieletitel „Pizza Connection" und die Bezeichnung „pizzaconnection.de" für den Betrieb eines Pizzaservice.[87] Gleiches gilt für die Kollision zwischen dem Computerspieletitel „Emergency" und der Nutzung von emergency.de für ein Portal für medizinische Informationen.[88] Auch zwischen der CD-ROM mit Sammlung von Computerspielen unter dem Titel „aber Hallo!" und der Fernsehshow „Aber Hallo" wurde die Verwechslungsgefahr verneint.[89] Der Comedian Bully Herbig ist mit seiner Klage aus

77 Kritisch hierzu: Ingerl/Rohnke MarkenG § 15 Rn. 107.
78 Für Filme und Serien siehe BGH Urt. v. 19.11.1992 – I ZR 254/90, GRUR 1993, 692 (693) – Guldenburg; OLG Hamburg Urt. v. 27.8.1998 – 3 U 16/98, ZUM-RD 1999, 96 (97) – Aber Hallo; BGH Urt. v. 26.5.1994 – I ZR 33/92, GRUR 1994, 908 (910) – WIR IM SÜDWESTEN; BGH Urt. v. 1.3.2001 – I ZR 211/98, GRUR 2001, 1050 (1052) – Tagesschau; BGH Urt. v. 1.3.2001 – I ZR 205/98, GRUR 2001, 1054 (1056) – Tagesreport; OLG München Urt. v. 30.4.2009 – 29 U 4978/08, GRUR-RR 2009, 307 (309) – Der Seewolf.
79 Beginnend mit Hitman: Codename 47, IO Interactive, 2000, bis hin zu Hitman 3, IO Interactive, 2021.
80 Beginnend mit Anno 1602, Max Design, 1998, bis hin zu Anno 1800, Ubisoft Mainz, 2019.
81 *Rauda* Computerspiele Rn. 264. Vgl. für den Buchmarkt BGH Urt. v. 25.02.1977 - I ZR 165/75, GRUR 1977, 543 – Der 7. Sinn.
82 *Rauda* Computerspiele Rn. 264.
83 *Rauda* Computerspiele Rn. 265.
84 KG Urt. v. 17.12.2002 – 5 U 79/02, NJOZ 2003, 2773 (2774). Die Beklagte wurde verurteilt, in die Löschung der Domain america2.de einzuwilligen.
85 LG Köln Beschl. v. 24.8.2017 – 81 O 96/17.
86 OLG Köln Urt. v. 28.11.2014 – 6 U 54/14, GRUR-RR 2015, 239 ff.
87 OLG Hamburg Urt. v. 29.3.2001 – 3 U 256/00, ZUM-RD 2002, 349.
88 OLG Hamburg Urt. v. 5.11.1998 – 3 U 130/98, MMR 1999, 159 (160).
89 OLG Hamburg Urt. v. 27.8.1998 – 3 U 16/98, NJWE-WettbR 1999, 282 (283 f.).

seinem Künstlernamen gegen den Vertrieb von Computerspielen unter dem Titel „Bully – Scholarship Edition“ gescheitert[90] (gleiches galt für „Bully – Die Ehrenrunde“[91]).

B. Integration von Marken in Spielen

Nahezu seit Beginn der Geschichte der Entwicklung der Computerspiele waren Entwickler bestrebt, bekannte Marken in ihre Spiele zu integrieren. Eine Motivation hinter dieser Bestrebung ist eine möglichst **naturgetreue Darstellung** der Spielumgebung. Ein Spiel, das die Realität abbilden soll, enthält natürlich auch reale Produkte und Werbebotschaften. Bei dem Spieler stellt sich somit eine gewisse Vertrautheit mit der Spielumgebung ein. 35

I. Integration mit Zustimmung des Markeninhabers

In „Die Sims 3“ kann man etwa seine Charaktere mit **Kleidung** der Marke „Diesel“ ausstatten.[92] Bereits Anfang der 1980er Jahre enthielt das Autorennspiel Pole Position[93] **Werbetafeln**, auf denen u.a. das Logo von Marlboro zu sehen war.[94] Die Einbindung von Marken bot neben der **Erhöhung von Authentizität** auch die Möglichkeit der Erschließung neuer Finanzierungsquellen für Spiele. Gleichwohl ist die finanzielle Relevanz solcher Einnahmen aus Werbekooperationen im Verhältnis zu anderen Finanzierungsquellen zu vernachlässigen. Allein aus solchen Werbegeldern lassen sich typischerweise Spiele nicht finanzieren. Eine Besonderheit gilt insofern für reine „**Ad-Games**“, also Spiele, die im Auftrag eines Markeninhabers entwickelt werden und dessen Marke bzw. Produkte in den Vordergrund stellen (zB „Berlin Connection“ der Berliner Morgenpost[95]) oder eine Konkurrenzmarke beschädigen sollen (zB „Pepsi Invaders“).[96] Ein anderer Ansatz ist, dass Spiele von einem Markeninhaber finanziert werden, im Spiel selbst dann aber dessen Produkte nicht mehr vorkommen. Ein Beispiel ist hierfür das Spiel „Waterslide Extreme“.[97] Bei Werbekooperationen oder reinen Werbespielen erhält der Entwickler eine Lizenz an den zu integrierenden Marken, weil der Markeninhaber ein Interesse an der Markenintegration hat (und in der Regel sogar Geld dafür bezahlt). 36

II. Integration ohne Zustimmung des Markeninhabers

Interessanter ist die Frage, ob ein Spieleentwickler fremde Marken in sein Spiel integrieren darf, ohne die Zustimmung der Markeninhabers einzuholen. Manchmal ist die Einbindung nicht zwingend, um ein **authentisches Spielerlebnis** zu schaffen (etwa bei der Frage, welche Marke auf einem Getränk aufgebracht ist, das die Protagonistin trinkt), in anderen Fällen steht und fällt die Attraktivität des Spiels mit der Markenin- 37

90 LG München I Urt. v. 28.10.2008 – 33 O 24030/07, ZUM 2009, 168 (169).
91 LG München I Urt. v. 28.10.2008 – 33 O 24030/07, ZUM 2009, 168 (169).
92 Siehe https://www.ea.com/de-de/games/the-sims/the-sims-3-diesel-stuff.
93 Namco, 1982.
94 Vgl. dazu https://whatculture.com/gaming/10-video-games-with-shameless-product-placement?page=5. Für diese Werbeintegration enthielt der Entwickler angeblich Geld.
95 Promotion Software, 1994.
96 Atari, 1983.
97 Fishlabs, 2009.

tegration. Letzteres ist etwa der Fall bei Sportmanager-Spielen. Es ist sehr unattraktiv, wenn in solchen Spielen keine tatsächlich existierenden Vereine und deren Logos im Spiel vorkommen, sondern lediglich Vereine mit Fantasienamen. Bei Sportspielen kommt es auf besondere Authentizität an. Vor diesem Hintergrund besteht auch ein Interesse des Spieleentwicklers, das Originaldesign von Trikots samt deren Werbeaufdruck zu nutzen. In dem **„Spiel BDFL Manager“**[98] wurden Namen, Kurzbezeichnungen und Logos von Fußballvereinen verwendet, ohne dass eine Lizenz der Deutschen Fußball Liga vorlag. Der Entwickler verteidigte sich mit dem Argument, dass es sich bei dem Spiel „bereits nicht um einen typischen Fanartikel [handele], weil die Namen und Embleme der Fußballclubs nicht werblich hervorgehoben und ausgeschmückt worden seien und das Logo fehle.“[99] Es sei ferner erforderlich, die Namen und Logos zu nutzen, um „gerade auch ein derartiges Spiel überhaupt erst sinnvoll vermarkten und verwenden zu können“.[100] Das Landgericht Frankfurt gab der klagenden Deutschen Fußball Liga recht, und das Oberlandesgericht Frankfurt bestätigte die Entscheidung.[101] Das Oberlandesgericht Frankfurt führte aus, dass ausschlaggebend sei, „ob die fragliche Bezeichnung von dem angesprochenen Verkehr, also von dem durchschnittlich informierten, aufmerksamen und verständigen Durchschnittsverbraucher, als rein beschreibende Angabe oder als Herkunftshinweis verstanden wird“ und „ob die Nutzung die nach dem Markenrecht geschützten Interessen des Markenrechtsinhabers beeinträchtigen kann“.[102] Das Gericht ging davon aus, dass der Verkehr den Eindruck haben könnte, dass zwischen dem Entwickler des „BDFL Managers 2004“ und der Deutschen Fußball Liga lizenzrechtliche Verbindungen bestehen. Es sei nämlich bekannt, „dass gerade im Profisport die Namen, Marken, Trikots und Ähnliches nicht ohne Zustimmung der Vereine bzw. der Spieler wirtschaftlich verwertet werden dürfen, zumal gerade dieses Nebengeschäft mit Fanartikeln und anderen Produkten eine willkommene und durchaus maßgebliche Einnahmequelle“ darstelle.[103] Daher würden die Käufer „davon ausgehen, dass die Verwendung der Namen, Trikotfarben und -designs von dem jeweiligen Rechteinhaber ausdrücklich autorisiert worden ist.“[104] Die Ausnahmevorschrift des § 23 MarkenG sei nicht einschlägig, weil die Vereinsnamen und die Farben sowie die Designs keine unvermeidbare spielbedingte Zuordnungsfunktion hätten. Es bestünde also keine Notwendigkeit zur Nutzung der Marken. Es gäbe schließlich auch Spiele auf dem Markt, die ohne Nennung der Originalnamen und Trikotfarben auskämen.[105] Dem Entwickler sei „ersichtlich daran gelegen, durch die nicht genehmigte Verwendung der Vereinsnamen, der Farben und der Designs ausschließlich einen besonderen Aufmerksamkeitseffekt zu erreichen und sich damit einen unberechtigten Vorteil gegenüber anderen Mitbewerbern zu verschaffen“.[106]

98 Codemasters, 2004.
99 OLG Frankfurt a. M. Urt. v. 22.11.2005 – 11 U 6/05, BeckRS 2011, 19270.
100 OLG Frankfurt a. M. Urt. v. 22.11.2005 – 11 U 6/05, BeckRS 2011, 19270.
101 OLG Frankfurt a. M. Urt. v. 22.11.2005 – 11 U 6/05, BeckRS 2011, 19270.
102 OLG Frankfurt a. M. Urt. v. 22.11.2005 – 11 U 6/05, BeckRS 2011, 19270.
103 OLG Frankfurt a. M. Urt. v. 22.11.2005 – 11 U 6/05, BeckRS 2011, 19270.
104 OLG Frankfurt a. M. Urt. v. 22.11.2005 – 11 U 6/05, BeckRS 2011, 19270.
105 OLG Frankfurt a. M. Urt. v. 22.11.2005 – 11 U 6/05, BeckRS 2011, 19270.
106 OLG Frankfurt a. M. Urt. v. 22.11.2005 – 11 U 6/05, BeckRS 2011, 19270.

Im Jahr 2007 erließ der Europäische Gerichtshof in der Sache Opel/Autec ein Urteil zu der Frage, ob die Anbringung eines Markenzeichens auf einem Spielzeugauto, das eine Replik eines echten Autos darstellt, eine Markenverletzung begründet.[107] Die Adam Opel AG hatte ihr Logo, den sogenannten **„Opel-Blitz“** markenrechtlich für Kraftfahrzeuge schützen lassen, aber auch für Spielzeug. Der EuGH stellte fest, eine Verletzung der für Spielwaren geschützten Marke nicht vorliege, weil der Verkehr wisse, dass sich die Modelle an reale Vorbilder anlehnten. Man gehe also nicht davon aus, das Spielzeugwagen nur vom Hersteller der Vorbilder in den Verkehr gebracht würden. Ein Markenverstoß liege dagegen nur dann vor, wenn das Zeichen als Angabe darüber verstanden würde, dass das Spielzeugfahrzeug von der Markeninhaberin stamme. Entscheidend sei, ob die Wertschätzung der für Kraftfahrzeuge geschützten Marke durch ihre „Verwendung“ ausgenutzt werde. Sofern sich die „Verwendung“ der Marke nur auf die detailgetreue Nachbildung des Autos bezieht, liegt keine markenmäßige Benutzung vor und damit auch keine Markenverletzung.[108] Der Bundesgerichtshof, der den Fall nach Beantwortung der Vorlagefragen durch den BGH final inhaltlich zu entscheiden hatte, stellte fest, dass es für eine Beeinträchtigung der Herkunftsfunktion nach § 14 Abs. 2 Nr. 1 MarkenG „nicht genügt, wenn die Vorstellung des angesprochenen Verkehrs, das Spielzeugauto stamme von einem mit der Kläger durch Lizenzbeziehungen verbundenen Unternehmen maßgeblich auf anderen Umständen beruht als auf einer Verwendung des Opel-Blitz-Zeichens als Marke (gerade) für Spielzeug.“ Denn die „auf etwaige Lizenzbeziehungen bezogenen Herkunftsvorstellungen des Verkehrs knüpfen auch dann an die Verwendung der betreffenden Marken gerade für Kraftfahrzeuge und eben nicht für Spielzeug an“. 38

Die Entscheidungen des EuGH und des BGH sind auf die Integration von Marken in Computerspielen anwendbar.[109] Die Urteile haben also die Situation der Spieleentwickler erheblich verbessert. Diese sind nun in der Nutzung fremder Marken frei, solange die Realität abgebildet wird. *Schmid* und *Düwel* bemühen neben der markenrechtlichen auch eine verfassungsrechtliche Argumentation mit der Kunstfreiheit und der Meinungsfreiheit, obwohl sie darauf hinweisen, dass im Bereich des Urheberrechts eine direkte Berufung auf die **Grundrechte** vom *EuGH* abgelehnt wurde. Jedenfalls seien die Grundrechte im Rahmen der Auslegung des Markengesetzes zu beachten.[110] 39

Verboten hat das LG Düsseldorf indes, einen Werbeaufdruck mit der Marke „DHL“ auf einem Spielzeugauto anzubringen.[111] Denn hierbei handelt es sich nicht um die **originalgetreue** Nachbildung eines Fahrzeugs. Der Verkehr sehe in dem Werbeaufdruck vielmehr einen Hinweis darauf, dass die Spielzeugautos vom Markeninhaber oder von einem Lizenznehmer stammten. Denn die Drittmarke sei nicht integraler Bestandteil des Fahrzeugs, sondern werde auf dem Fahrzeug vielmehr in werbender Weise 40

107 EuGH Urt. v. 25.1.2007 – C-48/05, GRUR 2007, 318 ff. – Adam Opel/Autec.
108 EuGH Urt. v. 25.1.2007 – C-48/05, GRUR 2007, 318 ff. – Adam Opel/Autec.
109 *Schmid/Düwel* MMR 2020, 155 (160); *Brtka* GRUR-Prax 2017, 500 (502).
110 *Schmid/Düwel* MMR 2020, 155 (160).
111 LG Düsseldorf Urt. v. 11.12.2019 – 2a O 252/18, GRUR-RS 2019, 57602.

verwendet.[112] Für Spieleentwickler bedeutet das, dass Produkte mit Markenaufdruck verwendet werden können, solange keine Änderungen vorgenommen werden.

41 In einem nach der Opel/Autec Entscheidung ergangenen Urteil hat das Landgericht Frankfurt erneut über die Verwendung von Namen und Logos in einem **Fußballmanager-Spiel** entschieden und die Nutzung unter Verweis auf die Entscheidung aus 2005 untersagt.[113] Im Lichte der Rechtsprechung des EuGH hätte diese Entscheidung so nicht ergehen dürfen.

42 Gentrennt von der Integration von Marken in Computerspiele zu beachten ist die digitale Reproduktion von Gegenständen, die durch das **Designrecht/Geschmacksmusterrecht**[114] geschützt sind.[115] So war etwa die Gestaltung des **ICE-Zugs** durch ein Designrecht geschützt. Die Schutzdauer eingetragener Muster nach dem DesignG und der Gemeinschaftsgeschmacksmusterverordnung beträgt höchstens 25 Jahre ab dem Anmeldetag. Zur Aufrechterhaltung des Schutzes muss alle fünf Jahre eine Gebühr gezahlt werden. Das nicht-eingetragene Gemeinschaftsgeschmacksmuster hat eine Schutzdauer von drei Jahren.

---

112 LG Düsseldorf Urt. v. 11.12.2019 – 2a O 252/18, GRUR-RS 2019, 57602; BeckOK MarkenR/*Mielke* MarkenG § 14 Rn. 194.

113 LG Frankfurt a. M. Beschl. v. 23.10.2015 – 2/3 O 405/15, BeckRS 2015, 132037 (einstweiliges Verfügungsverfahren). Mit der Rechtsprechung des EuGH setzt sich das LG Frankfurt überhaupt nicht auseinander und rekurriert lapidar auf die Entscheidung aus dem Jahr 2005: „Wie in der Antragsschrift, auf die Bezug genommen wird, im Einzelnen dargelegt und glaubhaft gemacht, verwendet die Antragsgegnerin [...] die (Kurz-)Namen der Clubs und deren Logos, die sich jeweils als nach § 15 Abs. 1 MarkenG geschützte geschäftliche Bezeichnungen darstellen, entgegen § 15 Abs. 3 MarkenG in ihrem online Fußball Managerspiel kennzeichenmäßig für die aktuelle Bundesligasaison 2015/2016, so dass sie auf Unterlassung in Anspruch genommen werden kann (§ 15 Abs. 4 MarkenG). Die Antragsgegnerin verfügt über keine Lizenz des Antragstellers. Das OLG Frankfurt am Main, Az. 11 U 6/05, hat bereits in seinem Urteil vom 22.11.2005 festgestellt, dass ein Bekanntheitsschutz der Clubnamen, Trikotfarben bzw. Designs/Logos der Fußballvereine nach § 15 Abs. 3 MarkenG besteht. Die Antragsgegnerin verwendet nicht nur die unternehmenskennzeichenrechtlich geschützten Clubnamen und Clublogos, sondern auch deren Kurzformen, wie „...“ (statt „...“) oder „...“ (statt „...“), die ebenfalls als Firmenschlagwörter (vgl. Hacker in: *Ströbele/Hacker* MarkenG § 5 Rn. 26 ff.) kennzeichenrechtlichen Schutz beanspruchen können.“

114 Designgesetz und Gemeinschaftsgeschmacksmusterverordnung. Nach der Gemeinschaftsgeschmacksmusterverordnung gibt es eingetragene und nicht-eingetragene Gemeinschaftsgeschmacksmuster. Designrechte sind sogenannte ungeprüfte Rechte, weil die Schutzvoraussetzungen der Neuheit und der Eigenart vor Eintragung nicht geprüft werden, sondern erst in einem etwaigen Prozess des Inhabers eines Designs gegen einen Verletzer.

115 *Schmid/Düwel* MMR 2020, 155 (161).

Teil III.
Publishing

§ 12 Games Publishing in Deutschland

Literatur: *Merk/Schneider*, Keyselling: Rechtliche Grenzen beim Handel mit Lizenzschlüsseln für Computerspiele, MMR-Beil. 8/2019, 13; *Schack*, Urheber- und Urhebervertragsrecht, 10. Aufl. 2021.

A. Standort Deutschland

1 Das Publishing, also das „Publizieren“ bzw. die „Veröffentlichung“ von Computer- und Videospielen[1] durch einen Publisher (Verleger oder auch Verwerter) bezeichnet nach heutigem Verständnis regelmäßig die klassischen Verlagstätigkeiten, dh die physische Produktion (das „Manufacturing“) von Datenträgern aller Art, das Marketing inklusive der PR-Arbeit, und den Vertrieb (die „Distribution“) von ausgewählten Games in verschiedenen Vertriebsformen (physikalisch/digital) und ausgewählten Territorien. Der Begriff **„Publisher“** wird im Deutschen zumeist auf einen Verlag bezogen, der Computerprogramme und/oder Games veröffentlicht.

2 Nicht zwingend ist der Publisher zugleich derjenige, der das Spiel entwickelt, also der **„Developer“**. Je nach Plattform, auf der das Game erscheinen soll, kommt ggf. aber ein Support des Publishers bei der Entwicklung hinzu, wenn zB das Spiel auf einer der gängigen Konsolen-Plattformen bei SONY, Microsoft und/oder Nintendo[2] erscheinen soll.[3]

3 Die Konsolenspiele müssen bei den jeweiligen Plattformhaltern üblicherweise einen sog. Zertifizierungsprozess[4] durchlaufen, bei dem die Publisher häufig die führende Rolle im Dialog zwischen den **First Partys** und den Developern übernehmen und notwendige Korrekturen und Änderungen moderieren. Da die First Partys für den Zertifizierungsprozess zudem eine besondere vertragliche Vereinbarung mit sich voraussetzen, müssen insbesondere kleinere Entwicklungsstudios oftmals zwingend auf Publisher zugreifen, da sie selbst die notwendigen Zulassungsvoraussetzungen für eine

1 Nachfolgend nur als „Games“ oder „Spiele“ bezeichnet, wobei sich die nachstehenden Ausführungen auf PC- und Konsolen-Spiele beziehen, explizit nicht aber auf Spiele, die auf mobilen Endgeräten wie zB Smartphones oder via Browser gespielt werden.
2 Den sog. „First Partys“.
3 Nachfolgend als „Konsolenspiel“ bezeichnet.
4 Genehmigungs- oder auch „Submission“-Prozess.

Vertragsbeziehung nicht erfüllen. Selbst größere Studios, die eine Zulassung bei First Partys besitzen, vereinbaren mit dem Publisher ihrer Wahl oftmals, dass dieser aufgrund seiner Erfahrung die Zertifizierung mit den First Partys vornimmt.[5]

4 In Deutschland gibt es momentan eine respektable Anzahl von kleinen, mittleren, aber auch größeren Spieleentwicklern, wie zB[6]

5 Ubisoft Blue Byte, Innogames, Gameforge, Crytek, Gamigo, Goodgame Studios, Wooga, Bigpoint, Travian Games, Gameduell, Upjers, Yager, Kolibri Games, King, Cipsoft, Softgames, Cloud Imperium Games, Flaregames, Whow Games, Wargaming Mobile, Kalypso Media, Deep Silver Fishlabs, Black Forest Games, King Art Games, Deck 13, Limbic Entertainment, Chimera Entertainment, Handygames, Daedalic, Megazebra, Klang, Xyrality, Sandbox Interactive, Realmforge Studios, Grimlore Games, Bytro Labs, Nukklear, Piranha Bytes, Mimimi Games, Studio Fizbin, Stratosphere Games, Rockfish Games, Neopoly, Limbic und Egosoft.

6 Von diesen Entwicklern sind nur wenige zugleich als „echte" Publisher tätig, dh also als solche, die nicht nur eigene Spiele,[7] sondern im Wesentlichen Spiele Dritter veröffentlichen. Bekannte „echte" Publisher in Deutschland sind u.a.:[8]

7 Aerosoft, ak tronik, Astragon, Bigpoint Games, Bitcomposer, Crytek, Daedalic, Flashpoint, Goodgame Studios, gamigo, Gameforge, Kalypso Media, PLAION (vormals Koch Media)/Deep Silver, magnussoft, Travian, Ubisoft Blue Byte und Wooga.

8 Ab einer bestimmten Größe ist es durchaus üblich, dass Publisher eigene Entwicklungsabteilungen haben, evtl. auch Tochterfirmen, die als reine Games-Entwickler fungieren. Dazu gehören insbesondere Crytek, PLAION (vormals Koch Media) oder auch Kalypso Media.

9 In Summe sind in Deutschland derzeit rund 700 Unternehmen mit knapp 11.000 Mitarbeitern mit der Entwicklung und dem Publishing von Games beschäftigt, davon sind 28 Firmen (mit rund 1.500 Mitarbeitenden) als reine (Fremd-)Publisher tätig. Der deutsche Videospiele-Markt stellt umsatzmäßig[9] bereits seit Jahren einen der größten europäischen Märkte dar. Auch weltweit macht Deutschland einen signifikanten Anteil des Weltumsatzes mit Videospielen aus, mit wachsender Tendenz.[10]

10 Obwohl es einen sehr bedeutsamen Markt in Deutschland gibt, ist die Entwicklerszene im internationalen Vergleich nicht ganz so bedeutend, da insbesondere die **Triple-A Blockbuster** Games traditionell in den USA, Japan, England oder anderen europäischen Ländern produziert werden.

11 Fast alle deutschen Publisher sind zugleich international, zumindest auf dem europäischen Markt, tätig, sei es physisch, immer mehr aber auch digital, entweder über eigene Plattformen, zumeist aber über die einschlägig bekannten internationalen Down-

---

5 Zu den weiteren charakteristischen Publisher-Funktionen wie Alterszertifizierung, Qualitätskontrolle, Lokalisierung etc. → Rn. 80 ff.
6 Sortiert nach ungefährer Größe absteigend und ohne Anspruch auf Vollständigkeit.
7 Zumeist nur digital.
8 Alphabetisch sortiert und ebenfalls ohne Anspruch auf Vollständigkeit.
9 Bezogen auf Handelsumsätze.
10 Derzeit belegt Deutschland hinter China, USA, Japan und Südkorea knapp vor England den fünften Platz.

load- und Streaming-Anbieter, wie „Steam“,[11] „Ubisoft Connect“,[12] „EA-Play“,[13] „battle.net“,[14] „EPIC“,[15] sowie „GOG“.[16]

12 Immer mehr an Bedeutung gewinnen auch **Cloud-Gaming-Dienste**, welche ebenfalls zum Großteil in den Händen der internationalen Player liegen, wie „PlayStation Now“ (SONY), „Google Stadia“ und „Microsoft Xbox Cloud Gaming“. Als einziger nennenswerter deutscher Anbieter war einige Jahre die Deutsche Telekom mit ihrer „Magenta Gaming“ Plattform tätig, wobei dieser Dienst jedoch nur eine geringe Auswahl und kaum wirklich namhafte Titel anbot, und Anfang 2022 auch eingestellt wurde.

B. Historie

13 Von einem Publishing war in den Kinderschuhen der Games-Historie noch keine Rede. So wurden die ersten Videospiele in den 1970er-Jahren in Amerika in Supermärkten und Spielhallen auf Spielautomaten gespielt. 1972 veröffentlichte Atari das Spiel „Pong“, ein Tennis- bzw. eher Tischtennis-Spiel, das man als das erste, auch weltweit erfolgreiche Videospiel bezeichnen kann.[17]

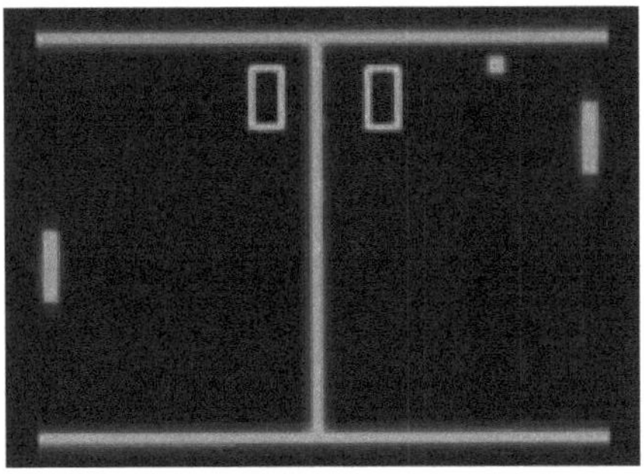

Abb.: Pong.[18]

14 Nach und nach verbreiteten sich die Spieleautomaten in Spielehallen weltweit und befriedigten das offensichtliche Bedürfnis der Konsumenten, die sich rasant weiterentwickelnde Computertechnik auch zum Spielen zu nutzen, immer mehr.

15 Und mit der voranschreitenden Technik wandelten sich auch die Vertriebswege von Games. Von den **Arcade Spielautomaten** in den Spielhallen wanderten die Konsolen in den privaten Bereich und wurden zunächst an die heimischen Fernseher angeschlossen,

11 Die US-amerikanische Valve Corporation.
12 Früher „UPlay“, Ubisofts Plattform für die Spiele aus eigenem Hause wie „Assassin's Creed“, „Anno“, „Far Cry“ oder „Prince of Persia“.
13 Electronic Arts' eigene Spieleplattform für Titel wie u.a. „Battlefield“, „FIFA“, „Die Sims“, „Madden“, „Anthem“, „Need for Speed“ oder „Star Wars“.
14 Activision Blizzards eigene Spieleplattform für u.a. „Diablo“, „World of Warcraft“, „Call of Duty“, „Overwatch“ etc.
15 Mit „Fortnite“, aber auch mit diversen Titeln anderer Anbieter.
16 Ehemals Good Old Games, gehörend zu dem polnischen „Cyberpunk 77“-Developer und Publisher CD Projekt, mit dem nach Steam größten Angebot diverser Titel dritter Anbieter.
17 Pong wurde im späteren Verlauf, dh im Jahr 2013, dann sogar in die ständige Sammlung des Museum of Modern Art in New York aufgenommen.
18 Siehe https://www.game.de/themen/kulturgut-digitale-spiele-uebersicht/spielgeschichte/.

wie die von Atari entwickelte 2600-Konsole, mit der „Pong" dann auch daheim gespielt werden konnte. Die Konsole wurde Ende der 70er Jahre auf dem deutschen Markt angeboten. Mattel veröffentlichte mit Intellivision in 1982 ein Konkurrenzprodukt, das der 2600 technisch sogar überlegen war.[19]
Und damit begann die bis heute unaufhaltsame Reise der Games in die deutschen Wohnzimmer.

16 Zunächst gab es jedoch einen massiven Crash auf dem US-Amerikanischen Markt im Jahr 1983, der darin begründet war, dass die Anbieter den Markt zu schnell mit oft nicht ausgereiften Spielen fluteten, und in dessen Folge eine namhafte Zahl von US-Anbietern pleitegingen.

17 Von diesem Umstand profitierten einige japanische Anbieter, die mit ausgereifter Technik bereits ein Jahr später den Weltmarkt mit verschiedenen Konsolen eindeckten. 1987 erschien dann der erste Teil der Super Mario-Serie[20] von Nintendo in Europa, die sich bis heute – besieht man die gesamte Reihe seitdem – fast 400 Millionen Mal verkauft hat, und damit eines der erfolgreichsten Spiele aller Zeiten ist. Sega zog mit „Sonic" Anfang der 90er Jahre nach. Aber auch die Amerikaner kehrten bereits in den 80ern erfolgreich an die Spitze des Weltmarkts zurück. Commodore[21] und Atari[22] etablierten sich mit guter Technik und Erweiterbarkeit ihrer Heimcomputer, die zu dieser Zeit noch mit externen Laufwerken[23] und Steckmodulen[24] mit Games geladen wurden, wobei der Begriff Heimcomputer hier im Unterschied zum Personal Computer (PC) Geräte erfasst, die in erster Linie Unterhaltungs-, also Spielezwecke haben.

18 Zugleich entwickelte sich der PC entgegen der Voraussage des früheren IBM-Chefs Thomas J. Watson[25] rasant weiter. Insbesondere die Markteinführung der **CD-ROM** im Jahr 1982 und die damit verbundene massive Erweiterung der Speicher gegenüber der Diskette, aber auch die stetige Erweiterung der Prozessoren-Geschwindigkeiten und des Festplattenspeicherplatzes ermöglichte es, Spiele für den PC zu programmieren, die technisch den ersten Konsolenspielen gleichwertig, oftmals sogar überlegen waren.

19 So entwickelte sich in den auslaufenden 80er Jahren des vergangenen Jahrhunderts ein lebhafter Wettbewerb in der Games-Entwicklung, zum einen für zumeist IBM kompatible PCs,[26] zum anderen für diverse Spiele-Konsolen. Nach Sega und Nintendo folgten die heute nach wie vor marktbeherrschenden Anbieter SONY (Mitte der 90er Jahre mit der ersten Playstation) und später dann Microsoft (Anfang der 2000er mit der Xbox).

20 Zu konstatieren ist, dass mittlerweile die hauptsächlich auf Games ausgerichteten, neuesten **Spielekonsolen** von SONY, Microsoft und Nintendo eine technische, bzw. vor

19 Als erste 16-Bit Spielekonsole.
20 „Super Mario Bros".
21 Zunächst mit dem Amiga, dann mit C64, zuletzt mit dem C128.
22 Atari ST.
23 Datasetten und Diskettenlaufwerken (zunächst 5 ¼ Zoll).
24 Cartridges.
25 Der ein genialer Verkäufer war, aber 1943 erklärte: „Ich glaube, es gibt einen Weltmarkt für vielleicht fünf Computer".
26 Apple bot und bietet nach wie vor zwar den Macintosh (MAC) an, jedoch ist der Mac nicht als Spielemedium konzipiert und hat sich in den Jahren auch nicht als ein solches etablieren können.

allem grafische Qualität aufweisen, die vergleichsweise nur noch mit hochgezüchteten Gaming-PCs[27] zu erzielen ist. Hinzu kommen aufwändige Bewegungssteuerungen über Controller, aber auch intuitive Steuerungsmöglichkeiten bei den Konsolen, die die Attraktivität der Konsolenspiele gegenüber den PC-Games noch erhöht haben.

Entsprechend sind die Umsätze mit PC-Games gegenüber den Konsolen-Games im physischen[28] **Retail-Markt**[29] in den vergangenen Jahren weltweit drastisch zurückgegangen. In Deutschland, das traditionell ein PC-Land war und ist, ist ein Rückgang zwar zu verzeichnen, jedoch im Vergleich mit vielen anderen Ländern nicht ganz so stark. 21

Als Sonderform von Games sind die sog. **MMOG's (Massively Multiplayer Online Games)** zu erwähnen, die über das Internet einer Großzahl von Anwendern ermöglicht, gleichzeitig und gegen- bzw. miteinander in virtuellen Welten zu spielen. Diese Form des Spielens kam bereits in den 90er Jahren in Mode und wuchs stetig mit der immer weiter voranschreitenden Entwicklung und Geschwindigkeit des Internets. Waren es anfangs noch maximal 50 Spieler, so können heute viele hunderttausend Gamer gleichzeitig spielen. Technisch sind MMOG's vielfach Browserspiele, dh der Gamer benötigt lediglich einen Internetzugang und einen Browser, mittels dessen er Zugang zum jeweiligen Anbieter erlangt. Aufwendigere MMOG's sind als sog. Client-Games ausgestaltet, das heißt, dass das Spiel selbst auf dem lokalen PC des Anwenders installiert wird und während der gesamten Spielzeit des Anwenders mit dem vom Anbieter betriebenen Game-Server im Datenaustausch steht. 22

Das wohl bekannteste MMOG ist World of Warcraft (WoW), ein bereits 2004 entwickeltes Client-Game und **Computer-Rollenspiel** (MMO-RPG, Role-Play-Game) von Blizzard Entertainment, das zum US-amerikanischen Publisher Activision Blizzard King[30] gehört. Um WoW zu spielen, müssen Anwender monatliche Gebühren entrichten. Mit dem vorliegenden Thema des eigentlichen Publishings von Games hat dieses Geschäftsmodell daher nur wenig zu tun, jedoch vertreibt Blizzard beispielsweise auch sog. „Prepaid Gamecards" im Handel, wobei der Kunde eine Schachtel erwirbt, in der sich lediglich ein Code befindet, mittels dessen er dann die Spielegebühr für eine bestimmte Zeit bereits entrichtet hat. So kann die an sich digitale Verwertung auch im physikalischen Vertrieb (also im klassischen Handel in Elektrofachmärkten, Supermärkten, Kiosken etc.) eine Rolle spielen. Sinnvoll kann dies für Anwender sein, die Spiele rein testweise zeitlich limitiert spielen möchten, ohne zugleich das vollständige Anmeldeprozedere im Internet, insbesondere mit der Hinterlegung der Bankdaten, durchlaufen zu müssen. Auch als Geschenke (Gift Cards) sind Prepaid Gamecards beliebt. 23

27 Regelmäßig mit besonders guten Grafikkarten ausgestattete Hochleistungs-Maschinen, die oft ein Vielfaches der Konsolen kosten.
28 Im digitalen Bereich verkaufen sich PC-Games immer noch sehr stark, liegen derzeit im Vergleich durchschnittlich bei etwa 45 %.
29 Also im Einzelhandel.
30 Die wiederum Anfang 2022 von Microsoft akquiriert wurde.

C. Entwicklung des Publishings in Deutschland

24 Nachdem wir im ersten Teil gesehen haben, dass es in Deutschland eine durchaus respektable Anzahl von Games Publishern und Entwicklern gibt und der deutsche Markt gleichzeitig eine signifikante Rolle auf dem Weltmarkt spielt, ist – besieht man die Games-Historie im zweiten Teil – festzustellen, dass die wesentlichen Impulse der **Weiterentwicklung** dieser Geschichte zum Teil aus einigen anderen europäischen Ländern, vorwiegend aber aus den USA und Japan kamen.

25 Dennoch gab es auch in Deutschland durchaus namhafte Spieleentwicklungen, die zunächst angelehnt waren an die sich immer mehr herausentwickelnde Vorliebe der Deutschen, insbesondere für historische Handels- sowie andere Simulationen sowie für sog. **Shooter.** Spiele, wie „Die Fugger“, die **„Anno-Reihe“**, „Die Patrizier“ oder „Die Siedler“ waren ab den späten 90er Jahren des letzten Jahrhunderts sehr dominant im deutschen Markt, eroberten jedoch auch bis heute viele andere Territorien.

I. Der Deutschen Lieblingskinder: Strategie

26 Die Anno-Reihe mit dem ersten Titel „Anno 1602“ erschien im Jahr 1998, entwickelt durch den österreichischen Entwickler Max Design[31] für den deutschen Publisher Sunflowers[32] (aus Heusenstamm bei Frankfurt). Sunflowers hatte zuvor bereits 1996 die Wirtschaftssimulation „Die Fugger 2“ auf den Markt gebracht – das Spiel wurde jedoch Ende 1999 eingestellt, da ein Nachfahre der echten Kaufmannsfamilie der Fugger gegen den Titel geklagt hatte und Recht bekam. Der „geistige“ Nachfahre des Spiels wurde dann das von dem deutschen Entwickler AHEAD aus Hannover entwickelte Spiel „Die Gilde“, das wiederum von dem österreichischen Publisher **JoWooD**[33] veröffentlicht wurde.

27 **Anno 1602** wurde bis 2002 im deutschsprachigen Raum fast zwei Millionen Mal verkauft und begründete die spätere Reihe. Auch das im Jahr 2002 folgende Anno 1503 war äußerst erfolgreich. Allein in den ersten zwei Wochen nach Erscheinen verkaufte Sunflowers 200.000 Exemplare, insgesamt wurden sogar über 2,2 Mio. Stück verkauft.

28 Der 2006 erscheinende Nachfolger „Anno 1701“ wurde nicht mehr von Max Design, sondern von dem Mainzer Studio Related Designs für Sunflowers entwickelt, so dass hier nun der erste Anno Titel vollständig aus deutscher Hand erschien, wobei die Publishing- und Distributionsrechte seitens Sunflowers an die österreichisch/deutsche Koch Media (heute PLAION) vergeben wurden.[34] Budgets, die zum damaligen Zeitpunkt noch als „irrsinnige“ Summen bewertet wurden, sind heute nichts Besonderes mehr. Große Triple-A Games, wie **GTA – Grand Theft Auto** vom US-amerikanischen Publisher Rockstar Games oder CyberPunk 2077 von CD Projekt in Polen weisen

31 Aus Schladming in der Steiermark.

32 Sunflowers Interactive Entertainment Software GmbH, gegründet 1993 von Adi Boiko und Wilhelm Hamrozi.

33 Gegründet 1995 in Ebensee/Österreich u.a. von Andreas Tobler.

34 Wie auch die Rechte für das Strategiespiel „ParaWorld“, das bis zum Erscheinen von „Anno 1701“ mit einem Budget von acht Mio. EUR die bis dahin teuerste deutsche Spieleentwicklung war, jedoch von „Anno 1701“ mit einem Budget von über zehn Mio. EUR überholt wurde.

Budgets jenseits von 200 Mio. Euro auf, wobei beide Spiele zugleich (wohl auch glücklicherweise) Rekordgewinne erzielten.

2007 übernahm der französische Publisher **Ubisoft** Sunflowers sowie sukzessive auch das Studio Related Designs, welches später wiederum eines der drei deutschen Blue Byte Entwicklungsstudios von Ubisoft wurde.[35] Das in Düsseldorf ansässige Studio Blue Byte war vor seiner Übernahme durch Ubisoft im Jahr 2001 bereits ein sehr erfolgreicher, eigenständiger Entwickler von Spielen, wie „Battle Isle" und dem Strategiespiel „Die Siedler".[36] Auch „Die Siedler"-Reihe wurde dann von Ubisoft erfolgreich – zumindest bis 2010 – weiter geführt. Zuletzt wurde eine Fortsetzung angekündigt. 29

Last but not Least ist im Bereich der namhaften deutschen Strategiespiele das 1992 veröffentlichte Spiel „Die Patrizier" der Firma Ascaron in Gütersloh[37] zu nennen. Die „Die Patrizier"-Reihe wurde später vom deutschen Entwickler Gaming Minds, einer **Kalypso Media** Tochter, weitergeführt. Der letzte Teil: „Die Patrizier 4" erschien 2010. 30

II. Der Deutschen Lieblingskinder: Simulationen

Auch Fahrzeug-Simulationen waren und sind in Deutschland beliebt und entsprechend erfolgreich. Aufgrund der Beliebtheit des „**Microsoft Flight Simulator**" entwickelte Aerosoft aus Paderborn in NRW[38] sehr erfolgreich Add-Ons (Zusatzmodule) für den „Flusi" und später auch für Eisenbahn-Simulatoren.[39] 31

Egosoft[40] aus Würselen bei Aachen wiederum kombinierte mit der X-Serie sehr erfolgreich eine Weltraum-Flugsimulation mit einer Wirtschaftssimulation sowie einem Shoot'em up (Schieß- oder auch Ballerspiel). Die Reihe wurde bis 2018 durch Deep Silver/PLAION (vormals Koch Media) gepublisht.[41] 32

III. Der Deutschen Lieblingskinder: Ego-Shooter

Die Liebe der Deutschen galt daneben auch immer den sog. **Ego-Shootern** (eine Spielekategorie, bei der Kämpfe aus der Ego-Perspektive mit unterschiedlichen Waffen stattfinden).[42] Aufgrund seiner Grafik, aber auch wegen seines großen wirtschaftlichen Erfolges legendär war das von der britischen ID Software entwickelte Spiel „Doom", das 1993 durch die mittlerweile[43] insolvente cdv Software Entertainment AG in Deutschland vertrieben, jedoch bereits 1994 von der damaligen Bundesprüfstelle für jugendgefährdende Schriften (BPjS)[44] wegen seiner Gewaltdarstellungen[45] indiziert 33

35 Blue Byte Mainz, neben den weiteren Standorten Düsseldorf und Berlin.
36 Erschien 1993 zunächst für Amiga.
37 Ascaron wurde 1991 von Holger Flöttmann zunächst als Ascon gegründet, dann in Ascaron Entertainment GmbH umbenannt.
38 Gegründet u.a. von Winfried Diekmann.
39 Der von der britischen Firma Kuju entwickelte „Microsoft Train Simulator" kam 2001 auf den Markt.
40 Gegründet 1988 von Bernd Lehahn.
41 Mit Ausnahme des ersten Teils, der von THQ gepublisht wurde.
42 „Auch Frauen spielen Ego-Shooter", BGH Urt. v. 27.7.2017 – I ZR 68/16.
43 Im Jahr 2010.
44 Heute „Bundeszentrale für Kinder- und Jugendmedienschutz.
45 „Das Spiel setzt mit seiner spekulativen, effekthascheischenden Aufbereitung blutiger Metzelszenen im Wesentlichen auf ein beim potenziellen Nutzer vermutetes voyeuristisches bzw. sadistisches Interesse", befand die BPjS damals.

wurde.[46] Das Spiel wurde 2011, also 17 Jahre später von der Nachfolgebehörde BPjM vom Index genommen, da die technische Entwicklung mittlerweile derart vorangeschritten war, dass die Gewaltszenen nach neuen Maßstäben nicht mehr als detailliert oder realistisch/realitätsnah einzustufen waren. So wandelt sich mit der Technik auch das Recht.

34 2004 schlug dann die Geburtsstunde der „**Far Cry**"-Reihe, ein von der **Firma Crytek** aus Frankfurt[47] entwickelter Ego-Shooter, der weltweit erfolgreich war und der ebenfalls vom französischen Publisher Ubisoft in Deutschland vertrieben wurde. Mittlerweile in der 6ten Generation wird das Spiel von Ubisoft selber entwickelt und nicht mehr von Crytek.

35 Auch die von Crytek nach „**Far Cry**" entwickelte „Crysis" Reihe[48] erlangte internationale Reputation. Nach dem dritten Teil „Crysis Warhead", der in 2008 erschien, wurde die Reihe (bislang) nicht fortgeführt.

IV. Ein Schritt zurück: Distribution und Publishing der ersten Jahre – wie es begann..

36 Beginn der 80er Jahre gab es noch kein Publishing in der eingangs aufgezeigten Begriffsbedeutung. Wie oben beschrieben, wurden **Spieleautomaten** in Spielhallen oder großen Supermärkten aufgestellt. Darauf waren die jeweiligen Spiele bereits fest installiert.

37 Es gab also zu Beginn auch noch nicht die Spiele, wie wir sie heute kennen, dh also **Datenträger**, wie CD-Roms, DVDs, Cartridges oder auch nur Codes, die in einer schicken Verpackung im Handel oder im Internet zum Kauf angeboten werden.

38 In den Kinderschuhen des Games-Vertriebs und -Publishings waren es dann zunächst Buch- oder IT-Fach-Verlage, die bereits vor **1985** eigene Software-Abteilungen besaßen, wie Data Becker, BHV, SYBEX-Verlag und Markt+Technik.

39 Später kamen weitere hinzu, wie zB **GData**, S.A.D., tewi, United Soft Media, Franzis-Verlag und Systhema, jedoch war keine von den genannten Firmen ein echter Games-Publisher und keine von ihnen begründete im Weiteren nennenswerte Marktanteile.

V. Stunde Null – Kingsoft: der erste deutsche Games Publisher

40 Alles änderte sich bereits **1982**, als der erste Heimcomputer von Commodore für den westdeutschen Markt erschien, der VC 20. Dieser besaß, ebenso wie sein kurz danach ebenfalls auf dem Markt erscheinender Nachfolger, der Commodore C64, externe Laufwerke, wie das Kassettenlaufwerk „Datasette"[49] und/oder ein Diskettenlaufwerk,[50] mit denen Spiele (von extern) abgespielt werden konnten.

41 Auf den VC 20 und C64 folgten dann schnell Amiga sowie die **Commodore-264-Serie.**[51] Die Verkäufe dieser Geräte erfolgten über die noch neu auf dem deutschen Markt

46 Den ebenfalls von ID Software 1992 entwickelten Ego-Shooter „Wolfenstein 3D" ereilte 1994 dasselbe Schicksal, jedoch erfolgte die Indizierung hier gemäß § 86a StGB wegen strafbarer Verwendung von NS-Symbolen.
47 Gründer waren die Gebrüder Cevat, Avni und Faruk Yerli.
48 „Crysis" erschien 2007 und wurde von Electronic Arts gepublisht.
49 Quasi ein Kassettenrekorder mit Magnetband.
50 Zunächst noch 5¼".
51 C16, C116, Plus/4.

befindlichen Computergeschäfte, aber meist über große Handelspartner wie Vobis[52] und andere Elektrofachmärkte oder auch Toys „R" Us[53] oder zB auch Supermärkte, wie die Allkauf Kette.

Nachdem weltweit die Computer-Abverkaufszahlen zugleich nach oben schossen und der Markt nach Anwendungen und Games verlangte, entschlossen sich diverse Entwickler zur Produktion von **Softwareanwendungen** und auch Games für die verschiedenen Computer. Bekannte Hersteller der ersten Stunde waren zB Atari, Sega oder auch Epyx. 42

Der erste namhafte westdeutsche Publisher war dann die **„Kingsoft GmbH"** aus Aachen.[54] 43

Kingsoft agierte nicht mehr als ein reines Vertriebsunternehmen, sondern veröffentlichte unter seinem Label in Deutschland erstrangig Software von Drittanbietern, aber mehr und mehr auch diverse Spiele. Diese Kingsoft-Spiele wurden zum Großteil durch **Freelancer**[55] entwickelt. 44

Das Besondere daran war also, dass die Firma Kingsoft die Games extern produzieren ließ, sie jedoch selber dann, wie auch die Software von Drittanbietern, mit ihrem einheitlichen Kingsoft-Label physikalisch erstellte und als Eigenprodukte vertrieb.[56] 45

VI. Exkurs: Unterscheidung Publishing und Distribution

Der wesentliche rechtliche **Unterschied** zwischen dem Publishing und dem Vertrieb, der bloßen Distribution, liegt darin, dass dem Publisher regelmäßig eine „Lizenz" durch den Entwickler bzw. Rechteinhaber eingeräumt wird, die ihm umfassende Fertigungs-, Vermarktungs- und Vertriebsrechte zuordnet, im Gegenzug für finanzielle Vorleistungen sowie der Verpflichtung, Lizenzzahlungen pro verkaufter Einheit zu leisten. 46

Der Begriff der **Lizenz** stammt vom lateinischen „licet", was so viel bedeutet wie „Erlaubnis". 47

Diese Erlaubnis bezieht sich auf ein **gewerbliches Schutzrecht**, das ein sog. Lizenzgeber einem sog. Lizenznehmer einräumt. 48

Lizenzen werden in individuellen Verträgen geregelt, auf die das allgemeine Vertragsrecht angewandt wird, da es ein Vertragstyp **„sui generis"** ist, also ein im BGB oder HGB nicht gesondert geregelter Typus. Ein Lizenzvertrag legt regelmäßig konkret fest, wie und in welchem Umfang die Erlaubnis erteilt wird, ein betroffenes Schutzrecht zu nutzen. 49

Das betroffene Schutzrecht ist hier das Urheberrecht des Erstellers oder auch „Werkschaffenden" genannt. Das Urheberrecht, als ein ausschließliches, gegen jedermann 50

52 Die erste Computerfachmarktkette etwas später kam dann die ESCOM Kette hinzu.
53 Spielzeughandel.
54 Gegründet 1982 von Fritz Schäfer.
55 Also externe Entwickler.
56 Anzufügen ist, dass Kingsoft 1985 von der deutschen Electronic Arts GmbH gekauft und später dort integriert wurde.

wirkendes absolutes Recht, gibt dem Urheber alleinig die Befugnis, frei darüber zu bestimmen, ob, wie und unter welchen Bedingungen ein anderer sein Werk nutzen darf.[57]

51 Im Falle der Firma **Kingsoft** waren es also die Urheberrechte sowohl der Drittanbieter von Software als auch der externen Freelancer für die erstellten Games. In beiden Fällen war die Einräumung von Lizenzen notwendig, da es nicht darum ging, ein Produkt einfach nur zu vertreiben, sondern das Produkt zunächst einmal physikalisch/manuell erstellt werden musste, dann dessen Ausstattung[58] festgelegt werden musste, sowie auch die Produktionsmenge.

52 Diese Punkte unterschieden sich alle wesentlich von einem reinen Vertriebsvertrag, bei dem der Vertreibende nicht das grundsätzliche Recht der Erstellung eines Produktes besitzt, sondern regelmäßig bereits fertige **Produkte**[59] vom Inhaber der Rechte geliefert bekommt.

53 Der Unterschied liegt mithin in der „**Rechteausstattung**" des Lizenznehmers. Während das Vertriebsrecht dem Vertreiber nur ein Recht zur Absatzmittlung der (bereits erstellten) Waren gibt, liegt der Unterschied zum Lizenzvertrag darin, dass das eigentliche Bestimmungsrecht des Urhebers bzw. des Lizenzgebers weitgehend eingeschränkt wird, und bei ihm das grundlegende Recht auf die Vergütung sowie – als notwendiges Kontrollmedium – ein Auskunftsrecht im Hinblick auf die erfolgte Verwertung verbleiben.

54 Der Publishingvertrag oder Spiele-Lizenzvertrag unterscheidet sich damit letztlich nicht gravierend vom Verlagsvertrag zwischen einem Buchautoren und einem Verleger.

55 Gleiche Regelungen in Vertriebsvertrag und Publishingvertrag werden im Übrigen oftmals hinsichtlich des empfohlenen **Verkaufspreises** wie auch des Verkaufspreises an den Handel getroffen. Auch das Vertriebsgebiet, die Laufzeit und die Frage der Exklusivität werden in beiden Vertragsformen geregelt.

56 Zu beachten ist, dass, anders als im anglo-amerikanischen Recht[60], nach deutschem Recht niemals die Urheberrechte selbst übertragen werden können, sondern immer nur „**Nutzungsrechte**".[61] Die oftmals gestellte Frage, ob eine Lizenz ein sog. dingliches Recht ist, also ein starkes Recht, wie bei Eigentum an einem Gegenstand (bzw. „Ding"), das absolut gegenüber jedermann wirkt, kann nach hier vertretener Ansicht dahinstehen, selbst, wenn die Lizenz ausschließlich, also exklusiv, ist.

57 Dies begründet sich in der Regelung des **§ 31 Abs. 5 UrhG**:

„Sind bei der Einräumung eines Nutzungsrechts die Nutzungsarten nicht ausdrücklich einzeln bezeichnet, so bestimmt sich nach dem von beiden Partnern zugrunde gelegten Vertragszweck, auf welche Nutzungsarten es sich erstreckt. Entsprechendes gilt für die Frage, ob ein Nutzungsrecht eingeräumt wird, ob es sich um ein einfaches oder

---

57 Vgl. *Schack* UrhR/UrhVertragsR Rn. 4.

58 Wie die Verpackung, das Cover, die Titelseite, das Begleitheft usw.

59 Auch „finished goods".

60 Sog. „work for hire" oder auch „work made for hire". Nach § 201 des US-Copyright-Act gilt bei einem Auftragswerk der Arbeitgeber oder Auftraggeber, für den das Werk geschaffen worden ist, als Urheber im Sinne dieses Gesetzes.

61 So normiert in § 31 Abs. 1 UrhG – Urheberrechtsgesetz – Gesetz über Urheberrecht und verwandte Schutzrechte – v. 9.9.1965 (BGBl. I 1273), zuletzt geändert durch Gesetz v. 23.6.2021 (BGBl. I 1858).

ausschließliches Nutzungsrecht handelt, wie weit Nutzungsrecht und Verbotsrecht reichen und welchen Einschränkungen das Nutzungsrecht unterliegt.“

Diese Regelung normiert die sog. „**Zweckübertragungslehre**“, wonach lediglich solche Rechte überlassen werden, die auch notwendig sind, um das im Vertrag erklärte Ziel, den Vertragszweck, zu erreichen. 58

Die Zweckübertragung besagt somit ganz simpel, dass Rechte nicht erworben werden, wenn der Lizenznehmer diese zur Erfüllung der vereinbarten Zwecke nicht benötigt. Nur so weit reicht der Übertragungswille des Lizenzgebers. Dasselbe gilt gemäß Satz 2 der obigen Regelung für die Frage, ob ein einfaches oder ein ausschließliches Nutzungsrecht vereinbart sind. Dies sollte daher, wie schon oben gesagt, wenn von den Parteien beabsichtigt, unbedingt vertraglich festgehalten und ggf. auch begründet werden. Denn für alles, was die Parteien explizit vereinbaren, gilt die gesetzliche Regelung des **§ 31 Abs. 5 UrhG** nicht. 59

Für das (körperliche) Recht zur Verbreitung – also den Verkauf von Datenträgern – sieht das Urheberrecht zudem ausdrücklich eine Ausnahme vor. Nach **§§ 17 Abs. 2 iVm 69c Nr. 3 Satz 2 UrhG** kann der Rechteinhaber die Verbreitung eines Werkes nicht untersagen, wenn es im Wege der Veräußerung innerhalb des Europäischen Wirtschaftsraumes („EWR“) in den Verkehr gelangt ist. Es gilt der sog. Erschöpfungsgrundsatz. Die Regelung schützt die Warenverkehrsfreiheit: Sachen sollen nach erstem Inverkehrbringen ohne weitere urheberrechtliche Beschränkung im Europäischen Wirtschaftsraum frei gehandelt werden dürfen.[62] 60

VII. Weitere deutsche Publisher

Letztlich fanden also schon auf die ersten Games-Publishing-Verträge die Regelungen über Lizenzverträge, vergleichbar mit Verlagsverträgen im Buchhandel Anwendung. Tatsächlich waren auch die **Vertriebskanäle** vergleichbar. Games wurden nicht nur im Computer- und Elektrofachhandel, in Supermärkten und Spielzeughandlungen, sondern nach und nach auch in Buchhandlungen und Kiosken verkauft. 61

Als weiterer deutscher Publishing-Pionier neben Kingsoft ist die Firma **Rushware**[63] aus Kaarst mit seinem Label „Eurogold“ zu benennen. Rushware vertrieb in den 80er Jahren sehr erfolgreich die „Summer Games“ sowie auch die „Winter Games“.[64] 62

Eng verbunden mit Rushware war einer der ebenfalls führenden Verlage und Distributoren für Computerspiele im europäischen und insbesondere dem deutschen Markt, die **Rainbow Arts.**[65] 63

Rainbow Arts wurde dann 1986 von Rushware übernommen und veröffentlichte bis Ende der **90er Jahre** eine große Zahl namhafter erfolgreicher Spiele, wie u.a. der „Turrican“-Reihe oder „Mad-TV“.[66] 64

62 Dazu auch *Merk/Schneider* MMR-Beil. 8/2019, 13.
63 Die Rushware Microhandelsgesellschaft mbH wurde 1984 von Jürgen Goeldner gegründet.
64 Beide von der US-Entwicklerfirma Epyx.
65 Die Rainbow Arts Software GmbH wurde ebenfalls 1984 in Gütersloh von Thomas Meiertoberens und Marc Ullrich gegründet.
66 Nicht überraschend auch eine Wirtschaftssimulation, die von Ralph Stock, dem Gründer der Firma Promotion Software, entwickelt wurde.

65 Der damalige Marktführer im Publishing, die Firma **Ariolasoft**[67] sowie die Rushware und im Weiteren die Firma U.S. Gold[68], deckten in den 90er Jahren gemeinsam fast den gesamten deutschen Games-Markt ab.

66 Diese Dominanz lag darin begründet, dass die damals größten Kunden, wie Kaufhof, Quelle, Otto etc. jeweils nur wenige **Lieferanten** zuließen und eventuelle weitere Anbieter zu diesen Publishern schickten, mit der Bitte, ihnen die Produkte über diese anzubieten. Ähnlich wie heute noch am US-amerikanischen Markt[69] haben die Lieferanten mit einem sog. Key-Account zum Kunden den Vorteil gegenüber dem Wettbewerb.

67 Und tatsächlich handelte es sich auch um echtes Publishing und nicht um bloßen Vertrieb, so produzierte Rushware u.a. die Produkte von Lucas Arts, besaß also eine entsprechende Lizenz, und übernahm auch zB die Lokalisierung[70] sowie das Marketing für die Produkte.

68 1999 kaufte dann einer der zu diesem Zeitpunkt größten US-amerikanischen Spielehersteller, die **THQ**,[71] die Rushware-Gruppe mitsamt Softgold und Rainbow Arts auf und machte daraus eine eigene deutsche THQ Abteilung.

69 Die ab den **2000er Jahren** bis heute tätigen deutschen Publisher sind bereits im ersten Kapitel genannt. Diese haben seit Beginn des neuen Jahrtausends bislang hunderte verschiedener Spiele veröffentlicht, also „gepublisht". Der Begriff und die Funktion des Publishers haben sich seitdem etabliert.

70 Anzufügen ist, dass sich derzeit kein deutscher Publisher unter den weltweit führenden Games Publishern befindet. **Weltweit** dominieren seit vielen Jahren Branchengiganten, wie SONY, Apple, Microsoft, Activision Blizzard, NetEase, Nintendo, Electronic Arts, Nexon, Take Two, Bandai Namco, Ubisoft, Square Enix, Konami, Warner, Sega etc. und seit einigen Jahren auch die chinesische Tencent.[72]

71 Dies bedeutet jedoch nicht, dass die **deutsche Publisher-Szene** unbedeutend wäre. Einige der vorgenannten weltweiten Anbieter bedienen sich deutscher Firmen zumindest für den lokalen Vertrieb. So ist die PLAION (vormals Koch Media) als Distributor zB für Activision Blizzard, Square Enix, Warner und auch Sega tätig. Jedoch ist dies nicht mit Publishing Funktionen, insbesondere nicht mit physikalischer Erstellung der Produkte verbunden.

VIII. Wesentliche Merkmale des heutigen Publishings

72 Wir haben im Exkurs unter lit. f die wesentlichen **Unterschiede** von Publishing und Vertrieb/Distribution aufgezeigt und auch dargestellt, dass die Pioniere, wie u.a. Rushware und Kingsoft, tatsächlich rechtlich als Publisher tätig waren.

---

67 Ariolasoft GmbH, später United Software GmbH, ein zur Bertelsmann Gruppe in Gütersloh gehöriger Publisher und Distributor für Games Software.

68 1984 von Geoff Brown als Publishing-Abteilung von Centresoft in Birmingham gegründet und 1996 durch die britische Eidos Interactive übernommen.

69 Wo die großen Abnehmer, wie Gamestop, Walmart, Best Buy etc., nur jeweils wenige Lieferanten für die einzelnen Produktgruppen zulassen.

70 Dh die Übersetzung von Text und gesprochenen Worten in weitere Sprachen; dazu auch → Rn. 85 ff.

71 Gegründet 1990 in Calabasas, Kalifornien, von Jack Friedman. Im Dezember 2012 Insolvenzanmeldung und anschließende Liquidierung.

72 Gegründet 1998 in Shenzhen von Ma Huateng (auch „Pony Ma").

Rechtlich weiterhin ein Lizenzvertrag hat sich der heutige Publishing-Vertrag jedoch weitreichend verändert. Die wesentlichen Merkmale des heutigen Games-Publishing kann man wie folgt zusammenfassen: 73

- Finanzierung
- Zertifizierung (bei Konsolenspielen)
- Lokalisierung und Qualitätssicherung (QA)
- Age-Rating
- Marketing
- Physische Erstellung und oder digitales Release Management

1. Finanzierung

Die **Finanzierung** der Games durch den Publisher ist im Zuge der immer weiter steigenden Budgets selbst für ein durchschnittliches Game mittlerweile eine der Hauptaufgaben des Publishers geworden. Seitdem Spiele technisch immer anspruchsvoller geworden sind, besitzen viele Entwicklerfirmen nicht die finanzielle Ausstattung, um die monatlichen Kosten für ein Entwicklungs-Team[73] problemlos aufzubringen. Der Grund dafür ist oft derselbe: Während der Entwicklungsphase eines Spiels generiert das entwickelnde Unternehmen üblicherweise keine Einnahmen, es sei denn, es bekommt von der vorherigen Entwicklung noch laufende Einnahmen, die die neue Entwicklung decken können.[74] 74

Statt nun mit Bankkrediten zu arbeiten, hat es sich mehr und mehr etabliert, dass mit dem Publisher entsprechende Verhandlungen über die Finanzierung geführt werden. Ganz üblich legt der Entwickler dazu dem Publisher einen Finanzierungsplan vor, der sich nach ausführlicher Verhandlung dann regelmäßig im sog. Milestone-Plan wiederfindet. Der Publisher übernimmt damit zugleich einen erheblichen Teil des **Realisierungs-Risikos**[75] und erwartet im Gegenzug eine entsprechende Beteiligung an den Einnahmen. 75

Wie oben (→ Rn. 53) bereits dargestellt, ist es eine Kardinalpflicht eines Publishers[76] bei einem Lizenzvertrag den Lizenzgeber[77] angemessen zu vergüten. Insofern gibt es verschiedene Lizenzmodelle, die die Vertragsparteien frei verhandeln können, zB pauschale Lizenzen, Stücklizenzen oder Umsatzlizenzen. Jede Partei bekommt letztlich einen bestimmten prozentualen Anteil[78] der Einnahmen. 76

Tritt nun eine wesentliche Finanzierung der Entwicklungskosten durch den Publisher hinzu, so wird dies üblicherweise insoweit berücksichtigt, als dass der Publisher darauf drängt, dass seine **Finanzierungsleistung** vorrangig berücksichtigt wird, also zB vorweg von den Einnahmen die Finanzierung zurückgeführt wird, und erst nach Einspielung dieses Betrages[79] die Lizenzgebühren an den Entwickler[80] ausgezahlt werden. Natürlich 77

73 Sog. Burn-Rate.
74 Was jedoch eher selten der Fall ist.
75 In Form einer sog. „Garantie" oder auch „Advance".
76 Als Lizenznehmer.
77 Also den Entwickler.
78 „Share".
79 Sog. Recoupment.
80 Sog. Royalties.

gibt es insoweit viele Spielarten; es müssen nicht zwingend 100 % der vom Publisher vorausbezahlten Garantie sein, wenn beispielsweise der Publisher auch nicht 100 % der Gesamtentwicklungskosten trägt.

78 Ebenso wie eine evtl. Finanzierungs-Garantie sind auch weitere vom Publisher zu übernehmende Kosten zu berücksichtigen, worauf nachfolgend z.T. noch einzeln eingegangen wird, wie die physikalischen **Produktionskosten**,[81] die üblicherweise der Publisher trägt, aber auch das Marketing, die Lokalisierung, die Qualitätssicherung,[82] das Age-Rating und auch die Übernahme weiterer Kosten zB für eine Lizenzierung einer Engine[83] oder von sog. Middleware.[84]

79 Letztlich sind all diese **Kosten** Teil der Verhandlung der Parteien und die Ergebnisse werden im Publishingvertrag im Gesamtkontext der wirtschaftlichen Vereinbarung festgehalten.

2. Zertifizierung (bei Konsolenspielen)

80 Die Übernahme des Zertifizierungsprozesses durch den Publisher bei Konsolenspielen wurde zu Beginn dieses Kapitels (→ Rn. 1) bereits angesprochen. Die First Partys verlangen für den **Zertifizierungsprozess** besondere vertragliche Vereinbarungen. Jedoch müssen Entwickler auch bereits vor Beginn einer Entwicklung Vereinbarungen abschließen, wodurch sie Zugriff auf die für die einzelnen Plattformen notwendigen Entwicklertools erhalten. Diese vorgelagerten Vereinbarungen enthalten insbesondere Regelungen über Verschwiegenheitspflichten und müssen daher vom Entwickler persönlich abgeschlossen werden. Insofern entstehen für den Entwickler üblicherweise keine Kosten, da die First Partys ein Eigeninteresse daran haben, dass Spiele für ihre Plattformen entwickelt werden.

81 Durch den Zertifizierungsprozess soll eine gleichbleibende Qualität aller Spiele auf den jeweiligen Konsolen-Plattformen sicherstellt, sowie auch ggf. unliebsame Inhalte vermieden werden. Historisch gründet sich dieser Prozess in dem oben (→ Rn. 2) beschriebenen Crash auf dem US-amerikanischen Markt im Jahr 1983. Dadurch, dass es damals noch keine einheitlich etablierten **Qualitätsstandards** gab, wurde eine große Anzahl qualitativ schlechter Spiele veröffentlicht. In der Folge verlangten die Spieler Rückerstattungen, die Hersteller verloren Einnahmen und es kam zu Insolvenzen.

82 Nach diesem Crash und um derartige Fehler künftig zu vermeiden, legten die First Partys fest, dass nur qualitativ hochwertige Spiele für ihre Konsolen veröffentlicht werden sollten. Der eigentliche Zertifizierungsprozess wurde damit geschaffen und seitdem erweitert. Aber nicht nur die technische Qualität wurde damit sichergestellt, sondern all das, was man heute üblicherweise unter dem Begriff „**Compliance**" versteht,

81 Das „Manufacturing".
82 Sog. Quality Assurance oder „QA".
83 Spiele werden heutzutage oftmals auf Basis einer Engine programmiert, also eine Entwicklungsumgebung, die bereits Basisfunktionalitäten für den Spielverlauf und die Grafik enthält, wie zB die Unreal Engine von EPIC, die Untity Engine von Unity Technologies oder die CryEngine von Crytek.
84 Vorgefertigte Module für bestimmte Funktionalitäten/Applikationen.

also die Einhaltung rechtlicher Bestimmungen, wie insbesondere Verbraucherschutz, Jugendschutz, Marken- und Urheberschutz.[85]

Dabei müssen die Zertifizierungsanforderungen insbesondere vor Beginn der Entwicklung,[86] während derselben, bei der Erstellung von **Milestones**[87] sowie vor der Veröffentlichung[88] eingehalten werden. 83

Für die Zertifizierung ist eine Lizenzvereinbarung mit der betroffenen First Party abzuschließen. Ein Entwickler hat die Möglichkeit, als ein sog. „Indie“ eine rein titelbezogene Vereinbarung abzuschließen, oder er wendet sich an einen Publisher, der bereits eine Rahmenvereinbarung,[89] dh ein **PLA** abgeschlossen hat. Insofern sprechen eine Zahl guter Gründe für die Zusammenarbeit mit einem Publisher, der regelmäßig über das erforderliche Know-how für die Entwicklung entsprechend den Erfordernissen der First Partys verfügt,[90] zudem einen eigenen Account-Manager bei den First Partys zugewiesen bekommt, der als direkter Ansprechpartner dient[91] und der zudem eine effiziente Qualitätskontrolle[92] vornimmt sowie auch die nachstehenden Aufgaben wahrnehmen kann. 84

3. Lokalisierung

In der Regel programmiert der Entwickler das Spiel in einer Sprachfassung, üblicherweise in Englisch. Je nachdem wird diese „Lead“-Sprachfassung durch den Publisher überarbeitet.[93] Nachdem die Lead Version final vorliegt, übernimmt der Publisher die **Lokalisierung**, dh die Übersetzung der Texte und ggf. Sprachaufnahmen in die jeweiligen Sprachen, auf die sich die Parteien geeinigt haben. Gibt es keinen Publisher, muss der Entwickler sich um sämtliche Sprachversionen selbst kümmern. 85

Die auf die Übersetzung folgende Qualitätssicherung der einzelnen Sprachversion, die sogenannte „**Loca-QA**“[94], wird üblicherweise ebenfalls durch den Publisher abgedeckt. Hierbei wird die fehlfreie Integration der neuen Sprachen auf allen Plattformen sichergestellt. In der Regel übersteigen diese Loca-QA Kosten die eigentlichen Übersetzungskosten um ein Vielfaches. 86

4. Age-Rating[95]

In den verschiedenen Ländern, in denen Spiele erscheinen, sind die jeweiligen **Altersfreigaben** zu beachten, dh die Veröffentlichung darf regelmäßig nur erfolgen, wenn die lokalen Freigaben für eine bestimmte Altersgruppe von Spielern erfolgt sind. Während 87

---

85 Nicht zu verwechseln mit der „Compliance QA“ des Publishers, die die Prüfung, dass alle konsolenspezifischen Details (zB Benennungen der Tasten, Wartezeiten beim Booten etc.) eingehalten werden, bezeichnet.
86 Konzeptphase.
87 Grundsätzlich im Alpha- sowie Beta-Stadium.
88 Finale Einreichung des sog. Gold Master-Kandidaten.
89 In Form eines Publisher License Agreements, auch PLA.
90 Der Publisher fungiert also als Sprachrohr für den Entwickler. Er verpflichtet sich, dass die Inhalte vor der Einreichung entsprechend geprüft sind (technisch aber auch zB bezüglich der Auswertungsrechte/der Inhalte).
91 Was einem Indie nicht zusteht.
92 Compliance Quality Assurance.
93 Sog. „poliert“.
94 Oder auch L-QA.
95 Dazu insbesondere auch → § 16 Rn. 1 ff. (Spruchpraxis zur Alterskennzeichnung).

es in Europa mit „PEGI“[96] ein weitgehend einheitliches Freigabesystem gibt, ist die USK[97] in Deutschland für die Alterskennzeichnung von Games verantwortlich.

88 Derjenige, der ein Spiel publishen will, muss im Rahmen der Zertifizierungs-Guidelines der First Partys eine Freigabe seines Spiels bei den zuständigen Stellen nachweisen, also den sog. **Age-Rating** Nachweis erbringen. Nur bei einer zeitgerechten Freigabe aller nötigen Age-Ratings kann ein Spiel bei First Partys überhaupt in die Zertifizierung eingereicht[98] werden.

89 Insbesondere für eine physikalische Veröffentlichung werden die Age Rating Zertifizierungen weltweit vor Ort in den Ländern durchgeführt.[99] Dieser Prozess kann einige Wochen in Anspruch nehmen. Insbesondere das US-amerikanische Age-Rating[100] erfordert eine äußerst genaue Einhaltung der dortigen Bestimmungen. Die Vorteile, die ein globaler Publisher insofern bieten kann, liegen klar auf der Hand.

5. Marketing

90 Ein wichtiger Regelungsbereich in Publishingverträgen ist die Übernahme des Marketings. In vielen Fällen erstellt der Publisher in Abstimmung mit dem Entwickler die Markenstrategie und den globalen Marketingplan. Nicht selten hat der Publisher in diversen Ländern eigene **Marketing** Teams oder kann den Marketingplan durch Partneragenturen weltweit implementieren.

91 Üblich ist, dass im Publishingvertrag ein bestimmter **Budget-Betrag** definiert wird, den der Publisher ausgeben muss, um das Game erfolgreich am Markt zu positionieren. Der Entwickler verpflichtet sich im Gegenzug regelmäßig zur Erstellung und Lieferung von Assets,[101] die der Publisher verwenden kann.

92 Der Publisher übernimmt regelmäßig auch den Umgang mit lokalen Schlüsselmedien und Influencern, **Social Support Media Aktivitäten**, Community Management sowie den Customer Service.[102]

93 Auch Organisation und/oder die Teilnahme an Messen,[103] an Händler- sowie Launch- bzw. **PR**-Events und die Frage der Kostentragung wird im Publishingvertrag oftmals geregelt.

6. Physische Erstellung und/oder digitales Release-Management

94 Typischerweise wird ein Konsolenspiel sowohl physisch als auch digital veröffentlicht. Die physische Veröffentlichung bedingt, dass der von der First Party freigegebene Gold Master an ein zertifiziertes Produktionsunternehmen gesendet wird und initial eine fest definierte Menge produziert wird. Die Kosten für die Erstellung der Produkte[104] sind

96 Pan European Game Information.
97 Die „Unterhaltungssoftware Selbstkontrolle“.
98 Submitted.
99 Also kein „Self Rating-System“.
100 Bei dem ESRB – Entertainment Software Rating Board.
101 Bausteine aus dem Spiel, wie Grafiken, Charaktere, Modelle oder Animationen.
102 Üblicherweise als sog. First-Level Support, also gegenüber dem Endkunden in Form einer Hotline, was explizit zu den Requirements der First Partys gehört.
103 Wie u.a. die E3 in Los Angeles und die Gamescom in Köln.
104 Costs of Goods – COGs.

gemeinsam mit den Lizenzgebühren, die die First Partys erhalten, zu begleichen. Es gelten Mindestordermengen, auch für Nachbestellungen. Ab bestimmten Bestellmengen sind Discounts möglich.

Regelmäßig sind bei Produktion von Konsolenspielen erhebliche Beträge noch vor der eigentlichen Veröffentlichung an die First Partys zu zahlen, was – wie bereits gesagt – oftmals Entwickler dazu bewegt, sich für ein **Publishing-Modell** zu entscheiden, wenn sie sich nicht bereits aus den anderen dargestellten Gründen dafür entschieden haben. 95

Im Unterschied zum physischen Vertrieb bei Konsolenspielen steht die Veröffentlichung der digitalen Fassungen über die Plattformen der First Partys. Dabei kümmert sich dann die jeweilige First Party um den Vertrieb, das Marketing und die vollständige Kaufabwicklung. Der Publisher erhält im Turnus Abrechnungen und entsprechende Royalty-Zahlungen der First Party. Üblicherweise werden Spiele sowohl physisch als auch digital veröffentlicht. Möglich ist zwar auch ein separater digitaler Vertrieb, jedoch profitiert das digitale Produkt dann nicht von einer evtl. physischen Marketing-Kampagne. 96

Insgesamt bestehen bei einem Publishingvertrag umfangreiche Pflichten des Publishers, wodurch dieser einen erheblichen Anteil am potenziellen Erfolg eines Spiels zu leisten hat. 97

Diesen Aufgaben stehen seitens des Entwicklers im Wesentlichen die Entwicklung/Erstellung des Spiels entsprechend der vereinbarten Spiele-Inhalte[105] sowie die Aufrechterhaltung des **lizenzierten Schutzrechts**[106] gegenüber. 98

Die weiteren, typischerweise in Publishingvereinbarungen getroffenen Regelungen werden im nachfolgenden Kapitel behandelt (→ § 13 Rn. 1 ff.). 99

105 Sog. Specifications.
106 Also des Urheberrechts.

§ 13 Verträge zwischen Entwicklern und Publishern

Literatur: *Duisberg/Picot*, Recht der Computer- und Videospiele, 1. Aufl. 2013 (zit.: Duisberg/ Picot Videospiele); *Hau*/Poseck, BeckOK BGB, 60. Ed. 2021 (zit.: BeckOK BGB); *Hoeren/Spittka*, Aktuelle Entwicklungen des IT-Vertragsrechts – ITIL, Third Party Maintainance, Cloud Computing und Open Source Hybrids, MMR 2009, 583; *Müller-Hengstenberg*, Ist das Kaufrecht auf alle IT-Projektverträge anwendbar?, NJW 2021, 1181; *Rauda*, Recht der Computerspiele, 2013 (zit.: *Rauda* Computerspiele); *Grüneberg*, Bürgerliches Gesetzbuch, 81. neubearbeitete Aufl. 2022 (zit. Grüneberg BGB); *Schneider*, Handbuch EDV-Recht, 5. Aufl. 2017 (zit.: EDV-Recht-HdbB); *Schweinoch*, Geänderte Vertragstypen in Software-Projekten, CR 2010, 1; *Schweinoch*, Urt. mit Anmerkung – BGH: Anwendbarkeit von Kaufrecht auf Software-Erstellung und -Anpassung, CR 2009, 637; *Säcker/Rixecker/Oetker/Limperg*, MüKoBGB, 8. Aufl. 2020 (zit.: MüKoBGB); *Taeger*, Die Entwicklung des Computerrechts, NJW 2010, 25.

A. Einleitung

1 Entwickler und Publisher schließen im Rahmen ihrer Geschäftsbeziehung eine ganze Reihe unterschiedlicher Verträge.

2 Zu Beginn der Zusammenarbeit wird häufig eine separate **Geheimhaltungsvereinbarung** (Non Disclosure Agreement) geschlossen, um die Vertraulichkeit der Verhandlungen und der Durchführung des gemeinsamen Spieleentwicklungsprojekts sicherzustellen. Die Parteien werden sehr frühzeitig über ein konkretes Spielekonzept sprechen und häufig werden erste Prototypen demonstriert. Vor diesem Hintergrund ist es wichtig, die Vertraulichkeitsvereinbarung zu einem sehr frühen Zeitpunkt zu schließen.

3 Hierauf folgt in der Regel der Abschluss eines unverbindlichen **Letter of Intent** (häufig auch als Term Sheet bezeichnet), in dem die wesentlichen kommerziellen Parameter der angestrebten Zusammenarbeit festgehalten werden. In dem Letter of Intent werden üblicherweise das Spieleentwicklungsprojekt, die relevanten Plattformen, das Monetarisierungsmodell sowie Einzelheiten der vereinbarten Vergütung festgelegt. Nicht selten finden sich auch erste rechtlich relevante Vereinbarungen in dem Letter of Intent.

4 Das Herzstück der vertraglichen Beziehung zwischen Entwickler und Publisher ist sicherlich der **Entwicklungs- und Publishingvertrag** (im Englischen „development and publishing agreement" oder einfach nur kurz „devpub agreement" genannt). Dieser Vertrag ist sehr komplex und nicht selten beginnen die Parteien mit der Spieleentwicklung, ohne dass der Entwicklungs- und Publishingvertrag zu diesem Zeitpunkt bereits final ausverhandelt und unterschrieben ist. Umso wichtiger ist es dann, dass der vorab

geschlossene Letter of Intent zumindest aus kommerzieller Sicht alle wesentlichen Inhalte regelt.

5 So bunt und vielfältig wie die Spielebranche ist auch die im Markt vorzufindende Vertragspraxis. Es gibt nicht den einen Standardspieleentwicklungs- und Publishingvertrag in der Spielebranche. Vielmehr ist der jeweilige Vertrag sehr sorgsam auf die spezifischen Anforderungen des jeweils zu entwickelnden Spiels, des zugrunde liegenden Monetarisierungsmodells sowie auf die strategische Positionierung und Vermarktung des jeweiligen Spiels abzustimmen.

6 Hinzu kommt, dass die **Spieleindustrie sehr international geprägt** ist. Hierbei unterscheiden sich anglo-amerikanische Vertragsstandards in einigen Regelungsbereichen erheblich von Spieleentwicklungs- und Publishingverträgen, die zwei deutsche oder jedenfalls zwei europäische Unternehmen miteinander schließen. Letzteres drückt sich bereits in der Länge der Vertragswerke aus. Wenngleich auch ein deutschem Recht unterstellter Entwicklungs- und Publishingvertrag aufgrund der Vielzahl der zu treffenden Regelungen und der Komplexität des Entwicklungsprojekts durchaus länger ausfällt, so sind die deutschen bzw. die europäischen Verträge im Vergleich zu den anglo-amerikanischen Vertragswerken vergleichsweise kurz. Die anglo-amerikanischen Vertragswerke beginnen häufig mit einer Vielzahl teils technisch, teils branchentypisch geprägter Definitionen. Bei der Durchsicht dieser Definitionen ist sogleich größte Aufmerksamkeit geboten, da sie maßgeblich über die Auslegung wichtiger Regelungen bestimmen. Wenn beispielsweise die für die Vergütungsregelungen wichtige Definition des maßgeblichen Nettoerlöses hinter den Erwartungen einer Partei zurückbleibt, kann dies erhebliche Auswirkungen auf die Wirtschaftlichkeit der Zusammenarbeit haben.

7 Für den mit der Erstellung beziehungsweise Verhandlung von Spieleentwicklungs- und Publishingverträgen befassten Juristen bedeutet dies, dass er/sie sich nicht nur mit den aufgeworfenen rechtlichen Problemstellungen, sondern auch mit den **technischen und wirtschaftlichen Rahmenbedingungen der Zusammenarbeit** der Parteien sehr intensiv auseinandersetzen muss.

B. Die Interessenlagen der Parteien

8 Eine besondere Herausforderung des Entwicklungs- und Publishingvertrages besteht darin, die teils konträren Interessenlagen der Vertragsparteien, des Entwicklers einerseits und des Publishers andererseits, angemessen zu vereinen.

I. Die Rolle und Ziele des Publishers

9 Die zentrale Rolle des Publishers besteht darin, die Entwicklung und Produktion des Spiels zu finanzieren sowie die Vermarktung und den Vertrieb des Spiels zu organisieren und zu finanzieren. Jedes Spieleentwicklungsprojekt bedeutet daher für den Publisher ein gewisses finanzielles Wagnis, das dieser in dem Entwicklungs- und Publishingvertrag bestmöglich abzusichern versucht.

10 Ein wesentliches Ziel des Publishers ist es, die **rechtzeitige Fertigstellung der Spieleentwicklung** bestmöglich vertraglich abzusichern. Denn der Publisher plant die Veröffentlichung eines neu erscheinenden Spiels in der Regel weit im Voraus – etwa zur Weih-

nachtszeit – und koordiniert seine Marketing- und Vertriebskampagne entsprechend. Der Publisher wird so zum Beispiel zeitlich deutlich im Voraus Marketingmaterialien entwickeln, Werbeplätze buchen und weitere Investitionen in die Bewerbung des Spiels zu einem im Voraus festgelegten Veröffentlichungszeitpunkt tätigen. Verschiebt sich nun unerwartet die tatsächliche Veröffentlichung des Spiels, sind diese Investitionen häufig wertlos. Hinzu kommt nicht selten, dass Konsumenten enttäuscht sind und mit einer Terminverschiebung somit ein immaterieller, besonders aus Sicht des Publishers unerfreulicher Reputationsverlust einhergeht. Der Publisher wird daher auf Vertragsklauseln bestehen, die eine pünktliche Lieferung – nicht nur des fertigen Spiels, sondern auch der wichtigsten Entwicklungsmeilensteine – absichern sollen.

Der Publisher hat darüber hinaus ein großes Interesse daran, ein **qualitativ hochwertiges** 11 **Produkt** zu erhalten. Denn nur ein qualitativ hochwertiges Spiel wird von den Medien positiv begleitet werden und auf dem Markt kommerziell erfolgreich sein. Und nur mit einem kommerziell erfolgreichen Spiel wird der Publisher seine hohen aus der Entwicklung des Spiels resultierenden Anfangsinvestitionen refinanzieren können. Er hat daher kein Interesse daran, ein tatsächlich unfertiges Spiel zu veröffentlichen, das abstürzt, ärgerliche Grafikfehler produziert, ein fehlerhaftes Game-Balancing aufweist oder andere die Spielfreude beeinträchtigende Hindernisse beinhaltet. Vermutlich aufgrund des jeder Spieleentwicklung innewohnenden Zeitdrucks erscheinen bis heute solche Spiele, die dann nicht selten bereits am Tag ihrer Veröffentlichung im Wege des sogenannten Day 1 Patches umfangreich nachgebessert werden müssen. Dies ärgert die Käufer solcher Spiele und schlägt sich in schlechten Spielekritiken nieder, die unmittelbare Auswirkung auf den Verkaufserfolg des Spiels haben. Der Publisher wird daher auf vielfältige Weise versuchen, eine hervorragende Qualität des Spiels vertraglich abzusichern. Dies können Regelungen sein, die den Entwicklungsprozess betreffen. Dies können aber auch Regelungen sein, die darauf abzielen, den Entwickler des Spiels finanziell zu incentivieren, ein qualitativ hochwertiges Spiel zu erstellen.

Häufig zahlen sich Investitionen in ein Spiel erst mit **erfolgreichen Folgeproduktionen** 12 aus. Das erste Spiel stellt dann ein notwendiges Investment in den Aufbau einer Marke, eines hochwertigen Intellectual Property dar, welches sich so richtig erst über einen gewissen Zeitraum und Nachfolgeversionen des ersten Spiels rentiert. Umso wichtiger ist es aus der Sicht des Publishers, sicherzustellen, dass er über die notwendigen Rechte verfügt, die Marke weiter auszubauen und Nachfolgeversionen (Sequels) entweder durch den Entwickler des ersten Spieletitels oder auch durch andere Entwickler entwickeln zu lassen.

II. Die Rolle und Ziele des Entwicklers

Die zentrale Aufgabe des Entwicklers besteht darin, ein hervorragendes Spiel zu 13 entwickeln und auch nach Veröffentlichung Materialien zu entwickeln, die das Spiel weiter ausgestalten, aktuell halten und damit den Lebens- und Vermarktungszyklus eines Spiels verlängern.

Der Entwickler möchte sich als kreativer Schöpfer des Spiels **größtmögliche Gestal-** 14 **tungsfreiheit** bewahren. Der Entwickler hat in der Regel das Spielkonzept, die wesentlichen Grafiken etc entwickelt und möchte das von ihm konzipierte Werk möglichst ungehindert realisieren. Er wird daher in den Vertragsverhandlungen darauf achten, dass die Einflussnahmemöglichkeiten des Publishers auf die konkrete Gestaltung des Spiels eingeschränkt sein werden.

15 Ein wesentliches Verhandlungsziel des Entwicklers wird die **regelmäßige und rechtzeitige Finanzierung der Spieleentwicklung** sein. In der Regel sind die Entwickler auf eine erhebliche Vorfinanzierung der Spieleentwicklung durch den Publisher angewiesen. Bleiben Zahlungen aus oder kommen sie nur erheblich verspätet, muss der Entwickler die Entwicklung des Spiels zwischenfinanzieren, was eine große Abhängigkeit von dem Publisher begründet. Der Entwickler wird daher versuchen, die Finanzierung bestmöglich vertraglich abzusichern.

16 Schließlich möchte der Entwickler sicherstellen, dass das Spiel auf die **bestmögliche Weise vermarktet und vertrieben** wird. Aus Sicht des Entwicklers steigt sein Anteil an den Vermarktungserlösen, je mehr der Publisher in das Marketing des jeweiligen Spiels investiert. Der Entwickler wird daher bestrebt sein, die einzelnen Vermarktungsaktivitäten des Publishers möglichst verbindlich vertraglich zu vereinbaren.

17 Welche Partei sich in welchem Umfang mit ihren Vorstellungen durchsetzt, hängt wie bei jeder Vertragsverhandlung von dem Verhandlungsgeschick, aber natürlich auch ganz wesentlich von der Verhandlungsmacht der Parteien ab. Allgemein lässt sich sicherlich festhalten, dass die Verhandlungsposition von Entwickler und Publisher umso gleich gewichteter ist, je mehr die Finanzierung der Spieleentwicklung unabhängig von dem Publisher erfolgt, bspw. durch Fördergelder, Crowdfunding oder schlicht durch Eigenfinanzierungen des Entwicklers etc.

C. Der Entwicklungsvertrag

18 Gegenstand des Entwicklungsvertrages oder – wenn Entwicklung und Publishing in einem Vertragswerk vereinbart werden – des auf die Regelung der Entwicklungszusammenarbeit entfallenden Vertragsteils des Entwicklungs- und Publishingvertrages ist die Regelung der wechselseitigen Rechte und Pflichten von Entwickler und Publisher bei der Entwicklung des Spiels. Der Entwickler verpflichtet sich hierin zur Entwicklung und Übergabe des fertig entwickelten Spiels zu einem bestimmten Zeitpunkt. Die Gegenleistung des Publishers besteht in der Zahlung der vertraglich vereinbarten Vergütung. Darüber hinaus stellen Vereinbarungen zur Rechteinhaberschaft einen weiteren Vertragsschwerpunkt dar.

19 Wir werden nachfolgend den Entwicklungsvertrag zunächst vertragstypologisch näher einordnen, um sodann einen Überblick über die wesentlichen Regelungen des Entwicklungsvertrages zu geben.

I. Vertragstypologische Einordnung

Die vertragstypologische Einordnung des Vertrages über die Entwicklung eines Spiels ist nicht abschließend geklärt: 20

Während Rechtsprechung[1] und Literatur[2] Verträge über die Entwicklung einer Individualsoftwarelösung ganz überwiegend als Werkvertrag im Sinne des § 631 BGB qualifizieren, werden Verträge über die Entwicklung von Standardsoftware von einem Teil der Literatur[3] als Werklieferungsvertrag im Sinne des § 650 BGB und teilweise[4] ebenfalls als Werkvertrag im Sinne des § 631 BGB eingeordnet. 21

Diese vertragstypologische Einordnung ist von großer praktischer Relevanz: Denn würde man den Entwicklungsvertrag als Werklieferungsvertrag im Sinne des § 650 BGB qualifizieren, würde grundsätzlich Kaufvertragsrecht auf den Vertrag Anwendung finden. Dies wäre vor allem für den Publisher als Auftraggeber der Spieleentwicklung nachteilig. Denn das Kaufvertragsrecht kennt kein Abnahmeerfordernis, was auch zur Folge hat, dass die Vergütungspflicht nicht erst mit Abnahme entsteht, sondern eine Vorleistungspflicht des Publishers bestünde. Darüber hinaus würden an die Stelle der Abnahmeprüfung handelsrechtliche Untersuchungs- und Rügepflichten (§§ 377, 381 HGB) treten. Schließlich bestehen im Kaufvertragsrecht kürzere Gewährleistungsfristen und der Publisher hätte kein Selbstvornahmerecht. 22

Eine solche vertragliche Ausgestaltung würde jedoch nicht den Besonderheiten der Zusammenarbeit entsprechen. Aufgrund der elementaren Bedeutung der vorstehend angesprochenen Regelungsbereiche werden Entwickler und Publisher daher ohnehin stets im Wege einer – jedenfalls individualvertraglich zu vereinbarenden – Vereinbarung Regelungen zur Abnahme, zur Vergütungspflicht und Gewährleistungsrechten des Publishers vereinbaren. 23

Zutreffend wird in Rechtsprechung[5] und Literatur[6] darauf hingewiesen, dass die eigentliche Leistung bei der Entwicklung einer Software und damit auch bei einem Computerspiel in der geistigen Schöpfung besteht, die zu einem individuellen Erfolg des Programms führen soll und geistige Werke insgesamt nicht als bewegliche Sachen angesehen werden sollen, auch wenn sie später in irgendeiner Weise verkörpert sind.[7] Entsprechend sind Verträge über die Entwicklung eines Computerspiels als geistiges Werk zivilrechtlich als Werkverträge im Sinne des § 631 BGB zu qualifizieren. 24

---

1 BGH Urt. v. 4.11.1987 – VIII ZR 314/86,NJW 1988, 406 (407); BGH Urt. v. 23.2.1977 – VIII ZR 312/75, NJW 1977, 847; OLG München Urt. v. 23.12.2009 – 20 U 3515/09, NJW-RR 2010, 789 (790); OLG Düsseldorf Urt. v. 18.7.1997 – 22 U 3–97, NJW-RR 1998, 345; OLG Saarbrücken Urt. v. 16.7.1996 – 4 U 899/95-201, NJW-RR 1997, 558.

2 BeckOK BGB/*Voit* BGB § 631 Rn. 13; MüKoBGB/*Busche* BGB § 631 Rn. 142; Grüneberg/*Retzlaff* BGB vor § 631 Rn. 20.

3 *Schweinoch* CR 2010, 1 (3); *Schweinoch* CR 2009, 637 (641); *Taeger* NJW 2010, 25 (29); Schneider EDV-Recht-HdB/*Schneider* M. Rn. 677 ff.; Duisberg/Picot Videospiele/*Picot* Rn. 15 ff.

4 BeckOGK/*Lutzenberger* BGB § 631 Rn. 698–738 unter Verweis auf BGH Urt. v. 4.3.2010 – III ZR 79/09, NJW 2010, 1449 Rn. 12; *Rauda* Computerspiele Rn. 587.

5 OLG München Urt. v. 23.12.2009 - 20 U 3515/09, NJW-RR 2010, 789 (790).

6 *Hoeren/Spittka* MMR 2009, 583 (584); *Müller-Hengstenberg* NJW 2010, 1181 (1183); BeckOK BGB/*Voit* BGB § 631 Rn. 13 und BeckOK BGB/*Voit* BGB § 650 Rn. 4; MüKoBGB/*Busche* BGB § 631 Rn. 142; *Rauda* Computerspiele Rn. 587.

7 BeckOGK/*Lutzenberger* BGB § 631 Rn. 698–738.

II. Zentrale Leistungspflichten

25 Die zentrale Leistungspflicht des Spieleentwicklers ist die Pflicht zur Herstellung des vereinbarten Spiels zu einem bestimmten Zeitpunkt.

1. Leistungsspezifikation

26 Die zur erbringende Entwicklungsleistung wird dabei im Rahmen einer Leistungsspezifikation näher beschrieben.

27 Die Festlegung der maßgeblichen Leistungsspezifikation stellt die Parteien des Entwicklungs- und Publishingvertrages regelmäßig vor große Herausforderungen. Dabei ist die **Festlegung der technischen Anforderungen** an das geschuldete Spiel noch relativ einfach: Die Parteien werden sehr detailliert vereinbaren, für welche Spieleplattformen das Spiel entwickelt werden soll. Darüber hinaus werden Entwickler und Publisher auch die konkreten Systemumgebungen (wie bspw. Betriebssysteme) definieren, auf denen das Spiel lauffähig sein muss. Sie werden darüber hinaus weitere technische Spezifikationen (wie beispielsweise die zu verwendende Game-Engine) festlegen. Eine wachsendende Bedeutung gewinnt die Verwendung von Open Source-Softwarekomponenten in der Spieleentwicklung. Entwickler und Publisher sind angehalten, auch hierzu detaillierte Vereinbarungen (beispielsweise zu folgenden Themen: Welche Komponenten werden verwendet, welche Open Source-Lizenzbestimmungen finden Anwendung, welche Abhängigkeiten bestehen, welche Copyright Notices sind in welcher Form zu geben usw) zu treffen.

28 Ungleich schwieriger ist die **inhaltliche Spezifikation** des jeweiligen Spiels. Hierbei spielen eine Beschreibung des Look-and-Feel des Spiels, des Genres, der Spielemechanik, des Monetarisierungsmodells wie auch die kreative – beziehungsweise inhaltliche – Ausgestaltung des Spiels eine entscheidende Rolle. Regelmäßig verwenden die Parteien ein sogenanntes Game Design Document, welches detaillierte Festlegungen zu den vorgenannten Kriterien beinhalten sollte.

29 Die Leistungsspezifikation ist in mehrfacher Hinsicht rechtlich bedeutsam: Sie ist entscheidend für die Frage, ob der Spieleentwickler seine Leistungspflichten vertragsgemäß erfüllt hat. Sie ist darüber hinaus das maßgebliche Dokument für die von dem Publisher durchzuführenden Abnahmeprüfungen und sie wird regelmäßig dann entscheidend sein, wenn die Parteien darüber in Streit geraten, ob ein Änderungswunsch des Publishers bereits im Rahmen der ursprünglichen Spieleentwicklungsleistung geschuldet war oder ob es sich um einen gegebenenfalls gesondert vergütungspflichtigen Zusatzwunsch des Publishers handelt. Schließlich ist die Leistungsspezifikation für die Beurteilung eines etwaigen Mangels des Spiels von herausragender Bedeutung.

2. Durchführung der Entwicklung

30 Die Entwicklung des Spiels vollzieht sich in der Regel in einzelnen Leistungsabschnitten, den sogenannten **Meilensteinen**. Die Parteien definieren also mit anderen Worten einzelne Leistungsphasen und beschreiben im Game Design Document und einem zugehörigen Projektplan die jeweils pro Leistungsphase zu erbringenden Entwicklungsleistungen. Diese einzelnen Meilensteine sind zu jeweils festgelegten Terminen von dem

Entwickler abzuliefern. An die Lieferung des jeweiligen Meilensteins schließt sich dann in der Regel eine Teilabnahmeprüfung durch den Publisher an.

Spiegelbildlich hierzu wird die Vergütungspflicht des Publishers gestaffelt ausgestaltet. 31
So leistet der Publisher die Vergütung der Entwicklungsleistung in Teilzahlungen, die mit erfolgreicher Teilabnahme der jeweiligen Milestone-Leistung fällig werden.

Häufig diskutieren die Parteien des Entwicklungsvertrages sog. **Key People-** oder **Kern-** 32
team-Regelungen. Der Publisher möchte durch entsprechende vertragliche Regelungen, die immer sorgfältig auch arbeitsrechtlich betrachtet werden sollten, sicherstellen, dass besonders qualifizierte Entwickler, Grafiker etc an dem jeweiligen Computerspiel konstant mitarbeiten, um so eine hohe Qualität des Spiels sicher zu stellen. Während der Publisher also darauf bedacht ist, sich die Ressourcen des Entwickler A-teams zu sichern, wird der Entwickler darauf achten, sich eine gewisse personelle Flexibilität zu bewahren. Denn nicht selten entwickeln Entwickler von Computerspielen mehrere Spiele parallel, so dass Mitarbeiter projektübergreifend eingesetzt werden müssen.

Bei der Entwicklung von Konsolenspielen steht am Ende des Entwicklungsprozesses 33
häufig noch eine intensive **Abnahmeprüfung durch den jeweiligen Konsolenhersteller.** Die Parteien vereinbaren regelmäßig in dem Spiele- und Publishingvertrag, dass der Entwickler auch zur Umsetzung der von den jeweiligen Konsolenherstellern im Rahmen seiner Abnahmeprüfung geäußerten Änderungswünsche verpflichtet ist. Denn nur so wird das Spiel durch den Konsolenhersteller final abgenommen und das Spiel ist sodann erst vermarktungsfähig.

3. Leistungsänderungen

Wie bei allen über einen längeren Zeitraum laufenden Entwicklungsprojekten ist es 34
auch in der Spielebranche üblich, dass sich im Rahmen der Entwicklung eines Spiels **Änderungswünsche, sogenannte Change Requests**, an der Ausgestaltung des Spiels ergeben können. Diese Änderungswünsche können teilweise inhaltlich bedingt sein. Teilweise möchte der Publisher auch nur auf veränderte Marktbegebenheiten reagieren und sich eine Flexibilität bei der Gestaltung des Spiels bewahren.

Die Parteien werden zu diesem Zweck regelmäßig einen detaillierten **Änderungsmecha-** 35
nismus, sogenanntes Change Request-Verfahren, im Vertrag vereinbaren. Ausgangspunkt für die Beurteilung eines Änderungswunsches ist dabei wiederum die Leistungsbeschreibung. Führt die Änderung zu einer Änderung des Leistungsgegenstandes, ist die Leistungsspezifikation entsprechend ebenfalls abzuändern, damit sie den aktuellen Stand der Vereinbarung reflektiert. In gleicher Weise ist der Projektplan zu aktualisieren und es sind regelmäßig ergänzende Vergütungsvereinbarungen zu treffen.

Die Parteien werden bei der Spieleentwicklung regelmäßig eng kooperieren und dabei 36
im täglichen Miteinander bestmöglich versuchen inhaltliche Lücken der Leistungsspezifikation durch Absprachen zu füllen. Mit Blick auf diese enge Kooperation zwischen Entwickler und Publisher im Entwicklungsprozess überrascht es, dass in der Spielebranche Entwicklungsverträge mit einer **agilen Entwicklungsmethodik** noch eher selten zutreffen sind. Die überwiegend verwendeten Spiele -und Publishingverträge folgen noch regelmäßig dem traditionellen Wasserfallmodell in der Entwicklung.

4. Termine

37 Spieleentwicklungsprojekte stehen aus den einleitend geschilderten Gründen unter einem erheblichen Zeitdruck.

38 Die Parteien verwenden in der Regel einen detaillierten **Projektplan**, der die einzelnen Milestone-Leistungen zu einem bestimmten Liefertermin vorsieht. Aufgrund der besonderen Bedeutung einer termingerechten Fertigstellung der einzelnen Milestone-Leistungen sowie des Spiels insgesamt ist es üblich, an die verspätete Lieferung des geschuldeten Meilensteins beziehungsweise des fertiggestellten Spiels Sanktionen zu knüpfen. Dies können beispielsweise **Vertragsstrafen** sein. Teilweise verständigen sich die Parteien auch auf Regelungen, wonach sich der Anteil des Entwicklers aus den Vermarktungserlösen anteilig mindert, falls die Entwicklung des Spiels zu spät erfolgt.

5. Mitwirkungspflichten versus Mitwirkungsrechte des Publishers

39 Entwickler und Publisher legen in dem Projektplan **Mitwirkungspflichten** für den Publisher bei der Entwicklung des Computerspiels fest.

40 Hierzu kann beispielsweise gehören, dass der Publisher Drittsoftware (so bspw. die recht kostspielige Game-Engine-Technologie) für das Entwicklungsprojekt lizenziert und beistellt. Vor allem aber wird es dem Entwickler darauf ankommen, dass der Publisher inhaltliche und technische Entscheidungen zur Spieleentwicklung zeitnah und in qualifizierter Weise trifft. Denn nur wenn der Publisher diese Entscheidungen auf Anforderung zügig trifft, kann der Entwickler seinerseits ohne Zeitverlust und ohne die Gefahr, Entwicklungsleistungen wiederholen zu müssen, mit der Spieleentwicklung störungsfrei fortfahren.

41 Anders als bei klassischen Softwareentwicklungsprojekten, bei denen der Auftraggeber seine Mitwirkungspflichten tendenziell eher zu minimieren versucht, haben Publisher bei Spieleentwicklungsprojekten ein großes Interesse daran, umfangreiche **Mitwirkungsrechte** vertraglich zu verankern. Der Publisher möchte so eine ausreichende Einflussnahmemöglichkeit auf die Spieleentwicklung sicherstellen und aktiv bei der technischen wie inhaltlichen Gestaltung des Spiels mitwirken.

42 Nicht selten vereinbaren die Parteien sogar, dass der Publisher das Spiel durch eigene Mitarbeiter aktiv produziert. Dabei bilden Entwickler und Publisher häufig gemischte Teams und die sogenannten **Game Producer** machen die wesentlichen inhaltlichen Vorgaben zur Spieleentwicklung, auch wenn dies jedenfalls aus arbeitsrechtlicher Sicht häufig nicht ganz unproblematisch erscheint.

6. Abnahmeprüfung

43 Am Ende jeder Milestone-Leistung steht in der Regel eine Teilabnahmeprüfung durch den Publisher.

44 Der Publisher wird dabei vor allem überprüfen, ob die in dem Game Design Document niedergelegten Anforderungen an das Spiel erfüllt wurden. Wie bei einem klassischen Softwareentwicklungsprojekt auch kommt der Endabnahme eine ganz entscheidende Bedeutung zu. Bei der Spieleentwicklung spielt hier jedoch auch das Feedback der jeweiligen Konsolenhersteller eine entscheidende Rolle. Nicht selten sind die Abnahme-

anforderungen der Konsolenhersteller strenger als die Prüfungen des Publishers. Dies ist entsprechend in der Strukturierung des Spieleentwicklungsprojekts und der zeitlichen Planung zu berücksichtigen. Der Entwickler wird in dem Spiel und Entwicklungsvertrag verpflichtet sein, das jeweilige Feedback des Konsolenherstellers zu bearbeiten und das Spiel so lange zu Endabnahmeprüfung vorzulegen, wie auch der Konsolenhersteller noch nicht die finale Freigabe zur Veröffentlichung des Spiels auf der Konsole erteilt hat. Die Gesamtabnahme markiert sogleich den Abschluss der Entwicklungsphase.

7. Nutzungsrechte

Ein ganz wesentliches Element des Entwicklungs- und Publishingvertrages sind die Re- 45
gelungen zur Nutzungsrechteeinräumung an dem Spiel. Hierauf gehen wir in → § 9 Rn. 5 ff. näher ein.

An dieser Stelle sei jedoch für die Vertragsgestaltung angemerkt, dass der sorgfältigen 46
Ausgestaltung der Nutzungsrechteeinräumung eine überragend wichtige Bedeutung zukommt. Soweit der Publisher das jeweilige Spiel vollständig finanziert hat, wird er regelmäßig bestrebt sein, die Nutzungsrechte an dem Spiel und etwaiger Portierungen und Folgeversionen möglichst vollumfänglich zu erwerben. Dies schließt auch regelmäßig ein, dass der Publisher Rechte am Source Code des Spiels erwirbt, um das Spiel oder Folgeversionen selbst zu entwickeln oder notfalls auch durch einen anderen Entwickler entwickeln lassen zu können.

Hat jedoch der Entwickler einen Teil der Entwicklungskosten selbst finanziert, besitzt 47
er deutlich mehr Verhandlungsmacht bei der Ausgestaltung der Nutzungsrechteeinräumung und wird ggf. nur eingeschränkte Nutzungs- und Verwertungsrechte übertragen müssen.

8. Regelungen zu Vertragsbeendigung

Entwickler und Publisher verhandeln häufig kontrovers über die Frage, unter welchen 48
Bedingungen eine Partei sich aus dem Entwicklungsprojekt zurückziehen kann.

Dabei steht für beide Seiten sehr viel auf dem Spiel: Während der Entwickler ein großes 49
Interesse daran hat, die Entwicklung gesichert für die vertraglich vereinbarte Laufzeit durchführen und zum Abschluss bringen zu können, damit sodann das Spiel durch den Publisher möglichst gewinnbringend vermarktet werden kann, wird es dem Publisher darauf ankommen, aus Gründen der Risikominimierung aus einem aus seiner Sicht möglicherweise unrentablen Projekt jederzeit aussteigen zu können.

Die Parteien werden daher sehr intensiv über die Voraussetzungen des Rechts zur 50
ordentlichen Kündigung des Entwicklungsvertrages miteinander sprechen. In der Spielebranche haben sich hierzu verschiedene Lösungsmöglichkeiten herausgebildet. So vereinbaren die Parteien häufig, dass der Publisher den Vertrag gegen Zahlung einer durchaus **erheblichen Abstandszahlung** ordentlich kündigen darf. Die Höhe dieser Abstandszahlung, welche in der Spielebranche häufig „**kill fee**" genannt wird, orientiert sich an den monatlich beim Entwickler auflaufenden Teamkosten. Dem Entwickler soll auf diese Weise ermöglicht werden, den Zeitraum nach Kündigung finanziell zu überbrücken, um sodann ein Anschlussprojekt akquirieren zu können.

D. Der Publishingvertrag

51 Spätestens mit der Veröffentlichung des Spiels durch den Publisher beginnt die gezielte Vermarktung des Spiels an Handelspartner und Endkunden.

I. Leistungspflichten beim Publishing

52 Während der Publisher sich in den diesbezüglichen vertraglichen Regelungen des Publishingvertrages eine größtmögliche Handlungsfreiheit zu sichern versuchen wird, wird der Entwickler Wert darauflegen, dass der Vertrag ein Mindestmaß an Verbindlichkeit bei der Vermarktung des Spiels sicherstellen wird. Denn nur wenn der Publisher das Spiel mit dem notwendigen finanziellen Aufwand bewirbt und vermarktet, besteht für den Entwickler die Aussicht, entsprechend adäquat an den hieraus erzielten Erlösen beteiligt zu werden. Abhängig von der Verhandlungsmacht des Entwicklers vereinbaren die Parteien hierzu nicht selten, dass der Publisher verpflichtet ist, eine gewisse Summe an Marketingleistungen in einem im Vertrag näher zu definierenden Zeitraum aufzuwenden. In eher seltenen Fällen vereinbaren die Parteien sogar einen dezidierten Marketingplan für das Spiel und legen darin auch fest, inwieweit der Entwickler den Publisher bei der Vermarktung eigenständig unterstützen kann.

53 Der Publisher hat darüber hinaus weitere rechtlich relevante Aufgaben im Rahmen des Publishings zu erledigen: Er wird zahlreiche Kooperationsverträge zur Bewerbung und Vermarktung des Spiels schließen. Er muss sich um die Alterskennzeichnung und die Ausgestaltung der Vertriebsverträge sowie der Nutzungsbedingungen gegenüber den Endkunden kümmern. Schließlich wird der Publisher einige Zeit und einigen Aufwand in die Absicherung des Markschutzes und der Registrierung der zur Vermarktung des Spiels notwendigen Domains investieren.

II. Die Vergütungsregelungen als Herzstück jedes Publishingvertrages

54 Die in Spieleentwicklungs- und Publishingverträgen anzutreffenden Vergütungsregelungen sind sehr komplex und stellen häufig eine Kombination aus Festvergütung und erlösabhängiger Beteiligung des Entwicklers dar.

55 Die im Rahmen der Zusammenarbeit der Parteien von dem Entwickler zu erbringenden Entwicklungsleistungen werden dabei – wie ausgeführt – abhängig vom Entwicklungsfortschritt vergütet. Die Parteien vereinbaren diese Vergütung regelmäßig als Festvergütung, die anteilig mit der jeweiligen Teilabnahme fällig wird. Teilweise finden sich in den Verträgen auch **Bonus- beziehungsweise Malus-Regelungen,** die dann eingreifen, wenn das Spiel besonders schnell oder nur verzögert fertig gestellt wurde. Teilweise vereinbaren die Parteien Vergütungsregelungen, die besonders gute Bewertungen des fertig entwickelten Spiels durch die einschlägige Spielefachpresse prämieren.

56 Ungleich komplizierter fallen die Regelungen zur **Beteiligung des Entwicklers an den Vermarktungserlösen** des Spiels aus. Im Grundsatz sehen die entsprechenden Regelungen vor, dass dem Entwickler ein bestimmter prozentualer Anteil an solchen Erlösen zusteht, die der Publisher aus der Vermarktung des von dem Entwickler entwickelten Spiels erzielt.

Dementsprechend kommt der Definition des zur Berechnung des Erlösanteils maßgeblichen Nettoerlöses eine erhebliche Bedeutung zu: Die Parteien werden in einem ersten Schritt zunächst einmal festlegen wollen, welche Erlöse in die maßgebliche Berechnungsgrundlage einfließen sollen. Sodann legen die Parteien Abzugsposten von dem Gesamterlös fest, um sodann den maßgeblichen Nettoerlös zu ermitteln. Bei den Abzugsposten handelt es sich häufig um technische Infrastrukturkosten wie zum Beispiel Hosting-Kosten oder auch Kosten für Zahlungsdiensteanbieter. Darüber hinaus versucht der Publisher regelmäßig auch seine Marketing- und Vertriebskosten als Abzugsposten zu definieren. Nicht selten vereinbaren die Parteien auch, dass die Vergütung des Entwicklungsaufwandes ganz oder anteilig als Abzugsposten zu berücksichtigen ist. Der dann verbleibende Nettoerlös wird in dem prozentual festgelegten Verhältnis zwischen Publisher und Entwickler geteilt. Die **Nettoerlösvergütung** ist mit anderen Worten eine erfolgsabhängige Vergütung. Insbesondere in den Fällen, in denen das Spiel zunächst einmal die Entwicklungskosten refinanzieren muss, erhält der Entwickler erst dann einen Erlösanteil, wenn das Spiel so erfolgreich am Markt platziert werden konnte, dass die aus der Vermarktung des Spiels generierten Erlöse, die aufgelaufenen Kosten deutlich übersteigen. Diese Vergütungsmechanik mag erklären, warum der Entwickler regelmäßig daran interessiert sein wird, dass die Entwicklungsvergütung bereits angemessen ausfällt und warum der Entwickler in den Verhandlungen großen Wert auf eine Sicherstellung der intensiven Vermarktung des Spiels legen wird. 57

Im Verhältnis zwischen Entwickler und Publisher ist es regelmäßig der Publisher, bei dem Erlöse aus der von ihm organisierten Vermarktung des Spiels auflaufen. Der Publisher ist sodann gehalten, dem Entwickler Abrechnung über seinen Nettoerlösanteil zu erteilen. Die Parteien werden daher in dem Spieleentwicklungs- und Publishingvertrag detaillierte Regelungen zur Abrechnung und zum Erlös-Reporting vorsehen. Nicht selten wird ein **Musterabrechnungsreport** eine Anlage zu dem Entwicklungs- und Publishingvertrag darstellen. 58

Der Entwickler wird sein im Verhältnis zum Publisher bestehendes Informationsdefizit dadurch zu kompensieren versuchen, dass er sich das Recht vorbehält, die von dem Publisher vorgenommenen Abrechnungen bei Bedarf durch unabhängige Dritte (wie bspw. Wirtschaftsprüfer) prüfen lassen zu können, sogenannte **Audit Rights**. 59

Die entsprechenden Vergütungsregelungen nehmen nicht selten mehrere Seiten in den Verträgen ein. Zu den eigentlichen Vergütungsregelungen gesellen sich häufig auch detaillierte steuerrechtliche Klauseln, die etwaige Quellensteuerproblematiken für beide Parteien angemessen zu lösen versuchen und auch Regelungen, wie mit gewonnenen Preisgeldern zu verfahren ist. 60

Wie in anderen Vertragsbeziehungen auch entsteht häufig Streit über die Frage, ob die Vergütungsanteile des Entwicklers richtig abgerechnet wurden. Die Besonderheit bei der Vermarktung von Computerspielen besteht dabei darin, dass Spiele regelmäßig über verschiedene Absatzkanäle ausgewertet werden und an der Verwertung zahlreiche unterschiedliche Akteure beteiligt sind. So entstehen verschiedene unterschiedliche Erlösströme. Entsprechend komplex fallen die Abrechnungen aus. Um etwaige Miss- 61 verständnisse bei der Abrechnung effizient aufzuklären, empfiehlt es sich, im Vertrag detaillierte **Streitschlichtungsmechanismen** vorzusehen.

III. Haftungs- und Gewährleistungsregelungen

62 Die typischerweise in einem Spieleentwicklungs- und Publishingvertrag enthaltenen Haftungs- und Gewährleistungsregelungen unterscheiden sich im Grundsatz nicht allzu sehr von anderen Softwareentwicklungsverträgen oder Filmherstellungsverträgen. Während der Entwickler versuchen wird, etwaige Gewährleistungsansprüche des Publishers und die Haftung für Schadensersatzansprüche einzuschränken, zieht sich der Publisher regelmäßig auf den gesetzlichen Haftungsmaßstab zurück und versucht, etwaige Einschränkungen zu vermeiden.

63 Hinsichtlich der von dem Entwickler im Gewährleistungsfall zu erbringenden Nacherfüllungsleistungen besteht hingegen eine Besonderheit: Die Parteien arbeiten häufig mit (oft sog. A-Bugs, B-Bugs und C-Bugs) und knüpfen an die Schwere des jeweils aufgetretenen Mangels recht strenge Fehlerbeseitigungszeiten. Werden diese Mangelbeseitigungsfristen nicht eingehalten, kann dies Vertragsstrafen auslösen. Der Publisher versucht auf diese Weise abermals sicherzustellen, dass etwaige nach Veröffentlichung des Spiels auftretende Probleme von dem Entwickler zügig beseitigt werden.

64 Die Parteien werden darüber hinaus häufig intensiv über Regelungen zur Rechtsmängelhaftung verhandeln. Der Publisher wird hierbei sehr häufig auf strenge Haftungsfreistellungsansprüche, sogenannte **Indemnification Clauses**, bestehen, die ihn vor der Geltendmachung von Ansprüchen Dritter aufgrund der Verletzung von Rechten Dritter schützen sollen.

65 Diese Regelungen sind für den Entwickler häufig kritisch, denn Spiele werden in aller Regel weltweit vertrieben, so dass theoretisch weltweit Ansprüche Dritter aufgrund potenzieller Rechtsverletzungen ausgelöst werden können. Der Entwickler steuert und kontrolliert den Entwicklungsprozess und kann daher sicherstellen, dass im Rahmen der Entwicklung nicht Urheberrechte Dritter verletzt werden. Deutlich komplexer sind jedoch etwaige patentrechtliche Ansprüche Dritter, die in der Spielebranche zuletzt vermehrt geltend gemacht wurden. Hier vermag der Entwickler häufig die weltweite Patentsituation nicht vollständig zu überblicken.

IV. Weitere typische Regelungen

66 Nicht selten finden sich in den Publishingverträgen recht umfangreiche Wettbewerbsverbote.

67 Der Publisher versucht hierüber, seine Investition in den Aufbau einer Marke und seines Intellectual Property abzusichern und möchte sicherstellen, dass der Entwickler trotz der in der Regel exklusiven Nutzungsrechteeinräumung zugunsten des Publishers nicht ein ähnliches Spiel mit einem Wettbewerber zu realisieren versucht.

68 Der Entwickler hingegen wird darauf bedacht sein, sich nicht derart umfänglich in seiner Geschäftstätigkeit einschränken zu lassen. Häufig ist es so, dass Entwickler über den kommerziellen Erfolg eines Spieles ein besonderes Renommee in einem Genre

erwerben und hierüber entsprechend interessant auch für eine Zusammenarbeit mit weiteren Publishern werden. Ist dann eine entsprechende Zusammenarbeit im selben Genre durch ein Wettbewerbsverbot untersagt, schränkt dies den Entwickler häufig zu stark in seiner Geschäftstätigkeit ein.

E. Live Team- und Supportverträge

Die Zusammenarbeit zwischen Entwickler und Publisher endet häufig nicht mit der Veröffentlichung des entwickelten Spiels. 69

Vielmehr benötigt der Publisher regelmäßig in der Vermarktungsphase des Spiels die aktive Unterstützung und auch Betreuung des Spiels durch den Entwickler. Anders als in der früheren Zeit, als mit dem Brennen des fertig gestellten Spiels auf einem Datenträger die Tätigkeit des Entwicklers beendet war, werden heute Spiele, insbesondere Onlinespiele wie auch Mobile Games, regelmäßig über mehrere Jahre kontinuierlich von den Parteien weiterentwickelt und gepflegt. 70

Die Parteien vereinbaren in den entsprechenden Verträgen, dass der Entwickler auch nach initialer Veröffentlichung des Spiels eine bestimmte Anzahl von Updates für das Spiel bereitstellen muss. Ist das Spiel in kommerzieller Hinsicht besonders erfolgreich, wird es dem Publisher daran gelegen sein, möglichst häufig den Spielspaß zu erweitern und das Spiel inhaltlich um neue Features zu ergänzen. Teilweise handelt es sich hier um teils komplexe Spielerweiterungen wie bspw. neue Spiellevel oder neue Spielwelten. Teilweise reagieren die Parteien auch nur auf saisonale Besonderheiten, bspw. ein Oster-Event an Ostern, welches nach der Osterzeit auch wieder aus dem Spiel verschwindet. 71

Auf Entwicklerseite bedeutet dies nicht selten, dass mittel- oder sogar langfristig zusätzliche personelle Ressourcen eingesetzt werden müssen, um den geänderten Anforderungen des Publishers und des Marktes gerecht werden zu können. 72

Die Parteien sind dann gehalten, in dem entsprechenden Live Team- und Supportvertrag Regelungen zu definieren, wie kurzfristig mehr oder auch (für den Fall, dass das Spiel an Attraktivität verliert) weniger personelle Ressourcen vonseiten des Entwicklers für die kontinuierliche Pflege und Weiterentwicklung des Spiels zur Verfügung gestellt werden. Entsprechend komplex fallen dann auch die Vergütungsregelungen in diesen nachgelagerten Verträgen aus. Der Entwickler ist zwar bei einem erfolgreichen Vermarktungsverlauf des Spiels entsprechend incentiviert, das Spiel attraktiv zu halten, weil sein Erlösanteil hierdurch immer weiter steigt. Andererseits benötigt der Entwickler personelle Planungssicherheit und muss gleichzeitig ausreichende personelle Ressourcen vorhalten, um die Entwicklungsleistungen vertragsgemäß erbringen zu können. 73

Neben diesen inhaltlichen Weiterentwicklungsleistungen bedingt der technische Fortschritt bei PC-, Konsolen- und Mobil-Betriebssystemen, dass die Spiele auch regelmäßig an technische Neuerungen angepasst werden müssen. Es handelt sich dabei um klassische Pflege und Supportleistungen, die die Parteien in einem entsprechenden Support- und Pflegevertrag vereinbaren. 74

Schließlich kommt es häufig vor, dass Spiele, die nur für eine bestimmte technische Plattform entwickelt wurden, im Nachgang zu der initialen Veröffentlichung des 75

Spiels auf weitere Plattformen portiert werden sollen, das heißt, technisch angepasst werden müssen. Auch ist es regelmäßig erforderlich, neue Sprachversionen eines Spieletitels, sogenannte Lokalisierungen, zu erstellen. Auch solche im Nachgang zur initialen Veröffentlichung vorzunehmenden Arbeiten an dem Spiel vereinbaren die Parteien regelmäßig in einem gesonderten Vertrag, im Nachgang zu dem ursprünglich geschlossenen Spieleentwicklungs- und Publishingvertrag.

§ 14 Lokalisierung

Literatur: *Dreier/Schulze*, Urheberrechtsgesetz, 7. Aufl. 2022; *Hoeren/Sieber/Holznagel*, Handbuch Multimedia-Recht, Stand September 2021; *Jauernig*, Bürgerliches Gesetzbuch, 18. Aufl. 2021; *Loewenheim*, Handbuch des Urheberrechts, 3. Aufl. 2021; *Wandtke/Bullinger*, Praxiskommentar Urheberrecht, 6. Aufl. 2022.

A. Lokalisierung von Games und Assets

Interaktive Unterhaltung hat heutzutage einen festen Stellenwert in der Freizeitgestaltung nicht nur der jüngeren Generationen, sondern in einer breiten Masse der Bevölkerung. 1

Auch wenn Englischkenntnisse weit verbreitet sind, gilt es in Deutschland als selbstverständlich, dass Unterhaltungsmedien wie Bücher, Filme, Serien und eben auch Computer- und Videospiele in deutscher Sprache verfügbar sind. 2

Allerdings werden die meisten Spiele nicht auf Deutsch entwickelt, sondern auf Englisch. Sie werden dann lokalisiert, um die Spiele sowohl an die sprachlichen als auch kulturellen Erwartungen der Spieler anzupassen. 3

I. Was bedeutet Lokalisierung?

Der Begriff Lokalisierung steht für die Übersetzung von Software von einer Sprache in eine andere – unter Berücksichtigung kultureller Gesichtspunkte. Dieser Fachbegriff wird in der Software-Branche weithin verwendet, somit auch im Zusammenhang mit interaktiver Unterhaltung. 4

II. Umfang von Lokalisierung bei Games

Die Hauptaufgabe der Lokalisierung bei Electronic Arts besteht in der Lokalisierung der Spielinhalte selbst. Die bestehen hauptsächlich aus folgenden Elementen (Assets): 5

- Text
- Sprache
- Videos (Cinematics)
- Text in Grafiken
- Grafiken (Flaggen etc).

6 Darüber hinaus befasst sich das Lokalisierungsteam bei Electronic Arts noch mit folgenden Inhalten:

- Marketing-Videos & Trailer
- Banner
- Newsletter
- Webseiten
- Hilfeseiten und FAQs
- rechtliche Inhalte (zum Beispiel EULAs, AGB, Datenschutzerklärungen, andere Texte mit rechtlichen Informationen).

III. Ablauf eines Lokalisierungsprojektes

7 Bei der Lokalisierung wird in den Spiel-Code eingegriffen, daher ist eine enge Zusammenarbeit zwischen Lokalisierungsteam und Entwicklungsteam unerlässlich. Bei Electronic Arts wird vorwiegend mit internen Entwicklungsteams gearbeitet, die darauf eingestellt sind, ihren Code auf Lokalisierung vorzubereiten, wodurch ein reibungsloser Ablauf gewährleistet werden kann.

8 Es gilt allerdings zu beachten, dass auch mit externen Entwicklungsteams gearbeitet wird, bei denen Electronic Arts als Publisher agiert. Hier sollte Lokalisierung von vornherein einkalkuliert werden, sowohl was die Kosten als auch den zeitlichen Ablauf und die Verantwortlichkeiten angeht. Da die Entwicklungsstudios oft nur über geringe Lokalisierungsexpertise verfügen, hat sich herausgestellt, dass es von großem Vorteil ist, wenn der Publisher Ressourcen und Expertise in diesem Bereich hat und wenn hier von Beginn an mit einer engen Zusammenarbeit geplant wird.

1. Entscheidung

9 Der erste Schritt im Rahmen eines Lokalisierungsprojektes ist die Entscheidung, ob und in welche Sprachen lokalisiert werden soll.

10 Hierbei wird weithin vorausgesetzt, dass der Text eines Spieles in Sprachen wie Deutsch, Französisch, Spanisch und Italienisch übersetzt wird. Darüber hinaus werden über 40 Sprachen weltweit in Betracht gezogen. Doch bei der Lokalisierung geht es schon lange nicht mehr nur um Übersetzung. Es müssen Entscheidungen über die Tiefe der Lokalisierung getroffen werden, u.a. ob die Sprachausgabe lokalisiert werden soll, ob man etwa bekannte Stimmen hierfür engagieren soll oder ob man auch Märkte außerhalb der Kernsprachen erreichen möchte.

11 Die Entscheidung für Lokalisierung wird unter der Annahme getroffen, dass dies die Reichweite des jeweiligen Spiels und somit den Umsatz erhöhen wird. Dagegen muss man die Kosten für Übersetzung, Sprachaufnahmen, Testen, Projektmanagement etc aufrechnen – und diese können erheblich sein. Als Beispiel: Dragon Age: Origins von BioWare hat ca. 1 Mio. Wörter (nur um die Dimension klarzustellen: die Bücher der Herr der Ringe-Trilogie haben ca. 500.000 Wörter).

12 Darüber hinaus gibt es natürlich auch noch andere Gründe für eine Lokalisierung, wenn man sich zB strategisch wichtige Märkte für ein bestimmtes Spiel oder Genre

erschließen möchte. Hier wäre die kurzfristige Investition gegen das längerfristige Ziel der Markterschließung gegenzurechnen.

2. Projektplanung

Wenn die Entscheidung für eine Lokalisierung gefallen ist, beginnt die Ressourcenplanung und sogenannte Pre-Production lange vor dem geplanten Veröffentlichungstermin. Der Zeitrahmen hängt stark vom einzelnen Spiel ab (Anzahl der Wörter, Sprachaufnahmen, Genre). 13

Bei der Projektplanung wird bei Electronic Arts immer von Sim-Ship ausgegangen (gleichzeitige Veröffentlichung aller Sprachversionen), das bedeutet, dass die Lokalisierung parallel zur Spieleentwicklung stattfindet. 14

Es ist nicht leicht, den richtigen Zeitpunkt für den Beginn der Lokalisierung zu finden. Dies kann vom Spielgenre, Textvolumen oder auch von der Herangehensweise des Entwicklungsteams abhängen. Manche Entwickler sehen ein hohes Risiko darin, spät im Prozess noch Änderungen vorzunehmen – bei anderen gehört es selbstverständlich dazu, Änderungen noch bis zur letzten Sekunde durchzuführen, um das Erlebnis für die Spieler zu verbessern. Wenn die Lokalisierung daher zu früh startet, investiert man wertvolle Zeit in die Übersetzung und Sprachaufnahmen von „Assets", die womöglich später verändert oder gar nicht verwendet werden. Wenn man zu spät beginnt, gerät man unter Zeitdruck. 15

Die Kunst der Projektplanung in der Lokalisierung besteht also darin, ein Projekt mit stets unvollständigen Informationen zu managen und im Ablauf das Entwicklungsteam so wenig wie möglich von seiner Kernaufgabe – der Finalisierung des Spiels selbst – abzulenken. 16

Das gemeinsame Ziel aller Beteiligter besteht immer darin, dass die Qualität der finalen lokalisierten Version gleichwertig mit der Originalversion ist. 17

3. Übersetzung

Bei Electronic Arts wählen wir externe Übersetzer individuell für jedes Spiel und jede Sprache aus. Diese verfügen über reichhaltige Erfahrung in den jeweiligen Franchises und mit dem Lokalisierungsprozess bei Electronic Arts. 18

Für die Lokalisierung von interaktiver Unterhaltung müssen Übersetzer sich spezialisiert haben, denn der Ablauf und die Anforderungen unterscheiden sich stark von anderen Textformen. Ein großer Unterschied besteht im Grad der Kreativität, der den Übersetzern überlassen – und erwartet – wird. Hier wird in vielen Fällen „Transkreation" betrieben, womit Eigennamen von Orten und Personen so in die Zielsprache übertragen werden, dass das Erlebnis der Spieler der lokalisierten Fassung genau wie in der Originalsprache ist. 19

Viele Übersetzer genießen die kreativen Freiheiten, die sich hier bieten – allerdings besteht auch oft erheblicher Rechercheaufwand, um die Inhalte in der Zielsprache realistisch wiederzugeben. Nicht zuletzt ist Disziplin wichtig, denn die Zeit für die Übersetzung ist oftmals knapp. 20

21 Eine weitere große Herausforderung im Übersetzungsprozess ist die Tatsache, dass der Übersetzer den Text lediglich in Skriptform sieht und nicht als Teil einer spielbaren Version des Spiels, mit deren Hilfe man den kreativen Kontext erfassen könnte. Daher ist die Kommunikation zwischen Übersetzer, Lokalisierungsteam und Entwicklungsteam von großer Bedeutung, denn die Atmosphäre des Spiels soll ja originalgetreu wiedergegeben werden.

22 Ein zusätzliches Sicherheitsnetz bietet hier ein Team mit linguistischem Schwerpunkt und muttersprachlichen Testern, die mit regelmäßigen Überprüfungen und natürlich einer vollständigen linguistischen Prüfung aller Inhalte im Spiel dafür sorgen, dass Tonalität, Atmosphäre und vor allem Spielspaß in allen Zielsprachen erhalten bleibt.

4. Sprachaufnahmen

23 Das Erlebnis eines Spiels als interaktive Unterhaltungsform wird ganz erheblich von Geräuschen, Musik und Sprache beeinflusst. Der Ton ermöglicht den Spielern, in die Spielewelt einzutauchen. Somit ist die Qualität der lokalisierten Sprachausgabe von enormer Wichtigkeit.

24 Auch für diesen Bereich wählen wir Aufnahmestudios und Sprecher individuell aus und achten darauf, dass sie bereits über Erfahrung mit Spielen als interaktiver Unterhaltungsform verfügen.

25 Anders als bei der Synchronisation für Film und Fernsehen, liegen den externen Partnern hier oftmals keine visuellen Materialien vor. Es wird erwartet, dass sie kreativ mit Charakter- und Szenenbeschreibungen sowie mit englischen Tonmaterialien arbeiten.

26 Die große Herausforderung besteht hier darin, die richtige Emotionalität einzufangen und gleichzeitig alle technischen Vorgaben und Begrenzungen (wie zB Länge der Sätze) zu beachten – hierfür benötigt man erfahrene Toningenieure, Regisseure und natürlich Sprecher.

27 Sportsimulationen sind ein ganz eigenes Thema: Hier arbeiten wir häufig mit prominenten Sprechern zusammen, die ihre Texte nicht unbedingt einem vorgegebenen Skript entnehmen, sondern passend zu Spielsituationen frei improvisieren. Die Sprachausgabe wird kontinuierlich verbessert und basierend auf Feedback und Spieler-Vorlieben angepasst.

28 Wie auch bei der Übersetzung ist es für die Sprachausgabe essenziell, eine muttersprachliche linguistische Überprüfung vorzunehmen, damit das Eintauchen in das interaktive Erlebnis ohne Störung erfolgen kann.

5. Linguistisches Testen

29 Wie bereits erwähnt, erfolgt die Lokalisierung parallel zur Entwicklung eines Spiels, damit alle Sprachversionen gleichzeitig veröffentlicht werden können. Daher stehen während des Lokalisierungsprozesses nicht immer alle Kontextmaterialien zur Verfügung.

30 Um unsere hohen Qualitätsmaßstäbe zu erreichen und Fehler zu vermeiden, findet gegen Ende des Lokalisierungsprozesses eine linguistische Überprüfung durch Mutter-

sprachler statt. Diese sind die ersten, die die lokalisierten „Assets“ im Spiel sehen. Sie müssen beurteilen, ob alles sprachlich richtig ist, der Kontext stimmt und ob die Wortwahl kulturell angemessen ist.

6. Automatisierung

Künstliche Intelligenz und Machine Learning bieten für uns in der Lokalisierung neue Möglichkeiten, noch mehr und noch weitreichendere Inhalte zu bearbeiten: Das Volumen der lokalisierten Assets und die Anzahl der Zielsprachen steigt stetig an – mit einem traditionellen und ausschließlich manuellen Lokalisierungsprozess wäre dies schon jetzt nicht mehr tragfähig. 31

Angesichts dessen investieren wir in die Automatisierung unserer Prozesse, um Kapazitäten für Qualitätssicherung freizusetzen. Weiterhin beschäftigen wir uns intensiv mit Machine Translation und Voice Generation – in der Zukunft werden diese Technologien uns sicherlich ermöglichen, größere Mengen in mehr Zielsprachen zu übertragen. 32

IV. Kulturelle Faktoren bei der Lokalisierung

Lokalisierung besteht nicht einfach darin, Texte von einer Sprache in eine andere zu übertragen. Alle Inhalte werden an die kulturellen Gegebenheiten der Zielsprachen angepasst. Hierbei ist die Definitionsgrenze von „Übersetzung – Lokalisierung – Kulturalisierung“ fließend. 33

Wichtige Themen bei der kulturellen Anpassung sind zB der Umgang mit und die Darstellung von Gewalt in der Zielkultur, Darstellung historischer Inhalte, rechtliche Gegebenheiten. 34

Wie in der Gesellschaft so steigt auch bei Spielen der Fokus auf Diversität. Es gibt mehr weibliche und sogar nicht-binäre Charaktere. Dieser Fokus muss auch in der Lokalisierung aufgenommen werden. Dieses Thema ist neu und oftmals umstritten – die sprachlichen Regeln sind häufig noch nicht festgelegt oder fließend. Hier gilt es, die Balance zwischen Respekt für Diversität und Identität auf der einen Seite und aktuell geltenden sprachlichen oder auch rechtlichen Normen auf der anderen Seite zu finden. 35

B. Rechtliche Aspekte bei der Lokalisierung

Wie im vorhergehenden Kapitel beschrieben, umfasst die Lokalisierung ein umfangreiches Portfolio an Materialien, die lokalisiert werden. Darüber hinaus sind an Lokalisierungsprojekten zahlreiche Akteure beteiligt, so zum Beispiel eigene Arbeitnehmer aus der Lokalisierungsabteilung oder externe Agenturen, Übersetzer, Sprecher, Toningenieure und Aufnahmestudios sowie weitere Beteiligte. All dies berührt eine Vielzahl rechtlicher Komplexe und Regelungspunkte, wovon einige in dem nachfolgenden Kapitel als Denkanstoß und für einen ersten Überblick kurz angeschnitten werden sollen. 36

I. Das Produkt der Lokalisierung

37 Die Lokalisierung von Games und damit im Zusammenhang stehenden Materialien wie Handbüchern und Anleitungen, aber auch die Lokalisierung von anderen Assets wie Marketingmaterialien oder Webseiten lassen ein in die Landessprache transferiertes, übersetztes Gesamtprodukt oder auch ein separates Produkt entstehen.

38 Wie bereits unter → § 12 Rn. 73, 85 f. beschrieben, ist die Lokalisierung eine von mehreren, wesentlichen Komponenten des Games-Publishing.

39 Zur Einordnung der Übersetzung in das rechtlich geschützte Gesamtgefüge eines Spiels ist es notwendig, die in einem Spiel inkludierten Schutzgegenstände zu verstehen: Nach überwiegendem Verständnis bestehen Games aus einer Vielzahl von Produkten, die das Spiel zu einem Gesamtwerk kategorisieren[1] und dessen unterschiedliche Komponenten auch als einzelner Bestandteil schutzfähig sein können.[2] Während das Computerprogramm als solches urheberechtlich schutzfähig sein kann, können dessen Komponenten separaten urheberrechtlichen Schutz genießen oder eben gemeinsam mit dem Gesamtwerk urheberrechtlichem Schutz unterfallen.[3]

40 Gemäß § 3 S. 1 UrhG werden Übersetzungen eines Werkes, die persönliche geistige Schöpfungen des Bearbeiters sind, unbeschadet des Urheberrechts am bearbeiteten Werk, wie selbstständige Werke geschützt. Sofern Übersetzungen also eine persönliche geistige Schöpfung eines Werkes darstellen und die entsprechende dafür erforderliche Gestaltungshöhe erreichen, können diese gemäß § 3 UrhG selbstständigen Schutz erlangen.[4] Dies ist jedenfalls im Einzelfall anhand der urheberrechtlichen Grundsätze zu prüfen, denn nicht jede Übersetzung wird diese Voraussetzungen erfüllen. Weitere Ausführungen dazu finden sich unter → § 9 Rn. 24 f.

41 Auch für Sprachaufnahmen gilt es, sorgfältig zu prüfen, welchem Schutz diese unterfallen[5]– urheberrechtliche Aspekte dazu werden ebenfalls in diesem Handbuch unter → § 9 Rn. 24 f. ausgeführt.

42 Im Grunde gilt also, dass für jedes lokalisierte „Produkt“ individuell bestimmt werden muss, ob dies dem Urheberrecht unterliegt oder (auch) andere Schutzrechte tangiert werden.

II. Vertragliche Aspekte

1. Mitarbeiter

43 Unternehmen in der Games-Branche verfügen nicht selten über eigene Lokalisierungsabteilungen, welche Lokalisierungsprojekte organisieren und begleiten. Für Arbeitnehmerurheber – sofern diese überhaupt eigenständig übersetzen und die Übersetzungen dann dem urheberrechtlichen Schutz unterfallen – gilt u.a. die Regelung des § 43 UrhG.

1 Hoeren/Sieber/Holznagel MMR-HdB/*Hentsch* Teil 22 Games Rn. 3, 5 ff. mwN.
2 Siehe BGH Urt. v. 6.10.2016 – I ZR 25/15, GRUR 2017, 266.
3 EuGH Urt. V. 23.1.2014 – C-355/12, MMR 2014, 401; BGH Beschl. V. 6.2.2013 – I ZR 124/11, MMR 2013, 671; BGH Urt. V. 27.11.2014 – I ZR 124/11, MMR 2015, 460.
4 Wandtke/Bullinger/*Bullinger* UrhG § 3 Rn. 6, 7.
5 Siehe dazu auch Hoeren/Sieber/Holznagel MMR-HdB/*Hentsch* Teil 22 Games Rn. 9.

Für weitere Einzelheiten zu urheberrechtlichen Aspekten im Arbeitsverhältnis (und auch zu § 69b UrhG) → § 8 Rn. 44 ff.

2. Zusammenarbeit mit Agenturen, Aufnahmestudios, Übersetzern, Sprechern und anderen Beteiligten

44 Im vorhergehenden Abschnitt wurde unter → Rn. 7 ff. beschrieben, wie ein Lokalisierungsprojekt typischerweise ablaufen kann und dass vorwiegend auch externe Agenturen, Aufnahmestudios, Übersetzer und Sprecher die Materialien lokalisieren.

45 Aus rechtlicher Sicht bietet es sich daher grundsätzlich an, mit den an der Lokalisierung von Games beteiligten Dritten Rahmenverträge oder Einzelverträge zu schließen, um die Zusammenarbeit vorab zu regeln. Ein **Rahmenvertrag** ist ein Vertrag, der die grundlegenden rechtlichen und tatsächlichen Aspekte regelt, die individuellen Aufträge werden sodann gesondert unter eben diesem Rahmenvertrag abgewickelt.[6] Der Rahmenvertrag bildet somit die Grundlage für die zukünftig abzuschließenden Einzelaufträge,[7] was den Vorteil hat, dass man sich über den (rechtlichen) „Rahmen" vorab grundsätzlich verständigt hat und somit der Abschluss von Einzelaufträgen schneller, effizienter und praktikabler durchgeführt werden kann. In den Einzelaufträgen wird dann der spezifische Lokalisierungsauftrag definiert, einschließlich des konkreten Umfangs, der Kosten und des zugrunde liegenden Zeitrahmens sowie etwaiger Besonderheiten, die nicht bereits in dem Rahmenvertrag berücksichtigt wurden.

46 Der **Übersetzungsvertrag** kann als Werkvertrag ausgestaltet sein[8] bzw. werkvertragliche Komponenten beinhalten.[9] Die Gestaltung eines Übersetzungsvertrages folgt allgemeinen vertrags- und zivilrechtlichen Grundsätzen und je nach Komplexität können auch projektbasierte Klauseln helfen, Lokalisierungsprojekte erfolgreich und in dem vorgegebenen Zeitrahmen umzusetzen, zum Beispiel durch die Vereinbarung von praktikablen Change Request- und Abnahme-Verfahren. Eine der wichtigsten Komponenten ist sicherlich auch eine sorgfältig formulierte Klausel zur Rechteeinräumung bzw. -übertragung.

47 Verträge mit Sprechern oder Aufnahmestudios können ebenfalls in Form von Einzelverträgen, oder wenn sich dies entsprechend anbietet, in Form von Rahmenverträgen und darunter fallenden Einzelaufträgen abgeschlossen werden. Auch diese folgen allgemeinen vertrags- und zivilrechtlichen Grundlagen und auf die Formulierung der Klausel zur Rechteeinräumung bzw. -übertragung ist auch hier ein besonderes Augenmerk zu legen.

48 Gleiche grundlegende Überlegungen gelten auch für Verträge, welche nicht die Übersetzung als solche bzw. den Rahmen für einzelne Übersetzungsaufträge regeln, sondern beispielsweise regelmäßige Qualitätsprüfungen von Übersetzungen zum Gegenstand haben.

---

6 Beispielsweise Jauernig/*Stadler* BGB § 311 Rn. 22.
7 Vgl. BGH Urt. v. 9.4.2014 – VIII ZR 404/12, NJW 2014, 2269.
8 Siehe ferner Loewenheim UrhR-HdB/*Czychiwsk* § 72 Rn. 22.
9 Dreier/Schulze/*Schulze* UrhG vor § 31 Rn. 197.

49 Im Grunde gilt es jedoch, für jede Vertragsform die Regelungen und Struktur zu finden, welche die tatsächlichen Aspekte sowie die rechtlichen Besonderheiten zutreffend widerspiegeln.

50 Weiter erhalten die beteiligten Dritten oft auch Zugang zu noch nicht veröffentlichten Inhalten, die **Geschäftsgeheimnisse** des beauftragenden Unternehmens sein können und daher vertraulich behandelt werden müssen. Insofern sollten vertragliche Vereinbarungen zu Geheimhaltungspflichten sorgfältig formuliert werden. Häufig sollte auch bereits im Vorfeld der Zusammenarbeit, d.h. in der Phase der Vertragsanbahnung vor Abschluss eines Vertrages, eine Geheimhaltungsvereinbarung geschlossen werden. Eine klare Kommunikation über die Geheimhaltungsbedürftigkeit von Informationen bereits zu Beginn der Zusammenarbeit sichert eine vertrauliche Bearbeitung und Behandlung auf praktischer Ebene.

51 Bei der Vertragsgestaltung sollte weiter bedacht werden, dass die Vertragspartner oft international tätig sind und ihren Sitz nicht im Inland haben. Insofern können grenzüberschreitende Verträge weitere Regelungspunkte erfordern, wie zum Beispiel die Einigung über das für den Vertrag geltende Recht.

III. Lokalisierung von Rechtstexten

52 Wie bereits beschrieben, werden auch an die Spieler gerichtete, rechtliche Texte (zum Beispiel EULAs, AGB, Datenschutzerklärungen) lokalisiert. Dabei gilt insbesondere zu beachten, die im lokalen Recht normierten Definitionen und Begriffe aufzugreifen, um ein einfaches und konsistentes Textverständnis zu ermöglichen und gleichzeitig etwaigen Auslegungsproblemen vorzugreifen. Schließlich wird oft mit auf Rechtstexte spezialisierten Übersetzern bzw. Agenturen zusammengearbeitet, da die Lokalisierung solcher Texte juristische Kenntnisse bzw. ein juristisches Grundverständnis und die Erfassung des rechtlichen Kontextes erfordert.

§ 15 Gesetzlicher Jugendmedienschutz

Literatur: *Dreyer*, Nichts für schwache Nerven, KJug 4/2020, 130; *Erdemir*, Das neue Jugendschutzgesetz, 2021 (zit.: Erdemir Das neue JuSchG); *Binder/Vesting*, Beck'scher Kommentar zum Rundfunkrecht, 4. Aufl. 2018 (zit.: Beck RundfunkR); *Hentsch/von Petersdorff*, Gesetzlicher Jugendschutz in der Games-Branche, MMR-Beil. 8/2020, 3; *Hilgert/Sümmermann*, Von Inhalt zu Interaktion: Neuerungen im Jugendschutzrecht, K&R 2021, 297; *Hoeren/Sieber/Holznagel*, Handbuch Multimedia-Recht, 57. Aufl. 2021 (zit.: Hoeren/Sieber/Holznagel MMR-HdB); *Hopf/Braml*, Die Entwicklung des Jugendmedienschutzes 2020, ZUM 2021, 427; *Liesching*, Das Herkunftslandprinzip nach E-Commerce- und AVMD-Richtlinie, MMR-Beil. 6/2020, 3; *Liesching*, Beck'scher Online-Kommentar JMStV, 20. Ed. Stand 2021 (zit.: BeckOK JMStV); *Secker*, Jugendschutz in der Games-Branche, MMR-Beil. 2020, 1; *Liesching*, Ohne Gurt im Oldtimer – Die Novellierung des Jugendschutzgesetzes, erschienen am 14.02.2020, abrufbar unter https://community.beck.de/2020/02/14/ohne-gurt-im-oldtimer-die-novellierung-des-jugendschutzgesetzes.

A. Einführung

1 Aus Sicht eines Publishers erscheint Deutschland im europäischen Vergleich als gallisches Dorf in puncto Alterskennzeichnung. Während sich in den meisten europäischen Ländern das PEGI-System etabliert hat, führt der Weg qua Gesetz nur selten an der **USK als One-Stop-Shop** (→ Rn. 29) im Jugendmedienschutz vorbei. Und in der Tat: Der gesetzliche Jugendmedienschutz in Deutschland gilt als einer der restriktivsten im internationalen Vergleich, wodurch besondere Anforderungen für Games-Anbieter im deutschen Markt zu beachten sind.[1]

2 Dieses Kapitel gibt einen Überblick zu den grundlegenden rechtlichen Rahmenbedingungen des gesetzlichen Jugendmedienschutzes, die insbesondere für die Games-Branche und im Bereich des Publishings von Bedeutung sind. Dabei wird sowohl auf die Rolle der Unterhaltungssoftware Selbstkontrolle (USK) als One-Stop-Shop eingegangen,

1 Vgl. *Dreyer* KJug 2020, 130.

als auch auf die veränderten gesetzlichen Rahmenbedingungen für Games-Anbieter und Spieleplattformen.

I. Jugendmedienschutz im Wandel

3 Obgleich sich die zentralen Schutzinstrumente im Jugendmedienschutz noch immer stark an Inhalten und deren Verbreitung orientieren, haben sich sowohl die Sichtweise auf den Jugendmedienschutz als auch die zu adressierenden **Schutzzwecke** im Kontext der Digitalisierung in den letzten Jahren maßgeblich weiterentwickelt. Während das Ziel des Jugendmedienschutzes viele Jahre darin bestand, Kinder und Jugendliche von beeinträchtigenden oder gar gefährdenden Medieninhalten fernzuhalten, muss sich ein moderner Jugendmedienschutz neuen Herausforderungen stellen. In einem Beschluss der Jugend- und Familienministerkonferenz im Jahr 2018 wurde erstmals eine Weiterentwicklung des gesetzlichen Jugendmedienschutzes aufgrund neuer Gefährdungslagen im Bereich von Risiken, die mit der Nutzung von Medieninhalten einhergehen, angegangen. So wurde vor dem Hintergrund der UN-Kinderrechtskonvention das Ziel der gleichrangigen Verankerung von „Förderung, Schutz und Teilhabe" gefasst, um langfristig ein sicheres Aufwachsen mit Medien zu ermöglichen.[2]

4 Und in der Tat: Ein Perspektivwechsel war angesichts der rasant voranschreitenden Digitalisierung, unterschiedlichen und miteinander verzahnten Angebotstypen sowie dem realen **Mediennutzungsverhalten** von Kindern- und Jugendlichen unabdingbar geworden. Die ständige Verfügbarkeit von Online-Angeboten, Social Media und User-Generated-Content-Plattformen haben die Funktionstüchtigkeit des bisherigen Systems ins Wanken gebracht. Neue Herausforderungen sieht auch der **Gefährdungsatlas der Bundeszentrale für Kinder- und Jugendmedienschutz** (BzKJ; vormals BPjM), in dem insbesondere ungewollte Kontaktanbahnungen, Beleidigungen, Fake News, die missbräuchliche Verwendung von Daten oder undurchsichtige Zahlungsverpflichtungen, aber auch digitale Spiele als risikobehaftete Medienphänomene benannt werden.[3]

5 Vor diesem Hintergrund erscheint der Versuch, die Vielfalt der digitalen Welt vorrangig mit dem Mittel der Altersstufen zu kategorisieren nur noch schwer mit aktuellen, aber auch zukünftigen Trends wie der Utopie eines aufkommenden „Metaverse" vereinbar. Begrifflichkeiten wie Empowerment, informationelle Selbstbestimmung, aber auch Resilienz drücken den Zeitgeist aus, der heute erforderlich ist, damit Kinder und Jugendliche sich auch in der künftigen digitalen Welt zurechtfinden und behaupten können.[4] Es geht um Transparenz, Optionen und geeignete Schutzinstrumente, um eine **strukturelle Wehrhaftigkeit** gegenüber ungewollten Einflüssen zu etablieren. Gleichzeitig bleibt die konsequente Begleitung des Medienkonsums von Minderjährigen durch Eltern und pädagogische Fachkräfte eines der stärksten Mittel, um Kinder und Jugendliche nachhaltig zu schützen.

---

2 Vgl. Beschluss der Jugend- und Familienministerkonferenz (JFMK), 2018, abrufbar unter https://jfmk.de/wp-content/uploads/2018/12/a-JFMK-03._04.-Mai-2018_Protokoll-mit-Anlagen.pdf.

3 Vgl. Gefährdungsatlas der BzKJ, abrufbar unter https://www.bzkj.de/bzkj/service/publikationen/gefaehrdungsatlas-digitales-aufwachsen-vom-kind-aus-denken-zukunftssicher-handeln-aktualisierte-und-erweiterte-2-auflage--197812.

4 Vgl. Erdemir Das neue JuSchG/*Erdemir* § 1 Rn. 1 ff.

II. Jugendschutz in der Games-Branche

Digitale Spiele sind aus der Lebenswirklichkeit von Kindern und Jugendlichen nicht mehr wegzudenken. Auch die mit der Corona-Pandemie einhergehenden Einschränkungen alternativer Freizeitaktivitäten haben zeitgleich zu einer intensiveren Beschäftigung mit digitalen Spielen geführt. Laut der „Studie Jugend, Information, Medien 2021" (**JIM-Studie**) spielen bereits 91 % aller 12- bis 19-Jährigen zumindest selten über digitale Plattformen. Über alle Spielmöglichkeiten an Computer, Konsole, Tablet und Smartphone hinweggesehen, spielen 72 % der Jugendlichen sogar regelmäßig – also mindestens mehrmals pro Woche – digitale Spiele.[5] In der Altersgruppe der 6- bis 13-Jährigen befassen sich gemäß der „Studie Kindheit, Internet, Medien 2020" (**KIM-Studie**) immerhin 60 % regelmäßig mit digitalen Spielen.[6] Games werden inzwischen primär über das Smartphone, die Konsole oder den PC genutzt. 6

Aufgrund der großen Faszination insbesondere junger Zielgruppen, kommt der Games-Branche eine besondere Verantwortung zu, Kinder- und Jugendmedienschutz in ihren Angeboten sicherzustellen. Die USK sorgt als Einrichtung der freiwilligen **Selbstkontrolle der Games-Branche** seit fast 30 Jahren nicht nur für die Einhaltung der gesetzlichen Bestimmungen des Jugendmedienschutzes in Deutschland, sondern engagiert sich darüber hinaus für die Schaffung branchenweiter Standards, die über gesetzliche Anforderungen hinausgehen. 7

B. Jugendschutzkonforme Vermarktung von Games

Bei der Vermarktung von Games stellt sich Anbietern regelmäßig die Frage nach den einzuhaltenden gesetzlichen Regelungen im Bereich des deutschen Jugendmedienschutzes. Der **Regelungsrahmen** ergibt sich vorrangig aus dem JuSchG als Bundesgesetz sowie dem JMStV der Länder. Welche der genannten rechtlichen Grundlagen letztlich zur Anwendung kommt, ist vorwiegend vom Vertriebsweg abhängig. Dies gilt in vielen Fällen auch nach dem in 2021 in Kraft getretenen novellierten JuSchG, obwohl etwa über die Schaffung eines einheitlichen Medienbegriffs in § 1 Abs. 1a JuSchG ein medienkonvergenter Ansatz verfolgt wurde. So erfasst dieser lediglich Telemedien und Trägermedien, nicht aber den Rundfunk. Darüber hinaus finden sich im JuSchG kaum materiellrechtliche Konsolidierungen, die zu einheitlichen Bestimmungen und Rechtsfolgen der Mediengattungen führen. Vielmehr werden durch die neuen Kernregelungen (§ 14a für Film- und Spieleplattformen sowie § 24a JuSchG zu Vorsorgemaßnahmen) lediglich bestimmte Telemedien geregelt, wohingegen in Bezug auf die Rechtsfolgen weiterhin zwischen Telemedien und Trägermedien unterschieden wird.[7] Sollen etwa Spiele auf Trägermedien oder aber einer Spieleplattform iSd JuSchG vertrieben oder in der Öffentlichkeit präsentiert werden (Messen, Esport), so gilt das JuSchG. Beim Ver- 8

5 Vgl. JIM-Studie 2020, abrufbar unter https://www.mpfs.de/fileadmin/files/Studien/JIM/2020/JIM-Studie-2020_Web_final.pdf.

6 Vgl. „Studie Kindheit, Internet, Medien 2020" (KIM-Studie), abrufbar unter https://www.mpfs.de/fileadmin/files/Studien/KIM/2020/KIM-Studie2020_WEB_final.pdf.

7 *Liesching* Ohne Gurt im Oldtimer – Die Novellierung des Jugendschutzgesetzes, erschienen am 14.2.2020, abrufbar unter https://community.beck.de/2020/02/14/ohne-gurt-im-oldtimer-die-novellierung-des-jugendschutzgesetzes.

trieb von Spielen „online" sowie durch weitere sie begleitende Medienformate (Trailer, Streams etc) gilt bis auf oben genannte Ausnahmen hingegen der JMStV.

I. Überblick über den rechtlichen Rahmen

9 Der Jugendschutz entspringt den Persönlichkeitsrechten der zu schützenden Kinder und Jugendlichen (Art. 1 Abs. 1 iVm Art. 2 Abs. 1 GG) sowie der Schranke der Meinungs- und Medienfreiheit gemäß Art. 5 Abs. 2 GG und hat damit in Deutschland Verfassungsrang. Entsprechend haben „Kinder und Jugendliche [...] ein Recht auf Entfaltung ihrer Persönlichkeit im Sinne dieser Grundrechtsnormen. Sie bedürfen des Schutzes und der Hilfe, um sich zu eigenverantwortlichen Persönlichkeiten innerhalb der sozialen Gemeinschaft zu entwickeln".[8] Daneben steht das verfassungsrechtlich gewährte elterliche Erziehungsrecht gemäß Art. 6 Abs. 2 GG (**Elternprivileg**), welches der Staat nicht per Gesetz übernehmen bzw. ersetzen darf. Vielmehr soll der Staat mit der Gewährleistung von Jugendschutz das Erziehungsrecht der Eltern unterstützen.[9]

1. Das novellierte JuSchG 2021

10 Das Jugendschutzgesetz des Bundes regelt den Jugendschutz im Bereich der Medien. Für Games-Anbieter ergibt sich daraus im Wesentlichen, dass Spiele in Deutschland Kindern oder Jugendlichen in der Öffentlichkeit nur dann zugänglich gemacht werden dürfen, wenn eine Kennzeichnung der USK vorliegt.

11 Ziel des Jugendmedienschutzes ist damit der Schutz vor Medien, die geeignet sind, die Entwicklung von Kindern oder Jugendlichen oder ihre Erziehung zu einer eigenverantwortlichen und gemeinschaftsfähigen Persönlichkeit zu beeinträchtigen (entwicklungsbeeinträchtigende Medien) oder zu gefährden (**jugendgefährdende Medien**). Im Rahmen der jüngsten **Gesetzesnovellierung des JuSchG 2021** wurden die Schutzziele zudem um die Förderung von Orientierung für Minderjährige, personensorgeberechtigte Personen sowie pädagogische Fachkräfte bei der Mediennutzung und -erziehung sowie um den Schutz der persönlichen Integrität von Kindern und Jugendlichen bei der Mediennutzung erweitert. Die Erweiterung der Schutzziele hat – neben anderen Vorschriften wie der Verpflichtung zur Vornahme von Vorsorgemaßnahmen gemäß § 24a JuSchG – erhebliche Auswirkungen auf bisherige Verfahren zur Alterskennzeichnung. Auf weitere Änderungen wie zB erweiterten Zuständigkeiten und Aufgaben der BzKJ (§ 17a JuSchG), der Vereinheitlichung der Liste jugendgefährdender Medien (§ 18 JuSchG) sowie die Verpflichtung von Dienstanbietern iSd § 24a Abs. 1 JuSchG zur Benennung eines inländischen Empfangsbevollmächtigten (§ 24d JuSchG) wird im Folgenden jedoch nicht vertieft eingegangen.

a) Begriff der Entwicklungsbeeinträchtigung

12 Der Begriff der Entwicklungsbeeinträchtigung ist Grundlage der Alterskennzeichnung, anders als eine Jugendgefährdung, die eine Alterskennzeichnung ausschließt (§ 14 Abs. 3 JuSchG) und ggf. sogar Normen des Strafrechts erfüllt. Bisher umfasste der Begriff lediglich **Risiken, die vom konkreten Medieninhalt ausgehen können (sogenannte**

8 BVerfG v. 27.11.1990 – 1 BvR 402/87, BVerfGE 83, 130 (140), unter Bezugnahme auf BVerfGE 79, 51 (63).
9 BT-Drs. 19/24909, 19.

Konfrontationsrisiken), doch erfuhr er nun eine Ausdehnung auf Risiken, die sich durch außerhalb der medieninhaltlichen Wirkung liegenden Umstände ergeben können (§ 10b Abs. 2 JuSchG), den sogenannten **Nutzungsrisiken.**

Grundsätzlich gilt es, Kinder und Jugendliche vor ungeeigneten bzw. entwicklungsbeeinträchtigenden Medien zu schützen. Gemäß § 10a Nr. 1 JuSchG gelten Medien als entwicklungsbeeinträchtigend, wenn sie geeignet sind, die Entwicklung von Kindern oder Jugendlichen oder ihre Erziehung zu einer eigenverantwortlichen und gemeinschaftsfähigen Persönlichkeit zu beeinträchtigen. Hierzu zählen gemäß § 10b Abs. 1 JuSchG insbesondere übermäßig ängstigende, Gewalt befürwortende oder das sozialethische Wertebild beeinträchtigende Medien. Diese als **Inhaltsrisiken** bezeichneten Risikosphären entsprechen denen des JuSchG aF und werden bereits über die USK Leitkriterien[10] abgebildet. 13

Die **Leitkriterien der USK** unterstützen die USK-Prüfgremien (Prüfverfahren → Rn. 34) bei der Altersbewertung und stellen einen Bewertungsmaßstab dar, der im Einzelfall weiterer fachkundiger Auslegung bedarf. Erforderlich ist stets eine Gesamtbetrachtung des Mediums, wobei folgende Aspekte der Wirkungsmacht von besonderer Relevanz sind: visuelle und akustische Umsetzung der Spielidee, Gameplay, Atmosphäre, Realismus, Glaubwürdigkeit, Menschenähnlichkeit, Jugendaffinität und Identifikationspotenzial, Handlungsdruck, Gewalt, Angst und Bedrohung, Sexualität, Diskriminierung, Sprache, Drogen, Glücksspiel und die Berücksichtigung von Kennzeichen verfassungswidriger Organisationen. Die jeweiligen Aspekte können sich je nach Ausgestaltung gegenseitig verstärken oder abschwächen. Bei der Entscheidungsfindung spielt die Kategorie der Rahmungskompetenz, die Minderjährigen bei der kognitiven und emotional-moralischen Einordnung medialer Inhalte und Darstellungen altersabhängig zugetraut wird, eine wichtige Rolle.[11] Gemäß § 19 Abs. 2 der USK Grundsätze ist im Rahmen der Bewertung nicht nur der durchschnittliche, sondern insbesondere auch der gefährdungsgeneigte Minderjährige zu berücksichtigen (USK Spruchpraxis zu Inhaltsrisiken → § 16 Rn. 16 ff.). 14

b) Beeinträchtigung der persönlichen Integrität

Während im Bereich der Konfrontationsrisiken eine jahrelang etablierte Spruchpraxis besteht, ist der Begriff der **„persönlichen Integrität“** aktuell noch weitgehend unbestimmt und in der Jugendschutzpraxis mit Leben zu füllen. Gemäß Gesetzesbegründung erfasst dieses Begriffspaar „die Wahrung ihrer [Kinder und Jugendliche] Persönlichkeitsrechte im weiten Sinne in mittelbarer Drittwirkung aus Art. 2 Abs. 1 in Verbindung mit Art. 1 Abs. 1 GG sowie damit einhergehend, das Recht auf informationelle Selbstbestimmung und insgesamt den Schutz vor Identitätsverletzungen“.[12] Damit scheint die unbeeinträchtigte Entwicklung der „geistig-seelischen“ Integrität von Kindern und Jugendlichen angesprochen zu sein. Dies beinhaltet insbesondere entwicklungsbezogene Aspekte der Ausprägung des allgemeinen Persönlichkeitsrechts, wozu das Recht auf 15

10 Leitkriterien der USK für die Prüfung von Computer- und Videospielen, in der Fassung vom Juli 2020, abrufbar unter https://usk.de/?smd_process_download=1&download_id=1018522.

11 Leitkriterien der USK für die Prüfung von Computer- und Videospielen, in der Fassung vom Juli 2020, abrufbar unter https://usk.de/?smd_process_download=1&download_id=1018522, S. 9.

12 BT-Drs. 19/24909, 43.

Selbstbestimmung (Bildung eigener Identität), der Selbstbewahrung (Privatheit und Vertraulichkeit) und der Selbstdarstellung (Recht der persönlichen Ehre, Recht am eigenen Wort, Recht am eigenen Bild, Recht auf informationelle Selbstbestimmung, Recht auf Gewährleistung der Vertraulichkeit und Integrität informationstechnischer Systeme) gehören.[13] In Anlehnung an das Verständnis des BVerfG zum Begriff der geistig-seelischen Integrität, kann damit als zentrales Schutzziel das psychische Wohlbefinden im Sinne eines Zustandes, bei dem das Individuum mit sich selbst und mit der Welt im Einklang ist, verstanden werden.[14] Dabei können Beeinträchtigungen dieses Wohlbefindens ausschließlich in der Auseinandersetzung mit Dritten entstehen.[15] Entsprechend ist dieser Aspekt im Rahmen der Prüfung digitaler Spiele lediglich dann relevant, wenn es Nutzern ermöglicht wird, miteinander zu kommunizieren, zu interagieren oder selbst Inhalte zu erstellen. Auch genügt keine lediglich punktuelle (kurzfristige) Beeinträchtigung des Kindeswohls, wie zB durch bloße Irritationen oder Verstimmungen, sondern es bedarf einer nachhaltigen Störung für das Vorliegen einer Entwicklungsbeeinträchtigung.[16]

16 Für die Altersbewertung von Spielen bedeutet dies, dass gemäß **§ 10b Abs. 2 JuSchG** nun „auch außerhalb der medieninhaltlichen Wirkung liegende Umstände der jeweiligen Nutzung des Mediums berücksichtigt werden können, wenn diese auf Dauer angelegter Bestandteil des Mediums sind und eine abweichende Gesamtbeurteilung über eine Kennzeichnung nach § 14 Absatz 2a (Deskriptoren → Rn. 21) hinaus rechtfertigen" (**Nutzungsrisiken**). Dadurch sind auch einhergehende Funktionalitäten und deren entwicklungsbezogenen Risikopotenziale im Rahmen der Mediennutzung durch Minderjährige zu berücksichtigen.

17 Neben diese Kann-Vorschrift tritt **§ 10b Abs. 3 JuSchG.** Demnach „sind [insbesondere] nach **konkreter Gefahrenprognose** als erheblich einzustufende Risiken für die persönliche Integrität von Kindern und Jugendlichen, die im Rahmen der Nutzung des Mediums auftreten können, unter Einbeziehung etwaiger Vorsorgemaßnahmen im Sinne des § 24a Abs. 1 und 2 angemessen zu berücksichtigen. Hierzu zählen insbesondere Risiken durch Kommunikations- und Kontaktfunktionen, durch Kauffunktionen, durch glücksspielähnliche Mechanismen, durch Mechanismen zur Förderung eines exzessiven Mediennutzungsverhaltens, durch die Weitergabe von Bestands- und Nutzungsdaten ohne Einwilligung an Dritte sowie durch nicht altersgerechte Kaufappelle insbesondere durch werbende Verweise auf andere Medien". Aufgrund der jeweiligen Ausgestaltung der beiden Absätze („Kann-/Sind-Vorschrift") besteht zunächst ein vermeintlicher Widerspruch, der jedoch im Rahmen der Auslegung aufzulösen ist: Abs. 2 spricht nur von der grundsätzlichen Möglichkeit der Einbeziehung bestimmter Umstände bzw. Funktionalitäten außerhalb des Inhalts, ohne dass zu diesem Zeitpunkt eine Risikoeinschätzung erforderlich ist. Anschließend bestimmt Abs. 3 den Ansatz der Risikoeinschätzung (konkrete Gefahrenprognose) sowie die Relevanz der eingeschätz-

13 Vgl. insbesondere auch zur Herleitung: Erdemir Das neue JuSchG/*Dreyer* § 2 Rn. 25.
14 BVerfG NVwZ 2009, 1494.
15 Erdemir Das neue JuSchG/*Dreyer* § 2 Rn. 26.
16 So schon Hoeren/Sieber/Holznagel MMR-HdB/*Altenhain* Teil 20 Rn. 84 f.; Erdemir Das neue JuSchG/*Dreyer* § 2 Rn. 27.

ten Risikopotentiale („als erheblich einzustufenden Risiken“) und führt für diese Risiken eine Liste nicht abschließender Beispielskategorien an.[17] Im Rahmen dieses Ansatzes in Form eines konkretisierenden Rangverhältnisses zwischen Abs. 2 und Abs. 3, erscheint jedoch der in Abs. 2 enthaltene Verweis auf § 14 Abs. 2a JuSchG inkonsistent, indem er eine vorrangige Berücksichtigung von Nutzungsrisiken durch sog. Deskriptoren regelt. Im Ergebnis entsteht dadurch ein Zirkelschluss, da für die Frage der Beurteilung, ob es zu einer Abweichung in der Alterskennzeichnung gemäß Abs. 2 kommt, bereits zwingend eine abwägende Auseinandersetzung mit eben diesen interaktiven Funktionalitäten erfolgen muss, obwohl die entscheidende Risikoabschätzung erst auf nächster Ebene des Abs. 3 – also im Falle nicht ausreichender Deskriptoren – vertieft zu erfolgen hat. Diese Problematik lässt sich allein mittels einer strengen Prüfhierarchie sowie einer **kursorischen Prüfung** (→ Rn. 39) der Funktionalitäten vorab auflösen. Dieser Ansatz basiert damit auf einer Wechselwirkung zwischen Abs. 2 und Abs. 3.[18]

c) Kennzeichnungspflichten gemäß JuSchG

Gemäß § 12 Abs. 1 JuSchG gilt für Datenträger ein Verbot mit Erlaubnisvorbehalt, so 18
dass diese nur dann Minderjährigen zugänglich gemacht werden dürfen, wenn sie von den Obersten Landesjugendbehörden (OLJB) oder einer Organisation der freiwilligen Selbstkontrolle im Rahmen des Verfahrens nach § 14 Abs. 6 JuSchG für ihre Altersstufe freigegeben und gekennzeichnet worden sind. Neu ist die **Kennzeichnungspflicht** von digitalen Filmen und Spielen, die als Telemedien auf einer Film- und Spieleplattform angeboten werden (§ 14a Abs. 1 S. 2 JuSchG).

Unter **Film- und Spieleplattformen** sind gemäß § 14a Abs. 1 S. 1 JuSchG Diensteanbie- 19
ter zu verstehen, die Spiele oder Filme in einem Gesamtangebot zusammenfassen und mit Gewinnerzielungsabsicht als eigene Inhalte zum individuellen Abruf zu einem von den Nutzerinnen und Nutzern gewählten Zeitpunkt bereithalten. Bei der Frage, ob es sich um eigene Inhalte handelt, ist laut Gesetzesbegründung auf § 7 Abs. 1 TMG abzustellen. Es handele sich schon dann um eigene Inhalte, wenn Anbieter „auf die Auswahl und Darstellung der Filme und Spielprogramme einen direkten inhaltlichen Einfluss haben und diese kuratiert bereitstellen“. Dabei sei eine Zusammenfassung zu einem Gesamtangebot grundsätzlich auch dann anzunehmen, wenn der Diensteanbieter die Filme und Spiele vor Bereitstellung nur einer geringfügigen inhaltlichen Einschätzung unterzieht und diese mittels automatisierter Verfahren sortiert und auf dem Angebot veröffentlicht.[19] Diensteanbieter sind gemäß § 14a Abs. 2 JuSchG von der Kennzeichnungspflicht befreit, wenn die Film- oder Spielplattform im Inland nachweislich weniger als eine Million Nutzerinnen und Nutzer hat. Nähere Ausführungen zu dieser Bagatellgrenze (→ Rn. 24) lassen Gesetz und Begründung leider vermissen. Die Pflicht besteht zudem nicht bei Plattformen, die ausschließlich Erwachsenen zugänglich gemacht werden.

§ 14a Abs. 1 S. 2 Nr. 1 – 3 JuSchG regelt zudem, wie die **Erfüllung der Kennzeich-** 20
nungspflicht auf Film- und Spieleplattformen zu erfolgen hat. So müssen Alterskenn-

17 Erdemir Das neue JuSchG/*Dreyer* § 2 Rn. 41; vgl. auch *Hilgert/Sümmermann* K&R 2021, 297 (299).
18 Erdemir Das neue JuSchG/*Dreyer* § 2 Rn. 45.
19 BT-Drs. 19/24909, 47.

zeichen für digitale Spiele entweder im Rahmen eines „klassischen" JuSchG-Prüfverfahrens einer Selbstkontrolleinrichtung wie der USK unter Einbindung der OLJB oder durch eine gemäß JMStV anerkannte Selbstkontrolleinrichtung wie der USK.online zustande gekommen sein. Ebenfalls möglich ist die Kennzeichnung durch einen von einer Selbstkontrolleinrichtung zertifizierten Jugendschutzbeauftragten nach § 7 JMStV oder die Kennzeichnung durch ein **automatisiertes Bewertungssystem** einer Selbstkontrolleinrichtung (zB IARC; → Rn. 51), welches durch die Obersten Landesjugendbehörden anerkannt worden ist.

d) Zusatzhinweise nach § 14 2a

21 Gemäß § 14 (2a) JuSchG soll die Kennzeichnung von digitalen Spielen neben der Altersstufe auch durch Angaben zu den wesentlichen Gründen für die Altersfreigabe sowie Hinweisen über die potenzielle Beeinträchtigung der persönlichen Integrität erfolgen. Die Neuregelung greift die Systematik der **Zusatzhinweise** auf, die bereits durch freiwillige Initiativen wie dem IARC-System auf verschiedenen Online-Plattformen etabliert ist. Die neuen gesetzlichen Bestimmungen erfordern es, diese Zusatzhinweise im Bereich der Verfahren nach § 14 Abs. 6 JuSchG einzuführen. Um die Zielsetzung des Gesetzgebers hinsichtlich Transparenz, Orientierung, aber auch Einheitlichkeit zu erfüllen, ist eine höchstmögliche Harmonisierung der Zusatzhinweise von im Handel vertriebenen Spielen mit jenen im Online-Bereich erstrebenswert. Nach sorgfältiger Abwägung der Vor- und Nachteile von Symbolen als Bildzeichen auf der einen und Symbolen als textliche Hinweise auf der anderen Seite überwiegen im Hinblick auf eine eindeutige Orientierungsfunktion und nach Beteiligung der relevanten Zielgruppen bestehend aus Eltern, pädagogischen Fachkräften sowie Kindern und Jugendlichen die Vorteile von präziseren Informationen in Textform (**Deskriptor**). Der Wortlaut des Gesetzes sowie der Gesetzesbegründung lässt dabei ausreichend Spielraum.[20]

e) Vorsorgemaßnahmen

22 Gemäß § 24a JuSchG werden Diensteanbieter, die fremde Informationen für Nutzerinnen und Nutzer speichern oder bereitstellen, zur Vornahme von angemessenen und wirksamen strukturellen **Vorsorgemaßnahmen** verpflichtet („Safety by Design"). Diese sind **angemessen**, wenn die gegenüberstehenden Güter in Einklang gebracht sind: Berufsfreiheit, Eigentumsfreiheit und Recht am eingerichteten und ausgeübten Gewerbebetrieb auf der einen und Schutz der möglichst unbeeinträchtigten Persönlichkeitsentwicklung Minderjähriger zu einer eigenverantwortlichen und gemeinschaftsfähigen Person auf der anderen Seite. Bei der einzelfallbezogenen Abwägung zwischen der Bedeutung des Schutzziels und der Schwere des Eingriffs sind technische Eigenheiten des Angebots, kommunikationsbezogene Funktionalität und Ausgestaltung, Nutzungsbestimmungen und die tatsächlich beobachtbare Nutzungsform zu berücksichtigen.[21] Auch der personelle und technische Aufwand sowie die Kosten für die Umsetzung in Abhängigkeit von der Unternehmensgröße und den jeweiligen finanziellen Möglichkeiten gehören dazu. Grundsätzlich gilt: Je größer das Risiko für den Schutzzweck ist,

---

20 BT-Drs. 19/27289, 14: „Zusätzlich zur Altersfreigabe sieht Absatz 2a hierzu Symbole und weitere Mittel vor, mit denen wesentliche Risiken transparent gemacht werden sollen (sogenannte Deskriptoren)."

21 Erdemir Das neue JuSchG/*Dreyer* § 5 Rn. 55.

desto umfangreichere Vorsorgemaßnahmen sind erforderlich.[22] Zudem müssen die Maßnahmen wirksam, also zur Erreichung des Schutzziels geeignet sein. Ein Optimierungsgebot, im Sinne der „wirksamsten und effektivsten" Maßnahme lässt sich aus dem Gesetz nicht herauslesen.[23]

Das bestehende System der für den Bereich der Telemedien geltenden Verbreitungsbeschränkungen des JMStV bleibt unberührt und wird durch die übergeordneten systematischen Anforderungen flankiert.[24] In diesem Zusammenhang hervorzuheben ist § 24a Abs. 2 Nr. 6 JuSchG, also die Bereitstellung technischer Mittel zur Steuerung und Begleitung der Nutzung der Angebote durch personensorgeberechtigte Personen (**Parental Controls**). Demnach dürften über eine Selbstkontrolleinrichtung **zertifizierte Jugendschutzprogramme** innerhalb geschlossener Systeme (→ § 25 Rn. 21 ff.) gemäß § 11 Abs. 2 JMStV eine entsprechende Vorsorgemaßnahme darstellen.[25] Der Maßnahmenkatalog des Abs. 2 ist zudem nicht abschließend und legt keine Rangfolge vor. Die Verpflichtung zur Vornahme von Vorsorgemaßnahmen trifft auch Onlinespiele selbst, soweit Nutzer dort die Möglichkeit haben, untereinander durch das Bereitstellen eigener Inhalte zu kommunizieren.[26] 23

Diensteanbieter sind von der Pflicht zur Vornahme von Vorsorgemaßnahmen befreit, wenn deren Angebote sich nicht an Minderjährige richten und von diesen üblicherweise nicht genutzt werden sowie journalistisch-redaktionell gestaltete Angebote, die vom Diensteanbieter selbst verantwortet werden oder wenn der Anbieter im Rahmen einer Beweislastumkehr nachweist, dass das Angebot im Inland weniger als eine Millionen Nutzerinnen und Nutzer hat (§ 24a Abs. 3). Weder ist beschrieben, wie im Einzelnen ein solcher Nachweis zu erfolgen hat, noch eine Konkretisierung hinsichtlich der **Bestimmung der Nutzeranzahl.** Zieht man jedoch ähnlich ausgestaltete Bagatellgrenzen hinzu (§ 1 Abs. 2 des NetzDG oder § 91 Abs. 2 Nr. 1 MStV), so lassen sich weitere Rückschlüsse ziehen. Das JuSchG verzichtet insoweit auf einen bestimmten Bemessungszeitraum und stellt gerade nicht auf „im Inland registrierte Nutzer" ab. Entsprechend kommt es wohl nicht auf inaktive („Karteileichen"), sondern aktive Nutzer an. In Anlehnung an den „näher liegenden" § 91 Abs. 2 Nr. 1 MStV sollte zusätzlich auf die Anzahl einzelner unterschiedlicher Nutzer (Unique User) abgestellt werden (vgl. § 2 Abs. 2 MI-Satzung), so dass mehrere Aufrufe des gleichen Nutzers nur einmal gezählt werden. Bezugspunkt muss dem Wortlaut entsprechend das jeweils zu beurteilende Angebot sein. Keinen Anhaltspunkt gibt es hinsichtlich des Bemessungszeitpunkts. Gerade ein ggf. länger andauerndes „dialogische Verfahren" gegenüber der BzKJ macht ein solches Erfordernis aber dringend erforderlich. Sind Onlinespiele von der Verpflichtung zur Vornahme von Vorsorgemaßnahmen befreit, so kann davon unabhängig dennoch eine Nicht-/Implementierung von Vorsorgemaßnahmen im Rahmen der Alterskennzeichnung Berücksichtigung finden (→ Rn. 17). 24

22 Erdemir Das neue JuSchG/*Dreyer* § 5 Rn. 55.
23 Vgl. Erdemir Das neue JuSchG/*Dreyer* § 5 Rn. 58.
24 BT-Drs. 19/24909, 62.
25 Vgl. Erdemir Das neue JuSchG/*Dreyer* § 5 Rn. 81.
26 Beschlussempfehlung, BT-Drs. 19/27289, 13 f.; *Hilgert/Sümmermann* K&R 2021, 297 (300).

2. Der Jugendmedienschutz-Staatsvertrag (JMStV)

25 Aufgrund der Vielzahl an Angeboten im Internet kommt im Rahmen des **JMStV** das Konzept der „**regulierten Selbstregulierung**“ besonders zum Tragen. Dies bedeutet, dass Einrichtungen der freiwilligen Selbstkontrolle wie der USK ein „Entscheidungsrahmen“ zugebilligt wird, der durch die Medienaufsicht „nur begrenzt überprüfbar“ ist, wobei die staatliche Verantwortung aber erhalten bleibt.[27] So obliegt etwa die Einstufung der Jugendschutzrelevanz von Angeboten den Selbstkontrolleinrichtungen, wobei diese ihrerseits durch die Aufsichtsinstanzen kontrolliert werden. Der JMStV unterscheidet damit zwischen einer Einzelfallkontrolle, die den Selbstkontrolleinrichtungen obliegt, und einer Kontrolle des Funktionierens der Selbstkontrolle durch die Medienaufsicht.[28]

26 Darüber hinaus gilt im Bereich des JMStV das Prinzip des **eigenverantwortlichen Anbieters.** So haben Anbieter gemäß § 5 Abs. 1 JMStV die Pflicht potenziell jugendbeeinträchtigende Medieninhalte selbst zu bewerten und mittels Schutzmaßnahmen dafür zu sorgen, dass Kinder oder Jugendliche der betroffenen Altersstufe solche Inhalte „üblicherweise nicht wahrnehmen“ (→ § 25 Rn. 13 ff.). Das Prinzip der Eigenverantwortung wird im Bereich der Telemedien im Zuge des neu hinzugefügten § 14a JuSchG jedoch durchbrochen, indem eine **Kennzeichnungspflicht für Film- und Spieleplattformen** geschaffen wurde (→ Rn. 18 ff.).

27 Zudem enthält § 6 JMStV einige Regelungen zum Thema **Werbung**, die besonders im Hinblick auf Free-to-Play-Modelle an Relevanz gewonnen haben (→ § 28 Rn. 15 f. und 41 f.).

28 Auch der JMStV ist den neuen Gegebenheiten anzupassen. Die Staatskanzleien haben bereits angekündigt, den JMStV zu novellieren und zwei **Diskussionsentwürfe** veröffentlicht.[29] Neben Anpassungen an das novellierte JuSchG liegt der Fokus jeweils auf dem Medienzugang über Apps sowie auf der Filterung von Anwendungen und Inhalten über eine verpflichtende Jugendschutzvorrichtung des Betriebssystems. Ziel soll es sein, Erziehungsberechtigten einen möglichst einfach zu bedienenden und sicheren Mechanismus zum Schutz ihrer Kinder anzubieten (sogenannte „One-Click-Lösung“), der die bestehenden Jugendschutzmaßnahmen zusammenführt, ergänzt und sichtbarer macht. Trotz der grundsätzlich richtigen und wichtigen Zielsetzung sind die Entwürfe in ihren Einzelheiten von verschiedener Seite aus rechtlichen, technischen und jugendschutz-praktischen Gründen kritisiert worden.

II. Die Unterhaltungssoftware Selbstkontrolle (USK)

29 Die USK ist die Selbstkontrolle der Games-Branche und damit **„One-Stop-Shop“** für Anbieter aus dem Gaming-Bereich (zB Publisher, Entwickler, Influencer, Streamer, Plattformanbieter etc).[30] Sie ist sowohl unter dem JuSchG als auch unter dem JMStV

---

27 Beck RundfunkR/*Schulz/Held* JMStV § 1 Rn. 21.

28 Beck RundfunkR/*Schulz/Held* JMStV § 1 Rn. 26.

29 Erster Arbeitsentwurf der Länder, vom 21. April 2020, abrufbar unter https://spielerecht.de/wp-content/uploads/01_Anlage-1-2020-04-21_-JMStV-mit-neuem-Pflichtenregime_2.pdf; sowie in überarbeiteter Fassung vom April 2022, abrufbar unter https://www.rlp.de/de/regierung/staatskanzlei/medienpolitik/rundfunkkommission/reform-des-jugendmedienschutz-staatsvertrages/.

30 *Hentsch/v. Petersdorff* MMR-Beil. 8/2020, 3.

der Länder gesetzlich anerkannt. Die Kernaufgabe der USK liegt in der Prüfung von digitalen Spielen. Im klassischen USK-Prüfverfahren nach dem Jugendschutzgesetz erteilen staatliche Vertreter auf Empfehlung von unabhängigen Jugendschutzsachverständigen die Alterskennzeichen. Darüber hinaus vergibt die USK ihre Alterskennzeichen auch innerhalb des globalen IARC-Systems für Online-Spiele und Apps. Zahlreiche Unternehmen haben sich der USK als Mitglieder angeschlossen, um beim Thema Jugendschutz dauerhaft und besonders eng zu kooperieren. Über den Bereich Presse- und Öffentlichkeitsarbeit wirkt die USK zudem an **Medienkompetenzprojekten** und Fachtagungen mit.

Gesellschafter der USK als gemeinnütziger GmbH ist der Industrieverband der Spiele 30
entwickelnden, produzierenden und in Deutschland vertreibenden Industrie (game – Verband der deutschen Games-Branche eV). Dabei trägt der Gesellschafter das wirtschaftliche Risiko der GmbH, jedoch nicht die Verantwortung für die Alterskennzeichnungen der Spiele.

Die USK wird von einem plural aufgestellten **Beirat**[31] beraten, der u.a. die USK-Grund- 31
sätze und die Leitkriterien für die Prüfungen festlegt.

Die **Aufgaben der USK** sind vielfältig. Im Rahmen ihrer Prüfverfahren sorgt die USK 32
dafür, dass die Spiele technisch und inhaltlich auf den verschiedensten Spielplattformen geprüft werden können. Auch ist sie für einen reibungslosen Ablauf der Prüfverfahren verantwortlich. Daneben sorgt die USK auch für die Weiterbildung aller am Prüfverfahren beteiligten Fachkräfte und ist fester Jugendschutzpartner der **gamescom** sowie auf weiteren **Spielemessen oder öffentlichen Veranstaltungen**, auf denen Spiele präsentiert werden. Darüber hinaus unterstützt die USK Anbieter dabei, die unterschiedlichen und komplexen Vorgaben von Bund und Ländern umzusetzen, die regulatorische Arbeit zu begleiten, neue Entwicklungen aufzugreifen und innovative Lösungen im technischen Jugendmedienschutz zu erarbeiten, zu implementieren oder im Rahmen einer Anerkennung zu zertifizieren[32] (→ § 25 Rn. 24 ff.).

1. Veröffentlichung von Spielen im Einzelhandel

Sollen digitale **Spiele im Einzelhandel** bzw. als Datenträger an Kindern und Jugendliche 33
verkauft werden, so ist dies unabhängig von ihrem tatsächlichen Inhalt nur gestattet, wenn diese im Rahmen eines Verfahrens nach § 14 Abs. 6 JuSchG für ihre Altersstufe freigegeben und gekennzeichnet worden sind (Kennzeichnungspflicht). In Deutschland bietet nur die USK ein solches Verfahren für digitale Spiele an.

a) Verfahren

Die durch das JuSchG übertragene Aufgabe der Alterskennzeichnung wird gemäß Län- 34
dervereinbarung durch das zuständige Ministerium des Landes Nordrhein-Westfalen für alle Länderministerien federführend übernommen. Gemäß Vereinbarung werden Mitarbeiter der federführenden Stelle entsandt, die als Ständige Vertreter der OLJB am **„klassischen" USK-Prüfverfahrens gemäß JuSchG** unmittelbar mitwirken und am Ende

31 USK-Beiratsmitglieder abrufbar unter https://usk.de/die-usk/grundlagen-und-struktur/beirat/.
32 *Hentsch/v. Petersdorff* MMR-Beil. 8/2020, 3.

einen hoheitlichen **Verwaltungsakt** erteilen. Das Verfahren selbst basiert gemäß §§ 12 Abs. 1 und 14 Abs. 6 JuSchG auf einer Vereinbarung zwischen dem die USK tragenden Wirtschaftsverband game – Verband der deutschen Games-Branche eV und der federführenden Stelle für die USK. Grundlage der Prüfverfahren sind die USK Grundsätze[33] sowie die USK Leitkriterien[34] (→ Rn. 14).

35 Das „klassische" Prüfverfahren bleibt trotz unmittelbarer Auswirkungen durch die JuSchG-Novelle im Wesentlichen unverändert. Der Prüfgegenstand wird gemäß der USK Grundsätze durch einen Sichter aufbereitet und in einem pluralistisch besetzten Gremium von vier Jugendschutzsachverständigen und einem Ständigen Vertreter der OLJB (Vorsitz) präsentiert. Nach Diskussion und Abwägung durch das Gremium übernimmt der Ständige Vertreter der OLJB im Jugendentscheid die Freigabeempfehlung des Prüfgremiums. Der Jugendentscheid wird schriftlich begründet. Das Prüfverfahren kann in Zweifelsfällen unterbrochen und eine gutachterliche Stellungnahme der BzKJ eingeholt werden. Eine Berufung gegen die Entscheidung im Regelverfahren ist durch den Antragsteller oder die OLJB zulässig. Zur Festigung und Wahrung der Spruchpraxis ist in Grenzfällen ein nachgelagertes Appellationsbegehren durch die OLJB oder den Träger-Verband möglich. Die Prüfergebnisse richten sich nach den Altersstufen gemäß § 14 Abs. 2 JuSchG. Die Altersfreigaben der USK stellen keine pädagogische Empfehlung dar.

36 Kommt es zu dem Ergebnis **„keine Kennzeichnung gemäß § 14 JuSchG"**, kann ein Produkt zwar weiterhin an Erwachsene vertrieben werden, jedoch besteht gemäß § 18 Abs. 1 S. 1 JuSchG die Gefahr einer Aufnahme in die Liste jugendgefährdender Medien (**Indizierung**) durch die BzKJ aufgrund etwaig vorhandener Jugendgefährdung und steht damit einem rechtssicheren Handel entgegen. Im Falle einer Indizierung durch die BzKJ greifen weitreichende Handelsbeschränkungen.

b) Prüfhierarchie gemäß § 10b Abs. 2 und 3 JuSchG

37 Im Zuge der JuSchG-Novelle können nun auch Nutzungsrisiken bei der Beurteilung von digitalen Spielen berücksichtigt werden (→ Rn. 12 ff.). Ob und inwieweit Nutzungsrisiken eine Auswirkung auf die Altersfreigabe selbst haben oder aber eine Kenntlichmachung über Deskriptoren (→ Rn. 17) ausreicht, ist anhand einer strengen Prüfreihenfolge festzustellen, die sich aus einer Wechselwirkung zwischen § 10b Abs. 2 und Abs. 3 JuSchG ergibt:

38 Die Umstände bzw. die Funktionalitäten müssen gemäß § 10b Abs. 2 JuSchG zum Zeitpunkt der Prüfung **auf Dauer angelegt** sein, dürfen also nicht lediglich temporär oder kurzzeitig vorliegen. Neben bereits enthaltenen Nutzungskomponenten erscheint auch eine vorhergehende Angabe oder Abfrage hinsichtlich künftiger Funktionalitäten und Konzepte gegenüber dem Anbieter sinnvoll, damit diese Teil des Bewertungsgegenstandes sind und von der Alterskennzeichnung umfasst werden.[35] Zudem müssen

33 Grundsätze der USK, idF v. 1.1.2017, abrufbar unter https://usk.de/?smd_process_download=1&download_id=1018457.

34 Leitkriterien der USK für die Prüfung von Computer- und Videospielen, in der Fassung vom Juli 2020, abrufbar unter https://usk.de/?smd_process_download=1&download_id=1018522.

35 Vgl. Erdemir Das neue JuSchG/*Dreyer* § 2 Rn. 44.

die Funktionalitäten gemäß § 10b Abs. 2 JuSchG **Bestandteil des Mediums** sein, also im Einzelspiel selbst enthalten sein.[36] Nicht ausreichend ist, wenn das Bewertungselement nur bei jeder Nutzung der jeweiligen Plattform, aber unabhängig von der jeweiligen „Nutzung des Mediums" auftritt. Dies gilt wiederum nicht, wenn auf der technischen Infrastruktur einer solchen Plattform aufbauend Funktionalitäten angeboten werden und das Spiel sich diese „zu eigen macht". Macht das Spiel sich darüber hinaus auch die Vorsorgemaßnahmen „zu eigen", so müssen diese ebenfalls bei der Beurteilung des Spiels berücksichtigt werden.[37]

Nach inhaltlicher Beurteilung werden die enthaltenen und angegebenen Nutzungs- 39
funktionalitäten kursorisch auf ihre Richtigkeit hin überprüft. Je höher die Altersfreigabe auf Grundlage der inhaltlichen Beurteilung ausfällt, desto geringer ist das Erfordernis an die Prüftiefe hinsichtlich der potenziellen Risiken für die persönliche Integrität anzulegen. Aufgrund Verweises auf § 14 Abs. 2a in § 10b Abs. 2 JuSchG und dem damit einhergehenden **Vorrang der Deskriptoren**, müssen Letztere zum Zeitpunkt der kursorischen Prüfung bereits vorliegen. Dies ist nur möglich, wenn diese lediglich beschreibend, nicht aber wertend ausgestaltet sind.

Eine **konkrete Gefahrenprognose**, also die Beschäftigung mit der Eintrittswahrschein- 40
lichkeit eines bestimmten Risikos und dem damit einhergehendem Schadenspotential,[38] erfolgt im Anschluss nur dann, wenn Anhaltspunkte vorliegen, die dagegen sprechen, dass die Risiken der persönlichen Integrität durch die vergebenen Deskriptoren bereits ausreichend Berücksichtigung finden.[39] Ziel der konkreten Gefahrenprognose ist festzustellen, ob die enthaltenen Funktionalitäten ein als erheblich einzustufendes Risiko für die persönliche Integrität von Kindern und Jugendlichen darstellen und damit eine Abweichung von der bis zu diesem Punkt ermittelten Altersbewertung erforderlich ist. Bei Spielen kann dabei die Frage der Unausweichlichkeit des potenziellen Risikos durch das Gameplay oder der Fokus und damit die Relevanz der Funktion im Rahmen der Gesamtbetrachtung des Spiels wichtige Anhaltspunkte liefern.[40] Zusätzlich sind solche Faktoren einzubeziehen, die strukturell und wirksam in der Lage sind, die Eintrittswahrscheinlichkeit der Risiken zu minimieren oder das Schadenspotenzial abzuschwächen. Neben der vorrangigen Berücksichtigung von Deskriptoren, die aufgrund ihrer sensibilisierenden Wirkung bereits eine Schutzmaßnahme zum potenziellen Nutzungsrisiko darstellen und dabei den Teilhaberechten von Kindern und Jugendlichen besonders gerecht werden, hat auch eine Einbeziehung vorhandener angemessener struktureller Vorsorgemaßnahmen zu erfolgen, etwa aufgrund technischer Konfigurationsmöglichkeiten im Sinne des § 24a Abs. 1 und 2 JuSchG. Je stärker schutzwürdige Interessen der betroffenen Kinder und Jugendlichen berührt sind, desto höher können die Anforderungen an die jeweilig zu verlangenden Vorsorgemaßnahmen sein.[41] Der

36 BT-Drs. 19/24909, 43: „auf Fälle beschränkt, in denen die Umstände auf Dauer angelegter Bestandteil des Mediums sind".
37 Erdemir Das neue JuSchG/*Dreyer* § 2 Rn. 43.
38 Erdemir Das neue JuSchG/*Dreyer* § 2 Rn. 49.
39 Vgl. BT-Drs. 19/27289, 13: „[…] die Berücksichtigung von Interaktionsrisiken [soll] bei der Alterskennzeichnung vorrangig durch die in § 14 Absatz 2a vorgesehenen Deskriptoren geschehen […]".
40 Vgl. Erdemir Das neue JuSchG/*Wager/Waldeck* § 3 Rn. 25.
41 BT-Drs. 19/24909, 62.

Verweis auf § 24a JuSchG in § 10b Abs. 3 JuSchG ist hierbei lediglich als Verdeutlichung möglicher Maßnahmen zu verstehen („im Sinne"). Inwieweit der Anbieter tatsächlich gemäß § 24a JuSchG zur Implementierung entsprechender Maßnahmen verpflichtet ist, spielt für die Berücksichtigung ihrer risikoverringernden Eigenschaft hingegen keine Rolle.[42]

c) Mögliche Auswirkungen der „neuen" Risikodimensionen auf die Spruchpraxis der USK

41 Der Schutz der persönlichen Integrität führt bei der Prüfung von digitalen Spielen zu einer strukturellen Erweiterung des Bewertungsgegenstandes, der in Konsequenz auch eine Anpassung der USK-Leitkriterien notwendig macht (derzeit in der Umsetzung[43]). Inwieweit die Erweiterung des Begriffs der Entwicklungsbeeinträchtigung tatsächlich Auswirkungen auf die Altersfreigabe bzw. die zukünftige Spruchpraxis haben wird, lässt sich noch nicht abschließend bewerten. Die unter § 10b Abs. 3 S. 2 aufgeführten **Risikodimensionen** sind zudem nicht abschließend. Obwohl technische Schutz- und Vorsorgemaßnahmen (→ Rn. 22) im Bereich der digitalen Spiele und Plattformen schon lange weit verbreitet sind, kann diesen erst jetzt im Rahmen der Altersfreigabe – aber auch darüber hinaus (§ 24a JuSchG) – entscheidende Relevanz zukommen.

42 **Kommunikations- und Kontaktfunktionen** können dabei das höchste Risikopotential zugesprochen werden. Hier stehen jegliche Anbahnungsmöglichkeiten im Fokus, wie zB durch Profilnahmen, Chats, Freundesanfragen oder sonstige nutzergenerierte Inhalte.[44] Anders ist dies bei **Kauffunktionen.** Diese dürfen nicht per se negativ bewertet werden, insbesondere vor dem Hintergrund bereits bestehender zivilrechtlicher Schutzregelungen (§§ 104 ff. BGB) und technischer Kaufbeschränkungen. Vielmehr bedarf es noch weiterer, schwerwiegender Aspekte,[45] um im Rahmen der konkreten Gefahrenprognose ein erhebliches Risiko feststellen zu können, zB durch fragwürdige Verknüpfungen mit glücksspielähnlichen Elementen, die zusätzlich einen Kernbestandteil des Spiels ausmachen.

43 **Glücksspiel** wird bereits als Inhaltsrisiko im Rahmen der Altersfreigaben der USK berücksichtigt.[46] Vorliegend stehen daher die Mechanismen im Vordergrund, also das Nachstellen von glücksspieltypischen Abläufen sowie das Risiko, sich dadurch glücksspielbezogene Praktiken oder Sichtweisen anzueignen, insbesondere die falsche Vorstellung von Gewinnmöglichkeiten. Zwar fällt im Rahmen der Gesetzesbegründung an dieser Stelle der Begriff „Loot-Box", doch kann eine derart pauschale Herangehensweise bezweifelt werden.[47]

44 Insbesondere aufgrund unklarer empirischer Grundlagen im Hinblick auf die Kausalität zwischen bestimmten Mechanismen und suchtähnlichem Verhalten, wird die Bewertung von Mechanismen zur **Förderung eines exzessiven Mediennutzungsverhaltens** eine

42 Vgl. *Hilgert/Sümmermann* K&R 2021, 297 (298), sowie Erdemir Das neue JuSchG/*Dreyer* § 2 Rn. 50.
43 USK, Pressemitteilung v. 29.3.2021, abrufbar unter https://usk.de/jugendschutzgesetz-aktualisiert-usk-bereitet-sich-auf-aenderungen-vor/.
44 Erdemir Das neue JuSchG/*Dreyer* § 2 Rn. 52.
45 Vgl. Wortlaut „Kostenfallen" in BT-Drs. 19/24909, 42.
46 Vgl. Punkt „4.16. Glücksspiel" in den Leitkriterien der USK für die Prüfung von Computer- und Videospielen, in der Fassung vom Juli 2020, abrufbar unter https://usk.de/?smd_process_download=1&download_id=1018522.
47 Vgl. Erdemir Das neue JuSchG/*Dreyer* § 2 Rn. 55.

besondere Herausforderung darstellen. Weder ist eine Monokausalität zwischen Spielgenres und exzessivem Nutzungsverhalten festgestellt,[48] noch sind Kriterien hilfreich, die sich auf den „Spielspaß" konzentrieren. Nachvollziehbarer erscheint es hingegen, an negativen Konsequenzen durch Nicht-Spielen anzuknüpfen.[49]

Auch die **Weitergabe von Bestands- und Nutzungsdaten ohne Einwilligung an Dritte** 45 wirft Fragen hinsichtlich der praktischen Umsetzung auf. Insbesondere ist das spezielle Instrumentarium der DS-GVO bei Datenschutzverstößen abschließend, so dass die Sanktionierung einer datenschutzkonformen Verarbeitung mittels höherer Altersbewertung aus europarechtlicher Sicht zumindest fragwürdig erscheint.[50]

Nahezu fehlplatziert wirkt das Risiko aufgrund **„nicht altersgerechter Kaufappelle** ins- 46 besondere durch werbende Verweise auf andere Medien" (vgl. § 10b Abs. 3 S. 2 Alt. 6 JuSchG), da es sich hierbei um ein Inhaltsrisiko handelt. Bei genauerer Betrachtung handelt es sich jedoch – gerade im Rahmen der Prüfung von Trailern – um einen in der Praxis ohnehin kaum relevanten Anwendungsfall. Entscheidend ist die einheitliche Bewertung des unbestimmten Rechtsbegriffs „Kaufappell", da dieser sowohl im JuSchG als auch JMStV (§ 6 Abs. 2 Nr. 1 und Nr. 2) enthalten ist. Unter „direkten Kaufappellen" sind alle unmittelbaren Aufforderungen zu verstehen, die zum entgeltlichen Erwerb von Waren oder Dienstleistungen, die durch Worte, Gesten oder sonstige Darstellungen dem Verbraucher übermittelt werden.[51] Entsprechend muss für die Erfüllung dieser in § 10b Abs. 3 S. 2 JuSchG genannten Risikosphäre ein ausreichendes Mindestmaß an spezifischem Aufforderungscharakter innerhalb der Werbebotschaft enthalten sein, um überhaupt zur Erfüllung des Tatbestandsmerkmals „Kaufappell" führen zu können (allein der Hinweis auf eine „Möglichkeit" genügt nicht). Zudem ist aufgrund der vorrangigen grammatikalischen Gesetzesauslegung nicht zu prüfen, ob für ein nicht altersgerechtes Spiel bzw. Medium geworben wird,[52] sondern ob der Kaufappell selbst altersgerecht ist (Wortlaut: „nicht altersgerechten Kaufappell"). Die Formulierung „durch werbende Verweise auf andere Medien" stellt dabei lediglich ein Beispiel („insbesondere") dar, das jedoch nur dann zum Tragen kommen kann, wenn das Tatbestandsmerkmal „nicht altersgerechter Kaufappell" erfüllt ist.

2. Veröffentlichung von Spielen im Internet

a) Struktur und Aufgaben der USK.online

Die **USK.online** unterstützt Anbieter von jugendschutzrelevanten Online-Inhalten bei 47 der Umsetzung des gesetzlichen Jugendmedienschutzes und dabei, zwischen notwendiger rechtlicher Absicherung, sinnvollen oder gar überflüssigen Jugendschutzmaßnahmen zu unterscheiden. Sie ist ein eigenständiger, durch KJM gem. § 19 Abs. 3 JMStV unbefristet anerkannter und etablierter Geschäftsbereich der USK. Im Rahmen ihrer

48 Vgl. Erdemir Das neue JuSchG/*Dreyer* § 2 Rn. 56.

49 Wenig hilfreich sind in diesem Zusammenhang Kriterien wie zB die „Möglichkeit, einen eigenen Spielcharakter individuell auf- und auszubauen" oder „Aufgaben, die komplex oder aufwändig sind und aufeinander aufbauen", vgl. Kriterien für die Aufsicht im Rundfunk und in den Telemedien, Fassung vom August 2020, abrufbar unter https://www.kjm-online.de/publikationen/pruefkriterien.

50 Erdemir Das neue JuSchG/*Dreyer* § 2 Rn. 59.

51 BeckOK JMStV/*Liesching* JMStV § 6 Rn. 14.

52 So zu entnehmen der Beschlussempfehlung zum Gesetzesentwurf, BT-Drs. 19/27289, 14.

Tätigkeit kommt das Statut der *USK.online*[53] zur Anwendung, welches Verfahren und Struktur der USK.online regelt. Mittlerweile haben sich über 45 Unternehmen der USK.online **als Mitglied angeschlossen.**[54]

48 Unterwirft sich ein Anbieter gem. § 20 Abs. 5 JMStV den Statuten einer nach JMStV anerkannten Selbstkontrolleinrichtung oder schließt er sich ihr im Rahmen einer **Mitgliedschaft** an, so ist bei behaupteten Verstößen gegen den Jugendschutz durch die KJM im Rahmen eines Aufsichtsverfahrens zunächst diese Einrichtung mit den behaupteten Verstößen zu befassen. Nur, wenn die Entscheidung oder die Unterlassung einer Entscheidung der Selbstkontrolleinrichtung die rechtlichen Grenzen des Beurteilungsspielraums überschritten hat, sind aufsichtsrechtliche Maßnahmen gegen den Anbieter zulässig. Über dieses Konstrukt, den sog. **Vorbefassungsschutz,** wird Mitgliedern einer Selbstkontrolleinrichtung nach JMStV ein „sicherer Hafen" geschaffen. Dieser Schutz ist für Anbieter wichtig und sinnvoll, da sich im Jugendmedienschutz aufgrund der Unbestimmtheit von Rechtsbegriffen teilweise erhebliche Auslegungsspielräume ergeben. Auch der Beurteilung und Anerkennung technischer Systeme (→ § 24 Rn. 24) kommt hier besondere Bedeutung zu, da diese ebenfalls vom Beurteilungsspielraum einer Selbstkontrolleinrichtung umfasst sind. Weitere Vorteile einer Mitgliedschaft ergeben sich im Zuge des novellierten JuSchG. So kann ein Anbieter seine Pflicht zum Vorhalten von Vorsorgemaßnahmen erfüllen, indem er die zuvor in einer Leitlinie festgesetzten Maßnahmen umsetzt, wenn die für eine solche Leitlinie in § 24b Abs. 2 JuSchG vorgesehenen Voraussetzungen erfüllt sind. Unter anderem ist dazu die Mitgliedschaft bei einer anerkannten Selbstkontrolleinrichtung gemäß JMStV erforderlich. Anschließend ist der Anbieter über eine gesetzliche Schutzschildwirkung privilegiert (§ 24b Abs. 5 JuSchG). Die Leitlinien sind dabei als rechtlich verbindliche Konkretisierungen der Vorsorgemaßnahmen gemäß § 24a JuSchG zu verstehen, die von einer Selbstkontrolle für mehrere Angebote formuliert werden. Eine Leitlinie für alle denkbaren Formen des § 24a Abs. 1 JuSchG enthielte entsprechend keine hinreichend konkreten Vorgaben, auf deren Grundlage gemäß § 24b Abs. 5 entschieden werden könnte. Für jeweils gleichförmige Angebote muss es somit verschiedene Leitlinien geben.[55]

49 Im Unterschied zu den Verfahren gemäß JuSchG ergehen Gremiumsentscheidungen durch die USK.online ohne staatliche Beteiligung, genießen aber dennoch rechtlichen Schutz aufgrund des nur eingeschränkt überprüfbaren **Beurteilungsspielraums einer Selbstkontrolleinrichtung.** Der Alterskennzeichnung durch Gremien nach dem JuSchG kommt in der Praxis aber wesentlich mehr Bedeutung zu, da die USK.online ihre Alterskennzeichen vorwiegend über die International Age Rating Coalition (IARC) vergibt. Auch gilt eine Altersfreigabe nach JuSchG für denselben Inhalt sowohl für Trägermedien als auch online (vgl. Vermutungsregelung gem. § 5 Abs. 2 S. 1 JMStV sowie die Hinweispflicht gem. § 12 JMStV und § 14a Nr. 1 JuSchG).

---

53 Statut der USK für den Bereich des JMStV, in der Fassung vom November 2016, abrufbar unter https://usk.de/?smd_process_download=1&download_id=1018517.

54 Übersicht über die Mitgliedsunternehmen der USK.online, Juni 2022, abrufbar unter https://usk.de/fuer-unternehmen/service-angebot-der-usk/mitglieder/.

55 Vgl. Erdemir Das neue JuSchG/*Bernzen/Dreyer* § 5 Rn. 115.

Neben der Prüftätigkeit gehört auch die **Beratung** von Mitgliedsunternehmen zur Jugendschutzrelevanz von Medieninhalten schon während der Entwicklungsphase zum Tätigkeitsbereich der USK.online (zB zu Spielen, Trailern oder journalistischen Berichten). 50

b) International Age Rating Coalition (IARC)

Die **International Age Rating Coalition** (**IARC**) ist ein 2013 gegründeter internationaler Zusammenschluss von Institutionen, der es ermöglicht, Jugendschutzbewertungen für Onlinespiele und Apps innerhalb eines einheitlichen, globalen Systems vorzunehmen. Plattformen sowie mobilen App-Stores integrieren das IARC-System, um automatisiert Alterskennzeichen zu generieren, die plattformübergreifend und den jeweils geltenden regionalen Vorgaben entsprechend ausgespielt werden (zB USK für Deutschland, ESRB für USA etc). Die generierten IARC-Alterskennzeichen treffen dabei lediglich eine Aussage über die Jugendbeeinträchtigung. Aufgrund des Wiedererkennungswertes ist eine visuelle Ähnlichkeit der IARC-Kennzeichen zu den „klassischen" USK JuSchG-Kennzeichen bewusst gewählt worden, so ist die Bedeutung der USK-Alterskennzeichen weit verbreitet und gelernt. Eine Übertragung der IARC-Kennzeichen auf Trägermedien für den stationären Handel oder die Verwendung für öffentliche Veranstaltungen ist trotz der Ähnlichkeit nicht gestattet. 51

Das IARC-System spielt zusätzlich zu den Alterskennzeichen sog. **Deskriptoren** aus, die über die jugendschutz- und bewertungsrelevanten Inhalte informieren (zB Gewalt, Krieg, Erotik, kontrollierte Substanzen). Zur Information über interaktive Elemente werden bereits zusätzliche Deskriptoren angegeben (zB Nutzerinteraktion, Standortweitergabe, In-Game-Einkäufe). Im Zuge der JuSchG-Novelle ist eine Erweiterung und Überarbeitung der Deskriptoren in der Umsetzung. Diese werden automatisch für die am IARC-System teilnehmenden Plattformen ausgespielt werden. Der Google-Play-Store, Nintendo-eShop, Microsoft-Windows-Store, Xbox-Store und der Oculus-Store haben sich dem IARC-System bereits angeschlossen. 52

III. Überwachung der Einhaltung der Bestimmungen

Im Bereich des Einzelhandels oder der Veranstaltungen sind grundsätzlich die örtlichen **Ordnungs- und Jugendämter** für die Überwachung zuständig. Verstöße können gemäß § 28 Abs. 5 S. 1 JuSchG mit einer Geldbuße bis zu 50.000 Euro geahndet werden. Daneben gelten weitere Strafvorschriften. Für die Überwachung der Einhaltung der Bestimmungen des JMStV ist gemäß § 16 Nr. 1 JMStV die **Kommission für Jugendmedienschutz (KJM)** zuständig. Mit Unterstützung von **jugendschutz.net** – eine gemäß § 18 Abs. 1 JMStV durch die obersten Landesjugendbehörden eingerichtete und organisatorisch an die KJM angebunden gemeinsame Stelle Jugendschutz aller Länder – führt die KJM als Organ der Landesmedienanstalten die zentrale Aufsicht über das Internet und entscheidet als solche über Maßnahmen, die im Falle eines Verstoßes getroffen werden können (zB Bußgeld bis zu 500.000 Euro, Beanstandung, Untersagung oder Sperrung gegen den Provider). Die Maßnahmen werden durch die jeweils zuständige Landesmedienanstalt vollzogen. Daneben gelten weitere Strafbestimmungen. Im Bereich der Vorsorgemaßnahmen obliegt der **BzKJ** die Rechtsdurchsetzung. Scheitert 53 ein vorangegangenes „dialogisches Verfahren", kann die BzKJ konkrete Maßnahmen anordnen und in letzter Konsequenz gem. § 28 Abs. 5 S. 1 und 2 Bußgelder in einer Höhe von bis zu 50 Millionen Euro verhängen. Auch gegenüber ausländischen Anbietern kann eine Durchsetzung der Maßnahmen erfolgen. Bei Angeboten aus dem EU-Ausland ist jedoch das Herkunftslandprinzip zu beachten.[56]

C. Ausblick

54 Der Jugendmedienschutz in Deutschland befindet sich im Wandel. Durch das 2021 novellierte JuSchG hat der Gesetzgeber gut funktionierende Ansätze der Selbstkontrolleinrichtungen aufgegriffen – etwa mit der gesetzlichen Verankerung der Förderung von Orientierung durch Zusatzhinweise sowie der Möglichkeit zur Anerkennung von automatisierten Bewertungssystemen wie dem IARC-System. Gleichwohl wird erst die Zukunft zeigen, ob das vorgesehene Konstrukt, Risiken der Mediennutzung auch mit klassischen Jugendschutzinstrumenten wie einer Abgabebeschränkung zu lösen, in der Praxis tatsächlich aufgeht. Die Berücksichtigung von Umständen außerhalb der medieninhaltlichen Wirkung gleicht jedenfalls einem Paradigmenwechsel in der bisherigen Jugendschutzbewertungspraxis. Dabei ist es für die Zukunft zwingend notwendig, Brücken zu weiteren Regelungen wie dem JMStV zu schaffen, um Dopplungen und Widersprüche zu vermeiden, aber auch um klare Rahmenbedingungen für die Praxis herzustellen. In jedem Fall bleibt die **Vermittlung von Medienkompetenz** ein zentrales Anliegen, um den Herausforderungen einer sich stetig veränderten Medienwelt kompetent zu begegnen.

56 Ausführlich *Liesching* MMR-Beil. 8/2020, 18 ff.; *Liesching* MMR-Beil. 6/2020, 3 ff.; *Hopf/Braml* ZUM 2021, 421 (427 f., 433).

§ 16 Spruchpraxis zur Alterskennzeichnung

Literatur: *Binder/Vesting*, Beck'scher Kommentar zum Rundfunkrecht, 4. Aufl. 2018 (zit.: Beck RundfunkR); *Erbs/Kohlhaas*, Strafrechtliche Nebengesetze, 228. EL Januar 2020 (zit.: Erbs/Kohlhaas); *Liesching*, Jugendschutzgesetz, 2018 (zit.: Nomos-BR/Liesching JuSchG); *Liesching*, Beck'scher Online-Kommentar JMStV, 18. Ed. Stand 1.1.2020 (zit.: BeckOK JMStV); *Spindler/Schuster*, Recht der elektronischen Medien, 4. Aufl. 2019 (zit.: Spindler/Schuster).

A. Einführung

1 **Die deutschen Jugendschutzgesetze** zählen zu den strengsten der Welt. Computerspiele interessieren hierzulande den Jugendschutz schon seit Beginn der Ära der Homecomputer. Über Jahre standen Krieg und Gewalt, insbesondere gegen Menschen und menschenähnliche Wesen, im Fokus des jugendschutzrechtlichen Interesses. Nach heutiger Terminologie sind dies sogenannte „Inhaltsrisiken“. So kam es, dass Blut in deutschen Versionen der Spiele gelegentlich grün eingefärbt wurde. Spätestens seit den 1990er Jahren orientieren sich nahezu alle wichtigen Spieleproduktionen weltweit an den Vorgaben des deutschen Rechts. In den letzten Jahren schien sich die Spruchpraxis zu liberalisieren. Jüngere Entscheidungen zeigen aber, dass doch längst nicht alle Inhalte zulässig sind, wenn keine Einstufung als „jugendgefährdend“ erfolgen soll.

2 Die am 1.5.2021 in Kraft getretene **Neuregelung des Jugendschutzgesetzes** nimmt erstmals neben den sogenannten Inhaltsrisiken auch die sogenannten Interaktionsrisiken stärker in den Fokus, also beispielsweise Kaufmöglichkeiten oder Kommunikationsfunktionen in den Spielen.

3 Die bisher vorliegende Spruchpraxis bezieht sich auf Inhaltsrisiken. Diese werden auch weiterhin der zentrale Maßstab für die Vergabe von Alterskennzeichen sein.

4 Das vorliegende Kapitel skizziert die **Rechtslage zur Alterskennzeichnung** und gibt einen Überblick über die bisherige Spruchpraxis der Unterhaltungssoftware Selbstkontrolle (USK, www.usk.de) und der ehemaligen Bundesprüfstelle für jugendgefährdende Medien (BPjM), die seit dem 1.5.2021 Bundeszentrale für Kinder- und Jugendmedienschutz (BzKJ) heißt.

B. Rechtliche Grundlagen zur Alterskennzeichnung

I. Trägermedium oder Telemedium?

5 Für **Videospiele**, die auf physischen Medien (sogenannten Trägermedien) verkauft werden, sieht das Jugendschutzgesetz (JuSchG) Regelungen zur Alterskennzeichnung vor: § 1 Abs. 2, §§ 12 ff. JuSchG. Früher betraf dies Spiele auf Diskette und CD-ROM; heute

sind es insbesondere Spiele auf DVD oder Blu-Ray, aber beispielsweise auch Speicherkarten und -sticks.[1]

6 Demgegenüber gelten für **Spiele ohne Trägermedien** (beispielsweise rein online vertriebene Spiele) nicht die Vorschriften des JuSchG, sondern die des Jugendmedienschutzstaatsvertrags (JMStV). Dieser erfasst als Telemedien auch Online-Angebote[2] und somit auch Spiele, § 12 S. 1 JMStV.

7 Anders als das JuSchG sieht der JMStV keine originäre Pflicht zur Alterskennzeichnung vor. Vielmehr müssen Anbieter lediglich bei (Online-)Spielen, die mit gekennzeichneten Trägermedien-Spielen inhaltsgleich sind, auf die jeweilige Alterskennzeichnung nach dem JuSchG hinweisen, § 12 S. 1 JMStV. Hierin liegt also eine Hinweis-, aber keine Kennzeichnungspflicht.[3] Im Übrigen – mithin dort, wo es keine gekennzeichneten Trägermedien gibt – verpflichtet der JMStV die Anbieter dazu, ihre Angebote selbst einzustufen und – soweit erforderlich – entsprechende Schutzmaßnahmen zu ergreifen.

8 Zusätzlich können **Online-Spiele**, wenn sie wie Trägermedien-Spiele vorlagefähig sind, fakultativ nach dem JuSchG gekennzeichnet werden, § 12 S. 2 JMStV. Diese Regelung ist lediglich deklaratorisch[4] und löst ebenfalls keine Kennzeichnungspflicht aus.

9 Spielplattformen, also kommerzielle Dienste, die Spiele in einem Gesamtangebot zusammenfassen und zum individuellen Abruf bereithalten, sind nach § 14a JuSchG zur Kennzeichnung verpflichtet, es sei denn, sie haben im Inland weniger als eine Million Nutzer oder es ist sichergestellt, dass die Inhalte nur Erwachsenen zugänglich gemacht werden (näher → § 14 Rn. 14 ff.).

II. Altersfreigabe und -kennzeichnung: Sache der freiwilligen Selbstkontrolle

10 Spiele auf Trägermedien dürfen Minderjährigen in der Öffentlichkeit nur dann zugänglich gemacht werden, wenn sie von der obersten Landesbehörde oder einer Organisation der freiwilligen Selbstkontrolle für ihre Altersstufe freigegeben und gekennzeichnet wurden, § 12 Abs. 1 S. 1 JuSchG. „Zugänglichmachen" umfasst dabei jedes Verhalten, das es ermöglicht, den Inhalt des Datenträgers zur Kenntnis zu nehmen,[5] also beispielsweise die öffentliche Vorführung und den Verkauf. Wie und wo die Alterskennzeichen anzubringen sind, wird in § 12 Abs. 2 JuSchG detailliert vorgegeben.

11 Die eigentlichen **Altersfreigaben** regelt § 14 JuSchG. Inhalte, die geeignet sind, die Persönlichkeitsentwicklung von Kindern und Jugendlichen einer bestimmten Altersstufe zu beeinträchtigen, dürfen für diese Altersstufe nicht freigegeben werden, § 14 Abs. 1 JuSchG. Vorgesehen sind dazu **fünf Altersstufen** von „Freigabe ohne Altersbeschränkung" bis zu „Keine Jugendfreigabe", § 14 Abs. 2 JuSchG. Umgangssprachlich ist hier oft von „USK 18" oder „Ab 18" die Rede. Davon zu unterscheiden ist „Keine Kenn-

1 Nomos-BR/Liesching JuSchG/*Liesching* JuSchG § 12 Rn. 2.
2 BeckOK JMStV/*Liesching* JMStV § 2 Rn. 1. Ausführlich zum Verhältnis der Regelungen von JMStV und JuSchG Beck RundfunkR/*Schulz* JMStV § 2 Rn. 2.
3 Zutreffend Spindler/Schuster/*Erdemir* JMStV § 12 Rn. 4; vgl. die amtliche Begründung zum JMStV in der (insoweit unveränderten) Fassung v. 1.4.2003, S. 16.
4 Spindler/Schuster/*Erdemir* JMStV § 12 Rn. 7.
5 Erbs/Kohlhaas/*Liesching* JuSchG § 12 Rn. 4 mwN.

zeichnung“ von Inhalten, die weitgehenden Beschränkungen unterliegen und von der BzKJ als jugendgefährdend eingestuft werden können (dazu → Rn. 15).

Wer die Freigaben erteilen und Kennzeichen vergeben darf, regelt § 14 Abs. 6 JuSchG: 12
Hiernach können **die obersten Landesbehörden** (dh die Jugendministerien der Länder) vereinbaren, dass die „Freigaben und Kennzeichnungen durch eine Organisation der freiwilligen Selbstkontrolle Freigaben und Kennzeichnungen der obersten Landesbehörden aller Länder sind“. Dies bedeutet in der Praxis, dass für Videospiele Entscheidungen der Unterhaltungssoftware Selbstkontrolle (USK) aufgrund der bestehenden Ländervereinbarung faktisch als Entscheidungen der zuständigen Obersten Landesjugendbehörden gelten.[6]

Dieser Ansatz vertraut einer sachverständigen, nicht-staatlichen Einrichtung die inhalt- 13
liche Einschätzung der Altersfreigaben an und stattet diese Einschätzung mit einer weitgehenden Bindungswirkung aus. Dabei sind die Entscheidungen der freiwilligen Selbstkontrolle nicht nur gegenüber den Ländern verbindlich: Die jeweilige Entscheidung wird durch einen Übernahmebescheid der obersten Landesbehörde zu einem Verwaltungsakt.[7] Damit kommt ihr auch allgemein Außenwirkung zu.

Die Spruchpraxis der USK ist somit für die Frage, welche Altersfreigabe und -kennzeich- 14
nung ein Spiel erhält, maßgeblich. Das JuSchG bestimmt dabei einen vergleichsweise weiten gesetzlichen Rahmen (wann ist eine bestimmte Altersgruppe durch welchen Inhalt in ihrer Entwicklung „gefährdet“?), der durch die Leitkriterien der USK und eine sich fortentwickelnde Spruchpraxis insbesondere auch in Appellationsverfahren konkretisiert wird. Gleichzeitig besitzt dieser Rahmen aber auch die Flexibilität, die angesichts sich stetig weiterentwickelnder Medieninhalte und Gesellschaft zwingend notwendig ist.

III. Indizierung: Aufgabe der BzKJ

Ist ein Medium geeignet, die **Persönlichkeitsentwicklung von Kindern und Jugendlichen** 15
nicht nur zu beeinträchtigen, sondern gar zu gefährden, ist es von der BzKJ in die Liste jugendgefährdender Medien aufzunehmen, § 18 Abs. 1 S. 1 JuSchG. Umgangssprachlich wird dies als „Indizierung“ bezeichnet und bringt Werbe- und Verkaufsverbote mit sich, § 15 Abs. 1 JuSchG, die bei schwer gefährdenden Inhalten auch ohne Indizierung greifen können, § 15 Abs. 2 JuSchG. Im englischen Sprachraum wird die Indizierung oft als „banned in Germany“ bezeichnet, was nicht richtig ist, denn indizierte Spiele sind nicht gänzlich verboten (soweit sie nicht einen Straftatbestand verwirklichen).

C. Spruchpraxis im Wandel der Zeit

Der regulatorische Rahmen ermöglicht, wie dargestellt, die kontinuierliche Fortent- 16
wicklung einer verlässlichen wie flexiblen Spruchpraxis. Nachfolgend wird vor diesem Hintergrund ein Überblick über deren Entwicklung im Wandel der Zeit gegeben.

6 Nomos-BR/Liesching JuSchG/*Liesching* JuSchG § 14 Rn. 7.
7 VG Mainz Urt. v. 29.9.2016 – 1 K 710/15, BeckRS 2016, 11831.

I. Darstellung von Blut

17 Die – aus Sicht vieler Spieler – wohl „berüchtigtste" Ära waren die 1980er Jahre. Die Jugendschutzgesetze wurden auf Spiele angewendet, auch wenn sie kaum für deren Besonderheiten konzipiert waren. Dem noch neuen Medium fehlte die gesellschaftliche Akzeptanz, den Institutionen die Erfahrung mit diesem und der eine oder andere Titel wollte wohl auch eher provozieren als spielerisch überzeugen.

18 Entsprechend viele Indizierungen durch die damalige „Bundesprüfstelle für jugendgefährdende Schriften" waren die Folge. Der **legale Vertrieb** der so indizierten Spiele lohnte sich kaum noch. Stattdessen leistete die Indizierung einem schwunghaften (Tausch-)Handel mit **Raubkopien** dieser Titel Vorschub. Einige der damals indizierten Spiele gelten heute als Klassiker, beispielsweise „Operation Wolf", „Green Beret" oder „Who dares wins". Andere wurden weniger wegen ihrer spielerischen Qualität und eher wegen der darin liegenden Provokation bekannt, so „Raid over Moscow" oder „Friday the 13th" oder unsägliche Titel wie „Hitler Diktator". Inspiriert von Horror-Filmen wurde bereits in dieser Zeit die Kettensäge zum Standard-Utensil vieler härterer Spiele.

19 Oft suchten die Anbieter nach Möglichkeiten, die Spiele so anzupassen, dass sie in Deutschland einer Indizierung entgingen – das Umfärben von rotem Blut in andere Farben gehörte zu den häufigeren Maßnahmen. Bisweilen wurde auch die Hintergrundgeschichte leicht geändert: So war „Space Invasion" eine nur oberflächlich überarbeitete Version von „Commandos", in der insbesondere die Rahmenhandlung geändert wurde: Die Spieler sollten gegen Außerirdische statt gegen Menschen kämpfen, die Außerirdischen stießen keine Schmerzensschreie aus, im Übrigen hatte sich gegenüber „Commandos" nichts geändert.

II. NS-Symbole

20 Zu besonderer Bekanntheit brachte es „Wolfenstein 3D". Gerichte sahen die Verbreitung dieses Shooters als Straftat an, insbesondere wegen der zahlreichen im Spiel enthaltenen **Hakenkreuze** – obwohl der Spieler eindeutig nicht für, sondern gegen die Nationalsozialisten kämpfte.[8] Die Indizierung wurde allerdings zunächst nicht auf die Hakenkreuze gestützt, sondern auf dem Gewaltgrad des Spiels.[9] Nach 25 Jahren Indizierung wurde das Spiel wegen der weiterhin bestehenden Beschlagnahmebeschlüsse aus den 1990er Jahren folgeindiziert[10] (entgegen § 18 Abs. 7 S. 2 JuSchG) – und damit letztlich doch noch wegen der Hakenkreuze. Nach der gerichtlichen Aufhebung der Beschlagnahmebeschlüsse im Jahr 2019 wurde „Wolfenstein 3D" dann durch die BPjM (jetzt: BzKJ) von der Liste der indizierten Spiele gestrichen.[11]

21 Das Thema „Wolfenstein" führte zu einer jahrelangen Debatte, ein Spiel zu verbieten, weil darin gegen Nazis gekämpft wird. Das OLG Frankfurt am Main befand im Jahr 1998: Es solle nicht als normal oder unterhaltsam angesehen werden, **Nazi-Symbole**

8 So bspw. AG Tiergarten Beschl. v. 7.12.1994 – 351 Gs 5906/94.
9 BPjM Entsch. v. 12.1.1994 – Nr. 4601 (V).
10 BPjM Entsch. v. 29.11.2018 – Nr. G 4/18.
11 BPjM Entsch. v. 26.9.2019 – Nr. A 148/19 und Nr. A 149/19.

zu sehen, auch wenn Nazis klar als Feind dargestellt würden. Die Konfrontation von Kindern und Jugendlichen mit Nazi-Symbolik berge vielmehr die Gefahr einer Gewöhnung.[12] Eine groteske Anekdote am Rand war freilich, dass die Person, die in dem entschiedenen Fall das „Wolfenstein"-Spiel, in dem der Held Nazis tötete, verbreitet hatte, selbst „Anhänger der nationalistischen Szene" gewesen sein soll.[13] Trotz der Kontroversen: Die Entscheidung des OLG Frankfurt am Main führte dazu, dass über viele Jahre die Regel galt, dass Hakenkreuze und andere NS-Symbolik in Spielen nichts verloren hätten, auch nicht aufseiten der Gegner des Spielers. Das führte zu der durchaus kuriosen Situation, dass in „Indiana Jones"-Spielfilmen die nationalsozialistischen Gegner des Helden mit Hakenkreuzen in den Kampf zogen, in den deutschen Versionen entsprechender Computerspiele aber über Jahrzehnte nicht.

III. Verfeinerung der Spruchpraxis

In den 1990er Jahren wurde die Gewaltdarstellung in Spielen zunehmend realistischer, 22
auch infolge der zunehmenden Verbreitung von 3D-Grafikkarten. Im Zuge der Novelle des damaligen „Gesetzes zur Verbreitung jugendgefährdender Schriften und Medieninhalte" wurde 1994 die USK gegründet. Erst mit dem neuen JuSchG 2003 aber wurde eine USK-Kennzeichnung verpflichtend, um Spiele frei vertreiben zu können.

In der Folge bildete sich eine zunehmend zur Orientierung taugende Spruchpraxis 23
heraus. Durch eine **Verfeinerung der Bewertungskriterien** wurden Alterseinstufungen vorhersehbarer, was zu einer steigenden Akzeptanz in der Industrie und der Bevölkerung geführt haben dürfte. Tötungen mit hoher Frequenz oder extreme Gewalt gegen Menschen wurden zu den Hauptgründen, warum die USK eine Alterskennzeichnung ablehnte und die BPjM Spiele als jugendgefährdend einstufte. Mit der Entwicklung von Grafik- und Physik-Engines wurden Ragdoll-Effekte[14] und Zerstückelungseffekte zu wichtigen Faktoren, aufgrund derer die USK eine Alterskennzeichnung ablehnte und die BPjM (jetzt: BzKJ) Spiele auf den Index setzte.[15]

Gewalt gegen Menschen wurde allgemein als problematischer angesehen als Gewalt ge- 24
gen Nichtmenschen. Allerdings wurden „menschenähnliche" Kreaturen wie Zombies zunächst genauso behandelt wie Menschen: „Dead Rising" (I, II und III) und „Killing Floor I" erhielten von der USK keine Kennzeichnung und wurden durch die BPjM (jetzt: BzKJ) indiziert.[16]

12 OLG Frankfurt a. M. Urt. v. 18.3.1998 – 1 Ss 407–97, NStZ 1999, 356 (357).

13 OLG Frankfurt a. M. Urt. v. 18.3.1998 – 1 Ss 407–97, NStZ 1999, 356 (357).

14 „Ragdoll" beschreibt ein Verhalten, das von Algorithmen nach physikalischen Grundsätzen spontan berechnet wird und das die Bewegungen eines verletzten oder sterbenden Körpers simuliert.

15 So wurde die Singleplayer-Demoversion von „Far Cry" 2004 wegen Ragdoll-Effekten indiziert. Die deutsche Vollversion enthielt, anders als die indizierte englische Version, keine Ragdoll-Effekte und wurde nicht eigenständig indiziert. Allerdings konnten diese Ragdoll-Effekte durch einfache Änderungen am Code wieder aktiviert werden. Daher erklärte die BPjM zunächst, dass sich die Indizierungsfolgen der UK-Version (zunächst) auch auf die deutsche Vollversion bezögen, da diese aufgrund der möglichen Änderungen die UK-Version zugänglich mache. Daraufhin wurden in der deutschen Version die Manipulationsmöglichkeiten entfernt und die deutsche Version konnte frei verkauft werden; vgl. hierzu https://www.gamestar.de/artikel/far-cry-englische-version-wird-indiziert,1345331.html und https://www.schnittberichte.com/schnittbericht.php?ID=3160.

16 Vgl. bspw. BPjM Entsch. v. 27.11.2013 – Nr. VA 3/13 – Dead Rising 3.

25 Die Industrie reagierte und brachte für einen der größten Märkte der Welt „deutsche Versionen“ heraus: In Spielen wie „Command & Conquer: Alarmstufe Rot 2“ oder „Half Life“ wurden für den hiesigen Markt menschliche Gegner durch Roboter ersetzt. In einigen Spielen wurde die Farbe des menschlichen Blutes für Deutschland geändert oder das Blut wurde vollständig entfernt. Neben diesen eher kosmetischen Anpassungen waren die Spiele meist weitgehend unverändert.

26 Nach und nach wurde versucht, Spiele so zu gestalten, dass sie von vornherein in Deutschland eine Alterskennzeichnung erhalten und als „ungeschnitten“ beworben werden konnten. So hatte die **deutsche Spruchpraxis** zu einem gewissen Grad auch **globale Auswirkungen** auf das Gameplay: Gewaltfreie Spielelemente begünstigten eine Alterskennzeichnung durch die USK. Einige Shooter wurden mit Rätsel-Elementen angereichert, Spielprofile wurden komplexer. Auch die Handlung eines Spiels, gewaltfreie Spielelemente sowie kooperatives Vorgehen in Mehrspieler-Modi fanden mehr und mehr Berücksichtigung und erleichterten in Grenzfällen eine Kennzeichnung durch die USK. Einige der seinerzeit kontroversesten Titel wie „Wolfenstein“, „Doom“ und „Quake“ sind heute nach wie vor bekannte Marken.

IV. Übertriebene Gewalt und Neubewertung von Zombies

27 In den vergangenen Jahren wurde die Spruchpraxis in mancherlei Hinsicht liberaler. Die Indizierung wurde für viele Spiele aufgehoben, darunter „Doom“ (I und II[17]), „Quake“ (I und II[18]), „Fallout 3“,[19] „Gears of War“,[20] „Gears of War II“,[21] mehrere „GTA“-Spiele[22] und „Max Payne“.[23]

28 Die Aufhebung der Indizierung erfolgte in vielen dieser Fälle, weil ursprünglich realistisch wirkende Grafiken Jahre später nur noch als „technisch veraltete Darstellungsweise“ erschienen.[24]

29 Teilweise wurden auch Gameplay-Features und grafische Effekte neu bewertet: Bei „Max Payne“ war die sogenannte „Bullet Time“ ursprünglich ein Grund für eine Indizierung,[25] wurde später aber als gerade nicht realistisch gewalttätig eingeschätzt.[26] „Mortal Kombat X“ wurde entgegen seiner Vorgänger nicht indiziert. Die Gewalt im Spiel sei so extrem und übertrieben dargestellt, dass sie kaum als realistisch angesehen werden könne.[27] Die ursprünglich als hochproblematisch angesehenen sogenannten **Dismemberment-Effekte** (realitätsnahe Darstellung der Verstümmelung/Tötung von

17 BPjM Entsch. v. 4.8.2011 – Nr. 5847 – Doom und Doom II (ohne amerikanische Fassung von Doom II).
18 BPjM Entsch. v. 23.7.2019 – Nr. 13990 (V).
19 BPjM Entsch. v. 11.2.2016 – Nr. A 31–34/16; BPjM Entsch. v. 11.2.2016 – Nr. 6100.
20 BPjM Entsch. v. 7.7.2016 – Nr. 6112.
21 BPjM Entsch. v. 1.12.2016 – Nr. 6134.
22 U.a. BPjM Entsch. v. 1.10.2014 – Nr. 11611 (V) – GTA: Vice City; BPjM Entsch. v. 9.9.2015 – Nr. 12113 (V) – GTA: Liberty City Stories; BPjM Entsch. v. 3.9.2015 – Nr. 6077 – GTA: San Andreas; BPjM Entsch. v. 3.9.2015 – Nr. 6076 – GTA: Vice City Stories.
23 BPjM Entsch. v. 2.2.2012 – Nr. 5887.
24 BPjM Entsch. v. 4.8.2011 – Nr. 5847.
25 Damit können bestimmte Charaktere alles um sie herum verlangsamen, während sie mit ihren Waffen zielen und feuern, wodurch ein erheblicher Vorteil gegenüber Gegnern entsteht.
26 BPjM Entsch. v. 2.2.2012 – Nr. 5887.
27 BPjM Entsch. v. 2.7.2015 – Nr. 6069.

Gegnern) werden in jüngerer Zeit als typisches Merkmal des Horror-Genres anerkannt.[28]

Auch der lange geltende Grundsatz, Zombies seien als „menschenähnlich" anzusehen, somit sei Gewalt gegen Zombies besonders problematisch, wurde relativiert – zunächst für den Film „Tanz der Teufel",[29] dann für Spiele. So erhielten „Dead Rising 4"[30] und „State of Decay II"[31] von der USK die Bewertung „Keine Jugendfreigabe" und können damit, anders als frühere Zombie-Spiele, nicht indiziert werden. 30

Breit in der Öffentlichkeit beachtet wurde die Änderung der Leitkriterien der USK in Bezug auf NS-Symbole. Traditionell verweigerte die USK – in der Tradition der Entscheidung des OLG Frankfurt am Main zu „Wolfenstein 3D" – eine Alterskennzeichnung bei jeglichen in einem Spiel enthaltenen NS-Symbolen. Seit 2018 bewertet die USK diese Elemente nun individuell anhand des konkreten Einzelfalls. Ähnlich § 86a Abs. 3 iVm § 86 Abs. 3 StGB ist nun entscheidend, ob der Inhalt sozial angemessen ist. Die USK achtet insoweit darauf, ob die Symbole verantwortungsvoll und im Rahmen einer kritischen Auseinandersetzung verwendet werden. Spiele, die eine klare Position gegen den Nationalsozialismus einnehmen, können diese Symbole unter gewissen Voraussetzungen verwenden. Dies wurde zunächst bei „Through the Darkest of Times"[32] und „Attentat 1942"[33] anerkannt. Später wurde von der BPjM (jetzt: BzKJ)[34] und der USK[35] für „Wolfenstein II" entsprechend entschieden. Spiele, die keine derart klare Position einnehmen, dürfen weiterhin keine NS-Symbole verwenden.[36] 31

V. Aktuelle Spruchpraxis: Bestehende Gewaltgrenzen, Posendarstellung, simuliertes Glücksspiel

Bei aller Liberalisierung der Spruchpraxis gibt es dennoch weiterhin Grenzen: Inzwischen finden USK und BzKJ sexuelle Posen in Anime-Games problematisch, wie bei „Omega Labyrinth Z" (keine Kennzeichnung durch die USK), „Criminal Girls 2: Party Favors" (Indizierung[37]) oder „Gal Gun 2" (USK 18[38]). Ebenso gibt es immer noch Spiele, deren Gewaltniveau für eine USK-Kennzeichnung zu hoch ist, beispielsweise „Dying Light II".[39] 32

Zudem beschäftigten die Spruchpraxis in jüngerer Zeit auch Spielmechanismen wie simuliertes Glücksspiel, beispielsweise in „Coin Master". „Echtes" Glücksspiel ist verboten (§§ 284 ff. StGB, § 3 Abs. 3 Glücksspiel-Staatsvertrag und § 8 JuSchG). 33

Hierzu entschied die BPjM (jetzt: BzKJ), das JuSchG erfasse wegen der „derzeitigen rein medieninhaltlichen Ausrichtung des Jugendschutzgesetzes" nicht die **Verherrlichung** 34

28 USK-Jugendentscheid v. 2015 – 40402/15.
29 BPjM Entsch. v. 6.10.2016 – Nr. 6126.
30 USK-Jugendentscheid v. 22.12.2016 – 42519/16.
31 USK-Jugendentscheid v. 25.1.2018 – 44238/17.
32 USK-Jugendentscheid v. 15. 8 2018 – 45516/18.
33 USK-Jugendentscheid v. 6.9.2018 – 45567/18.
34 BPjM Entsch. v. 6.12.2018 – Nr. 6252.
35 USK-Jugendentscheid v. 17.1.2019 – 46101/19.
36 So bspw. die unzensierte Version von „Post Scriptum: The Bloody Seventh" (2018).
37 BPjM Entsch. v. 13.3.2018 – Nr. 13349 (V).
38 USK-Jugendentscheid v. 25.3.2019 – 46311/19.
39 USK-Jugendentscheid v. 2021 – 50837/21.

bzw. Verharmlosung von Glücksspiel. Simuliertes Glücksspiel sei damit nicht bei der Indizierung zu berücksichtigen. Diese Entscheidung erging freilich noch vor der Novelle des JuSchG zum 1.5.2021.

35 Die USK behandelt das Thema „simuliertes Glücksspiel" in ihren Leitkriterien (Stand Juli 2020). Danach sind Spielelemente zu berücksichtigen, die geeignet sind, die Persönlichkeitsentwicklung von Kindern oder Jugendlichen hinsichtlich deren Einstellung zur Teilnahme an Glücksspielen zu beeinträchtigen oder zu gefährden. Das sind insbesondere Spielinhalte, die zu einer Gewöhnung bzw. Verharmlosung führen können, indem sie eine positive Einstellung gegenüber Glücksspielen fördern, zur Desensibilisierung gegenüber Verlusten im Spiel beitragen oder unrealistisch hohe Gewinnerwartungen wecken.

36 Anhaltspunkte können sich nach den Leitkriterien aus der Rahmenhandlung (beispielsweise Story) und aus Merkmalen wie der Zentralität des Glücksspielthemas (zB Anteil am Gesamtspiel), einer Spielhallen-Atmosphäre (zB durch virtuelle Spielautomaten) oder glücksspielähnlichen Mechanismen und Ausgestaltungen und deren Einbettung in ein kinderaffines Setting ergeben. Entlastend können eine nicht an Spielhallen bzw. Casinos angelehnte oder unrealistische Visualisierung oder Umsetzung (zB Einsatz von „Versuchen" statt virtueller Währung) sowie die Unterbrechung von glücksspielähnlichen Elementen durch andere Spielhandlungen wirken. Nicht-inhaltsbezogene Komponenten wie **Werbung, Kaufappelle oder In-Game-Käufe** (beispielsweise als „Lootboxen" bezeichnet) sind im Gegensatz zu inhaltsbezogenen Kriterien nach den Leitkriterien vom Juli 2020 nicht Teil der Alterseinstufung.

37 Entsprechend dieser Leitlinien wurde „FIFA 22" mit „USK 0" gekennzeichnet,[40] „NBA2K22" dagegen mit „USK 12", obwohl beide Spiele Lootboxen enthalten – diese sind jedoch in dem Basketball-Spiel deutlich prominenter und spielhallenähnlicher ausgestaltet.

38 Die Bewertung von Interaktionsrisiken wird sich künftig in Umsetzung des JuSchG 2021 in Richtung einer konkreten Gefahrenprognose ändern (→ § 15 Rn. 1 ff.).

40 USK-Jugendentscheid v. 20.7.2021 – 50213/21.

Teil IV.
Vertrieb

§ 17 Geschäftsmodelle der Games-Branche

Literatur: *Allied Market Research*, Serious Games Market Outlook: 2023, 2022, abrufbar unter https://www.alliedmarketresearch.com/serious-games-market; *Anderie*, Rechnet sich das Ganze? Eine betriebswirtschaftliche Annäherung, in: WTT Serious Games – Wissens- und Technologietransfer Serious Games, 2021, S. 16 (zit.: *Anderie* in Göbel WTT Serious Games); *Anderie/Görlich*, Die wirtschaftliche Perspektive des eSports, in: Breuer/Görlich (Hrsg.), eSport - Status quo und Entwicklungspotenziale, 2020, S. 21 (zit.: *Anderie/Görlich*); *Frankfurt University of Applied Sciences*, Frankfurt Game Studies, 2020, abrufbar unter https://fhffm.bsz-bw.de/frontdoor/deliver/index/docId/6276/file/Ffm_GameStudiesII_08-2021_Praesentation.pdf/); *Koubek*, Monetarisierung von Computerspielen, 2021; *Laudon/Traver*, E-Commerce 2020–2021: Business. Technology. Society, 16. Aufl. 2020; *Newzoo*, Global Esports & Live Streaming Market Report 2021, 2021, abrufbar unter https://newzoo.com/insights/trend-reports/newzoos-global-esports-live-streaming-market-report-2021-free-version/; *James-Schulz*, Monetarisierungsmethoden und Ökosysteme von Computerspielen – Der Handel von In-Game Items, Frankfurt a. M., 2020; *Wirtz*, Medien- und Internetmanagement, 10. Aufl. 2019.

Weiterführende Literatur: *Anderie*, Game Hacking, Blockchain und Monetarisierung – Wie Sie mit Künstlicher Intelligenz Wertschöpfung generieren, 2020; *Anderie*, Games Industry Management: Gründung, Strategie und Leadership – Theoretische Grundlagen, 2016; *Anderie*, Gamification, Digitalisierung und Industrie 4.0 – Transformation und Disruption verstehen und erfolgreich managen, 2018; *Castendyk/Wolter/Müller-Lietzkow*, Die Games-Branche in Deutschland 2018/19/20, 2021, abrufbar unter https://www.game.de/wp-content/uploads/2020/12/Games-Studie_2018-20_HMS_2021-01-26_V3.pdf; *Gamesmarkt*, Sony lädt registrierte Nutzer zum direkten PlayStation-5-Kauf, 2021, abrufbar unter https://www.youtube.com/watch?v=aiFYCrc1f50; *Gameswirtschaft.de*, Xbox Game Pass: So verändert sich das Spielverhalten der Abonnenten, 2021, abrufbar unter https://www.gameswirtschaft.de/marketing-pr/xbox-game-pass-interview-ben-decker/; *Müller-Lietzkow*, KI und Games: Das unsichtbare Monster?, gamescom congress 2020, https://www.youtube.com/watch?v.=aiFYCrc1f50.

Geschäftsmodelle der Games Industry sind komplex und unterliegen einem beständigen Wandel. Es gibt keine andere Branche, die sich in kürzester Zeit ständig neu erfinden und weiterentwickeln muss – einschließlich der damit einhergehenden Geschäftsmodelle. An der Schnittstelle von Entertainment und IT dauerhaft erfolgreich zu sein und über Jahrzehnte beständiges Wachstum zu generieren, ist eine einzigartige Fähigkeit. Sie hat dazu geführt, dass sich die Games Industry zur Speerspitze der Digitalisierung, zum Innovationsmotor der Tech-Industrien und Inkubator für hoch qualifizierte IT-Fachkräfte entwickeln konnte. 1

A. Struktur und Markt

2 Noch vor wenigen Jahren war es möglich, die Marktstruktur und die Geschäftsmodelle der Games Industry ohne Branchenkenntnisse zu verstehen. Games wurden im stationären Handel oder beispielsweise bei Amazon gekauft und auf dem Computer oder der Konsole gespielt.

3 Spätestens seit der Explosion des Mobile Games-Markts, der Vermarktung von In-Game Items und dem Revival der Abo-Modelle sind die Geschäftsmodelle, die synonym auch als Monetarisierungsmodelle bezeichnet werden, deutlich komplexer geworden. 30 an der Zahl werden diese entweder von den Gamern, welche Computerspiele spielen, oder Branchenkennern verstanden.

4 Belächelt wird die Games-Branche schon lange nicht mehr: Mit einem globalen Ziel von 200 Mrd. USD Gesamtumsatz ist sie von volkswirtschaftlicher Bedeutung.

I. Leistungsspektrum der Video- und Computerspieleindustrie

5 Grundsätzlich lässt sich der Games-Markt in die Segmente Hardware und Software (Games) unterteilen. Alle Segmente gilt es regelmäßig zu monitoren, um eine marktorientierte Unternehmensführung sicherzustellen. Die Segmente Peripherie, Lizenzierung/Merchandising sowie Dienstleistungen erweitern das Leistungsspektrum des Games-Markts.[1]

6 Eine Sonderstellung im Hinblick auf die Geschäftsmodelle nehmen Serious Games und die diversen Business-Aktivitäten rund um den Esport ein.

II. Nachfrager- und Anbieterperspektive

7 Nachgefragt werden Games von Menschen, die weitestgehend den Querschnitt der Bevölkerung repräsentieren. Gespielt wird in allen Alters-, Bildungs- und Einkommensschichten.

8 Angeboten, das heißt entwickelt und vermarktet, werden Games von gut ausgebildeten Menschen, die sowohl die IT- als auch Entertainment-Industry verstehen.

9 Primär handelt es sich hierbei um die Developer (Spiele-Entwickler), die mit den besten Informatikern, Mathematikern, Psychologen, Game-Designern und Ingenieuren ein digitales Produkt kreieren, das seinesgleichen sucht. Weiterhin die Publisher (Vermarkter), die mit den besten Unternehmensgründern, Management-, Marketing- und Sales-Experten, Juristen und Community-Managern Nachfrage für das wertvolle Wirtschaftsgut Games generieren.

1 Vgl. *Wirtz* Medien- und Internetmanagement, 10. Aufl. 2019, S. 704.

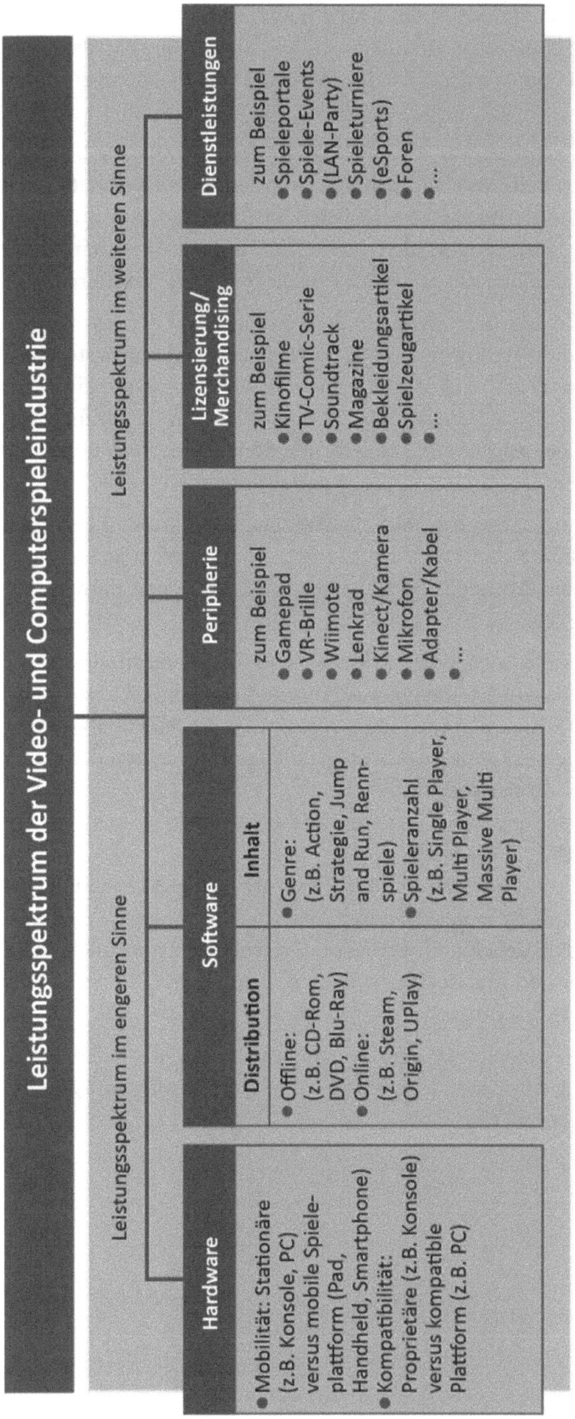

Abb.: Leistungsspektrum der Games Industry (nach Wirtz).

10 Alle Beteiligten verstehen ihr „Handwerk“, das Know-how reicht von der Entwicklung rekurrenter neuronaler Netze für eine optimale KI bis zur Animation grafischer digitaler Kunstwerke in Form von Avataren, die den Vergleich mit analoger Kunst nicht scheuen müssen.

11 Peripher gibt es zahlreiche Branchen, die zum Erfolg der Games Industry beitragen und von dieser gleichermaßen gefördert und gefordert werden. Die Bandbreite reicht von der Chip- und Hardware-Industrie, bei welcher leistungsstarke Grafikkarten eingefordert werden, bis zur Erwartung an den Handel, die digitale Distribution von Games zu begleiten. Und letztendlich dessen eigene Obsoleszenz herbeizuführen.

12 Für alle Beteiligten ist es regelmäßig eine große Herausforderung, mit den Entwicklungen „Schritt zu halten“ oder diese richtig einzuschätzen. Der Verdrängungswettbewerb ist „mörderisch“ – als Faustregel gilt, dass von 100 entwickelten Games nur eins einen signifikanten wirtschaftlichen Erfolg erzielen wird. Deshalb wird in der Branche mit den modernsten agilen Managementmethoden gearbeitet. Scrum, eine Technik aus der Softwareentwicklung, wurde in der Games Industry perfektioniert.

13 Fehlentscheidungen werden trotz Investitionen in Millionenhöhe konsequent korrigiert: Gerade einmal 15 Monate dauert es, bis Google seinen groß angekündigten Markteintritt mit dem „Games-Produkt“ Google Stadia korrigierte und mitteilte, die Produktentwicklung einzustellen.

14 Die bereits erwähnte Speerspitze der Digitalisierung und Leuchtturmfunktion für andere Branchen wird von der Games Industry zwar angenommen, diese hat sie jedoch nie angestrebt: Vielmehr handelt es sich um eine Situation, die aus einem Sprichwort bezüglich nachtaktiver Insekten bekannt ist: Andere Branchen wurden von der Games Industry angezogen wie „die Motten vom Licht“.

1. Marktteilnehmer Nachfrager-Perspektive

15 Aus der Nachfrager-Perspektive lässt sich anhand einer grafischen Darstellung verdeutlichen, wie die Wertschöpfung zunächst durch System-, Technologie- und Content-Lieferanten sowie Franchisegeber und werbende Unternehmen ermöglicht wird. Hardwarehersteller, Publisher und Entwickler generieren dann durch die Entwicklung ihrer Produkte ebenfalls Wertschöpfung.

16 Über den Verleih, den Einzelhandel oder die Online-Distribution wird der Nutzer „erreicht“. Durch die Zahlung des Kaufpreises wird die Monetarisierung realisiert und die Wertschöpfungskette abgerundet.[2]

2 Vgl. *Wirtz* S. 694.

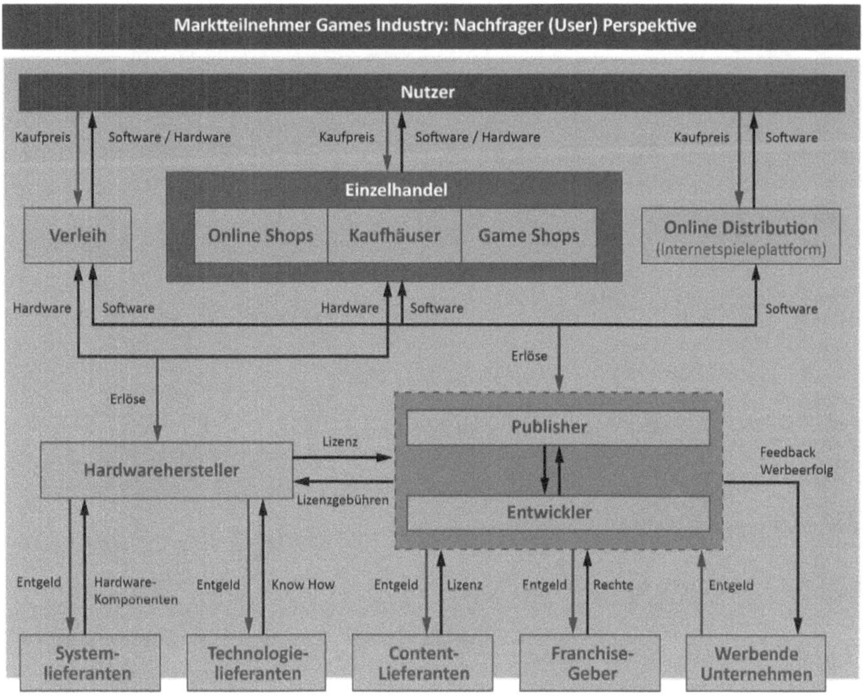

Abb.: Wertschöpfung und Monetarisierung aus der Nachfrager (User) Perspektive (nach Wirtz).

2. Marktteilnehmer Anbieter-Perspektive

Wechselt man die Perspektive und nimmt die Anbieterseite der Games Industry ein, 17
lässt sich diese ebenfalls anhand einer Grafik darstellen, die Wirtz[3] als Akteure der Computerspielindustrie bezeichnet. Im Wesentlichen lässt sich diese in die Beschaffung, Entwicklung, Produktion und Distribution unterteilen. Ordnete man diese den Spieleentwicklern und Publishern (Software) und Plattform-Providern (Hardware) zu und ergänzt diese um Content-Lieferanten/Lizenzgeber sowie den Handel und „Zubehör“, so ergibt sich ein Abbild der Wertschöpfungskette der Games Industry.

3 *Wirtz* S. 694.

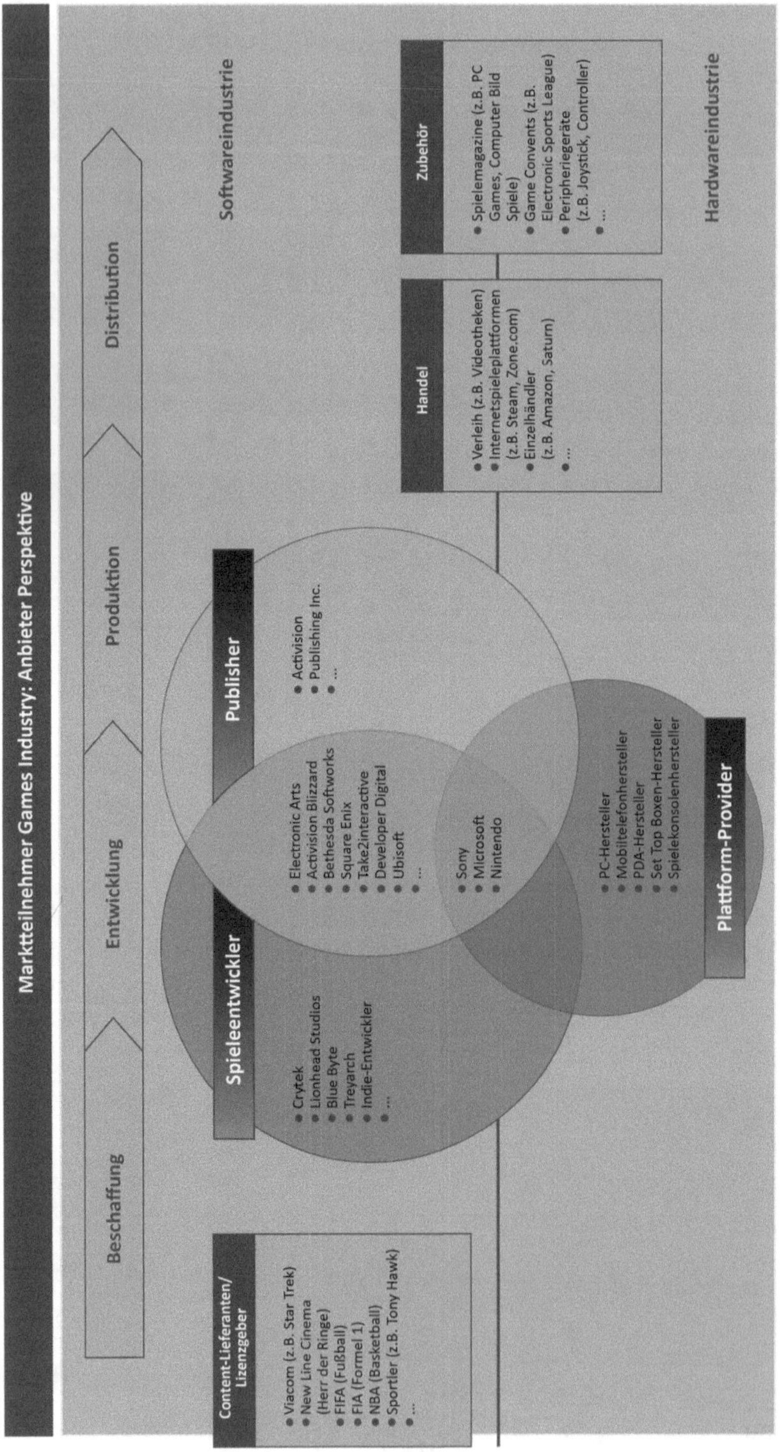

Abb.: Marktteilnehmer Games Industry aus der Anbieter-Perspektive (nach Wirtz).

B. Monetarisierungsmodelle

Mit der technologischen Entwicklung von Online und Mobile Games geht ein signifikanter Wandel im Hinblick auf die Monetarisierung von Games (Software) einher. 18

In den Ursprüngen der Games Industry wurden Computerspiele relativ einfach monetarisiert. In Spielhallen wurden Arcade-Automaten aufgestellt, der Gamer warf eine Münze ein und durfte das Game spielen. 19

Es gibt zahlreiche Optionen im Hinblick auf die Monetarisierung von Computerspielen. Basierend auf dem Ansatz der „Five Primary Revenue Models“[4] hat Koubek[5] eine richtungsweisende Adaption für die Games Industry, die sich auf sechs Monetarisierungsmodelle mit 30 Unterkategorien fokussiert, vorgelegt. Die nachfolgende Abbildung verdeutlicht die selbigen, deren vollständige Erläuterung den Umfang dieser Veröffentlichung sprengen würde. Deshalb werden diese im Folgenden kurz umrissen, danach die Funktionsweisen von Währungssystemen und Spielökonomien erläutert sowie anschließend auf In-Game-Käufe, einem der umsatzstärksten Segmente der Games Industry, fokussiert. 20

I. Die sechs Monetarisierungsmodelle der Games Industry

Die sechs Monetarisierungs-Modelle der Games Industry	
Subscription	Abonnement, Bundle Abo, Miete, Streaming & Cloud Gaming
Werbung	Advertising, In-Game-Advertising (IGA), Advergames, Game Ads, Merchandising
Affiliate-Netzwerke	
Verkauf	Retail, Download, Early Access, Pre-Order, Editionen, Downloadable Content (DLC), Episoden, Sales & Sonderangebote, Bundles, Covermounts (CD-Beigabe), Second Hand
Transaktionen	Pay-to-Play, In-Game-Käufe, Pay-to-Win, Lootboxen, Skin Trading, In-Game Casinos
Freemium	Free-to-Play, Shareware, Donationware, Nagware

Abb.: Monetarisierungsmodelle (nach Koubek und Laudon/Traver).

4 *Laudon/Traver*, E-Commerce 2020–2021: Business. Technology. Society, 16. Aufl. 2020, S. 328.
5 *Koubek*, Monetarisierung von Computerspielen, 2021, S. 173.

- 21 **Subscription:** Subscriptions oder Abonnement-Modelle basieren auf der regelmäßigen Zahlung eines festen Betrags, um ein Onlinespiel nutzen zu können.
- 22 **Werbung:** Computerspiele mit werbebasierten Monetarisierungsmodellen versprechen, die Aufmerksamkeit der Spieler auf die Produkte der Werbetreibenden zu lenken, die dafür Geld zahlen.
- 23 **Affiliate-Netzwerke:** Affiliate-Netzwerke sind Mittler zwischen registrierten Advertisern und registrierten Publishern, die sicherstellen, dass auf deren Plattform Links zu den relevanten Websites (gegen eine Vergütung) eingebunden werden.
- 24 **Verkauf:** Beim Verkauf von Games erwirbt der Gamer das Computerspiel gegen die Zahlung von Geld.
- 25 **Transaktionen:** Bei diesem Modell wird eine Gebühr erhoben, wenn eine Transaktion über die Plattform abgewickelt wird. Die Zuordnung und Differenzierung zwischen „Transaktionen" und „Kauf" ist nicht immer trennscharf möglich. Zwar zahlt der Gamer für den digitalen Content, allerdings verbleibt dieser in der Regel auf dem Server des Publishers oder Developers.
- 26 **Freemium:** Definitorisch handelt es sich bei einem Ansatz, bei dem das wertvolle Wirtschaftsgut Computerspiel kostenlos zur Verfügung gestellt wird, um kein Monetarisierungsmodell, da keine Preisbildung und Monetarisierung erfolgen. In Kombination mit In-Game Item-Käufen, die mit Echtgeld bezahlt werden, oder einem Abo-Modell wird die Monetarisierung jedoch gewährleistet.

II. Währungssysteme und Spielökonomien

27 Die Monetarisierung von Games hat sich den schnelllebigen technologischen Entwicklungen angepasst. Das verdeutlicht sich am besten durch die ökonomischen Systeme (Eco-Systems), in welchen Computerspiele vermarktet werden, um Wertschöpfung zu generieren.

1. Äußere, innere und hybride Spielökonomien

28 Die Monetarisierung von Games, insbesondere MMORPGs, funktioniert durch professionelle Währungssysteme und Spielökonomien.

29 Im Wesentlichen ist das Managen einer Spielökonomie mit In-Game Items vergleichbar mit der Steuerung einer Volkswirtschaft eines Staates. Natürlich sind die durch einen Staat generierten Brutto-Inlands-Produkte (BIP) größer als die Umsätze, die durch ein Computerspiel generiert werden. Auch sind die zur Verfügung stehenden staatlichen Ressourcen eines Staates umfangreicher und ermöglichen es, eine Volkswirtschaft „am Laufen zu halten". Zahlreiche Ministerien, eine Zentralbank und weitere Institutionen tragen dazu bei, eine Volkswirtschaft zu steuern. Nicht ohne Grund ist die Liste der an „mangelndem In-Game-Monetarisierungs-Know-how" gescheiterten Unternehmen länger als die der gescheiterten „failed states" der Weltwirtschaft.

30 Eine grundlegende Voraussetzung, um eine Spielökonomie erfolgreich zu steuern, stellt die Auswertung der User-Daten (Data Analytics) in Form von Big Data dar.

Um das Nutzerverhalten der Gamer zu analysieren und die KPIs (Key Performance Indicators) und Metriken zu evaluieren, stehen zahlreiche BI (Business Intelligence) Tools zur Verfügung.

Die ökonomischen (Steuerungs-)Elemente werden vom Game Designer vorgegeben, 31 sind dem Gamer jedoch nicht notwendigerweise bekannt.[6]

Für die Akzeptanz des Games in der Zielgruppe ist es entscheidend, dass sich die 32 Spielökonomie in einem Gleichgewicht im Hinblick auf die Ressourcen verhält. Koubek erläutert den Sachverhalt folgendermaßen:[7]

„Eine Spieleökonomie ist im Gleichgewicht, wenn die Summe der erzeugten und der vernichteten Ressourcen null ergibt, dh es wird nicht mehr erzeugt als verbraucht und umgekehrt. In Online-Rollenspielen ist das Phänomen der Mudflation bekannt, bei dem Spieler durch fortgesetztes Ansteuern interaktiver Quellen die Währungsmenge vermehren und durch die erhöhte Kaufkraft die Preise in die Höhe treiben. Als Lösung werden verschiedene Senken eingebaut, um der Ökonomie Währung zu entziehen und die Preise zu stabilisieren."

Senken, die im angelsächsischen Sprachgebrauch auch als Gold Sinks bezeichnet 33 werden, sind vergleichbar mit der Geldpolitik der Zentralbank eines Staates. Um den Wert des Geldes (oder einer Währung) zu stabilisieren, werden Instrumente der Geldpolitik eingesetzt, um Geldwertstabilisierung zu gewährleisten. Senken/Sinks in Computerspielen entfernen eine Ressource, beispielsweise können Non-playable Characters (NPCs) verschwinden.

Es gilt zwischen der äußeren Ökonomie und der inneren Ökonomie von Games zu 34 differenzieren.[8] Besteht zwischen der äußeren und inneren Ökonomie eine Wechselbeziehung, wird diese als hybride Ökonomie bezeichnet.

Die äußere Ökonomie befasst sich mit den Ausgaben und Einnahmen, die durch 35 ein Computerspiel generiert werden. Die Ausgaben eines Computerspiels werden im Wesentlichen durch die Kosten, die durch die Entwicklung, Herstellung, Vermarktung und den laufenden Betrieb eines Games entstehen, verursacht. Die Einnahmen eines Computerspiels sind hauptsächlich davon abhängig, wie viel die Gamer bereit sind, für ein Computerspiel zu bezahlen.

Die innere Ökonomie fokussiert auf die Ressourcenströme innerhalb einer Spielökono- 36 mie und wie diese gesteuert werden. Bei den Ressourcen gilt es, zwischen Spieler-Ressourcen, die der Gamer selbst generiert hat und beeinflussen kann (zB Lebenspunkte, Gold), und Spiel-Ressourcen, die durch das Game gesteuert und verwaltet werden, zu differenzieren (zB Zeit, Beute). In der Spielökonomie werden Ressourcen erzeugt, vernichtet, verschoben oder modifiziert,[9] weshalb innerhalb des Ressourcengefüges Währungen eine besondere Bedeutung beizumessen ist. Währungen haben die Funktion, innerhalb der Spielökonomie Ressourcen umzuwandeln (Tauschfunktion).

6 Vgl. *Koubek* Monetarisierung von Computerspielen, 2021, S. 34.
7 Vgl. *Koubek* Monetarisierung von Computerspielen, 2021, S. 34.
8 Vgl. *Koubek* Monetarisierung von Computerspielen, 2021, S. 24.
9 Vgl. *Koubek* Monetarisierung von Computerspielen, 2021, S. 31.

37 Verdeutlichen lässt sich dieses an dem Beispiel von „World of Warcraft" (WoW): Gold übernimmt als Währung die Tauschfunktion, um Echtgeld zu wandeln. Mit dem Gold können im WoW-Shop In-Game Items (zB Rüstungen) erworben werden.

38 Die Spielökonomie (In-Game Economy) generiert und verbraucht spielrelevante Ressourcen. Eine Echtgeld-Ökonomie generiert und verbraucht (nicht zwingend spielrelevante) Ressourcen, die in Euro und Dollar evaluiert werden können.[10]

39 Die nachfolgende Abb. verdeutlicht die Zusammenhänge von inneren, äußeren und hybriden Ökonomien sowie Single, Dual, Soft und Hard Currencies.

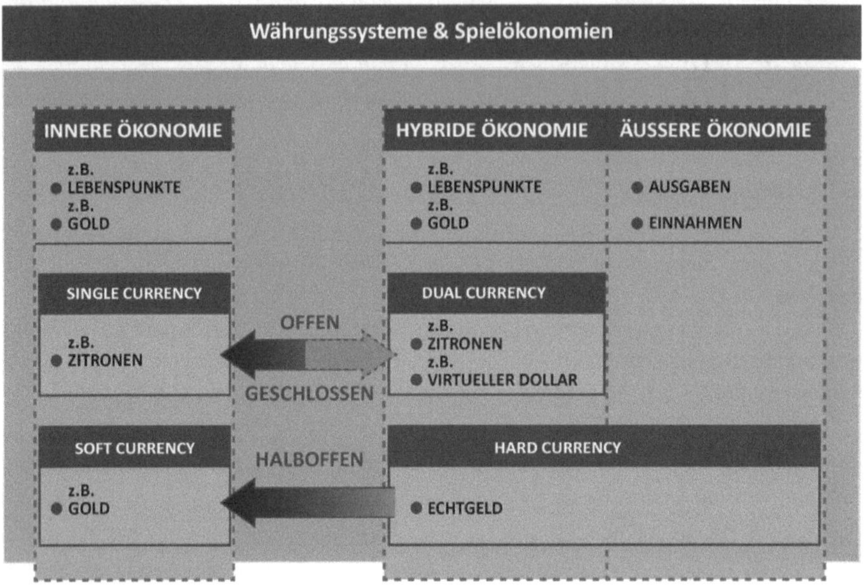

Abb.: Währungssysteme und Spielökonomien (eigene Darstellung).

2. Single, Dual, Soft und Hard Currencies

40 Single, Dual, Soft und Hard Currencies sind die grundlegenden Bestandteile von Währungssystemen innerhalb einer Spielökonomie von Computerspielen. Auf den ersten Blick scheint es verwirrend zu sein, zwischen diesen zu differenzieren – es handelt sich hierbei teilweise um unterschiedliche Gliederungshorizonte. Zur Veranschaulichung des komplexen Themen- und Fachgebiets sowie der Erläuterung von offenen, geschlossenen und halboffenen Spielökonomien ist diese Differenzierung jedoch hilfreich.

41 ■ **Single Currency Models:** Wie es die angelsächsische Bezeichnung impliziert, handelt es sich bei Single Currency Models um Währungen, die in Computerspielen alleinig zum Einsatz kommen.

42 ■ Dual Currency Models: Duale Währungssysteme sind in Computerspielen üblich, in welchen die Spieler Echtgeld ausgeben müssen, um In-Game Items zu kau-

10 Vgl. *Koubek* Monetarisierung von Computerspielen, 2021, S. 36.

fen. Die meisten Social Games haben ein duales Währungssystem, bei welchen In-Game-Währungen (In-Game Currencies) verwendet werden. Um Spieler zu belohnen und bargeldbasiertes Echtgeld in harten Währungen zu nutzen, erhalten Gamer bestimmte Vorteile im Game.
Echtgeld ist eine Terminologie, die im Umfeld eines Ökosystems von Computerspielen geprägt wurde. Sie wird beim Tausch von virtuellen Gütern (In-Game Items) oder einer In-Game-Währung gegen „echtes Geld" (Echtgeld), in der Regel Euro oder Dollar, verwendet. Die Terminologie wurde aus dem Angelsächsischen in die deutsche Sprache übertragen, dort spricht man über Real-Money-Trading (RMT). Es handelt sich um keine Terminologie, die von der Bundesbank zur Beschreibung von Geldarten verwendet wird.

- **Soft Currencies:** Soft Currencies sind „weiche Währungen" innerhalb eines Games, 43 die keinen realen Wert haben und die in der Regel außerhalb des Games nicht gehandelt werden können. Soft Currencies werden üblicherweise zur Motivation eingesetzt, die den Kern der Belohnungsschleife im Game-Design für das Spiel bilden.

- **Hard Currencies:** Harte Währungen, die von realem Geld (Echtgeld) abgeleitet 44 sind, bilden eine wesentliche Grundlage zur Monetarisierung von Games. Die wertvollsten Gegenstände (In-Game Items) werden in der Regel immer in Hard Currencies angeboten und können nicht (oder nur sehr aufwendig) erspielt werden, um dadurch zur Monetarisierung zu motivieren.

3. Offene, geschlossene und halboffene Spielökonomien

Ergänzend zu den drei beschriebenen Spielökonomien (innere, äußere, hybride) kann 45 auch zwischen geschlossenen Spielökonomien in Computerspielen, die ausschließlich spielinterne Ressourcen verwalten und keine Verbindung zu Ressourcen außerhalb des Spiels haben, offenen und halboffenen Spielökonomien differenziert werden. Sobald eine Verbindung zwischen den Ökonomiesystemen in eine Richtung möglich ist, wird diese als halboffene Spielökonomie bezeichnet; unter einer offenen Ökonomie versteht man eine zweiseitige Verbindungsmöglichkeit.

4. In-Game-Käufe und free-to-play

In-Game Items, die durch In-Game-Käufe mit Mikrotransaktionen monetarisiert wer- 46 den, stellen die komplexeste, gleichermaßen aber auch bedeutendste Form unter den Monetarisierungsmodellen für Computerspiele dar. Um mit dieser Form der Monetarisierung erfolgreich zu sein, gilt es komplexe Spielökonomien zu verstehen. Währungsmodelle aus Single, Dual, Soft und Hard Currency müssen entwickelt und gemanagt werden. Für virtuelle Güter muss Preisstabilität gewährleistet sein, Umrechnungskurse in Echtgeld müssen festgelegt und die Game-Ökonomie kontinuierlich für den User attraktiv gehalten werden. Mit dem tradierten Verkauf eines Games hat diese Form der Monetarisierung wenig gemein. Deshalb kann ein Diskurs dahin gehend geführt werden, ob In-Game Items dem Monetarisierungsmodell „Verkauf" oder „Transaktionen" zugeordnet werden.

47 Generell spielt sich die Monetarisierung von Computerspielen in einem Spektrum zwischen „free-to-play“ und „pay-to-play“ ab. Bei der „Free-to-play“-Monetarisierung wird das Game dem User kostenlos zur Verfügung gestellt. Bei „pay-to-play“ muss der Gamer für die Nutzung des Spiels bezahlen. Dazwischen finden sich eine Vielzahl von Monetarisierungsmodellen, die durch verschiedene Definitionen, synonyme Verwendungen von Begrifflichkeiten oder spezifische Bezeichnungen innerhalb eines Marktsegments variieren.

48 Das Monetarisierungsmodell free-to-play basiert auf dem Freemium-Geschäftsmodell, welches in der Internetökonomie – nicht nur bei der Monetarisierung von Computerspielen – durchaus beachtliche Erfolge verzeichnen kann. Games kostenlos zu vermarkten, ist relativ einfach: Gamer erwerben das Computerspiel ohne Entrichtung eines Entgelts, müssen dafür jedoch ihre Daten (zB die E-Mail-Adresse) während der Online-Registrierung hinterlegen. Die User können Games kostenlos aus dem Internet herunterladen und nutzen, in der Regel existieren keine Retail-Boxen im Einzelhandel und ein Kauf als Datenträger ist somit ausgeschlossen. Free-to-play Games finanzieren sich zunehmend über In-Game-Transaktionen, die KI-gesteuert während des Kaufs vorgeschlagen werden.

49 Es kann bei In-Game-Transaktionen zwischen Inhalten von dekorativen und spielbeeinflussenden funktionalen (z.B. Waffen, Leben) Elementen differenziert werden. Dekorative Elemente haben in der Regel keinen direkten Einfluss auf das Gameplay. Sie verleihen dem Standard-Game jedoch ein individuelles Erscheinungsbild, beispielsweise durch Form- und Farbgebung. Dekorative Elemente funktionieren vor allem in Videospielen, die keine direkte Rivalität bzw. Wettbewerb zu anderen Gamern haben und einen klaren Bezug zum Vorzeigen (showing off/posing) von Dingen besitzen. Zu diesen dekorativen Inhalten zählen unter anderem Skins für Charaktere, In-Game-Einheiten, Avatar-Bilder für das Spielerprofil, Skins für Waffen, spezielle Flaggen und Wappen. Spielbeeinflussende funktionale Elemente generieren für den Gamer Vorteile im Spiel: Ressourcen wie In-Game Items, die einen Gamer stärker machen, oder Zeitgewinn.

50 Eine besondere Form der Vermarktung von In-Game-Käufen mit hoher wirtschaftlicher Bedeutung stellt das sogenannte Skin Trading dar, der Verkauf und Handel mit dekorativen In-Game Items, der beispielsweise auf dem Steam-Communitymarkt abgewickelt wird.

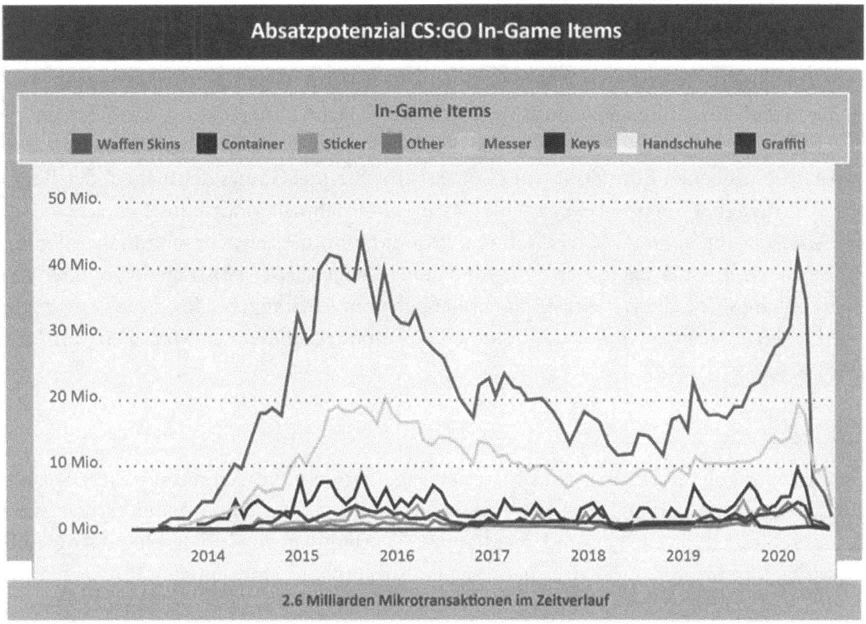

Abb.: Absatzpotenzial „CS:GO" In-Game Items im Zeitverlauf (nach James-Schulz).

Die Auswertung[11] eines Datensatzes von 2,6 Milliarden „CS:GO"-Transaktionen mit Skins ergab, dass der Handel mit Waffen-Skins (dekorative In-Game Items) das höchste Umsatzpotenzial aufweist. 51

Das Skin Trading, welches synonym auch als Player Trading bezeichnet wird, ist vergleichbar mit dem Gebrauchtwagenhandel bedeutender Automobilmarken. BMW beispielsweise versucht den Handel mit seinen Gebrauchtwagen durch eigene Unternehmenstöchter abzuwickeln, um dadurch an der Zweitverwertung seiner Produkte zu partizipieren. 52

An der Frankfurt University of Applied Sciences wird regelmäßig zur Entwicklung von Geschäftsmodellen in der Games Industry geforscht. Hierzu werden die Frankfurt Game Studies[12] veröffentlicht. 53

C. Serious Games und Esport

Eine Sonderstellung im Hinblick auf die Geschäftsmodelle in der Games Industry bilden zwei Marktsegmente, welche ein hohes Umsatzwachstum für die kommenden Jahre versprechen. 54

11 Vgl. *James-Schulz* Monetarisierungsmethoden und Ökosysteme von Computerspielen, 2020, S. 60.
12 *Frankfurt University of Applied Sciences* Frankfurt Game Studies, 2020.

I. Serious Games

55 Serious Games sind Games, die zur Aus- und Weiterbildung, zu Trainingszwecken, aber auch für therapeutische Zwecke entwickelt werden. Da es sich bei Serious Games in der Regel um Auftragsproduktionen im B2B-Markt handelt, sind die Wertschöpfungskette und das damit einhergehende Businessmodell kaum vergleichbar mit den zuvor beschriebenen Entertainment Games.[13] Bei Serious Games definiert in der Regel der Auftraggeber (beispielsweise ein Pharmaunternehmen oder eine Krankenkasse) die Anforderungen an das Spiel. Ob das Produkt zum betriebswirtschaftlichen Erfolg führt, ist anders als bei Entertainment Games nicht direkt von der Akzeptanz des Users abhängig, da der Developer ausschließlich vom Auftraggeber für seine Leistungen bezahlt wird. Serious Games wird eine Gesamtmarktgröße von 9 Mrd. USD im Jahr 2023 prognostiziert.[14]

II. Esport

56 Geschäftsmodelle im Esport sind mannigfaltig. Turniere werden ausgerichtet, Teams werden sportlich, juristisch und managementseitig gecoacht. Sponsoringverträge werden geschlossen, Publisher und Mediarechte verhandelt sowie Merchandising und Ticketing organisiert.[15] Nach einer langen Anlaufphase und einigen Rückschlägen durch die Covid-Pandemie können die Zeichen für Esport wieder „auf Erfolg gestellt werden". Allerdings erfordert die Marktbearbeitung spezielles Know-how: Esport Games sind sehr wettbewerbsorientiert, werden im Multiplayer-Modus gespielt und erfordern deshalb einen hohen Teamgeist von den Gamern. Im traditionellen Sport spielt eine Mannschaft eine einzige Sportart. Im Esport spielen Mannschaften mehrere Spiele. Zum Beispiel wird „Counter Strike" von 16 der besten 20 Esport-Teams gespielt. Am anderen Ende des Spektrums stehen „Madden" und „World of Warcraft" – diese werden nur von einem beziehungsweise zwei Top-Esport-Teams gespielt. Esport ist ein Marktsegment der Games Industry, dem ein hohes Wachstumspotenzial prognostiziert wird. Esport wird eine Gesamtmarktgröße von 1,6 Mrd. USD im Jahr 2023 prognostiziert.[16]

57 Wie bereits ausgeführt, unterliegen Geschäftsmodelle in der Games Industry einer hohen Dynamik und regelmäßigen Veränderungen. Es ist absehbar, dass insbesondere die Monetarisierung von In-Game Items durch Künstliche Intelligenz und die Vermarktung derselbigen als Non-fungible Tokens (NFTs) von hoher Bedeutung für die Entwicklung und Weiterentwicklung von Geschäftsmodellen in der Games Industry sein könnten.

---

13 Vgl. *Anderie* in Anderie Rechnet sich das Ganze? Eine betriebswirtschaftliche Annäherung, in WTT Serious Games – Wissens- und Technologietransfer Serious Games, 2021, S. 16; Serious Games S. 16.

14 Vgl. *Allied Market Research*, Serious Games Market Outlook: 2023, 2022, abrufbar unter https://www.alliedmarketresearch.com/serious-games-market.

15 *Anderie/Görlich* in Status quo und Entwicklungspotenziale.

16 *Newzoo*, Global Esports & Live Streaming Market Report 2021, 2021, abrufbar unter https://newzoo.com/insights/trend-reports/newzoos-global-esports-live-streaming-market-report-2021-free-version/.

§ 18 Verbraucherverträge

Literatur: *Auer-Reinsdorff/Conrad*, Handbuch IT- und Datenschutzrecht, 3. Aufl. 2019; *Duisberg/Picot*, Recht der Computer- und Videospiele, 2013 (zit.: Duisberg/Picot Videospiele); *Güster/Booke*, Kündigungsbutton-Pflicht bei Dauerschuldverhältnissen, MMR 2022, 459; *Hau/Poseck*, Beck'scher Online-Kommentar BGB, 62. Edition Stand: 1.5.2022 (zit.: BeckOK BGB); *Hoeren/Sieber/Holznagel*, Handbuch Multimedia-Recht, Stand: März 2022, 58. Ergänzungslieferung (zit.: Hoeren/Sieber/Holznagel MMR-HdB); *Janal*, Die AGB-Einbeziehung im „M-Commerce“, NJW 2016, 3201; *Martens*, Schuldrechtsdigitalisierung, 2022 (zit.: Martens, Schuldrechtsdigitalisierung); *Mörsdorf*, Beitragslöschungen und Kontensperrungen nach den „Hausregeln“ sozialer Netzwerke, NJW 2021, 3158; *Raue*, Plattformnutzungsverträge im Lichte der gesteigerten Grundrechtsbindung marktstarker sozialer Netze, NJW 2022, 209; *Redeker*, IT-Recht, 7. Aufl. 2020 (zit.: Redeker IT-R); *Säcker/Rixecker/Oetker/Limperg*, Münchener Kommentar zum Bürgerlichen Gesetzbuch, Band 2, 9. Aufl. 2022, Band 3, 9. Aufl. 2022, Band 5, 8. Aufl. 2020, Band 6, 8. Aufl. 2020; (zit.: MüKoBGB); *Schöttle*, Software als digitales Produkt, MMR 2021, 683; *Spindler/Schuster*, Recht der elektronischen Medien, 4. Aufl. 2019; *Wais*, Das Gesetz für faire Verbraucherverträge – Weitere Reaktionen auf die Digitalisierung, NJW 2021, 2833; *Wendehorst*, Die neuen Regelungen im BGB zu Verträgen über digitale Produkte, NJW 2021, 2913.

A. Vertragstypen

Verbraucherverträge sind Verträge zwischen einem Unternehmer und einem Verbraucher (§ 310 Abs. 3 BGB).[1] Wie allgemein bei Software ist auch bei Games denkbar, dass ein Vertrag nicht nur mit demjenigen zustande kommt, der dem Verbraucher die Software – auf einem Datenträger, per Download oder per Stream – überlässt oder zu- 1

1 Zur Unternehmer- und Verbrauchereigenschaft siehe §§ 13, 14 BGB.

gänglich macht, sondern beim Fremdvertrieb über Vertriebsplattformen möglicherweise zusätzlich auch mit dem Entwickler oder mit dem Publisher der Software.

2 Die einzelnen Typen solcher Verbraucherverträge sind so vielgestaltig wie die Geschäfts- und Vertriebsmodelle in der Games-Branche.[2] Die Einordnung von **Software** als **Sache** oder als **urheberrechtliches Werk**, an dem Rechte eingeräumt werden, kann für die Frage des Vertragstypus eines Verbrauchervertrages weitgehend dahinstehen,[3] zumal unabhängig vom Vertragstypus seit dem 1.1.2022 für **digitale Produkte** einheitliche und abschließende Regeln insbesondere zum Gewährleistungsrecht bestehen (hierzu → Rn. 36 ff.). Im Übrigen bleibt der Vertragstypus relevant.

3 Anders als bei „klassischen" Offline-Games, bei denen regelmäßig schlicht ein **Kaufvertrag** (§§ 433 ff. BGB) vorliegt, ist die typisierende Einordnung von **Online-Games**, bei denen üblicherweise viele Spieler mit- oder gegeneinander spielen und für deren Funktionszweck vom Anbieter entsprechende Server betrieben werden müssen, weniger klar. Ihr Betrieb ist von vornherein nur auf einen begrenzten Zeitraum angelegt, da schon wegen der raschen technischen Veränderungen nicht davon ausgegangen werden kann, dass er ohne jede zeitliche Grenze erfolgt. Die Existenz einer zeitlichen Grenze ist den Verträgen über den Erwerb und die Teilnahme an Online-Spielen immanent.

I. Free-to-Play-Verträge

4 Unter **Free-to-Play**-Verträgen verstehen wir Verträge über Online-Games, die keinen entgeltlichen Erwerb einer Games-Software und kein Entgelt für die Teilnahme an dem Spiel vorsehen. Free-to-Play-Games werden teilweise werbefinanziert sein, sich häufiger aber über die entgeltliche Veräußerung von digitalen Inhalten innerhalb des Spiels (In-Game-Erwerb; hierzu → Rn. 14 ff.) finanzieren – ohne dass dies für die prinzipielle Teilnahme am Spiel erforderlich ist.

5 Rechtlich zu trennen sind daher der Vertrag über die Teilnahme am Spiel (**Spielnutzungsvertrag**), die hier unentgeltlich erfolgt, und die einzelnen in sich abgeschlossenen Erwerbsvorgänge über weitere digitale Inhalte, bei denen es sich häufig um Spielgeld handelt, das im Spiel eingesetzt werden kann, um digitale Spielgegenstände (**Items**) zu erwerben, oder um den zeitlich begrenzten oder unbegrenzten Zugang zu einem bestimmten Bereich im Spiel (Dungeon).

6 Bei dem kostenlosen Spielnutzungsvertrag handelt es sich um einen **typengemischten Vertrag** mit leihvertraglichen (§§ 598 ff. BGB) und auftragsrechtlichen Elementen (§§ 662 ff. BGB).[4] Zum einen wird dem Spieler die Spielesoftware (Client oder App; entfällt bei reinen Browserspielen) sowie der Speicherplatz für Account und Spielstände auf dem Server des Betreibers für einen in der Regel unbestimmten Zeitraum zur Verfügung gestellt. Dies stellt die leihvertragliche Komponente dar, wobei das Recht der

---

2 Siehe hierzu den Beitrag von *Anderie* (→ § 17 Rn. 18 ff.).
3 Zum Problem und zur Einordnung Redeker IT-R/*Redeker* Rn. 278 ff.
4 AG Karlsruhe Urt. v. 19.5.2015 – 8 C 377/14, MMR 2015, 514.

Leihe bei unkörperlichen Gegenständen analog zur Anwendung kommt.[5] Zum anderen stellt der Betrieb des Servers zur Aufrechterhaltung der Funktionen als Online-Game eine unentgeltliche **Werkleistung** des Anbieters dar. Auf unentgeltliche Werkleistungen findet **Auftragsrecht** entsprechende Anwendung.[6]

Entgeltliche In-Game-Erwerbe und deren wirtschaftliche Bedeutung zur Finanzierung des prinzipiell kostenlosen Spiels beseitigen nicht den Charakter des Spielnutzungsvertrages als unentgeltlicher typengemischter Vertrag, da das Entgelt nach der jeweiligen Parteivereinbarung gerade für die innerhalb des Spiels erworbenen digitalen Inhalte oder Zusatzfunktionen geleistet wird und nicht synallagmatisch verknüpft ist mit dem Zugang zum Spiel als solchem.[7] 7

II. Pay-to-Play-Verträge

Unter **Pay-to-Play**-Verträgen verstehen wir Verträge über Online-Games, die nicht notwendig den entgeltlichen Erwerb einer Games-Software vorsehen, aber ein Entgelt für die zeitlich befristete Teilnahme an dem Spiel. Typischerweise handelt es sich um Abonnements mit automatischen Verlängerungen.[8] 8

Auch bei diesen Verträgen handelt es sich um typengemischte Verträge, die sich von den Free-to-Play-Games vor allem durch ihre Entgeltlichkeit unterscheiden. Die Leistungen des Anbieters unterscheiden sich hier nicht prinzipiell, so dass konsequenterweise von einem typengemischten Vertrag mit mietvertraglichen (§§ 535 ff., 548a BGB) und werkvertraglichen (§§ 631 ff. BGB) Elementen auszugehen ist. Da anders als bei der Überlassung von Software zum bloßen Betrieb auf einem Rechner oder auf einem selbst verwalteten Server die Aufrechterhaltung der Online-Spielfunktion ein prägendes Element darstellt, werden vielfach die werkvertraglichen Regelungen vor den mietvertraglichen Regelungen anzuwenden sein. § 548a BGB bewirkt im Übrigen nicht, dass der Vertrag als reiner Mietvertrag anzusehen ist, sondern er stellt lediglich klar, dass Gegenstand eines Mietvertrags auch digitale Produkte sein können und nicht nur Sachen im Sinne des § 90 BGB.[9] 9

III. Buy-to-Play-Verträge

Unter **Buy-to-Play-Verträgen** verstehen wir Verträge, die den entgeltlichen Erwerb einer Games-Software vorsehen, gleich ob es sich um Online- oder Offline-Spiele handelt. Der Erwerb unterliegt dem Kaufrecht (§§ 433 ff. BGB). 10

---

5 BeckOK BGB/*Wagner* BGB § 598 Rn. 18; MüKoBGB/*Häublein* BGB § 598 Rn. 4 mwN; dass die Gebrauchsüberlassung unkörperlicher Gegenstände unter die entsprechenden Vertragstypen des BGB zu fassen ist, zeigt der mit Wirkung vom 1.1.2022 für entgeltliche Gebrauchsüberlassungen digitaler Produkte eingefügte § 548a BGB.

6 Entsprechende Anwendung, weil es sich nicht um eine Geschäftsbesorgung handelt, vgl. BeckOK BGB/*Fischer* BGB § 662 Rn. 8 mwN.

7 Abzulehnen daher der von Auer-Reinsdorff/Conrad IT-R-HdB/*Picot* § 29 Rn. 38 für möglich gehaltene Übergang von einem Leihvertrag zu einem Mietvertrag beim entgeltlichen Hinzuerwerb virtueller Gegenstände im Rahmen eines Free-to-Play-Vertrages.

8 Zum Gestaltungsspielraum in AGB → Rn. 62 ff.

9 BeckOK BGB/*Wiederhold* § 548a Rn. 6; *Martens* Schuldrechtsdigitalisierung Rn. 453 ff.

11 Abgrenzungsfragen stellen sich, wenn es sich bei dem Buy-to-Play-Titel um ein Online-Spiel handelt, das den Betrieb von Servern durch den Publisher erfordert, also eine Werkleistung, die aus Sicht des objektiven Beobachters mitunter prägend für das eingegangene Vertragsverhältnis ist.

12 Ist diese Werkleistung nicht Gegenstand einer gesonderten Vergütung, etwa eines zusätzlich abzuschließenden Abos zur Teilnahme an dem Online-Spiel, erschiene es dennoch nicht als sachgerecht, den Kauf der Software und der anschließenden Teilnahme am Online-Spiel als getrennte Vertragsverhältnisse zu betrachten, also als einen Kauf und einen weiteren typengemischten (Free-to-Play-)Vertrag. Gerade wenn das Spiel ausschließlich oder weitgehend online spielbar ist, macht es bei wirtschaftlicher Betrachtung keinen Unterschied, ob das Entgelt formal für die Software oder für die Teilnahme verlangt wird. Ist beim Kauf eines solchen Spiels ein bestimmter Zeitraum oder jedenfalls ein Mindestzeitraum für die Spielteilnahme vereinbart, wird es sich daher in Wahrheit um einen **Pay-to-Play**-Vertrag handeln. Nach Ablauf des vereinbarten Zeitraums können sich weitere Pay-to-Play-Verträge anschließen. Es ist auch möglich, dass sich ein Free-to-Play-Vertrag anschließt und fortan an die Stelle des bisherigen Pay-to-Play-Vertrages tritt, wenn der Publisher auf dieses Modell umstellt. Dies ist unproblematisch, weil in diesen Fällen jeweils eine neue Vereinbarung zwischen den Parteien getroffen wird.

13 Schwierigkeiten ergeben sich, wenn beim entgeltlichen Erwerb eines solchen Online-Spiels keine Vereinbarung über eine bestimmte (Mindest-)Dauer der Online-Spielbarkeit getroffen wird. Hier wird es auf die Vertragsauslegung im Einzelfall ankommen, weswegen sich aus Gründen der Rechtssicherheit eine entsprechende Vereinbarung empfiehlt. Haben bei einem Buy-to-Play-Game etwaige Online-Funktionen nur eine völlig untergeordnete Bedeutung und ist das Spiel im Wesentlichen (etwa im Single-Player-Modus) offline spielbar, spricht mehr für das Vorliegen eines reinen Kaufvertrags.

IV. In-Game-Erwerb digitaler Inhalte

14 Bei den Verträgen über den **In-Game-Erwerb digitaler Inhalte** handelt es sich um Kaufverträge (§§ 433 ff. BGB).[10] Handelt es sich jedoch um einen zeitlich beschränkten Zugang zu einem besonderen Bereich innerhalb des Spiels, gelten die Ausführungen zu Pay-to-Play-Verträgen entsprechend.

15 Bei den erworbenen digitalen Inhalten handelt es sich häufig um sogenannte **Items**, also virtuelle Gegenstände, die der Spieler im Spiel einsetzen kann, zum Beispiel Ausrüstungsgegenstände für seine Spielfigur. Hierbei handelt es sich unproblematisch um **digitale Inhalte** im Sinne des § 327 Abs. 2 S. 1 BGB, so dass die dortigen Regeln zu Verträgen über digitale Produkte anzuwenden sind.

16 Häufig erwirbt der Verbraucher jedoch nicht direkt solche Items, sondern er erwirbt im Spiel einsetzbare „virtuelle Währung“, also **Spielgeld**, bei dem es sich ebenfalls un-

10 Redeker IT-R/*Redeker* Rn. 1270.

problematisch um digitale Inhalte nach der Legaldefinition handelt.[11] Da das Spielgeld innerhalb des Spiels dann für weitere Transaktionen, etwa in einem „Shop" im Spiel, eingesetzt wird, wird versucht, diesen Vorgang rechtlich zu erfassen. So wird etwa die Einordnung als Tauschvertrag[12] zwischen Anbieter und Verbraucher vorgeschlagen, was daran scheitern dürfte, dass die festgelegten Spielgeld-Einheiten nicht auf den Anbieter übertragen werden, sondern untergehen. Vorgeschlagen wird auch, dass das Spielgeld ein einseitiges Leistungsbestimmungsrecht des Verbrauchers repräsentiert (§ 315 BGB), der hierfür andere digitale Inhalte beziehen kann, die vom Publisher innerhalb des Spiels angeboten werden.[13] Es ist jedoch fraglich, ob die Parteien beim Einsatz des Spielgeldes im Spiel – ebenso wie bei „Verfügungen" über sonstige Items zwischen Verbrauchern als Teil des Spielens – überhaupt **rechtsgeschäftlich** handeln. Konkret, ob ein Spieler innerhalb des Spiels Spielgeld mit **Rechtsbindungswillen** einsetzt[14] oder ob dies eine rechtsgeschäftlich nicht relevante **Spielhandlung** darstellt. Ist letzteres der Fall, ergeben sich auch keine Wertungswidersprüche zu sonstigen Handlungen im Spiel, etwa von den Spielern und ihren Spielfiguren untereinander. So hat etwa der BFH die Frage, ob das Vermieten virtueller Grundstücke gegen Zahlung mit Spielgeld eine umsatzsteuerbare Leistung darstellt, unter ähnlichen Erwägungen verneint.[15] Sofern nach der Gesamtschau kein anderer Parteiwille anzunehmen ist, wird man grundsätzlich nicht von rechtgeschäftlichem Handeln bei solchen Spielhandlungen auszugehen haben.

B. Wirksamer Vertragsschluss

I. Registrierung als häufige Praxis

Dem Erwerb eines Games, sei es entgeltlich oder unentgeltlich, wird häufig eine **Registrierung** des Verbrauchers als Kunde einer Vertriebsplattform vorausgehen, über die das Spiel vertrieben wird – sei es entgeltlich oder unentgeltlich. Hierbei kann es sich um Versandhändler handeln, die sowohl den Versand physischer Waren anbieten als auch den Download digitaler Inhalte. Erhebliche Bedeutung hat der reine Online-Vertrieb über auf Games spezialisierte internationale **Vertriebsplattformen.** 17

Die Registrierung des Verbrauchers stellt regelmäßig einen **Vertragsschluss** mit dem Betreiber der Vertriebsplattform dar, der **Rahmenregelungen** trifft. Hinsichtlich Art und Umfang der für die Registrierung vom Verbraucher geforderten Daten ist der Plattformbetreiber insbesondere auf das für die Zwecke der Verarbeitung notwendige Maß beschränkt (**Datenminimierung**, Art. 5 Abs. 1 lit. c DS-GVO). Sofern mit der Registrierung selbst noch kein Abschluss eines entgeltlichen Geschäfts einhergeht, ergeben sich die Anforderungen an Schaltflächen (Registrierungsbutton) zunächst nur aus allgemeinen Regeln des BGB über das Zustandekommen von Verträgen. 18

---

11 Es handelt sich dabei aber nicht um einen „Preis" iSd § 327 Abs. 1 S. 2 BGB, → Rn. 31.
12 Redeker IT-R/*Redeker* Rn. 1270.
13 Vgl. Duisberg/Picot Videospiele/*Oehler/von Ribbeck* Kap. 6 Rn. 32.
14 Zum Rechtsbindungswillen als Abgrenzungskriterium vgl. MüKoBGB/*Bachmann* § 241 Rn. 235 ff.
15 BFH Urt. v. 18.11.2021 – V R 38/19, DStRE 2022, 439.

II. Vertragsschluss bei Zahlungspflicht des Verbrauchers

19 Ein Vertrag über den **entgeltlichen Erwerb** von digitalen Inhalten oder dauerhaften oder wiederkehrenden Leistungen wird regelmäßig dadurch geschlossen, dass der Verbraucher gemäß § 312j Abs. 3 BGB seine Willenserklärung durch Anklicken einer Schaltfläche („**Button**") abgibt. Er soll hierdurch **ausdrücklich** seinen Willen zum Ausdruck bringen, eine entgeltliche Leistung erhalten zu wollen. Konkludente Vertragsabschlüsse sind damit online nicht möglich.[16] Aus der Beschriftung des Buttons selbst muss hervorgehen, dass der Verbraucher einen kostenpflichtigen Vertrag eingeht. Ergibt sich dies zwar zweifelsfrei aus den Umständen, nicht aber aus der Buttonbeschriftung selbst, genügt dies nicht den Anforderungen des § 312j Abs. 3 BGB. Denn der Verbraucher soll auch über den genauen Zeitpunkt informiert sein, in dem der die entsprechende Handlung vornimmt, die zur Eingehung eines entgeltlichen Vertragsverhältnisses führt.[17] Die Beschriftung „zahlungspflichtig bestellen" ist dabei nur ein Beispiel und kann durch eine andere eindeutige Formulierung ersetzt werden.[18] „Jetzt kaufen" genügt diesen Anforderungen[19] beispielsweise auch dann, wenn es sich genau genommen möglicherweise um einen gemischten Vertrag handelt (zum Beispiel mit werkvertraglichen Elementen beim Pay-to-Play, → Rn. 9), da die Funktion der Beschriftung der ausdrückliche Hinweis auf die Zahlungspflicht als Folge der Abgabe einer Erklärung per Button ist und nicht die genaue und womöglich umstrittene Einordnung unter die Vertragstypen des BGB. Ungenügend kann dies wiederum sein, wenn es sich um wiederkehrende Zahlungspflichten handelt, da „Kaufen" dem Sprachgebrauch nach auf eine einmalige Kostenpflicht schließen lässt.[20] Die verwendete Beschriftung muss also insoweit **mit dem Vertragsinhalt korrespondieren,**[21] als nach dem Sprachgebrauch sowohl die Zahlungspflicht zum Ausdruck kommen muss als auch eine etwaige Wiederkehr der Zahlungspflicht, nicht aber der exakte Vertragstypus unter dem BGB.[22]

20 Die Folgen eines Nichteinhaltens der Anforderungen des § 312j Abs. 3 BGB sind drastisch. Nach § 312j Abs. 4 BGB kommt ein Vertrag nur dann zu Stande, wenn der Button ordnungsgemäß implementiert und beschriftet ist. Da die Gestaltung des Online-Shops samt Button für sämtliche Geschäftsabschüsse des jeweiligen Unternehmers in der Regel einheitlich ist, würde bei einem Verstoß gegen § 312j Abs. 3 BGB kein einziger wirksamer Vertrag geschlossen sein und Rückforderungsansprüche der Verbraucher aus § 812 BGB könnten bis zur Grenze der Regelverjährung nach §§ 195, 199 Abs. 1 BGB geltend gemacht werden. Der falsch beschriftete Button kann für den Anbieter so existenzbedrohend werden.

---

16 BeckOK BGB/*Maume* § 312j Rn. 20.

17 EuGH Urt. v. 7.4.2022 – C-249/21, NJW 2022, 1439 (1440 Rn. 29 f.) – Fuhrmann-2-GmbH/B.

18 Siehe hierzu die Beispiele bei BeckOK BGB/*Maume* BGB § 312j Rn. 26; Hoeren/Sieber/Holznagel MMR-HdB/*Föhlisch* Teil 13.4 Rn. 217 f.

19 Kurios AG Köln Urt. v. 28.4.2014 – 142 C 354/13, MMR 2014, 736 mAnm *Föhlisch/Stariradeff*: „Die Verwendung des Worts ‚Kaufen' kann, muss aber nicht zwingend von der Wortbedeutung her eine Zahlungspflicht beinhalten." Zust. MüKoBGB/*Wendehorst* BGB § 312j Rn. 28; dagegen Hoeren/Sieber/Holznagel MMR-HdB/*Föhlisch* Teil 13.4 Rn. 217; Spindler/Schuster/*Schirmbacher* BGB § 312j Rn. 51.

20 Dann bietet sich eine Formulierung wie „kostenpflichtig abonnieren" an. „Abo kaufen" mag der Funktion der Beschriftung ebenfalls noch genügen, auch wenn sich das für Juristen eher gruselig liest.

21 Vgl. hierzu auch Spindler/Schuster/*Schirmbacher* BGB § 312j Rn. 52.

22 Bei der Vielgestaltigkeit von Verträgen wäre dem Verbraucher nicht gedient, wenn man daher auf „kostenpflichtigen Vertrag sui generis abschließen" ausweichen müsste.

III. Kein Kontrahierungszwang

Hinsichtlich der Gewährung des Zugangs zu Online-Games unterliegen die Anbieter **keinem Kontrahierungszwang.** Die Grundrechte entfalten wie bei sämtlichen prinzipiell jedermann zugänglichen Leistungen Privater auch hier eine Drittwirkung.[23] Anders aber als etwa bei reichweitenstarken sozialen Netzwerken,[24] die eine besondere Bedeutung für die faktische Möglichkeit der Ausübung der Meinungsfreiheit und der Informationszugangsfreiheit haben (Art. 5 Abs. 1 GG),[25] ist die Teilnahme des Verbrauchers an Online-Computerspielen eine Verwirklichung seiner allgemeinen Handlungsfreiheit nach Art. 2 Abs. 1 GG,[26] die in der Interessenabwägung mit den Rechten des Anbieters bei der Rechtsgestaltung und Ausübung eine weniger gewichtige Rolle spielt als etwa die Ausübung der Meinungsfreiheit. Der Zugang zu einem prinzipiell jedermann angebotenen Online-Spiel kann aber jedenfalls nicht rein willkürlich verwehrt werden (mittelbare Drittwirkung des Art. 3 GG), wobei ein einzelnes Spiel oder ein einzelner Anbieter in der Regel aufgrund der Vielzahl angebotener Games auf dem Markt nicht im „erheblichen Umfang über die Teilnahme am gesellschaftlichen Leben entscheidet".[27] Aus diesem Grund sind grundsätzlich niedrige Anforderungen an einen sachlichen Grund für die Verwehrung des Zugangs zu einem Online-Game zu stellen, etwa die Besorgnis von AGB-Verstößen, der Belästigung anderer Spielteilnehmer oder sonst missbräuchlichen Verhaltens.[28] 21

C. Wirksame Einbeziehung Allgemeiner Geschäftsbedingungen

Bei den Regelungen, die aufgrund der Registrierung zwischen dem Verwender und dem Verbraucher gelten sollen, handelt es sich unproblematisch um **Allgemeine Geschäftsbedingungen (AGB)** im Sinne des § 305 Abs. 1 S. 1 BGB, da sie vom Anbieter gestellt werden und für eine Vielzahl von Verträgen vorformuliert sind, während der Verbraucher regelmäßig keine Möglichkeit hat, den Inhalt der Vertragsbedingungen zu beeinflussen.[29] Die **wirksame Einbeziehung** von AGB in Verträge erfordert gemäß § 305 Abs. 2 BGB, dass der Plattformbetreiber beim Abschluss des Vertrages ausdrücklich auf die AGB hinweist und der Verbraucher in zumutbarer Weise von ihrem Inhalt Kenntnis nehmen kann und mit der Geltung der AGB einverstanden ist. 22

I. Ausdrücklicher Hinweis des Verwenders

Der **ausdrückliche Hinweis** auf die Geltung der AGB ist gegeben, wenn er sich in einer gewissen räumlichen Nähe zu der Schaltfläche befindet, über die der Verbraucher seine Willenserklärung zum Abschluss des Vertrages abgibt. Die mit einem Link unterlegte 23

23 BVerfG Urt. v. 15.1.1958 – 1 BvR 400/57, BVerfGE 7, 198 = NJW 1958, 257.
24 Vgl. *Raue* NJW 2022, 209 (210 Rn. 7).
25 *Mörsdorf* NJW 2021, 3158 (3159 Rn. 11).
26 Anders wird dies zu beurteilen sein, wo die Berufsfreiheit des Art. 12 GG relevant wird, etwa wenn es sich nicht um einen Verbraucher, sondern um einen professionellen Esports-Spieler handelt. Zu Esports siehe den Beitrag von *Graf Fringuelli/Ehinger* (→ § 31 Rn. 17).
27 Vgl. zu diesem Kriterium BVerfG Beschl. v. 11.4.2018 – 1 BvR 3080/09, NJW 2018, 1667 (1669 Rn. 41) – Stadionverbot.
28 Zu den Auswirkungen auf die Kündigungsmöglichkeiten des Anbieters → Rn. 72.
29 Zu Gestaltungen mit Beeinflussbarkeit des Inhalts durch Verbraucher und Entfallen der AGB-Eigenschaft vgl. Spindler/Schuster/*Schuster* BGB § 305 Rn. 12.

Bezeichnung „AGB“ oder „Allgemeine Geschäftsbedingungen“ genügt als Hinweis; eine Ausformulierung wie „es gelten unsere AGB“ ist nicht erforderlich. Ein Erfordernis, den Hinweis in „unmittelbarer Nähe“[30] oder gar vor oder oberhalb der Schaltfläche zu platzieren, lässt sich dem Gesetz nicht entnehmen. Übersteigerte Anforderungen führten zu Wertungswidersprüchen mit der Regelungsvariante des § 305 Abs. 2 Nr. 1, 2. Alt. BGB für Verkaufsorte, an denen ein deutlich sichtbarer Aushang als ausdrücklicher Hinweis genügt. Es genügt daher auch für den elektronischen Geschäftsverkehr, dass der Hinweis auf die AGB für den Verbraucher vor dem Vertragsschluss **„gut sichtbar“** ist.[31] Wann dies nicht mehr der Fall ist, ist dann eine Frage des Einzelfalls, beispielsweise bei einer Trennung der Schaltfläche vom AGB-Hinweis durch weitere Inhalte, die ein nicht nur unerhebliches Scrollen erfordern, bevor der AGB-Hinweis für den Verbraucher sichtbar wird. Freilich ist es ratsam, den AGB-Hinweis möglichst prominent im Umfeld der Schaltfläche zu platzieren. Manche Browser-Spiele gestatten ein sofortiges Losspielen, ohne dass vorher zwingend eine Registrierung des Verbrauchers erfolgen muss. Hier gilt in gleicher Weise, dass AGB durch deutlich sichtbaren Hinweis wirksam einbezogen werden können.

II. Möglichkeit in zumutbarer Weise vom Inhalt Kenntnis zu nehmen

24 Nach der Rechtsprechung genügt es für das Erfordernis des § 305 Abs. 2 Nr. 2 BGB, also für das Verschaffen der Möglichkeit, in zumutbarer Weise vom Inhalt der AGB Kenntnis nehmen zu können, dass jener gut sichtbar platzierte AGB-Hinweis mit einem Link unterlegt wird, über den der Inhalt der AGB abgerufen und ausgedruckt werden kann.[32]

25 Indessen müssen die AGB nicht zwingend auch ausgedruckt werden können, um eine zumutbare Möglichkeit der Kenntnisnahme zu bewirken. Die Qualität der Bildschirmauflösung lässt inzwischen auch bei mobilen Endgeräten mit relativ kleinem Display eine mühelose Lektüre auch längerer Texte zu. Texte auf Papier auszudrucken, um sie „vernünftig lesen zu können“ erscheint inzwischen als anachronistisch. Die Kenntnisnahme von auf Bildschirmgeräten dargestellten Texten wird man inzwischen kaum als Zumutung, sondern als Teil des Alltags des durchschnittlichen Verbrauchers betrachten dürfen.[33] Bei Endgeräten wie Smart-TV oder Spielekonsolen werden die beteiligten Verkehrskreise ebenfalls nicht die Frage nach einer Ausdruckbarkeit der AGB stellen.

26 Ist der Text der AGB durch Betätigen des betreffenden Links direkt abrufbar, ist die Frage der Zumutbarkeit regelmäßig unproblematisch. Oftmals gelangt der Verbraucher jedoch auf eine zwischengeschaltete Seite, die wiederum Links zu mehreren Bedingungs-

30 So wohl Spindler/Schuster/*Schuster* BGB § 305 Rn. 36 mwN.

31 BGH Urt. v. 14.6.2006 – I ZR 75/03, NJW 2006, 2976 (2977) = MMR 2006, 737 (738) Rn. 16.

32 BGH Urt. v. 14.6.2006 – I ZR 75/03, NJW 2006, 2976 (2977) = MMR 2006, 737 (738) Rn. 16; BGH Urt. v. 29.7.2021 – III ZR 179/20, NJW 2021, 3179 (3182) = MMR 2021, 903 (905) Rn. 36; BGH Urt. v. 29.7.2021 – III ZR 192/20, ZUM-RD 2021, 612 (619) Rn. 48; OLG Hamburg Urt. v. 24.4.2015 – 1 U 185/14, MMR 2015, 608 (609) Rn. 33.

33 Ablehnend *Janal* NJW 2016, 3201 (3202 f.); vgl. auch die Nachweise aus der Rechtsprechung zur Unzumutbarkeit der Lektüre längerer AGB über Bildschirmtext BTX aus den frühen 1990er Jahren bei MüKoBGB/*Basedow* BGB § 305 Rn. 74.

werken enthält. Hier kommt es auf die Ausgestaltung im Einzelfall an. Es kann der zumutbaren Möglichkeit der Kenntnisnahme gerade zuträglich sein, wenn die AGB in verschiedene (kürzere) Regelungswerke aufgeteilt sind und der Nutzer verschiedene eindeutig bezeichnete Regelungswerke über eine „**Klickstrecke**" von zwei oder drei Links aufrufen kann.[34] Auf diese Weise lässt sich gerade auch das Problem sonst zu lang geratender AGB-Texte auf mobilen Endgeräten lösen.[35]

III. Einverständnis des Verbrauchers

27 Die wirksame Einbeziehung der AGB erfordert nach § 305 Abs. 2 BGB schließlich, dass die andere Vertragspartei, hier also der Spieler, mit ihrer Geltung einverstanden ist. Hierfür reicht konkludentes Handeln aus.[36] Betätigt der Spieler unter dem Vorliegen der Voraussetzungen des § 305 Abs. 2 Nr. 1 und 2 BGB die Schaltfläche, mittels derer er seine Willenserklärung abgibt, so gibt er damit konkludent sein Einverständnis kund.

D. Verbraucherverträge über digitale Produkte

I. Games und ihr Online-Betrieb als digitale Produkte

28 Die durch Gesetz vom 25.6.2021[37] mit Wirkung ab dem 1.1.2022 neu eingefügten §§ 327–327s BGB dienen der Umsetzung der Richtline (EU) 2019/770 über bestimmte vertragsrechtliche Aspekte der Bereitstellung digitaler Inhalte und digitaler Dienstleistungen[38] in deutsches Recht. Die Vorschriften treffen spezielle Regelungen zu Leistungsmodalitäten, Leistungsstörungen und fortdauernden Pflichten bei Verbraucherverträgen über digitale Produkte, die gegen Zahlung eines Preises bereitgestellt werden.

29 **Digitale Produkte** wird als Oberbegriff für digitale Inhalte und digitale Leistungen verwendet. Nach der Legaldefinition des § 327 Abs. 2 S. 1 BGB sind **digitale Inhalte** Daten, die in digitaler Form erstellt und bereitgestellt werden. Hierunter fallen Games ebenso wie unselbstständige Bestandteile, die etwa zusätzlich angeboten werden (Items, hierzu → Rn. 15). **Digitale Dienstleistungen** sind nach der Definition des § 327 Abs. 2 S. 2 BGB Dienstleistungen, die dem Verbraucher (1.) die Erstellung, die Verarbeitung oder die Speicherung von Daten in digitaler Form oder den Zugang zu solchen Daten ermöglichen, oder (2.) die gemeinsame Nutzung der vom Verbraucher oder von anderen Nutzern der entsprechenden Dienstleistung in digitaler Form hochgeladenen oder erstellten Daten oder sonstige Interaktionen mit diesen Daten ermöglichen. Der Betrieb von Online-Games erfüllt regelmäßig beide Varianten. Das Speichern der Spielstände geschieht regelmäßig durch entsprechende Einträge in einer Datenbank des Anbieters (Nr. 1), das Steuern der verschiedenen Spielteilnehmer und ihrer Interaktionen erfolgt durch eine Software auf den Servern des Anbieters (Nr. 2).

---

34 In dieser Weise zur ähnlichen Frage der Mediengerechtheit der Informationsverschaffung im Sinne von Art. 246a § 4 Abs. 3 S. 1 EGBGB vgl. Spindler/Schuster/*Schirmbacher* EGBGB Art. 246a Rn. 249.

35 Vgl. hierzu MüKoBGB/*Basedow* § 305 Rn. 76; BeckOK BGB/*Becker* § 305 Rn. 60; *Janal* NJW 2016, 3201 (3202 f.); Spindler/Schuster/*Schuster* BGB § 305 Rn. 45 f.

36 *Janal* NJW 2016, 3201 (3202).

37 BGBl. I 2123.

38 ABl. 2019 L 136, 1, ber. ABl. 2019 L 305, 62.

30 Die Einordnung als Verbrauchervertrag über digitale Produkte lässt die Typisierung unter die Vertragstypen des BGB unberührt,[39] so dass etwa ein Pay-to-Play-Vertrag ein typengemischter Vertrag mit miet- und werkvertraglichen Elementen ist (→ Rn. 8 f.). Die Rechte der Verbraucher insbesondere bei Mängeln, richten sich jedoch abschließend nach den Vorschriften der §§ 327 ff. BGB, die im Rahmen ihres Anwendungsbereichs abschließend sind und den entsprechenden Bestimmungen des besonderen Schuldrechts trotz ihrer Verortung im allgemeinen Schuldrecht vorgehen.

II. Gegenleistung des Verbrauchers

31 Die Vorschriften der §§ 327–327s BGB sind anwendbar, wenn der Verbraucher zur **„Zahlung eines Preises"** als Gegenleistung für die Bereitstellung digitaler Produkte durch den Anbieter verpflichtet ist. Unter den Begriff des Preises fallen auch digitale Gutscheine und vergleichbare Daten, denen ein Wert zukommt. Dies können auch „virtuelle Währungen" sein, allerdings nur, soweit sie nach nationalem Recht anerkannt sind.[40] Spielgeld zum Erwerb von Items oder sonstigen Vorteilen im Spiel (→ Rn. 16) ist kein Preis im Sinne der Vorschrift,[41] so dass nicht etwa aufgrund der Regelung des § 327 BGB von weiteren Vertragsschlüssen durch den Einsatz von Spielgeld im Spiel auszugehen ist.

III. Bereitstellen personenbezogener Daten

32 Nach § 327 Abs. 3 BGB sind die Vorschriften zu Verbraucherverträgen über digitale Produkte auch anwendbar, wenn der Verbraucher dem Unternehmer **personenbezogene Daten** bereitstellt oder sich zu deren Bereitstellung verpflichtet. Eigenständige Bedeutung erlangt diese Bestimmung nur für Verträge, die nicht die Zahlung eines Preises durch den Verbraucher als Gegenleistung vorsehen, also für unentgeltliche Verträge.

33 Dies gilt nur dann nicht, wenn der Unternehmer die vom Verbraucher bereitgestellten personenbezogenen Daten ausschließlich verarbeitet, um seine Leistungspflicht oder an ihn gestellte rechtliche Anforderungen zu erfüllen, und sie zu keinem anderen Zweck verarbeitet, § 327 Abs. 3 iVm § 312 Abs. 1a S. 2 BGB. Dies soll weit auszulegen und ein Bereitstellen schon gegeben sein, „wenn der Unternehmer Cookies setzt oder Metadaten wie Informationen zum Gerät des Verbrauchers oder zum Browserverlauf erhebt".[42] Unentgeltliche Verbraucherverträge, im Zuge derer nicht wenigstens Daten verarbeitet werden, um das eigene Angebot zu optimieren oder eigene oder fremde Angebote zu bewerben, dürften eine echte Rarität sein. Der deutsche Gesetzgeber geht dabei über die Richtlinie hinaus, die nach Art. 3 Abs. 1 eine Ausnahme auch bei der Verarbeitung personenbezogener Daten „zur Bereitstellung digitaler Inhalte oder digitaler Dienstleistungen" zulässt.

34 Eine Umgehung des Anwendungsbereichs dergestalt, dass der Unternehmer es durch **AGB** zum Kreis seiner Leistungspflichten zählt, dem Verbraucher fortlaufend Angebote

---

39 Erwgr. 12 RL (EU) 2019/770; BT-Drs. 19/27653, 37 f.; *Martens* Schuldrechtsdigitalisierung Rn. 171; *Wendehorst* NJW 2021, 2913 Rn. 3.

40 Erwgr. 23 RL (EU) 2019/770.

41 *Martens* Schuldrechtsdigitalisierung Rn. 174.

42 BT-Drs. 19/27653, 41.

zu machen, Werbung zu zeigen oder sein Gesamtangebot zu optimieren, könnten als **überraschende Klausel** nach § 305c Abs. 1 BGB unwirksam sein, jedenfalls aber als unangemessene Benachteiligung, wenn dem Verbraucher zum Schein mehr Rechte eingeräumt werden, um ihm in Wahrheit Verbraucherschutzrechte zu nehmen. Dies wäre mit dem wesentlichen Grundgedanken des § 327 Abs. 3 BGB nicht zu vereinbaren.

Die Praxis muss sich darauf einstellen, dass die Vorschriften der §§ 327–327s BGB de facto grundsätzlich auf alle Verbraucherverträge anzuwenden sind, auch wenn es **systemfremd** erscheint, entgeltliche und unentgeltliche Vertragsverhältnisse in den hier geregelten Bereichen wie dem Mängelgewährleistungsrecht gleich zu behandeln. 35

IV. Anforderungen an die Mangelfreiheit

Der Unternehmer hat dem Verbraucher die digitalen Produkte frei von Produktmängeln, frei von Rechtsmängeln und mit den erforderlichen Aktualisierungen zur Verfügung zu stellen, §§ 327e-327g BGB. 36

Der **Produktmangel** ist strukturell ähnlich geregelt wie der neue Sachmangelbegriff des Kaufrechts, wenngleich wortreicher[43] und mit detaillierteren Vorgaben. Die digitalen Produkte haben den subjektiven Anforderungen, den objektiven Anforderungen und den Anforderungen an die Integration zu entsprechen, und zwar **kumulativ**, § 327e Abs. 1 BGB. Hierin liegt eine bedeutsame und misslungene Abweichung vom kaufrechtlichen Mängelbegriff, bei dem „objektive" Anforderungen nach wie vor nachrangig gegenüber einer abweichenden Parteivereinbarung sind, § 434 Abs. 3 S. 1 BGB.[44] 37

Richten sich die subjektiven Anforderungen des § 327e Abs. 2 BGB maßgeblich nach der Parteivereinbarung, gaukeln die „objektiven" Anforderungen eine Objektivität lediglich vor. Sie ist nichts anderes als eine fiktive Inter-Subjektivität, denn es stellt sich nun für jedes Produkt ungeachtet der Parteivereinbarung die Frage, was die **„gewöhnliche Verwendung"** (durch eine Vielzahl von Subjekten), die **Erwartung des Verbrauchers** an die **Beschaffenheit** (§ 327e Abs. 3 Nr. 2 BGB) und an die **Anleitungen und das Zubehör** (§ 327e Abs. 3 Nr. 4 BGB) ist. 38

Die gewöhnliche Verwendung mag bei Games auf den ersten Blick als unproblematisch erscheinen, nämlich das Spielen eines Games und bei Online-Games das Nutzen der Online-Funktionen. Überspannt wäre es, genretypische Features wie beispielsweise bestimmte Interaktionsmöglichkeiten mit Mitspielern (Chat oder Messenger) oder den Zusammenschluss zu Spielergruppen (Gilden) im MMORPG-Genre bereits zur gewöhnlichen Verwendung zu zählen. Dies gilt in gleicher Weise für die Beschaffenheitserwartungen des Verbrauchers. Das Fehlen oder Abweichen von genretypischen Funktionen, die über die Spielfunktion im engeren Sinne hinausgehen, kann grundsätzlich keinen Produktmangel begründen. Andernfalls wäre ein Wandel und eine Entwicklung zu neuen Genres oder Subgenres nicht mehr möglich und der aktuelle Funktionsumfang zementiert. Dies ist nicht Zweck des Mängelgewährleistungsrechts. Nur bei schlechthin zu erwartenden Funktionen, ohne die ein Spiel beispielsweise seinen Charakter als 39

43 Krit. auch *Martens* Schuldrechtsdigitalisierung Rn. 2 f., 39 f.

44 *Schöttle* MMR 2021, 683 (686), vertritt für § 327e BGB, dass die subjektive Beschaffenheitsvereinbarung im Zweifel der objektiven vorgehen dürfte.

Online-Spiel verlöre, wird man eine nicht erfüllte Beschaffenheitserwartung anzunehmen haben.

40 Die Erwartung des Verbrauchers an die Eigenschaften eines Games wird aufgrund ihrer Marktdurchdringung maßgeblich von erfolgreichen Titeln großer Entwickler geprägt, die aufwändig produziert wurden. Dennoch können solche Eigenschaften wie besonders gute grafische Gestaltung, Spielfluss, Vertonung, Spieltiefe etc. nicht ohne Weiteres eine „objektive" Beschaffenheitserwartung des Verbrauchers begründen, die es etwa kleineren Studios mitunter unmöglich machen würde, überhaupt noch mangelfreie Produkte auf den Markt zu bringen. Zum einen weist die Aufzählung zur Beschaffenheit unter § 327e Abs. 3 Nr. 2 BGB auf **technisch-funktionale** und nicht **ästhetisch-inhaltliche** Beschaffenheitsmerkmale hin. Zum anderen können bei ästhetisch-inhaltlichen Merkmalen von Games etwa bestehende Wünschbarkeiten nicht mit Beschaffenheitserwartungen gleichgesetzt werden, ebenso wenig wie man etwa bei einem Filmwerk eine schlechte Kameraführung oder Regie oder ein schlechtes Drehbuch zum mängelrechtlich erheblichen Merkmal erklären könnte. Eine restriktive Handhabung der „objektiven" Beschaffenheitserwartung ist auch wegen der dem Entwickler zukommenden Kunstfreiheit (Art. 5 Abs. 1 S. 1 GG) bezüglich der ästhetisch-inhaltlichen Ausgestaltung geboten. Entsteht jedoch durch öffentliche Äußerungen des Unternehmers oder einer Person der Vertriebskette (insbesondere des Entwicklungsstudios) über ästhetisch-inhaltliche Merkmale eine bestimmte **Verbrauchererwartung,** dann sind auch diese Merkmale Teil der üblichen Beschaffenheit,[45] § 327e Abs. 3 S. 2 BGB, vorbehaltlich der Ausnahmen nach S. 3.

41 Letztlich birgt bei der Rechtsanwendung die prinzipielle Gleichstellung und das Erfordernis des kumulativen Erfüllens subjektiver wie „objektiver" Anforderungen an ein digitales Produkt die Gefahr, dass über eine vermeintliche Objektivität der Inhalt des einzelnen Vertragsverhältnisses und seiner geschuldeten Leistungen einigermaßen willkürlich und losgelöst von der Parteivereinbarung bestimmt wird. Die Praxis wird daher nur zu billigen Ergebnissen kommen, wenn beim Ausfüllen der „objektiven" Anforderungen Zurückhaltung geübt wird.

V. Abweichende Vereinbarungen

42 Von den „objektiven" Anforderungen an die Mangelfreiheit kann abgewichen werden. Allerdings nicht durch AGB, sondern durch **ausdrückliche und gesonderte Vereinbarung,** § 327h BGB. In Betracht kommen sollen etwa „Anklicken eines Kästchens, Betätigung einer Schaltfläche oder Aktivierung einer ähnlichen Funktion",[46] wobei sich diese abweichende Vereinbarung auf „ein bestimmtes Merkmal des digitalen Produkts" zu beziehen hat. Selbst wenn der Unternehmer wüsste, welches die „objektiven" Anforderungen an sein (womöglich neuartiges) Produkt sind, bliebe die Frage offen, ob bei einer Vielzahl von Merkmalen, die von den „objektiven" Anforderungen abweichen, eine Vielzahl von Kästchen zu aktivieren ist. Jede Online-Bestellung wird so auch für den Verbraucher zum Ärgernis. Auch hier zeigt sich das Bedürfnis des Rechtsver-

45 Vgl. Erwgr. 45 RL (EU) 2019/770 zu qualitativen Merkmalen.
46 Erwgr. 49 RL (EU) 2019/770; BT-Drs. 19/27653, 62; *Wendehorst* NJW 2021, 2913 (2917 Rn. 26).

kehrs, die „objektiven" Anforderungen an eine Mangelfreiheit digitaler Produkte nicht zu überspannen.

VI. Rechte des Verbrauchers bei Mängeln

Auch die Mängelgewährleistungsrechte ähneln denen des Kaufrechts. Der Verbraucher hat zuerst Nacherfüllung zu verlangen. In der Praxis wird die **Nacherfüllung** häufig unmöglich oder nur mit unverhältnismäßigen Kosten möglich sein (§ 327l Abs. 2 BGB) oder jedenfalls nicht fristgemäß durchführbar sein, etwa wenn hier ein erheblicher Programmieraufwand erforderlich ist, der Monate in Anspruch nehmen kann. Gerade wenn die Games-Software nicht vom Entwickler selbst, sondern vom Publisher oder dem Betreiber eines Portals vertrieben wird, wird die ordnungsgemäße Nacherfüllung schwierig sein. 43

In der Praxis wird es daher häufig auf eine **Beendigung** des Vertrages, eine **Minderung** des Preises, **Schadensersatz** oder **Ersatz vergeblicher Aufwendungen** nach § 327i Nr. 2 und 3 BGB hinauslaufen. 44

Die Variante der Beendigung verweist nicht ins Rücktrittsrecht, sondern verleiht dem Verbraucher einen **Rückerstattungsanspruch** für geleistete Zahlungen aus § 327o Abs. 2 S. 1 BGB. Handelt es sich um einen Vertrag über die dauerhafte Bereitstellung eines digitalen Produkts, so entfällt der Anspruch des Unternehmers für den gesamten Bereitstellungszeitraum und der Verbraucher kann aus § 327o Abs. 3 S. 2 BGB auch für den zurückliegenden Zeitraum eine Erstattung verlangen. Die Erstattung hat unverzüglich, auf jeden Fall aber innerhalb von 14 Tagen seit Zugang der Beendigungserklärung zu erfolgen, § 327o Abs. 4 iVm § 327n Abs. 4 S. 2 BGB. 45

Die **Verjährung** der Gewährleistungsrechte richtet sich nach § 327j BGB. 46

VII. Entgegennahme trotz Mangels

Die Regelungen der §§ 327–327s BGB enthalten keine dem § 442 BGB entsprechende Vorschrift, wonach die Rechte des Käufers wegen eines Mangels ausgeschlossen sind, wenn er bei Vertragsschluss den Mangel kennt oder grob fahrlässig nicht kennt. § 327h BGB tritt zwar nicht an die Stelle eines entsprechenden Regelungsgegenstands, da er eine Regelung dazu trifft, ob überhaupt ein Mangel bei Abweichung von „objektiven" Anforderungen gegeben ist, also ob Gewährleistungsrechte bestehen. Er regelt nicht deren Schicksal, wenn der Verbraucher die digitalen Produkte in Kenntnis des Mangels dennoch entgegennimmt. Gleichwohl wird man davon auszugehen haben, dass es eine gesetzgeberische Entscheidung ist, keine dem § 442 BGB entsprechende Regelung aufzunehmen und stattdessen abschließende Regelungen zu treffen.[47] 47

Das Vorliegen eines Mangels über den gesamten Nutzungszeitraum hinweg und eine sodann vor Eintritt der Verjährung von Gewährleistungsansprüchen erfolgende Beendigungserklärung des Nutzers nach §§ 327e, 327i Nr. 2, 327o Abs. 1 BGB führen trotzdem nicht dazu, dass nach § 327o Abs. 3 BGB der Anspruch des Unternehmers für den gesamten Zeitraum erlischt und die Gegenleistungen dem Verbraucher zurückzuerstat- 48

47 BT-Drs. 19/27653, 38.

ten sind. Nimmt ein Verbraucher das digitale Produkt trotz der Mangelhaftigkeit entgegen und nutzt er es, wird darin nach allgemeinen Regeln ein konkludent erklärter **einseitiger Verzicht** auf Gewährleistungsrechte liegen.[48] Dies kommt insbesondere in Betracht, wenn es sich etwa um Pay-to-Play-Titel handelt und der Verbraucher trotz Vorliegens eines Mangels für weitere Nutzungszeiträume bezahlt oder wenn der Verbraucher einen Buy-to-Play-Titel vollständig „durchspielt". Wegen der Einseitigkeit des Verzichts steht dem auch nicht die Regelung des § 327s Abs. 1 BGB, der Vereinbarungen zum Nachteil des Verbrauchers erst nach der Mitteilung des Mangels zulässt. An der Mitteilung wird es regelmäßig fehlen, wenn der Verbraucher durch schlüssiges Handeln seinen Verzicht bekundet. Sofern ein solcher Verzicht nicht anzunehmen ist, wäre es gleichwohl rechtsmissbräuchlich und damit treuwidrig (§ 242 BGB), dann durchaus noch bestehende Mängelgewährleistungsrechte auszuüben, obwohl die Teilnahme am Spiel vom Verbraucher in Anspruch genommen und der Freizeit- und Unterhaltungswert des digitalen Produktes konsumiert wurde.

E. Beendigung von Verträgen

I. Widerrufsrecht

49 Der Erwerb eines Spiels oder sonstiger digitaler Inhalte (zum Beispiel sogenannte Items oder Spielgeld) durch einen Verbraucher von einem Unternehmer zum Download über ein Online-Portal oder innerhalb eines Online-Spiels stellt einen **Fernabsatzvertrag** nach § 312c BGB dar. Gleiches gilt für die Bestellung einer Games-Software auf einem physischen Datenträger, wenn die Bestellung über ein Fernkommunikationsmittel im Sinne des § 312c Abs. 2 BGB erfolgt.

50 Daher steht dem Verbraucher gemäß § 312g Abs. 1 BGB grundsätzlich ein **Widerrufsrecht** nach § 355 BGB zu. Dies gilt für Lieferungen auf einem physischen Datenträger nicht, wenn er versiegelt verpackt war und die Versiegelung nach der Lieferung entfernt wurde, § 312g Abs. 2 Nr. 6 BGB.[49]

51 Praktisch bedeutsam ist die Möglichkeit des **Erlöschens** des an sich bestehenden Widerrufsrechts bei einem Vertrag über die Lieferung von nicht auf einem körperlichen Datenträger befindlichen digitalen Inhalten gemäß § 356 Abs. 5 BGB. „Erlöschen" bedeutet dabei nicht etwa, dass das Widerrufsrecht zuvor bereits im konkret zustande gekommenen Vertragsverhältnis erst entstanden sein muss, um es sodann nach Vertragsschluss durch Erfüllen der in § 356 Abs. 5 BGB festgelegten Voraussetzungen zu Fall zu bringen. Die Voraussetzungen können auch vor oder gleichzeitig mit dem Vertragsschluss erfüllt werden.[50]

52 In der ab dem 28.5.2022 geltenden Fassung regelt § 356 Abs. 5 BGB unter Nr. 1 auch das Erlöschen des Widerrufsrechts für Verträge, die den Verbraucher nicht zur Zahlung eines Preises verpflichten. Einzige Voraussetzung ist, dass der Unternehmer mit der

48 Vgl. entsprechend zum einseitigen Verzicht auf das Rücktrittsrecht MüKoBGB/*Gaier* § 349 Rn. 7 mwN.

49 Eine bloße Folie um die Hülle einer CD/DVD ohne weiteren Hinweis zur Kennzeichnung als Siegel stellt noch keine Versiegelung dar, MüKoBGB/*Wendehorst* § 312g Rn. 33; vgl. ferner BeckOK BGB/*Martens* § 312g Rn. 32; Spindler/Schuster/*Schirmbacher* BGB § 312g Rn. 31.

50 OLG Karlsruhe Urt. v. 11.7.2018 – 6 U 108/16, nv.

Vertragsausfüllung begonnen hat. Praktisch relevant wird das Widerrufsrecht und sein Ausschluss in diesen Fällen ohnehin nicht sein.

Ist der Verbraucher zur Zahlung eines Preises verpflichtet, dann **erlischt sein Widerrufsrecht**, wenn er ausdrücklich zugestimmt hat, dass der Unternehmer mit der Vertragserfüllung vor Ablauf der Widerrufsfrist beginnt, er seine Kenntnis davon bestätigt hat, dass hierdurch sein Widerrufsrecht erlischt und der Unternehmer dem Verbraucher eine Bestätigung gemäß § 312f BGB zur Verfügung gestellt hat. 53

Die ausdrückliche Zustimmung und Kenntnisbestätigung des Verbrauchers und seine zum Vertragsabschluss führende Willenserklärung können **uno actu** durch Betätigen der Schaltfläche im Sinne des § 312j Abs. 3 BGB abgegeben werden, solange beide Erklärungen hinreichend prominent hervorgehoben und räumlich nah beieinander platziert sind.[51] Es empfiehlt sich gleichwohl, die Zustimmungserklärung samt Kenntnisbestätigung im Sinne des § 356 Abs. 5 Nr. 2 BGB mit einer Checkbox zu versehen, die vom Verbraucher angeklickt werden muss, um die Ausdrücklichkeit seiner Willensbetätigung sicherzustellen. 54

Erforderlich ist aber, dass der Verbraucher eine **informierte Entscheidung** trifft. Es genügt hierfür, dass er Kenntnis von der Existenz des Widerrufsrechts als solchem hat. Das ist jedenfalls dann der Fall, wenn er die Möglichkeit hat, sich über die Bedingungen, die Fristen und das Verfahren für die Ausübung des Widerrufsrechts zu informieren.[52] Diese Möglichkeit ist gegeben, wenn der Verbraucher über eine Verlinkung,[53] zu den bereitgestellten Informationen im Sinne des § 246a Abs. 2 EGBGB gelangt. Ein „Durchleiten" durch diese Informationen, vor Abgabe der Erklärungen durch den Verbraucher, ist nicht erforderlich. 55

Ist das Widerrufsrecht hingegen nicht ausgeschlossen, so ist dem Verbraucher nach wirksamem Widerruf seine Zahlung innerhalb von 14 Tagen zurückzugewähren, § 357 Abs. 1 BGB, während der Verbraucher wiederum keinen Wertersatz für die Nutzung der digitalen Inhalte zu leisten hat, § 357a Abs. 3 BGB. 56

II. Kündigung von Dauerschuldverhältnissen

1. Nutzung von Online-Games und Vertriebsplattformen für Games als Dauerschuldverhältnisse

Dauerschuldverhältnisse können beim Vorliegen von Kündigungsgründen mit Wirkung für die Zukunft gekündigt werden, entweder ordentlich oder außerordentlich. 57

Sie sind dadurch gekennzeichnet, dass während der Laufzeit des Vertrages fortwährend neue Leistungs- und Schutzpflichten entstehen. Das zeitliche Moment ist charakteristisch für das Dauerschuldverhältnis, da sich nur mit ihm der Umfang der vertraglichen Hauptleistungspflichten quantifizieren lässt.[54] Um ein Dauerschuldverhältnis handelt 58

51 OLG Karlsruhe Urt. v. 11.7.2018 – 6 U 108/16, nv; unproblematisch ist erst recht die gemeinsame Abgabe der Zustimmung und der Bestätigung durch den Verbraucher, LG Karlsruhe Urt. v. 28.1.2022 – 3 O 108/21, BeckRS 2021, 45676 Rn. 40.

52 LG Karlsruhe Urt. v. 28.1.2022 – 3 O 108/21, BeckRS 2021, 45676 Rn. 54.

53 Ausreichend ist auch eine „Klickstrecke" von zwei oder drei Klicks, vgl. Spindler/Schuster/*Schirmbacher* EGBGB Art. 246a Rn. 249.

54 MüKoBGB/*Gaier* § 314 Rn. 6.

es sich demnach etwa, wenn Gegenstand der Vereinbarung das Gewähren des Zugangs zu einem **Online-Game** auf Zeit ist, wie etwa regelmäßig im **Pay-to-Play-Modell**.[55]

59 In den meisten Fällen werden bei Dauerschuldverhältnissen synallagmatisch verknüpfte Hauptleistungen ausgetauscht. Zwingend erforderlich für das Vorliegen eines Dauerschuldverhältnisses ist dies jedoch nicht. Andererseits kann es nicht genügen, wenn fortwährend lediglich Nebenpflichten, etwa in Gestalt von bloßen Schutzpflichten[56] entstehen. Sonst wäre jedes für eine gewisse Dauer bestehende Rechtsverhältnis schon ein Dauerschuldverhältnis. Genügend und erforderlich für ein Dauerschuldverhältnis ist vielmehr, dass eine der Parteien sich zu einer Leistung verpflichtet, deren Umfang über den Faktor Zeit quantifizierbar ist.[57]

60 So kann es sich auch bei **Buy-to-Play-Spielen** um Dauerschuldverhältnisse handeln, wenn sie online gespielt werden können. Zu den Eigenschaften eines als Online-Spiel verkauften Titels wird man zählen dürfen, dass der Anbieter für eine gewisse Zeit den erforderlichen Serverbetrieb sicherstellt. Auch bei der Nutzung von Online-Games im **Free-to-Play-Modell** handelt es sich um Dauerschuldverhältnisse. Hier verpflichtet sich der Anbieter, dem Verbraucher unentgeltlich auf Zeit Zugang zu dem Spiel zu gewähren. Dass der Anbieter wegen der Unentgeltlichkeit seiner Leistung womöglich in anderem Umfang für die Verfügbarkeit und Beschaffenheit einstehen möchte und sich möglicherweise leichter vom Vertrag lösen können möchte als beim Eingehen entgeltlicher Verträge, ändert nichts daran, dass er eine Leistung verspricht – und damit ein Dauerschuldverhältnis begründet wird. Auch Verträge über die Nutzung von Plattformen, auf denen Games entgeltlich oder unentgeltlich zum Download oder zum Streamen angeboten werden, die also den Abschluss von weiteren Einzelverträgen ermöglichen (die selbst wiederum Dauerschuldverhältnisse sein können), sind Dauerschuldverhältnisse.[58]

2. Ordentliche Kündigung

61 Aus welchen Gründen und mit welcher Frist eine ordentliche Kündigung eines Dauerschuldverhältnisses möglich ist, hängt von der jeweiligen Parteivereinbarung ab. Die AGB der Anbieter von Online-Games oder von Vertriebsplattformen für Games werden in aller Regel Bestimmungen zu einer ordentlichen Kündigung des betreffenden Nutzungsvertrages enthalten.

a) Kündigung durch den Verbraucher

62 Schranken werden dem Verwender von AGB durch die Bestimmung des § 309 Nr. 9 BGB gesetzt. Die Vorschrift ist anwendbar auf Vertragsverhältnisse, die eine regelmäßige Lieferung von Waren oder eine regelmäßige Erbringung von Dienst- oder Werkleis-

55 Für „World of Warcraft" etwa LG Berlin Urt. v. 28.1.2014 – 15 O 300/12, BeckRS 2014, 5045; vgl. auch Auer-Reinsdorff/Conrad IT-R-HdB/*Picot* § 29 Rn. 39.

56 Zur Abgrenzung von Leistungspflichten und Nebenpflichten vgl. MüKoBGB/*Bachmann* § 241 Rn. 60 ff.

57 Aus diesem Grund sind etwa auch unentgeltliche Verträge wie Leihverträge Dauerschuldverhältnisse, vgl. BGH Urt. v. 27.1.2016 – XII ZR 33/15, NJW 2016, 2652 (2654) Rn. 27.

58 Auch Verträge über die Nutzung von Plattformen, die lediglich den Abschluss von Geschäften unter Nutzern ermöglichen, werden als Dauerschuldverhältnisse eingeordnet, zu Ebay etwa KG Urt. v. 5.8.2005 – 13 U 4/05, NJW-RR 2005, 1630 (1631).

tungen durch den Verwender zum Gegenstand haben. Sie ist hingegen nicht anwendbar auf Gebrauchsüberlassungsverträge.

Typengemischte Verträge im **Pay-to-Play**-Modell sind jedoch stark von einer werkvertraglichen Komponente geprägt, da für den Verbraucher nicht die Überlassung der Spielsoftware im Vordergrund steht, sondern die Möglichkeit, online zu spielen.[59] Soweit ersichtlich, wird die Anwendbarkeit des § 309 Nr. 9 BGB auf Pay-to-Play-Verträge nicht ernstlich bestritten. Auf **Free-to-Play**-Verträge ist § 309 Nr. 9 BGB nicht anwendbar, da die Vorschrift auf entgeltliche Vertragsverhältnisse zielt. Soweit der Verbraucher für die Leistung des Anbieters nicht zu einer Gegenleistung verpflichtet ist, besteht kein entsprechendes Schutzbedürfnis und im Übrigen auch kein Marktbedürfnis, den Verbraucher durch überlange Kündigungsfristen zu binden. 63

Die initiale Laufzeit von Pay-to-Play-Verträgen darf den Verbraucher nach der Vorschrift des § 309 Nr. 9 lit. a BGB nicht länger als zwei Jahre binden. In der Praxis werden Vertragslaufzeiten, die eine zweijährige Bindung erreichen, ohnehin kaum anzutreffen sein. Soll sich das Vertragsverhältnis am Ende der initialen Laufzeit stillschweigend verlängern, so ist das nach § 309 Nr. 9 lit. b BGB nur noch möglich, wenn die Verlängerung auf unbestimmte Zeit erfolgt und sich der Verbraucher jederzeit mit einer Frist von höchstens einem Monat durch Kündigung vom Vertrag lösen kann. Handelt es sich nicht um stillschweigende Verlängerungen, sondern um ausdrückliche Vereinbarungen über eine neue Laufzeit, sind erneut jeweils bis zu zwei Jahre möglich. Schließlich darf nach § 309 Nr. 9 lit. c BGB die Kündigungsfrist vor Ende der zunächst vorgesehenen Vertragslaufzeit nicht länger als einen Monat vor Ende dieser Vertragslaufzeit sein. 64

Nicht geregelt ist in § 309 Nr. 9 BGB indessen der Fall, in dem keine initiale Vertragslaufzeit vorgesehen ist, der Vertrag also von vornherein auf unbestimmte Zeit geschlossen wird. Hierauf ebenfalls die Monatsfrist des § 309 Nr. 9 lit. c BGB anzuwenden, erschiene zu streng. Nach der Wertung des § 309 Nr. 9 lit. a BGB ist zumindest eine initiale Bindung des Verbrauchers für einen Zeitraum von zwei Jahren nicht unbillig. Es wäre vor diesem Hintergrund ein Wertungswiderspruch, bei von vornherein unbefristeten Verträgen per se keine längere Kündigungsfrist als die Monatsfrist zuzulassen.[60] Die Frage, welche Kündigungsfrist bei unbefristet geschlossenen Verträgen noch angemessen ist und welche nicht mehr, ist anhand des § 307 BGB zu bestimmen. Ob danach Kündigungsfristen von mehr als drei Monaten noch als zulässig zu erachten wären, erscheint zumindest als zweifelhaft. 65

b) Kündigung durch den Anbieter

Bei **Pay-to-Play**-Verträgen ist das Interesse des Anbieters an einer ordentlichen Kündigung regelmäßig gering. Sie wird insbesondere dann relevant, wenn der Anbieter das betreffende Spiel einstellen möchte oder muss, etwa wenn seine Lizenz zum Betrieb und Vertrieb des Spiels endet. Ein Marktbedürfnis, kürzere Fristen für eine ordentliche Kündigung durch den Anbieter als für eine Verbraucherkündigung zu vereinbaren, ist nicht ersichtlich. 66

59 Redeker IT-R/*Redeker* Rn. 1270 geht daher von einem Werkvertrag aus.
60 Zum Streitstand unter § 309 BGB aF vgl. BeckOK BGB/*Becker* § 309 Nr. 9 Rn. 25.

67 Im Bereich **Free-to-Play** stellt sich hingegen in der Praxis häufiger die Frage, mit welcher Frist der Anbieter die grundsätzlich kostenlose Bereitstellung eines Online-Spiels kündigen kann. Geht man bei einem Free-to-Play-Vertrag von einem typengemischten Vertrag aus, der zum einen von einer unentgeltlichen Werkleistung und zum anderen von einer kostenlosen Einräumung eines Nutzungsrechts geprägt ist, so finden das Auftragsrecht und das Leihvertragsrecht entsprechende Anwendung (→ Rn. 6). Es entspricht dann dem gesetzlichen Leitbild, dass der Anbieter **jederzeit den Vertrag kündigen** kann. Auftragsrechtlich folgt dies aus § 671 Abs. 1, 2. Alt. BGB, leihvertragsrechtlich aus § 604 Abs. 3 BGB.[61] Dies ist grundsätzlich auch sachgerecht. Es bedarf einer besonderen Rechtfertigung, weswegen ein Anbieter kostenloser Leistungen verpflichtet sein soll, für einen gewissen Zeitraum kostenlos weiter zu leisten.

68 Das bloße Interesse des kostenlos spielenden Verbrauchers, den erspielten Spielstand und die aufgebauten persönlichen Beziehungen zu Mitspielern nicht „von einem Tag auf den anderen" zu verlieren, kann nicht zu dem Erfordernis bestimmter Kündigungsfristen führen. Dem Nutzungsvertrag über Online-Spiele ist es inhärent, dass „erspielte" Spielstände nicht dergestalt endgültig beim Spieler verbleiben, dass der Spielbetrieb ad infinitum aufrecht zu erhalten wäre. Das Recht an den Spielständen endet mit dem Ende des Nutzungsrechts am Spiel. Ein ideelles Interesse des Verbrauchers an der Teilnahme und sozialen Interaktion mit anderen Spielern führt ebenso wenig zu dem Erfordernis bestimmter Kündigungsfristen, wie es etwa bei der Schließung eines regelmäßig besuchten Wirtshauses (etwa mit regelmäßig freigehaltenem Stammtisch) der Fall wäre.

69 Gleichwohl können sich in Allgemeinen Geschäftsbedingungen **Beschränkungen des jederzeitigen ordentlichen Kündigungsrechts aus Treu und Glauben** ergeben, § 307 Abs. 1 BGB. Typischerweise finden bei Free-to-Play-Spielen In-Game-Erwerbe statt, bei denen der Verbraucher virtuelle Güter erwirbt, die er in der Regel nur innerhalb des betreffenden Spiels einsetzen kann. Der entgeltliche Erwerb solcher virtuellen Güter macht den unentgeltlichen Free-to-Play-Vertrag nicht etwa zum entgeltlichen Dauerschuldverhältnis, da die Zahlung für das erworbene virtuelle Gut erfolgt und nicht für den Zugang zum Spiel als solchem. Es besteht insoweit keine synallagmatische Verknüpfung zwischen den Leistungen.[62] Gestatteten die AGB des Anbieters eines Free-to-Play-Games, dass er sich jederzeit ohne Einhaltung einer Frist vom Vertrag lösen kann, wäre dies in solchen Fällen dennoch eine unangemessene Benachteiligung des Verbrauchers. Dann wäre es nämlich auch möglich, unmittelbar nach dem entgeltlichen Erwerb virtueller Güter durch den Verbraucher, eine Kündigung auszusprechen und das Entgelt zu vereinnahmen, ohne dass der Spieler einen Nutzen von seinem Erwerb hat. Praxisrelevant wird die ordentliche Kündigung durch den Anbieter eines Free-to-Play-Spiels ebenfalls bei der gänzlichen Einstellung eines Spiels. Hätte der Anbieter keine nennenswerte Kündigungsfrist, dann könnte er bis unmittelbar vor der Einstellung des Spiels

---

61 AG Karlsruhe Urt. v. 19.5.2015 – 8 C 377/14, MMR 2015, 514.

62 Anders ist dies natürlich, wenn die für die In-Game-Zahlung vereinbarte Leistung des Anbieters gerade der zeitlich befristete oder dauerhafte Zugang zu einem bestimmten Bereich der Spielwelt ist oder eine zeitlich befristete Möglichkeit der Nutzung bestimmter virtueller Güter.

In-Game-Umsätze für digitale Inhalte erzielen, die von den Verbrauchern in der Erwartung getätigt werden, sie im Spiel einsetzen zu können.

70 Aufgrund dessen erscheint eine **Frist zur ordentlichen Kündigung durch den Anbieter** von zwei Wochen als erforderlich, aber auch als ausreichend, um dem Spieler die Gelegenheit zu verschaffen, die erworbenen virtuellen Güter zum Spielerlebnis einzusetzen.[63] Die Frist von zwei Wochen erscheint in ihrer Dauer nicht als starr und zwingend, sie kann jedoch vorsichtig der Wertung des § 621 Nr. 5, 2. Alt. BGB entnommen werden. Zwar kommt eine analoge Anwendung der Vorschrift mangels vergleichbarer Interessenlage nicht in Betracht, insbesondere ist die Lage des Verbrauchers, der auf eine Nutzbarkeit der erworbenen digitalen Inhalte vertraut, nicht gleichgelagert mit der Lage eines Dienstverpflichteten, dessen hauptsächliche Erwerbstätigkeit hier zur Disposition steht. Gemeinsam ist jedoch beiden Fällen, dass es um die Angemessenheit einer Periode geht, durch die sich unbillige Härten abfedern lassen, und dass ein schützenswertes Vertrauen auf nicht abrupte Beendung einer Vertragsbeziehung besteht.

71 Eine kürzere Kündigungsfrist, etwa die sofortige Kündigung des Free-to-Play-Vertrages, stellt jedenfalls dann **keine unangemessene Benachteiligung** des Verbrauchers dar, wenn in dem betreffenden Spiel keine kostenpflichtigen Inhalte hinzuerworben werden können (etwa bei rein werbefinanzierten Titeln) oder wenn die betreffenden AGB des Anbieters eine Rückerstattung von zuletzt getätigten Käufen des Verbrauchers zusichern. Hier bietet sich wiederum ein Zeitraum der letzten zwei Wochen an.

72 Schließlich existiert, unabhängig von einer etwa gebotenen Frist zur ordentlichen Kündigung, auch das allgemeine Gebot der **willkürfreien Kündigung**. Dies ist weniger eine Frage der AGB und des „Ob" eines prinzipiell gegebenen Kündigungsrechts, sondern **des „Wie" seiner Ausübung** im Sinne des § 242 BGB.[64] Das Gebot der willkürfreien Kündigung korrespondiert mit dem Gebot des willkürfreien Zugangs (→ Rn. 21).[65] Willkürlich einzelnen Verbrauchern zu kündigen, wäre demnach treuwidrig. Allerdings ist der Zugang zu einem Online-Spiel nicht in gleicher Weise von der mittelbaren Drittwirkung der Grundrechte beeinflusst, wie dies etwa bei sozialen Netzwerken im Hinblick auf Art. 5 Abs. 1 GG der Fall ist. Die Teilnahme an einem bestimmten Game entscheidet regelmäßig auch nicht im „erheblichen Umfang über die Teilnahme am gesellschaftlichen Leben".[66] Hinzu kommt im Free-to-Play-Bereich der Aspekt der Unentgeltlichkeit der Leistungen. Daher sind grundsätzlich niedrige Anforderungen an einen sachlichen Grund zu stellen, der die Ausübung des Kündigungsrechts nicht als rein willkürlich erscheinen lässt. Die Angabe einer Begründung ist für die Wirksamkeit der Kündigung nicht erforderlich.[67]

---

63 Außerhalb von AGB kann eine Abwicklungsfrist aus Treu und Glauben nach § 242 BGB angezeigt sein sowie aus dem Schikaneverbot nach § 226 BGB, vgl. BeckOK BGB/*Wagner* § 604 Rn. 2.

64 LG Bonn Urt. v. 16.11.1999 – 10 O 457/99, NJW 2000, 961 (962) = MMR 2000, 109 (110): willkürlicher Ausschluss aus einem Chatroom als Verstoß gegen § 242 BGB.

65 Vgl. auch *Raue* NJW 2022, 209 (210 Rn. 8).

66 Vgl. zu diesem Kriterium BVerfG Beschl. v. 11.4.2018 – 1 BvR 3080/09, NJW 2018, 1667 (1669) Rn. 41 – Stadionverbot.

67 Vgl. OLG München Urt. v. 12.5.2020 – 18 U 2689/19 Pre, GRUR-RS 2020, 41902 Rn. 78.

3. Außerordentliche Kündigung

73 Für Verträge im **Pay-to-Play**-Modell gilt unproblematisch die Bestimmung des § 314 Abs. 1 S. 1 BGB, wonach ein Dauerschuldverhältnis aus wichtigem Grund ohne Einhaltung einer Kündigungsfrist gekündigt werden kann. Verletzt der Verbraucher eine Vertragspflicht, so kommt eine Kündigung aus wichtigem Grund durch den Anbieter grundsätzlich nur nach erfolgloser Abmahnung in Betracht, § 314 Abs. 2 BGB.

74 Fraglich ist, ob auch bei **Free-to-Play**-Verträgen grundsätzlich eine **vorherige Abmahnung** nach § 314 Abs. 2 BGB erforderlich ist, bevor der Vertrag vom Anbieter gekündigt werden kann. Wie gezeigt (→ Rn. 6), ist der Free-to-Play-Vertrag ein typengemischter Vertrag, auf den vorrangig Leihvertragsrecht und Auftragsrecht anwendbar sind. Demgemäß kann in entsprechender Anwendung der §§ 604 Abs. 3, 671 Abs. 1, 2. Alt. BGB nach dem gesetzlichen Leitbild sogar die ordentliche Kündigung ohne Einhaltung einer Frist erfolgen. Es wäre daher grundsätzlich ein Wertungswiderspruch, für die außerordentliche Kündigung aus wichtigem Grund grundsätzlich eine vorherige Abmahnung nach § 314 Abs. 2 BGB zu fordern, während die Kündigung ohne Vorliegen eines wichtigen Grundes ohne vorherige Abmahnung möglich ist.

75 Außerdem ist zu beachten, dass das leihvertragliche und das auftragsrechtliche Kündigungsrecht Sonderregelungen treffen, die als leges speciales der allgemeinen Regel des § 314 BGB vorgehen, soweit ihr Regelungsbereich betroffen ist.[68] Im Leihvertragsrecht regelt § 605 BGB für einzelne dort aufgezählte Fälle die Kündigung aus wichtigem Grund.[69] Besteht der wichtige Grund in einem vertragswidrigen Gebrauch der Sache (§ 605 Nr. 2 BGB), dann ist keine Abmahnung erforderlich. Im Auftragsrecht ist unter § 671 BGB ebenfalls keine vorherige Abmahnung vorgesehen. Wollte man entgegen der hier vertretenen Ansicht dennoch § 314 BGB auf Free-to-Play-Verträge anwenden, dann wäre wegen der Unentgeltlichkeit der Leistung regelmäßig von einer Entbehrlichkeit der vorherigen Abmahnung nach § 314 Abs. 2 S. 3 BGB auszugehen.[70] Im Übrigen brächte die mit dem Abmahnungserfordernis verbundene Möglichkeit zum Aufrechterhalten des Vertrages bei vertragstreuem Verhalten kaum einen Vorteil für den Verbraucher, wenn der kündigungswillige Anbieter sich auch ohne wichtigen Grund ordentlich mit kurzer Frist vom Vertrag lösen kann.

76 Etwas anderes folgt auch nicht aus dem Urteil des BGH zu Kontosperrungen durch Facebook vom 29.7.2021.[71] Danach sind AGB eines sozialen Netzwerks wie Facebook insoweit wegen unangemessener Benachteiligung nach § 307 Abs. 1 S. 1 BGB unwirksam, als sie dem Nutzer keine ausreichende Gelegenheit zur Gegendarstellung geben, bevor ein Beitrag des Nutzers unwiederbringlich gelöscht oder gar das komplette Nutzerkonto gesperrt wird. Der BGH folgert dies jedoch gerade nicht aus dem Regelungsgedanken des § 314 Abs. 2 BGB,[72] sondern aus einer durch die mittelbare Drittwirkung der Grundrechte gebotenen Interessenabwägung zwischen den Grundrechten des Be-

68 Für § 671 BGB: MüKoBGB/*Schäfer* § 671 Rn. 16.

69 BeckOK BGB/*Wagner* § 605 Rn. 1.

70 Anders MüKoBGB/*Häublein* § 605 Rn. 7, der die Unentgeltlichkeit der Gebrauchsüberlassung als möglichen Umstand iSv § 323 Abs. 2 Nr. 3 BGB betrachtet, auf den § 314 Abs. 2 S. 2 BGB verweist.

71 BGH Urt. v. 29.7.2021 – III ZR 179/20, NJW 2021, 3179.

72 Anders das OLG Brandenburg Urt. v. 25.1.2022 – 3 U 119/20, GRUR-RS, 1766, das die Anwendbarkeit der Vorschrift des § 314 Abs. 2 BGB auch bei einer unentgeltlichen Nutzung eines sozialen Netzwerks erst gar

treibers des sozialen Netzwerks und den Grundrechten des Nutzers, bei Letzterem insbesondere mit Blick auf die überragende Bedeutung der Meinungsfreiheit nach Art. 5 Abs. 1 GG. Zwar können auch bei Online-Spielen die Nutzer in der Regel untereinander kommunizieren, aber eine vergleichbare Lage hinsichtlich Marktstellung und Funktion als Medium der Kundgabe und Verbreitung von Meinungen ist bei Online-Computerspielen im Vergleich zu großen sozialen Netzwerken nicht gegeben.

Dies führt zu folgenden Ergebnissen: Sehen die AGB des Anbieters die fristlose ordentliche Kündigung vor, ohne dass dies eine unangemessene Benachteiligung im Sinne des § 307 Abs. 1 BGB darstellt (→ Rn. 69), wird sich die Frage nach einer außerordentlichen Kündigung aus wichtigem Grund ohnehin nur dann stellen, wenn die Ausübung dieses Rechts zur ordentlichen Kündigung ohne jede Frist im Einzelfall ausnahmsweise gegen Treu und Glauben verstößt (§ 242 BGB). Der Anbieter kann grundsätzlich vor dem Hintergrund der § 604 Abs. 3, § 671 Abs. 1, 2. Alt. BGB die ordentliche Kündigung ohne Einhaltung einer Frist erklären. Sehen die AGB des Anbieters hingegen eine Kündigungsfrist vor, so bedarf es eines wichtigen Grundes, damit sich der Anbieter fristlos von dem Free-to-Play-Vertragsverhältnis lösen kann und der Verbraucher als Konsequenz dieser fristlosen Kündigung auch kostenpflichtig erworbene Zusatzinhalte nicht mehr nutzen kann. Besteht der wichtige Grund in der Verletzung einer Pflicht aus dem Vertrag, bedarf es wegen §§ 605 Nr. 2, 671 BGB keiner Abmahnung. 77

4. Kündigungsbutton bei entgeltlichen Dauerschuldverhältnissen

Nach der Regelung des § 312k BGB in der ab dem 1.7.2022 geltenden Fassung haben Anbieter, die es einem Verbraucher ermöglichen, im elektronischen Geschäftsverkehr entgeltliche Dauerschuldverhältnisse abzuschließen, die Kündigung solcher Dauerschuldverhältnisse auf die in der Vorschrift näher beschriebene Weise zu ermöglichen. 78

a) Anwendungsbereich

Beim Online-Vertrieb von Games gegenüber Verbrauchern handelt es sich regelmäßig um Verträge im **elektronischen Geschäftsverkehr**.[73] Dies trifft auch auf Fälle zu, in denen eine Client-Software auf einem physischen Datenträger vertrieben wird, ein Dauerschuldverhältnis aber nach Installation des Clients online abgeschlossen wird. 79

Um **entgeltliche Dauerschuldverhältnisse** handelt es sich bei **Pay-to-Play**-Verträgen.[74] Mangels Entgeltlichkeit fallen **Free-to-Play**-Verträge und bloße **Rahmenvereinbarungen aus der Registrierung als Nutzer einer Vertriebsplattform** nicht unter den Anwendungsbereich des § 312k BGB. Mangels Dauerschuldverhältnis ist § 312k BGB nicht an- 80

---

nicht problematisiert, wobei dies auf der Selbstbindung durch das soziale Netzwerk beruhen dürfte, das eine dem § 314 Abs. 1, 2 BGB nachgebildete Regelung in seine AGB aufgenommen hat. Vgl. ferner OLG Dresden Urt. v. 8.3.2022 – 4 U 1050/21, GRUR-RS 2022, 5106. Seit der Geltung des § 548a BGB mit Wirkung vom 1.1.2022, welcher der Umsetzung der RL (EU) 2019/770 vom 20.5.2019 über bestimmte vertragsrechtliche Aspekte der Bereitstellung digitaler Inhalte und Dienstleistungen (ABl. L 136, 1, ber. ABl. L 305, 62) dient, sollen die Vereinbarungen über die Nutzung sozialer Netzwerke dem Recht der entgeltlichen Gebrauchsüberlassung, also dem Mietrecht, unterworfen sein, vgl. BeckOK BGB/*Wiederhold* § 548a Rn. 8.

73 Der Begriff des Vertrages im elektronischen Geschäftsverkehr ist legaldefiniert in § 312i Abs. 1 S. 1 BGB, vgl. auch BT-Drs. 19/30840, 16.

74 Zum Begriff des Dauerschuldverhältnisses → Rn. 58 f.

wendbar auf einzelne In-Game-Erwerbsgeschäfte über digitale Inhalte, die separat innerhalb eines Free-to-Play- oder auch Pay-to-Play-Spiels getätigt werden können. Gleiches gilt für andere einmalige Geschäfte, etwa den Kauf von Games (**Buy-to-Play-Modell**). Sofern Kaufgegenstand ein Online-Spiel ist, das den Betrieb von Servern durch den Anbieter erfordert, wird regelmäßig kein entgeltliches Dauerschuldverhältnis im Sinne des § 312k BGB vorliegen, da gerade kein Entgelt für eine bestimmte Dauer des Aufrechterhaltens des Online-Betriebs gezahlt wird. Insbesondere entstehen für den Verbraucher nicht fortwährend neue Zahlungspflichten, von denen er sich in der in § 312k BGB geregelten Weise lösen können soll. Anders ist es wiederum, wenn die Parteien für die Zukunft eine **wiederkehrende entgeltliche Lieferung von digitalen Inhalten** vereinbaren, unabhängig davon, ob dies innerhalb eines Pay-to-Play-, Free-to-Play- oder Buy-to-Play-Spiels erfolgt. Eine solche Vereinbarung ist gerade darauf gerichtet, fortwährend neue Leistungspflichten entstehen zu lassen und das zeitliche Moment ist für den Umfang der Leistungspflicht kennzeichnend und unterliegt für sich genommen dem Anwendungsbereich des § 312k BGB.

81 Die Möglichkeit zum Abschluss eines entgeltlichen Dauerschuldverhältnisses muss auf einer „**Webseite**" gegeben sein. Für den Begriff der Webseite soll auf die Rechtsprechung zum identischen Begriff in § 312j Abs. 1 S. 1 BGB zurückgegriffen werden können. Hinsichtlich der technischen Gestaltung wird man hier großzügig zu sein haben, so dass auch In-Game-Shops innerhalb einer Client-Software oder App erfasst sind.[75] Die Abgrenzung soll vielmehr zur individuellen Kommunikation, etwa per E-Mail, erfolgen.[76]

82 Von den **Ausnahmen nach § 312k Abs. 1 S. 2 BGB** sind Verträge im Bereich Games nicht erfasst.

b) Erleichterte Abgabemöglichkeit einer Kündigungserklärung, Recht zur fristlosen Kündigung

83 Die Vorschrift regelt nicht die Voraussetzungen der Kündigung, sie normiert also keinen Kündigungsgrund, sondern sie regelt die **Art und Weise**, wie der Verbraucher seine **auf Kündigung gerichtete Willenserklärung** abgeben können muss.

84 Einzige Ausnahme ist das **Recht zur fristlosen Kündigung** des Verbrauchers nach § 312k Abs. 6 BGB, wenn der Anbieter die Vorgaben der Absätze 1 und 2 des § 312k BGB nicht oder nicht richtig umsetzt. Dies soll **Sanktionscharakter** haben und ist inspiriert von der drastischen Vorschrift des § 312j Abs. 4 BGB.[77] Der Rechtsanwender wünscht sich für solche Fälle klare, eindeutige Regelungen vom Gesetzgeber. Er wird enttäuscht.[78]

75 Spindler/Schuster/*Schirmbacher* BGB § 312j Rn. 6, wobei *Schirmbacher* an anderer Stelle (Spindler/Schuster/*Schirmbacher* BGB § 312j Rn. 23) im Widerspruch dazu offenbar den Begriff der „Webseite" enger fassen und Apps, Dash-Buttons und Spielkonsolen davon ausnehmen will. Ein Abstellen auf die Hardware „Spielkonsole" ist indessen kaum für eine Abgrenzung geeignet; physische Dash-Buttons spielen anscheinend in der Praxis ohnehin keine Rolle mehr.

76 MüKoBGB/*Wendehorst* § 312j Rn. 4.

77 BT-Drs. 19/30840, 19.

78 Krit. zur mangelnden Formulierungspräzision auch *Güster/Booke* MMR 2022, 450 (451).

aa) Implementierung einer „Kündigungsschaltfläche" auf „der Webseite"

Nach § 312k Abs. 2 S. 1 BGB hat der Unternehmer sicherzustellen, „dass der Verbraucher auf der Webseite eine Erklärung zur ordentlichen oder außerordentlichen Kündigung eines auf der Webseite abschließbaren Vertrags nach Abs. 1 S. 1 über eine Kündigungsschaltfläche abgeben kann." 85

Entgegen dem Wortlaut des Satzes 1 ist indessen nicht gemeint, dass die Betätigung der **Kündigungsschaltfläche** die Abgabe einer Kündigungserklärung darstellt. Sondern, wie die S. 2 und 3 Nr. 2 zeigen, dass der Verbraucher durch Betätigen der Kündigungsschaltfläche zu einer anderen Seite („**Bestätigungsseite**") geleitet wird, auf der wiederum die Willenserklärung, einen Vertrag kündigen zu wollen, abgegeben werden kann. Diese Kündigungserklärung wird sodann nicht über die Kündigungsschaltfläche, sondern über eine „**Bestätigungsschaltfläche**" abgegeben. 86

Bezüglich der Kündigungsschaltfläche stellt sich zunächst einmal die Frage, wo sie zu implementieren ist. Dem Wortlaut des § 312k Abs. 2 S. 1 BGB nach „auf der Webseite", auf der „eine Erklärung zu [...] Kündigung" eines „auf der Webseite" abschließbaren Vertrages abgegeben werden kann. Das kann aus mehreren Gründen aber gerade nicht dieselbe Webseite sein, auf welcher das zu kündigende entgeltliche Dauerschuldverhältnis vom Anbieter zum Abschluss angeboten wird. Zum einen wird gemäß § 312k Abs. 2 S. 3 BGB die Erklärung ohnehin nicht auf der Webseite abgegeben, auf welcher der Vertragsschluss erfolgt ist, sondern auf der Bestätigungsseite. Zum anderen würde das bedeuten, dass der Anbieter die Webseite mit dem ursprünglich abgeschlossenen Angebot nicht offline nehmen kann, auch wenn dieses Angebot nicht mehr zum Neuabschluss anbietet. Außerdem muss die Kündigungsschaltfläche gemäß § 312k Abs. 2 S. 4 BGB „unmittelbar und leicht" zugänglich sein. Ob dies der Fall ist, wenn der Verbraucher jeweils die ursprüngliche Angebotsseite zum Auffinden des Kündigungsbuttons wieder aufsuchen muss, darf bezweifelt werden. Vielmehr liegt die Vermutung nahe, dass das vom Gesetzgeber benutzte Wort „Webseite" wegen des ähnlichen Klangs und der ähnlichen Schreibweise eine „false friends"-Übersetzung des englischen Begriffs „website" ist, der gerade nicht eine einzelne Seite meint („webpage"), sondern in der Regel den (gesamten) **Internetauftritt**, der aus mehreren Webseiten besteht.[79] Die Pflicht zur Implementierung der Kündigungsschaltfläche bezieht sich unseres Erachtens auf den Internetauftritt, innerhalb dessen auch der Abschluss entgeltlicher Dauerschuldverhältnisse der gleichen Art wie das zu kündigende Schuldverhältnis angeboten wird oder wurde. 87

Zum „Wo" auf dem Internetauftritt des Anbieters gibt das Gesetz keine nähere Auskunft. Insbesondere hilft auch § 312k Abs. 2 S. 4 BGB nicht weiter, wonach die Kündigungsschaltfläche „ständig verfügbar sowie unmittelbar und leicht zugänglich sein" muss. Denn diese Anforderungen gelten ausweislich des Wortlauts für beide Schaltflächen, also auch für die Bestätigungsschaltfläche, die sich auf der Bestätigungsseite zu befinden hat (§ 312k Abs. 2 S. 3 Nr. 2 BGB), und gleichermaßen für die Bestätigungs- 88

79 Nach BT-Drs. 19/30840, 16, soll für die Auslegung des Begriffs „Webseite" auf „die Rechtsprechung zum identischen Begriff in § 312j Absatz 1 BGB zurückgegriffen werden" können. In § 312j BGB wird indessen der Plural „Webseiten" verwendet, so dass dies darauf hindeutet, dass der gesamte Internetauftritt gemeint ist und gerade nicht eine einzelne Seite.

seite selbst. Einen Rückschluss dergestalt, dass die Kündigungsschaltfläche sich auf der Startseite, in der Fußzeile der Startseite oder in der Fußzeile jeder Webseite innerhalb des Internetauftritts zu befinden hat, lässt der Wortlaut daher gerade nicht zu.[80]

89 Immerhin verweist die Entwurfsbegründung für die genannten Kriterien auf eine Anlehnung an § 5 Abs. 1 TMG, der die sogenannten Impressumsangaben für Telemedien regelt.[81] Die dortigen inhaltlichen Angaben, deren Erreichbarkeit über zwei Links genügt, solange die Links selbst ohne Weiteres leicht auffindbar sind,[82] sind zwar mit der Kündigungsschaltfläche selbst nicht recht zu vergleichen, die ja selbst nur die Funktion eines Links hat. Gleichwohl wird man davon auszugehen haben, dass es erforderlich, aber auch ausreichend ist, die Kündigungsschaltfläche in der gleichen Weise zu platzieren wie den aufgrund der Pflichten aus § 5 Abs. 1 TMG platzierten **„Impressum-Link"**. Was dabei als leicht auffindbar und übersichtlich gilt, ist eine Einzelfallfrage der Gestaltung der jeweiligen Webseiten – oder der jeweiligen Bereiche der Benutzeroberfläche eines auf dem Rechner des Verbrauchers installierten Spiele-Clients.

90 Zu beachten ist schließlich noch, dass der bloße mit einem Link unterlegte Text „Verträge hier kündigen" im Gegensatz zum „Impressum-Link" nicht ausreicht. Es muss sich ausweislich des Wortlauts des § 312k Abs. 2 S. 2 BGB um eine Schaltfläche handeln, die ihrerseits mit dieser oder einer entsprechenden eindeutigen Formulierung beschriftet ist.

bb) Bestätigungsseite und Bestätigungsschaltfläche

91 Die Willenserklärung, das betreffende entgeltliche Dauerschuldverhältnis kündigen zu wollen, wird durch Anklicken der Bestätigungsschaltfläche auf der Bestätigungsseite abgegeben. Bei dem Bestätigungsbutton handelt es sich also um den eigentlichen Kündigungsbutton, nicht etwa bei der vom Gesetz bezeichneten Kündigungsschaltfläche.

92 Sinnvoll wäre es gewesen, die Implementierung eines Kündigungsbuttons in dem regelmäßig vorhandenen Bereich vorzuschreiben, in dem der Nutzer seine Stammdaten administrieren kann. Es hätte sich auch angeboten, dort eine Auflistung der bestehenden entgeltlichen Dauerschuldverhältnisse vorzuschreiben und jedes einzelne mit einem Kündigungsbutton zu versehen.[83] Das war dem Gesetzgeber aber zu verbraucherfreundlich und zu unkompliziert.[84]

93 Denn ausweislich der Entwurfsbegründung soll der Verbraucher auch ohne Anmeldung auf die Bestätigungsseite und die Bestätigungsschaltfläche zugreifen können.[85] Diese Vorstellung hat im Gesetzeswortlaut ihren Niederschlag gefunden, denn konsequenterweise soll der Verbraucher nun unter anderem Angaben zu seiner eindeutigen Identifizierbarkeit nach § 312k Abs. 2 S. 3 lit. b BGB und zur eindeutigen Bezeichnung des Vertrages nach lit. c machen können, also allen Ernstes „Kunden-, Bestell- oder Ver-

---

80 Auch eine ununterbrochene technische Verfügbarkeit ist nicht gemeint, vgl. BT-Drs. 19/30840, 18.
81 BT-Drs. 19/30840, 18.
82 BGH Urt. v. 20.7.2006 – I ZR 228/03, NJW 2006, 3633 (3635) = MMR 2007, 40 (41).
83 Solche Möglichkeiten der erleichterten Handhabung für beide Seiten kann der Anbieter weiterhin vorsehen. Er kommt aber nicht darum herum, zumindest auch die Bestätigungsseite in der in § 312k Abs. 2 S. 2 BGB dargestellten Weise anzubieten.
84 Vgl. zu Alternativvorschlägen auch *Güster/Booke* MMR 2022, 450 (452).
85 BT-Drs. 19/30840, 18.

tragsnummern" heraussuchen und eingeben können.[86] Dem liegt offenbar die Vorstellung zugrunde, dass § 312k BGB das postalische Kündigungsschreiben (womöglich: an einen Pressevertrieb) ersetzen soll und am anderen Ende ein Sachbearbeiter der Kundenverwaltung sitzt, der die Angaben des Verbrauchers entgegennimmt und den Vertrag in der Kundenkartei oder, falls vorhanden, in der modernen EDV-Anlage aufspürt und auf „gekündigt" setzt.

Gerade wegen der zwingenden Umsetzung der von § 312k Abs. 2 S. 3 BGB vorgegebenen Eingabemaske ist es nur ein schwacher Trost, dass die weltfremde Begründung zur Entwurfsfassung nicht in Gesetzeskraft erwächst, sondern lediglich im Rahmen der Gesetzesauslegung zu beachten ist. Stellt der Anbieter die Eingabemaske nämlich nicht in dieser Weise zur Verfügung, sind alle Dauerschuldverhältnisse fristlos kündbar, § 312k Abs. 6 BGB. 94

Zu beachten ist ferner, dass eine wie auch immer geartete „eindeutige Identifizierbarkeit" des Nutzers noch nicht seine **Verifizierbarkeit** bedeutet. Das ist ein Dilemma. Denn auch die Verarbeitung der Kündigung durch den Verbraucher ist eine datenschutzrechtlich relevante Datenverarbeitung, bei der der Verpflichtete durch geeignete technische und organisatorische Maßnahmen sicherzustellen hat, dass es sich bei der Kündigung um eine Erklärung des datenschutzrechtlich Betroffenen handelt – und nicht um einen nicht befugten Dritten. Gerade im Bereich von Online-Games kommt es nach unserer Erfahrung in seltenen Fällen zu dem Phänomen, dass konkurrierende Mitspieler sich zum Ergreifen unlauterer Mittel hinreißen lassen. Dass § 312k Abs. 2 S. 3 Nr. 1 lit. e BGB auch noch vorsieht, dass der Erklärende eine Angabe macht zur schnellen elektronischen Übermittlung der Kündigungsbestätigung an ihn, und nicht etwa an eine in Stammdaten des Verbrauchers hinterlegte E-Mail-Adresse oder sonstige Kontaktadresse, unterstützt unfreiwillig die Umgehung des Berechtigten. Denn die Kündigungsbestätigung hat der Anbieter dann auch dorthin zu schicken, sonst ergäbe die Abfrage keinen Sinn. Sicherlich stellt das Erfordernis der Angabe von Vertragsnummern eine gewisse Gewähr für die Befugnis des Erklärenden dar. Er bleibt gleichwohl hinter dem passwortgeschützten Login und einer etwaigen Zweifaktorauthentifizierung zurück. Wegen der Vermutungsregel des § 312k Abs. 4 S. 2 BGB, wonach vermutet wird, „dass eine durch das Betätigen der Bestätigungsschaltfläche abgegebene Kündigungserklärung dem Unternehmer unmittelbar nach ihrer Abgabe zugegangen ist" kommt auch etwa ein vom Anbieter vorgeschriebener Login nach Betätigung der Bestätigungsschaltfläche zum Abschluss der Erklärungsabgabe durch den Verbraucher nicht in Betracht. 95

Zu empfehlen ist allerdings, dass bei einer Abweichung zwischen der hinterlegten und der auf der Bestätigungsseite eingegebenen E-Mail-Adresse eine **Kopie der Kündigungsbestätigung** auch an die hinterlegte E-Mail-Adresse geschickt wird, um ungewollte Kündigungen zu vermeiden. In die Kündigungsbestätigung sollten keine anderen Daten oder sonstigen Inhalte (etwa Werbung) als die vom Erklärenden zuvor eingegebenen und die in § 312k Abs. 4 S. 1 BGB genannten Daten aufgenommen werden. 96

86 BT-Drs. 19/30840, 17; zum Problem der Zweckentfremdung der Eingabefelder durch den Verbraucher für sonstige Willenserklärungen vgl. *Wais* NJW 2021, 2833 (2836 Rn. 19 ff.).

§ 19 Rechtsfragen bei virtuellen Gegenständen

Literatur: *Becker*, Gestaltübertragungen im Geschmacksmusterrecht – zur Bedeutung der Produktart beim geschmacksmusterrechtlichen Schutz von Design, GRUR-Int 2012, 312; *Hermes*, Games: Aktuelle Rechtsfragen zum Handel mit virtuellen Gegenständen, GRUR-Prax 2013, 400; *Lutzi*, Aktuelle Rechtsfragen zum Handel mit virtuellen Gegenständen in Computerspielen, NJW 2012, 2070; *Metzger*, Verträge über digitale Inhalte und digitale Dienstleistungen: Neuer BGB-Vertragstypus oder punktuelle Reform?, JZ 2019, 577; *Rosenkranz*, Spezifische Vorschriften zu Verträgen über die Bereitstellung digitaler Produkte im BGB, ZUM 2021, 195; *Schell*, The Art of Game Design, 2. Aufl. 2015; *Schmid/Düwel*, Reale Gebäude und Gegenstände in Computerspielen, MMR 2020, 155; *Spindler*, Umsetzung der Richtlinie über digitale Inhalte in das BGB, MMR 2021, 451; *Wandtke/Bullinger*, Urheberrecht, 5. Aufl. 2019 (zit.: Wandtke/Bullinger).

A. Einleitung

In der Liste der Games-Themen, die bei nicht spieleaffinen Freunden und Familienangehörigen zuverlässig belustigtes Unverständnis hervorrufen, genießen virtuelle Gegenstände zweifellos einen Ehrenplatz. Dies ist wenig überraschend. Wer Handlungen und Interaktionen innerhalb einer virtuellen Welt nicht als Teil des „echten" Lebens ansieht, dem muss der Gedanke, ein virtueller Gegenstand könne einen ideellen oder gar messbar finanziellen Wert haben, einigermaßen absurd erscheinen. 1

Die öffentliche Diskussion zu virtuellen Gegenständen nahm dabei im Verlauf des Jahres 2021 mit der breiten Berichterstattung über sog. „Non-Fungible Tokens" (NFTs), also virtuelle Gegenstände, deren Inhaberschaft statt auf zentralen Servern eines Anbieters auf verteilten Servern in Form der sog. Blockchain verwaltet wird, deutlich an Umfang zu. Dieser Beitrag kommt insofern nicht umhin, diesem Unterthema einen gewissen Raum zuzuweisen. 2

NFTs lassen sich dabei zwanglos zwischen den anderen Typen virtueller Gegenstände, die der Spielebranche seit Jahren vertraut sind, einordnen. Und so speist sich die z. T. heftige Ablehnung von NFTs aus recht unterschiedlichen Quellen – der Nichtgamer begreift nicht, warum ein virtueller Gegenstand Wert haben soll, während der Gamer 3 bereits die Wild-West-Phase der virtuellen Gegenstände in Spielen durchlebt hat und direkt erneut mit dem Schlimmsten rechnet.

4 Eine zynische Betrachtungsweise reduziert dabei virtuelle Gegenstände – unabhängig von der ihrer Verwaltung zugrundeliegenden Technologie – auf die Rolle eines reinen Monetarisierungsinstruments. Dies gilt insbesondere in Spielen mit einer sog. „Pay to Win“ Mechanik (P2W), bei der virtuelle Gegenstände, die im Spiel einen praktischen Vorteil vermitteln, mittels realer Währung erworben werden können.

5 Im Hinblick auf den immensen wirtschaftlichen Erfolg, den solche Spieldesigns gerade auf den mobilen Plattformen genießen, lässt sich kaum ernsthaft vertreten, dass sie von der Gesamtheit der Spieler nicht akzeptiert würden. Mit Sicherheit aber polarisieren sie – gerade auf den Konsolenplattformen und unter PC-Spielern stoßen sie z. T. auf heftigen Widerstand.

6 Ein Fehler aber ist es, virtuelle Gegenstände als ein einheitliches Phänomen wahrzunehmen. Niemand würde ernsthaft vertreten, dass ein Gegenstand, den ein Spieler in einem Einzelspieler-Adventure wie „Day of the Tentacle“ aufnimmt, rechtlich genauso zu betrachten ist, wie ein zwischen den Spielern tauschbarer virtueller Fußballspieler in den jüngeren Titeln der „FIFA“-Reihe oder gar ein NFT, dessen Besitz nach Vorstellung seiner Vordenker in einer Vielzahl von virtuellen Welten des „Metaverse“ eine Bedeutung haben soll und der nach Vorstellung seiner Verfechter frei gegen echte Währung handelbar sein soll.

7 Auch zwischen diesen willkürlich herausgegriffenen Beispielen gibt es aber eine Vielzahl von Abstufungen, die sowohl für das Spieldesign als auch für die rechtliche Einordnung von erheblicher Bedeutung sind. Es ist daher ausgesprochen bedenklich, wenn in der juristischen Auseinandersetzung immer wieder gerichtliche Einzelentscheidungen zu bestimmten virtuellen Gegenständen in bestimmten Spielen auf virtuelle Gegenstände an sich pauschalisiert werden.

B. Eigenschaften Virtueller Gegenstände

8 Das Ausgangsproblem jedes Gesprächs über virtuelle Gegenstände, sei es im sozialen oder im forensischen Kontext, besteht damit darin, dass es „den“ virtuellen Gegenstand als einheitliches Konstrukt, auf das immer dieselbe rechtliche Einordnung passt, schlechthin nicht gibt. Vielmehr gilt es, den einzelnen virtuellen Gegenstand innerhalb des konkreten Spiels zu betrachten.

9 Als ein Gerüst für die Klassifizierung virtueller Gegenstände sollen an dieser Stelle die folgenden Faktoren dienen:

- Entstehen
- Weg zum erstmaligen Erwerb im Spiel
- Übertragbarkeit
- Verwaltung
- Permanenz
- Identifizierbarkeit
- Werthaltigkeit

Hierbei muss klar sein, dass diese Faktoren nicht isoliert nebeneinander stehen, sondern sich gegenseitig beeinflussen. Die Übertragbarkeit etwa ist eine Voraussetzung für die Bemessung eines Tauschwerts und beeinflusst damit die Werthaltigkeit. 10

I. Originäres Entstehen des Gegenstands und der Rechte daran

Der Ausgangsfall der Urheberschaft an einem virtuellen Gegenstand ist sicherlich derjenige, in dem der virtuelle Gegenstand von einem Mitglied des Entwicklerteams audiovisuell und in seiner Einbindung in die Spielelogik gestaltet wurde. 11

Nutzergenerierte Inhalte (User-generated Content, „UGC") in Spielen sind traditionell PC-Spielen aufgrund der offenen Architektur der Plattform vorbehalten gewesen, zunehmend finden sich aber Bestrebungen, von der Spielercommunity am PC gestaltete UGC-Inhalte auch auf anderen Plattformen wie Konsolen anzubieten, zB über Services wie mod.io oder indem Spieleentwickler einfach UGC-Inhalte, die ihre Nutzer über reine UGC-Plattformen für den PC wie etwa moddb oder den Steam Workshop hochgeladen haben, mittels Einzel- oder Rahmenvereinbarungen mit den Nutzern für zusätzliche Plattformen lizenzieren. 12

Die Vorstellung, dass UGC automatisch einen amateurhaften Charakter haben, ist dabei verfehlt. Vielmehr bilden sie die ganze Breite der Fertigkeiten der Gesellschaft ab. So werden z. B. die von Valve im Online-Shooter Counter Strike: Global Offensive (CS:GO) offiziell eingebundenen neuen Gestaltungen mittels eines Wettbewerbs in der Community ausgewählt, weil die Kreativität und die Breite und Masse der Fertigkeiten der Community schlicht von keinem In-house-Art-Team abgebildet werden könnte.[1] Beim jüngsten solchen Wettbewerb wurde jede einzelne der 17 ausgewählten Gestaltungen dabei mit einer Summe von 100.000 (USD) vergütet, also einer Vergütung, von der viele fest angestellte Künstler in Spielefirmen nur träumen könnten.[2] 13

1. Kuration

Bei UGC-basierten virtuellen Gegenständen ist weiter zu unterscheiden zwischen solchen, die erst nach Kuration durch den Spieleentwickler Eingang in das Spiel finden und solchen, bei denen jedermann einen Gegenstand erstellen und anderen Spielern anbieten bzw. sogar offiziell verkaufen kann. Letzteres ist ein wesentlicher Teil der Vision des sog. „Metaverse" von Firmen wie Linden Lab oder Facebook/Meta.[3] 14

Innerhalb desselben Spiels können beide Modelle aufeinandertreffen. Valve zB kuratiert diejenigen nutzergenerierten virtuellen Gegenstände, die offiziell Eingang in seine Spiele wie CS:GO finden. Zugleich ist es aber auch möglich, das Spiel auf von der Community gehosteten Servern mit inoffiziellen virtuellen Gegenständen zu ergänzen. 15

Die kuratierte Lösung hält dabei ein größeres Maß an kreativer Kontrolle in den Händen des Entwicklers. Auch juristisch ist sie aber zuverlässiger abzubilden, da hier die vertraglichen Regelungen zum Erwerb der einzelnen Gestaltung in etwa wie bei 16

1 *Bui* Embracing User Generated Content, veröffentlicht am 11.02.2014, abrufbar unter https://www.youtube.com/watch?v.=SRyUpR4qOxU.
2 Vgl. dazu https://blog.counter-strike.net/index.php/2021/11/36451/.
3 *Zuckerberg* The Metaverse and How We'll Build It Together, veröffentlicht am 28.11.2021, abrufbar unter https://www.youtube.com/watch?v.=Uvufun6xer8&t=2052s.

einem „normalen“ professionellen freischaffenden Künstler gestaltet werden können, dessen Wohnort bekannt ist. Dies ist zwar mit den üblichen Herausforderungen des Urheberrechts verbunden, vermeidet aber die zusätzlichen Herausforderungen in der Gestaltung von AGB gegenüber Verbrauchern, die theoretisch ihren Wohnsitz in jedem Land der Erde haben können.

2. Schutzfähigkeit

17 Dass virtuelle Gegenstände und Figuren bei entsprechender Schöpfungshöhe Urheberschutz genießen können, ist erfreulicherweise unumstritten.[4]

18 Das mit geringeren Anforderungen belegte Leistungsschutzrecht für einfache Lichtbilder wird hingegen wohl überwiegend abgelehnt, soweit die entsprechenden Bilder mittels eines Computerprogramms erzeugt wurden.[5] Eine solche Erzeugung mittels eines Computerprogramms dürfte für die ganz überwiegende Anzahl von Abbildungen virtueller Gegenstände gegeben sein.

19 Im Hinblick darauf, dass viele virtuelle Gegenstände verhältnismäßig einfache Gestaltungen der Gebrauchskunst sind, kann die urheberrechtliche Schutzfähigkeit im Einzelfall nicht unbedingt als selbstverständlich vorausgesetzt werden.

3. Rechteerwerb durch den Spieleentwickler

20 Der sichere Rechteerwerb des Spieleentwicklers ist bei UGC-Inhalten generell wesentlich anspruchsvoller als bei Inhalten, die von In-House-Teams oder freiberuflich tätigen professionellen Künstlern entwickelt werden. In Arbeitsverträgen und Verträgen für freie Mitarbeiter können Rechteeinräumungen in einer Detailtiefe geregelt werden, die in AGB für Endnutzer hochgradig abschreckend wären. AGB für Endnutzer müssen überdies oftmals Kunden aus verschiedensten Ländern abdecken, deren Urheberrecht grundsätzlich unterschiedliche Regelungen vorsieht. Insbesondere aber stoßen vertragliche Regelungen für Endnutzer regelmäßig auf den Verbraucherschutz und die AGB-Kontrolle, was bei einzelvertraglichen Regelungen mit individuellen Künstlern nicht der Fall wäre.

21 In der Praxis hochproblematisch sind insbesondere auch Fragen des Urhebervertragsrechts und des Kollisionsrechts. Die Spieleindustrie zeichnet sich durch ihre Internationalität aus, so dass an einem Spiel regelmäßig Miturheber mit Sitz in verschiedenen Staaten beteiligt sind. Dies gilt umso mehr, wenn virtuelle Gegenstände auf UGC zurückgehen.

22 Die auf den Urheber abzielende Prägung des kontinentaleuropäischen Urheberrechts findet im Copyright britischer bzw. US-amerikanischer Prägung bekanntlich keine Entsprechung. Eine vollständige rechtsvergleichende Betrachtung würde deutlich den Rahmen dieser Darstellung sprengen, aber die Fragen, wann eine Rechtswahl wirksam und gerichtlich durchsetzbar ist, wenn es um Themen wie Work for Hire oder Bestsellerklausel geht, die außerhalb einzelner Rechtsordnungen keine Entsprechung finden, sind noch weitestgehend ungeklärt.

---

4 Statt aller: Wandtke/Bullinger/*Manegold/Czerni* UrhG § 88 Rn. 33.
5 KG Urt. v. 16.1.2020 – 2 U 12/16.Kart MMR 2020, 318.

Kommt in einem solchen Fall noch hinzu, dass der (Mit-)Urheber nicht beruflich im Rahmen seines Arbeitsvertrages handelte, sondern hobbymäßig und damit die Auslegung der vertraglichen Regelungen der Überprüfung auf Basis des Verbraucherschutzrechts zugänglich ist, verlassen wir zuverlässig den Boden der Rechtssicherheit. Es bleibt insofern nur zu hoffen, dass der Gesetzgeber für die audiovisuellen Elemente von Computerspielen zukünftig klarstellende Regelungen einführt, wie sie etwa für Filmwerke in § 89 UrhG zu finden sind. 23

4. Ergänzender Rechteerwerb durch Designanmeldungen

Im Hinblick auf den nicht unbedingt selbstverständlichen Urheberschutz für die Gestaltung einzelner virtueller Gegenstände und die geringen Kosten des Designschutzes[6] überrascht es etwas, dass es bislang eher wenig verbreitet ist, Designrechte an deren Gestaltung anzumelden. 24

Etwas unklar ist hier die Auswahl der Einordnung der geschützten Waren und Dienstleistungen nach der Klassifikation von Locarno.[7] Naheliegend dürfte hier im Regelfall eine Einordnung in Klasse 21–01 sein, die u.a. elektronische Spiele enthält. Ob diese Einordnung aber auch für einzelne Gegenstände innerhalb von elektronischen Spielen trägt, oder ob zumindest bei digitalen Repräsentationen realer Gegenstände die für die repräsentierten realen Gegenstände einschlägigen Klassen zu wählen sind (zB Klasse 22–01 für Maschinenpistolen) ist wohl noch nicht letztlich geklärt. 25

Spätestens wenn aber im Raum steht, dass auch Verkörperungen des virtuellen Gegenstands als Merchandising-Artikel vermarktet werden sollen, bietet es sich an, Anmeldungen in mehreren Locarno-Klassen vorzunehmen. Die fotografische Wiedergabe eines Minecraft-Schwerts, das einmal als Schlüsselanhänger und einmal als Schaumstoffspielzeug in Originalgröße angeboten wird, mag im Designregister kaum unterscheidbar sein. Ob die Anmeldung nur in einer der beiden Locarno-Klassen aber ein Abwehrrecht gegen beide Produktarten begründet, ist aber fraglich.[8] Die Frage, ob der Gesamteindruck nach § 38 Abs. 2 DesignG noch der gleiche ist, ist zumindest klarer zu beantworten, wenn im o. g. Beispiel die Schwert-Gestaltung einmal als Schlüsselanhänger und einmal als Schaumstoffspielzeug angemeldet wird. 26

Dem Verfasser ist aus seiner Praxis zumindest ein Fall bekannt, in dem ein Produzent unlizenzierter Merchandisingartikel so weit ging, andere unlizenzierte Anbieter aus dem Markt zu drängen, indem er eigene Gemeinschaftsgeschmacksmuster an den vom Spielentwickler gestalteten virtuellen Gegenständen eintrug – diese dann in den für die entsprechenden Merchandisingartikel passenden Klasse. 27

Wichtigste Schutzvoraussetzung des Designs ist ferner dessen Neuheit, vgl. § 2 Abs. 1, 2 iVm § 6 DesignG. Will man insofern den Weg des Designschutzes für virtuelle Gegenstände und darauf basierende physische Produkte beschreiten, kommt man nicht umhin, den Anmeldeprozess in den Entwicklungsprozess des Spiels zu integrieren. 28

---

6 ZB beim DPMA 90 EUR für Sammelanmeldung mit bis zu 15 Designs.
7 Zur Locarno-Klassifikation: https://www.dpma.de/recherche/klassifikationen/designs/index.html.
8 Zum Streitstand nach altem Recht ausführlich: *Becker* GRUR-Int 2012, 312 ff.

II. Erstmaliger Erwerb durch Spieler

29 Relevant für die rechtliche Einordnung ist weiterhin, wie die Spieler an einen virtuellen Gegenstand kommen, insbesondere ob dieser Erwerb rein deterministisch oder zufallsbasiert erfolgt.

30 Verhältnismäßig unproblematisch ist hierbei die Zuteilung virtueller Gegenstände nach einem deterministischen Prinzip.

31 Ist es aber zufallsabhängig, welche konkreten virtuellen Gegenstände einer Zahlung gegenüberstehen, kann dies dagegen Fragen im Sinne des UWG und des Glücksspielrechts aufwerfen und hat in den vergangenen Jahren unter dem Schlagwort der Lootboxen erhebliche mediale und regulatorische Aufmerksamkeit erfahren.

32 Darüber hinaus wäre auch eine sinnvolle Rückabwicklung von Transaktionen ausgesprochen problematisch, wenn ihr zufälliger Inhalt einmal offenbart wurde.

33 Aufgrund der Bedenken, die zufallsbasierten Zuteilungen entgegengebracht wurde, sind manche Spielentwickler dabei dazu übergegangen, die zufällig festgelegten Gegenstände mittels eines virtuellen Röntgengerätes vorab zu offenbaren, dies allerdings typischerweise mit Einschränkungen.[9]

1. Rechtliche Einordnung des Erwerbs und der Übertragung

34 In Anbetracht der Vielfalt von Ausgestaltungen virtueller Gegenstände musste schon in der Vergangenheit die Auffassung, auf eine Transaktion bezüglich eines virtuellen Gegenstandes sei pauschal Kaufrecht anzuwenden, als verfehlt angesehen werden.[10] Eine Anwendung des Kaufrechts könnte, wenn überhaupt geboten, nur analog vorgenommen werden. § 433 BGB bezieht sich auf „Sachen". Sachen im Sinne des BGB sind aber nach § 90 BGB nur körperliche Gegenstände.

35 Wie rechtlich eine Transaktion virtueller Gegenstände einzuordnen ist, war insofern lange umstritten. Man hätte nun erwarten können, dass die Richtlinie über Digitale Inhalte[11] hier eine Klärung herbeiführt; der EU-Gesetzgeber hat sich indes an die ganz große Harmonisierung nicht herangewagt und führt in Erwägungsgrund 12 aus:

Auch die Rechtsnatur von Verträgen über die Bereitstellung digitaler Inhalte oder digitaler Dienstleistungen sollte nicht durch diese Richtlinie bestimmt werden, und die Klärung der Frage, ob solche Verträge beispielsweise einen Kauf-, Dienstleistungs- oder Mietvertrag oder einen Vertrag sui generis darstellen, sollte dem nationalen Recht überlassen bleiben.

36 Neben einer Anwendung des Kaufrechts wurde im Umsetzungsprozess der Richtlinie ins deutsche Recht auch die Einführung eines neuartigen Vertrags sui generis befürwortet.[12] Der deutsche Gesetzgeber hat sich indes in §§ 327 ff. BGB für eine Umsetzung

9 ZB in Fortnite https://www.epicgames.com/fortnite/en-US/news/loot-unboxing.
10 So noch *Lutzi* NJW 2012, 2070.
11 RL (EU) 2019/770 des Europäischen Parlaments und des Rates v. 20.5.2019 über bestimmte vertragsrechtliche Aspekte der Bereitstellung digitaler Inhalte und digitaler Dienstleistungen.
12 So etwa *Metzger* JZ 2019, 577 (586); *Rosenkranz* ZUM 2021, 195 (197).

der Richtlinie im allgemeinen Teil des BGB entschieden, die bewusst keine Anwendung des Kaufrechts oder einen neuartigen Vertrag sui generis vorsieht.[13]

2. Auswirkungen auf das Widerrufsrecht

Der Gesetzgeber grenzt in § 327 BGB in wörtlicher Übernahme der Richtlinie die Bereitstellung digitaler Inhalte von der Bereitstellung digitaler Dienstleistungen ab. Zwar fasst er die beiden Begriffe dann unter dem Oberbegriff digitaler Produkte zusammen, die Unterscheidung ist aber insbesondere für die Ausgestaltung des Widerrufsrechts von erheblicher Bedeutung. 37

Für **digitale Inhalte** gilt die Regel des § 356 Abs. 5 BGB, wonach möglich ist, das Widerrufsrecht enden zu lassen, nachdem der Verbraucher ausdrücklich zugestimmt hat, dass der Unternehmer mit der Ausführung des Vertrags vor Ablauf der Widerrufsfrist beginnt, und seine Kenntnis davon bestätigt hat, dass er durch seine Zustimmung mit Beginn der Ausführung des Vertrags sein Widerrufsrecht verliert. 38

Für **digitale Dienstleistungen** gilt dagegen gemäß § 356 Abs. 4 BGB, dass das Widerrufsrecht erlischt, wenn der Unternehmer die Dienstleistung vollständig erbracht hat und mit der Ausführung der Dienstleistung erst begonnen hat, nachdem der Verbraucher dazu seine ausdrückliche Zustimmung gegeben hat und gleichzeitig seine Kenntnis davon bestätigt hat, dass er sein Widerrufsrecht bei vollständiger Vertragserfüllung durch den Unternehmer verliert. 39

Der Unterschied besteht mithin darin, dass das Widerrufsrecht bei digitalen Inhalten bei Beginn der Leistung beendet werden kann, bei Dienstleistungen dagegen erst nach deren vollständiger Erfüllung. 40

Eine Bewertung im Einzelfall ist auch hier geboten; der typische Fall, dass ein virtueller Gegenstand gegen eine Einmalzahlung sofort bereitgestellt wird und dann zeitlich unbegrenzt vom Kunden im Spiel genutzt werden kann, entspricht in seiner Ausgestaltung aber deutlich eher einem Erwerb z. B. eines Hörbuchs, dass man nach Einmalzahlung unbegrenzt oft hören kann, als einem Dienstvertrag, der typischerweise entweder zeitlich begrenzt oder doch zumindest in seiner Vergütung vom Nutzungsumfang abhängig ist. 41

Zwar besteht im Hintergrund ein Rahmenvertrag über die Nutzung des Spiels, der bei einem Online-Spiel auch deutlich dienstvertragliche Elemente enthält; der Aufwand des Spieleentwicklers in der Erbringung der Dienstleistung ist aber nicht größer oder kleiner, ob ein bestimmter Spieler nun einen bestimmten virtuellen Gegenstand in seinem Inventar hat oder nicht. Hier wird nur innerhalb eines bestehenden Spiels ein konkreter weiterer digitaler Inhalt bereitgestellt. 42

In diesem Zusammenhang sei noch darauf verwiesen, dass in User Interfaces regelmäßig – juristisch unpräzise – vom „Kauf“ eines virtuellen Gegenstands gesprochen wird. Eine solche Falschbezeichnung führt per se nicht zu einer Änderung des Vertragstyps entgegen der Einordnung des Gesetzgebers. Solche unpräzisen Bezeichnungen sind auch in der physischen Welt verbreitet, so mag der Kunde eine Fahrkarte „kaufen“, wenn er in 43

---

13 Zustimmend zu dieser Vorgehensweise: *Spindler* MMR 2021, 451 (451).

Wirklichkeit einen Beförderungsvertrag als Sonderform des Werkvertrags nach §§ 631 ff. BGB eingeht.

44 Eine juristisch an sich unrichtige Formulierung wie „Kauf“ im User Interface mag indes durchaus Auswirkung auf bestimmte Verbrauchererwartungen haben; insbesondere, dass ein Gegenstand für eine Einmalzahlung dauerhaft oder bis zu seiner Zerstörung, seinem Verbrauch oder seiner Weitergabe ohne weitere Kosten zur Verfügung steht.

45 Dass der Begriff „Kauf“ automatisch eine uneingeschränkte Verfügungsgewalt bedingt, ist indes auch in der physischen Welt nicht der Fall. Die Vertragsfreiheit macht es möglich, auch die Verfügungsgewalt an in der physischen Welt „verkauften“ Gegenständen einzuschränken, seien es experimentelle technische Geräte oder Rassekatzen, bei denen der Verkäufer den Weitervertrieb vertraglich einschränken kann. Physische Eintrittskarten, die den Zugang zu Veranstaltungen eröffnen, sind regelmäßig als nicht übertragbar gekennzeichnet. Innerhalb der Regeln einer Spielewelt wird der Durchschnittsverbraucher erst recht damit rechnen, dass die Verfügungsgewalt über einen virtuellen Gegenstand Regeln unterliegt.

3. Zufällig zugeteilte Inhalte und Wettbewerbsrecht

46 Nachdem über eine längere Zeit einige Unsicherheit bestand, wie zufallsbasierte bezahlte Inhalte nach dem Wettbewerbsrecht zu beurteilen sind, hat die EU-Kommission 2021 neue Leitlinien zur Umsetzung der Richtlinie über unlautere Geschäftspraktiken[14] („UGPRL“) veröffentlicht.[15]

47 Danach ist aufgrund des Zieles der Vollharmonisierung des Wettbewerbsrechts durch die UGPRL nunmehr zumindest auf Basis des Wettbewerbsrechts in der EU Rechtssicherheit eingetreten. Die neuen Leitlinien weisen folgende Voraussetzungen auf:

- Der Verbraucher muss klar auf das **Vorhandensein von bezahlten zufälligen Inhalten** hingewiesen werden
- Die **Wahrscheinlichkeit**, einen Zufallsgegenstand zu erhalten, muss erläutert werden.
- Die **übrigen Informationspflichten** gemäß der Verbraucherrechterichtlinie[16] (dort insbes. Art. 6) und der UGPRL in Bezug auf den Preis und die wesentlichen Merkmale des Produkts müssen erfüllt werden.

4. Zufällig zugeteilte Inhalte und Glücksspielrecht

48 Die durch die UGPRL eingetretene Rechtssicherheit erstreckt sich leider nicht auf die Bewertung nach dem Glücksspielrecht. Nach Erwägungsgrund 9 der UGPRL können die Mitgliedstaaten Geschäftspraktiken im Zusammenhang mit Glücksspielen weiter regulieren. So vertraten insbesondere Regulierungsbehörden für Glücksspiele in Belgien, den Niederlanden und Frankreich die Auffassung, dass bestimmte Arten von

14 RL 2005/29/EG des Europäischen Parlaments und des Rates v. 11.5.2005 über unlautere Geschäftspraktiken von Unternehmen gegenüber Verbrauchern im Binnenmarkt.

15 Abrufbar unter https://eur-lex.europa.eu/legal-content/DE/TXT/HTML/?uri=CELEX:52021XC1229(05)&from=EN.

16 RL 2011/83/EU des Europäischen Parlaments und des Rates v. 25.10.2011 über die Rechte der Verbraucher (https://eur-lex.europa.eu/LexUriServ/LexUriServ.do?uri=OJ:L:2011:304:0064:0088:de:PDF).

Lootboxen die Voraussetzungen für Glücksspiele erfüllen. Dies hatte zur Folge, dass bestimmte besonders populäre Spiele in diesen Ländern vom Markt genommen wurden bzw. für diese Märkte modifiziert wurden.

Die Voraussetzungen für Glücksspiel sind auf den ersten Blick überraschend konstant 49 in den verschiedensten Rechtsordnungen. So wird das Bestehen eines Einsatzes, eines Zufallselements und einer Gewinnmöglichkeit vorausgesetzt. Während die Frage, ob ein Zufallselement vorhanden ist, regelmäßig unproblematisch beantwortet werden kann, sind die Abgrenzungen, ab welcher Schwelle von einem rechtlich relevanten Einsatz und von einem ebensolchen Gewinn ausgegangen werden kann, von Land zu Land unterschiedlich und zusätzlich im Fluss. Diese Fragen sind damit mit einem erheblichen individuellen Prüfungsaufwand und rechtlichen Risiko versehen.

III. Übertragbarkeit – wie kann ein virtueller Gegenstand weitergegeben werden?

Ein ganz zentraler Aspekt für die rechtliche Bewertung eines virtuellen Gegenstands ist, 50 inwieweit er an einen Spieler gebunden ist; insbesondere, wie diese Bindung inhaltlich begründet und wie sie rechtlich und technisch geregelt ist.

Ob virtuelle Gegenstände überhaupt von einem Spieler auf den anderen übertragen 51 werden können, ist dabei nicht die Frage. Auch bei klassischen Single-Player-Spielen gab es schon vor Jahrzehnten Internetforen, in denen Dateien mit abgespeicherten Spielständen ausgetauscht wurden, aus denen ein Nutzer virtuelle Gegenstände für seinen Charakter beziehen konnte, die ein anderer Spieler zuvor freigespielt hatte. Soweit Gegenstände bei modernen Spielen fest an einen Nutzeraccount gebunden sind und das Spiel keinerlei Übertragung von Account zu Account ermöglicht, besteht die zumindest praktische – wenn auch nicht unbedingt legale – Möglichkeit, den gesamten Account mit den darin enthaltenen Gegenständen an einen Dritten weiterzugeben.

Die Entscheidung, wie die Übertragbarkeit virtueller Gegenstände ausgestaltet wird, 52 muss den Bedürfnissen sowohl der Spielerfahrung als auch der intendierten Monetarisierung Rechnung tragen.

Diese beiden Faktoren sollten im Idealfall kein Spannungsfeld bilden. Je nach den üb- 53 rigen Entscheidungen im Spieldesign kann eine Übertragbarkeit virtueller Gegenstände der Spielerfahrung zuträglich oder abträglich sein.

Ein Beispiel, in dem der Spieleentwickler zu dem Schluss kam, dass seine Implemen- 54 tierung der Übertragbarkeit virtueller Gegenstände dem eigentlichen Spielkonzept zuwiderlief, war das sog. „Auction House“ im Spiel Diablo III, das 2011 eingeführt und 2014 wieder eingestellt wurde, da das Auction House den Sinn und die spannende Herausforderung des Spiels auflöste.[17]

Anders sieht dies in Spielen aus, deren Konzept gerade auf dem Tausch von Gegenstän- 55 den beruht, z. B. klassischen Sammelkartenspielen. Ein Sammelkartenspiel, in dem Karten auf Zufallsbasis vergeben werden, ohne dass die Möglichkeit des Tauschs mit

17 Begründung von Blizzard: „it ultimately undermines Diablo's. core game play: kill monsters to get cool loot.“ (https://us.diablo3.com/en-us/blog/10974978/).

anderen Spielern besteht, führt zwangsläufig zu einer Vervielfachung der Kosten für den einzelnen Spieler, der eine bestimmte Karte erhalten will.[18]

56 Der Tausch trägt dabei zum positiven Spielerlebnis sowohl für denjenigen bei, der eine Sammelkarte sucht, als auch für denjenigen, der eine ungewollte Sammelkarte loswerden will.[19]

57 Gerade wer virtuelle Gegenstände kritisch aus der Perspektive des Glücksspielrechts betrachtet, ist daher gut beraten, nicht pauschal die Übertragbarkeit virtueller Gegenstände als Wurzel allen Übels zu verteufeln. In der kritischen Auseinandersetzung wird gern auf sog. „Problemspieler" verwiesen, die unverhältnismäßig viel Geld für den Erwerb eines bestimmten virtuellen Gegenstands aufwenden, indem sie zahllose Boxen mit zufälligen Inhalten öffnen. Der finanzielle und zeitliche Aufwand, um einen bestimmten gewünschten virtuellen Gegenstand zu erhalten, wird dabei durch dessen Übertragbarkeit von einem Nutzer auf den anderen gerade begrenzt.

58 Zwischen den beiden Extremen von Spielen, bei denen die Übertragbarkeit virtueller Inhalte dem Spielspaß entgegensteht und solchen, die ohne eine solche nicht funktionieren würden, bewegen sich Spiele, bei denen der Austausch virtueller Gegenstände für das eigentliche Spielprinzip nicht von Bedeutung ist.

59 Ein Beispiel hierfür ist wieder CS:GO, ein auf Wettkampf ausgelegter Online-Shooter, bei dem keiner der offiziellen virtuellen Gegenstände einen Vorteil im Spiel gewährt. Diese Gegenstände dienen vielmehr allein der visuellen Umgestaltung des Avatars des Spielers (sog. „Cosmetic Items"). Erst ein Jahr, nachdem das Spiel auf den Markt kam, wurden solche handelbaren Gegenstände in das Spiel eingebracht.[20] Diese Gegenstände haben zwar keinerlei Auswirkungen auf den Erfolg im Spiel, sind als Ausdruck der Persönlichkeit der Spieler im Spiel aber extrem beliebt. Man mag dies mit einer Schule vergleichen, die nachträglich die Verpflichtung zum Tragen von Schuluniformen abschafft. Auch die Schüler, die bereits mehrere Schuluniformen im Schrank haben, werden im Regelfall das Bedürfnis haben, sich nun selbst nach ihrem Geschmack einzukleiden und damit in ihrer Persönlichkeit gegenüber ihrem sozialen Umfeld auszudrücken.

60 Dieselben psychologischen Mechanismen, die bei der sozialen Interaktion in der physischen Welt gelten, wirken dabei bei der Interaktion online.

61 Letztlich ist zu beobachten, dass zu fast allen Spielen, die eine gewisse Popularität erreichen, inoffizielle Handelsplattformen für virtuelle Gegenstände entstehen. Dies kann zumindest als Indiz dafür gewertet werden, dass zumindest ein Teil der Spieler sich die Übertragbarkeit der virtuellen Gegenstände wünscht.

62 Generell lässt sich auch feststellen, dass bei virtuellen Gegenständen, die lediglich kosmetischer Natur sind, nicht in der Form Auswirkungen auf das Spielerlebnis

18 Am Beispiel physischer Panini-Sammelalben: Wer ein Euro-2020-Album nur durch den Kauf von geschlossenen Sammelpäckchen vervollständigen wollte, musste im Mittel 778 Päckchen kaufen; wer mit genügend Tauschpartnern sammelte, „nur" etwa 113 (https://www.independent.co.uk/news/science/how-many-packs-euro-panini-stickers-b1848667.html).

19 Vgl. *Davis*, In-Game Economies in Team Fortress 2 and Dota 2, veröffentlicht am 11.02.2014, abrufbar unter https://www.youtube.com/watch?v.=RHC-uGDbu7s.

20 Vgl. dazu https://blog.counter-strike.net/index.php/2013/08/7425/.

zu befürchten sind, wenn eine Übertragbarkeit ermöglicht wird, als wenn sie eine Funktionalität im Spiel haben.

Inoffizielle Plattformen sind aber regelmäßig mit Betrugsrisiken behaftet. Da sie nicht offiziell in das Spiel eingebunden sind, hat der Spieleentwickler auch kaum Handhabe zu ihrer Ausgestaltung, sodass ihre Auswirkungen auf das Spielerlebnis außerhalb seiner Kontrolle liegen. Dies spricht insofern in vielen Fällen dafür, den Spielern einen offiziellen, sicheren und an die Ziele des Spieldesigns angepassten Weg zu bieten, den Austausch von virtuellen Gegenständen vorzunehmen; gerade wenn die Gegenstände nur kosmetischer Natur sind. 63

1. Ausgestaltung in AGB

Soweit ein Spieleentwickler Regeln zum Umgang mit virtuellen Gegenständen aufstellt, 64 stellt sich sodann zunächst die Frage, ob diese der AGB-rechtlichen Kontrolle zugänglich sind.

So sprach das LG Hamburg in einer Entscheidung aus dem Jahr 2013 zum Spiel 65 World of Warcraft von „rechtlich kontrollfreien Spielregeln" und stellte fest, die Spieleherstellerin sei als „uneingeschränkte Herrscherin über die interne Spielwelt" im Prinzip „völlig frei, (theoretisch) intransparente oder benachteiligende Spielregeln festzulegen".[21] Diese Wertung ist aus Sicht der Computerspieleindustrie natürlich erfreulich, sie bedarf aber der Abgrenzung. In der Sache meint das LG Hamburg mit den „Spielregeln" wohl Abreden über den unmittelbaren Gegenstand der Hauptleistungen (sog. Leistungsbeschreibungen), die mit Rücksicht auf die Vertragsfreiheit nicht der AGB-Inhaltskontrolle unterliegen.[22] Von Leistungsbeschreibungen in diesem Sinne, die der AGB-Kontrolle entzogen sind, geht der BGH bei solchen Bestimmungen aus, die Art, Umfang und Güte der geschuldeten Leistung festlegen, während Klauseln, die das Hauptleistungsversprechen verändern, ausgestalten oder modifizieren, der Inhaltskontrolle unterliegen.[23]

Wie man virtuelle Gegenstände in Spielen nutzen kann, dürfte insofern regelmäßig 66 der Inhaltskontrolle entzogen sein. Vom Spieleentwickler aufgestellte Regeln dazu, ob man die Übertragung von Computerspielen auf Dritte ausschließen kann, wurden aber bekanntlich durchaus in der Rechtsprechung auf Basis des AGB-Rechts geprüft.[24] Ob dies auch für virtuelle Gegenstände innerhalb von Computerspielen gilt, wird wohl überwiegend bejaht.[25]

2. Vorgehen gegen inoffizielle Tauschplattformen

Die Bereitstellung eines eigenen offiziellen Marktplatzes für virtuelle Gegenstände 67 durch den Spieleentwickler muss nicht im Widerspruch dazu stehen, parallel dazu aktiv gegen inoffizielle Tauschplattformen vorzugehen, die einen negativen Einfluss auf das

21 LG Hamburg Urt. v. 23.5.2013 – 312 O 390/11, BeckRS 2013, 12538 – World of Warcraft.
22 *Hermes* GRUR-Prax 2013, 400 (401).
23 BGH Urt. v. 29.4.2010 – Xa ZR 5/09, NJW 2010, 1958 Rn. 20.
24 BGH Urt. v. 11.2.2010 – I ZR 178/08 Rn. 14, NJW 2010, 2661 (2662) – Half-Life 2.
25 ZB *Hermes* GRUR-Prax 2013, 400 (401); *Lutzi* NJW 2012, 2070 (2074).

Spielerlebnis haben bzw. deren Handeln potenziell schädlich für die Nutzer in Form von Betrugsrisiken ist.

68 Einer der wichtigsten Anwendungsfälle für das Wettbewerbsrecht im Zusammenhang mit virtuellen Gegenständen besteht beim Vorgehen gegen Dritte, die entgegen den Regeln des Spieleentwicklers Tauschbörsen für virtuellen Gegenstände betreiben. So bejahte das OLG Hamburg den Vorwurf einer gezielten Behinderung i. S.v. § 4 Nr. 10 UWG im Falle eines Forenbetreibers, der bewusst dem Handel mit virtuellen Gegenständen Vorschub leistete.[26] Die Rechtsprechung des BGH zu Bots[27] lässt zumindest annehmen, dass er eine ähnliche Wertung vornehmen würde.

69 Im Raum steht schließlich noch die Durchsetzung markenrechtlicher Ansprüche gegen den unberechtigten Nutzer. Zu den Voraussetzungen für deren Entstehen sei an dieser Stelle auf den Beitrag von *Rauda* (→ § 11 Rn. 10 ff.) verwiesen.

IV. Verwaltung – spielspezifisch, plattformbasiert oder per Blockchain?

70 Eine offizielle Lösung für die Übertragbarkeit virtueller Gegenstände kann spezifisch für das Spiel entwickelt werden, auf Basis einer zentralen Plattform stattfinden, die eine Vielzahl von Spielen unterstützt, oder dezentralisiert und buzzwordfreundlich auf Blockchainbasis.

71 Die Argumente, die für oder wider eine **spielspezifische Lösung** sprechen, sind letztlich dieselben wie bei jeder anderen wichtigen Middleware. Eine Lösung, die komplett vom Spieleentwickler kontrolliert wird, ist mit den höchsten Entwicklungskosten versehen, hat aber den Charme, dass sie gemäß den individuellen Bedürfnissen angepasst und erweitert werden kann.

72 Eine **externe Plattform** wie z. B. eine Verwaltung über Steamworks[28] oder mod.io[29] weist weniger Flexibilität auf, hat aber den nicht unerheblichen Entwicklungsaufwand bereits verinnerlicht. Eine Nutzung solcher vorbestehender Plattformtools macht z. T. die Aufnahme bestimmter Features in ein Spiel überhaupt erst möglich.[30]

73 Derzeit nehmen Verwaltungen der Inhaberschaft von Ingame-Items über die **Blockchain** viel Raum in der Diskussion ein, gerade unter dem Schlagwort der NFTs.

74 Was eine Blockchain[31] dem Grunde nach ist, bedarf an dieser Stelle angesichts der Zielgruppe dieses Buches vermutlich keiner vertieften Erläuterung. Derzeit wird sie von zahlreichen Marktteilnehmern als Zukunft der Verwaltung virtueller Gegenstände vorgeschlagen.[32]

75 Zumindest die in aktuellen Implementierungen prohibitiv hohen Energieverbrauchswerte und Transaktionskosten, die als ein Hauptargument gegen die heute verbreitetsten NFTs ins Feld geführt werden, dürften in der Zukunft mit einer Weiterentwicklung

26 OLG Hamburg Urt. v. 17.10.2012 – 5 U 168/11, MMR 2013, 453.
27 BGH Urt. v. 12.1.2017 – I ZR 253/14, MMR 2017, 394 – World of Warcraft II.
28 Vgl. dazu https://partner.steamgames.com/doc/features/microtransactions#5.
29 Vgl. dazu https://mod.io/.
30 ZB bei Arma III, https://www.bohemia.net/blog/arma3-steam-dev-blog.
31 Vgl. dazu https://de.wikipedia.org/wiki/Blockchain.
32 ZB Ubisoft, https://news.ubisoft.com/en-us/article/kujZ0Njdh6cojf6rzlEN0/ubisofts-vision-for-blockchain?isSso=true&refreshStatus=noLoginData.

der Technologie zumindest sinken,[33] wenn auch denknotwendig jede Technologie, die dieselbe Information auf einer Vielzahl distribuierter Datenbanken speichert, mehr Energie verbrauchen muss als eine solche, die alle Daten in einer zentralen Datenbank verwaltet.

Die Energieverbrauchskosten werden von den Befürwortern der Technologie aber ohnehin nur nachrangig bewertet, da diese wie bei allen traditionellen energiehungrigen Industrien zum größten Teil an die Gesellschaft externalisiert werden können. 76

Gerade das zentrale Versprechen einer dezentralen Verwaltung können aber die tatsächlich heute verbreiteten Blockchain-basierten Produkte nicht einlösen. Es erscheint auch zumindest zweifelhaft, ob eine echte dezentralisierte Technologie am Ende der aktuellen Entwicklung steht. Im Hintergrund laufen zwar die Blockchain-Server, die die Inhaberschaft an virtuellen Gegenständen regeln, auf verteilten Systemen. Die Interaktion mit diesen Servern findet aber heute de facto fast immer über zentralisierte Schnittstellen einiger weniger Unternehmen statt, die den API-Zugang[34] zu einem Node der Ethereum-Blockchain[35] verkaufen, den sie als Service betreiben. Dazu bieten diese Unternehmen Analysen und erweiterte APIs, die sie über die Standard-Ethereum-APIs hinaus entwickelt haben. Ein Großteil der auf dieser Grundlage arbeitenden dezentralen Applikationen oder DApps verwenden dabei die Dienste einer der beiden Firmen Infura oder Alchemy, um mit der Blockchain zu interagieren. Die Client-APIs, über die die Endnutzer auf das System zugreifen, tun nichts, um den Blockchain-Status oder die Authentizität der Antworten dieser Schnittstellenunternehmen zu überprüfen.[36] 77

Auch der Handel mit NFTs findet derzeit über zentralisierte Marktplätze statt, wobei OpenSEA eine zentrale Rolle einnimmt. Das Delisting eines virtuellen Gegenstands auf OpenSEA hat dessen wirtschaftliche Bedeutungslosigkeit zur Folge, unabhängig davon, ob es prinzipiell auf der Blockchain noch existiert. Aufgrund seiner Marktmacht verschwindet ein bei OpenSEA entferntes Objekt sogar aus den Wallets der Nutzer.[37] Ob gerade OpenSEA dieselbe zentrale Stellung für den Handel mit NFTs mittelfristig behält ist fraglich; es erscheint aber nach den Erfahrungen der Vergangenheit zumindest wahrscheinlich, dass es zukünftig zu Marktkonzentrationen bei Schnittstellenbetreibern und Marktplätzen kommen wird, die de facto die im Hintergrund laufende verteilte Verwaltung von NFTs konterkarieren wird. 78

Neben Schnittstellen und Marktplätzen kommt es aber noch einem dritten Punkt bei NFTs zu einer Konzentration, die dem Ideal der verteilten Datenbank nicht gerecht wird. Auf der Blockchain wird aufgrund der Kosten der dezentralen Speicherung nämlich immer nur das absolute Minimum an Daten gespeichert. Bei den heutigen Kunst-NFTs mag das eine URL beinhalten, die zu einer Internetadresse verweist, auf der z. B. ein Bild gespeichert ist. Die eigentliche Bilddatei wird dann aber auf einem klassischen Webserver z. B. von AWS gespeichert, nicht auf der Blockchain.[38] 79

33 Vgl. dazu https://www.businessinsider.com/personal-finance/proof-of-stake-vs-proof-of-work.
34 API steht für Application Programming Interface (Programmierschnittstelle).
35 Vgl. dazu https://de.wikipedia.org/wiki/Ethereum.
36 Vgl. dazu https://moxie.org/2022/01/07/web3-first-impressions.html.
37 Vgl. dazu https://moxie.org/2022/01/07/web3-first-impressions.html.
38 Vgl. dazu https://blog.mollywhite.net/blockchains-are-not-what-they-say/.

80 In positiver Hinsicht ist zu sagen, dass ein Rechteinhaber, der sich durch ein NFT verletzt sieht, keine Energie auf die Löschung desselben auf der Blockchain verwenden muss – er hat drei andere zentralisierte Angriffspunkte, über die er das NFT in die Bedeutungslosigkeit versenken kann, auch wenn es formal noch auf der Blockchain existiert.

81 Inwieweit sich die tatsächlichen Implementierungen von NFTs zukünftig ihren Idealen annähern, wird sich noch zeigen; ob es tatsächlich jemals wirtschaftlich oder erstrebenswert sein kann, dass jeder Nutzer die komplette Datenbank der Inhaberschaft spiegelt und nicht über die API eines zentralen Services auf die Blockchain zugreift, mag zumindest bezweifelt werden. Dies gilt umso mehr, als auch die großen Befürworter der Blockchain innerhalb der Games-Branches es als erforderlich ansehen, dass große, etablierte Marktteilnehmer den Zugang regeln.[39]

V. Permanenz – wird etwas heruntergeladen?

82 Die rechtliche Einordnung virtueller Gegenstände kann ferner dadurch beeinflusst werden, wie der Zugriff auf sie gewährleistet wird. Relevant ist hier insbesondere als Entwicklung der letzten Jahre das Cloud Gaming. Bei diesem läuft das Spiel extern auf einem Server, der die Nutzereingaben über das Internet vom Spieler empfängt und im Gegenzug das vom Server gerenderte Ton- bzw. Videosignal an den Client sendet.

83 Diese Unterscheidung hat zur Folge, dass ggf. eine unterschiedliche urheberrechtliche Nutzungsform im Raum steht – die Vervielfältigung wird ggf. durch eine unkörperliche Verwertung ersetzt. Abhängig davon, wann die Rechteeinräumung am virtuellen Gegenstand erfolgt ist, könnte es sich beim Cloud Gaming auch um eine damals noch unbekannte Nutzungsart iSv § 31a UrhG handeln.

VI. Identifizierbarkeit – einzigartig oder ersetzbar?

84 Relevant ist ferner gerade in zivilvertragsrechtlicher Sicht, ob ein virtueller Gegenstand in der Spielelogik einmalig definiert oder frei austauschbar ist. NFTs etwa tragen ja bereits ihre „Non-Fungibility“, also „Nicht-Ersetzbarkeit“ in ihrem Namen.

85 Diese Einzigartigkeit ist indessen keine Besonderheit von NFTs. Auch virtuelle Gegenstände, die auf klassischen zentralisierten Datenbanken verwaltet werden, können selbstverständlich einmalig und nicht analog § 243 BGB als Gattung definiert sein. Auch wenn die Eindeutigkeit nicht im User Interface hervorgehoben wird, ist intern bei vielen Datenbanksystemen für virtuelle Gegenstände schon aus Zwecken der Betrugsvorsorge nicht nur gespeichert, dass z. B. Spieler X eine virtuelle Waffe eines bestimmten Typs hat, sondern es ließe sich auch zurückverfolgen, dass diese Instanz des Gegenstands sich bis zu einem bestimmten Zeitpunkt im Inventar von Spieler Y befand und mit ein wenig Aufwand sogar, dass Spieler Z mit genau dieser einen Instanz der Waffe den entscheidenden Schuss eines großen Esport-Turniers abgab.

---

39 „First and foremost, established industry actors need to act as gatekeepers and create the conditions for trust by implementing this technology in safe, familiar environments, and in ways that make sense both for the medium and ultimately for the players.“ (https://news.ubisoft.com/en-us/article/kujZ0Njdh6cojf6rzlEN0/ubisofts-vision-for-blockchain?isSso=true&refreshStatus=noLoginData).

Es ist damit zu rechnen, dass in den kommenden Jahren solche „einzigartigen" virtuellen Gegenstände weiter an Bedeutung gewinnen, ganz unabhängig von der Technologie, die ihnen zugrunde liegt. 86

VII. Werthaltigkeit – weist der Gegenstand einen bestimmbaren Wert auf?

Die Werthaltigkeit virtueller Gegenstände zählt wohl zu ihren umstrittensten Eigenschaften. Sie ist dabei für die rechtliche Bewertung in diversen Situationen – vom Glücksspielrecht bis hin zum Steuerrecht – von herausragender Bedeutung. 87

Zwei klassische Herangehensweisen für die Bestimmung des Wertes einer Sache sind dabei deren Tauschwert und deren Gebrauchswert.[40] 88

1. Gebrauchswert

Der Gebrauchswert virtueller Gegenstände ist hierbei derjenige, der bei Skeptikern auf den stärksten gedanklichen Widerstand stößt. Er kann einerseits ganz praktisch ausgeprägt sein – in einem Spiel mit Pay-to-Win Mechaniken mag der Gegenstand den entscheidenden Vorteil gegenüber dem menschlichen Mitspieler vermitteln. 89

Dies ist dem Grunde nach nicht anders als beim Kauf eines teuren Geräts für den physischen Wettkampfsport. Ein Anreiz, die Grenzen des Sportsgeists im Computerspiel zuweilen zu überschreiten, mag aber darin begründet liegen, dass hier der Hersteller des Sportgeräts zugleich die Regeln des Sports festlegt und überdies gar noch die Gesetze der Physik selbst in der Hand hat. 90

Eine olympische Schnellfeuerpistole mag insofern in der realen Welt eine überlegene Ergonomie gegenüber Konkurrenzprodukten haben; sie wird ihrem Nutzer aber nicht eine größere Magazinkapazität oder zielsuchende Munition bieten. Vergleichbar extreme Eingriffe in die Spielbalance durch virtuelle Gegenstände sind in vielen Spielen gang und gäbe. Sie dürfen als Indiz gewertet werden, dass das Spieldesign sich im konkreten Fall auf die Maximierung des Gebrauchswerts des Gegenstands und die Fokussierung auf den zahlungswilligen Teil der Spielerschaft konzentriert. 91

Der Gebrauchswert eines virtuellen Gegenstands innerhalb des Spiels kann dabei ein solches Maß erlangen, dass einzelne Spieler den dadurch bestimmten Marktpreis nicht mehr aufbringen können und sich zu Gemeinschaften zusammentun müssen, um diesen Preis aufzubringen. Ein Beispiel hierfür sind bestimmte Raumschiffe im MMO Eve Online, dessen Erfolg nicht zuletzt dem so generierten gemeinschaftlichen Kapital und damit der sozialen Bindung an das Spiel zugeschrieben wird. 92

Auch virtuelle Gegenstände, die rein kosmetischer Natur sind, also keinerlei Eigenschaften haben, die sie im Spiel praktisch vorteilhaft machen, können aber einen erheblichen subjektiven Gebrauchswert haben, der sich auf ihren Preis auf den gängigen Handelsplattformen niederschlägt. Wer dies als befremdlich empfindet, mag sich fragen, ob er selbst schon einmal Geld für ein Produkt in der physischen Welt ausgegeben hat, das aufgrund der gefälligen Gestaltung, der prestigeträchtigen aufgedruckten 93

40 So schon *Aristoteles* Politeia, ca. 330 v.Chr., Buch 1 Teil 9.

Marke oder des anderweitig damit verbundenen Images für ihn einen höheren Wert hatte als ein funktional identisches Konkurrenzprodukt.

94 Der Gebrauchswert ist indes in höchstem Maße von Subjektivität geprägt und ist daher etwa in einer streitigen Auseinandersetzung nur eingeschränkt dem Beweis zugänglich.

2. Tauschwert

95 Einem Unbeteiligten weniger schwer zu vermitteln als der Gebrauchswert ist der Tauschwert eines virtuellen Gegenstands. Wohl auch deshalb konzentriert sich die Berichterstattung außerhalb spezialisierter Medien gern auf deren kolportierte Verkaufspreise.

96 Märkte für virtuelle Gegenstände weisen dabei mehrere praktische Unterschiede gegenüber Märkten in der physischen Welt auf. So sind in digitalen Märkten potenziell unbegrenzte Einblicke in alle Angebote und alle erfolgten Transaktionen möglich; Transaktionen sind überdies mit nur marginalen Kosten, Zeitverlusten und Werteinbußen möglich, sofern diese nicht bewusst eingebracht werden.[41]

97 Als Folge der potenziell unbegrenzten Marktübersicht können sich in Märkten von virtuellen Gegenständen Tauschwirtschaften entwickeln, die in ihrer Effizienz Tausch- oder Naturalwirtschaften der physischen Welt um ein Vielfaches übertreffen.[42] Tauschwirtschaften sind ja gerade deshalb schwerfällig, weil sie eine doppelte Übereinstimmung der Bedürfnisse erfordern, bevor ein einziger Handel stattfinden kann: Wenn ein Marktteilnehmer eine Ware begehrt und eine andere loswerden will, muss dieser einen Tauschpartner finden, dessen Bedürfnisse umgekehrt darauf passen. In virtuellen Märkten stehen dabei Tauschpartner aus aller Welt zur Verfügung und dies sortier- und filterbar.

98 Angebot und Nachfrage können insofern in virtuellen Märkten viel schneller und effizienter zum Gleichgewicht finden, als es in einer physischen Wirtschaft der Fall wäre und zu effektiven Tauschwirtschaften führen. In welcher Höhe das Gleichgewicht zwischen Angebot und Nachfrage virtueller Gegenstände sich einpendelt, folgt dagegen letztlich den gleichen Faktoren, die sich auf physischen Märkten wiederfinden.

3. Virtuelle Gegenstände und virtuelle Währung

99 Betrachtet man die denkbaren Eigenschaften virtueller Gegenstände, so wird deutlich, dass der Übergang zwischen virtuellen Gegenständen und virtueller Währung fließend sein kann. Ein besonders verbreiteter standardisierter Gegenstand, dessen Verfügbarkeit keinen großen Fluktuationen unterliegt, kann in einer Tauschwirtschaft virtueller Gegenstände die Rolle des Wertmaßes annehmen, anhand dessen Spieler den Tauschwert ihrer Gegenstände vergleichen.

41 So wurde im Spiel CS:GO bewusst ein Cooldown von sieben Tagen vor der Weitergabe virtueller Gegenstände eingefügt, um den automatisierten Handel mittels Bots zu erschweren: https://blog.counter-strike.net/index.php/2018/03/20308/.

42 Ausführlich dazu *Varoufakis*, Arbitrage and Equilibrium in the Team Fortress 2 Economy, 2012, abrufbar unter https://web.archive.org/web/20181227064913/http://blogs.valvesoftware.com:80/economics/arbitrage-and-equilibrium-in-the-team-fortress-2-economy.

C. Ausblick

Virtuelle Gegenstände kommen schon heute in den unterschiedlichsten Ausgestaltungen vor. Eine einheitliche Bewertung ist insofern zugunsten einer Analyse des Einzelfalls abzulehnen. 100

Glaubt man den Analysten, so besteht die nächste große Entwicklung darin, dass virtuelle Gegenstände im Rahmen des „Metaverse" Bedeutung über mehrere verschiedene Spiele hinweg haben und gegen echte Währung frei handelbar sein sollen. 101

Ob dies tatsächlich jenseits von Experimenten eintreten wird, bleibt fraglich. Die Verwaltung virtueller Gegenstände auf Plattformebene würde es schon heute möglich machen, dass z. B. eine auf bestimmte Art verzierte Waffe, die in einem Spiel erworben wurde, in der Folge in mehreren Spielen genutzt werden kann. Schon für rein kosmetische Gegenstände ist das schwierig, da jedes Spiel seine eigene Art hat, eine virtuelle Welt mit einem bestimmten Look wiederzugeben. Spätestens aber, wenn der virtuelle Gegenstand eine praktische Funktion im Spiel haben soll, kommt es denknotwendig entweder zu unüberwindbaren Konflikten oder zu einer kompletten Homogenisierung der Spielelogiken aller teilnehmenden Spiele. Dann aber stellt sich die Frage, warum man überhaupt mehrere Spiele teilnehmen lassen will und dasselbe Ergebnis nicht einfach über mehrere Level bzw. Maps innerhalb desselben Spiels erreicht. 102

Auch in rechtlicher Hinsicht ist die Vision des Metaverse mit seinem Versprechen, dass die virtuellen Gegenstände frei gegen echtes Geld handelbar sind, aber mit erheblichen Herausforderungen verbunden. Heutige Plattformbetreiber wenden erheblichen Aufwand auf, um die Umwandlung virtueller Spiel-Währung in „echte" Währung zu beschränken. Eine wichtige Motivation dafür besteht darin, dass sie die Rechtsfolgen einer Einstufung als Finanzdienstleister vermeiden wollen. Die wesentliche Abgrenzung zwischen Spielgeld und reguliertem E-Geld im Sinne der E-Geld-Richtlinie[43] besteht ja gerade darin, dass E-Geld von mehr Parteien als dem Emittenten selbst akzeptiert wird.[44] 103

Wird der auf einen einzigen Emittenten beschränkte geschlossene Kreislauf unterbrochen, eröffnet sich die ganze Komplexität des Finanzdienstleistungs- und – aufsichtsrechts. Der durchschnittliche Spieleentwickler dürfte hiervon deutlich überfordert sein. 104

Es ist insofern auch mittelfristig nicht damit zu rechnen, dass es im Bereich der virtuellen Gegenstände für den Juristen langweilig wird. 105

43 RL 2009/110/EG des Europäischen Parlaments und des Rates v. 16.9.2009 über die Aufnahme, Ausübung und Beaufsichtigung der Tätigkeit von E-Geld-Instituten, zur Änderung der RL 2005/60/EG und RL 2006/48/EG sowie zur Aufhebung der RL 2000/46/EG.

44 Vgl. Art. 2 Nr. 1 RL 2009/110/EG.

§ 20 Rechtsdurchsetzung

Literatur: *Ahlberg/Götting/Lauber-Rönsberg*, Beck'scher Online-Kommentar zum Urheberrecht, 33. Ed. Stand 15.1.2022 (zit.: BeckOK UrhR); *Auer-Reinsdorff/Conrad*, Handbuch IT- und Datenschutzrecht, 3. Aufl. 2019 (zit.: Auer-Reinsdorff/Conrad IT- und DatenschutzR-HdB); *Büscher/Dittmer/Schiwy*, Gewerblicher Rechtsschutz – Urheberrecht – Medienrecht, 3. Aufl. 2015 (zit.: Büscher/Dittmer/Schiwy GewRS); *Cepl/Voß*, Prozesskommentar zum Gewerblichen Rechtsschutz, 2. Aufl. 2018 (zit.: Cepl/Voß); *Dreier/Schulze*, Urheberrechtsgesetz, 7. Aufl. 2022 (zit.: Dreier/Schulze); *Fitzner/Lutz/Bodewig*, Beck'scher Online-Kommentar zum Patentrecht, 22. Ed. Stand 15.10.2021 (zit.: BeckOK PatR); *Fritzsche/Münker/Stollwerck*, Beck'scher Online-Kommentar zum UWG, 14. Ed. Stand 1.12.2021 (zit.: BeckOK UWG); *Fromm/Nordemann*, Urheberrecht, 12. Aufl. 2018 (zit.: Fromm/Nordemann); *Harte-Bavendamm/Henning-Bodewig*, UWG, 5. Aufl. 2021 (zit.: Harte-Bavendamm/Henning-Bodewig); *Heermann/Schlingloff*, Münchener Kommentar zum Lauterkeitsrecht, 2. Aufl. 2014 (zit.: MüKoUWG); *Hildebrandt/Sosnitza*, Unionsmarkenverordnung, 1. Aufl. 2021 (zit.: Hildebrandt/Sosnitza); *Hoeren/Sieber/Holznagel*, Handbuch Multimedia-Recht, 57. EL September 2021 (zit.: Hoeren/Sieber/Holznagel MMR-HdB); *Köhler/Bornkamm/Feddersen*, UWG, 40. Aufl. 2022 (zit.: Köhler/Bornkamm/Feddersen); *Kur/von Bomhard/Albrecht*, Beck'scher Online-Kommentar zum Markenrecht, 27. Ed. Stand 1.10.2021 (BeckOK MarkenR); *Leupold/Wiebe/Glossner*, IT-Recht – Recht, Wirtschaft und Technik der digitalen Transformation, 4. Aufl. 2021 (zit.: MAH IT-R); *Loewenheim*, Handbuch des Urheberrechts, 3. Aufl. 2021 (zit.: Loewenheim UrhR-HdB); *Ohly/Sosnitza*, UWG, 7. Aufl. 2016 (zit.: Ohly/Sosnitza); *Redeker*, IT-Recht, 7. Aufl. 2020 (zit.: *Redeker* IT-R); *Schricker/Loewenheim*, Urheberrecht, 6. Aufl. 2020 (zit.: Schricker/Loewenheim); *Spindler/Schuster*, Recht der elektronischen Medien, 4. Aufl. 2019 (zit.: Spindler/Schuster); *Vohwinkel*, Beck'scher Online-Kommentar Designrecht, 10. Ed. Stand 15.11.2021 (zit.: BeckOK DesignR); *Waiblinger*, Zugang zum Werk – Anspruch und Wirklichkeit, Verletzungsfolgen und Rechtsdurchsetzung. Zur Sperrung strukturell urheberrechtsverletzender Webseiten mit einem Blick auf die jüngst geschaffene Clearingstelle Urheberrecht im Internet (CUII), in Obergfell/Hauck (Hrsg.), Jahrbuch Eigentum und Urheberrecht in der Demokratie, 2021, S. 171; *Wandtke/Bullinger*, Praxiskommentar zum Urheberrecht, 6. Aufl. 2022 (zit.: Wandtke/Bullinger).

Weiterführende Literatur: *Beyvers/Beyvers*, Einordnung von Let's Play-Videos aus der Sicht des Urheber-, Jugendschutz- und Strafrechts – Überblick über die relevanten Rechtsfragen und Stand der Diskussion, MMR 2015, 794; *Bullinger/Czychowski*, Digitale Inhalte: Werk und/oder Software? – Ein Gedankenspiel am Beispiel von Computerspielen, GRUR 2011, 19; *Czychowski/Nordemann*, Schutzbereich und unzulässige Umarbeitung bei Computerprogrammen – Verletzen „Cheat Bots" für Computerspiele das Urheberrecht? GRUR 2022, 457; *Hentsch*, Die Umsetzung der Urheberrechts-Richtlinie aus Sicht der Games-Branche, MMR 2019, 351; *Hentsch*, Piraterie in der Games-Branche, MMR-Beil. 8/2019, 3; *Hilgert/Sester*, Strafrechtliche Verantwortlichkeit für den Betrieb von Piraterie-Servern, MMR-Beil. 8/2019, 16; *Jänich*, Die Veräußerung von Produktschlüsseln (Product Keys) für Computerspiele – immer ein Problem des Urheberrechts?, K&R 2020, 781; *Merk/Schneider*, Keyselling: Rechtliche Grenzen beim Handel mit Lizenzschlüsseln für Computerspiele, MMR-Beil. 8/2019, 12; *Nordemann*, Neues zur Providerhaftung im Urheberrecht – Registrare, CDN- und DNS-Provider und ihre strukturell rechtsverletzenden Kunden, GRUR 2021, 18; *Nordemann/Steinbrecher*, Urheberrecht: Wirtschaftsübereinkunft gründet Clearingstelle, MMR 2021, 189; *Pesch*, Patentfähigkeit computerimplementierter Erfindungen – Überblick über die einschlägige Entscheidungspraxis des BGH und des EPA sowie Handlungsempfehlungen, MMR 2019, 14; *Ohly*, Urheberrecht und UWG, GRUR-Int 2015, 693; *Rauda*, Cheatbots in Computerspielen, MMR-Beil. 8/2019, 20; *Schwiering/Zurel*, Gaming & Recht – Zwei Bereiche wachsen zusammen!, MMR 2016, 440; *Stieper*, Die Umsetzung von Art. 17 VII DSM-RL in deutsches Recht (Teil 2), ZUM 2020, 792; *Stieper*, Die Schranken des Urheberrechts im Gesetz zur Anpassung des Urheberrechts an die Erfordernisse des digitalen Binnenmarkts, ZUM 2021, 776; *Waiblinger/Jaworski*, Games-Piraterie – Website-Sperren als Mittel der Rechtsdurchsetzung, MMR-Beil. 8/2019, 7; *Waiblinger/Pukas*, Die urheberrechtliche Haftung von Onlineplattformen nach dem Urheberrechts-Diensteanbieter-Gesetz (UrhDaG), MDR 2021, 1489; *Waiblinger/*

Pukas, Der Plagiatsvorwurf bei Schriftwerken im Lichte aktueller Debatten – Mehr Schein als Sein?, ZUM 2022, 85.

A. Einführung

1 Computer- und Videospiele sind im Regelfall durch verschiedene Rechte des geistigen Eigentums geschützt. Die Möglichkeiten, diese Rechte zu verletzen, sind dabei aber ebenso mannigfaltig wie die Spiele selbst. Eine effektive Rechtsdurchsetzung ist daher zentrales Anliegen der Rechteinhaber. Denn insbesondere das Marken- und das Urheberrecht sind zentral dafür, das Videospiel auch als Leistungs- und Investitionsergebnis vor unberechtigtem Zugriff Dritter zu schützen. Im Folgenden soll überblicksartig vorgestellt werden, welche Handlungen Dritter die Ausschließlichkeitsrechte konkret verletzen und welche Sollbruchstellen hierbei zu beachten sind. Skizziert werden muss ebenfalls, wie hiergegen vorgegangen werden kann. Man kann dabei grundsätzlich zwischen **präventiven Maßnahmen** (→ Rn. 2 ff.) und **reaktiver Rechtsdurchsetzung** im konkreten Fall (→ Rn. 9 ff.) unterscheiden. Wichtig für die reaktive Durchsetzung der Ausschließlichkeitsrechte ist auch das Lauterkeitsrecht. Es dient oftmals als Auffangrecht, wenn weder das Urheber- noch das Markenrecht ausreichenden Schutz vermitteln können. Auch die Bedeutung des Patentrechts nimmt darüber hinaus aber stetig zu. Schlussendlich stellt sich die Frage, welche Besonderheiten bei der **gerichtlichen Durchsetzung** der Rechte an Games beachtet werden müssen.

B. Präventive Maßnahmen

2 Die Durchsetzung von an Computer- und Videospielen bestehenden Ausschließlichkeitsrechten gegenüber konkreten Rechtsverletzern gestaltet sich oftmals schwierig (→ Rn. 64 ff.). Daher ist es empfehlenswert, bereits so frühzeitig wie möglich den Schutz

der jeweiligen Ausschließlichkeitsrechte sicherzustellen. Hierfür bieten sich einige präventive Maßnahmen an.

I. Wirksame technische Schutzmaßnahmen gegen die Erstellung von Raubkopien

Als erstes Mittel zur Verhinderung von Rechtsverletzungen können technische Schutzmaßnahmen ergriffen werden, die bereits das rechtswidrige Kopieren der Computer- und Videospiele verhindern sollen. Mit ihnen kann dem illegalen Online- als auch dem Offline-Handel mit Raubkopien frühzeitig entgegengetreten werden. Nach der weiten gesetzlichen Definition in § 95a Abs. 2 S. 1 UrhG werden unter technischen Schutzmaßnahmen alle Technologien, Vorrichtungen oder technischen Bestandteile verstanden, die im normalen Betrieb dazu bestimmt sind, geschützte Werke betreffende und vom Rechteinhaber nicht genehmigte Handlungen zu verhindern oder zumindest einzuschränken. Damit sie in den Anwendungsbereich des § 95a UrhG fallen, müssen sie aber auch verhältnismäßig sein.[1] Die §§ 95a ff. UrhG entfalten dabei aufgrund des multimedial-hybriden Charakters der Computer- und Videospiele[2] trotz ihrer grundsätzlichen Unanwendbarkeit auf Computerprogramme (vgl. § 69f Abs. 3 UrhG) dennoch entscheidende Relevanz.[3] 3

Grund hierfür ist nicht nur die technische Schwelle, die zur Herstellung von Vervielfältigungsstücken überwunden werden müsste. Auch aus einer urheberrechtlichen Perspektive ist die Umgehung von technischen Schutzmaßnahmen gemäß § 95a Abs. 1 UrhG unzulässig. Beim **Umgehungsverbot** – erweitert auch auf diverse Vorbereitungshandlungen durch § 95a Abs. 3 und § 69f Abs. 2 UrhG – handelt es sich um ein Schutzgesetz iSd § 823 Abs. 2 BGB.[4] Damit hat eine Verletzung für die Rechteinhaber (typischerweise die Publisher) **Schadensersatzansprüche** gemäß §§ 823 Abs. 2 UrhG iVm § 95a Abs. 1 UrhG zur Folge, ein Anspruch auf **Unterlassung** folgt aus §§ 823 Abs. 2, 1004 BGB iVm § 95a UrhG.[5] Darüber hinaus ist die Umgehung der Schutzmaßnahmen über § 108b respektive § 111a UrhG ordnungswidrigkeitsrechtlich und in gewissen Fällen sogar strafrechtlich sanktioniert. 4

Damit die skizzierten Rechtsfolgen ausgelöst werden, müssen die ergriffenen technischen Schutzmaßnahmen aber auch **wirksam** gewesen sein. Das ist gemäß § 95a Abs. 2 S. 2 UrhG der Fall, soweit durch die getroffenen Vorkehrungen die Nutzung des Video- oder Computerspieles unter Kontrolle gehalten wird, also nur insoweit erfolgen kann, wie es vom Publisher vorgesehen ist. Beispielsweise kann das Spiel auf den Datenträgern in verschlüsselter Form gespeichert werden; bei Online-Bereitstellungen bieten sich **Zugangsbeschränkungen** an.[6] Schutzvorrichtungen können nach einem Schlüs- 5

1 EuGH Urt. v. 23.1.2014 – C-355/12, GRUR 2014, 255 Rn. 30 f. – Nintendo/PC Box.
2 Vgl. EuGH Urt. v. 23.1.2014 – C-355/12, GRUR 2014, 255 Rn. 23 – Nintendo/PC Box; MAH IT-R/*Wiebe* Teil 3 Rn. 82 mwN; vertiefend *Bullinger/Czychowski* GRUR 2011, 19.
3 EuGH Urt. v. 23.1.2014 – C-355/12, GRUR 2014, 255 Rn. 23 – Nintendo/PC Box; BGH Urt. v. 27.11.2014 – I ZR 4/11, GRUR 2014, 627 Rn. 44 – Videospiel-Konsolen II.
4 BGH Urt. v. 17.7.2008 – I ZR 219/05, MMR 2008, 811 (812) – Clone-CD.
5 BGH Urt. v. 17.7.2008 – I ZR 219/05, MMR 2008, 811 (812) – Clone-CD; Fromm/Nordemann/*Czychowski* UrhG § 95a Rn. 52; Dreier/Schulze/*Specht-Riemenschneider* UrhG § 95a Rn. 5 mwN.
6 Zu weiteren Mechanismen s. Fromm/Nordemann/*Czychowski* UrhG § 95a Rn. 27; Wandtke/Bullinger/*Wandtke/Ohst* UrhG § 95a Rn. 18 ff.; Spindler/Schuster/*Spindler* UrhG § 95a Rn. 12.

sel-Schloss-Prinzip aber auch zumindest partiell in den Konsolen implementiert sein.[7] Absoluten Schutz wird es allerdings nie geben. Ausreichend ist daher, die Spiele mit technischen Schutzmaßnahmen abzusichern, die zumindest gewisse **Mindeststandards** erfüllen.

6 Werden technische Schutzmaßnahmen eingesetzt, müssen die Publisher gemäß § 95d UrhG aber **Kennzeichnungspflichten** erfüllen. Gewisse, in § 95b UrhG aufgeführte Nutzungshandlungen müssen für die Verbraucher darüber hinaus auch möglich bleiben. Einschränkungen zugunsten der Publisher gibt es hier aber für die Software selbst (§ 69f Abs. 3 UrhG).

II. Verhinderung des Vertriebs von Payload-Injektoren und der Verbreitung von Aftermarket-Firmware

7 Das Verbot der Umgehung technischer Schutzmaßnahmen aus § 95a UrhG kann von Videospiel-Publishern auch genutzt werden, um gegen den Vertrieb von Payload-Injektoren („RCM-Loadern") oder die Verbreitung von Aftermarket-Firmware („Jailbreak") vorzugehen. Grund hierfür ist, dass durch das Aufspielen der Aftermarket-Firmware das auf dem Endgerät installierte **Digital Rights Management-System**[8] (DRM-System) ausgehebelt wird. Es dient aber gerade dem Zweck, von den Rechteinhabern nicht erlaubte Nutzungshandlungen bereitgestellter Inhalte zu verhindern. Zwar wird entsprechende Firmware in Einzelfällen sicherlich auch dafür genutzt, um auf den Endgeräten sog. „Homebrews" ausführen zu können. Ob der Hauptzweck der Verbreitung der Aftermarket-Firmware oder Payload-Injektoren wie von § 95a Abs. 3 Nr. 3 UrhG vorausgesetzt darin liegt, die Umgehung der technischen Schutzmaßnahmen zu ermöglichen oder zu erleichtern, wird aus einer objektiven Sichtweise bestimmt.[9] Entscheidend ist dabei, wofür die Erzeugnisse nach der Lebenserfahrung vor allem verwendet werden.[10] Damit ist die Verbreitung der Aftermarket-Firmware bzw. RCM-Loader gemäß **§ 95a Abs. 3 Nr. 3 UrhG** verboten (zu den Unterlassungs- und Schadensersatzansprüchen (→ Rn. 4). Zur Durchsetzung befugt sind die betroffenen Publisher, deren Videospiele Teil des DRM-Systems sind, die also auf dem jeweiligen System/der jeweiligen Konsole spielbar sind und die normalerweise über das DRM-System erworben werden können.[11] Eine Haftung über § 97 UrhG als Täter oder Gehilfe der begangenen Urheberrechtsverletzungen wird sich aber kaum begründen lassen.[12]

8 Der Vertrieb von Payload-Injektoren bzw. die Verbreitung von Aftermarket-Firmware stellt darüber hinaus eine unlautere **gezielte Behinderung gemäß § 4 Nr. 4 UWG** dar. Denn die Zurverfügungstellung der entsprechenden Werkzeuge macht Nutzern die von

7 EuGH Urt. v. 23.1.2014 – C-355/12, GRUR 2014, 255 Rn. 28, 37 – Nintendo/PC Box.
8 Zum Einsatz von Digital Rights Management-Systemen im Weiteren Auer-Reinsdorff/Conrad IT- und DatenschutzR-HdB/*Witte* § 6 Rn. 42 f.
9 BGH Urt. v. 27.11.2014 – I ZR 124/11, GRUR 2015, 672 Rn. 52, 54 – Videospiel-Konsolen II.
10 BGH Urt. v. 27.11.2014 – I ZR 124/11, GRUR 2015, 672 Rn. 55 – Videospiel-Konsolen II.
11 Vgl. Fromm/Nordemann/*Czychowski* UrhG § 95a Rn. 8.
12 Zu den im Übrigen unklaren Voraussetzungen siehe im Weiteren Fromm/Nordemann/*J. B. Nordemann* UrhG § 97 Rn. 153b.

Publishern vertriebenen Videospiele in großem Umfang kostenlos zugänglich.[13] Sie behindert damit ihren Vertrieb in einer Weise, die über bloßen Wettbewerb hinausgeht.[14] Hieraus folgen für Publisher Unterlassungs- (§ 8 Abs. 1, 3 Nr. 1 UWG) und Schadensersatzansprüche (§ 9 UWG).

C. Rechtsdurchsetzung (reaktiv)

Zwar sind die technischen Mittel zum Schutz von Videospielen vor rechtswidrigem Kopieren im Laufe der letzten Jahre deutlich wirksamer geworden, womit für die Publisher zumindest die ökonomisch bedeutsame erste Auswertungsphase besser geschützt ist.[15] Trotzdem müssen sie im Regelfall früher oder später auch reaktiv gegen die Verbreitung von Raubkopien oder andere Rechtsverletzungen vorgehen. Hierbei sind einerseits verschiedene Sachverhalte, andererseits aber auch verschiedene Anspruchsgegner und Wege der Rechtsdurchsetzung zu unterscheiden. 9

I. Rechtsverletzungen durch den Vertrieb von Raubkopien

Der klassische Vertrieb von Raubkopien verletzt unter mehreren Gesichtspunkten die **urheberrechtlichen Ausschließlichkeitsrechte** der Publisher (vgl. §§ 16, 17, 69c Nr. 1, 3 bzw. §§ 16, 19a, 69c Nr. 1, 4 UrhG). Gegen sie kann daher mit allen Mitteln vorgegangen werden, die das Urheberrecht bereitstellt (→ Rn. 45 ff.). Hervorzuheben sind hierbei die Möglichkeiten zur **Gewinnabschöpfung** im Wege des Schadensersatzes,[16] zur **Vernichtung** der noch im Besitz des Verletzers befindlichen Raubkopien, die im Regelfall auch die **zur Verletzung genutzten Vorrichtungen** wie DVD-Brenner erfasst, und die Entfernung der Raubkopien aus den Vertriebswegen. Weiterhin können Raubkopierer auch auf **Auskunft** über die Herkunft und die Vertriebswege der rechtswidrigen Spiele-Kopien in Anspruch genommen werden (§ 101 UrhG). Dabei müssen sie auch die Menge und die Verkaufspreise der Kopien aufschlüsseln. 10

Neben dem Urheberrecht verletzt der Vertrieb von Raubkopien auch **Markenrechte** der Publisher, insofern die betreffende Marke mitvervielfältigt worden ist.[17] (zu den Ansprüchen → Rn. 52 ff.). Dies kann beispielsweise der Fall sein, wenn das geschützte Zeichen im Vorspann des Spieles sichtbar oder auf der kopierten Umverpackung des Datenträgers abgebildet ist. Falls Patente an technischen Inhalten des Spiels bestehen (→ Rn. 20), wird auch das patentrechtliche Ausschließlichkeitsrecht der Publisher verletzt (vgl. § 9 PatG). Schlussendlich sollte auch nicht übersehen werden, dass beim Im- oder Export von Raubkopien aus oder in das Zollgebiet der Europäischen Union die **Grenzbeschlagnahme-VO**[18] Abhilfe leisten kann. 11

---

13 Zu Werbeblockern bereits BGH Urt. v. 19.4.2018 – I ZR 154/16, GRUR 2018, 1251 Rn. 31 – Werbeblocker II mwN aus der Rspr.

14 Zu den Voraussetzungen des § 4 Nr. 4 UWG vgl. Ohly/Sosnitza/*Ohly* UWG § 4 Rn. 4/8 ff.

15 Hoeren/Sieber/Holznagel MMR-HdB/*Hentsch* Teil 22 Rn. 21; *Hentsch* MMR-Beil. 8/2019, 3 (4).

16 Vgl. dazu Spindler/Schuster/*Spindler* UrhG § 97 Rn. 45 ff.

17 *Redeker* IT-R Rn. 176.

18 Verordnung (EU) Nr. 608/2013 des Europäischen Parlaments und des Rates v. 12.6.2013 zur Durchsetzung der Rechte des geistigen Eigentums durch die Zollbehörden und zur Aufhebung der Verordnung (EG) Nr. 1383/2003 des Rates.

II. Rechtsverletzungen durch die Entwicklung von Videospiel-Nachahmungen und deren Vertrieb

12 Eins der wichtigsten Ziele von Rechteinhabern der Games-Branche dürfte es sein, den Vertrieb von Raubkopien zu beenden. Darüber hinaus ist aber auch die Durchsetzung eigener Ausschließlichkeitsrechte gegen die Entwicklung von Videospiel-Nachahmungen und deren rechtsverletzendem Vertrieb zu beleuchten.

1. Grafische Nachahmungen der Spieloberfläche

13 Als hybride Multimediawerke enthalten Videospiele verschiedene urheberrechtlich schutzfähige Elemente. Die digital abgebildete, **grafische Spieloberfläche** genießt in der Regel aufgrund ihrer ganz überwiegend nicht-alltäglichen, von erheblichem Gestaltungsspielraum geprägten Konzeption und Visualisierung als Werk der angewandten Kunst (§ 2 Abs. 1 Nr. 4 UrhG) urheberrechtlichen Schutz (→ § 9 Rn. 23). Bereits die Übernahme eines optisch ansprechenden, konzeptionell ausgeklügelten **Oberflächenlayouts**[19] oder einer konkreten **grafischen Gestaltung** von Spielcharakteren oder der Spielumgebung verletzt damit regelmäßig das Vervielfältigungsrecht (§ 16 UrhG) der Publisher. Entsprechende Übernahmen sind in der Praxis nicht selten.[20] Da weder die Privatkopie-Schranke (§ 53 UrhG) noch das Zitatrecht (§ 51 UrhG) eine entsprechende Nutzungshandlung gestatten und die Übernahme wohl auch nicht als Pastiche über § 51a UrhG zulässig ist,[21] kann grafischen Nachahmungen der Spieloberfläche bereits vor Inverkehrbringen der rechtsverletzenden Spiele mithilfe des Urheberrechts entgegengetreten werden. Nach dem Inverkehrbringen sind auch das ausschließliche Verbreitungsrecht (§ 17 UrhG) oder – bei Verfügbarmachung über das Internet – das Recht der öffentlichen Zugänglichmachung (§§ 15 Abs. 2, 19a UrhG) des Publishers betroffen.

14 Die grafische Nachahmung von Spiel(oberflächen) Dritter ist auch bei **optischen Veränderungen** noch so lange rechtsverletzend, wie sie keinen hinreichenden Abstand zur nachgeahmten Oberfläche wahrt (§ 23 Abs. 1 S. 2 UrhG). Das ist der Fall, wenn das Ausgangswerk, also die ursprüngliche grafische Oberflächengestaltung oder das ursprüngliche Layout, in der nachgeahmten Gestaltung **noch wiedererkennbar** ist.[22] Sofern das der Fall ist, können Veränderungen im Verletzungsprozess also nicht als Ausflucht benutzt werden. Zu den zur Verfügung stehenden **Rechtsbehelfen** aus dem Urheberrecht → Rn. 45 ff.

15 In Ausnahmefällen kann die Nachahmung der Spieloberfläche auch gemäß § 4 Nr. 3 UWG unlauter sein (zur lauterkeitsrechtlichen Nachahmung → Rn. 28).

---

19 Den urheberrechtlichen Schutz eines (Webseiten-)Layouts bejahend: östOGH Beschl. v. 24.4.2001 – 4 Ob 94/01d ZUM-RD 2002, 133 (135).

20 *Biedler* Top 5 der schamlosesten Nintendo-Nachahmungen, 2.5.2018, abrufbar unter https://cerealkillerz.org/die-top-5-der-schamlosesten-nachahmungen-von-nintendo-hitspielen.

21 Zu § 51a UrhG und „Plagiaten" siehe BT-Drs. 19/27426, 90; zur Abgrenzung zwischen der rechtsverletzenden Übernahme von Werken und der rechtmäßigen Verarbeitung künstlerischer Inspiration (in Bezug auf Schriftwerke) siehe *Waiblinger/Pukas* ZUM 2022, 85 (90 ff.).

22 EuGH Urt. v. 29.7.2019 – C-476/17, ZUM 2019, 738 Rn. 31, 36, 37, 39 – Pelham (im Kontext des Tonträgerherstellerrechts auf gleicher unionsrechtlicher Grundlage, Art. 2 RL 2001/29/EG); nun auch BGH Urt. v. 7.4.2022 – I ZR 222/20, GRUR 2022, 899 Rn. 47 ff. – Porsche 911; aA hingegen noch OLG Braunschweig Urt. v. 10.3.2022 – 2 U 47/19, ZUM-RD 2022, 342 (373 f.), nach der vorgenannten, jüngst ergangenen höchstrichterlichen Entscheidung aber aller Voraussicht nach obsolet.

2. Anlehnung an die Storyline eines Videospieles

Nicht nur die grafische Spieloberfläche, sondern auch die **Story eines Videospieles** ist – bei immer komplexer werdenden Spielekonzepten – im Regelfall als eigene geistige Schöpfung gemäß § 2 Abs. 2 UrhG urheberrechtlich geschützt. Ihre Bedeutung für den Absatz und die Popularität eines Spieles ist dabei auch nicht zu unterschätzen. Wer für ein neues Videospiel eine neue Geschichte mit einzigartigen Charakteren und überraschenden Wendungen entwickelt hat, sieht sich daher auch immer der Gefahr ausgesetzt, dass andere Entwickler an die beliebte Storyline anknüpfen. Auch wenn die grafische Umsetzung eigenständig erfolgt, liegt hierin ein Eingriff in die urheberrechtlichen Verwertungsrechte der Publisher.[23] Auch hier muss keine Identität bestehen: ausreichend ist, dass der genutzte Handlungsstrang noch **wiedererkennbar** ist.[24] 16

Neben der Storyline des Videospiels können grundsätzlich auch einzelne **Spielcharaktere** urheberrechtlichen Schutz genießen. Voraussetzung hierfür ist, dass die Figuren eine typische Charakteristik aufweisen, die sie auch außerhalb der konkreten Storyline als solche erkennbar macht. Sie müssen also mit einer unverwechselbaren Kombination von äußeren Merkmalen und Eigenschaften, Fähigkeiten und typischen Verhaltensweisen ausgestattet sein, die sie zu einer besonders ausgeprägten Persönlichkeit werden lassen.[25] 17

Bei der Entwicklung eines **Videospiel-Sequels** stellt sich außerdem die Frage, inwieweit die Nutzung von der **Pastiche-Schranke** des § 51b UrhG gedeckt und damit urheberrechtlich zulässig sein könnte. Was genau unter dem urheberrechtlichen Pastiche-Begriff verstanden werden kann, ist zwar noch nicht abschließend geklärt. Fest steht aber, dass Formen derivativer Schaffenskraft privilegiert werden sollen, die gewisse schöpferische Elemente eines vorbestehenden Werkes übernehmen, sich aber gleichzeitig von ihm lösen und ein eigenständiges Leben entwickeln.[26] Berücksichtigt werden muss aber, dass jede abgeleitete Entwicklung das Urheberrecht am vorbestehenden Videospiel nicht über Gebühr beeinträchtigen darf.[27] Das kann hier sowohl im Hinblick auf die wirtschaftliche Verwertung des Originalwerkes als auch in Bezug auf die kreativen Entscheidungen der Schöpfer der Fall sein. Insbesondere die strenge Auslegung der Kriterien führt dazu, dass ein Sequel wohl nur von § 51a UrhG profitieren, wenn die Übernahmen sich auf bloße Bezugnahmen zu Gestalten und Geschehnissen beschrän- 18

23 Vgl. im Zusammenhang zu einer Roman-Fabel: BGH Urt. v. 29.4.1999 – I ZR 65/96, GRUR 1999, 984 (987) – Laras Tochter mwN.

24 Vgl. EuGH Urt. v. 29.7.2019 – C-476/17, ZUM 2019, 738 Rn. 31, 36, 37, 39 – Pelham (im Kontext des Tonträgerherstellerrechts auf gleicher unionsrechtlicher Grundlage, Art. 2 RL 2001/29/EG); nun auch BGH Urt. v. 7.4.2022 – I ZR 222/20, GRUR 2022, 899 Rn. 47 ff. – Porsche 911.

25 BGH Urt. v. 17.7.2013 – I ZR 52/12, GRUR 2014, 258 Rn. 26 – Pippi-Langstrumpf-Kostüm; Schricker/Loewenheim/*Loewenheim/Leistner* UrhG § 2 Rn. 127 mwN.

26 Für eine entsprechend weite Auslegung des Begriffs BeckOK/Lauber-Rönsberg § 51a Rn. 17; vgl. auch LG München I Urt. v. 20.6.2022 – 42 S 231/21, GRUR-RS 2022, 13963 Rn. 38 f.; etwas einschränkender hingegen OLG Hamburg Urt. v. 28.4.2022 – 5 U 48/05, GRUR 2022, 1217 Rn. 71 – Metall auf Metall III (Auseinandersetzung mit dem vorbestehenden Werk erforderlich). Siehe zu einer Definition *Stieper* ZUM 2021, 776 (779); auch der Gesetzgeber hat eine ähnliche Vorstellung offenbart und als Beispiel für Pastiche Fan Fiction angeführt, s. BT-Drs. 19/27426, 91.

27 Sogenannter „Drei-Stufen-Test" aus Art. 5 Abs. 5 RL 2001/29/EG. Er ist immanent auch im Rahmen der Anwendung des § 51a UrhG zu berücksichtigen, siehe OLG Hamburg Urt. v. 28.4.2022 – 5 U 48/05, GRUR 2022, 1217 Rn. 72 ff. – Metall auf Metall III; *Stieper* ZUM 2020, 792 (794); *Stieper* ZUM 2021, 776 (779).

ken.[28] In den meisten Fällen wird es daher nicht von § 51a UrhG gedeckt sein. Zu den zur Verfügung stehenden **Rechtsbehelfen** → Rn. 45 ff.

3. Nachahmung von Software-Elementen

19 Nicht nur grafische Elemente der Videospiele oder eine beliebte Storyline, sondern auch die Software selbst, dh der Quellcode des Videospiels, kann Gegenstand von Nachahmungsversuchen sein. Damit ließen sich spezifische Funktionsweisen wie beispielsweise ein Verfahren zur Bildung von In-Game-Chatgruppen oder bestimmte MMO-Technologien[29] nachbilden. Während die Übernahme solcher Elemente hauptsächlich an den Maßstäben des Urheberrechts und insbesondere der Sonderbestimmungen für Computerprogramme (§§ 69a ff. UrhG) zu messen sind, darf hier auch das Patentrecht nicht aus den Augen verloren werden.

a) Technische Lösungen in der Games-Architektur

20 Grundsätzlich kann **Softwarecode von Videospielen** aufgrund eines in § 1 Abs. 3 Nr. 3 PatG normierten Ausschlusstatbestandes keinen patentrechtlichen Schutz erlangen. Dieser Ausschluss gilt allerdings nur für die Software als solche (§ 1 Abs. 3 PatG). Durchaus patentierbar sind Lösungen für technische Probleme, die sich **Softwareelemente als Teil des technischen Verfahrens** zunutze machen.[30] Das beispielhaft erwähnte Verfahren zur Bildung von Chat-Gruppen in einer virtuellen Welt war daher Gegenstand eines Patents des Publishers Electronic Arts (DE 600 17 773.4/EP 00 97 5403.7).[31] Folge einer solchen Patentierung ist, dass funktionsidentische Systeme **weder hergestellt noch angeboten oder in Verkehr gebracht** werden dürfen. Da Gegentand des Patentes die strukturelle Lösung eines technischen Datenverarbeitungsproblems und nicht die Software selbst ist, kann selbst die Übernahme des Arbeitsvorgangs in einer anderen Programmiersprache ebenfalls das Ausschließlichkeitsrecht der Publisher verletzen.[32] Zu den zur Verfügung stehenden **Rechtsbehelfen** sodann → Rn. 61 f. Während der Patentschutz von Softwareelementen in Videospielen bisher nicht im Fokus stand, scheint sich diese Entwicklung aber zu verschieben.[33] Rechteinhaber sollten daher auch das Patentrecht weiter im Blick behalten.

b) Sonstige Übernahme von Software-Elementen

21 Im Regelfall genießt Videospiele-Software aber Schutz über das Urheberrecht. Hierfür sind die **Sonderbestimmungen für Computerprogramme (§§ 69a ff. UrhG)** relevant. Für die Entstehung des urheberrechtlichen Softwareschutzes muss gemäß § 69a Abs. 1, 3

---

28 Dieser aus § 24 UrhG aF entwickelte Maßstab kann wohl weitergelten, vgl. dazu BGH Urt. v. 29.4.1999 – I ZR 65/96, GRUR 1999, 984 (987) – Laras Tochter.

29 Verfahren zur technischen Realisierung von Massively Multiplayer Online Games wie World of Warcraft oder EverQuest.

30 Dazu vertiefend *Redeker* IT-R Rn. 137 ff.; mit einem Überblick über die durch die Rechtsprechung entwickelten Abgrenzungskriterien *Pesch* MMR 2019, 14.

31 Das Schutzrecht ist mittlerweile aber durch Zeitablauf erloschen, öffentlich abrufbar im DPMA-Patentregister unter https://register.dpma.de/DPMAregister/pat/register?AKZ=E009754037.

32 Daher ist auch keine Offenbarung des konkreten Quellcodes erforderlich BPatG Beschl. v. 8.7.2004 – 17 W (pat) 8/02, GRUR 2004, 934 – Quellcode.

33 Beispielhaft der Streit um das Nemesis-Patent von WB Games, siehe *Bendixen* Mittelerde Mordor's Schatten: WB Games steht wegen Nemesis-Patent in der Kritik, ingame v. 9.2.2021, abrufbar unter https://www.ingame.de/news/mittelerde-mordors-schatten-patent-wb-games-nemesis-system-fans-hamburg-90197636.html.

S. 1 UrhG ein Programm vorliegen, das eine geistige Schöpfung des Urhebers verkörpert (→ § 9 Rn. 13 f.). Bei Videospielen dürfte die notwendige Individualität aufgrund der Komplexität des Programmcodes dabei im Regelfall vermutet werden.[34] Das hiermit entstandene Ausschließlichkeitsrecht umfasst unter Umständen auch bereits das Entwurfsmaterial und die Resultate verschiedener Coding-Stadien (dazu im Ganzen → § 9 Rn. 13 f.).[35]

Rechtsverletzend ist daher gemäß **§ 69c UrhG** selbst die Übernahme, Verbreitung oder öffentliche Wiedergabe von **Teilen der Software oder des geschützten Entwurfsmaterials**, solange sie noch eine eigene geistige Schöpfung des Programmentwicklers verkörpern.[36] Die hinter der Codierung stehenden, konzeptionellen Ideen sind allerdings ebenso wenig Teil des Schutzgegenstandes (§ 69a Abs. 2 S. 2 UrhG) wie die **Funktionalität des Computerprogrammes.**[37] Sie können daher grundsätzlich von einem anderen Publisher übernommen und in einer anderen Programmiersprache individuell zum Ausdruck gebracht werden. Eine Grenze ist aber dort überschritten, wo die innere Struktur und Organisation, also das „Gewebe" des Videospiel-Computerprogramms übernommen werden, denn sie partizipieren vom urheberrechtlichen Schutz.[38] Im Graubereich zwischen Idee und Gewebe stellen sich aber schwierige Abgrenzungsfragen. Klarer ist jedenfalls, dass die **Benutzeroberfläche** nicht vom Schutz der in den §§ 69a ff. UrhG platzierten Sonderbestimmungen profitiert.[39] Bei einer Nachahmung kann daher nur geprüft werden, ob sie selbst als grafisches Werk nach § 2 Abs. 1 Nr. 4, Abs. 2 UrhG schutzfähig ist (→ Rn. 13 ff.) und damit urheberrechtliche Ansprüche (→ Rn. 45 ff.) ausgelöst werden. Auch kann geprüft werden, ob Markenrechte des betroffenen Publishers beeinträchtigt sind (→ Rn. 26 ff., 52 ff., → § 11 Rn. 1 ff.). 22

Ahmen Dritte Software-Elemente anderer Publisher nach, kann bereits gegen die Herstellung der Nachahmung vorgegangen werden. Der Verkaufsstart muss also nicht abgewartet werden. Das gilt auch dann, wenn die Übernahme des geschützten Software-Elements in veränderter Form, also als Bearbeitung oder Umarbeitung, stattgefunden hat. Grund hierfür ist, dass § 69c Nr. 2 UrhG bereits die **Herstellung der Umarbeitung** an eine Erlaubnis des Rechtsinhabers knüpft; anders als § 23 Abs. 1 S. 1 UrhG bei sonstigen Werkarten.[40] Zur Evaluierung eigener Ansprüche kann **Besichtigung** des entwickelten Spieles verlangt werden (§ 101a UrhG). 23

34 Vgl. dazu BGH Urt. v. 3.3.2005 – I ZR 111/02, GRUR 2005, 860 (861) – Fash 2000; OLG Frankfurt a. M. Urt. v. 27.1.2015 – 11 U 94/13, GRUR 2015, 784 Rn. 36 – Objektcode; Fromm/Nordemann/*Czychowski* UrhG § 69a Rn. 20; Schricker/Loewenheim/*Spindler* UrhG § 69a Rn. 22 mwN.

35 Zu den Schutzvoraussetzungen von Entwicklungsstufen zuletzt OLG Hamburg Urt. v. 23.7.2020 – 5 U 18/14, MMR 2021, 510 Rn. 48 – ITPUSE; Büscher/Dittmer/Schiwy GewRS/*Haberstumpf* UrhG § 69a Rn. 6.

36 Vgl. Dreier/Schulze/*Dreier* UrhG § 69a Rn. 26, 29; zu Werkteilen ganz allgemein für alle EuGH Urt. v. 16.7.2009 – C-5/08, ZUM 2009, 945 Rn. 38 f. – Infopaq; BGH Urt. v. 20.11.2008 – I ZR 112/06, ZUM 2009, 219 Rn. 16 – Metall auf Metall I; BeckOK UrhR/*Ahlberg* UrhG § 2 Rn. 164.

37 Zur Funktionalität siehe EuGH Urt. v. 2.5.2021 – C-406/10, GRUR 2012, 814 Rn. 39, 46 – SAS Institute.

38 Vgl. BGH Urt. v. 4.10.1990 – I ZR 139/89, NJW 1991, 1231 (1233) – Betriebssystem; OLG Düsseldorf Urt. v. 29.6.1999 – 20 U 85/98, MMR 1999, 729 (730); Wandtke/Bullinger/*Grützmacher* UrhG § 69a Rn. 24 ff. mwN.

39 OLG Karlsruhe Urt. v. 14.4.2010 – 6 U 46/09, GRUR-RR 2010, 234 (235) – Reisebürosoftware; BeckOK UrhR/*Kaboth/Spies* UrhG § 69a Rn. 6.

40 Wobei das auch hier nicht mehr ohne jeden Zweifel ist (Stichwort „Erstfixierung" der Bearbeitung), siehe unter anderem BeckOK UrhR/*Ahlberg/Lauber-Rönsberg* UrhG § 23 Rn. 15.

24 Trotz des weiten Schutzumfangs, der den Softwareurhebern bzw. Publishern als Rechtsinhaber durch §§ 69a ff. UrhG gewährt wird, müssen sie allerdings Vervielfältigungen und Umarbeitungen der in ihren Videospielen eingebetteten Computerprogramme hinnehmen, soweit sie zur **Fehlerberichtigung** durch Berechtigte notwendig sind (§ 69d Abs. 1 UrhG). Dies umfasst sogar das in der Norm nicht ausdrücklich genannte **Dekompilieren.**[41] Vervielfältigungen und Umarbeitungen in Form des Dekompilierens der Programme (nicht aber grafischer Spieleelemente o. ä.) müssen im Weiteren auch geduldet werden, sofern sie notwendig sind, um die zur Herstellung der Interoperabilität mit anderen Programmen erforderlichen Informationen zu erhalten (§ 69e UrhG). Gerade im Bereich von Spielekonsolen könnte dies Relevanz entfalten, wenn Drittanbieter Spielecontroller entwickeln wollen. Schließlich sind sie darauf angewiesen, herauszufinden, an welchen Punkten und in welcher Form die vom Controller generierten Daten in das System eingespeist werden müssen. Publisher können allerdings **technische Schutzmaßnahmen** installieren, mit denen das Dekompilieren deutlich erschwert wird.[42]

25 Zu den zur Verfügung stehenden **Rechtsbehelfen** → Rn. 45 ff.

4. Eingriffe in das Vermarktungskonzept

26 Aus einem anderen Blickwinkel sind Fälle zu betrachten, bei denen Publisher keine unmittelbar rechtsverletzenden Videospiele auf den Markt bringen, sondern ihre „Inspiration" vielmehr aus dem Vermarktungskonzept eines anderen Publishers ziehen. Das kann diverse Gestalten annehmen: naheliegend ist beispielsweise die **Anlehnung an einen bekannten Spiele-Titel** oder die **Übernahme einer fremden Marke**, unter der ein Videospiel erfolgreich auf den Markt gebracht wurde. Gegen all diese Praktiken kann ganz überwiegend über das **Marken- und Werktitelrecht** aus dem Markengesetz vorgegangen werden (zu den Anspruchsvoraussetzungen ausführlich → § 11 Rn. 1 ff., zu den zur Verfügung stehenden Ansprüchen und ihren Reichweiten → Rn. 52 ff).

27 Wenn die **grafische Aufmachung der Hülle des Spieledatenträgers** nachgeahmt wird, kann zunächst das Design- bzw. das Gemeinschaftsgeschmacksmusterrecht betroffen sein.[43] Der Vorteil des Gemeinschaftsgeschmacksmusters liegt darin, dass es auch formlos entstehen kann (vgl. Art. 11 GGM-VO[44]) und in jedem Falle unionsweite Wirkung hat (Art. 1 Abs. 3 GGM-VO). Der Schutz nicht eingetragener Geschmacksmuster besteht dann aber nur für drei Jahre (Art. 11 Abs. 1 GGM-VO) und nur gegen vorsätzliche Nachahmungen (Art. 19 Abs. 2 GGM-VO). Zumindest auf einer Rückfallebene dürfte dies bedingt die Primärauswertung der Videospiele absichern. Deutlich naheliegender ist aber, den Schutz der Umverpackung des Videospiels über das Urheberrecht zu forcieren. Hierfür muss aber Schöpfungshöhe (§ 2 Abs. 2 UrhG) erreicht werden (zu den urheberrechtlichen Rechtsbehelfen → Rn. 45 ff.).

41 EuGH Urt. v. 6.10.2021 – C-13/20, ZUM 2020, 120 Rn. 42 (mAnm *Kaboth* ZUM 2022, 126) – Top System SA/État belge.
42 Schricker/Loewenheim/*Spindler* UrhG § 69e Rn. 1.
43 Verpackungen sind dem Geschmacksmusterrecht zugänglich, siehe Umkehrschluss aus Art. 3 VO (EG) Nr. 6/2002, vgl. auch BeckOK DesignR/*Vohwinkel* VO (EG) 6/2002 Art. 3 Rn. 28.
44 VO (EG) Nr. 6/2002 des Rates v. 12.12.2001 über das Gemeinschaftsgeschmacksmuster.

Darüber hinaus sollte auch das **Verbot unlauterer Nachahmungen aus § 4 Nr. 3 UWG** nicht aus den Augen verloren werden. Die Nachahmung setzt unter anderem voraus, dass das Produkt mit dem Originalprodukt übereinstimmt oder zumindest so ähnlich ist, dass es sich wiedererkennen lässt.[45] Begrifflich notwendig ist aber auch, dass der Nachahmer das Originalprodukt kannte.[46] Der Bezugspunkt der Nachahmung kann dabei grundsätzlich sowohl das Videospiel selbst als auch die Verpackung oder anderes Begleitmaterial sein.[47] Unlauter ist die Nachahmung aber erst dann, wenn weitere, in § 4 Nr. 3 UWG aufgezählte Umstände wie die **Herkunftstäuschung** hinzutreten. Schutzrechte wie das Urheberrecht oder das Markenrecht dürfen nämlich nicht unterlaufen werden.[48] Ob sich die Nachahmung auch aus der Verwendung ähnlicher Kennzeichen ergeben kann, ist darüber hinaus umstritten.[49] Schließlich kann die grafische Nachahmung einer Spielverpackung auch gegenüber Verbrauchern **unlauter irreführend** sein (§ 5 Abs. 1 Nr. 3 UWG). Aufgrund der hohen Anforderungen des Lauterkeitsrechts und einiger Unwägbarkeiten bei der Normauslegung sollte für Publisher der Fokus daher immer auf den ausschließlichen Schutzrechten, insbesondere auf dem Urheberrecht, liegen. 28

III. Piraten-Server

Bei der Durchsetzung von Rechten an Videospielen spielen auch sogenannte „Piraten-Server" oder „P-Server" eine große Rolle. Von den Betreibern werden dabei Online-Spiele kopiert und auf einem eigenen Server parallel betrieben.[50] Beispielhaft genannt seien *beyond-aion.com* oder *cabal.one*. Ziel ist in der Regel, die **In-Game-Währung zu „kapern"**, sich also die Einnahmen zu sichern, die ansonsten auf dem Originalserver entstehen würden.[51] Auch möglich ist, dass Modifikationen am Spiel vorgenommen werden. Das prominenteste Beispiel für P-Server dürfte ein Metin2-Server gewesen sein; die Betreiber wurden mit vergleichsweise großer medialer Aufmerksamkeit strafrechtlich belangt.[52] 29

Aus Sicht der Publisher kann P-Servern insbesondere über das Urheberrecht begegnet werden. Um einen Server zu starten, müssen die Betreiber das betroffene Spiel zunächst digital vervielfältigen. Damit greifen sie in das Ausschließlichkeitsrecht des Publishers in Form des **Vervielfältigungsrechtes** ein (§ 16 UrhG). Bereits diese Vervielfältigung ist nicht durch etwaige urheberrechtliche Schrankenbestimmungen gestattet und damit urheberrechtsverletzend. Auch die für Spielenutzer stattfindende **öffentliche Zugänglichmachung** des Videospiels im Internet ist über § 19a UrhG ausschließlich dem Rech- 30

45 BGH Urt. v. 11.1.2018 – I ZR 187/16, GRUR 2018, 832 Rn. 50 – Ballerinaschuh; Köhler/Bornkamm/Feddersen/*Köhler* UWG § 4 Rn. 3.34 ff. mwN; zu den Ausprägungen einer Nachahmung im Detail Ohly/Sosnitza/*Ohly* UWG § 4 Rn. 3/47 ff.

46 BGH Urt. v. 26.6.2008 – I ZR 170/05, GRUR 2008, 1115 Rn. 24; Köhler/Bornkamm/Feddersen/*Köhler* UWG § 4 Rn. 3.34 jeweils mwN aus Rspr. und Lit.

47 So auch Harte-Bavendamm/Henning-Bodewig/*Sambuc* UWG § 4 Rn. 129.

48 *Ohly* GRUR-Int 2015, 693 (697).

49 Vgl. dazu Harte-Bavendamm/Henning-Bodewig/*Sambuc* UWG § 4 Rn. 133 ff.

50 *Hentsch* MMR-Beil. 8/2019, 3 (5).

51 Hoeren/Sieber/Holznagel MMR-HdB/*Hentsch* Teil 22 Rn. 26; *Hentsch* MMR-Beil. 8/2019, 3 (5).

52 Vgl. u.a. *Schuhmann* Gameforge schließt P-Server bei MMORPG Metin 2, öffnet Server mit selbem Namen, 21.7.2019, abrufbar unter https://mein-mmo.de/gameforge-metin2-piraten.

teinhaber zugewiesen.[53] Dies gilt auch, wenn die genutzten Server im Ausland stehen; ausreichend ist zumindest, dass die Inhalte im Inland abgerufen werden können.[54] Werden sogar Änderungen an der Software oder am Videospiel selbst vorgenommen (beispielsweise durch Anpassungen der Storyline), könnte auch das **Umarbeitungsrecht der Publisher** (§ 23 Abs. 1 UrhG bzw. § 69c Nr. 2 UrhG) verletzt sein. All diese Verletzungshandlungen lösen für Publisher zunächst die in den §§ 97 ff. UrhG verorteten urheberrechtlichen Rechtsbehelfe aus (→ Rn. 45 ff.).

31 Da Ziel der P-Server-Betreiber ist, In-Game-Währungen zu kapern und den Publishern damit intentional ihre Einnahmen zu entziehen, kann der Betrieb der Server auch als **gezielte Behinderung** gemäß § 4 Nr. 4 UWG **unlauter** sein. Falls die Server so gestaltet werden, dass auch die Spieler über die Piratenidentität getäuscht werden sollen, kann auch eine **Irreführung** gemäß § 5 UWG begründet sein.

32 Häufig versuchen P-Server-Betreiber (wie nahezu alle rechtsverletzenden Akteure im Internet) aber, ihre Identität vor den Behörden und Rechteinhabern zu verschleiern. Deswegen kann es vorzugswürdig – und oft auch der einzig erfolgversprechende Weg – sein, nicht gegen die unmittelbaren Verletzer, sondern gegen Intermediäre vorzugehen. Bei P-Servern würden sich dafür insbesondere die Host-Provider, also die neutralen Anbieter des Speicherplatzes, anbieten. Unter welchen Voraussetzungen dies möglich ist, wird unten dargestellt (→ Rn. 67 f.).

33 Gegen den Betrieb der P-Server können Publisher aber nicht nur zivilrechtlich vorgehen. Das Urheberrecht sieht in § 106 ff. UrhG auch **strafrechtliche Sanktionen** vor.[55] Da die Server oft zur Erzielung fortlaufender Einnahmen betrieben werden, ist die Tat regelmäßig auch qualifiziert (§ 108a UrhG). Die Strafandrohung liegt damit bei einer Freiheitsstrafe bis zu fünf Jahren oder Geldstrafe, bereits der Versuch ist strafbar. Liegt keine Qualifikation vor, muss das Strafantragserfordernis des § 109 UrhG beachtet werden.

IV. Rechtsdurchsetzung gegenüber Cheatbot-Entwicklern

34 Nicht nur Piraten-Server bereiten den Publishern Sorgen. Noch prominenter sind Cheatbot-Entwickler, die die Integrität der Videospiele beeinträchtigen, das Gameplay verfälschen und damit die Attraktivität des Spiels für ehrliche Spieler senken,[56] unter Umständen sogar unmittelbar die Amortisation der Spiele-Entwicklungskosten beeinträchtigen. Vielversprechend ist, gegen Cheatbot-Entwickler bereits **frühzeitig vorzugehen.**[57] Je früher sie sich im Entwicklungsprozess des Bots befinden, desto weniger Kosten wurden bereits verursacht. Auf Seiten des Cheatbot-Entwicklers verringert dies das Amortisationsbedürfnis und damit auch den Verteidigungsdruck.

---

53 Das geht zurück auf die EuGH-Rechtsprechung „Cordoba", siehe EuGH Urt. v. 7.8.2018 – C-161/17, GRUR 2018, 911 – Cordoba, rechtsdogmatisch aber nicht zweifelsfrei.

54 HM, siehe Schricker/Loewenheim/*Katzenberger/Metzger* UrhG Vor §§ 120 ff. Rn. 145 mwN; kritisch grundsätzlich Fromm/Nordemann/*Nordemann-Schiffel* UrhG Vor §§ 120 bis 128 Rn. 75 ff., im Fall der P-Server aber wohl auch, wenn man die von ihr vorgeschlagenen Kriterien anwendet.

55 Vertiefend dazu *Hilgert/Sester* MMR-Beil. 8/2019, 16.

56 Vgl. dazu LG Hamburg Urt. v. 23.5.2013 – 312 O 390/11, MMR 2013, 725 (727).

57 Siehe zum Rechtsschutz gegen Cheatbot-Entwickler im Detail auch *Rauda* MMR-Beil. 8/2019, 20.

Ein Weg, gegen Cheatbot-Entwickler vorzugehen, könnte der lauterkeitsrechtliche Unterlassungsanspruch (→ Rn. 58) wegen **gezielter Behinderung der Publisher** sein (§ 4 Nr. 4 UWG). Möglich ist, die hier notwendige Gesamtabwägung aller Umstände[58] vor dem Hintergrund des „empfindlichen Eingriffs in das Spielsystem“[59] zugunsten der Publisher ausfallen zu lassen. Ob die Hürden des Lauterkeitsrechts aber so niedrig hängen, kann bezweifelt werden: Schließlich erwerben beispielweise nur 1–5 % der Spieler potenziell überhaupt In-Game-Items, so dass fraglich ist, in welchem Ausmaß die wettbewerbliche Entfaltung der Publisher beeinträchtigt ist.[60] 35

Ob darüber hinaus das **Markenrecht** den Publishern weiterhilft, ist ebenso fraglich. Ausgangspunkt der Überlegung ist, dass die Cheatbots oft mit den Videospielenamen bezeichnet werden, für die sie eingesetzt werden können (Beispiel: „World of Warcraft Bot“[61]). Kernproblem ist, ob diese markenmäßige Benutzung als Hinweis auf die Bestimmung des Cheatbots über Art. 14 Abs. 1 lit. c UMV[62] bzw. § 23 Abs. 1 Nr. 3 MarkenG ausnahmsweise zulässig ist. Ein solcher Hinweis liegt zwar eindeutig vor. Er könnte aber gegen die **guten Sitten** verstoßen (Art. 14 Abs. 2 UMV/§ 23 Abs. 2 MarkenG). Hierfür ließe sich anführen, dass auch der Einsatz des Cheatbots unter Umständen lauterkeitswidrig oder urheberrechtsverletzend ist.[63] Unseres Erachtens kann ein solcher Schluss jedoch nicht gezogen werden: Denn die über das Markenrecht abgesicherten Interessen (zB Schutz der Marke als Herkunftshinweis) sind nicht zwingend beeinträchtigt, wenn der Produkteinsatz selbst unlauter oder anderweitig rechtsverletzend ist. Die Zulässigkeit der Bezeichnung an dem Zusatz eines weiteren Wortes festzumachen („Bot für WoW“ anstelle „WoW Bot“),[64] erscheint darüber hinaus gekünstelt. Semantisch sind beide Aussagen identisch. Es ist daher vorzugswürdig, Art. 14 UMV bzw. § 23 MarkenG zugunsten der Cheatbot-Hersteller zur Anwendung zu bringen. Nicht zielführend erscheint hingegen, über das **virtuelle Hausrecht** der Publisher gegen die Cheatbot-Entwickler vorzugehen.[65] 36

Im Zentrum der Verteidigungstaktik gegen Cheatbot-Hersteller sollte vielmehr das **Urheberrecht** stehen. Denn die Cheatbots müssen auf die Spielesoftware Einfluss nehmen, um ihre Wirkungen zu entfalten. Wie am Beispiel von Turbos in einem Autorennspiel deutlich wurde, kann der Eingriff durch die Änderung gewisser, im Arbeitsspeicher des Endgeräts abgelegter Variablen stattfinden.[66] Falls diese Modifikation urheberrechtswidrig wäre, könnten die Entwickler als Gehilfen der Rechtsverletzung auf Unterlassung und Schadensersatz in Anspruch genommen werden.[67] In der Ver- 37

58 BGH Urt. v. 22.1.2014 – I ZR 164/12, GRUR 2013, 393 Rn. 28 – wetteronline.de; Köhler/Bornkamm/Feddersen/*Feddersen* UWG § 4 Rn. 4.84b; Ohly/Sosnitza/*Ohly* UWG § 4 Rn. 4/9.
59 LG Hamburg Urt. v. 25.3.2013 – 312 O 390/11, MMR 2013, 725 (725 f.).
60 Vgl. zur Zahl *Rauda* MMR Beil. 8/2019, 20 (22).
61 LG Hamburg Urt. v. 25.3.2013 – 312 O 390/11, MMR 2013, 725 (726).
62 VO (EU) 2017/1001 des Europäischen Parlaments und des Rates v. 14.6.2017 über die Unionsmarke.
63 So LG Hamburg Urt. v. 25.3.2013 – 312 O 390/11, MMR 2013, 725 (726).
64 LG Hamburg Urt. v. 25.3.2013 – 312 O 390/11, MMR 2013, 725 (727 aE).
65 Vgl. dazu OLG München Urt. v. 2.7.2015 – U 3427/14, BeckRS 2015, 119932 – Kart; *Rauda* MMR Beil. 8/2019, 20 (23).
66 OLG Hamburg Urt. v. 13.4.2012 – 5 U 11/11, ZUM-RD 2013, 124 (125 f.).
67 OLG Hamburg Urt. v. 13.4.2012 – 5 U 11/11, ZUM-RD 2013, 124 (130).

gangenheit wurde das jedoch überwiegend abgelehnt.[68] Bisher unberücksichtigt blieb aber, dass die im Arbeitsspeicher des Systems abgelegten Variablen nicht nur externe Produkte, sondern unmittelbar Teil des Computerprogrammes sind. Grund hierfür ist sowohl ihre Steuerungsrelevanz als auch, dass das Ablegen im Arbeitsspeicher nicht willkürlich ist, sondern technischen Notwendigkeiten folgt, die die schöpferische Leistung des Programmentwicklers nicht beeinflussen. Demzufolge ist ihre Veränderung ohne Weiteres eine Verletzung des Umarbeitungsrechts aus § 69c Nr. 2 UrhG.[69] Im Falle dessen, dass das Gameplay des Spieles urheberrechtlichen Schutz genießt, könnte auch § 23 Abs. 1 UrhG geprüft werden. Hierbei navigiert man aber in unsicherem Fahrwasser.

38 Bereits bevor die Cheatbots in Verkehr gebracht wurden, kann aber schon gegen die von den Cheatbot-Entwicklern vorgenommene **Vervielfältigungshandlung** (vgl. § 16 UrhG) vorgegangen werden.[70] Sie wird benötigt, um den Bot zu entwickeln. Vorteil ist, dass auf dieser Basis auch frühzeitig Rechtsschutz erlangt werden kann.

39 Zu den zur Verfügung stehenden **Rechtsbehelfen** aus dem Urheberrecht → Rn. 45 ff.

V. Keyselling als rechtlicher Grenzfall

40 Seitdem sich der Vertrieb von Videospielen hauptsächlich ins Internet verlagert hat, spielt auch Keyselling für Publisher eine große Rolle. Fraglich ist dabei, ob User nicht genutzte, aber ihrerseits rechtmäßig erlangte Spiele-Keys weiterverkaufen dürfen. Der Weiterverkauf kann dabei direkt durch private Anbieter, aber auch durch **Weiterverkaufsplattformen** erfolgen. Die rechtliche Einordnung des **Online-Keyselling** ist aber nicht ohne Schwierigkeiten. Einerseits dürfen „gebrauchte“ Softwarelizenzen unter gewissen Voraussetzungen sehr wohl im Internet weiterverkauft werden.[71] Andererseits handelt es sich bei Videospielen nicht nur um Computerprogramme, sondern um multimediale Werke (→ § 9 Rn. 5, 10). Für sonstige Werkarten kommt eine **„digitale Erschöpfung“** aber nicht in Betracht.[72] Es spricht daher einiges dafür, dass das Keyselling urheberrechtswidrig in das Ausschließlichkeitsrecht der Publishers eingreift (zu den Verteidigungsmitteln → Rn. 45 ff.).[73] Trotzdem verbleiben bei dieser Frage – gerade aus praktischer Hinsicht – gewisse Restunsicherheiten. Für Publisher empfiehlt sich daher vor allem eine **nicht-juristische Strategie** wie das Brandmarken der Keyseller; juristische Schritte sollten sorgfältig vorbereitet werden. Der **körperliche Weiterverkauf** eines gebrauchten, rechtmäßig in Verkehr gelangten Datenträgers in Kombination mit einem Produkt-Key ist in jedem Falle aber erlaubnisfrei möglich.

---

68 Dafür: OLG Hamburg Urt. v. 13.4.2012 – 5 U 11/11, ZUM-RD 2013, 123 (127 ff.) – PSP-Replay; anders nun aber wiederum in OLG Hamburg Urt. v. 7.10.2021 – 5 U 23/12, S. 22 ff. (Revision anhängig); aA außerdem Wandtke/Bullinger/*Grützmacher* UrhG § 69c Rn. 22; *Spindler* CR 2012, 417 (419 ff.).

69 So auch *Czychowski/Nordemann* GRUR 2022, 457 (462 f.).

70 Dazu grundlegend BGH Urt. v. 6.10.2016 – I ZR 25/15, MMR 2017, 171 – World of Warcraft I.

71 EuGH Urt. v. 3.7.2021 – C-128/11, GRUR 2012, 90 – UsedSoft.

72 Vgl. EuGH Urt. v. 19.12.2019 – C-262/18, GRUR 2020, 179 – Tom Kabinet.

73 Vertiefend dazu *Schwiering/Zurel* MMR 2016, 440 (442); *Merk/Schneider* MMR-Beil. 8/2019, 12 mwN; zurückhaltender *Jänich* K&R 2020, 781 ff.; mwN auch Hoeren/Sieber/Holznagel MMR-HdB/*Hentsch* Teil 22 Rn. 23.

VI. Verkauf von Accounts

Im Gegensatz zum Keyselling beeinträchtigt der Verkauf von in Online-Spielen genutzten Accounts nicht das Urheberrecht. Der Weitergabe der Accounts, also der Login-Daten, kann daher nur über das **Vertragsrecht, hier insbesondere die AGB,** begegnet werden.[74] Entscheidend für Publisher ist, dass die zwischen den Nutzern stattfindende Abtretung (§§ 398 ff. BGB) aufgrund der vertraglichen Vereinbarung zwischen Erstnutzer und Publisher gemäß § 399 BGB unwirksam ist.[75] Damit sind sie nicht verpflichtet, die Leistung auch gegenüber dem neuen Inhaber der Login-Daten weiterzubringen. Denkbar wäre beispielsweise, dies über eine Blockierung der IP-Adresse umzusetzen. 41

VII. Let's Plays, andere Nutzerinhalte und das Urheberrechts-Diensteanbieter-Gesetz (UrhDaG)

Auch von Nutzern im Internet verbreitete Let's-Play-Videos könnten grundsätzlich das urheberrechtliche Ausschließlichkeitsrecht der Publisher verletzen. Maßgeblich hierfür wäre unter anderem, ob ihre Videos von der Zitatschranke des § 51 UrhG gedeckt sind.[76] Da die Videos allerdings einen Werbeeffekt auch für die Publisher haben, sind für die Nutzer im Regelfall **Gratislizenzen** eingeräumt oder zumindest **Duldungen** erklärt worden.[77] Eine Rechtsverfolgung gegen die Nutzer scheidet daher aus. 42

Spannend bleibt hingegen die Frage, wie das neue **UrhDaG**[78] den Umgang mit Plattformbetreibern wie YouTube oder Twitch verändern wird.[79] Da entsprechende Gratislizenzen der Nutzer auch zugunsten der Diensteanbieter wirken (§ 6 Abs. 2 UrhDaG), sind auch die Plattformen urheberrechtliche exkulpiert. Unklar ist aber, wie von den Publishern erklärte **Duldungen** eingeordnet werden können.[80] In jedem Falle wird sich der (Gratis)-Lizenzierungsaufwand durch die Regelungen des UrhDaG wohl von den Spielern zu den Plattformbetreibern verlagern.[81] 43

VIII. Mittel für die Rechtsdurchsetzung (Anspruchsgrundlagen)

Für die Rechtsdurchsetzung stehen den Publishern verschiedene Mittel aus dem Marken-, Urheber-, Patent- und Wettbewerbsrecht zur Verfügung. Entscheidend ist, welcher Verletzungssachverhalt konkret stattgefunden hat. 44

1. Urheberrechtliche Ansprüche

Im Zentrum der urheberrechtlichen Rechtsbehelfe steht der **Beseitigungs- und Unterlassungsanspruch aus § 97 Abs. 1 UrhG.** Mit seiner Hilfe können Publisher zunächst verlangen, dass eine begangene, immer noch fortdauernde Rechtsverletzung beendet 45

74 Entsprechende Verbote der Weitergabe sind nicht unwirksam, s. dazu BGH Urt. v. 11.2.2010 – I ZR 178/08, GRUR 2010, 822 – Half-Life 2.

75 So auch *Redeker* IT-R Rn. 1273.

76 Überzeugend verneint von *Beyvers/Beyvers* MMR 2015, 794 (797).

77 Dazu mit Beispielen *Hentsch* MMR 2019, 351 (354).

78 Eine Übersicht zum Regelungsmechanismus findet sich bei *Waiblinger/Pukas* MDR 2021, 1489.

79 Auch Livestreaming-Anbieter wie Twitch fallen unter § 2 UrhDaG, vgl. *Hentsch* MMR 2019, 351 (354); *Waiblinger/Pukas* MDR 2021,1489 (1491 Rn. 16).

80 Ausführlich zum Problem dazu *Hentsch* MMR 2019, 351 (354).

81 Vgl. dazu *Hentsch* MMR 2019, 351 (354).

wird.[82] Ziel des nach vorne gerichteten Unterlassungsanspruchs ist es, dem Verletzer die **zukünftige Begehung** der bezeichneten Urheberrechtsverletzung zu untersagen. Dafür notwendig ist eine Erstbegehungs- oder Wiederholungsgefahr, wobei sich die Wiederholungsgefahr grundsätzlich aus einer begangenen Urheberrechtsverletzung[83] ergibt und nur durch besondere Umstände nachträglich entfallen kann – die Anforderungen hierfür sind streng.[84] Die Erstbegehungsgefahr muss hingegen substantiiert dargelegt werden. Notwendig ist, dass eine spezifische, in naher Zukunft begangene Verletzung der Rechte der Publisher aufgrund tatsächlicher Anhaltspunkte ernsthaft zu befürchten ist.[85] Auch entfällt sie leichter, hat die höchstrichterliche Rechtsprechung hierfür in der Vergangenheit nicht bereits ein ausdrückliches Abstandnehmen von der Rechtsverletzung genügen lassen.[86]

46 Eng verwoben mit dem Anspruch auf Beseitigung spezifischer Rechtsverletzung ist der **Vernichtungsanspruch aus § 98 Abs. 1 UrhG.** Bloße Leermedien, auf denen erst zu einem späteren Zeitpunkt Raubkopien eines Videospiels abgespeichert werden sollen, fallen aber noch nicht in seinen Anwendungsbereich.[87] Die Vernichtung rechtsverletzender Teile innerhalb von Videospielen Dritter kann dadurch erfolgen, dass der jeweilige Datensatz – vollständig und unwiderruflich – gelöscht wird.[88] Eine Vernichtung des Datenträgers wie der Blu-ray Disc ist hingegen nicht erforderlich.[89] Gerade bei umfassend rechtsverletzenden Raubkopien kann dies jedoch der einfachere Weg sein. Damit der Anspruch besteht, darf eine Vernichtung aber nicht **unverhältnismäßig** sein (§ 98 Abs. 4 UrhG).[90] Möglich wäre das beispielsweise bei einer Urheberrechtsverletzung, die durch Identität eines In-Game-Oberflächenlayouts zu einem vorbestehenden Design verursacht wird. Denn eine vollständige Löschung des gesamten verwendeten Layout-Designs steht aufgrund enormer Neuentwicklungskosten und Vertriebsstörungen außer Verhältnis zur vergleichsweise geringen Schadensintensität betroffener Publisher. Hier könnte eine Beseitigung (vgl. § 97 Abs. 1 UrhG) der Rechtsverletzung durch punktuelle Änderungen und Entfremdung, also durch eine Hinzufügung neuer Inhalte, forciert werden. Wird eine Rechtsverletzung durch die Übernahme einzelner Software-Elemente begangen (→ Rn. 19 ff.), ist hierauf außerdem der **Vernichtungsanspruch aus § 69f Abs. 1 UrhG** anwendbar. Er sieht weniger Voraussetzungen vor und kann insbesondere auch gegen Dritte gerichtet werden, auch hier ist aber die Verhältnismäßigkeitsgrenze zu beachten. Wichtig ist außerdem, dass sowohl § 98 UrhG als auch § 69f UrhG nebeneinander zur Anwendung kommen, falls rechtsverletzend sowohl Software- als auch andere Werkelemente übernommen wurden.[91] Die Vernich-

82 Im Weiteren zum Beseitigungsanspruch Schricker/Loewenheim/*Wimmers* UrhG § 97 Rn. 235 ff.; Dreier/Schulze/*Specht-Riemenschneider* UrhG § 97 Rn. 69 ff.
83 Ständige Rspr., siehe u.a. BGH Urt. v. 5.7.2001 – I ZR 311/98, GRUR 2002, 248 (250) – Spiegel CD-ROM.
84 Siehe im Weiteren mit Beispielen und Nachweisen aus der Rspr. Wandtke/Bullinger/*v. Wolff* UrhG § 97 Rn. 45; Loewenheim UrhR-HdB/*Reber* § 86 Rn. 154 ff.
85 BGH Urt. v. 7.3.2019 – I ZR 53/18, NJW 2019, 3381 Rn. 32 – Bring mich nach Hause; im Weiteren Schricker/Loewenheim/*Wimmers* UrhG § 97 Rn. 225.
86 BGH Urt. v. 31.5.2001 – I ZR 106/99, ZUM-RD 2002, 59 (62 f.) – Berühmungsaufgabe.
87 BGH Urt. v. 27.11.2014 – I ZR 124/11, GRUR 2015, 672 Rn. 71 – Videospiel-Konsolen II.
88 Vgl. Dreier/Schulze/*Dreier* UrhG § 98 Rn. 14.
89 Dreier/Schulze/*Dreier* UrhG § 98 Rn. 14.
90 Dazu vertiefend siehe Wandtke/Bullinger/*Bohne* UrhG § 98 Rn. 42 ff.
91 BGH Urt. v. 27.11.2014 – I ZR 124/11, GRUR 2015, 672 Rn. 40 ff. – Videospiel-Konsolen II.

tung von Datenträgern, die sowohl rechtswidrig aus fremden Videospielen übernommene Softwareelemente als auch rechtsverletzend übernommene Grafikelemente enthalten, kann demzufolge nur verlangt werden, wenn sowohl die Voraussetzungen des § 69f Abs. 1 UrhG im Hinblick auf die Software als auch die Voraussetzungen des § 98 Abs. 1 UrhG im Hinblick auf die grafischen Elemente erfüllt sind.

Für Games-Publisher möglich ist in diesem Zusammenhang auch, gegenüber einem Rechtsverletzer einen Anspruch auf **Rückruf** der rechtsverletzenden Videospiele bzw. Raubkopien oder ihr **endgültiges Entfernen aus den Vertriebswegen** gemäß § 98 Abs. 2 UrhG geltend zu machen. Auch hierbei ist aber die Verhältnismäßigkeitsgrenze des § 98 Abs. 4 UrhG zu beachten. 47

Handelt der Verletzer weder fahrlässig noch vorsätzlich, kann er den betroffenen Publisher anstelle der Erfüllung der vorgestellten Ansprüche unter gewissen Umständen **in Geld entschädigen** (§ 100 UrhG). Voraussetzung dieser **Abwendungsbefugnis** ist, dass ihm durch die Erfüllung der Ansprüche ein **unverhältnismäßig großer Schaden** entstehen würde und dem Verletzten die Abfindung in Geld zuzumuten ist. Der durch die Anspruchserfüllung drohende Schaden muss im Rahmen einer Interessenabwägung daher ins Verhältnis zur Bedeutung der Rechtsverletzung gesetzt werden.[92] Die hierbei zu erfüllenden Anforderungen sind aber hoch und führen zu einer engen Auslegung des § 100 UrhG.[93] Im Bereich der Games-Branche denkbar ist, dass die Interessen des betroffenen Publishers nicht wirtschaftlich berührt sind, weil die Rechtsverletzung auf einem anderen Konsolensystem stattfindet und der Publisher auch nicht plant, sein Videospiel auf dem jeweiligen Konsolentypen verfügbar zu machen. Zumutbar wäre eine Abfindung beispielhaft darüber hinaus, wenn der Publisher im Voraus zur Erteilung einer Lizenz bereit gewesen wäre.[94] 48

Wichtig ist schließlich auch der in § 97 Abs. 2 UrhG geregelte **Schadensersatzanspruch**. Im Gegensatz zum Beseitigungs- und Unterlassungsanspruch aus § 97 Abs. 1 UrhG setzt er ein Verschulden voraus. Die Rechtsverletzung muss also fahrlässig (vgl. § 276 Abs. 2 BGB) oder vorsätzlich begangen worden sein. Der Schaden benachteiligter Publisher kann sodann wahlweise auf **drei verschiedene Arten** berechnet werden: Neben dem tatsächlichen Schaden (insbesondere auch entgangener Gewinn, § 252 BGB) ist auch möglich, eine angemessene Lizenzgebühr für die rechtsverletzende Nutzungshandlung einzufordern (§ 97 Abs. 2 S. 3 UrhG) oder den durch die Verletzung erzielten Gewinn abzuschöpfen (§ 97 Abs. 2 S. 2 UrhG). Kosten, die unmittelbar mit der Herstellung und dem Vertrieb der rechtsverletzenden Videospiele oder Raubkopien verbunden sind, können aber in Abzug gebracht werden.[95] Auch deshalb ist die praktische Relevanz der Gewinnabschöpfung – gerade im Verhältnis zur Lizenzanalogie – vergleichsweise gering.[96] 49

---

92 BeckOK UrhR/*Reber* UrhG § 100 Rn. 1.
93 Wandtke/Bullinger/*Bohne* UrhG § 100 Rn. 7.
94 BeckOK UrhR/*Reber* UrhG § 100 Rn. 1.
95 BGH Urt. v. 2.11.2000 – I ZR 246/98, GRUR 2001, 329 (331) – Gemeinkosten; BGH Urt. v. 14.5.2009 – I ZR 99/06, ZUM-RD 2009, 587 Rn. 11; vgl. im Weiteren Fromm/Nordemann/*J. B. Nordemann* UrhG § 97 Rn. 80 f.
96 Dreier/Schulze/*Specht-Riemenschneider* UrhG § 97 Rn. 89.

50 Bevor ein Publisher wegen der Verletzung seiner Ausschließlichkeitsrechte Ansprüche geltend machen kann, muss er zunächst Informationen über die Vertriebswege und -mengen, die erzielten Gewinne, die konkrete Dauer und Intensität der Rechtsverletzung und über diverse andere Aspekte einholen. Notwendig ist dies beispielsweise, um die Reichweite des Unterlassungsanspruchs zu bestimmen oder die Schadensbezifferung vorzunehmen. Entsprechende **Auskunftsansprüche** finden sich in den §§ 101, 101a UrhG. Darüber hinaus lässt sich ein umfassender Auskunftsanspruch gewohnheitsrechtlich anerkannt auf §§ 242, 259 BGB stützen.[97]

51 Wird die Urheberrechtsverletzung vorsätzlich begangen, erfüllt dies auch den **Straftatbestand des § 106 UrhG.** In der Praxis kommt der strafrechtlichen Verfolgung im Vergleich zur zivilrechtlichen Rechtsdurchsetzung jedoch nur untergeordnete Bedeutung zu.

2. Markenrechtliche Ansprüche

52 Auch bei Verletzungen der Markenrechte (→ Rn. 26 ff. und insbesondere → § 11 Rn. 10 ff.) stehen den Publishern als Zeicheninhaber diverse Ansprüche zur Verfügung. Strukturell und inhaltlich ähnelt das Instrumentarium dem bereits vorgestellten urheberrechtlichen Mechanismus. Grund hierfür ist, dass beide Regelungsgefüge auf die unionsrechtliche Enforcement-RL[98] zurückgehen.

53 Das für Publisher wichtigste Werkzeug ist daher zunächst wieder der **Unterlassungsanspruch**, mit dem die Rechtsverletzung für die Zukunft abgestellt oder verhindert werden kann. Er ist für nationale Marken in § 14 Abs. 5 MarkenG und für Unionsmarken in Art. 9 Abs. 2 iVm 130 Abs. 1 UMV geregelt. Auch für den Unterlassungsanspruch aus § 14 Abs. 5 MarkenG ist eine Wiederholungs- oder Erstbegehungsgefahr notwendig; Art. 130 UMV sieht ähnliche, wenn auch im Detail abweichende Voraussetzungen vor.[99]

54 Eine **Zerstörung** oder das **Entfernen aus den Vertriebswegen** bzw. der **Rückruf** rechtsverletzender Videospielexemplare kann sowohl bei Unionsmarkenverletzungen als auch bei Verletzungen national angemeldeter Kennzeichen über § 18 Abs. 1 MarkenG (ggf. iVm § 125b Nr. 2 MarkenG) verlangt werden. Auch im Markenrecht ist aber die **Verhältnismäßigkeitsgrenze** (§ 18 Abs. 3 MarkenG) zu beachten.

55 Werden die Kennzeichenrechte eines Publishers verletzt, kann er bei Verschulden wiederum **Schadensersatz** verlangen (§ 14 Abs. 6 MarkenG). Auch hier stehen dem Publisher die drei Wege der Schadensberechnung zur Verfügung (→ Rn. 49). Auskunftsansprüche zur Vorbereitung der Anspruchsdurchsetzung sind in den §§ 19, 19a MarkenG verortet; ein allgemeinerer Auskunftsanspruch ergibt sich aus § 242 BGB.[100]

56 Eine vorsätzliche Verletzung der Markenrechte der Publisher ist wiederum gemäß §§ 143, 143a MarkenG **strafbar.**

---

97 Dazu vertiefend Loewenheim UrhR-HdB/*Rojahn/Rektorschek* § 99 Rn. 42 ff.

98 Richtlinie 2004/47/EG des Europäischen Parlaments und des Rates v. 29.4.2004 zur Durchsetzung der Rechte des geistigen Eigentums.

99 Siehe dazu Hildebrandt/Sosnitza/*Hildebrandt* UMV Art. 130 Rn. 9.

100 BeckOK MarkenR/*Eckhartt* MarkenG § 19 Rn. 51.

3. Lauterkeitsrechtliche Ansprüche

Neben den Ausschließlichkeitsrechten, die den Publishern entweder originär oder über entsprechende Nutzungsrechtsverträge eingeräumt wurden, kommt dem Lauterkeitsrecht eine Auffangfunktion zu. Es eröffnet die Möglichkeit, gegen unlautere Praktiken anderer Publisher oder Games-Händler vorzugehen, die sich unterhalb der Schutzschwelle der Ausschließlichkeitsrechte bewegen oder andere, unlautere Verhaltensweisen aufgreifen. 57

Im Kern sieht das Gesetz gegen den unlauteren Wettbewerb (UWG) in § 8 Abs. 1 UWG **Beseitigungs- und Unterlassungsansprüche** gegen unlauteres und damit rechtswidriges Verhalten vor. Auch hier ist wieder eine Erstbegehungs- oder Wiederholungsgefahr notwendig.[101] Besonders erwähnenswert ist darüber hinaus der in § 8 Abs. 3 UWG festgelegte Kreis der **Anspruchsinhaber.** Da das Lauterkeitsrecht nicht den Schutz von Ausschließlichkeitsrechten regelt, weicht es vom System des Urheber- und Markenrechts ab. 58

Neben dem Unterlassungs- und Beseitigungsanspruch kann bei unlauterem Verhalten (bspw. bei unlauteren Nachahmungen, vgl. § 4 Nr. 3 UWG) auch ein **Schadensersatzanspruch** geltend gemacht werden. Er ist in § 9 UWG normiert. Im Kontrast zur weitgefassten Passivlegitimation, die § 8 Abs. 3 UWG vorsieht, ist dies aber nur Mitbewerbern (und uU Verbrauchern) möglich.[102] Besteht das unlautere Verhalten in einer Nachahmung gemäß § 4 Nr. 3 UWG, kann wiederum auf die **dreifache Schadensberechnungsmethode** zurückgegriffen werden (→ Rn. 49).[103] Neben den Rechtsverfolgungskosten[104] können als Schaden außerdem auch für eine Aufklärung einer Marktverwirrung erforderliche Aufwendungen geltend gemacht werden.[105] Sie kann für einen Games-Publisher beispielsweise durch eine Beeinträchtigung seines Rufs und seiner Wertschätzung bei Verbrauchern entstanden sein. 59

Unbedingt beachten müssen Publisher oder andere Rechtsinhaber aber, dass die in §§ 8, 9 UWG verankerten Ansprüche nicht regelmäßig binnen drei Jahren, sondern bereits **binnen sechs Monaten** ab Kenntnis von den anspruchsbegründenden Umständen verjähren. Ist einmal eine Verhaltensweise entdeckt, der lauterkeitsrechtliche Bedenken entgegenstehen, ist zügiges Handeln geboten. 60

4. Patentrechtliche Ansprüche

In seltenen Fällen (→ Rn. 20) müssen Games-Publisher auch Verletzungen ihrer Patente entgegengetreten. Auch das hierfür zur Verfügung stehende Regelungsinstrumentarium stammt aus der Enforcement-RL. Die Erläuterungen zum Großteil der bereits zum Urheber- und Markenrecht angesprochenen Aspekte können damit auch hier fruchtbar gemacht werden. Hinzuweisen ist auf den **patentrechtlichen Unterlassungs- und Schadensersatzanspruch** in § 139 PatG. **Vernichtungs- und Rückrufansprüche** ergeben sich 61

101 Dazu und insbesondere zum Entfall der Erstbegehungs- oder Wiederholungsgefahr siehe im Weiteren Köhler/Bornkamm/Feddersen/*Bornkamm* UWG § 8 Rn. 1.10 ff., 1.18 ff., 1.42 ff.
102 Zur Mitbewerbereigenschaft Köhler/Bornkamm/Feddersen/*Köhler/Feddersen* UWG § 8 Rn. 3.27 ff.
103 Ganz hM, siehe BeckOK UWG/*Eichelberger* UWG § 9 Rn. 88 mwN.
104 Mit den weiteren Voraussetzungen im Einzelnen BGH Urt. v. 12.12.2006 – VI ZR 188/05, GRUR 2007, 621 Rn. 10 – Abschlussschreiben.
105 Dazu vertiefend MüKoUWG/*Fritzsche* UWG § 9 Rn. 81 ff.

unter den og Voraussetzungen aus § 140a PatG. Ein spezifischer, vorbereitender **Auskunftsanspruch** ist in § 140b PatG normiert; weiter gefasste Auskunftsbegehren lassen sich bei tatsächlichen Anhaltspunkten für eine Patentrechtsverletzung auf §§ 242, 259 BGB stützen.[106]

62 Im Hinblick auf Patentrechte an Games darf auch das Europäische Patent mit einheitlicher Wirkung nach dem Europäischen Patentübereinkommen (EPÜ) nicht aus den Augen verloren werden. Nach jahrelanger Schwebephase steht sein Start in der zweiten Jahreshälfte 2022 bevor.[107] Da sich die Durchsetzung des Einheitspatents nach nationalem Recht richtet (Art. 64 Abs. 3 EPÜ), sind mit dem neuen Patentsystem aber keine rechtsfolgenseitigen Änderungen verbunden.

IX. Anspruchsgegner für die Durchsetzung von Rechten an Games

63 Wie im Rahmen dieses Kapitels bereits aufgezeigt, sehen sich Publisher häufig mit einer Vielzahl von Rechtsverletzungen konfrontiert. Die nicht abschließend beschriebenen Beispiele reichen von der Herstellung und dem Vertrieb illegaler Raubkopien über den Betrieb von P-Servern, der Herstellung und Verbreitung von Cheatbots zum Keyselling sowie schließlich der illegalen öffentlichen Zugänglichmachung von Videospielen über strukturell urheberrechtsverletzende Websites. Als Anspruchsgegner für die Durchsetzung von Rechten an Games kommen zunächst die jeweils unmittelbar verantwortlichen Betreiber der vorgenannten Angebote als Täter oder Teilnehmer in Betracht. Für eine Haftung als Täter oder Teilnehmer, die neben Unterlassung und Beseitigung auch auf Schadensersatz gerichtet sein kann, gelten die **strafrechtlichen Grundsätze zur Täterschaft und Teilnahme.**[108] Es müssen also die Voraussetzungen für eine Mittäterschaft,[109] eine mittelbare Täterschaft,[110] eine Zurechnung als Täter oder eine Haftung als Teilnehmer gegeben sein.[111] Nachrangig zur Haftung als Täter oder Teilnehmer kommt auch eine Störerhaftung (nur auf Unterlassung und Beseitigung) in Betracht.

64 Bei der Durchsetzung ihrer Rechte machen Publisher jedoch häufig die ernüchternde Erfahrung, dass sich die unmittelbar für die Rechtsverletzungen **Verantwortlichen nicht identifizieren lassen**, oder dass sie sich durch einen **Sitz im Ausland** der Rechtsverfolgung zumindest faktisch entziehen. Insbesondere bei Rechtsverletzungen im Internet bestehen vielfältige Möglichkeiten für die Betreiber, anonym zu handeln und sich diver-

106 BeckOK PatR/*Voß* PatG § 140b Rn. 1.

107 Vgl. die Berichte des EPO: „Vorläufige Anwendung des EPGÜ beginnt", 19.1.2022, abrufbar unter https://www.epo.org/news-events/news/2022/20220117_de.html, und „Final preparations for the start of the Unitary Patent", 8.2.2022, abrufbar unter https://www.epo.org/news-events/news/2022/20220208_de.html.

108 BGH Urt. v. 5.3.2020 – I ZR 32/19, GRUR 2020, 738 Rn. 42 – Internet-Radiorecorder, mwN.

109 Zu den Voraussetzungen siehe zB BGH Beschl. v. 11.1.2017 – 5 StR 164/16, GRUR 2017, 273 Rn. 13 – kinox.to.

110 Zu den Voraussetzungen siehe zB BGH Urt. v. 22.6.2011 – I ZR 159/10, GRUR 2011, 1018 Rn. 21 – Automobil-Onlinebörse.

111 Zu dem vom EuGH mittlerweile entwickelten Haftungsmodell, das die täterschaftliche Haftung von mittelbaren Verursachern und Mitverursachern von Urheberrechtsverletzungen im Rahmen der europarechtlich harmonisierten öffentlichen Wiedergabe erlaubt, siehe EuGH Urt. v. 14.6.2017 – C-610/15, GRUR 2017, 790 Rn. 36 ff. – Brein/Ziggo (The Pirate Bay); EuGH Urt. v. 26.4.2017 – C-527/15, GRUR 2017, 610 Rn. 49 – Brein/Wullems.

ser Verschleierungsdienste zu bedienen. Die beeinträchtigten Publisher haben daher neben den unmittelbaren Verletzern auch **Diensteanbieter und Provider in den Blick zu nehmen**, derer sie sich bedienen. Häufig werden dies Provider sein, die grundsätzlich ein neutrales und von der Rechtsordnung gebilligtes Geschäftsmodell betreiben. Um Rechtsverletzungen abzustellen oder wenigstens einzudämmen, ist jedoch notwendig, sie in die Maßnahmen der Rechtsdurchsetzung einzubeziehen.

Zu denken ist hier insbesondere an **Host-Provider** (auch Content-Provider, Webhoster, Sharehoster und Cyberlocker), **Cacheprovider**, **Domain-Provider** (Registrierungsstellen/Registries und Registrare[112]), Suchmaschinen, Internetzugangsprovider (Access-Provider), **Content-Delivery-Networks** und **DNS-Provider**[113] sowie von den Verletzern in Anspruch genommene **Finanzdienstleister** und **Werbetreibende.**[114] Unter welchen Voraussetzungen die vorgenannten Gruppen von Diensteanbietern für als rechtsverletzend beanstandete Inhalte im Internet haften, unterliegt nach höchstrichterlicher Rechtsprechung je nach Ausgestaltung der Funktion und Tätigkeit des Anbieters **unterschiedlichen Anforderungen.** Beim Vertrieb rechtsverletzender Videospiel-Nachahmungen könnte zwar auch versucht werden, die wirtschaftlich relevanten, virtuellen Vertriebsplattformen wie Steam oder den PlayStationStore über das neue in Kraft getretene **UrhDaG** zur Blockierung der Spiele zu verpflichten. Die Plattformen fallen aber nicht in den Anwendungsbereich des Gesetzes.[115] 65

Wegen der besonderen praktischen Bedeutung sollen nachfolgend überblicksartig die **Grundsätze der Haftung von Host-Providern** und **Internetzugangsprovidern** dargestellt werden.[116] 66

1. Host-Provider

Host-Provider (auch Content-Provider, Webhoster, Sharehoster und Cyberlocker) können grundsätzlich als **Täter** haften. Dies kann beispielsweise der Fall sein, wenn eine Hosting-Plattform eine einheitliche Gestaltung der gehosteten Fremdangebote Dritter vorgibt oder wenn sich die Hosting-Plattform die Angebote Fremder **zu eigen macht.** Denn wer sich fremde rechtsverletzende Inhalte zu eigen macht, haftet wie ein Täter,[117] auch wenn es sich eigentlich um eine Hilfsperson oder einen Infrastruktur-Provider handelt. Subsidiär zur Täter- oder Gehilfenhaftung können Host-Provider auch nach den **Grundsätzen der Störerhaftung** auf Unterlassung haften. Grundsätzlich sind sie nicht verpflichtet, die von Nutzern auf den Servern gespeicherten urheberrechtlich relevanten fremden Informationen auf Rechtsverletzungen zu überprüfen. Vielmehr haften Host-Provider für rechtsverletzende Inhalte als Störer erst, wenn sie auf eine 67

112 Siehe hierzu grundlegend BGH Urt. v. 15.10.2020 – I ZR 13/19, GRUR 2021, 63 – Störerhaftung des Registrars.
113 Siehe hierzu jüngst OLG Köln Urt. v. 9.10.2020 – 6 U 32/20, GRUR 2021, 70 – HERZ KRAFT WERKE sowie hierzu *Nordemann* GRUR 2021, 18.
114 Zu den Voraussetzungen der Haftung der verschiedenen Beteiligten siehe umfassend Fromm/Nordemann/*J. B. Nordemann* UrhG § 97 Rn. 144–176a.
115 Zur Argumentation *Hentsch* MMR 2019, 351 (353).
116 Ein Überblick über die Haftungsvoraussetzungen anderer neutraler Dienstleister findet sich bei BGH Urt. v. 15.10.2020 – I ZR 13/19, GRUR 2021, 63 Rn. 21 ff. – Störerhaftung des Registrars.
117 BGH Urt. v. 12.11.2009 – I ZR 166/07, GRUR 2010, 616 Rn. 32 – marions-kochbuch.de.

klare Rechtsverletzung hingewiesen worden sind.[118] In der Regel erlangt der Host-Provider durch eine Beanstandung (auch **„Notice-and-take-down-letter"**) des Rechteinhabers Kenntnis.

68 Ohne vorherige Kenntnis von Rechtsverletzungen haften Host-Provider als Störer, wenn ihr **Geschäftsmodell von vornherein auf Rechtsverletzungen der Nutzer angelegt** ist.[119] Nach Kenntniserlangung schuldet der Host-Provider nach ständiger Rechtsprechung des BGH die Erfüllung einer **dreifachen Prüfpflicht:** Zunächst besteht die Pflicht, die klare Verletzung aus seinen Speichern zu entfernen (sog. **Takedown**). Ferner besteht die Pflicht, sicherzustellen, dass sich eine identische Verletzung nicht wiederholt (sog. **Staydown**). Drittens besteht im Fall von klaren Rechtsverletzungen die Pflicht, Vorsorge dafür zu treffen, dass es möglichst nicht zu weiteren gleichartigen Rechtsverletzungen kommt (**präventiv**).[120] Gleichartig in diesem Sinne sind Verletzungen auf jeden Fall dann, wenn dasselbe Werk betroffen ist und Wiederholungsgefahr oder Erstbegehungsgefahr besteht. Aber auch eine Verletzung anderer Werke der gleichen Kategorie kann als gleichartig angesehen werden, sofern sie vom selben Täter stammt und keine neue rechtliche Wertung erfordert.[121]

2. Internetzugangsprovider

69 Im Hinblick auf **strukturell rechtswidrige Internetangebote**, die Videospiele illegal öffentlich zugänglich machen, ist ferner auf die **Haftung von Internetzugangsprovidern** (auch Access-Provider) einzugehen.[122] Sperransprüche gegen sie sind dabei die **ultima ratio** der Rechtsverfolgung. Ziel ist, eine sog. „DNS-Sperre" zu erwirken. Mit ihrer Hilfe blockieren Zugangsprovider wie beispielsweise Vodafone oder die Deutsche Telekom bereits den Aufruf rechtsverletzender Internetseiten über ihre Internetanschlussdienste. Nachdem sich solche Ansprüche in anderen EU-Mitgliedstaaten schon länger durchgesetzt hatten, hat der Bundesgerichtshof in 2015 entschieden, dass Sperransprüche gegen Zugangsprovider auf Grundlage der Störerhaftung bestehen.[123] Seit der Reform des Telemediengesetzes in 2017 dient **§ 7 Abs. 4 TMG (analog)** als Anspruchsgrundlage.[124]

70 Die größte Herausforderung bei der Durchsetzung von Sperransprüchen gegen Internetzugangsprovider dürfte in der Erfüllung des sog. **„Subsidiaritätskriteriums"** liegen. Danach setzen Sperransprüche voraus, dass einem Rechteinhaber keine andere Mög-

---

118 BGH Urt. v. 5.2.2015 – I ZR 240/12, GRUR 2015, 485 Rn. 51 – Kinderhochstühle im Internet III; BGH Urt. v. 12.7.2012 – I ZR 18/11, GRUR 2013, 370 Rn. 28 – Alone in the dark; BGH Urt. v. 19.4.2007 – I ZR 35/04, GRUR 2007, 708 Rn. 45 f. – Internet-Versteigerung II; sowie jüngst BGH Beschl. v. 13.9.2018 – I ZR 140/15, GRUR 2018, 1132 Rn. 46 – YouTube; BGH Beschl. v. 20.9.2018 – I ZR 53/17, GRUR 2018, 1239 Rn. 37 – Uploaded, sowie BGH Urt. v. 15.10.2020 – I ZR 13/19, GRUR 2021, 63 Rn. 24 – Störerhaftung des Registrars.

119 BGH Urt. v. 15.8.2013 – I ZR 80/12, GRUR 2013, 1030 Rn. 44 – File-Hosting-Dienst.

120 Siehe nur BGH Urt. v. 16.5.2013 – I ZR 216/11, GRUR 2013, 1229 Rn. 44 – Kinderhochstühle im Internet II.

121 BGH Urt. v. 12.7.2007 – I ZR 18/04, GRUR 2007, 890 Rn. 44 – Jugendgefährdende Medien bei eBay; OLG Hamburg Urt. v. 30.9.2009 – 5 U 111/08, MMR 2010, 51 (54) – Rapidshare.

122 Siehe hierzu ausführlich *Waiblinger/Jaworski* MMR-Beil. 8/2019, 7 sowie Fromm/Nordemann/*J. B. Nordemann* UrhG § 97 Rn. 170.

123 BGH Urt. v. 26.11.2015 – I ZR 174/14, GRUR 2016, 268 – Störerhaftung des Access-Providers.

124 BGH Urt. v. 26.7.2018 – I ZR 64/17, GRUR 2018, 1044 – Dead Island; bestätigt in BGH Urt. v. 15.10.2020 – I ZR 13/19, GRUR 2021, 63 Rn. 27 – Störerhaftung des Registrars.

lichkeit zusteht, der Rechtsverletzung abzuhelfen.[125] Es müssen also zunächst zumutbare Anstrengungen unternommen werden, gegen diejenigen Beteiligten vorzugehen, die die Rechtsverletzung selbst begangen haben oder zur Rechtsverletzung durch die Erbringung von Dienstleistungen beigetragen haben. Nur wenn die Inanspruchnahme dieser Beteiligten scheitert oder ihr jede Erfolgsaussicht fehlt, ist die Inanspruchnahme des Internetzugangsproviders zumutbar. Wegen der Vielzahl beteiligter Diensteanbieter, wie beispielsweise verschiedenen Host-Providern in diversen Ländern, stellt sich die Durchsetzung von Sperransprüchen in der Praxis als herausfordernd, aber durchaus effektives Instrument dar. Insbesondere mit der nachfolgend beschriebenen **„Clearingstelle Urheberrechtsverletzungen im Internet (CUII)"** wurde im Jahre 2021 eine außergerichtliche Stelle geschaffen, um strukturell urheberrechtsverletzende Internetseiten auch ohne langwierige Prozesse sperren zu können.

X. Strukturell rechtsverletzende Plattformen – Die Clearingstelle Urheberrecht im Internet (CUII)

Seit 2021 können Rechteinhaber – insbesondere Mitglieder des game (Verband der deutschen Games-Branche eV) – Anträge auf Sperrung von strukturell urheberrechtsverletzenden Websites bei der im Jahre 2021 aktiv gewordenen **„Clearingstelle Urheberrecht im Internet (CUII)"** stellen. Bei der CUII handelt es sich um eine unabhängige Stelle, die nach objektiven Kriterien prüfen lässt, ob die Voraussetzungen für die Einrichtung einer DNS-Sperre einer strukturell urheberrechtsverletzenden Internetseite vorliegen. Die CUII wurde von verschiedenen Verbänden von Rechteinhabern[126] und einzelnen Unternehmen[127] gemeinsam mit deutschen Internetzugangsanbietern[128] als **Selbstregulierungsverfahren** entwickelt.[129] 71

Die Voraussetzungen entsprechen den von der höchstrichterlichen Rechtsprechung entwickelten Kriterien für Sperransprüche in Deutschland. Insbesondere ist von Antragstellern nachzuweisen, dass das Subsidiaritätskriterium des § 7 Abs. 4 TMG erfüllt ist. Die CUII verfährt sodann nach einer zweistufigen Prüfung: Sofern ein **Prüfausschuss** die Sperre der beantragten Seite empfiehlt, prüft in einem zweiten Schritt die **Bundesnetzagentur (BNetzA)**, ob die beantragte Stelle mit der Netzneutralitäts-VO (EU 2015/2021) vereinbar ist. Sofern die BNetzA das Bestehen eines Sperranspruchs bestätigt, setzen die Internetzugangsprovider die Sperre der entsprechenden strukturell urheberrechtsverletzenden Website im Wege einer **DNS-Sperre** um.[130] Die Sperre einer ersten Games-Website (NSW2U.COM) ist bereits erfolgreich in 2021 umgesetzt wor- 72

125 So der Wortlaut des § 7 Abs. 4 TMG, der sich an den entsprechenden Ausführungen des BGH in der Entscheidung „Störerhaftung des Access-Providers" orientiert; siehe auch die Gesetzesbegründung zu § 7 Abs. 4 TMG, BT-Drs. 18/12202, 12.

126 Game – Verband der Deutschen Games Branche eV, Motion Picture Association (MPA), Bundesverband der Musikindustrie eV, Börsenverein des Deutschen Buchhandels eV, STM u.a.

127 DFL Deutsche Fußball Liga eV, Sky Deutschland Fernsehen GmbH & Co. KG.

128 Telekom Deutschland GmbH, Vodafone Deutschland GmbH, Telefónica Germany GmbH & Co. OHG, 1&1 AG u.a.

129 Nähere Informationen können auf der Website der CUII abgerufen werden unter https://cuii.info/ueber-uns/.

130 Zur Tätigkeit der CUII ausführlich *Nordemann/Steinbrecher* MMR 2021, 189, sowie *Waiblinger* in Obergfell/Hauck Jahrbuch Eigentum und Urheberrecht in der Demokratie, 2021, S. 171 ff.

den.[131] Für Publisher sollte die Möglichkeit von Seitensperren als **effektives Instrument der Rechtsdurchsetzung** im Auge behalten werden.

XI. Zivilprozessuale Durchsetzung von Games-Rechten

73 Bevor Games-Publisher ihre Ausschließlichkeitsrechte gerichtlich geltend machen können, ist im Regelfall eine **Abmahnung** erforderlich (vgl. § 97a UrhG, § 13 UWG). Nur in Einzelfällen, beispielsweise bei besonderer hoher Eilbedürftigkeit, kann hierauf verzichtet werden.[132] Die Anforderungen hierfür sind aber streng.

74 Im Übrigen sind für urheberrechtliche Ansprüche nach allgemeinen zivilprozessualen Regeln (§ 23 Nr. 1, 71 GVG) bis zu einem Streitwert von 5.000 EUR die Amtsgerichte erstinstanzlich zuständig. Sowohl für Amts- als auch für Landgerichte gibt es aber Zuständigkeitskonzentrationen (vgl. § 105 UrhG).[133] In marken- und lauterkeitsrechtlichen Angelegenheiten liegt die sachliche Zuständigkeit in erster Instanz hingegen ausschließlich bei den Landgerichten (§ 14 Abs. 2 UWG, § 140 MarkenG). Gleiches gilt für die Unionsmarken, für die die Landgerichte als Unionsmarkengerichte vorgesehen sind (§ 125e MarkenG). **Zuständigkeitskonzentrationen** sind auch hier vorgesehen, auch wenn sie im Lauterkeitsrecht nur von wenigen Bundesländern vorgesehen wurden.[134]

75 In örtlicher Hinsicht kann ganz überwiegend auf einen besonderen Gerichtsstand am Ort der rechtsverletzenden Handlung ausgewichen werden (§ 32 ZPO). Gerade bei Verletzungen im Internet bedeutet dies, dass ein **fliegender Gerichtsstand** zumindest gegen gewerbliche Verletzer überall begründet ist, wo die rechtsverletzende Website bestimmungsgemäß abgerufen werden kann.[135] Damit können Publisher insbesondere bei fachlich spezialisierten Gerichten Klage erheben. Im Lauterkeitsrecht gibt es hier aber einige Einschränkungen (§ 14 Abs. 2 S. 2 UWG).

76 Bei besonders eiligen Sachverhalten können schlussendlich auch **einstweilige Verfügungen** erwirkt werden. Sie sind beim Gericht der Hauptsache zu beantragen (§§ 937, 943 ZPO). Grundsätzlich notwendig ist hierfür, neben dem Vergütungsanspruch, also beispielsweise dem urheberrechtlichen Unterlassungsanspruch aus § 97 UrhG, auch einen **Verfügungsgrund** (idR die sog. „Dringlichkeit", §§ 935, 940 ZPO) glaubhaft zu machen. Im Lauterkeits- und Markenrecht wird er vermutet (§ 12 Abs. 1 UWG, § 140 Abs. 3 MarkenG). Im Übrigen wird in der Rechtspraxis überwiegend eine Monatsfrist ab Kenntniserlangung angewandt; einzelne Gerichte sind etwas großzügiger.[136]

---

131 Für eine Übersicht der bereits umgesetzten Sperren siehe https://cuii.info/empfehlungen/.

132 Vgl. Harte-Bavendamm/Henning-Bodewig/*Brüning* UWG § 13 Rn. 15 ff.; Schricker/Loewenheim/*Wimmers* UrhG § 97a Rn. 26 ff.

133 Dazu Fromm/Nordemann/*J. B. Nordemann* UrhG § 105 Rn. 3.

134 Auflistung bei BeckOK MarkenR/*Gruber* MarkenG § 140 Rn. 23–25; Köhler/Bornkamm/Feddersen/*Feddersen* UWG § 14 Rn. 23.

135 Cepl/Voß/*Zöllner* ZPO § 32 Rn. 15 f., 54, 70.

136 Mit einer Übersicht dazu Fromm/Nordemann/*J. B. Nordemann* UrhG § 97 Rn. 203.

XII. Grenzüberschreitende Rechtsdurchsetzung

Im europäischen Binnenmarkt stoppen Rechtsverletzungen oftmals nicht an den Grenzen des deutschen Staatsgebietes. Insbesondere gegen den Vertrieb rechtsverletzender Spiele oder Raubkopien muss daher regelmäßig auch im Ausland vorgegangen werden. Zu beachten ist hierbei insbesondere das **Schutzlandprinzip**, nach dem sich die Schutzvoraussetzungen der Immaterialgüterrechte und insbesondere des Urheberrechts nach der Rechtsordnung desjenigen Landes richten, in dem der Schutz beansprucht wird.[137] Dieses allgemeine Prinzip findet in Art. 8 Abs. 2 Rom II-VO Ausdruck. Auch der internationale Gerichtsstand richtet sich hiernach (vgl. Art. 7 Nr. 2 Brüssel Ia-VO). Zwar sind das Markenrecht und auch das Urheberrecht zumindest in der Europäischen Union weitestgehend harmonisiert. Im Detail können aber auch hier wichtige Unterschiede bestehen. Vereinfacht wird der grenzüberschreitende Umgang mit Ausschließlichkeitsrechten durch die UMV und das Europäische Patent mit einheitlicher Wirkung. Sie stellen unionsweit einheitliche Schutzvoraussetzungen auf. 77

Auch die zur Verfügung stehenden **Ansprüche** richten sich nach dem Recht des Landes, in dem der Schutz begehrt wird. Innerhalb der Europäischen Union haben Harmonisierungsmaßnahmen aber auch hier dazu beigetragen, dass zumindest schematisch von identischen Rechtsmitteln ausgegangen werden kann. Sollen die Ansprüche im Ausland gerichtlich durchgesetzt werden, muss schlussendlich beachtet werden, dass es hierfür auch Prozessbevollmächtigter bedarf, die im Schutzland anwaltlich zugelassen sind. Auch aufgrund der lokalen Besonderheiten im Immaterialgüter- und Prozessrecht sollte die gerichtliche Rechtsdurchsetzung daher immer mit einem **Vertreter vor Ort** erfolgen. 78

137 BeckOK UrhR/*Lauber-Rönsberg* UrhG Kollisionsrecht und internationale Zuständigkeit Rn. 7 ff. mwN.

§ 21 Besonderheiten für Games im Datenschutz

Literatur: *Dammann/Simitis* EG-Datenschutzrichtlinie, 1997; *Gola,* Datenschutz-Grundverordnung, 2. Aufl., 2018; *Kaulartz/Braegelmann,* Rechtshandbuch Artificial Intelligence und Machine Learning, 2020; *Kühling/Buchner,* DS-GVO BDSG, 3. Aufl. 2020; *Schmid,* Datenschutz im eSport, SpoPrax 2021, 238 und 286; *Schreiber/Gottwald,* Wann dürfen zum Jugendschutz erhobene Daten nach TMG bzw. TTDSG-Entwurf noch verarbeitet werden?, MMR 2021, 467; *Simitis/Hornung/Spiecker gen. Döhmann/Scholz,* Datenschutzrecht, 2019.

A. Allgemeines zum Datenschutz

1 Das Datenschutzrecht ist zwar im Wesentlichen europäisch einheitlich geregelt, gleichwohl in der Rechtsanwendung noch europäisch diversifiziert. Fast täglich prägen neue Guidelines, Veröffentlichungen oder Entscheidungen der Aufsichtsbehörden und Arbeitskreise der Aufsichtsbehörden den datenschutzrechtlichen Diskurs und verlangen von der Praxis eine enorme Anstrengung, mit der laufenden Entwicklung im Recht und der oft zugrunde liegenden Technik mitzuhalten.

I. Grundsätze des Datenschutzrechts

1. Anwendungsbereich: Personenbezogene Daten

2 Personenbezogene Daten sind alle Informationen, die sich auf **eine identifizierte oder identifizierbare natürliche Person** beziehen (vgl. Art. 4 Nr. 1 DS-GVO). Ob die betreffende Person identifiziert oder lediglich identifizierbar ist, spielt in rechtlicher Hinsicht keine Rolle, da hieran jeweils keine unterschiedlichen gesetzlichen Voraussetzungen geknüpft werden.[1] Eine Person ist identifizierbar, wenn die Verknüpfung der Information mit einer oder mehreren weiteren Informationen zu einer Identifizierung der natürlichen Person führen kann. Um festzustellen, ob eine natürliche Person identifizier-

1 Kühling/Buchner/*Klar/Kühling* DS-GVO Art. 4 Rn. 17.

bar ist, sollten alle Mittel berücksichtigt werden, die von dem Verantwortlichen oder einer anderen Person nach allgemeinem Ermessen wahrscheinlich genutzt werden, um die natürliche Person direkt oder indirekt zu identifizieren. Die alte Streitfrage, ob nur Kenntnisse des Verantwortlichen für die Identifizierbarkeit entscheidend sein sollen (relativer Personenbezug) oder es für den Personenbezug schon ausreichend ist, dass eine andere Person oder das Weltwissen (absoluter Personenbezug) einen Personenbezug herstellen kann, wird von der DS-GVO nicht beantwortet.[2] Der EuGH hat im Zusammenhang mit dem Personenbezug von IP-Adressen festgestellt, dass es **nicht auf ein Weltwissen ankommen kann**, sondern lediglich auf das für den Verantwortlichen **mit praktischen und rechtlichen Mitteln erreichbare Wissen.**[3] Stehen dem Verantwortlichen praktische oder rechtliche Mittel zur Hand, um an identifizierbare Informationen zu gelangen – was im Einzelfall zu prüfen ist – liegt ein personenbeziehbares Datum vor.

3 **Anonyme Daten** fallen nicht in den Anwendungsbereich des Datenschutzrechts. Daten sind aber nur dann anonym, wenn ein Personenbezug nicht mit erreichbaren Mitteln (wieder-)hergestellt werden kann. Deswegen ist im Online-Bereich das Erzeugen von Hashwerten in der Regel keine zuverlässige Methode zur Anonymisierung der Daten.

Einzelfallbeispiele in der Praxis:

- **Dyn. IP-Adressen:** Auch wenn nur der Internetzugangsprovider in der Regel über die identifizierenden Log-Daten verfügt, besteht in gesetzlich bestimmten Fällen die rechtliche Möglichkeit für Verantwortliche, diese Log-Daten herauszuverlangen. Der EuGH sieht in diesen Fällen in der IP-Adresse ein personenbezogenes Datum.[4]
- **Cookies:** In der Regel lässt der Datensatz eines Cookies keinen Personenbezug zu. Allerdings kann der Personenbezug wiederum durch die Kombination mit anderen Merkmalen hergestellt werden, wie beispielsweise durch die IP-Adresse oder andere Endgeräte-bezogene Informationen (Device-Fingerprinting). Ist der Nutzer über einen Nutzeraccount im Spiel identifiziert, ergibt sich in der Kombination der Informationen selbstverständlich auch ein Personenbezug für Cookies.
- **Device-Fingerprinting:** Durch das Auslesen und Kombinieren verschiedener Merkmale aus dem Endgerät des Nutzers (Hardware-Kennung, individuelle Browser-Einstellungen und genutzte Software-Versionen können ein individuelles und wiedererkennbares Bild abgeben) können Nutzer individualisiert (wieder-)erkannt werden. Hier gelten die gleichen Grundsätze wie bei Cookies. In der Kombination mit anderen Informationen ergibt sich meist ein mittelbarer Personenbezug, der für das Datenschutzrecht ausreichend ist.
- **Lichtbilder und Videoaufnahmen** sind zur Identifizierung von Personen geeignet und weisen meist zumindest mittelbar in Kombination mit anderen Merkmalen einen Personenbezug für den Verantwortlichen auf.
- **Account-/Nutzernamen, E-Mail-Adressen** weisen immer dann einen direkten Personenbezug auf, wenn sie sprechend, also selbst identifizierend sind. Auch Pseudonyme können für Verantwortliche oder Dritte personenbeziehbar sein, wenn die

2 Überblick und Herleitung gut dargestellt bei Kühling/Buchner/*Klar/Kühling* DS-GVO Art. 4 Rn. 25 ff.
3 EuGH Urt. v. 19.10.2016 – C-582/14, NJW 2016, 3579 Rn. 47 ff. – Breyer/Deutschland.
4 EuGH Urt. v. 24.11.2011 – C-70/10, MMR 2012, 174 Rn. 51 – Scarlet Extended; EuGH Urt. v. 19.10.2016 – C-582/14, NJW 2016, 3579 – Breyer; BGH Urt. v. 16.5.2017 – VI ZR 135/13, NJW 2017, 2416 Rn. 26.

Information in Kombination mit anderen Merkmalen eine Person individualisiert und identifiziert.

- **Aggregierte Daten oder Statistiken** weisen in der Regel keinen Personenbezug auf, sofern die Kohorte für die Aggregation oder Statistik so ausreichend groß gewählt ist, dass ein Rückbezug auf einzelne Individuen aus der Kohorte nicht möglich ist. Bei dem Bereitstellen von Analyse-Dashboards oder Game Statistics sollte daher darauf geachtet werden, dass der Drill-Down ausreichend Abstand vom individuellen Nutzer/Spieler und Spielerinnen hält.

2. Datenschutzgrundsätze

Die Verarbeitung von personenbezogenen Daten muss den **Datenschutzgrundsätzen** 4
entsprechen. Im Datenschutzgrundrecht ist das Prinzip des **Verbots mit Erlaubnisvorbehalt** verankert. Nach Art. 6 DS-GVO ist die Verarbeitung personenbezogener Daten nur dann rechtmäßig, wenn mindestens eine der in Art. 6 DS-GVO aufgezählten Bedingungen erfüllt ist. Der Katalog der Erlaubnistatbestände des Art. 6 DS-GVO ist grundsätzlich abschließend. Für den Bereich Games kommen insbesondere die folgenden Rechtfertigungen für die Datenverarbeitung in Frage:[5]

- Die betroffene Person hat ihre **Einwilligung** zu der Verarbeitung der sie betreffenden personenbezogenen Daten für einen oder mehrere bestimmte Zwecke gegeben;
- die Verarbeitung ist für die **Erfüllung eines Vertrages**, dessen Vertragspartei die betroffene Person ist, oder zur Durchführung **vorvertraglicher Maßnahmen** erforderlich, die auf Anfrage der betroffenen Person erfolgen,
- die Verarbeitung ist zur Erfüllung einer **rechtlichen Verpflichtung** erforderlich, der der Verantwortliche unterliegt;
- die Verarbeitung ist zur **Wahrung der berechtigten Interessen des Verantwortlichen oder eines Dritten** erforderlich, sofern nicht die Interessen oder Grundrechte und Grundfreiheiten der betroffenen Person, die den Schutz personenbezogener Daten erfordern, überwiegen, insbesondere dann, wenn es sich bei der betroffenen Person um ein Kind handelt.

Die DS-GVO schützt mit Art. 9 DS-GVO **besondere Kategorien personenbezogener** 5
Daten in besonderer Weise. Die Verarbeitung personenbezogener Daten, aus denen die rassische und ethnische Herkunft, politische Meinungen, religiöse oder weltanschauliche Überzeugungen oder die Gewerkschaftszugehörigkeit hervorgehen, sowie die Verarbeitung von genetischen Daten, biometrischen Daten zur eindeutigen Identifizierung einer natürlichen Person, Gesundheitsdaten oder Daten zum Sexualleben oder der sexuellen Orientierung einer natürlichen Person unterliegt den weiteren Einschränkungen des Art. 9 DS-GVO. Im Games-Bereich können insbesondere Gesundheitsdaten relevant werden: Bei Fitness-Spielen oder auch beim Monitoring von Körperfunktionen im Esport werden Gesundheitsdaten im Sinne des Art. 9 DS-GVO verarbeitet, was eine Einwilligung der Spieler und Spielerinnen voraussetzt.[6]

---

5 Einen Überblick über die Anwendung der Rechtmäßigkeitstatbestände im Games-Bereich geben *Bänsch/Hentsch* MMR-Beil. Heft 8/2021, 3.

6 Zum Datenschutz im Esport siehe den Überblick von *Schmid* SpoPrax 2021, 238 (Teil 1) und 286 (Teil 2).

II. Auskunftsanspruch der betroffenen Personen

6 Das Datenschutzrecht gibt den natürlichen Personen **wirkungsvolle Betroffenenrechte** an die Hand,[7] die für das Verhältnis der Nutzer zu den Anbietern wichtig sind. Der Vorbereitung und Ausübung der Betroffenenrechte dient das in der Praxis besonders relevante **Auskunftsrecht** nach Art. 15 DS-GVO. Danach hat jeder Betroffene das Recht, von den Verantwortlichen eine Bestätigung darüber zu verlangen, ob sie betreffende personenbezogene Daten verarbeitet werden und wenn dies der Fall ist, das Recht auf Auskunft über diese personenbezogenen Daten und über die Umstände der Datenverarbeitung. Das Recht auf Auskunft wird zusätzlich verstärkt durch das Recht auf Kopie der Daten, die Gegenstand der Verarbeitung sind.

7 Für die Praxis von Games-Anbietern liegen die Herausforderungen oft in der richtigen Anwendung der Auskunftsverpflichtung im Kontext von Streitigkeiten mit Nutzern, wenn Nutzer das Auskunftsrecht zur Ausforschung bestimmter streitrelevanter Informationen nutzen. Das Recht auf Auskunft und auf Datenkopie ist allerdings nicht unbeschränkt. Nach Art. 15 Abs. 4 DS-GVO und Erwgr. 63 darf das Recht auf Erhalt einer Datenkopie die Rechte und Freiheiten anderer Personen, etwa **Geschäftsgeheimnisse** oder **Rechte des geistigen Eigentums** und insbesondere das **Urheberrecht** an Software,[8] nicht beeinträchtigen. Außerdem kann der Verantwortliche die **Auskunft verweigern** bei offenkundig unbegründeten oder – insbesondere im Fall von häufiger Wiederholung – exzessiven Anträgen einer betroffenen Person, Art. 12 Abs. 5 DS-GVO. Abgesehen davon ist das Auskunftsrecht aber nicht beschränkbar, auch nicht vertraglich.[9]

8 Gleichwohl kann die Auskunft unter den Voraussetzungen des Art. 15 Abs. 4 DS-GVO im Umfang entscheidend eingeschränkt werden.[10] Im Bereich der **Cheat-Abwehr** hat die Beschränkungsmöglichkeit des Art. 15 Abs. 4 DS-GVO praktische Relevanz. Gesperrte Spieler und Spielerinnen bemühen gerne das Auskunftsrecht, um Details zu ihrer Nutzungssperre herauszufinden. Das kann Informationen über Beschwerdeführer betreffen wie aber auch Informationen zu der Art und Weise der Anti-Cheat-Verfahren des Anbieters. Der Anbieter ist aber nicht verpflichtet, irgendeinen Teil der technischen Funktionsweise der Anti-Cheat-Software offenzulegen, auch wenn diese Informationen die anfragenden Spieler und Spielerinnen betreffen, sofern diese Informationen als Geschäftsgeheimnisse angesehen werden können. Die Geschäftsgeheimnisse des Anbieters stehen der Offenlegung dieser personenbezogenen Daten entgegen, da die Kenntnis der technischen Funktionsweise der Anti-Cheat-Software auch den Nutzer in die Lage versetzen könnte, künftige Cheat- oder Betrugserkennung zu umgehen.[11] Ähnliche Über-

---

7 Siehe die Rechte in Art. 15 (Auskunftsrecht), Art. 16 (Recht auf Berichtigung), Art. 17 (Recht auf Löschung), Art. 18 (Recht auf Einschränkung der Verarbeitung), Art. 20 (Recht auf Datenübertragbarkeit) und Art. 21 (Widerspruchsrecht) DS-GVO.

8 Vgl. Erwgr. 63 S. 5.

9 *EDPB*, Guidelines 01/2022 on data subject rights – Right of access, 18.1.2022, abrufbar unter https://edpb.europa.eu/our-work-tools/documents/public-consultations/2022/guidelines-012022-data-subject-rights-right_en, Rn. 164.

10 Eine Totalverweigerung darf daraus nicht resultieren, sagt Erwgr 63 S. 6: „Dies darf jedoch nicht dazu führen, dass der betroffenen Person jegliche Auskunft verweigert wird."

11 *EDPB* Guidelines 01/2022 on data subject rights – Right of access, 18.1.2022, abrufbar unter https://edpb.europa.eu/our-work-tools/documents/public-consultations/2022/guidelines-012022-data-subject-rights-right_en, Rn. 171 (Beispiel 3).

legungen wirken zugunsten der anderen Spieler und Spielerinnen, die über die anfragenden/gesperrten Spieler und Spielerinnen Beschwerde geführt haben. Die erwünschte Kontrollwirkung (u.a. das öffentliche Interesse am **Jugendschutz, Integrität des Spielablaufs**) innerhalb von Spielen, die durch Beschwerdesysteme erzeugt wird, würde untergraben, wenn jeder Beschwerdeführer fürchten müsste, durch einen Auskunftsanspruch offengelegt zu werden. Derartige **Ausforschungsanträge** aus Art. 15. Abs. 1 und Abs. 3 DS-GVO können mit dem Verweis auf Art. 15 Abs. 4 DS-GVO und die Rechte und Freiheiten des Spieleanbieters und anderer Spieler und Spielerinnen zurückgewiesen werden.

B. Best Practice für einzelne Game-Funktionalitäten

Nachfolgend werden praktische Anforderungen an typische Spielefunktionalitäten aus datenschutzrechtlicher Sicht dargestellt:[12] 9

I. User-Account

Sofern Games **Nutzer-Accounts** verwenden, ist die dafür erforderliche Datenverarbeitung, insbesondere der Stammdaten, durch den Vertragszweck bzw. Anbahnungszweck gerechtfertigt (Art. 6 Abs. 1 lit. b DS-GVO). 10

Es muss für den Nutzer allerdings möglich sein, das **Nutzungsverhältnis zu beenden** und den Account zu kündigen. Abhängig von den vertragsrechtlichen Kündigungsbedingungen ergeben sich daraus datenschutzrechtliche Anforderungen. Mit der Kündigung oder Löschung des Nutzer-Accounts oder bei Aufgabe des Nutzer-Accounts (zB durch längeres Unterbleiben der Spielenutzung) kann der Rechtsgrund für die Speicherung der Bestand- und Nutzungsdaten der Spieler und Spielerinnen entfallen, sofern nicht weitere legitime Speicherzwecke – zB Steuer (Art. 6 Abs. 1 lit. c DS-GVO), Durchsetzung vertraglicher Ansprüche (Art. 6 Abs. 1 lit. f DS-GVO) etc – anfallen. 11

Der Nutzer muss darüber informiert werden, wie er das Nutzungsverhältnis beendigen/kündigen kann bzw. den Nutzungs-Account löschen kann. Im Löschkonzept müssen entsprechende **Löschroutinen und Löschfristen** hinterlegt sein. Ein gesondertes Vorhalten der Daten für eventuelle spätere Anfragen durch Strafverfolgungsbehörden ist nach Auffassung der Aufsichtsbehörden in der Regel nicht erforderlich und damit auch nicht zulässig.[13] Zu löschende Daten müssen rückstandsfrei entfernt werden (eine Markierung als „gelöscht“ genügt der Löschanforderung nicht). Das **Recht auf Löschung** (vgl. auch Art. 17 DS-GVO) kann nicht durch Rechtsgeschäft ausgeschlossen oder beschränkt werden. Sofern der Spieler oder die Spielerin in eine dauernde Speicherung einwilligt, hat er oder sie das Recht, diese Einwilligung jederzeit zu widerrufen. 12

12 Vgl. zur Rechtslage vor der DS-GVO die weiterhin instruktive Darstellung aus Behördensicht des *ULD* DOS – Datenschutz in Online-Spielen, 2010, abrufbar unter https://www.datenschutzzentrum.de/uploads/projekte/dos/dos-datenschutz-in-onlinespielen-report.pdf.

13 Vgl. *ULD* DOS – Datenschutz in Online-Spielen, 2010, abrufbar unter https://www.datenschutzzentrum.de/uploads/projekte/dos/dos-datenschutz-in-onlinespielen-report.pdf, S. 17.

II. Social-Gaming

13 In vielen Spielen steht zunehmend die Interaktion der Nutzer untereinander als integraler Bestandteil im Mittelpunkt. Spieler und Spielerinnen können sich untereinander vernetzen und auch innerhalb des Spiels nach anderen Spieler und Spielerinnen suchen. Teams können gebildet werden, Kommunikation findet statt. Hiergegen ist datenschutzrechtlich im Grundsatz nichts einzuwenden. Gleichwohl sollten Publisher im Rahmen des technisch Möglichen und Zumutbaren eine anonyme oder pseudonyme Nutzung des Spiels ermöglichen. Die Weitergabe von Spieler und Spielerinnen-Informationen an andere Spieler und Spielerinnen (**Veröffentlichung von Nutzernamen** innerhalb des Spiels) stellt eine erlaubnispflichtige Weitergabe von personenbezogenen Daten an Dritte dar. Die hierfür benötigte Rechtsgrundlage kann entweder in der Einwilligung des Spielers oder der Spielerin oder im berechtigten Interesse (Art. 6 Abs. 1 lit. f. DS-GVO) liegen. Für die Interessenabwägung zugunsten des Anbieters kann sprechen, wenn die Spieler und Spielerinnen vorab bei Einrichten des Nutzerkontos über **soziale Interaktionsmöglichkeiten** informiert werden, damit sie ihre Erwartungen an Datenschutz mit entsprechenden Vorkehrungen (auf Basis eines Pseudonyms) wahren können.

14 Die Weitergabe von Spieler und Spielerinnen-Namen außerhalb des Spiels oder die Veröffentlichung von Spieler und Spielerinnen-Namen zu Werbezwecken, beispielsweise in **Social-Media**, bedarf der Einwilligung der Betroffenen. Es dürfte nicht mehr im legitimen Interesse des Publishers liegen, zu Zwecken der Werbung personenbezogene Daten ungefragt außerhalb des Spiel-Ökosystems über Social-Media zu veröffentlichen.

III. Beschwerdesysteme

15 Vielfach kann toxisches oder schlicht regelwidriges Verhalten von Spieler und Spielerinnen über entsprechende **Beschwerdesysteme** innerhalb des Spiels von anderen Spieler und Spielerinnen gemeldet werden. Diese Funktionalität entspricht im Wesentlichen den bekannten Whistleblowing-Mechanismen. Gegen die Einrichtung einer Beschwerdefunktion ist grundsätzlich datenschutzrechtlich nichts einzuwenden, zumal derartige Funktionen im vitalen Interesse des Anbieters und der anderen Spieler und Spielerinnen liegen. Auch **Jugendschutzgründe** sprechen für funktionierende Beschwerdesysteme. Das Erheben und Verarbeiten von erforderlichen Daten im Rahmen von Beschwerdesystemen ist von dem berechtigten Interesse des Publishers sowie Dritter (anderer Spieler und Spielerinnen) gedeckt, Art. 6 Abs. 1 lit. f. DS-GVO.

16 Der **Ablauf des Beschwerdeverfahrens** sollte transparent kommuniziert werden. Sofern disziplinierende Maßnahmen gegen Spieler und Spielerinnen auf Basis des Beschwerdemanagementsystems verhängt werden, müssen objektive Kriterien angelegt werden und dem Spieler oder der Spielerin sollte vorab Gehör gegeben werden. Sofern Disziplinarmaßnahmen für andere Spieler und Spielerinnen einsehbar sind, liegt darin eine erlaubnispflichtige Datenweitergabe. Regelmäßig wird hier allerdings das Interesse der Betroffenen gesperrten Spieler und Spielerinnen das berechtigte Interesse des Publishers und Dritter (andere Spieler und Spielerinnen) überwiegen, da eine **Prangerwirkung** nur in den seltensten Fällen erforderlich sein wird, um die berechtigten Interessen

an die Aufrechterhaltung eines regelkonformen und untoxischen Spielbetriebs mit geeigneten Mitteln zu erreichen. Es wird mildere und für den Zweck gleich geeignete Mittel geben. Öffentliche Pranger oder schwarze Listen sind deswegen in der Regel datenschutzrechtlich nicht zu rechtfertigen.

IV. Bestenlisten

Auch in der Veröffentlichung von **Bestenlisten** innerhalb des Spiels liegt eine Datenweitergabe an Dritte. Je nach Spielmodell kann darin entweder ein integraler Bestandteil des Spielkonzepts (dann erforderlich für die Durchführung des Spielvertrags, Art. 6 Abs. 1 lit. b DS-GVO) oder jedenfalls ein berechtigtes Interesse des Publishers im Rahmen des Spielablaufs liegen. 17

Das Verfahren für die Eintragung auf Bestenlisten sollte transparent und nachvollziehbar gestaltet werden. Eine Veröffentlichung von Spieler und Spielerinnen-Daten auf Bestenlisten ohne Einwilligung sollte nur dann erfolgen, sofern die Spieler und Spielerinnen bei Erstellen des Nutzerkontos auf diesen Punkt hingewiesen wurden und eine pseudonyme Nutzung des Spiels möglich ist. 18

V. Chat-Funktionalitäten

In **In-Game-Chats** und anderen **In-Game-Kommunikationsarten** zwischen den Spieler und Spielerinnen in Echtzeit (Textnachrichten, Audio- oder Videosignale) können Messenger-Funktionalitäten liegen, die besonderen Datenschutzanforderungen des **TTDSG** iVm dem **TKG** unterliegen, sofern die Voraussetzungen für nummernunabhängige interpersonelle Telekommunikationsdienste („Over-the-Top"/**OTT Dienste**) vorliegen.[14] Ganz überwiegend werden In-Game-Chats nicht unter den Begriff des TK-Dienstes fallen, da die interpersonelle und interaktive Telekommunikation lediglich als untrennbar mit einem anderen Dienst verbundene, untergeordnete Nebenfunktion angeboten wird. Auch wenn damit der Anwendungsbereich des Telekommunikationsgeheimnisses im engeren Sinne (§§ 3 ff. TTDSG) nicht eröffnet ist, wäre eine Überwachung oder Analyse dieser In-Game-Kommunikation erlaubnispflichtig und jedenfalls nicht über das berechtigte Interesse des Anbieters (Art. 6 abs. 1 lit. f DS-GVO) zu rechtfertigen. Die Privatheits-Erwartung der an der Kommunikation beteiligten Nutzer wird etwaige berechtigte Interessen des Anbieters überwiegen. 19

Für Chat-Funktionalitäten sollten Technik und Voreinstellung besonders datenschutzfreundlich gestaltet werden, um den erhöhten Schutzinteressen an privater Kommunikation Rechnung zu tragen. 20

VI. In-Game-Advertising

Monetarisierungsmodelle von Games beruhen oft ganz oder teilweise auf **Werbeinventar** innerhalb des Spiels. Datenschutzrechtlich unbedenklich ist Werbeinventar, das fest in das Gameplay integriert ist (zB Bandenwerbung in Sportspielen). Datenschutzrechtlich relevant ist Werbeinventar, das auf Nutzerverhalten reagiert, in dem es beispiels- 21

14 Vgl. § 3 Nr. 24 und Nr. 40 TKG.

weise Cookies ausliest und verarbeitet oder das Spieler- und Spielerinnenverhalten analysiert. Für das Auslesen von Cookies oder anderen auf dem Endgerät des Spielers oder der Spielerin gespeicherten Informationen ist grundsätzlich die Einwilligung des Nutzers erforderlich (vgl. § 25 TTDSG). Die Analyse des Spieler- und Spielerinnenverhaltens zu Werbezwecken, das über den Spielzweck hinausgeht, wird in der Regel auch der Einwilligung des Spielers oder der Spielerin bedürfen, sofern eine solche Analyse nicht noch durch das berechtigte Interesse des Anbieters (Art. 6 Abs. 1 lit. f DS-GVO) gedeckt ist. In jedem Fall muss Werbung für den Spieler oder die Spielerin als solche erkennbar sein.

VII. Altersverifikation

22 Sofern der Anbieter zu Zwecken der Erfüllung von **Jugendschutzvorgaben** personenbezogene Daten erhebt, erfolgt dies in Erfüllung gesetzlicher Vorgaben (Art. 6 Abs. 1 lit. c DS-GVO iVm Jugendmedienschutz-Staatsvertrag[15] (JMStV)). Die Datenerhebung sollte hier auf das für die **Altersverifikation** erforderliche Maß beschränkt bleiben. Für die Verarbeitung personenbezogener Daten Minderjähriger zum Zwecke des Jugendschutzes unterliegen nach § 20 TTDSG einer weiteren Einschränkung. Hat ein Anbieter zur Wahrung des Jugendschutzes personenbezogene Daten von Minderjährigen erhoben, etwa durch Mittel zur Altersverifikation oder andere technische Maßnahmen, oder anderweitig gewonnen, so darf er diese Daten nicht für kommerzielle Zwecke verarbeiten. Darin liegt ein gesetzliches Verbot zur Zweckänderung für derart erhobene Altersverifikationsdaten.[16]

23 Besonderen gesetzlichen Anforderungen unterliegt der Umgang mit dem **Personalausweis,** soweit dieser zu Altersverifikationszwecken eingesetzt wird. Nach § 14 PAuswG[17] darf die Erhebung und Verwendung personenbezogener Daten aus dem Ausweis oder mithilfe des Ausweises ausschließlich nach den besonderen Bestimmungen des Personalausweisgesetzes erfolgen. Insbesondere bestehen strenge Beschränkungen bezüglich des Ablichtens von Personalausweisen und der Verarbeitung solcher Ablichtungen. Die Speicherung von Ausweiskopien zum Zwecke der Altersverifikation ist nicht erlaubt. Zum Zwecke des Jugendschutzes und mit Einwilligung des Ausweisinhabers dürfen lediglich der Tag der Geburt und der letzte Tag der Gültigkeitsdauer des Ausweises aus der maschinenlesbaren Zone des Personalausweises erhoben werden, um das Alter des Ausweisinhabers und die Gültigkeit des Ausweises zu überprüfen. Eine Speicherung dieser Daten ist unzulässig, wie § 20 Abs. 5 PAuswG anordnet.

VIII. Suchtprävention

24 Für Anbieter von **Glücksspielen** im Sinne des Glücksspiel-Staatsvertrags bestehen besondere Anforderungen an die **Suchtprävention**, die in dem Glücksspiel-Staatsver-

15 Staatsvertrag über den Schutz der Menschenwürde und den Jugendschutz in Rundfunk und Telemedien (Jugendmedienschutz-Staatsvertrag – JMStV) in der Fassung des Staatsvertrages zur Modernisierung der Medienordnung in Deutschland (Modernisierungsstaatsvertrag) (abrufbar unter https://www.kjm-online.de/fileadmin/user_upload/Rechtsgrundlagen/Gesetze_Staatsvertraege/JMStV_geaend._durch_ModStV.pdf).

16 Ausführlich beschäftigen sich damit *Schreiber/Gottwald* MMR 2021, 467.

17 Personalausweisgesetz vom 18.6.2009 (BGBl. I 1346), das zuletzt durch Art. 2 des Gesetzes vom 5.7.2021 (BGBl. I 2281) geändert worden ist.

trag[18] im Einzelnen geregelt sind. Die dafür erforderlichen personenbezogenen Daten dürfen auf Basis des Glücksspiel-Staatsvertrags im Rahmen des Erforderlichen verarbeitet werden. Sofern Spieleanbieter, ohne Glücksspielanbieter zu sein, suchtpräventive Maßnahmen ergreifen, können diese zur Zweckerreichung geeignete Maßnahmen datenschutzrechtlich gerechtfertigt sein.

Für den Eintrag auf einer **Freiwilligen-Sperrliste zur Suchtprävention** ist die Einwilligung des Spielers oder der Spielerin erforderlich. Die Daten auf den Sperrlisten dürfen nur streng zweckgebunden zur Suchtprävention innerhalb des eigenen Spiels verwendet werden. Eine Weitergabe der Sperrliste außerhalb des Spiels, insbesondere an Dritte, ist nicht zulässig. 25

IX. Anti-Cheat

Die Verarbeitung von personenbezogenen Daten zur **Betrugsabwehr**, also zur Erkennung von Cheats, Bugs, Bots oder Trollen, ist datenschutzrechtlich möglich und kann entweder auf den Rechtfertigungstatbestand der Vertragserfüllung (Art. 6 Abs. 1 lit. b DS-GVO)[19] oder jedenfalls auf das berechtigte Interesse des Publishers und bei Multiplayer-Games auch Dritter, der anderen Spieler (Art. 6 Abs. 1 lit. f DS-GVO), gestützt werden. 26

Die Maßnahmen zur **Cheat-Erkennung** können aber Restriktionen nach **Art. 22 DS-GVO** unterliegen (dazu ausführlich → Rn. 45 ff.). 27

X. Virtual-Reality

Zahlreiche Spiele setzen auf **Virtual-Reality** (**VR**)-Technologie beim Spielerlebnis. Es ist dabei nicht auszuschließen, dass ein Teil der in der VR gesammelten Daten biometrische Daten sind. Biometrische Daten sind nach der Legaldefinition in Art. 4 Nr. 14 DS-GVO mit speziellen technischen Verfahren gewonnene personenbezogene Daten zu den physischen, physiologischen oder verhaltenstypischen Merkmalen einer natürlichen Person, die die eindeutige Identifizierung dieser natürlichen Person ermöglichen oder bestätigen, wie Gesichtsbilder oder daktyloskopische Daten. Studien haben gezeigt, dass eine Person durch ihren Gang identifiziert werden kann,[20] und Gesichtsscans würden ebenfalls biometrische Daten darstellen. Auch die Verfolgung der Augen könnte biometrische Daten involvieren. Die Unterscheidung ist wichtig, da biometrische Daten iSd Art. 4 Nr. 14 DS-GVO zugleich auch den besonderen Kategorien personenbezogener Daten gehören, die nach Art. 9 DS-GVO besonderen Beschränkungen unterliegen. Beispielsweise können besondere Kategorien personenbezogener Daten weder zur Vertragsdurchführung noch auf Basis eines berechtigten Interesses (Art. 6 Abs. 1 lit. f DS-GVO) verarbeitet werden, da dem Art. 9 Abs. 2 DS-GVO jeweils eine Entsprechung als Ausnahme vom Verarbeitungsverbot fehlt. 28

Sofern **biometrische Daten** in VR-Games involviert sind, können diese Daten im Games-Kontext realistisch nur auf Basis einer spezifischen Einwilligung nach Art. 9 29

18 Glücksspielstaatsvertrag 2021 (GlüStV 2021) vom 27.10.2020 (GVBl. 2021, 97, 288).
19 So auch *Bänsch/Hentsch* MMR-Beil. Heft 8/2021, 3 (5).
20 Vgl. https://www.wired.com/2011/09/walking-biometric-identification/.

Abs. 2 lit. a DS-GVO genutzt werden. Das erfordert eine Einwilligung der jeweiligen Spieler und Spielerinnen vor der Nutzung der VR-Daten, die auch den Anforderungen des Art. 7 DS-GVO entspricht.

C. E-Privacy: Cookies und Werbenachrichten

30 Deutschland hat die **E-Privacy-Richtlinie**[21] mit dem Gesetz über den Datenschutz und den Schutz der Privatsphäre in der Telekommunikation und bei Telemedien (**TTDSG**) und den Bereich E-Mail-Werbung in § 7 Abs. 2 und Abs. 3 UWG umgesetzt. Die zentrale Umsetzungsnorm für den Schutz der elektronischen Privatsphäre der Endgeräte ist § 25 TTDSG, der einen grundsätzlichen Einwilligungsvorbehalt vorsieht.

31 Die Regelungen des § 25 TTDSG sind technikneutral formuliert. Sie erfassen daher nicht nur **Cookies**, sondern auch beispielsweise das automatisch aufgespielte **Update, Browser-Fingerprinting, Spyware** und ähnliche Technologien. Die geschützte Endeinrichtung ist jede direkt oder indirekt an die Schnittstelle als öffentlichen Telekommunikationsnetzes angeschlossene Einrichtung zum Aussenden, Verarbeiten oder Empfangen von Nachrichten. Das sind Computer, Mobile-Devices, Konsolen, Smart-Home-Anwendungen, Smart-TVs und zunehmend auch Kraftfahrzeuge. Entsprechend dem Schutzzweck wird der Begriff der Endeinrichtung im Anwendungsbereich weit zu fassen sein. Auch der Begriff der Information ist weiter als der Anwendungsbereich der DS-GVO, denn das TTDSG umfasst alle Daten und nicht nur personenbezogene Daten. Schutzzweck ist nicht primär das personenbezogene Datum, sondern die elektronisch erweiterte Privatsphäre.

32 Letztendlich geht die E-Privacy-Richtlinie in ihrem Anwendungsbereich den Regelungen der DS-GVO vor. Übertragen auf Sachverhalte des § 25 TTDSG bedeutet dies, dass der Zugriff auf die Endeinrichtung und das Auslesen von Informationen aus der Endeinrichtung dem TTDSG (Umsetzung der E-Privacy-Richtlinien) unterliegt, wohingegen die nachgelagerte weitere Verarbeitung personenbezogener Daten der DS-GVO unterliegen. Auch die Betroffenenrechte und sonstigen Anforderungen an das Datenverarbeitungssystem bezüglich der so erhobenen und weiterverarbeiteten Daten unterliegen den Regelungen der DS-GVO.

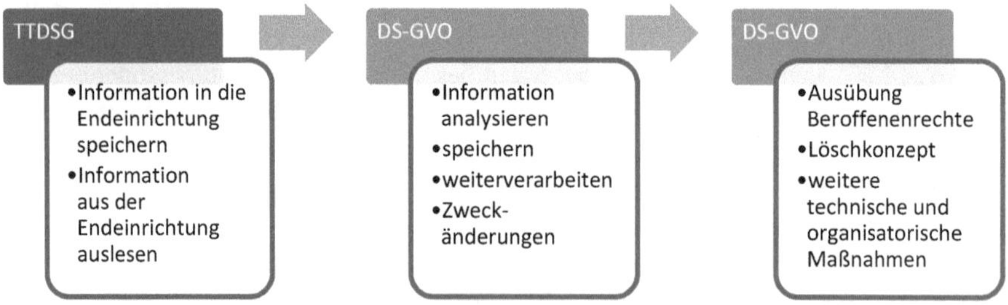

Abb.: Übersicht der Verarbeitungsschritte.

21 Richtlinie 2002/58/EG des Europäischen Parlaments und des Rates vom 12.7.2002 über die Verarbeitung personenbezogener Daten und den Schutz der Privatsphäre in der elektronischen Kommunikation (Datenschutzrichtlinie für elektronische Kommunikation) (ABl. L 201, 37).

Die Anforderung an die Einwilligungen richten sich nach den Vorschriften der DS-GVO, insbesondere Art. 4 Nr. 11, Art. 7 und Art. 8 DS-GVO. 33

Die **TTDSG-Einwilligung** („Cookie-Einwilligung“) muss also folgende Punkte beachten und umsetzen:

- **Wer willigt ein?** Das TTDSG schützt den Nutzer der Endeinrichtung, unabhängig von Eigentums- und Besitzverhältnissen. Die Einwilligung muss also vom aktuellen Nutzer abgegeben werden.
- **Wann ist einzuwilligen?** Die Einwilligung muss vor dem Zugriff auf das Endgerät erfolgen.
- **Welche Informationen sind erforderlich?** Leicht verständliche Informationen über Art und Zweck sowie Dauer des Zugriffs sind erforderlich.
- **Doppel-Einwilligung?** Die TTDSG-Einwilligung kann gleichzeitig mit der Einwilligung für nachgelagerte Verarbeitungen nach DS-GVO erklärt werden.
- **Wie kann die Einwilligung erklärt werden?** Erforderlich ist eine aktive, dh unmissverständliche und eindeutig bestätigende und freiwillige Handlung, bezogen auf den konkreten Fall.
- **Benötige ich gleichwertige Handlungsalternativen?** Nach Auffassung der Behörden darf die Ablehnung einer Einwilligung oder die Auswahl der Ablehnung der Einwilligung nicht mit Mehraufwand an Clicks verbunden sein.

Der **Widerruf der Einwilligung** muss ebenso leicht erkennbar und erreichbar sein wie die Einwilligung, zB über sichtbaren Direktlink oder über ein Icon.

Das Einwilligungserfordernis besteht nicht, wenn der alleinige Zweck die Übertragung einer Nachricht über ein öffentliches **Telekommunikationsnetz** ist oder wenn die Speicherung oder der Zugriff unbedingt erforderlich ist, damit der Anbieter des Telemediendienstes einen vom Nutzer ausdrücklich gewünschten Telemediendienst zur Verfügung stellen kann. Nach Auffassung der Aufsichtsbehörden handelt es sich bei den Ausnahmetatbeständen des § 25 Abs. 2 TTDSG um eng zu verstehende Ausnahmevorschriften. 34

Nur solche Zugriffe auf die Endeinrichtungen, die „**unbedingt erforderlich**“ sind, sollen ohne Einwilligung erfolgen können. Die Aufsichtsbehörden lassen eine wirtschaftliche Erforderlichkeit für die Datenspeicherung/den Zugriff nicht ausreichen.[22] Nach Auffassung der DSK privilegiert die Ausnahme nur Zugriffe, die für die konkrete Nutzung unbedingt erforderlich sind, wenn die konkrete Funktion genutzt wird und nur solange, wie es für die Nutzung der konkreten Funktion notwendig ist. Beispiele: Je länger die Speicherdauer angelegt ist und je mehr Beteiligte die gespeicherten Informationen nutzen sollen (zB First-Party-Cookies), desto schwieriger ist die Rechtfertigung über die Erforderlichkeit des § 25 Abs. 2 TTDSG. 35

Die Privilegierung gilt auch nur für diejenigen Dienste, die **vom Nutzer ausdrücklich gewünscht** wurden. Das ergibt sich aus den Umständen des Einzelfalls. Die Aufsichtsbehörden verlangen eine aktive Handlung des Nutzers, bezogen auf einen im Voraus 36

22 Vgl. Orientierungshilfe der Aufsichtsbehörden für Anbieter:innen von Telemedien ab dem 1. Dezember 2021 (OH Telemedien 2021), S. 22 mit Verweis auf die Gesetzesbegründung BT-Drs. 19/27441, S. 38.

erkennbaren Funktionsumfang. Das werden bei normalen Telemediendiensten in erster Linie die im Voraus erkennbaren Basisfunktionen sein. Darüber hinaus gehende Zusatzfunktionen sind im Zeitpunkt des Abrufs noch nicht ausdrücklich gewünscht. Nimmt der Nutzer zu einem späteren Zeitpunkt auch diese Zusatzfunktionen in Anspruch, kann darin selbstverständlich auch eine aktive Handlung zu diesem erkennbaren Funktionsumfang liegen und zum Zeitpunkt der Nutzung das Speichern oder Auslesen von Informationen rechtfertigen.

37 Mit § 26 TTDSG hat der Gesetzgeber die Möglichkeit vorgesehen, anerkannte Dienste zur Einwilligungsverwaltung und Nutzereinstellungen vorzusehen. Diese Dienste, auch als **„Personal Information Management Services“** (**„PIMS“**) bekannt, sollen die einmalige Einstellung von Präferenzen für Speicherung oder Auslesen von Informationen ermöglichen. Das Gesetz setzt für wirksame PIMS aber eine Anerkennung nach einer Rechtsverordnung voraus, die noch nicht existiert.

38 Auch der Schutz vor **unerwünschten Werbenachrichten** ist Teil der E-Privacy-Regulierung (Art. 13 E-Privacy-Richtlinie) und in Deutschland in § 7 Abs. 2 und Abs. 3 UWG umgesetzt. Danach ist u.a. die Verwendung von elektronischer Post für die Zwecke der Direktwerbung nur bei vorheriger **Einwilligung** der Teilnehmer gestattet. Eine Ausnahme von diesem Einwilligungserfordernis besteht, wenn die werbende Person von ihren Kunden im Zusammenhang mit dem Verkauf eines Produkts oder einer Dienstleistung deren elektronische Kontaktinformationen für elektronische Post erhalten hat. Das Unternehmen darf diese E-Mail-Adresse zur **Direktwerbung für eigene ähnliche Produkte** oder Dienstleistungen verwenden, sofern die Kunden klar und deutlich die Möglichkeit erhalten, eine solche Nutzung ihrer elektronischen Kontaktinformationen bei deren Erhebung und bei jeder Übertragung gebührenfrei und problemlos abzulehnen, wenn der Kunde diese Nutzung nicht von vornherein abgelehnt hat.

39 Für die Games-Praxis interessanter ist die Frage, inwieweit das Einwilligungserfordernis auch auf **Inbox-Advertising** innerhalb des Spiels – zB Angebote in der Mailbox des Nutzeraccounts innerhalb des Spiels – einwilligungsbedürftige Werbung im Sinne der E-Privacy-Richtlinie darstellt. Dazu hat der EuGH geurteilt, dass die Einblendung von Werbenachrichten in der E-Mail-Inbox in einer Form, die der einer tatsächlichen E-Mail ähnlich ist, eine Verwendung elektronischer Post für die Zwecke der Direktwerbung im Sinne der E-Privacy-Richtlinie darstellt.[23] Der Gerichtshof wies darauf hin, dass die E-Privacy-Richtlinie u.a. darauf abzielt, die Teilnehmer gegen die Verletzung ihrer Privatsphäre durch unerbetene Nachrichten für Zwecke der Direktwerbung, insbesondere durch u.a. elektronische Post, einschließlich SMS, zu schützen. Dieses Ziel müsse unabhängig von der zugrunde liegenden Technologie gewährleistet sein, weshalb ein weiter und aus technologischer Sicht entwicklungsfähiger Begriff der von dieser Richtlinie erfassten Art von Kommunikation geboten sei. Der EuGH hat die Nachrichten in der Inbox als Werbenachricht angesehen, die an die betroffenen Personen unter Verwen-

23 EuGH Urt. v. 25.11.2021 – C-102/20, MMR 2022, 117 – StWL Städtische Werke Lauf a. d. Pegnitz GmbH/eprimo.

dung eines der in Art. 13 Abs. 1 der E-Privacy-Richtlinie ausdrücklich genannten Kommunikationsmittel, nämlich der elektronischen Post, verbreitet wurde.[24]

40 Überträgt man diese Rechtsprechung auf **In-Boxen in Games**, ist nach der hier vertretenen Auffassung zu unterscheiden, ob die Inbox nur der Kommunikation zwischen Spieler und Spielerinnen und Anbieter dient oder ob die In-Box auch der privaten Kommunikation der Spieler und Spielerinnen untereinander dienen kann. Nur wenn die Inbox die Funktion im Rahmen von privater Kommunikation – gleich einem E-Mail-Postfach – hat, ist die entsprechende Privatsphären-Erwartung der Nutzer im Verständnis der E-Privacy-Regulierung schutzwürdig. Bei einem Nachrichtenpostfach zur bilateralen Kommunikation zwischen Nutzer und Anbieter, besteht diese Privatsphärenerwartung nicht in der Form, wie sie der EuGH seinem Urteil zugrunde gelegt hat. Nach der hier vertretenen Auffassung wäre diese Form der Inbox-Werbung kein Fall des Art. 13 der E-Privacy-Richtlinie und bedürfte keiner vorherigen spezifischen Werbeeinwilligung.

D. Internationaler Datentransfer

41 Sobald Datenverarbeitung **transkontinental** oder jedenfalls außerhalb der Europäischen Union und des Europäischen Wirtschaftsraumes stattfindet, ist für die Frage der Zulässigkeit solcher Datenverarbeitung nach der DS-GVO eine **zweistufige Prüfung** erforderlich. Auf der ersten Stufe geht es um die Rechtmäßigkeit der Datenverarbeitung als solcher. Davon unabhängig treffen den Verantwortlichen und insbesondere die datenexportierende Stelle auf einer zweiten Stufe aber weitere Anforderungen, um den Datentransfer an Drittländer oder die Verarbeitung in Drittländern möglich zu machen. Jedwede Übermittlung personenbezogener Daten ist nur zulässig, wenn der Verantwortliche und der Auftragsverarbeiter die in den Art. 44 – 50 DS-GVO niedergelegten Bedingungen einhalten. Hintergrund dieser zusätzlichen Anforderung an den Datenexport ist der Anspruch der Europäischen Union, die Grundrechte ihrer Bürgerinnen und Bürger auch außerhalb der Europäischen Union wirksam zu schützen. Sofern die Kommission festgestellt hat, dass in einem Drittland ein entsprechendes angemessenes Schutzniveau besteht (sog. Angemessenheitsbeschluss), ist die Datenübermittlung in dieses Drittland und die Datenverarbeitung in dem Drittland ohne besondere Genehmigung zulässig (Art. 45 Abs. 1 DS-GVO).[25]

42 Sofern kein **Angemessenheitsbeschluss** vorliegt, darf ein Verantwortlicher oder ein Auftragsverarbeiter personenbezogene Daten an ein Drittland nur übermitteln, sofern der Verantwortliche oder der Auftragsverarbeiter **geeignete Garantien** vorgesehen hat und sofern den betroffenen Personen durchsetzbare Rechte und wirksame Rechtsbehelfe zur Verfügung stehen. Solche Garantien können u.a. in verbindlichen **internen Datenschutzvorschriften** bestehen (sog. **Binding Coporate Rules**/BCR, vgl. Art. 47 DS-GVO)

24 EuGH Urt. v. 25.11.2021 – C-102/20, MMR 2022, 117 Rn. 40 ff. – StWL Städtische Werke Lauf a. d. Pegnitz GmbH/eprimo.

25 Bislang hat die EU-Kommission für folgende Länder entsprechende Angemessenheitsbeschlüsse erlassen: Andorra, Argentinien, Kanada, Färöer-Inseln, Guernsey. Israel, Isle of Man, Japan, Jersey, Neuseeland, Republik Korea (Südkorea), Schweiz, Uruguay, Vereinigtes Königreich.

oder **Standard-Datenschutzklauseln** der EU-Kommission (sog. „**Standardvertragsklauseln**" oder „Standard Contractual Clauses"/**SCCs**).

43 Der EuGH hat in seiner Rechtsprechung zum internationalen Datentransfer[26] klargemacht, dass die Anforderungen in Art. 44 ff. DS-GVO ernst zu nehmen sind und die Übermittlung von personenbezogenen Daten ins außereuropäische Ausland nur nach **vorheriger Risikoprüfung** stattfinden darf. Die EU-Kommission hat die Anforderungen des EuGH aus dem Schrems-II-Urteil in neuen Standardvertragsklauseln vom 4.6.2021[27] umgesetzt. Die DS-GVO und die neuen Standardvertragsklauseln setzen voraus, dass die Parteien vor dem Datenexport die Rechtslage sowie das konkrete Schutzniveau bezüglich der konkreten Datentransfers bewerten. Diese Bewertung soll dokumentiert und auf Anforderung der Aufsichtsbehörden auch herausgegeben werden. Für die Praxis bedeutet dies, dass für jeden Datenexport eine Risikoanalyse, auch „Transferfolgenabschätzung" oder **Transfer Impact Assessment** (**TIA**) durchgeführt werden muss. Grundsätzlich erfordert jeder Transfer ein eigenes TIA. Ausgenommen sind solche Transfers, die tatsächlich ein gleiches Risikoprofil zu einem Transfer aufweisen, der bereits einem TIA unterzogen wurde. Wie in anderen Datenschutzmaßnahmen nach der DS-GVO auch, sollten sämtliche TIAs in regelmäßigen Abständen anlasslos sowie bei Änderungen der Rechtslage oder Hinweisen durch Kunden/Nutzer oder Vertragspartner einer Überprüfung unterzogen werden.

44 Ein TIA ist aufwendig und in der Regel ohne Expertenbeteiligung kaum durchführbar. Für die besonders relevanten Jurisdiktionen der USA,[28] zu China, Indien und Russland[29] liegen bereits veröffentlichte Einschätzungen der Aufsichtsbehörden vor.

E. KI und automatisierte Entscheidungsfindung

45 Der Einsatz von **künstlicher Intelligenz** (**KI**) ist in Games stark im Kommen. Datenschutzrechtlich relevant wird der Einsatz von KI in Games, wenn und soweit es zu automatisierten Entscheidungen mit relevanten Auswirkungen auf die geschützten Interessen der Nutzer kommt.

I. Die automatisierte Entscheidungsfindung

46 Bei der ausschließlich **automatisierten Entscheidungsfindung** handelt es sich um die Fähigkeit, Entscheidungen ohne direkte Beteiligung einer Person mithilfe technischer

26 Vgl. EuGH Urt. v. 6.10.2015 – C-362/14, MMR 2015, 753 – Schrems/Digital Rights Ireland; EuGH Urt. v. 16.7.2020 – C-311/18, MMR 2020, 597– Facebook Ireland u. Schrems.

27 Durchführungsbeschluss (EU) 2021/914 der Kommission vom 4.6.2021 über Standardvertragsklauseln für die Übermittlung personenbezogener Daten an Drittländer gemäß der Verordnung (EU) 2016/679 des Europäischen Parlaments und des Rates (ABl. L 199, 31–61).

28 USA: *Vladeck* Rechtsgutachten zum aktuellen Stand des US-Überwachungsrechts und der Überwachungsbefugnisse im Auftrag der DSK vom 15.11.2021, abrufbar unter https://www.datenschutzkonferenz-online.de/media/weitere_dokumente/Vladek_Rechtsgutachten_DSK_de.pdf.

29 China, Indien und Russland: *Czarnocki/Giglio/Kun/Petik/Royer et al.* Legal study on Government access to data in third countries Rechtsgutachten im Auftrag des EDSA, November 2021, abrufbar unter https://edpb.europa.eu/our-work-tools/our-documents/legal-study-external-provider/legal-study-government-access-data-third_en.

Mittel zu treffen.[30] Die Vorteile für den Einsatz von Künstlicher Intelligenz zur automatisierten Entscheidungsfindung liegen auf der Hand. **Automated Decision Making** (**ADM**)-Systeme können eine ungleich größere Menge an Informationen berücksichtigen und im Idealfall eine neutrale und rein informationsbasierte Entscheidung treffen. Aber auch ADM-Systeme haben Schwächen und die maschinell getroffenen Entscheidungen können spürbare Konsequenzen für Menschen haben. Die Entscheidungsfindung von ADM-Systemen ist in der Praxis meist **wenig transparent**. Zum einen, weil die Entscheidungen in einer **systemischen Blackbox** getroffen werden.[31] Zum anderen, weil die zugrunde liegenden Algorithmen als Geschäftsgeheimnis der entwickelnden Unternehmen gut gehütet bleiben. Die DS-GVO will Menschen grundsätzlich davor schützen, in ihrem Lebens- und Sozialbereich Objekt einer vollständig automatisierten Entscheidung von Maschinen zu werden.[32]

II. Art. 22 DS-GVO

Die Grundlegende Regelung für die Frage der Zulässigkeit von ADM-Systemen findet sich in der DS-GVO in **Art. 22 Abs. 1.**[33] Danach hat jeder das Recht, „nicht einer ausschließlich auf einer automatisierten Verarbeitung – einschließlich Profiling – beruhenden Entscheidung unterworfen zu werden, die ihr gegenüber rechtliche Wirkung entfaltet oder sie in ähnlicher Weise erheblich beeinträchtigt.“ 47

In Abs. 2 werden automatisierte Entscheidungen, die für den **Abschluss** oder die **Erfüllung eines Vertrages** zwischen der betroffenen Person und dem Verantwortlichen erforderlich sind (lit. a) und automatisierte Entscheidungen mit ausdrücklicher Einwilligung der betroffenen Person (lit. c) von dem Verbot aus Abs. 1 ausgenommen. Abs. 4 enthält eine Rückausnahme für besondere Kategorien personenbezogener Daten nach Art. 9 Abs. 1 DS-GVO. 48

Entscheidend für die Frage, inwieweit automatisierte Entscheidungen im Umfeld von Videospielen im Anwendungsbereich der DS-GVO eingesetzt werden können, ist, ob es sich um eine vollständig automatisierte Entscheidung mit relevanter Wirkung für den Betroffenen handelt oder eine gesetzliche Ausnahme des grundsätzlichen Verbots vorliegt. 49

---

30 Vgl. die Definition in WP 251rev.01 „Leitlinien zu automatisierten Entscheidungen im Einzelfall einschließlich Profiling für die Zwecke der Verordnung 2016/679“, 6.2.2018, abrufbar unter https://datenschutz.hessen.de/sites/datenschutz.hessen.de/files/wp251rev01_de.pdf, S. 8.

31 ADM-Systeme treffen Entscheidungen in Systemen, die aus mehreren Schichten (Layern) von künstlichen „Neuronen“ bestehen, wobei jede Schicht selbstlernende Algorithmen anwendet, so dass eine Operation, die mehrere Layer durchläuft, für den Menschen kaum nachvollziehbar ist und man deswegen bei KI-Systemen auch von „Blackbox“ spricht. Siehe zu den technischen Hintergründen der Künstlichen Intelligenz und den Systemen Kaulartz/Braegelmann AI und Machine Learning-HdB/*Stiemerling* Kap. 2.1 Rn. 6 ff.

32 Vgl. Erwgr. 71 S. 1 DS-GVO.

33 Art. 9 Abs. 1 lit. a der Konvention 108 des Europarates enthält in der revidierten Fassung nach der Annahme des Protokolls von 2018 ebenfalls ein Verbot, Personen einer Entscheidung zu unterwerfen, wenn die Entscheidung ausschließlich automatisiert erfolgt. Das Verbot gilt indes nur, wenn die Entscheidung erhebliche Auswirkungen auf die betroffene Person hat.

III. Automatisierte Entscheidung

50 Da das Verbot des Art. 22 DS-GVO die betroffenen Personen davor bewahren will, zum Objekt von Maschinenentscheidungen zu werden, greift es nur in den Fällen, in welchen maschinelle **Entscheidungen ohne menschlichen Entscheidungseinfluss** getroffen werden. Ein Verbot einer automatisierten Datenverarbeitung kommt nicht in Betracht, wenn entweder keine Entscheidung getroffen wird oder der Mensch an der Entscheidung relevant mitwirkt.

1. Entscheidung statt bloßer Ausführung

51 Gegenstand des Verbots in Art. 22 Abs. 1 DS-GVO sind nur Entscheidungen. Keine Entscheidung liegt vor, wenn vorab zwischen der betroffenen Person und dem Verantwortlichen vereinbarte **„wenn-dann"-Regeln** maschinell abgearbeitet werden. Das automatisierte Ausführen von vorher gemeinsam festgelegten Folgen ist keine Entscheidung, weil es letztendlich an einer autonomen Bewertung, Abwägung und Ermessensausübung fehlt.[34]

52 Sofern der Publisher innerhalb des Gameplays oder bei Anti-Cheat-Maßnahmen lediglich vorher mit dem Nutzer vertraglich festgelegte Wenn-dann-Mechanismen maschinell umsetzt, liegt in dieser automatisierten Datenverarbeitung schon keine Entscheidung im Sinne des Art. 22 Abs. 1 DS-GVO. Schließt der Publisher beispielsweise in seine Nutzungsbedingungen Spielregeln mit ein, die einem binären Verstoß/Sanktionsprinzip folgen, kann in der bloßen automatisierten Exekution dieser vorab festgelegten Regeln keine automatisierte *Entscheidung* liegen.

2. Der menschliche Faktor

53 Dem Verbot des Art. 22 Abs. 1 DS-GVO unterliegen lediglich Entscheidungen, die ***ausschließlich*** **auf einer automatisierten Verarbeitung** beruhen. Nur dann fehlt es an einer einflussnehmenden Mitwirkung eines Menschen und die Entscheidung erfolgt rein **maschinell**. Um für eine Einbeziehung eines Menschen bei der Entscheidung zu sorgen, darf die **Mitwirkung des Menschen** bei der Entscheidung nicht bloße Förmelei sein. Für die menschliche Beurteilung und Letztentscheidung muss genügend Spielraum bleiben.[35] Denn auch eine menschliche Entscheidung, die schlicht den maschinellen „Entscheidungsvorschlag" umsetzt, beruht letztendlich auch ausschließlich auf einer maschinellen Verarbeitung. Unterstützt die Künstliche Intelligenz den Menschen in seiner **Entscheidungs*findung***, liegt keine *ausschließliche* automatisierte Entscheidung vor. In der Cheat-Abwehr sind Publisher auf automatisierte Erkennungssysteme angewiesen, die bei Vorliegen eines begründeten Cheat-Verdachts zu Konsequenzen für den Spieler oder die Spielerin – von zeitlichen Sperren bis hin zur Kündigung des Vertragsverhältnisses – führen können. Hier bereiten oder nehmen Systeme Entscheidungen vor.

54 Sofern das Anti-Cheat-Team des Publishers das Recht hat, die von dem automatisierten System vorgeschlagene Verbotsentscheidung aufzuheben, hat der menschliche Faktor

---

34 Simitis/Hornung/Spiecker gen. Döhmann/*Scholz* DS-GVO Art. 22 Rn. 17, 18 macht dies auch an dem Begriff des „Unterworfenseins" fest.

35 Vgl. auch *Artikel-29-Datenschutzgruppe*, WP 251rev.01 v. 6.2.2018, abrufbar unter https://datenschutz.hessen.de/sites/datenschutz.hessen.de/files/wp251rev01_de.pdf, S. 22.

bestimmenden Charakter und es liegt kein Fall des Art. 22 Abs. 1 DS-GVO vor. Falls das Anti-Cheat-Team des Publishers nur einen begrenzten Einfluss hat, bevor eine vorübergehende Sperre verhängt wird, zB nur das Recht hat, zu überprüfen, ob die vorgeschlagene Entscheidung zur Sperre frei von offensichtlichen Fehlern ist, wird dies nicht als ausreichende menschliche Beteiligung qualifiziert werden.

Allerdings sind auch Entscheidungen, die auf menschlichem Einfluss Dritter beruhen, keine ausschließlich maschinellen Entscheidungen im Sinne des Art. 22 Abs. 1 DS-GVO. Beruht beispielsweise eine Entscheidung des Systems, ein Nutzerkonto oder Spieler und Spielerinnenprofil zu sperren, auf **Nutzerbeschwerden**, liegt keine „automatisierte Entscheidung" vor. Die Anti-Cheat-Logik setzt hier lediglich technisch die Entscheidung von Menschen durch. Die Sperrentscheidung beruht hier auf einem Zusammenwirken der vorab definierten Kriterien des Publishers mit der **Entscheidung der Massen** (dh andere Spieler und Spielerinnen, die Beschwerden/Blocking-Vorschläge eingereicht haben). Hier wird die Entscheidung letztlich nicht von einem Menschen, sondern von einer Zahl N von Menschen ausgelöst, mithin wird der Nutzer gerade nicht zum Objekt einer ausschließlich maschinellen Entscheidung. 55

IV. Relevante Auswirkung für die betroffene Person

Einigkeit besteht darüber, dass nur solche automatisierten Entscheidungen vom Verbot des Art. 22 Abs. 1 DS-GVO umfasst sein sollen, die eine **relevante Auswirkung** für die betroffene Person haben. Nach dem Wortlaut der Vorschrift genügt alternativ zum einen (1) jede **„rechtliche Wirkung"** oder zum anderen (2) eine **„erhebliche" Beeinträchtigung** in „ähnlicher Weise". 56

1. Die rechtliche Wirkung

Rechtliche Wirkungen sollen nur solche Entscheidungen haben, die eine **Rechtsposition begründen, ändern oder aufheben.**[36] Das kann den rechtlichen Status einer Person genauso betreffen, wie auch die Rechte einer Person aus einem Vertragsverhältnis.[37] 57

Es spielt keine Rolle, ob das Nutzungsverhältnis entgeltlich oder unentgeltlich ausgestaltet ist. Es kommt lediglich auf den **rechtlichen Effekt**, also auf das Bestehen oder Nichtbestehen von Ansprüchen oder Rechtspositionen an. Beruht also die Entscheidung, ein Vertragsverhältnis zu beenden, ausschließlich auf einer automatisierten Entscheidung, wird dem eine rechtliche Wirkung zuzuschreiben sein und das Verbot des Art. 22 Abs. 1 DS-GVO greift. In der Praxis ist aber der Vertragsbeendigung zunächst eine Verwarnung oder eine vorübergehende Sperrung des Nutzerkontos vorausgegangen. Es bleibt strittig, ob die Verwarnung – der ja im Rahmen einer außerordentlichen Vertragskündigung entsprechend § 626 BGB eine eigene rechtliche Bedeutung zukommt – schon eine echte rechtliche Wirkung hat oder nicht. Auch die vorübergehende Sperrung eines Nutzerkontos könnte mit rechtlicher Wirkung angesehen werden, denn 58

36 Gola/*Schulz* DS-GVO Art. 22 Rn. 22.
37 Vgl. *Artikel-29-Datenschutzgruppe*, WP 251rev.01 v. 6.2.2018, abrufbar unter https://datenschutz.hessen.de/sites/datenschutz.hessen.de/files/wp251rev01_de.pdf, S. 23.

darin liegt die zumindest vorübergehende Leistungsverweigerung des Publishers aus dem vertraglichen Nutzungsverhältnis.

2. Ähnliche erhebliche Beeinträchtigungen

59 Letztendlich reichen aber auch vergleichbare **erhebliche Beeinträchtigungen** für ein Verbot der Datenverarbeitung nach Art. 22 Abs. 1 DS-GVO aus. Welche Wirkung für eine Person als erheblich im Sinne des Art. 20 Abs. 1 DS-GVO anzusehen ist, ist schwer zu definieren.[38]

60 Nach einer Auffassung ergebe sich aus dem Wort „beeinträchtigt“, dass grundsätzlich nur **belastende Entscheidungen**, nicht aber **begünstigende Entscheidungen**, von Art. 22 DS-GVO umfasst sein sollen.[39] Richtigerweise muss man davon ausgehen, dass **alle automatisierten Entscheidungen** mit erheblicher Wirkung unabhängig von ihrem Ergebnis in den Verbotsbereich des Art. 22 Abs. 1 DS-GVO fallen. Das Wortlautargument aus der deutschen Sprachfassung der DS-GVO, dass auf dem Wort „beeinträchtigt“ basiert, wird sowohl durch die **englische**[40] als auch durch die **französische**[41] **Sprachfassung** der DS-GVO deutlich geschwächt. Die Begriffe „affect“ bzw. „l'affectant“ können dort auch als „betreffen“ oder „berühren“ verstanden werden. Letztlich sprechen auch Sinn und Zweck der Vorschrift für ein neutrales Verständnis und die Einbeziehung aller automatisierten Entscheidungen mit wesentlichen Auswirkungen auf die betroffenen Personen. Im Kern geht es darum, dass die Person nicht zum „bloßen Objekt von Computeroperationen degradiert“ und die Verantwortung für Entscheidungen über Menschen nicht anonym Computersystemen zugeschrieben werden darf.[42]

61 Nur ausnahmsweise werden Entscheidungen das Gameplay und die Teilhabemöglichkeit die wesentlichen Lebensumstände des Nutzers betreffen. Das mag bei Spieler und Spielerinnen in gut dotierten **Esport-Tournaments** der Fall sein. Für den Gelegenheitsspieler wird es weder um erhebliche finanzielle Aspekte noch um den Zugang zu Erwerbschancen gehen.

V. Ausnahmen vom Verbot der Automatisierten Entscheidungsfindung

62 Von dem grundsätzlichen Verbot der automatisierten Entscheidung mit relevanter Auswirkung für die betroffene Person bestehen auch gesetzliche Ausnahmen, die für die Nutzung von ADM-Systemen im Kontext von Videospielen tragfähig sein können.

---

38 *Artikel-29-Datenschutzgruppe*, WP 251rev.01 v. 6.2.2018, abrufbar unter https://datenschutz.hessen.de/sites/datenschutz.hessen.de/files/wp251rev01_de.pdf, S. 23.

39 Vgl. Gola/*Schulz* DS-GVO Art. 22 Rn. 22; Taeger/Gabel/*Taeger* DS-GVO Art. 22 Rn. 47.

40 „The data subject shall have the right not to be subject to a decision based solely on automated processing, including profiling, which produces legal effects concerning him or her or similarly significantly *affects* him or her.“ (Hervorhebung nur hier).

41 „La personne concernée a le droit de ne pas faire l'objet d'une décision fondée exclusivement sur un traitement automatisé, y compris le profilage, produisant des effets juridiques la concernant ou *l'affectant* de manière significative de façon similaire.“ (Hervorhebung nur hier).

42 Dammann/Simitis EG-DatenschutzRL Datenschutz-RL Art. 15 Rn. 2; Kühling/Buchner/*Buchner* DS-GVO Art. 22 Rn. 11; Vgl. auch die Entschließung der 97. Konferenz der unabhängigen Datenschutzaufsichtsbehörden des Bundes und der Länder, 3.4.2019 („Hambacher Erklärung zur Künstlichen Intelligenz“), abrufbar unter https://www.datenschutzkonferenz-online.de/media/en/20190405_hambacher_erklaerung.pdf, S 3.

1. Vertragsbegründung und -durchführung

Nach Art. 22 Abs. 2 lit. a DS-GVO gilt das Verbot der automatisierten Entscheidungsfindung beispielsweise nicht, wenn die Entscheidung für den **Abschluss oder die Erfüllung eines Vertrags** zwischen der betroffenen Person und dem Verantwortlichen erforderlich ist. 63

Fraglich ist, ob **Betrugsabwehr** und **Anti-Cheat**-Verfahren als für die Vertragsdurchführung erforderlich im Sinne der Ausnahmeregelung angesehen werden können. Für Videospiele und der In-Game-Cheat-Abwehr gibt es gute Gründe. Wie der BGH bereits entschieden hat, ist die Wettbewerbsgleichheit in Multi-Player-Spielen integraler Erfolgsfaktor für das Spiel.[43] Ist die Chancen- und Wettbewerbsgleichheit im Spiel nicht sichergestellt, werden sich die Spieler und Spielerinnen von dem Spiel abwenden, so der BGH. Folgt man dieser Feststellung, entspricht es der Erwartung der Spieler und Spielerinnen, dass in dem Spiel Chancen- und Wettbewerbsgleichheit entsprechend der geltenden Spiel- und Nutzungsbedingungen herrschen. Mithin kann das Verfahren zum Anti-Cheat als für die Vertragserfüllung insgesamt erforderliche Datenverarbeitung – und damit der Ausnahmetatbestand des Art. 22 Abs. 2 lit. a DSGVO als erfüllt – angesehen werden. 64

2. Einwilligung in ADM

Neben den gesetzlichen Ausnahmetatbeständen kann die betroffene Person in die Datenverarbeitung zur automatisierten Entscheidung „ausdrücklich" nach Art. 22 Abs. 2 lit. c DS-GVO einwilligen. Die Anforderungen und Bedingungen für die **Einwilligung** aus Art. 7 DS-GVO finden auch hier Anwendung. Zusätzlich fordert die gesetzliche Ausnahme eine „ausdrückliche Einwilligung". Die Einwilligung muss also ausdrücklich auf eine oder mehrere konkrete automatisierte Entscheidungsprozesse bezogen sein. 65

Es ist eine Frage der konkreten Formulierung der Einwilligung, ob diese Einwilligung doppelt (Art. 22 und Art. 6 DS-GVO) oder gar dreifach (Art. 22 und Art. 6 DS-GVO und § 25 TTDSG) legitimierende Wirkung haben kann. Zum einen als Rechtsgrundlage für die Datenverarbeitung als solche nach Art. 6 Abs. 1 lit. a DS-GVO sowie ggf. zum Auslesen von Informationen aus der Endeinrichtung des Spielers oder der Spielerin gemäß § 25 Abs. 1 TDSG und zum anderen als Grundlage für automatisierte Entscheidungen im Rahmen dieser Datenverarbeitung. 66

Die Einwilligung ist – wie alle Einwilligungen – grundsätzlich jederzeit frei widerruflich. 67

VI. Kein ADM bei Daten über Weltanschauung, Körper und Gesundheit

Besondere Kategorien personenbezogener Daten (Art. 9 DS-GVO) dürfen grundsätzlich nicht für Entscheidungen auf Grundlage einer automatisierten Verarbeitung herangezogen werden, auch dann nicht, wenn eine gesetzliche Ausnahme des Art. 22 Abs. 2 DS-GVO greift. Das betrifft alle personenbezogenen Daten, aus denen die rassische und ethnische Herkunft, politische Meinungen, religiöse oder weltanschauliche 68

43 BGH Urt. v. 12.01.2017 – I ZR 253/14, MMR 2017, 394, Rn. 70 – World of Warcraft II: „Der Erfolg eines solchen Spiels steht und fällt damit, dass für alle Spieler die gleichen Bedingungen für die Bewältigung der Aufgaben und das Erreichen höherer Levels gelten."

Überzeugungen oder die Gewerkschaftszugehörigkeit hervorgehen, wie auch genetische Daten, biometrische Daten zur eindeutigen Identifizierung einer natürlichen Person, Gesundheitsdaten oder Daten zum Sexualleben oder der sexuellen Orientierung einer natürlichen Person (Art. 9 Abs. 1 DS-GVO).

69 Was auf den ersten Blick im Games-Kontext fernliegend scheint, ist es auf den zweiten Blick nicht: Denn automatisierte Verfahren zur Erkennung von **Hate-Speech** können auf Informationen zur Weltanschauung der betroffenen Person beruhen, wie auch im Bereich **Esports** und **Competitive-Gaming** in Echtzeit die Erhebung und Auswertung von **körperbezogenen Informationen** wie Pulsschlag oder Augenbewegungen denkbar sind.

70 Besondere Kategorien personenbezogener Daten können allerdings in automatisierte Entscheidungen einfließen, soweit die ausdrückliche Einwilligung in die Verarbeitung besonderer Datenkategorien vorliegt.

§ 22 Umsatzsteuer

Literatur: *Grambeck*, Umsatzsteuer international: Besteuerung elektronischer Leistungen im Drittland, MwStR 2022, 310; *Grambeck*, Keine Umsatzsteuerpflicht bei kostenlosen Internetdiensten und Smartphone-Apps, DStR 2016, 2026; *Kirch/Stumm*, Into the meTAVerse – ein Blick auf die (zukünftige) umsatzsteuerliche Behandlung von Transaktionen innerhalb des NFT-Ökosystems, UVR 2022, 245; *Liegmann/Farruggia-Weber*, Umsatzsteuerliche Herausforderungen bei der Herausgabe von NFT-Kollektionen, UR 2022, 441; *Rapp/Bongers/Engelhardt*, Umsatzsteuerliche Behandlung von Kryptokunst, UR 2021, 493.

A. Einführung

Gemessen am **Aufkommen** ist die Umsatzsteuer in Deutschland (mit ca. 220 Mrd. Euro in 2020) die wichtigste Steuer. Sie knüpft an Umsätze an und ist damit faktisch für jedes Unternehmen – abgesehen von Kleinunternehmern mit einem Jahresumsatz von nicht mehr als 22.000 Euro bzw. von Unternehmen mit befreiten Umsätzen – relevant. 1

Im Vergleich zu anderen Steuern, insbesondere der Einkommensteuer, ist die Umsatzsteuer (bzw. allgemeiner: jede konsumbasierte indirekte Steuer), durch zwei Besonderheiten gekennzeichnet: Zum einen sind Fehler ungleich schwerer zu korrigieren. Denn ausgangsseitig ist die Umsatzsteuer zivilrechtlich **Preisbestandteil** (soll also auf den Leistungsempfänger überwälzt werden) und die Steuerpflicht ist bei jeder einzelnen Transaktion zu prüfen. Eingangsseitig setzt der **Vorsteuerabzug** einen ordnungsgemäßen Beleg voraus. Nachträglich aufgedeckte Fehler bei der Steuerfindung bzw. -berechnung können daher den Unternehmer teuer zu stehen kommen, wenn eine Belegkorrektur bzw. Preiskorrektur gegenüber dem Geschäftspartner nicht durchführbar ist. Zum anderen kann **eine ausländische Steuerpflicht** schnell dadurch entstehen, dass Leistungen an im Ausland ansässige Leistungsempfänger erbracht werden – anders als im Bereich der einkommensbasierten Steuern bedarf es keiner **physischen Präsenz** im anderen Land. Zwar könnten Kunden in einzelnen Ländern – soweit zulässig – durch Geo-Blocking vom Leistungsangebot ausgeschlossen werden, dies macht aber idR unter kaufmännischen Erwägungen keinen Sinn, wenn sich das Leistungsangebot mit Grenzkosten von nahezu null auch grenzüberschreitend quasi beliebig skalieren lässt. 2

3 Der Beitrag beleuchtet in erster Linie die umsatzsteuerlichen Besonderheiten der **globalen Geschäftstätigkeit** von Games-Unternehmen im Kontext der Erbringung elektronischer Leistungen. Hierbei ist zwischen der innerhalb der EU harmonisierten Umsatzsteuer (→ Rn. 4 ff.) und den im Drittland erhobenen allgemeinen Verbrauchsteuern (→ Rn. 46 ff.) zu unterscheiden. Unter dem Gliederungspunkt D. (→ Rn. 59 ff.) werden zudem umsatzsteuerliche Fragen im Zusammenhang mit weiteren Geschäftsfeldern angerissen.

B. EU-Umsatzsteuer

I. Grundprinzipien der Besteuerung von auf elektronischem Wege erbrachten Leistungen

4 Prägendes Merkmal der von Games-Unternehmen erbrachten Leistungen ist ihre automatisierte Übertragung mittels elektronischer Netze. Umsatzsteuerlich handelt es sich um sog. **„auf elektronischem Wege erbrachte Leistungen"**, ohne dass weiter zwischen unterschiedlichen Formaten (Online-Spiele vs. Bereitstellung durch Download, kostenpflichtige Spiele vs. Free to play – Spiele mit zusätzlichen kostenpflichtigen Inhalten) differenziert werden muss.[1] Anhang II der EU-Mehrwertsteuersystemrichtlinie (MwSt-SystRL) enthält in einer exemplarischen Aufzählung elektronischer Leistungen sowohl die „Bereitstellung von Software und deren Aktualisierung" als auch die „Bereitstellung von Musik, Filmen und Spielen, einschließlich Glücksspielen und Lotterien".

5 Art. 7 der Mehrwertsteuer-Durchführungsverordnung (MwSt-DVO) definiert die auf elektronischem Wege erbrachten Leistungen als „Dienstleistungen, die über das Internet oder ein ähnliches elektronisches Netz erbracht werden, deren Erbringung aufgrund ihrer Art im Wesentlichen **automatisiert** und nur mit minimaler menschlicher Beteiligung erfolgt und ohne Informationstechnologie nicht möglich wäre." Diese Voraussetzung ist im Fall von Softwareprodukten und Online-Spielen zweifelsfrei erfüllt. Denn im Zeitpunkt der Leistungserbringung, also der Interaktion zwischen Gaming-Unternehmen und Käufer, ist kein menschliches Zutun notwendig, welches für die Art der Leistung leistungsprägend sein könnte. Der Zugriff auf das Spiel bzw. der Kauf von Inhalten erfolgen weitestgehend automatisiert. Dass ein Spiel im Vorfeld von Menschen programmiert worden ist, spielt also genauso wenig eine Rolle wie die Tatsache, dass zB im Fall von Leistungsstörungen gegebenenfalls Menschen tätig werden (zB Helpline im Fall von Problemen mit der Bezahlung bzw. Installation und Nutzung des Spiels).

6 Die Einordnung der Leistung als elektronische Leistung ist maßgeblich für die Ermittlung der vom Gaming-Unternehmen geschuldeten Umsatzsteuer (**Bestimmung des umsatzsteuerlichen Leistungsortes** und des Steuersatzes), für die Abrechnung und für das Deklarationsverfahren.

1. Leistungsort

7 Die Regelungen zum umsatzsteuerlichen Leistungsort im Fall grenzüberschreitender Umsätze sind im Rahmen der EU-Umsatzsteuer vom **Bestimmungslandprinzip** geprägt

1 Nicht als elektronische Leistung, sondern als Lieferung zu beurteilen, ist der Verkauf von Software auf physischen Trägermedien (CD). Hierfür gelten andere umsatzsteuerliche Regelungen, insbesondere für das Versandgeschäft, § 3c UStG.

– Leistungen sollen grundsätzlich dort besteuert werden, wo sie empfangen und konsumiert werden. Deshalb werden Leistungen an deutsche Kunden durch einen inländischen Leistungserbringer grundsätzlich mit deutscher Umsatzsteuer abgerechnet.

Werden Leistungen an andere Unternehmen im EU-Ausland erbracht (zB **Vertriebsplattformen**, dazu → Rn. 34), ergibt sich die Anwendung des Bestimmungslandprinzips aus § 3a Abs. 2 UStG – sie unterliegen dort der Umsatzsteuer, „von wo aus der Leistungsempfänger sein Unternehmen betreibt“, also wo er Leistungsempfänger ansässig ist. Als Nachweis der Unternehmereigenschaft des Leistungsempfängers dient idR dessen ausländische USt-ID-Nummer. Die im Ausland anfallende Umsatzsteuer wird dann vom Kunden geschuldet (sog. reverse-charge-Verfahren/Steuerschuldumkehr, gem. § 13b UStG bzw. Art. 196 MwStSystRL). 8

Werden Leistungen an Endkunden (B2C-Geschäft) im EU-Ausland erbracht, ergibt sich das Bestimmungslandprinzip aus dem zum 1.1.2015 eingeführten § 3a Abs. 5 UStG – die Leistung unterliegt der Umsatzsteuer an dem Ort, „an dem der Leistungsempfänger seinen Wohnsitz bzw. seinen gewöhnlichen Aufenthaltsort hat“ (**Empfängerort**). Eine Ausnahme hiervon gilt aus Vereinfachungsgründen seit 1.1.2019 für den Fall, dass der gesamte Netto-EU-Auslandsumsatz eines in der EU ansässigen Gaming-Unternehmens 10.000 Euro/Jahr nicht überschreitet. In diesen Fällen können (es handelt sich um ein Wahlrecht) alle B2C-Auslandsumsätze am **Sitzort** des Leistenden besteuert werden (§ 3a Abs. 1 UStG). Ist der Schwellenwert überschritten bzw. macht der Unternehmer von der Vereinfachungsregelung keinen Gebrauch, dann sind grenzüberschreitende B2C-Leistungen im jeweiligen EU-Ausland steuerpflichtig. 9

Nachzuweisen ist der Wohnsitz/Aufenthaltsort des B2C-Kunden grundsätzlich anhand von zwei „nicht widersprüchlichen“ **Kriterien.** Auch hier gibt es aus Vereinfachungsgründen seit 2019 eine Sonderregelung für Unternehmen mit einem gesamten Netto-EU-Auslandsumsatz von nicht mehr als 100.000 Euro/Jahr, in diesen Fällen reicht für die Ortsbestimmung ein Nachweis aus. 10

Welche Nachweiskriterien von einem Gaming-Unternehmen herangezogen werden können, ergibt sich aus Abschnitt 3a.9a Abs. 5 und 6 Umsatzsteuer-Anwendungserlass (UStAE) bzw. Artikel 24b Abs. 1 Buchstabe d MwSt-DVO i. V. m. Art. 24f MwSt-DVO. Für Computer- bzw. Mobile-Games relevant sind folgende Merkmale: 11

- Rechnungsanschrift
- IP-Adresse, über die sich der Spieler im Internet einloggt
- Bankangaben
- Mobilfunk-Ländercode des verwendeten Handys
- Ort des Festnetzanschlusses
- Sonstige wirtschaftlich relevanten Informationen: Diese Kategorie umfasst ausweislich der von der EU-Kommission veröffentlichten „Explanatory Notes“ vom 3.4.2014, S. 78, unter anderem länderbezogene Zahlungsverkehrssysteme und Gutscheine, die Kaufhistorie des Kunden, Unterlagen von Drittanbietern sowie Eigenbescheinigungen des Kunden. Es handelt sich aber nicht um eine abschließende Liste.

12 Betrachtet man diese Anforderungen im Kontext der Besonderheiten des Massengeschäfts im Games-Bereich, erweist sich die Nachweisführung mitunter als nicht erfüllbar. Denn anders als zB im Bereich des Warenversandhandels (hier hinterlegt der Kunde eine Postadresse, an die das Paket gesendet werden soll) oder des erlaubnispflichtigen Glücksspiels (bei dem sich der Nutzer hinsichtlich seines Alters und Wohnortes anhand von Ausweispapieren per Video- oder Postident identifizieren muss), kann der Spieler bei „gewöhnlichen" Internetangeboten **anonym** bleiben bzw. sogar mit falscher Identität spielen. Hinzu kommt, dass die Games-Unternehmen auch anonyme Bezahlmethoden anbieten (wie zB über den Einzelhandel vertriebene Gutscheine oder die Paysafe-Card, möglicherweise auch Kryptowährungen).

13 In der Praxis wird daher vor allem auf die **Abrechnungen der Bezahldienstleister** abzustellen sein. Diese haben aufgrund regulatorischer Anforderungen oftmals ohnehin eine dezidierte KYC-Policy (Know Your Customer). Die Bezahldienstleister können daher ohne weiteres eine Aufschlüsselung der abgerechneten Umsätze nach dem Herkunftsland ihrer Kunden liefen. Sie haben im Übrigen keinen eigenen Anreiz, fehlerhafte Angaben zur Ansässigkeit des Kunden zu machen, so dass diesen Angaben auch aus Sicht eines Dritten (wie zB der Finanzverwaltung) zu vertrauen sein sollte.

14 Erfahrungsgemäß führt ein **Abgleich** zwischen den von Bezahldienstleistern bereitgestellten Daten und den selbst ermittelten Informationen zur Ansässigkeit des Kunden durch das Gaming-Unternehmen (insbesondere IP-Adresse) zu Differenzen, die sich nicht ohne Weiteres aufklären lassen, wie folgendes Beispiel verdeutlichen soll:

15 Ein deutscher Spieler nutzt sein deutsches Paypal-Konto (mit hinterlegter Email bzw. Postadresse in Deutschland), um während eines Urlaubsaufenthaltes auf Mallorca sein Spielekonto aufzuladen. Durch die Angaben des Bezahldienstleisters wird der Umsatz in Deutschland verortet, die IP-Adresse hingegen verweist auf Spanien.

16 Umsatzsteuerlich ist es in einem solchen Fall nicht zu beanstanden, den Umsatz der deutschen Umsatzsteuer zu unterwerfen (Kaufhistorie des Kunden als „sonstige wirtschaftlich relevante Information", → Rn. 11). Dies ändert aber nichts daran, dass es für diesen Umsatz neben der Bezahlmethode kein zweites widerspruchsfreies **Zuordnungsmerkmal** gibt, um den umsatzsteuerlichen Leistungsort zu bestimmen.

17 Noch gibt es nur wenige **praktische Erfahrungen zum Umgang der Finanzverwaltungen** mit den Problemen zur Dokumentation des Leistungsorts. Obwohl die ersten Steuerfestsetzungen für die seit dem 1.1.2015 geltenden Regelungen bereits bestandskräftig sind, wird die Vorgehensweise der Gaming-Unternehmen durch die prüfenden Finanzämter nur selten hinterfragt oder detailliert geprüft. Allgemein ist zu hoffen, dass ein fehlendes widerspruchsfreies zweites Kriterium zur Bestimmung des Leistungsortes für das Finanzamt keinen Anlass gibt, Umsätze von Land A nach Land B zu verschieben und die Umsatzsteuer abweichend festzusetzen. Zum einen wird der im Sitzstaat (Deutschland) zuständige deutsche Finanzamtsprüfer mangels Bedeutung für „sein persönliches" steuerliches Mehrergebnis kaum Interesse haben, Umsätze zwischen zwei anderen EU-Ländern hin und her zu schieben (zB von Frankreich nach Spanien). Zum anderen liefert selbst eine lückenhafte Dokumentation keinen hinreichenden Grund,

Umsatz einseitig aus dem EU-Ausland nach Deutschland zu verschieben (und so ein Mehrergebnis für Deutschland zu erreichen).[2]

Strengere Maßstäbe könnten an die Dokumentation des Leistungsortes freilich anzulegen sein, wenn ein Gaming-Unternehmen **Preisdifferenzierung** betreibt (also in verschiedenen Ländern insbesondere aufgrund unterschiedlicher Kaufkraft unterschiedliche Preispunkte setzt) und keine ausreichenden Maßnahmen ergreift, um Preis-Shopping durch Spieler zu unterbinden. Denn hier besteht die Vermutung, dass Spieler in Niedrigpreisländer „abwandern", also versuchen, sich zB durch **VPN-Exploitation** als Ausländer mit Wohnsitz in einem Niedrigpreisland auszugeben. Die Gaming-Unternehmen sollten sowohl aus kaufmännischen als auch aus umsatzsteuerlichen Gründen ein Interesse haben, dies zu unterbinden. 18

2. Entstehung der Umsatzsteuer

Im Rahmen der **Sollbesteuerung** (diese ist nach deutschem Recht anzuwenden, wenn ein Unternehmen mehr als 600.000 Euro Jahresumsatz erzielt, § 20 UStG) entsteht die Umsatzsteuer mit Erbringung einer Leistung bzw. im Zeitpunkt der Vereinnahmung von Vorauszahlungen für noch zu erbringende Leistungen (sog. Mindestistbesteuerung). 19

Ungeachtet der Frage, ob ein Gaming-Unternehmen nach handels- und ertragssteuerrechtlichen Gesichtspunkten Abgrenzungen für (noch nicht eingesetzte) Guthaben auf Spielerkonten vorzunehmen hat, ist Umsatzsteuer nach hier vertretener Meinung bereits dann abzuführen, wenn der Spieler sein Konto auflädt und hierfür ein **Entgelt** entrichtet. Dies sollte nicht nur bei der deutschen, sondern auch für die Umsatzsteuer im EU-Ausland so gelten. Zwar ist die Zahlung eines Geldbetrages kein umsatzsteuerliches Entgelt, wenn der Zahlende im Gegenzug Geld erhält (Geldwechsel). Allerdings erfüllen Spielewährungen nicht die Voraussetzung einer Währung (iSd gesetzlichen Zahlungsmittels), weil bzw. wenn nach den AGB des Gaming-Unternehmens ein Rücktausch der Spielewährung in gesetzliche Zahlungsmittel nicht möglich ist. 20

Ob und wann der Spieler sein Guthaben in Form von Spielwährung im Spiel einsetzt, spielt umsatzsteuerlich also keine Rolle. Verfällt das Guthaben (weil der Spieler sein Spielkonto schließt oder aus anderen Gründen nicht mehr nutzt), berechtigt dies nicht zur **Berichtigung** der bereits entstandenen bzw. abgeführten Umsatzsteuer. Zu berichtigen wäre die Umsatzsteuer nur dann, wenn das Gaming-Unternehmen das Entgelt (zB aus Kulanz) zurückgewährt. 21

3. Steuersätze in der EU

Das EU-Mehrwertsteuersystem lässt neben einem Regelsteuersatz auch reduzierte Steuersätze und Befreiungen zu. Diese haben im Bereich der elektronischen Leistungen im Games-Bereich aber **keine Bedeutung**, relevante Ausnahmen betreffen zB das Glücks- 22

---

2 Erwähnenswert ist an dieser Stelle, dass die allgemeinen deutschen Vorschriften für die Steuerhinterziehung (§ 370 Abgabenordnung (AO)) bzw. Steuergefährdung (§ 379 AO) gleichermaßen für die Mehrwertsteuern des EU-Auslands gelten. Ein deutscher Betriebsprüfer müsste also richtigerweise mitprüfen, ob ein deutsches Gaming-Unternehmen auch die ausländische Steuer korrekt berechnet und abführt. In der Prüfpraxis findet dies aber erfahrungsgemäß oft keinen Niederschlag.

spiel (gegebenenfalls befreit, weil Gegenstand spezieller Wett- und Lotteriesteuern) und auch E-Books (die wie auch gedruckte Bücher ermäßigt besteuert werden können).

23 Maßgeblich für die Berechnung ist der Steuersatz, der im **Zeitpunkt der Leistungserbringung** gilt. Dies ist idR das Aufladen eines Spielekontos. Problematisch sind Steuersatzanpassungen im Fall von Dauerleistungen, zB **Abonnements** – wird hier das Entgelt im Wege der Vorauszahlung geleistet. Steigt vor Ablauf des Abozeitraums der Steuersatz, dann muss die Steuer vorbehaltlich etwaiger Nichtbeanstandungsregelungen korrigiert werden.

24 Die **aktuellen Regelsteuersätze** in der EU können auf den Webseiten der Generaldirektion Zölle und Steuern[3] abgerufen werden, bei Nutzung des OSS-Deklarationsverfahrens (vgl. Rn 27, nachfolgend Abschnitt 2.1.4) werden sie von der erhebenden Behörde in den Formularen eingepflegt. Die Steuersätze erweisen sich im Übrigen als relativ stabil, allerdings haben einige EU-Länder im Rahmen der Eurokrise 2010 die Mehrwertsteuer herangezogen, um zusätzliche Finanzierungsbedarfe zu decken (zB Anhebung in Irland von 21 % auf 23 %, in Spanien von 18 % auf 21 %, in Portugal von 21 % auf 23 %, in Griechenland von 23 % auf 24 %, in Italien von 20 % auf 22 %). Dies ist auch plausibel, weil sich Steuersatzanpassungen – anders als bei den veranlagten Einkommensteuern – relativ schnell in **Steuermehreinnahmen** niederschlagen. Denn die Steuer wird monatlich oder quartalsweise erhoben und die für das Steueraufkommen maßgebliche Konsumnachfrage ist relativ stabil.[4] Deutschland rangiert mit 19 % mittlerweile am unteren Ende der Skala (vgl. nachfolgende Übersicht), was ein Zeichen einer starken Wirtschaft und auch solider Staatsfinanzen ist. Tendenziell ist mit einem weiteren Anstieg der Umsatzsteuersätze in der EU zu rechnen.

3 Siehe https://ec.europa.eu/taxation_customs/taxation-1/value-added-tax-vat_en.

4 Der Einsatz der Mehrwertsteuer als Konjunkturstütze (vgl. die Corona-bedingte Absenkung von 19 % auf 16 % im zweiten Halbjahr 2020 in Deutschland) dürfte sich hingegen als relativ wirkungslos erweisen. Zudem verursachen temporäre Steuersatzanpassungen erheblichen administrativen Aufwand.

EU Mitgliedsstaat	**Ländercode**	**Regelsteuersatz in % am 1. Januar 2022**
Belgien	BE	21
Bulgarien	BG	20
Tschechische Republik	CZ	21
Dänemark	DK	25
Deutschland	DE	19
Estland	EE	20
Irland	IE	23
Griechenland	EL	24
Spanien	ES	21
Frankreich	FR	20
Kroatien	HR	25
Italien	IT	22
Zypern	CY	19
Lettland	LV	21
Litauen	LT	21
Luxemburg	LU	17
Ungarn	HU	27
Malta	MT	18
Niederlande	NL	21
Österreich	AT	20
Polen	PL	23
Portugal	PT	23
Rumänien	RO	19
Slowenien	SI	22
Slowakei	SK	20
Finnland	FI	24
Schweden	SE	25

Tab.: Steuersätze in der EU

4. Deklarationsverfahren

25 Die der deutschen Umsatzsteuer unterliegenden Umsätze werden im Rahmen des allgemeinen **Veranlagungsverfahrens** erhoben. Die meisten Unternehmen geben monatliche Meldungen ab, für die Besteuerungszeiträume 2021 bis 2026 ist in **Neugründungsfällen** eine quartalsweise Meldung vorgesehen. Diese Regelung ist als Verfahrensvereinfachung gedacht, hat aber den großen Nachteil, dass die Unternehmen in einer Erstattungssituation (der Betrag der Vorsteuer aus Eingangsumsätzen übersteigt die Umsatzsteuer auf Erlöse) länger auf ihr Geld vom Finanzamt warten müssen. Neben den Voranmeldungen ist auch die Abgabe einer **Jahreserklärung** obligatorisch.

26 Umsatzsteuer auf Umsätze, für die der Leistungsort im EU-Ausland liegt, muss an das berechtige ausländische Finanzamt abgeführt werden. Ein in Deutschland ansässiges Unternehmen müsste sich demnach in bis zu 26 anderen **EU-Mitgliedstaaten** umsatzsteuerlich registrieren und dort nach den lokalen Vorschriften Umsatzsteuermeldungen abgeben. Aufgrund der Sprachbarrieren und der nicht harmonisierten Verwaltungsvorschriften ist dies kaum beherrschbar und mit erheblichen administrativen Kosten verbunden.

27 Der Richtliniengeber hat dieses Problem im Zuge der Umsetzung der Regelungen zum Leistungsort für elektronische Leistungen (am 1.1.2015) erkannt und den sog. **Mini-One-Stopp-Shop** (MOSS) eingeführt (vgl. § 18i UStG). Dieser regelt, dass ein in Deutschland ansässiger Erbringer elektronischer Leistungen in Deutschland eine Meldung mit den EU-Auslandsumsätzen abgeben kann. Die dazugehörige Steuer wird an das zuständige Finanzamt (in Deutschland ist für die Entgegennahme der quartalsweisen Steueranmeldung und Steuerbeträge das Bundeszentralamt für Steuern zuständig[5]) abgeführt und von dort an die Finanzämter im EU-Ausland weitergeleitet. Anders als im inländischen Veranlagungsverfahren gibt es neben den **vier Quartalsmeldungen** keine Jahresmeldung.

28 Es handelt sich bei diesem Meldeverfahren um eine **fakultative Regelung** – das Gaming-Unternehmen kann sich auch weiterhin dafür entscheiden, sich in jedem anderen EU-Land direkt umsatzsteuerlich zu registrieren. Dies dürfte aber nur in Einzelfällen sinnvoll sein.

29 Am 1.7.2021 wurde der MOSS in **OSS** (One-Stop-Shop, § 18j UStG) umbenannt, weil von der Sonderregelung nunmehr nicht nur die Erbringer elektronischer Leistungen, sondern auch Versandhändler und Erbringer anderer sonstiger Leistungen Gebrauch machen können. Gleichzeitig wurden zwei Verbesserungen verabschiedet:

- Die **Abgabefrist** wurde vom 20. des auf das Meldequartal folgenden Monats auf das Monatsende (also zB 31. April statt 20. April für die Q1-Meldung) verlängert.
- Änderungen der Bemessungsgrundlage (zB aufgrund von Zahlungsausfall des Schuldners bzw. Rückbelastungen der Bezahldienstleister) sind nicht mehr in der Meldung, in welcher der zugrunde liegende Umsatz deklariert wurde, sondern in der **laufenden Meldung** zu berücksichtigen.

---

5 Siehe https://www.bzst.de/DE/Unternehmen/Umsatzsteuer/MiniOneStopShop/minionestopshop_node.html.

Ein Unternehmen, welches den OSS nutzt, sollte sich über folgende Aspekte der Sonderregelung im Klaren sein: 30

- **Vorsteuern** können im Rahmen des OSS nicht geltend gemacht werden. Sollten also lokale Vorsteuern im EU-Ausland anfallen, muss das hierfür vorgesehene **Vergütungsverfahren** genutzt werden. Auch für dieses Verfahren ist das Bundeszentralamt für Steuern zuständig,[6] der Antrag ist bis um 30. September des Folgejahres elektronisch einzureichen. In der Regel ist diese Besonderheit des OSS kein wirkliches Problem, weil ausländische Vorsteuern im Rahmen der Geschäftstätigkeit von Games-Unternehmen die Ausnahme darstellen (zB Kosten aufgrund von Geschäftsreisen und Messeteilnahmen im EU-Ausland).
- Unterhält ein deutsches Gaming-Unternehmen im EU-Ausland eine umsatzsteuerliche **Betriebsstätte**, dann müssen die dort erzielten Umsätze aus der Erbringung elektronischer Leistungen über die für die Betriebsstätte vorgesehene Umsatzsteuermeldung (reguläres Veranlagungsverfahren) beim dort zuständigen Finanzamt gemeldet werden.
- Es gilt das **„all-in oder all-out“**-Prinzip. Mit der Entscheidung für den OSS müssen also alle EU-Auslandsumsätze (mit Ausnahme der Umsätze in Mitgliedstaaten, in denen das Games-Unternehmen eine Betriebsstätte unterhält) erklärt werden.
- Bei Nutzung des OSS hat ein Gaming-Unternehmen idR keinen direkten Zugang zur lokalen Finanzverwaltung. Umsatzsteuerliche Zweifelsfragen können also nicht so „einfach“ adressiert werden wie im Fall einer direkten Registrierung.
- Im Fall einer umsatzsteuerlichen **Organschaft** ist die OSS-Meldung durch den Organträger abzugeben, auch wenn die maßgeblichen Umsätze von einer Organgesellschaft ausgeführt werden. Dies erfordert entsprechende zusätzliche Umbuchungen im Konzern.
- Die Teilnahme kann **nicht rückwirkend** angezeigt werden. Wurde also die maßgebliche Meldeschwelle (10.000 Euro EU-Auslands-Umsatz/Jahr) überschritten, können die Umsätze nur zukunftsgerichtet im OSS-Verfahren angemeldet werden (die Anmeldung hat bis zum 10. des Monats zu erfolgen, in dem eine Steuerpflicht im EU-Ausland ausgelöst wird). Start-ups sollten daher in Erwartung eines Überschreitens der Meldeschwelle bereits im Zeitpunkt der Aufnahme der Geschäftstätigkeit rechtzeitig eine Anmeldung zum OSS vornehmen.
- Im Hinblick auf die Abgabe der OSS-Meldung und die anzumeldenden ausländischen Steuern fungiert das inländische Bundeszentralamt lediglich als **Briefkasten.** Etwaige Fragen im Zusammenhang mit der Steuerfestsetzung im EU-Ausland unterliegen also den dortigen Regelungen. Eine zu späte Abgabe der Erklärung oder Bezahlung der Steuer an das Bundeszentralamt wird also nach lokalen Vorschriften sanktioniert. Das bedeutet u.a., dass ein deutsches Unternehmen dann zB einen Bescheid über Zinsen oder Verspätungs- und Säumniszuschläge (wegen zu später Abgabe der Erklärung bzw. Zahlung der Steuer) in ausländischer Sprache erhält. Soll gegen diese Festsetzungen vorgegangen werden, muss dies außerhalb des OSS und unter Einschaltung eines lokalen Beraters erfolgen.

6 Siehe https://www.bzst.de/DE/Unternehmen/Umsatzsteuer/Vorsteuerverguetung/vorsteuerverguetung_node.html.

- Wie mit der **Überprüfung** der im OSS-Verfahren erklärten Umsatzsteuer durch die Finanzverwaltung verfahren werden soll, ist nach wie vor nicht eindeutig. Einerseits könnte dem Finanzamt im Sitzstaat des Melders (hier: Deutschland) die Aufgabe übertragen werden, die Steuern des EU-Auslands mit zu prüfen. Es wäre aber auch denkbar, dass ein Unternehmen 26 Einzelprüfungen über sich ergehen lassen muss, hier sind dann gegebenenfalls Unterlagen in standardisierter Form (Standard-Audit-File) vorzulegen. Bis zum heutigen Tage hat eine Überprüfung von MOSS- bzw. OSS-Meldungen erfahrungsgemäß noch Seltenheitswert.

31 Ungeachtet dieser Probleme und Besonderheiten des OSS-Verfahrens handelt es sich um eine durchweg zu begrüßende Sonderregelung für Anbieter elektronischer Leistungen, wenngleich weitere **Vereinfachungen** und Verbesserungen (insbesondere im Zusammenhang mit der Nachmeldung historischer Umsätze) sicherlich zu begrüßen wären.

5. Rechnungstellung

32 Umsatzsteuerlich gelten hinsichtlich der Ausstellung von Rechnungen grundsätzlich die Regelungen des EU-Mitgliedstaates, in dem der Umsatz als erbracht gilt.

- Für in Deutschland steuerpflichtige Umsätze gelten also die deutschen Regelungen. Weil nach § 14 UStG im B2C-Geschäft eine Rechnung nicht verpflichtend ist, kann auf eine Ausstellung verzichtet werden.[7]
- Für im EU-Ausland steuerpflichtige Umsätze müsste das Gaming-Unternehmen grundsätzlich die dort geltenden Regelungen anwenden. Dies kann erheblichen Mehraufwand bedeuten, zumal die Vorschriften zur Rechnungstellung nicht EU-weit harmonisiert sind.

33 Auch an dieser Stelle bietet der OSS eine weitere wichtige Vereinfachung – macht der Unternehmer von diesem besonderen Deklarationsverfahren Gebrauch, gilt für das Ausstellen von Rechnungen das **Sitzortprinzip**. Das Gaming-Unternehmen wendet also das Recht seines Sitzstaates auch dann an, wenn es Leistungen an im EU-Ausland ansässige Endkunden erbringt. Die Ausstellung einer Rechnung kann daher aus Sicht eines in Deutschland ansässigen Gaming-Unternehmens auch für sämtliche EU-Umsätze unterbleiben.

34 Wird eine Bestell- oder Kaufbestätigung an den Kunden gesendet (zB per Email), ist zu empfehlen, in diesen Rechnungen auf einen Ausweis der Umsatzsteuer zu verzichten und stattdessen nur den **Hinweis** „Rechnungsbetrag beinhaltet die gesetzliche Umsatzsteuer"/„gross price includes statutory VAT") anzubringen. Dies hat den Vorteil, dass bei Änderungen von Steuersätzen keine Umprogrammierung vorgenommen werden muss. Ferner muss bei Fehlern in der Verortung von Umsätzen der Beleg nicht korrigiert werden, sofern dies überhaupt Voraussetzung für die Korrektur der Steuer ist (maßgeblich sind auch insoweit die Vorschriften in dem Land, in dem die Steuer fällig ist[8]).

---

7 Die Ausstellung einer Rechnung kann freilich aus nichtsteuerlichen Gründen erforderlich sein (vgl. zB § 368 BGB zur Ausstellung einer Quittung).

8 Ob für die Steuerkorrektur eine Belegkorrektur überhaupt notwendig ist, wird der EuGH in einem aktuell anhängigen Verfahren (C-378/21) zu klären haben.

II. Plattformen und Bezahldienstleister

35 Gaming-Unternehmen vertreiben die Spiele zum einen über ihre eigene Homepage. In anderen Fällen erfolgt der **Vertrieb über Plattformen**, wie zB Steam, Google oder Apple. Ferner gibt es hinsichtlich der **Bezahlung** neben den klassischen Methoden (Überweisung, Kreditkarten, Paypal etc) auch die Möglichkeit für die Spieler, die Leistung mit der Telefonrechnung zu bezahlen (call to pay / premium SMS). § 3 Abs. 11a UStG[9] sieht unter bestimmten Voraussetzungen vor, dass die Plattformbetreiber bzw. die Telekommunikationsunternehmen (nebst vorgeschalteter Aggregatoren, wie zB Daopay, InternetQ, Infin, Onebip, Fortumo oder Dimico) Teil einer umsatzsteuerlich fingieren Leistungskette sind.

1. Fiktion der Leistungskette

36 Eine umsatzsteuerliche Leistungskette wird fingiert, wenn ein Unternehmer in die Erbringung einer sonstigen Leistung, die über ein Telekommunikationsnetz, eine Schnittstelle oder ein Portal erbracht wird, eingeschaltet wird. Dies gilt zwingend, wenn dieser zwischengeschaltete Unternehmer

1. die Abrechnung gegenüber dem Leistungsempfänger autorisiert,
2. die Erbringung der sonstigen Leistung genehmigt oder
3. die allgemeinen Bedingungen der Leistungserbringung festlegt.

37 Das Gaming-Unternehmen erbringt die elektronische Leistung also an den zwischengeschalteten Unternehmer (sog. Intermediär, es handelt sich um einen B2B-Umsatz). Der zwischengeschaltete Unternehmer erbringt die Leistung an den Spieler (hierbei handelt es sich um einen B2C-Umsatz).

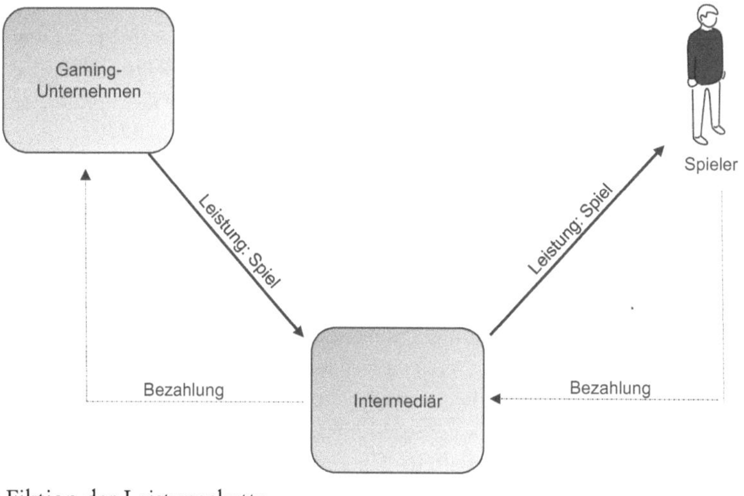

Abb.: Fiktion der Leistungskette.

9 Die Vorschrift basiert auf Art. 9a MwSt-DVO. Dieser ist hinsichtlich seiner Gültigkeit aktuell Gegenstand eines beim EuGH anhängigen Verfahrens (C-695/20), weil an der ordnungsgemäßen Umsetzung gezweifelt wird. Ernsthafte Auswirkungen für deutsche Unternehmen sind nicht zu erwarten, weil zumindest die Regelung des § 3 Abs. 11a UStG ordnungsgemäß zustande gekommen ist.

38 Das Gaming-Unternehmen hat den an den Intermediär fingierten Umsatz nach den für das B2B-Geschäft geltenden Grundsätzen abzurechnen und zu deklarieren. Hierbei gelten abweichend vom B2C-Geschäft folgende Regelungen:

- Umsatzsteuerliches Entgelt aus Sicht des Gaming-Unternehmens ist der **Payout**, also der Betrag, den der zwischengeschaltete Unternehmer nach Abzug seines eigenen Revenue Share an das Gaming-Unternehmen auszahlt (bei Google zB 70 %).
- Der umsatzsteuerliche **Leistungsort** für die vom Gaming-Unternehmen an den Intermediär erbrachten Leistung ist der Ort, von dem aus der Leistungsempfänger (wie zB Google) sein Unternehmen betreibt, idR ist dies der Ort der Ansässigkeit. Ist der Intermediär
  - in Deutschland ansässig, unterliegt der Payout der deutschen Umsatzsteuer. Diese wird vom Gaming-Unternehmen geschuldet (und kann vom Intermediär als Vorsteuer geltend gemacht werden);
  - im EU-Ausland ansässig, ist der Payout im Empfängerland steuerpflichtig, die Steuer wird vom Intermediär geschuldet (reverse-charge/Verfahren der Steuerschuldumkehr). Das Gaming-Unternehmen benötigt unbedingt die ausländische USt-ID-Nummer des Intermediärs, diese Nummer ist auf Ihre Gültigkeit hin zu überprüfen (auf der Internetseite des Bundeszentralamts für Steuern, siehe unter www.bzst.de).
  - im Drittland ansässig, ist der Umsatz im Inland nicht steuerbar.
- Die Ausstellung einer **Rechnung** ist Pflicht, wobei die Parteien eine Abrechnung im Gutschriftsverfahren vereinbaren können. Abzurechnen ist lediglich über den Payout. Der Revenue Share des Intermediärs ist zivilrechtlich zwar das Geschäftsbesorgungsentgelt für die vom Intermediär erbrachte Leistung, über diese ist im Rahmen der fingierten Leistungskette aber nicht abzurechnen.
- Das Gaming-Unternehmen deklariert den Umsatz im regulären Veranlagungsverfahren, bei grenzüberschreitenden Umsätzen innerhalb der EU ist auch die Abgabe einer **zusammenfassenden Meldung** notwendig. In der OSS-Meldung sind die Umsätze nicht zu deklarieren.

39 Der Intermediär erbringt eine elektronische Leistung an den Spieler, hierfür gelten die unter B. I. (insbesondere → Rn. 25) dargestellten Grundsätze.

2. Verneinung der Leistungskette

40 Wenn die genannten Voraussetzungen für die Annahme einer Leistungskette nicht erfüllt sind bzw. wenn das Gaming-Unternehmen als Anbieter der elektronischen Leistung von dem zwischengeschalteten Unternehmer in Verträgen und Rechnungen als Leistungserbringer ausdrücklich benannt ist, ist der zwischengeschaltete Unternehmer **nicht** Teil einer (fingierten) Leistungskette. Eine Leistungskette ist auch für den Fall zu verneinen, dass ein zwischengeschaltetes Unternehmen lediglich **Zahlungen** in Bezug auf die erbrachte sonstige Leistung abwickelt und nicht an der Erbringung dieser sonstigen Leistung beteiligt ist:

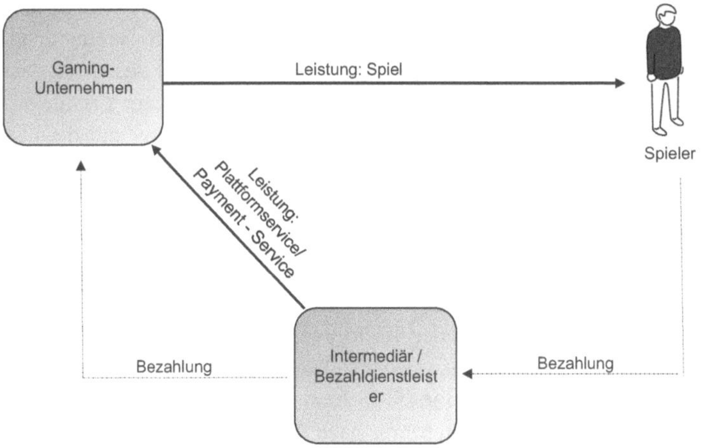

Abb.: Verneinung der Leistungskette.

In diesem Fall erbringt das Gaming-Unternehmen die Leistung an den Endkunden (B2C). Hinsichtlich der Lokalisierung, der Rechnungstellung und der Deklaration dieses B2C-Umsatzes gelten die Ausführungen in Rn. 4 ff. Der Intermediär erbringt eine sonstige Leistung an das Gaming-Unternehmen und leitet die Einnahmen vom Spieler als durchlaufende Posten an das Gaming-Unternehmen weiter (sog. Third-Party-Collection oder auch Bruttomethode). 41

Zu beachten ist, dass das Gaming-Unternehmen nicht den tatsächlichen Payout des Intermediärs als Umsatz zu deklarieren hat, sondern das, was der Endkunde für den Bezug der Leistung aufwendet. Der Abzug des Intermediärs bzw. Bezahldienstleisters ist das Entgelt für dessen Leistung an das Gaming-Unternehmen. Ist der Leistungserbringer in Deutschland ansässig, wird dieses Entgelt mit Umsatzsteuer abgerechnet, welche das Gaming-Unternehmen unter Beachtung der übrigen Vorschriften (insbesondere muss eine ordnungsgemäße Rechnung vorliegen) als Vorsteuer geltend machen kann. Bei ausländischen Intermediären und Bezahldienstleistern ist das Verfahren der Steuerschuldumkehr anzuwenden (§ 13b UStG), die auf das Entgelt entfallende Umsatzsteuer wird also vom Gaming-Unternehmen geschuldet und kann von diesem als Vorsteuer geltend gemacht werden (ein ordnungsgemäßer Beleg ist hierfür nicht notwendig). 42

3. Wann kommt welches Verfahren zur Anwendung?

§ 3 Abs. 11a UStG zur Fiktion der Leistungskette sorgt in einzelnen Geschäftsmodellen für **Unsicherheit**, weil nicht eindeutig ist, ob der Intermediär als Teil einer Leistungskette Empfänger (der vom Gaming-Unternehmen erbrachten Leistung) bzw. Erbringer der elektronischen Leistung (an den Endkunden) ist oder stattdessen lediglich eine Bezahldienstleistung an das Gaming-Unternehmen erbringt. 43

Die Vorschrift des § 3 Abs. 11a UStG wurde seinerzeit in erster Linie für die bekannten Plattformen (Google Playstore, Apple App Store) geschaffen, um sie hinsichtlich der auf den Endkundenumsatz entfallenden Umsatzsteuer unmittelbar in die Steuerpflicht 44 nehmen zu können. Die Einbindung in die Leistungskette ist in diesen Fällen unstrittig, weil der Plattformbetreiber die Übermittlung der Leistung (mittels Download) initiiert und auch die Abrechnung autorisiert. Auf der anderen Seite ist unstrittig, dass **Bezahldienstleister** (wie zB Paypal, Stripe oder Adyen) nicht Teil einer Leistungskette hinsichtlich der abgerechneten elektronischen Leistung sind, weil sie mit der Leistungserbringung nichts zu tun haben, sondern nur die Bezahlung ermöglichen.

45 Insbesondere im Bereich des sog. **Carrier-Billing** (die elektronische Leistung wird über den Telefonanbieter abgerechnet) ist aber nicht eindeutig, ob hier die Fiktion der Leistungskette anzuwenden ist. Denn einerseits bieten die Telekommunikationsunternehmen (unter Einschaltung von Aggregatoren) die Möglichkeit einer Bezahlung elektronischer Leistungen mittels der Telefonrechnung. Das Telefonnetz ist aber nicht unbedingt Medium für die Erbringung der elektronischen Leistung an den Endkunden. Gerade in diesem Bereich (Premium-SMS bzw. Call to Pay) finden sich daher nach wie vor beide Abrechnungsvarianten, was nach dem Willen des Gesetzgebers eigentlich nicht der Fall sein darf und was entsprechende Risiken für die Beteiligten impliziert.

46 Den Games-Unternehmen ist grundsätzlich angeraten, bei der Einschaltung von Intermediären **kritisch** zu hinterfragen, ob die Fiktion der Leistungskette anzuwenden ist oder nicht. Eine irrtümliche Anwendung der Leistungskette ist insbesondere bei inländischen Intermediären mit materiellen Risiken behaftet, weil das Gaming-Unternehmen als Umsatz nur den Payout deklariert. Eine spätere Verneinung der Leistungskette könnte demzufolge eine höhere unmittelbare Steuerpflicht für das Gaming-Unternehmen implizieren.

C. Allgemeine Verbrauchsteuern im Drittland

I. Hintergrund

47 Auf der Erde gibt es 193 Staaten (Mitgliedsländer der Vereinten Nationen). Auch außerhalb der EU wird faktisch in jedem Staat eine indirekte allgemeine Verbrauchsteuer auf den privaten Konsum erhoben, die in ihren Ausgestaltungen als „Value Added Tax" bzw. „Goods and Sales Tax" der EU-Mehrwertsteuer mehr oder weniger vergleichbar sind. Mittlerweile gibt es nur noch wenige Ausnahmen (zB Kuwait, Katar, sowie einige Bundesstaaten der USA, wie zB Montana oder Delaware).

48 Bereits mehr als die Hälfte der Nicht-EU-Staaten sehen bereits entsprechende Regelungen vor, die nichtansässige Anbieter (sog. **remote seller** ohne physische Präsenz im betreffenden Land) elektronischer Leistungen zur Einbehaltung und Abführung indirekter Verbrauchsteuern verpflichten (vgl. Tab. nach → Rn. 50, die keinen Anspruch auf Vollständigkeit und Richtigkeit erhebt). Die EU selbst hat diese Entwicklung mit angestoßen, gilt doch bereits seit dem 1.7.2003 eine Registrierungspflicht für Drittländer, die entsprechende Leistungen an Konsumenten in der EU verkaufen. Auch die **OECD** empfiehlt explizit die Umsetzung dieses Bestimmungslandprinzips (also die Besteuerung von Leistungen am Ort des Konsums) in ihren in 2017 veröffentlichten „Internationalen Leitlinien für die Mehrwertbesteuerung" und hat zB für Lateinamerika ein „VAT Digital Toolkit" formuliert, welches die Finanzverwaltungen bei der Umsetzung von

mehrwertsteuerlichen Regelungen helfen soll, die die Besonderheiten des digitalen Handels berücksichtigen.

Derartige Regelungen sind unter fiskalischen Gesichtspunkten und im Hinblick auf einen **fairen Wettbewerb** unverzichtbar. Denn einerseits gewinnt der weltweite digitale Handel an Bedeutung, so dass es sich kein Land fiskalisch erlauben kann, diesen Wirtschaftszweig nicht zu besteuern. Und weil die allgemeine Verbrauchsteuer preiserhöhend wirkt, würde eine Ausnahme für ausländische Unternehmen den Wettbewerb zulasten inländischer Unternehmen verzerren. 49

Aus Sicht global agierender Gaming-Unternehmen, die nur in wenigen Fällen mit allgemeinen regulatorischen Beschränkungen hinsichtlich ihres Leistungsangebots konfrontiert sind (zB Nordkorea oder China), stellen Steuerpflichten außerhalb der EU eine große Herausforderung dar. Denn im Prinzip kann durch jeden noch so geringen Endverbraucherumsatz eine Verpflichtung zur Abführung indirekter Verbrauchsteuern in den jeweiligen Staaten ausgelöst werden. Anders als im Bereich der direkten Steuern bedarf es dazu nicht einmal einer **Betriebsstätte** im Sinne personeller oder technischer Ressourcen vor Ort. Denn Auslöser der Besteuerung ist bereits der bloße entgeltliche Umsatz an einem im betreffenden Land wohnhaften bzw. ansässigen Endverbraucher. 50

Die Finanzverwaltungen der Drittländer mit entsprechenden Regelungen für Ausländer sind erfahrungsgemäß eher **passiv** – sie richten entsprechende Internetportale zur Anmeldung der lokalen Steuern ein und nehmen Registrierungsanträge (wohlwollend) entgegen. Ein gewisser Druck wird durch die Veröffentlichung der Namen bereits registrierter Unternehmen ausgeübt (zB durch Russland oder auch Chile). Nur wenige Finanzverwaltungen hingegen schreiben potenzielle Steuerpflichtige aktiv an mit der Bitte um Prüfung, ob eine Registrierung und Steueranmeldung notwendig ist (aktuell zB Singapur und Australien, in vergangenen Jahren zB auch Norwegen und Moldawien). Die in einem Unternehmen verantwortlichen Personen kommen also nicht umhin, sich mit diesem Thema auseinanderzusetzen, zumal nicht davon ausgegangen werden darf, dass sich das Problem durch Zeitablauf erledigt. 51

	Land	Datum der Umsetzung	Schwellenwert in lokaler Währung	Schwellenwert in Euro	Steuersatz aktuell	Fiskalvertreter erforderlich?
1	Schweiz	01.01.2010	0		7,7%	ja
2	Kanaren	01.01.2010	0		7%	
3	Norwegen	01.07.2011	50.000 NOK	5.000 €	25%	
4	Island	01.11.2011	2 Mio. ISK	16.000 €	24%	
5	Ghana	01.01.2013	200.000 GHS	30.000 €	15%	
6	Südafrika	01.06.2014	1.000.000 ZAR	58.300 €	15%	
7	Albanien	01.01.2015	0		20%	
8	Bahamas	01.01.2015	BSD 100.000	235.000,00 €	12%	
9	Andorra	01.01.2015	0		4.5%	
10	Südkorea	01.07.2015	0		10%	
11	Tansania	01.07.2015	40 Mio. TZS	15.000 €	18%	
12	Japan	01.10.2015	10 Mio. JPY	75.000 €	10%	ja
13	Kosovo	01.10.2015	0		18%	
14	Ägypten	01.10.2016	0		13%	
15	Neuseeland	01.10.2016	60.000 NZD	35.000 €	15%	
16	USA	ab 2017 / je nach Bundesstaat	*i.d.R. 100.000 USD / 200 Transaktionen*	*85.000 €*	*ca. 8%*	
17	Indien	01.01.2017	*0*		*16%*	*ja*
18	Russland	01.01.2017	0		20%	
19	Aserbaidschan	01.01.2017	*0*		*18%*	
20	Serbien	01.04.2017	*0*		*20%*	*ja*
21	Taiwan	01.05.2017	480.000 NTD	14.000 €	*5%*	
22	Bangladesch	01.07.2017	*0*		*15%*	
23	Australien	01.07.2017	75.000 AUD	50.000 €	10%	
24	Belarus	01.01.2018	0		20%	
25	Türkei	01.01.2018	0		18%	

	Land	Datum der Umsetzung	Schwellenwert in lokaler Währung	Schwellenwert in Euro	Steuersatz aktuell	Fiskalvertreter erforderlich?
26	Saudi Arabien	01.01.2018	0		15%	ja
27	Vereinige Arabische Emirate	01.01.2018	0		5%	
28	Uruguay	01.01.2018	0		22%	
29	Kolumbien	01.01.2018	0		19%	
30	Brasilien	01.04.2018	0		2%	
31	Argentinien	01.04.2018	0		21%	
32	Kanada (Quebec)	01.01.2019	30.000 CAD	20.000 €	9,975%	
33	Kanada (Saskatchewan)	01.01.2019	0		6%	
34	Bahrein	01.01.2019	0		5%	
35	Barbados	01.01.2019	0		17,5%	
36	Angola	01.10.2019	0		14%	
37	Costa Rica	01.01.2020	0		13%	
38	Singapur	01.01.2020	100.000 S$	65.000 €	7%	
39	Kamerun	01.01.2020	50 Mio. XAF	75.000 €	19%	
40	Usbekistan	01.01.2020	0		15%	
41	Nigeria	01.01.2020	0		8%	
42	Malaysia	01.01.2020	500.000 RM	100.000 €	6%	
43	Uganda	01.01.2020	0		18%	
44	Algerien	01.01.2020	0		9%	
45	Simbabwe	01.01.2020	0		15%	
46	Vietnam	01.01.2020	0		18%	
47	Moldawien	01.04.2020	0		20%	
48	Mexiko	01.06.2020	0		16%	ja
49	Chile	01.07.2020	0		19%	
50	Indonesien	01.07.2020	600 Mio. IDR	30.000 €	10%	

	Land	Datum der Umsetzung	Schwellenwert in lokaler Währung	Schwellenwert in Euro	Steuersatz aktuell	Fiskalvertreter erforderlich?
51	Ecuador	16.09.2020	*0*		*12%*	
52	Großbritannien	01.01.2021	*0*		*20%*	
53	Paraguay	01.01.2021	*0*		*10%*	
54	Philippinen	01.01.2021	3.000.000 PHP	50.000 €	10%	
55	Tadschikistan	01.01.2021	0		18%	
56	Kenia	01.02.2021	0		*14%*	
57	Kanada (British Columbia)	01.04.2021	10.000 CAD	6.500 €	7%	
58	Oman	16.04.2021	*0*		*5%*	
59	Pakistan	01.06.2021	0		2,0%	
60	Kanada (Staat)	01.07.2021	30.000 CAD		5-15%	
61	Thailand	01.09.2021	*1.8 Mio. Baht*	47.500 €	*10%*	
62	Georgien	01.10.2021	0		18%	
63	Kanada (Manitoba)	01.12.2021	10.000 CAD	6.500 €	7%	
64	Kambodscha	01.01.2022	KHR 250m	55.000 €	10%	
65	Israel	01.01.2022			*17%*	
66	Ukraine	01.01.2022	1.000.000 UAH	30.000 €	20%	
67	Armenien	01.01.2022	0		20%	
68	Panama	01.01.2022	0		10%	
69	Kasachstan	01.01.2022	0		12%	
70	Bhutan	01.07.2022	5 Mio. BTN	60.000 €	7%	

Tab.: Allgemeine Verbrauchsteuern im Drittland

II. Schritte zur Prüfung der Steuerpflicht im Drittland

Zur Klärung potenzieller Steuerpflichten und Risiken außerhalb der EU muss sich ein Gaming-Unternehmen zunächst einmal (zB mittels einer Geolocation-Software) einen Überblick über die weltweite **Verteilung des Gesamtumsatzes** verschaffen. 52

Anschließend ist zu prüfen, ob in den Ländern mit bestehender indirekter Verbrauchsteuer dem Grunde nach eine Steuerpflicht besteht. Eine grundsätzliche **Ausnahme von der Steuerpflicht** kann gegeben sein, wenn 53

- digitale Produkte explizit von der lokalen indirekten Besteuerung ausgeklammert sind (dies betrifft ausgewählte Bundesstaaten der USA, zB Georgia und Virginia), oder
- der steuerpflichtige Umsatz unterhalb eines vorgesehenen Registrierungs-Schwellenwertes liegt – hohe Schwellenwerte haben zB Japan (10 Mio. JPY bzw. ca. 75.000 Euro), Singapur (100.000 S$ bzw. ca. 65.000 Euro) und Australien (75.000 AUD bzw. ca. 50.000 Euro).
- die Steuer von zwischengeschalteten Vertriebsplattformen (wie zB Apple, Google und Steam) oder von Bezahldienstleistern (wie zB in Argentinien und Kolumbien) geschuldet wird bzw. einzubehalten ist.

III. Steuerliche Registrierung sowie Ermittlung und Deklaration der Steuer

Wird eine Steuerpflicht für das Gaming-Unternehmen bejaht, ist im Vorfeld einer Registrierung der Umgang mit historischen Umsätzen zu klären. Die meisten Länder haben allgemeine Verjährungsfristen, abhängig vom Zeitpunkt der Einführung einer Registrierungs- und Steuerpflicht ist aber eine bis zu 5 Jahre zurückwirkende Nacherhebung einzukalkulieren. Etwaige Zinsen und Strafen wegen verspäteter Anmeldung und Zahlung der Steuer sind kalkulatorisch zu berücksichtigen (zu vernachlässigen zB in Norwegen, erheblich zB in Russland und Chile). 54

Eine steuerliche Registrierung kann in der Regel durch das Gaming-Unternehmen selbst oder einen bevollmächtigten heimischen Steuerberater erfolgen. Nur in wenigen Fällen (zB betrifft dies die Schweiz, Japan und Mexiko) bedarf es der Ernennung eines lokal ansässigen **Fiskalvertreters**. Dies kann hohe Kosten verursachen, insbesondere dann, wenn der Fiskalvertreter gemeinschaftlich für die Steuer haftet. 55

Hinsichtlich der Berechnung der Steuer ist in den meisten Ländern von den vereinnahmten **Bruttoerlösen** auszugehen und die Steuer herauszurechnen. In Ländern mit Sales Tax (insbesondere USA, Kanada) ist es hingegen üblich, dass die Steuer beim Check-out auf den angezeigten Verkaufspreis aufgeschlagen wird. 56

Nahezu alle Länder haben für elektronische Leistungen einen landesweit geltenden Steuersatz. Kanada (unterschiedliche Steuersätze in den Provinzen und auf staatlicher Ebene) sowie die USA (hier ist der Steuersatz vom Bundesstaat bzw. County abhängig) sind wichtige Ausnahmen; hier ist die Ermittlung der korrekten Steuer komplizierter. 57

Auf einen gesonderten Ausweis der berechneten Steuer in etwaig ausgestellten Kaufbelegen oder Rechnungen wird ein Gaming-Unternehmen wie auch in der EU aus praktischen Gründen idR verzichten (wollen). Denn eine Darstellung der Steuer erfordert 58 erhöhten Programmieraufwand und bei Steuersatzänderungen muss die Darstellung angepasst werden. Es sind keine Fälle bekannt, in denen die Ausstellung von Kaufbelegen mit steuerinklusiven Preisen bemängelt wird.

59 Soweit für die Deklaration kein **Fiskalvertreter** erforderlich ist, sollte ein Gaming-Unternehmen zunächst entscheiden, ob ein IT-Dienstleister (wie zB Avalara, Paddle, Quaderno oder Taxamo) eingeschaltet werden soll, alternativ kommt auch eine Meldung durch einen zu beauftragenden Steuerberater in Betracht. Die anfallenden Kosten sind im Verhältnis zur administrativen Entlastung zu bewerten. Soll die Deklaration mit eigenen Ressourcen durchgeführt werden, muss berücksichtigt werden, dass sich **Meldehäufigkeit** (monatlich/quartalsweise) und Meldefristen (idR im Laufe des auf die Meldeperiode folgenden Monats) von Land zu Land unterscheiden. Zu beachten ist auch, dass nur wenige Länder die Möglichkeit vorsehen, im Rahmen des Meldeverfahrens **Vorsteuer** geltend zu machen (zB Türkei, Südkorea). Das letzte Hindernis stellt die **Überweisung** der Steuer an die lokalen Finanzbehörden dar. Dies kann außerhalb des IBAN-Zahlungsraumes eine echte Herausforderung sein (zB bei Zahlungen nach Russland und in die USA, idR kann die Steuer hier nur mit Kreditkarte beglichen werden).

D. Ausgewählte weitere Geschäftsfelder im Games-Bereich

60 Das Internet und auch die Games-Branche entwickeln sich mit hoher Geschwindigkeit. Hierbei stellen **neuartige Geschäftsmodelle** die Umsatzsteuer vor große Herausforderungen, Gesetzgeber und Finanzverwaltung können nur schwer Schritt halten. Neben Besteuerungslücken tun sich hier naturgemäß auch steuerliche Risiken auf.

61 Nachfolgend soll anhand ausgewählter Beispiele aufgezeigt werden, welche Probleme und Fragen die Umsatzsteuer hervorzurufen vermag. Bei der Darstellung ist zu bedenken, dass eine Beurteilung aus Sicht der deutschen Rechtslage oder Verwaltungsauffassung unzureichend sein muss, wenn entsprechende Aktivitäten auch im Ausland entfaltet werden. Denn jedes Land hat im Zweifel eigene Vorschriften.

I. Sind Daten umsatzsteuerliches Entgelt?

62 Ein eherner Grundsatz lautet: „Ein Kaufmann hat nichts zu verschenken". Es verwundert daher nicht, dass vermeintlich **kostenlose Angebote** im Internet das Misstrauen der Finanzverwaltung wecken. In der steuerlichen Fachliteratur kursierten vor ca. 7 Jahren erste Gedanken, wonach Internet-User kostenfreie Angebote (wie zB auch das **Free-2-Play**) tatsächlich mit ihren Daten im Rahmen eines tauschähnlichen Umsatzes bezahlen. Der EU-Mehrwertsteuerausschuss hat diesen Überlegungen aber eine Absage erteilt und im Moment ist es um dieses Thema tatsächlich auch ruhig.[10] Dies kann sich aber schnell ändern.

10 Daran sollte auch die Tatsache nichts ändern, dass im Zuge der Einführung des neuen § 327 BGB (Verbraucherverträge über digitale Inhalte) hinsichtlich der entgeltlichen Bereitstellung digitaler Inhalte die Bezahlung mit Daten einen Leistungsaustausch begründet.

II. Werbefinanzierte Angebote

In eine ähnliche Richtung zielt die Frage, wie **werbefinanzierte Angebote** umsatzsteuerlich zu behandeln sind. So ist es zB nicht unüblich, dass Gaming-Unternehmen ihre Spiele als Werbeplattform zur Verfügung stellen, welcher von Dienstleistern vermarktet wird. Das Gaming-Unternehmen erhält immer dann Geld vom Dienstleister, wenn Spieler die Werbung wahrnehmen. Das Gaming-Unternehmen kann die aktive Wahrnehmung durch Belohnung fördern (zB doppeltes Preisgeld für eine gewonnene Spielrunde, wenn sich der Spieler ein Werbevideo anschaut). Das Gaming-Unternehmen räumt dem Spieler also einen Vorteil (zB in Form von Ingame-Währung) ein, den dieser andernfalls durch Geld erwerben müsste. 63

Umsatzsteuerlich stellt sich die Frage, ob das Gaming-Unternehmen damit eine entgeltliche Leistung an den Dienstleister (Einräumung der Möglichkeit zur Werbung) oder aber eine elektronische Leistung an den Spieler erbringt, die durch ein Entgelt von Dritter Seite vergütet wird. Es wäre sogar denkbar, hinsichtlich der Ingame-Währungseinheiten eine **Leistungskette** (Gaming-Unternehmen/Vermarkter/Spieler) zu fingieren. 64

III. Digitales Eigentum

Mit Urteil vom 13.8.2019 (8 K 1565/18) hat das Finanzgericht Köln entschieden, dass die **Vermietung von virtuellem Land** in einem Spiel eine elektronische Leistung darstellt (und demnach in dem Land der Umsatzsteuer unterliegt, in dem der Leistungsempfänger wohnhaft ist). Im Revisionsverfahren[11] kommt der Bundesfinanzhof zu dem Ergebnis, dass die virtuelle „Vermietung" innerhalb eines Spiels keine im allgemeinen Wirtschaftsverkehr erbrachte verbrauchsfähige Leistung darstellt, weil bei spieleinternen Umsätzen kein Vorteil im Sinne des gemeinsamen Mehrwertsteuerrechts verschafft würde und es somit an der Verbrauchsfähigkeit mangelt. Stattdessen soll die Umsatzsteuer an den Umtauschvorgang hinsichtlich der Spielewährung anknüpfen. 65

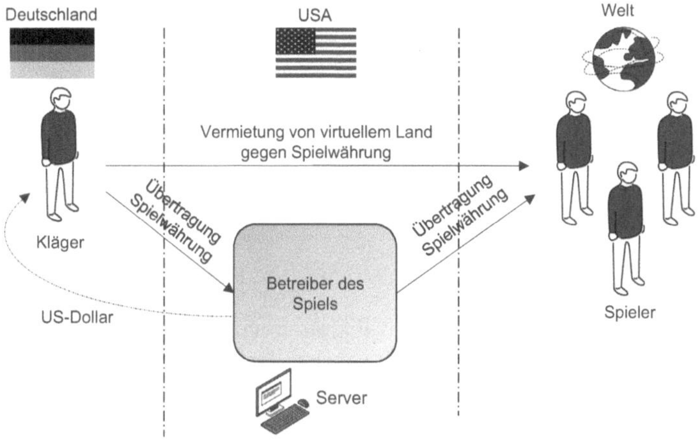

Abb.: BFH-Urteil zur virtuellen Landvermietung

11 BFH Urt. v. 18.11.2021 – V R 38/19.

66 Vergleichbare Fragen stellen sich im Zusammenhang mit NFTs (**Non-Fungible Token**), also nicht austauschbaren digitalen Vermögenswerten. NFTs werden oft im Zusammenhang mit digitaler Kunst und digitalen Sammlerobjekten (Collectibles) genannt. Durch die Tokenisierung werden Echtheit und Eigentumsverhältnisse eindeutig und unverfälschbar dokumentiert. Weil von diesen digitalen Assets beliebig viele Kopien hergestellt werden können, sind sie mit realen Werten nur bedingt vergleichbar.

67 NFTs können auch von Gaming-Unternehmen eingesetzt werden, wobei die digitalen Vermögenswerte zum einen Sammlerobjekt sein können, zum anderen aber durch den Einsatz als Ingame-Item im Spiel einen individuellen Gebrauchswert haben können.

68 Umsatzsteuerlich ist unzweifelhaft, dass der Verkauf digitaler Assets gegen Entgelt der Umsatzsteuer zu unterwerfen ist. Zur Bestimmung des Leistungsorts[12] bei Verkäufen an Endverbraucher ist zu klären, was die Natur der erbrachten Leistung ausmacht – handelt es sich um die Einräumung oder **Übertragung von Urheberrechten**, gilt für B2C-Umsätze innerhalb der EU das Sitzortprinzip (Besteuerung am Ort des Verkäufers), für B2C-Umsätze an Endverbraucher außerhalb der EU das Empfängerortprinzip (§ 3a Abs. 4 Nr. 1 UStG). Eine Anknüpfung der Umsatzsteuer an das Gesetz über Urheberrecht und verwandte Schutzrechte wäre durchaus kritisch zu beurteilen, weil dann eine harmonisierte Herangehensweise innerhalb der EU nicht möglich ist. Alternativ käme eine **Behandlung als elektronische Leistung** grundsätzlich in Betracht, hier gelten dann die og Besteuerungsgrundsätze, insbesondere also das Wohnsitzprinzip.

69 Weitere umsatzsteuerliche Fragen stellen sich, wenn einem Kunden mit dem Erwerb digitalen Eigentums auch Vorteile in der realen Welt zugutekommen (wie zB bei den „adidas Into the Metaverse Originals" – Sammelobjekten). Diese Vorteile (zB für den Erwerb ausgewählter tangibler Produkte des Anbieters oder Zutritt zu exklusiven Veranstaltungen in der **realen Welt**) können der Leistung ein anderes Gepräge geben und eine abweichende Regelung zum umsatzsteuerlichen Leistungsort begründen. Die Diskussion hierüber befindet sich noch in den Kinderschuhen.

70 Marktteilnehmer müssen darüber hinaus prüfen, inwieweit der Handel bzw. die Spekulation mit digitalen Vermögenswerten eine Unternehmereigenschaft der Marktteilnehmer begründet. In Anbetracht volatiler und zum Teil hoher Preise für digitaler Vermögenswerte können sich hieraus erhebliche Risiken auch im Bereich der Umsatzsteuer ergeben. Die Unternehmereigenschaft setzt jedenfalls eine nachhaltige Tätigkeit voraus, die aber nach ständiger Rechtsprechung auch schon durch einen einzelnen Umsatz ausgelöst werden kann.

IV. Keyselling

71 Keyselling bezeichnet den Verkauf von Registrierungsschlüsseln von Software. Mit diesem Schlüssel kann der Käufer die Software per Download beziehen. Ungeachtet der Tatsache, dass es sich für den Verkäufer aufgrund der Verletzung von Urheberrechten möglicherweise um eine illegale Tätigkeit handeln kann,[13] stellt sich umsatzsteuer-

12 Vgl. *Rapp/Bongers/Engelhardt* UR 2021, 493–500.
13 LG Berlin Urt. v. 11.3.2014 - 16 O 73/13, MMR 2014, 838.

lich die Frage nach der korrekten umsatzsteuerlichen Behandlung. Zwei Sichtweisen sind denkbar:

- Es wird eine **Leistungskette** (Gaming-Unternehmen –> Wiederverkäufer des Keys -> Spieler) unterstellt. Der Wiederverkäufer würde also aus dem Kaufbeleg des Gaming-Unternehmens den Vorsteuerabzug geltend machen und müsste den B2C-Umsatz an den Endkunden nach den allgemeinen Regelungen für elektronische Leistungen der Umsatzsteuer unterwerfen.
- Weil der Key durch den Spieler direkt beim Gaming-Unternehmen eingelöst und von diesem die Software bezogen wird, muss der Endkundenumsatz vom Gaming-Unternehmen deklariert werden. Der Wiederverkäufer erbringt eine **Vertriebsdienstleistung**, die mit der Differenz zwischen Kaufpreis und Verkaufspreis vergütet wird.

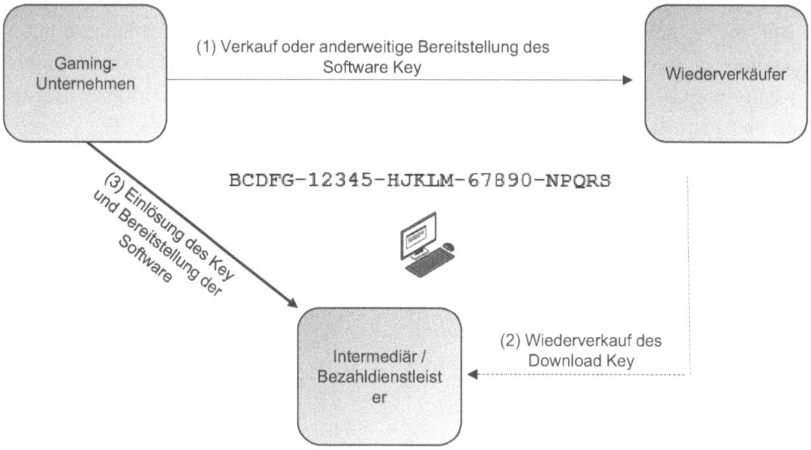

Abb.: Keyselling

Umsatzsteuerlich führen beide Sichtweisen zur korrekten Umsatzbesteuerung des End- 72
verbraucherumsatzes. Dies setzt freilich voraus, dass in der ersten Auslegungsvariante der Wiederverkäufer den Umsatz auch dann ordnungsgemäß deklariert, wenn seine Tätigkeit an sich nicht erlaubt ist, bzw. dass unter der zweiten Auslegungsvariante der Wiederverkäufer dem Gaming-Unternehmen mitteilt, welchen Preis der Spieler für den Key tatsächlich bezahlt hat. Beides erscheint in Anbetracht der Tatsache, dass der Wiederverkäufer von Keys in einer rechtlichen Grauzone agiert, zweifelhaft. Für das Gaming-Unternehmen, welches den Key in Umlauf bringt, besteht durchaus das Risiko einer steuerlichen Hinzuschätzung von Umsatzerlösen.

V. Crowdfunding

Beim Crowdfunding (Schwarmfinanzierung) wird in der breiten Öffentlichkeit Geld für 73
neue Projekte gesammelt. Das Prinzip erfreut sich auch im Bereich des E-Commerce großer Beliebtheit. Drei **Ausprägungen** des Crowdfunding sind umsatzsteuerlich unproblematisch, weil keine Umsatzsteuer entsteht:

- Equity based: Die Einzahlung in das Projekt begründet Miteigentümerrechte. Spätere Gewinnanteile sind nicht steuerbar.
- Lending based: Die Einzahlung erfolgt in Form eines Kredits. Später fließende Zinsen sind umsatzsteuerfrei.
- Donation based: Die Einzahlung begründet keine Gegenansprüche, es handelt sich insofern um eine Spende für das Projekt.

74 Bei einer vierten Variante, dem „**Reward-based-Crowdfunding**" erhält der/die Einzahlende hingegen (die Aussicht auf) konkrete Gegenleistungen, zB in Form exklusiver Inhalte. Die Einzahlung ist damit eine Anzahlung auf spätere Gegenleistungen. Hier entsteht grundsätzlich Umsatzsteuer, die mit Erhalt der Anzahlung vom Zahlungsempfänger anzumelden ist. Kommt es später nicht zu den versprochenen Gegenleistungen, zB weil das Projekt scheitert, wäre die Umsatzsteuer möglicherweise zu **berichtigen**.

75 Zur Reduzierung umsatzsteuerlicher Risiken sollten innovative Unternehmen auch im Games-Bereich neue Geschäftsideen und -modelle eingehend prüfen. Im Zweifelsfall kann sich die Einholung einer verbindlichen Auskunft vom zuständigen Finanzamt anbieten. Sie verursacht zwar zusätzliche Kosten und es muss zusätzliche Zeit eingeplant werden (die Bindungswirkung setzt voraus, dass das Projekt noch nicht verwirklicht ist!), schafft aber aus Sicht des Unternehmens rechtliche und damit auch kalkulatorische Sicherheit. Werden Umsatzerlöse auch im Ausland erzielt, vervielfachen sich Fragen, Kosten und Risiken entsprechend, weil von einem abgestimmten Vorgehen der zuständigen Finanzverwaltungen nicht ausgegangen werden kann.

Teil V.
Plattformen

§ 23 Konsolen und Plattformen

Literatur: *Baumgartner/Ewald*, Apps und Recht, 2. Aufl. 2016 (zit.: *Baumgartner/Ewald* Apps); *Forster*, Spielkonsolen und Heimcomputer 1972 bis 2015, 2015 (zit.: *Forster* Spielkonsolen); *Gates*, Content is King, 1996, abrufbar unter https://web.archive.org/web/20010126005200/http://www.microsoft.com/billgates/columns/1996essay/essay960103.asp (zit.: *Gates* Content is King); *ISFE*, Key Facts 2021, abrufbar unter https://www.isfe.eu/data-key-facts/key-facts-about-europe-s.-video-games-sector/ (zit.: *ISFE* Key Facts 2021); *Iwata*, Frag Iwata, 1. Aufl. 2021(zit.: *Iwata* Frag Iwata); *Kay*, Vortrag bei dem Seminar Creative Think, 1982, abrufbar unter https://www.folklore.org/StoryView.py?story=Creative_Think.txt (zit.: *Kay* Vortrag); *Kogel*, 10 Jahre Steam – Die Geschichte des Dampfs, 2013, abrufbar unter https://www.gamestar.de/artikel/,3028364.html (zit.: *Kogel* Steam); *Schwiering/Zurel*, Gaming & Recht – Zwei Bereiche wachsen zusammen!, MMR 2016, 440; *Ipsos*, Video Gaming in Lockdown, September 2020, abrufbar unter https://www.isfe.eu/wp-content/uploads/2020/09/IpsosMori-Gaming-during-Lockdown-Q1-Q2-2020-report.pdf (zit.: *Ipsos* Video Gaming in Lockdown).

A. Die Bedeutung der Inhalte

1 **„Content is King"**[1] – die Inhalte sind entscheidend. Dieser ursprünglich auf das Internet gemünzte Leitspruch ist heute auch in der Videospielebranche verbreitet und besagt, dass eine Videospielkonsole oder eine (digitale) Plattform nur dann dauerhaft erfolgreich sein kann, wenn die verfügbaren Inhalte, dh die Spiele, die Kunden überzeugen. Eine Konsole oder Plattform, die ihren Nutzern keine attraktiven Spiele bieten kann, also keine Spiele, welche die Spieler zum regelmäßigen Benutzen der Konsole oder Plattform anregen, wird keinen bleibenden Erfolg haben, egal welche besonderen oder herausragenden Funktionalitäten sie ansonsten bietet.

2 Auf der anderen Seite kann hieraus jedoch nicht der Rückschluss gezogen werden, dass es genüge, einen guten Inhalt zu bieten. Oder mit den Worten von Nintendos früherem Präsidenten Satoru Iwata: „Es gibt in der Welt immer noch einen ganzen Haufen Spiele, die noch nie gespielt wurden, da keiner weiß, dass es sie gibt."[2] Ohne einen **Weg zum Kunden** und ohne Aufmerksamkeit des Kunden für das Produkt wird also auch ein besonderes oder herausragendes Spiel nur schwerlich einen kommerziellen Durchbruch erfahren.

3 Wie gelangen also die Inhalte zum Kunden und wie erlangen sie dessen Aufmerksamkeit – vor allem in einem mehr und mehr **digitalen Umfeld**? Hier spielen die Konsolen und Plattformen in der heutigen Spielebranche eine wesentliche Rolle.

1 S. dazu *Gates* Content is King.
2 *Iwata* Frag Iwata S. 114.

B. Typische Formen an Konsolen und Plattformen

4 Konsolen und Plattformen für Spiele lassen sich grob in drei Kategorien unterteilen, wobei Konsolen letztlich als Urform der Plattformen betrachtet werden können:

- **Videospielkonsolen** als proprietäre Systeme bestehend aus spezifischer Hardware, Software und digitalem Vertriebskanal („Shop"),
- zumeist auf PC verfügbare **digitale Plattformen**, und
- **sog. Mobile Games-Plattformen.**

5 Gemeinsam ist allen drei Kategorien, dass ein Entwickler oder Publisher, der ein Spiel für eine Konsole oder auf einer Plattform veröffentlichen möchte, hierzu eine **Vereinbarung mit dem jeweiligen Konsolenanbieter oder Plattformanbieter** schließen muss. Die größtmögliche Autonomie über Veröffentlichungsdatum, Preis und Form der Vermarktung bleibt hierbei aber in aller Regel beim Entwickler bzw. Publisher, so dass dieser über das sog. Release-Date und den Verkaufspreis an den Verbraucher entscheidet sowie das Marketing (Positionierung des Spiels bzgl. Genre, wobei die Genre-Grenzen zunehmend fließend bzw. bedeutungslos werden, Zielgruppe(n), bevorzugte Werbekanäle, Vorverkaufsrabatt, etc) kontrolliert.

I. Konsolen

6 Im Verlaufe der 1970er Jahre entwickelten sich Videospielkonsolen als **dedizierte Gaming-Hardware** zu einem kommerziellen Angebot für Verbraucher[3] mit dem Ziel, jeweils ein bestimmtes Spielerlebnis zu ermöglichen. Heute bekannte Konsolen-Anbieter sind unter anderem Nintendo, seit 1986 mit Konsolen in Europa[4] und aktuell mit der Nintendo Switch vertreten, Sony PlayStation, seit 1995 mit Konsolen in Europa auf dem Markt,[5] sowie Microsoft Xbox, seit 2002 in Europa erhältlich.[6] Viele Spieler benutzen mehrere dieser Konsolen, oft auch parallel zu einem Spiele-PC,[7] und dennoch sowie obgleich des Umstands, dass die überwiegende Mehrheit der Spiele für mehrere oder alle Konsolen und Plattformen erscheinen (sog. Cross-Plattform-Titel) gibt es insbesondere um Konsolen, mittlerweile aber auch um bestimmte Spielereihen und Entwicklerstudios, jeweils eine aktive Fan-Basis, welche die Konsolen eines Anbieters emotional unterstützt – sei es organisiert als Teil einer Fan-Community oder in (oft im Internet geführten) Diskussionen. Diese Communitys sind für die Anbieter von hohem Wert und werden von diesen geschätzt und mittels Community-Arbeit unterstützt.[8]

7 Typischerweise bestehen Konsolen aus einem aufeinander abgestimmten Paket aus speziell entwickelter **Hardware** (Konsole einschließlich Eingabegeräte, sog. Controller), einem für diese Hardware entwickelten oder angepassten **Betriebssystem** und – heutzutage – einem **Shop**, der Spiele zum Herunterladen sowie Online-Dienste für diese Konsole anbietet. Da eine Konsole auf den Spiele-Zweck fokussiert ist, kann sie dabei

3 *Forster* Spielkonsolen S. 10 f.
4 Vgl. dazu https://www.nintendo.de/Unternehmen/Unternehmensgeschichte/Nintendo-Geschichte-625945.html.
5 Vgl. dazu https://web.archive.org/web/20040422074254/http://www.scei.co.jp/corporate/data/bizdataeu_e.html.
6 Vgl. dazu https://www.nytimes.com/2001/11/08/technology/game-theory-console-shootout-the-sequel.html.
7 Vgl. dazu *Ipsos* Video Gaming in Lockdown S. 24.
8 Vgl. hierzu bspw. das Xbox-Botschafterprogramm unter https://www.xbox.com/de-DE/community/for-everyone bzw. https://ambassadors.microsoft.com/xbox.

aus der vorhandenen Hardware im Vergleich zu einem PC mit einem Betriebssystem, das viele verschiedene Zwecke unterstützen muss, mehr Spieleleistung beziehen und erlaubt gleichzeitig den Entwicklern, sich bei der Optimierung ihres Spiels auf eine Hardwarekonfiguration zu konzentrieren, anstatt viele verschiedene mögliche Kombinationen von Hardwarekomponenten wie bei einem PC berücksichtigen zu müssen.

Die Philosophie und Designidee des jeweiligen Anbieters spiegelt sich dabei regelmäßig 8 in diesem Paket wider und kann der entsprechenden Konsole durch besondere Features einen **kompetitiven Vorteil** am Spielemarkt einbringen, soweit auch entsprechend überzeugende Inhalte verfügbar sind, welche diese Features nutzen („Content is King" → Rn. 1). So war beispielsweise Nintendos Wii mit mehr als 101 Millionen verkauften Exemplaren weltweit[9] ein herausragender Erfolg, nicht zuletzt durch die neuartige Bewegungssteuerung, welche durch Spiele von Nintendo und anderen Publishern innovativ genutzt wurde. Die einzigartige Kombination von aufeinander abgestimmter Hardware und Spielen bietet hier den Spielerinnen und Spielern ein idR nur bei Konsolen so mögliches **Gesamterlebnis.** Manche, wie Alan Kay bereits vor 40 Jahren, gehen daher so weit zu sagen: „People who are really serious about software should make their own hardware."[10]

Konsolen waren im Jahr 2020 die Plattformen in Europa auf denen die Videospielin- 9 dustrie die **höchsten Umsätze** verzeichnen konnte – 44 % der Videospielumsätze in den wichtigsten europäischen Märkten fand 2020 über Konsolen bzw. Spiele für Konsolen statt.[11] Alleine in Deutschland spielten 17 Millionen Menschen im Jahr 2020 auf Konsolen.[12]

II. Digitale Plattformen

Bekannte Beispiele für digitale Plattformen sind Steam von Valve,[13] Origin von Electro- 10 nic Arts,[14] Ubisoft Connect von Ubisoft[15] oder der Epic Games Store.[16] Hierbei war Steam wohl die erste dieser heutigen digitalen Plattformen, die sich vor allem dank des nur in Verbindung mit Steam nutzbaren Spiels „Half-Life 2" etablieren konnte.[17]

Diese Plattformen haben typischerweise gemeinsam, dass sie dem Nutzer den **Erwerb** 11 **von Spielen** (bzw. Nutzungslizenzen) zum Herunterladen auf ihr Endgerät, typischerweise ein internetfähiger PC, und hiermit verbundene **Services** wie automatisches Herunterladen von Aktualisierungen, Online-Multiplayer, ein Spieleabo, oft Game-Pass genannt, etc anbieten (zur urheberrechtlichen Einordnung → § 9 Rn. 64). Manche digitale Plattformen, insbesondere solche, die von einem Publisher selbst betrieben wer-

9 Vgl. dazu https://www.nintendo.co.jp/ir/en/finance/hard_soft/index.html.
10 Siehe dazu *Kay* Vortrag.
11 Siehe dazu *ISFE* Key Facts 2021.
12 Vgl. dazu https://www.game.de/smartphones-und-spielekonsolen-begeistern-millionen-neuer-spielerinnen-und-spieler/.
13 Vgl. dazu https://store.steampowered.com/.
14 Vgl. dazu https://www.origin.com/.
15 Vgl. dazu https://ubisoftconnect.com/.
16 Vgl. dazu https://www.epicgames.com/.
17 *Kogel* Steam.

den, bieten dabei nur vom jeweiligen Anbieter herausgegebene Spiele an. Andere bieten vergleichbar mit Konsolen auch Spiele von Dritt-Publishern an.

12 Neben den digitalen Plattformen, welche Spiele zum Herunterladen anbieten, gibt es auch andere Angebote, die es Kunden beispielsweise wie Googles Stadia[18] ermöglichen, dauerhafte Nutzungsrechte an Spielen gegen **Einmalzahlung** zu erwerben und diese dann im Wege eines nicht gesondert zu vergütenden Online-Dienstes über eine Streaming-Plattform über das Internet zu spielen. Hier wird also der digitale Inhalt dem Kunden nicht per Download sondern per **Streaming** bereitgestellt. Der Vorteil für den Kunden besteht hierbei darin, dass so auch Spiele gespielt werden können, die auf dem ggf. leistungsschwächeren Endgerät des Kunden ansonsten nicht gespielt werden könnten, da der Hauptteil der Rechenleistung auf den Servern des Streaming-Plattform-Anbieters anstelle, wie sonst, auf dem Endgerät des Kunden erbracht wird.

III. Mobile Games-Plattformen

13 Die bekanntesten Plattformen für Smartgeräte wie Mobiltelefone oder Tablets, welche auch Spiele in Form sog. Mobile Games anbieten, sind wohl Apples iOS und Googles Android. Beide Plattformen bieten einen Shop für Applikationen an, hierunter maßgeblich auch spezifisch für Smartgeräte entwickelte oder angepasste Spiele, die **Mobile Games.** Bei iOS ist der App Store von Apple[19] die einzige offizielle Möglichkeit, digitale Spiele für die Plattform zu erwerben.[20] Android ist dagegen eine offenere Plattform, welche neben Googles offiziellem Shop, dem Google Play Store oder schlicht Google Play,[21] auch den Erwerb und die Installation von Spielen aus dritten Quellen ermöglicht – auf eigenes Risiko des Nutzers, da außerhalb der Prüfmechanismen und Richtlinien des Plattformanbieters[22] (hierzu mehr → Rn. 18).

C. Die Rolle der Konsolen und Plattformen

14 Wie eingangs bereits angedeutet (→ Rn. 3) bieten Konsolen und Plattformen Entwicklern und Publishern von Spielen einen **digitalen Vertriebsweg** zum Kunden, der sieben Tage die Woche, 24 Stunden am Tag geöffnet ist und Kunden den jederzeitigen Erwerb von Spielen ermöglicht. So erarbeiten und erhalten die Anbieter von Konsolen und Plattformen durch das kontinuierliche Entwickeln, Bewerben und Vermarkten ihrer Konsole oder ihrer Plattform eine **Nutzer- und Kundenbasis**, zu der sie den Entwicklern und Publishern, die sich dazu entscheiden, ihre Spiele über diese Konsole oder Plattform zu vertreiben, Zugang ermöglichen. Dieses oftmals jahre- oder gar jahrzehntelange Aufbauen, Erhalten und Zugänglichmachen einer werthaltigen Nutzer- und Kundenbasis ist bei weitem jedoch nicht die einzige Rolle der Konsolen und Plattformen im **Ökosystem der Games-Industrie**, wie im Folgenden ausgeführt wird.

18 Vgl. dazu https://stadia.google.com/.
19 Vgl. dazu https://www.apple.com/app-store/.
20 Vgl. dazu https://support.apple.com/en-gb/HT204266.
21 Vgl. dazu https://play.google.com/.
22 Vgl. dazu https://support.google.com/android/answer/9457058?hl=de&ref_topic=7311596.

I. Entwicklung

15 Die Rolle der Konsolen und Plattformen setzt bereits in der Games-Entwicklung (→ § 12 Rn. 80) an. So erhalten Entwickler idR Zugriff auf sog. **Development Kits** oder Entwickler-Kits der Anbieter, welche sie für die Entwicklung ihres Spiels für die Konsole oder Plattform einsetzen können.[23] Bei Konsolen handelt es sich hierbei nicht nur um **spezielle Programmbibliotheken** (sog. Software Development Kits oder SDK[24]) sondern auch um **Hardware mit besonderen Schnittstellen** (sog. Entwickler-Konsolen). Oft können Entwickler bei technischen Schwierigkeiten oder Umsetzungsproblemen auch kostenfrei ein speziell für Drittentwickler eingerichtetes Supportteam beim jeweiligen Konsolen-Anbieter kontaktieren, um technische Beratung zu erhalten.

II. Release

16 Im Zusammenhang mit der **Veröffentlichung von Spielen** unterstützen die Konsolen und Plattformen die Entwickler und Publisher weiterhin u.a. durch die Ermöglichung kostenfreier Alterskennzeichnungen für nur online vertriebene Spiele durch das bahnbrechende **IARC-System.** IARC (International Age Rating Coalition) ist ein Zusammenschluss von mit der Alterskennzeichnung von Spiel-Inhalten befassten Organisationen und Behörden aus verschiedenen Ländern, in welchem auch die deutsche Unterhaltungssoftware Selbstkontrolle (USK) vertreten ist.[25] Durch die kostenpflichtige Teilnahme seitens des Anbieters des Shops, also der Konsole oder Plattform, ist die Alterskennzeichnung über IARC für Entwickler und Publisher kostenfrei, kann aber natürlich auch nur in einem an IARC teilnehmenden (und somit zur Finanzierung von IARC beitragenden) Shop verwendet werden.[26] Der Anbieter der Konsole oder Plattform übernimmt also hier die **Kosten der Alterskennzeichnung**, während bei auf Datenträger herausgegebenen Spielen der Publisher selbst die Kosten der Alterskennzeichnung tragen muss.

17 Darüber hinaus stellen die Konsolen und Plattformen durch **technische Kopierschutzmaßnahmen** (sog. Technical Protection Measures oder TPM) den Entwicklern und Publishern Schutz vor unautorisierter Vervielfältigung, dh vor **Software-Piraterie,** welche den Urhebern und Rechteinhabern an Spielen nach wie vor jährlich hohe Schäden verursacht, zur Verfügung. Zu diesem Bereich gab es auch bereits vielfach Rechtsprechung seitens des BGH und des EuGH.[27]

18 Für die Nutzer bieten die Konsolen und Plattformen im Hinblick auf die Veröffentlichung von Spielen Sicherheit durch technische Prüfungen im Hinblick auf möglichst weitgehende Fehlerfreiheit der Spiele in technischer Hinsicht, oft „Lotcheck" genannt, und auf Freiheit von Schadsoftware sowie durch Richtlinien an Entwickler bzgl. der Einhaltung rechtlicher Vorgaben insbesondere zum Datenschutz. Eine inhaltliche Überprüfung des Spiels, sog. „Content Approval", findet entgegen landläufiger Meinung

23 Vgl. hierzu bspw. https://developer.nintendo.com/, https://partners.playstation.net/, https://www.xbox.com/de-DE/developers/id, https://partner.steamgames.com/.
24 Zur weiteren Erläuterung von SDK bei Mobile Apps vgl. *Baumgartner/Ewald* Apps Rn. 13 ff.
25 Vgl. dazu https://usk.de/alle-lexikonbegriffe/iarc/.
26 Vgl. https://www.globalratings.com/for-developers.aspx.
27 Hier nur bspw. BGH Urt. v. 27.11.2014 – I ZR 124/11, GRUR 2015, 672; EuGH Urt. v. 23.1.2014 – C-355/12, GRUR 2014, 255.

hierbei idR nicht statt, lediglich eine **technische Überprüfung.** Bezüglich der Inhalte müssen sich die Anbieter auf die Prüfung durch die Systeme zur Alterskennzeichnung, insbesondere seitens der USK, verlassen und holen sich vertraglich Gewährleistungen oder Garantien seitens der Entwickler bzw. Publisher ein, dass die für den Inhalt einschlägigen rechtlichen Vorschriften eingehalten werden. Die Anbieter von Konsolen und Plattformen haben dementsprechend weniger Kontrolle über die Art der Spiele, die auf den Konsolen oder Plattformen erscheinen, als häufig angenommen wird.

III. Vertrieb

19 Natürlich entwickelt und betreibt der Anbieter der Konsole bzw. Plattform auch den Shop, also den **digitalen Vertriebskanal** zum Kunden. Er trägt dabei Sorge für die Einhaltung sämtlicher auf einen Shop anwendbaren rechtlichen Vorschriften wie bspw. der Maßgaben zur Angabe von Preisen im Einklang mit der Preisangabenverordnung und insbesondere der verbraucherrechtlichen und jugendschutzrechtlichen Vorgaben. Hierbei stehen die Anbieter vielfach vor ähnlichen Problemen wie jeder Betreiber eines Shops auch außerhalb der Games-Branche, oftmals jedoch verschärft durch den Umstand, dass mit Spielen immaterielle und urheberrechtlich geschützte Produkte zur Verfügung gestellt werden (→ § 9 Rn. 1). So kann ein Spiel ohne Weiteres innerhalb eines Zeitraums von einigen Tagen bis Wochen durchgespielt und somit der **Nutzen aus dem Spiel** vollständig oder nahezu vollständig gezogen werden, insbesondere wenn es sich um lineare, geschichtenerzählende Spiele mit geringem Wiederspielwert handelt, oder es zu **unautorisierten Vervielfältigungen** vor der Rückgabe (bzw. deren digitalem Äquivalent der Löschung der entsprechenden Nutzungslizenz aus dem Nutzerkonto) kommt.

20 Selbstverständlich verhalten sich Anbieter, zu deren Lasten als Betreiber des Shops solcherlei Situationen zumeist gehen, ihren Kunden gegenüber kulant, schließlich haben sie lange in den Aufbau der Nutzerbasis ihrer Konsole oder Plattform investiert. Dies gilt vor allem für **Minderjährigenfälle,** in denen Eltern oder Erziehungsberechtigte geltend machen, ein Kind habe die Transaktion ohne ihre Einwilligung getätigt. Jedoch sollte hier seitens der Rechtsprechung den (gutgläubigen) Anbietern in Fällen naheliegenden oder offensichtlichen Missbrauchs von Rechten oder eklatanter Vernachlässigung elterlicher Verantwortung (bspw. Nichtverwendung von zur Verfügung stehenden Systemen (→ Rn. 25) oder Nichtprüfung von Kreditkartenabrechnungen über Monate hinweg) auch ein gewisser Schutz gewährt werden. Hier sollte der Verbraucherschutz nicht der Verantwortungslosigkeit oder gar dem Missbrauch Vorschub leisten zulasten kreativer Industrien und, letztlich, der **Urheber.**

21 Der Aufbau und Erhalt einer den Entwicklern und Publishern über den Shop zugänglich gemachten Nutzer- und Kundenbasis wurde bereits eingangs erwähnt (→ Rn. 14). Dies ist sicher einer der werthaltigsten Vorteile, welche die Veröffentlichung eines Titels für Konsolen bzw. auf Plattformen für Publisher, insbesondere kleinere Publisher, mit sich bringt. Anstelle eigener Investitionen in die Entwicklung und den Betrieb eines funktionierenden Shops sowie Aufwänden, um diesen Shop Nutzern bekannt zu machen und diese vom Anlegen eines Nutzerkontos in diesem zu überzeugen, um sodann den Titel und dessen Verfügbarkeit im Shop den Nutzern bekannt zu machen, kann der

Publisher eine **bestehende Infrastruktur** nutzen und direkt eine **umfangreiche Nutzerbasis** ansprechen. Spieler können sodann den Titel in einem ihnen vertrauten Shop erwerben, ohne ein neues Nutzerkonto anlegen zu müssen und ihre personenbezogenen Daten sowie Zahlungsinformationen einem weiteren neuen Shop anvertrauen zu müssen.

IV. Marketing

Anbieter von Konsolen und Plattformen spielen überdies eine Rolle im Marketing. 22 So kommunizieren sie ihren Nutzern regelmäßig neu auf der Konsole oder Plattform erscheinende Spiele über **Email-Newsletter** oder **News-Systeme** auf der Konsole bzw. Plattform, organisieren sog. Sales, also **Rabattaktionen**, an denen Entwickler und Publisher mit ihren Titeln teilnehmen können, und kommunizieren diese, teils auf eigenen Kanälen, teils aber auch auf im Wege der Werbebuchung zu bezahlenden Drittkanälen.

Insbesondere für kleine Entwickler, die oft auch ihre Games selbst veröffentlichen 23 (sog. Self-Publishing), verbreitet „**Indies**" genannt, halten vor allem die Konsolen-Anbieter spezielle Unterstützungsprogramme mit Präsentationen nur für Indie-Games, mit Indie-Sales oder mit ähnlichen Marketing-Aktionen bereit, um den Indie-Titeln erhöhte Aufmerksamkeit zu verschaffen. So erfreuen sich **Indie-Games** seit einigen Jahren erhöhter Beliebtheit bei den Spielern, weshalb gewissermaßen ein Werben um die Indie-Entwickler und mit den Indie-Entwicklern bzw. ihren Spielen eingesetzt hat.

V. Verantwortung der Konsolen und Plattformen und Vergütung

Zuletzt müssen sich die Konsolen und Plattformen auch ihrer Verantwortung als **Be-** 24 **treiber von Systemen und Diensten** stellen. Insbesondere Aktivitäten im Bereich des technischen Jugendmedienschutzes (→ § 25 Rn. 38) sowie des sog. Community-Managements (→ § 26 Rn. 2) fallen hierunter.

Im Bereich des Jugendmedienschutzes nehmen die Anbieter die Herausforderung an, 25 Eltern die Mittel und Informationen zur Verfügung zu stellen, die diese benötigen, um ihre Kinder auf der Konsole oder Plattform zu schützen und unautorisierte Käufe zu unterbinden. Insbesondere die Anbieter von Konsolen haben hier maßgebliche Pionierarbeit betrieben.[28] Die aktuellen Konsolen von Nintendo, Sony PlayStation und Microsoft Xbox bieten ohne zusätzliche Kosten umfangreiche vorinstallierte **Systeme zur Altersbeschränkung** an und weisen auf diese bspw. auf Verpackung, im Ersteinrichtungsvorgang der Konsole sowie weiterer Kommunikation wie Webseite, YouTube-Kanal oder Handbuch darauf hin.[29] Eltern können nicht nur verhindern, dass Kinder für ihr jeweiliges Alter von der USK nicht freigegebene Titel auf der Konsole starten, sie können auch Ausgaben im Shop begrenzen oder vollständig sperren, den Kauf von Titeln über einer bestimmten Altersfreigabe blockieren und

---

28 Siehe bspw. *Kommission für Jugendmedienschutz*, Pressemitteilung „Meilenstein im technischen Jugendmedienschutz", 3.5.2018, abrufbar unter https://www.kjm-online.de/service/pressemitteilungen/meldung?tx_news_pi1%5Bnews%5D=4625&cHash=e83f01ed3751a96ff1a96af97f07de2a.

29 Vgl. hierzu https://usk.de/fuer-familien/ratgeber/technische-massnahmen/.

bestimmen, ob (und ggf. mit wem) ihre Kinder in ihrem Nutzerkonto etwa hinterlegte personenbezogene Daten wie Geburtsdatum oder E-Mail-Adresse teilen können.

26 Im Bereich des **Community-Managements** sind Konsolen und Plattformen darin aktiv, gemeinsam mit ihren Nutzern auf eine positive und unterstützende Atmosphäre hinzuwirken, um negatives, sog. toxisches Verhalten oder Cyber-Bullying unter Spielern zu bekämpfen. Die drei Konsolen-Anbieter Nintendo, Sony PlayStation und Microsoft Xbox bspw. haben im Jahr 2020 gemeinsame Prinzipien für sicheres Gaming veröffentlicht.[30]

27 Im Gegenzug für ihre Leistungen erhalten die Anbieter von Konsolen und Plattformen eine Vergütung von den Publishern der über die Konsole oder Plattform digital vertriebenen Spiele, idR in Form einer umsatzabhängigen **Kommission.** Die Höhe dieser Kommission wird von den meisten Anbietern nicht öffentlich genannt und vertraulich behandelt, bewegt sich ausweislich verfügbarer Quellen jedoch in der Regel zwischen 30 % und 12 % des vom Publisher bestimmten Nettoverkaufspreises des Spiels im Shop an Verbraucher.[31]

D. Account-Systeme

28 In der Beziehung zwischen Konsole bzw. Plattform und Nutzer werden durch die Anbieter sog. Account-Systeme verwendet. Dabei spielt der Account, also das **Nutzerkonto,** heutzutage eine große Rolle in der Beziehung zwischen Anbieter und Nutzer, welche weit über das reine Erwerben von Nutzungslizenzen und das Abwickeln des entsprechenden Zahlungsvorgangs hinausgeht.

29 Während bei Konsolen ohne Anlegen eines Nutzerkontos zumindest die reine Offline-Nutzung oft möglich bleibt, bedarf es für die Nutzung von **Online-Funktionalitäten** einer Konsole, wie dem Shop oder Community-Systemen mit der Möglichkeit zum Anlegen von Freundeslisten oder dem Austausch von nutzergenerierten Inhalten (sog. UGC, „User Generated Content"), sowie für die Nutzung einer Plattform zwingend des Anlegens eines Nutzerkontos. Denn an dieses Nutzerkonto werden die erworbenen **Nutzungslizenzen** für Spiele oder Online-Services geknüpft. Darüber hinaus dient der Account jedoch auch als **Online-Persona,** welche in Online-Interaktionen mit anderen Nutzern, insbesondere in Mehrspielerspielen, aber auch für die Durchsetzung der Community-Regeln verwendet wird, u.a. durch temporäre oder dauerhafte Sperrung von Accounts für bestimmte Online-Services durch den Anbieter im Falle der wiederholten Missachtung der Community-Regeln, zB durch das Beleidigen oder Belästigen anderer Nutzer.

30 Weiterhin werden dem Nutzer über das Nutzerkonto eine **Fülle an Diensten** wie das automatische Herunterladen von Spielaktualisierungen oder das Herunterladen (und hierfür erforderliche Verfügbarhalten) von Spielen auf mehrere Systeme des Nutzers oder das erneute Herunterladen ggf. zwischenzeitlich lokal auf dem System des

---

30 Vgl. hierzu https://news.xbox.com/de-de/2020/12/14/gaming-sicherheit-statement/.

31 Apple: Kommission von 15–30 %, vgl. https://www.apple.com/de/newsroom/2020/11/apple-announces-app-store-small-business-program/; Epic Games Store: Kommission von 12 %, vgl. https://www.epicgames.com/store/de/publish.

Nutzers gelöschter Spiele angeboten.[32] Dabei wurde in der Vergangenheit kontrovers diskutiert, insbesondere anhand der Plattform Steam, ob die Anbieter die **Weitergabe des Nutzerkontos** an dritte Personen in ihren Nutzungsbedingungen untersagen dürfen, was letztlich bejaht wurde.[33]

Die seitens der Anbieter dedizierter Videospiele-Konsolen und -Plattformen dabei gesammelten **personenbezogenen Daten** bewegen sich oft auf einem eher niedrigen Level, da den Anbietern idR durch Verwendung von **Pseudonymen** sowie durch Aggregieren von Daten nur wenige, direkt den Nutzer ggf. identifizierende Daten vorliegen. So sind für die Erstellung eines Accounts häufig keine echten Namen, keine physischen Adressen und teilweise – insbesondere bei sog. Kinderaccounts (→ Rn. 25) – nicht einmal eine E-Mail-Adresse erforderlich. Lediglich ein Nutzername, bei Erwachsenenaccounts eine E-Mail-Adresse, ein Geburtsdatum sowie die Angabe des Landes des gewöhnlichen Wohnsitzes sind erforderlich, neben natürlich einem selbstgewählten Passwort. Bei Zahlungsvorgängen werden darüber hinaus selbstverständlich auch entsprechende Daten erhoben, welche jedoch idR über spezialisierte Zahlungsdienstleister abgewickelt werden (und in jedem Fall im Einklang mit den Vorgaben der Kreditkartenorganisationen, dem Payment Card Industry Data Security Standard oder PCI-DSS), so dass der Anbieter selbst zu diesen Daten keinen oder nur eingeschränkten Zugang hat. 31

Da Nutzer zunehmend Spiele ausschließlich digital über Shops erwerben, ist folgerichtig die Anzahl der mit den einzelnen Accounts verknüpften Nutzungslizenzen gestiegen. Um dem entsprechend gestiegenen Bedürfnis nach Sicherheit zu entsprechen und dem Übernehmen von zunehmend werthaltigen Accounts durch unbefugte Dritte entgegenzuwirken, haben Anbieter zusätzliche Sicherheitsfunktionen eingeführt. Insbesondere das Anbieten einer sog. **Zwei-Faktor-Authentifizierung** darf inzwischen als Marktstandard angesehen werden. Darüber hinaus erhalten Kunden Transaktionsbestätigungen per E-Mail und können ihre Login-Historie, also Datum, Zeit und ggf. IP-Adresse des letzten erfolgreichen Anmeldevorgangs in ihr Nutzerkonto, einsehen, damit sie etwaige erfolgreiche **unautorisierte Vorgänge** schnell erkennen und entsprechende Maßnahmen wie insbesondere das Ändern des verwendeten Passworts vornehmen können. Das entsprechend gebotene Level an Sicherheit steht und fällt dabei selbstverständlich mit der Frage, wie verantwortungsvoll die Nutzer diese Sicherheitsfunktionen verwenden oder eben nicht. Gerade die Mehrfachverwendung ein und derselben Kombination aus Nutzername/E-Mail-Adresse und Passwort bei verschiedenen Diensten bleibt ein Risiko und kann bei fehlender Nutzung der Zwei-Faktor-Authentifizierung dazu führen, dass unautorisierte Dritte auf Accounts zugreifen oder gar ganze Accounts übernehmen. Hier mag es sich für den Nutzer als Vorteil erweisen, dass idR einzelne Nutzungslizenzen nicht aus dem Account herausgelöst und an Dritte übertragen werden können, so dass der Anbieter dem Nutzer bei der Wiedererlangung der Kontrolle über den Account mit allen seinen Nutzungslizenzen häufig behilflich sein kann. 32

32 Vgl. hierzu auch *Schwiering/Zurel* MMR 2016, 440.
33 BGH Urt. v. 11.2.2010 – I ZR 178/08, MMR 2010, 771; KG Hinweisbeschl. v. 10.8.2015 – 23 U 42/14, MMR 2016, 340.

E. First Party-Spiele, Third Party-Spiele und Informationsbarrieren

33 Viele Anbieter von Konsolen und Plattformen sind selbst gleichzeitig auch als Publisher tätig. Dabei werden die vom Anbieter selbst herausgegebenen Spiele üblicherweise als **First Party-Spiele** bezeichnet, während die von anderen Publishern herausgegebenen Spiele idR **Third Party-Spiele** genannt werden.

34 Dies bedeutet, dass diese Anbieter von Konsolen und Plattformen im Verhältnis zu den Entwicklern und anderen Publishern auf ihrer Konsole bzw. Plattform gleichzeitig Partner und Konkurrent sind – Partner als Konsolen-/Plattformanbieter und Betreiber des zumeist exklusiven Shops auf dieser Konsole bzw. Plattform, Konkurrent als Herausgeber ggf. um die gleiche oder vergleichbare Zielgruppe an Spielern buhlender Games. Um dieser doppelten Rolle im Sinne eines fairen Wettbewerbs gerecht zu werden, haben zumindest die namhaften Anbieter von Konsolen und Plattformen idR aufwändige **Informationsbarrieren**, im englischsprachigen Raum auch „Garden Wall" genannt, in ihren Organisationen implementiert.

35 So werden zunächst die Teams, die für Entscheidungen im Bereich First-Party-Spiele für u.a. Preisgestaltung, Veröffentlichungsdatum, Positionierung des Titels bzgl. Genre, Zielgruppe(n), usw zuständig sind, **personell und organisatorisch** von den Teams getrennt, welche für das sog. Third Party-Geschäft, also die Zusammenarbeit mit den Dritt-Publishern und -Entwicklern, zuständig sind. So wird sichergestellt, dass keine Informationen innerhalb des Unternehmens geteilt werden, welche geschäftliche Entscheidungen in die eine oder andere Richtung beeinflussen könnten – und sei es nur unbewusst.

36 Darüber hinaus wird durch **interne Richtlinien** sichergestellt, dass keine sensiblen Informationen zwischen Mitarbeitern im First Party-Bereich und im Third Party-Bereich ausgetauscht werden dürfen. IdR ist die Rechtsabteilung intern mit der **Überwachung und Kontrolle** der Einhaltung dieser Regelungen befasst und bedient sich externer Unterstützung für regelmäßige Schulungen aller betroffenen Mitarbeiter sowie internen Audits hierzu.

37 Auch im Hinblick auf technische Systeme findet eine solche Trennung idR Anwendung. Soweit nicht vollständig separate Systeme vorliegen, ist zumindest technisch durch entsprechende Gestaltung von **Zugriffsrechten** sichergestellt, dass der First Party-Bereich und der Third Party-Bereich des Unternehmens nur jeweils auf „seine" Daten Zugriff hat.

38 Soweit es zudem Bereiche gibt, wie bspw. den Betrieb des Shops, in dem Informationen aus dem First Party- und dem Third Party-Bereich operativ zusammentreffen müssen, so sind diese Bereiche üblicherweise derart gestaltet, dass sie von den reinen First Party- bzw. Third Party-Bereichen personell und organisatorisch getrennt sind. Dies betrifft bspw. die Vorbereitung der entsprechenden Shop-Seite für einen Titel vor dessen Veröffentlichung, wofür Veröffentlichungsdatum und Preis ggf. bereits vor öffentlicher Ankündigung des Titels nötig sind, damit sofort nach dessen Ankündigung die Nutzer Informationen finden und ggf. Vorbestellungen tätigen können. Hier werden Informationen strikt auf einer sog. **„Need-to-know"-Basis** geteilt und teils von den

Dritt-Publishern selbst über entsprechende Zugänge in Systeme des Anbieters eingepflegt.

Auf diese Art und Weise wollen Anbieter sicherstellen, dass selbst jeglicher Anschein **unzulässigen Verhaltens** vermieden wird und sie dem Vertrauen der Dritt-Publisher und -Entwickler gerecht werden. Jede Konsole und Plattform benötigt für ihren dauerhaften Erfolg neben ggf. von ihrem jeweiligen Anbieter selbst herausgegebenen und für diese Konsole oder Plattform evtl. exklusiven Spielen auch starke Third Party-Titel, um einer möglichst breiten Zielgruppe an Spielern attraktive Inhalte zu bieten. 39

F. Zusammenfassung

Zusammenfassend lässt sich festhalten, dass Konsolen und Plattformen in allen Phasen des **Entstehungs- und Vermarktungszyklus** eines Spiels eine Rolle spielen bzw. spielen können, so sich der Entwickler oder Publisher dazu entscheidet, sein Spiel für eine Konsole oder über eine Plattform zu veröffentlichen. Auf bestimmte rechtliche Aspekte von Konsolen und Plattformen wird in den folgenden Abschnitten weiter eingegangen. 40

§ 24 Kartellrechtlicher Rahmen

Literatur: *Bechtold/Bosch/Brinker*, EU-Kartellrecht (zit.: Bechtold/Bosch/Brinker); *Bechtold/Bosch*, GWB (zit.: Bechtold/Bosch); *Ahlberg/Götting*, BeckOK Urheberrecht (zit.: BeckOK UrhR); *Frey/Pfeifer*, Der ordre public – die öffentliche Ordnung: derselbe Begriff, verschiedene Funktionen – ein Rechtsprinzip?, EuR 2015, 721; *Grünberger*, Die Entwicklung des Urheberrechts im Jahr 2019, ZUM 2020, 175; *Immenga/Mestmäcker*, Wettbewerbsrecht (zit.: Immenga/Mestmäcker); *Lichtenberg*, Die Bedingungen des App Stores auf dem Prüfstand, NZKart 2021, 551; *Lober/Klein/Groothuis*, The long and winding road of digital distribution. Or: why the ECJ's UsedSoft decision is of no use to keysellers, Interactive Entertainment Law Review 2018, 44; *Matzner*, Digitale Erschöpfung: Nicht bei E-Books, aber bei Computerspielen?, IPRB 2020, 96; *Rottmann/Schäfer*, Das Ende einer langen Reise, WuW 2021, 562; *Schneider*, Perspektiven der Software-Lizenz – nach EuGH zu E-Books – Ende der Online-Erschöpfung?, WRP 2021, 293; *Schulte/Just*, Kartellrecht (zit.: Schulte/Just); *Spindler/Schuster*, Recht der elektronischen Medien (zit.: Spindler/Schuster); *von Wallenberg*, Verbot der engen Bestpreisklausel: Das Beste, BB 2021, 2499.

A. Einführung

1 Das deutsche und europäische Kartellrecht – auf europäischer Ebene auch EU Competition Law genannt – soll den freien und unverfälschten Wettbewerb schützen. Es gewinnt gerade im Bereich der Digitalunternehmen immer mehr an Bedeutung. Im Bereich der Spiele haben in jüngerer Zeit vor allem der Fall Epic gegen Apple in den USA[1] sowie das Geoblocking-Verfahren der Europäischen Kommission[2] eine breitere Öffentlichkeit beschäftigt. Auch abseits dieser Verfahren ist das Kartellrecht gerade für die Vertragsgestaltung in der Games-Industrie hochaktuell. Zu den besonders relevanten Themen gehören Preisabsprachen und Preisbindungen, Exklusivitätsvereinbarungen, Vertriebswegbeschränkungen, Gebietsabsprachen und das Geoblocking.

2 Das Kartellrecht verbietet spürbare wettbewerbsbeschränkende Vereinbarungen (§ 1 GWB, Art. 101 AEUV) und den Missbrauch von Marktmacht (§§ 18 ff. GWB, Art. 102 AEUV). Darüber hinaus unterwirft es Unternehmenszusammenschlüsse von einer gewissen Bedeutung einer Vorabkontrolle (§§ 35 ff. GWB, VO (EG) Nr. 139/2004 – EU-Fusionskontrollverordnung).

1 Vgl. dazu https://cand.uscourts.gov/cases-e-filing/cases-of-interest/epic-games-inc-v.-apple-inc.
2 In diesem Verfahren wurden Steam-Betreiber Valve und mehrere Publisher wegen länderspezifischen Beschränkungen bei der Aktivierung von in bestimmten Jurisdiktionen erworbenen digitalen PC-Spielen gebußt, vgl. https://ec.europa.eu/commission/presscorner/detail/de/ip_21_170 Abschnitt 1.5.

3 Im vorliegenden Kapitel soll es vornehmlich um wettbewerbsbeschränkende Vereinbarungen und den Missbrauch von Marktmacht gehen. Die Anwendung der hier einschlägigen Vorschriften birgt aufgrund der Besonderheiten der Games-Branche besondere Herausforderungen in sich. Im Bereich der Fusionskontrolle gibt es dagegen relativ wenige branchenbezogene Besonderheiten, wenn man von der noch ausstehenden endgültigen Klärung einer Abgrenzung der kartellrechtlich relevanten Märkte einmal absieht, welche nach Plattform (PC, Konsolen, Mobilgeräte) oder nach Vertriebsmethode (physisch oder digital) erfolgen könnte.[3]

B. Wettbewerbsbeschränkende Vereinbarungen

4 Spürbar wettbewerbsbeschränkende Vereinbarungen sind im Grundsatz verboten (§ 1 GWB, Art. 101 AEUV).

5 Schwerwiegende Wettbewerbsbeschränkungen, zu denen Preis-, Gebiets- und Kundenabsprachen, aber auch Preisbindungen, Vertriebswegbeschränkungen und das Geoblocking gehören, können hart **sanktioniert** werden – mit einer Geldbuße in der Höhe von bis zu 10 % des jährlichen Gesamtumsatzes der Unternehmensgruppe (vgl. VO (EG) Nr. 1/2003).

6 Das bisher höchste **Bußgeld** für wettbewerbsbeschränkende Vereinbarungen nach Art. 101 AEUV liegt bei rund 1,01 Mrd. EUR (gegen Daimler im Rahmen des LKW-Kartells) und für den Missbrauch von Marktmacht nach Art. 102 AEUV bei 4,34 Mrd. EUR. Letzteres wurde gegen Google verhängt; es ging u.a. darum, dass Google Hersteller von Android-Mobilgeräten zur Vorinstallation von Google-Anwendungen verpflichtete.[4]

7 Daneben droht zivilrechtlich die **Nichtigkeit** der wettbewerbsbeschränkenden Vereinbarung.[5] Eine **geltungserhaltende Reduktion** auf das „gerade noch zulässige Maß" der Wettbewerbsbeschränkung ist in der Regel nicht möglich. Wenn die Wettbewerbsbeschränkung der Hauptinhalt des Vertrages ist, droht sogar eine Gesamtnichtigkeit des Vertrages; dies ungeachtet einer etwaigen **salvatorischen Klausel.**[6] Nicht selten wird daher das Kartellrecht auch als Hebel instrumentalisiert, um sich aus einer unliebsam gewordenen langfristigen Vertragsbindung wieder zu lösen.

8 Wer durch eine verbotene Wettbewerbsbeschränkung geschädigt wurde, kann **Schadensersatz** verlangen.[7] Dies spielte in der Games-Branche bisher allerdings keine große Rolle.

9 Wettbewerbsbeschränkende Vereinbarungen können in den unterschiedlichsten **Erscheinungsformen** auftreten. Es existiert kein „numerus clausus" der Wettbewerbsbe-

---

3 EU-Kommission Entsch. v. 16.4.2008 – COMP/M.5008 – Vivendi/Activision; EU-Kommission Entsch. v. 12.2.2016 – COMP/M.7866 – Activision Blizzard/King; EU-Kommission Entsch. v. 5.3.2021 – COMP/M.10001 – Microsoft/Zenimax.

4 EU-Kommission Entsch. v. 19.7.2016 – AT.39824 – Trucks; EU-Kommission Entsch. v. 18.7.2018 – AT.40099 – Google Android.

5 Schulte/Just/*Lober* GWB § 1 Rn. 104; *Bechtold/Bosch/Brinker* AEUV Art. 101 Rn. 138 ff.; Immenga/Mestmäcker/*Zimmer* GWB § 1 Rn. 58 f.

6 Schulte/Just/*Lober* GWB § 1 Rn. 105; *Bechtold/Bosch/Brinker* AEUV Art. 101 Rn. 140.

7 Schulte/Just/*Lober* GWB § 33 Rn. 22 ff.; *Bechtold/Bosch/Brinker* AEUV Art. 101 Rn. 146 f.; Immenga/Mestmäcker/*Zimmer* GWB § 1 Rn. 72.

schränkungen.[8] Zu den klassischen – und besonders bußgeldrelevanten – wettbewerbsbeschränkenden Vereinbarungen gehören Preis- und Gebietsabsprachen zwischen Wettbewerbern (und für die Gamesbranche bisher weniger relevant, Kundenabsprachen).

Eine wettbewerbsbeschränkende Vereinbarung setzt **mindestens zwei Parteien** voraus. 10
Unternehmen, die einer „**wirtschaftlichen Einheit**" angehören, zählen als ein Unternehmen im Sinne des Kartellrechts.[9] Wettbewerbsbeschränkende Absprachen zwischen konzernverbundenen Gesellschaften gibt es also nicht: Das **Konzernverhältnis** ist kartellrechtlich privilegiert.[10] Dasselbe gilt im Verhältnis zwischen einem „echten" **Handelsvertreter** und seinem Auftraggeber (Prinzipal). Der „echte" Handelsvertreter zeichnet sich dadurch aus, dass er kein eigenes wirtschaftliches Risiko trägt, insbesondere kein Absatz- oder Lagerhaltungsrisiko. Ihm kann der Prinzipal Vorgaben machen, zu welchem Preis, an welche Kunden oder in welche Regionen der Handelsvertreter verkaufen darf, ohne dass in diesen Vorgaben eine tatbestandsmäßige Wettbewerbsbeschränkung liegt.[11]

Wettbewerbsbeschränkende Vereinbarungen setzen keine besondere **Form** voraus. 11
Sie können schriftlich oder mündlich, ausdrücklich oder auch durch konkludentes Verhalten getroffen werden.[12] Insbesondere Preisabsprachen zwischen miteinander im Wettbewerb stehenden Unternehmen – die klassischen Preiskartelle – finden regelmäßig im Geheimen und in formloser Weise statt.

Spürbar wettbewerbsbeschränkende Vereinbarungen sind verboten, wenn sie nicht ge- 12
nerell (insbesondere über Gruppenfreistellungsverordnungen, kurz GVO) oder im Einzelfall **gerechtfertigt** sind. Man spricht von „freigestellt" (§ 2 GWB, Art. 101 Abs. 3 AEUV).

Traditionell unterscheidet das Kartellrecht zwischen **„horizontalen" und „vertikalen"** 13
Vereinbarungen. Horizontale Vereinbarungen sind solche zwischen Unternehmen derselben Marktstufe, also direkten Wettbewerbern, bspw. zwei Spiele-Publishern. Vertikale Vereinbarungen sind solche zwischen Unternehmen unterschiedlicher Marktstufen, also bspw. zwischen Herstellern und Händlern. Sie werden in der Regel weniger streng beurteilt (insbesondere nach der sogenannten Vertikal-GVO).[13]

In der Games-Branche bereitet die Abgrenzung zwischen einem Horizontalverhältnis 14
und einem Vertikalverhältnis – wie in vielen anderen Digitalbranchen auch – Schwierigkeiten: Das Verhältnis zwischen Entwickler und Publisher ist an sich ein vertikales, da beide Unternehmen im Ausgangspunkt auf unterschiedlichen Marktstufen tätig sind – die Entwicklung befindet sich eine Marktstufe vor dem Publishing. Allerdings ist dieses Schema in der Praxis vielfach durchbrochen: Manche Entwickler übernehmen bspw. den Digitalvertrieb selbst und geben nur den physischen Vertrieb an Publisher.

8 Schulte/Just/*Lober* GWB § 1 Rn. 44 ff.; *Bechtold/Bosch* GWB § 1 Rn. 34 ff.; *Bechtold/Bosch/Brinker* AEUV Art. 101 Rn. 66 ff.
9 Schulte/Just/*Lober* GWB § 1 Rn. 22; *Bechtold/Bosch/Brinker* AEUV Art. 101 Rn. 12.
10 Schulte/Just/*Lober* GWB § 1 Rn. 23; *Bechtold/Bosch* GWB § 1 Rn. 30; Immenga/Mestmäcker/*Thomas* GWB § 36 Rn. 693 f.
11 Schulte/Just/*Lober* GWB § 1 Rn. 74; *Bechtold/Bosch* GWB § 1 Rn. 32.
12 Schulte/Just/*Lober* GWB § 1 Rn. 26 ff.; *Bechtold/Bosch/Brinker* AEUV Art. 101 Rn. 41.
13 VO (EU) Nr. 330/2010.

Entwickler werden damit zu Wettbewerbern der Publisher, soweit physischer und digitaler Vertrieb auf dem gleichen kartellrechtlich relevanten Markt stattfinden. Die großen Konsolenhersteller nehmen multiple Funktionen ein: Sie stellen eine physische Konsole zur Verfügung, bieten eine elektronische Vertriebsplattform an und agieren zugleich als Publisher eigener Spiele, die teilweise von eigenen Studios entwickelt werden. In fast allen diesen Funktionen treten sie gleichsam als Vertragspartner wie als Wettbewerber externer Entwickler und Publisher auf.

I. Preisabsprachen

15 **Preisabsprachen** zwischen Wettbewerbern sind klassische „Hardcore-Kartelle". Wenn sich also bspw. zwei Publisher über die Preise ihrer Spiele absprechen würden, wäre dies nicht nur verboten, sondern hochgradig bußgeldrelevant.

16 Ebenso verboten sind **Preisbindungen** im Vertikalbereich, also zwischen Unternehmen, die keine Wettbewerber sind.

17 In den entsprechenden **Entwicklungs- oder Vertriebsverträgen** sollte daher nicht der Abgabepreis bzw. Endkundenpreis vorgeschrieben werden; die Parteien müssen vielmehr in ihrer Preisgestaltung frei sein. Dies kann allerdings mit den Bedürfnissen des Entwicklers kollidieren, wenn dieser Entwickler durch seine Beteiligung an den Einnahmen des Publishers entlohnt wird (Revenue Share Modell) und daher zu niedrige Abgabepreise des Publishers fürchtet. Dem kann dadurch begegnet werden, dass der Entwickler über einen Festbetrag an jedem abgesetzten Exemplar partizipiert. Freilich hat auch der Publisher, der die Entwicklung der Spiele oft vorfinanziert, ein Interesse daran, die Preise nach einiger Zeit herabsetzen zu können.

18 Im Verhältnis zwischen Entwickler und Publisher einerseits und Großhändlern, Händlern und Online-Shops oder digitalen Vertriebsplattformen gilt ähnliches. Gerade im Bereich von digitalen Vertriebsplattformen kann man aber im Einzelfall an das **Handelsvertreterprivileg** denken, falls diese Plattformen kein wirtschaftliches Risiko tragen, weil sie nur einen Anteil an ihren tatsächlichen Erlösen auszahlen und auch keine sonstigen Gewährleistungs- oder Ausfallrisiken tragen. Rechtsprechung zu der konkreten Frage liegt für digitale Vertriebsplattformen im Spielebereich aber, soweit ersichtlich, nicht vor.

II. Preisabsprachen „Unverbindliche" Preisempfehlungen

19 Anders als Preisbindungen sind **unverbindliche Preisempfehlungen** grundsätzlich zulässig.[14] Voraussetzung ist jedoch, dass sie tatsächlich unverbindlich sind. Es gilt das Verbot der Preisbindung bzw. „Preispflege". Damit ist jedwede Art von Druck auf den Händler unvereinbar. Selbst als bloße Anfragen verpackte Anrufe, weshalb denn die Preisempfehlung unterschritten wird, können bereits problematisch sein. Umgekehrt darf die Einhaltung von Preisempfehlungen auch nicht „belohnt" werden. Auch eine solche Belohnung nimmt der Empfehlung ihren unverbindlichen Charakter.

14 Schulte/Just/*Lober* GWB § 1 Rn. 63; *Bechtold/Bosch/Brinker* AEUV Art. 101 Rn. 91; Immenga/Mestmäcker/*Zimmer* GWB § 1 Rn. 233.

Das Bundeskartellamt ahndet regelmäßig Verstöße gegen das Preisbindungsverbot, weil sie den Preiswettbewerb einschränken. In letzter Zeit geht auch die EU-Kommission verstärkt gegen Unternehmen vor, die gegen das Preisbindungsverbot verstoßen.[15] 20

III. Gebietsabsprachen

Neben der Preisabsprache gehören Gebietsabsprachen zu den klassischerweise nach Art. 101 AEUV bzw. § 1 GWB verbotenen wettbewerbsbeschränkenden Absprachen. **Gebietsabsprachen** zwischen Wettbewerbern sind verbotene Hardcore-Kartelle. 21

Schwieriger ist es, die Grenzen des kartellrechtlich noch Zulässigen bei Gebietsabsprachen zwischen nicht miteinander im Wettbewerb stehenden Unternehmen, zum Beispiel zwischen einem Publisher und seinen Händlern, zu bestimmen. Solche Gebietsabsprachen werden typischerweise getroffen, um unterschiedliche Zahlungsbereitschaften und damit Preisniveaus in den verschiedenen EU-Staaten auszunutzen. Sie zielen häufig darauf ab, den Vertrieb von Waren aus Ländern mit niedrigem Preisniveau in Länder mit höherem Preisniveau zu verhindern oder zu erschweren. Solche Absprachen stehen daher in diametralem Widerspruch zu den Zielen des europäischen Binnenmarktes. Alle Vereinbarungen, die darauf abzielen, den grenzüberschreitenden Warenverkehr innerhalb der EU spürbar zu erschweren, sind daher wettbewerbsbeschränkende Vereinbarungen im Sinne von Art. 101 AEUV. 22

Im Vertikalverhältnis, dh zwischen nicht miteinander im Wettbewerb stehenden Unternehmen, vereinbarte Gebietsaufteilungen können allerdings nach der Vertikal-GVO freigestellt und damit kartellrechtlich zulässig sein. Freistellungsvoraussetzung ist, dass die beteiligten Unternehmen als Anbieter bzw. Nachfrager der Vertragsprodukte jeweils nicht mehr als 30 % Marktanteil haben, Art. 3 Abs. 1 Vertikal-GVO. Unter dieser Voraussetzung ist zum Beispiel das Verbot des aktiven Vertriebs (also der aktiven Ansprache individueller Kunden) in sich selbst vorbehaltene oder anderweitig exklusiv vergebene Gebiete zulässig. Nicht beschränkt werden darf dagegen der passive Vertrieb (also die Erfüllung unaufgeforderter Bestellungen), Art. 4 lit. b i Vertikal-GVO. Diese Grundsätze sind in der Games-Branche insbesondere für die Gestaltung der Distributionsverträge wichtig. 23

Die aktuelle Fassung der Vertikal-GVO wird noch bis Ende Mai 2022 gelten. Der Entwurf einer überarbeiteten Vertikal-GVO vom Juli 2021 gestattet Anbietern u.a. ihren Kunden den aktiven und den passiven Vertrieb an nicht zugelassene Händler in solchen Gebieten zu untersagen, in denen der Anbieter ein Zulassungssystem betreibt.[16] 24

Im Bereich von Games sind daher Vereinbarungen zur Verhinderung von **„Graumporten"** grundsätzlich problematisch. Ein solcher Fall lag nach Ansicht der Europäischen Kommission dem Verfahren gegen Nintendo zugrunde, der mit einem hohen Bußgeld endete. Nintendo und sieben unabhängige (Groß-)Händler hatten sich in den 1990er Jahren nach Ansicht der Kommission auf eine Beschränkung des Parallelhandels von Konsolen und Spielekassetten verständigt. Die Vertriebsverträge selbst sahen keine 25

15 EU-Kommission Entsch. v. 24.7.2018 – AT.40182 – Pioneer; EU-Kommission Entsch. v. 24.7.2018 – AT.40181 – Philips.

16 Anhang zu COM(2021) 5026 final.

Beschränkung jeglichen Parallelhandels vor, sondern nur eine – zulässige – Beschränkung aktiver Verkäufe. Die Europäische Kommission ging aber davon aus, dass sich Nintendo und die (Groß-)Händler darauf geeinigt hatten, dass durch die Händler kein Export ins Ausland erfolgen dürfe und exportierende Händler nicht mehr beliefert würden. Die Europäische Kommission verhängte Bußgelder in Millionenhöhe. Die dagegen gerichtete Klage vor dem Europäischen Gericht (EuG) blieb erfolglos.[17]

IV. Grenzen der Warenverkehrsfreiheit: Jugendschutz, Strafrecht

26 Die Warenverkehrsfreiheit innerhalb der EU findet freilich dort ihre Grenzen, wo der sogenannte **ordre public** betroffen ist.[18] Dazu gehören nationale **Jugendschutz-Vorschriften.**[19] So hat bspw. Deutschland mit dem Jugendschutzgesetz und dem Jugendmedienschutz-Staatsvertrag vergleichsweise strenge Jugendschutzregelungen (vgl. §§ 14, 15). Außerdem hat der deutsche Gesetzgeber strenge Vorschriften gegen die Verwendung von Symbolen **verfassungsfeindlicher Organisationen** erlassen, §§ 86, 86a StGB, dies ebenfalls aus Gründen des ordre public. Das Verbot der Verwendung von Kennzeichen verfassungswidriger Organisationen spielt in der Spielebranche insbesondere mit Blick auf die NS-Symbole eine Rolle, wenngleich sich die Spruchpraxis der USK hierzu in den letzten Jahren liberalisiert hat (vgl. §§ 14, 15). Die zwingenden Vorgaben dieser Vorschriften dürfen eingehalten werden, selbst wenn sie den grenzüberschreitenden Warenverkehr mit Computerspielen behindern. Freilich dürfen die entsprechenden Einschränkungen nicht weitergehen als die gesetzlichen Anforderungen bspw. des Jugendschutz- oder Strafrechts.

V. Geoblocking und das Verhältnis zwischen Urheberrecht und Kartellrecht

27 In jüngerer Zeit hat sich die Europäische Kommission mit dem sogenannten **Geoblocking** von Computerspielen über die Steam-Plattform von Valve beschäftigt.[20] Diese ermöglicht Einstellungen, mit deren Hilfe Spiele in manchen Ländern nicht aktiviert und damit auch nicht gespielt werden können. Die Europäische Kommission sah darin einen Verstoß gegen Art. 101 AEUV (berief sich in dem Verfahren also nicht auf die Geoblocking-Verordnung; zu dieser noch näher unten). Hieran wurde kritisiert, dass die Publisher durch das Geoblocking gerade ermöglichen wollten, dass Verbraucher in Osteuropa von niedrigeren Preisen profitieren können.

28 Konkret warf die Europäische Kommission Valve und fünf Publishern bilaterale Vereinbarungen und/oder abgestimmte Verhaltensweisen vor: Diese seien durch geoblockierte Steam-Aktivierungsschüssel umgesetzt worden, mit denen die Aktivierung bestimmter PC-Videospiele dieser Publisher außerhalb von Tschechien, Polen, Ungarn, Rumänien, der Slowakei, Estland, Lettlands und Litauen verhindert wurde. Weiter beanstandete die Europäische Kommission Geoblocking-Praktiken in Form von bilateralen Lizenz-

---

17 EuG 30.4.2009 – T-13/03, ECLI:EU:T:2009:131.

18 *Frey/Pfeifer* EuR 2015, 721 (729); EuGH Urt. v. 14.12.1979 – C-34/79, ECLI:EU:C:1979:295 Rn. 17 – Henn und Darby; EuGH Urt. v. 27.10.1977 – C-30/77, ECLI:EU:C:1977:172 Rn. 4 – Bouchereau.

19 EuGH Urt. v. 14.2.2008 – C-244/06, ECLI:EU:C:2008:85 = EuZW 2008, 177 – Dynamic Medien Vertriebs GmbH&Avides Media AG.

20 Vgl. dazu https://ec.europa.eu/commission/presscorner/detail/de/ip_21_170.

und Vertriebsvereinbarungen zwischen vier der fünf Publisher und einigen Anbietern (Distributoren) ihrer PC-Videospiele: Die Vereinbarungen enthielten Klauseln, durch die nach Ansicht der Europäischen Kommission der grenzüberschreitende Verkauf der betreffenden PC-Videospiele innerhalb des EWR einschließlich der oben genannten mittel- und osteuropäischen Länder beschränkt wurde.

Das Geoblocking-Verfahren warf Fragen insbesondere zum **Verhältnis zwischen Urheberrecht und Kartellrecht** auf. Urheberrechte und andere IP-Rechte sind Exklusivrechte; sie sind innerhalb der EU harmonisiert, aber nicht im europäischen Primärrecht verankert. Das auf Ebene des europäischen Primärrechts verankerte Kartellrecht sieht dagegen Gebietsexklusivitäten als zumindest rechtfertigungsbedürftige Wettbewerbsbeschränkungen an.[21] Damit sind Spannungen vorprogrammiert. 29

Als Grundsatz gilt: Das Kartellrecht akzeptiert den Bestand des Urheberrechts – und damit auch die grundsätzliche Rechtsposition, die den Ausschluss Anderer von der Benutzung oder Verwertung des geistigen Eigentums erlaubt – solange das Urheberrecht nicht „erschöpft" ist. Eine **Erschöpfung des Urheberrechts** tritt bei Games durch das erstmalige physische Inverkehrbringen im EWR ein – nicht jedoch durch den erstmaligen digitalen Vertrieb von Games[22] (Games unterscheiden sich insoweit als „hybride Werke" mit wichtigen audio-visuellen Bestandteilen von „reiner" Software).[23] 30

Die konkrete Ausübung des IP-Rechts unterliegt dagegen den Schranken des Kartellrechts (wobei sich wiederum aus Gruppenfreistellungsverordnungen die Zulässigkeit ergeben kann, bspw. aus der Technologie-Transfer-GVO und der F&E-GVO).[24] 31

Das Geoblocking-Verfahren endete mit einem Vergleich zwischen der Europäischen Kommission und den Publishern, in dessen Rahmen die Publisher eine Geldbuße von insgesamt rund 7,8 Mio. EUR akzeptierten. Das Verfahren gegen Valve ist noch anhängig. Hier werden möglicherweise die Gerichte die Chance haben, das komplizierte Verhältnis zwischen Kartellrecht einerseits und den Urheberrechten an den Spielen andererseits weiter auszudifferenzieren, da die Europäische Kommission in dem Verfahren die Bedeutung des Urheberrechts weitgehend zurückgedrängt hat. 32

Erwähnenswert ist in diesem Zusammenhang auch ein in Frankreich anhängiges Verfahren der französischen Verbraucherzentrale UFC-Que Choisir (Union Fédérale des Consommateurs) gegen Valve, die das Weiterverkaufsverbot von Spielen auf Steam als unzulässig ansah, weil sie die Urheberrechte bereits mit dem digitalen Vertrieb als erschöpft ansah – worin ihr das erstinstanzliche Gericht in Paris folgte.[25] 33

21 Schulte/Just/*Dallmann* Vertikal-GVO Art. 4 Rn. 12; *Bechtold/Bosch/Brinker* AEUV Art. 101 Rn. 97 f.

22 *Lober/Klein/Groothuis* Interactive Entertainment Law Review 2018, 44 ff.; ausf. bzgl. Computerspielen: *Matzner* IPRB 2020, 98 ff.; allg. zum Erschöpfungsgrundsatz unter Berücksichtigung der „Tom Kabinet"-Entscheidung: *Grünberger* ZUM 2020, 175 (188).

23 BeckOK UrhR/*Götting* UrhG § 17 Rn. 39; Spindler/Schuster/*Wiebe* UrhG § 69c Rn. 33, § 69a Rn. 15 ff.; für eine Schwerpunktbetrachtung: *Schneider* WRP 2021, 293 Rn. 41.

24 VO (EU) Nr. 316/2014; VO (EU) Nr. 1217/2010.

25 TGI Paris v. 17.9.2019 – RG 16/01008; krit. dazu: *Matzner* IPRB 2020, 96 (99).

C. Marktmachtmissbrauch

34 Neben den wettbewerbsbeschränkenden Vereinbarungen – an denen mehrere Parteien beteiligt sind – verbietet das Kartellrecht auch den einseitigen **Missbrauch von Marktmacht**, vgl. Art. 102 AEUV, §§ 18 ff. GWB. Dahinter steht der Gedanke, dass es für einen funktionierenden Wettbewerb schädlich ist, wenn dominante Akteure ihre Marktmacht unbegrenzt ausspielen können.

35 Der medial wohl am meisten beachtete Fall in der Spielebranche ist die öffentlich und in den verschiedensten Ländern der Welt geführte Auseinandersetzung zwischen **Epic Games und Apple** (sowie, weniger beachtet, Google). Hier geht es um die Frage, ob die diversen Vorgaben von Apple für den Vertrieb von Apps im iOS App Store missbräuchlich sind (dazu näher unten).

36 Das europäische Verbot des Missbrauchs von Marktmacht in Art. 102 AEUV richtet sich nur gegen marktbeherrschende Unternehmen. Nationale Kartellrechtsordnungen erweitern den Kreis der Normadressaten. So richtet sich das deutsche Recht nicht nur an marktbeherrschende Unternehmen (§ 18 f. GWB), sondern auch an Unternehmen mit überragender marktübergreifender Bedeutung (§ 19a GWB) und an Unternehmen mit relativer oder überlegener Marktmacht (§ 20 GWB).

I. Marktbeherrschung

37 Für marktbeherrschende Unternehmen bestehen bspw. **Behinderungs- und Diskriminierungsverbote** (§ 19 Abs. 2 Nr. 1 GWB), ein **Verbot des Forderns unangemessener Entgelte oder Geschäftsbedingungen** (§ 19 Abs. 2 Nr. 2 GWB) und **Lieferverpflichtungen**, was auch den **Zugang zu Daten oder anderen Infrastruktureinrichtungen** bedeuten kann (§ 19 Abs. 2 Nr. 4 GWB).

38 Obwohl das deutsche Recht für die Marktbeherrschung die widerlegliche Vermutung aufstellt, dass eine **Marktbeherrschung** ab einem Marktanteil von 40 % vorliegt (§ 18 Abs. 4 GWB), bereitet die Ermittlung des Vorliegens einer Marktbeherrschung regelmäßig Schwierigkeiten, wenn die Marktabgrenzung – insbesondere in sachlicher und räumlicher Hinsicht – nicht durch Entscheidungspraxis etabliert ist.

II. Unternehmen mit überragender marktübergreifender Bedeutung

39 Das Bundeskartellamt kann neuerdings verbindlich feststellen, dass ein mehrere verschiedenartige Nutzergruppen (zB Spieleentwickler- und Käufer) ansprechendes Unternehmen eine „überragende marktübergreifende Bedeutung" innehat (§ 19a Abs. 1 S. 1 GWB). Ob einem Unternehmen eine solche Bedeutung zukommt, entscheidet das Bundeskartellamt anhand von mehreren Indizien. Diese sind bspw. die beherrschende Stellung des Unternehmens auf einzelnen Märkten, die Finanzkraft des Unternehmens sowie die Zugriffsmöglichkeit des Unternehmens zu Daten Dritter, welche es im freien Wettbewerb zum eigenen Vorteil verwenden kann. Das Bundeskartellamt kann einem Unternehmen mit überragender marktübergreifender Bedeutung diverse Verhaltensweisen verbieten, soweit es nicht deren sachliche Rechtfertigung beweisen kann. Untersagt werden kann bspw. die Selbstbevorzugung des eigenen Angebots, die ausschließliche Vorinstallation eigener Angebote und die Nutzung bestimmter Unterneh-

mensangebote von der Nutzung anderer Angebote abhängig zu machen (wie etwa bei Facebook und Oculus).

Ein knappes Jahr nach Einführung des § 19a GWB stellte das Bundeskartellamt im Januar 2022 erstmals die überragende marktübergreifende Bedeutung eines Unternehmens fest. Betroffen war Google, was u.a. mit der Vielzahl populärer Dienste und den bedeutenden Einflussmöglichkeiten im eigenen digitalen Ökosystem begründet wurde. 40

III. Meistbegünstigungsklauseln (Bestpreisklauseln)

Meistbegünstigungs- oder Bestpreisklauseln wurden in jüngerer Zeit vor allem bei Hotelbuchungsportalen kontrovers diskutiert. 41

HRS, Booking.com und andere Hotelportale hatten mit ihren Hotelpartnern sogenannte Meistbegünstigungsklauseln vereinbart. Darunter versteht man verbindliche Garantien durch die Hotelpartner, dass auf dem jeweiligen Vermittlungsportal der niedrigste Zimmerpreis, die höchste Verfügbarkeit und die jeweils günstigsten Buchungs- und Stornierungskonditionen gelten sollen. Das Bundeskartellamt und später auch der Kartellsenat des BGH sahen hierin einen Verstoß gegen das Kartellrecht. Dies unter anderem deswegen, weil die Klauseln verhinderten, dass an anderer Stelle als auf dem Buchungsportal niedrigere Hotelpreise angeboten werden können. Dies erschwere nicht nur den Marktzutritt neuer Plattformanbieter, sondern verhindere darüber hinaus die Möglichkeit, dass Konkurrenten durch bessere Konditionen Boden gut machen. Dies gilt, so der BGH, selbst bei sog. engen Bestpreisklauseln, die es den Hotels lediglich untersagten, ihre Kontingente auf der eigenen Webseite günstiger anzubieten, während ihnen ein günstigeres Angebot auf dritten Onlineportalen erlaubt war.[26] 42

Die Vorgaben der Rechtsprechung in diesem Bereich können auch für die Beurteilung ähnlicher Klauseln im Games-Bereich eine erste Orientierung bieten. 43

IV. Bundeskartellamt gegen Amazon (Marketplace)

Auch das Fordern von **Geschäftsbedingungen** kann missbräuchlich sein, wenn sie von denen abweichen, die das marktbeherrschende Unternehmen bei wirksamem Wettbewerb durchsetzen könnte (§ 19 Abs. 2 Nr. 3 GWB). Die entsprechende Kontrolle durch das Kartellrecht ergänzt die AGB-rechtliche Kontrolle. So hielt das Bundeskartellamt Klauseln von Amazons Marketplace für missbräuchlich.[27] Die Klauseln ermöglichten es Amazon unter anderem, jederzeit ohne Angabe von Gründen Händlerkonten zu sperren oder zu kündigen. Sie enthielten einen allumfassenden Haftungsausschluss zugunsten von Amazon. Außerdem trug Amazon in den Geschäftsbedingungen dafür Sorge, dass Händler ohne vorherige schriftliche Zustimmung keine Angaben zu ihren Geschäftsbeziehungen mit Amazon tätigen durften. Auf Druck des Bundeskartellamtes passte Amazon seine Geschäftsbedingungen im Laufe des Jahres 2019 an. 44

---

26 BGH Beschl. v. 18.5.2021 – KVR 54/20, CR 2022, 46; ausf. hierzu: *v. Wallenberg* BB 2021, 2499; *Rottmann/Schäfer* WuW 2021, 562.

27 Bundeskartellamt 17.7.2019 – B2-88/18.

V. Bundeskartellamt gegen Facebook (Datenschutz und Oculus)

45 Nach Ansicht des Bundeskartellamtes verbietet § 19 Abs. 1 GWB auch bestimmte Formen des **Zusammenführens von Nutzerdaten.** Dies soll unabhängig davon gelten, ob eine solche Datenverarbeitung datenschutzrechtlich zulässig ist. So untersagte das Bundeskartellamt – im einstweiligen Rechtsschutz gebilligt durch den BGH – Facebook, Nutzerdaten von WhatsApp und Instagram ohne ausdrückliche Einwilligung dem jeweiligen Facebook-Profil zuzuordnen.[28] Die Kartellbehörde strebt hierbei ausdrücklich eine „innere Entflechtung" der Daten an. Mit gleichem Ziel ermittelt das Bundeskartellamt weiterhin gegen Facebook, da die Nutzung der VR-Brille **Oculus** ebenfalls an eine Verknüpfung mit dem Facebook-Account „zwangsgekoppelt" ist.[29] Folge dieses weiteren Kartellverfahrens ist, dass deutsche Endverbraucher in Deutschland derzeit keine solchen Oculus-Brillen erwerben können.

46 In beiden Verfahren gegen Facebook wird von den Beteiligten kontrovers diskutiert, ob und in welchem Umfang ein kausaler Zusammenhang zwischen der marktbeherrschenden Stellung von Facebook und dem gerügten Missbrauchsverhalten vorliegen muss. Kritiker dieser Entscheidungspraxis wenden ein, dass den Kartellbehörden keine Befugnis zur „Oberaufsicht" über vorgeblich rechtswidrige Verhaltensweisen außerhalb des Kartellrechts zusteht.

VI. Epic / Apple

47 Seit Sommer 2020 geht **Epic** medienwirksam in mehreren kartellrechtlichen Verfahren gegen **Apple** vor, die eine Öffnung des geschlossenen Betriebssystems iOS für alternative Zahlungsmethoden und App Stores erzwingen sollen.[30] Die Streitigkeiten begannen als Epic verdeckt eine eigene, vergünstigte und die Apple vertraglich zustehende Kommission umgehende Zahlmethode in der iOS-Version von „Fortnite" einführte, worauf Apple Fortnite vom iOS-App-Store entfernte. Unmittelbar darauf erhob Epic eine Beschwerde gegen Apple vor einem amerikanischen Bundesbezirksgericht in Kalifornien. Epic bezichtigte Apple eines wettbewerbsbeschränkenden Verhaltens durch Erhebung der 30 %-Kommission und des Verbots alternativer App-Stores. Apple sei marktmächtig auf einem Markt für mobile Betriebssysteme sowie Monopolist auf einem App-Vertriebsmarkt und einem Zahlungsabwicklungsmarkt für iOS gewesen; im amerikanischen Recht ist Monopolstellung ein „Plus" zur Marktmacht-Stellung mit einer entsprechend strengeren gerichtlichen Verhaltenskontrolle. Im September 2021 wies das Gericht die Beschwerde Epics größtenteils zurück. Es lehnte bereits die Existenz eines iOS einschließenden Markts für mobile Betriebssysteme ab, weil iOS weder lizenziert wird noch verkäuflich ist. Zwar habe nach Sicht des Gerichts Apple Marktmacht auf einem globalen Markt für Mobilspieltransaktionen. Apple könne aber die Beschränkungen auf iOS rechtfertigen, so würde u.a. das zentralisierte Modell die Sicherheit des Systems durch leichtere Kontrolle von Apps erhöhen, sich am Markt von

28 Bundeskartellamt 6.2.2019 – B6–22/16; BGH Beschl. v. 23.6.2020 – KVR 69/19.

29 Vgl. dazu https://www.bundeskartellamt.de/SharedDocs/Meldung/DE/Pressemitteilungen/2020/09_12_2020_Facebook_Oculus.html.

30 Zur Frage der kartellrechtlichen Zulässigkeit der Konditionen des Apple App Stores im Allgemeinen siehe auch *Lichtenberg* NZKart 2021, 551.

dem offeneren Modell von Android abheben und eine einfachere Einsammlung der Kommissionsgebühren ermöglichen. Allerdings erkannte das Gericht die Anti-Steering-Vorschriften Apples, die innerhalb einer App Hinweise auf alternative Zahlmethoden sowie diesbezügliche Werbung durch E-Mails oÄ. verbieten, als wettbewerbswidrig an. Beide Seiten fochten die Entscheidung des Gerichts an. Ursprünglich sollte Apple bis Dezember 2021 in den Vereinigten Staaten die Anti-Steering-Vorschriften abstellen, konnte aber letztlich eine Hinausschiebung dieser Frist erstreiten.

Mit einer der obigen entsprechenden Begründung erhob Epic auch Missbrauchsbe- 48
schwerden gegen Apple vor der Europäischen Kommission, in Australien und im Vereinigten Königreich. Von diesen Beschwerden wurde bisher endgültig nur über die letztgenannte entscheiden, die wegen mangelnder nationaler Jurisdiktion zurückgewiesen wurde. Des Weiteren geht Epic auch gegen Google in den Vereinigten Staaten, in Australien und im Vereinigen Königreich vor, da Fortnite auch vom Google Play Store nach verdeckter Einführung einer alternativen Zahlungsmöglichkeit entfernt wurde.

D. Exkurs: Geoblocking-Verordnung

Mit der **Geoblocking-Verordnung** (VO (EU) 2018/302) hat die EU zur Angleichung 49
unterschiedlicher Preise im digitalen Binnenmarkt ungerechtfertigte Diskriminierungen bei Online-Käufen auf der Grundlage der Staatsangehörigkeit, des Wohnorts oder des Orts der Niederlassung innerhalb des Binnenmarkts verboten. Davon wurde nach Art. 4 Abs. 1 lit. b Geoblocking-VO zunächst für zwei Jahre die Bereitstellung des Zugangs zu urheberrechtlich geschützten Werken oder sonstigen Schutzgegenständen und deren Nutzung einschließlich des Verkaufs von urheberrechtlich geschützten Werken oder immateriellen Schutzgegenständen ausgenommen. Insofern dürfen Computerspiele und DLCs, virtuelle Gegenstände und andere urheberrechtlich geschützte Inhalte innerhalb der EU weiterhin zu unterschiedlichen Preisen vertrieben werden, ohne dass darin eine unzulässige Diskriminierung liegt. Nach der in Art. 9 Abs. 2 Geoblocking-VO vorgesehenen Evaluierung wurde Ende 2020 eine nochmalige Verlängerung der Ausnahme für Audiovisuelle-Inhalte und Games beschlossen.

E. Ausblick: Digital Markets Act

Mit dem **Digital Markets Act** möchte die EU für große Plattformen („Gatekeeper") eine 50
Liste von Wettbewerbsauflagen, vergleichbar der Black List im UWG, vorschreiben, gegen die nicht verstoßen werden darf. Dies betrifft insbesondere, nach dem zum Zeitpunkt der Drucklegung aktuellen Entwurf, Plattformen mit monopolartiger Macht (GAFA). Mit Blick auf die marktmächtigen Plattformen für Mobile Games, also den App Store von Apple und den Google Play Store, könnten Games-Anbieter in ihrer Position hierdurch gegenüber diesen Plattformen gestärkt werden.

§ 25 Technischer Jugendmedienschutz

Literatur: *Baumgartner/Ewald*, Apps und Recht, 2. Aufl. 2016 (zit.: *Baumgartner/Ewald* Apps); *Bornemann/Erdemir* (Hrsg.), Jugendmedienschutz-Staatsvertrag, 2. Aufl. 2021, *Frey/Dankert*, Konkurrenz statt Kohärenz im Jugendmedienschutz?, CR 2020, 616; *Hilgert/Sümmermann*, Gegenwart und Zukunft der Alterskennzeichnung von Mobile Apps, K&R 2015, 543; *Hilgert/Sümmermann*, Der Entwurf für ein neues Jugendschutzgesetz, MMR 2020, 301; *Hilgert/Sümmermann*, Technischer Jugendmedienschutz, MMR-Beil. 8/2020, 26; *Hilgert/Sümmermann*, Von Inhalt zu Interaktion: Neuerungen im Jugendschutzrecht, K&R 2021, 297; *Hopf/Braml*, Die Entwicklung des Jugendmedienschutzes 2016/2017, ZUM 2018, 1; *Hopf/Braml*, Die Entwicklung des Jugendmedienschutzes 2019, ZUM 2020, 312; *Hopf/Braml*, Die Entwicklung des Jugendmedienschutzes 2020, ZUM 2021, 421; *Liesching*, Jugendschutzprogramme für „ab 18"-Internetangebote, MMR 2013, 368; *Liesching*, Das Herkunftslandprinzip nach E-Commerce- und AVMD-Richtlinie, MMR-Beil. 6/2020, 3; *Liesching*, Nationale Games-Regulierung für den EU-Raum, MMR-Beil. 8/2020, 18; *Schreiber/Gottwald*, Jugendschutz durch Datenschutz, MMR 2021, 467; *Schwiddessen*, IARC und USK – Alterskennzeichen für Apps und Online-Games, CR 2015, 515; *Taeger*, Einwilligung von Kindern gegenüber Diensten der Informationsgesellschaft, ZD 2021, 505.

A. Einführung

Beim Stichwort Jugendmedienschutz wird häufig zuerst an die Bewertung und Kennzeichnung konkreter Inhalte durch sachverständige Prüfer (→ § 15 Rn. 14, 34; → § 16 Rn. 10 ff.) gedacht – was darf für welche Altersstufen gezeigt und wie darf es beworben werden? Neben diese Überlegungen, die primär für die Entwickler von Spielen relevant sind, tritt die mindestens ebenso wichtige Frage, wie man eigene und fremde Inhalte effektiv von einem Publikum fernhält, für das sie nicht geeignet sind. Hier setzt der technische Jugendmedienschutz an, der gesetzlich inzwischen sowohl zur **Abschirmung** jüngerer Nutzer als auch für die **(teil-)automatische Bewertung** von Inhalten verankert ist. Dabei sind insbesondere Anbieter von Plattformen (einschließlich Online-Spielen) gefragt, denn meist ist nur auf dieser Ebene eine effektive Umsetzung sinnvoll möglich. Anbieter von Telemedien müssen bei der Verbreitung ihrer Inhalte technische und organisatorische Maßnahmen treffen, um Minderjährige angemessen vor ungeeigneten Inhalten zu schützen. Aber auch wer Nutzerinhalten und Nutzerinteraktionen eine 1

Plattform bietet oder Spiele auf Datenträgern im Versandhandel anbietet, kommt mit solchen Vorschriften in Berührung.

2 Dieses Kapitel erläutert zunächst **allgemeine rechtliche Grundlagen** und Anforderungen an technische Jugendmedienschutzlösungen und beleuchtet dann die **Besonderheiten unterschiedlicher Plattformtypen**, von digitalen Distributionsplattformen wie App Stores, über Plattformen, auf denen nutzergenerierte Inhalte geteilt werden, bis zum klassischen E-Commerce, das zumindest beim Verkauf von Spielen als Teil von Hardware-Bundles oder Collector's Editions auch künftig noch eine gewisse Relevanz behalten dürfte.

3 Der Jugendmedienschutz-Staatsvertrag (JMStV) unterscheidet in §§ 4, 5 zwischen **drei Kategorien von Inhalten:**

- **Jugendgefährdende Angebote** sind in Rundfunk und Telemedien grundsätzlich unzulässig (§ 4 JMStV). Nur bestimmte Angebote, darunter manche indizierte Inhalte und sogenannte „einfache Pornographie", dürfen online in geschlossenen Benutzergruppen zugänglich gemacht werden.
- Bei Inhalten, die geeignet sind, die Entwicklung von Kindern oder Jugendlichen zu einer eigenverantwortlichen und gemeinschaftsfähigen Persönlichkeit zu beeinträchtigen (sog. „**entwicklungsbeeinträchtigende Angebote**"), ist eine Verbreitung grundsätzlich möglich. Anbieter müssen gemäß § 5 JMStV aber dafür Sorge tragen, dass Kinder oder Jugendliche der betroffenen Altersstufen diese üblicherweise nicht wahrnehmen.
- Für Inhalte, von denen **keine Gefährdung oder Beeinträchtigung** ausgeht, sieht das klassische Jugendschutzrecht keine starren technischen Abschirmungspflichten vor, möchte aber auf eine technische Kennzeichnung als unbedenklich hinwirken (→ Rn. 35). Zunehmend können technische Lösungen auch bei der Einhaltung datenschutz- und verbraucherschutzrechtlicher Vorgaben eine Rolle spielen.

4 Das Jugendschutzgesetz des Bundes (JuSchG) verwendet in § 10a die gleichen Begrifflichkeiten, bezieht jedoch seit der Novellierung 2021 für die Kategorisierung von Medien zusätzlich die sog. **Interaktionsrisiken** mit ein (→ § 15 Rn. 15 ff.), wodurch die Definitionen in JMStV und JuSchG nicht (mehr) ganz deckungsgleich sind.

5 Neben den allgemeinen Vorschriften der §§ 4, 5 JMStV zu den technischen Abschirmungsmaßnahmen finden sich Vorgaben zum Einsatz technischer Bewertungs- und Abschirmungsmaßnahmen insbesondere in den **Spezialregelungen** der §§ 24a ff. JuSchG (Plattformen für nutzergenerierte Inhalte) und § 14a JuSchG (Distributionsplattformen). Die Vorschrift des § 24a JuSchG verdrängt dabei die etwas ältere Sonderregelung des § 5a JMStV (Video-Sharing-Plattformen).

6 Die genannten Vorschriften und Pflichten gelten grundsätzlich auch für **ausländische Angebote**, die im Inland abrufbar sind.[1] Zunehmend gehen deutsche Behörden gegen ausländische Anbieter vor. So hat die Landesanstalt für Medien NRW ein Verfahren

1 BGH Urt. v. 18.10.2007 – I ZR 102/05, NJW 2008, 1882 (1886) – ueber18.de.

gegen einen israelischen App-Anbieter durchgeführt.[2] Auch gegen mehrere Anbieter pornografischer Inhalte mit Sitz in Zypern hat die Kommission für Jugendmedienschutz (KJM) Beanstandungen ausgesprochen und ihnen die Verbreitung ihrer Angebote (ohne entsprechende technische Schutzmaßnahmen) untersagt.[3] Zur praktischen Durchsetzung solcher Untersagungen soll sogar auf Netzsperren zurückgegriffen werden.[4] Bei Angeboten aus dem EU-Ausland ist jedoch auch das **Herkunftslandprinzip** zu beachten.[5]

B. Technische Maßnahmen in Telemedien und Rundfunk

Um einfach **jugendgefährdende Angebote** in Telemedien bewerben oder zugänglich machen zu dürfen, müssen Anbieter nach § 4 Abs. 2 S. 2 JMStV eine **geschlossene Benutzergruppe** einrichten, was eine robuste Altersverifikation erfordert. Bei lediglich **entwicklungsbeeinträchtigenden Angeboten** haben Anbieter dagegen eine größere Flexibilität. Zugriffe jüngerer Kinder und Jugendliche müssen sie nämlich nicht gänzlich verhindern, sondern **nur erschweren.** Dies können sie durch eine Kennzeichnung ihres Angebots für Jugendschutzprogramme, sonstige technische Mittel oder Zeitgrenzen erreichen. Bei Angeboten, die nur für Kinder – also Minderjährige unter 14 Jahren – entwicklungsbeeinträchtigend sind, ist es sogar ausreichend, diese von Inhalten für Kinder getrennt anzubieten. 7

I. Geschlossene Benutzergruppen

Das höchste Schutzniveau bieten geschlossene Benutzergruppen. Ein Zugriff ist hier nur durch Nutzung sogenannter **Altersverifikationssysteme (AVS)**[6] möglich. Werden jugendgefährdende Inhalte ohne Vorschaltung eines hinreichenden AVS angeboten, ist dies zum einen ein bußgeldbewehrter Verstoß gegen den JMStV (§ 24 Abs. 1 Nr. 2 und Nr. 3), zum anderen ein Wettbewerbsverstoß, der auch von Mitbewerbern mit Abmahnungen verfolgt werden kann.[7] 8

---

2 *Landesanstalt für Medien NRW (LfM NRW)*, Pressemitteilung v. 6.4.2020, abrufbar unter https://www.medienanstalt-nrw.de/presse/pressemitteilungen/pressemitteilungen-2020/2020/april/coin-master-an-deutschen-jugendschutz-angepasst.html.

3 VG Düsseldorf Beschl. v. 30.11.2021 – 27 L 1414/20, 27 L 1415/20, 27 L 1416/20, BeckRS 2021, 36908; vgl. auch *Kommission für Jugendmedienschutz (KJM)*, Pressemitteilung 08/2020 v. 8.6.2020, abrufbar unter https://www.kjm-online.de/service/pressemitteilungen/meldung/news/vorgehen-gegen-anbieter-mit-sitz-im-ausland/.

4 Pornoportal xHamster droht Netzsperre, F.A.Z. online v. 26.12.2021, abrufbar unter https://www.faz.net/aktuell/wirtschaft/digitec/pornoportal-xhamster-droht-netzsperre-17702007.html.

5 Ausf. *Liesching* MMR-Beil. 8/2020, 18 ff.; *Liesching* MMR-Beil. 6/2020, 3 ff.; *Hopf/Braml* ZUM 2021, 421 (427 f., 433).

6 Der Begriff hat sich im Zusammenhang mit § 4 Abs. 2 S. 2 JMStV schnell eingebürgert, vgl. *Liesching* K&R 2006, 394; VG München Beschl. v. 31.1.2007 – M 17 S 07.144, MMR 2007, 408 – bereits18.de; BGH Urt. v. 18.10.2007 – I ZR 102/05, NJW 2008, 1882 (1886) – ueber18.de; sowie BVerfG Beschl. v. 24.9.2009 – 1 BvR 1231/04, 1 BvR 710/05, 1 BvR 1184/08, MMR 2010, 48 – Altersverifikationssysteme.

7 BGH Urt. v. 18.10.2007 – I ZR 102/05, NJW 2008, 1882 (1886) – ueber18.de.

9 Nach den Vorgaben der Rechtsprechung,[8] die die KJM zur Grundlage ihres ausführlichen Anforderungskatalogs[9] gemacht hat, müssen solche Systeme zunächst eine **verlässliche Identifizierung des Nutzers** sicherstellen. Dies kann durch Rückgriff auf eine „offline" erfolgte Ausweiskontrolle (etwa im Rahmen des PostIdent-Verfahrens oder der Eröffnung eines Bankkontos) oder durch digitale Mittel wie die eID-Funktion des Personalausweises oder eine Kontrolle über Videochats mit geschultem Personal oder unter Einsatz von biometrischen Verfahren erfolgen. Es sind auch erste Systeme auf dem Markt (und von Selbstkontrollen und KJM positiv bewertet, → Rn. 11), die mithilfe von künstlicher Intelligenz anhand von Videos das Alter prüfen.[10] Nicht ausreichend sind einfache „Perso-Checks", die Nutzer nach einer Ausweisnummer und Postleitzahl fragen.[11] Solche Verfahren können Anbieter jedoch als technisches Mittel zur Abschirmung lediglich entwicklungsbeeinträchtigender Inhalte nutzen (→ Rn. 12 ff.).

10 Soll die Identifizierung nicht vor jedem Nutzungsvorgang erneut erfolgen, sondern dem einmal altersgeprüften Nutzer beliebige Zugriffe gestatten, benötigt das AVS nach Ansicht der Aufsichtsbehörden eine besonders sichere und grundsätzlich „face to face" vorgenommene Identifizierung, was insbesondere bei der Nutzung von Videochats zusätzliche Anforderungen an die Ausweisprüfung mit sich bringt.[12] Daneben muss das AVS einen **vor Missbrauch geschützten Mechanismus der Authentifizierung** vorsehen, der identifizierte Nutzer daran hindert, Zugangsdaten an ungeprüfte Dritte weiterzugeben. Dies kann etwa durch nicht beliebig zu vervielfältigende Hardwarekomponenten, durch eine Multi-Faktor-Authentifizierung, durch den zwingenden Einsatz biometrischer Merkmale oder auch durch die Schaffung finanzieller Risiken durch signifikante Kosten jedes einzelnen Zugriffs gelöst werden.

11 Grundsätzlich liegt es in der **Verantwortung des Anbieters**, ein AVS zusammenzustellen oder auszuwählen, das diese Anforderungen erfüllt. Es muss sich nicht um ein behördlich freigegebenes System handeln; der JMStV sieht eine offizielle Anerkennung von Altersverifikationssystemen nicht einmal vor. Dennoch nimmt die KJM **Positivbewertungen von Konzepten** vor und sorgt damit zumindest für eine größere Rechtssicherheit,[13] wenn eines der inzwischen über 80 positiv bewerteten AVS-Konzepte implementiert wurde.[14]

---

8 BGH Urt. v. 18.10.2007 – I ZR 102/05, NJW 2008, 1882 (1886) – ueber18.de; siehe auch NK-JMStV/*Erdemir* JMStV § 4 Rn. 231 ff. mwN.

9 *KJM,* Kriterien zur Bewertung von Konzepten für Altersverifikationssysteme v. 11.12.2019, abrufbar unter https://www.kjm-online.de/fileadmin/user_upload/KJM/Aufsicht/Technischer_Jugendmedienschutz/KJM-AVS-Raster.pdf.

10 Vgl. MMR-Aktuell 2020, 425566; *Freiwillige Selbstkontrolle Multimedia-Diensteanbieter (FSM)* Pressemitteilung v. 29.5.2020, abrufbar unter https://www.fsm.de/de/fsm.de/yoti; *Hilgert,* Die KJM und die KI: Künstliche Intelligenz und Biometrie im Jugendschutz, Spielerecht.de, 6.6.2022, abrufbar unter https://spielerecht.de/die-kjm-und-die-ki-kuenstliche-intelligenz-und-biometrie-im-jugendschutz/.

11 BGH Urt. v. 18.10.2007 – I ZR 102/05, NJW 2008, 1882 (1886) – ueber18.de.

12 *Hilgert,* Digitale Türsteher: KJM erlaubt Alterskontrollen per Webcam, Spielerecht.de, 12.1.2015, abrufbar unter https://spielerecht.de/digitale-tuersteher-kjm-erlaubt-alterskontrollen-per-webcam/.

13 NK-JMStV/*Erdemir* JMStV § 4 Rn. 232.

14 Eine aktuelle Liste mit Kurzbeschreibungen der positiv bewerteten Systeme und Module ist abrufbar unter https://www.kjm-online.de/aufsicht/technischer-jugendmedienschutz/unzulaessige-angebote/altersverifikationssysteme.

II. Sonstige technische Mittel

12 Den Jugendschutzanforderungen an die Wahrnehmungserschwernis hinsichtlich bloß entwicklungsbeeinträchtigender Inhalte können Anbieter auch durch andere technische oder sonstige Mittel entsprechen. Hierzu gehört zwar auch die Altersverifikation, allerdings sind die **Anforderungen an technische Mittel** im Sinne des § 5 Abs. 3 S. 1 Nr. 1 JMStV **deutlich geringer** und stets im Verhältnis zu den rechtlich gleichwertigen Zeitgrenzen des § 5 Abs. 4 JMStV (→ Rn. 31 f.) zu sehen.[15] Anders als beim Zugriff auf jugendgefährdende Inhalte ist hier ausreichend, wenn das Alter anhand plausibler Indizien glaubhaft gemacht wird. Hierher gehört daher bspw. der Perso-Check zum Einsatz für den Zugriff auf Inhalte „ab 16"[16] oder Systeme bei denen **Ausweis- oder Kreditkartendaten** automatisiert ausgelesen werden können. Soll die Prüfung nicht bei jedem Zugriff erneut erfolgen, müssen auch hier Vorkehrungen gegen einen Missbrauch bzw. eine unkontrollierte Weitergabe von Zugangsdaten getroffen werden, wobei abermals keine vollständige Verhinderung, sondern nur eine Erschwernis erforderlich ist. So kann etwa die Gültigkeit eines erfolgten Checks zeitlich limitiert und die zeitgleiche Mehrfachnutzung von Zugangsdaten unterbunden werden.[17] Im Rundfunkbereich sind gängige technische Mittel daneben die **Verschlüsselung und Vorsperrung** gem. § 9 Abs. 2 JMStV.

13 Bloße **Abfragen des Alters sind nicht ausreichend.** Gleiches gilt für die Einholung einer Bestätigung, dass der Nutzer ein bestimmtes Alter erreicht hat. Solche Abfragen sind so leicht zu umgehen, dass sie keine ausreichende Gewähr mehr dafür bieten, dass jüngere Nutzer die Inhalte üblicherweise nicht wahrnehmen.[18] Allerdings scheinen manche Aufsichtsbehörden solchen Abfragen im Zusammenspiel mit flankierenden Maßnahmen durchaus jugendschutzrechtliche Relevanz beizumessen. So können Abfragen und eine konsequente Blockierung des Angebots bei Angabe eines niedrigen Alters zumindest deutlich machen, dass ein Angebot sich nicht an Minderjährige richtet.[19]

14 In Angeboten mit **sehr jungen Nutzern** können auch Abfragen, die ein Kind ohne Hilfe üblicherweise nicht lösen kann, einen Beitrag zum Jugendschutz leisten, indem sie verhindern, dass das Kind versehentlich Features nutzt, für die eine elterliche Begleitung sinnvoll erscheint, wie etwa In-App-Käufe oder Änderung von Einstellungen für Kommunikationsfunktionen.[20]

15 BeckOK JMStV/*Liesching* JMStV § 5 Rn. 9 mwN; NK-JMStV/*Erdemir* JMStV § 5 Rn. 57.
16 NK-JMStV/*Erdemir* JMStV § 5 Rn. 68.
17 Vgl. auch NK-JMStV/*Erdemir* JMStV § 5 Rn. 68.
18 VG Berlin Beschl. v. 21.9.2011 – VG 27 L 60.11, MMR 2011, 851.
19 Vgl. *LfM NRW,* Pressemitteilung v. 6.4.2020, abrufbar unter https://www.medienanstalt-nrw.de/presse/pressemitteilungen/pressemitteilungen-2020/2020/april/coin-master-an-deutschen-jugendschutz-angepasst.html.
20 Vgl. Beispiele für Apps der „Kids"-Kategorie bei Apple unter https://developer.apple.com/app-store/kids-apps/.

15 Auch für technische Mittel gibt es kein gesetzlich vorgesehenes Anerkennungsverfahren, jedoch hat die KJM auch insoweit einen **Anforderungskatalog**[21] und eine **Liste positiv bewerteter Konzepte**[22] veröffentlicht.

III. Kennzeichnung für Jugendschutzprogramme

16 Die gängigste Methode für Anbieter von Telemedien, Jugendschutz-Compliance zu erzielen, ist die Kennzeichnung ihrer Inhalte für ein **als geeignet beurteiltes Jugendschutzprogramm** im Sinne des § 5 Abs. 3 S. 1 Nr. 1 JMStV. Mit der Kennzeichnung hat der Anbieter auch das seinerseits Erforderliche getan, denn der tatsächliche Einsatz eines Jugendschutzprogramms, das diese Kennzeichen ausliest und die gekennzeichneten Inhalte ggf. ausfiltert, liegt in der Verantwortung der Eltern.

1. Technische Kennzeichnung

17 Die Kennzeichnung ist eine technisch einfach umsetzbare Möglichkeit der Wahrnehmungserschwernis und ein Unterfall der oben beschriebenen technischen Mittel. Anders als bei anderen technischen Mitteln schafft das „Labeln" aber **keine Zugangshürden** für volljährige Nutzer, da die Kennzeichnung nicht sichtbar erfolgt. Es genügt, wenn der Anbieter eine Datei mit den erforderlichen Angaben auf dem Server ablegt und diese somit von geeigneten Jugendschutzprogrammen nach § 11 JMStV ausgelesen werden kann. Als technischer Standard hat sich hier die age-de.xml Datei etabliert,[23] auf die auch die KJM in ihren Kriterien zur Eignung von Jugendschutzprogrammen Bezug nimmt.[24] Die Inhalte bleiben damit für Nutzer frei zugänglich, sofern kein für die jeweilige Altersstufe eingerichtetes Jugendschutzprogramm ihnen den Zugriff versperrt.

2. Materielle Anforderungen an Jugendschutzprogramme

18 Jugendschutzprogramme sind **Filterlösungen**, die Nutzer – bzw. in der Regel ihre Erziehungsberechtigten – als Software auf den verwendeten Geräten installieren oder anderweitig zwischen Endgerät und Onlineangebot einbinden (beispielsweise auf dem Router, der die Verbindung eines Heim- oder Schulnetzwerks in das Internet herstellt).[25] Diese sind ständig im Hintergrund aktiv und schützen Minderjährige bei der gesamten Internetnutzung.

19 Welche Anforderungen ein Jugendschutzprogramm hierfür erfüllen muss, ist im JMStV nicht detailliert geregelt. Jugendschutzprogramme müssen demnach nur einen **nach Altersstufen differenzierten Zugang** zu Telemedien ermöglichen, eine dem Stand der Tech-

21 *KJM*, Kriterien der KJM für technische Mittel als Jugendschutzmaßnahme für entwicklungsbeeinträchtigende Inhalte im Bereich des World Wide Web, 29.6.2012, abrufbar unter https://www.kjm-online.de/fileadmin/user_upload/KJM/Aufsicht/Technischer_Jugendmedienschutz/Kriterienraster_technische_Mittel.pdf.

22 Eine aktuelle Liste mit Kurzbeschreibungen der positiv bewerteten Konzepte ist abrufbar unter https://www.kjm-online.de/aufsicht/technischer-jugendmedienschutz/entwicklungsbeeintraechtigende-angebote/technische-mittel.

23 Weitere Informationen unter http://age-label.com.

24 *KJM*, Kriterien für die Eignungsanforderungen nach § 11 Abs. 3 JMStV für Jugendschutzprogramme, 12.10.2016, abrufbar unter https://www.kjm-online.de/fileadmin/user_upload/KJM/Aufsicht/Technischer_Jugendmedienschutz/Kriterien_fu__r_die_Eignungsanforderungen_fu__r_Jugendschutzprogramme_12.10.2016.pdf.

25 Eine solche geräteunabhängige Lösung ist beispielsweise JusProgDNS; weitere Informationen hierzu sind abrufbar unter https://www.jusprogdns.com/.

nik entsprechende **Erkennungsleistung** aufweisen, benutzerfreundlich ausgestaltet sein und sich nutzerautonom verwenden lassen (§ 11 Abs. 1 S. 3 JMStV). Das bedeutet: Jugendschutzprogramme müssen nicht nur die Kennzeichnungen auslesen, sondern auch mit nicht gekennzeichneten Inhalten angemessen umgehen können, etwa durch Filterlisten und durch einen Echtzeit-Scan von Seiteninhalten.

Es ist dagegen **nicht erforderlich**, dass Jugendschutzprogramme nachweislich eine gewisse **Verbreitung** gefunden haben[26] oder „plattform- und systemübergreifend" verfügbar sind, also auf beliebigen Betriebssystemen eingesetzt werden können. Ungeachtet dessen, dass dies schon technisch nicht möglich wäre (da eine Software in der Regel immer nur auf einem Betriebssystem lauffähig ist), ergibt sich eine solche Anforderung auch nicht aus dem JMStV.[27] 20

3. Sonderfall: Jugendschutzprogramme für geschlossene Systeme

Neben „Volllösungen" können Anbieter nach § 5 Abs. 2 JMStV auch solche Jugendschutzprogramme nutzen und zur Beurteilung der Eignung vorlegen lassen, die lediglich auf einzelne Altersstufen ausgelegt sind oder den Zugang zu Telemedien innerhalb geschlossener Systeme ermöglichen. Diese Lösung **eignet sich vor allem für proprietäre Systeme** oder geschlossene Plattformen, bei denen anders als im Regelfall der Plattformanbieter den Einsatz des Systems technisch erzwingen oder zumindest zur Voreinstellung machen kann. 21

Aktuell nutzen insbesondere **Streamingdienste** wie Disney+, Netflix und Amazon Prime Video solche Systeme.[28] Im Games-Bereich war **Nintendo als erster Plattformbetreiber** mit einem offiziell als geeignet beurteilten Jugendschutzprogramm der Vorreiter;[29] daneben hat auch das Jugendschutzprogramm von MagentaGaming (Telekom) die Eignungsbeurteilung erhalten.[30] 22

Ähnliche Jugendschutzfunktionen kennen Eltern oft schon von den Bordmitteln der gängigsten Betriebssysteme, einschließlich der Betriebssysteme iOS und Android für mobile Geräte. Wenn auch bislang ohne offizielle Anerkennung, ermöglichen diese ebenfalls, Geräte kindersicherer zu konfigurieren.[31] 23

4. Formelle Anforderung: Verfahren der Eignungsbeurteilung

Damit ein Jugendschutzprogramm auch offiziell als geeignet gilt, und damit die Kennzeichnung von Inhalten „für" dieses Programm rechtliche Wirkung entfalten kann und nicht ins Leere läuft, sieht § 11 Abs. 1 S. 2 JMStV eine **förmliche Eignungsbeurteilung** durch eine ihrerseits anerkannte Einrichtung der **freiwilligen Selbstkontrolle** vor, die 24

---

26 VG Neustadt a. d.W. Beschl. v. 17.4.2013 – 5 L 68/13.NW, MMR 2013, 408; *Liesching* MMR 2013, 368 (370).

27 VG Berlin Beschl. v. 28.8.2019 – VG 27 L 164.19, MMR 2019, 771, mzustAnm *Liesching*.

28 *KJM*, Pressemitteilung 07/2020 v. 5.6.2020, abrufbar unter https://www.kjm-online.de/service/pressemitteilungen/meldung/news/fuehrende-streamingdienste-in-deutschland-nutzen-geeignete-jugendschutzprogramme/.

29 *KJM*, Pressemitteilung 02/2018 v. 3.5.2018, abrufbar unter https://www.kjm-online.de/service/pressemitteilungen/meldung/news/meilenstein-im-technischen-jugendmedienschutz/.

30 Eine aktuelle Liste mit Kurzbeschreibungen der als geeignet beurteilten Jugendschutzprogramme ist abrufbar unter https://www.kjm-online.de/aufsicht/technischer-jugendmedienschutz/entwicklungsbeeintraechtigende-angebote/jugendschutzprogramme.

31 Ausf. Darstellung bei *Bleich* c't Magazin 2/2020, 20 ff.

spätestens alle drei Jahre erneut zu überprüfen ist (§ 11 Abs. 4 JMStV). Die Beurteilung durch die Selbstkontrolle kann ihrerseits von der KJM überprüft werden. Stellt die Aufsicht dabei eine Überschreitung des **Beurteilungsspielraums** der Selbstkontrolleinrichtung fest, kann sie die Positivbeurteilung nach § 19b Abs. 2 S. 1 JMStV aufheben oder mit Auflagen versehen.

5. Grenzen und Risiken der Kennzeichnung für Jugendschutzprogramme

25 Bei allen praktischen Vorteilen der Kennzeichnung für ein Jugendschutzprogramm müssen sich Anbieter, die diese Möglichkeit wählen, allerdings auch einiger Grenzen und Risiken bewusst sein. In den meisten Fällen haben sie es nicht in der Hand, ob das von Dritten angebotene Jugendschutzprogramm eine positive Eignungsbeurteilung (aufrecht) erhält. Daneben lehnen einige Aufsichtsbehörden die Kennzeichnung für Jugendschutzprogramme im Rundfunk (zu Unrecht) ab.

a) Wegfall eines Jugendschutzprogramms

26 Nach Einführung der gesetzlichen Regelung von Jugendschutzprogrammen mit der JMStV-Novelle von 2003 hat es fast zehn Jahre gedauert, bis erste Jugendschutzprogramme – damals noch von der KJM selbst – anerkannt wurden. Von der Handvoll allgemeiner Jugendschutzprogramme, die eine Anerkennung bzw. Positivbeurteilung erhalten hatten, ist am Markt inzwischen **nur noch das Programm JusProg** des gleichnamigen eingetragenen Vereins übrig geblieben. Es wäre indes auch wenig sinnvoll, wenn jeder Anbieter – außerhalb proprietärer Systeme – ein eigenes Jugendschutzprogramm anböte und positiv bewerten ließe. Man wird nicht erwarten können, dass Eltern auf jedem Gerät eine Vielzahl von Jugendschutzprogrammen installieren. Im Sinne des Jugendmedienschutzes sinnvoll wäre daher ein überschaubares Angebot von Jugendschutzprogrammen, die alle einen einheitlichen Kennzeichenstandard „verstehen".

27 Allerdings ergibt sich aus dieser Konstellation auch ein **Risiko für Anbieter**: Kontrollieren sie das Jugendschutzprogramm nicht selbst, und verliert das Programm auf das sie setzen die positive Eignungsbeurteilung, ist es möglich, dass Behörden Angebote im schlimmsten Fall über Nacht für rechtswidrig halten. Dieses Risiko ist keineswegs theoretisch, sondern hat sich in der Vergangenheit bereits einmal realisiert. Ursprünglich war JusProg eine Lösung nur für das Betriebssystem Windows. In dieser Form hatte es die KJM im Jahr 2012 nach dem damaligen Recht auch anerkannt. Im Jahr 2019 erneuerte die Freiwillige Selbstkontrolle Multimedia-Diensteanbieter (FSM) – auf die zwischenzeitlich die Zuständigkeit übergegangen war – die Positivbeurteilung von JusProg turnusgemäß. Diese Entscheidung hob die KJM allerdings auf und ordnete zugleich die sofortige Vollziehung ihrer Entscheidung an. Begründet wurde dies damit, dass ein Jugendschutzprogramm nur dann im Sinne des § 11 Abs. 1 JMStV geeignet sein könne, wenn es auf allen relevanten Betriebssystemen eingesetzt würde und damit einen „plattform- und systemübergreifenden Schutz" biete. Damit waren nach Auffas-

sung der KJM auf einen Schlag alle Angebote rechtswidrig, die zuvor auf die Kennzeichnung für ein Jugendschutzprogramm gesetzt hatten.[32]

In dem darauffolgenden verwaltungsgerichtlichen (Eil-)Verfahren hat das VG Berlin die aufschiebende Wirkung der Klage gegen diesen Bescheid wieder aufgehoben und dabei nicht nur Bedenken in Hinblick auf das besondere Vollzugsinteresse geäußert, sondern auch ausführlich dargelegt, dass § 11 Abs. 1 JMStV den von der KJM geforderten **„plattform- und systemübergreifenden Schutz"** gerade **nicht zur Eignungsvoraussetzung** von Jugendschutzprogrammen macht.[33] In der Zwischenzeit hat die FSM weitere Versionen von JusProg (für die mobilen Betriebssysteme iOS und Android sowie als betriebssystemunabhängige DNS-basierte Lösung) positiv beurteilt, was die KJM im Ergebnis nicht beanstandet hat.[34] Ungeachtet des letztendlichen Ausgangs des Rechtsstreits ist damit in der Praxis derzeit eine von JusProg auslesbare Kennzeichnung der nutzerfreundlichste Weg zur Umsetzung des § 5 Abs. 1 JMStV. 28

b) Jugendschutzprogramme im Rundfunk

Teilweise wird von Aufsichtsbehörden die Ansicht vertreten, dass eine Kennzeichnung von Inhalten für Jugendschutzprogramme nur in **Telemedien, nicht aber in Rundfunkangeboten** erfolgen könne. Dies würde bedeuten, dass etwa (manche) Angebote von Let's Plays und Esport-Übertragungen, die als Rundfunk eingeordnet werden können (→ § 28 Rn. 8 ff.), nicht über Jugendschutzprogramme abgesichert werden dürften. 29

Begründet wird dies mit der **systematischen Stellung** der Norm über Jugendschutzprogramme, § 11 JMStV, im III. Abschnitt des JMStV („Besondere Bestimmungen für Telemedien").[35] Dem ist zuzugeben, dass diese Verortung des § 11 JMStV nicht ganz glücklich erscheint, weil sie nicht im Blick hat, dass Rundfunk auch anders als durch klassische Radio- und TV-Geräte empfangen werden kann. Allerdings greift die Ansicht dennoch nicht durch: Der § 11 JMStV regelt im Wesentlichen nur die Anforderungen an (geeignete) Jugendschutzprogramme als solche. Die rechtliche Möglichkeit zur Kennzeichnung für ein Jugendschutzprogramm als eine von mehreren gleichwertigen Optionen zur Einhaltung der Abschirmungsanforderungen des JMStV ergibt sich bereits aus § 5 Abs. 3 S. 1 Nr. 1 JMStV, der gerade nicht zwischen Rundfunk und Telemedien differenziert. Es ist auch **kein Grund für eine solche Differenzierung** ersichtlich, zumal selbst die Gesetzesbegründung des JMStV auf den Einsatz von Jugendschutzprogrammen bei Pay-TV-Sendern verweist.[36] Ein Anbieter, der auf seiner Website Let's Plays oder Esport-Streams bereitstellt, kann seinen Pflichten aus § 5 Abs. 1 S. 1 JMStV folglich selbst dann durch Kennzeichnung der Website für ein geeignetes Jugendschutzprogramm genügen, wenn das Angebot rechtlich als Rundfunk einzuordnen ist.[37] 30

32 *KJM*, Pressemitteilung 05/2019 v. 15.5.2019, abrufbar unter https://www.kjm-online.de/service/pressemitteilungen/meldung/news/kjm-stellt-fest-beurteilung-der-fsm-zur-eignung-von-jusprog-als-jugendschutzprogramm-ist-unwirksam.

33 VG Berlin Beschl. v. 28.8.2019 – VG 27 L 164.19, MMR 2019, 771 (772 ff.) mzustAnm *Liesching*. Transparenzhinweis: Der Verfasser hat in dem genannten Verfahren den JusProg eV vertreten.

34 *KJM*, Pressemitteilung 02/2021 v. 8.2.2021, abrufbar unter https://www.kjm-online.de/service/pressemitteilungen/meldung/fsm-eignungspruefung-von-jusprog-ist-rechtlich-unbedenklich.

35 Vgl. *Hopf/Braml* ZUM 2018, 1 (7).

36 Amtl. Begr., BayLT-Drs. 17/9700, 26.

37 Wie hier auch BeckOK JMStV/*Liesching* JMStV § 11 Rn. 6c, 6d mwN.

IV. Zeitgrenzen

31 Eine für die Games-Branche weniger relevante Möglichkeit der Wahrnehmungserschwernis sind die Zeitgrenzen gem. § 5 Abs. 3 Nr. 2 JMStV. Diese Variante findet praktisch vor allem im Fernsehen Anwendung, kann aber auch für Telemedien und damit etwa für Let's Plays und Esport-Übertragungen genutzt werden. Kommen als einziges Mittel der Zugangserschwernis Zeitgrenzen zur Anwendung, dürfen gem. § 5 Abs. 4 JMStV **Angebote „ab 18" nur zwischen 23 Uhr und 6 Uhr** verbreitet oder zugänglich gemacht werden, **Angebote „ab 16" bereits ab 22 Uhr.** Die gesetzliche Vermutung, dass Kinder bzw. Jugendliche zu den jeweiligen Zeiten „üblicherweise" keine Rundfunk- und Telemedien konsumieren, ist unwiderlegbar.[38]

32 Konkrete Uhrzeiten für die Verbreitung von Inhalten unterhalb dieser Altersstufen enthält der JMStV nicht, jedoch soll **bei der Wahl der Sendezeit „dem Wohl jüngerer Kinder Rechnung" getragen** werden. In der Praxis wird die Zugänglichmachung von Inhalten „ab 12" ab 20 Uhr als zulässig erachtet, im Einzelfall ist auch tagsüber eine Verbreitung möglich. Inhalte „ab 6" dürfen jederzeit zugänglich gemacht werden.[39]

V. Angebote für Kinder

33 Anbieter von Telemedien können den Anforderungen des § 5 Abs. 1 JMStV auch entsprechen, indem sie Angebote, die ausschließlich für Kinder (dh Minderjährige unter 14 Jahren) entwicklungsbeeinträchtigend sind, **von den für Kinder bestimmten Angeboten trennen.** Um zu bestimmen, wann ein Angebot für Kinder vorliegt, ist auf Inhalt und Form des jeweiligen Telemedienangebots abzustellen.[40] In der Regel sind Angebote für Kinder bereits durch Ansprache und optische Gestaltung erkennbar. Die zu § 6 Abs. 3 JMStV und § 3 Abs. 3 UWG entwickelten Kriterien lassen sich dabei nicht ohne Weiteres heranziehen, da diese auf den weiteren Kreis der Angebote für Minderjährige abzielen. Ein einfaches Duzen der Nutzer dürfte als Kriterium jedenfalls nicht ausreichen.

34 Getrennte Angebote für Kinder finden sich beispielsweise bei Streaming-Anbietern, häufig als **gesonderte Bereiche oder Kategorien** für „Kids" oder mit ähnlichen Bezeichnungen. Eine wirksame Trennung liegt vor, wenn das Angebot in der Aufmachung klar abgegrenzt ist und Kinder nicht von diesem aus unmittelbar entwicklungsbeeinträchtigende Inhalte erreichen können.[41] Links zu anderen Angeboten sind also zu vermeiden. Insbesondere bei automatisierten Empfehlungsalgorithmen ist auf die Berücksichtigung der Trennung zu achten.

VI. Ausgenommene Angebote

35 Angebote, von denen keine Entwicklungsbeeinträchtigung ausgeht, können frei verbreitet werden. Zwar sieht § 5 Abs. 3 S. 2 JMStV vor, dass **nicht entwicklungsbeein-**

---

38 NK-JMStV/*Erdemir* JMStV § 5 Rn. 72.

39 Vgl. § 31 (2) der Prüfordnung der Freiwilligen Selbstkontrolle Fernsehen (PrO-FSF) v. 11.5.2020, abrufbar unter https://fsf.de/downloads-gesetze/pro-fsf/; NK-JMStV/*Erdemir* JMStV § 5 Rn. 74 f.

40 Ausf. HK-MStV/*Hartstein/Ring* JMStV § 5 Rn. 22.

41 Spindler/Schuster/*Erdemir* JMStV § 5 Rn. 80.

trächtigende Angebote als „ohne Altersbeschränkung" gekennzeichnet werden können, und § 11 Abs. 5 JMStV macht daraus für gewerbsmäßige Anbieter gar eine Soll-Vorschrift, wenngleich unter dem Vorbehalt von Zumutbarkeit und Verhältnismäßigkeit. Praktische Relevanz haben diese Regelungen bislang jedoch kaum.

Daneben existieren in § 5 Abs. 6 und 7 JMStV weitere Ausnahmen von der Pflicht zur 36
Wahrnehmungserschwerung, die jedoch für die Games-Branche allenfalls in Ausnahmefällen relevant werden können. So sind nach § 5 Abs. 6 JMStV **Nachrichtensendungen** und Sendungen zum politischen Zeitgeschehen ausgenommen, wenn ein berechtigtes Interesse an der Form der Darstellung oder Berichterstattung vorliegt. Im Einzelfall mag diese Ausnahme bei der Berichterstattung über Esport-Events oder Produktpräsentationen greifen.

C. Besonderheiten für einzelne Plattformtypen

Neben den allgemeinen Anforderungen der Abschirmung und Wahrnehmungser- 37
schwernis bei der Verbreitung eigener Inhalte können Plattformen im Umfeld der Games-Branche je nach Ausrichtung von weiteren Anforderungen an den Einsatz technischer Jugendmedienschutzlösungen erfasst sein.

I. Digitale Distributionsplattformen

Beim Vertrieb von Inhalten über geschlossene Distributionsplattformen (→ § 23 38
Rn. 14 ff.) hat der Anbieter die Implementierung von Jugendschutzmechanismen nicht in der Hand. Insbesondere die großen Anbieter haben in ihren Ökosystemen eigene Jugendschutzmechanismen implementiert, die darauf beruhen, dass Eltern die Accounts ihrer Kinder über entsprechende **Parental Controls** konfigurieren.[42] Damit dies in der Praxis funktioniert, verlangen die Betreiber der Stores, dass Anbieter ihre Apps mit Alterskennzeichen versehen bzw. über den Inhalt Auskunft geben.

Die neue Vorschrift des § 14a Abs. 1 S. 2 JuSchG erlegt Distributionsplattformen mit 39
mindestens einer Million Nutzer in Deutschland auch selbst eine Verantwortung für die **Kennzeichnung ihrer Inhalte** auf, die den Altersstufen des deutschen Jugendschutzrechts entsprechen muss.[43] Dabei kann zum einen auf die traditionellen Kennzeichen der Selbstkontrolleinrichtungen oder auf die Expertise eigener (zertifizierter) Jugendschutzbeauftragter zurückgegriffen werden (§ 14a Abs. 1 S. 2 Nr. 1 und 2 JuSchG) zum anderen aber ebenfalls auf Lösungen aus dem Bereich des technischen Jugendmedienschutzes, namentlich **(anerkannte) automatische Bewertungssysteme** (§ 14a Abs. 1 S. 2 Nr. 3 JuSchG).[44] Solche Bewertungssysteme generieren aus Angaben der Anbieter zu potenziell entwicklungsbeeinträchtigenden Inhalten anhand eines Algorithmus eine Altersbewertung, ohne dass es der Einbindung eines Prüfgremiums bedarf. Spätestens der Erfolg des weltweit genutzten Systems der International Age Rating Coalition (IARC)

---

42 Siehe für Apple-Geräte etwa die Anleitung unter https://support.apple.com/de-de/HT201304, ausf. hierzu *Baumgartner/Ewald* Apps S. 124 ff.

43 Dies führt im Anwendungsbereich des § 14a JuSchG auch dazu, dass plattformspezifische abweichende Kategorisierungssysteme überarbeitet werden müssen; vgl. das Beispiel bei *Hilgert/Sümmermann* MMR-Beil. 8/2020, 26 (29).

44 Im Einzelnen zu dieser Regelung *Hilgert/Sümmermann* K&R 2021, 297 (299 f.).

(→ § 23 Rn. 16; § 15 Rn. 51 f.), welches für die teilnehmenden Länder jeweils lokalisierte Kennzeichen ausspielt,[45] die nur stichprobenartig (und neuerdings mit Unterstützung einer KI-Anwendung)[46] überprüft werden müssen, hat die Praxistauglichkeit dieser Systeme gezeigt.

40 Mit der Vorgabe in § 14a Abs. 1 S. 2 Nr. 3 JuSchG, dass es sich um ein „von den obersten Landesbehörden anerkanntes" System handeln muss, entzieht die gesetzliche Regelung zwar vordergründig IARC wieder den Boden, da immer noch kein Anerkennungsverfahren publiziert, geschweige denn eine Anerkennung erfolgt ist. Da das Gesetz zugleich aber auch keine konkreten Anforderungen an diese Anerkennung aufstellt und die amtliche Begründung das IARC-System ausdrücklich als Beispiel für automatisierte Bewertungssysteme nennt,[47] dürfte es der **gesetzgeberische Wille** sein, dass **jedenfalls IARC** als Archetyp des langjährig bewährten automatischen Bewertungssystems anzuerkennen sein wird.

II. Das Spiel als Plattform

41 Der neue Pflichtenkatalog des § 24a JuSchG verlangt von kommerziellen Diensteanbietern, die nutzergenerierte Inhalte speichern oder bereitstellen, „angemessene und wirksame Vorsorgemaßnahmen" zu treffen, um Minderjährige vor ungeeigneten Inhalten und unangemessener Interaktion mit anderen Nutzern zu schützen. Auch ein einzelnes Medium, insbesondere ein **Onlinespiel oder Metaversum**, kann unter § 24a JuSchG fallen, solange die Nutzer dort die Möglichkeit haben, miteinander durch das Bereitstellen eigener Inhalte zu kommunizieren. Das hat der Gesetzgeber durch einen (in letzter Minute in den Gesetzestext aufgenommenen) Verweis in § 10b Abs. 3 JuSchG auf die Vorsorgemaßnahmen nach § 24a JuSchG klargestellt.[48]

42 Das Gesetz gibt eine ganze Reihe **möglicher Vorsorgemaßnahmen** vor, darunter insbesondere auch technische Lösungen. Dabei ist der Katalog des § 24a Abs. 2 JuSchG allerdings keine Checkliste, die jeder Anbieter umzusetzen hat, sondern eine **beispielhafte Auflistung** denkbarer Maßnahmen, die je nach Risikoniveau einer konkreten Plattform auszugestalten sind.

43 Ausdrücklich als „technische Mittel" bezeichnet § 24a Abs. 2 Nr. 6 JuSchG das, was in der Games-Branche als **„Parental Controls"** bekannt ist, nämlich Möglichkeiten „zur Steuerung und Begleitung der Nutzung der Angebote durch personensorgeberechtigte Personen".

44 Zudem sollen Nutzer nach § 24a Abs. 2 Nr. 3 JuSchG die Möglichkeit erhalten, ihre selbst generierten Inhalte technisch als „ab 18 Jahren" zu kennzeichnen, so dass diese jüngeren Nutzern nicht angezeigt werden; dies wiederum bedingt den Einsatz technischer Mittel zur „Altersverifikation" (§ 24a Abs. 2 Nr. 4 JuSchG). Problematisch ist dabei nur die offensichtlich unkritisch aus der **AVMD-Richtlinie übernommene Ver-**

45 Ausf. zur Funktionsweise *Hilgert/Sümmermann* K&R 2015, 543; *Schwiddessen* CR 2015, 515.
46 *USK* Pressemitteilung v. 19.10.2021, abrufbar unter https://usk.de/alterskennzeichen-im-online-bereich-ki-system-der-usk-unterstuetzt-beim-internationalen-qualitaetsmanagement/.
47 Regierungsentwurf, BT-Drs. 19/24909, 48.
48 Beschlussempfehlung, BT-Drs. 19/27289, 13 f.; *Hilgert/Sümmermann* K&R 2021, 297 (300).

wendung des Begriffs „Altersverifikation". Ein AVS nun auch bei lediglich entwicklungsbeeinträchtigenden Inhalten zu fordern, wäre systemwidrig (→ Rn. 8 ff.) und das Gegenteil der vom Gesetzgeber gewollten konvergenten Jugendschutzregelung, so dass es sich bei der Formulierung nur um ein Versehen handeln kann. Der Begriff ist daher so auszulegen, dass er **jegliche technische Mittel** erfasst, die den Alterseinstufungen durch einzelne Nutzer zur praktischen Beachtung verhelfen.[49]

Als weitere technisch umzusetzende Vorsorgemaßnahmen kommen **Meldefunktionen** 45 für unzulässige (strafbare oder jugendgefährdende) bzw. entwicklungsbeeinträchtigende Inhalte und für sonstige unangemessene Kommunikation durch andere Nutzer in Betracht, und schließlich nennt § 24a Abs. 2 Nr. 7 **jugendschutzfreundliche Voreinstellungen**, bei denen insbesondere die Sichtbarkeit eigener Inhalte des Nutzers für Suchmaschinen oder Dritte standardmäßig deaktiviert ist. Dies kann wiederum mit Parental Controls kombiniert werden, indem beispielsweise eine Änderung dieser Standardeinstellungen nur mit Zustimmung der Eltern möglich ist, oder diese jedenfalls von einer Änderung informiert werden.

III. Video-Sharing-Plattformen

Speziell für Video-Sharing-Plattformen sieht § 5a JMStV ebenfalls eine **Pflicht zur Einrichtung von Parental Controls** und Systemen zur **„Altersverifikation"** vor. Dies diente 46 der Umsetzung von Art. 28b der Neufassung der EU-Richtlinie über audiovisuelle Mediendienste (Richtlinie (EU) 2018/1808, „AVMD-RL"), wonach solche Plattformen es ihren Nutzern u.a. ermöglichen müssen, eigene Inhalte als ungeeignet für Minderjährige zu kennzeichnen und entsprechende Filter und sonstige Einstellungen vorzusehen, die es Eltern ermöglichen, solche Inhalte aus den Accounts ihrer Kinder fernzuhalten.

Da nunmehr aber der Bundesgesetzgeber in § 24a JuSchG entsprechende Regelungen 47 getroffen hat, die jedenfalls auch Video-Sharing-Plattformen erfassen, ist die Regelung des § 5a JMStV seit Inkrafttreten des JuSchG nF am 1.5.2021 wegen Art. 72 Abs. 1 GG **nicht mehr anzuwenden.**[50] Allerdings wird man § 24a JuSchG richtlinienkonform so auszulegen haben, dass Video-Sharing-Plattform-Anbieter die Anforderungen des Art. 28b AVMD-RL in jedem Fall zu erfüllen haben.

IV. E-Commerce-Plattformen

Mit seinen technischen Mitteln zur Gewährleistung des Jugendschutzes ist der JMStV 48 dem JuSchG in gewisser Weise voraus. Dies löst allerdings kaum erklärbare Wertungswidersprüche aus, die durch eine besonders strenge Auslegung des JuSchG durch Aufsichtsbehörden und Gerichte noch verschärft werden.

So dürfen Datenträger mit Filmen oder Spielen ohne Jugendfreigabe nach § 12 Abs. 3 49 Nr. 2 JuSchG nicht im Versandhandel verkauft werden. Nach der etwas gewundenen

49 Vgl. in diesem Sinne zur Parallelformulierung in § 5a JMStV die amtl. Begr., BayLT-Drs. 18/7640, 118; wie hier krit. zur gesetzgeberischen Terminologie auch *Hopf/Braml* ZUM 2020, 312 (314 f.); *Frey/Dankert* CR 2020, 626 Fn. 7; NK-JMStV/*Lamprecht-Weißenborn* JMStV § 5a Rn. 19 ff.; *Hilgert/Sümmermann* K&R 2021, 297 (301).

50 *Taeger* ZD 2021, 505 (508); BeckOK JMStV/*Liesching* JMStV § 5a Rn. 2 ff.

Begriffsdefinition in § 1 Abs. 4 JuSchG liegt ein Versandhandel (nur) dann nicht vor, wenn durch technische oder sonstige Vorkehrungen sichergestellt ist, dass kein Versand an Kinder und Jugendliche erfolgt. Das OLG München hat mit Verweis auf den Zweck dieser Regelung klargestellt, dass der Begriff des „Versands" das Absenden und die Auslieferung umfasst, und dass jedenfalls sicherzustellen sei, dass die Ware **nicht von einem Minderjährigen in Empfang genommen** wird.[51] Hierzu haben sich besondere Versandformen etabliert, bei denen der Paketzusteller vor Übergabe einer entsprechenden Sendung Identität und Alter des Empfängers prüft, was Zustellungen ohne eine adressierte natürliche Person (zB „an die XY GmbH") oder eine Hinterlegung bei Dritten oder in Packstationen ausschließt.

50 Allerdings sollen selbst diese Versandformen nach der veröffentlichten Rechtsauffassung der Obersten Landesjugendbehörden (OLJB) nicht ausreichen, die zusätzlich eine **„Altersverifikation" vor Auslösung der Bestellung** verlangen.[52] Gestützt wird dies zum einen auf das Urteil des OLG München, zum Anderen auf eine Entscheidung des OLG Frankfurt zu einem Fall, in dem der Paketzusteller eine Sendung versehentlich entgegen den Bestimmungen zur Identitäts- und Altersprüfung zugestellt hatte.[53] Diese Auslegung dürfte allerdings bereits **die Anforderungen des JuSchG überdehnen** und ist **abzulehnen.** Aus den Gesetzesmaterialien ergibt sich, dass der Gesetzgeber bei der Regelung zum Versandhandel gerade nicht den strengen Umgehungsschutz des § 4 Abs. 2 S. 2 JMStV sondern technische Mittel im Sinne des § 5 Abs. 3 Nr. 1 JMStV vor Augen hatte.[54] Auch ohne Kontrolle auf der Ebene des Bestellvorgangs kann durch die Versandform ein Empfang durch Minderjährige ausgeschlossen werden. Es ist auch nicht sachgerecht, diese Eignung zu verneinen weil es im Einzelfall zu menschlichen Fehlern eines Dritten kommen kann.[55] Zudem kann der Inhalt „ab 18", der nach Ansicht der OLJB durch eine „Altersverifikation" vor der Bestellung und zusätzlich besondere Vorkehrungen bei der Zustellung des Pakets abgeschirmt werden muss, nach dem JMStV frei zugänglich gemacht werden, solange er durch ein technisches Mittel unterhalb der Schwelle der Altersverifikation, zB durch Kennzeichnung für ein Jugendschutzprogramm gesichert ist. Diese Diskrepanz zwischen Jugendschutzanforderungen im Versandhandel einerseits und in Telemedien andererseits ist **verfassungsrechtlich bedenklich**[56] und daher durch eine verfassungskonforme Auslegung soweit möglich zu beseitigen.[57]

---

51 OLG München Urt. v. 29.7.2004 – 29 U 2745/04, MMR 2004, 755 (757).

52 Rechtsauffassung und Praxishinweise der Obersten Landesjugendbehörden zum (Online-)Versandhandel gemäß dem Jugendschutzgesetz (JuSchG) v. 2.9.2017, abrufbar unter https://www.mkffi.nrw/sites/default/files/asset/document/20170209_rechtsauffassung_oljb_versandhandel.pdf.

53 OLG Frankfurt Urt. v. 7.8.2014 – 6 U 54/14, BeckRS 2014, 18080; kritisch dazu *Hilgert*, Jugendschutz: Läutet das OLG Frankfurt das Ende des „Spezialversands" ein?, Spielerecht.de, 13.11.2014, abrufbar unter https://spielerecht.de/jugendschutz-laeutet-das-olg-frankfurt-das-ende-des-spezialversands-ein/.

54 Vgl. Nomos-BR/Liesching JuSchG/*Liesching* JuSchG § 1 Rn. 12 f.

55 Ausführlich zur Kritik an der Rechtsauffassung der OLJB *Hilgert*, Versandhandel mit Computerspielen: Jugendschutzbehörden aktualisieren Rechtsauffassung, Spielerecht.de, 11.7.2017, abrufbar unter https://spielerecht.de/versandhandel-mit-computerspielen-jugendschutzbehoerden-aktualisieren-rechtsauffassung/.

56 Nomos-BR/Liesching JuSchG/*Liesching* JuSchG § 1 Rn. 12.

57 Freilich wäre hier eine gesetzgeberische Klarstellung zu bevorzugen gewesen (vgl. *Hilgert/Sümmermann* MMR-Beil. 8/2020, 26 (29)); diese Chance hat das JuSchG nF leider verpasst.

D. Schnittstellen und Ausblick

51 Wie nicht zuletzt die Einführung neuer Regelugen zum technischen Jugendmedienschutz im neuen JuSchG und die Anerkennung immer neuer Altersverifikationssysteme durch die KJM in den letzten Jahren zeigt, **gewinnen technische Jugendschutzlösungen stetig an Bedeutung.** Dies ist auch folgerichtig, weil Mechanismen der Alterskennzeichnung auf der Ebene einzelner Anbieter bei dynamischen und nutzergenerierten Inhalten schnell an ihre Grenzen stoßen. Daneben wird die Thematik der (technischen) Altersprüfung und der Gestaltung von Angeboten für Minderjährige zunehmend jenseits des klassischen Jugendschutzrechts relevant und von Aufsichtsbehörden und Verbraucherschützern als Hebel und Regelungsgegenstand aufgefasst.

52 Einfallstore bilden hier etwa Art. 8 der DS-GVO, der eine **Altersprüfung** im Zusammenhang mit **datenschutzrechtlichen Einwilligungen** vorschreibt, und Erwägungsgrund 21, der die Schutzbedürftigkeit von Kindern betont. Gleichzeitig erfordert natürlich eine Altersprüfung von Nutzern die Erhebung personenbezogener Daten.[58] Wie dieses Spannungsfeld praxistauglich und EU-weit aufgelöst werden kann, ist unter Anderem Gegenstand der auch mit EU-Mitteln geforderten Forschung des euCONSENT-Projekts.[59]

53 Von besonderer Relevanz für die Games-Branche sind insoweit auch die noch zur EU-DSGVO entwickelten detaillierten Vorgaben der englischen Datenschutzbehörde ICO, der **„Age Appropriate Design Code“**,[60] der u.a. aus den allgemeinen Datenverarbeitungsprinzipien des Art. 5 DS-GVO sehr konkrete Gestaltungsvorgaben ableitet und sich auch weit über England und die EU hinaus zum Branchenstandard entwickelt.[61]

54 Auch in den Anwendungshinweisen der EU-Kommission zur EU-Richtlinie über **unfaire Geschäftspraktiken** tauchen „Parental Controls“ in vordergründig ungewohntem Kontext auf, nämlich im Zusammenhang mit der Limitierung von In-App-Käufen.[62]

55 All dies darf aber nicht den Blick darauf verstellen, dass der technische Jugendmedienschutz nur funktioniert, wenn **Erziehungsberechtigte ihre Verantwortung ernst nehmen** und sinnvolle technische Einstellungen mit der Einübung von Medienkompetenz verbinden. Eine vollständige Abschottung ungeeigneter Inhalte ist gerade gegenüber Jugendlichen nicht leistbar und würde zu Overblocking führen. Kritisch zu sehen ist daher auch der aktuelle Vorstoß der Länder in Bezug auf eine zwingende Altersverifikation auf Betriebssystemebene als Voraussetzung für den Zugriff auf jegliche nicht als unbedenklich gekennzeichnete Inhalte.[63]

---

58 Zum Spannungsfeld von Jugendschutz und Datenschutz siehe etwa *Schreiber/Gottwald* MMR 2021, 467; *Taeger* ZD 2021, 505 (507 f.).

59 Siehe hierzu https://euconsent.eu/.

60 *ICO*, Age Appropriate Design Code, 2.9.2020, abrufbar unter https://ico.org.uk/for-organisations/guide-to-data-protection/ico-codes-of-practice/age-appropriate-design-a-code-of-practice-for-online-services/.

61 Beispielsweise plant der US-Bundesstaat Kalifornien die Einführung eines eigenen „Age-Appropriate Design Code Act“; der Gesetzentwurf hierzu (Assembly Bill No. 2273 vom 16.2.2022) ist abrufbar unter https://trackbill.com/bill/california-assembly-bill-2273-the-california-age-appropriate-design-code-act/2228971/.

62 *EU-Kommission*, Guidance on the interpretation and application of Directive 2005/29/EC of the European Parliament and of the Council concerning unfair business-to-consumer commercial practices in the internal market, 17.12.2021, abrufbar unter https://ec.europa.eu/info/sites/default/files/c_2021_9320_1_ucpd-guidance_en.pdf, S. 130.

63 NK-JMStV/*Schwartmann/Hentsch* JMStV § 1 Rn. 15.

§ 26 Toxic Players

Literatur: *Adelberg*, Hassrede in sozialen Netzwerken, K&R 2022, 19; *Borges/Hilber* (Hrsg.), BeckOK-IT-Recht, 6. Ed. 1.4.2022; *Bräutigam/Rücker* (Hrsg.), Rechtshandbuch E-Commerce, 1. Aufl. 2017; *Conraths/Krüger*, Das virtuelle Hausrecht des Online-Spiel-Betreibers, MMR 2016, 310; *Cornils*, Präzisierung, Vervollständigung und Erweiterung: Die Änderungen des Netzwerkdurchsetzungsgesetzes 2021, NJW 2021, 2465; *Denga*, Medienordnung durch Geschäftsbedingungen digitaler Inhalte-Plattformen, ZIP 2021, 1955; *Diegmann/Kuntz*, Praxisfragen bei Onlinespielen, NJW 2010, 561; *Gersdorf/Paal* (Hrsg.), BeckOK Informations- und Medienrecht, 36. Ed. 1.5.2022; *Guggenberger*, Das Netzwerkdurchsetzungsgesetz in der Anwendung, NJW 2017, 2577; *Hennemann/Heldt*, Prozedurale Vermessung: Das Kuratieren kommunikativer Räume durch soziale Netzwerke, ZUM 2021, 981; *Heymann/Götz*, Sperren erlaubt?, GRUR 2021, 1491; *Hau/Poseck* (Hrsg.), BeckOK-BGB, 62. Ed. 1.5.2022; *Hilgert*, Spieler, Cheater, Streamer – Rechtsfragen im eSport aus Sicht der Publisher, in: Maties (Hrsg.), eSport-Recht – Politik, Praxis und Wissenschaft im Dialog, 2020, S. 145 (zit.: *Hilgert* in Maties, eSport-Recht); *Hilgert/Sümmermann*, Von Inhalt zu Interaktion: Neuerungen im Jugendschutzrecht, K&R 2021, 297; *Lober/Conraths*, Betrugssoftware – Das „Doping" der Online-Spiele, K&R 2019, 37; *Lorenz* (Hrsg.), BeckOGK BGB, Stand 1.4.2022; *Lutzi*, Aktuelle Rechtsfragen zum Handel mit virtuellen Gegenständen in Computerspielen, NJW 2012, 2070; *McColgan*, Das wird man ja wohl noch löschen dürfen? – Kontrollmaßstäbe für Meinungsregeln im Internet, RDi 2021, 605; *Meisheit*, Cheating im e-Sport, SpuRt 2021, 272; *Redeker*, Brauchen wir ein virtuelles Hausrecht?, ITRB 2021, 279; *Säcker/Rixecker/Oetker/Limperg* (Hrsg.), *Gaier* (Red.), Münchener Kommentar zum Bürgerlichen Gesetzbuch, Band 8, 8. Aufl. 2020; *Spindler/Schmitz/Liesching*, Telemediengesetz, 2. Aufl. 2018.

A. Einführung

1 Was versteht man unter einem „Toxic Player"? Ganz wörtlich genommen ist das jemand, der durch sein gezieltes Störverhalten die **Atmosphäre in einem Spiel und in einer Community vergiftet**. Eine allgemein anerkannte genauere Definition des Phänomens hat sich noch nicht herausgebildet (→ Rn. 4 ff.).

2 Klar ist aber, dass Betreiber von Plattformen, Online-Spielen und Esport-Ligen bzw. -Turnieren auf toxische Spieler reagieren und den von ihnen ausgehenden Störungen angemessen begegnen müssen. Je nach den konkreten Umständen ergibt sich das aus **spezialgesetzlichen Handlungspflichten** oder indirekt aufgrund der ansonsten drohenden **(Mit-)Haftung** für Rechts- oder Vertragsverstöße, die diese toxischen Akteure

begehen. Daneben haben Anbieter ein **starkes legitimes Eigeninteresse** an der Bekämpfung toxischen Verhaltens zur Aufrechterhaltung der Attraktivität und Integrität ihrer Angebote für ihre rechts- und regeltreuen Spieler.

3 Allerdings lässt das strenge deutsche **AGB-Recht** den Anbietern keine völlig freie Hand bei der Gestaltung und Umsetzung von Spielregeln und Sanktionssystemen. Hier kommt es auf eine sorgfältige Interessenabwägung und daran ausgerichtete Vertragsgestaltung an.

B. Begriffsbestimmung

4 Auch wenn eine allgemeingültige Definition noch fehlt, wird unter toxischem Spielverhalten zumeist primär eine **missbräuchliche Nutzung von Spielfunktionen** verstanden, die das Spielerlebnis von Mitspielern stört. Darunter fallen Missbräuche von Kommunikationsfunktionen (zB Beleidigungen, Belästigungen und Spamming in Chats und anderen Kommunikationskanälen) wie auch Missbräuche der Spielmechanik als solcher (zB absichtliches Verlassen eines Matches, oder absichtliches Bekämpfen des eigenen Teams („Friendly Fire"), oder Verlieren zum Schaden des eigenen Teams („Intentional Feeding")).[1]

5 Im weiteren Sinne kann der Begriff des toxischen Verhaltens auch **sonstige Regelverstöße** erfassen, wie beispielsweise das Posten von strafbaren Inhalten, die Nutzung von Cheats oder Bots, das Hacking, die Nutzung von Zweitaccounts zur Manipulation von Rankings oder Matching-Algorithmen, sowie sonstige Regelverstöße, die den ordnungs- und bestimmungsgemäßen Ablauf eines Spiels oder Esport-Turniers stören.[2]

6 Je nach Spielgenre und Spielmechanik können viele Verhaltensweisen als toxisch angesehen werden; gleichzeitig ist die **Unterscheidung** zwischen **absichtlich toxischem Verhalten** einerseits und einem **Mangel an spielerischem Können** oder technischen Fehlern (zB Verbindungsabbrüchen) andererseits nicht immer offensichtlich und die Abgrenzung zwischen legitimer Spieltaktik und unfairer Anwendung von grundsätzlich vorgesehenen Spielmechaniken unscharf.

C. Handlungspflicht und Haftungsrisiko

7 Je nach Art und Schwere des toxischen Verhaltens können den Betreiber einer Plattform konkrete Handlungspflichten zur Bekämpfung, Beseitigung und Verhinderung solcher Störungen treffen. Neben konkreten spezialgesetzlichen Pflichten, die vorwiegend für größere Plattformen gelten, ergibt sich das aus den Vertragsbeziehungen zu anderen Spielern sowie aus allgemeinen Haftungsgrundsätzen.

---

1 Vgl. Beispiele und weitere Nachweise bei *Emmerich/Krekhov/Krüger* „Pls Uninstall": On the Interplay of the COVID-19 Pandemic and Toxic Player Behavior in Competitive Gaming, 3.11.2020, abrufbar unter http://hpc.uni-due.de/publications/2020/emmerich_2020_tox.pdf.

2 Vgl. etwa die beispielhafte Aufstellung einiger solcher toxischen Verhaltensweisen unter https://www.svg.com/119435/signs-youve-become-toxic-gamer/.

I. Spezialgesetzliche Pflichten

Eine Reihe von Gesetzen sieht konkrete Organisations- und Handlungspflichten für Plattformbetreiber vor, um die Bekämpfung insbesondere strafbarer und jugendschutzrechtlich problematischer Inhalte auf Plattformen zu verbessern. 8

1. Jugendschutzgesetz (JuSchG)

Nach § 24a JuSchG müssen Anbieter von Plattformen mit mindestens einer Million Nutzer in Deutschland angemessene Maßnahmen ergreifen, um minderjährige Nutzer vor Interaktionsrisiken zu schützen (→ § 25 Rn. 41 ff.; → § 15 Rn. 22 ff.). Hierzu kann insbesondere die Einrichtung von einfach zu bedienenden **Meldefunktionen** gehören, mit denen Kinder und Jugendliche konkrete Kommunikationsinhalte anderer Nutzer melden können. Diese müssen auch in ein geeignetes **Abhilfeverfahren** münden. Zur genauen Ausgestaltung dieser Verfahren sieht das JuSchG keine ausdrücklichen Regelungen vor. Da die Meldung aber zur Kenntnis des Plattformbetreibers führt, ergibt sich bei Untätigkeit nicht nur das Risiko von Aufsichtsmaßnahmen nach § 24b JuSchG[3] sondern auch ein Haftungsrisiko (→ Rn. 15). 9

2. Netzwerkdurchsetzungsgesetz (NetzDG)

Umfangreiche **Organisations- und Transparenzpflichten** im Zusammenhang mit der Meldung bestimmter strafbarer Inhalte enthält das Netzwerkdurchsetzungsgesetz,[4] aus dessen Anwendungsbereich **Spieleplattformen allerdings ausgeschlossen** sind. Dies ergibt sich aus der Einschränkung in § 1 S. Abs. 1 S. 3, wonach Plattformen zur Verbreitung „spezifischer" Inhalte nicht erfasst werden.[5] Insoweit wird allerdings sowohl die politische Entwicklung wie auch die tatsächliche Entwicklung von Spielen bzw. Spielplattformen zu beobachten sein. Bei einem thematisch universellen Forum oder einem Metaversum, auch wenn es aus einer Spielplattform hervorgegangen oder dieser angegliedert sein mag, wäre eine Anwendung des NetzDG zumindest denkbar. 10

3. Telemediengesetz (TMG)

Schließlich enthalten §§ 10a f. TMG spezielle Vorgaben für die Einrichtung von **Melde- und Abhilfeverfahren bei Videosharingplattformen**, die nicht bereits unter das NetzDG fallen. Dabei regelt das TMG nur das Verfahrensgerüst, das zur Anwendung kommt, wenn sonstige Vorschriften auf es verweisen. Derzeit tun dies einzig § 99 MStV (auf eine eher indirekte Weise für alle rechtswidrigen Inhalte auf Videosharingplattformen)[6] und § 5b JMStV (für Inhalte, die nach dem JMStV unzulässig sind oder die entwicklungsbeeinträchtigend sind und ohne die erforderlichen Wahrnehmungserschwernisse zugänglich gemacht werden (→ § 25 Rn. 3, 7 ff.)). Klassische Spieleplattformen fallen nicht unter die Definition der Video-Sharing-Plattform, jedoch kann sich eine Relevanz für die Games-Branche im Zusammenhang mit Seiten für Let's Plays oder Esport-Inhalte, oder auch im Zusammenhang mit Metaversen ergeben. 11

3 Dazu *Hilgert/Sümmermann* K&R 2021, 297 (301 f.).
4 Dazu ausführlich *Cornils* NJW 2021, 2465; *Guggenberger* NJW 2017, 2577.
5 *Guggenberger* NJW 2017, 2577 mwN.
6 Vgl. hierzu BeckOK InfoMedienR/*Bornemann* MStV § 99 Rn. 10 ff.

II. Vertragliche Handlungspflichten

12 Aus dem Nutzungsvertrag mit den (regeltreuen) Spielern kann sich im Einzelfall aus § 241 Abs. 2 BGB eine **Schutz- und Organisationspflicht** dahin gehend ergeben, dass der Plattformbetreiber jedenfalls im Rahmen seiner rechtlichen Möglichkeiten gegen andere Nutzer vorzugehen hat, die die Vertragserfüllung stören,[7] wobei die Rechtsprechung bei der Annahme solcher Schutzpflichten **zurückhaltend** ist.[8] Zudem ergibt sich allein aus der Existenz einer solchen Pflicht noch keine allgemeine Befugnis gegenüber toxischen Spielern,[9] so dass stets die jeweiligen rechtlichen Grenzen eines Einschreitens (→ Rn. 18 ff.) zu beachten sind.

13 Wegen der wirtschaftlichen Bedeutung besonders nahe liegt allerdings die Annahme einer vertraglichen Schutzpflicht nach § 241 Abs. 2 BGB im Rahmen des **organisierten Esport.**[10] Hier hängt von der **ordnungsgemäßen Durchführung** von Ligen, Qualifikationsrunden und Turnieren nicht nur das Spielvergnügen und die Popularität eines Spiels ab. Sie hat auch Auswirkungen auf die Verteilung der teils erheblichen Preisgelder und – indirekt – auf die weiteren schutzwürdigen kommerziellen Interessen der Teilnehmer, etwa im Zusammenhang mit Sponsoring-, Werbe- und Merchandise-Verträgen (→ § 31 Rn. 1 ff., 21 f., 25 ff; → § 29 Rn. 4 ff.).

14 Ein schuldhafter Verstoß gegen vertragliche Schutzpflichten löst insbesondere **Schadenersatzansprüche** nach § 280 Abs. 1 BGB aus.[11]

III. Gesetzliche Haftung

15 Soweit Plattformanbieter Inhalte ihrer Nutzer lediglich speichern und anderen Nutzern zur Verfügung stellen, ohne sich die Inhalte zu eigen zu machen, sind sie nach § 10 TMG für diese fremden Inhalte (zunächst) nicht verantwortlich. Erlangen sie aber – etwa durch die Meldung eines Nutzers – **Kenntnis von einem rechtswidrigen bzw. rechtsverletzenden Inhalt,** müssen sie diesen nicht nur unverzüglich entfernen (§ 10 Nr. 2 TMG), sondern auch **zumutbare Maßnahmen** ergreifen um zu verhindern, dass der gleiche Inhalt durch den gleichen oder einen anderen Nutzer erneut hochgeladen wird.[12] Allerdings geht diese Pflicht wegen § 7 Abs. 2 TMG keinesfalls so weit, dass alle neuen Beiträge überwacht und eigenständig überprüft werden müssen.[13] Kommen Anbieter ihren entsprechenden Pflichten nicht nach, entfällt auch die Haftungsprivilegierung des § 10 TMG, mit der Folge dass neben dem verantwortlichen Nutzer auch der Anbieter selbst sich Schadenersatzansprüchen ausgesetzt sehen kann.

16 Welche Maßnahmen – etwa Filter oder Sperrungen von Nutzern – dem Anbieter zumutbar sind, hängt neben dem konkreten Aufwand und dem Verhältnis zu dem

7 Vgl. zu Organisationspflichten eines Konzertveranstalters zum Schutz der teilnehmenden Musiker KG Urt. v. 14.11.1984 – 24 U 3084/84, NJW 1985, 2137.

8 AG München Urt. v. 15.9.2017 – 132 C 5588/17, BeckRS 2017, 148323; LG Köln Urt. v. 12.2.2020 – 10 O 265/19, GRUR-RS 2020, 11342 Rn. 30 ff.

9 Vgl. LG Köln Urt. v. 12.2.2020 – 10 O 265/19, GRUR-RS 2020, 11342 Rn. 30 ff.

10 Vgl. zur Pflicht eines Turnierveranstalters zur sorgfältigen Vorbereitung und Durchführung des Wettbewerbs BGH Urt. v. 23.9.2010 – III ZR 246/09, NJW 2011, 139 (140).

11 BeckOK BGB/*Sutschet* BGB § 241 Rn. 106.

12 EuGH Urt. v. 3.10.2019 – C-18/18, MMR 2019, 798 (800); BeckOK IT-Recht/*Sesing* TMG § 7 Rn. 76 mwN; *Adelberg* K&R 2022, 19 (20).

13 BeckOK IT-Recht/*Sesing* TMG § 7 Rn. 77 mwN.

damit erzielbaren Erfolg auch von dem Geschäftsmodell des jeweiligen Anbieters ab. Maßnahmen dürfen grundsätzlich **nicht zu einer indirekten Untersagung des Geschäftsmodells** selbst führen,[14] was die Anwendung technischer Filterlösungen insbesondere in der Echtzeitkommunikation in Spielen bereits unzumutbar machen dürfte. **Höhere Anforderungen** gelten nur dann, wenn schon das Geschäftsmodell auf **häufige Rechtsverstöße** der Nutzer ausgerichtet ist, was insbesondere bei Filehostern der Fall sein kann – allerdings nach der Rechtsprechung des BGH schon dann nicht, wenn rechtmäßige Nutzungsvorgänge „in großer Zahl vorhanden und üblich" sind.[15] Hiervon wird man bei einer typischen Spieleplattform mit einer Mehrzahl regeltreuer Spieler ausgehen müssen.

D. Handlungsinteresse und Handlungsmöglichkeiten

Jenseits der aufgezeigten Handlungspflichten haben Anbieter von Spieleplattformen 17
aber auch ein **intrinsisches Interesse**, toxischen Spielern Einhalt zu gebieten, um das Spiel für andere Spieler attraktiv zu erhalten, Manipulationen insbesondere im Bereich des Esport zu verhindern, negative PR zu vermeiden und so letztlich ihre Geschäfts- und Monetarisierungsmodelle zu schützen.[16] Sowohl bei der Aufstellung als auch bei der Durchsetzung entsprechender Regelungen und Sanktionssysteme sind allerdings **gesetzliche und vertragsrechtliche Grenzen** zu beachten.

I. Gesetzlicher Handlungsspielraum

Bei dem Vertrag über die Teilnahme an einem Onlinespiel wird es sich meist um einen 18
Vertrag über digitale Produkte im Sinne von § 327 Abs. 1 BGB nF handeln (→ § 18 Rn. 28 ff.). Zahlt der Spieler allerdings für die Bereitstellung des Spiels keinen Preis und stellt er auch keine personenbezogenen Daten zur Verfügung, die nicht schon für die Vertragsdurchführung erforderlich sind (§ 327 Abs. 3 iVm § 312 Abs. 1a S. 2 BGB nF), dürfte (weiterhin) ein typengemischter Vertrag mit Elementen von Auftrag und Leihe vorliegen.[17] In beiden Fällen fehlt es aber an einer ausdifferenzierten gesetzlichen Regelung zur Reaktion auf Vertragsverstöße des Nutzers; insbesondere gelten §§ 327m ff. BGB nF nur für die Vertragsbeendigung durch den Nutzer wegen Mängeln des digitalen Produkts.

Ausgangspunkt für eine Sanktionierung toxischen Verhaltens ist daher mangels weite- 19
rer vertraglicher Ausgestaltung (→ Rn. 22 ff.) die allgemeine Vorschrift des § 314 BGB,[18] die eine **Kündigung** des Nutzungsvertrages wegen eines Vertragsverstoßes ermöglicht. Die hierfür **grundsätzlich erforderliche Abmahnung** (§ 314 Abs. 2 S. 1 BGB) kann auch konkludent ausgesprochen werden, etwa durch eine befristete Sperre[19] oder

14 BGH Urt. v. 11.3.2004 – I ZR 304/01, MMR 2004, 668 (671) – Internet-Versteigerung I.
15 BGH Urt. v. 15.8.2013 – I ZR 80/12, GRUR 2013, 1030 (1032 Rn. 31 f.) – File-Hosting-Dienst; Spindler/Schmitz/*Spindler* TMG § 7 Rn. 55 mwN.
16 Vgl. *Lober/Conraths* K&R 2019, 37 (38); LG Regensburg Urt. v. 17.10.2006 – 2 S 153/06 (3), BeckRS 2011, 12694; AG Charlottenburg Urt. v. 4.5.2012 – 208 C 42/11, MMR 2012, 598 (600).
17 AG Karlsruhe Urt. v. 19.5.2015 – 8 C 377/14, MMR 2015, 514.
18 Vgl. BeckOGK/*Martens* BGB § 314 Rn. 88, 89.
19 AG Charlottenburg Urt. v. 4.5.2012 – 208 C 42/11, MMR 2012, 598 (600).

Entfernung eines rechtswidrigen Inhalts mit entsprechendem Hinweis. Bei schweren Verstößen kann die Abmahnung entbehrlich sein (§ 314 Abs. 2 S. 3 BGB).

20 Grundsätzlich erfasst die Kündigung das gesamte Vertragsverhältnis. Eine **Teilkündigung** kommt aber dann in Betracht (und kann als milderes Mittel gegenüber der vollständigen Kündigung vorzugswürdig sein), wenn sich die Vertragsbeziehung tatsächlich in einzelne Bestandteile auftrennen lässt.[20] Das kommt insbesondere bei **spielübergreifenden Accountsystemen** (→ § 23 Rn. 28 ff.) in Betracht, wenn ein Spieler sich nur in einem (Online-)Spiel toxisch verhalten hat, aber den Account selbst auch benötigt, um andere Spiele im Rahmen der gleichen Distributionsplattform weiter nutzen zu können, oder wenn die Möglichkeit zur Nutzung von **Multiplayerfunktionen** aufgekündigt werden kann, ohne eine ebenfalls vorhandene Einzelspielerfunktion eines Spiels zu beeinträchtigen.

21 Einem einmal gekündigten Spieler darf auch die Neuregistrierung verweigert werden; insoweit unterliegen Anbieter von Onlinespielen **keinem Kontrahierungszwang.**[21]

II. Ausgestaltung durch Nutzungsbedingungen

22 Die dargestellte gesetzliche Ausgangslage wird in der Praxis stets durch Nutzungsbedingungen weiter ausdifferenziert, was insbesondere im Hinblick auf die Grenzen der erlaubten Nutzung einer Plattform auch erforderlich ist, will man die Grenze zum toxischen Verhalten nicht (erst) bei strafrechtlich relevanten Kommunikationsinhalten und der Verletzung absoluter Rechte Dritter ziehen. Bei solchen Nutzungsbedingungen handelt es sich um **Allgemeine Geschäftsbedingungen** im Sinne der §§ 305 ff. BGB, die daher mit den Spielern zu vereinbaren sind, einer strengen **Inhaltskontrolle** unterliegen und nicht einseitig vorgegeben und geändert werden können. Der früher vertretenen Ansicht, es handele sich zumindest in Teilen um rechtlich kontrollfreie „Spielregeln“[22] hat der BGH eine klare Absage erteilt.[23] Eine entsprechend sorgfältige Gestaltung der Nutzungsbedingungen ist auch **praktisch von hoher Bedeutung**, da Spieler immer wieder gegen Sperrungen auch gerichtlich vorgehen und insbesondere im Esport-Bereich schnell signifikante Streitwerte erreicht werden.

1. Transparenzanforderungen

23 Eine AGB-Klausel kann bereits deswegen unwirksam sein, weil sie für den Nutzer nicht klar und verständlich ist (§ 307 Abs. 1 S. 2 BGB). Die Rechtsprechung hat insoweit sehr hohe Transparenzanforderungen aufgestellt und verlangt, dass die Klausel hinreichend detailliert ist, um dem Nutzer im Vorhinein und ohne gesonderte rechtliche Beratung eine Abschätzung zu ermöglichen, welche Verhaltensweisen konkret erfasst werden, so

---

20 BeckOGK/*Martens* BGB § 314 Rn. 73 mwN.

21 AG Karlsruhe Urt. v. 24.7.2012 – 8 C 220/12, BeckRS 2012, 18275.

22 AG Karlsruhe Urt. v. 19.5.2015 – 8 C 377/14, MMR 2015, 514; LG Hamburg Urt. v. 23.5.2013 – 312 O 390/11, MMR 2013, 725 (726 f.); *Hilgert* LG Hamburg: Spielregeln sind keine AGB, oder: Der (gar nicht) „rechtsfreie Raum Onlinespiel“, Spielerecht.de, 17.6.2013, abrufbar unter https://spielerecht.de/lg-hamburg-spielregeln-sind-keine-agb-oder-der-gar-nicht-rechtsfreie-raum-onlinespiel/ mwN.

23 BGH Urt. v. 12.1.2017 – I ZR 253/14, MMR 2017, 394 (396 f.).

dass dem Klauselverwender **keine ungerechtfertigten Auslegungsspielräume** verbleiben.[24]

a) Definition toxischen Verhaltens in Nutzungsbedingungen

Das Fehlen einer allgemeingültigen Definition von „toxischem Verhalten“ (→ Rn. 4 ff.) sollte nicht dazu verleiten, in Nutzungsbedingungen die Bewertung von Spielerverhalten als toxisch oder nicht toxisch schlicht der Einschätzung des Anbieters zu überlassen. Damit würden die dargestellten Transparenzanforderungen keinesfalls erfüllt.[25] Allerdings werden inzwischen auch relativ **frisch etablierte Begriffe wie „Hassrede“** wohl als hinreichend präzise beurteilt, zumindest wenn sie in den jeweiligen Nutzungsbedingungen mit Beispielen hinterlegt sind.[26] Je nach konkretem Spiel kann es zahlreiche Verhaltensweisen geben, die isoliert betrachtet unverdächtig sind, aber deren Missbrauch das Spielerlebnis der anderen Spieler empfindlich stören kann. Diese sollten in den Nutzungsbedingungen beschrieben werden, um den Begriff bestmöglich mit Leben zu füllen. Gegen den Vorwurf mangelnder Transparenz lässt sich dann einwenden, dass eine übermäßig detaillierte Regelung jedes theoretisch denkbaren Einzelfalls unzumutbar wäre und wegen der Länge und Komplexität des entstehenden Regelwerks ihrerseits Transparenzbedenken auslösen würde.[27] 24

b) Exkurs: Risiken der Transparenz und Datenschutzrecht

In der Praxis stellt sich bei der Vertragsgestaltung zudem das Problem, dass mit dem Grad an Detaillierung zwar die Regelung transparenter wird, aber insbesondere bei untypischen Fällen toxischen Verhaltens die Gefahr besteht, dass **Reaktionsspielräume** eingeengt oder, bei geringen Sanktionen für erste Verstöße, kalkulierte Überschreitungen provoziert werden (Risiko einer **nicht erwünschten „Preisliste“** oder „Anleitung“ für toxisches Verhalten). Ergeben sich aus der Supportpraxis Anhaltspunkte für solche Phänomene, ist es ggf. sinnvoll, die Nutzungsbedingungen nachzujustieren. Hierfür ist jeweils die **Zustimmung** der Nutzer einzuholen, was etwa durch entsprechende Pop-ups innerhalb des Spiels bzw. Nutzeraccounts geschehen kann.[28] Eine Regelung sämtlicher Details, insbesondere der Zeiträume einzelner Sperrungen für bestimmte Verstöße, ist aus Rechtsgründen nicht zwingend erforderlich.[29] 25

In diesem Zusammenhang ist auch auf die Problematik hinzuweisen, dass toxische Spieler gelegentlich versuchen, über die Geltendmachung **datenschutzrechtlicher Auskunftsansprüche** nach Art. 15 DSGVO (→ § 21 Rn. 6 ff., 26 f.) Informationen über technische Systeme zur Cheat-Erkennung zu erlangen. Die Rechtsprechung gewährt Auskunftsansprüche teilweise sehr umfassend;[30] allerdings ist inzwischen auch eine er- 26

---

24 BeckOK BGB/*Schmidt* BGB § 307 Rn. 45 mwN.

25 BGH Urt. v. 29.7.2021 – III ZR 192/20, ZUM-RD 2021, 612 (624 Rn. 93); BGH Urt. v. 1.10.2019 – VI ZR 156/18, NJW-RR 2020, 112 (114 Rn. 23); OLG München Beschl. v. 17.7.2018 – 18 W 858/18, MMR 2018, 760 (761 Rn. 25) mwN; OLG München Beschl. v. 24.8.2018 – 18 W 1294/18, NJW 2018, 3115 (3116) mwN.

26 OLG Dresden Beschl. v. 8.8.2018 – 4 W 557/18, NJW 2018, 3111 (3113 Rn. 13 ff.).

27 BeckOK BGB/*Schmidt* BGB § 307 Rn. 48 mwN.

28 BGH Urt. v. 29.7.2021 – III ZR 192/20, ZUM-RD 2021, 612 (619 Rn. 51 ff.) mwN.

29 OLG Hamm Beschl. v. 15.9.2020 – 29 U 6/20, GRUR-RS 2020, 25382 Rn. 97; OLG Stuttgart Beschl. v. 6.9.2018 – 4 W 63/18, MMR 2019, 110 (111).

30 Vgl. aus jüngerer Zeit BGH Urt. v. 15.6.2021 – VI ZR 576/19, ZD 2021, 581; OLG München Urt. v. 4.10.2021 – 3 U 2906/20, ZD 2022, 39; OLG Köln Urt. v. 13.5.2022 – 20 U 295/21, BeckRS 2022, 12203.

freuliche Gegentendenz zu beobachten, wonach die Ausübung solcher Ansprüche (zutreffend) für **rechtsmissbräuchlich** gehalten wird, wenn ihre Geltendmachung Zielen jenseits des Datenschutzrechts dient.[31] Auch der Europäische Datenschutzausschuss sieht es als gerechtfertigt an, Daten zur Funktionsweise von Anti-Cheat-Systemen zurückzuhalten.[32]

2. Inhaltskontrolle im engeren Sinn

27 Klauseln in Nutzungsbedingungen sind am Maßstab der §§ 307ff. BGB zu messen, wobei die konkreten Klauselverbote in §§ 308, 309 BGB für die hier relevanten Fragen nicht besonders relevant sind. In den meisten Fällen muss also eine Angemessenheitskontrolle über die **Generalklausel** des § 307 Abs. 1 S. 1, Abs. 2 BGB erfolgen. Danach sind Klauseln unwirksam, die den Nutzer entgegen den Geboten von Treu und Glauben unangemessen benachteiligen, insbesondere indem sie von wesentlichen Grundgedanken der gesetzlichen Regelung abweichen oder den Vertrag so aushöhlen, dass die Zweckerreichung gefährdet ist. Im Kern sind hier also vor dem Hintergrund der gesetzlichen Regelung die **legitimen Interessen der Vertragsparteien abzuwägen.**[33] Legitimes Interesse der Anbieter ist jedenfalls auch die Gewährleistung eines attraktiven und fairen Spiels[34] im Interesse aller Nutzer und zur Vermeidung eigener Haftung (→ Rn. 15). Bei dieser in jedem Einzelfall vorzunehmenden Abwägung ergeben sich zwangsläufig auch **Rechtsunsicherheiten,** jedoch lassen sich der Rechtsprechung einige Hinweise entnehmen.

a) Verbotene Verhaltensweisen

28 Nutzungsbedingungen dürfen unproblematisch **strafbare Inhalte und Verhaltensweisen** (zB volksverhetzende Kommentare oder Beleidigungen anderer Spieler) verbieten; insoweit weichen die Nutzungsbedingungen schon nicht von der gesetzlichen Regelung ab. Für jugendschutzrechtlich relevante Inhalte gilt dies zumindest insoweit, wie der Inhalt nur für eine ältere Zielgruppe geeignet ist als das Spiel bzw. die Plattform selbst, da solche Inhalte ggf. aufwändigere technische Jugendschutzmaßnahmen (→ § 25 Rn. 7ff.) erfordern würden als diejenigen, die der Anbieter aufgrund der eigenen Inhalte vorhält.

29 Anbieter dürfen durchaus **Restriktionen unterhalb der Strafbarkeitsschwelle** aufstellen[35] und auch ganz allgemein **thematische Begrenzungen** der Kommunikation vorneh-

31 OLG Dresden Endurteil v. 29.3.2022 – 4 U 1905/21, BeckRS 2022, 8743; OLG Nürnberg, Urt. v. 14.3.2022 – 8 U 2907/21, BeckRS 2022, 7415; OLG Hamm Beschl. v. 15.11.2021 – 20 U 269/21, BeckRS 2021, 40312; LG Detmold Urt. v. 26.10.2021 – 2 O 108/21, BeckRS 2021, 34230; vgl. auch LG Wuppertal Urt. v. 29.7.2021 – 4 O 409/20, ZD 2022, 53.

32 European Data Protection Board, Guidelines 01/2022 on data subject rights – Right of access, v1.0 vom 28.1.2022, Rn. 171, abrufbar unter https://edpb.europa.eu/system/files/2022-01/edpb_guidelines_012022_right-of-access_0.pdf.

33 BeckOK BGB/*Schmidt* BGB § 307 Rn. 32ff.; vgl. auch BGH Urt. v. 29.7.2021 – III ZR 192/20, ZUM-RD 2021, 612 (621ff.); OLG Stuttgart Beschl. v. 6.9.2018 – 4 W 63/18, MMR 2019, 110 (111f.).

34 LG Regensburg Urt. v. 17.10.2006 – 2 S 153/06 (3), BeckRS 2011, 12694; AG Charlottenburg Urt. v. 4.5.2012 – 208 C 42/11, MMR 2012, 598 (600); *Lober/Conraths* K&R 2019, 37 (38); siehe zu weiteren Interessen der Anbieter und zur Abwägung anhand einiger Beispiele auch *Diegmann/Kuntz* NJW 2010, 561.

35 OLG Dresden Beschl. v. 8.8.2018 – 4 W 557/18, NJW 2018, 3111 (3113 Rn. 15f.); LG Frankenthal Urt. v. 8.9.2020 – 6 O 238/19, GRUR-RS 2020, 23730 Rn. 49; *Hennemann/Heldt* ZUM 2021, 981 (987).

men,[36] also beispielsweise vorsehen, dass in spielimmanenten Kommunikationskanälen keine politischen oder weltanschaulichen Diskussionen geführt werden dürfen. Solche Beschränkungen sind geeignet, den Charakter des Spiels als Unterhaltungsmedium und einzelne Spieler vor Diskriminierungen zu schützen und Kontroversen zwischen Spielern sowie komplizierte strafrechtliche Auslegungsfragen (noch zulässige pointierte Meinungsäußerung oder bereits Volksverhetzung?) im Ansatz zu vermeiden.[37] Sie entsprechen damit den aufgezeigten legitimen Interessen des Anbieters.

Etwas schwieriger ist die Lage bei der **missbräuchlichen Nutzung** an sich im Spiel 30
vorgesehener Funktionen, also beispielsweise dem Bekämpfen der eigenen Mitspieler oder absichtlichem Verlieren zum Schaden des eigenen Teams. Zu diesen Komplexen ist noch keine Rechtsprechung ersichtlich. Anbietern kann insoweit nur **empfohlen** werden, Verbote solcher Verhaltensweisen **möglichst konkret** zu formulieren und zu weite Regelungen zu vermeiden, die auch unbeabsichtigtes Fehlverhalten (zB von unerfahrenen Spielern) erfassen würden. Dann spricht aber alles für eine Wirksamkeit solcher Verbote, da sie dem legitimen Interesse der Anbieter und der regeltreuen Spieler dienen und kein legitimes Interesse toxischer Spieler an der Störung der Abläufe besteht.

Gerichtlich geklärt ist dagegen, dass die Nutzung von **Automatisierungssoftware (Bots)** 31
und **Betrugssoftware (Cheats)** (→ § 20 Rn. 34 ff.) in den Nutzungsbedingungen verboten werden können.[38] Gleiches gilt schließlich für den Verkauf bzw. die **Weitergabe von virtuellen Items** und ganzen **Benutzeraccounts.**[39]

b) Sanktionen

Die Sanktion für einen Verstoß gegen Nutzungsbedingungen muss – schon entspre- 32
chend dem Rechtsgedanken des § 314 BGB – **verhältnismäßig** sein.[40] Bei erstmaligen oder leichteren Verstößen kann also vor einer endgültigen Kündigung bzw. Ausschluss aus einer Liga oder einem Turnier eine mildere Sanktion, wie eine **Verwarnung, Beschränkung von Kommunikationsfunktionen, Punktabzug oder Sperre** geboten sein.[41]

36 OLG Hamburg Urt. v. 18.11.2020 – 13 U 192/19, GRUR-RS 2020, 52553; BGH Urt. v. 29.7.2021 – III ZR 192/20, ZUM-RD 2021, 612 Rn. 93.

37 Ein prägnantes Beispiel aus der Praxis des Verfassers: Im Rahmen einer Klage gegen eine Accountsperre trug ein Spieler äußerst umfangreich zur Begründung seiner Ansicht vor, dass sein Profilbild mit der Aufschrift „Islam nein danke" unter keinen der in den einschlägigen Nutzungsbedingungen im einzelnen geregelten Verbotstatbestände für rassistische, xenophobe oder sonstige diskriminierende Äußerungen falle. Da die Klage letztendlich zurückgenommen wurde, musste das Gericht die Frage allerdings nicht entscheiden. Vgl. auch die Ausführungen zur Auslegung eines Postings bei OLG München Beschl. v. 24.8.2018 – 18 W 1294/18, NJW 2018, 3115 (3117).

38 BGH Urt. v. 12.1.2017 – I ZR 253/14, MMR 2017, 394; OLG Köln Beschl. v. 7.10.2009 – 28 O 278/08, CR 2010, 531; AG Charlottenburg Urt. v. 4.5.2012 – 208 C 42/11, MMR 2012, 598; vgl. zum sog. „Farming" auch Bräutigam/Rücker E-Commerce-HdB/*Schapiro* Teil F Rn. 32 ff.

39 BGH Urt. v. 11.2.2010 – I ZR 178/08, MMR 2010, 771 mAnm *Heydn*; KG Hinweisbeschl. v. 10.8.2015 – 23 U 42/14, MMR 2016, 340; LG Regensburg Urt. v. 17.10.2006 – 2 S 153/06 (3), BeckRS 2011, 12694; AG Karlsruhe Urt. v. 24.7.2012 – 8 C 220/12, BeckRS 2012, 18275; *Lutzi* NJW 2012, 2070 (2073 f.).

40 OLG Hamm Beschl. v. 15.9.2020 – 29 U 6/20, GRUR-RS 2020, 25382 Rn. 115 f. mwN.

41 Vgl. auch OLG Dresden Urt. v. 12.5.2020 – 4 U 1523/19, NJW-RR 2020, 1118 (1120 Rn. 20); AG Charlottenburg Urt. v. 4.5.2012 – 208 C 42/11, MMR 2012, 598.

Entsprechende abgestufte Sanktionskonzepte in AGB sind bisher in der Rechtsprechung meist kommentarlos als unproblematisch hingenommen worden.[42]

33 Möglich ist eine **sofortige Kündigung** aber wohl beim Verstoß gegen das Verbot, Cheats zu verwenden,[43] sowie jedenfalls bei mehrfachen Verstößen gegen sonstige Verhaltensregeln,[44] etwa bei Beleidigungen anderer Nutzer.[45] Diese relativ großzügige Rechtsprechung stammt zumeist von Instanzgerichten und bezieht sich auf im Ausgangspunkt kostenfreie Spiele (Free to Play; → § 17 Rn. 26, 46). Ein etwas **strengerer Maßstab** mag anzulegen sein, wenn die Accountkündigung erhebliche sonstige Investitionen des betroffenen Spielers tangiert. Das kann der Fall sein, wenn in erheblichem Umfang In-Game-Käufe getätigt wurden, wenn technisch eine Neuregistrierung mittels der gleichen Hardware (insbes. Konsole) verhindert wird, oder wenn die Kündigung einen Account in einem Accountsystem betrifft, der auch für den Zugriff auf sonstige Inhalte erforderlich ist. All dies schließt eine Kündigung zwar nicht aus, mag aber ggf. mehrere Verwarnungen oder Teil-Sperren (einzelner Spiele/Funktionalitäten) erfordern.

34 Eine besondere Problematik stellt sich bei **Esport-Ligen**, wenn einzelne Spieler (etwa wegen Cheating) disqualifiziert werden. Mitunter führt das dann zum Abstieg oder zur **Disqualifikation des gesamten Teams**, was als verschuldensunabhängige Mithaftung für Verstöße einzelner Teammitglieder betrachtet werden kann.[46] Allerdings geht auch insoweit eine Interessenabwägung nicht zwingend zulasten des Anbieters aus. Insbesondere wäre es nicht tragbar, und würde Manipulationsmöglichkeiten eröffnen, wenn ein Team, das in einer Liga oder einem Turnier vom Cheating eines Teammitglieds profitiert hat, diesen unfairen Vorteil für sich nutzen dürfte.[47] Richtigerweise wird zu differenzieren sein: Nur wenn sich aus einem unsportlichen Verhalten eines Spielers unter keinem Gesichtspunkt ein Vorteil für das betroffene Team ergeben hat, kann dies gegen eine Kollektivsanktion sprechen.

35 Der BGH hat jüngst im Hinblick auf ein als Plattform öffentlicher Meinungsäußerung besonders bedeutendes soziales Netzwerk umfangreiche Vorgaben für eine AGB-rechtlich wirksam Regelung des **Verfahrens** zur **Löschung** gemeldeter Beiträge aufgestellt.[48] Allerdings beruhen diese strengen Maßstäbe letztlich auf einer Abwägung kollidierender Grundrechte aus Art. 5 GG (der Nutzer) einerseits und Art. 12 GG (des Anbieters) andererseits vor dem Hintergrund der Schaffung eines Raums der virtuellen öffentlichen Debatte von herausragender praktischer Bedeutung. Sie sind daher **auf Spieleplattformen oder gar einzelne Online-Spiele**, die ja gerade nicht der öffentlichen De-

42 Vgl. OLG Hamm Beschl. v. 15.9.2020 – 29 U 6/20, GRUR-RS 2020, 25382 Rn. 97; OLG Stuttgart Beschl. v. 6.9.2018 – 4 W 63/18, MMR 2019, 110 (111); OLG Köln Beschl. v. 7.10.2009 – 28 O 278/08, CR 2010, 531; AG Karlsruhe Urt. v. 19.5.2015 – 8 C 377/14, MMR 2015, 514; AG Charlottenburg Urt. v. 4.5.2012 – 208 C 42/11, MMR 2012, 598 (600); vgl. auch *Heymann/Götz* GRUR 2021, 1491 (1492, 1494), wonach Sperrung jedenfalls als Minus zur Kündigung immer möglich ist.

43 AG Charlottenburg Urt. v. 4.5.2012 – 208 C 42/11, MMR 2012, 598 (600).

44 AG Karlsruhe Urt. v. 24.7.2012 – 8 C 220/12, BeckRS 2012, 18275.

45 AG Karlsruhe Urt. v. 19.5.2015 – 8 C 377/14, MMR 2015, 514.

46 *Meisheit* SpuRt 2021, 272 (277).

47 AA *Meisheit* SpuRt 2021, 272 (277).

48 BGH Urt. v. 29.7.2021 – III ZR 192/20, ZUM-RD 2021, 612; *Adelberg* K&R 2022, 19 (23 ff.); krit. zum Ansatz des BGH auch *McColgan* RDi 2021, 605 (615 ff.); *Denga* ZIP 2021, 1955.

batte, sondern primär dem Spielerlebnis dienen, **nicht übertragbar,**[49] zumal dann, wenn Nutzungsbedingungen entsprechende thematische Einschränkungen vorsehen (→ Rn. 29). In Spielen können Anbieter beleidigende oder sonstige rechts- oder vertragswidrige Äußerungen daher weiterhin gestützt auf allgemeiner gehaltene Bestimmungen in den Nutzungsbedingungen (→ Rn. 25) entfernen oder ausblenden.

3. Beweislast

Je nach Art des toxischen Verhaltens können Dokumentation und Nachweis des Regelverstoßes Anbieter vor praktische Probleme stellen. Bei einem **Verdacht** auf Cheating oder absichtliche Sabotage des eigenen Teams stehen möglicherweise nur Meldungen anderer Spieler und eventuell Spielmitschnitte zur Verfügung. 36

Dennoch hat die Rechtsprechung die Beweislast für das Vorliegen eines Regelverstoßes im Kontext einer mehrjährigen Spielersperre in einer Esport-Liga **grundsätzlich beim Anbieter** gesehen. Allerdings trifft den Spieler ggf. eine **sekundäre Darlegungslast.** Kann der Anbieter zumindest Auffälligkeiten in der Spielweise nachweisen, etwa aufgrund von Spielmitschnitten oder sonstigen (KI-)Tools, ist es Sache des Spielers, diese Auffälligkeiten plausibel zu erklären. Ob die Erklärungen glaubhaft sind, kann dann auch mithilfe von Sachverständigen geklärt werden.[50] 37

Abweichen kann die Beweislastverteilung allerdings bei **weniger einschneidenden Sanktionen.** In einem Verfahren um die Löschung eines Beitrags in einem sozialen Netzwerk hat das OLG München entschieden, dass der klagende Nutzer beweisen müsse, dass die Löschung gegen den Nutzungsvertrag verstoße.[51] Verstößt ein Beitrag *prima facie* gegen Nutzungsbedingungen, so soll es nicht ausreichen wenn der Nutzer behauptet, der Beitrag sei nicht ernst gemeint.[52] 38

Die **gesetzliche** Beweislastverteilung kann im Rahmen von AGB wegen der ausdrücklichen Vorschrift des § 309 Nr. 12 BGB nicht (zulasten der Nutzer) abweichend geregelt werden. 39

Noch nicht abschließend geklärt ist, ob der Anbieter Beiträge **vorläufig entfernen** darf, um erst dann in Ruhe zu prüfen, ob diese rechtswidrig sind oder gegen Nutzungsbedingungen verstoßen.[53] Im Kontext der Games-Branche mit den oft flüchtigen Kommunikationsformen (insbes. Chat im Spiel) wird sich diese Frage nicht mit gleicher Brisanz stellen wie in sozialen Netzwerken; gleichwohl ist sie etwa in Bezug auf anstößige Nutzernamen oder Profilbilder relevant. 40

49 Vgl. *Adelberg* K&R 2022, 19 (23) mwN – Anwendung nur auf marktmächtige, als Meinungsplattformen de facto alternativlose Angebote.

50 OLG Köln Beschl. v. 7.10.2009 – 28 O 278/08, CR 2010, 531, zu dem Fall eines wegen Cheating-Vorwürfen aufgrund eines Match-Mitschnitts gesperrten Spielers. Siehe dazu auch *Hilgert* in Maties eSport-Recht S. 145 (154).

51 OLG München Beschl. v. 21.2.2020 – 18 U 2346/19 Pre BeckRS 2020, 34935 Rn. 15.

52 OLG Dresden Beschl. v. 12.2.2020 – 4 U 2198/19, GRUR-RS 2020, 2544; OLG Dresden, Hinweisbeschl. v. 6.12.2019 – 4 U 2198/19, MMR 2020, 407 (409).

53 Dagegen LG Köln Urt. v. 12.2.2020 – 10 O 265/19, GRUR-RS 2020, 11342; dafür LG Frankenthal Urt. v. 8.9.2020 – 6 O 23/20, MMR 2021, 85.

III. Virtuelles Hausrecht

41 Ob es neben den vertraglichen Regelungen in Nutzungsbedingungen Raum und Bedarf für ein „virtuelles Hausrecht" gibt, ist immer noch nicht ganz klar. Obwohl der Begriff in der **Rechtsprechung** seit über 20 Jahren immer wieder verwendet wird,[54] haben sich noch keine vollständig klaren Konturen herausgebildet. In der rechtswissenschaftlichen Literatur wird das Konzept teilweise neben den gesetzlichen Regelungen zu Befugnissen aus Eigentum, Besitz und Nutzungsvertrag für überflüssig gehalten.[55]

42 Ein virtuelles Hausrecht berechtigt den Anbieter jedenfalls nicht dazu, Maßnahmen zu ergreifen, an denen er aufgrund vertraglicher Verpflichtungen, etwa wegen entgegenstehender Festlegungen in den Nutzungsbedingungen, gehindert ist.[56] Es eröffnet gerade keinen unüberprüfbaren Ermessensspielraum, der in AGB nicht wirksam vereinbart werden könnte (→ Rn. 24).[57] Das schließt allerdings nicht aus, dass sich Anbieter bei **Lücken in einem Nutzungsvertrag** oder soweit einzelne Funktionen oder Angebote auf Gefälligkeit beruhen auf ein virtuelles Hausrecht berufen können. Auch wegen einer möglicherweise ansonsten drohenden Störerhaftung (→ Rn. 15) muss der Anbieter eine grundsätzlich jedermann offenstehende Funktionalität für einzelne (toxische) Spieler technisch einschränken können (zB Moderation/Löschung von Kommentaren und Blockieren von Nutzern, die toxische Kommentare auf Social-Media-Kanälen eines Spiele- oder Esport-Anbieters hinterlassen).[58] Gleiches gilt für die Unterbindung von Nutzungen, die ein bestehender Nutzungsvertrag gerade nicht erlaubt.[59]

E. Ausblick

43 Der Umgang mit toxischen Spielern wirft zahlreiche praktische und rechtliche Probleme auf, zumal sich auch die **Spiele und Plattformen ständig weiterentwickeln** und neue Funktionen stets auch das Risiko neuer Missbrauchsmöglichkeiten eröffnen. Anbieter sind gut beraten, diesem Thema kontinuierliche Aufmerksamkeit zu widmen, zumal auch das Recht sich hier ständig verschärft. Politisch sind auf EU-Ebene derzeit **zahlreiche neue Regelungen** geplant, um gegen Terrorismus, Kinderpornographie und Hass und Hetze vorzugehen. Auch im Entwurf des Digital Services Act, der auch die Haftung von Plattformen für Nutzerinhalte betrifft, werden neue Sorgfaltspflichten für Plattformen diskutiert. Dabei wird zwischen großen und kleinen Plattformen, Social Media und Marktplätzen sowie allgemeinen Regeln für alle Plattformen differenziert werden müssen.

---

54 LG Bonn Urt. v. 16.11.1999 – 10 O 457/99, NJW 2000, 961; konkret zur Anwendung in einem Onlinespiel vgl. LG Regensburg Urt. v. 17.10.2006 – 2 S 153/06 (3), BeckRS 2011, 12694; aus jüngerer Zeit siehe etwa OLG Hamm Beschl. v. 15.9.2020 – 29 U 6/20, GRUR-RS 2020, 25382; OLG München Urt. v. 7.1.2020 – 18 U 1491/19 Pre MMR 2021, 79 (82).

55 MüKoBGB/*Raff* BGB § 1004 Rn. 33; *Hennemann/Heldt* ZUM 2021, 981 (983).

56 LG Offenburg Urt. v. 26.9.2018 – 2 O 310/18, BeckRS 2018, 23081.

57 OLG München Urt. v. 7.1.2020 – 18 U 1491/19 Pre MMR 2021, 79 (82); OLG Rostock Urt. v. 29.9.2021 – 2 U 4/20, GRUR-RS 2021, 31728 Rn. 5.

58 *Redeker* ITRB 2021, 279 (280) mwN; vgl. auch *Lober/Conraths* K&R 2019, 37 (38).

59 *Lober/Conraths* K&R 2019, 37 (38); *Conraths/Krüger* MMR 2016, 310 (312).

Teil VI. Marketing

§ 27 Wir wollen nur spielen: Wie moderne Gaming-Kommunikation gelingt

Drei Milliarden Gamerinnen und Gamer gibt es auf der Welt. Xbox will sie alle erreichen. Doch um sich als Gaming-Marke geräteübergreifend zu positionieren, ist eine Kommunikation gefragt, die Schluss macht mit Grabenkämpfen – und stattdessen eine Gemeinsamkeit aller Spieler und Spielerinnen hervorhebt: die Freude am Zocken. 1

A. Einführung

„Until Odyssey, TV was something you just sat and watched" – so lautete einer der vielen Werbesprüche, mit denen Magnavox in den USA für die weltweit erste kommerzielle Videospielkonsole warb.[1] „Put TV's fun and excitement on your side of the screen", formulierte es das Unternehmen in einem seiner Advertorials Mitte der 70er Jahre. Die von Ralph Baer entwickelte und von Magnavox – einem der damals größten Fernsehgeräte-Hersteller – produzierte Konsole kam im September 1972 erstmals in den USA auf den Markt. In Deutschland folgte der Vertrieb ab 1973 durch die ITT Schau-Lorenz.[2] Vermarktet wurden die Geräte mit dem Slogan „Das vierte Programm", der die erstmals vom öffentlich-rechtlichen Rundfunk unabhängige Nutzung der TV-Geräte betonte – elf Jahre vor Einführung des Privatfernsehens in Deutschland.[3] 2

Mit der Odyssey begann in den 1970er-Jahren der Siegeszug der Spielekonsolen, viele weitere sollten folgen. Das Narrativ blieb dabei oft ähnlich: So wie schon die Macher der Odyssey die technischen Möglichkeiten – nämlich, das heimische TV-Gerät durch die Konsole für Spiele nutzen zu können – zum entscheidenden Verkaufsargument erklärten, blieben auch viele der späteren Konsolenhersteller in ihrer Werbung dieser Linie treu. Die Hardware stand im Mittelpunkt des Ökosystems. 3

Dabei haben sich Technologie und die Rolle des Gaming in der Gesellschaft in den vergangenen Jahrzehnten radikal gewandelt. Rund 350.000 Exemplare der Odyssey wurden weltweit verkauft, bevor Magnavox die Produktion 1975 einstellte. Zum Vergleich: Die Xbox 360 bringt es bereits drei Jahre nach Release auf 25 Millionen Exemplare – das entspricht etwa dem 71-Fachen.[4] 4

1 ZB https://www.pinterest.de/pin/479422322809588476/.
2 Vgl. dazu https://de.wikipedia.org/wiki/Odyssey_(Spielkonsole).
3 ITT Werbeanzeige: „Das vierte Programm", in: Funkschau, Heft 25, 6.12.1974, S. 3105.
4 Vgl. dazu https://news.microsoft.com/2008/11/17/a-new-dawn-in-home-entertainment-for-everyone-begins-nov-19/.

B. Ein Marktpotenzial – das aber verstanden werden muss

5 Tatsächlich war das Marktpotenzial von Gaming insgesamt nie größer als heute. Die Digitalisierung und das Aufkommen neuer Kommunikationsformen und -kanäle haben das Spielen zu einem integralen Bestandteil unseres Alltages werden lassen. Die Aufmerksamkeitsökonomie ist im hohen Maße geprägt von spielerischen Elementen, was die gesellschaftliche Akzeptanz des Gaming wiederum gefördert hat.

6 Um sich das ganze Potenzial zu vergegenwärtigen, das sich daraus ergibt, ist ein Blick auf ein paar der zentralen Zahlen hilfreich. Aktuell leben auf unserem Planeten fast acht Milliarden Menschen. Zirka die Hälfte der Menschheit ist schon heute mit dem Internet verbunden.[5] Und gut ein Drittel aller Menschen, die auf diesem Planeten wohnen, spielen regelmäßig Videospiele.[6] Jährlich wächst die Zahl der Gamerinnen und Gamer um durchschnittlich 5,6 Prozent – und damit vier- bis fünfmal so schnell wie die Weltbevölkerung insgesamt. Allein in Deutschland gibt es heute mehr als 34 Millionen Gamerinnen und Gamer – die Hälfte von ihnen ist weiblich.[7]

7 Weltweit sorgten Videospiele zuletzt für Umsätze von zusammengerechnet zirka 180 Milliarden US-Dollar – Tendenz steigend.[8] Zum Vergleich: Das ist achtmal mehr als die Musikindustrie nach Zahlen der International Federation of Phonographic Industry (IFPI) 2020 weltweit umsetzen konnte.[9] Zugleich wächst der Gaming-Markt nach Schätzungen des US-Beratungsunternehmens Grandview Research perspektivisch mit einer jährlichen Rate von durchschnittlich rund 12 Prozent.[10] Traditionelle Entertainment-Branchen halten da nicht mit und müssen in Teilen – auch bedingt durch die Folgen der Corona-Pandemie – sogar Rückgänge bei den Umsätzen verkraften.

8 Als Magnavox die Odyssey auf den Markt brachte, war es zu dem Zeitpunkt die erste Konsole ihrer Art. Andere vergleichbare Möglichkeiten zum Spielen von Videospielen fehlten. Heute verfügen Nutzer und Nutzerinnen über eine Vielzahl von Endgeräten, über die sie Games verschiedenster Art und Qualität spielen können – Konsolen, PCs, sie können Spiele im Browser zocken oder mobil per Smartphone und Tablet. Während Umsätze mit Spielekonsolen weiter zulegen, sind sie doch heute vor dem Hintergrund eines sehr viel differenzierteren Marktes zu sehen, der eine Vielzahl von Gaming-Möglichkeiten bietet.

C. Neuausrichtung im Marketing

9 Für das Marketing im Games-Bereich ist diese Entwicklung von zentraler Bedeutung, denn mit ihr gehen die Fragen einher: Wie lässt sich das Potenzial der rund drei Milliarden Spielebegeisterten weltweit nutzen? Wie muss sich der Blick auf eine Marke dafür verändern, wie die Ausrichtung des eigenen Angebotes? Die Antworten auf diese

5 Vgl. dazu https://de.statista.com/themen/42/internet/#dossierKeyfigures.
6 Nach Schätzungen von Newzoo gab es 2020 rund 2,69 Milliarden Gamerinnen und Gamer. Siehe hierzu auch https://financesonline.com/number-of-gamers-worldwide/.
7 Vgl. dazu https://www.game.de/wp-content/uploads/2020/08/game-Jahresreport-2020.pdf.
8 Vgl. dazu https://www.marketwatch.com/story/videogames-are-a-bigger-industry-than-sports-and-movies-combined-thanks-to-the-pandemic-11608654990.
9 Vgl. dazu https://www.ifpi.org/ifpi-issues-annual-global-music-report-2021/.
10 Vgl. dazu https://www.grandviewresearch.com/industry-analysis/video-game-market.

Fragen und die damit einhergehenden Veränderungen im Gaming sind keineswegs exklusiv für diesen Bereich zu sehen.

Um das zu veranschaulichen, hilft ein Blick auf andere Branchen. So setzen Industrieunternehmen beispielsweise auf die Möglichkeiten der Digitalisierung, indem sie innovative Service-Modelle etablieren. Die Idee: Sie können auf diese Weise zusätzliche Umsätze generieren und zu einer stärkeren Bindung der Kunden und Kundinnen mit der Marke beitragen.[11] Wenn etwa Automobilkonzerne Abo- und Car-Sharing-Modelle auf den Weg bringen und digitale Zusatzservices in ihren Wagen etablieren, folgt das einem sehr ähnlichen Gedanken.[12] Manche Kunden und Kundinnen mögen die technischen Qualitäten eines bestimmten Fahrzeugs schätzen, alle Kunden und Kundinnen jedoch entscheiden sich mit einer bestimmten Marke in erster Linie für ein Mobilitätsversprechen. 10

Der Fokus geht in all diesen Fällen somit über die Konsole, also die Hardware, hinaus – und hin zu Software oder, wie im Entertainment-Bereich, zu den Inhalten. Im Videostreaming ist es heutzutage eine Selbstverständlichkeit, dass Anbieter wie Netflix die jeweilige Lieblingsserie unabhängig vom jeweiligen Gerät bereitstellen. Weder wird ein Decoder noch eine Set-Top-Box benötigt. Ob die Nutzer und Nutzerinnen in der Bahn, im Hotel oder daheim sind: Von überallher können sie auf ihren Content zugreifen. Wieso sollte es im Falle von Videospielen anders sein? 11

Die Games-Branche mag im Kern immer eine digitale Branche gewesen sein. Dennoch muss auch sie sich den Herausforderungen stellen, die mit der Digitalisierung einhergehen – und das gilt insbesondere im Bereich des Vertriebs und des Marketings. Statt also wie in früheren Zeiten ein Ökosystem um eine bestimmte Konsole und ihre Hardware-Parameter herum zu errichten, setzen wir bei Xbox die User und Userinnen in den Mittelpunkt. 12

Diese Strategie zielt auf ein geräteübergreifendes Gaming – ein Gaming, das zusammenführt und verbindet. Es ist eine Strategie, die ohne Grabenkämpfe auskommt, ohne das Streiten um die vermeintlich richtige, die beste Art und Weise, Videogames zu spielen. Wer drei Milliarden Spieler und Spielerinnen begeistern möchte, der muss Spiele in Konsolenqualität über alle Plattformen hinweg bereitstellen, die die Menschen bereits besitzen oder heute und in Zukunft nutzen möchten. Es geht dabei letztlich um nicht weniger als die Demokratisierung des Gaming. Die Cloud-Technologie liefert die dafür notwendige Infrastruktur – doch gerade für die Kommunikation bringt Herausforderungen mit sich. 13

D. Kommunikation von den Usern und Userinnen her denken

Magnavox sprach mit der Odyssey seinerzeit gezielt all jene an, die über ein TV-Gerät verfügten und mehr aus diesem machen wollten. Die Zielgruppe war damit klar umrissen, überschaubar und in vielen sozioökonomischen Punkten homogen. Doch wenn 14

11 Vgl. dazu https://www.lufthansa-industry-solutions.com/de-de/loesungen-produkte/automotive/connected-cars-geschaeftsfeld-mit-zukunft.

12 Vgl. dazu https://www.wiwo.de/adv/telekom-digitalisierung/digitour/wandel-in-der-automobilindustrie-mobilitaet-statt-autos/24255136.html.

Gaming ein nahezu beliebig skalierbares Produkt ist und letztlich einen „As-a-Service"-Charakter besitzt, den Gamerinnen und Gamer in der ganzen Welt und unabhängig von ihrer verwendeten Hardware nutzen, dann braucht es auch eine Kommunikation, die das reflektiert. Sie muss maßgeschneiderte Ansprachen für eine Vielzahl von Gruppen und Teilgruppen entwickeln.

15 Muss sich eine Ansprache von Männern und Frauen unterscheiden? Wie lässt sich eine internationale Community zielgenauer adressieren? Werden verschiedene Lebensmodelle, Präferenzen oder sexuelle Orientierung ausreichend gesehen und in der Ansprache mitgedacht? Und was braucht es, um junge Menschen und alte Menschen sowie den durchschnittlichen Erwachsenen gleichermaßen zu erreichen? Das alles sind Fragen, die eine moderne Kommunikation für sich beantworten muss, um letztlich eine userzentrierte Strategie entwickeln und umsetzen zu können. Das Ergebnis wiederum hat direkte Folgen für die Wahl der Kanäle und Kommunikationswege.

16 TV- oder klassische Out-of-Home-Kampagnen spielen daher beispielsweise in der Xbox-Kommunikation kaum eine Rolle, da sie zu wenig Möglichkeiten bieten, Ansprachen exakt auf den Adressaten hin zuzuschneiden. Stattdessen erhalten die verschiedenen Social-Media-Kanäle mit ihrer hochdynamischen Entwicklung zunehmend Gewicht in der Kommunikation. Besonders das Ausspielen von Content sowie der Dialog über Kanäle wie TikTok, Instagram, Facebook oder Twitch und YouTube Live steht dabei im Fokus. Was es auf all diesen Plattformen braucht, um dauerhaft erfolgreich zu sein, sind Stories, die das Publikum begeistern. Sehr viel stärker als in klassischen Marketingformen spielt Humor eine wichtige Rolle. TikTok als die am schnellsten wachsende Social-Media-Community hat die Freude und Kreativität seiner Nutzer und Nutzerinnen folgerichtig zu einem Teil seiner Unternehmensphilosophie erklärt.

17 Daneben braucht es starke Partnerschaften, um bestehende Silos aufzubrechen und eine Disruption in der öffentlichen Wahrnehmung in Gang zu setzen. Eine Marke, die sich an alle Gamerinnen und Gamer gleichermaßen richtet, muss eben auch bereit sein, Grenzen zu überschreiten. Nur so ist es möglich, Vorstellungen in der Öffentlichkeit zu widerlegen und das eigene Image neu – und das heißt umfassender – zu definieren.

18 Eine solche Partnerschaft ist Xbox beispielsweise mit Gucci eingegangen. Die Modemarke brachte daraufhin eine Luxus-Version der Konsole auf den Markt. In Zusammenarbeit mit Online-Modehändler About You entstand die eigene Xbox-Mode-Kollektion. Sportartikel-Hersteller Adidas wiederum entwickelt ein Sneaker-Paar – passend zur Marke: den Adidas Xbox Forum Tech Boost X Sneaker. Gemeinsam mit Foot Locker hat Xbox eine limitierte Jackenkollektion auf den Markt gebracht. Daneben gibt es Partnerschaften mit verschiedensten Akteuren aus dem Entertainment-Sektor.

19 All das hilft dabei, Spotlights auf einzelne Teile der Gaming-Community zu werfen, Aufmerksamkeit zu schaffen und Xbox – als wesentlicher Referenzpunkt für die Gaming-Kultur insgesamt – in der Popkultur zu verankern. Das ist offenkundig ein sehr viel größerer Referenzrahmen als jener klassischer Konsolen. Doch das Motto von Xbox lautet: „Wenn jede*r spielt, gewinnen wir alle." Also müssen Marketing und Kommunikation auf genau dieses Ziel ausgerichtet sein.

Vier Punkte sind dafür wesentlich – wobei jeder von ihnen eine Vielzahl von weiteren Implikationen mit sich bringt: Die Inhalte müssen stimmen, die Werte, der Blick auf die Community sowie schließlich auch das Verständnis des technologischen Umfeldes, in dem sich die Marke bewegt. 20

I. Erlebnisse schaffen!

Das auf Gamer-Motivation spezialisierte US-Marktforschungsunternehmen Quantic Foundry hat auf der Basis von 300.000 Profilen von Spieler und Spielerinnen ermittelt, was Menschen beim Gaming antreibt.[13] Die sechs wichtigsten Gründe sind demnach: die Möglichkeit, sich auszutoben (Action), soziale Interaktion zu erleben, das Meistern von Herausforderungen, das Erreichen von Zielen, das Eintauchen in Geschichten und fremde Welten sowie das Ausleben der eigenen Kreativität. Was all diese Gründe gemeinsam haben: Sie drehen sich um Inhalte und Geschichten. 21

„Content is King", betitelte Microsoft-Gründer Bill Gates schon 1996 einen Essay.[14] Nie war diese Aussage so zutreffend wie im Gaming-Bereich dieser Tage. Wobei es wohl sogar heißen müsste: „Content is Queen". Beim Schach ist die Königin die wichtigste Figur. Sie kann sich in alle Richtungen bewegen und das auch über mehrere Felder hinweg. Genau das ist es, was guten Content auch für die Kommunikation im Gaming-Bereich ausmacht – er lässt sich für die verschiedensten Zielgruppen und über eine Vielzahl von Kanälen hinweg nutzen. Moderne Kommunikation lebt vom Storytelling – vom Verlängern jener Geschichten, die in den Games ihren Anfang nehmen. Menschen spielen Spiele, weil sie sich Abwechslung wünschen, weil sie sich Erlebnisse wünschen. Diese Erwartungshaltung sollte auch die Kommunikation rund um diese Games selbst und ihre Plattform bedienen. 22

Partnerschaften beispielsweise mit Content-Creator und -Creatorinnen und Influencer und Influencerinnen sind dafür ein wichtiges Vehikel. Es gibt zwei Arten, Influencer und Influencerinnen im Marketing zu betrachten: als eine digitale Version des Out-of-Home-Advertisements oder als Akteuren und Akteurinnen und Protagonisten und Protagonistinnen großartiger Stories, die die Zuschauenden begeistern. Was es dafür jedoch vor allem braucht, ist Glaubwürdigkeit. Die Reichweite ist daher nicht das alleinige Kriterium, wenn es um die Auswahl solcher Partnerschaften und Kooperationen geht, sondern vielmehr ist auch immer zu berücksichtigen, inwieweit die jeweiligen Influencer und Influencerinnen zur Gesamterzählung passen. 23

Tomary zählt auf YouTube rund 765.000 Abonnenten und Abonnentinnen. In Selbstexperimenten zeigt er ihnen, wie teuer es ist, sich eine Woche lang nur von Bio zu ernähren, wie es sich als Elon Musk lebt oder wie sich das Hacken von Passwörtern lernen lässt. Xbox hat Tomary anlässlich der Veröffentlichung von Age of Empires IV das Leben im Mittelalter testen lassen – Schwertkämpfe, Falkenjagd und Trebuchet inklusive.[15] In dem YouTube-Video, das dabei entstanden ist, nimmt Tomary seine Community mit 24

13 Vgl. dazu https://www.baloise.com/de/home/news-stories/news/blog/2019/warum-spielen-wir-videospiele.html.
14 Vgl. dazu https://medium.com/@HeathEvans/content-is-king-essay-by-bill-gates-1996-df74552f80d9.
15 Vgl. dazu https://www.youtube.com/watch?v.=2U2B_SUYpLQ.

in ein vergangenes Jahrhundert, weckt Neugierde auf die verschiedenen Waffensysteme jener Zeit und begeistert die Zuschauer und Zuschauerinnen für die Geschichten rund um das Mittelalter. Er weckt Lust bei ihnen, sich mit dieser Themenwelt zu beschäftigen und auseinanderzusetzen – und Xbox liefert ihnen mit Age of Empires VI dazu eine passende Gelegenheit.

25 Felix von der Laden begeistert sich für schnelle Autos und probiert sich auf seinem Kanal (3,2 Millionen Abonnenten) regelmäßig in verschiedensten Rollen – sei es als Bundespolizist, Dönerverkäufer oder Schönheitschirurg. Zum Start von Forza Horizon 5 versetzt Xbox den YouTuber in einen Steinbruch, bietet ihm eine Open-World-Kulisse, wie sie auch für das Spiel typisch ist – und liefert den Ford Raptor per Helikopter. Felix von der Laden findet sich also auf einem riesigen Outdoor-Spielplatz wieder und ist nun gefordert, viele der Entscheidungen zu treffen, die auch das Spiel Nutzer und Nutzerinnen abverlangt. All das bannt der YouTuber in das Video[16] zu diesem Tag und vermittelt eine Gefühlsmelange, die Spieler und Spielerinnen auch beim Zocken von Forza Horion 5 fesseln soll: Spannung, maximale Freiheit, Überraschungen und jede Menge Spaß. Gleichzeitig liefert die gesamte Szenerie wirkungsmächtiges Bildmaterial, das sich in der Kommunikation für die Marke Xbox über die verschiedensten Kanäle hinaus spielen lässt, um so Menschen neugierig zu machen auf die Geschichte. Was hat es mit dem Steinbruch auf sich? Wieso hängt das Auto an dem Helikopter? Die Auflösung dazu liefert der Content, der seinerseits direkt hineinführt in die Welt von Forza Horizon 5.

26 Anlässlich der Veröffentlichung des Piraten-Abenteuers „Sea of Thieves" versammelte Xbox fünf Influencer zu einer abenteuerlichen Schatzsuche. Das Spiel selbst wurde dabei zum Ausgangspunkt des Abenteuers. Arazhul, DerHeider, Felix von der Laden sowie Sep und Chris von PietSmiet erhielten ein Rätsel (stilecht per Flaschenpost), das sie gemeinsam im Spiel lösen mussten, während die Community sie per Livestream verfolgte. Die Lösung des Rätsels führte wiederum aus der virtuellen Welt hinaus und in das reale Leben; genauer gesagt nach Malta, wo es bis auf den Grund des Meeres und zu einer echten Schatzsuche ging. Die Ebenen von Spiel und Wirklichkeit, von Virtualität und physischer Realität greifen hier also stark ineinander. Was in der einen Welt beginnt, wird der anderen weiterzählt. Als Ergebnis des Events in Malta sind beispielsweise vier Vlogs entstanden, die die Highlights später aus den unterschiedlichen Perspektiven der einzelnen Teilnehmenden nachzeichnen – vier individuelle Geschichten also, mit denen die Story des Events in verschiedenste Zielgruppen hinein weitererzählt wird.[17] Gleichzeitig hat die Mechanik der gesamten Schatzsuch-Aktion die Multiplayer-Perspektive von „Sea of Thieves" nachgebildet. Schließlich wird der Titel doch idealerweise von Freunden und Freundinnen gespielt, die gemeinsam die Segel für eine Abenteuerreise setzen, auf der es Rätsel zu lösen und Schätze zu finden gilt.

27 Zur Veröffentlichung des Spiels „State of Decay 2" holte Xbox das Setting der Zombie-Apokalypse aus dem Game in die reale Welt. So wie im Spiel die Akteure

16 Vgl. dazu https://youtu.be/P7jXPTvJxvY.
17 Vgl. dazu https://news.xbox.com/de-de/2018/04/05/hunt-the-treasure-recap/.

und Akteurinnen zusammenarbeiten, Teamgeist beweisen und Loot finden müssen, um letztlich zu überleben, waren auch die Influencer Paluten, Izzi, Fabian Siegismund und LeFloid, angeführt vom Überlebensexperten und Outdoor-Spezialisten Fritz Meinecke, gefordert, als Team die gestellten Aufgaben zu lösen.[18] Sie tilgten den Hunger mit einem sporadischen Feuer und gefundenen Essensresten. Sie orientierten sich gemeinsam im Team und lebten genau jenen Spirit, den Spieler und Spielerinnen auch mit „State of Decay 2" verbinden sollen.

Begleitet werden solche und ähnliche Aktionen von Livestreams und Events, die den Fans das Gefühl vermitteln, Teil einer Story zu sein, die in Echtzeit erzählt wird und den interaktiven Dialog mit Talents und der Marke erlaubt. So zum Beispiel beim digitalen Launch-Event für Forza Horizon 5, bei dem Teilnehmende die Möglichkeit hatten, virtuell die fantastischen Biome Mexikos mit dichtem Dschungel, heißen Wüsten und malerischen Altstädten zu erkunden und gleichzeitig spannende Team-Challenges und Gewinnspiele zu erleben.[19] Moderne Kommunikation im Gaming ist heutzutage immer die Verlängerung von Stories aus einer virtuellen in die physische Welt. 28

II. Werte leben!

Studien zeigen regelmäßig: Haltung ist gefragt. Eine Marke sollte nicht nur durch den Preis oder ein Angebot begeistern. Vielmehr formulieren Kunden und Kundinnen auch einen klaren Anspruch und fordern Haltung ein. Marketing und Kommunikation nehmen dabei naturgemäß eine zentrale Rolle ein. In einer Erhebung von 2018 kam Accenture zu dem Schluss, dass 52 Prozent Verbraucher und Verbraucherinnen Marken bevorzugten, die für mehr stünden als nur die Produkte und Services.[20] Die Hälfte sprach sich für Marken aus, die sich für soziale oder kulturelle Themen stark machten, die ihnen wichtig sind. Eine Studie von Porter Novelli/Cone in den USA zur Generation Z zeigt im Ergebnis sogar, dass 90 Prozent der Befragten Marken für verantwortlich halten und dass diese sich zu sozialen oder auch Umweltfragen engagieren müssen.[21] Videospiel-Marken werden in solchen Studien nicht separat benannt, doch die Ergebnisse dürften sich durchaus übertragen lassen. Das bedeutet jedoch: smarte Kommunikation im Gaming-Sektor muss Hand in Hand gehen mit dem Übernehmen von Verantwortung, mit Haltung, mit Glaubwürdigkeit der Marke. Nur auf diese Weise lassen sich die bereits bestehenden Spieler und Spielerinnen dauerhaft begeistern – und vor allem auch nur so neue Gruppen von Spieler und Spielerinnen erschließen. 29

Frauen stellen inzwischen knapp die Hälfte der Gaming-Community, feiern Erfolge in Esports und in Führungspositionen der Gaming-Industrie. Dennoch kämpfen sie innerhalb der Szene immer noch gegen stereotype Rollenbilder, Diskriminierung, Mobbing und sexistische Beleidigungen. Xbox ist es daher ein wichtiges Anliegen, zu mehr Gleichberechtigung in der Gaming-Community beizutragen und Frauen mehr 30

18 Vgl. dazu https://news.xbox.com/de-de/2018/06/07/state-of-decay-2-decaythlon/.
19 Vgl. dazu https://youtu.be/5gRw1y8ITAc.
20 Vgl. dazu https://www.accenture.com/_acnmedia/Thought-Leadership-Assets/PDF-5/Accenture-The-rise-of-the-purpose-led-brand-Accenture-Strategy.pdf#view=50.
21 Vgl. dazu https://www.conecomm.com/research-blog/cone-gen-z-purpose-study.

Sichtbarkeit innerhalb der Szene zu geben – denn nur so lässt sich das Ziel von drei Milliarden begeisterten Gamerinnen und Gamer erreichen. Xbox setzt daher beispielsweise im Rahmen des „Women in Gaming"-Programms Aktionen um, die ganz gezielt die Frauen im Gaming feiern. Dreh- und Angelpunkt ist dabei auch das, was die Gamerinnen und Gamer regelmäßig in ihren Händen halten: den Controller.

31 Für eine Sonderedition wurde die B-Taste des Controllers gegen das Gleichheitszeichen – ein Symbol für Equality in der Gaming Community – getauscht. Drückt man diese Taste, werden Audio-Files mit neun inspirierenden und unterstützenden Botschaften bedeutender Frauen der Industrie abgespielt. Es sprechen unter anderem Bonnie Ross, Gründerin und Head of 343 Industries; Cantika, eine der berühmtesten Streamerinnen in Südostasien mit einer Followerschaft von 2.7 Millionen; Helen Chiang, Studio Head Minecraft, Mojang Studios; Sarah Bond, CVP, Gaming Ecosystem, Microsoft und Jennifer Lufau, Gründerin von Afrogameuses, einer französischen Non-Profit-Organisation, die sich für Diversity im Gaming einsetzt. Zusätzlich haben Xbox-Mitarbeiterinnen weltweit „Gaming for Everyone" in ihren Sprachen aufgenommen. Die Botschaften bestärken Gamerinnen auf ihrem Weg, heißen sie in der Community willkommen und motivieren sie.

32 Auch bei anderen gesellschaftlichen Gruppen setzte Xbox in der Kommunikation auf den Controller – als Symbol für das Spielen schlechthin –, um Gruppen gezielt anzusprechen und ihre Integration in die Gaming-Community zu unterstützen. Für LGBTQIA+-Spieler und Spielerinnen wurde beispielsweise ein Pride 2021 Xbox Wireless Controller entwickelt. Der Look kombiniert die Flaggen verschiedener LGBTQIA+-Communities in einem dynamischen Design, das ein Gefühl der Gemeinschaft vermitteln soll. Geteilt wurde der Controller unter anderem auch mit queeren Content Creatoren und Creatorinnen und Medien. Ein weiteres Beispiel sind Menschen mit Behinderungen, deren Bedürfnisse in vielen gesellschaftlichen Bereichen noch immer zu oft übersehen oder marginalisiert werden. Dabei identifizieren sich hierzulande einer Umfrage zufolge, die das Meinungsforschungsinstitut für den Game-Verband durchgeführt hat und über die unter anderem die Süddeutsche Zeitung[22] berichtet, 7,6 Millionen der rund 45 Millionen Gamerinnen und Gamer ab 16 Jahren als Menschen mit Behinderungen. Mit dem Xbox Adaptive Controller hat Xbox daher eine Hardware entwickelt, die sich speziell an Menschen mit eingeschränkter Mobilität richtet.

33 Mit einer begleitenden Serie hatte Xbox seine kommunikative Reichweite genutzt, um rund um das Thema Inklusion und auch den Einsatz des Xbox Adaptive Controllers aufzuklären. Stets im Mittelpunkt dabei: die Nutzer und Nutzerinnen selbst – und ihre Bedürfnisse. So hat beispielsweise der Gamer Tino sein persönliches Gaming-Setup präsentiert und erklärt, wie er von den Möglichkeiten des Xbox Adaptive Controllers profitiert.[23] Tino hat Muskeldystrophie vom Typ Duchenne. Das bedeutet: Jede Bewegung ist für ihn unverhältnismäßig anstrengend – selbst das Bewegen eines handelsüblichen Controller-Sticks oder das Auslösen eines Triggers. Anpassbare Controller wie jener

22 Vgl. dazu https://www.sueddeutsche.de/wirtschaft/gaming-behinderung-1.5356435.
23 Vgl. dazu https://news.xbox.com/de-de/2021/05/20/xbox-adaptive-controller-tino-albrecht/.

von Xbox sind daher wichtig, um Barrieren auf dem Weg in die Gaming-Welt abzubauen. Und obwohl auch immer mehr ältere Menschen diese Welt für sich entdecken, sind sie doch ebenfalls oftmals mit der Herausforderung konfrontiert, dass herkömmliche Controller nicht ihren Bedürfnissen entsprechen. Dabei zeigen verschiedene Studien,[24] dass regelmäßiges Zocken sogar positive Effekte auf ältere Spieler und Spielerinnen hat und immer mehr Betreuungsstellen bieten mittlerweile neben den herkömmlichen sozialen Angeboten digitale Programme für ihre Bewohner*innen.[25] Xbox hat daher in der Kommunikation gezeigt, wie der modifizierbare Xbox Adaptive Controller in Betreuungsstellen schon heute konkret dazu beiträgt, Senior*innen beim Gaming zu unterstützen und Barrieren zu überwinden.

Frauen, Menschen mit Behinderungen, LGBTQIA+, Ältere – eine moderne Gesellschaft 34
lebt von ihrer Vielfalt und ihrer Fähigkeit, Inklusion und Integration zu leben. Moderne Kommunikation im Gaming muss diesen Gedanken aufgreifen und verlängern. Jede Ansprache der einzelnen Teilgruppen geht immer auch mit der zugehörigen gesellschaftlichen Haltung einher. Unter dem Hashtag *WeAreAllGaming* hat Xbox daher eine Portraitserie entwickelt, die sich unterschiedlichsten Themen aus der Gaming-Welt widmet. Sie zeigt die ganze Vielfalt der Szene. Zentral ist den Geschichten, die überwiegend von den Spieler und Spielerinnen her erzählt werden, die Überzeugung, dass die Begeisterung für Games alle Beteiligten eint. Auch in der Gesellschaft ansonsten über lange Zeit tabuisierte Themen wie die mentale Gesundheit kommen dabei zur Sprache. Als Interviewpartner konnte Xbox dafür beispielsweise den YouTube-Content-Creator und Tech-Enthusiast, Alexander Böhm, gewinnen – besser bekannt als AlexiBexi.[26] In manchen seiner Videos und Social-Postings spricht er selbst offen über das Thema mentale Gesundheit – etwa, wie er selbst damit zu kämpfen hat.[27] Ähnlich wie im Falle der Gamerinnen und Gamer geht es auch hier darum, einen Teil der Community auf spezifische Weise zu adressieren.

Wichtig ist dabei, die verschiedenen Zielgruppen tatsächlich in jedem Teilaspekt der 35
Kommunikation fortlaufend mitzudenken. Die Glaubwürdigkeit der Marke und ihrer Werte steht und fällt mit der Antwort auf die Frage, inwieweit sie genau dazu in der Lage ist. Inwieweit werden die eigenen Inhalte jederzeit barrierefrei angeboten? Seit 2019 setzt sich Xbox so mit der Frage auseinander, wie Messestände inklusiver werden können und hat beispielsweise auch noch im selben Jahr den Messestand auf der Gamescom barrierefrei gestaltet. Durch Rollstuhlrampen und den Einsatz des Xbox Adaptive Controller vor Ort war es möglich, barrierefrei die neuesten Spiele zu testen.[28] Der Launch-Stream zur Xbox Series X im November 2020[29] sowie der Stream zur Gamescom 2021[30] wurden von Gebärdensprache begleitet. Über Accessibility-Tags haben Nutzer und Nutzerinnen die Möglichkeit, im Xbox Store einzusehen, welche

24 Vgl. dazu https://www.game.de/publikationen/videospiele-im-alter-warum-immer-mehr-senioren-spielen/.
25 Vgl. dazu https://www.caritas.de/magazin/kampagne/sozial-braucht-digital/projekte/virtual-reality-im-altenzentrum--man-sie.
26 Vgl. dazu https://news.xbox.com/de-de/2021/06/18/mental-health-in-gaming-alexander-boehm/.
27 Vgl. dazu https://youtu.be/AKM8V_w1vJo?t=110.
28 Vgl. dazu https://news.xbox.com/de-de/2019/07/17/gamescom-2019-announcement/.
29 Vgl. dazu https://youtu.be/gtBQNty2hz4.
30 Vgl. dazu https://youtu.be/ZYGYTmoGxpo.

Optionen für mehr Barrierefreiheit einzelne Spiele unterstützen.[31] Auf diese Weise sorgt Xbox für Transparenz und ermöglicht positive Kaufentscheidungen.

III. Wir – die Gemeinschaft!

36 Die Veröffentlichung von Xbox One in 2013 stellt durchaus eine Zäsur in der Geschichte der Marke dar. Der Launch fiel hinter den Erwartungen zurück – und eine der Lehren von damals könnte in etwa so lauten: Die Gemeinschaft spielt immer mit! Denn einer der berechtigten Vorwürfe aus der Community lautete damals, dass Gamerinnen und Gamer bei der Entwicklung der Xbox One zu wenig mit einbezogen worden seien. Spätestens seit jener Zeit hat der Community-Fokus daher einen extrem hohen Stellenwert für Xbox. Die Kommunikation der Marke ist daher ganz klar als Dialog angelegt, der immer auf den Austausch mit der Community abzielt. Voraussetzung dafür sind wirkmächtige Rückspielkanäle.

37 Die Xbox-Gemeinschaft hat so beispielsweise die Möglichkeit, über konkrete Verbesserungen im System abzustimmen. Features, für die sich die Community ausspricht, werden in das System implementiert. Sprachen und Lokalisierung, die sich die Community wünscht, werden umgesetzt. Das führt zu zweierlei: Das Brand und die Gemeinschaft stehen sich nicht einander gegenüber – sondern vielmehr ist die Marke selbst Teil der Gemeinschaft. Zudem kann Xbox dank einer Kommunikation, die auf den Austausch und gegenseitige Inspiration setzt, zu einem noch besseren Spieleerlebnis beitragen. Xbox setzt daher regelmäßige Aktivitäten für und gemeinsam mit der Community um – und gibt auf diese Weise auch etwas zurück.

38 Mit Xbox Open Doors wurde 2019 beispielsweise in Köln ein dreitägiges Community-Event im Rahmen der Gamescom auf die Beine gestellt.[32] Die für Besucher und Besucherinnen kostenlose Veranstaltung wartete mit unterhaltsamen Community-Events auf, mit Gaming-Sessions und Panel-Diskussionen. Live konnten Besucher*innen Wettkämpfe verfolgen, Snacks und Drinks inklusive, oder sich selbst am Controller beweisen. Solche Events fördern das Gefühl von Zusammenhalt und sie stehen für das, was Xbox sein möchte: Eine Marke, mit der Menschen vielfältige Unterhaltung und eine gute Zeit verbinden. 2018 ging es mit dem Xbox FanFest im Schiff auf den Rhein.[33] Über 1.000 Community-Mitglieder hatten die Möglichkeit, eine große Party auf dem Schiff zu feiern. An Gaming-Stations konnten sie gegeneinander zocken. Der Xbox-Partner Bethesda lud zur Partie an der eigens installierten Bowling-Bahn ein. Es gab Live-Painting, Autogrammstunden mit Entwicklern und Entwicklerinnen und auch einen Karikaturisten, der die Gäste im Style von „Sea of Thieves" malte – also im Piraten-Outfit.

39 Solche Events schaffen Raum für Dialog und Austausch, sie bauen Grenzen ab zwischen der Marke und ihrer Gemeinschaft. Wohin das führt, zeigt sich beispielsweise beim Charity-Event „Friendly Fire", bei dem verschiedene Talente aus der deutschen YouTube- und Twitter-Bubble aufeinandertreffen. Hier kommt das gemeinschaftliche

---

31 Vgl. dazu https://news.xbox.com/de-de/2021/10/01/xbox-barrierefreiheit-update/.
32 Vgl. dazu https://news.xbox.com/de-de/2019/08/14/gamescom-xbox-open-doors/.
33 Vgl. dazu https://youtu.be/bMNFxQWF2PU.

Engagement aus der Xbox-Community zu tragen. Gemeinsam mit anderen Unternehmen und starken Marken unterstützt die Xbox-Brand das Event seit Jahren. 2021 gelang es dem Friendly-Fire-Team durch die vielfältige Gaming-Community eine Rekordsumme von 1,2 Millionen Euro einzusammeln.[34] Das Fundament für solche Events liefert eine Kommunikation, die über Social-Media-Kanäle erfolgt – und dies stets auf Augenhöhe. Spieler und Spielerinnen und Brand sind gleichermaßen Teil einer Gemeinschaft und bedingen sich gegenseitig.

IV. Über alle Grenzen hinweg denken!

Die Magnavox Odyssey war ein Spiegel ihrer Zeit und der damaligen technologischen Möglichkeiten. Doch das heutige Gaming ist nicht mehr fest gebunden an eine bestimmte Hardware. Den Beweis dafür tragen viele Menschen in ihrer Hosentasche. Heutige Smartphones bringen es auf eine Rechenleistung, die vergleichbar ist mit jener der schnellsten zu Beginn unseres Jahrhunderts in Betrieb gestellten Supercomputer. Cloud-Computing und Edge-Technologie bringen Rechenleistung in die entlegensten Winkel unserer Erde und ermöglichen mitreißende Gaming-Erlebnisse über eine Vielzahl von Endgeräten hinweg. 40

Dreh- und Angelpunkte der Xbox-Strategie ist daher der Xbox Games Pass. Mit einem Gaming-as-a-Service-Ansatz gelangen Spiele auf Konsolen, PC, Smartphones oder lassen sich ebenso im Browser zocken. Vergleichbar ist der Game Pass mit Abo-Modellen, wie es sie Musik- und Film-Bereich längst gibt – das prominenteste Beispiel dürfte Netflix sein. Für einen monatlichen Grundpreis erhalten Spieler und Spielerinnen Zugriff auf mehr als 100 Spiele zum Download mit einer wechselnden Bibliothek. Das Abo gibt es in verschiedenen Stufen – je nach Bedarf der Spieler und Spielerinnen. Mit dem Xbox Game Pass Ultimate erhalten sie eine nahtlose und geräteübergreifende Bereitstellung – einschließlich Cloud-Gaming. 41

Einst als klassische Konsolen-Marke gestartet, macht Xbox daher heute unter anderem gezielt PC-Gamerinnen und Gamer mit der eigenen Marke vertraut und entzieht sich konsequent jeder Form der Tribal-Diskussion. Stattdessen heißt es: Verstehen – und lernen. Wo steht der PC-Gamer? Wo und wie spielt er oder sie? Durch die Kooperation mit Handelspartnern, den großen OEM- und Komponentenherstellern kann Xbox PC-Gamerinnen und Gamer direkt adressieren – über Kanäle, die für reine Konsolen-Brands nicht verfügbar wären. So hat Microsoft beispielsweise Philips, Asus und Acer und viele weitere für sein „Designed for Xbox"-Programm gewinnen können.[35] 42

Daneben arbeitet Xbox weltweit auch mit TV-Herstellern zusammen, um die Xbox-Experience direkt über TVs einzubinden, die mit dem Internet verbunden sind – ohne zusätzliche Hardware-Anforderungen an den Controller.[36] Ab dann ist Gaming im Xbox-Kosmos immer nur einen Knopfdruck auf der Fernbedienung eines Smart TVs entfernt – und wird instant über die Cloud bereitgestellt wie Netflix, Disney+ oder Amazon Prime. 43

34 Vgl. dazu https://www.gameswirtschaft.de/events/friendly-fire-7-spendensumme/.
35 Vgl. dazu https://news.xbox.com/en-us/2021/06/22/introducing-new-designed-for-xbox-monitors/.
36 Vgl. dazu https://news.xbox.com/de-de/2021/06/10/microsoft-gaming-engagement-recap/.

E. Gaming für Milliarden: Gemeinsamer stärker

44 Wen das an die Geschichte der Spielkonsole Odyssey erinnert, liegt damit durchaus richtig. „Until Odyssey, TV was something you just sat and watched." Damals ging es darum, das Gaming auf den Bildschirm zu bringen, mehr aus dem heimischen TV-Gerät zu machen – Xbox will das Gaming heute überall hinbringen und jeden erdenklichen Kanal durch hochklassigen Gaming-Content aufwerten, um jeden Menschen auf dieser Welt zu erreichen. Die Gemeinschaft der Spieler und Spielerinnen wächst – und Xbox will seinen Teil dazu beitragen, Menschen rund um den Globus für Gaming zu begeistern.

45 Wie gezeigt werden konnte, sind es dabei vier Faktoren, die wesentlich sind für den Erfolg der Kommunikation im Gaming-Bereich. Der wohl wichtigste unter ihnen sind die **Inhalte**. Sie müssen Menschen fesseln und begeistern – und Geschichten erzählen, die die virtuelle und die physische Welt miteinander verbinden. Wichtig für die Gestaltung der Inhalte ist hingegen – und das ist Faktor Nr. 2 –, dass sie mit einer **Haltung** einhergeht. Ein Unternehmen, dass erfolgreichen Content produziert, die Menschen durch markantes Storytelling unterhält und dabei gleichzeitig für spezifische Werte eintritt, ist wiederum auf dem besten Wege auch den dritten Faktor erfolgreich in seiner Kommunikation zu berücksichtigen: die **Gemeinschaft**.

46 Gaming ist eine der großen integrativen Kräfte. Es hilft dabei, Grenzen zu überwinden und Menschen zusammenbringen. Kommunikation im Gaming-Bereich muss das stets reflektieren und ein Verständnis dafür entwickeln, dass das Spiel und die Gemeinschaft sich einander bedingen. Wer diese drei Faktoren erfolgreich umsetzt, wird zwangsläufig mit dem vierten Faktor konfrontiert: einer plattformübergreifenden **Ansprache** der Spieler und Spielerinnen. Schließlich lässt sich die Gemeinschaft nur so am Ende leben.

47 Die Rolle der Kommunikation hat sich in den vergangenen Jahren somit deutlich verändert und zielt heute im hohen Maße darauf ab, eine Vielzahl unterschiedlichster Gruppen der Gaming-Community anzusprechen. Nicht spezifische Systeme oder Konsolen stehen im Mittelpunkt, nicht die Hardware, sondern die Gamerinnen und Gamer und ihre Spieleerlebnisse. Moderne Kommunikation im Gaming-Sektor greift die Geschichten auf, die in den Spielen ihren Anfang nehmen, dort aber nicht enden müssen. Sie verlängert die Erlebnisse aus der virtuellen in die physische Welt und sucht Verbindungen – zwischen Plattformen, Menschen und Kulturen. Lange Zeit herrschte in der Gaming-Branche ein harter Abgrenzungswettstreit vor. Doch nicht Konfrontation und Differenzen führen zum Erfolg, sondern Teamwork und Kooperation. Aus dieser Überzeugung lebt Xbox das Motto: „When everyone plays, we all win."

§ 28 Medien- und wettbewerbsrechtliche Fragestellungen im Games-Marketing

Literatur: *Auer-Reinsdorff/Conrad*, Handbuch IT- und Datenschutzrecht, 3. Aufl. 2019 (zit.: Auer-Reinsdorff/Conrad IT- und DatenschutzR-HdB); *Bodensiek/Walker*, Livestreams von Gaming Video Content als Rundfunk?, MMR 2018, 136; *Borgers/Hilber*, Beck'scher Online-Kommentar IT-Recht, 5. Ed. Stand: 1.1.2022 (zit.: BeckOK IT-Recht); *Bornemann/Erdemir*, Jugendmedienschutz-Staatsvertrag, 2. Aufl. 2021 (zit.: NK-JMStV); *Fezer/Büscher/Obergfell*, Lauterkeitsrecht: UWG, 3. Aufl. 2016 (zit.: Fezer/Büscher/Obergfell); *Fröhlich/Wehler*, Gewinnspiele als Mittel der Absatzförderung, GWR 2016, 433; *Gersdorf/Paal*, BeckOK Informations- und Medienrecht, 34. Ed. Stand: 1.2.2021 (zit.: BeckOK InfoMedienR); *Gloy/Loschelder/Danckwerts*, Wettbewerbsrecht, 5. Aufl. 2019 (zit.: Gloy/Loschelder/Danckwerts UWG-HdB); *Hasselblatt*, Münchener Anwaltshandbuch Gewerblicher Rechtsschutz, 5. Aufl. 2017 (zit.: MAH GewRS); *Hopf*, Die Entwicklung des Jugendmedienschutzes 2017/2018, ZUM 2019, 8; *Jahn/Palzer*, Werbung gegenüber Kindern – „Does“ and „don'ts“, GRUR 2014, 332; *Köhler/Bornkamm/Feddersen*, UWG, 40. Aufl. 2022 (zit.: Köhler/Bornkamm/Feddersen); *Liesching*, Beck'scher Online-Kommentar JMStV, 20. Ed. Stand: 15.12.2021 (zit.: BeckOK JMStV); *Paschke/Berlit/Meyer/Kröner*, Hamburger Kommentar Gesamtes Medienrecht, 4. Aufl. 2021 (zit.: NK-MedienR); *Siara*, Der Medienstaatsvertrag und die „neuen“ Medien, MMR 2020, 370; *Spindler/Schuster*, Recht der elektronischen Medien, 4. Aufl. 2019 (zitiert: Spindler/Schuster).

A. Rechtsquellen der Werberegulierung

Die **Regulierung von Werbung** ist ein Rechtsbereich, der sich vor allem durch eine erhebliche Aufsplitterung der unterschiedlichen Rechtsquellen auszeichnet. Dies basiert u.a. auf den bereichsspezifischen Zuständigkeiten zwischen dem Bund (**allgemeines Lauterbarkeitsrecht**) und den Ländern (**Rundfunkrecht**), aber auch den verschiedensten Sonderregelungen in Fachgesetzen wie dem **Jugendmedienschutzstaatsvertrag**, aber auch vielen Sonderregelungen für spezielle Branchen wie im Heilmittelwerbegesetz. Im Folgenden werden allein die für Games typischen Anwendungsfälle nach dem Medienstaatsvertrag, dem Jugendmedienschutzstaatsvertrag und dem Gesetz gegen unlauteren Wettbewerb behandelt. Die Anwendungsfälle reichen von klassischen Werbeanzeigen in Printmagazinen, über Advertorials, Social-Media-Werbung, Gewinnspiele, Influencer-Testemonials, Bannerwerbung, In-Game-Advertising, Darstellung von Lootboxen bis hin zum Newsletter-Versand. Details zur Regulierung der Werbekennzeichnungspflichten, insbesondere für Influencer, finden sich außerdem unter → § 29 Rn. 33 ff. 1

2 Zunächst folgt eine Übersicht der Regelungen in den Hauptquellen der Werberegulierung für die Games-Branche:

I. Medienstaatsvertrag – MStV

3 Der **Medienstaatsvertrag** hat zum 7.11.2020 den bisherigen Rundfunkstaatsvertrag ersetzt. Die Umbenennung soll auf eine von den Ländern erhoffte Modernisierung der Rechtssystematik hindeuten, die die Entwicklung weg vom klassischen Rundfunk und hin zum internetgebundenen Informationsaustausch reflektiert. Dies hat man zumindest insofern erreicht, als dass sich der MStV nunmehr auch mit den Telemediendiensten im Allgemeinen und in Abschnitt V mit verschiedenen speziellen Arten von Telemediendiensten befasst. Nach § 1 Abs. 4 Telemediengesetz wird hinsichtlich der inhaltlichen Regulierung von Telemediendiensten auf den Medienstaatsvertrag verwiesen. Games selbst stellen keinen **Rundfunk** dar, können aber als **Telemedien** dennoch den Regelungen des Medienstaatsvertrages unterfallen. Das Streamen von Games wiederum kann sehr wohl Rundfunk darstellen, so dass identische Inhalte je nach Art der Zurverfügungstellung unterschiedlich zu bewerten sein können.

1. Regulierungsbereiche

4 Konkrete Regelungen zur **Werberegulierung** für den Rundfunkbereich finden sich in den **§§ 8–12, 54 MStV**. Außerdem werden die rundfunkrechtlichen Vorschriften in § 74 MStV auf rundfunkähnliche Angebote erstreckt. Ansonsten wird zwischen Regelungen für den Rundfunk und Regelungen für Telemedien unterschieden. Werberegelungen für Telemedien finden sich in **§ 22 MStV**.

5 § 8 MStV enthält einen Katalog an verbotenen Verhaltensweisen in der Werbung, die in ihrer Rechtsqualität Programmgrundsätzen entsprechen und auch so durchgesetzt werden.[1] Unter anderem sind Werbemaßnahmen verboten, die die Menschenwürde verletzen, diskriminierend wirken, irreführend sind oder Gesundheit, Sicherheit oder Umwelt gefährden. In § 8 Abs. 3 und 7 MStV ist das Trennungsgebot zwischen Werbung und redaktionellen Inhalten enthalten und Abs. 10 enthält ein **Werbevorbot** für Alkohol, soweit der übermäßige Konsum gefördert wird. Über § 54 MStV werden für den Rundfunk die allgemeinen Gesetze ergänzend in den Regulierungsbereich der Landesmedienanstalten einbezogen. § 10 MStV regelt die Voraussetzungen für Programmsponsoring und § 11 MStV reguliert Gewinnspiele im Rundfunk.

6 Für den Bereich der Telemedien regelt § 22 MStV die entsprechende Anwendung der Regelungen für Sponsoring und Gewinnspiele, stellt aber keine entsprechenden Programmgrundsätze auf, sondern stellt lediglich das **Trennungsgebot** in der Werbung in den Mittelpunkt der Regelung.

7 Insofern kommt es für die Frage, welche Vorschriften auf welche Werbemaßnahmen konkret Anwendung finden, auf die Einordnung des entsprechenden Mediums als Rundfunk oder Telemedium an.

1 BeckOK InfoMedienR/*Bornemann* MStV § 8 Rn. 17–19.

2. Abgrenzung zwischen Rundfunk und Telemedien

Rundfunk liegt gemäß § 2 Abs. 1 MStV vor bei einer für die Allgemeinheit und zum zeitgleichen Empfang bestimmten, linearen Veranstaltung und Verbreitung von journalistisch-redaktionell gestalteten Angeboten in Bewegtbild oder Ton entlang eines **Sendeplans** mittels Telekommunikation. **Linear** bedeutet, dass es sich um eine Übertragung zum **zeitgleichen Empfang** durch alle Empfänger entlang eines vom Betreiber bestimmten Sendeplans handelt.[2] Damit grenzt sich der Rundfunkbegriff von dem in der EU-Richtlinie über audiovisuelle Mediendienste („AVMD-Richtlinie" – EU/2018/1808) eingeführten Begriff des audio-visuellen Mediendienstes ab, der zu einer Zeit und von einem Ort nach Wahl des Empfängers abgerufen werden kann. Dies deckt sich mit den Telemediendiensten im Mediendienststaatsvertrag. Praktisch lassen sich die Begriffe vereinfacht anhand des Vergleichs eines Live-Streams einer gerade stattfindenden Veranstaltung, wie zB über das Portal Twitch, mit dem Video-on-Demand-Stream eines vorproduzierten Videos aus einem Videoportal wie YouTube unterscheiden. Auch bei einem Live-Stream kann jedoch der Inhalt vorproduziert sein. Entscheidend ist dabei, dass der Beginn und das Ende des Streams durch den Sender festgelegt wird und nicht zu einer beliebigen Zeit gestartet werden kann. 8

Ein weiteres Merkmal für den Rundfunk ist, dass das Angebot **„journalistisch-redaktionell"** gestaltet werden muss. Damit gemeint ist, dass der Veranstalter sich inhaltlich mit den behandelten Themen befasst haben muss, hierzu recherchiert oder zumindest informiert hat und auf der Grundlage dieser Befassung sein Angebot gestaltet. Der redaktionelle Teil ergibt sich vor allem aus der Auswahl, der Reihenfolge und Art der Befassung mit den Themen. Dabei ist unstreitig, dass dies nicht für Berufsjournalisten gilt, sondern auch den Laienjournalismus umfasst. Ob das reine Spielen eines vielleicht sogar zufällig gewählten Spiels darunter fällt, ist jedoch umstritten.[3] Im Rahmen der Handball-Europameisterschaft war bereits entschieden worden, dass für ein journalistisches Angebot eine Kommentierung eines live übertragenden Handballspiels ausreichend ist, da die Kommentierung eine vorherige Befassung mit dem Sport und den Spielern voraussetzte.[4] Man darf daher davon ausgehen, dass ein Stream mit einer bestimmten thematischen Befassung mit Spielen wohl regelmäßig das Kriterium – zumindest auf dem Niveau des Laienjournalismus – erfüllen dürfte. 9

Mit dem Kriterium der redaktionellen Behandlung hängt auch das Kriterium des **Sendeplans** zusammen. Der Sendeplan wird im Medienstaatsvertrag erstmals definiert. Danach ist ein Sendeplan eine vom Veranstalter bestimmte und vom Konsumenten nicht veränderbare, auf Dauer angelegte Festlegung der **inhaltlichen und zeitlichen Abfolge von Sendungen** (§ 2 Abs. 2 Nr. 2 MStV). Klar ist damit, dass die Klassifizierung als Rundfunk mehrere Sendungen und für diese zumindest eine irgendwie vorgesehene Planung voraussetzt – rein zufällige oder gelegentliche Übertragungen fallen hier also heraus. Das Kriterium „auf Dauer" soll nach dem Willen des Gesetzgebers sicherstellen, 10

2 BeckOK InfoMedienR/*Martini* MStV § 2 Rn. 4–12.

3 Wohl dafür: BeckOK InfoMedienR/*Martini* MStV § 2 Rn. 19b; *Siara* MMR 2020, 370; dagegen: *Bodensiek/Walker* MMR 2018, 136.

4 Vgl. dazu https://www.die-medienanstalten.de/service/pressemitteilungen/meldung?tx_news_pi1%5Bnews%5D=3433&cHash=954096be66234c124164c7236c1522ba.

dass die Angebote, die vom Bundesverfassungsgericht geforderte Suggestivkraft bzw. Realitätsnähe aufweisen, die eine besondere regulative Behandlung rechtfertigen.[5] Zumindest das Verwaltungsgericht Berlin hatte bereits angedeutet, dass es bei reinen Let's-Plays hier Zweifel hätte.[6] Eine konkrete Entscheidung hierzu steht jedoch aus. Solange wird man in der Regel davon ausgehen müssen, dass mindestens die Landesmedienanstalten als Aufsichtsbehörden von einem Sendeplan schon dann ausgehen werden, wenn die Zeiten des Beginns und des Endes der Sendungen eine gewisse Regelmäßigkeit aufweisen.

11 Das Kriterium der **Allgemeinheit** soll hier lediglich von der Individualkommunikation abgrenzen, also einem Videotelefonat oder einer Videokonferenz. Die Tatsache, dass ein Angebot nur gegen Bezahlung zugänglich ist oder verschlüsselt gesendet wird, ist unschädlich, solange das Angebot sich grundsätzlich an die Allgemeinheit richtet.[7]

12 Das letzte Kriterium der Übertragung per **Telekommunikation** dürfte bei Live-Streams grds. unproblematisch sein.

13 Live übertragene **„Let's-Plays"** werden daher regelmäßig unter den Begriff des Rundfunks fallen, während Video-On-Demand Dienste audio-visuelle Mediendienste bzw. Telemediendienste darstellen. Die Werbebuchung bei einem Influencer kann daher grundsätzlich in beide Bereiche fallen, soweit ein Live-Let's-Play später zB als Video-On-Demand angeboten wird.

14 **Rundfunkähnliche Telemedien** im Sinne des § 74 MStV sind Telemedien – also Abrufangebote – dann, wenn sie einen Katalog von Videos oder Audioaufzeichnungen umfassen und dieser Katalog der Hauptzweck des Angebots ist oder zumindest ein solches Unterangebot ist, dass selbstständig zum sonstigen Inhalt besteht.[8] Dies umfasst insbesondere **Mediatheken** von Rundfunkangeboten, aber auch Sammlungen von Videos, die sonst nicht linear übertragen werden.[9] Im Hinblick auf die Bewerbung von Spielen dürfte dies der Fall sein, wenn Influencer ihre Live-Streams auch als Videosammlung anbieten oder aber Let's-Plays direkt als Video-On-Demand anbieten. Nicht erfasst wären redaktionelle Angebote wie Webseiten zu Games-Zeitschriften oder sonstige Online-Portale, bei denen Videos lediglich Bestandteil von journalistisch-redaktionellen Artikeln darstellen, da der Hauptzweck dann nicht auf der Verbreitung der Videos liegt.

II. JMStV

15 Im **Jugendmedienschutzstaatsvertrag** haben die Bundesländer vor allem den Zugang von Kindern und Jugendlichen zu Medien geregelt. In § 6 Abs. 2–7 JMStV werden allgemeine Werbevorschriften für den Schutz von Kindern und Jugendlichen aufgestellt. Dazu gehört u.a. die Generalklausel, dass Werbung Kinder und Jugendliche nicht in ihrer geistigen und körperlichen Entwicklung beeinträchtigen darf,[10] aber auch das

5 Amtliche Begründung zum Medienstaatsvertrag (Dr. 18/7640 Bayerischer Landtag 18. Wahlperiode), § 2 S. 81.
6 VG Berlin Urt. v. 26.9.2019 – VG 27 K 365.18, MMR 2020, 267 Rn. 79.
7 BeckOK InfoMedienR/*Martini* MStV § 2 Rn. 20.
8 BeckOK InfoMedienR/*Fiedler* MStV § 74 Rn. 9.
9 BeckOK InfoMedienR/*Fiedler* MStV § 74 Rn. 16, 17.
10 BeckOK JMStV/*Liesching* JMStV § 6 Rn. 13; NK-MedienR/*Liesching* JMStV § 6 Rn. 22.

Verbot direkter Kaufaufforderungen gegenüber Kindern[11] und Jugendlichen, das Ausnutzen der Unerfahrenheit von Kindern und Jugendlichen zum Zwecke der **Werbung** oder das Verbot der Darstellung von Kindern und Jugendlichen in gefährlichen Situationen.

Gemäß § 3 Nr. 3 JMStV gelten Minderjährige als **Kinder**, soweit sie das **14. Lebensjahr** noch nicht vollendet haben. Danach gelten sie nach § 3 Nr. 4 JMStV als Jugendliche. Der JMStV findet jedoch lediglich auf als Download oder Stream vertriebenen Games Anwendung, im Bereich der auf Trägermedien angebotenen Spiele gilt ausschließlich das JuSchG. 16

III. UWG

Das Gesetz gegen den unlauteren Wettbewerb („**UWG**“) ist das zentrale Gesetz für Marktverhaltensregeln und findet somit auch auf Werbung Anwendung, die im Rundfunk oder in Telemedien verbreitet wird, daneben aber auch auf alle anderen denkbaren Werbeformen. In § 3 Abs. 1 und 2 UWG finden sich die wettbewerbsrechtlichen Generalklauseln, wonach unlauteres Verhalten wettbewerbswidrig ist und Handlungen gegenüber Verbrauchern unlauter sind, wenn sie nicht der unternehmerischen Sorgfalt entsprechen und dazu geeignet sind, das wirtschaftliche Verhalten des Verbrauchers wesentlich zu beeinflussen. § 3 Abs. 3 UWG verweist auf die Anlage zum UWG und enthält die sogenannte „**Schwarze Liste**“ von geschäftlichen Handlungen, die in jedem Fall unlauter sind,[12] wobei hier die prominentesten Beispiele auch die für die Games-Vermarktung wichtigsten Fälle sind, nämlich die Nr. 11 mit dem Verbot der als redaktionelle Inhalte getarnten Werbung und die Nr. 28, die direkte Kaufaufforderungen gegenüber Kindern für unlauter erklärt.[13] Umstritten ist bisher die Definition des Begriffs „Kinder“ im UWG. Da die Regelung auf EU-Recht beruht, die EU-Richtlinie über unlautere Geschäftspraktiken (UGP-Richtlinie) aber keine Definition enthält, wird zum einen vertreten, dass im Sinne der Einheit der Rechtsordnung auf die Definitionen im JMStV bzw. JuSchG zurückgegriffen werden soll, während zum anderen vertreten wird, dass **Kinder** alle Minderjährigen erfassen würden.[14] Eine EU-rechtliche Entscheidung hierzu steht aus. Die EU-Kommission hat im Dezember 2021 aktualisierte Leitlinien zur Auslegung der UGP-Richtlinie veröffentlicht, die auch auf Werbung in Games eingehen.[15] 17

Darüber hinaus enthält das UWG in den §§ 3a-4a UWG weitere Verbotstatbestände (u.a. Verbot des Verstoßes gegen Marktverhaltensregeln, den wettbewerbsrechtlichen Herabsetzungs- und Nachahmungsschutz und den Schutz vor aggressivem Handeln, wie Belästigung oder Nötigung) und in den §§ 5–7 UWG Spezialtatbestände zur Irre- 18

---

11 NK-JMStV/*Schwartmann* JMStV § 6 Rn. 22; NK-MedienR/*Liesching* JMStV § 6 Rn. 22.

12 BeckOK IT-Recht/*Janal* UWG § 3 Rn. 4.

13 BeckOK IT-Recht/*Janal* UWG § 3 Rn. 5 f.; Gloy/Loschelder/Danckwerts UWG-HdB/*Bruhn* § 47 Rn. 75.

14 BGH Versäumnisurt. v. 17.7.2013 – I ZR 34/12NJW 2014, 1014; KG Urt. v. 1.12.2015 – 5 U 74/15, GRUR-RR 2016, 342 (vom KG offen gelassen mit Tendenz zur einheitlichen Auslegung) BeckOK IT-Recht/*Janal* UWG § 3 Rn. 6; Gloy/Loschelder/Danckwerts UWG-HdB/*Bruhn* § 47 Rn. 75; MAH GewRS/*Menebröcker* § 13 Rn. 35.

15 Leitlinien zur Auslegung und Anwendung der Richtlinie 2005/29/EG des Europäischen Parlaments und des Rates über unlautere Geschäftspraktiken von Unternehmen gegenüber Verbrauchern im Binnenmarkt, COMM (2021/C 526/01).

führung, der vergleichenden Werbung und der Belästigung durch Werbezusendung. Diese weiteren Verbots- und Spezialtatbestände konkretisieren das allgemeine Unlauterkeitsverbot und haben eine Begrenzungsfunktion gegenüber den erlaubten Handlungen im Wettbewerb.[16]

IV. Telemediengesetz

19 Im **Telemediengesetz** spricht der Gesetzgeber nicht von Werbung, sondern in Umsetzung der E-Commerce-Richtlinie (2000/31/EG) von **kommerzieller Kommunikation**, ohne dass dies in der praktischen Anwendung der Definition nach § 2 Nr. 5 TMG einen erheblichen Unterschied macht; insbesondere ist keine unterschiedliche Wertung zum UWG durch den Gesetzgeber beabsichtigt.[17]

20 In § 6 TMG sind die speziellen werberechtlichen Regelungen enthalten. Neben dem **Trennungsgebot** in Abs. 1 Nr. 1, das es auch in dieses Gesetz geschafft hat, sind dies vor allem die Pflicht zur Kenntlichmachung des Werbetreibenden (Abs. 1 Nr. 2), die Pflicht, Sonderangebote oder Beigaben und deren Konditionen klar verständlich und leicht erkennbar/zugänglich zu gestalten (Abs. 1 Nr. 3) und die Pflicht, bei werblichen Preisausschreiben bzw. Gewinnspielen die jeweiligen Konditionen leicht zugänglich und verständlich vorzuhalten (Abs. 1 Nr. 4). Die Absätze 2 bis 5 konkretisieren vor allem die Kennzeichnungspflichten bei werblichen E-Mails und für Videosharing-Plattformen.

B. Werbung gegenüber Jugendlichen und Kindern

21 Nicht nur für die Frage der Anwendung der speziellen jugendschützenden Vorschriften, sondern auch für die Ermittlung des Unlauterbarkeitsmaßstabs zB nach § 3 Abs. 4 UWG oder § 4a Abs. 1 S. 2 Nr. 3, S. 3 UWG kommt es regelmäßig auf die Frage an, ob sich eine Werbemaßnahme (auch) an **Kinder und Jugendliche** richtet. Grundsätzlich darf man davon ausgehen, dass in diesen Fällen ein strengerer Unlauterbarkeitsmaßstab anzusetzen ist als bei der Werbung gegenüber Erwachsenen, die über eine größere Erfahrung im geschäftlichen Verkehr verfügen.

22 In der Entscheidung „**Runes of Magic**" hat der BGH erstmals ausführlich zur Frage Stellung genommen,[18] wann sich ein Angebot im Zusammenhang mit Computerspielen direkt an **Kinder und Jugendliche** richtet. Der Bundesgerichtshof führte in der Entscheidung aus, dass zumindest anzunehmen sei, dass sich eine Werbung auch an Kinder richte, wenn der Kunde durchgehend mit „Du" angesprochen wird, eine Sprache mit „kindertypischen Begrifflichkeiten einschließlich gebräuchlicher Anglizismen" verwendet wird. Zwar reiche das „Duzen" allein nicht aus, aber in der Zusammenschau mit dem Sprachstil sei erkennbar, dass sich die Werbung an Kinder richte. Dieses Urteil ist wegen seiner pauschalen Aussage über angeblich kindertypische Sprache häufig kritisiert worden.[19] Es wird zurecht eingewandt, dass die Nutzung des „Du" in der

16 Fezer/Büscher/Obergfell/*Fezer* UWG § 3 Rn. 325.
17 BeckOK InfoMedienR/*Martini* TMG § 2 Rn. 27.
18 BGH GRUR 2014, 298 – Runes of Magic.
19 Anmerkung von *Oehler* in MMR 2014, 169 (173); *Jahn/Palzer* GRUR 2014, 332.

Gesellschaft viel weiter verbreitet ist, als es die Richter am BGH offenbar glauben. Auch sind Anglizismen Teil der Alltagessprache und haben aber gerade eher weniger mit einer Kindersprache zu tun. Da es sich auch nur um ein Versäumnisurteil und eine Einzelfallentscheidung aufgrund einer Gesamtschau handelte, wird man daraus keine allgemeingültigen Auslegungsregeln ableiten können. In einer späteren Entscheidung ging auch das Kammergericht bei einer Werbung für ein anderes Fantasy-Online-Rollenspiel nicht mehr davon aus, dass sie die Werbung an Kinder richtet, lediglich weil die Kunden mit „**Du**" angesprochen wurden. Dies genügt auch nicht im Zusammenhang mit einer bunten Fantasy-Welt. Auch die Bezahlmöglichkeit per Gutschein ändert nichts daran, dass eine Ansprache von Kindern nicht festgestellt werden konnte.[20]

Die Rechtsprechung hat also durchaus erkannt, dass sich auch Erwachsenenunterhaltung und das Kulturbild weiterentwickelt haben. Es wird auch weiterhin einer Gesamtbetrachtung aller Umstände des Einzelfalls bedürfen, um die Frage der Ansprache von Kindern abschließend zu beurteilen. Dabei kann u.a. auch die USK-Freigabe als „untere Altersgrenze" ein Hinweis sein. 23

C. Regulierung einzelner Werbeformen

Nachfolgend werden verschiedene Werbeformen und -praktiken und deren Regulierung adressiert. 24

I. Gewinnspiele

Regelungen für **Gewinnspiele** finden sich sowohl im Bereich des Rundfunks und der Telemedien in §§ 11, 22 MStV als auch im allgemeinen Unlauterbarkeitsrecht in §§ 5, 5a UWG. Eine zentrale Rolle nimmt dabei das in beiden Gesetzen vorgesehene Transparenzgebot ein. Demnach sind die **Teilnahmebedingungen** klar und deutlich gegenüber dem Teilnehmer zu kommunizieren und einzubeziehen, wobei als Leitbild der durchschnittlich informierte, aufmerksame und verständige Verbraucher gilt.[21] Die Teilnahmebedingungen sollten daher mindestens folgende Informationen beinhalten: 25

- Identität des Ausrichters nebst Anschrift – Wer ist für das Gewinnspiel verantwortlich?
- Voraussetzungen für die Teilnahme am Gewinnspiel – Alter, Wohnsitz, Erfüllung einer konkreten Aufgabe, Erwerb bestimmter Waren, Abgabe bestimmter Erklärungen.
- Ausschluss von der Teilnahme: Wer darf nicht teilnehmen, zB Mitarbeiter des Ausrichters und von Sponsoren? Juristische Personen?
- Ermittlung des Gewinners: Findet ein Losverfahren statt? Entscheidet eine Jury, wenn ja nach welchen Kriterien? Kann ein Teilnehmer mehrfach teilnehmen?
- Benachrichtigung: Wie wird der Gewinner benachrichtigt? Was passiert, wenn der Gewinner nicht erreicht wird oder sich nicht meldet?
- Verbundene Kosten oder Einwilligungen: Soweit zB ein Newsletter abonniert werden soll, muss die Einwilligung gesondert erfolgen und darf nicht in der Teilnah-

20 KG Urt. v. 1.12.2015 – 5 U 74/15, GRUR-RR 2016, 342 – Gepanzerte Blutschwinge.
21 *Fröhlich/Wehler* GWR 2016, 433; MAH GewRS/*Hasselblatt* § 29 Rn. 133.

meerklärung versteckt sein. Dabei sind grds. die Anforderungen an die Newsletter-Einwilligung zu beachten (zB Double-Opt-In, Beschreibung des Umfangs der Werbeeinwilligung etc) Auch auf Kosten durch SMS-Übermittlung oder Mehrwert-Telefonnummern ist hinzuweisen. Soweit das Gewinnspiel im Rundfunk oder in Telemedien angeboten wird, darf die Teilnahmegebühr 0,50 EUR nicht überschreiten. Im Bezug auf die Telemedien ist aber anzumerken, dass das zunächst nur redaktionell gestaltete Onlineangebote, einschließlich von Videoangeboten betrifft.[22]

- Dauer des Gewinnspiels: Bis wann kann man teilnehmen? Welche Stichtage gibt es? Wann kann das Gewinnspiel abgebrochen werden?
- Anforderungen an die Gewinner: Ist beabsichtigt, die Gewinner im Rahmen einer weiteren Marketingaktion zu präsentieren und soll dies eine Voraussetzung sein, sind die notwendigen Mitwirkungshandlungen und Einwilligungen persönlichkeitsrechtlicher Natur zumindest schon in den Teilnahmebedingungen zu beschreiben. Eine konkrete Rechteeinräumung bzw. Einwilligung kann auch später unterschrieben werden, soweit der Teilnehmer verstehen kann, was von ihm verlangt wird.
- Nicht notwendig ist eine genaue Beschreibung der Preise. Werden die Preise aber genannt, so sind die Angaben auch verbindlich.
- Disclaimer von Social-Media-Plattformen: Die meisten Social-Media-Plattformen lassen Gewinnspiele auf ihrer Plattform nur unter bestimmten Voraussetzungen zu. Häufig ist dies ein in den Nutzungsbedingungen vorgegebener Text, der darauf hinweist, dass der Plattformbetreiber nicht Veranstalter des Gewinnspiels ist.

26 Die Teilnahmebedingungen sind wie allgemeine Geschäftsbedingungen entsprechend § 305 BGB bei der Teilnahme einzubeziehen.[23] Eine Checkbox dafür ist nicht erforderlich, soweit die Einbeziehung in unmittelbarem Zusammenhang zur Teilnahmeerklärung erfolgt. Jedoch wird allein das Hinterlassen eines Kommentars oder eines „Likes" nicht ausreichend sein, um von einer **Einbeziehung der Teilnahmebedingungen** auszugehen.[24] Der gesamte Text muss nicht direkt wiedergegeben werden, auch eine Verlinkung auf die Teilnahmebedingungen genügt. Besonders ungewöhnliche oder ausgefallene Regelungen sollten jedoch mit einem ausdrücklichen Hinweis versehen werden.

27 Schließlich müssen den Teilnehmern auch noch die Informationen nach Art. 13 DS-GVO in Form einer **Datenschutzerklärung** über die Verarbeitung der Daten im Rahmen des Gewinnspiels zur Verfügung gestellt werden.

II. Redaktionelle Werbung/Schleichwerbung

28 Das Transparenzgebot spielt nicht nur im Rahmen der Gestaltung von Gewinnspielen eine erhebliche Rolle, sondern auch im Bereich der Ausgestaltung der Werbung selbst und konkretisiert sich im Medienrecht auch zum **Trennungsgebot** in den §§ 8 Abs. 3 und 22 Abs. 1 MStV. Im allgemeinen Unlauterbarkeitsrecht greift hier wieder das **Irreführungsverbot** der §§ 5, 5a UWG.

22 BeckOK InfoMedienR/*Fiedler* MStV § 22 Rn. 21.
23 Auer-Reinsdorff/Conrad IT- und DatenschutzR-HdB/*Fischl* § 17 Rn. 92 ff.
24 *Fröhlich/Wehler* GWR 2016, 433 (436); Auer-Reinsdorff/Conrad IT- und DatenschutzR-HdB/*Kremer* § 28 Rn. 100 f.

Werbung muss grundsätzlich **von redaktionellem Inhalt getrennt** werden. Bei In-Game-Advertising gilt entsprechend, dass die Werbung nicht so gestaltet werden darf, dass man sie für ein Spielelement halten könnte.[25] Dem Verbraucher muss klar sein, ob er einen redaktionellen Beitrag oder eine Werbung konsumiert. Sogenannte Advertorials, bei denen ein Unternehmen redaktionelle Inhalte bestellt und dann durch die Reaktion zur Produktdarstellung umsetzen lässt, sind grundsätzlich nur dann zulässig, wenn sie klar als Werbung gekennzeichnet werden.[26] Die Kennzeichnung mit „Sponsored by" hielt der BGH bisher nicht für ausreichend.[27] Die Landesmedienanstalten bieten einen – rechtlich allerdings unverbindlichen – Leitfaden für die Kennzeichnung bei Online-Medien an.[28] Es sollte bei der Kennzeichnung aber auch immer bedacht werden, dass der Verbraucher nicht zwingend der englischen Sprache mächtig sein muss. 29

Gleiches gilt, wenn Werbung so in eine Webseite integriert wird – zB durch farbliche Anpassung und Verwendung einer entsprechenden Schrift oder Designs –, dass für einen Verbraucher nicht klar wird, ob es sich um Werbung oder ein weiteres Angebot handelt. 30

Zu den Kennzeichnungspflichten von Werbung im Einzelnen und gerade im Bereich von Influencern oder sonstigen redaktionellen Inhalten wird in → § 29 Rn. 33 ff. umfänglich ausgeführt. 31

Die Kennzeichnungspflicht für Werbung gilt auch für die Darstellung von Werbung in Spielen. Gerade bei Free-to-Play-Spielen wird die Werbeeinblendung häufig zur Monetarisierung verwendet und das freiwillige Ansehen von Werbeclips auch incentiviert. Dabei ist auch darauf zu achten, dass die Kennzeichnung als Werbung auch auf mobilen Endgeräten noch lesbar ist. 32

III. Trailer, Screenshots

Eine übliche Form der Bewerbung von Computerspielen ist die Nutzung von **Trailern** oder **Screenshots** des Spiels. Es muss dabei vermieden werden, dass Trailer und Screenshots den Verbraucher nicht über die Eigenschaften des Spiels in die Irre führen. Das allgemeine **Irreführungsverbot** im Medienrecht findet sich in §§ 8 Abs. 1 Nr. 3, 22 Abs. 1 MStV und im Wettbewerbsrecht in §§ 5, 5a UWG. Für die bildliche Darstellung in der Werbung stellt § 5 Abs. 3 UWG diese sogar ausdrücklich sonstigen Angaben in der Werbung gleich. 33

Der Verbraucher darf sich grundsätzlich darauf verlassen, dass Trailer bzw. Screenshots das tatsächliche Produkt, also hier das Spiel, wiedergeben.[29] Screenshots und Trailer müssen daher **dem Spieleinhalt entsprechen** und dürfen nicht ohne entsprechenden Hinweis nachbearbeitet werden. Ein Render-Trailer, der nicht dem eigentlichen Spielgeschehen entspricht, bedarf daher eines entsprechenden Hinweises in der Werbung, dass es sich nicht um Spielszenen, sondern einen gesondert produzierten Film handelt. Gleiches gilt für Screenshots, die zumindest einen Hinweis auf die verwendete Plattform 34

25 Spindler/Schuster/*Micklitz/Schirmbacher* UWG § 7 Rn. 32.
26 Spindler/Schuster/*Micklitz/Namysłowska* UWG § 5a Rn. 83.
27 BGH Urt. v. 6.2.2014 – I ZR 2/11 GRUR 2014, 879.
28 Siehe dazu https://www.die-medienanstalten.de/fileadmin/user_upload/Rechtsgrundlagen/Richtlinien_Leitfaeden/ua_Leitfaden_Medienanstalten_Werbekennzeichnung_Online-Medien.pdf.
29 Gloy/Loschelder/Danckwerts UWG-HdB/*Helm/Sonntag/Burger* § 59 Rn. 123 ff.

enthalten sollten, wenn das Spiel für mehrere Hardware-Plattformen erhältlich ist. Dies gilt nicht nur für die Wiedergabe im Rundfunk und in Telemedien, sondern auch auf Verpackungen der Produkte oder gedruckten Werbeanzeigen.

35 In sozialen Netzwerken beobachtet man häufig, dass Werbetrailer oder Minispiele gezeigt werden, deren Inhalt überhaupt keinen Bezug zum eigentlichen Spiel haben. Solche Werbung ist selbstverständlich irreführend.

IV. Lootboxen/Sonderangebote

36 Unter **Lootboxen** versteht man heute verkäufliche Pakete in Spielen, die verschiedene virtuelle Gegenstände oder Währungen in unterschiedlicher Zahl oder Qualität enthalten können. Das Prinzip entspricht dem einer Wundertüte: Man kann für wenig Geld und mit viel Glück als Käufer sehr hohe Belohnungen erhalten. Rechtlich stellen sich hier verschiedene Fragen, wobei die Frage nach dem Glücksspielcharakter hier außen vor bleiben darf. Für die konkrete Bewerbung einer solchen Lootbox besteht nämlich regelmäßig das Risiko der **Irreführung durch Unterlassen** im Sinne von § 5a UWG, aber je nach Ausgestaltung der Werbung – und zwar auch für **Sonderangebote** – kann es auch zu Fällen der **unlauteren Belästigung** nach § 4a UWG bzw. Ausnutzung der Unerfahrenheit von Kindern und Jugendlichen nach § 6 Abs. 4 JMStV kommen.[30]

37 Im Hinblick auf Lootboxen ist darauf zu achten, dass beim Verbraucher nicht der Eindruck erweckt wird, dass er auf jeden Fall die größte Anzahl bzw. die beste Qualität der beworbenen „Beute" erhält. Vielmehr muss aus der Bewerbung selbst heraus für den Verbraucher klar sein, dass es nur eine Möglichkeit gibt, ein besonders gutes Ergebnis zu bekommen und genauso gut eine Niete möglich ist. Gerade bei der grafischen **Hervorstellung der besonderen Gewinnmöglichkeiten** wird man zumindest bei Kindern und Jugendlichen in die Gefahr der Unlauterbarkeit geraten. Grundsätzlich ist es inzwischen branchenüblich und auch dringend empfehlenswert, in einer klar sichtbaren Form die Wahrscheinlichkeiten für die einzelnen Gewinne anzugeben oder zumindest einen Link zu einer solchen Aufstellung zur Verfügung zu stellen. Dabei bleibt zu beachten, dass eine solche Aufstellung auch für den durchschnittlichen Verbraucher ohne Expertise in Stochastik verständlich sein muss. Hier kann man sich u.a. auch der Angaben der Gewinnchancen aus dem Glücksspielbereich als Vorbild, aber auch der neuen Leitlinien zur Auslegung der UGP-Richtlinie bedienen. Die neuen Leitlinien zur Auslegung der UGP-Richtlinie sehen ausdrücklich eine Pflicht zur Darlegung der **Gewinnchancen** vor.[31]

38 Weniger bei Erwachsenen als doch viel mehr bei Angeboten, die sich an Kinder richten, ist ebenfalls darauf zu achten, dass die Darstellung der Gewinnmöglichkeit nicht als Voraussetzung für den weiteren Spielerfolg dargestellt wird bzw. der Gewinn so herausgehoben ist, dass die Verlockung eine rationale Abwägung unwahrscheinlich macht. Diese Abwägung kann gerade bei Kindern und Jugendlichen auch durch andere Faktoren beeinflusst werden.[32]

30 Auer-Reinsdorff/Conrad IT- und DatenschutzR-HdB/*Picot* § 29 Rn. 48; *Hopf* ZUM 2019, 8 (13).
31 COM (2021/C 526/01), Ziffer 4.29.
32 BeckOK JMStV/*Liesching* JMStV § 6 Rn. 16.

Unter dem Gesichtspunkt der „**Druckwerbung**“ nach § 4a Abs. 1 Nr. 3 UWG werden auch **besonders kurzfristige Angebote** behandelt, die dem Kunden die Einholung von Vergleichsangeboten oder eine rationale Abwägung unmöglich machen. Vor dem Hintergrund der Verbreitung mobilen Internets, darf die Frage gestellt werden, inwiefern diese Fallgruppe noch ihre Berechtigung hat,[33] jedoch sind Szenarien auch weiterhin vorstellbar, in denen sich eine solche Drucksituation ergibt.[34] Dies kann zB dann der Fall sein, wenn der Angebotszeitraum nur wenige Minuten oder Sekunden beträgt oder wenn ein Angebot verfällt, wenn man auf dem mobilen Gerät woanders klickt oder das Fenster wechselt. Auch hier ist das konkrete Angebot zu beachten, da der verständige Verbraucher auch nicht allein wegen der Kurzfristigkeit einen Kauf abschließen wird. Vielmehr wird es auch auf das Produkt, dessen Seltenheit, den Preis, die Präsentation und andere Faktoren ankommen. 39

Dies kann sich allerdings anders darstellen, wenn sich das Angebot an **Kinder und Jugendliche** richtet. In diesem Fall kann man nicht wie bei einem Erwachsenen die Rationalität erwarten, die Angebotsumstände vollumfänglich abzuwägen, sondern die Wahrscheinlichkeit, dass der Druck eines kurzfristigen Angebots Kinder in ihrer Entscheidung beeinflusst, relativ hoch ist.[35] Auch hier sind jedoch die Zielgruppe und die gesamte Aufmachung abzuwägen. 40

V. Incentivierte Werbefilme/Werbeeinblendungen

Ein häufig verwendetes Element in Free-to-Play-Spielen ist die **Incentivierung des Werbekonsums** durch die Gewährung von Vorteilen im Spiel für jeden angesehenen Werbefilm. Dies ist grundsätzlich nicht zu beanstanden. Von Seiten einzelner Landesmedienanstalten wurde jedoch im Hinblick auf § 6 Abs. 2 JMStV, aber auch §§ 3, 4a UWG in einzelnen Fällen die Kritik geübt, dass Kinder und Jugendliche, je nach Altersgruppe, nicht in der Lage sind, den Wert der eingesetzten Zeit und die Wirkung der Werbefilme mit den jeweiligen Belohnungen ins Verhältnis zu setzen. Die damit verbundene Forderung, die Anzahl der anzeigbaren Werbefilme zu begrenzen, ist sicherlich geeignet, der Gefahr zu begegnen, aber auch spielmechanische Maßnahmen (sinkende Belohnungen, längere Wartezeiten etc), aber auch entsprechende Hinweise können durchaus geeignet sein, diesem Risiko zu begegnen. Ob das Risiko überhaupt besteht, muss jedoch unter Betrachtung des gesamten Angebots bewertet werden. 41

Grundsätzlich ist die Einblendung von Werbung in Free-to-Play-Spielen wettbewerbsrechtlich nicht zu beanstanden,[36] während bei kostenpflichtigen Spielen Werbeeinblendungen, die sich nicht ins Spielgeschehen integrieren, eine **Belästigung** im Sinne des § 7 UWG darstellen können. Jedoch ist auch in Free-to-Play-Spielen eine belästigende Wirkung vorstellbar, insbesondere dann, wenn Werbeeinblendungen besonders häufig erfolgen und dadurch den Spielfluss zerstören. Auch das Öffnen einer **Vielzahl von Werbefenstern** zur gleichen Zeit kann eine solche Belästigung darstellen. Hinsichtlich 42

33 So in der Tendenz auch: BGH NJW 2010, 3306 (3308).
34 Spindler/Schuster/*Micklitz/Schirmbacher* UWG § 4a Rn. 41, 42.
35 Spindler/Schuster/*Micklitz/Schirmbacher* UWG § 4a Rn. 43.
36 Spindler/Schuster/*Micklitz/Schirmbacher* UWG § 7 Rn. 32; Gloy/Loschelder/Danckwerts UWG-HdB/*Hasselblatt/Zarn* § 61 Rn. 105; MAH GewRS/*Hasselblatt* § 27 Rn. 63 ff.

der Frage, ab wann eine solche Einblendungsfrequenz belästigend wird, ist jedoch auch das wirtschaftliche Interesse des Anbieters zu beachten, der das Produkt zur Verfügung stellt. Insofern dürften Werbeeinblendungen bei Free-to-Play-Spielen deutlich häufiger zulässig sein als bei bezahlten Spielen.

VI. Kaufaufforderungen

43 Der Klassiker der verbotenen Werbeformen gegenüber Kindern und Jugendlichen ist die **direkte Kaufaufforderung** gemäß § 3 Abs. 3 UWG in Verbindung mit Ziffer 28 des Anhangs zum UWG und die ähnlich ausgestaltete Norm in § 6 Abs. 2 Nr. 1 JMStV. Auch wenn dem Wortlaut nach gemäß § 6 Abs. 2 Nr. 1 JMStV zusätzlich zur direkten Kaufaufforderung ein Ausnutzen der Unerfahrenheit erforderlich ist, wird diese gemäß Ziffer 4.3 der JuSchRiLi **bei Kindern** vermutet. Bei Jugendlichen ist diese aufgrund der Gesamtwirkung festzustellen. Insofern deckt sich die Regelung im Hinblick auf Kinder mit der Regelung nach Ziffer 28 der Anlage zu § 3 Abs. 3 UWG.

44 Eine wörtliche Kaufaufforderung ist in beiden Fällen nicht erforderlich, es genügt insofern auch eine Beschreibung wie „Schnappt euch…“, „Greif jetzt zu“, aber auch ohne Imperativ wie „Da muss man kaufen“ oder „Ja, das will ich Kaufen“ ist eine Kaufaufforderung denkbar.[37] Nicht ausreichend sind jedoch allgemeine Werbeformulierungen, wie „Schaut euch an…“, „Jetzt neu“ oder „Klick hier“.

45 Im Hinblick auf die Frage, ob sich die Werbung an Kinder richtet, ist auf die Ausführungen unter → Rn. 21 f. („Werbung gegenüber Jugendlichen und Kindern“) zu verweisen.

VII. Newsletter/Emailwerbung

46 Für die **E-Mail-Werbung** gelten die strengen Regeln des § 7 Abs. 3, 4 UWG sowie des § 6 TMG. Die Regelung in § 7 Abs. 3 UWG enthält ein eindeutiges Verbot der werblichen Kontaktaufnahme per E-Mail, wenn keine ausdrückliche Einwilligung des Empfängers vorliegt. Die **Einwilligung** muss ausdrücklich erfolgen, was vorselektierte Checkboxen, das „Verstecken“ in AGB oder eine stillschweigende oder mutmaßliche Einwilligung ausschließt.[38]

47 Auch der **Umfang der Einwilligung** muss für den Verbraucher klar aus der konkreten Erklärung hervorgehen, was sich sowohl auf die berechtigten Werbeabsender als auch die betreffenden Produkte und Dienstleistungen bezieht.[39] Pauschale Einwilligungen wie „durch alle verbundenen Unternehmen“ oder „durch unsere Sponsoren“, aber auch „hinsichtlich sämtlicher Produkte und Dienstleistungen“ oder „im Hinblick auf die Produkte unserer Partner“, erfüllen diese Voraussetzungen nicht.

37 Köhler/Bornkamm/Feddersen/*Köhler* UWG Anhang zu § 3 Absatz 3 Rn. 28.8; Gloy/Loschelder/Danckwerts UWG-HdB/*Hasselblatt/Hannamann* § 53 Rn. 227 ff., 239 f.; MAH GewRS/*Hasselblatt* § 13 Rn. 33 ff.

38 Gloy/Loschelder/Danckwerts UWG-HdB/*Hasselblatt/Zarn* § 61 Rn. 148; Köhler/Bornkamm/Feddersen/*Köhler* UWG § 7 Rn. 149a; MAH GewRS/*Hasselblatt* § 23 Rn. 60.

39 Köhler/Bornkamm/Feddersen/*Köhler* UWG § 7 Rn. 149g; MAH GewRS/*Hasselblatt* § 23 Rn. 63; auch bei mehreren Berechtigten: OLG Frankfurt a. M. ZD 2019, 507.

Im Fall der Einwilligung ist grundsätzlich der Absender im Hinblick auf das **Vorliegen der Einwilligung** beweisbelastet, weshalb sich hier das sogenannte **Double-Opt-in-Verfahren** etabliert hat, wonach eine Newsletter-Bestellung erst dann ausgeführt wird, wenn der Besteller zuvor seine E-Mail-Adresse verifiziert hat.[40] Wichtig ist, dass die zur Verifizierung übersendete „Opt-In"-E-Mail selbst keine werblichen Inhalte beinhaltet.[41] 48

Ausnahmsweise bedarf es nach § 7 Abs. 3 UWG keiner ausdrücklichen Einwilligung, soweit die E-Mail-Adresse im **Zusammenhang mit dem Erwerb von Waren oder Dienstleistungen** vom Kunden übermittelt wurde, der Kunde bei der Erhebung und bei jeder Verwendung darauf hingewiesen wird, dass er jederzeit der weiteren Nutzung widersprechen kann, ein solcher Widerspruch nicht erfolgt ist und soweit nur eigene ähnliche Waren oder Dienstleistungen beworben werden. Wichtig ist dabei, dass sich dieses Privileg auf eigene Werbe-E-Mails bezieht, was das Privileg auf die konkrete juristische Person beschränkt und keinesfalls konzernverbundene Unternehmen erfasst.[42] Das Privileg beschränkt sich auch auf ähnliche Produkte oder Dienstleistungen, was jedoch bei der Bewerbung von Games unproblematisch sein sollte. Eine Unterscheidung nach verschiedenen Games-Genres würde die Anforderungen an die Ähnlichkeit der Produkte in jedem Fall überziehen. 49

Wichtig ist, dass die Einhaltung der Anforderungen dauerhaft dokumentiert werden. Gerade im Hinblick auf die Belehrung hinsichtlich des Widerspruchsrechts bei der Erhebung der E-Mail-Adresse ist dies in der Praxis häufig problematisch. 50

Gemäß § 6 Abs. 2 TMG darf eine solche Werbe-E-Mail auch nicht ihren Absender oder den werblichen Charakter durch eine irreführende Gestaltung des Absenders oder des Betreffs verschleiern.[43] Dies ist zB dann der Fall, wenn die **Betreffzeile** ohne Bezug zum Inhalt so gestaltet ist, dass der Empfänger zum Öffnen der Mail **gedrängt** wird (zB „Letzte Mahnung", „Dringende Behördensache", „Achtung, Gefahr!") oder wenn ein menschlicher Absender **vorgetäuscht** wird. Auch muss nach § 6 Abs. 1 TMG der Absender klar aus der Nachricht hervorgehen. Dabei ist keine Angabe eines vollständigen Impressums erforderlich, sondern der Absender muss nur identifizierbar sein, wofür die vollständige Firmierung genügt, nicht aber lediglich ein Firmenlogo.[44] 51

D. Sanktionen

Je nach verletzter Norm variieren die **Sanktionen** für Verstöße gegen die Werbevorschriften. 52

Die Vorschriften des MStV werden gemäß § 104 MStV durch die Landesmedienanstalten, ggfs. handelnd durch die in § 104 Abs. 2 MStV genannten Gremien, durchgesetzt. Dies geschieht nach § 109 MStV in Form von Beanstandungen des werblichen Verhaltens und ggfs. Untersagung der Tätigkeit. Darüber hinaus sind Verstöße gegen 53

40 Köhler/Bornkamm/Feddersen/*Köhler* UWG § 7 Rn. 189; MAH GewRS/*Hasselblatt* § 23 Rn. 63; Spindler/Schuster/*Micklitz/Schirmbacher* UWG § 7 Rn. 130 ff.; BGH GRUR 2011, 936.
41 Spindler/Schuster/*Micklitz/Schirmbacher* UWG § 7 Rn. 133; BGH NJW 2009, 2958.
42 Köhler/Bornkamm/Feddersen/*Köhler* UWG § 7 Rn. 205.
43 BeckOK InfoMedienR/*Pries* TMG § 6 Rn. 12 ff.
44 BeckOK IT-Recht/*Sesing* TMG § 6 Rn. 27.

die Werbevorschriften in Rundfunk und Telemedien gemäß § 115 MStV als Ordnungswidrigkeit mit einer **Sanktion** von bis zu 500.000 EUR **bußgeldbewehrt.**

54 Im Bereich des JMStV handelt die Landesmedienanstalt als Aufsichtsbehörde durch die Kommission für Jugendmedienschutz (KJM) **gemäß § 20 JMStV.** Auch hier werden die Vorschriften durch Beanstandung bzw. Untersagung durchgesetzt. Bußgeldbewehrt sind jedoch lediglich die werblichen Handlungen nach § 6 Abs. 1 JMStV, nicht aber die Kaufappelle nach § 6 Abs. 2 JMStV.

55 Eine Ordnungswidrigkeit nach § 11 Abs. 1 TMG ist bei der absichtlichen **Verschleierung der werblichen Intention** bei E-Mail-Werbung gegeben. Der Bußgeldrahmen beträgt nach § 11 Abs. 3 TMG bis zu 50.000 EUR. Da das TMG keine Zuständigkeiten vorschreibt, regelt sich die behördliche Zuständigkeit nach dem entsprechenden Landesrecht.[45]

56 Die hier adressierten Verstöße gegen die Vorschriften des UWG sind **nicht bußgeldbewehrt.** Jedoch kann nach § 8 Abs. 3 UWG jeder Mitbewerber, Verbraucherschutz- oder Branchenverband oder jede Industrie- und Handelskammer sowie alle Handwerkskammern und sonstige berufsständische Vereinigungen des öffentlichen Rechts in ihrem Aufgabenbereich, **Unterlassung und Beseitigung** der Verstöße verlangen. Im Fall eines Verstoßes gegen §§ 3 und 7 UWG sind diese Ansprüche bei Verschulden darüber hinaus mit Schadensersatzansprüchen verbunden. In jedem Fall sind nach § 13 Abs. 3 die UWG die Kosten einer berechtigten Abmahnung zu tragen.

45 BeckOK InfoMedienR/*Bornemann* TMG § 11 Rn. 43.

§ 29 Influencer-Marketing und Influencer-Verträge

Literatur: *Gersdorf/Paal*, BeckOK Informations- und Medienrecht, 34. Ed. 2021 (zit.: BeckOK InfoMedienR); *Hoeren/Sieber/Holznagel*, Handbuch Multimedia-Recht, 52. Aufl. 2020 (zit.: Hoeren/Sieber/Holznagel MultimediaR-HdB); *Köhler/Bornkamm/Feddersen*, Gesetz gegen den unlauteren Wettbewerb: UWG, 40. Aufl. 2020 (zit.: Köhler/Bornkamm/Feddersen); *Loewenheim*, Handbuch des Urheberrechts, 3. Aufl. 2021 (zit.: Loewenheim UrhR-HdB); *Spindler/Schuster*, Recht der elektronischen Medien, 4. Aufl. 2019 (zit.: Spindler/Schuster); *Terhaag/Schwarz*, Influencer-Marketing, 2021 (zit. *Terhaag/Schwarz*).

A. Einführung und Überblick über Influencer-Marketing

I. Begriff des Influencer-Marketings

Unter Influencer-Marketing versteht man das Bewerben von Produkten über **soziale Plattformen** und **Social-Media-Apps**, wobei durch die „persönliche“ Darstellung der Influencer eine Intimität zwischen Konsumenten und Influencer geschaffen wird, die bei den klassischen Werbeformaten kaum möglich ist. Es war und ist – überspitzt gesagt – häufig das Ziel von Unternehmen, den werblichen Charakter von Werbung zu verschleiern oder unkenntlich zu machen. Diesen Wunsch perfektioniert nunmehr das Influencer-Marketing, denn der Sinn und Zweck des Influencer-Marketings besteht darin, sich „nicht als Werbefigur, sondern als Privatperson, die andere an ihrem Leben teilhaben lässt“, zu präsentieren und dabei sehr authentisch zu wirken.[1] 1

1 OLG Frankfurt a. M. Beschl. v. 23.10.2019 – 6 W 68/19, GRUR 2020, 208 Rn. 10, 15; OLG Braunschweig Urt. v. 13.5.2020 – 2 U 78/19, GRUR-RR 2020, 452 Rn. 52.

2 Dennoch handelt es sich auch bei dieser Form des Marketings natürlich um **Werbung**, da Werbung im Sinne des **Wettbewerbsrechts** nach Art. 2 lit. a der Richtlinie 2006/114/EG „jede Äußerung bei der Ausübung eines Handels, Gewerbes, Handwerks oder freien Berufs mit dem Ziel, den Absatz von Waren oder die Erbringung von Dienstleistungen, einschließlich unbeweglicher Sachen, Rechte und Verpflichtungen zu fördern“ ist. An diesem Begriffsverständnis orientieren sich auch der **Medienstaatsvertrag** und das **Telemediengesetz**, die für das Influencer-Marketing im Bereich der Telemedien ebenfalls relevant sind.

3 Influencer-Marketing findet – je nach Zielgruppe – auf unterschiedlichen Plattformen und **Social-Media-Apps** statt. Die aktuell stärksten Kanäle sind: YouTube, Instagram, Tik Tok, Snapchat, Twitch, Facebook, Pinterest, Twitter, LinkedIn, Xing, Reddit. Hinzukommen noch Blogs. In der Gaming-Szene sind Plattformen wie YouTube, Twitch und Mixer besonders erfolgreich, da sie dem Influencer ein Livestreaming des Gaming-Contents erlauben (sogenanntes „Let's-Play“).

II. Überblick über die aktuelle Influencer-Szene

4 Grundsätzlich kann jedermann Influencer sein. Ebenso sind die Themengebiete der Influencer-Szene facettenreich, wobei die Themen Food, Beauty & Health, Lifestyle, Travel und Mode am beliebtesten sind. Der Bereich Gaming spielt beim Influencer-Marketing bis dato noch eine untergeordnete Rolle, jedoch ist absehbar, dass dieser Bereich in Zukunft stetig an Bedeutung gewinnen wird. Dies gilt dabei nicht nur für den asiatischen, sondern ebenso für den deutschen Markt. Dieser weist ein enormes Wachstumspotential auf, wenn man bedenkt, dass hierzulande bis dato nur 5 % der Bevölkerung ein Interesse an Gaming-Influencern zeigen,[2] aber 58 % der Bevölkerung Computer- und Videospiele nutzen.[3]

5 Zu den bedeutendsten deutschen **Gaming-Influencern** nach Followerzahl gehören Erik Range alias „Gronkh“ (ca. 4,9 Millionen Follower), Partrick Mayer alias „Paluten“ (ca. 4,4 Millionen Follower) und Simon Wiefels alias „ungespielt“, „Unge“ (ca. 4,1 Millionen Follower), aber auch die Influencerin Leslie Foertsch alias „Farbenfuchs“ (ca. 100.000 Follower).

6 Die erfolgreichsten Influencer Deutschlands sind weiblich und agieren in den Bereichen Beauty & Health, Lifestyle, Travel und Mode. Nach einer Studie der Strategieberatung

---

2 *Wirtschaftswoche* Spielerische Erfolge auf ganzer Linie, 1.11.2021, abrufbar unter https://www.wiwo.de/unternehmen/it/brandindex-spielerische-erfolge-auf-ganzer-linie-/27752310.html.

3 *Game – Verband der deutschen Games-Branche* eV, Jahres-Report der deutschen Games-Branche 2021, 2021, abrufbar unter https://www.game.de/wp-content/uploads/2021/08/game_Jahresreport-der-deutschen-Games-Branche-2021_Deutsch.pdf, S. 8.

Batten & Company in Zusammenarbeit mit dem Marktforschungsinstitut Appinio[4] haben die erfolgreichsten Influencerinnen Followerzahlen von bis zu 8,2 Millionen Follower und Markenwerte – also der Betrag, der aufgewendet werden müsste, um eine ähnlich starke Marke nutzen zu dürfen – von bis zu 11 Millionen Euro.

B. Anforderungen & Auswahl des Influencers

I. Interessen des werbenden Unternehmens

7 Aus Sicht des werbenden Unternehmens ist es wichtig, das Ziel zu formulieren, welches durch das Influencer-Marketing erreicht werden soll. In der Regel ist es die Steigerung des Umsatzes, die Erhöhung der **Reichweite**, die Steigerung der **Markenbekanntheit**, das Generieren neuer Leads oder aber auch die Verbesserung des **Unternehmensimages.**

II. Anforderungen an Influencer

8 In einem zweiten Schritt müssen die Anforderungen definiert werden, die das werbende Unternehmen an den Influencer stellt. Dabei ist zunächst zwischen den verschiedenen Influencer-Typen zu unterscheiden:

- **Super-Hero oder Mega-Influencer** mit Reichweiten in Millionenhöhe (zwischen 3–7 Millionen Follower, Beispiele kommen hier in der Regel aus dem Beauty Bereich wie Caro Daur, Leonie Hanne, Dagi Bee),
- **Promi- oder Star-Influencer** (besonders erfolgreiche Celebrities wie Unge, Gronkh),
- **Everyday-Influencer** (mind. 50.000 Follower),
- **Micro- oder Nischen-Influencer** (zwischen 5.000 – 20.000 Follower; diese setzen regelmäßig Trends und machen den Großteil des deutschen Influencer-Marktes aus. Sie sind bei Werbekunden beliebt, weil sie besonders treue und interaktionsfreudige Follower haben),
- **Nano-Influencer** (geringe Reichweite aber hohe Wertschätzung innerhalb der jeweiligen Community, da eine hohe Interaktion mit den Followern erfolgt) und den sogenannten Rising-Influencern (zukünftigen Stars der Influencer-Szene).

9 Neben den unterschiedlichen Kosten für die Beauftragung des jeweiligen Influencer-Typs, sollte die Auswahl auch danach erfolgen, ob das zu bewerbende Produkt bzw. Spiel nur eine kleine **Zielgruppe** betrifft oder bspw. ein besonderes Vertrauensverhältnis zur Zielgruppe geschaffen werden soll. In den beiden letztgenannten Fällen wird es sich regelmäßig anbieten, mit mehreren Nano-Influencern zu arbeiten als mit einem Mega-Influencer. Die Nano-Influencer agieren in der Ansprache ihrer Follower recht

4 Brands im Ringlicht. Das sind Deutschlands wertvollste Influencer:innen, Batten & Company in Kooperation mit appinio, 29. November 2021, abrufbar unter https://www.batten-company.com/news/brands-im-ringlicht-das-sind-deutschlands-wertvollste-influencerinnenstudie-zum-markenwert-von-deutschlands-erfolgreichsten-influencerinnen/: Platz 1: Leonie Hanne mit ca. 3,9 Millionen Follower (Markenwert 10,9 Millionen EUR), Platz 2: Pamela Reif mit ca. 8,2 Millionen Follower (Markenwert 10,4 Millionen EUR), Platz 3: Caroline „Caro" Daur mit ca. 3,3 Millionen Follower (Markenwert 8 Millionen EUR), Platz 4: Farina Opuku alias „Novalanalove" mit ca. 1,5 Millionen Follower (Markenwert 5,4 Millionen EUR), Platz 5: Julia Beautx mit ca. 3 Millionen Follower (Markenwert 5,3 Millionen EUR), Platz 6: Bianca Claßen alias „Bibis Beauty Palace" mit ca. 7,8 Millionen Follower (Markenwert 5,2 Millionen EUR), Platz 7: Julien Bam mit ca. 4,3 Millionen Follower (Markenwert 4,4 Millionen EUR), Platz 8: Sarah Harrison mit ca. 2,8 Millionen Follower (Markenwert 4,3 Millionen EUR), Platz 9: Lisa & Lena mit ca. 16.7 Millionen Follower (Markenwert 3,7 Millionen EUR), Platz 10: Mrs. Bella mit ca. 2,1 Millionen Follower (Markenwert 3,6 Millionen EUR).

individuell und folgen keinem festen Schema. Aus Sicht der Werbekunden erzielt man mit den Nischen-Influencern für relativ wenig Geld eine relativ hohe Wirkung.

10 Auch sollte festgelegt werden, auf welchen Plattformen ein Influencer-Marketing erfolgsversprechend ist und nur solche Influencer berücksichtigt werden, die auf der jeweiligen Plattform auch präsent sind. Im Gaming-Bereich sind dies regelmäßig YouTube, Tik Tok, Twitch und Mixer.

III. Analyse und Auswahl der Influencer

11 Bei der Identifizierung der potenziellen Influencer und der tatsächlichen Auswahl sind die werbenden Unternehmen natürlich frei, dies selbstständig zu recherchieren. Häufig werden aber auch **Agenturen** zwischengeschaltet, die mit den Influencern zusammenarbeiten und eine Vorauswahl an potenziellen Kandidaten treffen können.

12 Bei der konkreten Auswahl des Influencers ist sodann darauf zu achten, ob eine Zusammenarbeit mit dem werbenden Unternehmen authentisch erscheint, beide Vertragspartner also ähnliche „Ideale" repräsentieren. Auch empfiehlt sich für das werbende Unternehmen einen **Background-Check** durchzuführen, um sicherzustellen, dass die Marketing-Kampagne nicht aufgrund eines vorangegangenen oder zu erwartenden Fehlverhaltens einen Image-Schaden für das werbende Unternehmen bedeutet.

C. Rechtliche Anforderungen an das Influencer-Marketing

13 Die rechtlichen Fallstricke, die sich beim Influencer-Marketing stellen, erstrecken sich von medienregulatorischen Vorgaben über wettbewerbsrechtliche Regelungen zu Fragestellungen des Immaterialgüterrechts, aber auch des klassischen Schuldrechts.

I. Medienregulatorische Vorgaben

14 Grundsätzlich geht es darum, ein angemessenes Gleichgewicht zwischen dem Recht auf Meinungsäußerung und auf Informationsfreiheit sowie dem Schutz des Verbrauchers vor **„versteckter" Werbung** zu finden. Gerade bei Influencern, deren Modell auf einer persönlichen/privaten – also vermeintlich nicht kommerziellen – Darstellung fußt, besteht eine hohe Gefahr, dass der Verbraucher beworbene Inhalte als persönliche Meinungen des Influencers begreift, so dass regelmäßig eine Kennzeichnung beworbener Posts erforderlich ist, um dem den medienrechtlichen Vorgaben immanenten Trennungsgebot zwischen Inhalt und Werbung gerecht zu werden. Tatsächlich aber bestehen in Deutschland unterschiedliche Regulierungsvorgaben für Schleichwerbung, Product-Placement und Sponsoring je nach medialer Erscheinungsform. Während der Rundfunk – also Fernsehen und Radio – im Medienstaatsvertrag streng reguliert ist, sind Zeitschriften und Zeitungen in den Landespressegesetzen deutlich weniger streng reguliert. Am Ende der Skala stehen die elektronischen Informations- und Kommunikationsdienste, also im Prinzip sämtliche Angebote im Internet, die nur eine lückenhafte Regulierungstiefe aufweisen.

1. Telemediengesetz (TMG)

Auf europarechtlicher Ebene existiert die „AVMD-Richtlinie“ über audiovisuelle Mediendienste (2010/10/EU v. 10.3.2010), zuletzt geändert mit Richtlinie (EU) 2018/1808 vom 18.12.2018. Diese Richtlinie gibt einen verbindlichen Rahmen für die Medienregulierung in den EU-Mitgliedstaaten vor und enthält werbe- und jugendschutzrechtliche Bestimmungen. Die Umsetzungsfrist ist am 19.9.2020 abgelaufen. Die AVMD-Richtlinie wurde in Deutschland mit Wirkung zum 27.11.2020 umgesetzt. 15

Auf nationaler Ebene ist das Telemediengesetz (TMG) einschlägig. Es gilt gem. § 1 Abs. 1 TMG „für alle **elektronischen Informations- und Kommunikationsdienste**, soweit sie nicht Telekommunikationsdienste [...], telekommunikationsgestützte Dienste [...] oder Rundfunk [...] sind“. Der persönliche Anwendungsbereich bezieht sich auf den Dienstanbieter iSd § 2 S. 1 Nr. 1 TMG, also jede natürliche oder juristische Person, die eigene oder fremde Telemedien zur Nutzung bereithält. Hierunter fallen auch Influencer, da diese Auftritte in sozialen Netzwerken betreiben, die nicht ausschließlich persönlichen Zwecken dienen.[5] 16

Neben den Regelungen zur **Impressumspflicht** (§ 5 TMG) enthält das TMG besondere Pflichten bei **kommerziellen Kommunikationen** (§ 6 TMG). 17

Gem. § 5 Abs. 1 TMG „haben Diensteanbieter für geschäftsmäßige [...] angebotene Telemedien folgende Informationen leicht erkennbar, unmittelbar erreichbar und ständig verfügbar zu halten: [...] Namen und die Anschrift [...], [...] Angaben, die eine schnelle elektronische Kontaktaufnahme [...] ermöglichen [E-Mail]“ uÄ. Darüber hinaus sind audiovisuelle Mediendiensteanbieter, zu denen Video-Influencer gehören,[6] gemäß § 5 Abs. 1 Nr. 8 TMG verpflichtet, den Staat, in dem sie ihren Sitz haben sowie die zuständige Regulierungs- und Aufsichtsbehörde anzugeben. 18

Die besonderen Pflichten gem. § 6 Abs. 1 Nr. 1 u. 2 TMG bestehen im Wesentlichen darin, dass kommerzielle Kommunikation (§ 2 S. 1 Nr. 5 TMG) – gemeint ist **Werbung**[7] – klar als solche zu erkennen sein muss und der Auftraggeber der Werbung, in deren Auftrag die kommerzielle Kommunikation erfolgt, klar identifizierbar sein muss. Einer solchen Erkennbarkeit bedarf es jedoch dann nicht, wenn die Kommunikation – der Beitrag – **„unabhängig und insbesondere ohne finanzielle Gegenleistung“** erfolgt (§ 2 S. 1 Nr. 5 lit. b TMG). Maßgeblich ist dabei der Begriff der Unabhängigkeit, der voraussetzt, dass kein eindeutiger Zusammenhang zwischen der Leistung des fremden Unternehmens und dem Beitrag besteht.[8] Darüber hinaus findet das TMG nur für werbliche Handlungen zugunsten fremder Unternehmen Anwendung, nicht jedoch für Eigenwerbung.[9] 19

Das TMG ist somit über eine bruchstückhafte Regelung für Influencer bislang nicht herausgekommen. 20

5 Spindler/Schuster/*Ricke* TMG § 2 Rn. 3.
6 BeckOK InfoMedienR/*Ott* TMG § 5 Rn. 48a.
7 BeckOK InfoMedienR/*Ott* TMG § 6 Rn. 3.
8 BGH Urt. v. 13.1.2022 – I ZR 35/21, GRUR 2022, 490 Rn. 63.
9 BGH Urt. v. 9.9.2021 – I ZR 125/20, ZUM-RD 2021, 681.

2. Medienstaatsvertrag

21 Der Medienstaatsvertrag (MStV) löst seit seinem Inkrafttreten am 7.11.2020 den seit 1991 geltenden Rundfunkstaatsvertrag ab. Er ergänzt das Telemediengesetz (TMG) und gilt u.a. für das Angebot, die Verbreitung und die Zugänglichmachung von **Telemedien** in Deutschland, was bebilderte Beiträge und insbesondere auch nutzergenerierte Videos (§ 2 Abs. 2 Nr. 24 MStV) umfasst, und ist damit auch für Gaming-Influencer mit ihren **Let's-Plays** von Relevanz. Dabei gilt für nutzergenerierte Videos § 8 Abs. 1, 3 S. 1, Abs. 7 und 10 MStV und für alle anderen Telemedien § 22 MStV.

22 Elementarer Inhalt des MStV ist das sog. **Trennungsgebot** zwischen redaktionellem Inhalt und Werbung (vgl. insbes. § 8 Abs. 3 S. 1, § 22 Abs. 1 MStV).[10] Gemäß § 2 Abs. 2 Nr. 7 MStV ist „Werbung jede Äußerung, die der unmittelbaren oder mittelbaren Förderung des Absatzes von Waren und Dienstleistungen, einschließlich unbeweglicher Sachen, Rechte und Verpflichtungen, oder des Erscheinungsbilds natürlicher oder juristischer Personen, die einer wirtschaftlichen Tätigkeit nachgehen, dient und gegen Entgelt oder eine ähnliche Gegenleistung oder als Eigenwerbung im Rundfunk oder in einem Telemedium aufgenommen ist. Werbung ist insbesondere Rundfunkwerbung, Sponsoring, Teleshopping und Produktplatzierung; § 8 Abs. 9 und § 22 Abs. 1 Satz 3 bleiben unberührt". Der Begriff umfasst also, anders als im TMG, neben der **Fremdwerbung** auch die **Eigenwerbung.**

23 Nach § 8 Abs. 7 S. 1 MStV sind Schleichwerbung und Themenplatzierung sowie entsprechende Praktiken unzulässig. Gemäß § 2 Abs. 2 Nr. 9 MStV wird Schleichwerbung wie folgt definiert: „Schleichwerbung [ist] die Erwähnung oder Darstellung von Waren, Dienstleistungen, Namen, Marken oder Tätigkeiten eines Herstellers von Waren oder eines Erbringers von Dienstleistungen in Sendungen, wenn sie vom Veranstalter absichtlich zu Werbezwecken vorgesehen ist und mangels Kennzeichnung die Allgemeinheit hinsichtlich des eigentlichen Zweckes dieser Erwähnung oder Darstellung irreführen kann. Eine Erwähnung oder Darstellung gilt insbesondere dann als zu Werbezwecken beabsichtigt, wenn sie gegen Entgelt oder eine ähnliche Gegenleistung erfolgt".

24 Beim Influencer-Marketing in Form von nutzergenerierten Videos (§ 2 Abs. 2 Nr. 24 MStV), also selbst erstellten audiovisuellen Inhalten, die auf Video-Sharing-Diensten hochgeladen werden (§ 2 Abs. 2 Nr. 18 MStV), ist deshalb kein Raum für Schleichwerbung, sondern nur für **Product-Placement**, §§ 8 Abs. 7 S. 2–6, 98 Abs. 1 MStV. Hierunter versteht man gemäß § 2 Abs. 2 Nr. 12 MStV Folgendes: „Produktplatzierung [ist] jede Form der Werbung, die darin besteht, gegen Entgelt oder eine ähnliche Gegenleistung ein Produkt, eine Dienstleistung oder die entsprechende Marke einzubeziehen oder darauf Bezug zu nehmen, so dass diese innerhalb einer Sendung oder eines nutzergenerierten Videos erscheinen. Die kostenlose Bereitstellung von Waren oder Dienstleistungen ist Produktplatzierung, sofern die betreffende Ware oder Dienstleistung von bedeutendem Wert ist".

25 Jedoch ist auch eine solche Produktplatzierung nicht bedingungslos möglich, sondern an die nachfolgenden in § 8 Abs. 7 S. 3 MStV geregelten Voraussetzungen geknüpft:

10 BeckOK InfoMedienR/*Bornmann* MStV § 8 Rn. 23–30.

- „die redaktionelle Verantwortung und Unabhängigkeit hinsichtlich Inhalt und Platzierung im Sendeplan müssen unbeeinträchtigt bleiben,
- die Produktplatzierung darf nicht unmittelbar zu Kauf, Miete oder Pacht von Waren oder Dienstleistungen anregen, insbesondere nicht durch spezielle verkaufsfördernde Hinweise auf diese Waren oder Dienstleistungen, und
- das Produkt darf nicht zu stark herausgestellt werden; dies gilt auch für kostenlos zur Verfügung gestellte geringwertige Güter."

Darüber hinaus muss auf die Produktplatzierung gem. § 8 Abs. 7 S. 4 ff. MStV **eindeutig hingewiesen** werden. Der Hinweis hat zu **Beginn** und zum **Ende** einer **Sendung** sowie bei deren Fortsetzung nach einer **Werbeunterbrechung** angemessen zu erfolgen. Dies gilt jedoch nur für werbliche Handlungen zugunsten fremder Unternehmen, nicht jedoch für Eigenwerbung.[11] Die Ausnahmen, bei denen eine Kennzeichnungspflicht entfällt, haben für das Influencer-Marketing keine Relevanz. 26

In den Fällen, in denen der Influencer keine nutzergenerierten Videos bereitstellt (bspw. Bilder-Postings), also bei den **sonstigen Telemedien**, muss die Werbung als solche „klar erkennbar" sein, § 22 Abs. 1 S. 1 MStV. Dabei geht der BGH davon aus, dass sich die Erkennbarkeit zugunsten der Eigenwerbung beim Influencer-Marketing aus sich heraus ergibt,[12] so dass tatsächlich nur **Fremdwerbung** gegen Entgelt oder eine ähnliche Gegenleistung explizit zu **kennzeichnen** ist (Details zur Umsetzung der Pflicht → Rn. 39 ff.). 27

3. Jugendmedienschutz-Staatsvertrag

Der Jugendmedienschutz-Staatsvertrag (JMStV) stellt eine einheitliche Rechtsgrundlage für den **Jugendschutz** in allen elektronischen Medien dar, egal ob Internet, Fernsehen oder Hörfunk. Ziel des Jugendmedienschutz-Staatsvertrags ist der Schutz von Kindern und Jugendlichen vor Angeboten in elektronischen Informations- und Kommunikationsmedien, die deren Entwicklung oder Erziehung beeinträchtigen oder gefährden können (vgl. bspw. § 6 JMStV). Darüber hinaus darf **Werbung** gem. § 6 Abs. 2 JMStV nicht: 28

- „direkte Aufrufe zum Kaufen oder Mieten von Waren oder Dienstleistungen an Kinder oder Jugendliche enthalten, die deren Unerfahrenheit und Leichtgläubigkeit ausnutzen;
- Kinder oder Jugendliche unmittelbar auffordern, ihre Eltern oder Dritte zum Kauf der beworbenen Waren oder Dienstleistungen zu bewegen".

Auch darf gemäß § 6 Abs. 4 JMStV Werbung, die sich zumindest auch an Kinder oder Jugendliche richtet „nicht den Interessen von Kindern oder Jugendlichen schaden oder deren Unerfahrenheit ausnutzen". 29

Die Regeln des Jugendmedienschutzes sind insbesondere bei Gaming-Influencern zu berücksichtigen, da je nach Spiel deren Adressatengruppe insbesondere Teenager und junge Erwachsene sind. 30

11 BGH Urt. v. 9.9.2021 – I ZR 125/20, ZUM-RD 2021, 681.
12 BGH Urt. v. 13.1.2022 – I ZR 35/21, GRUR 2022, 490 Rn. 107.

II. Wettbewerbsrecht

1. Gesetzeslage

31 Auf europarechtlicher Ebene existiert die „UGP-Richtlinie“ (Richtlinie 2005/29/EG v. 11.5.2005 über unlautere Geschäftspraktiken von Unternehmen gegenüber Verbrauchern im Binnenmarkt). Ziel der UGP-Richtlinie ist eine Stärkung des Binnenmarktes durch eine Verbesserung des Verbraucherschutzes. Die Richtlinie will sicherstellen, dass Verbraucher eine informierte und von äußeren und inneren Zwängen **freie Kaufentscheidung** für ein Produkt (Ware oder Dienstleistung) treffen.

32 Die UGP-Richtlinie wurde auf nationaler Ebene im Gesetz gegen den unlauteren Wettbewerb (UWG) mit Wirkung zum 30.12.2008 umgesetzt. Für das Influencer-Marketing sind dabei die nachfolgenden Regelungen von besonderer Bedeutung:

- § 3 Abs. 1 UWG: „Unlautere geschäftliche Handlungen sind unzulässig.“
- § 3 Abs. 3 UWG: „Die im Anhang des UWG aufgeführten geschäftlichen Handlungen gegenüber Verbrauchern sind stets unzulässig.“
- Anhang Nr. 11: „Der vom Unternehmer finanzierte Einsatz redaktioneller Inhalte zu Zwecken der Verkaufsförderung, ohne dass sich dieser Zusammenhang aus dem Inhalt oder aus der Art der optischen oder akustischen Darstellung eindeutig ergibt (als Information getarnte Werbung)“
- § 3a UWG: „Unlauter handelt, wer einer gesetzlichen Vorschrift zuwiderhandelt, […]“
- § 5a Abs. 4 UWG: „Unlauter handelt wer den kommerziellen Zweck einer geschäftlichen Handlung nicht kenntlich macht, sofern sich dieser nicht unmittelbar aus den Umständen ergibt, und das Nichtkenntlichmachen geeignet ist, den Verbraucher oder sonstigen Marktteilnehmer zu einer geschäftlichen Entscheidung zu veranlassen, die er andernfalls nicht getroffen hätte. Ein kommerzieller Zweck liegt bei einer Handlung zugunsten eines fremden Unternehmens nicht vor, wenn der Handelnde kein Entgelt oder keine ähnliche Gegenleistung für die Handlung von dem fremden Unternehmen erhält oder sich versprechen lässt. Der Erhalt oder das Versprechen einer Gegenleistung wird vermutet, es sei denn, der Handelnde macht glaubhaft, dass er eine solche nicht erhalten hat.“

33 Unter all diesen Vorschriften ist die **Kennzeichnungspflicht** gem. **§ 5a Abs. 4 UWG**[13] für das Influencer-Marketing am wichtigsten. Die Vorschrift ist im Lichte der **bereichsspezifischen Marktverhaltensregelungen für Telemedien**, also dem TMG und MStV anzuwenden, so dass deren Anforderungen nicht unterlaufen werden.[14] Welche konkreten Anforderungen durch Influencer bei der Kennzeichnungspflicht einzuhalten sind und wann die Norm Anwendung findet, ist inzwischen umfassend von der Rechtsprechung beantwortet worden (→ Rn. 35 ff.).

34 **Verantwortlicher** im Sinne des § 8 Abs. 1 UWG ist regelmäßig der Influencer selbst. Jedoch kann eine Haftung des werbenden Unternehmens gem. § 8 Abs. 2 UWG nicht

---

13 Ehemals § 5a Abs. 6 UWG aF.

14 BGH Urt. v. 9.9.2021 – I ZR 125/20, ZUM-RD 2021, 681; ab dem 28.5.2022 gilt der Anwendungsvorrang des TMG und MStV gem. § 1 Abs. 2 UWG nF.

ausgeschlossen werden, wenn dieses sich in der Vertragsbeziehung zum Influencer **umfassende Weisungs- und Kontrollrechte** einräumen lässt.[15]

2. Rechtsprechung

Es gibt eine Vielzahl von Entscheidungen, die sich mit rechtlichen Fragestellungen rund um das Influencer-Marketing befassen. So haben die Oberlandesgerichte bereits zu vielen bekannten deutschen Influencern Entscheidungen gefällt und auch der BGH hat als Revisionsinstanz mit seinen Urteilen bereits für Rechtsklarheit gesorgt, wie die ersten Verweise auf die Urteile durch die unteren Gerichte zeigen. 35

- OLG Frankfurt Urt. v. 19.5.2022 – 6 U 56/21 – Influencer E-Books[16]
- OLG Köln Urt. v. 19.2.2021 – 6 U 103/20 – Diana zur Löwen;[17] BGH Urt. v. 13.1.2022 – I ZR 35/21 (**Influencer III**)[18]
- OLG Koblenz Urt. v. 16.12.2020 – 9 U 595/20 – Vanessa Blumenthal;[19] BGH Urt. v. 13.1.2022 – I ZR 9/21[20]
- OLG Karlsruhe Urt. v. 9.9.2020 – 6 U 38/19 – Pamela Reif[21]
- OLG Hamburg Urt. v. 2.7.2020 – 15 U 142/19 – Leonie Hanne;[22] BGH Urt. v. 9.9.2021 – I ZR 125/20 (**Influencer II**)[23]
- OLG München Urt. v. 25.6.2020 – 29 U 2333/19 – Blauer Plüschelefant (Cathy Hummels);[24] BGH Urt. v. 9.9.2021 – I ZR 126/20[25]
- OLG Braunschweig Urt. v. 13.5.2020 – 2 U 78/19 – Fitnessinfluencerin (Luisa-Maxime Huss);[26] BGH Urt. v. 9.9.2021 – I ZR 90/20 (**Influencer I**)[27]
- OLG Frankfurt Beschl. v. 23.10.2019 – 6 W 68/19 – Die Influencerin (SONNY-LOOPS)[28]
- KG Berlin Urt. v. 8.1.2019 – 5 U 83/18 – Vreni Frost[29]
- OLG Celle Urt. v. 8.6.2017 – 13 U 53/17 – Rossmann[30]

Die Gerichte setzten sich dabei im Besonderen mit der Unternehmerstellung von Influencern sowie der Zuordnung **geschäftlicher Handlungen** zu dem jeweiligen Unternehmen auseinander und dabei insbesondere mit der Frage, ob und wie entsprechende Beiträge besonders zu **kennzeichnen** sind (§ 5a Abs. 4 UWG). Dies ist im Ergebnis nur dann der Fall ist, wenn die Handlung zugunsten des werbenden Unternehmens erfolgt. 36

15 Köhler/Bornkamm/Feddersen/*Köhler/Feddersen* UWG § 8 Rn. 2.45.
16 OLG Frankfurt Urt. v. 19.5.2022 – 6 U 56/21, WRP 2022, 881.
17 OLG Köln Urt. v. 19.2.2021 – 6 U 103/20, GRUR-RR 2021, 167.
18 BGH Urt. v. 13.1.2022 – I ZR 35/21, GRUR 2022, 490.
19 OLG Koblenz Urt. v. 16.12.2020 – 9 U 595/20, GRUR-RR 2021, 318.
20 BGH Urt. v. 13.1.2022 – I ZR 9/21, ZUM 2022, 292.
21 OLG Karlsruhe Urt. v. 9.9.2020 – 6 U 38/19, MMR 2021, 159.
22 OLG Hamburg Urt. v. 2.7.2020 – 15 U 142/19, MMR 2020, 767.
23 BGH Urt. v. 9.9.2021 – I ZR 125/20, ZUM-RD 2021, 681.
24 OLG München Urt. v. 25.6.2020 – 29 U 2333/19, ZUM-RD 2021, 608.
25 BGH Urt. v. 9.9.2021 – I ZR 126/20, ZUM-RD 2021, 693.
26 OLG Braunschweig Urt. v. 13.5.2020 – 2 U 78/19, MMR 2020, 779.
27 BGH Urt. v. 9.9.2021 – I ZR 90/20, GRUR 2021, 1400.
28 OLG Frankfurt Beschl. v. 23.10.2019 – 6 W 68/19, MMR 2020, 195.
29 KG Berlin Urt. v. 8.1.2019 – 5 U 83/18, MMR 2019, 175.
30 OLG Celle Urt. v. 8.6.2017 – 13 U 53/17, MMR 2017, 769.

37 Für die Unternehmerstellung eines Influencers streiten die Größe der **Followerschaft**, ein professionell betriebener Account mit **Impressum** und Steueridentifikationsnummer,[31] die Intensität der Produktwerbung[32] sowie der Erhalt von **Gegenleistungen** für diese Werbung.[33] Zwar trifft die Darlegungslast zur Frage der Unternehmerstellung des Influencers grundsätzlich die Gegenseite, jedoch trifft den Influencer eine sekundäre Darlegungslast.[34] In der Praxis wird man in der Regel von der **Unternehmerstellung des Influencers** ausgehen müssen.[35]

38 Die Zuordnung der Handlung zu dem Influencer oder zu dem werbenden Unternehmen ist deshalb von besonderem Interesse, da der BGH im Falle einer ausschließlichen **Eigenwerbung** des Influencers **keine explizite Kennzeichnungspflicht** iSd § 5a Abs. 4 UWG für erforderlich hält, da sich der werbende Charakter für den Verbraucher aus dem Erscheinungsbild des professionellen Influencer-Accounts ergibt.[36] Dabei stellt der BGH klar, dass das Bewerben von Waren und Dienstleistungen in eigenen Beiträgen auf sozialen Plattformen im Regelfall als geschäftliche **Handlung zugunsten des eigenen Unternehmens** zu werten ist.

39 Erhält der Influencer eine **Gegenleistung**, liegt nach dem BGH eine geschäftliche Handlung (zumindest auch) zugunsten des beworbenen Unternehmens vor (**Fremdwerbung**).[37] Gleiches soll gelten, falls der Influencer zwar keine Gegenleistung erhält, der Beitrag nach dessen Gesamteindruck jedoch einen **werblichen Überschuss** enthält. Dies ist dann der Fall, wenn durch den Beitrag die Förderung fremden Wettbewerbs eine größere, als nur notwendig begleitende Rolle einnimmt. Die Bewertung, ob ein solcher werbender Überschuss vorliegt, hängt dabei von einer „umfassenden Würdigung der gesamten Umstände des Einzelfalls unter Berücksichtigung des Zusammenwirkens der Gestaltungsmerkmale" ab.[38] Die Formulierung verdeutlicht bereits, auf welch rechtsunsicheres Terrain sich ein Influencer begibt, wenn er in seinen Beiträgen Produkte von Unternehmen präsentiert. Klarheit hat der BGH zumindest dahin gehend geschaffen, dass bloße „**Tap-Tags**", also die Bezeichnung der Produkte, für sich nicht genügen, um einen werblichen Überschuss anzunehmen.[39] Anders verhält es sich jedoch dann, wenn der Tap-Tag auch eine **Verlinkung** auf die Webseite des Herstellers des Produkts enthält; in diesem Fall nahm der BGH das Vorliegen eine Fremdwerbung an.[40]

40 Zudem hat der BGH klargestellt, dass Beiträge, die aufgrund der **kostenlosen Zusendung** von Produkten erfolgen, eine geschäftliche Handlung mit kommerziellem Zweck zugunsten des werbenden Unternehmens sind[41] – eine Praxis, die sich im Influencer-

31 *Terhaag/Schwarz* S. 23 Rn. 30.
32 BGH Urt. v. 9.9.2021 – I ZR 90/20, GRUR 2021, 1400.
33 OLG Frankfurt a. M. Beschl. v. 23.10.2019 – 6 W 68/19, GRUR 2020, 208 Rn. 12; OLG Braunschweig Urt. v. 13.5.2020 – 2 U 78/19, GRUR-RR 2020, 452 Rn. 30, 46.
34 OLG München Urt. v. 25.6.2020 – 29 U 2333/19, GRUR 2020, 1096 Rn. 28; KG Urt. v. 8.1.2019 – 5 U 83/18, MMR 2019, 175 Rn. 70.
35 *Terhaag/Schwarz* S. 19 Rn. 15.
36 BGH Urt. v. 9.9.2021 – I ZR 126/20, ZUM-RD 2021, 693 Rn. 73. Diese Bewertung gilt auch unter der Neufassung des § 5a Abs. 4 UWG weiter.
37 BGH Urt. v. 9.9.2021 – I ZR 90/20, GRUR 2021, 1400.
38 BGH Urt. v. 9.9.2021 – I ZR 90/20, GRUR 2021, 1400.
39 BGH Urt. v. 9.9.2021 – I ZR 126/20, ZUM-RD 2021, 693 Rn. 54.
40 BGH Urt. v. 9.9.2021 – I ZR 126/20, ZUM-RD 2021, 693 Rn. 56. Nach der Neufassung des § 5a Abs. 4 UWG kann daran gezweifelt werden, ob diese Bewertung weiterhin Bestand hat (→ Rn. 42).
41 BGH Urt. v. 13.1.2022 – I ZR 35/21, GRUR 2022, 490 Rn. 64.

Marketing durchgesetzt hat. Gerade bei Influencern mit geringer Reichweite stellt der kostenlose Erhalt von Produkten die wesentliche Motivation der Beitragserstellung dar. Für diese Wertung streitet auch die Rechtsprechung des EuGH, wonach der Begriff der „Bezahlung" im Sinne der UGP-Richtlinie weit zu verstehen ist und neben einem Entgelt auch **andere geldwerte Leistungen** umfasst.[42]

Wenn die Beiträge zugunsten des beworbenen Unternehmens erfolgen, setzt der BGH 41
strenge Maßstäbe an **die Art der Kennzeichnung** iSd § 5a Abs. 4 UWG. Der Hinweis muss so deutlich erfolgen, dass er „aus der Sicht des durchschnittlich informierten, situationsadäquat aufmerksamen und verständigen Verbrauchers, der zur angesprochenen Gruppe gehört, auf den ersten Blick und zweifelsfrei hervortritt".[43] Gerade der letzte Halbsatz ist dabei besonders hervorzuheben, da sich hieraus ergibt, dass der werbende Charakter dem Beitrag sozusagen auf der „**Stirn geschrieben**" stehen muss.

3. Neue Gesetzeslage

Mit dem seit dem 28.5.2022 geltenden § 5a Abs. 4 UWG wurde nochmals spezifiziert, 42
wann eine Fremdwerbung vorliegt, wobei der erste Satz dem alten § 5a Abs. 6 UWG entspricht. Ergänzend hinzugefügt wurden die Sätze 2 und 3. Dabei bedient sich die Norm einer Negativformulierung und stellt in § 5a Abs. 4 S. 2 UWG klar, dass „ein kommerzieller Zweck ... bei einer Handlung zugunsten eines fremden Unternehmens nicht vor[liegt], wenn der Handelnde kein Entgelt oder keine ähnliche Gegenleistung für die Handlung von dem fremden Unternehmen erhält oder sich versprechen lässt". Durch die Verwendung der Begriffe „**ähnliche Gegenleistung**" und „**sich versprechen lässt**" ist die Regelung so formuliert, dass die **Wertungen des BGH** zur alten Rechtslage auch auf die neue größtenteils **übertragen werden** können. Es ist deshalb davon auszugehen, dass Influencer auch im Lichte des neuen § 5a Abs. 4 UWG bei Erhalt eines **Entgelts**, sowie bei **sonstigen erhaltenen oder zu erwartenden geldwerten Vorteilen** ihre Posts als Fremdwerbung **kennzeichnen** müssen. Es darf jedoch daran gezweifelt werden, dass weiterhin der Grundsatz gilt, dass alle Posts mit einem werblichen Überschuss zugunsten eines Drittunternehmens kennzeichnungspflichtig sind. Vielmehr wird aufgrund des neuen Wortlauts der Norm eine zumindest faktische Beziehung zwischen Influencer und Drittunternehmen zu fordern sein. Dadurch würde der Fall, dass Tap-Tags mit Verlinkungen verwendet werden, per se nicht mehr genügen um einen Verstoß gegen § 5a Abs. 4 UWG anzunehmen. Dadurch schafft die gesetzliche Änderung einen besseren Gleichlauf mit den Regeln des TMG und MStV.

Hinzu kommt jedoch die **Beweislastumkehr** im § 5a Abs. 4 S. 3 UWG, wonach der Er- 43
halt oder das Versprechen einer Gegenleistung vermutet wird. Hierdurch wird das Beweisrisiko auf die Seite des Influencers verlagert, wobei der „Negativ-Beweis" nur schwer zu erbringen sein wird. Welche Beweis-Anforderungen die Gerichte konkret stellen werden, gilt es abzuwarten. Faktisch folgt daraus jedoch zunächst, dass Influencer ihre Posts im Zweifel als Werbung kennzeichnen werden, um sich nicht der Gefahr einer ungenügenden Beweisführung auszusetzen.

42 EuGH Urt. v. 2.9.2021 – C-371/20, ZUM 2022, 128 Rn. 36–45.
43 BGH Urt. v. 9.9.2021 – I ZR 90/20, GRUR 2021, 1400 Rn. 80.

III. Immaterialgüterrechtliche Regelungen

1. Urheberrecht

44 Es existieren eine Vielzahl von europarechtlichen Richtlinien, Verordnungen sowie internationalen Verträgen. Keine dieser Rechtsakte trifft jedoch Regelungen für das Influencer-Marketing.

45 Auf nationaler Ebene regelt das **Urheberrechtsgesetz** (UrhG) das Verhältnis von Urhebern zu Verwertern und zur Öffentlichkeit. Gemäß § 12 Abs. 1 UrhG hat allein der Urheber das Recht zu bestimmen, ob und wie sein Werk zu veröffentlichen ist, er hat zudem gemäß § 15 Abs. 1 UrhG „das ausschließliche Recht, sein Werk in körperlicher Form zu verwerten; das Recht umfasst insbesondere das Vervielfältigungsrecht (§ 16 UrhG), das Verbreitungsrecht (§ 17 UrhG) und [...] das Recht der öffentlichen Zugänglichmachung (§ 19a)".

46 Bei den Beiträgen von Influencern handelt es sich in der Regel – nicht zuletzt wegen der geringen Anforderungen an die Schöpfungshöhe[44] – um **urheberrechtlich geschützte Werke**. Nicht umsonst werden Influencer auch häufig als „**Creator**" bezeichnet. Bei Gaming-Influencern handelt es sich dabei insbesondere um sogenannte Let's-Plays, bei denen der Influencer sich und das Spielgeschehen filmt und auf der Plattform live zur Verfügung stellt. Regelmäßig kann es danach auch auf Abruf angeschaut werden.

47 Beim Influencer-Marketing ist daher darauf zu achten, dass dem werbenden Unternehmen die notwendigen **Nutzungsrechte** am Content eingeräumt werden, sofern es den Inhalt auch auf eigenen Kanälen verbreiten möchte. Dabei sollte insbesondere sichergestellt werden, dass die Einräumung der Rechte **unwiderruflich und unbefristet** erfolgt. Ansonsten bestünde die Gefahr, dass bei einem Wegfall der Nutzungsrechte das mit dem Content des Influencers werbende Unternehmen vor der technisch schwierigen Herausforderung stünde, alle im Internet erfolgten Nutzungen wieder zu beseitigen.

2. Recht am eigenen Bild

48 Bei der Rechteeinräumung ist auch das Recht am eigenen Bild (§ 22 KUG) zu beachten, da regelmäßig nicht nur das Spielgeschehen gezeigt wird, sondern auch der Influencer selbst.

3. Markenrecht

49 Auf europarechtlicher Ebene existiert die „Markenrechtsrichtlinie" (2015/2436 v. 16.12.2015) zur Angleichung der Rechtsvorschriften der Mitgliedstaaten über die Marken sowie die „Unionsmarkenverordnung" (2017/1001 v. 14.6.2017).

50 Auf nationaler Ebene regelt das Markengesetz (MarkenG) mögliche **Verbotstatbestände**. Einschlägig ist vor allem § 14 Abs. 2 Nr. 1 MarkenG: „Dritten ist es untersagt, ohne Zustimmung des Inhabers der Marke im geschäftlichen Verkehr in Bezug auf Waren oder Dienstleistungen ein mit der Marke identisches Zeichen für Waren oder Dienstleistungen zu benutzen, die mit denjenigen identisch sind, für die sie Schutz genießt."

44 Loewenheim UrhR-HdB/*Nordemann* § 9 Rn. 22–24.

IV. BGB

Zudem finden auf **den typengemischten Vertrag** des Influencer-Vertrages die Regelungen des Schuldrechts Anwendung, wobei der Schwerpunkt des Vertrages regelmäßig dem **Werkvertragsrecht** (§§ 631 ff. BGB) zuzuordnen ist, da es dem werbenden Unternehmen gerade auf den Erfolg, hier auf die Erstellung und das Posten der Beiträge des Influencers, ankommt.[45] Da der Influencer in der Regel nicht als Arbeitnehmer des werbenden Unternehmens auftritt, sind die Parteien in der Vertragsgestaltung relativ frei. Typischerweise wird dem Gaming-Influencer das zu bewerbende Spiel in Form eines Downloads mit zugehörigem Key zur Verfügung gestellt, so dass der Influencer einen digitalen Inhalt iSd § 327 Abs. 2 S. 1 BGB erhält. Die Zurverfügungstellung des Games wird dabei regelmäßig einen Teil der Vergütung darstellen. Soweit der Influencer Gaming-Zubehör bewirbt, dass er wieder zurückgeben muss, finden die Regelungen der **Leihe** (§ 598 BGB) Anwendung.[46] 51

D. Vertragsgestaltung

I. Überblick

Am häufigsten kommt es vor, dass ein Vertrag zwischen dem Influencer selbst und dem werbenden Unternehmen geschlossen wird („**Influencer-Vertrag**"). Diese Verträge sind in der Regel zeitlich befristet und auf die Durchführung einer oder mehrerer Werbekampagnen gerichtet. Besonders erfolgreiche Influencer arbeiten mit Agenturen zusammen und schließen mit diesen einen exklusiven Managementvertrag, der es der Agentur ermöglicht, den Influencer exklusiv und in der Regel langfristig zu vermarkten („**Managementvertrag**"). Nicht selten ist auch ein Dreiecksverhältnis zwischen dem Influencer, dessen Agentur und dem werbenden Unternehmen. Je nach Vertragstyp unterscheiden sich der Inhalt, insbesondere die Pflichten des Influencers, stark. Die folgende Struktur gibt einen Überblick über die relevanten Vertragsklauseln, wobei der Schwerpunkt dieser Darstellung auf den Regelungen des Influencer-Vertrags liegt: 52

I. Präambel
II. Vertragsgegenstand
III. Pflichten des Influencers
   1. Zu erbringende Leistung
   2. Freigabeverpflichtung
   3. Nachweis der Leistungen/Reporting
   4. Rückgabepflicht
   5. Kennzeichnungspflichten
   6. Eigene Verantwortlichkeit
IV. Pflichten des Kunden
   1. Vergütung
   2. Kostenlose zur Verfügungstellung der zu bewerbenden Produkte
V. Code of Conduct
VI. Übertragung von Rechten & Einräumung von Nutzungsrechten

---

45 Hoeren/Sieber/Holznagel MultimediaR-HdB/*Roos* Teil 12 Rn. 139; *Terhaag/Schwarz* S. 232 Rn. 7, 9.
46 *Terhaag/Schwarz* S. 232 Rn. 9.

VII. Exklusivitätsvereinbarung / Wettbewerbsverbotsklausel
VIII. Folgen der Nichterfüllung / Vertragsstrafen
IX. Vertragsdauer & Kündigungsrechte
X. Geheimhaltungsklausel
XI. Gerichtsstandklausel
XII. Salvatorische Klausel

II. Vertragsinhalte

53 Schwerpunktmäßig sollten folgende Punkte in den Influencer- bzw. den Managementverträgen geregelt werden:

1. Präambel

54 Oft unterschätzt wird die Präambel. Mit ihr können die Parteien dem Gericht im Falle einer Streitigkeit eine **Auslegungshilfe** geben, was die Parteien mit dem Vertrag beabsichtigten. Auch der **Sorgfaltsmaßstab** kann in der Präambel definiert werden, eine wirksame Maßnahme, um den Vertrag „scharf" zu machen.

2. Vertragsgegenstand

55 Der Vertragsgegenstand muss so genau wie möglich bestimmt werden. Dabei ist insbesondere darauf zu achten, dass die jeweiligen **Accounts des Influencers** bspw. auf YouTube oder Twitch genau bezeichnet werden. Nur so kann sichergestellt werden, dass die Marketing-Maßnahme Erfolg hat, da die Reichweite der Maßnahme unmittelbar an die jeweiligen vernetzten Accounts des Influencers geknüpft ist. Auch sollten hier die **Ziele des Marketings** definiert werden, also zB die Erhöhung der Markenbekanntheit des Unternehmens, die Erhöhung der Reichweite, die Erhöhung des Umsatzes und/oder die Verbesserung des Images des Unternehmens.

3. Pflichten des Influencers

56 Besonderes Augenmerk ist auf eine umfassende Darstellung der Leistungspflichten und eine klare Definition des Leistungsumfangs des Influencers zu legen. So sollte die genaue **Anzahl** und Dauer der **Posts** bzw. Beiträge auf der jeweiligen sozialen Plattform benannt werden. Dabei sollte auch der Zeitpunkt der Veröffentlichung des jeweiligen Posts geregelt werden, so dass bei einer Nichtleistung zum Fälligkeitszeitpunkt vom werbenden Unternehmen Rücktrittsrechte (§ 323 Abs. 2 Nr. 2 BGB) oder Schadensersatzansprüche (§§ 280 ff. BGB) geltend gemacht werden können. Je nach Anspruch und Marktbekanntheit des werbenden Unternehmens kann es empfehlenswert sein, dass bestimmte Hervorhebungen des Produktes/Spiels vom Unternehmen definiert werden. So kann der Inhalt der Beiträge bereits vor Veröffentlichung zumindest teilweise gesteuert werden und ein etwaiger Imageschaden verhindert werden. Auch sollte eine **Sperrfrist** für die Löschung der Beiträge im Vertrag geregelt werden, damit diese auch eine umfassende Wirkung entfalten können.

57 Nachgelagert, aber nicht weniger wichtig, ist die Bestimmung von **Nachweis- bzw. Reportingpflichten** seitens des Influencers, wobei sich diese je nach Plattform und Art der Beiträge unterscheiden können. Von großem Interesse für das werbende

Unternehmen sind zB bei YouTube-Videos die Anzahl der Views, Anzahl der Likes, Anzahl der Dislikes. Durch die Nachweispflichten wird eine sichere Beweislage für etwaige Sekundäransprüche gewährleistet. Zudem hat das Unternehmen dadurch eine unmittelbare Kontrollmöglichkeit.

4. Kennzeichnungspflichten

Eng hiermit verbunden ist die Verpflichtung des Influencers, Schleichwerbung und Themenplatzierung zu unterlassen und die zuvor erwähnten gesetzlichen Kennzeichnungspflichten bei Werbung einzuhalten (→ Rn. 39 ff.). Zwar ist der Influencer grundsätzlich das haftende Subjekt, vgl. insbes. § 8 Abs. 1 UWG. Jedoch kommt bei umfassenden vertraglich eingeräumten Kontroll- und Anweisungsrechten des werbenden Unternehmens auch eine **Auftraggeberstellung** des werbenden Unternehmens iSd § 8 Abs. 2 UWG in Betracht. Deshalb empfiehlt sich im Innenverhältnis, eine **Haftungsfreizeichnung** des werbenden Unternehmens zu regeln, so dass etwaige Verstöße gegen die Kennzeichnungspflicht ausschließlich vom Influencer zu tragen sind. 58

5. Code of Conduct

Der Erfolg von Influencer-Marketing hängt aufgrund der engen Verbindung zur Person des Influencers maßgeblich von dessen Image und Auftreten ab. Es sollte deshalb ein Code of Conduct vereinbart werden, in dem zum einen bestimmt wird, dass alle Maßnahmen des Influencers im Interesse des werbenden Unternehmens bzw. des beworbenen Spiels zu erfolgen haben, er also jederzeit ein positives Bild von dem Spiel vermittelt. Darüber hinaus sollte der Influencer dazu verpflichtet werden, solche Äußerungen zu unterlassen, die gegen die Werte des werbenden Unternehmens verstoßen oder aber geeignet sind, dessen Ansehen zu schädigen. Zur Vermeidung von Streitigkeiten ist es wichtig, dass der **Katalog von Unterlassungshandlungen** genau definiert ist. Nur so kann sichergestellt werden, dass gerade die Positionierung zu kontroversen Themen (wie zB die aktuelle Querdenkerdebatte), die nicht pauschal als rufschädigend zu bezeichnen sind, sich im konkreten Fall in Bezug auf das werbende Unternehmen jedoch schädigend auswirken mögen, verhindert werden können. 59

6. Rechteübertragung & Einräumung von Nutzungsrechten

Ein weiterer wichtiger Punkt ist – sofern einschlägig – die Einräumung ausschließlicher, zeitlich, räumlich und inhaltlich **unbeschränkter, unwiderruflicher**, übertragbarer, unterlizenzierbarer und unbefristeter urheberrechtlicher Nutzungsrechte am vom Influencer erstellten Content. Hierbei ist auf die weltweite und in allen Medien sowie auf alle Nutzungsarten bezogene Rechteeinräumung zu achten. Neben den **urheberrechtlichen Nutzungsrechten** ist auch an das **Recht am eigenen Bild** gem. § 22 KUG zu denken, sofern der Influencer beim Gaming-Content selbst zu sehen ist. 60

Diese Punkte sind insbesondere dann zu berücksichtigen, wenn das werbende Unternehmen nicht nur die Kanäle des Influencers nutzen, sondern die Beiträge auch auf **eigenen Kanälen** zur Verfügung stellen möchte. 61

7. Vergütung

62 In Bezug auf die Vergütung wird sich das werbende Unternehmen regelmäßig die Frage stellen müssen, ob eine **Pauschalvergütung** vereinbart oder selbige an den Erfolg der Werbemaßnahme gekoppelt werden soll. Bei der zweiten Alternative bietet es sich an, klare **Referenzpunkte** zu bestimmen, wie die Anzahl der Views, Likes, uÄ. Dabei sollte auch darauf geachtet werden, dass bspw. Vertragsstrafen greifen, wenn der Influencer durch die Verwendung von Bots oder ähnlichen technischen Mitteln die Werte der Referenzpunkte künstlich erhöht.

8. Exklusivitätsvereinbarung/Wettbewerbsverbot

63 Häufig wird es sich für das werbende Unternehmen empfehlen, eine **Exklusivitätsvereinbarung** zu integrieren, so dass der Influencer während der Vertragslaufzeit nicht für konkurrierende Spiele auftritt und dadurch die Wirkung der eigenen Werbemaßnahme verwässert wird oder aber die Glaubwürdigkeit des Influencers verloren geht.

64 Auch sollte ein **zeitlich befristetes Wettbewerbsverbot** vereinbart werden, um den Influencer daran zu hindern, dass er vergleichbare Konkurrenzprodukte in zeitlicher Nähe bewirbt. Ob sich solche Vereinbarungen im Gaming-Bereich tatsächlich durchsetzen lassen, wird sich zeigen müssen, da derzeit die meisten Influencer mehrere Spiele gleichzeitig bewerben.

9. Vertragsdauer & Kündigungsrechte

65 Da die Wirkung der Werbemaßnahme maßgeblich von der Wirkung des Influencers und dessen Verhalten abhängt, empfiehlt sich ein **außerordentliches Kündigungsrecht** zugunsten des werbenden Unternehmens zu vereinbaren. Im Zusammenspiel mit dem Code of Conduct sollten vom Influencer zu unterlassene Verhaltensweisen so genau wie möglich definiert werden, um eine sichere Rechtsdurchsetzung zu ermöglichen.

III. Musterklauseln

66 Zu einer besseren Umsetzung sollen nachfolgend einige typische und besonders relevante Musterklauseln aus Influencer- und Managementverträgen dargestellt werden, wobei der Schwerpunkt dieser Darstellung auf den Regelungen des Influencer-Vertrags liegt:

1. Präambel

67 **Influencer-Vertrag und Managementvertrag:** Vertragspartner ist ein Influencer und Content-Creator insbesondere von Webvideos, inklusive sog. „Let's-Play's" und „Vlogs", die er über eigene Video-Kanäle, wie zB „xxx" über Video-Portale, wie beispielsweise YouTube und TikTok oder Social-Media-Plattformen, wie zB Instagram, Twitch, Facebook und Twitter veröffentlicht und kommerziell auswertet.

68 **Managementvertrag:** Ziel des Managementvertrages ist es, Creator durch entsprechende, **individuelle Beratung**, Förderung und Unterstützung seines Potentials im kreativen und medialen Bereich zu größerer **Bekanntheit** zu verhelfen, mithin die **Karriere** von Creator zu fördern bzw. (weiter) aufzubauen und zu festigen.

2. Vertragsgegenstand

Managementvertrag: Influencer beauftragt Agentur exklusiv und weltweit mit der Durchführung sämtlicher Aufgaben der Karriereförderung und Beratung in künstlerischen, organisatorischen und geschäftlichen Fragen, die mit dem beruflichen Bereich des Influencers in Zusammenhang stehen. Hierzu gehören insbesondere: … 69

Influencer-Vertrag: Gegenstand dieses Influencer-Vertrags sind folgende Leistungen im Rahmen des og Projekts: 70

- [Zahl] YouTube-Videos gemäß Briefing
- [Zahl] TikTok Videos gemäß Briefing
- [Zahl] Twitch-Videos gemäß Briefing
- [Zahl] Blog-Beiträge gemäß Briefing

  ggf. sofern einschlägig:
- [Zahl] Instagram-Postings gemäß Briefing
- [Zahl] Instagram-Stories (mind. X Einzelbeiträge/Snippets pro Story) gemäß Briefing
- [Zahl] Instagram-Reels gemäß Briefing
- [Zahl] Instagram-TV-Videos gemäß Briefing

(nachfolgend „**Content**“ genannt)

Reporting: Der Influencer übermittelt der Agentur/dem Unternehmen durch das Zusenden von Screenshots nach der erbrachten Leistung die Leistungsergebnisse zu Reporting-Zwecken. Dabei werden die Ergebnisse der YouTube-Videos innerhalb einer Woche nach Veröffentlichung zugesendet, die Ergebnisse des Blog-Beitrags vier Wochen nach Veröffentlichung. Die Leistungsergebnisse beinhalten folgende Kennzahlen: 71

- YouTube-Video: Anzahl Aufrufe, Anzahl Likes, Anzahl Dislikes, Anzahl Kommentare, durchschnittlicher Prozentsatz der Wiedergabe des Videos, Wiedergabezeit in Minuten (Total-Watchtime), Impressionen
- Twitch: Stream-Dauer, Zeitpunkte der Kooperationsintegration im Stream, eindeutige Chatter, durchschnittliche Anzahl der Zuschauer, Live-Aufrufe, maximale Zuschauer, eindeutige Zuschauer
- Blogpost: Anzahl Monthly-Blog-Views, Anzahl Monthly-Unique-Views, Monthly-Rate-Desktop-Leser in Prozent, Monthly-Rate-Mobile-Leser in Prozent, Altersverteilung der Leser, Anzahl Blog-Post-Views, Anzahl Blog-Post-Unique-Views, Anzahl Kommentare, durchschnittliche Verweildauer auf dem Beitrag

Ggf. zusätzlich sofern einschlägig: 72

- Instagram-Posting: Anzahl „Gefällt mir“, Anzahl Kommentare, Anzahl „Gespeichert“, Anzahl Impressionen, Anzahl Reichweite, Anzahl Interaktionen
- Instagram-Story (pro Story-Snippet): Anzahl Impressionen, Anzahl Reichweite pro Story-Snippet, Anzahl Swipe-Up-Link-Klicks
- Instagram-TV: Anzahl Aufrufe, Anzahl „Gefällt mir“, Anzahl Kommentare, Anzahl „Gespeichert“
- Instagram-Reels: Anzahl Aufrufe, Anzahl „Gefällt mir“, Anzahl Kommentare

- Facebook: Anzahl erreichte Personen, Interaktionen, Link-Klicks
- Twitter: Reichweite, Likes, Retweets, Replies

3. Kennzeichnungspflichten

73 Der Influencer wurde darüber informiert, dass er die beschriebenen Leistungen als Werbung deklarieren muss, um rechtliche Risiken (zB Abmahnungen durch Mitbewerber) zu minimieren. Dies geschieht durch die Kennzeichnung in schriftlicher Form, zum Beispiel „Werbung"/„Anzeige" zu Beginn jedes seiner geposteten Inhalte, im Rahmen der vereinbarten Kooperation.

74 Schleichwerbung und Themenplatzierung sowie entsprechende Praktiken sind in den sozialen Netzwerken unzulässig.

75 Der Influencer garantiert, dass die Kennzeichnungspflichten für Produktplatzierungen eingehalten werden. Der Influencer verpflichtet sich insoweit, die Beiträge stets so zu kennzeichnen, dass der kommerzielle Zweck auf den ersten Blick erkennbar ist und vom übrigen Inhalt der Angebote eindeutig getrennt ist und dass insbesondere eine Verletzung von § 5 a Abs. 4 UWG oder anderen Vorschriften des UWG, von § 6 TMG sowie den Vorschriften des Medienstaatsvertrags (insbes. §§ 8, 22, 38, 74 und 98) ausscheidet. Dies muss derart geschehen, dass Hashtags wie #werbung oder #anzeige zu Beginn verwendet werden und so im Beitrag platziert sind, dass die Nutzer nicht scrollen müssen, bevor sie diesen Werbehinweis erkennen können. Hashtags wie #collab, #sponsoredby oder #ad können zusätzlich verwendet werden, sind alleine aber nicht ausreichend. Dem Influencer ist es insbesondere nicht gestattet, im geschäftlichen Verkehr auf seinem Account Bilder oder Videos von sich im Internet zu präsentieren und dabei Waren und/oder Dienstleistungen vorzustellen nebst Verlinkung („Tags") zu den Accounts des Unternehmens, und/oder seine Follower zum Anklicken der „Tags" zu motivieren, ohne diese Veröffentlichungen als Werbung kenntlich zu machen.

76 Bei einem Verstoß gegen diese Garantien stellt der Influencer das Unternehmen von einer diesbezüglichen Inanspruchnahme Dritter (einschließlich der Kosten der Rechtsverteidigung) auf erstes Anfordern frei.

4. Code of Conduct

77 Der Influencer hat die Leistungen im besten Interesse von Unternehmen, Marke und den Produkten zu erbringen. Die Parteien vereinbaren, dass der Influencer-Vertrag darauf basiert, dass der Influencer stets ein positives Bild vom Unternehmen, der Marke und den Produkten vermittelt; damit hat jede Darstellung in einem Kontext, der dem Image von Unternehmen und/oder Marke und/oder Produkten abträglich sein könnte, zu unterbleiben; dies beinhaltet auch negative Kommentare oder Bewertungen in den Kommentarspalten durch Dritte. Das Unternehmen behält sich diesbezüglich das Recht darauf vor, die Löschung bzw. Entfernung einer möglicherweise negativen Veröffentlichung vom Influencer zu verlangen.

78 Darüber hinaus verpflichtet sich der Influencer, auch solche Äußerungen zu unterlassen, die gegen die Werte des Unternehmens verstoßen oder aber geeignet sind, dessen

Ansehen zu schädigen. Hierzu zählen insbesondere rassistische, sexistische oder andere diskriminierende Äußerungen.

5. Rechteübertragung

Hiermit räumt der Influencer dem Unternehmen die ausschließlichen, zeitlich, räumlich und inhaltlich unbeschränkten, unwiderruflichen, übertragbaren, unterlizenzierbaren und unbefristeten Nutzungsrechte am Content ein. Die Rechteeinräumung erfolgt weltweit und in allen Medien sowie in allen Nutzungsarten (insbesondere Print, Online, TV, Kino, Home Entertainment, Out-of-Home/Außenwerbung, Social-Media), sie erstreckt sich insbesondere auf folgende Nutzungsrechte: 79

- Vervielfältigungsrecht gem. § 16 UrhG
- Verbreitungsrecht gem. § 17 UrhG
- Ausstellungsrecht gem. § 18 UrhG
- Vortrags-, Aufführungs- und Vorführungsrecht gem. § 19 UrhG
- Recht der öffentlichen Zugänglichmachung gem. § 19a UrhG einschließlich der Nutzung des Contents in digitaler Form, insbesondere durch Online-Wiedergabe und im Zusammenhang mit offenen Netzwerken (Internet)
- Senderecht gem. § 20 UrhG
- Recht der Wiedergabe durch Bild- und Tonträger gem. § 21 UrhG
- Recht der Wiedergabe von Funksendungen gem. § 22 UrhG
- Recht zur Bearbeitung und Umgestaltung gem. § 23 UrhG
- Recht zur Verfilmung und Wiederverfilmung gem. §§ 88, 94, 95 UrhG

Der Influencer bleibt jedoch weiter berechtigt, den erstellten Content auf seinen Kanälen hochzuladen.

Der Influencer räumt im Rahmen dieses Vertrages dem Unternehmen auch das Recht am eigenen Bild gem. § 22 KUG ein. 80

Das Unternehmen nimmt die vorstehenden Rechteübertragungen an. 81

Der Influencer verzichtet – soweit gesetzlich zulässig – auf sein Recht, als Urheber genannt zu werden bzw. darauf, den Content mit einer Urheberbezeichnung zu versehen und das Recht, Bearbeitungen oder andere Änderungen des Contents zu untersagen. 82

Der Influencer haftet dafür, dass der von ihm erstellte Content, insbes. Texte, Bild- und Videomaterial, Rechte Dritter nicht verletzt. 83

6. Exklusivitätsvereinbarung/Wettbewerbsverbot

Der Influencer verpflichtet sich, während der Dauer dieses Vertrages und für die Dauer von zwölf (12) Monaten nach Beendigung dieses Vertrages nicht entgeltlich oder unentgeltlich für ein anderes Unternehmen tätig zu werden und/oder Produkte zu bewerben, die mit dem Unternehmen in Wettbewerb stehen („Wettbewerbsunternehmen"). Als Wettbewerbsunternehmen gilt insbesondere [Konkretisierung, insbes. durch namentliche Benennung der Wettbewerbsunternehmen]. Will der Influencer im Zeitraum von bis zu 6 Monaten nach Beendigung dieses Vertrags für ein Wettbewerbsunternehmen tätig werden, so hat er die Zustimmung vom Unternehmen einzuholen. Verweigert 84 das Unternehmen die Zustimmung, steht dem Influencer eine Karenzentschädigung nach Maßgabe der §§ 74 ff. HGB zu.

7. Verschwiegenheits- & Geheimhaltungsklausel

85 Der Influencer verpflichtet sich, über alle ihm zur Kenntnis gekommenen Angelegenheiten – auch über die Beendigung des Vertrages hinaus – Stillschweigen gegenüber jedermann zu wahren. Eventuell überlassene Unterlagen hat der Influencer nach Beendigung des Vertrages unverzüglich und unaufgefordert zurückzugeben. Der Influencer wird seine Mitarbeiter oder Dienstleister entsprechend verpflichten.

86 Dieser Influencer-Vertrag ist streng vertraulich; keine Partei darf ohne die vorherige schriftliche Zustimmung der jeweils anderen Partei diesen Influencer-Vertrag oder den Vertragsgegenstand betreffenden Veröffentlichungen – weder in mündlicher noch in schriftlicher Form – vornehmen. Soweit eine der Parteien aus gesetzlichen oder behördlichen Gründen verpflichtet ist, den Vertrag oder einzelne Bestimmungen daraus offen zu legen, bleibt dies zulässig. Weiter darf dieser Vertrag den zur beruflichen Verschwiegenheit verpflichteten Beratern offengelegt werden sowie Gesellschaftern, Finanzierungspartnern und Investoren des Unternehmens sowie verbundenen Unternehmen.

E. Vertragsdurchsetzung

87 Wie alle anderen Verträge unterliegen auch Influencer-Verträge den Vorgaben des **allgemeinen Schuldrechts.** Das bedeutet, dass es Ansprüche auf Vertragserfüllung und Erfüllung bestimmter Unterlassungspflichten sowie Schadenersatzansprüche bei Verletzung der vorgenannten Pflichten geben kann.

I. Anspruch auf Vertragserfüllung

88 Maßgeblich für die Durchsetzung der Vertragserfüllung sind vor allem die vertraglich festgehaltenen Pflichten sowie deren Ausgestaltung. Gemäß dem Grundsatze „**pacta sunt servanda**" müssen alle vertraglich vereinbarten Leistungen erbracht werden, § 241 Abs. 1 BGB. Ausnahmen gelten lediglich bei rechtswidrigen sowie unmöglichen Handlungen, vgl. § 134 bzw. 275 BGB. Im letzteren Fall steht dem Vertragspartner allerdings Schadensersatz zu.

89 Auch scheinbar unbedeutende Teile eines Vertrages sind einklagbar oder, falls diese nicht mehr erfüllbar sind, muss Schadensersatz geleistet werden. War also beispielsweise mit dem Influencer eine bestimmte Anzahl von Posts vereinbart und wurden diese nicht geleistet, so kann auch noch nach zeitlicher Beendigung des Vertrages eine „**Nachleistung**" verlangt werden, dh, dass der Influencer verpflichtet werden kann, noch weitere Beiträge zu veröffentlichen, um seinen Leistungspflichten gerecht zu werden.

II. Unterlassungsanspruch

Spiegelbildlich zum Anspruch auf Vertragserfüllung verhalten sich Unterlassungspflichten: Die vereinbarte Leistung kann bereits aus einem Unterlassen bestehen, § 241 Abs. 1 BGB. 90

Vertragspartner sind einander auch kraft Gesetzes zu allgemeiner **Rücksichtnahme** verpflichtet, § 241 Abs. 2 BGB. Diese Rücksichtnahmepflicht umfasst nicht nur die Pflicht, strafrechtlich verfolgte Vergehen, wie zB die Beleidigung oder Sachbeschädigung zu unterlassen, sondern auch die Verpflichtung, es zu unterlassen, die Interessen des Vertragspartners zu verletzen. Sollte ein Influencer, mit dem ein Influencer-Vertrag abgeschlossen wurde, etwa kontinuierlich die Überlegenheit eines mit dem Produkt rivalisierenden Produktes betonen, so kann ein Unterlassen gefordert werden. 91

Besondere Bedeutung kommt bei Unterlassungsansprüchen auch dem Code of Conduct zu (→ Rn. 59, 77). Wurde ein **Verhaltens- oder Moralkodex**, welcher bestimmte Werte des Unternehmens betont, Teil des Vertrages, so hat der Influencer Handlungen, welche gegen diesen Kodex verstoßen, zu unterlassen. Das gilt insbesondere für Äußerungen, die gegen die Werte des Vertragspartners verstoßen oder aber geeignet sind, dessen Ansehen zu schädigen. Hierzu zählen insbesondere rassistische, sexistische oder andere diskriminierende Äußerungen. In der Regel führt ein solcher Verstoß auch zu einem Kündigungsrecht des Unternehmens. Daher ist zur Vermeidung von Streitigkeiten aus Sicht des Influencers wichtig, dass der zur Kündigung berechtigende Katalog von Unterlassungshandlungen genau definiert ist. So ist es sicherlich streitig, ob ein Influencer, der im Rahmen der Corona-Pandemie Positionen von sog. Querdenkern öffentlich postet oder teilt, aus diesem Grunde gekündigt werden könnte. Es empfiehlt sich daher, den Katalog abschließend genau zu definieren. 92

III. Schadensersatzanspruch

Neben dem Unterlassen solchen Verhaltens kann außerdem Schadensersatz gefordert und ggf. eingeklagt werden. Dabei ist zwischen dem Schadensersatz neben (§ 280 Abs. 1 BGB) und statt der Leistung (§§ 280 Abs. 3, 281–283 BGB) zu differenzieren. Das gilt auch für nicht oder nicht wie vereinbart erbrachte Leistungen, § 280 ff. BGB. Selbst wenn eine Leistung unmöglich geworden ist, etwa weil die Plattform, auf welcher die Beiträge veröffentlicht werden sollten, eingestellt wurde, kann ein Anspruch auf Schadensersatz bestehen. Voraussetzung für einen Schadensersatzanspruch ist jedoch grundsätzlich ein **Vertretenmüssen** (§ 276 Abs. 1 S. 1 BGB) der Partei. Dieses wird im vertraglichen Kontext zwar vermutet (vgl. § 280 Abs. 1 S. 2 BGB), jedoch hat die Partei, die dem Schadensersatzanspruch ausgesetzt ist, die Möglichkeit, diese Vermutung zu widerlegen. 93

Die Höhe des Schadensersatzes bemisst sich dabei nach dem angerichteten Schaden. Der Geschädigte ist so zu stellen, wie er stehen würde, wenn das zum Schadensersatz verpflichtende Ereignis nicht eingetreten wäre, vgl. 249 Abs. 1 BGB. Dies bedeutet jedoch keinesfalls, dass der Schadensersatz immer in Geld erfolgen muss. Vielmehr sieht das Gesetz diese Situation grundsätzlich als Ausnahme an. Stattdessen ist der Geschädigte tatsächlich so zu stellen, als wäre der Schaden nicht eingetreten. So kann bei ruf- 94 schädigenden Äußerungen oder Beiträgen des Influencers gegenüber dem werbenden Unternehmen beispielsweise ein Löschen der Beiträge (sofern möglich) und eine Distanzierung von diesen verlangt werden.

§ 30 Guidelines und Lizenzen für Let's-Plays

Literatur: *Ahlberg/Götting/Lauber-Rönsberg*, BeckOK Urheberrecht, 34. Edition 2022 (zit.: BeckOK UrhR); *Beyvers/Beyvers*, Einordnung von Let's Play-Videos aus der Sicht des Urheber-, Jugendschutz- und Strafrechts – Überblick über die relevanten Rechtsfragen und Stand der Diskussion, MMR 2015, 794; *Bullinger/Czychowski*, Digitale Inhalte: Werk und/oder Software? – Ein Gedankenspiel am Beispiel von Computerspielen, GRUR 2011, 19; *Dreier/Schulze*, Urheberrechtsgesetz, 7. Auflage 2022 (zit.: Dreier/Schulze); *Hentsch*, Piraterie in der Games-Branche, MMR-Beil. 8/2019, 3; *Hentsch*, Die Umsetzung der Urheberrechtsrichtlinie aus Sicht der Games-Branche – Schwerpunkt: Regelungen zur Verlegerbeteiligung, zum Urhebervertragsrecht und zur Haftung von Plattformen, MMR 2019, S 351; *Hentsch*, Games Industry Law Summit, MMR 2021, 837; *Hilgert*, Spieler, Cheater, Streamer – Rechtsfragen im eSport aus Sicht des Publishers, in: Maties (Hrsg.), eSport-Recht – Politik, Praxis und Wissenschaft im Dialog, 2020, S. 146 (zit.: Maties eSport-Recht/*Hilgert*); *Katko/Maier*, Computerspiele – die Filmwerke des 21. Jahrhunderts?, MMR 2009, 306; *Loewenheim*, Handbuch des Urheberrechts, 3. Auflage 2021 (zit.: Loewenheim UrhR-HdB); *Nordemann/Czychowski* in Hasselblatt (Hrsg) , MAH Gewerblicher Rechtsschutz, 5. Auflage 2017 (zit.: MAH GewRS); *Rodewald*, Let's Play & Streaming, in: Zimmermann/Falk (Hrsg.), Handbuch Gameskultur, 2020, S. 150 ff. (zit.: Zimmermann/Falk HdB Gameskultur/*Rodewald*); *Terhaag/Schwarz*, Influencer-Marketing, 1. Aufl. 2021; *Wandtke/Bullinger*, Urheberrecht, 5. Aufl. 2019 (zit.: Wandtke/Bullinger).

A. Einführung

Streaming-Plattformen haben in den letzten Jahren ihr stetiges Wachstum sowohl in Beliebtheit als auch in Nutzerzahlen fortgesetzt, wobei die ohnehin schon große Relevanz mit den einschneidenden Einschränkungen für soziale Kontakte im Alltag durch die Sars-CoV-2-Pandemie nochmals einen erheblichen Sprung gemacht hat. Hierbei hat Gaming-Video-Content, insbesondere sogenannte **Let's-Plays**, eine herausragende 1

Bedeutung. Allein auf den **Plattformen** Twitch, YouTube Gaming, Facebook Gaming und Mixer wurden in den ersten drei Quartalen des Jahres 2021 über 25,9 Milliarden Stunden Content von Nutzern gesehen, nachdem bereits im gesamten Jahr 2020 27,9 Milliarden Stunden Content konsumiert wurden.[1]

Bekannte internationale Let's-Player können hierbei **Abonnenten**- bzw. **Follower**-Zahlen aufweisen, von denen manch ein Star aus der Film- und Musikbranche träumt. Der Let's-Player „PewDiePie" erreicht allein mit seinem **Channel** auf YouTube 111 Mio. Abonnenten. Der derzeit erfolgreichste Let's-Player auf Twitch, „Ninja" erreicht 18,2 Mio. Follower mit seinem Channel. Aber auch nationale Let's-Player können Follower- bzw. Abonnentenzahlen im Millionenbereich vorweisen. Der erfolgreichste deutsche Let's-Player Erik Range aka „Gronkh" betreibt einen YouTube-Channel mit 4,91 Mio. Abonnenten und einen Twitch-Channel mit 1,5 Mio. Followern. Sein YouTube-Kanal zählt damit auch genreübergreifend zu den meistabonnierten YouTube-Kanälen Deutschlands. Aber auch der Let's-Player PietSmiet erreicht 2,46 Mio. Abonnenten auf YouTube und 0,73 Mio. Follower auf Twitch.[2]

Damit sind Let's-Plays gleichermaßen interessant für das Publikum, Entwicklungsstudios und Publisher von Computerspielen und natürlich auch für den Let's-Player selbst. Spielbezogene **Unterhaltung, Medienpräsenz** und **Marketing** und auch monetäre Interessen spielen hierbei gleichermaßen eine erhebliche Rolle.

2 Eine Besonderheit ist dabei, dass die **technische Zugangsschwelle** zur Erstellung eigener Let's-Plays mittlerweile generell nur noch niedrig ist. Es bietet sich inzwischen jedem Spieler die Möglichkeit, eigene audiovisuelle Inhalte auf Streaming-Plattformen einzustellen, um diese für ein Millionenpublikum verfügbar zu machen. Bereits mit gängigen Geräten, zB einem Notebook mit Headset, ist dies oft ohne weiteres möglich.

Zudem haben Entwicklerstudios und Publisher und Konsolenhersteller auf die Beliebtheit von Let's-Plays reagiert und ermöglichen das **Aufnehmen (Capturen)** und **Teilen (Sharen)** von Spielerlebnissen vermehrt schon direkt im Spiel.

3 Das führt dazu, dass die Zahl der Personen, die eigene Streaming-Kanäle erstellen, stetig gewachsen ist und die Grenze zwischen privaten und gewerblichen bzw. professionellen Let's-Plays mittlerweile fließend ist.

Die Welt der Let's-Plays steht somit nicht nur professionellen Webvideo-Producern und **Games-Influencern** zur Verfügung, sondern fasziniert auch damit, dass jeder seine Kreativität und Ideen im Spiel und Spielerlebnisse, ob live im Stream oder aufgezeichnet, teilen kann. Sei es zur Selbstdarstellung, zum Spaß und Austausch mit anderen oder auch aus wirtschaftlichen Interessen.

Aus dem ursprünglichen Nischen-Phänomen Let's-Plays ist erkennbar neben dem zugrundeliegenden Game selbst eine eigenständige, relevante **kulturelle Bedeutung**

---

1 Vgl. hierzu die Studien „Streamlabs and Stream Hatchet Q4 Live Streaming Industry Report" vom 28.1.2021, „Streamlabs Quarterly Report Q2' April – June 2021" vom 27.7.2021, „Streamlabs Quarterly Report Q3' July – September 2021" vom 27.10.2021, jeweils von *May*, alle abrufbar unter https://blog.streamlabs.com.

2 Zahlen von Abonnenten (YouTube) bzw. Follower (Twitch) - Stand Juni 2022.

erwachsen. Let's-Plays sind damit ohne Zweifel inzwischen ein fester Bestandteil der **Jugend-** und **digitalen Spiel- und Medienkultur.**

B. Begriffsbestimmung und Interessenlage

4 Aus rechtlicher Sicht sind Let's-Plays interessant, weil sie naturgemäß mit dem jeweiligen Spiel urheberrechtlich bzw. leistungsschutzrechtlich geschützte vorbestehende Elemente beinhalten. Im Folgenden wird daher zunächst der Begriff **„Let's-Play"** und seine Historie beleuchtet und anschließend die relevanten Rechtsfragen sowie die üblichen Bestandteile von **Guidelines** und **Lizenzen** dargestellt.

Da dieses Handbuch Let's-Plays primär aus der Sicht des Games-Rechts behandelt, wird bezüglich der Tätigkeit des Let's-Players als gewerblicher, professioneller **Influencer** ergänzend auf das empfehlenswerte Rechtshandbuch „Influencer-Marketing" von Michael Terhaag und Christian Schwarz verwiesen.[3]

I. Begriffsbestimmung „Let's-Play"

5 Let's-Plays (engl. „Lasst uns spielen") sind Videoproduktionen, bei denen eine oder mehrere Personen sich beim Spielen eines Computerspiels selbst filmen, also die eigene Interaktion mit dem Spiel und Spielgeschehen aufzeichnet und dabei kommentiert. Diese Videos werden live gesendet (**Livestream**) und/oder aufgezeichnet, um sie anschließend zum Abruf (als **Video-on-Demand**) auf den hierfür gängigen Plattformen für Gaming-Video-Content, dh insbesondere das Amazon-Tochterunternehmen Twitch, das Google-Tochterunternehmen YouTube Gaming und Facebook Gaming, bereitzustellen.

In der Darstellung sind dabei die Let's-Plays in der Regel so gestaltet, dass man einerseits das Spiel – sei es ein Match bzw. eine Partie, vom Spieler bestimmte Sequenzen, zB eine spezielle Herausforderung oder einen Kampf – miterlebt und andererseits den **Kommentar** des Spielers dabei hört. In der Regel ist auch ein Video des Spielers selbst (per **Facecam**) in die Darstellung eingebunden. Dabei wird das **Spielgeschehen** durch den Let's-Player oft kreativ dramaturgisch gestaltet und unterhaltsam oder erläuternd durch den Kommentar begleitet.

6 Die Kombination aus der Darbietung des Spielgeschehens und der Kommentare ist prägend für ein Let's-Play. Anders als bei einem Tutorial oder einer reinen Spielelösung (zB Walkthrough) kommt es beim Let's-Play gerade auf die Persönlichkeit, die Ausführungen und Erzählungen sowie die **individuellen Spielerfahrungen** des Let's-Players an. Bei live gestreamten Let's-Plays reagiert der Let's-Player hierbei zudem oft auf die Kommentare und Fragen von seinen Followern.

Zu Recht formuliert Vera Marie Rodewald im Handbuch Gameskultur hierzu:

„Aus dem Spielen wird ein Vorspielen. Wie im Theater schlüpfen diese in die Rolle von Schauspielerinnen und Schauspielern, die das digitale Spiel als Bühne für die eigene Erzählung nutzen."[4]

3 *Terhaag/Schwarz* Influencer-Marketing, 2021.
4 Zimmermann/Falk HdB Gameskultur/*Rodewald* S. 150.

Der spielende Let's-Player mit seinen Erzählungen und Interaktionen mit dem Spiel sowie den Followern steht im Fokus. Er ist also der Protagonist, nicht der Avatar im Spiel.

II. Interessenlage

7 Bei der Erstellung und Verbreitung von Let's-Plays treffen eine Vielzahl von Interessen aufeinander.

8 Auf der einen Seite steht der Let's-Player, der zur Selbstdarstellung, zur eigenen Unterhaltung oder zur Unterhaltung von Freunden oder Dritten Videos produzieren und veröffentlichen möchte. Dies kann ohne wirtschaftliche Interessen geschehen, aber auch wirtschaftlichen Zwecken dienen.

Typisch ist hierbei das Ziel, für sich oder eine Medienproduktion einen möglichst reichweitenstarken Channel aufzubauen, um die Person des Let's-Players bekannt zu machen. Die Monetarisierung der Videos bzw. des Channels erfolgt hierbei durch integrierte Werbung, Sponsorings und plattformspezifische monetäre Zuwendungen durch Fans bzw. Follower (zB Bits, Cheers, Super Chat, Super Sticker, Super Thanks, Channel Abonnements etc) und Beteiligungen an Abogebühren der Plattformen, sollten Premium-Mitglieder der jeweiligen Plattformen oder verbundener Dienste die Videos sehen.

9 Auf der anderen Seite stehen die Interessen der Entwicklungsstudios und Publisher als Produzenten bzw. Rechteinhaber des dargebotenen Computerspiels. Einerseits haben diese ein hohes Interesse daran, dass die wirtschaftliche Auswertung des Computerspiels nicht gestört wird. Auch möchte man die eigenen Marken, sei es des Computerspiels, ggf. der Computerspielreihe, des Entwicklungsstudios oder Publishers, nicht beeinträchtigt sehen. Es liegt auch auf der Hand, dass Entwicklungsstudio und Publisher Wert darauflegen, dass die Darstellung und Nutzung ihre Computerspiele in Let's-Plays nicht den Unternehmenswerten- und Werbezielen der beteiligten Unternehmen widersprechen oder in sonstiger Weise das Spiel, die Brand oder Außendarstellung der Beteiligten beinträchtigen.

Abschließend besteht kein Interesse daran, dass die Let's-Plays (insbesondere bei Online-Spielen) Spiel- oder Verhaltensweisen fördern, die nicht den Community-Guidelines und Verhaltenskodizes des jeweiligen Spiels entsprechen und somit das Spielerlebnis (und ggf. auch Rechte) anderer Spieler beinträchtigen.

Andererseits ist offensichtlich, dass Let's-Plays durch ihre enorme Beliebtheit und durch ihre massive mediale Präsenz genau in der relevanten Zielgruppe der Games-Community einen enormen Werbewert haben. Somit ergänzen Let's-Plays die zielgerichteten, kostenintensiven Werbemaßnahmen der Rechteinhaber in erheblichem Maße.

10 Aus diesem Grunde ist das Interesse der Rechteinhaber an Let's-Plays nach anfänglicher Skepsis gestiegen, die Veröffentlichung von Let's-Plays nicht nur stillschweigend zu dulden, sondern die Rahmenbedingungen durch Guidelines und (vereinzelt) Lizenzen aktiv zu gestalten. Mittlerweile wird das Marketing aktiv nicht nur durch Live-Strea-

ming und Communities sowie titelbezogen im Esports-Bereich, sondern auch durch Let's-Plays unterstützt.[5]

Im folgenden Abschnitt C. werden zunächst die rechtlichen Rahmenbedingungen und relevante Rechtsfragen erörtert und anschließend in Abschnitt D. typische Inhalte von Guidelines und Lizenzen für Let's-Plays vorgestellt.

C. Rechtliche Einordnung und relevante Rechtsfragen

I. IP-Rechte

Grundlage für die Erstellung eines Let's-Plays ist neben dem Part des Spielers das Spiel selbst. Das Spiel ist letztlich wie zuvor geschrieben die Bühne bzw. das Spielfeld für die eigene Erzählung des Let's-Players. Zu berücksichtigen ist herbei aber, dass der Let's-Player eine Bühne bespielt, die er nicht selbst erschaffen hat. 11

Wie bereits in → § 9 Rn. 5 ff. detailliert ausgearbeitet, ist diese Bühne urheberrechtlich geschützt und die Rechte liegen in den Händen des Entwicklungsstudios und/oder des Publishers. 12

II. Rechte am Spiel

Zusammenfassend werden Computerspiele bzw. Videospiele als sogenannte komplexe Werke eingeordnet. Dies beruht auf dem Umstand, dass ein Game aus vielen unterschiedlichen jeweils urheber- bzw. leistungsschutzrechtlich geschützten Elementen besteht: u.a. sind dies die Story bzw. das Narrativ, Designelemente, Musik, Sound und der unterliegende Code. 13

Die rechtliche Diskussion dazu ist aber noch nicht abgeschlossen (→ § 9 Rn. 5 ff.), so dass noch offen ist, ob Games in der Regel als Filmwerke (gemäß §§ 2 Abs. 1 Nr. 6, 88, 94 UrhG), als Computerprogramme (gemäß §§ 2 Abs. 1 Nr. 1, 69a UrhG) oder schlicht als Summe ihrer Einzelteile einzuordnen und geschützt sind.[6] 14

In Konsequenz dieser nicht abgeschlossenen Diskussion sind wesentliche Fragen für urheberrechtliche Sonderregelungen zu Computerprogrammen nach der Richtlinie 2009/24 EG über den Rechtsschutz von Computerspielen weiterhin nicht abschließend zu beantworten. Diese betreffen unter anderem je nach Einordnung zB unterschiedliche Maßstäbe zur notwendigen Schöpfungshöhe, der Zuordnung von Verwertungsrechten, zu Privatkopien, etc.

Leider hat auch die Urheberrechtsrichtlinie der EU (Urh-RL) hierzu keine neue Klarheit geschaffen, da sie sich vor allem auf die klassischen Medien, wie Presse (Art. 15), Buchverlage (Art. 16) sowie Musik und Film (Art. 17), bezieht. Games werden nicht vergleichbar adressiert und die speziellen Regelungen zu Games bzw. Computerspielen finden keine Berücksichtigung.[7]

Im Ergebnis orientiert man sich daher in erster Linie an dem sogenannten Nintendo-Urteil des EuGH, der die Einordnungsfrage löst, in dem er ein „hybrides Werk" annimmt. 15

5 *Hentsch* MMR 2019, 351.
6 Ahlberg/Götting/Lauber-Rönsberg BeckOK UrhR/*Kaboth/Spies* § 69a Rn. 8.
7 So auch und mit detaillierten Ausführungen: *Hentsch* MMR 2019, 351 (352).

Games stellen „komplexe Gegenstände dar, die nicht nur Computerprogramme sind, sondern auch grafische und klangliche Bestandteile umfassen, die, auch wenn sie in einer Computerspielsprache kodiert sind, eigenen schöpferischen Wert besitzen, der nicht auf diese Kodierung beschränkt ist. Da Teile des Videospiels, im vorliegenden Fall die grafischen und klanglichen Bestandteile, an der Originalität des Werks teilhaben, sind sie zusammen als Gesamtwerk durch das Urheberrecht"[8] geschützt.

In der Praxis differenziert der BGH nach den einzelnen Bestandteilen des Games und nennt hierbei ausdrücklich auch sog. Spieldaten, dh Texte, Grafiken, Musik, Modelle und Filmsequenzen. Dabei geht der BGH davon aus, dass jeder der vorbenannten Bestandteile für sich urheberrechtlich geschützt sein, „oder an der Originalität des Gesamtwerkes teilhaben und zusammen mit diesem Urheberrechtschutz genießen" könnte.

16 Im Ergebnis ist somit aus Sicht der Let's-Plays festzuhalten, dass man stets davon ausgehen muss, dass nicht nur die einzelnen Bestandteile bzw. Elemente des „als Bühne" verwendeten Games urheberrechtlich geschützt sind, sondern auch das ganze Spiel.

17 Hierbei kann der Let's-Player in der Praxis davon ausgehen, dass der Publisher des genutzten Spieles vor Veröffentlichung (Release) alle erforderlichen Rechte an den einzelnen Bestandteilen und dem Spiel im Ganzen eingeholt hat. Dies sind üblicherweise die urheberrechtlichen Nutzungs- und Verwertungsrechte für den regulären Vertrieb, dh das Recht zur Vervielfältigung (§ 16 UrhG), zur Verbreitung (§ 17 UrhG) und das Recht zur öffentlichen Zugänglichmachung (§ 19a UrhG). Insbesondere für Spieletitel, die Turnier- und Esport-tauglich sind, benötigt es zudem auch das Vorführungsrecht (§ 19 Abs. 4 UrhG) und das Senderecht bzw. Recht zur Fernsehausstrahlung (§ 20 UrhG). Im Einzelfall mag es sein, dass Rechte für einzelne Bestandteile, zB vorbestehende Musik, dem Publisher nicht für Zwecke der Sendung und Vorführung eingeräumt wurden. Gerade wenn vorbestehende Musik aus relevanten Musikkatalogen bzw. verwertungsgesellschaftsgebundene Musik im Spiel eingebunden wird, kann es an dieser Stelle zu Einschränkungen für den Publisher kommen.[9]

In der Regel verfügt der Publisher aber, abgeleitet vom Spieleentwickler, über alle Nutzungs- und Verwertungsrechte durch eine vorsorglich umfassende Rechteeinräumung.

III. Relevante Inhalte bzw. Elemente für Let's-Play-Videos

18 Wie vorstehend geschrieben, liegen in der Regel alle relevanten Nutzungs- und Verwertungsrechte beim Publisher. Das heißt, der Publisher verfügt über Rechte „an der Bühne", die der Let's-Player bespielen möchte.

Bei der Herstellung und Verbreitung eines Let's-Plays werden hierbei in der Regel die folgenden Elemente genutzt, weshalb die jeweils betroffenen Rechte von Interesse sind:

8 EuGH Urt. v. 23.1.2014 – C-355/12, MMR 2014, 401 mAnm *Oehler* – Nintendo u.a./PC Box Srl u.a.
9 *Hentsch* MMR 2021 837 (838); In Bezug auf Esport-Titel siehe hierzu auch Maties eSport-Recht/*Hilgert* S. 146 ff.

1. Story, Plot bzw. Narrativ

Die **Story** bzw. der **Plot**, dh die zugrundeliegende Handlung und Handlungsstränge, einschließlich bei freieren Sandbox-Spielen der Plot einzelner Quests und Missionen nebst Briefings und **Fabeln** und auch die sich ergebenden oft komplexen **Charakterwelten** und **Figurenfibeln** (dh neben Aussehen, welches eher dem Gamedesign zuzuordnen ist) und ihre Backgroundstory und Verhältnisse zueinander, sind urheberrechtlich geschützt gemäß § 2 Abs. 1 Nr. 1 UrhG.[10] 19

2. Game-Design

Unter Game-Design-Bestandteilen versteht man alle graphisch bzw. bildlich gestalteten Elemente des Spiels, dh insbesondere **Charaktere**, **Avatare**, **Gegenstände** wie Ausrüstung, virtuelle Gebäude und deren Einrichtung, Flora, Fauna, Fahrzeuge und sonstige Gegenstände der **virtuellen Spielwelt**. Diese sind in der Regel durch § 2 Abs. 1 Nr. 4 UrhG und somit als Werke der bildenden Künste und angewandten Kunst geschützt, sofern die für die Schutzfähigkeit relevante Schöpfungshöhe und ein zumindest gewisser ästhetischer Gehalt vorliegen. 20

3. Musik und Sound

Musik und **Klangwelten** (Sound) sind oft ein essenzieller Bestandteil eines erfolgreichen Spiels. Zieht man in Betracht, dass ein Spieler nicht nur öfter, sondern in der Regel auch länger in die tonalen Welten eines Games eintaucht, liegt auf der Hand, dass eine gute Klangwelt, insbesondere gute **Score-Musik**, für die Atmosphäre nicht weniger wichtig, vielleicht im Einzelfall sogar wichtiger sein kann als bei einem Spielfilm oder einer Serie. Musikwerke sind hierbei über § 2 Abs. 1 Nr. 2 UrhG geschützt. Die **Interpreten** bzw. Sänger und Musiker sind zudem als **ausübende Künstler** gemäß § 73 ff. UrhG geschützt. Der Produzent der Ton- bzw. Musikaufnahme ist zudem gemäß §§ 85 ff. UrhG als **Tonträgerhersteller** geschützt. Allerdings wird dies meist von den Publishern selbst veranlasst, so dass dieses Recht oft direkt beim Publisher entsteht. 21

4. Filmsequenzen

Das Computerspiel ist als Ganzes auch als Filmwerk anerkannt.[11] Damit können nicht nur im Speziellen die immer epischer ausgearbeiteten Cutscenes oder In-Game-Videosequenzen dem Filmwerk untergeordnet werden. Man denke hierbei u.a. nicht nur an die Cutscenes und Sequenzen mit echten Schauspielern, die zB vor über 30 Jahren erstmals bahnbrechend bei Wing Commander 3 u.a. mit Mark Hamill als klassischen Filmstar umgesetzt wurden, sondern auch an die mittlerweile oft epischen digitalen Cutscenes, zB zu World of Warcraft, die oft auch kinotauglich wären. 22

Vielmehr können auch die audiovisuellen Spielabläufe bzw. Spieledarstellungen in einem Computerspiel selbst als Filmwerk geschützt sein.[12] Damit unterliegen Spiele in 23

10 Insbes. zur Fabelrechtsprechung BGH Urt. v. 29.04.1999 – I ZR 65/96, GRUR 1999, 984 (987) – Laras Tochter; OLG München Urt. v. 17.12.1998 – 29 U 3350/98, NJW-RR 2000, 268 (269), die auch für Computerspiele anzuwenden ist. Hierzu vertiefend: *Bullinger/Czychowski* GRUR 2011, 19 mwN.

11 *Beyvers/Beyvers* MMR 2015, 794 (795) mwN *Katko/Maier* MMR 2009, 306 (307); Wandtke/Bullinger/*Manegold/Czernik* Vor §§ 88 ff. UrhG Rn. 62.

12 Wandtke/Bullinger/*Manegold/Czernik* UrhG Vor § 88 Rn. 61.

der Regel dem Schutz von § 2 Abs. 1 Nr. 6 UrhG. Der Spieleentwickler nimmt hierbei in der Regel die Rolle des Filmherstellers im Sinne von § 94 UrhG (Leistungsschutzrecht) ein und räumt die davon abgeleiteten Rechte dem Publisher ein. Sollte ein Spiel im Einzelfall audiovisuell derart schlicht ausgestaltet sein, dass die Schöpfungshöhe fraglich ist, können die darin enthaltenen Animationen aber noch über das Leistungsschutzrecht des Laufbildschutzes gemäß § 95 UrhG aufgefangen werden.

24 Im Kern ist genau dieses Element, also audiovisuelle Darstellung des Spiels von der Herstellung und Verbreitung von Let's-Plays am offensichtlichsten berührt. Die audiovisuelle Darstellung ist schließlich die Bühne und Projektionsfläche für die spielerische und erzählende Darbietung des Let's-Players.

5. Programmcode

25 Für Let's-Plays in der Regel nicht von übergeordnetem Interesse ist der Programmcode selbst.

Der **Programmcode** bzw. das **Programm** selbst ist zwar generell schutzfähig und wird urheberrechtlich als Sprachwerk eingeordnet (§ 2 Abs. 1 Nr. 1 iVm §§ 69a ff. UrhG). Hierbei gilt ein Programm nach EuGH und BGH als „ablauffähige Folge von Einzelanweisungen, die dazu dient, den Computer zur Ausführung einer bestimmten Funktion zu veranlassen",[13] wobei der Schutzbereich von § 69a UrhG ff. sich auf alle „Ausdrucksformen des Computerprogramms" bezieht (siehe § 69 Abs. 2, S 1 UrhG).

Nach herrschender Meinung erstreckt sich der Schutzbereich von § 69a UrhG aber nicht auf die audiovisuelle Darstellung des Spiels auf dem Display.[14]

Das mag überraschen, ist aber konsequent, da Bestandteile und Rechte an diesem Programmcode bzw. Programm selbst, die nicht auf dem Display sichtbar sind, nicht bei der Herstellung oder Verbreitung eines Let's-Plays betroffen sind.

IV. Herstellung und Verbreitung von Let's-Plays

26 Wie unter → Rn. 11–17 ausgeführt, sind Computerspiele und ihre einzelnen Bestandteile somit in der Regel urheber- und leistungsschutzrechtlich geschützt, wobei üblicherweise die **Nutzungs- und Verwertungsrechte** beim **Publisher** liegen.

Ebenfalls wie vorstehend zusammengefasst, greift der Produzent bzw. Spieler bei der Herstellung und Verbreitung eines Let's-Plays in eben diese Rechte ein. Hierbei muss zwischen dem **Herstellen** und dem **Verbreiten** im Rahmen der Produktion eines Let's-Plays getrennt werden.

1. Herstellung

27 Bei der **Herstellung** eines Let's-Plays sind zwei Aspekte zu berücksichtigen: (i) Die vorstehend unter → Rn. 13 herausgearbeiteten Rechte, insbesondere die daran anknüpfenden **Vervielfältigungsrechte**, liegen in der Regel beim **Publisher**. (ii) Für Urheber- und

---

13 EuGH Urt. v. 23.1.2014 – C-355/12, MMR 2014, 401 mAnm *Oehler* – Nintendo u.a./PC Box Srl u.a., und BGH Urt. v. 27.11.2014 – I ZR 124/11 (OLG München, LG München I), MMR 2015, 460 mAnm *Roth* – Videospiel-Konsolen II.

14 Wandtke/Bullinger/*Grützmacher* Urheberrecht § 69a Rn. 14 mwN.

Leistungsschutzrechte gilt grundsätzlich, dass eine Verwendung ohne die dafür notwendigen Nutzungsrechte oder sonstige **Einwilligungen vom Rechteinhaber** grundsätzlich gesetzlich verboten sind, es sei denn, es greift eine ausdrückliche gesetzliche Ausnahme (Urheberrechtsschranke).

Bezüglich des **Vervielfältigungsrechts** und in Bezug auf die bei Let's-Plays besonders relevanten Rechte am Spiel als **Filmwerk** sind im Konkreten die **Verbotsrechte** gemäß §§ 16 Abs. 1 UrhG, 94 Abs. 1 S. 1 sowie 95 iVm 84 Abs. 1 S. 1 UrhG betroffen.[15] 28

Als Vervielfältigung zählt hierbei nicht nur die komplett identische Wiedergabe, es ist vielmehr auch die Festlegung eines Werkes in veränderter Form als eine Vervielfältigung anzusehen.[16]

Da bei Let's-Plays von **linearen oder teillinearen Spielen** in der Regel das zugrunde liegende Spiel und seine Mechanik und seine Abläufe unverändert gespielt werden und lediglich ein im Einzelfall durchaus kreativer **Kommentar** hinzukommt, wird hierin überwiegend eine (weitestgehend) **identische Vervielfältigung** gesehen. Eine darüberhinausgehende **Bearbeitung** des Spiels selbst wird durch die Darbietung und Ausgestaltung des Let's-Plays im Sinne von § 23 UrhG in der Regel hingegen nicht gesehen. Das Spiel wird mit der Aufnahme zusammen mit Kommentar und ggf. Facecam-Video des Spielers in einem digitalen Video und somit Bildtonträger aufgenommen und damit vervielfältigt.

Dies auch dann, als notwendiger technischer Zwischenschritt, wenn direkt und ausschließlich **Live gestreamt** wird. Auch ohne eine dauerhafte Kopie der Aufnahme zu erstellen, welche anschließend per Abruf (**Video-On-Demand**) auf der Plattform veröffentlicht werden soll, liegt eine Vervielfältigung mit der auf dem **Streaming-Server** zwischengespeicherten Aufnahme vor.

Soweit dieses Let's-Play jedoch nur aufgezeichnet wird, um dem **privaten Gebrauch** des Let's-Players zu dienen, unterliegt diese Vervielfältigung üblicherweise der Ausnahme bzw. Schrankenregelung zur **Privatkopie** gemäß § 53 Abs. 1 S. 1, § 94 Abs. 4 iVm § 53 Abs. 1 S. 1, § 95 iVm § 94 Abs. 4, § 53 Abs. 1 S. 1 UrhG. Nach dieser sind „einzelne Vervielfältigungen eines Werkes durch eine natürliche Person zum privaten Gebrauch auf beliebigen Trägern, sofern sie weder unmittelbar noch mittelbar Erwerbszwecken dienen", zulässig. Im Gegenzug stehen den Urhebern von Computerspielen, auch für Let's-Plays, umfangreiche Vergütungen für Privatkopien zu.[17] 29

Da die meisten Spieler ihre Let's-Plays nicht zu **Erwerbszwecken** bzw. **gewerblich** erstellen, dürfte jedenfalls die Herstellung selbst von **privaten Let's-Plays** stets gestattet sein, solange diese nicht veröffentlicht werden.

Im Umkehrschluss gilt, da berufliche sowie erwerbswirtschaftliche Zwecke (ob mittelbar oder unmittelbar) den privaten Gebrauch bereits per se ausschließen,[18] dass **professionelle Let's-Player** bzw. **Games-Influencer** und auch **Medienunternehmen**, die Let's-Plays produzieren, sich nicht auf die Urheberrechtsschranke des § 53 UrhG be-

15 Dreier/Schulze/*Schulze* UrhG § 16 UrhG Rn. 10.
16 Loewenheim UrhR-HdB/*Loewenheim* § 20 Rn. 5 mwN.
17 *Hentsch* MMR 2019, 351 (353).
18 Dreier/Schulze/*Dreier* UrhG § 53 Rn. 7, 10.

rufen können und somit schon die Herstellung von Let's-Play-Videos ohne Rechteeinräumung bzw. Zustimmung des Rechteinhabers, also in der Regel des Publishers, einen **Eingriff** in dessen Rechte darstellt.

2. Veröffentlichung/Verbreitung

30 Ist ein Let's-Play-Video hergestellt und soll veröffentlicht werden, greift dies ebenfalls in die Rechte des Rechteinhabers, in der Regel des Publishers, ein.

Der Standardfall hierfür ist, dass der Let's-Player das hergestellte Video auf einer der gängigen Plattformen oder seiner Homepage zur Verfügung stellt. Diese unkörperliche – weil rein digitale – **Verbreitungshandlung** unterliegt dem **Recht der öffentlichen Zugänglichmachung** gemäß § 19a UrhG, wenn das Video ausschließlich On-Demand, also auf Abruf und somit „in einer Weise" zugänglich gemacht wird, „dass es Mitgliedern der Öffentlichkeit von Orten und zu Zeiten ihrer Wahl zugänglich ist".

31 Wird das Video ausschließlich oder zumindest auch live, dh linear gesendet zur Verfügung gestellt, sei es, weil tatsächlich das Let's-Play – wie zB auf dem **Livestream-Kanal** von Rocket Beans TV – im **Fernsehen** läuft, aber auch wenn dies im Internet erfolgt, ist zudem das **Senderecht** gemäß § 20 UrhG betroffen. Da bei einer **linearen Darbietung** eines Werkes der Öffentlichkeit nicht in einer Weise zugänglich gemacht wird, dass es Mitgliedern der Öffentlichkeit von Orten und zu Zeiten ihrer Wahl zugänglich ist, stellte der Live-Stream im Internet keine öffentliche Zugänglichmachung dar.[19]

3. Sonstige Urheberrechtsschranken

a) Zitatrecht

32 Im Zusammenhang mit der Veröffentlichung, sei es als Live-Stream oder auf Abruf, kann zwar im Einzelfall argumentiert werden, dass das jeweilige Let's-Play auch einen **journalistischen, redaktionellen Hintergrund** hat und in dem Zusammenhang die Verwendung des Spiels in dem Let's-Play der Schutzrechtsschranke des **Zitatrechts** gemäß § 51 UrhG unterfallen könnte. In dem Fall wäre sowohl die Vervielfältigung (also Herstellung) als auch die Verbreitung und öffentliche Wiedergabe gestattet.

Allerdings überschreitet die Verwendung des Spiels in einem Let's-Play in der Regel nicht nur den für ein Zitat gerechtfertigten (eng zu bestimmenden) zulässigen Umfang. Das Spielen des Spiels erfüllt auch keinen reinen Belegzweck für die Aussagen und Thesen des Spielers.[20] Das Let's-Play-Video basiert und schmückt sich genau mit diesem Spieleinhalt als Selbstzweck.

b) Recht der öffentlichen Wiedergabe

33 Das **Recht der öffentlichen Wiedergabe** gemäß § 52 UrhG kommt für Let's-Plays nicht in Betracht, da diese in wesentlichen Teilen auf ein Computerspiel als Filmwerk zugreifen (vorstehend → Rn. 13 ff., 22 ff.). Filmwerke sind jedoch gemäß § 52 Abs. 3 UrhG bereits ausdrücklich ausgenommen. Somit kommt es auch hier auf die Frage, ob

---

19 MAH GewRS/*Nordemann*/*Czychowski* § 43 Rn. 404, 405.
20 *Beyvers*/*Beyvers* MMR 2015, 794 (797).

ein Erwerbszweck eines Veranstalters vorliegen würde (zB die Plattform als Veranstalter, auch wenn der Let's-Player rein privat handelt), nicht an.

V. Berechtigung zur Nutzung des Computerspiels als urheberrechtlich geschützter Inhalt

1. Vorüberlegung

Wie unter → Rn. 11–33 herausgearbeitet, braucht es daher sowohl für die **öffentliche Zugänglichmachung** (§ 19a UrhG) sowie das **Live-Streamen** (§ 20 UrhG) streng genommen eine **Einwilligung** des Rechteinhabers. Normalerweise werden solche Einwilligungen über die **Einräumung** eines Nutzungsrechts (in der Regel eines einfachen Nutzungsrechts) im Sinne von § 31 Abs. 1, 2 UrhG erteilt. 34

Diese Art der Einräumung erfordert jedoch eine schuldrechtliche, vertragliche Abrede zwischen **Rechteinhaber**, also dem Publisher, und dem **Let's-Player** (bzw. Produzenten des Let's-Play-Videos), aufgrund derer dann der Rechteinhaber die relevanten Rechte dinglich einräumt. Das ist in der Praxis schon (aber nicht nur) wegen der Vielzahl von Let's-Playern nicht realistisch umsetzbar. Dies ist letztlich auch nicht erwünscht, weil mit der **vertraglichen Vereinbarung** auch Verpflichtungen des Publishers als Lizenzgeber einhergingen (zB bzgl. der Gewährleistung des Bestandes der Rechte), an denen der Publisher kein Interesse haben dürfte. Zudem haben auch viele (wenn auch nicht alle) Let's-Player kein Interesse, sich vertraglich an den Publisher zu binden, um auch in der Art der Ausgestaltung des Let's-Plays frei und ähnlich einem Journalisten unabhängig zu bleiben. „Pay-to-Play"-Konstellationen, in denen die Beteiligten solche Verträge schließen, sind daher auch weiterhin nicht die Regel.

2. Duldung und Gestattung

In der Praxis hat sich daher eingebürgert, dass die Publisher entweder stillschweigend, teils ausdrücklich, **dulden**, alternativ auch **Gestattungen** formulieren. Wenn der Publisher also eine Regelung aktiv gestalten will, erfolgt dies in der Regel in Form von **Guidelines** oder durch Einbettung in die **Nutzungsbedingungen** oder **„Lizenzen"** zum Spiel.[21] Durch diese wird die Nutzung der Spiele für Let's-Plays aktiv unterstützt, eine ausdrückliche Vereinbarung mit Verpflichtungen für beide Seiten entsteht dadurch aber nicht. Auf übliche Regelungsinhalte von Guidelines und Lizenzen wird nachfolgend unter → Rn. 42 ff. eingegangen. 35

Somit liegt in Form der typischen **Guidelines und Lizenzen** für Let's-Plays von Publishern keine Rechteeinräumung vor, der BGH hat jedoch mit seiner Entscheidung zur Google-Bildersuche eine **„schlichte Einwilligung"** als ausreichend erklärt, um zumindest die Rechtswidrigkeit des Eingriffs in die Rechte des Publishers entfallen zu lassen. Der BGH führt allgemein aus: „Die schlichte Einwilligung in die Urheberrechtsverletzung unterscheidet sich von der (dinglichen) Übertragung von Nutzungsrechten und der schuldrechtlichen Gestattung dadurch, dass sie zwar als *Erlaubnis zur Recht-* 36

21 Exemplarisch hierfür: Gestattung von Nintendo, https://www.nintendo.co.jp/networkservice_guideline/de/index.html; Duldung durch EA, https://www.ea.com/de-de/service/youtube-duldungserklaerung; „Lizenz" von Microsoft, https://www.xbox.com/de-de/developers/rules; ein Lizenzverzeichnis findet sich hier: https://www.game.de/themen/lizenzverzeichnis-fuer-lets-plays/.

mäßigkeit der Handlung führt, der Einwilligungsempfänger aber weder ein dingliches Recht noch einen schuldrechtlichen Anspruch oder ein sonstiges gegen den Willen des Rechtsinhabers durchsetzbares Recht erwirbt".[22]

37 Der besondere Vorteil dieser **aktiven Gestaltung** für den Publisher als Rechteinhaber ist somit, dass er die Nutzung von Let's-Plays ermöglichen und fördern, insbesondere um Aufmerksamkeit für seine Spiele zu erzeugen, und gleichzeitig hierfür konkrete **(Rahmen-)Bedingungen** durch Vorbehalte definieren kann. Dies jedoch, ohne eine dauerhafte rechtliche Bindung bzw. Verpflichtung einzugehen. Dadurch bleibt es dem Rechteinhaber jederzeit möglich, diese Regelungen, dh die Guidelines oder „Lizenzen" zu **widerrufen** oder **anzupassen**, worauf oft auch ausdrücklich hingewiesen wird.

38 Der Rechteinhaber entscheidet hierbei für die Ausgestaltung von Guidelines und Lizenzen in der Regel zwischen **„Lizenzen"** bzw. **Gestattungen**, wenn der Publisher zweifelsfrei über alle Rechte (auch für alle vorbestehenden, in seinem Spiel enthaltenen Werke) verfügt, um aktiv zu gestatten. Wenn der Publisher sich diesbezüglich nicht einlassen will, wird auf die reine **Duldung** zurückgegriffen, um Diskussionen mit Lizenzgebern vorbestehender Rechte zu vermeiden. Gerade bei aus vielen Produktionen bestehenden Franchises liegt eine Duldung daher nahe.

Aus Sicht des Let's-Players ist zugleich klar erkennbar, welche Bedingungen zu erfüllen sind, damit die Rechtswidrigkeit der Nutzung des Spiels im Let's-Play entfällt und der Let's-Player sich rechtssicher entfalten kann.

39 Mehr Schwierigkeiten in dem Zusammenhang bereiten passive bzw. **stille Duldungen** durch Publisher, weil es dann im Einzelfall für jeden Spieletitel und jeden Publisher auf eine Auslegung ankäme, ob der Publisher damit rechnen musste, dass der Spieletitel für Let's-Plays verwendet wird. Da jedenfalls **Guidelines und Lizenzen** mittlerweile oft Bedingungen beinhalten, ist jedenfalls sehr fraglich, ob dies für die aufgrund des Stillschweigens letztlich auch unbedingte Nutzung unterstellt werden kann.

Allenfalls wenn das Spiel in seiner Struktur und konkreten Funktionen bereits auf Let's-Plays und die Interaktion mit einer Community ausgelegt ist, ist dies gut zu argumentieren.

3. Plattformen und Kollektive Rechtewahrnehmung, Richtlinien/UrhDaG

40 Wie einleitend unter → Rn. 1–3 ausführlich dargelegt, sind **Games-Video-Content** und insbesondere Let's-Plays mittlerweile in der Mitte der Jugend- und Medienkultur verankert, wobei gerade Let's-Plays einen wesentlichen Teil der auf **Plattformen** veröffentlichten Inhalte darstellen.

Für Plattformen wurde daher im Rahmen der DSM-RL[23] geregelt, dass diese zukünftig die Erlaubnis von Rechteinhabern für die massenhafte Nutzung von urheberrechtlich geschützten Werken durch den Abschluss einer Lizenzvereinbarung einholen müssen, wobei der Begriff der Lizenzvereinbarung jedoch nicht konkret definiert wurde. Die

---

22 BGH Urt. v. 29.4.2010 – I ZR 69/08, MMR 2010, 475 Rn. 34 – Google-Bildersuche; Hervorhebung nur hier.

23 Richtlinie (EU) 2019/790 vom 17.4.2019 über das Urheberrecht und die verwandten Schutzrechte im digitalen Binnenmarkt … (DSM-RL) (ABl. L 130, 92).

Richtlinie wurde mittlerweile mit dem Gesetz zur Anpassung des Urheberrechts an die Erfordernisse des digitalen Binnenmarktes (**UrhDaG**), welches am 7.6.2020 in Kraft trat, umgesetzt. In diesem wird zudem klarstellend geregelt, dass eine dem Nutzer eingeräumte **Erlaubnis** (nicht Duldung), ein Werk über einen Dienstanbieter öffentlich wiederzugeben, auch **zugunsten des Dienstanbieters** und somit der Plattform wirkt.

Durch diese Umsetzung der Richtlinie werden somit jedenfalls solche **Guidelines und Lizenzen**, die eine explizite Erlaubnis für die Nutzer beinhalten, auch auf die Plattform erstreckt, so dass diese keine weite Lizenzierung anstreben muss (vgl. § 6 Abs. 2 UrhDaG). Damit ist das Problem der ursprünglich massenhaften illegalen Nutzungen von Inhalten auf Social-Media-Plattformen gut gelöst und die Praxis der Guidelines und Lizenzen ist weiterhin für die Beteiligten eine gute und tragbare Lösung für die Branche.

Eine alternative **kollektive Rechtewahrnehmung** für die Games-Branche findet derzeit 41
nicht statt. Sollte sich die Branche dem allgemeinen Trend zur kollektiven Rechtewahrnehmung im Markt anschließen, wäre allerdings zu überlegen, die Guidelines und Lizenzen ausdrücklich einzuschränken bzw. anzupassen. In dem Fall würde der Anwendungsfall für die Guidelines und Lizenzen sich stark verändern. Gleiches gilt, wenn die Games-Branche dazu übergeht, direkt Lizenzverträge mit den Plattformen abzuschließen. Auf diese Weise könnten in Fläche wahrscheinlich relevante Erlöse generiert werden. Gleichwohl wäre noch zu klären, wie dann neben der Monetarisierung für einzelne Titel bzw. Franchises weiterhin spezifische Guidelines mit spiel- oder genrebezogenen Vorbehalten berücksichtigt werden können. Mit einem eindeutigen Fingerprinting von Spieleinhalten, könnten aber auch solche Bedingungen von Plattformen umgesetzt werden.

D. Guidelines und Lizenzen (übliche Regelungsgegenstände)

I. Recherche zu Guidelines und Lizenzen

Wie in → Rn. 11 ff. umfassend dargelegt, ist es für die Erstellung von Let's-Plays sinn- 42
voll, vorab zu prüfen, ob ein Publisher konkrete **Guidelines und Lizenzen** zur Verfügung stellt. Wenn nicht, sollte recherchiert werden, ob die Praxis einer bewussten **stillschweigenden Duldung** zu erkennen bzw. herleitbar ist oder ob der Publisher einen Kontakt zur Klärung Let's-Play bezogener Anfragen zur Verfügung gestellt hat. Wenn eine Kontaktadresse angegeben wird, sollte aber damit gerechnet werden, dass der Publisher weder gewillt noch in der Lage ist, jede Anfrage zu beantworten. Am Anfang steht somit immer die Recherche.

Zu einem guten und mittlerweile etablierten Angebot hierfür hat sich das **Lizenz- bzw. Guideline-Verzeichnis** für Let's-Plays im Online-Angebot des **game Verbands** der deutschen Games-Branche entwickelt.[24]

Auch wenn ein solches Verzeichnis natürlich keinen Anspruch auf Aktualität und Vollständigkeit haben kann, bietet es eine gute Anlaufstelle für jede Recherche.

24 Siehe https://www.game.de/themen/lizenzverzeichnis-fuer-lets-plays/.

II. Typische Regelungsgegenstände

1. Gegenstand der Guidelines bzw. Lizenzen

43 Der Wortlaut, die Regelungsdichte und der Umfang von Guidelines bzw. Lizenzen variiert stark. Dies gilt insbesondere für die Ausgestaltung von **Erlaubnis** (**Duldung, Gestattung, Lizenz**) selbst.

Die Formulierungen reichen von der Entscheidung, „den Dingen ihren Lauf zu lassen" (Mojang) und „wir erheben keine Einwände [...]", wobei dies „keine konkrete Genehmigung darstellt", (EA) über Regelungen, die ausdrücklich eine konkrete „Duldung", „Gestattungen" oder die „Erlaubnis" erteilen bis hin zu eindeutigen Lizenzen.[25]

Schwierig einzuordnen sind Regelungen, die ausdrücklich weder Duldung, Erlaubnis noch Lizenz sein wollen. Bezugnehmend auf die in → Rn. 26 ff. erarbeiteten Grundsätze ist es daher ratsam, bei vagen Formulierungen einerseits die Guideline bzw. Lizenz genau zu lesen und anschließend zu prüfen, wie andere, professionelle Let's-Plays mit den Titeln umgehen. Daraus lässt sich gegebenenfalls ableiten, womit die Publisher konkret unter den Guidelines und Lizenzen rechnen und entsprechend in der Regel nicht eingreifen.

2. Kommerzielle Nutzung bzw. Monetarisierung/Sponsoring

44 Die überwiegende Anzahl der Guidelines und Lizenzen, insbesondere im Lizenzverzeichnis des game-Verbandes, schränken die Nutzung der Spiele in Let's-Plays ausdrücklich auf die **nicht-kommerzielle, nicht-gewerbliche Nutzung** ein.

Regelmäßig wird diese Einschränkung dann aber durch eine ausdrückliche **Rückausnahme** für die **Monetarisierung** in allen Formen über die gängigen Plattformen (insbes. Twitch, YouTube, Facebook Gaming, Mixer u.a.) geöffnet.

Im Einzelfall formuliert der Publisher als Voraussetzung für die **Monetarisierung** hierzu einen Mindestanspruch an die **Ausgestaltung** des Let's-Plays. Exemplarisch wird hierzu auf die Regelungen von Codemaster verwiesen:[26] „you can monetise it if you wish and you'll receive no interference from us – providing that the material you upload is largely your own content, (no simply re-uploading or posting our content)".

Die Monetarisierung kann auch von **Nennungen** bzw. **Verlinkungen** abhängig gemacht werden: zB: „as long as you add:" gefolgt von zu verwendenden Credits und Links.[27]

Darüber hinaus sind auch Regelungen zu finden, dass eine Monetarisierung zwar möglich ist, aber der Zugang zum Let's-Play nicht *hinter* einer **Paywall** als **Paid Content** steht und somit nur wahrgenommen werden könnte, wenn vorab gezahlt wird. Das ist konsequent, weil so der vom Publisher angestrebte Marketingeffekt erst nach der Kommerzialisierung erfolgen würde.

45 Zu beachten sind auch Einschränkungen und Regelungen zur Erlaubnis, Let's-Plays auf **gesponsorten Channels** (zB Energy-Drinks, Games Equipment) von professionellen

25 Exemplarische Zitate aus den im Lizenzverzeichnis des game (https://www.game.de/themen/lizenzverzeichnis-fuer-lets-plays/) aufgeführten Guidelines.
26 Siehe https://blog.codemasters.com/codemasters-video-policy/.
27 ZB https://www.daedalicsupport.com/en/faq.html?open=collapse20-4.

Let's-Playern zu nutzen. Teilweise wird dies nicht gestattet. In Einzelfällen werden konkrete Schwellen für die maximale Dauer von **Sponsoring** genannt. Damit soll der Eindruck vermieden werden, dass der Publisher bzw. das Spiel mit dem Sponsoring selbst in einer wirtschaftlichen Verbindung steht oder der Sponsor überproportional am Ruf des Spiels partizipiert.

3. Inhalts- und Verhaltensbezogene Regelungen

Ausführlichere Guidelines und Richtlinien enthalten das ausdrückliche Verbot, **Hacks** und **Cheats** zu zeigen bzw. zu promoten. Zudem sind in der Regel sogenannte unangemessene Inhalte nicht gestattet. Das kann einerseits der Vollzug oder der Aufruf zu strafrechtlich relevanten Handlungen sein. Oft findet sich die Grenze aber bereits bei nicht **sozialadäquatem Verhalten**, dh insbesondere bei Online-Spielen, wenn man den jeweiligen **Verhaltensregeln** im Spiel selbst und den **Community-Richtlinien** nicht entspricht und/oder andere Spieler erheblich bei ihrem Spiel stört. 46

Darüber hinaus gibt es nicht selten inhaltliche (dh zB keine Komplettlösungen, Schlüsselszenen) oder zeitliche **Spoiler-Verbote**, insbesondere bei **Pre-Release-Content** und **Early-Unboxing** Videos.

Ein gutes Beispiel hierfür ist in der „CAPCOM Video Richtlinie" der Hinweis, dass jegliche „Veröffentlichung oder andere nicht autorisierte Offenlegung von Spielinhalten vor der offiziellen Veröffentlichung eines Spiels [...] strengstens untersagt" ist. „Auch nach der offiziellen Veröffentlichung eines Spiels können Spoiler das Erlebnis eines Fans ruinieren, und wir sind stets bemüht, diese zu vermeiden. Bitte seid stets respektvoll gegenüber anderen und zeigt eurem Publikum nicht absichtlich Spoiler-Inhalte, wenn diese aktiv vermeiden, davon zu erfahren; bietet andernfalls zur Transparenz einen Spoiler-Disclaimer an."[28]

Vorab und unberechtigt **geleakter Content** sollte generell nicht in einem Let's-Play verwendet werden, selbst wenn dieser Hinweis nicht ausdrücklich in den Guidelines genannt ist. Im deutschen Urheberrecht würde dies gegen das **Erstveröffentlichungsrecht** des Urhebers bzw. – abgeleitet davon – des Rechteinhabers verstoßen. Das Veröffentlichungsrecht an einem urheberrechtlich geschützten Werk umfasst immer auch das Recht des Rechteinhabers, das „Ob" und „Wie" sowie die Form einer Veröffentlichung selbst zu entscheiden.[29]

4. Ausschluss der Nutzung einzelner Assets & Hinweise zur Musiknutzung

Einzelne Publisher, zB THQ Nordic und Ubisoft legen Wert darauf, dass nur Spiele als Ganzes, nicht aber **Assets** aus dem Spiel separat in Videos verwendet werden, um die Kontrolle über die **Integrität des Spieles** und auch einzelner Elemente ihrer **Franchises** zu wahren. THQ Nordic formuliert hierzu „We're not fine with taking assets from our games (e. g. voice, music, items, artworks) and distributing those separately."[30] Ubisoft 47

28 Siehe https://capcom-germany.de/video-richtlinie/.
29 Wandtke/Bullinger/*Bullinger* § 12 Rn. 8.
30 Siehe https://www.thqnordic.com/company/video-policy.

formuliert: „Verwenden Sie keine Assets aus unseren Spielen (wie zum Beispiel Stimme, Musik, Items) und geben Sie sie nicht separat weiter.“[31]

48 Aus Gründen der Integrität des Spiels und der Assets einerseits, aber auch aus rechtlichen Gründen ist eine Heraustrennung von Musikelementen oft eingeschränkt. Dies kann daran liegen, dass vorbestehende Musikrechte für ein Spiel eingekauft wurden, die durch den Publisher nicht separat vom Spiel ausgewertet werden dürfen. Ist dies der Fall, kann der Publisher diesbezüglich natürlich keine solche Nutzung aktiv dulden, gestatten oder in sonstiger Weise fördern. Anderseits führt die Loslösung des Soundtracks oder einzelner Tracks aus dem Spiel nicht selten dazu, dass das Let's-Play aufgrund zB einer Content-ID des Musikrechteinhabers schlicht geflagged und gesperrt wird.

Daher findet man zu manchen Spielen bereits Hinweise, dass man vor Aufnahme oder Stream von Spielevideos GEMA-geschützte oder in sonstiger Weise eingeschränkte Musik ausschalten möge. In Einzelfällen werden hierbei mittlerweile besondere Schaltflächen bereitgestellt.

5. Widerruf & Änderungen von Guidelines und Lizenzen

49 Da die **Wirksamkeit** von Guidelines und Lizenzen aufgrund des fehlenden Vereinbarungscharakters generell bzgl. ihres Fortbestandes im **Ermessen** des Publishers stehen, ist es durchaus sinnvoll, regelmäßig zu überprüfen, ob diese noch gelten.

Eine Vielzahl der Guidelines und Lizenzen weisen auf diesen Umstand ausdrücklich hin. Dementsprechend ist die **Unverbindlichkeit**, die **Widerruflichkeit** und das ausdrückliche **Recht zur Änderung** der Guidelines, einschließlich des Rechts zur ersatzlosen Streichung bzw. Entfernung der Regelungen, klar formuliert.

31 Siehe https://legal.ubi.com/VideoPolicy/de-DE.

§ 31 Esports

Literatur: *Francken/Nothelfer/Schlotthauer*, Der Arbeitnehmer im professionellen eSport, NZA 2019, 865; *Frey*, eSport und Recht 1. Aufl. 2021; *Hentsch*, Die Urheberrechte der Publisher bei eSport, MMR-Beil. 18, 3; *Hilgert/Eickhof*, Jugendschutz im eSport, MMR-Beil. 2018, 16; *Jagnow/Baumann*, eSport aus verbandlicher Perspektive, MMR-Beil. 2018, 12; *Maties/Püschel*, Cheating und Exploiting im eSport (Teil 1), SpoPrax 2022, 222; *Meisheit*, Cheating im e-Sport, SpuRt 2021, 272

A. Einleitung – Das Esport-Ecosystem

1 Eines der stärksten Marketing-Tools für Videospiele ist der seit Jahren weltweit boomende und zunehmend auch in klassischen Medien rezipierte Esport. Insbesondere durch den Digitalisierungsschub während der Pandemie und die steigende Anzahl von Gamern stieg in den letzten Jahren auch der Anteil jener, die kompetitives Gaming auf höchstem Niveau verfolgen.

2 Die Logik aus Sicht der Publisher dahinter ist einfach. Je mehr Kunden das jeweilige Game im Rahmen von Esport verfolgen und rezipieren, desto höher ist dessen Visibilität und Usage-Rate was wiederum zu höheren Umsätzen durch Spieleverkäufe, Werbeeinnahmen, Streaming-Revenues und Mikrotransaktionen führt. Da es sich bei vielen populären Esport-Games um sog. „Free-to-Play"-Games handelt, ist insbesondere der Verkauf von Virtual-Items und Skins hier besonders wichtig. Je nach Wettbewerbsmodell können im Rahmen von Esport neue virtuelle Gegenstände präsentiert und neue virtuelle Gegenstände mit der IP von den teilnehmenden Teams und Spielern gelabelt und verkauft werden.

3 Im Vergleich zu klassischen Sportarten, deren Abläufe natürlich urheberrechtlich nicht geschützt sind und bei denen große Unternehmen daher höchstens als Sponsoren auftreten, sind die Publisher beim Esport in der komfortablen Position, über die ausschließlichen Nutzungsrechte an der IP des Spiels zu verfügen. Folglich obliegt es ausschließlich dem Publisher zu entscheiden, ob – und falls ja, in welchem Umfang und unter welchen Bedingungen – das Spiel im Rahmen von Esport-Veranstaltungen genutzt werden darf: Er allein vergibt die entsprechenden Lizenzen und definiert die

Spielbedingungen für jedes Spiel und – wenn er denn möchte – für jeden zugehörigen Esport-Wettbewerb.[1]

4 Nichtsdestotrotz bewegt sich der Publisher nicht allein im Esport-Universum. Er konkurriert mit anderen Publishern um die Aufmerksamkeit der Fans und steht folglich unter dem Druck, die Schaffung und Verbreitung von attraktivem Content sicherzustellen. Hierzu ist er auf die **Tournament-Organizer**, die **Esport-Teams** und **-Spieler** angewiesen. Er muss sie dazu bewegen, sein Game langfristig professionell zu spielen und zu promoten. Dies ist nicht immer einfach, denn die großen Esport-Teams sind längst Gemeinschaften von Influencern mit starken eigenen Marken und eigener Fanbase. Erst im Oktober 2021 hat der Faze Clan seinen Gang an die NASDAQ durch Übernahme durch eine SPAC, der B. Riley Principal 150 Merger Corp. bekanntgegeben, wodurch Faze auf eine Bewertung von über einer Milliarde USD kam.

5 Trotz dieses zunehmenden Erfolges und der damit einhergehenden Professionalisierung, sind die Teams, genauso wie die Vereine im klassischen Sportgeschäft, ihrerseits von der alltäglichen Leistung der Topspieler abhängig. Diese sind deshalb oft in einer hervorragenden Verhandlungsposition. Zahlreiche Spieler sind heute zugleich erfolgreiche Influencer mit großer und einflussreicher Fanbase. Neben der Teilnahme an den Ligen und an den Events, also der eigentlichen Tätigkeit des Gaming, erstellen sie in der Regel für die Teams zudem Streaming- und Social-Media-Content. Einen Großteil der Preisgelder und Sponsorengelder sowie Beteiligungen an den Einnahmen von Ligen oder Events durch die Publisher (Revenue Share), müssen direkt an die Spieler gezahlt werden, um diese unter Vertrag halten zu können.

6 Was die Generierung von Umsatz betrifft, so wird ein Großteil der Erlöse, anders als man vielleicht vermutet, nicht durch das Streaming, sondern durch die Zahlung von **Sponsoren** erwirtschaftet. Für die Sponsoren ist Esport insbesondere deshalb attraktiv, weil die entsprechenden Preise im Vergleich zum klassischen Sport noch gering sind und Esport aus werbetechnischer Sicht eine der interessantesten Fangemeinden hat. Attraktiv ist insbesondere das Sponsoring von Events oder Ligen, wie zum Beispiel der Erwerb der Namensrechte oder der Kauf von Werbeflächen. Auch die Platzierung von Sponsor-Labeln direkt auf den Jerseys der Teams oder die Bereitstellung von bestimmten Arten von Getränken oder Gaming-Equipment sind häufig Gegenstand von Sponsoringverträgen.

7 Last, but not least wird das Business-Ecosystem Esport durch spezialisierte Veranstalter von Esport-Events bestimmt („Tournament-Organizer“). Tournament-Organizer richten sowohl online als auch live gespielte Esport-Events aus und vermarkten die Rechte an dem erstellten Content. Sie schließen für die jeweiligen Events Verträge mit Sponsoren und Werbepartnern. Anders als viele Publisher, haben Tournament-Organizer oftmals lange Erfahrung mit der Vermarktung und Erstellung der Formate und den zugehörigen Produktionsabläufen.

1 Zu den Urheberrechten der Publisher bei eSport vgl. *Hentsch*, MMR-Beil.18, 3; zum Verhältnis zwischen Veranstalter und Publishern im Allgemeinen s. auch *Frey/von Baal* in Frey eSport und Recht, 2021, § 20 Rn. 1 ff.

B. Esport und Recht

Was die Praxis der Rechtsberatung betrifft, ist im Zusammenhang mit Esport insbesondere das klassische Vertragsrecht von Relevanz. Nicht nur die Beziehungen zwischen Publishern, Tournament-Organizern, Teams und Sponsoren, sondern zB auch die Bedingungen der Rechteverwertung an dem generierten Content mit den großen Streamingplattformen sind im Rahmen der diversen Esport-Formate, wie Einzelturnieren mit Open-Qualifiers (Fortnite-Worldcup in 2019), offenen oder geschlossenen Tournament-Serien (ESL One Tournaments) oder ganzen Ligen (Overwatch League oder ESL Pro League), durch komplexe Verträge auszugestalten und zu definieren. Esport-Recht ist damit in der Praxis in erster Linie Vertragsgestaltung. Charakteristisch ist dabei neben der großen Diversität an Formaten und Esport-Games sowie der Vielzahl von Marktteilnehmern insbesondere auch die dem Esport immanente Internationalität. Tournament-Organizer-Teams und Investoren kommen meist aus allen Teilen der Welt, so dass stets eine Einigung im Hinblick auf das anwendbare Recht, die Streitbeilegung bzw. den Gerichtsstand sowie eine entsprechende Prüfung der materiellen Bedingungen vor dem Hintergrund des vereinbarten nationalen Rechts erfolgen muss. 8

Neben dem klassischen Vertragsrecht gibt es noch einige regulatorische Anforderungen, die seitens der Veranstalter von Esport-Events beachtet werden müssen. Dies sind insbesondere der Jugendschutz[2] sowie arbeitsrechtliche Themen.[3] Das über viele Jahre diskutierte Thema der Anerkennung von Esport als Sport im Sinne des Deutschen Olympischen Sportbundes eV („DOSB") sowie die Anerkennung von Esport-Vereinen als gemeinnützig im Sinne der Abgabenordnung durch den Staat spielen hingegen eher im Bereich des Breitensports und des Verbandswesens eine Rolle.[4] 9

C. Die Gestaltung von Esport-Ligen und -Events

I. Publisher-Organized-Esport vs Tournament-Organizer-Operated-Esport

Für den gesamten Esport-Markt ist charakteristisch, dass er eine starke Fragmentierung und Heterogenität von Formaten und Games aufweist, die um Reichweite und Aufmerksamkeit der Fans wetteifern. Dabei werden im Wesentlichen zwei unterschiedliche Konzepte verfolgt. Einige Publisher, wie zum Beispiel Riot Games mit dem Game League of Legends oder Activision Blizzard mit Overwatch, kontrollieren die Esport-Szene um ihre Games mit Blick auf das finale Produkt sehr genau und reglementieren die Durchführung und Zugangsrechte für jede Liga und jedes Turnier. Häufig richten die Publisher das Turnier oder die Liga im eigenen Namen aus und gehen folglich mit den an den Turnieren oder Ligen teilnehmenden Teams eine unmittelbare vertragliche Rechtsbeziehung ein (sog. **„Publisher-Organized Esport"**). Andere Publisher hingegen, wie etwa Valve mit dem Evergreen Counter Strike: Global Offensive, bleiben im Hinblick auf den Esport-Betrieb in einer rein betrachtenden Rolle und überlassen die Entwicklung größtenteils dem Markt. Bei diesem sogenannte **„Tournament-Organizer-Operated-Esport"** gewährt der Publisher einem Drittunternehmen – dem Tour- 10

2 Vgl. *Hilgert/Eickhoff* MMR-Beil. 2018, 16.
3 Vgl. *Francken/Nothelfer/Schlotthauer* NZA 2019, 865.
4 Vgl. dazu auch *Jagnow/Baumann* MMR-Beil. 2018, 12 (13 ff.).

nament-Organizer, wie zB der ESL, Blast, oder Faceit – entweder unentgeltlich oder gegen Zahlung einer entsprechenden Lizenzgebühr, das Recht, das Game im Rahmen eines gewerblichen Esport-Formates zu nutzen und die erstellten Medienprodukte zu verwerten.

11 Die zentrale Weichenstellung, die sich bei der Gestaltung eines jeden Esport-Formates stellt, ist daher die, ob der Publisher das Turnier oder die Liga im eigenen Namen ausrichten und betreiben möchte oder ob er dies entweder unentgeltlich oder gegen Zahlung einer entsprechenden Lizenzgebühr einem sogenannten Tournament-Organizer gestattet. Der Grund für die Erteilung solcher Tournament-Organizer-Lizenzen kann aus Sicht des Publishers sein, dass er sich schlichtweg den wirtschaftlichen und organisatorischen Aufwand sparen möchte, um den Esport-Betrieb seines Spiels selbst zu organisieren und zu steuern. Die Produktion des Streaming-Contents, die Erstellung von Konzepten und die Organisation der Live-Events erfordern nicht nur finanzielle Ressourcen, sondern auch spezielles Know-how. Sich dieses durch Investitionen anzueignen und den entsprechenden Aufwand für den Betrieb einer Turnierserie oder einer Liga zu betreiben, macht nicht für jeden Publisher Sinn. Zugleich profitiert der Publisher von der Bekanntheit der Marke und dem Zugang zur bereits bestehenden Fanbase des Tournament-Organizers.

II. Das Legal-Framework: Wahl der rechtlichen Verbindung

12 Was den rechtlichen Rahmen der Esport-Formate betrifft, so haben die Publisher und Tournament-Organizer (zusammen **„Veranstalter"**) bei der konkreten Ausgestaltung mehrere Optionen.

13 Bei Closed-Tournament-Serien wie der League of Legends European Championship oder Esport-Ligen wie der ESL Pro League schließen die Teams mit dem Veranstalter in der Regel mehrjährige Verträge über die Teilnahme an dem jeweiligen Format (**„Participation Agreements"**). Hierin findet etwa die Einräumung von IP-Rechten zwecks späterer Vermarktung des Produktes im Rahmen einer linearen und/oder non-linearen Verwertung und Sponsoring sowie die Regelung von Rechten und Pflichten im Hinblick auf den Spielbetrieb und das Marketing statt. Für ihre Teilnahme werden die Teams über einen jährlich zu zahlenden Revenue-Share an den erwirtschafteten Erträgen des Esport-Formats beteiligt. Darunter können nicht nur Beteiligungen an den Werbeeinnahmen, den Sponsoringeinnahmen oder der Verwertung der Medienrechte sein, sondern im Falle von Publisher-Organized Esport auch Beteiligungen an den Verkäufen digitaler Gegenstände, sog. Skins oder Digital-Items (zB der jeweiligen Team-Items bei dem Ubisoft Game Rainbow Six). Damit das Risiko für die Teams kalkulierbar bleibt, erhalten Sie in der Regel eine Minimum-Guarantee. Diese ist die wirtschaftliche Basis des Vertrages und immer wieder zentraler Punkt der Vertragsverhandlungen.

14 Ein Alternativmodell zu einer individuellen vertraglichen Bindung zwischen Veranstalter und den einzelnen Teams ist die Gründung eines gemeinsamen Vereins zum Betrieb der Liga oder der Closed-Tournament-Serien. In diesem Fall werden die teilnehmenden Teams und der Tournament-Organizer Vereinsmitglieder. Ein Beispiel für eine solche

Kooperation ist die World E-Sport Association (kurz „WESA“[5]). Dabei handelt es sich um einen Verein nach Schweizer Recht, den der weltweit größte Tournament-Organizer, die ESL, zusammen mit den größten Esport-Teams im Jahr 2016 gegründet hat.

Der Vorteil der Gründung eines gemeinsamen Vereins ist dabei vor allem die damit einhergehende Verflechtung zwischen Veranstalter und den teilnehmenden Teams. Als Mitglieder begegnen sich die Teams und der Veranstalter ein Stück mehr auf Augenhöhe. Die Teams haben eine stärkere Rechtsposition, da es – abhängig von der jeweils konkreten Ausgestaltung der Mitbestimmungsregelungen – in der Regel einen gesetzlichen Mindeststandard bei der Mitbestimmung gibt, der nicht unterschritten werden kann. 15

Auch wurden in der Vergangenheit andere Modelle, wie zB die Gründung einer gemeinsamen Gesellschaft in Form eines Joint Ventures, in der Branche diskutiert. Doch sprechen hiergegen insbesondere steuerrechtliche sowie gesellschaftsrechtliche Aspekte dagegen. Denn neben einer sog. Doppelbesteuerung, die durch eine gesellschaftsrechtliche Unternehmensstruktur erzeugt wird, führt zB die Gesellschaftsform einer GmbH zu der Problematik, dass, im Falle des Nichterreichens bestimmter Leistungsziele oder des Verstoßes gegen bestimmte Regularien, der Gesellschaftsanteil des betroffenen Teams nur gegen einen entsprechenden Wertersatz eingezogen werden kann. 16

III. Inhaltskontrolle gemäß § 307 BGB

Sind die Bedingungen der Participation-Agreements vom Publisher vorgegeben – was in der Regel der Fall ist – so sind sie Gegenstand der Inhaltskontrolle gemäß § 307 BGB, sofern sie dem deutschen Recht unterfallen. Dies ist insofern relevant, da sich vor dem Hintergrund der Gatekeeper-Position des Publishers, die über aktuell sehr populäre Spiele verfügen, die Verträge in der Praxis häufig Klauseln beinhalten, die die Teams benachteiligen. Beispiele sind insbesondere Klauseln, die dem Veranstalter ohne entsprechende Obergrenzen oder finanzielle Kompensationspflicht einseitig das Recht einräumen, den League-Schedule, also sowohl Datum als auch Anzahl der Matches, zu terminieren und damit die Leistungspflicht der Teams (und ihren finanziellen Aufwand) einseitig zu bestimmen. Gleiches gilt für Klauseln, nach denen der Veranstalter das Recht hat, zum Beispiel das Rulebook, also die Spielregeln für Matches nach eigenem Gutdünken anzupassen und zu verändern, sofern es sich hierbei um Regelungen handelt, die für die Teams zusätzlichen wesentlichen finanziellen oder organisatorischen Aufwand bedeuten. 17

IV. Tournament und League-Governance

Insbesondere bei langfristig angelegten Kooperationen und geschlossenen Ligen oder Turnierserien macht es Sinn, den teilnehmenden Teams im Rahmen der Tournament-and-League-Participation-Agreements Mitbestimmungsrechte einräumen. Der Grund ist, dass sich in der Praxis nach Vertragsschluss immer wieder bestimmte vorab getroffene Regelungen als unpraktikabel erweisen oder Regelungslücken auftun können, 18

5 Siehe www.wesa.gg.

die eine Anpassung der Verträge erfordern. Beispiele können hier eine Änderung des Turniermodus sein, die Entscheidung, welche neuen Teams in die Liga aufgenommen werden oder welche neuen Marketingverpflichtungen die Teams, zum Beispiel bei der Einführung von neuen Produkten und Fanartikeln, übernehmen sollen. Während einseitige Änderungsklauseln zugunsten der Veranstalter unwirksam sein können, das Erfordernis der Zustimmung jeden einzelnen Teams der Formatanpassung hingegen die Flexibilität nehmen könnte, macht es Sinn, für bestimmte Bereiche Gremien-basierte Mehrheitsentscheidungen vorzusehen, wie zum Beispiel durch ein League-Members-Meeting. Sofern wesentliche Bereiche betroffen sind, kann sich der Publisher insoweit natürlich ein Vetorecht vorbehalten.

V. Regelungen zum Schutz der Wettbewerbsintegrität

19 Gegenstand der Participation-Agreements sind ferner Regelungen zum Schutz der Wettbewerbsintegrität. Dies ist erforderlich, da es beim Esport – anders als im klassischen Sport – keine vergleichbar dichte Verflechtung aus nationalen und internationalen Verbänden gibt. Folglich existieren keine spielübergreifenden Regularien, etwa zu den Konsequenzen und dem Verfahren bei Wettbetrug, Spielmanipulation, Cheating oder Doping (Stichwort: Compliance).[6] Die einzigen Orte, wo diese Regelungen Niederschlag finden können, sind daher die jeweiligen Participation-Agreements. Die Konsequenzen bei Verstößen gegen die entsprechenden Regularien können dabei von Strafzahlungen über Sperren von einzelnen Spielern oder Teams bis hin zum außerordentlichen Kündigungsrecht reichen. Gegen die Feststellungen oder Strafmaßnahmen des Veranstalters – gegebenenfalls unter Mitbestimmung bestimmter Turnier- oder Liga-Gremien – können die jeweiligen Teams in der Regel im Rahmen eines Schiedsgerichtsverfahren vorgehen.

20 Dass eine solche Handhabe der liga- oder turnierinternen Ahndung von Verstößen gegen die Wettbewerbsintegrität das Verhältnis der Teilnehmer belasten kann, liegt auf der Hand. Die Lösung wäre hier eine externe Stelle, die derartige Verstöße untersucht und ahndet. Während es bisher von Seiten der großen Publisher keine ernstzunehmenden Bemühungen gab, solche einheitlichen und spielübergreifenden Regelwerke einzuführen, gibt es in diesem Zusammenhang zumindest Bewegung auf Seiten der Tournament-Organizer. Insbesondere die E-Sport Integrity Commission („ESIC“) und deren Regelwerk hat in den letzten Jahren stetig an Wichtigkeit gewonnen. So tendieren immer mehr Tournament-Organizer dazu, die Integritätsregeln der ESIC auf ihre Events anzuwenden und das Thema Integrität und Regulierung damit in die Hände einer externen objektiven Institution zu geben.

D. Handel mit Slot-Rights: Erwerb und Übertragung von Startplätzen in der Liga und von Events

21 Neben der Lizensierung von Medienrechten im Rahmen der Vermarktung des fertigen „Esport“-Produktes oder der IP von Teams, Spielern oder Publishern, kommt es immer

6 Zu den Regelwerken der Veranstalter vgl. auch *Frey/Baumann* in Frey eSport und Recht § 7 Rn. 9; zum Cheating im Esport zudem ausführlich *Maties/Püschel* SpoPrax 2022, 222 sowie *Meisheit* SpuRt 2021, 272.

wieder vor, dass die Startplätze („**Slot-Rights**") in großen Ligen oder Closed-Tournament-Serien gehandelt oder übertragen werden. So hat der Verein Schalke 04 seinen League-Slot in der League of Legends European Championship (LEC) mit Wirkung für das Jahr 2022 für 26,5 Millionen EUR an das Schweizer Team BDS verkauft.[7] Solche Verkäufe von Slot-Rights betreffen insbesondere Formate, bei denen die Publisher oder Veranstalter für einen Slot in der Liga oder der Closed-Tournament-Serien von den teilnehmenden Teams einen Buy-In verlangen. Ein aktuelles Beispiel für einen solchen Slot-Right-Tender ist die Erweiterung der ESL Pro League im November 2021, in deren Rahmen die Teams Furia, BIG und Heroic die League-Slots in der ESL Pro League für das Spiel Counter Strike zusammen 20 Millionen USD bezahlt haben.[8]

Der Hintergrund des Verkaufs dieser Slot-Rights ist, dass den Teams, die solch hohe 22 Buy-Ins für Startplätze in Esport-Ligen oder Closed-Tournament-Serien zahlen, in der Regel auch das Recht eingeräumt werden muss, ihren Startplatz unter bestimmten Voraussetzungen wieder veräußern zu können. Die Gründe für einen Verkauf können etwa sein, dass sich das Team auf andere Games konzentrieren möchte, weil es keine Perspektive sieht, die eigene Performance ohne große Investitionen in neue Spieler zu verbessern. Ebenso ist es möglich, dass das Team vom Publisher oder Tournament-Organizer zum Verkauf verpflichtet wird, wenn zum Beispiel die Reputation der Liga durch das Verhalten eines Teams geschädigt wird (zB aufgrund von illegalen Absprachen oder Wettbetrug) oder weil das Team über einen längeren Zeitraum bestimmte leistungsbezogene Mindestvoraussetzungen nicht mehr erfüllt.

I. Aufsetzung und Gestaltung eines Tender-Process

In rechtlicher Hinsicht erfolgt der Verkauf oder auch die Erstemission eines League- 23 Slots im Rahmen eines vom Veräußerer durch vertragliche Regelungen strukturierten Tender-Processes. Das bedeutet, die interessierten Teams unterzeichnen zunächst NDAs sowie einen verbindlichen Vertrag, der den Ablauf der Veräußerung in rechtlicher Hinsicht strukturiert („**Procedure Letter**"). Danach erhalten die Teams die entsprechenden League-Participation- bzw. Closed-Tournament-Agreements. Im Gegenzug müssen die Teams, die am Kauf eines Slot Rights interessiert sind, Information über ihre Eigentümerstruktur bereitstellen (um Interessenkonflikte zu beurteilen, Stichwort: Multi-Team-Ownership) sowie über die finanzielle Situation ihres Teams, die dann vom Veräußerer geprüft und im Rahmen der Evaluierung der Angebote entsprechend berücksichtigt werden. Häufig sind zudem Liquiditätsnachweise beizubringen oder Bankbürgschaften zur Absicherung für die einzelnen Gebote.

II. Abschluss des Vertrages mit Zuschlag/Eintritt in das Vertragskonstrukt

Je nach Ausgestaltung des Ablaufes im Procedure-Letter kommt es danach zu mehreren 24 Bidding-Rounds. Die Struktur ist dabei meistens so ausgestaltet, dass die interessierten Teams bindende und nicht-widerrufliche Angebote abgeben, die durch den Verkäufer

7 Siehe dazu https://www.kicker.de/schalke-verkauft-esport-startplatz-fuer-26-5-millionen-euro-808599/artikel.
8 Siehe dazu https://about.eslgaming.com/blog/2021/10/furia-big-and-heroic-will-join-csgo-elite-as-the-newest-partner-teams-of-the-esl-pro-league-and-louvre-agreement/.

durch einseitige Erklärung angenommen werden können. Das bedeutet, dass die Angebote der Teams als Anlage bereits das unterzeichnete League-Participation bzw. Closed-Tournament-Agreement umfassen. Durch dieses Konstrukt wird sichergestellt, dass mit Ende des Gebotsprozesses auch sicher ein Vertrag zustande kommt und die jeweiligen Teams später keinen Rückzieher mehr machen können. Ausschlaggebend für den Zuschlag sind meistens dabei nicht nur die Höhe des Gebotes für den League-Slot, sondern auch weitere Umstände wie die Reputation und die Leistungsfähigkeit des Teams, das Commitment zu langfristigem Engagement sowie weitere Zusagen zu Investitionen und Business-Development. Mit der Annahme des Angebotes durch den Verkäufer, tritt das jeweilige Team dann unmittelbar in die Liga oder die geschlossene Turnierserie ein.

E. Rechtehandel und Lizenzvergabe: Die Vermarktung von Esport

25 Grundsätzlich orientiert sich die Vermarktung von Esport an der Vermarktung im klassischen Sportbereich. Wurden anfangs noch pauschal sog. „Streamingrechte" an Dritte vergeben, ohne diese genauer zu definieren und nach Verwertungszeitpunkten zu unterscheiden, hat sich in den letzten Jahren eine differenziertere Verwertungspraxis herauskristallisiert. Eine solche Differenzierung bei der Rechtevergabe ist deshalb erforderlich, da sich nur auf diese Weise die Möglichkeit eröffnet, die entsprechenden Rechte an verschiedene Marktteilnehmer zu vergeben und damit höhere Verwertungserlöse zu erzielen.[9]

I. Streaming-Rechte (Twitch/YouTube)

26 Derzeit stellt die unentgeltliche lineare Übertragung von Esport-Events im Internet (teilweise mit Pre-Roll- und Mid-Roll-Advertising unterbrochen) die vorwiegende Verwertungsform dar. Wurde dies ursprünglich noch pauschal als sogenanntes „Streamingrecht" bezeichnet, so ist dieses Recht nunmehr entsprechend der Struktur der Verwertungsrechte im UrhG genauer bestimmt und wird damit als das Lineare-Verwertungsrecht entsprechend dem Senderecht nach § 20 UrhG definiert. Dieses Recht wird in der Regel dahingehend beschränkt, dass es nur „unentgeltlich" gegenüber einem Endkunden verwertet werden kann und eine Verbreitung ausschließlich auf dem Übertragungsweg Internet erfolgen kann, wodurch der Rechteerwerber nicht dazu berechtigt ist, die Inhalte auch über das klassische TV zu verbreiten. Darüber hinaus wird die Verwertung dieser linearen internetbasierten Free-Rechte auch im Hinblick auf die angebotenen Sprachfassungen beschränkt. Eine territoriale Beschränkung – wie wir sie bereits heute im klassischen Sport kennen – erfolgt derzeit noch nicht.

27 Schließlich beschränken die linearen internetbasierten Free-Rechte in der Regel das sog. Live-Ereignis – sofern diese Rechte denn exklusiv vergeben werden – und eine sog. nachverwertende Berichterstattung wird auf eine nicht-lineare Verwertung (iSd § 19a UrhG) für einen bestimmten Zeitraum limitiert. Alle weiteren Rechte, insbesondere die linearen internetbasierten Pay-Rechte, behält sich derzeit der Rechteinhaber vor.

9 Zu den Nutzungsarten im Esport vgl. zudem *Hentsch* MMR-Beil. 18, 3 (5).

II. Broadcasting-Rechte

Neben den vorbezeichneten Rechten werden seit einigen Jahren erstmals auch die TV-Rechte vergeben, iSd linearen Free-TV-Rechte. Hierbei wird das Senderecht auf den Übertragungsweg des klassischen TVs und auf eine unentgeltliche Verwertung beschränkt. Diese Vertragspraxis stößt jedoch dann an ihre Grenzen, wenn der jeweilige TV-Partner/Sender sein klassisches Fernsehprogramm auch linear über das Internet streamt und dementsprechend auch diesen Übertragungsweg mit abgedeckt sehen will. Dementsprechend hat sich in der Praxis als Ausweg eine Lizensierung, im Hinblick auf die Sprachfassung, herausgebildet. Dies bedeutet, dass der jeweilige TV-Sender die linearen Rechte (unabhängig des Übertragungsweges) erwirbt, aber die entsprechende Exklusivität sich nur auf die jeweilige Sprachfassung, zB Deutsch, bezieht. Im Ergebnis erwerben somit sowohl der TV-Sender als auch der Plattformanbieter, der die Inhalte für eine lineare Übertragung im Internet erwirbt, nicht-exklusive Rechte in Bezug auf das Bildmaterial, aber exklusive Rechte im Hinblick auf die jeweilige Sprachfassung. 28

Diese Konvergenz der Medien zeigt, dass eine Differenzierung der Medienrechte nach Übertragungswegen nicht mehr möglich ist und Differenzierungen nunmehr ausschließlich nach Verwertungszeitpunkten, Sprachfassungen und Territorien die Möglichkeit eröffnen, die Verwertungserlöse zu steigern. 29

Sollte sich mittelfristig eine entgeltliche Verwertung von Esport-Inhalten etablieren können, wie sie derzeit im klassischen Sport stattfindet, so werden auch hier die klassischen Modelle einer subscription-based oder transactional-based Vergütung im Bereich der Pay-Verwertung Einzug finden, jeweils differenziert nach linearer und nicht-linearer Verwertung. 30

III. Sponsoringrechte

Bei der Ausgestaltung von Liga-Verträgen stellen die Sponsoringrechte einen der Hauptvertragspunkte dar. Jedoch enthalten die meisten Liga-Verträge meist keine klaren Abgrenzungen im Hinblick auf eventuell konkurrierende Sponsoren. So kann derzeit häufig ein Team einen Teamsponsor haben, der aber im Wettbewerb mit dem potenziellen Hauptsponsor der Liga und/oder des Turniers steht. Vor diesem Hintergrund entwickeln sich aktuell in einigen Verträgen Vertragspraktiken, wonach die Liga oder der Turnierveranstalter sog. Blacklists erstellt, die die Namen der Sponsoren und Branchen enthalten, die für die teilnehmenden Teams gesperrt sind. 31

Um zu verhindern, dass Sponsoren mehrere Teams lediglich aus dem Grund sponsoren, um ein teureres Ligasponsoring zu vermeiden, haben sich in der jüngsten Vergangenheit sog. Multi-Team-Sponsorship-Prohibitions entwickelt. Hiernach ist es einem Sponsor untersagt, mehr als ein Team eines Turniers oder einer Liga zu sponsern. 32

IV. Merchandisingrechte

Bei der Ausgestaltung der Merchandisingrechte ist darauf zu achten, die Merchandisingrechte der Veranstalter streng von den Merchandisingrechten der Teams abzugrenzen und Wettbewerb auszuschließen. Aus diesem Grund erwirbt der Veranstalter von den Teams in der Regel lediglich das Recht, Merchandising mit den Logos der 33

Teams und/oder Bildnissen der Spieler herzustellen und zu vertreiben, sofern auf dem jeweiligen Merchandisingprodukt eine bestimmte Mindestanzahl von Logos der teilnehmenden Teams und/oder Bildnissen der Spieler enthalten ist. Hierdurch soll verhindert werden, dass der Veranstalter mit seinen Produkten in den unmittelbaren Wettbewerb der teilnehmenden Teams mit deren Produkten tritt.

34 Im Ergebnis hat sich diesbezüglich allerdings noch keine, wie zB bei der Bundesliga im Hinblick auf die Gruppenvermarktung und Einzelvermarktung etablierte Vertragspraxis, entwickelt.

V. NFT-Rechte

35 In jüngster Zeit spielen insbesondere die sog. „NFT-Rechte" eine große Rolle. Darunter ist das Recht zu verstehen, kurze Videosequenzen oder Bilder von Wettbewerben oder von Spielerporträts, oder Team Logos im Rahmen von Blockchain basierten Medienprodukten zu vertreiben. In diesem Zusammenhang ist unter anderem die Frage entscheidend, ob es sich bei dem Vertrieb von urheberrechtlich geschützten Werken über die Blockchain um eine neue Nutzungsart handelt, da die ausdrückliche Einräumung von entsprechenden Nutzungsrechten häufig nicht Gegenstand von älteren Lizenzverträgen zwischen Team und Veranstalter ist. Bei der Einräumung der Rechte sollte insbesondere darauf geachtet werden, zu bestimmen, welche Produkte unter welchen Voraussetzungen auf den Markt gebracht werden dürfen und wie hier die Revenue-Shares für die Esport-Teams und -Spieler im Einzelfall zu setzen sind.

F. Ausblick: Neue Geschäftsmodelle: Metaverse und Blockchain

36 Bereits zum aktuellen Zeitpunkt ist absehbar, dass insbesondere die beiden großen und untereinander untrennbar miteinander verknüpften Zukunftstrends Metaverse und Blockchain zahlreiche Bereiche des Esports nachhaltig verändern werden und Publishern, Teams und Spielern neue Möglichkeit bieten werden, die Verbindung zu den Fans und zur Community zu stärken und weiter auszubauen.

37 Insbesondere die Möglichkeit, digitale Items mit NFTs zu verknüpfen, wird den Bereich Mikrotransaktionen noch einmal wesentlich verändern und dessen Bedeutung steigern. So können beispielsweise virtuelle Gegenstände in Spielen durch NFTs mit einzigartigen digitalen Signaturen von bekannten Esports-Spielern versehen und diese dann veräußert werden. Genauso können NFTs mit virtuellen Gegenständen, die von den Spielern im Rahmen von großen Turnieren benutzt wurden, nach dem Turnier an Fans versteigert werden. Denkbar ist auch, dass künftig das Ticketing von Live-Events durch die Blockchain und das Metaverse bestimmt wird. Die Zahl an denkbaren neuen Produkten und Innovationen, die von Veranstaltern genutzt werden können, um die Fans weiter für das jeweilige Spiel und den Esport zu begeistern, erscheint praktisch unendlich.

Stichwortverzeichnis

Fette Zahlen bezeichnen die Paragrafen, magere die Randnummern.

FSC
www.fsc.org
MIX
Papier | Fördert gute Waldnutzung
FSC® C083411

Kolibri 360 GmbH
Ferdinand-Jühlke-Straße 7
99095 Erfurt, Deutschland
produktsicherheit@kolibri360.de